BAUR/STÜRNER

LEHRBUCH DES SACHENRECHTS

LEHRBUCH
DES SACHENRECHTS

VON

Dr. Dr. h. c. mult. Fritz Baur

EM. O. PROFESSOR
AN DER UNIVERSITÄT TÜBINGEN

FORTGEFÜHRT VON

Dr. Jürgen F. Baur

O. PROFESSOR
AN DER UNIVERSITÄT ZU KÖLN
RICHTER AM HANSEATISCHEN OBERLANDESGERICHT HAMBURG A. D.

UND

Dr. Rolf Stürner

O. PROFESSOR
AN DER UNIVERSITÄT KONSTANZ
RICHTER AM OBERLANDESGERICHT STUTTGART

16., neubearbeitete Auflage

C. H. BECK'SCHE VERLAGSBUCHHANDLUNG
MÜNCHEN 1992

Es haben neubearbeitet:

Dr. Jürgen F. Baur

§§ 1–3, 10–13, 24–26 a, 48–59

Dr. Rolf Stürner

§§ 4–9, 14–23, 27–47, 60–62

Zitiervorschlag: Baur/Stürner, SachenR, § 3 IV 1 c, aa oder § 14 III 1

CIP-Titelaufnahme der Deutschen Bibliothek

Baur, Fritz:
Lehrbuch des Sachenrechts / von Fritz Baur.
Fortgef. von Jürgen F. Baur und Rolf Stürner. –
16., neubearb. Aufl. – München : Beck, 1992
    ISBN 3 406 36460 8
NE: Baur, Jürgen F. [Bearb.]

ISBN 3 406 36460 8

Druck der C. H. Beck'schen Buchdruckerei Nördlingen
Gedruckt auf alterungsbeständigem (säurefreiem) Papier
gemäß der ANSI-Norm für Bibliotheken

Das Eigentum ist ein elementares Grundrecht, das in einem inneren Zusammenhang mit der Garantie der persönlichen Freiheit steht. Ihm kommt im Gesamtgefüge der Grundrechte die Aufgabe zu, dem Träger des Grundrechts einen Freiheitsraum im vermögensrechtlichen Bereich sicherzustellen und ihm damit eine eigenverantwortliche Gestaltung des Lebens zu ermöglichen. Die Garantie des Eigentums als Rechtseinrichtung dient der Sicherung dieses Grundrechts. Das Grundrecht des Einzelnen setzt das Rechtsinstitut „Eigentum" voraus; es wäre nicht wirksam gewährleistet, wenn der Gesetzgeber an die Stelle des Privateigentums etwas setzen könnte, was den Namen „Eigentum" nicht mehr verdient.   *(BVerfGE 24, 367, 389)*

Vorwort zur 16. Auflage

Fritz Baur, der dieses Lehrbuch geschrieben und dreißig Jahre lang bis zur Vollendung seines achtzigsten Lebensjahres fortgeführt hat, gibt nunmehr mit der 16. Auflage seine Betreuung voll in die jüngeren Hände zweier neuer Bearbeiter, nämlich seines Sohnes *Jürgen F. Baur* und seines Schülers *Rolf Stürner.* Das Lehrbuch hat in Wissenschaft, Praxis und Lehre über eine Generation stets gute Aufnahme gefunden, seine erfreuliche Resonanz war für *Fritz Baur* immer Maßstab und Ermutigung. Für die neuen Bearbeiter muß es das oberste Ziel ihrer Bemühung sein, den seitherigen Maßstäben gerecht zu werden und den Rang des Werkes zu wahren, um so das in sie gesetzte Vertrauen zu rechtfertigen. Damit ist eine Aufgabe übernommen, die nicht leicht zu erfüllen ist, aber besonders lohnend erscheint.

Die Neubearbeitung für die 16. Auflage hat die bewährte Darstellung *Fritz Baurs* ganz überwiegend erhalten oder doch den pfleglichen Umgang und die behutsame Änderung der völligen Neufassung auch dort vorgezogen, wo gründlichere Eingriffe notwendig erschienen. Neben der reichhaltigen neuen Rechtsprechung und Literatur waren gesetzgeberische Neuerungen zu berücksichtigen: das Umwelthaftungsgesetz, das Verbraucherkreditgesetz und das Betreuungsgesetz. Das Recht der neuen Bundesländer ist vor allem im Immobiliarsachenrecht ausführlicher dargestellt, weil hier mit einem langlebigen Übergangsrecht zu rechnen ist: ein neues Kapitel zur Übersicht (§ 26a) und besondere Abschnitte bei den einzelnen Institutionen des Immobiliarsachenrechts sollen dem Leser die Grundzüge sachenrechtlicher Rechtsangleichung näher bringen. Gewichtige Schwerpunkte der Neubearbeitung liegen dort, wo die Kautelarjurisprudenz und ihre Kontrolle unter dem AGBG für Bewegung im Sachenrecht gesorgt haben, also vor allem im Recht der Grundpfandrechte (insbesondere Sicherungsgrundschuld) und im Recht der atypischen Mobiliarsicherheiten (Übersicherung, Erweiterungs- und Verlängerungsformen).

Das Lehrbuch des Sachenrechts soll als Einheit fortgeführt werden, auch wenn jetzt zwei Autoren die Neubearbeitung übernommen haben. Dafür steht äußerlich die vorgeschlagene einheitliche Zitierweise. Beide Autoren werden sich um inhaltliche Abstimmung bemühen. Die interne Aufteilung ist für den interessierten Leser gleichwohl offengelegt; sie folgt als grober Richtschnur der Aufteilung in Immobiliar- und Mobiliarsachenrecht. Rechtsprechung und Literatur sind regelmäßig bis Oktober 1991 und nur teilweise über diesen Zeitpunkt hinaus berücksichtigt.

Die Bearbeiter hoffen auch für diese Neuauflage auf freundliche Aufnahme in Studium, Lehre und Praxis. Für kritische Anregungen und hilfreiche Hinweise auf Unzulänglichkeiten sind sie stets dankbar. Für die Mithilfe in den technischen Dingen danken sie ihren Mitarbeitern Peter Bitzer sowie Achim Schumacher, Köln, und Andrea Stutz sowie Alexander Bruns, Konstanz. Dank gebührt auch

Vorwort

den Sekretärinnen Anneliese Koch, Köln, Christel Geyer und Margret Jäger-Junge, Konstanz, für die Betreuung des Manuskripts.

Köln und Konstanz im Januar 1992   Jürgen F. Baur
                                                                Rolf Stürner

Aus dem Vorwort zur 1. Auflage

Manchem mag es überflüssig oder gar vermessen erscheinen, die beträchtliche Anzahl gut eingeführter Lehrbücher des Sachenrechts um ein weiteres zu vermehren. Aber abgesehen davon, daß sich erfahrungsgemäß lang gehegte wissenschaftliche Pläne nicht durch Zweckmäßigkeitserwägungen aufhalten lassen, glaube ich doch, einige Gründe zur Rechtfertigung anführen zu können: In diesem Lehrbuch wird die Trennung des Liegenschaftsrechts vom Fahrnisrecht betont durchgeführt; den Versuch, eine geschlossene Darstellung des Grundstücksrechts zu geben, habe ich schon in meinem 1948 erschienenen Grundriß „Grundstücksrecht" unternommen. Die damalige Konzeption wird nunmehr auf erweiterter Grundlage fortgeführt und auf das Fahrnisrecht ausgedehnt. Dabei habe ich mich bemüht, nicht nur die sog. Randgebiete des Sachenrechts voll in die Darstellung einzubeziehen, sondern auch überall den Zusammenhang der privatrechtlichen Institute mit dem öffentlichen Recht aufzuzeigen. Dem Leser soll das „Sachenrecht" in seiner heutigen Rechtswirklichkeit deutlich werden. Um dieses Ziel zu erreichen, wurden jeweils auch die Rechtstatsachen stärker als üblich verwertet.

Dieses Buch ist in erster Linie für junge Juristen geschrieben; die gewählte Darstellungsart soll es ihnen ermöglichen, sich sozusagen „langsam", „nach und nach" mit den schwierigen Fragen des Sachenrechts vertraut zu machen. Daß dieses pädagogische Bemühen zu gelegentlichen Wiederholungen, zu einer späteren Verfeinerung des früher nur grob Gezeichneten zwingt, liegt auf der Hand. Das Bestreben, neueren Problemen des Sachenrechts nachzugehen, hat zur Bildung von Schwerpunkten geführt, so z.B. bei der Darstellung des Nachbarrechts, der Grundpfandrechte und der sog. atypischen Sicherungsgeschäfte. Ich hoffe, daß gerade dadurch das Buch auch der Lehre und dem versierten Praktiker etwas zu bieten vermag.

Tübingen, im Oktober 1960   Fritz Baur

Inhaltsverzeichnis

Inhalt

Inhalt

Inhalt

2. Kapitel. Rechtsänderungen an Grundstücken

3. Kapitel. Das Eigentum an Grundstücken

A. Inhalt und Bindungen

B. Typisierte Sonderformen des Grundeigentums

Inhalt

5. Kapitel. Sicherungsrechte an Grundstücken

A. Die Grundpfandrechte

B. Die Hypothek

Inhalt

6. Kapitel. Moderne Mischformen von Gebrauchsüberlassung und Kreditsicherung. Das Leasing

IV. Abschnitt: Fahrnisrecht

1. Kapitel. Rechte an beweglichen Sachen

2. Kapitel. Das Eigentum an der Fahrnis

Inhalt

Inhalt

3. Kapitel. Nutzungsrechte an der Fahrnis

4. Kapitel. Sicherungsrechte an der Fahrnis

V. Abschnitt: Die Rechte an Rechten

Anhang: Muster und Formulare
mit Bemerkungen hierzu

Inhalt

Verzeichnis der Übersichten (Ü. en)

Abkürzungsverzeichnis*

---

* Das allgemeine Schrifttum zum Sachenrecht ist in dieses Abkürzungsverzeichnis aufgenommen.

Abkürzungen

BGB . . . . Bürgerliches Gesetzbuch v. 18. 8. 1896 (RGBl. 195)
BGBl. . . . . Bundesgesetzblatt
BGH . . . . Bundesgerichtshof
BGHZ . . . . Entscheidungen des Bundesgerichtshofs in Zivilsachen
BImSchG . . . . Bundes-Immissionsschutzgesetz v. 15. 3. 1974 (BGBl. I 721) i. d. F. v. 14. 5. 1990 (BGBl I 880)
BJagdG . . . . Bundesjagdgesetz i. d. F. v. 29. 9. 1976 (BGBl. I 2849)
BLG . . . . Bundesleistungsgesetz v. 19. 10. 1956 (BGBl. I 815) i. d. F. v. 27. 9. 1961 (BGBl. I 1769)
BlGBW . . . . Blätter für Grundstücks-, Bau- und Wohnungsrecht
BRAK-Mitt. . . . . Mitteilungen der Bundesrechtsanwaltskammer
Brox . . . . Erbrecht, 12. Aufl. 1990
Brox/Walker . . . . Zwangsvollstreckungsrecht, 3. Aufl. 1990
BT-Drucks. . . . . Bundestags-Drucksache
Bülow . . . . Recht der Kreditsicherheiten, 2. Aufl. 1988
BVerfG . . . . Bundesverfassungsgericht
BVerfGE . . . . Entscheidungen des Bundesverfassungsgerichts
BVerfGG . . . . Gesetz über das Bundesverfassungsgericht i. d. F. v. 12. 12. 1985 (BGBl. I 2229)
BVerwG . . . . Bundesverwaltungsgericht
BVerwGE . . . . Entscheidungen des Bundesverwaltungsgerichts
BWNotZ . . . . Zeitschrift für das Notariat in Baden-Württemberg

CC . . . . Code Civil

DAR . . . . Deutsches Autorecht
DB . . . . Der Betrieb
DepotG . . . . Gesetz über die Verwahrung und Anschaffung von Wertpapieren – Depotgesetz v. 4. 2. 1937 (RGBl I 171)
Diederichsen . . . . Die BGB-Klausur, 7. Aufl. 1988
Dilcher . . . . Sachenrecht in programmierter Form, 5. Aufl. 1990
Diss. . . . . Dissertation
DJT . . . . Deutscher Juristentag
DJT-Festschrift . . . . . . Festschrift zum 100jährigen Bestehen des Deutschen Juristentags, Bd. I und II, 1960
DJZ . . . . Deutsche Juristenzeitung
DNotZ . . . . Deutsche Notar-Zeitschrift
DÖV . . . . Die Öffentliche Verwaltung
DRiZ . . . . Deutsche Richterzeitung
DRWiss. . . . . Deutsche Rechtswissenschaft
DRZ . . . . Deutsche Rechts-Zeitschrift
DtZ . . . . Deutsch-Deutsche Rechtszeitschrift
DVBl. . . . . Deutsches Verwaltungsblatt
DVO . . . . Durchführungsverordnung

EG . . . . Einführungsgesetz
eGmbH . . . . eingetragene Genossenschaft m. beschr. Haftpflicht
EGBGB . . . . Einführungsgesetz zum BGB v. 18. 8. 1896 (RGBl 604)
Eichler I II, 1 II, 2 . . . . . . Institutionen des Sachenrechts, 1. Band 1954, 2. Band, 1. Halbbd. 1957, 2. Halbbd. 1960
EinigungsV . . . . Vertrag zwischen der Bundesrepublik Deutschland und der Deutschen Demokratischen Republik über die Herstellung der Einheit Deutschlands – Einigungsvertrag – vom 31. 8. 1990 (BGBl II, S. 889)

Abkürzungen

Einl.	Einleitung
Enneccerus/Nipperdey . .	Lehrbuch des bürgerlichen Rechts, Bd. I, Allg. Teil, 15. Aufl., 1. Halbbd. 1959, 2. Halbbd. 1960
Enneccerus/Lehmann . . .	Lehrbuch des bürgerlichen Rechts, Bd. II, Recht der Schuldverhältnisse, 15. Aufl. 1958
ErbbauRV	Verordnung über das Erbbaurecht v. 15. 1. 1919 (RGBl. 72)
Erichsen/Martens	Allg. Verw. Recht, 8. Aufl. 1988
Erman/Bearbeiter	Erman, Handkommentar zum BGB, 8. Aufl. 1989
Esser	Schuldrecht, 4. Aufl. I 1970, II 1971
Esser/Schmidt	Schuldrecht, Allg. T., 6. Aufl. 1984
Esser/Weyers	Schuldrecht, Bes. Teil, 7. Aufl. 1991
EVO	Eisenbahn-Verkehrsordnung v. 8. 9. 1938 (RGBl. I 663)
FamRZ	Zeitschrift für das gesamte Familienrecht. Ehe und Familie im privaten und öffentlichen Recht
FGG	Reichsgesetz über die Angelegenheiten der freiwilligen Gerichtsbarkeit v. 17. 5. 1898 (RGBl. 189) i. d. F. v. 20. 5. 1898 (RGBl. 369, 771)
Fikentscher	Schuldrecht, 7. Aufl. 1985
Flume I 1	Allgemeiner Teil des Bürgerlichen Rechts, 1. Bd. 1. Teil. Die Personengesellschaft, 1977
Flume I 2	Die jur. Person . . . 1983
Flume II	Allgemeiner Teil des Bürgerlichen Rechts, 2. Bd. Das Rechtsgeschäft, 3. Aufl. 1979
Forsthoff	Lehrbuch des Verwaltungsrechts, 1. Bd. Allg. Teil, 10. Aufl. 1973
FS	Festschrift
FStrG	Bundesfernstraßengesetz v. 6. 8. 1953 (BGBl I 903) i. d. F. v. 8. 8. 1990 (BGBl I 1714)
GBO	Grundbuchordnung v. 28. 3. 1897 (RGBl. 139) i. d. F. v. 5. 8. 1935 (RGBl. I 1073)
GBVfg.	Allgemeine Verfügung über die Einrichtung und Führung des Grundbuchs (Grundbuchverfügung) v. 8. 8. 1935 (RMBl. 637)
Gerhardt I	Mobiliarsachenrecht, 2. Aufl. 1986
Gerhardt II	Immobiliarsachenrecht, 2. Aufl. 1989
Gernhuber, Bürgerl. R. . .	Bürgerliches Recht, 3. Aufl. 1991
Gernhuber, Erfüllung . . .	Die Erfüllung und ihre Surrogate, 1983
Gernhuber, Familienrecht	Familienrecht, 3. Aufl. 1980
GesBl.	Gesetzblatt
GewO.	Gewerbeordnung i. d. F. v. 1. 1. 1987 (BGBl. I 425)
GG	Grundgesetz für die Bundesrepublik Deutschland v. 23. 5. 1949 (BGBl. 1)
v. Gierke/Sandrock	Handels- u. Wirtschaftsrecht, I., 9. Aufl., 1975
Otto v. Gierke	Deutsches Privatrecht, Bd. II, 1905
GmbH	Gesellschaft mit beschränkter Haftung
GmbH-Rdsch.	GmbH-Rundschau
Gruchot	Beiträge zur Erläuterung des Deutschen Rechts, begr. v. Gruchot
GRUR	Gewerblicher Rechtsschutz und Urheberrecht (Zeitschrift)
GS	Gedächtnisschrift
Gursky	Sachenrecht (20 Probleme aus dem Sachenrecht), 3. Aufl. 1984
Gursky, Fälle und Lösungen	Fälle u. Lösungen nach höchstrichterlichen Entscheidungen, BGB-Sachenrecht 7. Aufl. 1991

Abkürzungen

GVBl.	Gesetz- und Verordnungsblatt
GVG	Gerichtsverfassungsgesetz v. 27. 1. 1877 (RGBl. 41) i. d. F. v. 9. 5. 1975 (BGBl. I 1077)
Harms	Sachenrecht (Wiederholungs- und Vertiefungskurs, Bd. 3, 5. Aufl. 1989)
Heck	Grundriß des Sachenrechts, 1930
Heck, Schuldrecht	Schuldrecht 1958 (Neudruck der Ausgabe von 1929)
Hedemann	Sachenrecht des Bürgerlichen Gesetzbuchs, 3. Aufl. 1960
HEZ	Höchstrichterliche Entscheidungen
HGB	Handelsgesetzbuch v. 10. 5. 1897 (RGBl. 219)
HRR	Höchstrichterliche Rechtsprechung
Hueck	Gesellschaftsrecht, 18. Aufl. 1983
Hübner AT	Allgemeiner Teil des BGB, 1985
HWB	Handwörterbuch
i. d. F.	in der Fassung
JA	Juristische Arbeitsblätter
Jauernig/Bearbeiter	Bürgerliches Gesetzbuch mit Erläuterungen, 6. Aufl. 1991
Jauernig, ZVR	Zwangsvollstreckungs- und Konkursrecht, 19. Aufl. 1990
JFG	Jahrbuch für Entscheidungen in Angelegenheiten der freiwilligen Gerichtsbarkeit und des Grundbuchrechts
JherJb.	Jherings Jahrbücher der Dogmatik des bürgerlichen Rechts
JMBl.	Justizministerialblatt
JR	Juristische Rundschau
Jura	Jur. Ausbildung (Zeitschrift)
JurAn	Juristische Analysen
JuS	Juristische Schulung
JW	Juristische Wochenschrift
JZ	Juristenzeitung
KG	Kammergericht
KG	Kommanditgesellschaft
KGJ	Jahrbuch für Entscheidungen des Kammergerichts in Sachen der Freiw. Gerichtsbarkeit
Kipp/Coing	Erbrecht, 14. Aufl. 1990
KO	Konkursordnung v. 10. 2. 1877 (RGBl. 351) i. d. F. v. 20. 5. 1898 (RGBl. 369, 612)
Köhler	BGB, Allgemeiner Teil, 21. Aufl. 1991
KRG Nr. 45	Kontrollratsgesetz Nr. 45 v. 20. 2. 1947 (KRABl. 256)
Krit. VSchr.	Kritische Vierteljahresschrift für Gesetzgebung und Rechtswissenschaft
KritV	Kritische Vierteljahresschrift für Gesetzgebung und Rechtswissenschaft (Neubegründung seit 1986)
KTS	Zeitschrift für Insolvenzrecht, Konkurs – Treuhand – Sanierung
LAG	Gesetz über den Lastenausgleich (Lastenausgleichsgesetz) i. d. F. v. 1. 10. 1969 (BGBl. I 1969)
Lange, Hermann	Schadensersatz, 2. Aufl. 1990
Lange, SachR	Sachenrecht, 1967
Lange/Kuchinke	Lehrbuch des Erbrechts, 3. Aufl. 1989
Lange/Scheyhing	Fälle zum Sachenrecht, 2. Aufl. 1988
Larenz, AT	Allg. Teil des deutschen Bürgerlichen Rechts, 7. Aufl. 1989

Larenz I, II . . . . Lehrbuch des Schuldrechts, I. Bd. Allg. Teil, 14. Aufl. 1987, II. Bd. Besonderer Teil, 1. Hb. 13. Aufl. 1986, 2. Hb. 12. Aufl. 1981
Lehmann/Hübner . . . . . Allg. Teil des BGB, 15. Aufl. 1966 (s. jetzt Hübner)
Lent/Schwab . . . . Sachenrecht: s. Schwab
LG . . . . Landgericht
LM . . . . Nachschlagewerk des Bundesgerichtshofes, hgg. v. Lindenmaier und Möhring
LPachtVG . . . . Ges. über die Anzeige und Beanstandung von Landpachtverträgen v. 8. 11. 1985 (BGBl. I 2075)
LS . . . . Leitsatz
LwVG . . . . Gesetz über das gerichtl. Verfahren in Landwirtschaftssachen v. 21. 7. 1953 (BGBl I 667)
LZ . . . . Leipziger Zeitschrift für Deutsches Recht

Maunz/Dürig . . . . Loseblatt-Kommentar zum Grundgesetz, 7. Aufl. 1991
Maurer . . . . Allg. VerwRecht, 7. Aufl. 1990
Medicus . . . . Bürgerliches Recht, 15. Aufl. 1991
Medicus, AT . . . . Allg. Teil des BGB, 4. Aufl. 1990
Medicus, SchR I . . . . . Schuldrecht I, 5. Aufl. 1990
Medicus, SchR II . . . . . SchuldR II, 4. Aufl. 1990
MDR . . . . Monatsschrift für Deutsches Recht
Mill . . . . Millionen
MSchG . . . . Mieterschutzgesetz
Müller, Klaus . . . . Sachenrecht, 2. Aufl. 1990
v. Münch/Bearbeiter . . . Besonderes Verwaltungsrecht, 8. Aufl. 1988
MünchKomm . . . . Münchener Kommentar zum BGB, 2. Aufl. ab 1985
m. w. N. . . . . mit weiteren Nachweisen

n. F. . . . . neue Fassung
Nds. Rpfl. . . . . Niedersächsische Rechtspflege
NJW . . . . Neue Juristische Wochenschrift
NJW-RR . . . . NJW-Rechtsprechungs-Report Zivilrecht
Nörr/Scheyhing . . . . . . Sukzessionen, 1983
Nüßgens/Boujong . . . . . Eigentum, Sozialbindung, Enteignung, 1987
NVwZ . . . . Neue Zeitschrift für Verwaltungsrecht

OGH . . . . Oberster Gerichtshof für die brit. Zone
OGHZ . . . . Entscheidungen des Obersten Gerichtshofes für die brit. Zone in Zivilsachen
OHG . . . . Offene Handelsgesellschaft
OLG . . . . Oberlandesgericht
OLGZ . . . . Entscheidungen der Oberlandesgerichte in Zivilsachen (seit 1965)
OVG . . . . Oberverwaltungsgericht

Palandt/Bearbeiter . . . . . Bürgerliches Gesetzbuch, Kommentar, 51. Aufl. 1992
PatG . . . . Patentgesetz v. 5. 5. 1936 (RGBl II 117) i. d. F. v. 16. 12. 1980 (BGBl 1981 I 1)
Planck/Bearbeiter . . . . . Kommentar zum BGB, III. Bd. 5. Aufl., 1. Hälfte 1933, 2. Hälfte 1938
PolG . . . . Polizeigesetz
PVG . . . . (Preußisches) Polizeiverwaltungsgesetz v. 1. 7. 1931 (GS 77)

Abkürzungen

Abkürzungen

Staudinger/Bearbeiter . . . Bürgerliches Gesetzbuch, Kommentar, 12. Aufl. 1978 ff.
Stoll . . . . Grundriß des Sachenrechts, 1983
StGB . . . . Strafgesetzbuch
StudK/Bearbeiter . . . . . Studienkommentar z. BGB, 2. Aufl. 1979
StVG . . . . Straßenverkehrsgesetz v. 19. 12. 1952 (BGBl. I 837)

TA Lärm/TA Luft . . . . . Technische Anleitung zum Schutz gegen Lärm v. 16. 7. 1968, Bundesanzeiger Nr. 137 (Beilage) bzw. zur Reinhaltung der Luft v. 27. 2. 1986, Bundesanzeiger Nr. 58 (Beilage)
Tiedtke, Gutgl. Erwerb . Gutgläubiger Erwerb im bürgerl. Recht, im Handels- und Wertpapierrecht, 1985
TreuhandG . . . . Gesetz zur Privatisierung und Reorganisation des volkseigenen Vermögens v. 17. Juni 1990 (GBl (DDR) I, S. 300) – aufrechterhalten durch Art. 25 des EinigungsV
von Tuhr . . . . Der Allgemeine Teil des Deutschen Bürgerlichen Rechts, Band I und II, 1910–1918

Ulmer/Brandner/Hensen AGB-Gesetz: Kommentar zum Gesetz zur Regelung des Rechts der Allgemeinen Geschäftsbedingungen, 6. Aufl. 1990
UmstG . . . . 3. Gesetz zur Neuordnung des Geldwesens (Umstellungsgesetz) v. 20. 6. 1948 (WiGBl. Beil. Nr. 5 S. 13)
UmweltHG . . . . Umwelthaftungsgesetz vom 10. 12. 1990 (BGBl. I 2634)
UPR . . . . Umwelt und Planungsrecht (Zeitschrift)
UWG . . . . Gesetz gegen den unlauteren Wettbewerb v. 7. 6. 1909 (RGBl. 499)

VerbrKrG . . . . Verbraucherkreditgesetz v. 17. 12. 1990 (BGBl I 2840)
VerglO . . . . Vergleichsordnung v. 26. 2. 1935 (RGBl. I 321)
VermögensG . . . . Gesetz zur Regelung offener Vermögensfragen v. 31. 8. 1990 (BGBl II 88)
VerwRspr. . . . . Verwaltungsrechtsprechung in Deutschland
VBlBW . . . . Verwaltungsblätter für Baden-Württemberg
VGH . . . . Verwaltungsgerichtshof
VVDStRL . . . . Veröffentlichungen der Vereinigung der Deutschen Staatsrechtslehrer
VVG . . . . Gesetz über den Versicherungsvertrag v. 30. 5. 1908 (RGBl. 263)
VwGO . . . . Verwaltungsgerichtsordnung v. 21. 1. 1960 (BGBl. I 17)
VwVfG . . . . Verwaltungsverfahrensgesetz v. 25. 5. 1976 (BGBl. I 1253)

WährG . . . . 1. Gesetz zur Neuordnung des Geldwesens (Währungsgesetz) v. 20. 6. 1948 (WiGBl. Beil. Nr. 5 S. 1)
Walter, G. . . . . Kaufrecht 1987
Weber, Hj. . . . . Sicherungsgeschäfte, 3. Aufl. 1986
WEG . . . . Gesetz über das Wohnungseigentum und das Dauerwohnrecht (Wohnungseigentumsgesetz) v. 15. 3. 1951 (BGBl. I 175)
Westermann . . . . Lehrbuch des Sachenrechts, 5. Aufl. 1966 (Nachtrag 1973)
Westermann, Schwerp. . . BGB, Sachenrecht, 9. Aufl. 1990, Reihe Schwerpunkte
Westermann/
Bearbeiter . . . . Sachenrecht Bd. I, 6. Aufl. 1990, bearbeitet von H. P. Westermann, Gursky und Pinger; Bd. II 6. Aufl. 1988, bearbeitet von Eickmann und Pinger
WG . . . . Wechselgesetz v. 21. 6. 1933 (RGBl. I 399)
Wieling . . . . Sachenrecht, Bd. I, 1990
WiGBl. . . . . Gesetz- und Verordnungsblatt des Wirtschaftsrates des Vereinigten Wirtschaftsgebietes

Abkürzungen

I. Abschnitt

Einführung

§ 1. Die Bedeutung des Sachenrechts im Zusammenleben der Menschen

I. Das Sachenrecht als Teil der Rechtsordnung enthält die Regeln, die für die Beherrschung der Sachgüter durch den Menschen maßgeblich sein sollen. Wie diese Regeln ausgestaltet sind, hängt von den Grundentscheidungen ab, die in der Verfassungsordnung enthalten und in der darauf beruhenden Wirtschaftsordnung konkretisiert sind. So basiert unser geltendes Sachenrecht auf dem Grundsatz der Anerkennung des Privateigentums im Sinne einer regelmäßig freien Nutzung und Verwertung des Vermögens, eng verknüpft mit der Freiheit der Persönlichkeit, der Vertragsfreiheit, der Freiheit der Berufswahl und Berufsausübung, der Gewerbefreiheit. Es leuchtet ein, daß in Rechts- und Wirtschaftsordnungen, die diese Prinzipien nicht anerkennen, die insbesondere die staatliche Planung und Güterverteilung als maßgebendes Prinzip betrachten, auch das ,,Sachenrecht'' einen anderen Inhalt hat als in unserer Rechtsordnung.

Man muß sich freilich von der Vorstellung frei machen, als ob zwischen der vollen Verneinung und der unbedingten Bejahung der Möglichkeit individueller Rechte an Sachgütern Übergänge nicht denkbar seien. Auch eine Verfassungsordnung, die – wie das GG – das Privateigentum bejaht, kann sich der Einsicht nicht verschließen, daß die Interessen des Eigentümers mit den Belangen des Gemeinwohls kollidieren können. Daraus folgt, daß die Freiheit des Eigentümers, sein Eigentum zu nutzen und zu verwerten, nicht schrankenlos sein kann, daß vielmehr dem Eigentum gewisse Bindungen immanent sind; sie ergeben sich aus der Rücksichtnahme auf die Bedürfnisse der im Staat organisierten Gemeinschaft wie aus der Achtung vor den berechtigten Interessen des Nächsten. So folgt in den modernen Verfassungen der Eigentumsgarantie die Betonung dieses Bindungsgehalts auf dem Fuße; Art. 14 GG sagt – in Anlehnung an Art. 153 WRV –: ,,Das Eigentum wird *gewährleistet*, Inhalt und Schranken werden durch die Gesetze bestimmt. Eigentum *verpflichtet*. Sein Gebrauch soll zugleich dem Wohle der Allgemeinheit dienen''.

Diese dem Eigentum innewohnende Spannung zwischen ,,Freiheit und Bindung'' muß in einer Zeit besonders fühlbar werden, die dem Staat ganz andere, viel umfassendere Aufgaben zuweist, als dies noch zu Ausgang des 19. Jahrhunderts unter dem wirksamen Einfluß einer liberalen Staatsauffassung der Fall war. Wer von der Allgemeinheit unter dem Stichwort ,,Daseinsvorsorge'' umfassende Hilfe in allen Fährnissen des Lebens beansprucht, muß sich darüber im klaren sein, daß der Staat dem einen nur das geben kann, was er dem anderen nimmt. Mag sich auch dieser Ausgleich im allgemeinen durch Steuern, Abgaben und dergl. vollziehen und das Sacheigentum nur mittelbar berühren, so ergeben sich doch Bindungs- und Entziehungstatbestände, die nicht nur das „Vermögen" als Inbegriff aller Güter eines Menschen, sondern auch die Berechtigung an der einzelnen „Sache" betreffen. Daher werden wir uns bei der Erörterung des „Sachenrechts" immer folgenden Gesichtspunkt vergegenwärtigen müssen:

Die Regeln über die inhaltliche Ausgestaltung des Eigentums und der sog. beschränkten dinglichen Rechte finden sich nicht nur im bürgerlichen Recht, sondern in steigendem Maße auch im öffentlichen Recht. Eine Darstellung des Sachenrechts, die dieses Übergreifen des öffentlichen Rechts auf den privatrechtlichen Gehalt des Eigentums vernachlässigen wollte, wäre unvollständig, ja lebensfremd.

Folgendes einführendes *Beispiel* mag das Gesagte verdeutlichen:

Wenn E auf seinem Grundstück ein Gebäude errichten will, so stehen dem – sieht man von der Rücksichtnahme auf die Nachbarn einmal ab (s. unten II) – von der *Privatrechtsseite* her gesehen keine Bedenken entgegen (§ 903 BGB).[1] Jedermann weiß aber, daß E dazu einer – öffentlich-rechtlichen – Baugenehmigung bedarf. Sicher ist, daß die für die Genehmigung maßgebenden Beurteilungsmaßstäbe in einem Gesetz (im materiellen Sinne) niedergelegt sein müssen. Sicher ist auch, daß diese baurechtliche Genehmigung in erster Linie der „Gefahrenabwehr" zu dienen hat. Aber dürfen auch andere Gesichtspunkte – z.B. bauplanerischer, ästhetischer Art – berücksichtigt werden? Auch dann, wenn solche Rücksichten nur Bauprojekte eines bestimmten Ortsgebiets, ja vielleicht sogar nur einige wenige oder gar nur *ein* Bauvorhaben betreffen? Darf die Behörde, die die Genehmigung erteilt, gleichzeitig fordern, daß ein Teil des Grundstücks zum Bau der öffentlichen Straße unentgeltlich abgetreten wird?

Diese Fragen sollen zunächst nicht beantwortet werden (s. dazu unten §§ 24, 26); sie sollen nur ein Gefühl dafür wecken, daß das „Sachenrecht" als ein Teil der Privatrechtsordnung Schritt für Schritt von öffentlich-rechtlichen Normen begleitet wird. Daraus ergibt sich – worauf jetzt schon hingewiesen werden kann – auch ein verschiedenartiger *Rechtsschutz*: Privatrechtliche Streitigkeiten – etwa zwischen zwei Grundstückseigentümern über die Grundstücksgrenze – gehören vor die *ordentlichen Zivilgerichte* (§ 13 GVG). Wegen der Verweigerung der Baugenehmigung mit dem beantragten Inhalt oder dem ungerechtfertigten Verlangen einer Grundstücksabtretung muß das *Verwaltungsgericht* angerufen werden (§ 40, § 42 VwGO). Beansprucht E für die Enteignung eines Grundstücksteils eine Entschädigung, so ist bei Streit über deren Höhe wieder der Rechtsweg zu den *ordentlichen Zivilgerichten* gegeben (Art. 14 Abs. 3 S. 4 GG), obwohl diese Streitigkeit ihrer Natur nach dem öffentlichen Recht angehört. Der Eigentumsschutz wird also sowohl durch die ordentlichen Zivilgerichte wie durch die Verwaltungsgerichte gewährleistet, er ist „zweispurig".

II. Es entspricht der Erfahrung, daß eine schrankenlose Nutzung und Verwertung des Eigentums ein geregeltes Zusammenleben der Menschen ausschließen würde. Wollten sich alle an die Grundregel des § 903 halten („Der Eigentümer einer Sache kann ... mit der Sache nach Belieben verfahren und andere von jeder Einwirkung ausschließen"), so wäre Kampf aller gegen alle die Folge. Auch das Privatrecht muß sich daher um eine Inhaltsbegrenzung des Eigentums bemühen, und zwar in mehrfacher Richtung:

1. Das Gesetz muß Vorschriften geben, die ein friedliches *Nebeneinanderleben* mehrerer Sacheigentümer ermöglichen. Dieser Friedensschutz muß naturgemäß bei Grundstücken intensiver sein als bei beweglichen Sachen. Hierher gehört vor allem das sog. Nachbarrecht (§§ 905–924).

Beispiel: Müssen die Eigentümer von Häusern in einer sog. „Landhausgegend" dulden, daß eine Fabrik (ein Tanzrestaurant?) errichtet wird?

---

[1] Paragraphen ohne Angabe des Gesetzes verweisen auf das BGB.

Dieser „Friedensschutz" kann sich nicht auf das Eigentum beschränken, sondern muß sich auch auf beschränkte dingliche Rechte (mit weitem Nutzungsgehalt, etwa den Nießbrauch) an einem Grundstück erstrecken, ja sogar Tatbestände erfassen, denen ein „dingliches Recht" nicht zugrunde liegt; das Gesetz hat also nicht nur den Eigentumsschutz und seine Schranken zu regeln, sondern auch einen *Besitzschutz* vorzusehen und seinen Inhalt zu umschreiben.

Wie ist im vorigen Beispiel die rechtliche Situation derer, die ein Landhaus vom Eigentümer gemietet haben?

2. Es ist eine Besonderheit des Eigentums, daß es „aufspaltbar" ist. Wir wissen aus der Lebenserfahrung, daß an *ein- und derselben Sache* mehrere Rechtsverhältnisse möglich und auch häufig sind; so wenn etwa der Eigentümer eines Hauses ein Stockwerk selbst bewohnt, an einem zweiten seinen Eltern ein Wohnrecht (§ 1093) einräumt, ein drittes vermietet, wenn er ferner – um die Mittel zum Bau des Hauses zu erhalten – mehrere Hypotheken zugunsten von Banken und Bausparkassen bestellt hat. Hier müssen die Befugnisse und Pflichten des Eigentümers zu den Inhabern der beschränkten dinglichen Rechte und dieser untereinander klar abgegrenzt werden.

Beispiel: Berührt es den Wohnungsberechtigten, den Mieter, wenn einer der Hypothekare sein Recht verwirklicht, indem er die Zwangsversteigerung betreibt? Wer hat die Kosten zu tragen, wenn in der Wohnung des Wohnungsberechtigten Reparaturen erforderlich werden? In welcher Reihenfolge sind die Hypothekare berechtigt, wenn bei einer Zwangsversteigerung des Hauses der Erlös nicht für alle ausreicht? Kommt es auf die zeitliche Reihenfolge der Darlehensgewährung oder auf die Eintragung im Grundbuch an?

Schon aus der Notwendigkeit solcher Abgrenzungen ergibt sich für den Gesetzgeber der Zwang zu einer Typisierung, und zwar in zweifacher Hinsicht:

a) Die im Sachenrecht möglichen dinglichen Berechtigungen müssen im Gesetz fixiert sein; es gilt also der sog. *numerus clausus der Sachenrechte (Typenzwang).*

b) Der Inhalt der sonach möglichen Berechtigungen muß mindestens in den Umrissen zwingend durch das Gesetz festgelegt werden *(Typenfixierung).*

In beiden Hinsichten wird also die Vertragsfreiheit der Beteiligten – und zwar die inhaltliche Gestaltungsfreiheit[1] – eingeschränkt. Sie sind zwar frei in ihrer Entscheidung, *ob* sie dingliche Rechte begründen wollen (Abschlußfreiheit!); *welche* Rechte aber überhaupt in Betracht kommen und *welchen* Inhalt sie haben, ist durch die Rechtsordnung – zumindest dem Typ nach und meist zwingend – geordnet (keine oder doch nur beschränkte inhaltliche Gestaltungsfreiheit!).

Beispiel: Die Befugnisse des Hypothekars sind im Gesetz zwingend umschrieben (§§ 1120 ff. BGB, § 866 ZPO): er kann Zwangsversteigerung oder Zwangsverwaltung betreiben oder gewisse „mithaftende Gegenstände" (z. B. Zubehör) verwerten lassen. Es kann aber zwischen ihm und dem Eigentümer nicht als Inhalt der Hypothek vereinbart werden, daß er auch berechtigt ist, die Nutzungen des Grundstücks zu ziehen (sog. Antichrese): Soll er dazu befugt sein, so muß ihm auch ein Nießbrauch eingeräumt werden.

3. Eigentum und beschränkte dingliche Rechte sind Gegenstand des Rechtsverkehrs; den Güterumsatz rechtlich zu regeln, ist eine weitere Aufgabe des Sachenrechts. Daher müssen auch die Interessen der möglichen *Erwerber* berücksichtigt werden, und zwar im wesentlichen in zwei Richtungen:

---

[1] S. dazu *Flume* II S. 12 ff.; *U. Huber* in JurAn 1970, 784; *Larenz,* I § 4 II a; *Walz* KritVSchr. 1988, 152 (je m. w. N.).

a) Wer das Eigentum an einem Gegenstand erwirbt, wem eine Hypothek bestellt oder abgetreten wird, wem der Nießbrauch an einem Grundstück eingeräumt wird, muß wissen, was er „erwirbt". Es würde den Rechtsverkehr, das Kreditgeschäft usw. beeinträchtigen, wenn jedesmal auf die „Quellen" des Rechts – also etwa auf den Hypothekenbestellungsvertrag – zurückgegangen werden müßte, um die Befugnisse des Erwerbers, Pfandgläubigers usw. schon in ihren Umrissen zu erkennen. Auch die Leichtigkeit und Sicherheit des Rechtsverkehrs erfordern also die *Typenbeschränkung* und den *typisierten Inhalt* der Rechte an Sachgütern.

Man wird sich fragen, warum das *Schuldrecht* einen solchen Typenzwang nicht kennt, also – im Grundsatz – sowohl die Abschlußfreiheit wie die inhaltliche Gestaltungsfreiheit bejaht: *Das Schuldverhältnis* ist ein rechtliches Band zwischen den Partnern, kraft dessen der Schuldner gehalten ist, dem Gläubiger eine Leistung zu erbringen (§ 241). Wechsel des Gläubigers – durch Abtretung – oder des Schuldners – durch Schuldübernahme – ist zwar nicht ausgeschlossen, aber doch nicht die Regel; wenn also eine Forderung abgetreten wird, dann muß der Erwerber sich genau erkundigen, auf welchem Rechtsgrunde sie beruht, andernfalls erlebt er die Enttäuschung, daß der Schuldner ihm Einwendungen entgegenhält (§ 404), von denen er nichts ahnt. Die *sachenrechtliche Berechtigung* ist aber – freilich mit im einzelnen verschiedener Intensität – auf den Wechsel ihres Inhabers zugeschnitten; das Gesetz muß also dem Erwerber von vornherein eine Vorstellung davon vermitteln, was er erwirbt; andernfalls wäre ein Güterumsatz oder eine Güterverwertung wenn nicht ausgeschlossen, so doch sehr erschwert.

Freilich ist zu betonen, daß dem Typenzwang und der Typenfixierung auch noch andere Erwägungen zugrunde liegen: Kennzeichen der dinglichen Rechte ist ihre *absolute Wirkung*; jedermann hat sie zu respektieren. Diese Forderung setzt aber voraus, daß der Inhalt der dinglichen Rechte für jeden anderen Rechtsgenossen erkennbar ist, er muß also typisiert sein. Auch darf dieser absolute Schutz von der Rechtsordnung nur gewährt werden, wenn ein echtes Bedürfnis dafür vorhanden ist;[1] es kann daher nicht den Beteiligten überlassen bleiben, dingliche Rechte beliebiger Art und beliebigen Inhalts zu schaffen. Schließlich soll der Typenzwang das Eigentum vor unübersehbaren und vielleicht untragbaren Belastungen und Beschränkungen bewahren.

b) Die Rücksichtnahme auf den *Erwerber* fordert noch eine weitere gesetzgeberische Entscheidung:

Ist der Rechtsinhaber (z. B. der Eigentümer) oder der Erwerber schutzwürdiger, wenn der Erwerb sich auf eine Sache bezog, die dem Veräußerer gar nicht gehörte?

Beispiel: E hat eine Schreibmaschine an M vermietet, M hat sie an X verkauft und „übereignet". Bleibt die Rechtsstellung des E durch dieses Rechtsgeschäft unberührt, so daß er die Schreibmaschine dem X wegnehmen kann, oder ist gar X Eigentümer geworden, so daß E sich nur an M halten und von ihm Schadensersatz fordern kann?

Wer hier lediglich auf Grund seines Rechtsgefühls urteilen wollte, wird vermutlich den Eigentümer (E) bevorzugen; denn es ist zunächst nicht einzusehen, warum X das Eigentum durch ein Rechtsgeschäft mit M erwerben sollte, der doch gar nicht der Eigentümer war; es gehöre – so könne man sagen – zum Risiko des X, daß er sich mit dem Nichteigentümer M eingelassen habe. Freilich wird das Urteil schwankend, wenn man sich vergegenwärtigt, daß sich E eine vertrauenswürdige Person als Mieter hätte aussuchen können.

Man wird zu keiner Entscheidung dieses Interessenwiderstreits kommen, wenn man nur die Interessen des konkreten Eigentümers und die des Erwerbers gegeneinander abwägt. Vielmehr müssen auch hier die Bedürfnisse des rechtsgeschäftlichen Sachgüterverkehrs insgesamt berücksichtigt werden: Würde dieser

---

[1] „Freiheitsschutz" in Ergänzung des „Vereinfachungsprinzips" (*Heck* § 23, 2a, b).

Rechtsverkehr nicht erheblich erschwert werden, wenn man dem Erwerber jeweils Nachforschungen darüber zumuten wollte, ob der Veräußerer wirklich der Berechtigte ist? Wie sollte er sich überhaupt eine Sicherheit über die Rechtslage verschaffen, da er doch regelmäßig keinen Einblick in die Verhältnisse des Veräußerers hat?

Die Rücksichtnahme auf die Sicherheit und Leichtigkeit des Verkehrs, auf die Interessen aller potentiellen Erwerber erfordert also einen Normenkomplex, den man unter den Stichworten: *Gutgläubiger Erwerb vom Nichtberechtigten* zusammenfaßt.

Anwendungsfälle dieses Grundsatzes finden wir z. B. in den §§ 932–936 (für Eigentumserwerb an beweglichen Sachen), §§ 892, 893 (für Grundeigentum und Grundstücksrechte), § 1207 (gutgläubiger Pfandrechtserwerb an beweglichen Sachen). Der Schutz des gutgläubigen Erwerbers hat in unserem Recht einen umfassenden Ausdruck gefunden; man muß sich aber vor der Auffassung hüten, als gälte er schlechthin; er greift vielmehr nur in den gesetzlich geregelten Fällen Platz, wobei die Voraussetzungen bei den einzelnen Gruppen sehr verschieden geregelt sind (vgl. etwa § 932 mit § 892!).

§ 2. Die Regelung des Sachenrechts im geltenden Recht –[1]
Die Verschiedenartigkeit von Liegenschaftsrecht und Fahrnisrecht

I. Die Stellung des Sachenrechts in der Rechtsordnung

1. Das Dritte Buch des BGB ist mit ,,Sachenrecht'' überschrieben. Schon daraus erhellt, daß unter ,,Sachenrecht'' hier objektives Recht gemeint ist und daß dieses Rechtsgebiet dem materiellen Privatrecht angehört; dies gilt es im einzelnen zu erläutern:

a) Wie der Name ,,Sachenrecht'' besagt, sind in ihm die Rechtsverhältnisse an Sachen geregelt, und zwar sowohl in der Ruhelage (z. B. Rechte des Eigentümers, Befugnisse des Nießbrauchers) wie im Stadium ihrer Änderung (z. B. Übereignung einer Sache, Abtretung einer Hypothek).

Freilich ist die Bezeichnung ,,Sachenrecht'' nicht vollkommen korrekt, da in ihm auch die Rechte an Rechten geregelt sind (z. B. Nießbrauch an einer Forderung [§§ 1068–1084] oder Pfandrecht an einer Forderung [§§ 1273–1296]).

Von diesem *Sachenrecht im objektiven* ist das *Sachenrecht im subjektiven Sinn* zu unterscheiden; darunter versteht man die Rechtsstellung, die einer konkreten Person an einer konkreten Sache zusteht.[2] Diese – wie wir bereits sahen – typisierte Rechtsstellung wird auch als *dingliches Recht* bezeichnet und den *relativen Rechten* gegenübergestellt. Dingliche wie relative Rechte stellen Ausschnitte aus dem Bereich des subjektiven Rechts dar, für das eine vom Recht verliehene Macht kennzeichnend ist. Während aber das dingliche Recht die Herrschaftsmacht über eine Sache zum Inhalt hat, gewährt das relative Recht nur Befugnisse

---

[1] Über die Entwicklung des Sachenrechts s. *Wiegand* AcP 190, 112; *M. Wolf* NJW 1987, 2647; *F. Baur* JA 1987, 181.

[2] S. dazu im einzelnen *Eichler* I S. 1 ff.; *Diederichsen,* Das Recht zum Besitz aus Schuldverhältnissen, 1965; *Eugen Huber,* Dingliche Rechte im schweiz. Privatrecht, in Abhandlungen zum schweiz. Recht, Heft 58 S. 33 ff.; *Fabricius,* AcP 162, 456, 467 ff.; *Hübner* AT Rn. 215 ff.

gegenüber einer ganz bestimmten Person. Ein besonderes Kennzeichen des dinglichen Rechts ist seine *Absolutheit:* es ist von der Rechtsordnung mit einer Wirkung gegenüber jedermann ausgestattet und von ihr gegen jeden rechtswidrigen Eingriff geschützt, jedermann hat es zu respektieren. Das Sachenrecht im subjektiven Sinne oder das dingliche Recht gehört also in den Bereich der absoluten Rechte, wie sie sich auch in anderen Rechtsgebieten (z. B. im Ehegüterrecht und im Erbrecht) finden.

Der Käufer einer ihm noch nicht übereigneten Sache kann sich also nur an den Verkäufer halten, nur von ihm Übereignung der Sache oder – falls dies nicht möglich ist – Schadensersatz fordern (§§ 440, 433), der *Eigentümer* einer Sache kann Herausgabe von jedem verlangen, der sie ihm vorenthält (§ 985), und gegen jeden vorgehen, der ihn in seiner Eigentümerstellung beeinträchtigt (§ 1004).

Diese reinliche Trennung[1] zwischen absoluten und relativen Rechten verwischt sich aber bei näherem Zusehen nach einigen Richtungen:

aa) Aus der Verletzung des dinglichen (absoluten) Rechts erwachsen Ansprüche, die sich *gegen* den Verletzer richten und damit „relativen" Charakter haben; hierunter fallen z. B. der Herausgabeanspruch nach § 985 und der Unterlassungsanspruch nach § 1004; sie sind relative Rechte mit der Besonderheit, daß sie „aus" dem dinglichen Recht erwachsen und mit ihm verbunden bleiben; das bedeutet z. B., daß der Herausgabeanspruch nicht ohne das Eigentum übertragen werden kann.[2]

bb) Mit vielen relativen Rechten ist der unmittelbare Sachbesitz verbunden; man denke an den Mieter eines Hauses oder eines Kraftfahrzeugs. Diese Besitzüberlassung führt zu einer Verfestigung der Position des relativ Berechtigten, die in manchem die Stellung eines „dinglich", „absolut" Berechtigten verleiht; so kann der Mieter sich in seiner Eigenschaft als Besitzer eines dem Eigentumsschutz angenäherten Besitzschutzes erfreuen (vgl. §§ 859–864, 1007), seine Rechtsstellung wirkt sogar gegenüber dem Grundstückserwerber (§ 571), mit dem er doch zunächst in keinerlei Rechtsbeziehungen steht, und schließlich kann er sich u. U. auch gegen die Herausgabeklage des Vermieters (Eigentümers) mit Erfolg wehren, wenn das Mietverhältnis dem sog. Mieterschutz[3] untersteht. So ist es kein Wunder, daß manche in der Grundstücksmiete – trotz ihrer Stellung im Schuldrecht mitten in der Regelung relativer Rechte – mindestens ein einem dinglichen Recht angenähertes Recht sehen (s. dazu unten § 3 II, 4 und § 29 E)!

b) Das Sachenrecht ist *Teil des Privatrechts,* also des Rechts, das die Beziehungen der Rechtsgenossen untereinander regelt. Wie wir aber bereits sahen (§ 1 I), wird das bürgerlich-rechtliche Sachenrecht auf weiten Gebieten durch Vorschriften des öffentlichen Rechts überlagert; auf ihren Einfluß ist in den folgenden Darlegungen stets hinzuweisen.

Die Lehre von einem besonderen *öffentlichen Eigentum* an sog. öffentlichen Sachen[4] wird überwiegend abgelehnt;[5] auch die Sachen, die dem Gemeingebrauch (z. B. als Straßen, Wege, Wasserstraßen) oder den eigentlichen Staatszwecken dienen (z. B. als Verwaltungsgebäude, Schulen), stehen im privatrechtlichen Eigentum öffentlich-rechtlicher Körperschaften (des Staates, der Gemeinden). Frei-

---

[1] Zu den dogmatischen Fragen und Zweifeln, die sich hier ergeben, s. *Medicus* AT Rn. 61; *Canaris,* FS f. Flume I (1978), 371; *Weitnauer,* FS f. Larenz (1983), 706; *Hübner* AT Rn. 218 ff.; *Hadding* JZ 1986, 926; *Denk* JuS 1981, 9 u. 861; *Dubischar,* Über die Grundlagen der schulsystematischen Zweiteilung in sog. absolute und relative Rechte, Tüb. Diss. 1961; *Henke,* Die sog. Relativität des Schuldverhältnisses, 1989.

[2] Freilich nicht unbestritten! S. unten § 11 C I 3 a.

[3] Vgl. unten § 29 E 3.

[4] *Papier,* Recht der öffentlichen Sachen, 2. Aufl., 1984.

[5] *Wolff/Bachof* § 57 I b; *Pappermann/Löhr/Andriske,* R. d. öff. Sachen, 1987; *Soergel/Mühl* Rn. 36 ff. vor § 90 (je m. w. N.); *Soergel/J. F. Baur* § 903 Rn. 30 ff. – Freilich erlebt die Rechtsfigur des *rein* öffentlichen Eigentums in neuerer Zeit eine kräftige Belebung; s. vor allem BVerfGE 24, 367 = *Baur,* E. Slg. Fall 12 (öffentliches Eigentum an Deichgrundstücken); BVerwGE 27, 131; *Maunz/Papier* Art. 14 GG Rn. 78–82; *v. Münch/Salzwedel* S. 621.

lich ist der privatrechtliche Gehalt dieses Eigentums im Umfang der öffentlich-rechtlichen Bestimmung der Sache verdrängt. So kann z. B. das Eigentum an einer Straße auf eine Privatperson zu deren freien Verfügung und Nutzung erst übertragen werden, wenn die Widmung als Straße durch Verwaltungsakt (Entwidmung) aufgehoben worden ist. Der Eigentümer der öffentlichen Sache kann Auswirkungen des Gemeingebrauchs – entgegen §§ 903, 905, 1004 – nicht verbieten. Neben das privatrechtliche Sachenrecht tritt das dem Verwaltungsrecht zugehörige Recht der öffentlichen Sachen, wobei im Zweifel das letztere dominiert, ohne daß der Geltungsbereich des Privatrechts ganz verschwindet (vgl. BGHZ 21, 319, 327; 33, 230; BGH MDR 1961, 52; NJW 1965, 387 und sehr instruktiv BGH NJW 1990, 899 [Hamburger Stadtsiegel]; weitere Nachweise s. *Soergel/Mühl* Rn. 38 ff. vor § 90 BGB; *Peine* JZ 1984, 869).

Zu unterscheiden davon ist die Frage, ob Eigentum von jur. Personen des öffentlichen Rechts Grundrechtsqualität i. S. des Art. 14 I GG hat: in BVerfGE 61, 82, 100 verneint; dazu *Badura* JZ 1984, 14.

c) Das Sachenrecht ist *materielles Recht,* nicht Verfahrensrecht. Wie der Rechtsschutz dinglicher Rechte zu verwirklichen ist, sagen die Verfahrensgesetze, insbesondere die Zivilprozeßordnung.

aa) Freilich haben auch manche prozessuale oder doch auf den Prozeß bezogene Vorschriften ihren Platz im 3. Buch des BGB. Hierher gehören die zahlreichen Vorschriften, die die Beweislast regeln, so die Vermutungen nach § 1006, § 891, § 932 Abs. 2. Ihre Wirkung entfaltet sich im Prozeß. Hierher gehört auch die Beschränkung der Einwendungen nach § 863.

bb) Andererseits finden sich im Prozeßgesetz, nämlich in der ZPO, Bestimmungen materiellrechtlichen Gehalts: so etwa in § 868 ZPO, wonach aus einer Zwangshypothek eine Eigentümergrundschuld entsteht, wenn der Vollstreckungstitel aufgehoben wird, auf dem die Zwangshypothek bisher beruhte; in § 898 ZPO, wonach die Vorschriften über den gutgläubigen Erwerb auch dann anwendbar sind, wenn die Übereignungserklärung durch gerichtliches Urteil ersetzt wird (§ 894 ZPO). Auch der Schutz des Eigentümers gegen unberechtigte Pfändungen, die sich gegen sein Eigentum richten, in § 771 ZPO und gegen Inanspruchnahme seines Eigentums im Konkurs eines anderen (§ 43 KO) ist im Zusammenhang mit dem sachenrechtlichen Eigentumsschutz (§§ 985, 1004) zu sehen. Der sachenrechtliche Zusammenhang (mit den Bestimmungen über das Pfandrecht) besteht auch in den Fällen der Absonderung (§§ 47 ff. KO).[1]

2. Das dritte Buch des BGB *enthält nicht alle materiellrechtlichen Vorschriften,* die sich auf das Sachenrecht beziehen; es gibt zahlreiche sachenrechtliche Bestimmungen in den übrigen Büchern des BGB (a), vor allem aber in sachenrechtlichen Sondergesetzen (b):

a) Solche Bestimmungen finden sich etwa im Allgemeinen Teil (§§ 90 ff.), im Familienrecht (vgl. z. B. §§ 1362, 1416, 1424 BGB).

b) Sachenrechtliche *Sondergesetze* sind z. B.
das Wohnungseigentumsgesetz v. 15. 3. 1951,
die Erbbaurechtsverordnung v. 15. 1. 1919,
das Gesetz über Rechte an eingetragenen Schiffen und Schiffsbauwerken v. 15. 11. 1940.
Dazu kommen zahlreiche Gesetze mit *bodenpolitischer* Tendenz, z. B.
das Reichssiedlungsgesetz v. 11. 8. 1919 mit den Bodenreformgesetzen der Länder,
das Reichsheimstättengesetz v. 10. 5. 1920/25. 11. 1937,
das Landpachtverkehrsgesetz v. 8. 11. 1985 u. viele andere.

Es läßt sich sonach feststellen, daß die Regelung des Sachenrechts im BGB zwar ursprünglich kodifikatorische Tendenz im Sinne einer abschließenden Regelung der Materie hatte, daß diese Tendenz aber heute nicht mehr voll verwirklicht ist.

Dagegen ist die Regelung *gegenüber dem Landesrecht* abschließend: Landesgesetze, die Gegenstände des Sachenrechts betreffen, sind nur auf den Gebieten möglich, die das BGB ausdrücklich dafür freigibt (vgl. Art. 64–69, 106–133 EG BGB).
Freilich ist zu beachten, daß diese durch das EG BGB dem Landesrecht „vorbehaltenen Gebiete"

---

[1] Dazu *Henckel* JuS 1985, 836.

dann später durch reichsrechtliche Sondergesetze weiter eingeschränkt oder gar beseitigt worden sind. So war z. B. das Recht der Zusammenlegung von Grundstücken (Flurbereinigung!) durch Art. 113 EG BGB ursprünglich dem Landesrecht überlassen; dieser Vorbehalt ist durch das Flurbereinigungsgesetz v. 14. 7. 1953 (zuvor schon durch die sogenannte Reichsumlegungsordnung) für die Zusammenlegung landwirtschaftlicher Grundstücke beseitigt worden.

Wer einen sachenrechtlichen Lebenssachverhalt zu beurteilen hat, muß sich also vergegenwärtigen, daß er nicht alle „einschlägigen" Vorschriften im 3. Buch des BGB findet; er hat u. U. zu berücksichtigen:

einmal die sachenrechtlichen Bestimmungen des BGB, dann
die sachenrechtlichen Sondergesetze, die gewissermaßen eine Ergänzung des BGB durch späteren Rechtsstoff darstellen, sodann
sonstige Reichs- und Bundesgesetze, insbes. solche mit bodenrechtlichem Inhalt,
schließlich landesrechtliche Gesetze auf den vorbehaltenen Gebieten.

Für das *Verhältnis dieser Gesetze untereinander* gelten die allgemeinen, hierfür entwickelten Grundsätze:

Vorrang des Reichs(Bundes)rechts vor dem Landesrecht (Art. 31 GG),
Vorrang des speziellen vor dem generellen Gesetz,
Vorrang des zeitlich späteren Gesetzes.

3. Zum sachenrechtlichen *Internationalen Privatrecht* s. *Kegel*, Intern. Privatrecht, 6. Aufl. 1987, § 19; *Soergel-Kegel* vor Art. 7 EG BGB Rn. 553–598; *Firsching*, Einf. in d. intern. Privatrecht, 1974, § 35; *v. Caemmerer* in FS für Zepos, 1973, S. 25 ff. m. w. N.; *Stoll* RabelsZ 1973, 357; 1974, 450 und Internationales Sachenrecht (Staudinger EG BGB nach Art. 12 C I), 1976; *Drobnig* RabelsZ 1974, 468 u. FS f. Kegel, 1977, 141.

II. Der Inhalt des 3. Buches des BGB – Die Verschiedenartigkeit von Liegenschaftsrecht und Fahrnisrecht

1. Wer sich in ein neues Rechtsgebiet einarbeiten muß, tut gut daran, sich einmal Gedanken darüber zu machen, welche Gesichtspunkte *er* für ausschlaggebend erachten würde, wäre ihm die Regelung der Materie als Gesetzgeber übertragen. Bei einer solchen Überlegung würde ihm ohne Zweifel der wesentliche Unterschied in der Funktion auffallen, die Grundstücke („Liegenschaften") auf der einen Seite, bewegliche Sachen („Fahrnis") auf der anderen Seite im Leben zu erfüllen haben: Das *Grundstück* ist die Grundlage eines jeden Daseins; es dient dem Menschen zur Wohnung („jeder Mensch braucht eine Bleibe"), es liefert ihm die Nahrung und – mittelbar – die Bekleidung, es ist die Grundlage des Zusammenlebens im Sinne eines „Zueinanderkommens". Diese Feststellungen mögen banal erscheinen, machen aber doch vielleicht deutlich, daß der Gesetzgeber das Grundstücksrecht von vornherein mit anderen Augen sehen muß als das Recht der beweglichen Sachen: Das Grundstück ist für den Einzelnen wie für die Gesamtheit die Grundlage des „Vermögens" im Sinne einer Basis für jegliche menschliche Existenz. Daher sind die Liegenschaften nur schwer „marktgängig" (man trennt sich nur ungern von seinem Grund und Boden); findet ein Eigentumswechsel statt, so wird das Gesetz den Beteiligten die Bedeutung dieses Akts durch eine besondere Form vor Augen führen. Aus der Nachbarschaftslage der Grundstücke werden sich Interessengegensätze ergeben, deren Ausgleich dem Gesetzgeber obliegt. Der Allgemeinheit wird eine zweckgerechte Nutzung der Liegenschaften ein besonderes Anliegen sein, ja sie wird oft privates Grundeigentum in Anspruch nehmen müssen, um ihre Aufgaben überhaupt erfüllen zu können. So begegnen sich im Grundstücksrecht das Interesse des Einzelnen an der Erhaltung seiner Vermögensgrundlage mit den teils gleichgerichteten, teils – aus dem Gesichtspunkt des öffentlichen Wohls – in anderer Richtung tendierenden Interessen der Allgemeinheit.

Demgegenüber ist die funktionelle Bedeutung der *beweglichen Sachen* recht unterschiedlich, so unterschiedlich, daß eine gemeinsame Wertung kaum möglich ist; man denke nur an Begriffe wie: „Konsumgüter" – „Produktionsgüter" – „Geld" und wird feststellen müssen, daß sich der Gesetzgeber mit der in den verschiedenen Stadien des wirtschaftlichen Kreislaufs verschiedenartigen Funktion dieser Güter kaum wird abgeben können. Er wird sich begnügen, eine für alle diese Güter mehr oder weniger passende *technische* Regelung zu treffen, die im wesentlichen sich mit dem Schutz des Eigentums und dessen Übertragung befaßt. Soweit im Interesse der Allgemeinheit Ausgleichs- oder Lenkungsaufgaben notwendig sind, wird er sich des Steuer- oder Abgabenrechts bedienen, um die gewünschten Wirkungen zu erzielen.

Wenn sonach auch die grundsätzlich notwendige unterschiedliche Behandlung von Grundvermögen und beweglichem Vermögen augenscheinlich ist, so werden wir im Verlauf unserer Erläuterungen doch dann und wann die Tendenz des Gesetzes feststellen, auch *,,das Grundeigentum zu mobilisieren"*. Bestellt etwa der Eigentümer eines Grundstücks eine Inhabergrundschuld, die den beleihungsfähigen Wert des Grundstücks ausschöpft, so ist damit *faktisch* das Grundeigentum mobil gemacht: durch Einigung und Übergabe des Grundschuldbriefs wechselt das Grundstück seinem Wert nach den Rechtsträger. Ähnliche Eigentümlichkeiten finden wir im Handelsrecht: ist etwa A Inhaber aller Aktien einer AG, so wechselt mit dem ,,Verkauf des Aktienpakets" *faktisch* auch das Eigentum an den Grundstücken, wenn auch *rechtlich* nach wie vor die AG Eigentümerin der Grundstücke bleibt. Dies hat etwa zur Folge, daß die Warnfunktion des § 313 (Form bei Grundstücksverkäufen!) bei solchen Rechtsgeschäften ins Leere stößt![1]

2. Der Gesetzgeber des BGB hat – anders als das gemeine Recht – den funktionellen Unterschied zwischen Grundvermögen und Fahrnis gesehen, sich aber doch bemüht, möglichst viel Gemeinsames ,,vor die Klammer zu ziehen": *Gemeinsam* geregelt sind das Recht des Besitzes, des Eigentumsinhalts, der Eigentumsarten und des Eigentumsschutzes. Eine *getrennte Regelung* findet sich:

a) im Katalog der zugelassenen Sonderrechtstypen,

b) in der Begründung, Übertragung und Aufhebung des Eigentums und der beschränkten dinglichen Rechte.

Aber auch hier will das BGB wenigstens den systematischen Zusammenhang wahren; so erklärt es sich z.B., daß im ,,Dritten Abschnitt" die Regeln über Erwerb und Verlust des Eigentums an *Grundstücken* und *an beweglichen Sachen* aufeinanderfolgen, obwohl die das Grundeigentum betreffenden Bestimmungen nur im Zusammenhang mit den ,,Allgemeinen Vorschriften über Rechte an Grundstücken" (§§ 873–902) verständlich sind.

3. In diesem Lehrbuch wird das Liegenschaftsrecht vom Fahrnisrecht getrennt erörtert: Auf einen Abschnitt (II), der die allgemein im Sachenrecht geltenden Grundsätze und Institute erörtert, folgt ein Abschnitt (III), der ausschließlich dem Liegenschaftsrecht gewidmet ist; daran reiht sich die Darstellung des Fahrnisrechts (IV. Abschnitt) und der Rechte an Rechten (V. Abschnitt). Die Abweichung von der Systematik des BGB, insbesondere die gesonderte Behandlung des Liegenschaftsrechts, gibt die Möglichkeit, die Besonderheiten des Liegenschaftsrechts, seine Ausgestaltung zu Sonderformen des Grundeigentums und die öffentlich-rechtlichen Bindungen zu behandeln. Ohne daß das Verständnis für die vom BGB gewählte Systematik zu leiden brauchte, soll dem Leser doch nahegebracht werden, daß das ,,Sachenrecht" des BGB zwar die unerläßliche Grundlage des Rechts der Sachgüter darstellt, aber keine auch nur einigermaßen erschöpfende Regelung der Gesamtmaterie enthält.

§ 3. Grundbegriffe des Sachenrechts –
Die Gliederung der dinglichen Rechte

Das Verständnis einer jeden Materie des Rechts setzt das Verständnis gewisser immer wiederkehrender Begriffe voraus. Ihre Beherrschung ist ein unerläßliches Gebot für die Handhabung des Gesetzes, sie sind ein Hilfsmittel der juristischen Kunstsprache, ein notwendiges Handwerkszeug des Juristen. So muß sich auch der Leser des ,,Sachenrechts" des BGB mit solchen Grundbegriffen vertraut machen. Die Eintönigkeit eines solchen Begriffskatalogs läßt sich dadurch

---

[1] Entsprechendes gilt auch für den häufigen Fall, daß das Vermögen einer zweigliedrigen Gesellschaft bürgerlichen Rechts in Grundstücken besteht. Mit Ausscheiden eines Gesellschafters geht dann das Vermögen aufgrund dessen Übernahmeerklärung auf den anderen Gesellschafter über (hierzu *Soergel/Hadding* § 730 Rz. 18ff.; zum Ganzen kritisch *Karsten Schmidt* AcP 182, 510ff.).

mildern, daß er mit einer Darstellung der Gliederung der dinglichen Rechte verbunden wird.

I. Sache – Bestandteil – Zubehör – Nutzungen – Früchte[1]

1. ,,*Sachen*" sind nur körperliche Gegenstände (§ 90); denn nur diese sind körperlich faßbar und beherrschbar. Daher schließt das Gesetz alle anderen Vermögensbestandteile aus dem Geltungsbereich des Sachenrechts aus, insbesondere Forderungen in ihren mannigfachen Erscheinungsformen, Immaterialgüterrechte usw.

Diese Lösung ist eindeutig, aber nicht selbstverständlich. Denn sicher hat auch der Gläubiger einer Forderung eine ,,eigentümerähnliche Stellung",[2] er kann über sie wie ein Eigentümer verfügen (§ 398).

Die Lösung wird vom Gesetz auch nicht immer konsequent durchgeführt: So sind gewisse Forderungsrechte in einem Wertpapier verkörpert (Inhaberpapiere, z. B. Schuldverschreibungen auf den Inhaber); das wirtschaftlich allein Bedeutsame bleibt sicher auch hier das Forderungsrecht; dennoch erfolgt die Übertragung, Verpfändung dieser ,,verkörperten Forderungsrechte" nach den Grundsätzen des Sachenrechts (arg. § 935 Abs. 2, § 1293).[3]

Wir sagten, daß sich das Sachenrecht nur auf körperliche Gegenstände bezieht; auch dieser Satz erleidet eine wichtige Durchbrechung, insofern im 3. Buch auch die Rechte an *Rechten* (nämlich Pfandrecht: §§ 1273–1296 und Nießbrauch: §§ 1068–1084) geregelt sind.

2. Das Gesetz spricht häufig von ,,*beweglichen*" Sachen (z. B. §§ 929, 937, 946) und von ,,*Grundstücken*" (z. B. §§ 873, 925, 1113). Damit sind offenbar zwei sich ausschließende Begriffe gemeint; sie werden im Gesetz nicht erläutert, die Kenntnis ihres Inhalts wird vorausgesetzt.

a) Auszugehen ist vom Begriff des *Grundstücks*. Er deckt sich nicht mit der sinnenfälligen Einteilung des Grund und Bodens in der Natur, sondern ist juristisch-technisch aus dem Inhalt des Grundbuchs zu verstehen; Grundstück ist daher ein Teil der Erdoberfläche, der im Grundbuch als ,,Grundstück" geführt wird.

Daraus ergibt sich, daß ein zusammenhängendes ,,Grundstück" (im Sinne einer wirtschaftlichen Betrachtungsweise) aus mehreren Grundstücken im Rechtssinn bestehen kann und umgekehrt mehrere Grundstücke (im Sinne des Sprachgebrauchs) im Grundbuch zu *einem* Grundstück zusammengefaßt sein können (s. unten § 15 III 2).

b) Alle körperlichen Sachen,[4] die nicht *Grundstücke* sind, sind *bewegliche Sachen*. Freilich bedarf dieser Satz sofort einer Ergänzung: denn zum ,,Grundstück" gehören auch alle die – einstmals – beweglichen Sachen, die sein *wesentlicher Bestandteil* geworden sind (§§ 93, 94).

---

[1] Nähere Darstellung bei *Wieling*, Sachenrecht § 2 und in den Lehrbüchern des Allg. Teils von *Enneccerus-Nipperdey* §§ 121 ff.; *Hübner* §§ 16–20; *Lange/Köhler* §§ 33–35; *Larenz* § 16; *Medicus* AT, Rn. 1173; *Pawlowski*, I, 1972, 143 ff.; *Rüthers*, 8. Aufl. 1991, Rn. 116 ff.; *E. Wolf*, 3. Aufl. 1982, § 2 G; ferner *Michaelis* in FS Nipperdey, 1965, I S. 553 ff.; *Wieacker* AcP 148, 27; *Siebenhaar* AcP 160, 156; *Spyridakis*, Zur Problematik der Sachbestandteile, 1966; *Soergel/Mühl* Bem. zu §§ 90 ff.; *Walz* KritVSchr. 1986, 131.

[2] S. dazu *Larenz* I 2 II, § 72 I a; *Westermann/H. P. Westermann* I § 2 II, 3; *Walz* KritV 1986, 131. – Über das ,,Rechtsverhältnis zwischen Person und Sache" s. die Kontroverse zwischen *Hadding* JZ 1986, 926 u. 1987, 454 u. *Niehues* JZ 1987, 453.

[3] *Zöllner* WPR § 2 II 1 b hält *auch* eine Abtretung der verbrieften Rechte nach §§ 413, 398 für möglich.

[4] Tiere sind gem. § 90 a BGB keine Sachen. Zu den Rechtsänderungen, *Mühe*, NJW 1990, 2238 f.

c) Hier werden die Begriffe: *wesentlicher Bestandteil, Bestandteil* und *Zubehör* bedeutsam:

Gemeinsam ist diesen Begriffen die Erkenntnis des Gesetzgebers, daß das Leben eine teils enge, teils lockere Verbindung mehrerer einzelner Sachen kennt. An dieser Verbindung kann auch das Recht nicht vorbeigehen.

Wer einen Gutshof kauft und sich übereignen läßt, kauft die „Gesamtheit", nicht die Grundstücke, Gebäude, das Vieh, die Maschinen je für sich.

aa) Diese Verbindung kann so eng sein, daß eine neue körperliche Einheit entsteht; dann spricht man von *wesentlichen Bestandteilen.*

Das Gesetz (§ 93) stellt darauf ab, ob nach einer Trennung jede Einzelsache noch für sich brauchbar ist; dies ist unzweckmäßig; richtig wäre, auf die Brauchbarkeit der Gesamtsache abzustellen.[1]

Wesentliche Bestandteile eines Grundstücks sind nach § 94 Gebäude (einschließlich der zur Herstellung des Gebäudes eingefügten Sachen, z. B. die Ölheizungsanlage einer Zentralheizung: BGHZ 53, 324; BGH NJW 1979, 712; 1982, 756; 1984, 2277: Kirchenglocke wesentl. Bestandteil oder Zubehör? u. NJW 1987, 3178) und sonstige „mit dem Grund und Boden fest verbundene Sachen" sowie die Erzeugnisse des Grundstücks, „solange sie mit dem Boden zusammenhängen".

Fraglich kann sein, ob auch vorfabrizierte, transportable *Fertighäuser* wesentliche Bestandteile des Grundstücks sind. Dies ist zu bejahen, wenn sie mit dem Fundament oder einem sonstigen in Massivbauweise errichteten Teil, z. B. einem Kamin, fest verbunden sind; dabei ist die Praxis großzügig (s. BGH NJW 1978, 1311; BFH JZ 1979, 526; *Stefan-Müller,* Handbuch des Realkredits, 1963, S. 559, 601 ff.).

Wesentliche Bestandteile „können nicht Gegenstand besonderer Rechte" sein (§ 93). Das Gebäude steht also im Eigentum des Grundstückseigentümers, auch wenn ein anderer es erbaut hat (§ 946).

Dies bedeutet u. a.:

α) Dingliche Rechtsänderungen an Sachen beziehen sich stets auch auf ihre wesentlichen Bestandteile. Dies ist zwingenden Rechts, eine anders lautende Parteivereinbarung hat nur schuldrechtliche Bedeutung.

Verkauft und übereignet V seinen Gutshof an K, so wird K Eigentümer auch der auf dem Felde stehenden Ernte. Haben sie vereinbart, daß V die Ernte noch für sich abernten darf, so ist das nur eine schuldrechtliche, d. h. nur zwischen V und K wirksame Aneignungsgestattung; hat V allerdings abgeerntet, so wird er Eigentümer der Früchte (§ 956).
Auch durch rechtsgestaltende hoheitliche Akte (z. B. nach § 825 ZPO) kann Sondereigentum an einem wesentlichen Bestandteil nicht begründet werden (BGHZ 104, 298).[2]

β) Beschränkte dingliche Rechte beziehen sich auch auf die wesentlichen Bestandteile.

Daher brauchte § 1120, der den Umfang der Hypothekenhaftung behandelt, von den wesentlichen Bestandteilen nicht ausdrücklich zu sprechen, sondern nur die vom Boden getrennten Erzeugnisse und Bestandteile zu erwähnen.

γ) Die §§ 93 ff. enthalten nur die Begriffsbestimmung des „wesentlichen Bestandteils". Werden mehrere Sachen wesentliche Bestandteile einer einheitlichen

---

[1] S. dazu *Wieling,* Sachenrecht § 2 III; *Lange/Köhler* § 34 II 4; *Michaelis* aaO; ferner BGHZ 18, 226; 20, 159.
[2] Dazu kritisch *Gaul* NJW 1989, 2509.

Sache, so kann zweifelhaft sein, wie nun die Eigentumsverhältnisse liegen. Mit diesem Problemkreis befassen sich die §§ 946–951 (s. darüber unten § 53 a). In unserem Zusammenhang genügt zunächst die Feststellung, daß das Grundeigentum gegenüber den mit ihm verbundenen wesentlichen Bestandteilen stets dominiert (§ 946), und zwar ohne Rücksicht auf die Wertrelation.

Beispiel: Der Pächter P errichtet auf dem Grundstück des E einen wertvollen großen Silo, der über die Pachtzeit hinaus dort verbleiben soll. E wird dessen Eigentümer. Ob P nach Beendigung der Pacht Ersatz verlangen kann, richtet sich nach den zwischen E und P bestehenden vertraglichen Beziehungen (s. auch § 581 Abs. 2 mit § 547 Abs. 2 Satz 1), notfalls nach den Vorschriften über die ungerechtfertigte Bereicherung (§ 951).

V hat an K Ziegel unter Eigentumsvorbehalt (§ 455) für dessen Neubau geliefert. Ist das Dach gedeckt, so erlischt der Vorbehalt, K wird Eigentümer. Fällt er in Konkurs, so kann V die Ziegel nicht aussondern (§ 43 KO), sondern erhält nur die Konkursquote auf seine Kaufpreisforderung.

bb) *Bestandteile,* die nicht wesentliche sind, teilen im allgemeinen das rechtliche Schicksal der Hauptsache, doch sind abweichende Vereinbarungen auch mit dinglicher Wirkung möglich.

Hält man mit dem BGH (BGHZ 18, 226) den serienmäßig hergestellten Motor nicht für einen wesentlichen Bestandteil des Kraftfahrzeugs, so geht zwar mit der Übereignung des Autos auch das Eigentum am Motor über. Der Lieferant des Motors kann sich aber dem Hersteller des Autos gegenüber das Eigentum vorbehalten.

cc) *,,Scheinbestandteile''.* Das Gesetz mußte die Tatsache berücksichtigen, daß bewegliche Sachen mit einem Grundstück oft nur zu einem vorübergehenden Zweck oder in Ausübung eines dinglichen Rechts an dem fremden Grundstück verbunden werden. Sie wirken dann äußerlich als wesentliche Bestandteile, dem Interesse des Bestandteilseigentümers wird aber gegenüber dem des Grundeigentümers der Vorzug gegeben (§ 95). Die Scheinbestandteile bleiben rechtlich selbständig, mögen sie mit dem Grund und Boden noch so fest verbunden sein.

Hat der Mieter eines Hauses *für die Dauer seiner Mietszeit* eine Garage errichtet, so ist sie – trotz der festen Verbindung mit dem Grund und Boden – nicht wesentlicher Bestandteil geworden (§ 95 Abs. 1 Satz 1; BGHZ 8, 1, 6; 10, 171; BGH NJW 1959, 1487 und 1960, 1003; 1984, 2878; 1985, 789). Die Übereignung der Garage folgt also den für bewegliche Sachen (§§ 929–931) geltenden Regeln (BGHZ 23, 57; BGH NJW 1976, 1539; 1987, 774)! Eine am Grundstück bestehende Hypothek erstreckt sich nicht auf die Garage, da sie nicht dem Grundeigentümer gehört (§ 1120).
Versorgungsleitungen (z. B. Gas- und Wasserleitungen) sind nur Scheinbestandteile der Grundstücke, in denen sie liegen; als bewegliche Sachen sind sie Zubehör des Werkgrundstücks (BGHZ 37, 353, 356; BGH NJW 1968, 2331: differenzierend).

dd) *Zubehör.*[1] Die Begriffsbestimmung des Zubehörs findet sich in § 97. Entscheidende Merkmale sind die der Hauptsache gegenüber dienende Funktion und eine gewisse räumliche Verbindung zu ihr, ohne daß Bestandteilseigenschaft vorliegen darf, wobei es entscheidend auf die Verkehrsanschauung ankommt (§ 97 Abs. 1 S. 2). Beispiele einer ,,dienenden Funktion'' von beweglichen Sachen im Verhältnis zu Grundstücken finden sich für gewerblich und landwirtschaftlich genutzte Grundstücke in § 98.

---

[1] Dazu *Siebert* in FS Gieseke (1958) S. 59 ff.; *Kollhosser* JA 1984, 196; *Soergel/Mühl* Rn. zu § 97; *Hübner* Rn. 197 ff.

Lehrreiche Fälle aus der Praxis: BGHZ 87, 234 u. BGH NJW 1984, 2277; dazu *Dilcher* JuS 1986, 185: ,,Der Streit um die Glocke".

Bei Anwendung des § 98 ist Vorsicht geboten! Eine Maschine, die fest mit dem Grund und Boden verbunden ist (z. B. die Dynamomaschinen eines Kraftwerks), oder Sachen, die zur Herstellung des Gebäudes eingefügt sind (§ 94 Abs. 2, z. B. die Fahrstuhlanlage eines Hotels), sind wesentliche Bestandteile, daher nicht Zubehör. Die Getreideernte eines Landguts ist *vor* der Ernte wesentlicher Bestandteil, nach der Ernte nur insoweit Zubehör, als sie dem Eigenverbrauch und Saatgutzwecken dient; das zum Verkauf bestimmte Getreide ist also nicht Zubehör.

Das Zubehör ist rechtlich selbständig; es kann also z. B. ohne das Grundstück, dem es zugehört, übereignet werden. Dennoch berücksichtigt das Gesetz, daß es in den Wirtschaftszusammenhang der Hauptsache eingefügt ist, daher ,,im Zweifel" deren rechtliches Schicksal teilt: So beziehen sich Grundstückskaufverträge im Zweifel auch auf das Zubehör (§ 314). Mit der Übereignung eines Grundstücks geht auch das Eigentum an dem dem Veräußerer gehörigen Zubehör auf den Erwerber über, ohne daß es einer speziellen Übereignung der Zubehörstücke (nach §§ 929–931) bedürfte (§ 926). Eine Hypothek oder Grundschuld erfaßt auch das Zubehör (§ 1120). Ferner kann es nur zusammen mit dem Grundstück versteigert werden, ist also nicht wie eine bewegliche Sache durch den Gerichtsvollzieher pfändbar (§ 865 Abs. 2 ZPO).

Beispiel: Eine Ziegelei ist mit einer Hypothek belastet; sie erstreckt sich auch auf den zum Abtransport der Ziegel benützten Lastkraftwagen (§ 1120); dieser kann von einem anderen Gläubiger nicht gepfändet werden (§ 865 Abs. 2 ZPO), wohl aber vom Eigentümer der Ziegelei – nach §§ 929 bis 931 – veräußert werden (§ 1121 gestattet dies auch im Verhältnis zum Hypothekar). Verkauft der Ziegeleibesitzer seine Ziegelei, so erstreckt sich der Kaufvertrag ,,im Zweifel" auch auf den Lastkraftwagen, d. h. der Verkäufer muß im Streitfall beweisen, daß er nicht mit verkauft sein sollte. Mit der Auflassung und Eintragung (§ 925) wird der Käufer auch Eigentümer des Kraftwagens (§ 926), ohne daß eine Übergabe nach § 929 zu erfolgen braucht.

Weiteres Beispiel: BGHZ 62, 49 (Maschinen eines Baugeschäfts sind nicht Zubehör des Grundstücks, wenn dieses nicht dauernd für den Betrieb eines solchen Geschäfts eingerichtet ist).

d) Das Gesetz spricht von *vertretbaren Sachen* in § 91, von *verbrauchbaren Sachen* in § 92.

Beispiel: In BGH NJW 1985, 2403 kam es darauf an, ob Wein eine *vertretbare* Sache ist; der BGH bejaht diese Frage für Weine innerhalb derselben Lage, Gattung, desselben Jahrgangs.
Zur Bedeutung des Begriffs der *verbrauchbaren* Sache s. z. B. § 1067.

3. *Nutzungen – Früchte*

Diese Begriffe werden im Sachenrecht an verschiedenen Stellen gebraucht; so sagt etwa § 1030, daß der Nießbraucher ,,berechtigt ist, die Nutzungen der Sache zu ziehen"; für das Verhältnis zwischen Eigentümer und Besitzer (der die Sache herauszugeben hat) bestimmt § 987, daß vom Eintritt der Rechtshängigkeit (= Klageerhebung) an auch die Nutzungen herausgegeben werden müssen.

Man tut gut daran, von vornherein drei Fragengruppen säuberlich zu trennen:

a) Was ist unter Nutzungen – Früchten zu verstehen? Diese Frage beantworten die §§ 99, 100.

b) Wer wird Eigentümer der Nutzungen und Früchte einer Sache oder eines Rechts? Die Antwort auf diese Frage findet sich für Sachfrüchte in den §§ 953–957 (s. unten § 53 e).

c) Darf der Eigentümer die Nutzungen und Früchte behalten oder muß er sie einem anderen herausgeben? Wem „gebühren" sie? Hierüber gibt das Gesetz in § 101 eine generelle Auskunft, die aber vielfach durch Spezialregelungen modifiziert wird (z. B. §§ 593, 1039 Abs. 1 S. 2).

Die Begriffe.[1] Der Oberbegriff ist der der *Nutzungen.* Nach der Legaldefinition des § 100 umfaßt er die *Früchte und* die sog. *Gebrauchsvorteile* (dazu BGH NJW 1987, 50).

Bei der Begriffsbestimmung der *Früchte* muß man sich vor Augen halten, daß eine Sache (oder ein Recht) in mehrfacher Hinsicht Gegenstand der Nutzung sein kann.

Der Eigentümer kann die Sache, z. B. einen Steinbruch, selbst nutzen. Er kann ihn verpachten, dann hat der Pächter Nutzungen, aber auch der Eigentümer, denn er erhält den Pachtzins.

Daraus ergibt sich die gekünstelt wirkende Terminologie des § 99; er unterscheidet zwischen

aa) unmittelbaren Sachfrüchten: § 99 Abs. 1

Der Eigentümer bewirtschaftet sein Landgut selbst.

bb) unmittelbaren Rechtsfrüchten: § 99 Abs. 2

Der Pächter des Landguts zieht die Früchte – der Aktionär bekommt seine Dividende.

cc) mittelbaren Sach- und Rechtsfrüchten: § 99 Abs. 3

Der Eigentümer des Landguts erhält den Pachtzins – der Pächter hat ein Stockwerk des Gutshofs vermietet und erhält den Mietzins.

Das oben angedeutete Zusammenspiel der verschiedenen Gruppen von Bestimmungen, die sich auf das Fruchtrecht beziehen, mag folgendes *Beispiel* verdeutlichen:

An einer Papierfabrik, zu der ein Wald gehört, ist vom Eigentümer auf 10 Jahre zugunsten des N ein Nießbrauch bestellt. Der einer ordnungsmäßigen Wirtschaft entsprechende Ertrag des Waldes liegt bei durchschnittlich 2000 m³ jährlich. Infolge eines Windbruchs werden in einem Jahr 5000 m³ geschlagen. Eigentümer dieses Einschlags wird der Nießbraucher, und zwar mit der Trennung (§ 954 mit § 1030; die Bäume sind „Erzeugnisse" des Waldgrundstückes!). Er kann also den Holzertrag verkaufen, in der Papierfabrik verwenden usw. Er hat jedoch *schuldrechtlich* dem E den Wert der „Übermaßfrüchte" zu ersetzen (§ 1039 Abs. 1 S. 2, 3).

Setzt man an Stelle des Nießbrauchers den Pächter P, so ist für seinen Eigentumserwerb § 956, für seine Ausgleichpflicht dem E gegenüber § 581 entscheidend; denn dem P „gebühren" die Früchte nur, „soweit sie nach den Regeln einer ordnungsmäßigen Wirtschaft als Ertrag anzusehen sind" (§ 581).

Handelt es sich um einen normalen Holzeinschlag, endet aber das Pachtverhältnis, bevor das Holz verkauft oder in der Fabrik verwertet ist, so „gebührt" dem P der Holzeinschlag, da das Holz während seiner Pachtzeit geschlagen worden ist (§ 101 Nr. 1); er ist also nicht nur Eigentümer des Holzes (§ 956), sondern er darf es auch im Verhältnis zum Verpächter behalten, d. h. noch nach Beendigung der Pachtzeit wegbringen.

II. Die Gliederung der dinglichen Rechte

Im Eigentum sieht das Gesetz das vollkommene dingliche Recht. Betrachtet man die Stellung des Eigentümers, so enthält sie zwei wesentliche Befugnisse, nämlich die Sache zu nutzen und sie durch Veräußerung zu verwerten. Die

---

[1] Einzelheiten s. die Lehrbücher u. Grundrisse des Allg. Teils oben Anm. 1 zu § 3 I; zur Nutzung an Sach- und Rechtsgesamtheiten s. *Hadding* in FS Bartholomeyczik, 1973, 75, 82 ff.

Eigennutzung und Eigenverwertung ist *eine,* aber nicht die einzige Form, in der der Eigentümer von seinem Eigentum Gebrauch macht. Er kann andere an der Nutzung teilhaben lassen und anderen das Verwertungsrecht übertragen, ja er kann Dritten das Recht einräumen, die ihm gehörige Sache zu erwerben; m. a. W. er hat die Möglichkeit, aus seinem Vollrecht beschränkte Befugnisse zugunsten anderer ,,abzuspalten", und zwar derart, daß diese ihrerseits eine dingliche Rechtsstellung erlangen. Freilich ist – wie wir schon wiederholt erörterten – diese Abspaltung nicht in beliebige, sondern nur in die vom Gesetz gestatteten Rechtstypen möglich; diese Rechtstypen finden sich im sog. Katalog der beschränkten dinglichen Rechte.

Im folgenden müssen wir uns einen Überblick über das Eigentum (die Eigentumsarten, Eigentum und Besitz) und die beschränkten dinglichen Rechte verschaffen, freilich eben nur einen Überblick, um einen ersten Eindruck zu gewinnen.

1. *Eigentum – Besitz – Eigentumsarten – Eigentumsähnliche Rechte*

a) Im Sprachgebrauch des täglichen Lebens wird zwischen *Eigentum und Besitz* nicht unterschieden. Das Recht trennt diese Begriffe scharf: Eigentum ist das dingliche Vollrecht, Besitz ist die tatsächliche, vom Rechtstitel unabhängige, willentliche Innehabung einer Sache, § 854 (auch der Dieb ist Besitzer!).

Freilich ist diese begriffliche Fixierung zunächst recht summarisch; denn einmal gibt es – wie wir noch sehen werden – Besitzformen, bei denen die Beziehung zur Sache sehr ,,vergeistigt" ist (z. B. beim mittelbaren Besitz, § 868), zum anderen gibt es Fälle tatsächlicher Innehabung, wo das Gesetz doch den Besitz verneint (sog. Besitzdiener, § 855), schließlich gewährt auch der Besitz Rechtsschutz, der in mancher Hinsicht dem Eigentums nachgebildet ist (s. §§ 861–864, § 823 Abs. 1). Aber für einen ersten Eindruck ist diese scharfe Trennung unerläßlich.

b) *Alleineigentum – Miteigentum.* Es entspricht der Lebenserfahrung, daß ein und dieselbe Sache mehreren Eigentümern gehören kann.

So wenn A und B gemeinsam ein Grundstück als Geldanlage erwerben oder wenn A und B ,,ein Haus erben" oder wenn zum Vermögen einer OHG, die aus den Gesellschaftern A und B besteht, ein Geschäftshaus gehört.

Schon diese Beispiele lassen ahnen, daß es sich um recht verschiedene Tatbestände handelt: bei der Erbschaft und der OHG gehört das Grundstück offenbar zu einem Vermögen, dessen Träger durch den Erbfall bzw. den Gesellschaftsvertrag verbunden sind, während im ersten Fall die Verknüpfung zwischen A und B nur darin besteht, daß sie eben dieses Grundstück, und nur dieses, zu gemeinsamem Eigentum erwerben; sonst verbindet sie nichts.

Demgemäß müssen wir zwischen *Gesamthandseigentum* und *Miteigentum* (nach Bruchteilen, schlichtem Miteigentum)[1] unterscheiden:

---

[1] Über die Innehabung eines Rechts durch mehrere s. *Eichler,* Die Struktur des Eigentumsrechts, FS f. Prösler 1953, S. 220 ff.; *Engländer,* Die regelmäßige Rechtsgemeinschaft, 1913; *Fabricius,* Relativität der Rechtsfähigkeit, 1963, S. 117 ff.; *Flume,* Allg. T. d. Bürgerl. Rechts, I 1 Die Personengesellschaft, 1977, § 4; *Hennecke,* D. Sondervermögen der Gesamthand, 1976, 50 ff.; *John,* D. organisierte Rechtsperson, 1977; MünchKomm/*K. Schmidt* Rn. 5 zu § 741 (m. w. N.); *ders.* GesellschaftsR, S. 151 ff.; *Kunz,* Über die Rechtsnatur der Gemeinschaft zur gesamten Hand, 1963 (dazu *Brecher* AcP 166, 362 ff.); *Schünemann,* Grundprobleme der Gesamthandsgesellschaft, 1975; *Schulze-Osterloh,* D. Prinzip d. gesamthänderischen Bindung (1972); MünchKomm/*Ulmer* § 705; E. *Wolf* AcP 173, 97;

aa) Für das *Gesamthandseigentum* charakteristisch ist die Zugehörigkeit einer Sache zu einem Vermögen, das mehreren zur gesamten Hand zusteht (Gesamthandsvermögen). Solche Gesamthandsvermögen ergeben sich bei der bürgerlich-rechtlichen Gesellschaft (§ 718 BGB), der OHG und KG (§§ 105 ff., 161 ff. HGB), der Gütergemeinschaft[1] (§§ 1415 ff. BGB n. F.) und der Erbengemeinschaft (§§ 2032 ff. BGB). Der Anteil des einzelnen „Gesamthänders" an den einzelnen zum Gesamthandsvermögen gehörigen Gegenständen ist sachenrechtlich nicht faßbar; daher kann über ihn auch nicht verfügt werden.

A ist zusammen mit B und C Miterbe; die Bezeichnung: zu je ⅓ (oder ¼, ⅜, usw.) bezeichnet nur den Anteil am Gesamtvermögen, also die wertmäßige Beteiligung, die sich bei der Auseinandersetzung auswirkt. A kann – wenn zur Erbschaft ein Haus gehört – nicht seinen Anteil an diesem Haus auf K übertragen.

Die Nutzungs- und Verwertungsbefugnis steht nur allen Gesamthändern – oder in ihrer Vertretung einem von ihnen – zu.

Nur A, B, C können als Miterben zusammen das Haus an K übereignen. Gehört es einer OHG A und B, so kann jeder Gesellschafter allein über das Haus verfügen (§ 125 HGB), aber nur namens der OHG.

bb) Anders beim schlichten *Miteigentum:* Hier steht jedem Miteigentümer ein bestimmter, fester Anteil an der Sache zu; er entspringt keiner räumlichen Aufteilung der Sache, ist also real nicht sichtbar und wird daher „ideeller" genannt (§§ 1008–1011). Dieser Miteigentumsanteil ist Eigentum, jeder Miteigentümer kann über ihn wie über Alleineigentum frei verfügen, kann ihn also z. B. veräußern, belasten, und zwar in derselben Form, die für Alleineigentum vorgesehen ist. Das Miteigentum entsteht kraft Rechtsgeschäfts oder kraft Gesetzes (z. B. §§ 947, 948). Da es ein Unterfall der Gemeinschaft nach Bruchteilen ist,[2] finden die §§ 741 ff. Anwendung, sofern sich in den §§ 1008–1011 nicht Sonderregeln finden.

Erwerben also A und B gemeinsam ein Grundstück, so werden sie – falls sie nichts anderes vereinbart haben – Miteigentümer zu je ½ (§ 742). A wie B können ihren Anteil am Grundstück

---

Manfred *Wolf,* Die dinglichen Gesamtrechte, Tüb. Diss. 1965; *Würdinger,* Theorie der schlichten Interessengemeinschaft, 1939.

[1] Nicht bei der Zugewinngemeinschaft als dem seit 1. 7. 1958 geltenden gesetzlichen Güterstand; der Name ist irreführend (Etikettenschwindel!). Über die Auswirkungen der Ehe auf Besitz und Eigentum der Eheleute s. *Eichenhofer* JZ 1988, 326. – Daß die Ehegatten durch – notariellen – Ehevertrag eine Gütergemeinschaft vereinbaren und damit eine Gesamthandsgemeinschaft begründen können, schließt nicht aus, daß sie *auch* eine BGB-Gesellschaft abschließen, z. B. zum Bau und Unterhaltung eines Hauses (BGH NJW 1982, 170). Selbstverständlich können sie auch Miteigentum nach Bruchteilen vereinbaren und im Grundbuch eintragen lassen. Leben sie freilich bereits in Gütergemeinschaft und erwerben sie „Miteigentum zur Hälfte", so fällt auch dieses in das Gesamtgut (BGHZ 82, 346; s. auch BayObLG Rpfleger 1982, 18 u. DNotZ 1983, 754); s. auch *Rauscher* AcP 186, 529 (Zugewinngemeinschaft). – Zur Auseinandersetzung der Vermögensverhältnisse einer *nichtehelichen Lebensgemeinschaft* s. BGH NJW 1981, 1502 u. NJW 1986, 51; *Diederichsen* NJW 1983, 1017, 1020; umfangreiche Nachweise bei *Palandt/Diederichsen* BGB Einführung 36 f. vor § 1353; *Hohloch* JuS 1986, 46; *Lipp* JuS 1982, 17; *Battes,* Nichteheliches Zusammenleben im Zivilrecht, 1983; *ders.* JZ 1988, 908; de *Witt-Huffmann* Nichteheliche Lebensgemeinschaft, 2. Aufl. 1986; *Niebler* in Beiheft z. Zschr. f. Schweiz. R. Heft 5, S. 13, 1985; *E. von Münch,* Zusammenleben ohne Trauschein, 3. Aufl. 1988; *Roemer* BB 1986, 1522 (m. umfassenden Nachweisen).

[2] Dazu *Hübner* AT Rn. 116 ff. (m. w. N.); *Larenz* II § 61; *Flume,* A. T. d. Bürgerl. Rechts, I 1, 1977, § 8.

durch Auflassung und Eintragung im Grundbuch veräußern,[1] der Erwerber wird wieder Miteigentümer. A kann seinen Anteil allein mit einer Hypothek belasten, B kann an seinem Anteil einen Nießbrauch bestellen usw.

Über *die Sache insgesamt* können A und B nur zusammen *verfügen* (§ 747 S. 2), und zwar auch zugunsten eines von ihnen (§ 1009).

Nur A und B zusammen können also an dem ganzen Grundstück eine Hypothek bestellen und zwar *auch* zugunsten des A.

Rechte gegen Dritte (z. B. die Herausgabeklage nach § 985 oder die Abwehrklage nach § 1004) stehen jedem Miteigentümer bezüglich der ganzen Sache zu (§ 1011), freilich nicht allein zu seinen Gunsten, sondern zugunsten aller Miteigentümer.

Hat sich X in den Besitz des Grundstücks gesetzt, so kann A allein – auch gegen den Willen des B – auf Herausgabe klagen, aber nur auf Herausgabe an A *und* B. Das gleiche gilt auch für Schadensersatz- und Bereicherungsansprüche (Beispielsfälle: BGH LM § 812 BGB Nr. 15; BGHZ 79, 245: keine Rechtskraftwirkung des die Klage *eines* Miteigentümers abweisenden Urteils gegen den anderen Miteigentümer). – Hat der eine Miteigentümer A dem anderen B den Mitbesitz entzogen, so kann B nach § 985 Einräumung des Mitbesitzes verlangen. Wird die Rechtsstellung des B durch A auf andere Weise beeinträchtigt, so ist § 1004 Anspruchsgrundlage.

Wenn auch beim Miteigentum nach Bruchteilen kein besonderes vermögensrechtliches Band wie beim Gesamthandseigentum besteht, so läßt sich doch nicht verkennen, daß auch hier gewisse *gemeinschaftliche Belange* gegeben sind, eben solche, die die gemeinsame *eine* Sache betreffen.

So muß geklärt werden, wer die Sache verwaltet, wie sie benutzt wird u. a. m. (Beispielsfälle: BGHZ 34, 367; 62, 243: keine Herleitung von Schadensersatzansprüchen aus der Gemeinschaft).

Über die *Verwaltung und Benutzung* sagen die §§ 743–746 das Notwendige. Eine darüber getroffene Vereinbarung der Miteigentümer wirkt auch für und gegen Rechtsnachfolger, bei Miteigentum an einem Grundstück freilich *gegen* einen Rechtsnachfolger nur dann, wenn sie im Grundbuch eingetragen ist (§ 1010; Beispielsfall: BGHZ 40, 326).

In unserem Ausgangsbeispiel zeigt sich bei heftigem Sturm, daß das Dach des Hauses sofort repariert werden muß. A bestellt ohne Wissen des B den Dachdecker D. Hier kann sich zwar D nur an A halten, denn nur mit ihm hat er den Reparaturvertrag geschlossen; A ist aber befugt, von B hälftigen Ausgleich zu verlangen (§ 748); er brauchte ihn nicht vorher zu fragen, da es sich um eine zur Erhaltung des Gegenstandes notwendige Maßregel gehandelt hat (§ 744 Abs. 2). Weitere Beispielsfälle: BGH NJW 1966, 1707 (zum Ersatz von Nutzungen und Verwendungen im Verhältnis der Miteigentümer untereinander); BGHZ 101, 24.

Die lose Form der Verbindung führt zu dem Recht eines jeden Miteigentümers, ,,jederzeit die Aufhebung der Gemeinschaft zu verlangen'' (§ 749[2]; s. aber §§ 750, 751!), wobei – falls Teilung in Natur ausgeschlossen ist (§ 752) – die Sache verkauft und der Erlös geteilt wird (§ 753).

cc) Eine besondere Form des Miteigentums nach Bruchteilen[3] an einem Grundstück ist das *Wohnungseigentum* (dazu unten § 29 B).

---

[1] Zur Frage, ob die Verfügungsbefugnis rechtsgeschäftlich beschränkbar ist, s. *Walter* DNotZ 1975, 518.

[2] S. dazu *Karsten Schmidt* JR 1979, 317.

[3] Mit starken Annäherungen an das Gesamthandseigentum; s. dazu unten § 29 B.

Diese früher als Stockwerkseigentum landesrechtlich bekannte Sonderform ist wieder geschaffen worden, um individuelles Eigentum an Wohnungen zu ermöglichen. Rechtlich ist für das Wohnungseigentum die Verbindung des Miteigentums am Grundstück mit dem Sondereigentum an der Wohnung kennzeichnend. Der Grundsatz: superficies solo cedit (§§ 94, 946; oben I 2c) ist also hier durchbrochen.

In unserem Beispiel können also A u. B, sollten sie sich zum Bau eines Hauses entschließen, vereinbaren, daß dem A das Wohnungseigentum am 1. Stock, dem B am 2. Stock des Hauses zustehen soll.

dd) Von der Gesamthandsberechtigung (aa) wie von der Mitberechtigung nach Bruchteilen (bb) sind zu unterscheiden:

α) eine Mitberechtigung derart, daß jeder der mehreren Berechtigten ein Recht darauf hat, daß alle Berechtigten *gemeinsam* befriedigt werden (§ 432; Beispiele: oben bb zu § 1011 und unten § 59 V 5a); von der Gesamthandsberechtigung (aa) unterscheidet sich diese Mitberechtigung dadurch, daß das gemeinsame Recht nicht zu einem Gesamthandsvermögen gehört;

β) eine Gesamtberechtigung (vergleichbar § 428) derart, daß *jeder* der mehreren Berechtigten ein eigenes Recht darauf hat, daß er selbst befriedigt wird, die Befriedigung eines einzigen Berechtigten jedoch *gegen alle* wirkt; so etwa wenn ein Wohnrecht den Eltern des Hofübernehmers als Gesamtberechtigten eingeräumt wird. Eine Rechtsfigur dieser Art wird für gewisse dingliche Nutzungs- und Verwertungsrechte anerkannt (BGHZ 46, 253, 255; BGH NJW 1981, 176; OLG Hamm RPfleger 1980, 21; kritisch dazu *Reinicke* JZ 1967, 415; *Weitnauer* DNotZ 1968, 706);

γ) von einer Gesamtberechtigung irgendwelcher Art kann man nicht sprechen, wenn mehrere *selbständige* beschränkte dingliche Rechte *zu gleichem Rang* bestellt werden. Daß sich diese selbständigen Rechte dann doch *tatsächlich* gegenseitig beschränken, steht auf einem anderen Blatt (so z. B. wenn der Erlös der Zwangsversteigerung für zwei erstrangige Hypotheken nicht ausreicht!).

c) *Eigentumsähnliche Rechte.* Der Hauptfall eines solchen „grundstücksgleichen" Rechts ist das *Erbbaurecht.*[1]

Man kann es nur aus dem mit ihm verfolgten wohnungspolitischen Zweck erklären: Manches Bauvorhaben – vor allem finanziell schwächerer Schichten – scheitert an den hohen Grundstückspreisen. Daher gestattet das Gesetz (ErbbaurechtsVO v. 15. 1. 1919), daß der Eigentümer einem Baulustigen das Recht gibt, auf seinem Grund und Boden ein Bauwerk zu errichten, ohne daß dieses wesentlicher Bestandteil des Grundstücks wird. Der Eigentümer behält also das Grundeigentum und erhält als Vergütung den sog. Erbbauzins, der Erbbauberechtigte ist Eigentümer des Gebäudes, das er wie Grundeigentum (daher „grundstücksgleiches Recht"!) veräußern und belasten kann.

d) „*Relatives Eigentum*". Eine Aufspaltung des Eigentums zwischen mehreren derart, daß jeder von ihnen *voller* Eigentümer ist, ist streng genommen nicht möglich. Dennoch gibt es zwei Tatbestände, bei denen von einer Relativität des Eigentums gesprochen werden kann:

aa) Einmal dann, wenn der Eigentümer einem *Veräußerungsverbot* (§§ 135, 136)[2] zuwider über die Sache verfügt. Hier wird der Erwerber Eigentümer jedermann gegenüber; im Verhältnis zu dem durch das Veräußerungsverbot Geschützten bleibt der Veräußerer Eigentümer.

A hat gegen E durch einstweilige Verfügung ein Veräußerungsverbot erwirkt. Dennoch veräußert E die Sache an K. Dieser wird zwar Eigentümer, nicht aber dem A gegenüber. A kann also von E die Übereignung verlangen und dann von K die Herausgabe fordern (vgl. dazu auch § 5 II 1a).

Hauptfall einer solchen relativen Berechtigung ist im Grundstücksrecht die Rechtsstellung des Erwerbers bei vormerkungswidriger Verfügung (s. darüber unten § 20).

---

[1] Dazu unten § 29 C.
[2] S. dazu *Denck* JuS 1981, 9 u. 861; *Ruhwedel*, Grundlagen u. Rechtswirkungen sog. rel. Verfügungsverbote, JuS 1980, 161; *Wieling* JZ 1982, 639 (ius ad rem).

bb) Ferner dann, wenn Eigentum einem anderen zu treuen Händen übertragen wird *(fiduziarische Übereignung);* hier spricht man von einer Trennung des „wirtschaftlichen" vom „rechtlichen" Eigentum.

Charakteristisch ist, daß der Treuhänder nach außen voller Eigentümer wird, daß er aber im Innenverhältnis zum Treugeber schuldrechtlich verpflichtet ist, seine treuhänderische Rechtsstellung (sein „Treuhandeigentum") nur in dem vereinbarten Sinne auszuüben.[1] Man unterscheidet:
(1) *Verwaltungstreuhand* (auch „uneigennützige – oder „fremdnützige" – Treuhand" genannt, weil der Treuhänder bei Ausübung der Eigentümerrechte nicht eigene Interessen verfolgt).
Beispiele: E – der auf eine jahrelange Forschungsreise geht – hat seine Aktien seinem Freund F zu treuen Händen übereignet, damit dieser problemlos die Eigentümerrechte ausüben kann – E (ein mittelständischer Unternehmer) will seinen Betrieb liquidieren; er überträgt sein Unternehmensvermögen dem F, damit dieser es verwertet, die Gläubiger befriedigt, den Sozialplan mit dem Betriebsrat vereinbart usw. Weiteres Beispiel: die Investmentgesellschaften (§ 50 III 3) u. BGH JZ 1988, 873.
(2) *Sicherungstreuhand* (auch „eigennützige Treuhand" genannt, weil der „Treuhänder" [besser: Sicherungsnehmer] als Gläubiger des Sicherungsgebers eigene Interessen verfolgt, eben die Sicherung seiner Forderung (des dem Sicherungsgeber = Schuldner gewährten Kredits). Hauptfälle der Sicherungstreuhand sind die Sicherungsübereignung, die Sicherungsabtretung und der Eigentumsvorbehalt (unten §§ 56–59).
Beispiel: E hat der Bank B zur Sicherung eines Kredits eine ihm gehörige Maschine übereignet; E bleibt Besitzer der Maschine, B wird (nach § 930) Eigentümer. B *darf* die Maschine erst veräußern, wenn E seine Verpflichtungen nicht erfüllt. Der Treuhänder (Sicherungsnehmer) wird voller Eigentümer, er *kann* also auch über das Eigentum verfügen, selbst wenn er dadurch seinen Verpflichtungen dem Treugeber gegenüber zuwiderhandelt: Dennoch schlägt dieses Pflichtverhältnis Treuhänder/ Treugeber ausnahmsweise sachenrechtlich durch, insbesondere wenn Gläubiger des Treuhänders in das Treugut vollstrecken oder der Treuhänder in Konkurs fällt. Der Treugeber kann dann „sein" Eigentum realisieren (Einzelheiten s. *Baur-Stürner,* ZVR, Rn. 775ff.; II InsolvR § 14.19ff.; gute Darstellung der Problematik bei *Canaris,* FS Flume, 1978, 371, 410ff.).

2. *Beschränkte dingliche Rechte*

S. die Übersicht 1 am Ende von § 3.
Wir sprachen oben von einer Abspaltung der Nutzungs- und Verwertungsbefugnisse des Eigentümers; es gilt nun näher zu erörtern, welche Rechtsformen hier möglich sind.

a) *Nutzungsrechte:* Das Gesetz faßt sie unter dem Oberbegriff „Dienstbarkeiten"[2] (die Sache ist einem anderen „dienstbar") zusammen, versteht darunter aber ihrem Gehalt nach sehr unterschiedliche Nutzungsrechte:

aa) Das umfassendste Nutzungsrecht ist der *Nießbrauch* (§§ 1030ff.). Der Nießbraucher ist befugt, „die Nutzungen der Sache zu ziehen" (§ 1030), schließt sonach den Eigentümer davon aus. Wegen des drückenden Charakters dieses Rechts ist es unübertragbar (§ 1059; der Eigentümer soll sich nicht plötzlich einem anderen Nießbraucher gegenübersehen) und erlischt spätestens mit dem Tode des Nießbrauchers (§ 1061), ist also unvererblich.

bb) Ein beschränktes Nutzungsrecht geben die *Grunddienstbarkeit* (§§ 1018ff.) und die *beschränkte persönliche Dienstbarkeit* (§§ 1090ff.). Beiden *gemeinsam* ist, daß der Eigentümer in einzelnen Befugnissen zugunsten des Dienstbarkeitsberechtig-

---

[1] S. dazu *Gernhuber,* Bürgerl. R. § 20; ders. JuS 1988, 355; *Lange/Scheyhing,* Fall 6; *Henckel,* FS Coing, 1982, II 137; *Wiegand* ebda II 565; *ders.* AcP 190, 113, 126ff.; *Timm* JZ 1989, 13, 19 (im Zusammenhang mit § 137). Weit. Lit.-Hinweise s. MünchKomm./*Thiele* Rn. 30ff. vor § 164.
[2] Vgl. die Überschrift des 5. Abschnitts vor §§ 1018ff.

ten beschränkt wird, wobei die Beschränkung bei der Grunddienstbarkeit zugunsten des jeweiligen Eigentümers eines anderen Grundstücks, bei der beschränkten persönlichen Dienstbarkeit zugunsten einer bestimmten Person erfolgt.

Beispiele: A muß, um zu seinem Grundstück a zu gelangen, über das Grundstück b des B gehen. B bestellt zugunsten des jeweiligen Eigentümers des Grundstücks a eine Grunddienstbarkeit (Wegerecht).
Das Elektrizitätswerk X AG führt eine Hochspannungsleitung über fremde Grundstücke. Deren Eigentümer bestellen – natürlich gegen Vergütung! – der X AG eine beschränkte persönliche Dienstbarkeit (Leitungsrecht).

Eine besondere Form der beschränkten persönlichen Dienstbarkeit ist das *Wohnungsrecht;* darunter versteht man das Recht, ein Gebäude oder einen Teil eines Gebäudes unter Ausschluß des Eigentümers als Wohnung zu benutzen (§ 1093); nicht zu verwechseln mit dem Wohnungseigentum einerseits, der nur schuldrechtlichen Stellung des Mieters andererseits.

b) *Verwertungsrechte:* Der Eigentümer kann einem anderen die Befugnis einräumen, die Sache zu verwerten, wenn bestimmte Voraussetzungen gegeben sind, insbesondere bestimmte Leistungen nicht erbracht werden. Hierunter fallen:

aa) *Das Pfandrecht.* Das Gesetz unterscheidet zwischen dem Pfandrecht an beweglichen Sachen (§§ 1204 ff.) und Pfandrechten an Grundstücken, die in der Form der Hypothek, Grundschuld und Rentenschuld möglich sind (§§ 1113 ff.). Sucht man nach einem verbindenden Kennzeichen, so stößt man auf die Sicherungsfunktion dieser Rechte (der Eigentümer gibt ein Pfand zur Sicherung einer Forderung; bezahlt er nicht, so wird das Pfand versteigert, verwertet). Im einzelnen ist die Sicherungsfunktion freilich verschieden ausgestaltet:

α) Das *Pfandrecht an beweglichen Sachen* dient zur Sicherung einer Forderung und gibt dem Gläubiger das Recht, „Befriedigung aus der Sache zu suchen" (§ 1204).

β) Das Pendant hierzu bei den Grundpfandrechten ist die *Hypothek;* auch sie muß dem Begriff nach der Sicherung einer Forderung dienen (§ 1113). Demgegenüber setzt die *Grundschuld* rechtlich eine zu sichernde Forderung nicht voraus (§ 1191), wenn eine solche auch praktisch meist vorhanden sein wird. Ähnliches gilt für die *Rentenschuld,* nur daß hier in bestimmten Abständen eine Geldrente zu zahlen ist, für deren Leistung das Grundstück haftet (§ 1199).

bb) *Die Reallast.* Sie hat Ähnlichkeit mit der eben erörterten Rentenschuld, unterscheidet sich von ihr aber dadurch, daß die „wiederkehrenden Leistungen" nicht in Geld zu bestehen brauchen und nicht regelmäßig erbracht werden müssen (§ 1105).

Typ: „Altenteilsrecht": Der Bauer übergibt den Hof seinem Sohn, läßt sich aber durch Reallast die vereinbarten Ansprüche auf Natural- und Geldleistungen sichern.

c) *Erwerbsrechte:* Hierunter werden ihrer Funktion nach recht verschiedenartige Rechte zusammengefaßt. Gemeinsam ist ihnen nur, daß der Berechtigte unter bestimmten Voraussetzungen die Befugnis hat, das Eigentum (oder ein anderes Recht) an einer Sache zu erwerben.

Hierunter fallen:

aa) die *Aneignungsrechte:* So liegt im Jagdrecht die Befugnis, herrenlose jagdbare Tiere sich anzuzeigen (Einzelheiten s. unten § 27 VII, § 53 f).

bb) Das *dingliche Vorkaufsrecht:* Hier ist dem Vorkaufsberechtigten die Befugnis eingeräumt, im Fall eines Verkaufs des Grundstücks in den vom Eigentümer mit einem anderen geschlossenen Grundstückskaufvertrag einzutreten (§ 1094 mit § 504).

cc) Als Erwerbsrecht kann sich auch die *Vormerkung* auswirken (§§ 883 ff.). Durch sie kann der *schuldrechtliche* Anspruch auf Einräumung (oder Aufhebung) eines Rechts an einem Grundstück auch Dritten gegenüber gesichert werden.

Hat E sein Grundstück an K verkauft, aber noch nicht – durch Auflassung (§ 925) und Eintragung (§ 873) – übereignet, so kann der durch eine Vormerkung gesicherte K seinen Anspruch aus § 433 auch gegenüber einem inzwischen eingetragenen dritten Erwerber D durchsetzen (§ 888, § 883 Abs. 2).

d) *Anhang: Rechte an eigener Sache:* Der Überblick über die beschränkten dinglichen Rechte wäre unvollständig, würden wir nicht kurz – und daher zunächst notwendig unvollständig – auf eine Eigenart der beschränkten dinglichen Rechte hinweisen, die dem Anfänger erfahrungsgemäß Schwierigkeiten bereitet: nämlich die Rechte an eigener Sache.

Das Bedürfnis nach solchen Rechten an eigener Sache wird deutlich, wenn man sich vergegenwärtigt, daß mehrere beschränkte dingliche Rechte an ein und derselben Sache in einer *Rangordnung* stehen, die sich dann vor allem in einer Zwangsversteigerung auswirkt. An dieser Rangordnung muß unter gewissen Voraussetzungen auch der Eigentümer teilnehmen dürfen.

Rechte an eigener Sache *entstehen* u. a.

aa) bei allen Grundstücksrechten im Falle der *Vereinigung* des beschränkten dinglichen Rechts mit dem Eigentum (§ 889); für bewegliche Sachen gilt dieser Grundsatz nur beschränkt (vgl. §§ 1063 Abs. 2, 1256 Abs. 2);

bb) in zahlreichen Fällen im Grundpfandrecht, insbes. wenn die zu sichernde Forderung nicht entsteht oder erlischt (vgl. § 1163);

cc) wenn der Eigentümer eines Grundstücks nach § 1196 für sich selbst eine Grundschuld bestellt.

Er kann sie dann später durch Abtretung verwerten. Weiß E z. B. noch nicht, wer ihm ein erstrangig gesichertes Darlehen geben wird, kennt er aber schon die Geldgeber der nachfolgenden Hypotheken, so läßt er für sich selbst an erster Stelle eine Grundschuld und dann die nachfolgenden Hypothekare eintragen. Findet er dann eine Bank, die ihm gegen erststellige Sicherung ein Darlehen gibt, so tritt er seine Eigentümergrundschuld an sie ab; sie erwirbt dann eine Fremdgrundschuld an erster Stelle.

Fraglich ist, ob der Eigentümer – über den Fall des § 1196 hinaus – beschränkte dingliche Rechte für sich selbst begründen kann (Eigentümerdienstbarkeit? s. unten § 33 III 1 a; Eigentümernießbrauch? s. unten § 32 I 3 c).

3. Anwartschaftsrechte[1]

In der heutigen Rechtspraxis spielt die ,,dingliche Anwartschaft" oder – häufig im selben Sinne verwendet – das ,,dingliche Anwartschafts*recht*" eine erhebliche Rolle. Man erfaßt damit – zunächst

---

[1] Aus der reichen Literatur s. u. a. A. *Blomeyer,* Studien zur Bedingungslehre (1939) und AcP 153, 329 und 162, 193; *Eichenhofer* AcP 185, 162; *Flume* II § 42 und AcP 161, 385; *Forkel,* Grundfragen der Lehre vom privatrechtlichen Anwartschaftsrecht (1962); *Georgiades,* Die Eigentumsanwartschaft

grob gezeichnet – Fälle, wo einige Tatbestandserfordernisse für den Erwerb des dinglichen Rechts bereits verwirklicht sind, andere noch nicht.

Zum Verständnis zunächst ein *Beispiel:*

Wenn V eine Sache an K unter Eigentumsvorbehalt verkauft hat, so bedeutet dies nach § 455, ,,daß die Übertragung des Eigentums unter der aufschiebenden Bedingung vollständiger Zahlung des Kaufpreises erfolgt". V bleibt also bis zur Zahlung der letzten Kaufpreisrate Eigentümer, K ist aber nicht lediglich Besitzer, sondern hat, da ja die Übereignung an ihn schon – wenn auch bedingt – vorgenommen wurde, eine gewisse dingliche Rechtsstellung, die man als Anwartschaft bezeichnet. Dieses Anwartschaftsrecht wird – wirtschaftlich betrachtet – um so mehr wert sein, je geringer der Restkaufpreis ist, den K noch zu bezahlen hat. Ist K etwa schon ,,fast" Volleigentümer, so kann er ein legitimes Interesse daran haben, seine ,,Anwartschaft" auf einen anderen zu übertragen; auch mag für die Gläubiger des K eine Pfändung des Anwartschaftsrechts schon recht reizvoll sein. Schließlich muß man dem K einen Schadensersatzanspruch nach § 823 Abs. 1 zubilligen, wenn die *Sache* (und damit sein Anwartschaftsrecht) durch einen anderen schuldhaft beeinträchtigt wird. Damit sind die wesentlichen praktischen Probleme gekennzeichnet, die sich bei der rechtlichen Regelung des Anwartschaftsrechts ergeben: das *Übertragungsproblem,* das *Pfändungsproblem,* das *Schutzproblem.*

S. die Übersicht 2 am Ende von § 3.

Hauptfälle des Anwartschaftsrechts sind

a) die Stellung des Käufers unter Eigentumsvorbehalt nach § 455 (darüber s. unten § 59);

b) die Stellung des Erwerbers eines Grundstücksrechts (insbes. des Grundeigentums) nach Erklärung der bindenden Einigung (Auflassung) und Stellung des Eintragungsantrags durch den Erwerber, aber vor Eintragung im Grundbuch (s. unten § 19 B I 2 c bb);

c) die Stellung des Hypothekars vor Entstehung der gesicherten Forderung (s. unten § 46 III 1 c).

Die Nennung dieser Fälle darf nicht zu dem Irrtum veranlassen, als handle es sich um eine abschließende Aufzählung aller in Betracht kommenden Tatbestände. Auch ist der mit dem Begriff ,,Anwartschaft" angesprochene Problemkreis keineswegs auf das Sachenrecht beschränkt (vgl. etwa die Anwartschaft des Nacherben vor dem Nacherbfall!).

Versucht man eine vorläufige Kennzeichnung, so wird man sagen können, daß die Anwartschaft mehr ist als eine bloße Erwerbsaussicht, weniger als das Vollrecht. Ein Teil der zum Erwerb des Vollrechts notwendigen Voraussetzungen ist vorhanden, ein anderer Teil (der Eintritt der Bedingung – die Eintragung im Grundbuch – die gesicherte Forderung) fehlt noch. Freilich ist damit noch nicht viel gewonnen. Denn nun gilt es, die Frage zu beantworten, welche Voraussetzungen des Erwerbstatbestandes schon gegeben sein müssen, damit die Anwartschaft als solche rechtliches ,,Eigenleben" gewinnt. Erst dann läßt sich weiter prüfen, welche Rechtsgrundsätze auf ihre Übertragung, ihren Schutz usw. anwendbar sind.

---

beim Vorbehaltskauf (1963); *Gernhuber,* Bürgerl. R. § 13 (mit weit. Lit.-Angaben); *Henke,* Bedingte Übertragungen im Rechtsverkehr und Rechtsstreit (1959); *Kupisch* JZ 1976, 417; *Lempenau,* Direkterwerb oder Durchgangserwerb bei Übertragung künftiger Rechte (1968); *Letzgus,* Die Anwartschaft des Käufers unter Eigentumsvorbehalt (1938); *von Lübtow* JuS 1963, 171; *Marotzke,* Das Anwartschaftsrecht – ein Beispiel sinnvoller Rechtsfortbildung?, 1977; *Medicus* JuS 1967, 385 u. Bürgerl. Recht § 20; *Pikart,* Festschrift f. Heymanns Verlag, 1965, 179; *Raiser,* Dingliche Anwartschaften (1961); P. *Schwerdtner,* Anwartschaftsrechte, Jura 1980, 609, 661; *Serick,* Eigentumsvorbehalt und Sicherungsübertragung, I 1963, IV 1976, V 1982; *Sponer,* Das Anwartschaftsrecht und seine Pfändung (1965); *Würdinger,* Die privatrechtliche Anwartschaft als Rechtsbegriff (1928).

Auf die erste Frage gibt es keine allgemeingültige Antwort. Insbesondere genügt es nicht, auf die Übertragungsmöglichkeit zu verweisen, denn das wäre eine petitio principii. Mindestvoraussetzung ist vielmehr, daß die Struktur des Vollrechts *und* der Rechtsträger bereits erkennbar sind. Ist dies der Fall, so ist letzten Endes das Gewicht der – meist wirtschaftlichen – Bedürfnisse für die Anerkennung als Anwartschaftsrecht maßgebend. Wann diese Kriterien gegeben sind, läßt sich nicht allgemein, sondern nur für die einzelnen in Betracht kommenden Fälle sagen.

Auch für die rechtliche Behandlung der anerkannten Anwartschaftsrechte, also für das Übertragungs-, Pfändungs- und Schutzproblem, lassen sich keine allgemein gültigen Regeln aufstellen. Immerhin geht die Tendenz dahin, das Anwartschaftsrecht den für das Vollrecht geltenden Regeln zu unterwerfen, also etwa auf die Übertragung des Anwartschaftsrechts des Vorbehaltskäufers die §§ 929 bis 931 anzuwenden.

Zu bemerken ist, daß in neuerer Zeit gegen die Rechtsfigur des Anwartschaftsrechts erhebliche Einwendungen gemacht werden (*Kupisch, Marotzke, Eichenhofer* je aaO; E. *Wolf* § 7 C), ohne freilich die nahezu gewohnheitsrechtlich verfestigte Praxis beeinflussen zu können.

4. „Verdinglichte" relative Rechte und sonstige Rechtspositionen

Wir hatten bereits gesehen (§ 1 II 2), daß nur die im Gesetz aufgeführten dinglichen Rechte als solche anerkannt sind (Typenzwang – numerus clausus der Sachenrechte). Wir hatten weiter festgestellt, daß die unmittelbare, „absolute" Sachherrschaft Kennzeichen des dinglichen Rechts ist. Nun werden wir später an vielen Stellen die Beobachtung machen, daß das Gesetz *einzelne* Eigenschaften des dinglichen Rechts auch gewissen relativen Rechten, ja auch gewissen Rechtspositionen einräumt. Gelegentlich ist es dann so, daß die Verbindung eines relativen Rechts mit einer bestimmten Rechtsposition dem „Inhaber" dieses Rechts eine besondere „quasidingliche" Stellung einräumt.

Als Beispiel soll die Situation des Mieters einer Wohnung angedeutet werden: Als *Besitzer* der Wohnung hat er gegen Dritte einen Rechtsschutz, der dem des Eigentümers angenähert ist (s. § 9). Die Rechtsstellung, die er als *Mieter* gegenüber dem Vermieter hat, bleibt ihm auch dann erhalten, wenn der Vermieter die Sache veräußert (§ 986 II – § 571). – Ein weiteres interessantes Beispiel bietet § 746: Haben die Teilhaber einer Gemeinschaft (z. B. die Miteigentümer einer beweglichen Sache) Vereinbarungen über die Benutzung des gemeinschaftlichen Gegenstandes getroffen, so wirken diese auch für und gegen einen Erwerber des Anteils.

Es ist immer wieder versucht worden, diese „verstärkten" obligatorischen Rechte und sonstige Rechtspositionen dogmatisch in den Rang von dinglichen Rechten „hoch zu hieven"; erfolglos, weil sie eben nur *einzelne* Eigenschaften des dinglichen Rechts aufweisen. So weit dies der Fall ist, haben sie „ausschnittsweise" den Charakter des dinglichen Rechts, aber auch nicht mehr.[1]

---

[1] Über den ganzen Problemkreis unterrichten gut *Canaris* in FS Flume, 1978, S. 371 und *Weitnauer* in FS Larenz 1983 S. 706, je mit weiteren umfassenden Nachweisen.

Übersicht 1

Die dinglichen Rechte – Überblick

Vollrechte	Beschränkte dingliche Rechte (numerus clausus der Sachenrechte)		
	Nutzungsrechte	Sicherungs- und Verwertungsrechte (Pfandrechte)	*Erwerbsrechte*
Eigentum: volle Nutzung und Verwertung (§ 903)	I. *Nießbrauch* (§ 1030) (volles Nutzungsrecht – nicht übertragbar und nicht vererblich)	I. *an Grundstücken:* Grundpfandrechte	I. *Dingliches Vorkaufsrecht*
Berechtigungsformen:		1. Hypothek (§ 1113) Sicherung des Gläubigers einer Geldforderung durch Verwertungsrecht am Grundstück	*Arten:*
1. Alleineigentum			1. rechtsgeschäftlich vereinbart (§ 1094)
2. Berechtigung mehrerer:	II. *Grunddienstbarkeit* (§ 1018) Beschränktes zugunsten eines anderen Grundstücks bestehendes Nutzungsrecht an einem Grundstück		2. gesetzlich vorgesehen (z. B. der Gemeinde nach BauGB)
a) „Gesamthandseigentum" (z. B. Gesellschaft § 705)		2. Grundschuld (§ 1191) zweckgleich mit der Hypothek	
b) Miteigentum nach Bruchteilen (§§ 1008 ff.) – Sonderform: Wohnungseigentum (WEG)		3. Reallast (§ 1105)	II. *Ankaufsrecht* (Option) Zweckähnlich mit dem Vorkaufsrecht
	III. *Beschränkte persönliche Dienstbarkeit* (§ 1090) Beschränktes zugunsten einer bestimmten Person bestehendes Nutzungsrecht an einem Grundstück	II. *an beweglichen Sachen:*	III. *Vormerkung* (§ 883) Sicherung des Anspruchs auf dingl. Rechtsänderung am Grundstück; z. B. des Käufers eines Grundstücks gegen Verfügungen des Verkäufers vor der Übereignung des Grundstücks an den Käufer
Eigentumsähnliches Recht:		1. Legaltypisch: Faustpfand: Sicherung des Gläubigers durch Verwertungsrecht an einer beweglichen Sache	
Erbbaurecht (ErbbaurechtsVO)		2. „Atypisch", aber praktisch bedeutsam:	
		a) Sicherungsübereignung (ersetzt Faustpfand)	
		b) Sicherungsabtretung einer Forderung (ersetzt Verpfändung der Forderung)	
		c) Eigentumsvorbehalt (§ 455) sichert Verkäufer einer bewegl. Sache bis zur Vollzahlung des Kaufpreises	

Übersicht 2

Anwartschaftsrecht = Rechtsstellung des Erwerbers bei gestreckten = mehraktigen Erwerbsvorgängen

Hauptfälle	*Vorhandene Erwerbsakte*	*Fehlende Erwerbsakte*
Auflassungsanwartschaft	Auflassung (§ 925) – Eintragungsantrag	Eintragung im Grundbuch
AnwR des Käufers bei Eigentumsvorbehalt (§ 455)	Einigung und Übergabe (§ 929)	Eintritt der Bedingung (meist mit Zahlung der letzten Rate)
AnwR des Hypothekars	Einigung und Eintragung (§ 873)	Entstehung der gesicherten Forderung

Gemeinsame Probleme: 1. Übertragungsproblem: ob? wie?
                              2. Pfändungsproblem: ob? wie?
                              3. Schutzproblem: ob? wie?

II. Abschnitt

Allgemeine für Liegenschafts- und Fahrnisrecht gleichermaßen geltende Lehren und Institute

1. Kapitel. Strukturprinzipien

§ 4. Sachenrechtsgrundsätze

Vorbemerkung: Grundgedanken

Hat der Gesetzgeber ein bestimmtes Rechtsgebiet zu regeln, so wird er sich – vor aller technischen Kleinarbeit – über die Grundgedanken, die Prinzipien klar werden müssen, die für die Gestaltung der Materie maßgebend sein sollen. Zu Beginn der Rechtsetzung muß die Klarheit über der Zielsetzung stehen. Diese rechtspolitischen Grundentscheidungen fließen aus vielen Quellen: weltanschaulich-politischen, historischen, rationalen, soziologisch-wirtschaftlichen und rein gesetzestechnischen. Die Stärke der einzelnen Quellen wird in den einzelnen Rechtsgebieten verschieden sein; so wird etwa im Familienrecht der weltanschaulich-politische Einfluß, im Handelsrecht und Arbeitsrecht der soziologisch-wirtschaftliche überwiegen.

Im Sachenrecht ist „das Bekenntnis zum Privateigentum" eine weltanschaulich-politische Entscheidung. Die Gestaltung im einzelnen wird etwa in gleicher Weise von historischen, rationalen und wirtschaftlichen Momenten beeinflußt. Die hiernach vom Gesetzgeber als maßgeblich erkannten Grundsätze liegen dann – ungeachtet von Abweichungen im einzelnen – der Gesamtregelung zugrunde; für den Juristen, insbesondere den Richter und Anwalt, sind sie die Faustregeln, Gedächtnisstützen, deren er sich – meist unbewußt – bedient, lange bevor er einen Blick in das Gesetz wirft. Die Klarheit über diese Prinzipien steht am Anfang einer jeden Beschäftigung mit dem Sachenrecht. Rang und Gewicht der einzelnen Grundsätze sind verschieden, ein Gefühl hierfür läßt sich erst gewinnen, wenn man sie im einzelnen kennengelernt hat.[1]

Im Sachenrecht spricht man gemeinhin von folgenden Prinzipien: beschränkte Zahl der Sachenrechte (diesen Grundsatz haben wir bereits kennengelernt s. oben § 1 II 2), „Absolutheit", „Publizität", „Spezialität", „Abstraktheit". S. die Übersicht 3 am Ende von § 5.

I. „Absolutheit"

1. Mit diesem Stichwort wird zunächst auf die Eigenart der dinglichen Rechte hingewiesen, daß sie jedermann gegenüber, eben als Auswirkung der absoluten Herrschaftsmacht des Berechtigten wirken. Praktisch bedeutet der Grundsatz einen umfassenden Rechtsschutz, der – gesetzestechnisch – für das Eigentum als das Vollrecht vollkommen ausgestaltet ist, so daß dann bei den beschränkten dinglichen Rechten auf diese Regelung verwiesen werden kann. Überlegt man sich, wie denn der Eigentümer in seiner Rechtsstellung beeinträchtigt werden kann, so kommt man unschwer auf folgende Formen möglicher Rechtsverletzungen:

---

[1] S. F. *Baur* JA 1987, 181 (Entwicklungstendenzen im Sachenrecht); zur historischen Herkunft und Fortentwicklung eigenständiger Sachenrechtsgrundsätze *Wiegand* AcP 190, 112 ff.

a) Besitzentzug – Besitzvorenthaltung: Schutz durch Herausgabeklage (rei vindicatio) nach § 985.

b) Andere Beeinträchtigungen als durch Besitzentzug (Besitzvorenthaltung): Schutz durch Beseitigungs- und Unterlassungsklage (actio negatoria) nach § 1004.

c) Beschädigung der Sache: Schutz durch Klage aus unerlaubter Handlung nach § 823 Abs. 1, ggf. aus haftungserleichternden Sondergesetzen (StVG, ProdHaftG, UmweltHG etc.).

d) Beeinträchtigung oder Entzug des Rechts durch hoheitliches Handeln einer Behörde: Schutz durch Klage vor den Verwaltungsgerichten (vgl. § 42 Abs. 2 VwGO); geschütztes ,,Recht" im Sinne dieser Bestimmung sind auch Privatrechte, also auch die ,,Sachenrechte".

In den Fällen a) und b) handelt es sich um einen sachenrechtlichen Rechtsschutz, der ohne Rücksicht auf Verschulden des Beeinträchtigenden gewährt wird; in den Fällen c) erkennen wir den deliktischen Rechtsschutz, der nur bei Verschulden des Schädigers – von den Fällen der Gefährdungshaftung abgesehen – gewährt wird.

Ein *Beispiel* mag in diesen absoluten Rechtsschutz einführen:

E ist Eigentümer einer Wiese. Als er eines Tages dorthin kommt, sieht er, daß A sich auf der Wiese breit gemacht und ein Wochenendhaus errichtet hat; E kann von A Herausgabe der Wiese verlangen (§ 985), auch die Beseitigung des Häuschens (§ 1004), selbst wenn A durchaus ,,gutgläubig" war (z. B. weil ihm ein Grundstücksmakler das falsche Grundstück verpachtet hatte). Hat A einige Obstbäume gefällt, weil er Platz für das Häuschen brauchte, so kann E zwar Herausgabe des Holzes verlangen (da weder § 955 Abs. 2 zutrifft [,,an"!] noch § 957 [der Makler und sein Auftraggeber hatten keinen Besitz an *diesem* Grundstück, als sie es verpachteten]), Schadensersatz aber nur dann, wenn A mindestens leicht fahrlässig die verbotene Eigenmacht begangen und die Bäume gefällt hat (§§ 992, 823). Hat A bei Herbeischaffen des Materials für das Häuschen mit seinem Lastkraftwagen den Zaun beschädigt, so muß er nach § 7 StVG den Schaden ersetzen, auch wenn ihn kein Verschulden getroffen hat. Hat das Landratsamt den A in den Besitz der Wiese eingewiesen, so kann E dagegen die verwaltungsgerichtliche Klage erheben (§ 42 VwGO).

Dieser dem Eigentümer gewährte Schutz wird auf die Inhaber *beschränkter dinglicher Rechte* ausgedehnt, sofern sie eines solchen Schutzes bedürfen:

So gilt z. B. § 985 (rei vindicatio) nach § 1065 für den Nießbraucher, nach § 1227 für den Pfandgläubiger einer beweglichen Sache.

Die *actio negatoria* (§ 1004) steht u. a. nach § 1027 dem Inhaber einer Grunddienstbarkeit (und über § 1090 Abs. 2 auch dem Berechtigten einer beschränkten persönlichen Dienstbarkeit), nach § 1065 dem Nießbraucher, nach § 1227 dem Pfandgläubiger zu.

Der *Deliktsschutz* erfaßt alle beschränkten dinglichen Rechte, da mit den ,,sonstigen Rechten" des § 823 Abs. 1 gerade auch die beschränkten dinglichen Rechte gemeint sind.

Zu beachten ist, daß der Rechtsschutz im Verhältnis zwischen Eigentümer und Inhaber eines beschränkten dinglichen Rechts an der Sache vielfach modifiziert ist, so etwa in den §§ 1133–1135 für die Hypothek (dazu BGHZ 65, 211 als Beispiel), in §§ 1217–1221 für das Pfandrecht an beweglichen Sachen; es muß dann jeweils geprüft werden, ob und inwieweit durch diese Sonderregelungen die allgemeinen Rechtsschutzbestimmungen ausgeschlossen sind.

2. Die „Absolutheit" bedeutet weiter, daß die durch Gesetz eingeräumte Rechtsstellung personell unteilbar ist; es gibt also keine relativen Rechte etwa derart, daß A als Eigentümer nur bestimmte sich aus dem Eigentum ergebenden Rechte ausüben darf, B – ebenfalls als Eigentümer – die anderen *oder* daß A einem bestimmten Personenkreis gegenüber Eigentümer ist, B im Verhältnis zu allen anderen (s. dazu schon oben § 3 II 1 d).

Jedoch erfährt dieser Grundsatz *Ausnahmen;*

a) so bei der Vormerkung und den relativen Veräußerungsverboten (s. dazu schon oben § 3 II 1 d und II 2 c cc),

b) bei der treuhänderischen Rechtsübertragung, wo man gern von formalem und wirtschaftlichem Eigentum spricht (s. oben § 3 II 1 d bb).

E hat seinen Maschinenpark (richtiger: die ihm gehörenden einzelnen Maschinen) seiner Bank B zur Sicherheit übereignet, weil er ein ihm von B gewährtes Darlehen nicht anders sichern konnte. Hier wird „formal" die Bank Eigentümerin, was sich praktisch nur dann auswirkt, wenn E falliert (er gerät in Konkurs oder andere Gläubiger pfänden die Maschinen); dann kann die Bank ihr formales Eigentum durch Absonderung (§ 4 KO) oder durch Interventionsklage geltend machen (§ 771 ZPO). *Wirtschaftlich* bleibt E Eigentümer; d. h. er bleibt im Besitz der Maschinen und nützt sie, „wie wenn er Eigentümer wäre".

II. Publizität (Offenkundigkeit)[1]

Schon nach der tatsächlichen Gestaltung der Lebensverhältnisse sind Sachenrechte vielfach nach außen sichtbar: Der Eigentümer eines Kraftwagens wird ihn häufig selbst fahren, ihn also „besitzen"; wer auf einem Grundstück ein Haus errichtet, wird meist Eigentümer dieses Grundstücks sein. Man kann also mit einer gewissen Wahrscheinlichkeit vom Besitz – als tatsächlicher Innehabung – auf das Eigentum schließen.

Auf dieser Lebenserfahrung baut das Gesetz auf, variiert und typisiert sie allerdings: Der Besitz ist Publizitätsmittel nur bei beweglichen Sachen, bei Grundstücken tritt an seine Stelle eine amtliche Aufzeichnung der Grundstücke, das Grundbuch. Dem Besitz bzw. der Eintragung im Grundbuch kommen drei Funktionen zu:

die Übertragungswirkung,
die Vermutungswirkung,
die Gutglaubenswirkung.

1. *Die Übertragungswirkung:*

Rechtsgeschäftliche Rechtsvorgänge im Sachenrecht müssen äußerlich sichtbar werden. Daher verlangt das Gesetz
bei beweglichen Sachen die Übergabe der Sache (vgl. § 929 für die Übereignung, § 1032 für den Nießbrauch, § 1205 für das Pfandrecht),

---

[1] Zu dem Publizitätsprinzip, seiner gesetzlichen Fixierung, seiner Bedeutung für Praxis und Theorie insbesondere *Martinek,* Traditionsprinzip und Geheißerwerb, AcP 188 (1988), 573 und *Picker,* Mittelbarer Besitz, Nebenbesitz und Eigentumsvermutung in ihrer Bedeutung für den Gutglaubenserwerb, AcP 188 (1988), 511; zum Publizitätsprinzip und seinen vermeintlichen oder echten Durchbrechungen (Surrogation, Treuhand) *Einsele* JZ 1990, 1005 ff.

bei Grundstücken die Eintragung der Rechtsänderung im Grundbuch (vgl. § 873 für alle Rechte an Grundstücken mit der Ergänzung in § 925 für den Eigentumsübergang an Grundstücken).

Dazu muß in allen Fällen *die Einigung* der Beteiligten über die Rechtsänderung kommen.

Hier wird sonach schon deutlich, daß die Rechtsänderung im Sachenrecht einen Doppeltatbestand voraussetzt, um wirksam zu sein: ein rechtsgeschäftliches Element und einen tatsächlichen, nach außen sichtbar werdenden Vorgang. Anders übrigens bei der Rechtsübertragung im Schuldrecht: die Abtretung einer Forderung verlangt nur eine Einigung zwischen altem und neuem Gläubiger (§ 398); eine Mitteilung der Abtretung an den Schuldner – dies wäre eine Möglichkeit der Publizität – ist nicht erforderlich!

Festzuhalten ist, daß diese Regelung nur für *rechtsgeschäftliche* Rechtsänderungen gilt, nicht für solche, die auf Grund Gesetzes (also insbesondere durch Erbfall) eintreten. Im Grundbuch kann also z. B. noch der Erblasser als Eigentümer eingetragen sein, während in Wahrheit das Eigentum längst auf den Erben übergegangen ist; das Grundbuch ist also unrichtig. – Später werden wir freilich feststellen müssen, daß der Publizitätsgrundsatz – bezüglich der Übertragungswirkung – durchbrochen wird, vor allem beim Eigentumsvorbehalt und der Sicherungsübereignung!

2. Die Vermutungswirkung:[1]

Werden rechtsgeschäftliche Rechtsänderungen an einen Besitzwechsel bzw. eine Änderung des Grundbuchs geknüpft, so spricht eine gewisse Wahrscheinlichkeit dafür, daß der Besitz bzw. der Grundbuchstand auf die wahre Rechtslage hindeuten. Daher sagt § 1006 Abs. 1 S. 1, daß zugunsten des Besitzers einer beweglichen Sache dessen Eigentum an der Sache vermutet wird,

und § 891 enthält hinsichtlich des im Grundbuch Eingetragenen die Vermutung, daß er in Wahrheit der Berechtigte ist.

Man wird sich fragen, wo denn diese Vermutungen ihre Wirkung entfalten. Die Antwort lautet: im Prozeß. Trotz aller Bemühungen wird der Richter dann und wann die wahre Sachlage nicht erkunden können; es bleibt ein Rest von Unklarheit. Der Richter *muß* aber ein Urteil fällen. Es wird zugunsten der Partei lauten, für die die Vermutung spricht. Die sog. materielle Beweislast (= Gefahr, bei Ungeklärtheit des Sachverhalts „den Prozeß zu verlieren") trägt dann der Gegner.

Beispiel: A schreibt in einer Zeitung eine wertvolle Briefmarke zum Verkauf aus. B erfährt davon und behauptet, er sei der Eigentümer, er habe die Marke dem A vor einer Auslandsreise in Verwahrung gegeben. Er erhebt die Herausgabeklage (§ 985). Der Richter kann den Sachverhalt nicht mehr einwandfrei aufklären; die Klage des B wird abgewiesen, da zugunsten des A die Vermutung des § 1006 Abs. 1 S. 1 spricht.

Das Ergebnis wäre anders, wenn dem B der Nachweis gelänge, daß ihm die Marke auf der Reise (wenn auch nicht gerade von A) gestohlen worden war. Dann würde die Vermutung nicht zugunsten des A streiten (§ 1006 Abs. 1 S. 2), sondern zugunsten des B (§ 1006 Abs. 2).

Weitere Beispiele: BGH FamRZ 1970, 586 (dazu *Hadding* JuS 1972, 183); OLG Hamburg MDR 1974, 754; BGH NJW-RR 1989, 651.

Ein genauer Vergleich zwischen § 1006 und § 891 wird übrigens sofort auf einen wichtigen Unterschied hinweisen: § 1006 enthält eine Vermutung nur *zugunsten des Besitzers,* während sich auf die im Grundbuch manifestierte Rechtslage *jedermann* berufen kann, so daß sich also durchaus die Vermutung auch einmal zum Nachteil des Eingetragenen auswirken kann; so z. B. wenn ein Reallastberechtigter gegen den im Grundbuch als Eigentümer Eingetragenen vorgeht (§ 1108); dieser muß die zu seinen Lasten sprechende Eigentumsvermutung widerlegen, wenn er behauptet, er sei gar nicht der Eigentümer.

---

[1] Einzelheiten s. § 10.

3. *Die „Gutglaubenswirkung"*[1]:

Sit venia verbo! Aber als Gedächtnisstütze mag es vielleicht passieren.

Der Rechtslogik entspräche es, nur einen Rechtserwerb vom Berechtigten zuzulassen („nemo plus iuris ad alium transferre potest quam ipse habet").[2] Damit wäre indes dem Rechtsverkehr, dem Wirtschaftsleben nicht gedient. Denn der Erwerber müßte jeweils nachprüfen, ob sein Geschäftsgegner wirklich „der Berechtigte" ist. Das könnte mit großen, u. U. unüberwindlichen Schwierigkeiten verknüpft sein.

Ich kaufe in einem Geschäft eine gebrauchte Schreibmaschine. Wie soll ich nachprüfen, ob der Verkäufer wirklich Eigentümer ist? Will man von mir keine detektivischen Fähigkeiten verlangen, so muß ich mich darauf verlassen können, daß der Verkäufer den Eindruck macht, er sei Eigentümer, weil er im Besitz der Sache ist.

So kennt unser Recht – übrigens ist dies nicht in allen Rechten so[3] – die Möglichkeit des redlichen Erwerbs vom Nichtberechtigten. Freilich muß sich dieser Erwerb auf ein äußeres Zeichen stützen; dies ist bei beweglichen Sachen der Besitz (§ 932), bei Grundstücksrechten der Grundbuchstand (§§ 892, 893).

Hier wird die Verflechtung mit der Übertragungswirkung deutlich: da das Gesetz für rechtsgeschäftliche Rechtsänderungen den Besitzwechsel bzw. die Grundbucheintragung fordert, spricht eine gewisse Wahrscheinlichkeit dafür, daß diese Zeichen die wahre Rechtslage widerspiegeln. Ist dies ausnahmsweise einmal nicht der Fall, so soll dies nicht zum Nachteil dessen, der auf den Besitz bzw. den Grundbuchstand vertraut hat, ausschlagen. Freilich ist nicht zu verkennen, daß sich daraus erhebliche Gefahren für den wahren Berechtigten ergeben: der Eigentümer einer beweglichen Sache etwa wird sich überlegen müssen, wem er die Sache (als Mieter, Entleiher, Verwahrer) anvertraut, der an einem Grundstück Berechtigte wird sich vergewissern müssen, ob das Grundbuch sein Recht auch richtig ausweist. Beachtet er diese Vorsicht nicht, so besteht die Gefahr, daß er sein Recht verliert; er ist dann auf Ersatzansprüche gegen den zu Unrecht Verfügenden beschränkt, sei es aus dem Gesichtspunkt der ungerechtfertigten Bereicherung (§ 816), sei es im Falle schuldhaften Handelns aus unerlaubter Handlung (§ 823) oder Vertragsverletzung bzw. angemaßter Eigengeschäftsführung.

III. „Spezialität" (Bestimmtheitsgrundsatz)

Dieser Grundsatz bedeutet, daß dingliche Rechte nur an bestimmten einzelnen Sachen möglich sind, sich also auf sie beziehen müssen. Mit ihm soll vor allem der Rechtsklarheit gedient werden.

Der gängige Sprachgebrauch hat dafür allerdings kein Verständnis: Man sagt: „E ist Eigentümer eines Unternehmens." „Die Witwe hat den Nießbrauch am Vermögen ihres Mannes." Niemand denkt daran, die einzelnen zum Unternehmen (Vermögen) gehörenden Sachen einzeln zu benennen. Die Bedeutung des Bestimmtheitsgrundsatzes wird dem Rechtsgenossen erst deutlich, wenn er „aus" seinem Vermögen (Unternehmen, Geschäft) eine einzelne Sache veräußern will. Dann wird ihm bewußt, daß sein Vermögen rechtlich gegliedert ist, daß es etwas anderes ist, ob man ein Grundstück, eine Maschine, eine Forderung veräußert. Er wird dann auch Verständnis zeigen, wenn man ihm sagt, daß diese Gegenstände nicht uno actu veräußert werden können.

Der Grundsatz der Spezialität gilt nur

1. *für die Rechtsträgerschaft,* hier aber ohne Rücksicht auf die systematische Einreihung des Rechts in das Sachenrecht oder in andere Rechtsgebiete.

---

[1] Hierzu monographisch *Hager,* Verkehrsschutz durch redlichen Erwerb, 1990.

[2] „Niemand kann mehr an Recht auf einen anderen übertragen als er selbst hat."

[3] Vgl. die anschauliche Darstellung von *Zweigert* in RabelsZ 23, 1.

Er gilt also z. B. auch für die Gläubigerstellung, die im Schuldrecht geregelt ist;

2. für das *Verfügungsgeschäft* – auch hier wieder ohne Rücksicht auf den Standort der Regelung –, *nicht* für Verpflichtungsgeschäfte.

Man kann sich also wirksam *verpflichten*, sein „Geschäft" (Unternehmen, Landgut, Bücherei usw.) einem anderen zu veräußern, ohne die einzelnen Gegenstände aufzuzählen; es genügt, wenn über das Objekt des Verpflichtungsgeschäfts zwischen den Beteiligten Übereinstimmung besteht. Die Übereignung des „Geschäfts" muß aber in den Formen erfolgen, die für die einzelnen Gegenstände vom Gesetz vorgeschrieben sind; bei beweglichen Sachen ist also Einigung und Übergabe (§ 929), bei Grundstücken Auflassung und Eintragung im Grundbuch (§§ 873, 925), bei Forderungen Abtretung (§ 398), bei Patentrechten Einigung (§ 413 mit § 398) erforderlich.

Ausgeschlossen sind also etwa die „Übereignung der Hälfte des Werts einer Maschine zur Sicherung eines Darlehens" oder die Bestellung einer sog. Generalhypothek an einem ganzen Vermögen. Weitere Beispiele: BGH NJW 1986, 1985 u. JZ 1988, 471.

Besondere Bedeutung erlangt der Bestimmtheitsgrundsatz bei den modernen Sicherungsmitteln der Sicherungsübereignung und der Abtretung künftiger Forderungen (insbesondere beim sog. verlängerten Eigentumsvorbehalt, s. darüber unten §§ 57–59). Hier besteht auch die Gefahr, daß der Grundsatz den wirtschaftlichen Bedürfnissen (vermeintlichen und wirklichen!) geopfert wird.

IV. Übertragbarkeit

Vermögensrechte (im Gegensatz zu höchstpersönlichen Rechten) sind regelmäßig übertragbar. Dieser Satz gilt auch für Vermögensrechte, die dem Schuldrecht angehören; er ist also kein typisch sachenrechtlicher Grundsatz. Aber es lassen sich einige sachenrechtliche Besonderheiten feststellen, so die, daß gewisse Rechte von der Übertragbarkeit ausgenommen sind, wie etwa der Nießbrauch (§ 1059 S. 1) und die beschränkte persönliche Dienstbarkeit (§ 1092 Abs. 1 S. 1). Die Grunddienstbarkeit steht „dem jeweiligen Eigentümer des anderen Grundstücks" zu (§ 1018), sie kann also von diesem Eigentum nicht getrennt werden und geht auf den Rechtsnachfolger im Eigentum über.

Schwierigkeiten macht die Frage, inwieweit die Übertragbarkeit von Sachenrechten durch *Vertrag* ausgeschlossen werden kann, ob also z. B. der Gläubiger einer Hypothek durch Vereinbarung mit dem Schuldner die Abtretung der Hypothek ausschließen kann. Wir müssen uns auf einige Andeutungen beschränken:[1] Ausgangspunkt ist § 413, der für die Übertragung von Rechten ganz allgemein die Vorschriften über die Abtretung von Forderungen, also die §§ 398–412, für entsprechend anwendbar erklärt.[2] Ist damit auch auf § 399 2. Alternative verwiesen, wonach eine Forderung nicht abtretbar ist, wenn die Abtretung durch Vereinbarung des Gläubigers mit dem Schuldner ausgeschlossen ist? Bedenken gegen die Bejahung dieser Frage ergeben sich zunächst aus § 137 S. 1. Denn bei Anwendung des § 399 2. Alternative würde gerade das Ergebnis erreicht, das § 137 S. 1 vermieden wissen will. Die Einsicht, daß sich § 137 S. 1 und § 399 2. Alternative diametral gegenüber stehen, läßt sich auch nicht dadurch verwässern, daß man sagt, bei § 399 2. Alternative handle es sich um eine Inhaltsbestimmung des Rechts (so auch *Flume* II § 17, 7), während es sich bei § 137 um das Hinzufügen eines Veräußerungsverbots handle, das „dem Wesen der Forderung an sich fremd ist" (so RGZ 136, 395, 399). Eine einigermaßen befriedigende Lösung läßt sich nur so finden, daß man sagt, der Gesetzgeber habe überall dort, wo eine Gläubiger-Schuldnerbeziehung (im weitesten Sinne verstanden) bestehe, einem vertraglich vereinbarten vinculum iuris absolute Wirkung verliehen und § 137 S. 1 insoweit zurücktreten lassen.

---

[1] S. dazu *Raible*, Vertragliche Beschränkung der Übertragung von Rechten (1969); *Schlosser* NJW 1970, 681; *Liebs* AcP 175, 1 (hier – u. bei *Soergel/Hefermehl* vor § 137 – auch weitere Nachweise); *Timm* JZ 1989, 13. – Zur „Sperrkontenvereinbarung" (bei Bankkonten) s. *Kollhosser* ZIP 1984, 389: keine dingliche Wirkung.

[2] Dazu *Scheyhing*, Sukzessionen, S. 230 ff.

Während also etwa beim Eigentum oder der Eigentumsanwartschaft (BGH NJW 1970, 699) die Grundregel des § 137 S. 1 voll dinglich wirkende rechtsgeschäftliche Verfügungsbeschränkungen ausschließt und nur die „schuldrechtliche" Bindung in Gestalt der *Treuhand* wirksam vereinbart werden kann (hierzu § 3 II 1d, bb), ist z.B. bei Pfandrechten aller Art eine vereinbarte dingliche Vinkulierung möglich. So kann bei der Hypothek und Grundschuld durch Inhaltsänderung (also durch Einigung und Eintragung, § 877) die Abtretbarkeit ausgeschlossen werden (KG MDR 1968, 768; OLG Hamm DNotZ 1968, 631).

Davon zu unterscheiden ist die Frage, ob sich bei der Hypothek die Vereinbarung über die Nicht-abtretbarkeit der *Forderung* wegen des Akzessorietätsgrundsatzes auch auf die Hypothek auswirkt. Diese Frage dürfte bei der Sicherungshypothek infolge ihrer gesteigerten Akzessorietät (s. unten § 42 I 1) zu bejahen sein; bei der Verkehrshypothek bleibt die Antwort auf die gestellte Frage zweifelhaft.

V. „Abstraktheit"

Hierunter versteht man die rechtliche Loslösung des dinglichen Rechtsge-schäfts von dem zugrundeliegenden, kausalen Rechtsvorgang. Über dieses Prin-zip wird sofort bei der Darstellung des dinglichen Rechtsgeschäfts zu sprechen sein.

§ 5. Das dingliche Rechtsgeschäft

Lit.-Hinweis: *Beyerle,* Der dingl. Vertrag, in FS für Boehmer (1954), 164; *Brandt,* Eigentumser-werb u. Austauschgeschäft (1940); *von Caemmerer,* Rechtsvergleichung u. Reform der Fahrnisüber-eignung, RabelsZ 12, 675; *Coing,* Verfügungsmacht b. Rechtsgeschäften unter Lebenden und von Todes wegen, FS f. Ulmer, 1973, 460; *Heck,* Das abstrakte dingliche Rechtsgeschäft (1937); *Krause,* Das Einigungsprinzip u. die Neugestaltung des Sachenrechts, AcP 146, 312; *Lange,* Rechtsgrundab-hängigkeit der Verfügungen im Boden- und Fahrnisrecht, AcP 146, 28; 148, 188; *Wiegand,* Die Entwicklung des Sachenrechts im Verhältnis zum Schuldrecht, AcP 190, 113ff.

Die Lehrbücher von *Eichler* I S. 109; *Hübner* AT Rn. 358ff; *Larenz* II § 39 II; *Larenz* AT § 18 II; *Medicus* § 3; *Westermann* § 4; *Wolff/Raiser* § 38 II 4.

Weitere Lit. unten IV Anm. 2 und im Text.

I. Grundlagen

1. Eine Änderung in der Rechtszuständigkeit setzt einen rechtsgeschäftlichen Willensakt des (oder der) Beteiligten voraus. Dieser Grundsatz ist in § 413 ganz allgemein ausgesprochen, wo zur Übertragung irgendwelcher Rechte ein Ver-trag (§ 398) zwischen dem Veräußerer und Erwerber gefordert wird; er gilt auch für Rechtsänderungen im Sachenrecht, freilich – wie wir sehen werden – mit erheblichen Modifizierungen.

Gehen wir zunächst vom Gesetz aus, so stellen wir fest, daß zur Übertragung des Eigentums, zur Begründung und Übertragung eines beschränkten dinglichen Rechts an einem Grundstück eine Einigung der Beteiligten über die Rechtsänderung *und* die Eintragung der Rechtsänderung im Grund-buch erforderlich sind (§ 873). Handelt es sich um die Aufhebung eines solchen Rechts, so verlangt § 875 die Aufhebungserklärung des Berechtigten *und* die Löschung des Rechts im Grundbuch. Soll das Eigentum an einer beweglichen Sache übertragen werden, so verlangt § 929 Einigung über den Eigentumsübergang *und* Übergabe der Sache. Zur Bestellung des Pfandrechts an einer beweglichen Sache ist die Einigung über die Pfandrechtsbestellung *und* die Übergabe der Sache erforderlich (§ 1205).

2. Diese Lektüre des Gesetzes ist in verschiedener Hinsicht aufschlußreich:

a) Schon die Terminologie macht stutzig: das Gesetz spricht im Sachenrecht von ,,Einigung", nicht von ,,Vertrag". Damit soll offenbar zum Ausdruck gebracht werden, daß zwar wie beim Vertrag eine Willensübereinstimmung der Parteien vorliegen muß, daß es sich aber um ein ,,Einigsein" besonderer Art handelt, eben um ein ,,Einigsein" über eine dingliche Rechtsänderung. Es soll eine scharfe Grenze zum schuldrechtlichen Vertrag gezogen werden: der Einigung fehlt offenbar jegliches verpflichtende Moment; es handelt sich um ein Rechtsgeschäft des Sachenrechts; dann aber ergeben sich sofort zwei Fragenbereiche:

aa) Nach welchen Regeln beurteilt sich das Zustandekommen, die Wirksamkeit dieser Einigung? Sind auf sie die Bestimmungen des Allgemeinen Teils (auch des Schuldrechts?) über Rechtsgeschäfte und Verträge anwendbar? S. dazu unten II.

bb) Wenn der Einigung jeder verpflichtende Gehalt fehlt, wo findet sie dann ihren Rechtsgrund? Niemand wird ohne Anlaß seine Sache übereignen. Daraus ergibt sich das Problem der Verknüpfung (oder Trennung?) von schuldrechtlich-kausalem und dinglich-abstraktem Geschäft. S. dazu unten IV.

b) Es fällt weiter auf, daß die Einigung allein – anders als in § 398 bei der Abtretung einer Forderung – zur Rechtsänderung nicht genügt. Dazu muß ein äußerlich sichtbarer Vorgang treten, die Eintragung im Grundbuch bzw. die Übergabe der (beweglichen) Sache. Wie wir schon oben bei der Erörterung des Publizitätsgrundsatzes sahen, haben wir es mit einem Doppeltatbestand zu tun: erst die Einigung *und* die äußere Kennbarmachung bewirken die Rechtsänderung; daraus ergibt sich die Frage nach dem Verhältnis von Einigung und Kundbarmachung; wie ist etwa die Rechtslage, wenn der Veräußerer zur Zeit der Einigung noch geschäftsfähig war, nicht aber zur Zeit der Übergabe? Darüber s. unten III.

c) Keine Schwierigkeiten macht die weitere Feststellung, daß offenbar auch das Sachenrecht *zweiseitige und einseitige Rechtsgeschäfte* kennt. Bei den letztgenannten ist allenfalls der Adressat von Interesse: dies kann etwa bei der Aufhebung eines Rechts an einem Grundstück das Grundbuchamt oder der Begünstigte sein (§ 875 Abs. 1 S. 2), bei Aufhebung des Pfandrechts an einer beweglichen Sache der Verpfänder oder der Eigentümer (§ 1255 Abs. 1); die Aufgabe des Grundeigentums hat dem Grundbuchamt gegenüber zu erfolgen (§ 928), die Dereliktion beweglicher Sachen ist dagegen adressatlos (§ 959).

II. Die anwendbaren Vorschriften

1. *Die Anwendbarkeit des ,,Allgemeinen Teils"*

Die Einigung ist dinglicher Vertrag;[1] daraus folgt, daß die Regeln des ,,Allgemeinen Teils" über Rechtsgeschäfte Anwendung finden (a), sofern sie nicht durch Sonderbestimmungen des ,,Sachenrechts" modifiziert werden (b).

a) Anwendbar sind also z. B. die Grundsätze über die Rechts- und Geschäftsfähigkeit,[2] die Willensmängel, die Form der Rechtsgeschäfte, die Perfektion der Willenserklärung, das Zustandekommen des Vertrags, seine Auslegung (BGH WM 1978, 194), die Wirkung eines Gesetzesverstoßes.[3]

Da das dingliche Rechtsgeschäft auf eine Rechtsänderung gerichtet ist, also eine *Verfügung* darstellt, greifen auch die Vorschriften des Allgemeinen Teils über relative Verfügungsbeschränkungen (§§ 135, 136), über die Zustimmung zu Verfügungen Nichtberechtigter (§ 185) Platz.

Beispiele: Übereignet der Minderjährige E sein Briefmarkenalbum an einen Briefmarkenhändler, so ist *auch* die Übereignung (nicht nur der Kaufvertrag) schwebend unwirksam; die Verfügung wird mit Genehmigung des gesetzlichen Vertreters geheilt (§§ 107, 108). Beispiel: BGHZ 78, 28, 35 (dazu *Jauernig* NJW 1982, 576 m. w. N.).

Verbietet das Gesetz den Handel mit Betäubungsmitteln, so ist auch eine dagegen verstoßende Übereignung nichtig (§ 134), ebenso die Geldzahlung als Gegenleistung (BGH NJW 1983, 636). Ob ein Verbotsgesetz nur die Nichtigkeit des Verpflichtungsgeschäftes oder – ausnahmsweise – auch die Unwirksamkeit des Erfüllungsgeschäftes als Verstoßfolge anordnet, richtet sich nach Sinn und Zweck der Verbotsnorm (BGH NJW 1991, 2955, 2957).

§ 1154 fordert für die Abtretung einer Briefhypothek neben der Übergabe des Hypothekenbriefs die ,,Erteilung der Abtretungserklärung in schriftlicher Form"; dies bedeutet, daß die Abtretungserklärung ,,von dem Aussteller eigenhändig durch Namensunterschrift unterzeichnet werden muß" (§ 126 Abs. 1).

E hat dem Antiquitätenhändler A einen wertvollen Barockschrank verkauft und übereignet, und zwar gegen billiges Geld, weil ihm A bewußt der Wahrheit zuwider gesagt hatte, es handle sich um ein Möbel, das ,,gerade noch zum Einheizen recht sei". Hier kann E (Kaufvertrag und) Übereignung anfechten (§ 123) mit der Folge, daß das Eigentum des A mit rückwirkender Kraft entfällt. Hat A die Sache freilich bereits an den Sammler D weiterveräußert, so ist dieser Eigentümer geworden, es sei denn, daß er die Anfechtbarkeit des Geschäfts E-A kannte oder infolge grobfahrlässiger Unkenntnis nicht kannte (§ 142 Abs. 2 mit § 932 Abs. 2). War er gutgläubig, so ist sein Eigentum unangreifbar. E kann sich nur an A halten; er kann den Erlös, den A aus dem Verkauf an D erhalten hatte, herausverlangen (§ 816 Abs. 1 S. 1) oder einen höheren Schaden nach § 823 Abs. 2, § 992 mit § 263 StGB fordern. Hatte A den Schrank seiner Tochter geschenkt, so ist diese – im Falle ihrer Gutgläubigkeit – zwar auch Eigentümerin geworden, sie muß aber dem E den Schrank aus dem Gesichtspunkt der ungerechtfertigten Bereicherung zurückübereignen (§ 816 Abs. 1 S. 2). Die h. M. nimmt an, daß der Tatbestand des § 123 Abs. 1 regelmäßig auf das dingliche Erfüllungsgeschäft „durchschlägt", falls bereits das Verpflichtungsgeschäft unter § 123 Abs. 1 fällt; anders bei § 119: hier bedarf die Kausalität des Irrtums für das Erfüllungsgeschäft besonderer Begründung (z. B. error in objecto erst beim Erfüllungsgeschäft, Fehleridentität beim error in persona etc.).[4] Letztlich steht hinter dieser Differenzierung die Entscheidung für die unterschiedliche Rechtsfolge: der Getäuschte oder Bedrohte soll möglichst *dinglich* rückabwickeln können (§ 985!), der eigene Irrtum soll idR nur bereicherungsrechtliche Rückforderungen begründen (§§ 812 ff., 818 Abs. 3).

---

[1] In welchem Verhältnis Einigung und Kundbarmachung (Besitzwechsel – Eintragung im Grundbuch) stehen, soll zunächst dahingestellt bleiben; s. dazu III.
[2] Interessanter Beispielsfall: BGH NJW 1988, 3260 (dazu unten § 55 A II 2b).
[3] BGHZ 11, 59, 61; NJW 1983, 636; allgemein *Canaris,* Gesetzliches Verbot u. Rechtsgeschäft, 1983.
[4] Zur Problematik *Jauernig* § 123 Anm. 4; *Soergel/Hefermehl* § 142 Rn. 5; *Westermann* § 4 IV 1; *Grundmann* JA 1985, 80; siehe noch § 5 IV 3 zur Bedeutung des Abstraktionsprinzips und zu § 138!

A verkauft an B die Einrichtungsgegenstände seines Gaststättenbetriebes. Als B erfährt, daß A auch an C verkaufen und übereignen will, erwirkt er beim Landgericht eine einstweilige Verfügung, die dem A verbietet, „über die Einrichtungsgegenstände zu verfügen, insbesondere sie zu veräußern" (§ 938 Abs. 2 ZPO). A veräußert und übergibt trotzdem an C, dem die einstweilige Verfügung vom Anwalt des B zugestellt worden ist. Später ergeht ein rechtskräftiges Urteil zugunsten des B, das A zur Übereignung verurteilt. Nach § 985 kann jetzt B von C Herausgabe verlangen. Als das rechtskräftige Urteil die Übereignungserklärung des A an B fingierte (§ 894 ZPO), war A im Verhältnis zu B noch Eigentümer, weil die Übereignung A an C unwirksam war (§§ 136, 135 Abs. 1), nachdem C das Veräußerungsverbot kannte (§§ 136, 135 Abs. 2, 932). Diese Übereignungserklärung genügt für den Eigentumsübergang auf B, weil ein nichtbesitzender Eigentümer übereignet, dem kein schuldrechtlicher Besitzmittlungsanspruch zusteht (Beispiel nach BGHZ 111, 364 ff.; zur Übereignung § 51 VI 1 b).[1]

Der Verkäufer V eines Grundstücks ermächtigt den Käufer K, noch vor der Eintragung des Käufers als Eigentümer das Grundstück des V mit Grundschulden zu belasten (§§ 873, 1191), und zwar „im Rahmen der Finanzierung des Kaufpreises" (BGHZ 107, 1 ff.). Bestellt K nun dem H Grundschulden „zur Sicherung aller Ansprüche aus der Geschäftsverbindung", so verfügt K ohne Ermächtigung als Nichtberechtigter, weil die Ermächtigung des V (§ 185 Abs. 1) diese Grundschuldbestellung nicht deckt. Wollte V die Grundschuldbestellung rückwirkend genehmigen (§ 185 Abs. 2 S. 1), so wäre dies nur möglich, falls er im Zeitpunkt der – rückwirkenden – Genehmigung noch Eigentümer wäre, also nicht zwischenzeitlich an den Zweitkäufer Z veräußert hätte (hierzu BGHZ 107, 340 ff.).

b) *Modifikationen:* Die im Allgemeinen Teil des BGB gegebenen Regeln sind überall dort nicht anwendbar, wo sie ausdrücklich oder infolge des speziellen Charakters einer sachenrechtlichen Vorschrift ausgeschlossen sind: so können im allgemeinen auch dingliche Rechtsgeschäfte bedingt abgeschlossen werden (§§ 158 ff.), bei der Übereignung von Grundstücken schließt § 925 Abs. 2 aber eine solche Möglichkeit aus (Grund: es soll kein Zweifel bestehen, wer der Eigentümer eines Grundstücks ist!). Ferner: § 145 sagt, daß jeder, der einem anderen einen Vertragsschluß anträgt, an den Antrag gebunden ist. Diese Regel wird im Sachenrecht modifiziert; so ist nach § 873 Abs. 2 eine Einigung im rechtsgeschäftlichen Grundstücksverkehr nur bindend, d. h. nicht mehr frei widerruflich, wenn sie in bestimmter Form vorliegt; daraus folgt, daß ein formloser Antrag in solchen Fällen entgegen § 145 nicht bindend sein kann.

Zweifelhaft ist insbesondere, ob § 138 Abs. 1 und § 139 anwendbar sind: ist ein dingliches Rechtsgeschäft als solches wertneutral? Können schuldrechtliches und dingliches Geschäft in ihrer Wirksamkeit voneinander abhängen? Auf diese Fragen wird unten IV 3 a und c näher einzugehen sein.

Das Recht der *Stellvertretung* ist auf dingliche Rechtsgeschäfte anwendbar; eine Übereignung kann z. B. durch oder an einen Stellvertreter erfolgen. Zu beachten ist aber, daß bei der Übereignung beweglicher Sachen regelmäßig auch eine Übergabe, also eine Übertragung des unmittelbaren Besitzes an der Sache erforderlich ist. Ist auch hier eine Stellvertretung möglich?

Beispiel: Wenn V einen Kraftwagen an einen Bevollmächtigten B des K verkauft und übereignet, so nimmt B die Einigungserklärung des V namens des K entgegen und erklärt namens des K die Einigung. Unmittelbaren Besitz erhält K aber nur dann sofort, wenn B „Besitzdiener" für K ist (§ 855). Wenn dies nicht der Fall ist – B ist z. B. ein selbständiger Vermittler – so bedarf es noch irgend einer Besitzmittlung an K (s. darüber unten § 51 VII). Besitzdienerschaft und Besitzmittlung „ersetzen" also für den Realakt des Besitzerwerbes die Stellvertretung.
Interessante Fallgestaltungen kann die Anwendung des § 181 auf dingliche Geschäfte ergeben:

---

[1] Übersicht über die Verfügungsbeschränkungen bei *Böttcher* Rpfleger 1983, 49, 187; 1984, 377; 1985, 1, 381.

Übereignen z. B. die Eltern ihrem 14-jährigen Sohn schenkweise einen wertvollen Perserteppich, so kann der Sohn direkt nach § 107 durch eigene Willenserklärung Eigentum erwerben (§ 929 S. 1) oder aber durch Insichgeschäft der Eltern mit sich als Vertreter des Sohnes (§§ 1629 Abs. 2 S. 1, 1795 Abs. 2, 181): teleologische Reduktion des § 181 anhand des Rechtsgedankens des § 107 (BGHZ 94, 232). Erklärt der Grundstückseigentümer als Vertreter des Hypothekengläubigers gegenüber dem Grundbuchamt die Aufgabe der Hypothek (§ 875 Abs. 1), so findet § 181 – ausnahmsweise! – analoge Anwendung (BGHZ 77, 7 ff.).

c) Die Überlegungen über die Anwendbarkeit des Rechts der Stellvertretung sind in Zusammenhang zu sehen mit der allgemeinen Frage, *ob und in welchem Umfang sich jemand die in der Person eines in seinem Lebensbereich Tätigen vorliegen, auch bei sachenrechtlichen Rechtsverhältnissen zurechnen lassen muß.*[1] Nach welchen Regeln haftet z. B. der Grundstückseigentümer, wenn sein Architekt beim Bau des Hauses die Standfestigkeit des Nachbargebäudes beeinträchtigt? Ist der Erwerber einer Sache unredlich i. S. des § 932 BGB, wenn zwar nicht er, wohl aber sein Stellvertreter, der für ihn das Geschäft tätig, die Nichtberechtigung des Veräußerers kennt?

Folgende Fallgruppen sind von Bedeutung:

aa) Stichwort: *Erwerb vom Nichtberechtigten:* Jemand bedient sich bei der Vornahme eines dem Sachenrecht zugehörigen Rechtsgeschäfts eines Stellvertreters. Kommt es hierbei auf das Kennen oder Kennenmüssen bestimmter Umstände an (wie z. B. in § 892 Abs. 1 S. 1 oder § 932), so ist unstreitig § 166 anwendbar (s. unten § 23 IV 1 c, § 52 III 2).

bb) Stichwort: *Haftung des unredlichen Besitzers:* Der unberechtigte Besitzer haftet dem Eigentümer auf Schadensersatz, wenn er bei Erwerb des Besitzes nicht in gutem Glauben war oder später von seiner Nichtberechtigung erfuhr (§ 990). Soll – wenn der Besitzer sich eines Besitzdieners bediente – *§ 166* anwendbar sein (so BGHZ 32, 53; 41, 17, 21; 83, 293, 295 – für § 819 –; *Kiefner, Schilken* aaO; *Richardi* AcP 169, 385, 393 f.; *Westermann/Pinger* § 32 II 2 c – jeweils mit Modifikationen im einzelnen) oder handelt es sich in § 990 um eine – abgeschwächte – quasideliktische Regelung, die zur Anwendung des *§ 831* führt (so im Ergebnis noch BGHZ 16, 259; ferner *Heck* § 69 Nr. 6; *Medicus* AT Rn. 903; *Birk* JZ 1963, 354)? Der letztgenannten Auffassung ist zu folgen, und zwar aus zwei Gründen:

(1) § 990 enthält einen *delikts*ähnlichen gestreckten Tatbestand; *ein* Element dieses Tatbestands ist die Bösgläubigkeit des Besitzers, ein *weiteres* die schuldhafte Beschädigung der Sache (§ 989).

(2) Hat sich der Besitzer durch schuldhaft verbotene Eigenmacht oder durch eine Straftat den Besitz verschafft, so haftet er nach § 992 dem Eigentümer nach Deliktsrecht. § 992 soll also eine gegenüber § 990 verschärfte Haftung des Besitzers statuieren. Wollte man im Rahmen des § 990 auf die Haftung des Besitzers die Vorschrift des § 166 anwenden, so würde dies bedeuten, daß der Besitzer in den „leichteren" Fällen des § 990 strenger haftet (nämlich ohne die Möglichkeit des Exkulpationsbeweises) als in den „schweren" Fällen des § 992, in denen ja § 831 sicher anwendbar ist.

Beide Erwägungen zwingen zur Anwendung des § 831; der Besitzherr kann sich also – sofern er nicht selbst bösgläubig ist oder ihn selbst ein Organisationsverschulden trifft – für sein Hilfspersonal auch im Rahmen des § 990 exkulpieren. – Davon ist freilich die Frage zu unterscheiden, ob *nach* Gegebensein des Tatbestandsmerkmals der Bösgläubigkeit § 278 anzuwenden ist (so *Soergel/Mühl* Rz 4 vor § 987 u. h. M.) oder ebenfalls § 831 (wohl richtig).

cc) Stichwort: *Haftung aus nachbarlichem Gemeinschaftsverhältnis:*[2] Zur Einführung ein *Beispiel* (in Anlehnung an BGHZ 42, 374 = *Baur*, E. Slg. Fall 17): Zwei Gebäude hatten eine gemeinsame, halbscheidig auf der Grenze stehende Giebelmauer. Eines der Gebäude wurde im Kriege zerstört. Unter Benutzung der erhalten gebliebenen Giebelmauer wurde das zerstörte Gebäude wieder aufgebaut: Durch Verschulden des Architekten – ohne jedes Verschulden des Grundstückseigentümers – wurde die Giebelmauer überlastet. Das Nachbargebäude wurde dadurch in seiner Standfestigkeit beeinträchtigt.

Soll hier § 831 (mit der Möglichkeit der Exkulpation für das Versehen des Architekten) angewendet werden oder aber § 278, der eine solche Möglichkeit nicht kennt? Der BGH hat sich in der sehr lesenswerten, das kontroverse Schrifttum erschöpfenden Entscheidung für die erste Alternative ent-

---

[1] S. dazu *Kiefner* JA 1984, 189; *Schilken*, Wissenszurechnung im Zivilrecht, 1983; *Wetzel*, Die Zurechnung des Verhaltens Dritter bei Eigentumsstörungstatbeständen, 1971 je m. w. N.; *Baur* in VersR 1962, Beil. Karlsruher Forum, 14 (= *Baur* Beitr. II 180).

[2] Dazu auch unten § 25 IV 1 b, 2 e ee.

schieden, u. E. zu Unrecht: Zwar ist es richtig, daß aus dem Nebeneinander zweier Grundstücke sich noch kein ,,Gemeinschaftsverhältnis" ergibt; aus ihm folgen keine Pflichten schuldrechtlicher Art, bei deren Verletzung auch § 278 anwendbar wäre. Daher ist z. B. § 278 im Rahmen des § 909 (Grundstücksvertiefung) nicht anwendbar (ebenso BGH NJW 1960, 335). Etwas anderes gilt aber dann, wenn das Gesetz selbst auf die Vorschriften über die Gemeinschaft (§§ 741 ff.) und damit auf ein zwischen den Eigentümern der benachbarten Grundstücke bestehendes Schuldverhältnis verweist. Dies gilt für das Miteigentum (Beispiel: eine im Miteigentum der Nachbarn stehende Giebelmauer) sowie für Grenzeinrichtungen (auch wenn sie im Eigentum nur eines der Nachbarn stehen), § 922 S. 4. In diesen Fällen ist daher § 278, nicht § 831 anzuwenden (a. A. BGHZ 62, 243).[1] In BGHZ 95, 144 hat nunmehr auch der BGH für den Fall der Grunddienstbarkeit ein gesetzliches Schuldverhältnis zwischen Eigentümer und Dienstbarkeitsberechtigten angenommen.

dd) Stichwort: *Überbaufälle:* Auch hier zur Einführung ein *Beispiel* (in Anlehnung an BGHZ 42, 63 u. BGH NJW 1977, 375): Der bekl. Grundeigentümer hatte beim Neubau seines Hauses ein dem Kl. als Grunddienstbarkeit zustehendes Durchfahrtsrecht durch Verengung der Zufahrt beeinträchtigt. Er selbst war schuldlos, wohl aber traf seinen Architekten ein Verschulden. Der BGH hat die Anwendbarkeit des § 278 wie die des § 831 verneint und § 166 herangezogen. Dem ist nicht zuzustimmen. § 166 gehört in den Bereich des rechtsgeschäftlichen Verkehrs, § 912 in den Bereich des Deliktsrechts; denn ohne die Vorschrift des § 912 würde der ,,Überbauende" auch bei leichter Fahrlässigkeit den Überbau (nach §§ 823 Abs. 1, 249) beseitigen müssen. Durch § 912 wird diese Beseitigungspflicht auf die Fälle des Vorsatzes und grober Fahrlässigkeit beschränkt. Dieser Zusammenhang des § 912 mit dem Deliktsrecht führt zur Anwendung des § 831. –

Überblickt man die Fallgruppen aa)–dd) so wird sich nur schwer eine einfache *Faustregel* über die Einstandspflicht des Geschäftsherrn für seine Leute im Sachenrecht finden lassen. Man kann vielleicht sagen: Die Anwendung des § 166 ist auf den rechtsgeschäftlichen Verkehr beschränkt. Weist eine sachenrechtliche Vorschrift deliktsähnliche Züge auf, so ist § 831 heranzuziehen. Besteht zwischen zwei Eigentümern ein Gemeinschaftsverhältnis, so kommt § 278 zum Zuge.

d) Die Anwendbarkeit des AGB-Gesetzes

Das ABG-Gesetz will die Mißstände beseitigen, die sich aus der Verwendung von Allgemeinen Geschäftsbedingungen (AGB) ergeben können. Das Gesetz bestätigt z. T. die Grundsätze, die die Rechtsprechung bei der auf §§ 138, 242 gestützten Inhaltskontrolle von AGB entwickelt hatte, z. T. geht es darüber hinaus. Das AGB-Gesetz gilt auch für den Bereich des Sachenrechts (ist also keineswegs auf das Schuldrecht beschränkt); aber das Ausmaß dieser Geltung kann bei manchen Fallgruppen zweifelhaft sein und ist dann meist umstritten.[2]

Beispiel: Der Schuldner eines durch Grundschuld gesicherten Darlehens unterwirft sich auf Veranlassung des Kreditinstituts der sofortigen Zwangsvollstreckung (§ 794 Abs. 1 Nr. 5 ZPO), und zwar einmal bezüglich des dinglichen Rechts, der Grundschuld (mit Eintragung im Grundbuch, § 800 ZPO), aber auch bezüglich der schuldrechtlichen Forderung, wobei formularmäßig an Stelle der Darlehensforderung eine Forderung des Kreditinstituts aus einem vom Schuldner abzugebenden abstrakten Schuldversprechen (§§ 780, 781) tritt. Das Grundbuchamt verweigert die Eintragung, weil ein Verstoß gegen §§ 11 Nr. 15b, 9, 3 AGB-Gesetz vorliege.

Es wäre verfrüht, schon an dieser Stelle die Lösung des Falles zu versuchen. Aber der Leser kann vielleicht spüren, daß hier zwei Fragenbereiche auseinanderzuhalten sind:

aa) Die Frage der *materiellen Kontrolle* durch das AGBG; hier geht es um die Auswirkungen eines Verstoßes gegen das AGB-Gesetz auf die materiellrechtliche Wirksamkeit des dinglichen Rechtsgeschäfts oder einer Verfahrenshandlung.

---

[1] Übersicht der Meinungen bei *Brox* JA 1984, 182, 185 ff.
[2] S. dazu *Soergel/Stürner* § 873 Rn. 4 und *Soergel/Konzen* Rn. 22 vor § 1113; ferner unten § 16 VI 3b; § 40 IV 5; § 56 II 3 u. die Hinweise auf das überreiche Schrifttum bei *Gernhuber* BürgerlR, § 3; *Hj. Weber* § 2 IV; *Wolf/Horn/Lindacher* § 9 E 23 ff.

Beispiele: Hat der Verkäufer den – nicht zu den Kaufleuten zählenden – Käufer nicht auf die den Eigentumsvorbehalt enthaltenden AGB hingewiesen, so ist der Eigentumsvorbehalt nicht wirksam als Bestandteil des schuldrechtlichen Kaufvertrags vereinbart (§§ 2, 24 AGBG), gemäß § 6 AGBG ist der Kaufvertrag ohne die Eigentumsvorbehaltsklausel zustandegekommen. Die dingliche Übereignung ist gemäß § 6 Abs. 1 AGBG ebenfalls ohne AGB – also unbedingt – abgegeben, so daß eine gewöhnliche Übereignung gemäß § 929 vorliegt. Anders liegt der Fall allerdings, falls zwar die Einbeziehungsvoraussetzungen des § 2 AGBG teilweise fehlen, dem Erwerber aber trotzdem erkennbar war, daß der Veräußerer nur bedingt unter Geltung seiner AGB übereignen wollte; dann ist keine Erklärung auf unbedingte Übereignung abgegeben, der Veräußerer bleibt Eigentümer, mag der Käufer auch einen schuldrechtlichen Anspruch auf volle Übereignung haben. Diese Grundsätze gelten auch bei nachträglich im Lieferschein präsentierten AGB, falls der Erwerber diese AGB nicht akzeptiert, oder bei widersprechenden AGB des Käufers und Erwerbers („Abwehrklausel"; siehe ausführlicher § 59 II).

Die Bank A gibt dem Kaufmann B ein Geschäftsdarlehen über 100 000 DM. Sie läßt sich dafür „alle Forderungen aus Liefergeschäften des B seit 1. 1. 1982" sicherungshalber in einem Formular abtreten. Eine Begrenzung der Abtretung auf eine bestimmte Höhe oder eine schuldrechtliche Verzichtsklausel für ein bestimmtes Sicherungslimit fehlen. Weil die Klausel eine Übersicherung in beliebiger Höhe zuläßt, verstößt sie gegen § 9 AGBG. Nicht nur die schuldrechtliche Sicherungsvereinbarung, sondern auch die Abtretung selbst als dingliches Geschäft ist unwirksam, der Darlehensvertrag gilt ohne das beigegebene Formularwerk (§ 6 Abs. 1 AGBG; zum Ganzen BGHZ 109, 240; 98, 303; 94, 105; ferner § 59 I 5 a und § 5 IV 3 a).

In dem *Einführungsbeispiel* ist zu fragen, ob in der Kombination von Schuldanerkenntnis, schuldrechtlicher und dinglicher Unterwerfung ein Verstoß gegen §§ 3, 9 AGBG liegt oder ob bei der schuldrechtlichen Unterwerfung oder bei der dinglichen Unterwerfung § 11 Nr. 15 AGBG mißachtet ist. Dabei ist § 8 AGB-Gesetz zu beachten. Käme man etwa zu der Auffassung, daß die dingliche Unterwerfung gegen § 11 Nr. 15 AGBG verstoße, so wäre diese Unterwerfungserklärung (§ 800 ZPO) nichtig. Das Kreditinstitut als Gläubiger könnte sie zur Zwangsvollstreckung nicht verwenden, sondern müßte den Schuldner-Eigentümer auf Duldung der Zwangsvollstreckung verklagen (s. unten § 40 IV 4). Praxis und Lehre halten die gesamte Gestaltung aber überwiegend für mit §§ 3, 9, 11 Nr. 15 AGBG vereinbar (§ 40 IV 5 m. Nw.; § 45 II 1 b, bb). Festzuhalten ist, daß die Anwendung des AGBG nicht schon ausscheidet, wenn es sich um einen notariell beurkundeten Vertrag handelt (§ 1 Abs. 1 S. 2 AGBG), selbst wenn der Notar ein hauseigenes, übliches „Vertragsmuster" oder „Formblatt" o. ä. verwendet,[1] ohne daß ein Teil dies verlangt, also AGBG „stellt".

bb) Das Problem *grundbuchrichterlicher Prüfung;* hier ist zu fragen, inwieweit der Grundbuchrichter berechtigt und verpflichtet ist, bei der beantragten Eintragung eines rechtsgeschäftlichen Vorgangs zu prüfen, ob ein Verstoß gegen das AGB-Gesetz vorliegt, und bejahendenfalls die Eintragung zu verweigern. Oder kann er sagen: „Ich halte mich an die formalen Voraussetzungen, die die GBO für eine Eintragung aufstellt (s. unten § 16). Die Prüfung eines Verstoßes gegen das AGB-Gesetz überlasse ich im späteren Streitfall dem Prozeßrichter" (s. unten § 16 VI 3 b).

2. *Die Anwendbarkeit des Rechts der Schuldverhältnisse*

Dem dinglichen Rechtsgeschäft fehlt jedes verpflichtende Element; es bewirkt eine Rechtsänderung, verpflichtet aber nicht zu einem bestimmten Tun oder Unterlassen (§ 241). Daraus ergibt sich, daß die Regeln des Schuldrechts *grundsätzlich* nicht anwendbar sind (s. dazu BGHZ 49, 263, 264 ff.).

---

[1] Zu der Frage, ob das Vertragsmuster eines Notars unter die Kontrolle des AGBG fällt, vgl. *Hönn* JZ 1983, 677; *Ulmer* DNotZ 1981, 84 u. 1982, 587; *Lieb* DNotZ 1989, 274 ff.; *Kanzleiter* DNotZ 1989, 301 ff. m. Nw.; *Habersack* AcP 189, 403. Die Rechtsprechung (BGHZ 74, 204 m. Anm. *Stürner* JZ 1979, 758; BGH NJW 1982, 1035 u. 2243; DNotZ 1984, 760 m. Anm. *Stürner*; DNotZ 1990, 96 ff. m. Anm. *Bambring*) neigt zur Bejahung dieser Frage, jedenfalls dann, wenn sich ein Teil die in dem Formular enthaltene Klausel zu seinen Gunsten zunutze macht. Vor allem unter dem Eindruck der Schrift von *Medicus,* Zur gerichtlichen Inhaltskontrolle notarieller Verträge, 1989 (hierzu *Stürner* DNotZ 1991, 162), sind aber neuerdings Distanzierungsbewegungen des BGH zu beobachten (BGH NJW 1991, 843).

Freilich muß man sich darüber im klaren sein, daß auch das Sachenrecht Rechtsverhältnisse schuldrechtlichen Typs kennt;[1] hierunter fallen namentlich die sog. dinglichen Ansprüche (z. B. der Herausgabeanspruch nach §§ 985ff., der Berichtigungsanspruch nach § 894), aber auch die Rechtsbeziehungen zwischen dem Träger des Vollrechts und dem Inhaber des beschränkten Rechts (z. B. zwischen Eigentümer und Nießbraucher nach §§ 1037ff.: sog. Legalschuldverhältnis; auch für die Grunddienstbarkeit: BGHZ 95, 144). Hier sind die Regeln des Schuldrechts anwendbar, soweit dies nicht durch Sonderbestimmungen oder die Eigenart der sachenrechtlichen Beziehungen ausgeschlossen ist. Dies gilt namentlich für den *Grundsatz von Treu und Glauben (§ 242)*.[2]

Beispiel (in Anlehnung an OGHZ 1, 279): Der Kläger verlangt Berichtigung des Grundbuchs (§ 894), weil sein Vater im Jahre 1926 nach dem Tod der Mutter ein zum Gesamtgut gehörendes Grundstück ohne seine – des Klägers – nach dem Gesetz nötige Zustimmung an den Bekl. (einen Bruder des Klägers) übereignet habe. Der Grundbuchberichtigungsanspruch ist verwirkt, weil sich der Kläger mehr als 20 Jahre lang untätig verhalten und damit den Anschein der Zustimmung erweckt hat (ebenso RG JW 1934, 3054); andere Beispielsfälle etwa RGZ 167, 14 („nachbarschaftliches Gemeinschaftsverhältnis"; dazu unten § 25 IV 2 e ee); BGHZ 10, 69, 75 (Arglisteinwand gegenüber einem Anspruch aus § 985); BGHZ 49, 263: Verzugsschaden, wenn bei der Vormerkung die Eintragung des durch die Vormerkung Geschützten durch Verweigerung der Zustimmung (nach § 888) verzögert wird? s. dazu unten § 20 IV 1 b; BGHZ 68, 299: unzulässige Rechtsausübung bei Antrag auf Zwangsversteigerung zur Aufhebung von Miteigentum nach Scheidung der Ehe?; für §§ 985ff. siehe § 11 C I 3 a, für § 894 § 18 C III 2 b.

Besonders umstritten ist die Frage, ob „*dingliche Verträge zugunsten Dritter*" (§§ 328ff.) möglich sind.

In die Problematik soll ein *Beispiel* aus der Rechtsprechung (BayObLG in DNotZ 1958, 639; s. ferner BGHZ 41, 95) einführen: In einem Grundstückskaufvertrag zwischen V und K wurde vereinbart, daß K an ein Kind des V eine Geldleistung erbringen solle; zur Sicherung dieser Forderung wurde eine Hypothek zugunsten des Kindes vereinbart, ohne daß es selbst zum Abschluß des Vertrags zugezogen war. Die Einigung wurde also nicht zwischen Gläubiger (Kind) und neuem Eigentümer (K), sondern zwischen V und K zugunsten des Kindes vorgenommen. Hat das Kind die Hypothek (mit der Eintragung) erworben?

Die Meinungen gehen hier sehr weit auseinander; sie reichen von einer völligen Verneinung der Anwendbarkeit (RGZ 66, 99; 124, 221; BGH JZ 1965, 361; NJW-RR 1986, 849) über eine Mittelmeinung (§ 328 sei zu bejahen, wenn es sich um ein Recht handelt, auf Grund dessen „Leistungen aus dem Grundstück" zu erbringen sind,[3] *Wolff/Raiser* § 38 II 3) zu der grundsätzlichen Bejahung (so *Westermann* § 3 II 4 und *Heck* § 10, 7).[4] Im obigen Beispiel wäre also die Hypothek nach Meinung 2 und 3 entstanden.

Die Frage ist praktisch bedeutsam für die Zuwendung von Nutzungsrechten (z. B. eines dinglichen Wohnrechts) oder Verwertungsrechten (z. B. einer Hypothek wie in unserem Beispiel) an Dritte. Zum mindesten in diesem Bereich bestehen gegen die entsprechende Anwendung der §§ 328, 331, 333 keine Bedenken, wobei freilich zu beachten ist, daß die Publizitätsvorschriften eingehalten werden müssen (das Kind erwirbt in dem obigen Beispiel die Hypothek erst, wenn es als Hypothekar im Grundbuch eingetragen ist). Bei der Grundstücksübereignung steht die Form des § 925 Abs. 1 im Wege. Dagegen dürfte eine Übereignung beweglicher Sachen zugunsten Dritter möglich sein, sofern die Publizitätsvorschriften beachtet werden (Besitzübertragung!).

Die Anwendung des § 817 S. 2 auf §§ 985ff. ist entgegen der h. M. zu bejahen (hierzu § 5 IV 3a).

---

[1] Dazu *Gernhuber*, Bürgerl. R., § 23; *Medicus* Rn. 436ff.

[2] Siehe dazu *Soergel/Teichmann* § 242 Rn. 70ff.; *Medicus* Rn. 445ff.; *Mühl* NJW 1956, 1657.

[3] oder ein Recht zur Übereignung eines Grundstücks begründet wird (Vorkaufsrecht).

[4] S. zu dem Problemkreis weiter *Kaduk*, FS Larenz 1983, 303; *Rimmelspacher*, Materiellrechtlicher Anspruch und Streitgegenstandsprobleme im Zivilprozeß, 1970, S. 129ff.; MünchKomm-*Gottwald* § 328 Rn. 108ff. (m. w. N.) u. schon *Vogel*, Inwieweit sind Verträge zug. Dritter mit dingl. Wirkung möglich? (Tüb. Diss. 1933) u. unten §§ 20 II 1 c, 37 II 2a, 51 III 2, 3.

III. Rechtsgeschäft und Kundbarmachung

Wie wir schon wiederholt sahen, begnügt sich das Gesetz bei einer dinglichen Rechtsänderung nicht mit einer schlichten rechtsgeschäftlichen Erklärung der Beteiligten, sondern fordert zusätzlich eine Kundbarmachung (Eintragung – Übergabe). In welchem Verhältnis stehen beide?

Sicher ist, daß erst Willenserklärung und Kundbarmachung *zusammen* die dingliche Rechtsänderung bewirken, wobei es gleichgültig ist, in welcher zeitlichen Reihenfolge die beiden Tatbestandsmomente aufeinanderfolgen; es kann also z. B. die Eintragung der Auflassung eines Grundstücks materiell-rechtlich vorangehen, wie sich aus § 879 Abs. 2 ergibt.

K wird also erst Eigentümer des gekauften Grundstücks, wenn es an ihn aufgelassen ist *und* er im Grundbuch eingetragen ist.

Sicher ist ferner, daß die Verfügungsbefugnis noch im Zeitpunkt der Vollendung *beider* Voraussetzungen vorliegen muß.

Hat V zugunsten des H eine Hypothek bestellt, fällt er aber vor Eintragung in Konkurs und verliert damit die Verfügungsbefugnis, so kann H die Hypothek nicht erwerben. Von diesem Grundsatz macht § 878 eine gewichtige Ausnahme; ihr Kern ist leicht verständlich: der Erwerb des Rechts soll nicht von dem mehr oder weniger prompten Arbeiten des Grundbuchamts abhängen (s. unten § 19 B III 2 d).[1]

Sicher ist schließlich, daß Willensmoment und Kundbarmachung einander entsprechen müssen.

Hat V an K das Grundstück a aufgelassen, ist K aber versehentlich als Erwerber des Grundstücks b eingetragen worden, so ist er weder Eigentümer von a (mangels Eintragung) noch Eigentümer von b (mangels Auflassung) geworden. V kann von K Bewilligung der Grundbuchberichtigung bezüglich b verlangen (§ 894), das Grundbuchamt muß K als Eigentümer von a eintragen, da der daraufhin gehende Antrag noch nicht erledigt ist.

Es bleiben sonach zwei Fragengruppen, die problematisch sind:

1. Ist die Einigung als solche bereits bindend?

2. Welcher Zeitpunkt ist maßgebend für die rechtsgeschäftlichen Voraussetzungen, insbesondere die Geschäftsfähigkeit der Beteiligten?

1. Bindungswirkung der Einigung

a) Für dingliche Rechtsänderungen *an Grundstücken* und Grundstücksrechten sagt § 873 Abs. 2 ausdrücklich, daß die Einigung nur bindend ist, wenn eine der dort genannten Voraussetzungen vorliegt; diesen ist gemeinsam, daß der rechtsgeschäftliche Wille schon eine bestimmte äußere Verlautbarung gefunden hat. Auch die Bindung bedeutet aber nur Ausschluß des Widerrufsrechts.

Dieser Satz macht erfahrungsgemäß dem Anfänger die größten Schwierigkeiten:

aa) Widerruft ein Beteiligter die *nicht bindende* dingliche Einigung, so wird diese zwar hinfällig; darin kann aber ein Verstoß gegen das Verpflichtungsgeschäft liegen, so daß der Widerrufende auf Klage des Vertragspartners (§ 433 Abs. 1 S. 1) zur Abgabe der Einigungserklärung durch das Gericht gezwungen werden kann (§ 894 ZPO).

bb) Auch die *bindende* Einigung bedeutet *keine Verfügungsbeschränkung*. Der an die Einigung Gebun-

---

[1] Zu der Frage, unter welchen Voraussetzungen die Form (§ 313, § 925) trotz versehentlicher Falschbezeichnung (falsa demonstratio) gewahrt ist, s. BGHZ 74, 11; 87, 150 u. BGH NJW 1986, 1867; NJW-RR 1988, 265; *Wieling* AcP 172, 297; *Köbl* DNotZ 1983, 598; *Flume* NJW 1983, 2007 u. unten § 21 A I 2.

dene kann also materiell-rechtlich noch zugunsten eines anderen verfügen (BayObLG DNotZ 1984, 379 m. w. N.); dieser erwirbt vom Berechtigten. Nur macht sich der Verfügende schadensersatzpflichtig, wenn er mit seiner Verfügung dem schuldrechtlichen Grundgeschäft zuwidergehandelt hat.

Beispiel: E hat sich verpflichtet, dem H zur Sicherung eines Darlehens eine erstrangige Hypothek zu bestellen; er hat sich mit ihm über die Bestellung der Hypothek geeinigt und ihm eine öffentlich beglaubigte Eintragungsbewilligung ausgehändigt. Die Einigung ist sonach bindend (§ 873 Abs. 2), kann also von E nicht einseitig widerrufen werden. Bestellt er dennoch dem G in formloser Einigung eine Grundschuld und wird G eingetragen, so erlangt G sein Recht an erster Stelle; der später eingetragene H wird Hypothekar an zweiter Rangstelle. E hat aber seiner Verpflichtung zuwidergehandelt, H braucht das Darlehen nicht auszuzahlen (§ 320).

b) Ob die Einigung bei der *Übereignung beweglicher Sachen* bindend ist, ist lebhaft umstritten. Die überwiegende Meinung (vgl. etwa BGHZ 7, 111, 115; 14, 114, 119; NJW 1979, 214) verneint diese Frage, wobei sie sich auf den Wortlaut des § 929 („... übergibt *und* beide darüber einig sind ...") und auf die Parallele zu § 873 – wo die Einigung auch nur in den Fällen des Abs. 2 ausnahmsweise bindend ist – beruft. Dieser Auffassung ist zu folgen; ein Grund, bewegliche Sachen anders zu behandeln als Grundstücksrechte, liegt nicht vor.[1]

Beispiel: V hat K einen gebrauchten, z. Zt. in Reparatur bei R befindlichen Kraftwagen verkauft, sich mit ihm über den Eigentumsübergang geeinigt und vereinbart, daß V den R veranlassen werde, den PKW unmittelbar dem K zu überbringen. Später kommen dem V Bedenken, er „kündigt den Vertrag" (ob mit Recht oder Unrecht, darf für die Frage des Eigentumsübergangs zunächst keine Rolle spielen). K wird nicht Eigentümer, auch wenn ein Angestellter des V, der von dem Gesinnungswandel seines Chefs nichts weiß, den R angewiesen hat, dem K das Fahrzeug auszuhändigen. Voraussetzung der Beendigung der Bindung ist dabei immer der Zugang der Widerrufserklärung beim Partner der dinglichen Einigung (BGH NJW 1979, 213; *Westermann* § 38, 4).

2. Maßgeblicher Zeitpunkt für die rechtsgeschäftlichen Voraussetzungen der Einigung

Bei der Entscheidung der Frage, welchen Einfluß der zwischen Einigung und Kundbarmachung (Eintragung – Übergabe) eintretende Tod (oder Geschäftsunfähigkeit bzw. Betreuungsbedürftigkeit) hat, ist von § 130 Abs. 2 (mit § 153) auszugehen; danach ist es für die Wirksamkeit der Willenserklärung ohne Einfluß, wenn der Erklärende nach der Abgabe stirbt oder geschäftsunfähig wird.[2] Dies bedeutet:

a) Ist die Einigung nicht bindend erklärt, so können die Erben bzw. der gesetzliche Vertreter sie widerrufen. Tun sie das nicht, so erfolgt die Rechtsänderung, wenn die Kundbarmachung zu der Einigung hinzutritt.

b) Ist die Einigung schon bindend erklärt (§ 873 Abs. 2), so bleibt sie es auch für die Erben (BGHZ 32, 367, 369) bzw. für den Betreuer (§§ 1896 ff, 1903) des Geschäftsunfähigen.

Beispiele: BGHZ 48, 351 (= *Baur*, E. Slg. Fall 3): M hat sein Grundstück 1906 (!) an A aufgelassen und dessen Eintragung im Grundbuch bewilligt. Der Eintragungsantrag ist wegen Fehlens einer staatlichen Genehmigung zurückgewiesen worden. 1965 (!) ist G als Erbe des M im Grundbuch als Eigentümer eingetragen worden. Im Jahre 1966 beantragt A seine Eintragung im Grundbuch. Mit Recht! Die Auflassung ist noch wirksam, sie kann – weil bindend erklärt – durch den Erben G nicht widerrufen werden. Auch der inzwischen durch Erbfall eingetretene Eigentumswechsel schadet nicht (s. unten § 19 B III 2). – Ähnlicher Fall: BayObLG RPfleger 1973, 296.

---

[1] Str. s. *Heck* § 55, 7; *v. Lübtow* ZHR 112, 257; *Schödermeier u. Woopen* JA 1985, 622; s. ferner *Gernhuber*, FS Baur, 1981, 31, 37; *Westermann* § 38, 4.

[2] Zu diesem Fragenkreis s. unten § 19 B III 2 und § 51 II 2.

Hat V seinen Kraftwagen an K verkauft und sich mit ihm über den Eigentumsübergang geeinigt, jedoch den Wagen noch nicht übergeben, so hat der Betreuer des V die Möglichkeit, die Einigung zu widerrufen, wenn V inzwischen wegen Geisteskrankheit unter Betreuung gestellt worden ist. S. dazu die Übersicht 11 unten vor § 19 C.

IV. Das dingliche Rechtsgeschäft und sein Rechtsgrund – die „Abstraktheit" der dinglichen Rechtsgeschäfte[1]

1. Im Sprachgebrauch des täglichen Lebens wird im allgemeinen zwischen Kauf und Übereignung nicht unterschieden.

Wer in der Buchhandlung ein Buch kauft, bezahlt und sich gleich mitgeben läßt, wird es als lebensfremd bezeichnen, wenn ihm der Jurist sagt, es handle sich hier um einen Kaufvertrag und zwei Übereignungen (des Geldes und des Buches).

Anders wird aber auch der Laie reagieren, wenn sich zwischen Kauf und Übergabe ein längerer zeitlicher Zwischenraum legt.

So wenn der Buchhändler das Buch erst bestellen muß und erst in etwa einer Woche zusenden will.

Diese systematische Trennung zwischen dem Verpflichtungsgeschäft (Kauf) und der dinglichen Rechtsänderung (Übereignung) bezeichnet man als *Trennungsprinzip*.

Dabei ist zu beachten, daß das Verpflichtungsgeschäft nicht immer Kauf zu sein braucht, es kann jedes andere zu einer dinglichen Rechtsänderung verpflichtende Geschäft sein (z. B. Tausch, Gesellschaftsvertrag, Erbschaftsteilung). Auch für die dingliche Rechtsänderung ist die Übereignung nur ein Beispiel (weitere Fälle beispielsweise: Bestellung eines Erbbaurechts, einer Dienstbarkeit usw.).

Davon zu unterscheiden ist das *Abstraktionsprinzip*. Hier ist entscheidend, ob das dingliche Geschäft einer kausalen Zweckbestimmung bedarf (Frage der „inhaltlichen Abstraktion"[2]) und in seiner Wirksamkeit von der des Verpflichtungsgeschäfts abhängig ist („äußerliche Abstraktion"[2]).

Für das geltende Recht besteht kein Zweifel, daß diese Fragen zu verneinen sind, daß also die Verfügung zweckfrei und von dem kausalen Rechtsgeschäft *unabhängig* ist. Das Gesetz hat sich – unter dem Einfluß der Lehren Savignys[3] – zu dem Abstraktionsgrundsatz bekannt, weil es glaubte, damit der Rechtssicherheit und Rechtsklarheit zu dienen; die Zweifel um die „causa" und ihren

---

[1] Aus der überreichen Literatur s. *Flume* II § 12 I, III; *Heck* § 30; *Jahr* AcP 168, 1, 14 ff.; *Larenz* II § 39 II; *F. Baur* JA 1987, 164; *Stephan*, Abstraktionsprinzip u. Immobiliarrecht, 1978 (rechtsgeschichtlich); *Westermann* § 4; *Gernhuber*, Bürgerl. R., § 4 (allgemein zu den abstrakten u. kausalen Rechtsgeschäften); *H. P. Westermann*, Die causa im französischen u. deutschen Zivilrecht, 1964; *M. Wolf* NJW 1987, 2651; *Lindemann*, Die Durchbrechung des Abstraktionsprinzips durch die höchstrichterliche Rechtsprechung seit 1900, 1989; *Schreiber/Kreutz*, Der Abstraktionsgrundsatz, Jura 1989, 617. Zur Kritik und Reform s. außer den oben vor I genannten: *Dulckeit*, Die Verdinglichung obligatorischer Rechte (1951); *Ehmann*, Die Gesamtschuld (1972), S. 130 ff.; *Kegel*, FS f. Mann, 1977, 57; *Kupisch* JZ 1985, 101 (dazu *Weitnauer* JZ 1985, 55; beide mit Nachweisen zur Diskussion); *Buchholz* RabelsZ 50 (1986) 92; *Wiegand*, Die Entwicklung des Sachenrechts im Verhältnis zum Schuldrecht, AcP 190, 112, 119, 122, 135; *Eisenhardt*, Die Einheitlichkeit des Rechtsgeschäfts und die Überwindung des Abstraktionsprinzips, JZ 1991, 271 ff.

[2] *Jahr* aaO; *ders.* ZRG Rom. Abt. 80, 141.

[3] Vgl. *Felgentraeger*, Savignys Einfluß auf die Übereignungslehre (1927); *Flume* II § 12 III 2.

Bestand sollten sich nicht auf die Rechtszuständigkeit auswirken. Die dingliche Rechtsänderung sollte ,,zweckfrei" sein und in ihrer Entstehung wie in ihrem Bestand vom Kausalgeschäft unabhängig sein.

Eine andere Frage ist, ob das Abstraktionsprinzip rechtspolitisch haltbar ist. Rechtsvergleichend wird dies überwiegend für die Übereignung beweglicher Sachen diskutiert (§ 51 I 1, VIII). Dabei wird zu Recht darauf hingewiesen, daß die Interessen des Verkehrs auch ohne Abstraktionsprinzip durch die Möglichkeit redlichen Erwerbs zumindest teilweise geschützt seien und die abstrakte Übereignung beweglicher Sachen ,,lebensfremd" sei. Allerdings bleibt beim Abstraktionsprinzip der Vorteil besseren Gläubigerschutzes auch bei nichtredlichem Erwerb, das Abgrenzungskriterium der Redlichkeit mit seinen Fragwürdigkeiten spielt unter Geltung des Abstraktionsprinzips nicht die herausragende Rolle. Auch neigen Rechtsordnungen ohne Abstraktionsprinzip oft dazu, das Verpflichtungsgeschäft trotz seiner Mängel aufrechtzuerhalten, um die dingliche Zuordnung zu schützen; die Möglichkeit ihrer Erhaltung bei gleichzeitiger Rückabwicklung des mangelhaften schuldrechtlichen Geschäfts geht ihnen eher ab. Die modernen Sicherungsformen des Eigentumsvorbehalts und der Sicherungsübereignung sind unter dem Abstraktionsprinzip leichter und adäquater konstruierbar, die abstrakten dinglichen Immobiliarsicherheiten haben für Gläubiger und Kunden gegenüber den akzessorischen Sicherheiten alle Vorzüge und entsprechen deshalb kautelarjuristischer Praxis und europäischen Zukunftsplänen (hierzu § 37 VIII). Der große Vorzug des Abstraktionsprinzips liegt letztlich in seinem höheren und überlegenen Differenzierungsgrad, der den vielgestaltigen Lebens- und Wirtschaftsbedürfnissen besser gerecht wird als die Einheitskonstruktion. Diesen Aspekt sollte die künftige Diskussion nicht übersehen – trotz des Außenseiterstatus des Abstraktionsprinzips bei Rechtsharmonisierungen (zum Ganzen demnächst *Stadler*, Abstrakte und kausale Gestaltung von Zuwendungsgeschäften – eine rechtsvergleichende Untersuchung, 1993). Durchbrechungen erleidet nicht nur das Abstraktionsprinzip, sondern genauso das Kausal- oder Konsensprinzip in seinem Geltungsbereich. Trotzdem ist der Grundgedanke *Savignys* wegen seines Differenzierungspotentials in vielen Bereichen vielleicht doch überlebensfähig.

Freilich bedeutet die Abstraktheit nicht, daß eine ohne Rechtsgrund erfolgte Rechtsänderung hingenommen werden muß. Es ist vielmehr eine wesentliche Aufgabe des Instituts der ungerechtfertigten Bereicherung (§ 812), solche rechtsgrundlosen Verfügungen ,,rückabzuwickeln" (sog. Leistungskondiktion). Diese Rückabwicklung führt – notfalls unter gerichtlicher Hilfe – zu dem gegenläufigen dinglichen Akt.

Ist der Kaufvertrag in unserem Beispiel nichtig, so ist K zwar Eigentümer des Buches geworden, ist aber verpflichtet, es dem V auf Anfordern zurückzuübereignen (nicht nur ,,herauszugeben", was die Konsequenz wäre [§ 985], wenn die Übereignung von der Nichtigkeit des Kaufvertrags erfaßt worden wäre).

2. Aus dem Gesagten ergeben sich folgende *Konsequenzen*:

a) Durch den Abschluß eines Rechtsgeschäfts, das zu einer Rechtsänderung verpflichtet, wird die sachenrechtliche Position des Schuldners nicht beeinträchtigt; der Gläubiger erlangt lediglich einen schuldrechtlichen Anspruch auf Vornahme des dinglichen Rechtsgeschäfts, das zu der Rechtsänderung führt. Dies gilt auch dann, wenn der andere Teil seine Leistung schon voll erbracht hatte.

V, der eine Sache an K verkauft hat, kann sie also an D verkaufen und übereignen. D erwirbt vom Berechtigten (§ 929), auf seinen guten oder schlechten Glauben kommt es daher nicht an. K kann nur von V Schadensersatz fordern (§§ 433, 440), nicht aber Herausgabe der Sache von D (nur wenn D gekauft hat, *um* den K zu schädigen, ist er nach §§ 826, 249 zur Übereignung der Sache an K verpflichtet; diese Voraussetzungen werden selten zu beweisen sein).[1]

---

[1] Dazu *Dubischar*, Doppelverkauf und ius ad rem, JuS 1970, 6. Fälle aus der Praxis: BGH NJW 1974, 36 u. BGH NJW 1981, 2184.

Da die Sache vor der Übereignung noch dem V gehört, kann sie ein Gläubiger des V pfänden; K kann nicht die Widerspruchsklage nach § 771 ZPO erheben. Fällt V in Konkurs, so ist die Sache Bestandteil der Masse; K kann seinen Anspruch auf Übereignung oder einen etwa schon geleisteten Kaufpreis nur als Konkursforderung geltend machen.

Es leuchtet ohne weiteres ein, daß hier der Gläubiger ein erhebliches *Sicherungsbedürfnis* hat. Dem kann rechtspolitisch nicht – wie in der Literatur z. T. versucht worden ist – dadurch Rechnung getragen werden, daß man K schon mit dem Kaufabschluß als Eigentümer dekretiert; denn damit wäre die Publizitätsfunktion des Grundbuchs wie die des Besitzes illusorisch gemacht. Das Gesetz stellt zwei Sicherungsmittel zur Verfügung, einmal die Vormerkung, zum anderen ein durch einstweilige Verfügung angeordnetes Veräußerungsverbot (§§ 136, 135).

Die bei Grundstücksrechten in Betracht kommende Vormerkung sichert den Gläubiger gegen jede ihn beeinträchtigende Rechtsänderung; sie ist aus dem Grundbuch ersichtlich, der Dritte muß also mit dem Vorhandensein fremder obligatorischer Rechte, die auf eine Rechtsänderung gerichtet sind, rechnen. Geringer ist der Schutz bei gerichtlichen Veräußerungsverboten, wenn sie bewegliche Sachen betreffen; denn hier kann sich der Dritte darauf berufen, daß er gutgläubig gewesen sei (§§ 136, 135 Abs. 2). In unserem Beispiel wird also K gut daran tun, das Veräußerungsverbot auch dem D zustellen zu lassen, falls er von dessen Existenz weiß.

b) Die dingliche Rechtsänderung vollzieht sich unabhängig davon, ob ein kausales Geschäft überhaupt vorhanden oder rechtswirksam ist. Der Erwerber wird also Berechtigter. Er kann über die Sache weiter verfügen, ohne daß es auf das Wissen des Drittpartners von der Rechtsgrundlosigkeit des ersten Erwerbs ankommt.

Hat V telefonisch eine Maschine zu 170 DM angeboten und K zu 117 DM angenommen und wird – weil beide Parteien meinen, sich geeinigt zu haben – die Maschine dem K übereignet, so ist zwar der Kauf wegen Dissenses nichtig, die Übereignung aber gültig. K muß zwar – wenn V dies verlangt – das Kaufobjekt nach § 812 an V zurückübereignen, einstweilen ist er aber Eigentümer der Maschine, er kann sie an D weiterveräußern; einer seiner Gläubiger kann sie bei ihm pfänden, sie fällt im Konkurs des K in die Masse.

Hier tritt das Sicherungsbedürfnis des *Verkäufers* zutage. Wie im Falle des oben a) gebildeten ersten Beispiels kann *er* nun seinen Bereicherungsanspruch gegen K durch Veräußerungsverbot oder – bei Grundstücken – durch Vormerkung schützen lassen. Im übrigen gestattet das Gesetz (§ 822) einen Durchgriff gegen D, wenn dieser die Sache unentgeltlich erworben hat (eine der Stellung des Beschenkten innewohnenden Schwäche, wie sie auch in den §§ 528, 530, 816 Abs. 1 S. 2 zum Ausdruck kommt).

c) Die dingliche Rechtsänderung ist in ihrem Bestand unabhängig davon, ob das – zunächst wirksame – Grundgeschäft später wegfällt, wobei es gleichgültig ist, ob das den Wegfall auslösende Ereignis rückwirkende Kraft hat oder nicht. Die Rückwirkung ist z. B. gegeben, wenn das Grundgeschäft wirksam angefochten wird (§ 142); keine Rückwirkung bringt die Ausübung eines gesetzlichen oder vertraglich vereinbarten Rücktrittsrechts mit sich.

Ist im vorigen Beispiel der Kaufvertrag wirksam, tritt aber V nach § 326 zurück, so bleibt K zunächst Eigentümer der Maschine; er ist nach § 327 mit § 346 lediglich verpflichtet, ,,die empfangene Leistung zurückzugewähren", also die Maschine an V zurückzuübereignen. Hat V den Kaufvertrag wirksam (z. B. nach § 119) angefochten, so greift § 812 mit demselben Ergebnis Platz (Interessant also, daß das Gesetz verschiedene Formen der Rückabwicklung kennt, die im konkreten Fall zu demselben Ergebnis führen können!).

3. Wir hatten schon oben erörtert, daß auf dingliche Rechtsgeschäfte grundsätzlich die Regeln des Allgemeinen Teils über Rechtsgeschäfte und Verträge

Anwendung finden. Diese Anwendung kann im konkreten Fall zu einer Durchbrechung des Abstraktionsgrundsatzes führen, weil *auch* das abstrakte dingliche Geschäft zu Fall kommt.

Die hier in Betracht kommenden Tatbestände kann man mit „Fehleridentität", „Bedingungszusammenhang" und „Geschäftseinheit" kurz kennzeichnen:

a) *„Fehleridentität".* Der Fehler, der dem Grundgeschäft anhaftet, beeinträchtigt auch die Wirksamkeit des dinglichen Rechtsgeschäfts; hierunter können fallen: Mangel der Geschäftsfähigkeit, Nichtigkeit nach § 134, Anfechtbarkeit nach §§ 119, 123, Verstöße gegen §§ 2, 3, 9 AGBG.

Die Problematik der Tatbestände der §§ 119, 123, 134 ist bereits anhand von Beispielen erörtert (§ 5 II 1a). Schwierigkeiten macht aber insbesondere die Anwendung des § 138. Zwar ist man übereinstimmend der Meinung, daß § 138 *Abs. 2,* also der Wuchertatbestand, auch das dingliche Geschäft des benachteiligten Vertragsteils – nicht des Wucherers! – erfaßt; das schließt man aus dem Wortlaut („... gewähren läßt, ..."), BGH NJW 1982, 2767; 1990, 384. Fraglich ist aber, ob § 138 *Abs. 1* Platz greifen kann; das dingliche Geschäft – so sagt man – sei doch „sittlich neutral". In der Tat ist es schwer vorstellbar, daß etwa die bloße Einigung über den Eigentumsübergang unsittlich sein soll (BGH NJW 1973, 613, 615; 1990, 385). Andererseits kann sich der Makel der Sittenwidrigkeit – allerdings nur ausnahmsweise – aus Zweck und Wirkungen auch des dinglichen Geschäfts ergeben.[1] So ist die Rechtsprechung mehr und mehr dazu gekommen, auch das dingliche Geschäft auf seinen Wertgehalt zu überprüfen, etwa bei Sicherungsübereignungsverträgen, die den Schuldner in seiner wirtschaftlichen Bewegungsfreiheit übermäßig beschränken oder auf andere Gläubiger keine Rücksicht nehmen (z. B. Übersicherung[2], Verleitung zum Vertragsbruch bei Globalzession[3]) oder bei Zuwendungen, die den freien Willensentschluß eines anderen von vermögensrechtlichen Zuwendungen abhängig machen.[4] Daß Verstöße gegen das AGBG ebenfalls das schuldrechtliche und dingliche Geschäft erfassen können (insbesondere bei Sicherungsgeschäften), ist vorne ausgeführt (§ 5 II 1 d, aa mit Beispielen).

Beispiele: Der unter Betreuung mit Einwilligungsvorbehalt (§§ 1896 ff., 1903) stehende V hat seine goldene Armbanduhr für die Hälfte des Werts bei dem Trödler K zu Geld gemacht. Da der Betreuer das Geschäft nicht genehmigt, sind Verkauf und Übereignung nichtig (§§ 1903, 108); K muß die Uhr nach § 985 zurückgeben. An dem bezahlten Kaufpreis hat V Eigentum erworben (§§ 1903 Abs. 3 S. 1, 107); er ist aber zur Herausgabe der noch vorhandenen Bereicherung verpflichtet (§§ 812, 818 Abs. 3).

M hat jahrelang als Kassierer einer Bank Geld veruntreut. Als der Revisor F die Unterschlagungen entdeckt, bestimmt ihn M durch Schenkung eines Grundstücks, von der Anzeige abzusehen. Hier ist die Übereignung sicher nichtig. Es ist einem aber nicht wohl bei dem Gedanken, daß nun M von F Berichtigung des Grundbuchs (§ 894) und Herausgabe des Grundstücks (§ 985) sollte verlangen können. Dieses Gefühl leitet über zu dem Gedanken, ob § 817 S. 2 nicht auch auf dingliche Ansprüche entsprechend anwendbar ist; die Frage ist entgegen der h. M. zu bejahen.[5] Wollte man anders, so

---

[1] *Hübner* AT Rn. 503 m. w. N. In concreto lehnt dies die Rspr. allerdings häufig ab: BGH NJW 1985, 3007; 1988, 2364; NJW-RR 1989, 519.

[2] Hierzu §§ 57 V 5; 58 I 2c; 59 I 5; BGHZ 7, 111; 10, 228; 26, 185; zuletzt wohl BGH NJW 1991, 354 m. Nw. (Nichtigkeit der Sicherungsübereignung von Kraftfahrzeugen) und NJW 1991, 2147 (Nichtigkeit der übersichernden Globalzession).

[3] Hierzu § 59 VI; BGHZ 72, 308, 310 (Nichtigkeit der Abtretung als dingliches Geschäft); zuletzt BGH NJW 1991, 2147.

[4] S. dazu *Honsell,* Die Rückabwicklung sittenwidriger oder verbotener Geschäfte, 1974; *Dauner* JZ 1980, 495, 502 m. w. N.

[5] S. dazu *Flume* II § 18, 8–10; *Medicus* Rn. 696, 697 m. w. N. – Der BGH beschränkt den Anwendungsbereich des § 817 S. 2 grundsätzlich auf das Bereicherungsrecht (BGHZ 35, 103, 109; 36, 395, 399; 39, 87, 91; 41, 341, 343; 63, 365, 368; BGH WM 1983, 393: Bordellpacht); dazu *Honsell* JZ 1975, 439. Zur Frage der Vergütungspflicht bei wucherischen Leistungen s. BGH NJW 1962, 1148; BGHZ 63, 365, 368; *Medicus* Rn. 700.

bedeutete dies ein verschiedenes Ergebnis, je nachdem die Nichtigkeit nur das schuldrechtliche oder *auch* das dingliche Geschäft erfaßt.

Freilich ist auch dieses Ergebnis vom Standpunkt der Rechtsklarheit aus nicht restlos befriedigend: M ist materiellrechtlich Eigentümer, ist aber weder im Grundbuch eingetragen noch kann er die Herausgabe des Grundstücks erzwingen. F ist Nichteigentümer des Grundstücks, aber als solcher im Grundbuch eingetragen; das Grundbuch ist also unrichtig.

b) *„Bedingungszusammenhang".* Die Einigung über eine dingliche Rechtsänderung kann an eine – aufschiebende oder auflösende – Bedingung geknüpft werden; § 925 schließt dies lediglich für die Auflassung, also für die Einigung über den Eigentumsübergang an Grundstücken aus. So kann die Einigung auch von der Wirksamkeit des kausalen Rechtsgeschäfts abhängig gemacht werden. Eine solche Bedingung kann auch stillschweigend vereinbart sein. Jedoch kann man – will man den Abstraktionsgrundsatz nicht zur Farce machen – nicht annehmen, daß die Parteien *stets* die Wirksamkeit des dinglichen Geschäfts unter die Bedingung der Gültigkeit des kausalen Geschäfts stellen; vielmehr muß gefordert werden, daß die Parteien über die Gültigkeit des kausalen Geschäfts im Ungewissen waren (*Westermann* § 4 IV 2).

Beispiele: In einem Testament hat der Erblasser E seinem Neffen N eine Briefmarkensammlung vermacht. Unter den Beteiligten ist noch zweifelhaft, ob und inwieweit das Testament einem zuvor abgeschlossenen Erbvertrag widerspricht. Erfüllt der Erbe zunächst einmal das Vermächtnis, indem er dem N die Sammlung übereignet, so ist anzunehmen, daß auch die Übereignung nur unter der Bedingung der Gültigkeit des Vermächtnisses erfolgt sein soll.

Verkäufer V vereinbart mit Käufer K beim Verkauf eines Pkw einen Rücktrittsvorbehalt zugunsten des V (vgl. RGZ 54, 340). Eine auflösend bedingte Übereignung des Pkw (§§ 929 S. 1, 158 Abs. 2) sollte man nur bei besonderen Indizien annehmen.

Tritt der Darlehensnehmer S der Gläubigerbank G sicherheitshalber außenstehende Forderungen ab (§ 398) oder erfolgen Sicherungsübereignungen von S an G (§ 930), so stehen Abtretung und Übereignung nicht unter der aufschiebenden Bedingung des Entstehens der Darlehensforderung (BGH NJW 1991, 354 gegen BAG 1967, 751 ff. und BGH NJW 1982, 275, 276 ff.); die Annahme der stillschweigenden Vereinbarung einer solchen Bedingung bedürfte besonderer Begründung (s. § 57 III 1 c). Hingegen neigen Rechtsprechung (hierzu BGH NJW 1986, 977) und Literatur (hierzu §§ 57 III 1 b, 57 VIII, 58 I 1 b, dd) zu mehr Großzügigkeit, wo es um die stillschweigende auflösende Bedingung der erfüllten gesicherten Forderung geht (sehr str.!); allerdings geht die – zulässige (BGH NJW 1984, 1184 ff.) – Formularpraxis vom unbedingten Sicherungsgeschäft aus.

c) *„Geschäftseinheit".* Zweifelhaft und umstritten[1] ist die Frage, ob dinglich-abstraktes und kausales Rechtsgeschäft im Sinne des § 139 zu einer Einheit zusammengefaßt sein können derart, daß die Nichtigkeit des kausalen Rechtsgeschäfts auch die Nichtigkeit des dinglichen nach sich zieht. Die theoretische Bedeutung dieses Problems ist größer als die praktische. Denn vielfach wird schon der Gesichtspunkt der „Fehleridentität" oder des „Bedingungszusammenhangs" zu einer Lösung der Frage führen. Doch bleiben Fälle übrig, die zu einer Entscheidung zwingen, so vor allem dann, wenn es sich um eine – bedingungsfeindliche – Auflassung handelte oder wenn den Parteien die Gültigkeit des Kausalgeschäfts unzweifelhaft war.

Beispiel (entnommen RGZ 104, 102): E verkauft an K in notarieller Urkunde ein Grundstück und erklärt gleichzeitig die Auflassung. Später stellt sich heraus, daß der Kaufvertrag als Scheingeschäft nichtig ist (§ 117 Abs. 1). Ist hier auch die Auflassung nichtig? Der Wortlaut des § 139 stünde nicht

---

[1] Hierzu die oben IV gegebenen Lit.-Hinweise.

entgegen; zwar spricht er von mehreren Teilen eines einheitlichen Rechtsgeschäfts, es ist aber längst anerkannt, daß er auch auf mehrere inhaltlich zusammengefaßte Rechtsgeschäfte anwendbar ist. Auch will es nicht recht einleuchten, daß Gläubiger des K inzwischen auf das Grundstück zugreifen konnten, ja daß es sogar im Konkurs des K in die Masse fällt. Andererseits muß man sich aber darüber im klaren sein, daß mit dem Abstraktionsgrundsatz gerade dem Verkehrsinteresse vor dem in § 139 zum Ausdruck gekommenen Erfolgsinteresse der Vorzug gegeben werden soll. Solange dieser Grundsatz in unserer Rechtsordnung Gültigkeit hat, wird man daher die Anwendung des § 139 in solchen Fällen verneinen müssen (ebenso BayObLG RPfleger 1969, 48; BGH NJW 1979, 1496; 1985, 3007; 1988, 2364).

Die Fälle, in denen die Rspr. Geschäftseinheit ausnahmsweise angenommen hat, sind bisher – zu Recht – sehr selten geblieben; z. B. BGH NJW 1967, 1130 (Einheit zwischen Erbteilskauf und Erbteilsübertragung).

4. Wir haben bisher von *Sachenrechts*grundsätzen und den *dinglichen* Rechtsgeschäften gesprochen. Dies könnte den Eindruck erwecken, als gebe es Verfügungsgeschäfte nur im Sachenrecht und regle das Schuldrecht nur Verpflichtungsgeschäfte. Ein solcher Eindruck wäre irrig; denn auch das Schuldrecht kennt Verfügungsgeschäfte wie die Abtretung einer Forderung, die Aufrechnung usw. Auch auf diese Verfügungsgeschäfte des Schuldrechts finden die Grundsätze der Spezialität (§ 4 III) u. der Abstraktheit (§ 5 IV) Anwendung, freilich nicht der Grundsatz der Publizität (§ 4 II), weil eben hier die Rechtsinhaberschaft sich nicht auf eine ,,Sache" bezieht.

Übersicht 3

Sachenrechtsgrundsätze – Das dingliche Rechtsgeschäft

Sachenrechtsgrundsätze	Auswirkungen
I. Absolutheit	Umfassender, gegen jedermann wirkender *Schutz:* 1. § 895. 2. § 1004. 3. § 823. 4. § 812: Eingriffskondiktion. 5. öffentlich-rechtlicher Schutz: z. B. Art. 14 GG – § 42 VwGO
II. Publizität (Offenkundigkeit) P.-Mittel: 1. Besitz (bei beweglichen Sachen) 2. Grundbuch (bei unbeweglichen Sachen)	1. Übertragungswirkung: § 929 – §§ 873, 925. 2. Vermutungswirkung: § 1006 – § 891. 3. Gutglaubenswirkung: §§ 932–935 – §§ 892, 893.
III. Spezialität	Verfügungsgeschäft (im Gegensatz zum Verpflichtungsgeschäft) muß sich immer auf die *einzelnen* Vermögensbestandteile (Grundstück, bew. Sache, Forderung usw.) beziehen und ist für die einzelnen Übertragungsarten verschieden (z. B. § 929 für Mobilien, §§ 873, 925 für Immobilien, § 398 für Forderungen usw.)
IV. Übertragbarkeit	1. Alle Sachenrechte sind übertragbar (Ausnahmen: § 1059 Abs. 1, § 1092 Abs. 1 Satz 1) 2. Übertragung erfolgt durch dingliches Rechtsgeschäft, also nicht schon mit dem Abschluß des zugrunde liegenden Vertrags. Auf dingl. Rechtsgeschäft Allgemeiner Teil anwendbar (also z. B. über Geschäftsfähigkeit, über Willenserklärungen usw.)
V. Abstraktheit	*Regel:* Dingliches Rechtsgeschäft (z. B. Übereignung) ist wirksam, auch wenn kausales Rechtsgeschäft (z. B. Kauf) fehlt oder unwirksam ist oder wegfällt. Rückabwicklung: Leistungskondiktion (§ 812) *Ausnahmen:* 1. Fehleridentität. 2. u. U. Bedingungszusammenhang oder – noch seltener – Geschäftseinheit (§ 139).

2. Kapitel. Der Besitz

§ 6. Die dem Besitz zugedachten Funktionen

Bei der Abgrenzung der Begriffe „Eigentum" und „Besitz" (§ 3 II 1a) hatten wir schon erkannt, daß dem Besitz scheinbar recht heterogene Funktionen zukommen, die man unter den Schlagworten Schutzfunktion, Erhaltungsfunktion und Publizitätsfunktion kurz, wenn auch nicht völlig zutreffend, zusammenfaßt.

Bei näherer Betrachtung entspringen diese Funktionen freilich einer einheitlichen Wurzel. Diese ist die Erkenntnis, daß der Besitz in aller Regel Ausdruck bestimmter Rechte oder Interessen ist; daher werden mit ihm die „hinter" ihm liegenden Interessen geschützt. Nach der Erfahrung des Lebens kommt im Besitz meist die Einordnung einer Sache in das Vermögen eines Menschen zum Ausdruck; daher knüpft das Recht an den Besitz bestimmte Vermutungen und verlangt für eine Rechtsänderung auch die Änderung der Besitzlage. Freilich ist diese Publizitätsfunktion des Besitzes heute bei Grundstücken und Grundstücksrechten durch das Grundbuch verdrängt, weil es die größere Sicherheit für eine zutreffende Darlegung der Rechtslage gibt.

S. die Übersicht 4 am Ende von § 9.

I. Die Schutzfunktion (Überblick)

Der Schutz des Besitzes kommt im Gesetz an sehr verschiedenen Stellen zum Ausdruck:

a) einmal im eigentlichen Besitzrecht der §§ 858–867; hier wird der Besitz in seiner Substanz – ohne Rücksicht auf die zugrunde liegende Rechtslage – durch Einräumung eines Gewaltrechts und der Besitzschutzklagen von der Rechtsordnung gewährleistet (s. dazu unten § 9 I–III);

b) in § 1007 – nur für bewegliche Sachen – als Anspruch des früheren Besitzers gegen den jetzigen Besitzer, wenn der frühere Besitzer ein besseres Recht zum Besitz hat (s. dazu unten § 9 IV);

c) in § 823 Abs. 1 bei schuldhafter Beeinträchtigung des Besitzes; zwar nennt § 823 Abs. 1 den Besitz nicht ausdrücklich, aber nach allgemeiner Auffassung ist der Besitz unter gewissen Voraussetzungen als „sonstiges Recht" im Sinne dieser Bestimmung anzuerkennen (s. dazu unten § 9 V 1);

d) in § 812 bei Vorliegen der Voraussetzungen der Leistungs- oder Eingriffskondiktion (s. dazu unten § 9 V 2).

Beispiel (zu d): Leistungskondiktion: Der Nichteigentümer V hat eine Sache an K verkauft und übergeben, aber noch nicht übereignet. Angenommen, der Kaufvertrag sei aus irgendeinem Grunde nichtig, so kann V nicht vindizieren (§ 985), da er nicht Eigentümer ist, wohl aber den Besitz kondizieren, also Herausgabe der Sache fordern.

II. Die Erhaltungsfunktion (Kontinuitätsfunktion)

Auch wer in keiner dinglichen Rechtsbeziehung zur Sache steht, hat u. U. als Besitzer ein Interesse daran, möglichst lange im Besitz der Sache zu bleiben.

So etwa der Mieter einer Wohnung, der diese mit erheblichem eigenen Aufwand renoviert hat. Wenn sein Vermieter das Haus verkauft, so wird er auf ein Räumungsbegehren (mit der Begründung, der Mietvertrag sei mit dem bisherigen Eigentümer geschlossen, gehe also ihn – den neuen Hauseigentümer – nichts an) nicht sehr erfreut reagieren.

Das Gesetz anerkennt dieses Interesse an verschiedenen Stellen und in verschiedenartiger Weise:

1. *Verstärkung der obligatorischen Rechtsstellung*

a) Hat der Eigentümer eine bewegliche Sache einem anderen überlassen, so ist dieser auch einem neuen Eigentümer gegenüber – für die Zeit der Überlassung – zum Besitz berechtigt *(§ 986 Abs. 2)*.

Hat E an M eine Schreibmaschine auf 1 Jahr für 5 DM monatlich vermietet und veräußert er die Maschine an K, so kann K die Maschine von M während der Vertragsdauer nicht herausverlangen, auch wenn ihm der Mietpreis zu niedrig erscheint.

b) Eine in der Wirkung ähnliche, in der rechtlichen Konstruktion freilich verschiedene Regelung bringt *§ 571* für die Grundstücksmiete (und -pacht), wenn der Eigentümer das vermietete (verpachtete) und dem Mieter (Pächter) bereits überlassene Grundstück an einen anderen veräußert; hier tritt der Erwerber kraft Gesetzes in das Mietverhältnis ein.

In unserem Eingangsbeispiel muß also der neue Eigentümer den Mietvertrag auf die vereinbarte Dauer oder bis zu einer möglichen Kündigung „durchhalten".

Der gleiche Gedanke liegt den §§ 57, 57a, c, d ZVG bei *Zwangsversteigerung* eines Grundstücks zugrunde, ebenso dem § 21 KO bei Konkurs des Vermieters.[1]

c) Eine erhebliche Verstärkung der Stellung des Besitzers bringt schließlich das *Mieterschutz*recht mit sich: Die ordentliche wie die außerordentliche Kündigung ist gegenüber dem Mieter von Wohnraum erheblich eingeschränkt (Einzelheiten s. unten § 29 E 3a).

Die Verstärkung obligatorischer Rechte durch den Besitz hat Veranlassung zu der Überlegung gegeben,[2] inwieweit die „Verdinglichung obligatorischer Rechte" dogmatisch fruchtbar zu machen ist. In der Tat genießt das durch Besitzüberlassung verstärkte obligatorische Recht zum Besitz in vielem einen quasidinglichen Schutz. Diese Beobachtung kann aber keine Veranlassung geben, die dem Gesetz zugrundeliegende Trennung von obligatorischem und dinglichem Recht aufzugeben.

2. *Ablösungsrecht*

Die Stellung des Besitzers kann auch dadurch beeinträchtigt werden, daß ein Gläubiger des Eigentümers die Zwangsvollstreckung in die Sache betreibt. Hier gewährt § 268 Abs. 1 Satz 2 dem Besitzer ein Ablösungsrecht; während sonst

---

[1] Siehe dazu *Baur/Stürner* II, InsolvenzR, Rn. 9.58 ff.
[2] Vergl. insbes. *Dulckeit,* Die Verdinglichung obligatorischer Rechte, 1951; *Canaris,* FS Flume, 1978, 371, 392 ff., 403; *Weitnauer,* FS Larenz 1983, 705; *Koch,* Die Mobiliarmiete – ein dingl. Recht, ZMR 1985, 187.

geschlossener Widerspruch des Gläubigers und Schuldners eine Leistung durch einen Dritten unmöglich macht (§ 267), hat hier der Besitzer ein *Recht* zur Leistung, wenn er Gefahr läuft, durch die Zwangsvollstreckung den Besitz zu verlieren. Leistet er, so geht die Forderung des Gläubigers auf ihn über.

Verlangt der Gläubiger einer Hypothek oder Grundschuld Befriedigung aus dem Grundstück, so hat der Besitzer dasselbe Recht, auch wenn die Zwangsvollstreckung noch nicht eingeleitet ist oder – wegen §§ 57, 57a, c, d ZVG – keine Gefahr droht, daß er den Besitz verliert (§ 1150).

Beispiel: E hat sein Geschäftshaus an die Firma B verpachtet. Ein Hypothekengläubiger H droht die Zwangsversteigerung des Grundstücks an, weil E mit der Zahlung der Hypothekenzinsen und der Amortisation im Rückstand ist. Hier kann B die Hypothek ablösen mit der Folge, daß nach §§ 1150, 268 die durch die Hypothek gesicherte Forderung mit der Hypothek auf ihn übergeht (§§ 412, 401). Er ist damit Hypothekengläubiger des E geworden und kann im Wege der Grundbuchberichtigung (§ 894) von H die Bewilligung zu seiner Eintragung im Grundbuch als Hypothekar verlangen.

3. *Der Besitz als Grundlage der Ersitzung*

Die mit dem Besitz verbundenen Kontinuitätsinteressen können durch Zeitablauf so stark werden, daß der Besitz zum Vollrecht erstarkt; man spricht dann von *Ersitzung.* Ihre Voraussetzungen sind bei ,,Buchersitzung" (§ 900)[1] und ,,Fahrnisersitzung" (§§ 937–945) im einzelnen verschieden geregelt. Voraussetzung ist aber in beiden Fällen, daß der Besitzer eine längere Zeit (Grundstücke: 30 Jahre, bewegliche Sachen: 10 Jahre) im ,,Eigenbesitz" gehabt hat, d.h. er muß die Sache ,,als ihm gehörend" (§ 872), also wie ein Eigentümer besessen haben (s. unten § 53h).

Dazu muß bei der *Buchersitzung* 30jährige, widerspruchsfreie (§ 899) Eintragung im Grundbuch (§ 900), bei der *Fahrnisersitzung* guter Glauben an das Eigentum kommen (§ 937 Abs. 2); unten § 52h.

Der Ersitzung kommt heute keine besondere Bedeutung mehr zu; sie wird praktisch, wenn die Einigung über den Rechtsübergang aus irgendeinem Grund fehlgeschlagen ist oder wenn der gutgläubige Erwerb nicht eingreifen kann, weil es sich z.B. um abhandengekommene Sachen handelt (§ 935): Dem E wird ein wertvoller alter Stich gestohlen; ein Antiquar V verkauft und ,,übereignet" ihn an K. Dieser kann trotz Gutgläubigkeit kein Eigentum erwerben (§ 935), er kann die Sache aber ersitzen (§ 937).

III. Die Publizitätsfunktion (Überblick)

Mit dieser dem Besitz zugedachten Aufgabe hatten wir uns schon oben § 4 II befaßt, als wir den Grundsatz der Publizität allgemein erörterten. Dort sprachen wir von der Übertragungswirkung, Vermutungswirkung und Gutglaubenswirkung. Für die folgenden Erörterungen über den Besitztatbestand und die Besitzarten genügt es, wenn wir uns dieser Funktion des Besitzes erinnern.

§ 7. Besitzarten – Besitztatbestand – Erwerb und Verlust des Besitzes

A. Überblick

Geht man zunächst einmal davon aus, daß Besitz ,,tatsächliche Sachherrschaft" bedeutet, so wirkt die Regelung des Besitzrechts in §§ 854–872 verwirrend; denn offenbar ist hier von mehreren Tatbeständen die Rede, auf die das Kennzeichen

---

[1] Weitere Fälle s. §§ 1036 Abs. 1, 1027, 1090 Abs. 2; § 31 WEG mit § 900 Abs. 2.

„unmittelbare Sachherrschaft" nicht paßt (vgl. § 868) oder bei denen zwar eine tatsächliche Sachbeziehung gegeben ist, Besitz aber dennoch nicht vorliegen soll (§ 855); weiter scheint es von Bedeutung zu sein, mit welcher Willensrichtung jemand besitzt (§ 872), ferner ob er die Sache allein oder mit mehreren zusammen besitzt (§ 866).

Will man den sich hieraus ergebenden Mißverständnissen entgehen, so muß man sich immer darüber im Klaren sein, daß das Gesetz die verschiedenen Besitztatbestände nach den dem Besitz zugedachten Funktionen ausgestaltet; m. a. W. das Gesetz sieht stets hinter der jeweiligen Besitzart den mit ihr verfolgten Zweck.

Dies wird an einem einfachen Sachverhalt deutlich: Der landwirtschaftliche Arbeiter des Bauern hat – wenn er auf dem Felde pflügt – sicher die tatsächliche Sachherrschaft über den Pflug. Dennoch sieht das Gesetz in ihm keinen Besitzer, sondern nur einen sog. „Besitzdiener". Grund: der Arbeiter soll gegenüber dem Bauern keine Besitzschutzrechte haben, er soll nicht zur Übertragung des Besitzes an einen anderen befugt sein. (Freilich muß das Gesetz sofort wieder einen Schritt in die andere Richtung tun, wenn es in § 860 dem Besitzdiener das Selbsthilferecht gegen Dritte einräumt!)

Die Besitzarten kann man nach folgenden Gesichtspunkten gliedern:
I. nach dem Grad der Sachbeziehung: unmittelbarer und mittelbarer Besitz (s. unten B),
II. nach der sozialen Einordnung des die tatsächliche Gewalt Ausübenden: Besitzer – Besitzdiener (s. unten C),
III. nach der Möglichkeit, den Besitz allein oder nur zusammen mit anderen auszuüben: Alleinbesitz – Mitbesitz (s. unten D),
IV. nach der Willensrichtung, mit der jemand besitzt: Eigenbesitz – Fremdbesitz (s. unten E).

Bei der Erörterung dieser Besitzarten werden wir feststellen, daß eine „Mischung" durchaus möglich ist.

Vermietet etwa der Eigentümer E seine Sache an M, so ist M unmittelbarer Fremdbesitzer, E mittelbarer Eigenbesitzer („Mischung" der Gruppen I und IV).

B. Besitzarten nach dem Grad der Sachbeziehung (Unmittelbarer und mittelbarer Besitz)

S. die Übersicht 4 am Ende von § 9.

I. Begriffe

Einer natürlichen Betrachtungsweise entspräche es, nur denjenigen als Besitzer zu bezeichnen, der die Sache tatsächlich innehat; dies würde bedeuten, daß nur er die Besitzschutzrechte hätte und den Besitz weiterübertragen könnte. Nun zeigt es sich aber, daß jemand, der die tatsächliche Sachherrschaft einem anderen überlassen hat, sehr wohl ein berechtigtes Interesse haben kann, die Besitzschutzrechte gegen einen „Störer" auszuüben oder die ihm verbliebene Sachbeziehung auf einen anderen zu übertragen. Es besteht auch ein Bedürfnis dafür, daß jemand das Eigentum auf einen anderen übertragen kann, ohne den eigenen unmittelbaren Besitz aufzugeben. Das Gesetz trägt diesen Anliegen dadurch Rechnung, daß es neben dem unmittelbaren Besitz als tatsächlicher Innehabung auch die mittelbare, d. h. die durch einen unmittelbaren Besitzer (= Besitzmittler) vermittelte Sachbeziehung als Besitz anerkennt.

Unmittelbarer Besitzer ist also, wer die tatsächliche Gewalt über die Sache ausübt, mittelbarer Besitzer ist, wer den Besitz durch Vermittlung eines anderen – des unmittelbaren Besitzers – ausüben kann.

Schon hier wird deutlich, daß man beim mittelbaren Besitzer von einer eigentlichen Sachherrschaft nicht mehr sprechen kann; seine Beziehung zur Sache ist – wie man sagt – „vergeistigt".

II. Der unmittelbare Besitz

1. *Der Besitztatbestand*

a) Kennzeichnend für den Besitz ist – wie wir schon wiederholt sagten – die tatsächliche Sachherrschaft. Wann eine solche vorliegt, richtet sich nach der Auffassung des Lebens;[1] sie wird dabei verschiedene Gesichtspunkte berücksichtigen:

aa) eine gewisse *räumliche Beziehung* zur Sache, die freilich verschieden stark sein kann.

Ich bin Besitzer meines Gartens, auch wenn er einige Kilometer von der Wohnung entfernt ist – Besitzer meines Kraftfahrzeugs, auch wenn ich es auf einem öffentlichen Platz geparkt habe;

bb) eine gewisse *Dauer* dieser Sachbeziehung.

Wer sich auf einer Bank in einem Park niederläßt, ist nicht Besitzer.[2]

Dagegen kommt es nicht darauf an, ob ein Recht zum Besitz besteht; der Besitztatbestand ist also im Verhältnis zur Rechtslage neutral.

Auch der Dieb ist Besitzer. – Wer nach Beendigung eines Mietverhältnisses die Sache dem Vermieter nicht herausgibt, bleibt Besitzer. Daraus ergibt sich, daß der Vermieter dem Mieter die Sache nicht gewaltsam wegnehmen darf, während nach § 859 Abs. 2 der – bisherige – Besitzer dem Dieb die Sache wenigstens dann gewaltsam wieder wegnehmen darf, wenn er ihn auf frischer Tat betroffen oder verfolgt hat.

b) Der Besitz ist nur an einer *Sache* möglich, freilich auch an abgrenzbaren Sach*teilen* (Teilbesitz, § 865). Das Gesetz folgt hier nicht den Grundsätzen, die es für die Rechtslage an wesentlichen Bestandteilen entwickelt hat.[3]

Auch bei der Anerkennung dieses Teilbesitzes haben sich die Lebensbedürfnisse durchgesetzt: man kann doch etwa dem Mieter einer abgeschlossenen Wohnung nicht den Besitzschutz verwehren. –
Der These, daß Besitz nur an Sachen möglich sei, scheint der sog. *Rechts*besitz bei Dienstbarkeiten zu widersprechen (§§ 1029, 1090): Wenn E das als Grunddienstbarkeit eingetragene Recht hat, über das Grundstück des B zu gehen, so hat nicht nur E, sondern auch ein Mieter M des E die Besitzschutzrechte, wenn B etwa den Weg sperrt.[4] M wird als „Besitzer" der Grunddienstbarkeit angesehen.

---

[1] *Joost* (GS f. Schultz, 1987, 167) definiert einheitlich für § 854 I, 854 II u. § 856: „Möglichkeit der Gewaltausübung ohne Bruch einer fremden Besitzsphäre." *Kegel* (FS v. Caemmerer, 1978, 149) definiert: „Besitz ist Herrschaft. Herrschaft ist überwiegende Wahrscheinlichkeit, den eigenen Willen an einer Sache durchzusetzen." Aber: wonach entscheidet sich, ob eine solche „überwiegende Wahrscheinlichkeit" vorliegt?

[2] A. A. *Heck* § 6, 5; *Westermann/Gursky* § 9 II 7.

[3] S. dazu oben § 3 I 2 c.

[4] *Heck* weist in § 16 mit Recht darauf hin, daß hier meist Sachbesitz (Mitbesitz) vorliegen wird.

c) *Besitz und Gewahrsam.* Das BGB kennt den Begriff „Gewahrsam" nicht; er spielt aber eine Rolle für die Unterscheidung zwischen Diebstahl und Unterschlagung (§ 246 StGB: „. . ., die er in Besitz oder Gewahrsam hat, . . .‟!). Auch die §§ 808, 809 ZPO sprechen bei der Pfändung beweglicher Sachen vom „Gewahrsam". Will man den Besitzbegriff von dem des Gewahrsams abgrenzen, so muß man sich die verschiedenen Funktionen der genannten Bestimmungen vergegenwärtigen:

aa) In §§ 242, 246 StGB geht es um den strafrechtlichen Schutz der Eigentumsordnung; die Strafdrohung gegen den Diebstahl will aber darüber hinaus die unmittelbare Sachbeziehung vor fremdem Zugriff schützen.[1] Gewahrsam kann daher mit dem unmittelbaren Besitz (nie mit dem mittelbaren Besitz!) identisch sein, braucht es aber nicht: Gewahrsam kann auch der Besitzdiener haben, der nach § 855 nicht Besitzer ist. Unmittelbaren Besitz an einer zum Nachlaß gehörenden Sache erhält nach § 857 auch der ortsabwesende Erbe, wenn der Erblasser unmittelbarer Besitzer war, während strafrechtlich gesehen die Haushälterin des Verstorbenen den Gewahrsam hat. Beim Gewahrsam im Strafrecht kommt es also nur und stets auf die unmittelbare Sachbeziehung an.

bb) § 808 ZPO gestattet dem Gerichtsvollzieher die Pfändung einer beweglichen Sache nur, wenn der Schuldner an ihr Gewahrsam hat. Fragt man sich, warum das so geregelt ist, dann wird sofort deutlich, daß sich hier mit dem „Gewahrsam" die Vermutung der Rechtszuständigkeit verbindet: wer den Gewahrsam hat, wird in den meisten Fällen auch Eigentümer sein, so daß die Pfändung in der Regel „den Richtigen treffen wird". Gewahrsam also bedeutet hier unmittelbaren Besitz im Sinne des BGB (freilich nicht den noch nicht realisierten Erbenbesitz!).[2] Die Parallele zum Grundgedanken des § 1006 ist augenscheinlich.

2. Der Erwerb des unmittelbaren Besitzes

Setzt man den unmittelbaren Besitz mit tatsächlicher Sachherrschaft gleich, so wird § 854 Abs. 1 verständlich, wenn er sagt, daß „der Besitz einer Sache durch die Erlangung der tatsächlichen Gewalt über die Sache erworben" wird. Es fällt sofort auf, daß auf den Übertragungswillen des bisherigen Besitzers nicht abgestellt wird; der Besitz kann also ohne dessen Willen („originär") oder mit dessen Willen („abgeleitet") erworben werden; wir haben also originären (a) und abgeleiteten Besitzerwerb (b) zu unterscheiden.

Für die Qualität des erlangten Besitzes ist die Unterscheidung nicht von Bedeutung, wohl aber für die Möglichkeit des gutgläubigen Eigentumserwerbs an beweglichen Sachen: Hat jemand ohne seinen Willen den unmittelbaren Besitz an einer Sache verloren, so braucht er gutgläubigen Erwerb des Eigentums durch einen Dritten nicht zu befürchten; denn an abhanden gekommenen Sachen ist redlicher Erwerb von Eigentum ausgeschlossen (§ 935).

Bietet demnach § 854 Abs. 1 dem Verständnis keine allzu großen Schwierigkeiten, so wird man stutzig, wenn das Gesetz in § 854 Abs. 2 unter gewissen Voraussetzungen die bloße Einigung des bisherigen Besitzers mit dem Erwerber genügen läßt! Dieser Tatbestand bedarf eingehender Erörterung (c).

a) *Originärer Erwerb des unmittelbaren Besitzes.* Erforderlich ist die Erlangung der tatsächlichen Gewalt. Umstritten ist – hier wie beim abgeleiteten Erwerb (b) –, ob daneben ein Besitzbegründungswille des Erwerbers erforderlich ist. Die h. M.[3] bejaht diese Frage, während eine andere Auffassung die Einfügung in den Organisationsbereich des Erwerbers genügen läßt. Allzu große Bedeutung kommt dieser – wie so manch' anderer – Streitfrage nicht zu, da auch die h. M. einen generellen, juristisch nicht qualifizierten Besitzbegründungswillen genügen läßt (BGHZ 101, 186).

---

[1] Freilich nicht unbestritten! (vgl. *Schönke/Schröder/Eser,* StGB, 24. Aufl. 1991, § 242 Rn. 1).
[2] Vgl. *Baur/Stürner,* ZVR, Rn. 444 ff.; *Brox/Walker* Rn. 235 ff.; *Rosenberg/Gaul/Schilken* § 51 I 1.
[3] S. *Soergel/Mühl* § 854 Rn. 7–9 m. w. N.

Wenn ein sechsjähriges Kind einen auf der Straße liegenden Geldbeutel aufhebt, so erlangt es unmittelbaren Besitz. Dagegen erwirbt die schöne Schläferin, der ein Verehrer einen Rosenstrauß in die Hand gibt, den Besitz erst, wenn sie sich nach dem Erwachen entschließt, den Strauß zu behalten.

Wesentlich ist folgender Gesichtspunkt, über den sich alle einig sind: Zur Besitz*erlangung* ist ein ,,Mehr an tatsächlicher Gewalt'' erforderlich als zur Besitz*erhaltung;* die Erlangung des Besitzes muß nach außen erkennbar sein.[1]

Beispiele: Der Bauer, der den Pflug über Nacht auf dem Acker stehen läßt, bleibt unmittelbarer Besitzer. Läuft ihm auf seine Weide eine fremde Kuh zu, so wird er unmittelbarer Besitzer erst, wenn er sich um sie kümmert.
Der Inhaber eines Supermarktes wird unmittelbarer Besitzer eines Tausendmarkscheines, den ein Kunde in einem Lebensmittelregal liegen gelassen hat, sofern er seinen generellen Besitzwillen an ,,verlorenen'' Gegenständen der Kunden zu erkennen gibt, indem er seinen Angestellten Weisung zur Buchführung und Verwahrung über solche Gegenstände erteilt (ähnlich BGHZ 101, 186; krit. *Westermann/Gursky* § 13 I 2; *Ernst* JZ 1988, 360).

b) *Abgeleiteter Erwerb des unmittelbaren Besitzes.* Auch diese Form des Besitzerwerbs fällt unter § 854 Abs. 1. Hier muß zur Erlangung der tatsächlichen Gewalt noch der ,,Abgabewille'' des bisherigen Besitzers und der ,,Erwerbswille'' des Erwerbers treten (BGHZ 67, 209). Ferner muß der bisherige Besitzer seine bisherige tatsächliche Gewalt über die Sache aufgeben (BGHZ 27, 360, 362 = *Baur,* E. Slg. Fall 1; BGH NJW 1979, 713). Freilich liegt auch hier kein rechtsgeschäftliches Handeln vor, auch hier braucht der Besitzbegründungswille nur generell zu sein. Fehlt sogar der natürliche Übertragungswille, so kann doch originärer Besitzerwerb vorliegen.

Beispiele: Die Braut (Kl.) hat ihre Aussteuer im Zimmer ihres Verlobten untergebracht, der bei seinen Eltern wohnt. Der ,,künftige Schwiegervater'' (Bekl.) wußte davon nichts. Nach Auflösung des Verlöbnisses klagt die Braut gegen den Bekl. auf Herausgabe der Aussteuer. Das RG (RGZ 106, 135) hat die Klage abgewiesen, da der Bekl. mangels Erwerbswillens den Besitz nicht erlangt hat. –
Wer die Geldkassette in den Nachttresor einer Bank einwirft, überträgt ihr den unmittelbaren Besitz (genereller Erwerbswille); die Bank erlangt also jetzt schon das in den Allgemeinen Geschäftsbedingungen der Banken vorgesehene Pfandrecht. –
Schlüsselübergabe = Besitzübergabe? s. BGH DB 1973, 913 u. NJW 1979, 713; *Soergel/Mühl* § 854 Rn. 17.

c) *Abgeleiteter Besitzerwerb durch bloße Einigung.* Diese Möglichkeit (§ 854 Abs. 2) verblüfft, haben wir doch bisher mit Nachdruck betont, daß zur Begründung des unmittelbaren Besitzes Erlangung der tatsächlichen Sachherrschaft erforderlich ist. Aber der Zweck, den der Gesetzgeber damit verfolgt, wird deutlich, wenn wir uns folgendes Beispiel betrachten:

E ist Eigentümer eines Stapels Holz, das im Walde ,,bei den Drei Eichen'' liegt. Er will das Holz an K verkaufen und übereignen. Sollen E und K nun – bei Wind und Wetter – in den Wald marschieren, nur damit E dem K das Holz übergibt? Das will das Gesetz ihnen nicht zumuten!

Was § 854 Abs. 2 anstrebt, ist also ein *Vereinfachungseffekt.* – Das Beispiel macht auch deutlich, welche Voraussetzungen erforderlich sind, nämlich

aa) Besitz des Veräußernden;

---

[1] So die übereinstimmende Auffassung: vgl. etwa *Soergel/Mühl* § 854 Rn. 5; MünchKomm/*Joost* § 854 Rn. 13. Zur Erkennbarkeit der Herrschaftsbeziehung s. auch BGHZ 44, 27, 32.

bb) die Möglichkeit für den Erwerber, „die – alleinige[1] – Gewalt über die Sache auszuüben"; es muß sich also um sog. „offenen Besitz" handeln, d. h. der Erwerber muß ohne weitere Gestattungshandlung des bisherigen Besitzers oder eines Dritten den erlangten Besitz auch ausüben, realisieren können;

cc) die Einigung der Beteiligten; sie hat rechtsgeschäftlichen Charakter[2], unterliegt demnach in vollem Umfang den Regeln des Allgemeinen Teils über Rechtsgeschäfte, kann also z. B. wegen Willensmangels angefochten, durch Stellvertreter abgegeben werden usw. Die Einigung über den Besitzübergang, die natürlich auch stillschweigend erfolgen kann, ist von der Einigung über den Eigentumsübergang rechtlich zu unterscheiden, im konkreten Fall können aber beide zusammenfallen (BGH NJW 1979, 714).

In unserem obigen Beispiel liegt in der Einigung über den Eigentumsübergang auch die über die Besitzübertragung, wenn E dem K die sofortige Abfuhr des Holzes gestattet und ihm den „Holzzettel" übergibt. –
Bedeutet eine nichtige oder mit Erfolg angefochtene Einigung, daß die Sache dem früheren Besitzer abhanden gekommen, ein gutgläubiger Erwerb also nicht möglich ist (§ 935)? Geht man rein konstruktiv vor, so müßte man die Frage bejahen, freilich wird man damit dem Grundgedanken des § 935 nicht gerecht:
Ficht E im obigen Beispiel den Vertrag nach § 119 zu Recht an (z. B. error in objecto bei Kauf und Übereignung, s. § 5 II 1 a), so fällt die Einigung mit rückwirkender Kraft weg, der Besitz ist ohne den Willen des E auf K übergegangen; es handelt sich also, wenn K das Holz abgeführt hat, um einen originären Besitzerwerb. Aber für den redlichen Erwerb eines Dritten nach § 932 muß es wohl genügen, daß E dem K die Holzabfuhr *tatsächlich* gestattet hat, daß er ihm also Vertrauen geschenkt hat. Die Rückwirkung der Anfechtung muß an diesem von E geschaffenen Tatbestand ihre Grenzen finden (zust. *Westermann/Gursky* § 13 III 2).

d) *Der Besitzerwerb durch Gesamtrechtsnachfolge und durch Stellvertreter soll* wegen der darin liegenden besonderen Problematik unten § 8 I, II erörtert werden.

3. *Der Verlust des unmittelbaren Besitzes*

Die gesetzliche Regelung für den Besitzverlust findet sich in § 856; diese Bestimmung unterscheidet deutlich zwischen „Aufgabe" der tatsächlichen Gewalt und Besitzverlust „in anderer Weise".

a) Die *Aufgabe* der tatsächlichen Gewalt setzt – neben einer äußerlich erkennbaren Aufgabehandlung (BGH NJW 1979, 714) – einen entsprechenden Willen des Besitzers voraus, wobei dieser Wille wie bei der Besitzbegründung nicht juristisch qualifiziert zu sein braucht. Sie kann im Falle der Übergabe zum – abgeleiteten – Besitz eines anderen führen; bei einseitiger Aufgabe wird die Sache besitzlos; Erwerb eines anderen ist dann originär.

Rechtsgeschäftlichen Charakter hat die Besitzaufgabe im Falle des § 854 Abs. 2; s. dazu oben 2 c.

b) Der Besitzverlust *„in anderer Weise"* erfolgt unfreiwillig, sei es, daß der Besitz durch einen anderen entzogen wird (z. B. Diebstahl), sei es, daß der Besitzer unbewußt die tatsächliche Gewalt über die Sache verliert.

---

[1] Das bedeutet volle Besitzaufgabe durch den Veräußerer, falls *Allein*besitz übertragen werden soll (hierzu BGH NJW 1979, 715; *Gursky* JZ 1984, 604). Anders wenn gemäß § 854 Abs. 2 nur *Mit*besitz eingeräumt wird; zutreffend *Westermann/Gursky* § 13 III 1.
[2] BGHZ 16, 263; *Westermann/Gursky* § 13 III 2 m. Nw.; a. A. *E. Wolf* § 2 E I b 2 bb S. 83 (Realakt).

Bei unfreiwilligem Verlust ist die Sache ,,abhanden gekommen''; sie kann dann nicht gutgläubig erworben werden (§ 935).

Ist der Besitzverlust unfreiwillig, wenn die Aufgabe durch Willensmängel beeinflußt war? In einem in BGHZ 4, 10 entschiedenen Fall hatte der Eigentümer seinen Kraftwagen herausgegeben, als ihm eine – in ihrer Gültigkeit zweifelhafte – Beschlagnahmeverfügung vorgelegt worden war und der durch die Verfügung Begünstigte in Begleitung eines Polizeibeamten die gewaltsame Wegnahme des Wagens angedroht hatte. Ist diese Weggabe (Besitzaufgabe) anfechtbar (§ 123) und, wenn ja, hat die Anfechtung zur Folge, daß der Wagen i. S. des § 935 abhanden gekommen, gutgläubiger Erwerb also nicht möglich war? Der BGH (S. 33 ff.) verneint diese Frage, schließt allerdings einen – natürlichen – Besitzaufgabewillen dann aus, ,,wenn der Wille zur Besitzaufgabe im wesentlichen unter dem Druck unerträglich wirkender Drohungen gefaßt wird'' (unwiderstehliche physische oder psychische Gewalt). Freilich wird bei rechtswidriger Drohung i. S. des § 123 meist eine echte Wahl zwischen Aufgabe und Nichtaufgabe zu verneinen sein, so daß Abhandenkommen vorliegt.[1]

Hinzuweisen ist schließlich auf § 856 Abs. 2, wonach eine vorübergehende Verhinderung in der Ausübung der tatsächlichen Gewalt den Besitz nicht beendigt.

Beispiel: Der Fahrer des E benutzt ohne Wissen des E dessen Kraftwagen für einen Sonntagsausflug. An dem unmittelbaren Besitz des E ändert sich dadurch nichts (RGZ 52, 117, 118), übrigens auch nichts an seiner Haftung als Kraftfahrzeughalter (§ 7 Abs. 1 u. 3 StVG).

III. Der mittelbare Besitz[2]

1. *Der Tatbestand des mittelbaren Besitzes*

a) Erinnern wir uns zunächst einer schon wiederholt getroffenen Feststellung: Im Sinne des Sprachgebrauchs ist nur derjenige, der die tatsächliche Gewalt über eine Sache ausübt, Besitzer. Das Gesetz (§ 868) behandelt aber auch den, der die tatsächliche Sachherrschaft durch einen anderen ausüben läßt, als Besitzer, weil es sein Interesse, wie ein Besitzer behandelt zu werden, als schutzwürdig anerkennt. Seine Beziehung zur Sache ist freilich nur mittelbar, sie wird durch den unmittelbaren Besitzer (= Besitzmittler) vermittelt; aber diese mittelbare Sachbeziehung soll doch ebenfalls vollwertiger Besitz sein.

Diese Vollwertigkeit kommt – mit Durchbrechungen im einzelnen – in allen dem Besitz zugedachten Funktionen zum Ausdruck: in der Schutzfunktion, der Traditions- und Erhaltungsfunktion. Die praktisch wichtigste Bedeutung des mittelbaren Besitzes liegt in der Gleichstellung der Begründung eines Besitzmittlungsverhältnisses mit der realen Übergabe der Sache (§ 930), und hier wieder in dem Institut der Sicherungsübereignung:
Will V eine Sache an K übereignen, hat er aber ein von K anerkanntes Interesse daran, zunächst den unmittelbaren Besitz an der Sache zu behalten, so kann die Übergabe dadurch ersetzt werden, daß ein den Oberbesitz (= mittelbaren Besitz) des K begründendes Rechtsverhältnis vereinbart wird (§ 930), etwa so, daß V künftig Mieter der nunmehr dem K gehörigen Sache sein will.
E muß einen Kredit aufnehmen; die Bank B ist bereit, ihm den Kredit einzuräumen, aber nur gegen Sicherheit. E könnte eine wertvolle Maschine als Sicherheit geben, benötigt sie aber natürlich weiterhin in seinem Betrieb; er kann sie also nicht verpfänden (s. § 1205 Abs. 1!). Hier kann der Effekt einer Verpfändung dadurch erreicht werden, daß E die Maschine der B ,,sicherungshalber'' übereignet; die an sich nach § 929 erforderliche Übergabe kann dadurch ersetzt werden, daß E und B ein Besitzmittlungsverhältnis (Besitzkonstitut: constitutum possessorium), z. B. einen Leihvertrag vereinbaren.

---

[1] Dazu unten § 52 V 2b bb und cc.
[2] S. dazu *Wacke, D.* Besitzkonstitut als Übergabesurrogat in Rechtsgeschichte u. Rechtsdogmatik, 1974; *Wieling* AcP 184, 439; *Picker* AcP 188, 511, 522 (mit Darlegung der Gesetzgebungsgeschichte).

Die Voraussetzungen eines solchen Besitzmittlungsverhältnisses sind im einzelnen umstritten; die Zweifel rühren vor allem daher, daß das Gesetz in § 868 einige solcher Verhältnisse aufzählt, aber eben nur als Beispiele; denn es läßt auch „ähnliche Verhältnisse" genügen.

Will man Klarheit gewinnen, so muß man zunächst versuchen, möglichst viel aus dem Wortlaut des Gesetzes herauszuholen. Analysiert man den § 868, so ergeben sich zwei *Voraussetzungen:*

einmal unmittelbarer Besitz einer Person;

ferner ein Verhältnis dieser Person zu einer anderen, aus dem sich ergibt, daß der unmittelbare Besitzer dem anderen gegenüber nur „auf Zeit" zum Besitz berechtigt oder verpflichtet ist.

Zur näheren Charakterisierung betrachten wir das in § 868 als Besitzmittlungsverhältnis genannte, jedermann bekannte Rechtsinstitut der Miete. Was ist für das Verhältnis Vermieter – Mieter kennzeichnend?

Einmal sicher, daß der Mieter unmittelbarer Besitzer der Sache ist, und zwar Fremdbesitzer, weil er die Sache nicht „als ihm gehörend besitzt" (§ 872),

ferner, daß er seine Besitzerstellung aus der Rechtsstellung des Vermieters ableitet,

weiter, daß sein Besitz nur auf Zeit, nämlich für die Dauer des Mietverhältnisses, begründet ist,

schließlich, daß der Vermieter nach Beendigung des Mietverhältnisses einen Anspruch auf Herausgabe der Mietsache hat.

Gesamteindruck: Der unmittelbare Besitzer (Besitzmittler) hat eine zwar selbständige, aber doch dem mittelbaren Besitzer gegenüber rechtlich untergeordnete Stellung.

In der selbständigen Stellung des unmittelbaren Besitzers liegt der Unterschied zum *Besitzdiener* (§ 855): Solange sich der Mieter im Rahmen seiner vertraglichen Befugnisse hält, braucht er keine Weisungen des Vermieters bezüglich der Benutzung der Sache entgegenzunehmen. Anders der Besitzdiener (§ 855; Typ: Arbeiter, Angestellter): Er ist in seiner – sozial abhängigen – Stellung hinsichtlich des Gebrauchs der Sache den Anordnungen seines „Chefs", des Besitzers, unterworfen.

b) Nun zu den *Voraussetzungen* im einzelnen:

aa) *unmittelbarer Fremdbesitz einer Person:* der Wille, die Sache als Nießbraucher, Mieter usw. zu besitzen, muß vorhanden sein (RGZ 135, 75, 78).

Dieser Wille braucht freilich nicht rechtlich qualifiziert zu sein; es genügt, wenn der Besitzmittler einen anderen als „Oberbesitzer" anerkennt.

bb) *Besitzrechtsableitung:* Der unmittelbare Besitzer muß seinen Besitz aus der Rechtsstellung des mittelbaren Besitzers ableiten, so der Mieter aus der Rechtsstellung des Vermieters, der Pfandgläubiger aus der Rechtsstellung des Verpfänders. Daher ist der Verkäufer, der die Sache verkauft, aber dem Käufer noch nicht übergeben hat, nicht Besitzmittler des Käufers (s. aber unten § 51 V 7a aa)!

Besitzrechtsableitung bedeutet *nicht,* daß der unmittelbare Besitz zunächst beim – späteren – Oberbesitzer vorhanden gewesen und dann dem – späteren – unmittelbaren Besitzer übertragen sein müsse. Es ist durchaus möglich, daß der Besitzmittler die Sache erst von einem Dritten erwirbt und sofort auf Grund eines schon vorher vereinbarten Besitzmittlungsverhältnisses dem Vertragspartner (z. B. dem Auftraggeber) mittelbaren Besitz verschafft *(sog. antezipiertes Besitzkonstitut)* oder zunächst unmittelbarer Eigenbesitzer ist, dann aber durch Vereinbarung eines Besitzkonstituts einen anderen als Oberbesitzer anerkennt (z. B. der Eigentümer eines Hauses verkauft es an K, bleibt aber als Mieter im Hause wohnen). Ist dem unmittelbaren Besitzer gestattet, ein solches Konstitut in eigenem Namen mit sich selbst als Vertreter des künftigen Oberbesitzers abzuschließen, so entsteht das Besitzkonstitut durch *Insichgeschäft* (§ 181).

Beispiel: K möchte auf einer Gemäldeauktion ein bestimmtes Bild kaufen. Da er mit Gebräuchen einer solchen Versteigerung wenig vertraut ist, beauftragt er den Kunsthändler H, für ihn das Gemälde zu ersteigern, zur Deckung des Kaufpreises gibt er ihm einen Blankoscheck mit (Fall der verdeckten Stellvertretung: Einkaufskommission). Hier wird das Bild zunächst an H übereignet, H muß es dann auf Grund des Geschäftsbesorgungsverhältnisses an K weiter übereignen. Dies kann durch „Ablieferung" (= Einigung und Übergabe) i. S. des § 929 Satz 1 geschehen. Vielfach besteht aber ein Interesse, daß das Eigentum *sofort* auf K übergeht (denn solange H Eigentümer ist, besteht die Gefahr, daß dessen Gläubiger das Bild pfänden). Dies kann dadurch geschehen, daß die Übereignung nach § 930 erfolgt, wobei die Einigung über den Eigentumsübergang und die über das Besitzkonstitut schon jetzt erfolgt, also – im Verhältnis zum Besitzerwerb – vorweggenommen, „antezipiert" wird (BGH NJW 1964, 398). Das gleiche Ergebnis kann durch ein Insichgeschäft nach § 181 erzielt werden; eine besondere Gestattung hierzu ist überflüssig, weil H nur eine Verbindlichkeit (aus §§ 675, 667) erfüllt, wenn er das Bild an den „Hintermann" K übereignet. Zweifelhaft ist, ob dieses Selbstkontrahieren nach außen erkennbar sein muß, etwa dadurch, daß H das Bild mit dem Namen des K versieht und dann bis zur Abholung in sein Lager stellt (s. dazu unten § 51 VII 2).

In der sog. Besitzrechtsableitung liegt, daß die Rechtsstellung des Oberbesitzers umfassender ist als die des Besitzmittlers (man spricht von einer Überordnung des Oberbesitzers), die besitzrechtliche Stellung des Besitzmittlers ist also nur ein Ausschnitt aus der gesamten Rechtsstellung des Oberbesitzers.

Der Eigentümer überläßt dem Nießbraucher aus dem Gesamtbereich seines Eigentums die Nutzungsbefugnis, dem Pfandgläubiger die Verwertungsbefugnis, dem Verwahrer die Aufsicht über seine Sache; der Verkäufer unter Eigentumsvorbehalt gestattet dem Käufer den Gebrauch der Sache (BGH NJW 1953, 217 = *Baur*, E. Slg. Fall 23).

Die eben getroffene Feststellung bedeutet freilich nicht, daß der Inhaber des umfassendsten Rechts nie unmittelbarer Fremdbesitzer sein könne: wenn der Eigentümer E zunächst sein Haus an M vermietet, dann aber selbst bei M in Untermiete lebt, so ist er bezüglich seines Zimmers unmittelbarer Fremdbesitzer, M ist mittelbarer Fremdbesitzer erster Stufe, E sodann – bezüglich des ganzen Hauses – mittelbarer Eigenbesitzer zweiter Stufe.

Mehrere Besitzmittlungsverhältnisse können also aufeinander „aufgestockt" sein (§ 871); *Heck* nennt dies sehr anschaulich „Besitzgebäude". Ebenso z. B. die Rechtslage, wenn der Gerichtsvollzieher bei E eine bewegliche Sache gepfändet hat, sie aber unter Anbringung eines Pfandsiegels im Gewahrsam des E beläßt (§ 808 Abs. 2 ZPO). „Besitzgebäude": E ist unmittelbarer Fremdbesitzer, der Gerichtsvollzieher – auf Grund seiner Gewahrsamspflicht – mittelbarer Fremdbesitzer 1. Stufe, der Gläubiger G – auf Grund seines durch die Pfändung erlangten Sicherungs- und Verwertungsrechts (= Pfandrechts) – mittelbarer Fremdbesitzer 2. Stufe, E schließlich – als Eigentümer – mittelbarer Eigenbesitzer dritter Stufe.[1] Zahlt E die Schuld an G zurück und hebt der Gerichtsvollzieher die Pfändung auf, so fällt das Besitzgebäude in sich zusammen, E ist wieder unmittelbarer Eigenbesitzer! – Weiterer Beispielsfall: BGH JZ 1964, 130 = NJW 1964, 398 (sa unten § 7 B III 2b und § 51 VI 3b).

cc) *Die zeitliche Begrenzung* der Stellung des unmittelbaren Besitzers (BGHZ 85, 265) ergibt sich deutlich aus dem Wortlaut des § 868 („auf Zeit"). Nicht erforderlich ist, daß die Sache nach Ablauf der vereinbarten Zeit gerade an den mittelbaren Besitzer zurückzugeben ist; möglich ist es durchaus, daß das Besitzmittlungsverhältnis endet, weil der unmittelbare Besitzer Eigentum erwirbt.

---

[1] S. *Baur/Stürner*, ZVR, Rn. 461; *Rosenberg/Gaul/Schilken* § 51 III.

So in aller Regel bei Verkauf von Sachen unter Eigentumsvorbehalt. Hier erlischt das Besitzmittlungsverhältnis mit der vollständigen Zahlung des Kaufpreises von selbst.

dd) Schon aus dem Zeitmoment ergibt sich, daß dem Oberbesitzer ein – wenn auch nur bedingter oder betagter oder von der Ausübung eines Gestaltungsrechts (z. B. Kündigung, Rücktritt) abhängiger – *Herausgabeanspruch* gegen den Besitzmittler zustehen muß (BGHZ 85, 265), so etwa dem Vermieter nach Ablauf der Mietzeit (§ 556 Abs. 1), dem Vorbehaltsverkäufer nach Ausübung seines Rücktrittsrechts (§§ 346 S. 1, 455).

Der Herausgabeanspruch braucht sich nicht gerade aus dem Rechtsverhältnis zu ergeben, das der Besitzvermittlung zugrunde liegt: Hat der geschäftsunfähige E sein Haus an M vermietet, so ist das Mietverhältnis nichtig, aus ihm kann also kein Herausgabeanspruch erwachsen. Aber E hat einen solchen Anspruch aus § 985; das ist ausreichend. Voraussetzung ist eben, daß ein Herausgabeanspruch nach der Rechtsordnung gegeben ist.

Von dieser *Frage* ist das umstrittene[1] Problem zu unterscheiden, *ob das Besitzmittlungsverhältnis* als solches *rechtsgültig* sein muß. Soll in unserem eben erwähnten Beispiel der mittelbare Besitz des geschäftsunfähigen E deshalb verneint, ihm also auch die Besitzschutzrechte gegen Dritte abgesprochen werden, weil der Mietvertrag nichtig ist?[2] Geht man bei Beantwortung dieser Frage von dem mit der Schaffung der Figur „mittelbarer Besitz" verfolgten Zweck aus, so muß es als Mindesttatbestand genügen, daß der Besitzmittler auf Grund eines wenn auch nur vermeintlich gültigen Rechtsverhältnisses „für" den Oberbesitzer besitzen will[3]; denn sonst würde häufig – wie unser Beispiel zeigt – die Situation des Oberbesitzers gerade dann unhaltbar sein, wenn er eines besonderen Schutzes bedarf. Freilich muß – das bringt das in § 868 geforderte „Zeitmoment" mit sich – stets ein durchsetzbarer Herausgabeanspruch gegeben sein; entfällt auch er, so kann in der Tat von einem Besitzmittlungsverhältnis nicht die Rede sein; meist besteht dann auch kein Anlaß, den – vermeintlichen – Oberbesitzer zu schützen.[4]

Beispiel: D hat einen gemieteten Kraftwagen unterschlagen; bevor er ihn ins Ausland weiterverkauft, läßt er ihn bei dem eingeweihten R „umfrisieren". Hier ist der Werkvertrag nichtig (§§ 134, 138); D hat aber auch keinen gültigen Herausgabeanspruch, nicht aus § 985 (weil er nicht Eigentümer ist), nicht aus § 812 (vgl. § 817 S. 2). Veräußert D den Kraftwagen durch Abtretung des Herausgabeanspruchs an den gutgläubigen K, so wird dieser nach § 934 1. Fall nicht Eigentümer (da D nicht mittelbarer Besitzer war!); Eigentumserwerb des K kommt erst in Betracht, wenn K von R den Besitz erhält und dann noch gutgläubig ist (§ 934 2. Fall).

c) Nachdem wir soeben die Voraussetzungen des mittelbaren Besitzes im einzelnen erörtert haben, können wir uns jetzt fragen, welche *„ähnlichen Verhältnisse"* als Basis des mittelbaren Besitzes § 868 wohl im Auge hat. Dabei kann – das ergibt sich aus den beispielsweise aufgeführten Rechtsverhältnissen – immer nur ein *bestimmtes* Verhältnis in Betracht kommen (BGHZ 73, 257), also nicht eine allgemeine Abrede, für einen anderen besitzen zu wollen (*konkretes* im Gegensatz zum abstrakten *Besitzkonstitut*).

An diesem Erfordernis, das namentlich für die Sicherungsübereignung von Bedeutung ist, hält die Rechtsprechung mit Nachdruck fest (s. dazu unten § 51 V 2, § 57 III 1 a). Die Vereinbarung eines

---

[1] Zum ganzen Fragenkreis *Schönfeld* JZ 1959, 301, 302; *Wieling* AcP 184, 439, 442 u. *Soergel/Mühl* § 868 Rn. 10; *Westermann/Gursky* § 17, 5 m. Nw.

[2] So wohl RGZ 86, 265; 98, 133 und vor allem die ältere Literatur!

[3] So im Ergebnis BGH NJW 1955, 499; WM 1985, 1433; BGHZ 85, 265; *Jauernig* § 868 Anm. 3 b; h. M. Hierzu Motive III, 99: „Ferner ist zu bemerken, daß ... nicht etwa die Besitz- von der Rechtsfrage abhängt, ob gültig ... vermietet ist".

[4] Kritisch ablehnend *Wieling* aaO 448/9 (der die Notwendigkeit eines Herausgabeanspruchs verneint); unklar insoweit BGH aaO, der aber wohl eher die freiwillige Herausgabebereitschaft genügen läßt; wie hier *Jauernig* § 868 Anm. 3 b; *Schwab/Prütting* § 10 II 2; *Soergel/Mühl* § 868 Rn. 10; *Westermann/Gursky* § 17, 6.

solchen konkreten Besitzkonstituts wird dabei allerdings häufig zur leeren Floskel, so wenn der Sicherungsgeber sagt, er wolle nunmehr die zur Sicherheit übereignete Maschine als Entleiher oder Verwahrer für den Sicherungsnehmer (z. B. die Bank) besitzen.

Das „ähnliche" Verhältnis kann auf Vertrag, Gesetz oder staatlichem Hoheitsakt auf Grund eines Gesetzes beruhen:

aa) *auf Vertrag:* hierher gehören etwa der Werkvertrag, Frachtvertrag, Lagerhaltungs- und Speditionsvertrag, Verkaufsauftrag (= Kommission), Verkauf unter Eigentumsvorbehalt (BGHZ 10, 69, 71; 28, 27, 28),

bb) *auf Gesetz:* elterliche Sorge (§ 1626: BGH NJW 1989, 2544) oder eheliche Lebensgemeinschaft (§ 1353: BGHZ 73, 257), Geschäftsführung ohne Auftrag (RGZ 98, 131; str.!),

cc) *auf staatlichem Hoheitsakt auf Grund eines Gesetzes:* Konkurs- und Nachlaßverwaltung, Nachlaßpflegschaft, Zwangsverwaltung.

d) Nach dem Willen des Gesetzes (§ 868) ist auch der mittelbare Besitzer echter Besitzer. Überall wo im Gesetz von „Besitz" oder „Besitzer" die Rede ist, wird darunter auch der mittelbare Besitz verstanden. Freilich kann dies nur als Faustregel gelten. So ist z. B. in § 935 (auch in §§ 858, 869) sicher nur der unmittelbare Besitz gemeint; denn nur dem unmittelbaren Besitzer kann die Sache gestohlen werden oder sonst abhanden kommen. Ob ein solcher Ausnahmefall vorliegt, kann jeweils nur bei Auslegung der in Betracht kommenden Vorschrift festgestellt werden.

2. *Der Erwerb des mittelbaren Besitzes*

Mittelbarer Besitz kann dadurch begründet werden, daß der in § 868 vorgesehene Tatbestand neu entsteht (a) oder ein schon bestehender mittelbarer Besitz auf einen anderen übertragen wird (b).

a) *Neuentstehung des mittelbaren Besitzes.* Überall wo sich der Tatbestand des § 868 verwirklicht, entsteht mittelbarer Besitz. Die Hauptfälle sind:

aa) Der bisherige unmittelbare Besitzer wird mittelbarer Besitzer, indem er den unmittelbaren Besitz einem anderen unter Vereinbarung eines Besitzmittlungsverhältnisses überträgt (z. B. der Eigentümer vermietet seine Sache).

bb) Der bisherige unmittelbare Besitzer behält die tatsächliche Sachherrschaft, verschafft aber einem anderen durch Vereinbarung eines Besitzmittlungsverhältnisses den mittelbaren Besitz.[1]

Hauptfall ist die Sicherungsübereignung: Der bisherige Eigentümer und unmittelbare Besitzer E übereignet eine Maschine sicherungshalber seiner Bank B und ersetzt die Übergabe durch Vereinbarung eines Besitzmittlungsverhältnisses (§ 930).

Gleichgestellt sind folgende Fälle:

(1) Das Besitzmittlungsverhältnis ist schon vereinbart, bevor der unmittelbare Besitzer den Besitz erhält (sog. antezipiertes Besitzkonstitut, s. oben 1 b bb).

In dem obigen Beispiel wird vereinbart, daß der Bank das Sicherungseigentum auch an einer neuen, später von E als Ersatz angeschafften Maschine zustehen soll.

(2) Das Besitzmittlungsverhältnis entsteht kraft Gesetzes, z. B. durch Bestellung eines Betreuers für die volle oder teilweise Vermögenssorge (§§ 1896

---

[1] Dies kann – wie wir schon sahen (oben 1 b bb) – auch durch ein nach außen erkennbares Insichgeschäft (§ 181) geschehen.

Abs. 2, 1901 Abs. 1) oder die Anordnung einer Pflegschaft (§§ 1909, 1911). Hier verschafft der Besitzmittler (z. B. Betreuer) einem anderen (dem Betreuten) mittelbaren Besitz, wenn er die zum Vermögen des Betreuten gehörenden Sachen in Besitz nimmt oder für den Betreuten entgegennimmt. Entsprechendes gilt für den Konkurs- und Nachlaßverwalter.

b) *Übertragung des mittelbaren Besitzes.* Sie kann nach § 870 durch Abtretung des Herausgabeanspruchs erfolgen (§ 398), ohne daß diese Abtretung dem Besitzmittler mitgeteilt zu werden braucht.

Die Abtretung des Herausgabeanspruchs ist vor allem bedeutsam für die Übereignung einer Sache, die sich im Besitz eines Dritten befindet (§ 931). Wird hier der Anspruch aus dem Besitzmittlungsverhältnis abgetreten, so wird der Zessionar selbst dann Eigentümer, wenn der Zedent Nichtberechtigter war (§ 934 1. Fall; Einzelheiten s. unten § 52 II 4).

Von der *Übertragung* des mittelbaren Besitzes ist die *Begründung* eines „höherstufigen" mittelbaren Besitzes zu unterscheiden; so wenn der Eigentümer E seinen an M vermieteten Pkw unter Vereinbarung eines Besitzmittlungsverhältnisses an G zur Sicherheit übereignet. Es entsteht mehrstufiger mittelbarer Besitz (hierzu BGH NJW 1959, 1537; 1964, 398; ferner oben § 7 B III 1b, bb und unten § 51 VI 3b).

3. *Der Verlust des mittelbaren Besitzes*

Der mittelbare Besitz endigt, wenn eine seiner Voraussetzungen wegfällt:

a) Der unmittelbare Besitzer verliert den unmittelbaren Besitz, sei es, daß er ihn freiwillig aufgibt (z. B. an einen anderen überträgt), sei es, daß er ihm ohne seinen Willen entzogen wird, also abhandenkommt. Im ersten Fall kommt es für den Bestand des mittelbaren Besitzes nicht darauf an, ob der mittelbare Besitzer mit der Aufgabe einverstanden ist oder nicht.

Der Entleiher einer Sache veräußert sie ohne (gegen) den Willen des Verleihers an D. Hier endet der mittelbare Besitz des Verleihers. Die Sache ist *nicht* abhanden gekommen, so daß D nach § 932 Eigentum erwerben kann.

Wird der bisherige unmittelbare Besitzer mittelbarer Besitzer (der Entleiher verleiht die Sache seinerseits, ohne sich als Eigentümer zu gerieren), so verliert der mittelbare Besitzer (= Erstverleiher) seinen Besitz nicht, er erlangt höherstufigen mittelbaren Besitz.

b) Der unmittelbare Besitzer läßt erkennen, daß er den Oberbesitzer nicht mehr als solchen anerkennt; es findet also ein nach außen sichtbarer Gesinnungswandel statt, ohne daß dieser gerade dem mittelbaren Besitzer gegenüber erklärt zu werden braucht (BGH JZ 1966, 234; NJW 1979, 2038). Gleichgültig ist, ob sich der unmittelbare Besitzer dadurch vertragswidrig verhält oder gar eine strafbare Handlung begeht.

B, der die Wertpapiere des E in Verwahrung (Depot) hat, veräußert sie – indem er sie mit seinen eigenen verwechselt oder bewußt unterschlägt – an D. Damit endet der mittelbare Besitz des E auch dann, wenn B die Wertpapiere dem D sicherungshalber durch Einräumung eines Besitzkonstituts übereignet, also das bisherige Besitzmittlungsverhältnis mit E durch das neue mit D ersetzt wird.

Zweifelhaft ist, ob die Vereinbarung eines neuen Besitzmittlungsverhältnisses (B–D) *stets* das bisherige Besitzmittlungsverhältnis (B–E) beendet oder ob es möglich ist, daß B sowohl dem E wie dem D den Besitz vermittelt. Man bezeichnet diese Konstellation als *„mittelbaren Nebenbesitz".*

Die Rechtsprechung (RGZ 135, 75; 138, 265; BGHZ 28, 16, 27; 50, 50f.) lehnt ihn ab.[1] Das Problem spielt vor allem eine Rolle

aa) beim redlichen Erwerb nach § 934 (s. unten § 52 II 4c bb) und

bb) bei der Sicherungsübertragung des Anwartschaftsrechts des Vorbehaltskäufers (s. unten § 59 V 2b); es soll dort näher erörtert werden.

c) Der Herausgabeanspruch entfällt, z. B. durch Zeitablauf, Eintritt einer auflösenden Bedingung usw.

Hat E eine Sache der Bank B sicherungshalber nach § 930 übereignet, so entfällt der mittelbare Besitz der Bank, wenn das Kreditverhältnis mit der Bank endet.

C. Die Regelung der Besitzverhältnisse nach der sozialen Einordnung der Beteiligten: Besitzer und Besitzdiener[2]

I. Der Tatbestand der Besitzdienerschaft

1. Für den unmittelbaren Besitz ist – wie wir sahen – die tatsächliche Sachherrschaft charakteristisch. Wollte man diese Umschreibung des Elementarbegriffes: Besitz wörtlich nehmen, so wäre jeder, der im Betrieb, Geschäft, Haushalt eines anderen – also in abhängiger Stellung – die tatsächliche Gewalt über die ihm überlassenen Sachen ausübt, Besitzer; er wäre befugt, jedermann gegenüber (also auch gegen seinen ,,Chef''!) die Besitzschutzrechte auszuüben, den Besitz an Dritte zu übertragen, gegen ihn würden sich die gegen den Besitzer gerichteten Ansprüche (z. B. aus § 985) richten. Eine solche Betrachtungsweise würde der gebräuchlichen Vorstellung widersprechen; diese hat – wenn sie auch zwischen Eigentum und Besitz nicht scharf unterscheidet – doch ein feines Gefühl für die Auswirkung einer solchen Unterordnung auf die Welt der Sachgüter.

Niemand wird sagen, die Hausgehilfin sei Besitzerin der Wohnung, und zwar auch dann nicht, wenn die ,,Herrschaft'' verreist ist; das gleiche gilt für den Arbeiter bezüglich der Maschinen und Werkzeuge, die seine Arbeitsgeräte sind, für den Kassierer einer Bank bezüglich der Gelder in seiner Kasse, den Beamten hinsichtlich des Dienstwagens, mit dem er durch die Lande fährt usw.

Das Gesetz trägt dieser Vorstellung Rechnung, wenn es solchen in untergeordneter Funktion tätigen Personen die Besitzerqualität abspricht (§ 855), ja absprechen muß, will es sachgerechte Ergebnisse erzielen; nicht sachgerecht wäre es, ihnen die Rechte zu geben, die mit dem Besitz verknüpft sind (Besitzschutzrechte – auch gegenüber dem Geschäftsherrn –, die dem Besitzer eingeräumte Möglichkeit der Übergabe, die für ihn sprechende Publizität), sie andererseits mit den sich aus dem Besitz ergebenden Pflichten zu belasten (man denke nur an die Haftung nach § 836 oder nach Polizeirecht: sog. Zustandshaftung!).

Das Gesetz löst das Problem mit einem Kunstgriff, indem es in § 855 solche Personen in untergeordneter Stellung trotz der gegebenen unmittelbaren Sachbeziehung nicht als Besitzer, sondern nur als Besitzdiener behandelt und lediglich in der weisungsbefugten, übergeordneten Person den Besitzer sieht.

---

[1] S. die Nachweise b. *Soergel/Mühl* § 868 Rn. 26 u. *Picker* AcP 188, 511, 533; *Westermann/Gursky* § 19 II 4; *Jauernig* § 868 Anm. 7; *Medicus*, Bürgerl. R., Rn. 558ff.

[2] *Hoche/H. Westermann*, Besitzerwerb und Verlust durch Besitzdiener, JuS 1961, 73ff.

2. Sucht man den so in seinen Umrissen erfaßten Tatbestand näher zu konkretisieren, so gibt § 855 selbst wertvolle Anhaltspunkte; mit den Worten „für einen anderen" „in dessen Haushalt oder Erwerbsgeschäft oder in einem ähnlichen Verhältnis" bringt das Gesetz die *Weisungsunterworfenheit* als charakteristisches Merkmal deutlich zum Ausdruck, eine Weisungsunterworfenheit, die als Gegenstück die jederzeitige Weisungsbefugnis des „Herrn" voraussetzt. Wie dieser jederzeit die von dem Untergebenen generell geschuldete Pflicht (z. B. zur Arbeit als Maurer) auf eine konkrete Einzelleistung fixieren darf, kann er auch die Beziehung der Arbeitnehmer zu den zur Verfügung gestellten Sachen ändern.

In der Weisungsunterworfenheit ist also das wesentliche Tatbestandsmerkmal der sog. Besitzdienerschaft zu sehen (BGHZ 16, 259; 27, 363). Andere sprechen – ohne wesentlichen sachlichen Unterschied – von „Befehl und Gehorsam" (*Wolff/Raiser* § 6 III), von „sozialer Abhängigkeit" (*Heck* § 7, 3). Wie schon oben betont, liegt darin auch der *Unterschied zum Besitzmittlungsverhältnis;* zwar besteht auch hier ein Verhältnis von Über- und Unterordnung, aber die Stellung des Besitzmittlers wird durch den Rahmen des gewählten Vertragstyps (z. B. Leihe) bestimmt. Hält er sich in diesem vertraglich oder durch Gesetz gezogenen Rahmen, so braucht er Weisungen des mittelbaren Besitzers nicht entgegenzunehmen:
Wer eine Woche einen Kraftwagen mietet, braucht sich nicht daran zu halten, wenn der Vermieter später „anordnet", daß der Wagen um 22 Uhr in der Garage stehen muß. Soll eine solche Anordnung rechtsverbindlich sein, muß sie vertraglich vereinbart sein. Wie anders die Position des dienstvertraglich angestellten Fahrers, aber auch des Handlungsreisenden, dem der Geschäftsinhaber einen Kraftwagen zur Verfügung stellt!

3. Worauf das Unterordnungsverhältnis beruht, ob auf privatem oder öffentlichem Recht, auf Vertrag oder unmittelbar auf Gesetz, ob es längere Zeit dauert oder nur vorübergehend ist, macht keinen Unterschied. Ebensowenig ist der Wille des Besitzdieners erforderlich, für den Besitzherrn zu besitzen (BGHZ 8, 133). Auch braucht die Unterordnung nach außen nicht erkennbar zu sein[1]; freilich liegt in der fehlenden Erkennbarkeit eine weitgehende Bevorzugung des Besitzers und eine erhebliche Gefahr für den Rechtsverkehr wegen der Durchbrechung des Publizitätsgedankens.

Besitzdiener sind also etwa Arbeiter und Angestellte (Grundlage: Dienstvertrag), Beamte (Grundlage: öffentlich-rechtliches Beamtenverhältnis, sog. besonderes Gewaltverhältnis), Kinder hinsichtlich der ihnen von den Eltern überlassenen Sachen, auch wenn sie selbst Eigentümer sind (Grundlage: elterliche Sorge)[2], die Ehefrau, wenn sie das Geschäft ihres plötzlich verhafteten Mannes fortführt (BGH LM § 855 BGB Nr. 3).[3] Besitzdiener ist der selbständige Leiter einer Lebensmittelfiliale, auch wenn er für den Unkundigen als Besitzer erscheint.
Da der Zug zum abhängigen Arbeitsverhältnis (auf privat- oder öffentlich-rechtlicher Grundlage) unverkennbar ist, kann man ohne allzugroße Übertreibung sagen, daß wir mehr und mehr zu einem Volk von Besitzdienern werden. Damit geht Hand in Hand, daß – entgegen der Regel des

---

[1] A. A. BGHZ 27, 363; *Soergel/Mühl* § 855 Rn. 3 u. a.; *Westermann/Gursky* verlangen Erkennbarkeit bei Besitzbegründung durch den Besitzdiener im Rahmen eines dinglichen Erwerbs.
[2] Die Eltern sind aber ihrerseits Besitzmittler der Kinder, soweit sie Sachen der Kinder verwalten (§ 1626) und besitzen! Hierzu § 7 B III 1 c, bb. Es gilt also folgende Stufung: Eigentum und mittelbarer Besitz des Kindes, unmittelbarer Besitz der Eltern, Besitzdienerschaft des Kindes. Kinder in fortgeschrittenem Alter sind hingegen u. U. unmittelbare Besitzer.
[3] Lesenswert LG Bonn FamRZ 1967, 678 m. Anm. *Bosch:* Ehefrau nimmt an ihren Mann gerichtete Briefe entgegen. Am ehelichen Hausrat besteht hingegen regelmäßig Mitbesitz (§ 7 D II 1 c), wobei der mitbesitzende Ehegatte dem Eigentümerehegatten den Besitz vermittelt (BGHZ 73, 257; § 7 B III 1 c, bb).

§ 950 – das Eigentum an dem von uns geschaffenen Arbeitsergebnis von vornherein dem Arbeitgeber zusteht, wir arbeiten, verarbeiten für ihn!

Nicht Besitzdiener sind die *Organe juristischer Personen;* die von ihnen ausgeübte tatsächliche Sachherrschaft wird der juristischen Person zugerechnet, so daß diese Besitzer ist (BGHZ 56, 77; 57, 166, 167, allg. Meinung z. B. *Westermann/Gursky* § 20 II 2; *Wieling* § 4 I 3 a; a. A. aber *E. Wolf* § 2 E II b 2 S. 86). Falls der Organwalter erkennbar nicht mehr für die juristische Person besitzen will, sondern für sich selbst, verliert die juristische Person unmittelbaren Besitz, der Organwalter erwirbt – durch verbotene Eigenmacht! (§ 9 I 2 a) – Eigenbesitz. Zum gesamthänderischen Mitbesitz § 7 D II 1 b.

II. Die Rechtsfolgen

1. Sie sind – vom Besitzdiener aus gesehen – zunächst *negativ:* Obwohl der Besitzdiener – allein oder neben dem „Herrn" – die tatsächliche Gewalt ausübt, ist „nur der andere Besitzer". Das bedeutet: keine Besitzschutzansprüche, kein Gewaltrecht gegenüber dem Besitzer (wohl aber nach außen, s. unten 2), keine Übertragungsbefugnis (gibt der Besitzdiener die Sache ohne Willen des Besitzers an einen Dritten, so ist sie im Rechtssinne abhandengekommen, wichtig für § 935!)[1], keine Vermutungswirkung nach § 1006.

Da „nur der andere Besitzer" ist, erwirbt der Besitzdiener mit Erlangung der tatsächlichen Gewalt im Rahmen seines Unterordnungsverhältnisses den Besitz für seinen „Herrn".

Dies ist bedeutsam, da auf diese Weise, wenn auch nicht rechtskonstruktiv, so doch im praktischen Ergebnis eine Stellvertretung beim Besitzerwerb ermöglicht wird (s. unten § 8 II 3).

Beispiele: Der bisher selbständige Lebensmitteleinzelhändler Alex Birk hat sein Geschäft an eine Filialorganisation verkauft, er bleibt Filialleiter. Wenn B einige Tage nach Geschäftsübereignung ein Regal unbefugt an K verkauft – der von dem ganzen Vorgang nichts weiß –, so wird K nicht Eigentümer, denn die Sache ist dem – nunmehrigen – Besitzer abhandengekommen (§ 935): die – nicht erkennbare – Weisungsunterworfenheit („soziale Abhängigkeit") ist stärker als der äußere Anschein bestehenden unmittelbaren Besitzes (str.).

BGHZ 8, 130: Die in einem Kino angestellte Platzanweiserin hat dort einen Brillantring gefunden. Sie hat nach der Betriebsordnung Fundgegenstände der Geschäftsleitung abzuliefern, hat sonach die tatsächliche Gewalt sowohl im Sinne des § 854 wie des § 965 für den Arbeitgeber erlangt, ist also nur Besitzdienerin und kann daher auch nicht nach § 973 Eigentum erwerben. – OLG München NJW 1987, 1830: „Später Streit um Generaldegen."

2. Es wäre lebensfremd, dem Besitzdiener auch die *Gewaltrechte gegen Dritte* zu versagen. Daher bestimmt § 860, daß er diese Gewaltrechte „ausüben" darf, auch wo sie über das allgemeine Notwehrrecht hinausgehen.

Hat der Filialleiter in unserem obigen Beispiel gesehen, daß ein Kunde heimlich eine Dose Konserven eingepackt hat, so darf er ihn am Ausgang stellen und ihm die Dose – notfalls gewaltsam – abnehmen (§ 859 Abs. 2). Die gleiche Befugnis steht aber selbstverständlich einer Verkäuferin zu, auch wenn der Diebstahl sich nicht in ihrer Abteilung ereignet hat; daraus ergibt sich, daß das Gewaltrecht nicht auf die dem Besitzdiener anvertrauten Sachen beschränkt ist.

Nimmt dagegen der Eigentümer des Filialbetriebs gegen den Willen des Filialleiters die Registrierkasse mit (weil auch eine kleinere genüge), so kann sich der Filialleiter nicht dagegen wehren. Kommt es darüber zu einem Handgemenge – wollen wir annehmen, es gäbe so temperamentvolle Leute –, so ist der Filialleiter im Unrecht. Es zeigt sich also, daß die arbeitsrechtliche Frage, ob *ein Recht am Arbeitsplatz* anzuerkennen ist, besitzrechtlich nicht zu lösen ist; hier ist der Besitzdiener stets im Unrecht.

Würde übrigens der Eigentümer die Kasse nicht gewaltsam wegnehmen, sondern die Hilfe des Gerichts in Anspruch nehmen, so wäre Klagegrundlage nicht § 985 (denn der Filialleiter ist nicht

---

[1] Siehe dazu den instruktiven Fall OLG Bamberg NJW 1949, 716.

Besitzer), sondern der Arbeitsvertrag. Aus ihm ergibt sich, daß der Arbeitnehmer den Weisungen des Arbeitgebers nachzukommen hat. Zur Entscheidung des Streits wäre nicht das Zivilgericht, sondern das Arbeitsgericht berufen (§ 2 Abs. 1 Nr. 3 ArbGG).

3. Mit Beendigung der Weisungsunterworfenheit *endigt* auch die Stellung des Besitzdieners. Bloße Willensänderung genügt nicht; sie muß nach außen deutlich werden.

Kauft der bisherige Prokurist den Betrieb, so wird er damit Besitzer. – Hätte die Platzanweiserin im obigen Beispiel den Ring nicht abgeliefert, sondern nach Hause mitgenommen, so wäre sie damit Besitzerin geworden, die Sache wäre aber dem Eigentümer des Kinos abhandengekommen.

4. Die Haftung des Besitzdieners gegenüber dem Besitzer ergibt sich aus dem Weisungsverhältnis, also z.B. aus dem Arbeitsvertrag, nicht aus § 823 (dazu die sehr lesenswerte Entscheidung des BAG FamRZ 1975, 90 m. Anm. *Fenn*).

D. Besitzarten nach der Beschränkung der Besitzrechte durch andere: Alleinbesitz – Mitbesitz

I. Alleinbesitz

Hier ist die tatsächliche Sachherrschaft so ausgestaltet, daß der Besitzer alle anderen Personen ausschließt oder – anders ausgedrückt – durch andere in seiner Besitzerstellung nicht beschränkt ist.

Alleinbesitz ist auch der *Teilbesitz* (§ 865), den wir oben B II 1 b schon kennen lernten.

Alleinbesitz: Der Eigentümer oder Mieter eines Hauses, eines Kraftwagens usw.
Teilbesitz: Der Mieter einer Wohnung, der Mieter einer Hauswand, die er zu Reklamezwecken verwenden will.[1]

Auch mit dem *Teilbesitz* sind alle dem Besitz zukommenden Funktionen verbunden, so etwa der Besitzschutz (auch gegen andere Teilbesitzer!) oder die Traditionswirkung (der Mieter überträgt dem Untermieter Besitz, und zwar wieder Teilbesitz, selbst wenn die Untervermietung nach dem Mietvertrag nicht gestattet war).

II. Mitbesitz

Daß hier die besitzrechtliche Lage schwieriger ist, erhellen einige Beispiele:

(1) Die Mieter eines Hauses haben nur *eine* Waschküche, *einen* Fahrradschuppen zur Verfügung.

(2) A und B kaufen zusammen einen Kraftwagen; da sie einander nicht trauen, nimmt A den Wagenschlüssel, B den Zündschlüssel an sich (sofern heute noch technisch möglich!).

Es gibt also offenbar verschiedene *Formen* des Mitbesitzes – die Stellung des Mitbesitzers ist problematisch in seinem Verhältnis zu den anderen Mitbesitzern einerseits, ,,nach außen" andererseits.

---

[1] Dazu *Soergel/Mühl* § 865 Bem. 5.

1. *Die Arten des Mitbesitzes*

a) Kann jeder Mitbesitzer die tatsächliche Sachherrschaft allein ausüben, muß er dabei aber auf die anderen Mitbesitzer Rücksicht nehmen, so spricht man von *schlichtem Mitbesitz*.

Fälle: oben Beispiel (1). Mehrere Mieter benützen gemeinsam den Garten, ohne daß eine flächenmäßige Abgrenzung erfolgt (ist dies der Fall, dann Teilbesitz!) – den Mietern in einer Fremdenpension steht *ein* Badezimmer zur Verfügung, den Mietern eines Mehrfamilienwohnhauses nur *ein* Fahrstuhl (BGHZ 62, 244).

b) Können mehrere den Besitz nur gemeinschaftlich ausüben, so spricht man von *gesamthänderischem Mitbesitz*.

Fälle: oben Beispiel (2). A und B hinterlegen Wertpapiere bei einer Bank derart, daß die Bank sie nur an beide gemeinsam herausgeben darf (gesamthänderischer *mittelbarer* Besitz; vgl. dazu die Möglichkeit der Verpfändung nach § 1206 1. und 2. Fall). –

Die Bezeichnung „gesamthänderischer Mitbesitz" – die sich eingebürgert hat – darf nicht zu der Annahme verleiten, daß eine solche Besitzform nur (und immer) bei Gesamthandsverhältnissen möglich sei: A und B sind Miteigentümer eines Grundstücks je zur Hälfte; haben sie die Grundstücksfläche der Nutzung nach real aufgeteilt, so sind sie Teilbesitzer. Kann jeder das Grundstück benützen, so liegt schlichter Mitbesitz vor. Gesamthänderische Mitbesitzer sind sie, wenn beide nur zusammen (Doppelschloß!) das Grundstück betreten können.

Umstritten[1] sind die Besitzverhältnisse bei der OHG und KG. Die Rechtsprechung (BGH JZ 1968, 69; BGHZ 57, 166) nimmt an, daß – ähnlich wie bei der juristischen Person (s. oben C I 3 a. E.) – die Gesellschaft selbst Besitzerin ist, die von den geschäftsführenden Gesellschaftern ausgeübte Sachherrschaft der Gesellschaft „zugerechnet" wird. Dies mag für die OHG und KG angesichts ihres Trends zur juristischen Person (§ 124 HGB) angehen. Bei der Gesellschaft des bürgerlichen Rechts wird man aber nur den oder die Gesellschafter als unmittelbare Besitzer ansehen können, die die unmittelbare Sachherrschaft haben (im Ergebnis ebenso BGHZ 86, 300, 307 u. 340, 343; a. A. *Flume* aaO S. 79 ff.). Die übrigen Gesellschafter sind idR mittelbare Besitzer.

Mitbesitz ist auch zwischen *Besitzern verschiedener Besitzstufen* möglich (gestufter Mitbesitz, *Baur* NJW 1967, 22; a. A. BGHZ 85, 263 [= *Baur* E. Slg. Fall 46 a] m. w. N.; bedeutsam für unten § 37 V 1).

Beispiel: A und B kaufen gemeinschaftlich ein Auto. A soll das Auto in der ihm gehörigen Garage einstellen und auch allein den Garagen- und die Autoschlüssel verwahren. Das Auto soll aber nur gemeinschaftlich benützt werden. Hier hat A unmittelbaren Besitz am PKW. Zugleich vermittelt er dem B mittelbaren Mitbesitz. A ist als unmittelbarer Besitzer teils Eigen-, teils Fremdbesitzer. Der Mitbesitz ist teils unmittelbarer (A), teils mittelbarer Besitz (B).

c) *Die Besitzverhältnisse an der Ehewohnung.* Entsprechend dem Grundsatz der Gleichberechtigung der Geschlechter wird an der Ehewohnung und dem Mobiliar regelmäßig schlichter Mitbesitz beider Ehegatten gegeben sein;[2] falls am Mobiliar nur ein Ehegatte Alleineigentum hat, ist der mitbesitzende andere Ehegatte Besitzmittler des Eigentümerehegatten (§ 1353).[3] An den zu seinem persönlichen Gebrauch bestimmten Sachen hat jeder Ehegatte Alleinbesitz. Dies gilt für den gesetzlichen Güterstand der Zugewinngemeinschaft wie für den Güterstand der Gütertrennung. Ist beim Güterstand der Gütergemeinschaft ein Ehegatte mit

---

[1] S. dazu auch KG NJW 1977, 1160; *Soergel/Mühl* § 866 Rn. 2; *Steindorff*, FS Kronstein (1967) S. 151 u. JZ 1968, 70; *Flume* I 1 § 6 m. w. N.; *Kuchinke* in FS f. Paulick (1973), 45; *Lange/Scheyhing*, Fall 2, II 1 b.

[2] OLG Celle FamRZ 1971, 28 m. w. N.; str. s. *Gernhuber*, Familienrecht, 3. Aufl. 1980, § 34 II 3; *Pawlowski*, Die bürgerl. Ehe als Organisation, 1983, 24; *Smid* JuS 1984, 101, 104. Zu den Besitzverhältnissen während des Scheidungsprozesses s. BGH NJW 1977, 43.

[3] BGHZ 73, 257 und oben § 7 B III 1 c, bb; zum Eigentumserwerb der Ehegatten bei Geschäften gemäß § 1357 nunmehr BGH NJW 1991, 2283 und unten § 51 V 4 b (1).

der Verwaltung betraut, so wird er regelmäßig unmittelbarer Alleinbesitzer des Gesamtguts sein; beide Ehegatten sind dann mittelbare gesamthänderische Mitbesitzer.[1]

Zu beachten ist, daß die Vermutungswirkung nach § 1006 durch § 1362 modifiziert wird (Grund: die häufig unklaren Eigentums- und Besitzverhältnisse am beweglichen Ehevermögen sollen sich nicht zum Nachteil der Gläubiger auswirken).

Beispiel: Pfändet der Gerichtsvollzieher im Auftrag des Gläubigers G des Ehemanns M in der Ehewohnung ein Klavier (wozu er nach § 739 ZPO berechtigt ist), so trägt die Ehefrau die Beweislast, wenn sie mit der Behauptung interveniert (§ 771 ZPO), sie sei Alleineigentümerin des Klaviers (§ 1362 Abs. 1). Gelingt der F allerdings der Nachweis, daß das Klavier ausschließlich zu ihrem persönlichen Gebrauch bestimmt ist, so geht die Beweislast für das Alleineigentum des M auf G über (§ 1362 Abs. 2).[2]

Weiteres *Beispiel:* BGH NJW 1976, 238: Ehefrau muß nur den Eigentumserwerb beweisen, nicht den Fortbestand ihres Eigentums.[3]

2. Die rechtliche Behandlung des Mitbesitzes

a) Das Gesetz enthält über den Mitbesitz nur eine einzige Vorschrift: § 866. Sie betrifft das *Verhältnis der Mitbesitzer untereinander* und beschränkt die Besitzschutzrechte, wo es sich „um die Grenzen des den einzelnen zustehenden Gebrauchs handelt". Das will besagen: Schließt ein Mitbesitzer den anderen vom Gebrauch *ganz* aus, so hat der ausgeschlossene Teilhaber die normalen Besitzschutzrechte.[4] Sind aber nur die *Grenzen* des Gebrauchs streitig, so scheidet der Besitzschutz aus, es muß auf das dem Mitbesitz zugrunde liegende Rechtsverhältnis zurückgegangen werden; dadurch soll ein – u. U. mit Brachialgewalt durchgeführter (§ 859!) – Kampf aller gegen alle verhütet werden.

Beispiele: „Paradebeispiel" ist die gemeinsame Waschküche in einem Mietshaus! Läßt der Mieter A ein neues Schloß anbringen, schließt er also damit die anderen von der Benutzung der Waschküche aus, so hat jeder der anderen Mieter die Besitzschutzrechte der §§ 859 ff. (also auch das Gewaltrecht!). Behauptet A wie B, sein „Waschtag" sei der Montag einer jeden Woche, so scheidet der Besitzschutz aus. Ihr Streit muß auf Grund des Mietvertrags (Hausordnung u. dergl.) ausgetragen werden (wobei die rechtliche Konstruktion freilich schwierig ist, da zwischen den Mietern keine vertraglichen Beziehungen bestehen!; s. dazu auch *Medicus* AcP 165, 115, 138, 139). Neuere Gesetze suchen diese Schwierigkeit dadurch zu überwinden, daß sie dem Richter eine rechtsgestaltende Aufgabe übertragen, vgl. z. B. § 43 WEG. In Eilfällen hilft in der Praxis die Rechtsfriedensfunktion der einstweiligen Verfügung (§§ 938, 940 ZPO; s. *Baur/Grunsky*, ZPrR, § 19 m. Nw.).

M hat sich mit seiner Lebensgefährtin F überworfen und bringt seine neue Freundin in die gemeinsame Wohnung mit, die F alleine gemietet hatte. F kann gegen M einen Anspruch aus § 862 Abs. 1 nicht geltend machen. Der grundsätzlich mögliche Anspruch gegen die Freundin aus § 862 Abs. 1 (hierzu unter b) scheitert daran, daß wegen der Einwilligung des schlichten Mitbesitzers M verbotene Eigenmacht der Freundin nicht vorliegt (§ 858 Abs. 1; hierzu § 9 I 2). Vielmehr muß F den M aus § 812 Abs. 1 S. 2, 2. Alt. (str.) auf Herausgabe des Mitbesitzes verklagen, um ihn auf diese Weise mit Anhang los zu werden. Falls F und M Mieter sind, gelten §§ 741 ff., insbesondere also § 745 Abs. 2. Im Wege der einstweiligen Verfügung könnte die Räumung durch M nicht angeordnet werden (§ 940a ZPO), selbst wenn es zu Tätlichkeiten käme (str.; hierzu LG Bochum NJW-RR 1990, 896 und *Helle* NJW 1991, 212). Wohl aber wäre eine Regelungsverfügung gemäß § 940 ZPO denkbar, (z. B. Verbot, die neue Freundin mitzubringen). Bei Eheleuten helfen § 1361b, § 620 Abs. 1 Nr. 7

---

[1] S. zu diesen – im einzelnen umstrittenen – Fragen *Soergel/Mühl* § 866 Rn. 6; *Palandt/Bassenge* § 866, 1b und 868, 2c bb; – BGHZ 12, 380, 398; OLG Hamm NJW 1956, 1681.

[2] Siehe dazu unten § 51 V 4b.

[3] Die Besitzverhältnisse der nichtehelichen Lebensgemeinschaft behandelt *Lipp* JuS 1982, 18.

[4] BGHZ 29, 377; OLG Köln MDR 1978, 405.

ZPO, u. U. verhelfen §§ 1004, 823 Abs. 1 iVm §§ 938, 940 ZPO (hierzu *Medicus,* Bürgerl. R., Rn. 616 m. Nw.) zum Schutz des räumlich-gegenständlichen Bereichs der Ehe.

§ 866 gilt für den schlichten wie den gesamthänderischen Mitbesitz. Nur ist zu beachten, daß bei letzterem ein scheinbarer Streit um die Gebrauchsausschließung in Wahrheit ein Streit um die Gebrauchsgrenzen ist.

> So kann ein Streit der beiden Autobesitzer (Beispiel (2) vor 1) nur auf der Grundlage der getroffenen Vereinbarungen entschieden werden. –
> § 866 schließt aber Schadensersatzansprüche der Mitbesitzer nach § 823 BGB nicht aus (BGHZ 62, 243: M_1 hatte den auch von M_2 benutzten Lastenaufzug beschädigt. M_2 konnte ihn eine Zeitlang nicht benutzen).[1]

b) Im *Verhältnis nach außen* stehen jedem Mitbesitzer die *Besitzschutzrechte* einschließlich des Gewaltrechts zu; freilich kann bei Besitzentziehung wieder nur Einräumung des Mitbesitzes bzw. Herausgabe der Sache an alle Mitbesitzer verlangt werden.

Hinsichtlich der *Traditionswirkung* ist zu beachten, daß der Mitbesitzer eben nur seine Besitzerstellung, also Mitbesitz übertragen kann; wo das Gesetz Übertragung des Alleinbesitzes fordert (z. B. § 929), müssen daher alle Mitbesitzer zusammenwirken.

> In unserem ,,Autofall" können also nur A und B zusammen einem Erwerber K den Alleinbesitz verschaffen.
> Sind A und B rechtlich Miteigentümer zur Hälfte, so kann A seinen Miteigentumsanteil nach § 929 S. 1 an K veräußern, indem er ihm – neben der Einigung – den Mitbesitz verschafft, also – in unserem Beispiel – ihm den Wagenschlüssel übergibt.

Die *Vermutungswirkung* (§ 1006) spricht bei Mitbesitzern für gemeinschaftliches Eigentum nach Bruchteilen (§ 741).

E. Besitzarten nach der Willensrichtung der Beteiligten: Eigenbesitz – Fremdbesitz

I. Der Tatbestand

1. § 937 spricht bei der Regelung der Ersitzung (ähnlich § 900) davon, daß Voraussetzung des Eigentumserwerbs durch Ersitzung 10jähriger ,,Eigenbesitz" sei.

Den gleichen Sprachgebrauch finden wir in § 955 (Fruchterwerb des gutgläubigen Eigenbesitzers), in § 988 (Herausgabe der Nutzungen), in § 836 Abs. 3 (Haftung des Gebäudebesitzers beim Einsturz des Gebäudes). Schon die Lektüre dieser Bestimmungen zeigt uns, daß der Begriff ,,Eigenbesitzer" keinen Zusammenhang mit der wirklichen Rechtslage enthält, etwa so, daß nur der Eigentümer Eigenbesitzer sein könnte. § 872 macht klar, daß mit dem Begriff ,,Eigenbesitz" die Willensrichtung, mit der jemand besitzt, gemeinsam ist:

Eigenbesitzer ist – ohne Rücksicht darauf, ob seinem Besitz ein Recht zugrunde

---

[1] Ausführlicher § 9 V 1.

liegt und welches –, wer ,,eine Sache als ihm gehörend besitzt'' (§ 872).[1] *Fremdbesitzer* ist demnach, wer die Sache nicht mit der Willensrichtung des Eigentümers, sondern mit der des Inhabers eines beschränkten dinglichen, obligatorischen oder sonstigen Rechts besitzt.

Eigenbesitzer ist also auch der Dieb, der bisherige Besitzdiener, der die anvertraute Sache unterschlägt, das Organ einer Gemeinde, das zunächst Fremdbesitzerwillen hatte, später aber für die Gemeinde Eigenbesitz ausüben wollte und diesen Gesinnungswandel nach außen kundgetan hat (BGH MDR 1971, 915 für den Fall der Buchersitzung nach § 900). *Fremdbesitzer* ist der Mieter, Entleiher, Verwahrer, Finder. Der Käufer unter Eigentumsvorbehalt ist Fremdbesitzer, ebenso der Sicherungsgeber nach Sicherungsübereignung (BGH LM § 1006 Nr. 11).

Diese ,,Gliederung nach Farben'' *(Heck)* kann sich mit der Einteilung in unmittelbaren und mittelbaren Besitz kreuzen; der Inhaber des ,,obersten'' mittelbaren Besitzes ist aber in aller Regel Eigenbesitzer.

Beispiele: Vermietet E sein Haus an M, mietet er aber selbst ein Zimmer bei M, so besteht folgende Besitzlage: E ist unmittelbarer Fremdbesitzer bezüglich seines Zimmers, M mittelbarer Fremdbesitzer erster Stufe, E mittelbarer Eigenbesitzer zweiter Stufe. – Ausnahmsweise kann beim Fund der oberste mittelbare Besitzer Fremdbesitzer sein, so wenn der Finder die Fundsache einer Bank in Verwahrung gibt.

II. Die Bedeutung des Eigenbesitzes und des Fremdbesitzes

1. Eine Reihe von Fällen, in denen die Unterscheidung wichtig ist, haben wir schon oben I kennengelernt.

Dabei ist zu beachten, daß bei der Ersitzung von beweglichen Sachen (§ 937) und beim Fruchterwerb (§ 955) noch *Gutgläubigkeit* zum Eigenbesitz hinzukommen muß, während dieses Begriffsmerkmal bei der Buchersitzung (§ 900; BGH MDR 1971, 915) und der Haftung des Gebäudebesitzers (§ 836) keine Rolle spielt.

Bedeutsam ist die Unterscheidung ferner für die Eigentumsvermutung nach § 1006: sie spricht nur für den Eigenbesitzer der beweglichen Sache.

Beispiel (in Anlehnung an BGH LM § 1006 BGB Nr. 2): Die Kl. verlangt vom Bekl. nach § 985 Herausgabe einer Zugmaschine. Der Bekl. sagt, er sei zunächst nur Verwahrer der Maschine gewesen (also Fremdbesitzer), später sei ihm aber durch eine behördliche Verfügung das Eigentum an ihr übertragen worden. Hier greift § 1006 nicht ein; denn die Vermutung gilt nur zugunsten dessen, der Eigenbesitzer *zur Zeit des Besitzerwerbs* war (dazu BGH NJW 1984, 1456; *Mühl* JuS 1964, 238, 240).[2]

2. Keine Rolle spielt die Unterscheidung für den Besitzschutz; Fremd- und Eigenbesitzer genießen diesen Schutz in gleicher Weise, also u. U. der Fremdbesitzer auch gegen den Eigenbesitzer.

Ist die Besitzzeit des Mieters abgelaufen, so darf der Eigentümer die vermietete Sache nicht gewaltsam wegnehmen; tut er es, so hat der Mieter die Besitzschutzrechte nach §§ 859 ff.

---

[1] BGH NJW 1981, 1518: ,,Eigenbesitzer ist, wer die tatsächliche Gewalt über eine Sache ausübt mit dem Willen, sie wie eine ihm gehörige Sache zu beherrschen''. Die Kenntnis fremden Eigentums ist dabei unschädlich!

[2] Hierzu noch § 10 II 2.

§ 8. Sonderformen des Besitzerwerbs

Bei unseren bisherigen Erörterungen haben wir – des besseren Verständnisses wegen – zwei Sonderformen des Besitzerwerbs vernachlässigt, nämlich den Besitzerwerb durch Gesamtrechtsnachfolge, insbesondere durch Vererbung (§ 857, unten I) und den Besitzerwerb durch Stellvertreter (unten II).

I. Besitzerwerb durch Gesamtrechtsnachfolge[1]

1. Im allgemeinen verlangt der Erwerb des unmittelbaren Besitzes die Erlangung der tatsächlichen Gewalt, der des mittelbaren Besitzes die Begründung eines Rechtsverhältnisses der in § 868 genannten Art oder die Abtretung des Herausgabeanspruchs (§ 870). Von dieser Regel macht § 857 eine bedeutsame Ausnahme: ,,Der Besitz geht auf den Erben über.‘‘ Damit ist gesagt, daß jeglicher Besitz gleich welcher Art mit der Erbfolge auf den oder die Erben übergeht. Der Besitzerwerb ist also an das Erbrecht geknüpft.

Diese Regelung verzichtet – wie im Falle des § 854 Abs. 2 – auf die Publizität. Sie ist nur erklärlich aus dem Gedanken des Erbenschutzes: der Erbe soll die Besitzschutzrechte ausüben können, ihm ist bei Wegnahme durch einen anderen die Sache abhandengekommen (§ 935!), auch wenn er die tatsächliche Gewalt an der Sache noch nicht erlangt hat, sein ,,Besitz ohne Sachherrschaft‘‘, seine ,,vergeistigte Sachherrschaft‘‘ sich also noch nicht zu einer realen Sachherrschaft verdichtet hat.

2. Die hauptsächliche *Bedeutung* des § 857 mögen folgende Beispiele erhellen:

(1) Der Erblasser E – ein einsamer Junggeselle – lebt mit seiner Haushälterin H in einer gemieteten Wohnung. Nach seinem Tod findet sich ein Testament, in dem E die H als Alleinerbin einsetzt. Die H löst den Haushalt auf und verkauft einen wertvollen Flügel an K, die übrigen Sachen behält sie für sich. Später stellt sich heraus, daß das Testament gefälscht war, in Wahrheit ist ein Neffe N – der von dem Erbfall infolge einer Auslandsreise nichts erfahren hatte – alleiniger gesetzlicher Erbe. Hier kann N selbstverständlich den Nachlaß von H herausverlangen (§ 985 – § 2018: Erbschaftsanspruch oder §§ 861, 858: Besitzentziehungsanspruch), aber auch von K den Flügel; denn K hat trotz seines guten Glaubens kein Eigentum erworben (§ 935). Anders wäre die Rechtsfolge, wenn es der H gelungen wäre, sich einen Erbschein zu beschaffen (§ 2366).

Anders liegt der Fall auch dann, wenn die H wirklich Erbin geworden wäre, aber später ausschlägt (dazu *Soergel/Mühl* § 857 Rn. 4 m. w. N.).

(2) Der Erblasser war Eigenbesitzer eines Hauses, wobei die Eigentumsfrage ungeklärt war. Die Miterben leben im Ausland. Der Kläger ist durch ein vom Hause herabfallendes Mauerstück verletzt worden. Hier haften die Miterben nach § 836, auch wenn sie von dem Erbfall gar nichts wußten; denn sie sind mit dem Erbfall unmittelbare Eigenbesitzer geworden (in Anlehnung an BGH JZ 1953, 706).

Zusammenfassend kann man sonach sagen, daß einerseits der Schutz des Erben, andererseits die Verantwortung des Erben für den Nachlaß die in § 857 getroffene Regelung verlangen.

3. § 857 ist entsprechend *auf andere Fälle der Gesamtrechtsnachfolge* (z. B. Nacherbfolge, Verschmelzung zweier Aktiengesellschaften), dagegen nicht auf den

---

[1] Dazu *Lange* in Festschrift f. Felgenträger (1969) S. 295 ff.

Besitzerwerb der sog. Amtsverwalter (Konkursverwalter[1], Nachlaßverwalter, Testamentsvollstrecker)[2] anwendbar.

II. Besitzerwerb durch Stellvertreter[3]

1. Stellvertretung im Sinne der §§ 164 ff. ist nur bei *rechtsgeschäftlichem* Handeln möglich. Ein Besitzerwerb durch Stellvertreter kann daher nur dort erfolgen, wo – ausnahmsweise – auch der Besitzerwerb rechtsgeschäftlichen Charakter hat; so in § 854 Abs. 2 (Übertragung des unmittelbaren „offenen" Besitzes durch bloße Einigung),

in § 868 (Begründung des mittelbaren Besitzes durch Vereinbarung eines Besitzmittlungsverhältnisses),

in § 870 (Übertragung des mittelbaren Besitzes durch Abtretung des Herausgabeanspruchs).

2. Wo der Besitz – wie im Regelfall – durch Erlangung der *tatsächlichen Sachherrschaft* erworben wird (§ 854 Abs. 1), kommt eine Stellvertretung nicht in Betracht, selbst wenn bezüglich der rechtsgeschäftlichen Voraussetzungen des Erwerbs (Einigung!) Stellvertretung vorlag; der Erwerber kann dann nur durch Vereinbarung eines Besitzmittlungsverhältnisses mit dem Vertreter – sei es durch ein vorweggenommenes oder nach § 181 zustandegekommenes – mittelbaren Besitz erlangen (s. dazu oben § 7 B III 1 b bb).

3. Nur dann, wenn der *Stellvertreter Besitzdiener* des Erwerbers ist, verschafft die Erlangung der tatsächlichen Gewalt durch den Besitzdiener dem „Herrn" den unmittelbaren Besitz; dieses Ergebnis folgt aber nicht aus den für die Stellvertretung geltenden Regeln, sondern aus § 855.

K schickt seinen Bürochef H – der Handlungsvollmacht hat (§ 54 HGB) – zu V, um eine Büromaschine zu kaufen. Die Rechtswirkungen des rechtsgeschäftlichen Handelns (§ 433 – Einigung nach § 929 Satz 1) treten unmittelbar bei K ein; mit der Übergabe der Maschine durch V an H erwirbt K auch den unmittelbaren Besitz.

Wie ist die Rechtslage, wenn es beim Besitzerwerb auf *den guten Glauben* des Erwerbers ankommt (z. B. § 932 oder § 990!)? Soweit es sich um rechtsgeschäftliche Erwerbsvorgänge handelt, ist § 166 sicher anwendbar. War also in unserem Beispiel V nicht Eigentümer der Büromaschine, so erwirbt K Eigentum, wenn H redlich war und der Ausnahmetatbestand des § 166 Abs. 2 nicht zutrifft.

Mit der umstrittenen Frage, ob § 166 auch im Rahmen des § 990 anwendbar ist, haben wir uns schon oben § 5 II 1 c eingehend befaßt. Wir haben dort die Frage zugunsten der Anwendung des § 831 verneint.

Ist der Stellvertreter Organ einer jur. Person oder handelsrechtlichen Personengesellschaft (OHG, KG) als Erwerberin, so erwirbt die jur. Person bzw. Handelsgesellschaft den Besitz (s. oben § 7 C I a. E., D II 1 b). Das Ergebnis ist also dasselbe wie beim Erwerb durch Besitzdiener.

---

[1] Siehe dazu *Baur/Stürner* II, InsolvenzR, Rn. 10.26: § 117 KO; *Jauernig/Stürner* § 2205 Anm. 2.

[2] Davon zu unterscheiden ist der Besitzerwerb des(r) Erben des Amtswalters an den verwalteten Gegenständen; hier findet nach h. M. § 857 Anwendung (*Soergel/Mühl* § 857 Rn. 3; *Westermann/Gursky* § 15 III; a. A. Voraufl.). Beim Tod eines Gesellschafters einer BGB-Gesellschaft (zum Besitz § 7 D II 1 b) soll nach h. M. für den Mitbesitz im Fortsetzungsfalle nicht § 857 gelten, sondern das Anwachsungsprinzip (*Soergel/Mühl* § 857 Rn. 3); anders beim Alleinbesitz des Gesellschafters!

[3] Siehe dazu *Hoche* u. *Westermann* in JuS 1961, 73, 79; *Kiefner* JA 1984, 189; *Soergel/Mühl* § 854 Rn. 10, 11.

§ 9. Der Besitzschutz

Lit. Hinweis: *Diederichsen,* Das Recht zum Besitz aus Schuldverhältnissen, 1965; *Medicus,* Besitzschutz durch Ansprüche auf Schadensersatz, AcP 165, 115; *Pieper,* Besitzrecht und Schadensersatz bei der eigenmächtigen Wegnahme von Sicherungsgut, in Festschrift zum 150jährigen Bestehen des OLG Zweibrücken (1969) S. 231 ff.; *Schick,* Besitzschutz nach § 823 BGB? (Tüb. Diss. 1967); *Rimmelspacher,* Materiellrechtl. Anspruch und Streitgegenstandsprobleme im Zivilprozeß (1970) 147 ff.; *Lopau,* Der Rechtsschutz des Besitzes, JuS 1980, 501; *Wieling,* Grund und Umfang des Besitzschutzes, FS v. Lübtow 1980, 565; *Schünemann,* Selbsthilfe im Rechtssystem, 1985; *Hager,* Das Erlöschen des possessorischen Anspruchs aufgrund petitorischen Titels, KTS 1989, 515.

I. Überblick

1. Einen Überblick über die Schutzfunktion des Besitzes hatten wir schon oben § 6 I gewonnen. Es wird sich nunmehr darum handeln, die Einzelheiten zu erörtern, und zwar zunächst das praktisch bedeutsame Gewaltrecht des Besitzers nach §§ 859, 860, 869 (unten II), dann die auf dem Besitz beruhenden, sog. possessorischen Besitzschutzansprüche nach §§ 861–867 (III), von denen vor allem der Besitzstörungsanspruch nach § 862 praktisch wichtig ist, ferner den sog. petitorischen Besitzschutz nach § 1007 (IV) und schließlich den Besitzschutz nach allgemeinen Vorschriften, also z. B. nach § 823 oder § 812 (V).

2. Beim Gewaltrecht des Besitzers wie bei den Besitzschutzansprüchen spielt der Begriff der *verbotenen Eigenmacht* eine Rolle; nur wo sie vorliegt, greift die Schutzfunktion des Besitzes ein (vgl. § 859–§§ 861, 862). Dieser Begriff ist daher vorweg zu erörtern.

a) Das Gesetz gibt in § 858 Abs. 1 eine Definition: eine Besitzentziehung oder Besitzstörung, die *ohne* den Willen des unmittelbaren Besitzers geschieht, ist stets widerrechtlich, sofern nicht das Gesetz die Besitzbeeinträchtigung gestattet.

Interessant ist, daß das Gesetz das Willensmoment („ohne dessen Willen") zum Tatbestand rechnet, während die gesetzliche Eingriffsbefugnis als Rechtfertigungsgrund ausgestaltet ist!

Interessant ist weiter, daß schon § 858 Abs. 1 eine besitzrechtliche Abbreviatur des Eigentumsschutzes (§ 985: Entziehung, § 1004: sonstige Beeinträchtigung) erkennen läßt.

Die Abgrenzung zwischen Besitzentziehung und Besitzstörung ist flüssig; besondere Aufmerksamkeit ist ihr nicht zu widmen, da die hauptsächlichen Rechtsfolgen in beiden Fällen auf die Beseitigung der Beeinträchtigung – sei es durch Wiedereinräumung des Besitzes (§ 861), sei es durch Beseitigung der sonstigen (nicht in einer Entziehung bestehenden) Störung (§ 862) – gerichtet sind. Entscheidend ist, daß der unmittelbare Besitzer in seiner Sachherrschaft und der darin liegenden Sachnutzungsmöglichkeit und damit in seinen Interessen beeinträchtigt ist. Gleichgültig ist, ob die Beeinträchtigung schuldlos oder schuldhaft erfolgt ist. Nur muß sie ohne den Willen des unmittelbaren Besitzers geschehen sein.

Die Unterscheidung zwischen Entziehung und Störung erlangt allerdings Bedeutung beim Gewaltrecht: die Besitzkehr unterliegt zeitlichen Grenzen (§ 859 Abs. 2, 3; hierzu unten II), die Besitzwehr hingegen nicht (zutreffend *Westermann/Gursky* § 22 I 2). In den Falschparkfällen führt dies zu eigenartigen Differenzierungen (dazu unten II).

Man streitet sich, ob das Einverständnis mit der Beeinträchtigung rechtsgeschäftlicher Natur ist. Sicher ist wohl, daß eine vorher erklärte Zustimmung bis zur Vornahme der Beeinträchtigung widerruflich ist; im übrigen wird – da es sich hierbei um einen Rechtsverzicht handelt – Geschäftsfähigkeit erforderlich sein.[1] Das Einverständnis eines Besitzdieners ist unbeachtlich, sofern er nicht Vertretungsmacht für den Besitzer hat.

b) Die *Widerrechtlichkeit entfällt,* wenn das Gesetz die Besitzbeeinträchtigung gestattet, wobei freilich zu beachten ist, daß ein dingliches oder obligatorisches Recht auf Besitzeinräumung oder auf Duldung einer Beeinträchtigung noch keine Befugnis zu selbständiger, also ohne gerichtliche Hilfe vorgenommener Rechtsverwirklichung gibt.

Wenn K von V auf Grund Kaufvertrags die Leistung einer Sache zu fordern hat, so darf er sie doch dem V nicht gewaltsam wegnehmen, er muß vielmehr ein Leistungsurteil erwirken; nimmt dann der Gerichtsvollzieher nach § 883 ZPO dem V die Sache weg, so begeht er keine verbotene Eigenmacht.
Als Eingriffsrechte i. S. des § 858 kommen also amtliche, auf Gesetz gegründete Akte (z. B. des Gerichtsvollziehers, der Polizei, des Gerichts), ferner Notwehr- und Selbsthilfebefugnisse nach §§ 227, 229, 859, 904 in Betracht.

c) Den durch verbotene Eigenmacht erlangten Besitz bezeichnet das Gesetz als *,,fehlerhaft".* Diese Fehlerhaftigkeit haftet dem Besitz auch im Falle der Rechtsnachfolge an, und zwar bei Gesamtrechtsnachfolge immer, bei Sonderrechtsnachfolge dann, wenn der Nachfolger im Besitz die Fehlerhaftigkeit kannte (§ 858 Abs. 2).

3. Seit langem wird erörtert, auf welchen *Grundgedanken* sich der Besitzschutz zurückführen läßt.[2] Überwiegend wird auf die ,,Rechtsfriedensfunktion" abgestellt, während *Heck* das rechtlich anerkannte Kontinuitätsinteresse als entscheidend ansieht: ,,Das geschützte Rechtsgut ist der Organisationswert des Besitzes" (§ 3, 7). Dieser Auffassung ist zu folgen: in dem Besitz selbst steckt ein Wert, den das Gesetz schützen will. Das *Ergebnis* dieses Schutzes ist – wie das eines jeden Rechtsschutzes – die Wahrung des Rechtsfriedens.

II. Das Gewaltrecht des unmittelbaren Besitzers

Das in § 859 geregelte Gewaltrecht des unmittelbaren Besitzers – auch des Besitzdieners (§ 860) – ist die spontane Reaktion gegen verbotene Eigenmacht. Man spricht herkömmlich von *Besitzwehr,* wenn die Beeinträchtigung droht oder noch andauert (§ 859 Abs. 1), von *Besitzkehr,* wenn die Besitzentziehung durch Begründung des unmittelbaren Besitzes des Entziehers bereits vollendet ist (§ 859 Abs. 2, 3).
Die *Besitzwehr* ist nichts anderes als eine besondere Form der Notwehr (§ 227), die *Besitzkehr* ein speziell gestalteter Fall der *Selbsthilfe,* woraus sich auch die in § 859 Abs. 2, 3 enthaltenen zeitlichen Schranken für die Ausübung der Besitzkehr erklären.

Beispiele: Sehe ich, wie sich der Dieb auf mein am Gartenzaun angelehntes Fahrrad schwingt, so darf ich ihm das Rad gewaltsam abnehmen (Problem: Darf ich ihn niederschießen? Auch hier darf nur das ,,erforderliche" Mittel gewählt werden, BayObLG NJW 1965, 163; s. auch OLG Koblenz MDR 1976, 141. Aber wie bei § 227 ist eine Wertabwägung zwischen gefährdetem Rechtsgut und den Folgen der Gewaltanwendung grundsätzlich nicht anzustellen, wenngleich sich bei extremem Miß-

---

[1] Str., s. dazu *Westermann/Gursky* § 22 II und *Soergel/Mühl* § 858 Rn. 5.
[2] *Pawlowski,* Der Rechtsbesitz im geltenden Sachen- und Immaterialgüterrecht, 1961; *Diederichsen* aaO.

verhältnis der Rechtsgüter Mißbrauchsgrenzen ergeben können; dazu *Krey* JZ 1979, 702; *Dilcher,* FS Hübner 1984, 443; zur fehlenden Ausweichpflicht bei strafrechtlicher Notwehr BGH NJW 1989, 3027).

Beobachte ich, wie der Dieb vier Wochen nach dem Diebstahl seelenruhig auf meinem Fahrrad durch die Straßen fährt, so kommt Besitzkehr nach § 859 Abs. 2 nicht mehr in Betracht. Wohl aber kann ich mich auf § 229 berufen, wenn ich dem Dieb die Sache gewaltsam wegnehme; Voraussetzung ist dann freilich, daß „obrigkeitliche Hilfe nicht rechtzeitig zu erlangen ist" und Rechtsverlust droht (§ 229). Das Gesagte gilt auch dann, wenn der nunmehrige Besitzer das Rad vom Dieb gekauft hat; denn der Herausgabeanspruch nach § 985 als Grundlage der Selbsthilfe richtet sich auch gegen ihn (§ 935). Dagegen käme eine Besitzkehr nach § 859 Abs. 2 aus dem weiteren Grunde nicht in Betracht, daß der Besitz des gutgläubigen Käufers nicht mehr fehlerhaft ist (§ 859 Abs. 4 mit § 858 Abs. 2 Satz 2).

Wenn zwei Werbefirmen beide Teilbesitz an der äußeren Fläche einer Gebäudewand haben, so kann eine Werbefirma die Schilder der anderen auf ihrer Werbefläche entfernen; weil es sich aber bei der Störung um eine Besitzentziehung handelt, muß diese Besitzkehr die Zeitgrenze des § 859 Abs. 3 beachten, soll sie nicht ihrerseits eine rechtswidrige Besitzentziehung darstellen (hierzu BGH NJW 1967, 46, 48). Die Besitzkehr muß so schnell erfolgen, wie nach Lage der Dinge überhaupt gehandelt werden konnte.

Parkt A auf dem privaten Parkplatz des B, so liegt darin eine Besitzentziehung, keine anderweitige Besitzstörung, so daß die Zeitgrenze des § 859 Abs. 3 gelten muß (OVG Koblenz NJW 1988, 929, 930; LG Frankfurt NJW 1984, 183 und dazu *K. Schmidt* JuS 1984, 223; Karlsruhe OLGZ 1978, 206, 207). Übertriebene Anforderungen sind allerdings an die „sofortige" Reaktion nicht zu stellen, weshalb ein Zeitabstand von vier Stunden noch hinzunehmen wird; andererseits kann das prompte Abschleppen ohne auch nur kürzeres Zuwarten mißbräuchliche Besitzkehr sein (interessant AG Frankfurt NJW-RR 1989, 83, 84). Im bloßen „Zuparken" der Einfahrt liegt hingegen eine bloße Besitzstörung (zutreffend *Westermann/Gursky* § 22 I 2) ohne Zeitgrenze für die Besitzwehr. Die Kosten einer Selbsthilfe durch Abschleppen können bei rechtmäßiger Abwehr aus Geschäftsführung ohne Auftrag, § 823 Abs. 1 oder § 823 Abs. 2 iVm § 859 liquidiert werden (siehe § 9 V; teilw. str.); fraglich, ob nur beim Fahrer oder auch aus Geschäftsführung beim Halter des Fahrzeugs (so AG Frankfurt NJW 1990, 917).[1]

III. Die Besitzschutzansprüche der §§ 861–867

1. Wie das Eigentum bedarf auch der Besitz eines Schutzes, der vor den Gerichten erzwingbar ist. Die hauptsächlichen zivilrechtlichen Ansprüche zum Schutze des *Eigentums* sind der Herausgabeanspruch nach § 985 und der Beseitigungs- und Unterlassungsanspruch nach § 1004. In Parallele zu diesen Ansprüchen stellt das Gesetz dem *Besitzer* den Besitzentziehungsanspruch (§ 861) und den Besitzstörungsanspruch (§ 862) zur Verfügung. Sie können durch Klage verwirklicht und in raschem Zugriff durch einstweilige Verfügung gesichert werden. Sie sind gewissermaßen der „Rechtsschutz des kleinen Mannes", der sich nicht auf Eigentum oder ein dingliches Recht stützen kann (also z. B. Mieter, Pächter). Dabei kommt dem Besitzstörungsanspruch (§ 862) besondere Bedeutung zu, so z. B. wenn der Mieter eines Hauses Lärmbeeinträchtigungen eines Nachbarn abwehren will.

a) Die Besitzschutzansprüche nach §§ 861, 862 nennt man *possessorische* – eine nicht sehr glückliche Bezeichnung – weil sie unmittelbar aus dem Besitz abgeleitet werden; es wird also nicht gefragt, ob der klagende Besitzer ein Recht zum Besitz hat. Daher kann sich der Beklagte in einem solchen Prozeß auch nicht auf ein Recht zum Besitz oder auf Vornahme der störenden Handlung berufen (§ 863: Ausschluß sog. petitorischer Einwendungen). Dies schließt freilich nicht aus, daß auf den

---

[1] Weitere Literatur zum Falschparken: *van Venrooy* NJW 1977, 1926 und JuS 1979, 102; *Hoffstetter* NJW 1978, 256; *Dörner* JuS 1978, 666; *Zeuner,* FS Flume I, 775; *Schwab/Prütting* § 13 II 2.

Besitzschutzprozeß der Prozeß über das Recht zum Besitz oder zur Berechtigung der Störung folgt, so daß ein „Sieg" im Besitzschutzprozeß später wieder in Frage gestellt werden kann.

Den Ablauf eines solchen Besitzschutzprozesses mögen folgende *Beispiele* verdeutlichen: M hat von E ein Obstgrundstück nebst Gartenhäuschen gemietet. Als er von einer Urlaubsreise zurückkehrt, bemerkt er zu seinem Erstaunen, daß E sich selbst wieder auf dem Grundstück breit gemacht hat. Hier kann M gegen E auf Wiedereinräumung des Besitzes klagen (§ 861); E kann nicht einwenden, er habe das Mietverhältnis fristlos gekündigt, weil M noch keinen Pfennig Miete bezahlt habe (§ 863). Der gewonnene Prozeß hilft dem M aber nicht auf die Dauer, weil E nun seinerseits mit der oben gegebenen Begründung auf Herausgabe klagen kann (ähnlicher Beispielsfall aus der Praxis: KG OLGZ 1968, 19 = *Baur*, E. Slg. Fall 2). E wäre auch nicht gehindert, *sofort* einen Parallelprozeß auf Herausgabe anzustrengen oder in dem Prozeß M gegen ihn *Widerklage* auf Herausgabe zu erheben. § 863 schließt also eine petitorische Widerklage nicht aus, sofern die prozessualen Voraussetzungen für die Widerklage (insbes. Zusammenhang zwischen Klage und Widerklage, § 33 ZPO) gegeben sind (BGHZ 53, 166; 73, 355; BGH NJW 1979, 1359, dazu *Spiess* JZ 1979, 717; *Hagen* JuS 1972, 124; zur Widerklage s. *Baur*, ZPrR, Rn. 117ff.). Die petitorische Widerklage darf aber den Besitzschutz nicht „aushebeln". Teilweise entgegen dem BGH sollte deshalb in ergänzender Auslegung der §§ 863, 864 Abs. 2 die possessorische Klage nur scheitern, wenn die petitorische Widerklage vollstreckungsmäßig endgültig durchsetzbar ist. Bei rechtsmittelfähigen Entscheidungen ist die possessorische Klage, nicht aber die petitorische Widerklage für vorläufig vollstreckbar zu erklären, nur bei formell rechtskräftiger und vollstreckungsmäßig durchsetzbarer Entscheidung über die petitorische Widerklage darf die possessorische Klage abgewiesen werden (zutreffend *Hager* KTS 1989, 515ff.; krit. zum BGH auch *Jauernig* §§ 861–864 Anm. 4b; zu weitgehend wohl *Westermann/Gursky* § 24 II 4 m. Nw.).[1]

Hat nicht E, sondern D in den Besitz des Gartens gesetzt, so wird M mit einer einstweiligen Verfügung zum Ziel kommen. Freilich muß M dann gegen D „possessorisch" klagen, wenn sich D nicht zufrieden gibt; dann folgt auf das Verfahren der einstweiligen Verfügung der Hauptprozeß (vgl. § 936 mit § 926 ZPO). –

Die Formulierung des *§ 864 Abs. 2* ist nach überwiegender Auffassung wenig geglückt. Er gilt für rechtskräftige petitorische Leistungs- und Feststellungsurteile und – entsprechend seinem Zweck, der Vermeidung eines sinnlosen Hin und Hers – für Urteile, die nach und *vor* der verbotenen Eigenmacht ergangen sind (statt vieler *Westermann/Gursky* § 24 II 6 m. Nw.). Eine andere Frage ist, ob zur Rechtskraft nicht allgemein die vollstreckungsmäßige Durchsetzbarkeit des petitorischen Titels treten muß, also z. B. feststehen sollte, daß §§ 721, 765a ZPO nicht greifen (zutreffend *Hager* KTS 1989, 515, 516ff.).

b) Die *Besitzstörung*, die keine Besitzentziehung darstellt, wird i. d. R. eine *Immission* sein (hierzu § 25 IV 2). Die Rechtsprechung hat zwar auch schon die seelische Beunruhigung des Besitzers (Bestreiten des Besitzes, Verbote, Drohungen) als Besitzstörung betrachtet (BGHZ 20, 171), neigt aber ebensowenig wie beim Eigentumsschutz zur Anerkennung *ideeller* Immissionen als Besitzstörung (BGHZ 54, 56, 60 gegen *Baur* JZ 1969, 432).

Beispiele: Wird der Mieter eines in einem Landhausgebiet gelegenen Hauses durch den Lärm eines Vereinslokals beeinträchtigt, so kann er nach § 862 auf Beseitigung der Störung klagen. Eine etwaige Duldungspflicht bestimmt sich nach dem – entsprechend anwendbaren – § 906 (RGZ 105, 213, 216). Grund: Dem Besitzer kann kein stärkeres Abwehrrecht zustehen als dem Eigentümer.

Der Mieter M einer Wohnung klebt auf seinen Briefkasten einen Aufkleber: „Bitte keine Werbung, Handzettel oder dergleichen einwerfen". Als Firma F. trotzdem laufend Werbezettel einwirft, erhebt M Unterlassungsklage (§ 862 Abs. 1 S. 2). Der BGH hat in solchen Fällen den Unterlassungsanspruch bejaht (BGHZ 106, 229; hierzu *K. Schmidt* JuS 1989, 495). Bei politischen Parteien und ihrer Werbung ist ein derartiger Anspruch umstritten, aber u. E. ebenfalls zu bejahen (hierzu OLG Bremen NJW 1990, 2140; LG Bremen NJW 1990, 456; *Löwisch* NJW 1990, 437ff.; *Fuchs/Simanski* NJW 1990, 2983; BVerfG NJW 1991, 910 m. Nw.). Postwurfsendungen verlangen privatrechtlich wie öffentlich-rechtlich eine abweichende Beurteilung, weil der Aussonderungsaufwand sehr groß sein kann (VGH Mannheim NJW 1990, 2145; BVerwG NJW 1991, 2920; OLG Stuttgart NJW 1991, 2912 und hierzu *Kaiser* NJW 1991, 2870).

---

[1] Im Falle des Besitzstreites getrennt lebender Ehegatten spricht dagegen vieles für die Spezialität der §§ 1361a, 1361b, die auch den früheren Besitzer schützen und durch einstweilige Maßnahmen rasche Befriedung bewirken können (Frankfurt FamRZ 1988, 399; *Jauernig* §§ 861–864 Anm. 2c; a. A. *Hambitzer* FamRZ 1989, 236ff. m. Nw.).

2. Nach § 869 stehen die *Besitzschutzansprüche* auch *dem mittelbaren Besitzer* zu. Voraussetzung ist, daß ein Dritter dem unmittelbaren Besitzer gegenüber verbotene Eigenmacht begangen hat. Unter dieser Voraussetzung hat der mittelbare Besitzer *auch das Gewaltrecht* des § 859; zwar sagt das Gesetz darüber nichts, aber ein lückenloser Besitzschutz verlangt die entsprechende Anwendung des § 859.[1]

Beispiel: E hat sein Fahrrad seinem Freund F geliehen. Sieht E, wie ein Dieb eben auf dem Rad davonfährt, so kann E ihm das Rad mit Gewalt abnehmen.

Keine Besitzschutzrechte[2] hat der mittelbare gegen den unmittelbaren Besitzer; er ist auf seine Rechte aus dem der Besitzmittlung zugrundeliegenden Rechtsverhältnis beschränkt, während umgekehrt der unmittelbare Besitzer sich mit allen Besitzschutzrechten einer verbotenen Eigenmacht des mittelbaren Besitzers erwehren kann.

E hat seinen Obstgarten an P verpachtet. Erfährt E davon, daß P die Obstbäume zu Brennholz machen will, so kann er dagegen weder mit Gewalt (§ 859) noch mit der Klage aus § 862 vorgehen. Wohl aber kann er auf Grund seiner Rechtsstellung als Verpächter (§ 581 mit § 550) eine einstweilige Verfügung erwirken.

Würde E gewaltsam gegen P vorgehen, so wäre dies verbotene Eigenmacht. P hätte das Gewaltrecht nach § 859 und die Klage aus § 862.

Käme E in den Garten, als P sich gerade anschickt, die Bäume umzuschlagen, so könnte E das gewaltsam verhindern (§ 229–§ 227 BGB).

3. Hinsichtlich des *Schutzes eines Mitbesitzers* kann auf das oben § 7 D II 2 Gesagte verwiesen werden.

IV. Der sog. petitorische Besitzschutzanspruch des § 1007[3]

Wer von einem anderen die Herausgabe einer Sache verlangt, wird sich entweder auf ein materielles Recht stützen (z. B. der Eigentümer auf § 985, der Vermieter einer Sache nach Ablauf des Mietvertrags auf § 556) oder dartun können, daß ihm gegenüber verbotene Eigenmacht begangen wurde, so daß ihm die Besitzschutzansprüche zustehen. Es sind aber Fälle denkbar – wenn sie auch sehr selten sind –, wo diese Möglichkeiten ausscheiden, wo also weder dem Kläger noch dem Beklagten ein Recht zum Besitz zusteht oder von ihm nachgewiesen werden kann. Hier will § 1007 helfen, indem er dem früheren (rechtmäßigen oder gutgläubigen) Besitzer einen Herausgabeanspruch gegen den jetzigen Besitzer in zwei Fällen einräumt, wenn der Letztgenannte *entweder* beim Besitzerwerb bösgläubig war *oder* wenn die Sache dem früheren Besitzer abhanden gekommen war. In dieser Regelung steckt der Gedanke, daß zugunsten des früheren Besitzers unter den eben genannten Voraussetzungen die Rechtsvermutung des § 1006

---

[1] So mit Recht *Heck* § 8, 3; *Wolff/Raiser* § 20 I 2; *Westermann/Gursky* § 26 III 2; a. A. z. B. *Soergel/ Mühl* § 869 Rn. 4 m. w. N.

[2] Auch keinen Schadensersatzanspruch nach § 823 Abs. 1 wegen Verletzung des mittelbaren Besitzes (BGHZ 32, 194, 203; BAG FamRZ 1975, 90 (mit Anm. *Fenn*); zum Ganzen § 9 V 1.

[3] *Canaris*, FS Flume, 1978, 371, 398; *Hörer*, D. Besitzrechtsklage 1974; *Koch*, § 1007 BGB. Neues Verständnis auf der Grundlage alten Rechts, 1986; *Weber*, § 1007 – Prozessuale Regelungen im mat.-rechtl. Gewand, 1988.

weiter wirkt. Man spricht daher auch von einem Herausgabeanspruch aus früherem Besitz oder aus „besserem Recht zum Besitz".[1] Zu beachten ist, daß § 1007 nur für bewegliche Sachen gilt.[2]

Die Einzelheiten werden am besten an einem *Beispiel* verdeutlicht:
E hat seinen PKW dem Autohaus R zur Aufbewahrung während eines längeren Auslandsaufenthalts übergeben. Ein Mechaniker M des R nimmt das Fahrzeug heimlich an sich und veräußert es an G.
Sicher ist, daß E den PKW von G herausverlangen könnte (§ 985 mit § 935), ebenso R von M, solange er bei diesem war (§§ 859, 861). Kann auch R den G auf Herausgabe in Anspruch nehmen? (was ihm gelingen muß, damit er das Fahrzeug dem E zurückgeben kann und von einer Schadensersatzpflicht aus Vertrag frei wird):
§ 861 scheidet aus, da G keine verbotene Eigenmacht begangen hat und § 858 Abs. 2 S. 2 nicht gegeben ist. Es greift § 1007 Platz. Zwar mag es sein, daß G beim Kauf des Wagens gutgläubig war; dann scheidet § 1007 Abs. 1 aus. Da aber der PKW dem R abhandengekommen ist, findet § 1007 Abs. 2 Anwendung.
Wie wäre die Rechtslage, wenn nicht der Eigentümer E, sondern der Dieb D den PKW bei R eingestellt hätte? Hier fehlt ein dem Eigentümer E gegenüber wirksames Recht zum Besitz; hat R aber ein solches Recht zum Besitz gutgläubig angenommen (§ 1007 Abs. 3), so bleibt die Rechtslage unverändert.

Voraussetzungen[3] in der Person *des Klägers* sind also

a) früheres Recht zum Besitz oder gutgläubige Annahme eines solchen Rechts (§ 1007 Abs. 3),

b) unfreiwilliger Besitzverlust;

in der Person *des Beklagten*

a) Bösgläubigkeit beim Besitzerwerb (§ 1007 Abs. 1) *oder*

b) Abhandenkommen der beweglichen Sache (§ 1007 Abs. 2).

Im Gegensatz zu den possessorischen Besitzschutzansprüchen kann der Beklagte alle Einwendungen aus einem Recht zum Besitz geltend machen, das Urteil führt zu einer endgültigen Klärung des Rechtsstreits. Man spricht daher hier von *petitorischem Besitzschutz* (vgl. BGH NJW 1991, 2420, 2421).
So könnte G in unserem Beispiel dartun, er habe den Wagen nicht von M gekauft, sondern auf einer Pfandversteigerung durch den Gerichtsvollzieher – also originär – zu Eigentum erworben (§ 1007 Abs. 2; zum gutgläubigen Versteigerungserwerb bei öffentlichen Auktionen gemäß § 935 Abs. 2 BGH NJW 1990, 899, 900). G könnte ferner einwenden, er habe sich mit dem Eigentümer E in Verbindung gesetzt; dieser habe ihm geschrieben, er solle den Wagen erst einmal behalten, bis er – E – von seiner Reise zurückkomme (§ 1007 Abs. 3 S. 2 mit § 986).

V. Besitzschutz auf Grund anderer privatrechtlicher Bestimmungen

1. *Deliktischer Schutz*[4]

§ 823 Abs. 1 gewährt einen Schadensersatzanspruch bei schuldhafter Verletzung „eines sonstigen Rechts", d.h. eines absoluten Rechts. Der Besitz ist kein

---

[1] *Soergel/Mühl* § 1007 Rn. 1.

[2] Die Entscheidung BGHZ 7, 208 betraf eine Ausnahmesituation.

[3] Zu den vielen Zweifelsfragen vgl. *Soergel/Mühl* § 1007 Rn. 2 ff.

[4] *Medicus* AcP 165, 115; *von Caemmerer* in DJT-Festschrift (1960) II S. 49, 81 f.; *Raiser* in Summum ius summa iniuria, 1963, S. 145, 154 f.; *Wieser* JuS 1970, 557 u. NJW 1971, 597; *Honsell* JZ 1983, 531 ff.; *Westermann/Gursky* § 8, 4.

absolutes Recht. Dennoch wird er im Sinne dieser Bestimmung einem absoluten Recht jedenfalls dann gleichgestellt, wenn er durch ein Recht zum Besitz eine Verstärkung erfahren hat.[1] *Schuldhafte* Verletzung des rechtmäßigen Besitzes verpflichtet also zur Leistung von Schadensersatz.

> *Beispiele:* (1) in Anlehnung an BGH JZ 1954, 61:
> Der Kl. – der im 1. Stock eines Hauses seine ärztliche Praxis betreibt – hat durch Bauarbeiten, die vom bekl. Mieter des Erdgeschosses veranlaßt und mit erheblichem Lärm verbunden waren, einen erheblichen Rückgang seiner Praxiseinnahmen erfahren. Da diese Lärmbelästigung erheblich war und auch über das nach § 906 – der also auch hier die Grenzen der Duldungspflicht festlegt! – hinzunehmende Maß hinausging, der Bekl. ferner schuldhaft – weil ohne die gebotene Rücksicht – gehandelt hat, kann der Kläger nach § 823 Abs. 1 Schadensersatz verlangen (Die Besitzstörungsklage nach § 862 würde zwar kein Verschulden voraussetzen; sie könnte aber nur auf Unterlassung der Bauarbeiten gerichtet werden, soweit sie nicht nach § 906 geduldet werden müssen. Auch hier wäre die auf § 862 gestützte einstweilige Verfügung (mit nachfolgender Klage) der zweckmäßige Rechtsbehelf).
>
> (2) in Anlehnung an BGHZ 73, 355 und 79, 232:
> V hat an M eine Fabrikhalle vermietet, dieser an U. V kündigt dem M – wirksam – fristlos. V nimmt dem U die Halle weg. U verlangt Nutzungsersatz. BGH: Da die Kündigung auch dem U gegenüber wirkte (§ 556 Abs. 3), U also nicht mehr nutzungsberechtigt war, konnte er auch bei verbotener Eigenmacht des V keinen Nutzungsausfall als Schadensersatz geltend machen.

Weitergehend will ein Teil der Lehre den Besitz als „sonstiges Recht" insoweit anerkennen, als Rechtsnormen dem nichtberechtigten Besitzer die Nutzung zuweisen (z. B. §§ 987 ff., §§ 721, 765 a ZPO). Trotz der Bedenken der Rechtsprechung (BGHZ 79, 238) ist diese Auffassung vorzugswürdig.[2]

> *Beispiel:* Wenn Vermieter V dem Mieter M die Wohnung kündigt und dann in verbotener Eigenmacht den M auf die Straße setzt, so existiert ein Schadensersatzanspruch (z. B. Mehrkosten einer Ersatzwohnung) für die Zeit möglichen Vollstreckungsschutzes (§§ 721, 765 a ZPO), wie ihn M hätte beantragen können (*Medicus*, Bürgerl. R., Rn. 607; diese Abgrenzung entspricht auch dem Verhältnis possessorischer Klage und petitorischer Widerklage, § 9 III 1).
>
> Der *ersatzfähige Schaden* besteht in der Nutzungsentschädigung, der Wertminderung, den der Besitz durch die Entziehung oder Störung erfahren hat (BGH NJW 1979, 2035: Kiesabbau durch den Störer) oder in Mehraufwendungen des Besitzers zur Beseitigung der Folgen der Besitzstörung (BGH NJW 1984, 2570: Reparaturkosten an besitzenden Werkunternehmer bei Beschädigung des Werkes). Soweit Ansprüche des Eigentümers und des Besitzers konkurrieren, hilft bei beweglichen Sachen teilweise § 851, im übrigen kann sich der Schädiger schützen, indem er erst nach Restitution bezahlt oder analog § 1281 an Eigentümer und Besitzer gemeinsam (*Medicus*, Bürgerl. R., Rn. 609; zum rechtsähnlichen Problem beim EV § 59 V 5a). Falls der Besitzer beim eigenmächtigen Herausgabeberechtigten Nutzungsschaden liquidiert, ist dies natürlich nur für die Zeit rechtlich gebilligter Nutzungsmöglichkeit denkbar (BGH NJW 1979, 1359).
>
> Der rechtmäßige *mittelbare Besitz* ist sonstiges Recht, allerdings nicht im Verhältnis zum unmittelbaren Besitzer, weil gegenüber ihm auch §§ 861, 862 nicht gelten (BGHZ 32, 194, 203 ff.; hierzu § 9 III 2): vorbeugender und restituierender Rechtsschutz richten sich nach dem Besitzmittlungsverhältnis. Hingegen soll unter *Mitbesitzern* trotz des weitreichenden Ausschlusses der Besitzschutzrechte (§ 866; hierzu § 7 D II 2a) deliktischer Besitzschutz greifen (BGHZ 62, 243); weil unter Mitbesitzern anders als beim Besitzmittlungsverhältnis ein interessenangepaßtes Schuldverhältnis nicht immer besteht, ist diese Differenzierung sachgerecht.

---

[1] So die Rechtsprechung (BGHZ 73, 355, 362; 79, 232, 237 ff.; NJW 1991, 2420, 2421), die *insoweit* überwiegende Zustimmung der Literatur findet.

[2] Wie hier z. B. *Pieper* und *Medicus* aaO; *Medicus*, Bürgerl. R., Rn. 607; *Esser/Weyers* § 55 I 2b; *Soergel/Zeuner* § 823 Rn. 53; a. A. Vorauflage; offen BGH NJW 1991, 2420, 2421.

Falls man § 858 als *Schutzgesetz* (§ 823 Abs. 2) betrachten wollte, wäre sein ersatzrechtlicher Schutzbereich anhand der zu § 823 Abs. 1 entwickelten Kriterien zu begrenzen (ähnlich *Medicus,* Bürgerl. R., Rn. 621 m. Nw.; BGH NJW 1991, 2420, 2422).

Soweit Folgenbeseitigungskosten Inhalt des Ersatzanspruches sind, konkurrieren u. U. Ansprüche aus *Geschäftsführung ohne Auftrag,* die im Falle der Selbstbeseitigung beim Anspruch aus § 862 Abs. 1 gleich wie bei § 1004 entstehen (hierzu § 12 IV 1 b).

2. *Der Besitz als Gegenstand eines Anspruchs aus ungerechtfertigter Bereicherung*

Der Besitz kann Gegenstand einer *Leistungskondiktion* sein, wenn der eine Teil ihn durch eine Leistung des anderen Teils ohne rechtfertigenden Grund erlangt hat.

Ein Beispiel hierfür hatten wir schon oben § 6 I d gebildet (weiteres Beispiel RGZ 129, 307, 311).

Der Besitz kann aber auch die *Grundlage* einer sog. Eingriffskondiktion[1] (,,in sonstiger Weise": § 812 Abs. 1) sein, freilich nur dann, wenn er durch ein – dinglich oder schuldrechtlich begründetes – Recht zum Besitz einen bestimmten ,,Zuweisungsgehalt" gewonnen hat.

Beispiel: M hat von E ein Geschäftshaus gemietet. D benutzt unberechtigt die Hauswand zu Reklamezwecken. M kann von D bis zur Beseitigung der Werbung (§ 862!) eine Entschädigung nach § 812 fordern. Weiteres Beispiel: BGH NJW 1979, 2034.

3. *Der Besitz als Grundlage einer Widerspruchsklage (Interventionsklage) nach § 771 ZPO*

Richtet sich die Zwangsvollstreckung gegen einen nicht dem Schuldner gehörenden Gegenstand, so kann der in seiner Rechtsstellung Beeinträchtigte die sog. Widerspruchsklage gegen den Vollstreckungsgläubiger anstrengen. Ihr Ziel ist es, die Zwangsvollstreckung für unzulässig zu erklären. Grundlage dieser Klage werden meist das Eigentum oder andere dingliche Rechte sein; sie kann jedoch unter gewissen Voraussetzungen auch auf das Recht zum Besitz gestützt werden. Freilich ist zu beachten, daß bei unmittelbarem Besitz des Nichtschuldners schon § 808 ZPO eine Zwangsvollstreckung verhindert und bei mittelbarem Besitz der diesem zugrunde liegende Anspruch einen Interventionsgrund nach § 771 ZPO abgibt.[2]

Pfändet der Gerichtsvollzieher im Auftrag des G aus einem gegen S gerichteten Titel eine im Gewahrsam des B befindliche Sache, so verstößt diese Pfändung gegen § 808 ZPO; B kann gegen die Pfändung Erinnerung einlegen und Aufhebung der Zwangsvollstreckung erreichen (§§ 766, 793 ZPO).

Hat E seine Schreibmaschine an M vermietet, dieser sie dem L ausgeliehen, so kann M nach § 771 ZPO *auf Grund seines Herausgabeanspruchs* intervenieren, wenn die Maschine bei L gepfändet wird.

Es werden also für eine unmittelbare Klagegrundlage aus dem Recht zum Besitz wenige Fälle übrig bleiben: Hat etwa V eine Sache an K verkauft und übergeben, aber noch nicht übereignet und wird sie jetzt bei K für eine Schuld des V an G gepfändet, so verstößt die Pfändung gegen § 808 ZPO. Hat aber K rechtsirrtümlich sich bereit erklärt, die Sache dem Gerichtsvollzieher herauszugeben (§ 809 ZPO), so ist er nicht gehindert, später nach § 771 ZPO zu intervenieren. Dabei kann aber das AnwartschaftsR des K ebensogut oder besser als Grundlage der Interventionsklage dienen (vgl. § 59 V 5 b, dd).

---

[1] Vgl. dazu *Isolde Kurz,* Der Besitz als möglicher Gegenstand der Eingriffskondiktion (1969).
[2] Einzelheiten *Baur/Stürner,* ZVR, Rn. 778; *Rosenberg/Gaul/Schilken* § 41 VI 6; *Diederichsen* S. 144 u. *Canaris* S. 396.

Übersicht 4

Besitz – Funktionen – Besitzarten

A. *Allgemeine Funktionen des Besitzes*

1. *Schutz- u. Erhaltungsfunktion:*
§§ 858 bis 867 – § 1007
§ 986 Abs. 2 – § 571 – § 286 Abs. 1 S. 2

2. *Übertragungsfunktion (bei beweglichen Sachen):*
§ 854–§ 929

3. *Vermutungsfunktion (bei beweglichen Sachen):*
§ 1006

B. *Besitzarten*			
nach dem Grad der Sachbeziehung:	*nach der sozialen Einordnung:*	*nach der Beschränkung durch andere:*	*nach der Willensrichtung des Besitzers:*
unmittelbarer Besitzer: Schutzfunktion: ja Übertragungsfunktion: ja Vermutungsfunktion: ja wenn Eigenbesitzer	*unmittelbarer Besitzer* (z. B. Unternehmer) alle Funktionen	*Alleinbesitz* (z. B. Mieter einer Wohnung)	*Eigenbesitz* (z. B. Eigentümer eines PKW) wichtig für z. B. § 937– § 955–§ 988, ferner für die Vermutungsfunktion
mittelbarer Besitzer Schutzfunktion: § 869 Übertragungsfunktion: § 870–§§ 930, 931 bis §§ 933, 934 Vermutungsfunktion: § 1006 Abs. 3	*Besitzdiener* (z. B. Angestellter) keine Schutzfunktion gegenüber dem Besitzer, wohl aber „nach außen": § 860 keine Übertragungsbefugnis (beachte: § 935!) keine Vermutungsfunktion	*Mitbesitz* (z. B. gemeinschaftl. Mieter e. Wohnung) Schutzfunktion: ja nach außen, beschränkt nach innen: § 866 Übertragungsfunktion: ja, aber nur bezüglich des Mitbesitzes Vermutungsfunktion: ja, aber nur gestützt auf den Mitbesitz	*Fremdbesitz* (z. B. Mieter eines PKW)

3. Kapitel. Der Schutz der dinglichen Rechte im privaten und öffentlichen Recht

§ 10. Überblick – Rechtsvermutungen

I. Grundlagen des Rechtsschutzes

S. die Übersicht 5 am Ende von § 10.

Es ist eines der Kennzeichen des dinglich-absoluten Rechts, daß es jedermann gegenüber wirkt. Wir hatten daher schon oben § 4 I dargestellt, daß es gegen Beeinträchtigungen jeder Art – gleichgültig ob sie durch Privatpersonen oder durch die öffentliche Gewalt erfolgen – umfassend geschützt ist; die möglichen Formen dieses Schutzes waren bereits skizziert worden (oben § 4 I). Nunmehr gilt es, diesen Rechtsschutz im Einzelnen darzustellen. Vorweg ist noch folgendes zu bemerken:

1. Bei der Ausgestaltung des privatrechtlichen Schutzes der dinglichen Rechte hat der Gesetzgeber nicht überall den Weg gewählt, für alle dinglichen Rechte einheitliche Ansprüche zu normieren. Vielmehr hat er ausführlich die Ansprüche geregelt, die sich aus der Beeinträchtigung *des Eigentums* ergeben, und zwar in den §§ 985 ff. den Herausgabeanspruch, in § 1004 den Unterlassungs- und Beseitigungsanspruch. Diese Normierung wird aber bei den beschränkten dinglichen Rechten für entsprechend anwendbar erklärt (so etwa die *§§ 985 u. 1004* in § 1065 für den Nießbrauch und in § 1227 für das Pfandrecht an einer beweglichen Sache; *§ 1004* in § 1027 (§ 1090 Abs. 2) für die Grunddienstbarkeit und beschränkte persönliche Dienstbarkeit). Diese Verweisungen rechtfertigen es auch, die Darstellung des Schutzes der dinglichen Rechte ,,vor die Klammer zu ziehen" und ihn zu erörtern, bevor auf die Charakterisierung der einzelnen dinglichen Rechte eingegangen wird, dies umsomehr als im Kondiktions- und Deliktsrecht (§ 812–§ 823) und regelmäßig auch im Rechtsschutz des öffentlichen Rechts kein Unterschied zwischen dem Eigentum und den beschränkten dinglichen Rechten gemacht wird.

2. Die Ansprüche, die sich aus einer Verletzung oder Beeinträchtigung eines dinglichen Rechts ergeben, sind genormt, d. h. für alle denkbaren Fälle einheitlich ausgestaltet. Dies bedeutet aber nicht, daß die konkreten Verhältnisse des Einzelfalls außer Betracht bleiben dürfen: der genormte allgemein gegebene Anspruch kann im konkreten Fall ausgeschlossen oder modifiziert sein, sei es daß das Gesetz die Beeinträchtigung gestattet, sei es daß sich die Zulässigkeit der Beeinträchtigung aus einem besonderen zwischen den Parteien bestehenden Rechtsverhältnis ergibt.

Wer seine Sache vermietet hat, kann nicht die Herausgabeklage erheben (§ 985, § 986). – Der Eigentümer, der seinem Nachbarn ein Wegerecht eingeräumt hat, ist insoweit mit der Unterlassungsklage ausgeschlossen (§ 1004 Abs. 2).

Insofern gelten die Vorschriften über den Schutz der dinglichen Rechte immer nur *vorbehaltlich der besonderen Rechtsgestaltung im Einzelfall.*

3. Der Schutz eines dinglichen Rechts setzt den Nachweis seines Bestehens voraus: Nur wer sein Eigentum beweist, kann z. B. den Herausgabeanspruch durchsetzen. Dieser Beweis kann im Einzelfall schwierig sein; daher erleichtert ihn das Gesetz, indem es an den Besitz (bei beweglichen Sachen) und an den Grundbucheintrag (bei Grundstücksrechten) gewisse Rechtsvermutungen knüpft. Davon hatten wir schon bei der Darstellung des Publizitätsgrundsatzes gesprochen (oben § 4 II 2). Im folgenden soll diese Erörterung etwas weiter ausgebaut werden.

II. Die Rechtsvermutung zugunsten des Besitzers einer beweglichen Sache[1]

1. § 1006 Abs. 1 S. 1 sagt, daß *„zugunsten des Besitzers* einer beweglichen Sache vermutet wird, daß er Eigentümer der Sache ist". In § 1065 wird diese Vermutung auf den Nießbrauch, in § 1227 auf das Pfandrecht an beweglichen Sachen ausgedehnt, nirgends aber auf den Besitzer, der in Ausübung eines obligatorischen Rechts besitzt. Daraus folgt, daß derjenige, der die Vermutung für sich in Anspruch nimmt, als Eigenbesitzer, Nießbrauch- oder Pfandbesitzer besitzen muß. Daraus ergibt sich weiter, daß bei Bestehen eines Besitzmittlungsverhältnisses die Eigentumsvermutung nur für den höchststufigen mittelbaren Besitzer gilt, da er stets Eigenbesitzer sein muß (§ 1006 Abs. 3; Beispiel: BGH JZ 1969, 433).

2. Die Vermutung gilt nach § 1006 Abs. 1 S. 2 nicht einem früheren Besitzer gegenüber, dem die Sache abhandengekommen ist, es sei denn, daß es sich um Geld oder Inhaberpapiere handelt. Diese Bestimmung macht deutlich, daß die Vermutung des § 1006 auf dem Hintergrund der Eigentumsübertragung nach §§ 929, 932, 935 zu sehen ist: Normalerweise ist mit dem Erwerb des Eigenbesitzes der Eigentumserwerb verbunden (§ 929–§ 932); dies ist ausgeschlossen bei abhandengekommenen Sachen (§ 935 Abs. 1), es sei denn, daß es sich um Geld oder Inhaberpapiere handelt (§ 935 Abs. 2). Daraus folgt ferner, daß die Vermutung nur für den Rechtserwerb *beim Erwerb des Besitzes* spricht, also dann nicht gilt, wenn der Besitzer behauptet, schon vor oder erst nach Erwerb des Besitzes das Eigentum erworben zu haben (BGH NJW 1984, 1456 – dazu M. *Wolf* JuS 1985, 941 – u. 1967, 2008).

Siehe dazu das Beispiel oben § 7 E II 1.

3. *Zugunsten des früheren Besitzers* (nicht zu seinen Lasten! anders § 891 BGB) einer beweglichen Sache spricht die Vermutung, daß er mit dem Besitzerwerb das Recht erworben hatte und noch innehat (§ 1006 Abs. 2).

Diese Vermutung wird meist erst zum Zuge kommen, wenn die zugunsten des jetzigen Besitzers sprechende Vermutung des § 1006 Abs. 1 widerlegt ist; sie kann aber auch sofort wirksam werden, wenn der jetzige Besitzer nur Fremdbesitzer ist, so daß § 1006 Abs. 1 zu seinen Gunsten gar nicht eingreift. Zu beachten bleibt freilich, daß § 1006 Abs. 3 mit Abs. 1 Platz greift, wenn der Fremdbesitzer Besitzmittler ist; dann wirkt die Vermutung zugunsten des mittelbaren Eigenbesitzers. Der

---

[1] Dazu *Medicus,* FS Baur 1981, 63 (vor allem zur Stellung des Vermutungsgegners und zur Behebung oder doch Milderung der hier möglichen Beweisschwierigkeiten namentlich bei § 1006: Auskunftspflicht des Vermutungsbegünstigten über den Erwerb des Besitzes; zustimmend E. *Schneider* MDR 1982, 190/1); *Werner* JA 1983, 617 (m. w. N.); *Picker* AcP 188, 548; *Wacke* AcP 191, 1 (zur Anwendung der Vermutungsregelung bei behaupteter Schenkung).

unmittelbare Fremdbesitzer kann sich aber Dritten gegenüber auf die zugunsten des Oberbesitzers sprechende Vermutung berufen (*Soergel-Mühl* § 1006 Rn. 12).

4. Zu beachten ist, daß § 1006 nicht nur im Bereich des Sachenrechts anwendbar ist, sondern überall dort, wo es auf das Eigentum an einer beweglichen Sache ankommt, also z. B. auch bei Geltendmachung eines Schadensersatzanspruchs nach § 823 (BGH JZ 1977, 178).

Beispiele zu 1–3: (1) Sowohl die Klägerin wie die Beklagte behaupten, Eigentümerin eines wertvollen Brillantkolliers zu sein. Die materielle Rechtslage hat sich nicht aufklären lassen, nur so viel steht fest: Die Kl. hat den Schmuck bis 1945 in Eigenbesitz gehabt; dann hat sie den Schmuck der Bekl. zur Aufbewahrung übergeben, um ihn vor den Nachkriegswirren zu sichern. Die Bekl. behauptet, die Kl. habe ihr im Jahre 1950 geschrieben, sie solle sich aus dem Schmuck für ihre sonstige Mühe bezahlt machen; der Beweis für diese Behauptung ist der Bekl. nicht geglückt. Entscheidung: Die Bekl. ist zwar unmittelbare Eigenbesitzerin; dennoch spricht § 1006 Abs. 1 nicht zu ihren Gunsten, da sie selbst nicht behauptet, beim *Besitzerwerb* Eigentum erworben zu haben. Der Nachweis *späteren* Eigentumserwerbs ist ihr nicht gelungen. Da die Vermutung des § 1006 Abs. 1 für die Bekl. nicht Platz greift, findet § 1006 *Abs. 2* zugunsten der Kl. Anwendung, d. h. es wird vermutet, daß sie Eigentümerin war und ihr Eigentum noch fortbesteht (insofern ist der Wortlaut des § 1006 Abs. 2: „während der Dauer seines Besitzes" mißverständlich!). Die Herausgabeklage ist also begründet (in Anlehnung an OGH NJW 1949, 143; weiteres Beispiel: BGH NJW 1961, 777 = *Baur,* E. Slg. Fall 38).

(2) Der Kl. verlangt von der Bekl. die Herausgabe von 50 Inhaberaktien. Die Bekl. – geschiedene Ehefrau des Klägers – behauptet, der Kl. habe ihr den Nießbrauch an den Aktien eingeräumt, damit sie ihren künftigen Unterhalt aus den Erträgnissen (Dividenden) bestreite. Hier spricht zugunsten der Bekl. § 1065 mit § 1006 Abs. 1; der Kl. muß also beweisen, daß er der Bekl. beim Erwerb des Besitzes keinen Nießbrauch eingeräumt hat (vgl. ferner BGH NJW 1960, 1517).

(3) E hat sein Fahrrad dem L geliehen. L wird von einem PKW des P angefahren, das Fahrrad wird beschädigt. Beide einigen sich rasch über den Schadensersatz: P zahlt an L 30 DM. Diese Zahlung ist dem Eigentümer E gegenüber wirksam erfolgt (§ 851). Während also § 1006 nur eine Vermutung *zugunsten des Besitzers* enthält, legitimiert § 851 den Besitzer als Empfangsberechtigten *zugunsten des Dritten* (= Schädigers). Zum Problem konkurrierender Ansprüche des Eigentümers und des Besitzers vgl. § 9 V 1 und für den EV § 59 V 5 a.

(4) BGH NJW 1975, 1269: V behauptet, er habe an K nur unter Eigentumsvorbehalt geliefert, sei also noch Eigentümer. K bestreitet dies: ihm sei unbedingt übereignet worden. Beweislast bei V! (s. unten § 59 II 1 c). Weiteres Beispiel BGH NJW-RR 1989, 651: § 1006 BGB zugunsten des Besitzers bei Streit, ob die Sache lediglich geliehen oder doch übereignet ist.

5. Über das Verhältnis der Vermutung nach § 1006 zu der Vermutung nach § 1362 s. oben § 7 D II 1 c.

III. Die an das Grundbuch geknüpfte Rechtsvermutung[1]

Die Eintragung im Grundbuch hat für die Begründung, Übertragung und Aufhebung von Grundstücksrechten (§§ 873, 875) eine ähnliche Wirkung wie die Besitzübertragung bei entsprechenden bewegliche Sachen betreffenden Rechtsvorgängen. Daraus erklärt sich die dem § 1006 verwandte Vermutung des § 891. Nur ist diese Vermutung viel umfassender ausgestaltet:

a) Sie wirkt *für und gegen* (anders § 1006!) den durch den Inhalt des Grundbuchs Ausgewiesenen.

b) Sie gilt für den Bestand eines eingetragenen wie den Nichtbestand eines gelöschten Rechts; sie streitet auch dafür, daß dem das Recht zusteht, auf den es eingetragen ist.

c) Sie gilt für das Eigentum und sämtliche beschränkten dinglichen Rechte an Grundstücken. Sie gilt aber nicht für eingetragene oder gelöschte Verfügungsbe-

---

[1] Dazu *Medicus* FS Baur, 1981, 63; *Picker* AcP 188, 558; *Staudinger/Gursky* § 1006 Rn. 20 ff.; Münch-Komm/*Wacke* § 891, je m. w. N.

schränkungen und auch nicht für die im Grundbuch enthaltenen tatsächlichen Angaben.

d) Sie gilt auch im Grundbuchverfahren (s. § 16 I 3 u. III 5 a).

Diese umfassendere Wirkung erklärt sich daraus, daß die vom Gesetz vorgesehenen Garantien für eine Übereinstimmung zwischen dem Grundbuchstand und der materiellen Rechtslage stärker ausgestaltet sind als bei dem entsprechenden Verhältnis zwischen Rechtslage und Besitz an beweglichen Sachen: So kann z. B. Eigentümer eines Grundstücks durch Rechtsgeschäft nur werden, wer als solcher im Grundbuch eingetragen wird (§§ 873, 925) – Eigentum an einer beweglichen Sache kann man auch erwerben, ohne daß sich die äußere Besitzlage verschiebt (z. B. durch Einigung und Besitzkonstitut nach § 930).

Die Vermutung ist *widerlegbar.* Im Falle der positiven Vermutung (für das Bestehen des Rechts) muß zur Widerlegung nachgewiesen werden, daß das eingetragene Recht in Wahrheit nicht bestehe und auch nicht auf andere Weise, als im Grundbuch angegeben, zur Entstehung gelangt sein könne (RGZ 127, 251, 261; BGH MDR 1956, 542 u. 1977, 661; BGH NJW 1979, 1656).

Aufmerksamkeit verdient, daß § 891 Abs. 2 nur von einem *gelöschten* Recht spricht; ist ein Recht überhaupt *nicht eingetragen,* so wird nicht vermutet, daß es nicht besteht.

§ 891 enthält keine ausdrückliche, dem § 1006 Abs. 2 entsprechende Vermutung dahin, daß ein gelöschtes Recht bis zu seiner Löschung dem Eingetragenen zustand. Dennoch wird eine solche Vermutung dann bejaht, wenn feststeht, daß die Löschung des Rechts seiner Aufhebung, nicht der Grundbuchberichtigung diente.

Beispiel (BGHZ 52, 355): Die beiden Kl. und die Bekl. waren als Miteigentümer zu ⅓ im Grundbuch eingetragen. Sie veräußerten das Grundstück an K und streiten nun um die Verteilung des Erlöses. Wenn die Bekl. behauptet, sie sei in Wahrheit Miteigentümerin zu ⅚ gewesen, so trägt sie die Beweislast.

IV. Anwendbarkeit der §§ 1006, 891 im öffentlichen Recht?

1. Die §§ 891, 1006 sind – wie wir schon oben § 4 II 2 erkannten – *Beweislastnormen,* d. h. sie entfalten ihre Wirksamkeit dann, wenn eine volle Aufklärung des Sachverhalts durch den Richter mißlingt; der Prozeß ist dann zugunsten dessen zu entscheiden, für den die Vermutung spricht. Ob diese – und andere Beweislastnormen – im öffentlichen Recht, insbesondere also im Verwaltungsprozeßrecht jeder Art,[1] anwendbar sind, hängt zunächst davon ab, ob der Verwaltungsprozeß ebenso wie der Zivilprozeß eine materielle Beweislast kennt. Diese Frage wird heute – nach anfänglichem Schwanken – allgemein mit Recht bejaht.[2] Der Untersuchungsgrundsatz ändert an der Notwendigkeit einer Regelung der materiellen Beweislast nichts; denn er besagt nur, daß das Gericht für die Sachaufklärung prozessual verantwortlich ist, nichts aber darüber, wer den Nachteil der Unaufklärbarkeit zu tragen hat.

2. Eine zweite Frage ist, ob der Standort der §§ 1006, 891 im Privatrecht ihre Anwendung im Bereich des öffentlichen Rechts ausschließt. Diese Frage ist zu verneinen: Knüpft das öffentliche Recht an privatrechtliche Begriffe wie ,,Eigentum", ,,Nießbrauch", ,,Pfandgläubiger" an, so ist für die Bejahung oder Verneinung ihrer Voraussetzungen im konkreten Fall das bürgerliche Recht maßgebend. Daraus folgt aber auch die Anwendbarkeit der §§ 1006 (1065, 1227), 891.[3]

Wenn z. B. nach § 2 Abs. 1 Nr. 8 des Bundesleistungsgesetzes ,,die Duldung von Einwirkungen" auf ein Grundstück gefordert wird, so ist nach § 8 Abs. 1 Nr. 2 der ,,Eigentümer der Sache" leistungspflichtig. Die Behörde kann sich an den im Grundbuch als Eigentümer Eingetragenen halten (§ 891), auch wenn dieser behauptet, er sei nicht der Eigentümer, und die Aufklärung der Eigentumsverhältnisse keine Gewißheit ergibt. Der im Grundbuch Eingetragene kann auch gegen den Leistungsbescheid Anfechtungsklage erheben; behauptet die Behörde im Prozeß, der Kl. sei gar nicht der Eigentümer, so hat sie zwar für diese Behauptung keine *Beweisführungslast;* lassen sich aber die wirklichen Eigentumsverhältnisse nicht aufklären, so hat das Gericht von § 891 auszugehen.

Verlangt der Leistungspflichtige Entschädigung (§ 23 Abs. 1 Nr. 1 BLG), so entscheidet bei Streit hierüber das ordentliche Gericht (Art. 14 Abs. 3 Satz 4 GG; § 58 BLG). Auch hier ist § 891 anzuwenden.

---

[1] Verfahren der Verwaltungs-, Finanz- und Sozialgerichtsbarkeit u. Verwaltungsverfahren.
[2] Siehe BVerwGE 3, 308; 5, 31; 19, 87, 94; 45, 132; *Baur* in FS *Bachof* 1984, 285 (m. w. N.).
[3] Ebenso *Leipold,* Beweislastregeln und gesetzliche Vermutungen, 1966, S. 191 ff.

Zu erwähnen ist schließlich, daß die §§ 1006, 891 im Strafrecht (Strafprozeß) nur zugunsten des Täters angewendet werden können.

Übersicht 5

Privatrechtlicher Schutz absoluter Rechte und Rechtsgüter*

Schutzgegenstand	*Schutzformen*			
	absoluter Rechtsschutz		*deliktischer Rechtsschutz*	*Kondiktionsschutz*
1. Absolute Rechte a) Eigentum	§ 985**	§ 1004 (§ 894 BGB, § 771 ZPO, § 43 KO)	§ 823	§ 812
Rechtsähnlich: aa) Name, Firma		§ 12–§ 37 II HGB (§ 24 WZG, § 16 UWG)	§ 823	§ 812? (Name ja, Firma str.)
bb) allg. Persönlichkeits- recht		quasi neg. Anspruch (= § 1004 entspr.)	§ 823 I	§ 812? (BGHZ 20, 345, 354)***
cc) Unternehmen		quasi neg. Anspruch	§ 823 I (Rspr. einschränkend)	§ 812?
b) Beschr. dingl. Rechte (R. Schutz je nach Inhalt verschieden; Beispiel: MobiliarPfR)	§ 1227 mit § 985	§ 1227 mit § 1004 (§ 805 ZPO, § 48 KO)	§ 823	§ 812
2. Absolute *Rechtsgüter* a) Besitz	§ 861	§ 862 (§ 771 ZPO und § 43 KO bei Herausga-beansprüchen)	§ 823 I (nur bei Recht zum Besitz; str.)	§ 812 (bei Recht zum Besitz)
b) Leben, Gesundheit usw.		Sog. del. Unterlas-sungs-A. (unterscheide davon den vorbeugen-den Unterlassungs-A)	§ 823 I	
3. Sonstige rechtlich aner-kannte Individualbereiche, z. B. durch § 823 II, §§ 824 bis 826		sog. del. (bei § 823 II) oder quasi neg. Unter-lassungs-A.	§ 823 II	

* S. hierzu auch *Gernhuber,* Bürgerl. Recht, § 23. Verfassungsrechtlicher Schutz (Art. 14 GG – Enteig-nung – enteignungsgleicher Eingriff) und verwaltungsrechtlicher Schutz (Art. 19 IV GG, § 40 VwGO) blei-ben hier außer Betracht (s. unten Übersicht 8: am Ende von § 13).
** Zu den verschiedenen Arten der Herausgabeansprüche s. *Medicus* JuS 1985, 657.
*** Dazu *Schlechtriem,* FS Hefermehl, 1976, 445; *Lindacher GRUR* 1985, 423.

§ 11. Der Herausgabeanspruch

(Die rei vindicatio)

A. Überblick über die gesetzliche Regelung

I. § 985 sagt, daß „der Eigentümer vom Besitzer die Herausgabe der Sache verlangen kann". Diese Regelung gilt auch zugunsten des Nießbrauchers (§ 1065), des Pfandgläubigers (§ 1227) und des Erbbauberechtigten (§ 11 Abs. 1

ErbbaurechtsVO), also überall dort, wo zum Inhalt des dinglichen Rechts der Besitz an der Sache gehört (demnach z. B. nicht bei Grundpfandrechten!).

So einfach die Grundformel des § 985 klingt, so sicher ist es doch auch, daß die Ausgestaltung im Einzelnen dem Anfänger – und nicht nur ihm! – erhebliche Verständnisschwierigkeiten macht. Dies ist auf zwei Umstände zurückzuführen:

a) Einmal genügt regelmäßig die bloße Herausgabe der Sache an den Eigentümer (Nießbraucher usw.) nicht. Die Sache, die herauszugeben ist, kann beim Besitzer beschädigt worden sein, der Besitzer hat u. U. Nutzen aus ihr gezogen, Verwendungen auf sie gemacht: Wer sein gestohlenes Kraftfahrzeug nach Jahr und Tag wiederfindet, wird nicht nur das Fahrzeug herausverlangen; er wird vielmehr Ersatz des Minderwerts verlangen, ferner des Gebrauchsvorteils, den der Besitzer gehabt hat usw. Andererseits wird sich der Besitzer u. U. darauf berufen, daß er das Fahrzeug habe „generalüberholen" lassen. Das Gesetz mußte sonach neben dem Herausgabeanspruch auch den Anspruch des Eigentümers auf Schadensersatz und Herausgabe der Nutzungen wie den Anspruch des Besitzers auf Ersatz der Verwendungen regeln.

b) Die zweite Schwierigkeit liegt darin, daß mit dem Herausgabeanspruch nebst den eben besprochenen „Zutaten" andere Ansprüche – etwa aus Vertrag oder unerlaubter Handlung – konkurrieren können. Wie ist diese Konkurrenz zu lösen, wenn die Voraussetzungen der einzelnen Ansprüche im Gesetz verschieden geregelt sind? Hat etwa in unserem Beispiel der Besitzer das gestohlene Fahrzeug *leicht* fahrlässig von einem Hehler gekauft und dann beschädigt, so wäre er nach § 823 Abs. 1 in Verbindung mit § 249 zum vollen Schadensersatz verpflichtet. Andererseits knüpft § 990 Abs. 1 Satz 1 die Schadensersatzpflicht an das Vorliegen von Bösgläubigkeit, also – mindestens – grober Fahrlässigkeit.

Diese Schwierigkeiten lassen es als ratsam erscheinen, im folgenden zunächst *die Grundsätze* der Regelung möglichst einfach darzustellen und erst dann die schwierigen Einzelfragen zu erörtern; Wiederholungen müssen dabei freilich in Kauf genommen werden.

S. die Übersichten 6, 7 am Ende von § 11 u. zur Übersicht 7 *Wieling* JuS 1973, 397; ferner *Hanau* JA 1987, 113.
Rechtsähnlich zu §§ 985 ff. ist der *Patentvindikationsanspruch* nach § 8 PatG (BGHZ 82, 13).

II. 1. *Ziel* des Herausgabeanspruchs ist es, dem Eigentümer (Nießbraucher usw.) den Sachbesitz zu verschaffen (§ 985), wobei es gleichgültig ist, ob es sich um eine bewegliche oder unbewegliche Sache handelt. Freilich ist dieses Verlangen nicht gerechtfertigt, wenn der Besitzer dem Eigentümer gegenüber zum Besitz berechtigt ist (§ 986), gleichgültig, ob dieses Recht zum Besitz auf einem dinglichen oder obligatorischen Recht beruht; so etwa wenn der Eigentümer dem Besitzer die Sache als Pfand überlassen oder vermietet hat oder wenn dieser ein Zurückbehaltungsrecht (BGHZ 64, 122, 125) oder ein Besitzrecht an der Ehewohnung hat (BGHZ 71, 216). Die Geltendmachung des Herausgabeanspruchs würde hier gegen die im konkreten Falle übernommene Pflicht zur Besitzverschaffung und Besitzbelassung verstoßen, ja man würde sie in vielen Fällen geradezu als einen Verstoß gegen Treu und Glauben empfinden.

2. Bei der Regelung des Ersatzanspruchs (wegen Verschlechterung oder Untergangs der Sache), der Herausgabe der Nutzungen, der Erstattung der Verwendungen schien es dem Gesetzgeber angezeigt zu differenzieren: der „gutgläubige", „redliche" Besitzer – der von seinem Recht zum Besitz überzeugt sein durfte – soll besser gestellt werden als der „unredliche" oder gar der, der sich durch schuldhaft verbotene Eigenmacht oder durch eine Straftat den Besitz verschafft hat.

Eine Wertung des Gesetzgebers, die dem natürlichen Rechtsempfinden entspricht: Wer sich bei einer als vertrauenswürdig bekannten Automobilfirma unter Empfang eines Kraftfahrzeugbriefs einen PKW – der sich später als gestohlen erweist – gekauft hat, muß anders behandelt werden, als der, dem ein lichtscheues Subjekt ein Kraftfahrzeug ohne Kraftfahrzeugbrief weit unter Wert überlassen hat.

Unredlich ist, wer beim Erwerb des Besitzes weiß oder infolge grober Fahrlässigkeit nicht weiß, daß er nicht zum Besitz berechtigt ist (§ 990 Abs. 1 S. 1 mit § 932 Abs. 2). *Unredlich* ist ferner, wer später, d. h. nach Erwerb des Besitzes, von seiner Nichtberechtigung zum Besitz erfährt (§ 990 Abs. 1 Satz 2; BGHZ 26, 256; 32, 76, 92; BGH JZ 1963, 255 mit Anm. *Isele*).[1] Dem unredlichen Besitzer ist gleichgestellt der sog. *Prozeßbesitzer,* d. h. der Besitzer, gegen den Klage auf Herausgabe der Sache erhoben ist (§ 989).

Denn von diesem Zeitpunkt an muß er – auch bei bisheriger Redlichkeit – seine Rechtsstellung kritischer beurteilen als zuvor, er muß damit rechnen, daß er zur Herausgabe der Sache verurteilt wird! – Ist Besitzer ein Minderjähriger, so sind §§ 828, 829 entsprechend anwendbar (str. s. *Koether-Ruchatz* NJW 1973, 1444; *Ebel* JA 1983, 296; *Medicus* Rn. 602).
Die technische Regelung des Gesetzes ist nicht gerade glücklich: es behandelt in §§ 987, 989 die Stellung des Prozeßbesitzers und verweist hierauf in § 990 beim unredlichen Besitzer.

Noch ungünstiger ist die Stellung des Besitzers, der sich den Besitz schuldhaft[2] durch eine verbotene Eigenmacht oder durch eine Straftat verschafft hat; er verdient keine Gnade und haftet in vollem Umfang nach Deliktsrecht (§ 992).

3. Ansprüche des Eigentümers wegen Verlusts und Verschlechterung der Sache:

a) Der *redliche* (und unverklagte) Besitzer haftet überhaupt nicht: § 993 Abs. 1 2. Halbsatz.

Ist in unserem ,,Automobilfall'' der PKW bei einem Zusammenstoß Schrott geworden, so haftet der redliche Besitzer dem Eigentümer auch dann nicht, wenn er für den Unfall allein verantwortlich ist.

b) Der *unredliche* Besitzer und der Prozeßbesitzer haften für *schuldhafte* Verschlechterung oder schuldhafte Unmöglichkeit der Herausgabe: § 990 mit § 989.

Bei der 2. Alternative unseres Falles (Unredlichkeit) haftet der Besitzer also für die von ihm verschuldete Zerstörung des Fahrzeugs, nicht aber dann, wenn ihn keine Verantwortung für den Zusammenstoß trifft: Der Zufall trifft also auch hier den Eigentümer, es sei denn, daß der Besitzer mit der Herausgabe der Sache in *Verzug* geraten ist: § 990 Abs. 2 mit § 287.
Zur Haftung des Besitzers für sein Personal siehe oben § 5 II 1 c u. *Soergel/Mühl* § 990 Rn. 19 m. w. N. Zur Haftung des Erwerbers abhandengekommener Inhaberschecks siehe *Gursky* JZ 1990, 652.
Es ist möglich, daß derjenige, der *infolge grober Fahrlässigkeit* nicht weiß, daß er zum Besitz nicht berechtigt ist, von seinem Besitzrecht innerlich überzeugt ist. Inwiefern kann man dann von einem Verschulden sprechen, wenn er ,,seine'' Sache etwa fahrlässig beschädigt? Handelt es sich in Wahrheit um ein ,,Verschulden gegen sich selbst'' (so etwa E. *Wolf* § 6 A I c 5 S. 250) oder um eine fiktive Anwendung der Grundsätze über die Verschuldenshaftung (so *Heck* § 68 Bem. 7)? M. E. begründet die grobe Fahrlässigkeit *beim Besitzerwerb* schon gewisse Verhaltenspflichten bezüglich der Sache, deren fahrlässige Verletzung den unredlichen Besitzer schadensersatzpflichtig macht. Oder anders ausgedrückt: Die Haftung auch für leichte Fahrlässigkeit bei Beschädigung der Sache ist eine vom

---

[1] Zur Frage, ob die Unredlichkeit eines Besitzdieners dem Besitzer zuzurechnen ist, s. oben § 5 II 1 c und § 8 II 3.
[2] Zu dieser Abweichung vom Gesetzeswortlaut (§ 992 enthält das Wort ,,schuldhaft'' nicht!) s. *Soergel/Mühl* § 992 Rn. 4 m. w. N.

Gesetz statuierte Konsequenz aus der groben Fahrlässigkeit (bezüglich des mangelnden Besitzrechts) beim Besitzerwerb.[1]

c) Der (schuldhaft) *eigenmächtige* und „poenale" Besitzer haftet für jeden Schaden, auch für Zufall: § 992, § 823, § 249, § 848.

Deutlich läßt sich also eine Steigerung von der Nichthaftung (Redlichkeit) über die Verschuldenshaftung (Unredlichkeit) zur Zufallshaftung (schuldhafte Eigenmacht) feststellen, ein „Gefälle", das wir sofort auch bei der Regelung des Nutzungs- und Verwendungsproblems feststellen werden.

4. *Ansprüche des Eigentümers auf Ersatz der Nutzungen*[2]

a) Der *redliche* (und unverklagte) Besitzer braucht gezogene Nutzungen nicht herauszugeben. Hat der Besitzer freilich den Besitz unentgeltlich erlangt (§ 988) oder Übermaßfrüchte gezogen (§ 993 Abs. 1 1. Halbsatz), so ist er gehalten, diese Früchte nach den Regeln über die Herausgabe einer ungerechtfertigten Bereicherung dem Eigentümer zu überlassen.

In der ersten Durchbrechung finden wir die schon oft festgestellte (vgl. z. B. § 816 Abs. 1 Satz 2; § 822) Schwäche des unentgeltlichen Erwerbs wieder. Die zweite Durchbrechung beruht auf der Billigkeitserwägung, daß auch der redliche Besitzer nur den normalen Ertrag behalten soll.

Beispiel: Dem B ist auf Grund eines Testaments, das sich später als nichtig herausstellt, der Besitz an einem Wald als Vermächtnis übergeben worden. Verlangt der wirkliche Erbe E Herausgabe des Waldes, so braucht B den normalen Holzeinschlag nur herauszugeben, soweit er noch bereichert ist (§§ 988, 818 Abs. 3).
Hat B den Wald von dem Nichteigentümer NE gekauft, ohne durch Einblick in das Grundbuch festzustellen, daß NE gar nicht als Eigentümer eingetragen ist (NE hatte ihm z. B. eine gefälschte Grundbuchabschrift vorgelegt), so muß er den normalen Holzeinschlag überhaupt nicht, einen außerordentlichen, z. B. durch einen Windbruch veranlaßten, nur dann herausgeben, wenn er noch bereichert ist (§ 993 Abs. 1 1. Halbsatz).

b) Der *unredliche* Besitzer und der *Prozeßbesitzer* müssen alle gezogenen Nutzungen (einschließlich der Gebrauchsvorteile) herausgeben, den Wert nicht mehr vorhandener Früchte ersetzen[3] und außerdem Ersatz leisten für schuldhaft nicht gezogene Nutzungen (§ 990 mit § 987, § 100; BGHZ 39, 186).

Hat B in unserem Beispiel die Nichtigkeit des Testaments – als guter Jurist – sofort erkannt oder hat er sie infolge grober Fahrlässigkeit – als mäßiger Jurist – nicht erkannt, so hat er dem wahren Erben das noch vorhandene Holz herauszugeben, den Wert des verkauften oder verbrauchten Holzes sowie den Wert des schuldhaft nicht geschlagenen, jetzt nicht mehr brauchbaren Holzes zu erstatten. War B mit der Herausgabe der Sache in Verzug, so haftet er für Zufall (§ 990 Abs. 2 mit § 287), er hat also z. B. den Wert des einer ordnungsmäßigen Wirtschaft zuwider nicht gezogenen Holzes auch dann zu erstatten, wenn ihn kein Verschulden trifft.
Weiterer Beispielsfall: BGH MDR 1963, 587.

c) Der (schuldhaft) *eigenmächtige* und *poenale* Besitzer haftet wieder für jeden Schaden; das bedeutet hier – nach dem Grundsatz der Naturalrestitution –, daß er den Eigentümer so zu stellen hat, wie „wenn der zum Ersatz verpflichtende Umstand nicht eingetreten wäre" (§ 249 S. 1). Er muß also alle – in den Zuwei-

---

[1] Dazu *Wieling* Sachenrecht, § 12 III 3a.

[2] Zum Nutzungsbegriff insbes. bei Unternehmungen s. die Lit.-Angaben unten § 61 I 1 Anm. 1; ferner BGH MDR 1962, 556; BGHZ 64, 322; BGHZ 109, 179, 191.

[3] Der Wortlaut des Gesetzes (§ 987), das nur von „Herausgabe" spricht, ist zu eng (RGZ 93, 280, 283).

sungsgehalt des Eigentums fallenden[1] – Nutzungen erstatten, die der Eigentümer gezogen hätte, aber – da er nicht besser gestellt sein kann als der unredliche Besitzer – auch die von ihm gezogenen Nutzungen, selbst wenn der Eigentümer sie nicht hätte ziehen können.

5. *Ansprüche des Besitzers auf Ersatz der Verwendungen*

Hier macht das Gesetz eine sehr subtile Unterscheidung zwischen:

(1) *notwendigen* Verwendungen, die wieder gewöhnliche oder außerordentliche sein können:

Gewöhnliche notwendige Verwendungen, in unserem Beispielsfall: Nachpflanzen von Jungbäumen nach normalem Holzeinschlag;

außerordentliche notwendige Verwendungen: Anlegung eines Holzabfuhrwegs, der einen Einschlag erst ermöglicht;

Keine notwendigen Verwendungen sind solche, die der Besitzer *nur* für seine Sonderinteressen gemacht hat (BGHZ 64, 333, 339);

(2) *sonstige* Verwendungen, die im Augenblick der Wiedererlangung der Sache durch den Eigentümer sich als *wertsteigernd* erweisen:

Verbesserung eines schon vorhandenen Holzabfuhrwegs;

(3) *sonstige* Verwendungen, bei denen eine Wertsteigerung nicht oder nicht mehr vorliegt:

Bau einer Jagd- und Wochenendhütte, die jetzt – weil vom Holzwurm befallen – völlig wertlos ist.

a) Der *redliche Besitzer* kann Ersatz verlangen für

aa) die *notwendigen* Verwendungen mit Ausnahme der gewöhnlichen Unterhaltungskosten (für deren Ausgleich ihm ja die Nutzungen verbleiben!): § 994 Abs. 1, § 995 Satz 2;

bb) die sonstigen *wertsteigernden* Verwendungen (§ 996);

cc) dagegen *nicht* für *sonstige, nicht wertsteigernde* Verwendungen; hier hat er lediglich das Wegnahmerecht nach § 997.

Hat der redliche B in unserem Beispiel Jungbäume nach normalem Holzeinschlag eingepflanzt, so kann er dafür keinen Ersatz beanspruchen, da ihm der Einschlag bleibt (§ 994 I S. 2). Die Kosten für den neuen Holzabfuhrweg kann er ersetzt verlangen, ebenso die für die Verbesserung des schon vorhandenen Wegs, wenn sich die Wertsteigerung noch auswirkt. Die von ihm erstellte Jagdhütte kann er abbrechen lassen.

b) Der *unredliche* und *Prozeßbesitzer* kann beanspruchen:

aa) *notwendige* Verwendungen *nur* dann, wenn die Voraussetzungen einer Geschäftsführung ohne Auftrag zugunsten des Eigentümers vorlagen (§ 994 Abs. 2 mit §§ 683, 684).

Der unredliche B muß also den Holzeinschlag als Nutzung herausgeben oder den Wert ersetzen, Ersatz für die Jungpflanzung erhält er, wenn sie dem wirklichen oder mutmaßlichen Willen des Eigentümers und seinem Interesse entsprach (§ 683) oder wenn der Eigentümer um sie bereichert ist (§ 684);

bb) *nicht:* sonstige wertsteigernde Verwendungen: § 996.

---

[1] S. dazu *Jahr* aaO.

Der unredliche B kann die Kosten für die Verbesserung des Wegs nicht erstattet verlangen (BGHZ 39, 186).

cc) *nicht:* sonstige (nicht wertsteigernde) Verwendungen.

Das Jagdhaus kann der unredliche B abbrechen lassen: § 997;

c) Beim (schuldhaft) *eigenmächtigen* und *poenalen* Besitzer kommen Verwendungen nur in gleichem Maße in Betracht wie beim unredlichen Besitzer (§ 850 mit §§ 994 ff., 994 Abs. 2).

d) In allen Fällen (a–c) steht dem Besitzer ein *Wegnahmerecht* zu (§ 997 Abs. 1) mit Ausnahme der in § 997 Abs. 2 genannten Tatbestände (s. dazu § 53 c IV 2).

6. *Die Geltendmachung des Verwendungsersatzanspruchs*

a) Steht dem Besitzer ein Verwendungsersatzanspruch zu, so soll er die Sache nur Zug um Zug gegen Ersatz dieser Verwendungen herausgeben müssen, er hat also ein *Zurückbehaltungsrecht* (§ 1000).

b) Andererseits soll der Eigentümer die Verwendungen erst ersetzen müssen, wenn er entweder in den Besitz der Sache gelangt ist oder die Verwendungen genehmigt hat (§ 1001 Satz 1).

c) Schließlich ist es möglich, daß der Eigentümer gar kein Gewicht auf Rückgabe der Sache legt, weil z. B. die Verwendungen, die er ersetzen müßte, viel höher sind als der Wert der Sache. Dann kann der Besitzer sich für seine Verwendungen aus der Sache befriedigen (§ 1003).

B. Abgrenzungsfragen[1]

Wir haben oben A I b die Abgrenzungsschwierigkeiten schon angedeutet. Die dem Eigentümer-Besitzerverhältnis zugrundeliegende Rechtslage kann in den einzelnen Fällen so verschieden sein, daß zunächst einmal der Anwendungsbereich der §§ 985 ff. geprüft werden muß:

---

[1] Siehe dazu *Brox* JZ 1965, 516; *von Caemmerer* in FS f. Boehmer 1954, S. 154 Nr. 42; *Diederichsen,* Das Recht zum Besitz aus Schuldverhältnissen, 1965; *Dimopoulos-Vosikis,* Die bereicherungsrechtl. u. deliktsrechtlichen Elemente der §§ 987 bis 1003 BGB, 1966; *Fikentscher* § 102 V; *Firsching* AcP 162, 440; *Gerhardt* I 65; *Haas* AcP 176, 1 (Verwendungsersatzanspruch und die aufgedrängte Bereicherung); *Georgiades,* Die Anspruchskonkurrenz . . ., 1967; *Hager* JuS 1987, 877 (Grundfälle); *Jacobs* AcP 167, 351; *Jahr* AcP 183, 725 (Schadensersatz wegen deliktischen Nutzungsentzugs); *Kaehler,* Bereicherungsrecht u. Vindikation, 1972; *Kaysers,* Der Verwendungsersatzanspruch des Besitzers bei vertragl. Leistungen, 1968; *Köbl,* Das Eigentümer-Besitzerverhältnis im Anspruchssystem des BGB, 1971; *Kraft* NJW 1963, 1849; *Klauser* NJW 1965, 513; W. E. *Krause,* Die Haftung des Besitzers nach den §§ 989–993 BGB, 1965; *Medicus* Rn. 582 ff.; *Mühl* AcP 176, 396 (Vindikation u. Kondiktion); Horst *Müller* in FS f. Lent 1957, S. 179 ff.; Klaus *Müller* JZ 1968, 769; *Pinger,* Funktion u. dogm. Einordnung des Eigentümer-Besitzerverhältnisses, 1973; *Pinger/Scharrelmann/Thissen,* D. Eigentümer-Besitzerverhältnis, 4. Aufl. 1988; *Raiser* in FS f. Wolff 1952 S. 123; JZ 1958, 681 und 1961, 529; *Schönfeld* JZ 1959, 301; *Siber* DogmJ. 89, 1; *Waltjen* AcP 175, 109 (Verhältnis zur Bereicherung); *Westermann/Pinger* I § 31 II; *Wieling,* Die Nutzungen des gutgläubigen Besitzers . . ., AcP 169, 137 u. MDR 1972, 645; *ders.* Sachenrecht § 12 I 3, II; Manfred *Wolf* AcP 166, 188 (Verwendungsersatzanspruch); *Zeuner* in FS f. Felgenträger, 1969 S. 423 ff.

Dem E ist eine Sache von B gestohlen worden: B ist unrechtmäßiger Eigenbesitzer.

E hat ein Grundstück an B verkauft, aufgelassen und übergeben. B ist aber noch nicht im Grundbuch eingetragen: B ist rechtmäßiger Eigenbesitzer.

E hat eine Sache an B vermietet: B ist rechtmäßiger Fremdbesitzer.

E – der geschäftsunfähig ist – hat eine Sache an B vermietet: B ist unrechtmäßiger Fremdbesitzer.

Die erste Frage, die wir zu beantworten haben, ist die, ob in all diesen Fällen die §§ 985ff. anzuwenden sind, die ,,Vindikationslage" also gegeben ist.

Ist der Anwendungsbereich der §§ 985ff. abgesteckt, so ist das Verhältnis dieser Bestimmungen zum Vertragsrecht, Deliktsrecht und zur ungerechtfertigten Bereicherung zu prüfen.

Wie verhält sich etwa der Rückgabeanspruch des Vermieters aus § 556 (nach Beendigung des Mietverhältnisses) zur rei vindicatio (zum Herausgabeanspruch) nach §§ 985ff.?

Rechtsprechung und Literatur zu diesen Fragen bieten ein buntes, ja gelegentlich verwirrendes Bild. Die Problematik wird häufig nur dem verständlich, der in der Materie zu Hause ist. Unsere Aufgabe wird es sein, möglichst klare Linien zu zeichnen.

I. Der Anwendungsbereich

1. Seinem Wortlaut nach bezieht sich § 985 auf den rechtmäßigen wie den unrechtmäßigen Besitzer. Sieht man aber näher zu, so wird deutlich, daß die Vindikationslage *nur bei unrechtmäßigem Besitz* gegeben ist. Denn wenn die §§ 990ff. zwischen redlichem und unredlichem Besitzer unterscheiden, so kann sich die Redlichkeit oder Unredlichkeit immer nur auf die Nichtberechtigung zum Besitz beziehen; der rechtmäßige Besitzer kann weder redlich noch unredlich sein.

Es ist das Verdienst von *Raiser*, im Anschluß namentlich an *Siber*, diese – schon früher von anderen vertretene – Abgrenzung dogmatisch gefestigt und weiter ausgebaut zu haben (a. a. O.). Der BGH ist dieser Auffassung in BGHZ 27, 317 (ferner in BGHZ 31, 129, 132; 34, 122, 128. [= *Baur*, E. Slg. Fall 32; BGHZ 100, 95, 102] s. unten 2) im Gegensatz zur Rechtsprechung des RG (RGZ 142, 417) gefolgt:

E hat seine Lokomotive an M vermietet. M hat sie bei R reparieren lassen, wozu er dem E gegenüber berechtigt, ja verpflichtet war. Da M in Konkurs fiel, hält sich R an E. Dem Wortlaut des § 994 nach würde der Verwendungsersatzanspruch des R gegen E begründet sein. Denn R hat als ,,Besitzer" ,,auf" die Maschine notwendige Verwendungen gemacht. Dennoch lehnt der BGH den Anspruch – mit Recht – ab;[1] denn R war rechtmäßiger Besitzer: er war dem M gegenüber – auf Grund des Werkvertrags – zum Besitz berechtigt, dieser dem E gegenüber – auf Grund des Mietvertrags –. Die ,,Vindikationslage" traf also nicht zu (vgl. § 986 Abs. 1 Satz 1). R ist auf seinen Werklohnanspruch gegen M beschränkt.[2]

---

[1] Wobei die Frage eines redlichen Erwerbs eines Unternehmerpfandrechts durch R hier zunächst nicht beantwortet werden soll (s. unten § 55 C II 2a).

Die Vindikationslage ist auch dann nicht gegeben, wenn die §§ 677ff. (berechtigte Geschäftsführung ohne Auftrag) anwendbar sind; denn der Geschäftsführer ist als zum Besitz berechtigt anzusehen (siehe *Soergel-Mühl* § 986 Rn. 4; Rn. 11 vor § 987).

[2] Die in der Rechtsprechung (BGH NJW 1955, 340, 341 r. Sp.; BGH FamRZ 1970, 641; OLG München NJW 1958, 425) gelegentlich zu beobachtende Tendenz, die §§ 987ff. wiederum – wenn auch nur ,,ersatzweise" – auf einen *rechtmäßigen* Besitzer anzuwenden, ist zu mißbilligen. Denn auf diese Weise wird die eben erst gewonnene Erkenntnis der systematischen Stellung der §§ 987ff. grundlos wieder aufs Spiel gesetzt (*Schönfeld* JZ 1959, 304; *Staudinger/Berg* § 994 Anm. 2 3. Abs.). –

Rechtmäßig ist der Besitz nicht nur dann, wenn er durch ein unmittelbar zum Eigentümer bestehendes Rechtsverhältnis gedeckt wird (sog. zweigliedriges Verhältnis), sondern auch in all den Fällen, in denen der Besitzer sein Besitzrecht von jemandem ableitet, der seinerseits dem Eigentümer gegenüber zur Überlassung des Besitzes berechtigt ist (sog. dreigliedriges Verhältnis).

Aus dem Gesagten ergibt sich eine wichtige Folgerung für die *Auslegung des § 986;* hier ist seit je streitig, ob es sich um eine *Einwendung* – die bei Vorliegen der Tatsachengrundlage im Prozeß von Amts wegen zu berücksichtigen wäre – oder um eine *Einrede* handelt (auf die der bekl. Besitzer sich zu berufen hätte, wenn sie berücksichtigt werden soll).

Der Streit ist – angesichts der in § 139 ZPO statuierten richterlichen Frage- und Aufklärungspflicht – praktisch nur noch für das Versäumnisverfahren bei Säumnis des Bekl. von Bedeutung.

Sieht man in § 986 eine die Vindikationslage fixierende, sie auf den unrechtmäßigen Besitz beschränkende Bestimmung, so folgt daraus notwendig, daß die Tatsachen, aus denen sich die Rechtmäßigkeit des Besitzes ergibt, Einwendungscharakter haben.[1]

Aus dem Gesagten folgt weiter, daß bei *Überschreitung des Besitzrechts durch den rechtmäßigen Fremdbesitzer* neben der Vertragsverletzung der Tatbestand des § 823 Abs. 1 verwirklicht sein kann, ohne daß § 993 Abs. 1 2. Halbsatz mit § 992 dem entgegenstünde.

E hat sein Haus an M vermietet. M beschädigt die Wohnung schuldhaft oder er vermietet sie unerlaubt an Untermieter, die sie ruinieren, oder er richtet vertragswidrig ein Restaurant ein usw.[2]

Die h. M. kommt hier mit Hilfe der Figur des sog. *Fremdbesitzerexzesses* zum selben Ergebnis. Diese Rechtsfigur braucht hier aber nicht bemüht zu werden[3] (sie bleibt bedeutsam für den noch zu besprechenden Fall, daß M *unrechtmäßiger* Besitzer ist, z. B. weil der mit E geschlossene Mietvertrag sich als nichtig herausstellt).

In einem interessanten Fall hat der BGH (BGHZ 31, 129) § 990 Abs. 1 Satz 1 angewendet, wenn der – zunächst – berechtigte Fremdbesitzer nachträglich unberechtigten Eigenbesitz ergreift und die Sache veräußert. Der Anspruch nach § 823 (Exzeß des Fremdbesitzers!) war verjährt, der BGH kommt also zur Prüfung des § 990. Es war somit zu fragen, ob die Umwandlung von Fremd- in Eigenbesitz als Besitzerwerb i. S. des § 990 Abs. 1 S. 1 anzusehen ist. Der BGH bejaht dies, zu Unrecht: Es bestand kein Anlaß, hier anders zu entscheiden als in den sonstigen Fällen der Besitzrechtsüberschreitung durch den rechtmäßigen Fremdbesitzer. Dem Kl. stand deshalb ein Anspruch aus Vertragsverletzung, nicht jedoch aus §§ 990, 989 zu (*Raiser* JZ 1961, 125; *Krause*, Die Haftung des Besitzers, S. 108).

2. Fraglich ist weiter, ob die §§ 985 ff. auch dann ausgeschlossen bleiben, *wenn das Rechtsverhältnis,* auf dem der rechtmäßige Besitz beruht, *endigt.* Wird dann aus dem rechtmäßigen Besitzer ein nicht rechtmäßiger, der nach §§ 987 ff. zu behandeln ist?

Auch wenn man mit der h. M.[4] diese Frage bejahen wollte, so darf dies sicher *nicht* zu einer Rückwirkung auf die Zeit des rechtmäßigen Besitzes führen. Hat also etwa der Vorbehaltskäufer die Sache bei einem Werkunternehmer reparieren lassen und tritt der Vorbehaltsverkäufer vom Vertrag zurück, so kann sich der Werkunternehmer – entgegen der Auffassung des BGH in BGHZ 34, 122

---

[1] Dazu *Soergel/Mühl* § 986 Rn. 2 m. w. N.

[2] So auch im Ergebnis BGH WM 1976, 350; w. Nachw. bei *Soergel/Mühl* Rn. 12, 15 vor § 987. Zu der Frage bei unberechtigter Untervermietung s. unten II 2 a. E.

[3] *Raiser* in Festschrift für Martin Wolff (1952) S. 133 f.

[4] Vgl. etwa BGH MDR 1969, 128; *Soergel/Mühl* Rn. 9 vor § 994.

(= *Baur*, E.Slg. Fall 32) – wegen der bis zu dem Rücktritt gemachten Verwendungen sicher nicht an den Vorbehaltsverkäufer halten.[1] Fraglich kann nur sein, ob die §§ 987 ff. *für die Zeit nach Wegfall der Besitzberechtigung* anwendbar sind oder ob man mit *Raiser*[2] allein die vertraglichen Leistungs- bzw. Rückabwicklungsansprüche für gegeben hält. Diese Frage ist im Sinne der zweiten Alternative zu beantworten.

Auch wenn ein Vertragsverhältnis beendigt ist, steht die Rückabwicklung noch unter Vertragsrecht bzw. – etwa bei Ausübung eines vereinbarten oder nach §§ 325, 326 gegebenen Rücktrittsrechts – unter den Sondervorschriften der §§ 346 ff.[3]

3. Schließlich bleibt zu erörtern, ob die §§ 985 ff. *nur* den unrechtmäßigen *Eigen*besitzer (also etwa Dieb, Hehler, Käufer auf Grund nichtigen Kaufvertrags und nichtiger Übereignung) oder *auch den unrechtmäßigen Fremdbesitzer* betreffen.

E hat sein Grundstück auf Grund eines nichtigen Pachtvertrags dem B überlassen.

Die Frage ist mit der h. M. grundsätzlich im Sinne der zweiten Alternative zu bejahen. Das Gesetz gibt für eine Unterscheidung zwischen unrechtmäßigem Eigen- und Fremdbesitz keine Handhabe.[4] Die Vindikationslage ist von Anfang an gegeben, mochte sie auch den Parteien nicht bewußt sein.

Freilich bedarf diese Feststellung einer Korrektur; denn wollte man bei Beschädigungen der Sache usw. die §§ 989, 990 anwenden, so würde der redliche *unrechtmäßige* Besitzer nicht haften (§ 993 Abs. 1 2. Halbsatz), während der rechtmäßige Besitzer nach Vertrags- und Deliktsrecht in Anspruch genommen werden könnte. Dieses Ergebnis kann nicht Rechtens sein. Daher ist die Lehre vom sog. Fremdbesitzerexzeß entwickelt worden. Aus § 991 Abs. 2 läßt sich der Rechtsgedanke entnehmen, daß der Besitzer dem Eigentümer mindestens insoweit haften soll, wie er im Falle eines zwischen ihnen bestehenden Vertrags haften müßte. Deshalb ist neben § 823 BGB, auf den sich die h. M. allein stützt, auch § 991 Abs. 2 analog heranzuziehen (s. auch unten C II 1). Dies wird insbesondere von Bedeutung, sobald der Anspruch aus § 823 verjährt ist (§ 852).[5] Danach haftet auch der redliche unrechtmäßige Fremdbesitzer nach §§ 991 Abs. 2, 823 BGB, wenn er die Grenzen seines vermeintlichen Besitzrechts schuldhaft überschreitet.

E hat seine Wohnung möbliert an B vermietet; der Mietvertrag ist aus irgendeinem Grunde nichtig, ohne daß B dies erkannt oder infolge grober Fahrlässigkeit nicht erkannt hat. Da die Voraussetzungen des § 992 nicht vorliegen, würde B nicht haften, wenn er die Möbel zu Kleinholz macht oder duldet, daß seine Kinder die Möbel zu Schnitzübungen benutzen. Hier überschreitet er aber das Besitzrecht, das er hätte, wenn der Mietvertrag gültig wäre. Er haftet daher nach §§ 991 Abs. 2, 823. Das gleiche würde gelten, wenn er die überlassenen Möbel veräußert (vgl. u. a. RGZ 101, 307; 157, 132, 135 m. w. N.; BGH JZ 1951, 716 [= *Baur*, E.Slg. Fall 35] mit Anm. *Raiser*); BGH NJW 1973, 1790 (dazu *Medicus* JuS 1974, 221, 223).

---

[1] Sehr str. s. die Nachweise bei *Soergel/Mühl* Rn. 9–12 vor § 994; *Medicus* Rn. 587–594; *Westermann/Pinger* I § 33 I 5 b; BGHZ 51, 250 u. unten § 55 C II 2a.

[2] AaO S. 134, 140; JZ 1958, 684; 1961, 529.

[3] Vgl. BGHZ 44, 237.

[4] AA *Harder* in FS Mühl 1981, 267 ff.: §§ 989 ff. gelten nur für den unrechtmäßigen *Eigen*besitzer, so daß für den unrechtmäßigen *Fremd*besitzer unmittelbar Deliktsrecht gelte.

[5] So richtig W. E. *Krause* aaO S. 112, der aber zu Unrecht § 990 Abs. 1 S. 2 analog anwenden will.

II. Konkurrenzfragen

Wie wir unter I erarbeitet haben, ist der Anwendungsbereich der §§ 985 ff. auf den unrechtmäßigen Eigen- und Fremdbesitzer beschränkt; sie gelten nicht für den rechtmäßigen Eigen- und Fremdbesitzer, auch nicht für den Fremdbesitzer, dessen Besitzberechtigung abgelaufen ist.

> Zu beachten ist, daß sich Konkurrenzprobleme überhaupt nicht ergeben, wenn der in Anspruch Genommene *nicht Besitzer* ist. So etwa in BGHZ 56, 73: Der Bekl. hat als Geschäftsführer einer GmbH schuldhaft das Eigentum des Kl.s beeinträchtigt, ohne Besitzer der Sache gewesen zu sein (Besitzer war nur die GmbH, s. oben § 7 C I a. E.). Hier haftet er unmittelbar nach § 823, ohne daß die Voraussetzungen des § 992 vorzuliegen brauchen.[1]

Mit dieser Abgrenzung hat sich auch das Konkurrenzproblem vereinfacht. Es bleibt die Frage, ob die §§ 987 ff. in ihrem Anwendungsbereich eine erschöpfende Sonderregelung darstellen oder ob daneben das Delikts- und Kondiktionsrecht anwendbar bleibt.

Die Rechtsprechung und die h. M. im Schrifttum[2] haben sich unter Berufung auf § 993 Abs. 1 2. Halbsatz für die *ausschließliche Geltung* des Vindikationsrechts entschieden (vgl. etwa RGZ 137, 206; 163, 348, 352 m. w. N.; BGH LM § 985 Nr. 8), hat aber doch einige Durchbrechungen dieses Grundsatzes konzedieren müssen, weil seine starre Anwendung zu untragbaren Ergebnissen geführt hätte:

1. Eine erste Durchbrechung des Ausschließlichkeitsgrundsatzes im Verhältnis zum Deliktsrecht haben wir in dem Tatbestand des *Fremdbesitzer-Exzesses* bereits kennengelernt: auch der redliche unrechtmäßige Fremdbesitzer haftet nach §§ 991 Abs. 2, 823 auf Schadensersatz, wenn er die Grenzen seines – vermeintlichen – Besitzrechts schuldhaft überschritten hat.

2. Hat der redliche unrechtmäßige Eigenbesitzer die Sache an einen Dritten veräußert, so greift § 990 mit § 989 nicht Platz. Er könnte also den Veräußerungserlös behalten. Hier ist *§ 816 anwendbar* (RGZ 163, 353; BGH NJW 1953, 58), und zwar gleichgültig, ob der Dritte – nach § 932, § 892 – Eigentum erworben hat oder – wegen § 935 – Eigentum nicht erwerben konnte (denn im zweiten Fall liegt in der Erhebung des Anspruches auf Herausgabe des Erlöses die – durch Nichtbefriedigung auflösend bedingte – Genehmigung der Verfügung des Eigenbesitzers).[3]

Bei Anwendung des § 816 muß man sich darüber im klaren sein, daß die §§ 987 ff. nur die Fragen des Schadensersatzes und der Nutzungsherausgabe betreffen, das Ausschließlichkeitsprinzip (§ 993 Abs. 1 2. Halbsatz) sonach bezüg-

---

[1] Zu der Frage, ob der Ausschluß des Deliktsrechts nur dem redlichen unverklagten Besitzer oder auch dem grobfahrlässigen (oder Rechtshängigkeits-Besitzer) zugute kommt, s. *Soergel/Mühl* § 992 Rn. 2 (m. w. N.); *Köbl* S. 169 ff. u. *Schwab/Prütting* § 48 IV 3 b; *Wieling* Sachenrecht § 12 III 6.

[2] *Medicus* in MünchKomm. § 993 Rn. 11 ff.; *Soergel/Mühl* 15 vor § 987; a. A. aber vor allem *Westermann/Pinger I*, § 11 C I 3 a.

[3] Ähnlich die h. M. Vgl. RGZ 106, 44 (mit Klagerhebung und unbedingt!); 115, 31. In § 11 C I 3 a auch zur Anwendbarkeit des § 281. Zum Zeitpunkt der Genehmigung s. BGHZ 56, 131: Genehmigung auch noch möglich, wenn der Eigentümer sein Eigentum später (z. B. nach § 950) verloren hat. Umfassende Nachweise bei *Merle* AcP 1983, 81. Zur Rechtslage, wenn die Veräußerung dem Eigentümer gegenüber *unwirksam* war, s. *Medicus* Rn. 599.

lich der Herausgabe des Veräußerungserlöses von vorneherein keine Geltung beanspruchen kann (vgl. auch RG WarnRspr. 1920 Nr. 160). Daher ist auch der Entscheidung BGH NJW 1960, 860 zuzustimmen: Hat der *unredliche* unrechtmä-ßige Besitzer die Sache veräußert und der Eigentümer den Veräußerungserlös nach § 816 Abs. 1 Satz 1 herausverlangt, so kann der Besitzer doch nach §§ 989, 990 auf einen weitergehenden Schaden in Anspruch genommen werden.

Die gleichen Grundsätze gelten in den *sonstigen* Fällen der *Eingriffskondiktion* und *beim Verbrauch der Sache* (BGHZ 14, 7 = *Baur*, E. Slg. Fall 33).[1]

Beispiel (in Anlehnung an BGHZ 55, 176 – ,,Jungbullenfall" – dazu H. P. *Westermann* JuS 1972, 18): Dem Kl. sind zwei Jungbullen gestohlen worden, die der gutgläubige Bekl. in seiner Fleischfabrik verwertete. Der Kl. kann vom Bekl. Herausgabe der Bereicherung nach §§ 951, 812 verlangen, ohne daß dem die §§ 987ff. im Wege stünden. –
B hält sich gutgläubig für den Eigentümer einer Sache, die dem E gehört. Veräußert B die Sache an D, so steht dem E ein Schadensersatzanspruch – weil B die Sache nicht mehr herausgeben könne – nicht zu; denn die Voraussetzungen der §§ 990, 989 greifen nicht Platz. E hat aber einen Anspruch auf Herausgabe des Erlöses (§ 816).
Hat B die Sache für sich verbraucht, so kann E Ersatz des Wertes unmittelbar aus § 812 (Eingriffs-kondiktion!) i. V. mit § 818 Abs. 2 verlangen.
Bei *unberechtigter Untervermietung* sind zwei Fälle zu unterscheiden:
a) Der Mieter M ist rechtmäßiger Besitzer, die Untervermietung an U war aber vertragswidrig. Kann der Vermieter E auf Grund von § 812 von M die Untermietbeträge fordern? nein: BGH NJW 1964, 1853; ja: z. B. *Diederichsen* NJW 1964, 2296; *Söllner* JuS 1967, 449. Jedenfalls steht hier keine Konkurrenz zwischen Vindikationsrecht und ungerechtfertigter Bereicherung zur Debatte, da M rechtmäßiger Besitzer ist.
b) Anders ist die Situation, wenn M unrechtmäßiger Besitzer war und an U untervermietet hat. Hier sind die Untermietsbeträge Nutzungen, die der M – falls er redlich ist – behalten darf (§ 993 Abs. 1 2. Halbsatz). – Zur Stellung des Untermieters s. oben § 9 V 1.

3. Eine wesentliche Durchbrechung wird in dem Fall erforderlich, daß der redliche Besitzer den Besitz rechtsgrundlos erlangt und während seiner Besitzzeit die Nutzungen gezogen hat.

Beispiel (in Anlehnung an RGZ 163, 348; s. auch BGHZ 32, 76, 94; BGH MDR 1963, 577):
V hat sein Grundstück an K verkauft und aufgelassen. Später stellt es sich heraus, daß V unerkenn-bar geisteskrank war. K gibt das Grundstück an den Betreuer zurück, will aber die Nutzungen behalten.
Dem ersten Eindruck nach zu Recht: K war (unrechtmäßiger) redlicher Eigenbesitzer; der An-spruch auf Ersatz der Nutzungen ist nach § 993 Abs. 1 2. Halbs. ausgeschlossen.
Das Ergebnis ist aber sonderbar, wenn man sich vergegenwärtigt, daß K *auch* die Nutzungen herausgeben müßte, wenn nur der Kaufvertrag nichtig, die Auflassung aber gültig gewesen wäre (§§ 812, 818 Abs. 1); der *Eigentümer* K würde also schlechter behandelt als der *Besitzer* K. Daß dieses Ergebnis untragbar ist, darüber ist man sich einig. Seine Korrektur versucht die eine Meinung nach § 988, indem sie den rechtsgrundlosen dem unentgeltlichen Erwerb gleichstellt (so RGZ 163, 348), die andere – richtige – Auffassung[2] wendet § 812 unmittelbar an.

4. Schließlich soll nach BGHZ 67, 217; BGH NJW 1978, 1529 eine Herausgabeklage während des Eheprozesses unzulässig sein; die Besitzverhältnisse seien ausschließlich durch das Eheprozeßgericht (= Familiengericht) zu regeln. M. E. gilt dies nur, wenn das Familiengericht geregelt *hat*; dann hat der Bekl. u. U. ein Recht zum Besitz (§ 986).

---

[1] Vgl. *Reuter/Martinek*, § 20 u. Lit. unten § 13 B II.
[2] S. *Soergel/Mühl* Rn. 15 vor § 987 m. w. N.; u. *Westermann/Pinger* I § 31 II 3; *von Caemmerer*, FS Boehmer 1954, S. 154f.; *Medicus* Rn. 600 m. w. N.; E. *Wolf* § 6 A II c 3 S. 165. Zur Problematik s. *Wieling* AcP 169, 137.

C. Die Einzeltatbestände

Nachdem wir den Anwendungsbereich der §§ 985 ff. abgesteckt haben, können die Einzeltatbestände auf ihre Besonderheiten überprüft werden.

I. Der Herausgabeanspruch

S. zunächst oben A II 1.

1. *Träger* des Anspruchs ist der Eigentümer, *Anspruchsgegner* ist der Besitzer. Daß nur der unrechtmäßige Besitzer gemeint ist, ergibt sich aus § 986: wer ein Recht zum Besitz hat, ist dem Herausgabeanspruch nicht ausgesetzt. Das Besitzrecht muß dem Eigentümer gegenüber bestehen, aber es braucht nicht auf einem unmittelbaren Rechtsverhältnis zwischen Eigentümer und Besitzer zu beruhen; es genügt, wenn der unmittelbare Besitzer sein Recht zum Besitz von jemandem ableitet, der dem Eigentümer gegenüber zur Überlassung des Besitzes an ihn (den unmittelbaren Besitzer) befugt war.

Beispiele: E hat sein Landgut an P mit dem Recht der Unterverpachtung verpachtet. E kann Herausgabe weder von P noch von dem Unterpächter UP verlangen. War die Unterverpachtung nicht genehmigt oder ist sie aus irgendeinem Grunde nichtig, so kann E von UP nur Rückgabe an P fordern (§ 986 Abs. 1 Satz 2).
E hat sein Grundstück an K₁ verkauft und übergeben, K₁ hat es weiter an K₂ verkauft und den Besitz übertragen. Auflassung ist in beiden Fällen nicht erfolgt. E kann von K₂ nicht Herausgabe verlangen: K₁ ist zwar im Verhältnis zu K₂ nicht mittelbarer Besitzer, der Wortlaut des § 986 Abs. 1 Satz 1 trifft also nicht zu, die Bestimmung ist aber entsprechend anwendbar (so RGZ 105, 20 und BGH NJW 1990, 1914).
Weiteres Beispiel: BGH NJW 1984, 1960 (dazu K. *Schmidt* JuS 1984, 811).

Das Besitzrecht besteht auch gegenüber einem Rechtsnachfolger des Eigentümers einer beweglichen Sache, wenn die Eigentumsübertragung nach § 931 oder – wegen Gleichheit der Interessenlage – nach § 930[1] erfolgt ist (§ 986 Abs. 2: Erhaltungsfunktion des Besitzes! S. oben § 6 II 1).

2. Der Anspruch ist auf *Herausgabe der Sache* gerichtet. Die Entgegennahme muß dem Eigentümer möglich gemacht werden. Geschuldet wird deshalb u. U. auch die Herausnahme der Sache etwa aus einem Lager und die Bereitstellung zur Abholung (BGHZ 104, 304, 306 ff.).

Ist der Anspruchsgegner nur mittelbarer Besitzer, so kann nur Übertragung des mittelbaren Besitzes verlangt werden.

Die h. M.[2] gibt dem Eigentümer *wahlweise* den Anspruch auf Herausgabe der Sache (die der mittelbare Besitzer gar nicht hat!) *oder* auf Abtretung des mittelbaren Besitzes. In welche Schwierigkeiten sie gerät, zeigt BGHZ 53, 29: E hat eine Kegelbahn unter Eigentumsvorbehalt dem K, der ein Hotel von B gepachtet hat, geliefert. Später verpachtet B das Hotel mit Kegelbahn an C. Da K nicht bezahlt hat, verlangt E *von B* Herausgabe der Kegelbahn. Das rechtskräftige Herausgabeurteil könnte dazu führen, daß B gemäß § 283 zum Schadensersatz verpflichtet wäre, während eine solche Ver-

---

[1] BGH JZ 1990, 707 = BGHZ 111, 142; *Wieling* Sachenrecht § 12 I 3a aa m. w. N.
[2] S. dazu BGHZ 2, 164, 166; 12, 380, 397; 53, 29; *Soergel/Mühl* § 985 Rn. 13 u. *Medicus* Rn. 448.

pflichtung des B nach §§ 989 ff. u. U. nicht bestünde. Das zwingt den BGH, die Wertung der §§ 989 ff. schon bei der Frage des Herausgabeanspruchs vorzunehmen![1]

Der Herausgabeanspruch gibt *kein Gewaltrecht;* der Eigentümer kann sich nur dann gewaltsam in den Besitz der Sache setzen, wenn die Voraussetzungen des § 859 oder des § 229 vorliegen. Er bedarf also eines Vollstreckungstitels (Urteils, gerichtlichen Vergleichs usw.), um seinen Anspruch zwangsweise realisieren zu können. Ist Eile geboten, so genügt auch eine einstweilige Verfügung. Die Zwangsvollstreckung erfolgt durch den Gerichtsvollzieher, der dem Besitzer die Sache wegnimmt (§ 883 ZPO) oder ihn – bei Grundstücken – ,,aus dem Besitz der Sache setzt'' (§ 885 ZPO) und dem Eigentümer den unmittelbaren Besitz verschafft. Der Einwand, daß der Besitzer die Sache dringend zu seinem Lebensbedarf benötige (vgl. § 811 ZPO), greift gegenüber dem Herausgabeanspruch nicht durch, da es sich hier *nicht* um eine Zwangsvollstreckung *wegen Geldforderungen* in das bewegliche Vermögen handelt. Doch kann ausnahmsweise Vollstreckungsschutz (§ 765 a ZPO) in Betracht kommen.[2]

Ist der *mittelbare Besitzer* zur Abtretung des mittelbaren Besitzes verurteilt, so ist für die Vollstreckung § 894 ZPO maßgebend.

Anspruchsgegner ist *nicht der Besitzdiener,* auch wenn er scheinbar eine selbständige Stellung hat (der ,,Filialleiter'' in unseren früheren Beispielen: § 7 II).

Der gegen den Besitzer gerichtete Herausgabetitel wirkt aber auch gegen den Besitzdiener; denn dieser hat keinen eigenen Gewahrsam im Sinne des Vollstreckungsrechts (s. oben § 7 B II 1 c bb).

Nach Meinung des BGH wirkt die Rechtskraft eines dem Herausgabeanspruch stattgebenden Urteils (LM § 987 BGB Nr. 3) wie die eines abweisenden Urteils (BGH NJW 1981, 1517) auch für die Folgeansprüche (z. B. auf den Anspruch auf Herausgabe der Nutzungen, freilich nicht von Nutzungen, die der redliche Besitzer vor Rechtshängigkeit gezogen hat: BGH NJW 1983, 164); s. *Baur,* Zivilprozeßrecht, 5. Aufl. 1985 Rn. 233–235; *Wieling* JZ 1986, 5, 8; *Soergel/Mühl* § 985 Rn. 33; *Henckel,* Prozeßrecht u. mat. Recht, 1970, 183 ff.

Gegenstand des Herausgabeanspruchs kann auch *Geld* sein (Geldvindikation), aber nur wenn es beim Besitzer noch individualisierbar vorhanden ist. Ist dies nicht der Fall, so kommen schuldrechtliche Ansprüche in Betracht (z. B. § 816–§ 823 BGB). Keine Geld*wert*vindikation (str. s. einerseits für die h. M. MünchKomm/*Medicus* § 985 Rn. 16, 17 u. *Westermann/Pinger* I Anh. § 30 V andererseits).

3. a) Der Herausgabeanpruch ist ein *dinglicher,* durch das Sachenrecht geregelter *Anspruch* (s. oben § 2 I 1 a aa). Die für den schuldrechtlichen Anspruch geltenden Regeln können nur herangezogen werden, sofern nicht sachenrechtliche Sonderbestimmungen vorliegen, und auch dann nur, wenn ihre Anwendung nicht sachenrechtlichen Grundsätzen widerspricht.

So sind – wie wir schon erörterten – nicht anwendbar:

aa) die Vorschriften über die *Abtretung* (§§ 398 ff.), denn der Anspruch kann vom Eigentum nicht losgelöst werden, zulässig ist nur eine Einziehungsermächtigung nach § 185 (BGH LM § 985 BGB Nr. 24; NJW 1983, 112);[3] erfolgt aber eine Übereignung nach § 931, so ist auch § 407 anwendbar (BGHZ 64, 123, 127). Ferner ist zu beachten, daß die sog. Sekundäransprüche (auf Schadensersatz usw., §§ 987 ff.) abgetreten werden können;

bb) das *Surrogationsprinzip des § 281;* zur Problematik s. *Merle* AcP 183, 81; *Medicus* Rn. 599; *Soergel/Mühl* § 985 Rn. 20; *Lange/Scheyhing* Fall 12; BGHZ 75, 203 (dazu *Franck* JuS 1981, 103) u. oben B II 2.

Anwendbar sind dagegen z. B.

aa) die Vorschriften über den Gläubiger- und Schuldnerverzug; daß dem so ist, ergibt sich schon aus § 990 Abs. 2.

Beispiel: B hat den dem E gestohlenen Kraftwagen ,,gutgläubig'' von einem Hehler gekauft. Als sich E bei ihm als Eigentümer meldet, will B den Kraftwagen zurückgeben. E verweigert die

---

[1] S. dazu *Müller-Laube* AcP 183, 215, 238 m. w. N. Eigenartige Fallgestaltung (Prätendentenstreit!) OLG Hamburg MDR 1974, 754.

[2] Vgl. dazu *Baur/Stürner* ZVR, § 45.

[3] Umstritten: s. *Soergel/Mühl* Rn. 2; *Staudinger/Gursky* Rn. 3.

Annahme, da der Wagen inzwischen unansehnlich geworden sei; er verlangt (zu Unrecht!) Schadensersatz in Geld. Wird der Wagen bei einem von B leicht fahrlässig hervorgerufenen Brand zerstört, so haftet B nicht: das in § 990 Abs. 1 Satz 2 mit § 989 statuierte Verschulden *jeder Art* wird im Falle des Gläubigerverzugs durch § 300 Abs. 1 auf Vorsatz und grobe Fahrlässigkeit beschränkt.

Hat umgekehrt E den B durch Mahnung in Schuldnerverzug versetzt (§ 284), so haftet B nach § 990 Abs. 2 mit § 287 Satz 2 auch für Zufall (BGHZ 85, 11);[1]

bb) die Vorschriften über die *Erfüllung* (§ 362 Abs. 1) und über den Erfüllungsort (§ 269) mit der Maßgabe, daß die Sache an dem Ort herauszugeben ist, wo sie sich im Augenblick der Klageerhebung oder des Beginns der Unredlichkeit befindet (BGHZ 79, 211; str. s. *Gursky* JZ 1984, 609 m. w. N.).

cc) § 283 BGB (s. *Wallerath* JR 1970, 281 u. oben das Beispiel bei 2: Kegelbahnfall).

dd) Über das Verhältnis des Herausgabeanspruchs nach § 985 zum *Erbschaftsanspruch* nach § 2018 s. *Wieling* JZ 1986, 5; ferner BGH NJW 1985, 3069.

b) Der Herausgabeanspruch entfällt, wenn der Besitzer *den Besitz* – mit oder ohne sein Verschulden – *verliert;* dann kann unter den Voraussetzungen der §§ 989, 990, 992 ein Schadensersatzanspruch gegeben sein.

Ist freilich der Herausgabeanspruch schon rechtshängig, so hindert eine Veräußerung der Sache durch den Besitzer den Fortgang des Prozesses nicht (§ 265 ZPO). Der bisherige Besitzer wird zur Herausgabe verurteilt; das Urteil hat Rechtskraft gegenüber dem Erwerber (§ 325 Abs. 1 ZPO) und kann gegen ihn vollstreckt werden (§ 727 ZPO), es sei denn, daß er bezüglich des Rechts des Besitzers und der Rechtshängigkeit gutgläubig war (§ 325 Abs. 2 ZPO).[2] Ist dies der Fall – z. B. weil der Erwerber nach § 932 Eigentum erworben hat und hinsichtlich der Rechtshängigkeit gutgläubig war, – so kann der bisherige Eigentümer vom – bisherigen – Besitzer Schadensersatz verlangen (§ 989). Er kann in einem solchen Fall auch schon während des Prozesses vom Herausgabeanspruch auf den Schadensersatzanspruch übergehen (§ 264 Nr. 3 ZPO).

c) Der *Eigentumsherausgabeanspruch* und die Ansprüche auf Ersatz des Schadens und der Nutzungen *verjähren* in 30 Jahren (§ 195); sofern sie auf unerlaubter Handlung beruhen (§ 992), in 3 Jahren (§ 852).[3] Die Verjährung bedeutet nicht Verlust des Eigentums, sondern gibt dem Besitzer lediglich eine Einrede:
Eigentum und Besitz können dann auf Dauer „auseinanderfallen", sofern nicht bei einem Besitzer die Voraussetzungen der Ersitzung zutreffen (§ 937).

II. Der Schadensersatzanspruch[4]

S. zunächst A II 3.

1. Wir erinnern uns, daß es hier wieder nur um die Haftung des *unrechtmäßigen* Besitzers geht, ferner, daß der redliche unrechtmäßige Fremdbesitzer – ohne Rücksicht auf die Voraussetzungen des § 992 – auf Schadensersatz haftet, wenn er die Grenzen seines vermeintlichen Besitzrechts schuldhaft überschreitet (sog. Fremdbesitzerexzeß, s. oben B I 3 und II 1).

Einer Erklärung bedarf jetzt nur noch § 991 Abs. 2. Danach haftet ein gutgläubiger (unrechtmäßiger) Fremdbesitzer für Schadenshandlungen auch dem Eigentümer gegenüber, wenn und soweit er seinem mittelbaren Besitzer gegenüber verantwortlich wäre.

---

[1] Siehe Hermann *Lange* JZ 1964, 640.

[2] Siehe dazu *Baur/Stürner* ZVR Rn. 250; *Grunsky,* Die Veräußerung der streitbefangenen Sache, 1968; BGHZ 4, 283 und BGH MDR 1956, 542 mit Anm. *Bötticher.*

[3] Streitig; s. RGZ 117, 425 einerseits, KG JR 1955, 259, 260 andererseits.

[4] S. die zusammenfassende Darstellung von Klaus *Müller* JuS 1983, 516.

V hat ein dem E gestohlenes Fahrzeug an M vermietet. Der Besitz des M ist unrechtmäßig (weil V dem E gegenüber kein Recht zum Besitz hat). Beschädigt M den Wagen schuldhaft, so haftet er dem V aus Mietvertrag. Dem E gegenüber würde er schon aus Fremdbesitzerexzeß haften, so daß § 991 Abs. 2 insoweit nur eine Bestätigung dieser Lehre ist.[1] Wichtig wird die Bestimmung aber, wenn im Verhältnis V–M eine Haftungsbeschränkung vereinbart war; sie wirkt dann auch gegenüber dem Anspruch des E. Hat also M in unserem Beispiel den doppelten Mietpreis an V bezahlt, dafür aber seine Haftung als Mieter für leichte Fahrlässigkeit vertraglich ausgeschlossen, so muß sich auch E diese Beschränkung entgegenhalten lassen (vgl. den lesenswerten Beispielsfall RGZ 157, 132).

2. Die Brauchbarkeit der von uns erarbeiteten Lösungen soll schließlich an einem *Beispiel* (in Anlehnung an OLG Hamburg MDR 1954, 356; dazu *Rabe* JuS 1968, 211; ähnlich BGHZ 47, 128) überprüft werden:

Der Kläger – ein Flüchtling – hat dem C eine wertvolle Briefmarke zur Aufbewahrung anvertraut. C hat sie dem gutgläubigen Briefmarkenhändler B zum kommissionsweisen Verkauf überlassen. B hat die Marke an K für 10000 DM verkauft; 9000 DM hat er an C abgeliefert, 1000 DM hat er vereinbarungsgemäß als Provision behalten. Rechtslage?

a) *Ansprüche gegen K* scheiden aus: § 932 bzw. § 366 HGB, falls B als Kommissionär aufgetreten ist.

b) *Ansprüche gegen C* sind gegeben:

aa) aus Verletzung des Verwahrungsvertrags auf Schadensersatz;

bb) aus § 823 auf Schadensersatz: § 993 Abs. 1 2. Halbsatz mit § 992 greift hier nicht Platz, sei es, daß man mit der h. M. einen Fremdbesitzerexzeß annimmt oder mit *Raiser* auch nach beendetem rechtmäßigen (Verwahrungs-) Besitz die allgemeinen Vorschriften anwendet;

cc) aus § 687 Abs. 2 (sog. unechte Geschäftsführung ohne Auftrag), die zur Herausgabe des „Erlangten" (§ 667) führt.

c) *Ansprüche gegen den Händler B:*

aa) *nicht* aus §§ 989, 987: B war zwar unrechtmäßiger Besitzer (denn C war zur Überlassung des Besitzes an B nicht befugt), aber redlich; daher scheidet ein Schadensersatzanspruch aus, selbst wenn B bezüglich der Nichtberechtigung des C leicht fahrlässig gewesen sein sollte;

bb) *nicht* aus § 823, da die Voraussetzungen des § 992 nicht vorliegen und ein – etwa fahrlässiger – Fremdbesitzerexzeß ausscheidet, da C dem Händler B den Verkauf gestattet hatte (§ 991 Abs. 2; RGZ 157, 132);

cc) wohl aber aus § 816 Abs. 1 Satz 1, der durch die §§ 987 ff. nicht ausgeschlossen wird (s. oben B II 2). Aber bezüglich der an C abgeführten 9000 DM ist die Bereicherung weggefallen (§ 818 Abs. 3; BGHZ 47, 128). Was aber gilt bezüglich der noch vorhandenen Provision von 1000 DM? Das OLG Hamburg meint, da der Händler B an der Marke ein gesetzliches Pfandrecht für seine Provisionsforderung gutgläubig erworben hatte (§§ 366 Abs. 3 HGB mit § 397 HGB) und sich dieses Pfandrecht auch dem Eigentümer gegenüber durchgesetzt hätte, dürfe B auch die 1000 DM behalten. Richtig ist es wohl zu sagen, daß B zwar um die 1000 DM bereichert ist, aber eben nicht „ungerechtfertigt".

3. In BGHZ 98, 212 hat der Große Senat des BGH auch den *Nutzungsschaden* an einem bebauten Grundstück für ersatzfähig erklärt, auch wenn keine geldwerten zusätzlichen Kosten entstanden sind (so schon lange bei Nutzungsausfall eines PKW!); dazu *Flessner* JZ 1987, 271; *Schiemann* JuS 1988, 20; *H. D. Schmid* JuS 1988, 289, 290; ferner BGH NJW 1988, 251).

III. Der Anspruch auf Herausgabe der Nutzungen

S. zunächst A II 4; B I.

1. Auch hier hat uns die Erörterung der Abgrenzungsprobleme das Verständnis erleichtert. Nutzungen des rechtmäßigen Besitzers scheiden aus der Betrachtung aus; ergeben sich über ihren Umfang Streitigkeiten, so entscheidet das zwischen Eigentümer und Besitzer bestehende Rechtsverhältnis. Bei unrechtmäßigem Besitz kommt es auf die Redlichkeit oder Unredlichkeit an. Doch muß

---

[1] Im Ergebnis ebenso *Westermann/Pinger* I § 32 IV, 1a; s. ferner *Soergel/Mühl* § 991 Anm. 3.

auch der redliche unentgeltliche Besitzer die Nutzungen herausgeben, um die er noch bereichert ist (§ 988); ihm stellt die Rechtsprechung den rechtsgrundlosen entgeltlichen Besitzer gleich (s. oben B II 3).

2. So bleiben zwei Nebenfragen zu erörtern, die die Stellung des Fremdbesitzers betreffen:

a) § 991 Abs. 1 privilegiert den unredlichen Fremdbesitzer, wenn sein mittelbarer Besitzer redlich war; dieser soll dadurch vor Ersatzansprüchen des unmittelbaren Besitzers aus dem Vertragsverhältnis geschützt werden.

Der redliche V hat eine dem E gestohlene Schreibmaschine dem M vermietet, der das Eigentum des E an der Maschine nur infolge grober Fahrlässigkeit nicht erkannte. Hier braucht M dem E den Gebrauchsvorteil, der mit der Maschine verbunden war, nicht zu ersetzen, da M sich sonst aus § 541 an V halten würde. Obwohl redlich hätte also letztlich doch V Ersatz zu leisten. Das will § 991 Abs. 1 verhindern.

b) § 988 spricht nur von dem Eigenbesitzer oder vermeintlichen dinglichen Nutzungsberechtigten im Falle des unentgeltlichen Besitzererwerbs. § 988 muß aber auch gelten,

aa) wenn ein vermeintlich obligatorisch Nutzungsberechtigter unentgeltlich den Besitz erlangt hat; insoweit handelt es sich nur um die Korrektur eines Redaktionsversehens (RGZ 163, 348, 353).[1]

N hat dem E einen Kraftwagen gestohlen und dem redlichen L geliehen. Hier kann E von L Nutzungsersatz nach Bereicherungsgrundsätzen fordern (§ 988).

bb) Die Rechtsprechung wendet § 988 nicht nur dann entsprechend an, wenn ein rechtsgrundloser Besitzerwerb zu *Eigenbesitz* geführt hat, sondern auch wenn aus dem rechtsgrundlosen Erwerb *Fremdbesitz* erwachsen ist.

Beispiel (in Anlehnung an BGHZ 10, 350):
Dem B ist durch nichtigen Verwaltungsakt die zeitweilige Benützung des Kraftwagens des E gestattet worden. B ist also redlicher, unrechtmäßiger Fremdbesitzer. B hat Nutzungsersatz zu leisten, nach h. M. entsprechend § 988, besser wohl nach den Grundsätzen der Eingriffskondiktion (s. oben B II 3).

IV. Der Anspruch auf Ersatz der Verwendungen[2]

S. zunächst A II 5, 6.

Ein Fall, bei dem der Ersatz der Verwendungen eine Rolle spielte (der – später zahlungsunfähig gewordene – Mieter hatte die gemietete Maschine einer Reparaturwerkstätte übergeben), war der Ausgangspunkt für unsere Überlegungen über die Vindikationslage (B I 1). Auch hier haben wir – mit der h. M. – den rechtmäßigen Besitz und – mit *Raiser* – die Rechtslage nach beendetem rechtmäßigem Besitz ausgeschieden. Es bleibt das – vergröbert gezeichnete – Gesamtbild, daß der unrechtmäßige redliche Besitzer Ersatz der notwendigen und nützlichen, der unrechtmäßige unredliche Besitzer nur Ersatz der notwendigen Verwendungen verlangen kann.

---

[1] Fortbildung dieser Rechtsprechung in BGHZ 32, 76 u. BGHZ 71, 216, 225.
[2] S. dazu bes. *Haas, Jacobs, Waltjen,* Manfred *Wolf* aaO (oben Anm. 1 zu B); *Medicus* Rn. 874 ff.; *Soergel/Mühl* Vorbem. vor § 994; *Lange/Scheyhing,* Fall 14.

Empfohlen wird die Lektüre von BGHZ 100, 95 = JZ 1987, 717 m. Anm. von *Brehm*.

Zu erörtern bleiben einige Einzelfragen:

1. Der *Begriff der Verwendung:* Der BGH (BGHZ 10, 171, 177; 41, 157, 160 [= *Baur*, E.Slg. Fall 34]) versteht darunter ,,Maßnahmen, die darauf abzielen, den Bestand der Sache als solcher zu erhalten oder wiederherzustellen oder den Zustand der Sache zu verbessern". Demgegenüber hatte das Reichsgericht (RGZ 152, 100, 101) unter Verwendungen alle Vermögensaufwendungen verstanden, ,,die einer Sache zugute kommen sollen", hatte also nicht auf den Erhaltungs- und Verbesserungszweck abgestellt.

Der Unterschied der Auffassungen zeigt sich vor allem, wenn der Besitzer auf dem fremden Grundstück einen Neubau errichtet hat.

Beispiel (BGHZ 41, 157 = *Baur*, E.Slg. Fall 34):
E verlangt von B, der auf dem Grundstück des E ein Wohnhaus errichtet hat, Herausgabe des Grundstücks. B macht in Höhe seiner Bauaufwendungen ein Zurückbehaltungsrecht geltend.

a) Der BGH verneint zunächst die Anwendbarkeit des § 951, weil die Vorschriften über das Eigentümer-Besitzverhältnis dem Bereicherungsrecht – wozu auch § 951 gehört – schlechthin vorgingen. Das ist zwar in dieser Allgemeinheit nicht richtig (s. oben B II 2), gilt aber für Verwendungen, die der Besitzer auf die herauszugebende Sache gemacht hat. Denn wollte man hier dem Besitzer einen Ersatzanspruch nach § 951 Abs. 1 zubilligen, so würde damit die stark differenzierende Regelung der §§ 994–1003 illusorisch.[1] Hätte z. B. der unrechtmäßige Besitzer eines Hauses eine von ihm erworbene Warmwasserheizung eingebaut, so könnte er bei Anwendung des § 951 Ersatz für seinen ,,Rechtsverlust" verlangen, ohne daß es darauf ankäme, ob er redlicher oder unredlicher Besitzer war, ob es sich um eine notwendige oder nützliche Verwendung gehandelt hat.

b) Scheidet sonach § 951 als Anspruchsgrundlage für B aus, so ist entscheidend, ob der Neubau des Hauses eine Verwendung ist. Verneint man mit dem BGH diese Frage, so bliebe für B nur das Wegnahmerecht des § 997 (beachte: § 997 gilt ohne Rücksicht darauf, ob es sich um eine Verwendung gehandelt hat oder nicht!). B kann dieses Recht aber nicht ausüben, weil dem ein im öffentlichen Interesse erlassenes Verbot baulicher Veränderungen im Wege steht. Dem BGH bleibt daher nur übrig, dem B einen Ausgleichsanspruch nach § 242 zu gewähren.

Der Fall zeigt, daß der vom BGH zugrunde gelegte (und auch von mir in der 1. u. 2. Aufl. akzeptierte) Verwendungsbegriff zu eng ist. Man wird zu der vom Reichsgericht und der früheren Literatur vertretenen Auffassung zurückkehren müssen, wonach Verwendungen Vermögensaufwendungen sind, die einer bestimmten Sache zugute kommen sollten.[2]

,,Verwendung" ist auch die Aufwendung der eigenen Arbeitskraft, wenn sie eine andere bezahlte Arbeitskraft ersetzt hat, nicht aber der Erwerbspreis, der zur Beschaffung der Sache gemacht wurde. In unserem Beispielsfall (§ 11 A II 4a) kann also B, der den Wald vom Nichteigentümer gekauft hat, Ersatz seiner Arbeitskraft verlangen, wenn er selbst die Jungbäume gesetzt hat, nicht aber Ersatz des Kaufpreises für den Wald. Hierwegen kann er sich nur an den Verkäufer halten (§ 440). Verwendungen sind nach § 995 auch die Aufwendungen zur Bestreitung von *Lasten* aus privat- oder öffentlich-rechtlichem Rechtsgrund (z. B. bezahlte Hypothekenzinsen, Grundsteuern).

2. Die §§ 994 ff. sind auf den unrechtmäßigen Eigenbesitzer zugeschnitten; sie gelten für den unrechtmäßigen *Fremdbesitzer* nur mit den Einschränkungen, die

---

[1] Zur Ablehnung des § 951 in diesem Zusammenhang s. ferner Manfred *Wolf* AcP 166, 192; *Soergel-Mühl* Rn. 4 vor § 994; kritisch *Medicus* Rn. 895 ff. u. *Weitnauer* DNotZ 1972, 376.
[2] So mit Recht *Medicus* Rn. 878; s. ferner *Soergel/Mühl* § 994 Rn. 2; *Köbl* S. 305 ff.; Manfred *Wolf* AcP 166, 188, 193; *Klauser* NJW 1965, 513; wie der BGH *Westermann/Pinger* I § 33 I 2, 3; *Eichler* JuS 1965, 479, 480. S. ferner *Lange/Scheyhing* Fall 13.

sich aus dem vermeintlich ausgeübten Besitzrecht ergeben (BGH LM § 994 BGB Nr. 4; BGH JZ 1959, 212).

Hat der Nichteigentümer NE einen gestohlenen Kraftwagen an den redlichen B verpfändet, so kann B die Kosten einer Reparatur nur nach den Grundsätzen der Geschäftsführung ohne Auftrag von E ersetzt verlangen; denn mehr könnte er auch als Pfandgläubiger nicht beanspruchen (§ 1216; *Wolff/Raiser* § 86 II; a. A. *Westermann/Pinger* I § 33 I 5 im Anschluß an *Raiser* JZ 1958, 681). Daß B möglicherweise auch Ersatzansprüche gegen NE hat, schließt im übrigen den Verwendungsersatzanspruch gegen E nicht aus (RGZ 142, 417, 422).[1]

Übersicht 6

Ansprüche aus dem Eigentümer-Besitzerverhältnis

Ansprüche des Eigentümers gegen den Besitzer

gegen	bei Verlust und Verschlechterung der Sache?	auf Ersatz der Nutzungen?
redlichen Besitzer	keine Haftung: § 993 Abs. 1 2. Halbsatz	keine Herausgabe / Ausnahmen: § 988, § 993 Abs. 1, 1. Halbsatz
unredlichen und Prozeßbesitzer	Haftung für *schuldhafte* Verschlechterung oder Herausgabeunmöglichkeit: § 990 mit § 989	alle Nutzungen: § 990 mit § 987
eigenmächtigen Besitzer	Haftung für jeden Schaden, auch für Zufall: §§ 992, 823, 249, 848	alle Nutzungen

Ansprüche des Besitzers gegen den Eigentümer

des	Verwendungen?	Wegnahmerecht?	Zurück-behaltungsrecht?
redlichen Besitzers	a) notwendige Verwendungen: ja: § 994 I Ausnahme: § 994 I 2 b) sonstige wertsteigernde Verwendungen: ja: § 996 c) sonstige Verwendungen: nur Wegnahmerecht, § 997	ja: § 997	ja: § 1000 S. 1
unredlichen und Prozeßbesitzers	nur notwendige Verwendungen, falls GoA: § 994 II, §§ 683, 684	ja: § 997	ja: § 1000 S. 1
eigenmächtigen Besitzers	wie oben: § 850 mit § 994 II	ja: § 997	ja; Ausnahme: § 1000 S. 2

[1] Dazu *von Caemmerer* in Festschrift für Rabel S. 371; *Wittmann*, Begriff u. Funktion der GoA, 1981, S. 93.

3. § 999 befaßt sich mit dem Fall,[1] daß während des Zeitraums, der für den Ersatz der Verwendungen in Betracht kommt, entweder der *Eigentümer oder der Besitzer gewechselt* hat. Das Ergebnis ist eine Anspruchskonzentration auf die Beteiligten des Eigentümer-Besitzerverhältnisses zur Zeit der Geltendmachung des Verwendungsersatzanspruchs.

4. Der Verwendungsersatzanspruch ist in §§ 1000 ff. nicht sehr zweckmäßig *ausgestaltet,* insofern er zunächst nur ein Zurückbehaltungsrecht gibt (§ 1000),[2]

Übersicht 7

Allgemeiner Überblick über Rückabwicklungsverhältnisse*

Art	Rechtsgrund	Rechtsfolge
I. *Rücktritt* 1. *Vertraglich* vorbehaltener (§§ 346 ff.)	Rücktrittserklärung (keine weitere Begründung) Ausschluß des R.rechts: §§ 350–355	a) *Nicht:* Aufhebung des Vertrags b) Aufhebung der vertraglichen Leistungspflichten c) Rückgewähr der beiderseitigen Leistungen §§ 346, 348, evtl. Schadensersatz nach § 347
2. Auf Grund *Gesetzes* a) bei Leistungsstörungen § 327 S. 1	Rücktrittserklärung nach §§ 325/6 Ausschluß d. Rücktrittsrechts nach §§ 350/5?? (s. Larenz § 26)	a) *nicht:* Aufhebung des Vertrags b) Aufhebung der vertraglichen Leistungspflichten c) Rückgewähr der beiderseitigen Leistungen, auch Schadensersatz nach § 347? (*Larenz* § 26) d) nur Bereicherung: wenn § 327 S. 2
b) bei Wandlung § 467	Wandlungserklärung (?), wenn §§ 459, 463 gegeben. Ausschluß des Rücktrittsrechts nach §§ 350/5??	wie oben a–c
c) bei Verkäufen unter Teilzahlung des Käufers nach dem VerbrKrG	Rücktrittserklärung d. Verkäufers nach §§ 13, 12 VerbrKrG	wie oben a–c

II. *Herausgabe aus Eigentum* §§ 985 ff.	Eigentümer-Besitzerverhältnis	a) Herausgabe der Sache
		b) Schadensersatz bzw. Nutzungsersatz
		  aa) bei Rechtshängigkeit § 989/§ 990
		  bb) bei Bösgläubigkeit § 990
		  cc) deliktisch § 992
		c) Gegenrecht: Verwendungsersatzanspruch

III. *Bereicherung* §§ 812 ff.	Fehlen bzw. Wegfall der causa (Leistungskondiktion) oder unberechtigter Eingriff in fremden Rechtsbereich (Eingriffskondiktion)	a) Herausgabe der Bereicherung: §§ 812/816/818 einschl. Nutzungen und nicht-rechtsgeschäftlicher Surrogate / allenfalls Wertersatz
		b) Verschärfte Haftung auf Schadensersatz
		  aa) nach Rechtshängigkeit § 818 IV mit § 989
		  bb) bei Bösgläubigkeit oder Risiko §§ 819/820 mit § 989

* Der Leser soll sich vergegenwärtigen, daß die Ansprüche aus dem Eigentümer-Besitzer-Verhältnis nur *eines* von mehreren Rückabwicklungsverhältnissen darstellen.

[1] Dazu *Gursky* AcP 171, 82 und BGH NJW 1979, 716 (dazu K. *Schmidt* JuS 1979, 517).

[2] Zu der Frage, ob die Einrede des Zurückbehaltungsrechts ein Recht zum Besitz gibt, s. BGH WM 1966, 1086/1088; BGHZ 64, 122; BGH WM 1985, 1421; *Diederichsen* S. 18 ff.; *Canaris,* FS Flume, 1978, 371, 404; *Oesterle,* Die Leistung Zug um Zug, 1980, 117; *Roussos* JuS 1987, 2513.

einen Zahlungsanspruch[1] nur, wenn der Eigentümer die Verwendungen genehmigt (dazu BGH JZ 1959, 212 = NJW 1959, 528; BGHZ 51, 250) oder die Sache zurückerhalten hat (§ 1001), und notfalls ein Befriedigungsrecht (§ 1003).

Die Einzelheiten lassen sich vielleicht am besten durch ein *Beispiel* erläutern.

H hat ein dem E gestohlenes Kraftfahrzeug an den redlichen B veräußert. B hat – was notwendig war – einen Austauschmotor einbauen lassen: Macht E die rei vindicatio geltend, so hat B einen Verwendungsersatzanspruch, da es sich nicht um ,,gewöhnliche Unterhaltungskosten" gehandelt hat (§ 994 Abs. 1). B hat indes nach § 1000 zunächst nur ein Zurückbehaltungsrecht. Einen Ersatzanspruch in Geld hat B erst, wenn E die Sache wieder erlangt oder die Verwendungen genehmigt hat (im ersten Fall ist er wieder in den Genuß des Wagens gekommen, im zweiten Fall hat er sich mit der Reparatur einverstanden erklärt; über die Fiktion der Genehmigung s. § 1001 S. 3). Hat E den Wagen zwar zurückerhalten, die Genehmigung aber nicht erklärt, so kann er ihn dem B zurückgeben (§ 1001 Satz 2), z. B. weil ihm ,,die Sache zu teuer kommt". Wenn E trotz Aufforderung unter genauer Bezifferung des Ersatzanspruchs nicht genehmigt oder den Wagen ohne Genehmigung zurückgibt, so kann B sich durch Pfandverkauf des Wagens befriedigen (Einzelheiten: § 1003).

Sieht man in dem Motor des Wagens einen wesentlichen Bestandteil, so kann B auch, gleichgültig ob er redlich oder unredlich war, den Motor *wegnehmen* und sich aneignen (§ 997; beachte die Ausnahmen in § 997 Abs. 2), muß dann aber den alten Motor wieder einbauen lassen.

Weitere Beispielsfälle: BGHZ 51, 250 u. 87, 274 (dazu auch unten § 55 C II 2a u. *Karsten Schmidt* JuS 1983, 879; *Gursky* JZ 1984, 610).

§ 12. Der Beseitigungs- und Unterlassungsanspruch

Lit.-Hinweis:[2] *Offtermatt,* Dingl. Beseitigungs- u. Duldungsanspruch (1937); *Schmidt,* Rudolf, Der negatorische Beseitigungsanspruch (1924); *Baur* AcP 160, 465 (= Baur Beitr. II 117) u. JZ 1966, 381 (= Baur Beitr. II 146); *Böhm,* Unterlassungsanspruch u. Unterlassungsklage, 1979; *Forkel,* Immissionsschutz und Persönlichkeitsrecht (1968); *Heinze,* Rechtsnachfolge in Unterlassen (1974); *Henckel* und *Kötz,* Vorbeugender Rechtsschutz im Zivilrecht, AcP 174, 97 bzw. 145 (rechtsvergl.); *Henke* JA 1987, 350; *Herrmann,* D. Störer nach § 1004, 1987; *Kübler* AcP 159, 276; *Lutter-Overath* JZ 1968, 345; H. G. *Mertens* NJW 1972, 1783; *Münzberg,* Verhalten und Erfolg als Grundlagen der Rechtswidrigkeit und Haftung (1966) S. 375 ff. u. JZ 1967, 689; *Picker,* Der negatorische Beseitigungsanspruch (1972); *ders.* JuS 1974, 357 u. AcP 176, 28; *Pleyer* AcP 156, 291; 161, 500; JZ 1959, 305; 1963, 95; *Schnorr von Carolsfeld* FS f. Molitor (1962) 365; *Stoll* JZ 1958, 137, 139; AcP 162, 203, 220 u. RabelsZ 1973, 357 (Schutz der Sachenrechte nach internationalem Privatrecht); *Wetzel,* Die Zurechnung des Verhaltens Dritter bei Eigentumsstörungstatbeständen (1971); *Zeuner* FS Dölle, I 1963, 295 (zur Unterlassungs- u. negativen Feststellungsklage). Weit. Lit. im Text.

I. Überblick

1. Für das Eigentum als ,,stärkstes" absolutes Recht ist ein umfassender Schutz kennzeichnend. Der Entziehung oder Vorenthaltung des Besitzes begegnet der Eigentümer mit der Herausgabeklage (oben § 11). Aber damit ist nur ein schmaler Ausschnitt aus dem Gesamtbereich aller denkbaren und möglichen Beeinträchtigungen erfaßt. Neben der Herausgabeklage mußte sonach ein Rechtsbehelf entwickelt werden, der alle anderen Beeinträchtigungen als die durch Besitzentziehung und Besitzvorenthaltung zum Gegenstand hat. Dies ist der Beseitigungs- und Unterlassungsanspruch (actio negatoria) des § 1004. Er ist auf die Beseitigung einer bereits bestehenden und Unterlassung einer künftigen Beeinträchtigung gerichtet.

---

[1] Dazu *Westermann/Pinger* I § 33 VI 2.
[2] Vollständiger Lit.-Hinweis bei *Staudinger-Gursky,* § 1004.

2. Wie § 985 setzt auch § 1004 einen Eingriff in die Rechtsstellung des Eigentümers voraus. Ihr Umfang ergibt sich aus § 903: Überall dort, wo die in § 903 umschriebenen, umfassenden Befugnisse des Eigentümers beeinträchtigt werden, greift der Anspruch aus § 1004 Platz, sofern es sich nicht um eine Besitzentziehung oder Besitzvorenthaltung handelt (hier: § 985).

Diese Beeinträchtigung braucht nicht schuldhaft zu erfolgen, sie muß aber rechtswidrig sein. Ist der Eigentümer zur Duldung eines Eingriffs verpflichtet, scheidet der Abwehranspruch aus. Schon die Fassung des § 903, vor allem aber auch die des § 1004 Abs. 2 macht dies deutlich.

3. Der Anspruch richtet sich gegen den Beeinträchtigenden, den ,,*Störer*''. Die Fixierung dieses Begriffs macht dort keine Schwierigkeiten, wo die Beeinträchtigung in einem *Handeln* liegt (Handlungshaftung); anders dort, wo die Beeinträchtigung in einem *Zustand* liegt (Zustandshaftung); hier muß eine gewisse Verantwortlichkeit des Störers für diesen Zustand vorliegen, ohne daß damit ein Schuldvorwurf verbunden zu sein braucht (vgl. unten III 2).

4. § 1004 ist bei *anderen dinglichen Rechten* für entsprechend anwendbar erklärt (vgl. z. B. §§ 1027, 1065, 1227; § 11 ErbbaurechtsVO). Darüber hinaus finden sich entsprechende Regelungen bei *anderen absoluten Rechten* oder rechtsähnlichen Positionen, so in § 12 (für das Namensrecht), in § 37 HGB (für die Firma), in § 862 (für den Besitz), in § 139 PatG (für die Erfindung), in §§ 97, 98 Urheberrechtsgesetz vom 9. 9. 1965 (BGBl. I 1273), in § 1134 (für die Hypothek), in § 16 UWG (für Unternehmensbezeichnungen) usw. In Rechtsanalogie zu diesen Vorschriften wird § 1004 auf *alle absoluten Rechte* und rechtlich geschützten Stellungen entsprechend angewendet, so etwa auf den Schutz des Persönlichkeitsrechts, des ,,eingerichteten und ausgeübten Gewerbebetriebes'', der ,,privaten'' und ,,geschäftlichen Ehre'', des ,,Kredits'' usw.[1]

5. a) § 1004 hat heute – in seinem unmittelbaren wie in seinem entsprechenden Anwendungsbereich – eine erhebliche praktische Bedeutung, eine größere als die rei vindicatio. Dies ist einmal auf das räumliche Zusammenrücken der Menschen, die technische Entwicklung und die damit verbundenen Immissionen zurückzuführen. Zum anderen auf die durch die modernen Massenmedien (Zeitung, Rundfunk, Fernsehen) gesteigerte Einwirkungsmöglichkeit auf den persönlichen und privaten Bereich des einzelnen (z. B. BGHZ 99, 133).

b) Die Anwendung des § 1004 leidet freilich unter der unvollständigen gesetzestechnischen Ausgestaltung. Während sich der Gesetzgeber in den §§ 985 ff. um eine komplette Regelung des Herausgabeanspruchs und seiner Folgeerscheinungen bemüht hat, begnügt sich § 1004 mit einer tatbestandlich unklaren Fixierung des Anspruchs. So ist es schwierig, die Voraussetzungen und den Inhalt des Anspruchs festzulegen und ihn von anderen Schutznormen (z. B. von §§ 823, 249) abzugrenzen.

c) Auch in dogmatischer Hinsicht ist § 1004 bedeutsam geworden, und zwar bei der Qualifizierung der Rechtswidrigkeit (Stichworte: Handlungsunrecht oder Erfolgsunrecht). Dieser Fragenbereich kann hier nicht erörtert werden (vgl. zur Literatur die Nachweise bei *Baur* aaO und *von Caemmerer* DJT-Festschrift II S. 49 ff.; *Deutsch*, Fahrlässigkeit und erforderliche Sorgfalt, 1963; *Larenz* in Festschrift für Dölle (1963) I S. 169; *Münzberg* aaO; *Soergel-Zeuner* § 823 Rn. 2 ff.; *Stoll* AcP 162, 203 ff.).

---

[1] Siehe dazu *Forkel* aaO; *Larenz* II § 76; *Esser/Weyers* II 2 §§ 55, 62; *Zeuner* in Festschrift für Dölle, 1963, I S. 295 ff.; *Baur* JZ 1966, 381 (= *Baur* Beitr. II 146).

II. Die Beeinträchtigung

1. a) Den Anspruch aus § 1004 löst jede Beeinträchtigung des Eigentums aus, die nicht Entziehung und Vorenthaltung des Besitzes ist (hier greift § 985 als Sonderregelung ein). Die Beeinträchtigung kann aus dem *Handeln* eines anderen oder aus der *Aufrechterhaltung* eines *Zustandes* resultieren:

Mein Nachbar benützt ohne meine Zustimmung mein Grundstück als Durchgang zur öffentlichen Straße. –

Mein Nachbar hat sein geräumiges Wohnhaus zu einem lärmenden Tanzkaffee ausgebaut. Bevor ich mich wehren kann, veräußert er das Grundstück. Der neue Eigentümer betreibt das Kaffee weiter. –

Von dem höher gelegenen Grundstück des A wird bei starkem Regen Geröll und Erde auf das Nachbargrundstück des B geschwemmt; A weigert sich, durch Errichten einer Stützmauer abzuhelfen.

Ein Fotograf betritt unerlaubt ein fremdes Grundstück und macht dort Aufnahmen von einem unter Denkmalschutz stehenden Gebäude, um dann diese Aufnahmen gewerblich zu verwerten: § 1004 (so der BGH NJW 1975, 778; dazu *Schmieder* NJW 1975, 1164; *Pfister* JZ 1976, 156; *Baur* JZ 1975, 493; *Kübler* FS Baur, 1981, 51; OLG Bremen NJW 1987, 1420). Gegen meinen Willen werden in meinen Briefkasten Werbedrucksachen geworfen (BGHZ 106, 229; s. a. § 9 III 1b mNw.).

Wie schon diese Beispiele zeigen, liegt der *Hauptanwendungsbereich* des § 1004 im *Grundstücksrecht,* obwohl die Vorschrift selbst eine Beschränkung auf Grundstücke nicht kennt; aber Beeinträchtigungen des Eigentums an *beweglichen* Sachen, die nicht eine Besitzentziehung darstellen, sind selten:

Die Bekl. haben das von ihnen hergestellte Mineralwasser in Flaschen abgefüllt, die der Kl. gehören. Hier ist – neben dem Herausgabeanspruch bezüglich der bei den Bekl. noch vorhandenen Flaschen – ein Unterlassungsanspruch gerechtfertigt (BGH LM § 1004 BGB Nr. 27). Ferner BAG AP 1980 Art. 9 GG Nr. 30: Unternehmer braucht Gewerkschaftsreklame auf den – ihm gehörigen – Schutzhelmen der Arbeitnehmer nicht zu dulden.

Denkbar ist auch eine Rechtsberühmung, die sich als Eigentumsbeeinträchtigung auswirkt:

E ist ein bekannter, privater Kunstsammler. Er ist Eigentümer eines echten „Picasso". B behauptet in Kunstsammlerkreisen, das Gemälde sei ihm in den Nachkriegswirren abhandengekommen. Hier könnte E gegen B auf Feststellung klagen, daß B nicht Eigentümer ist (§ 256 ZPO). Dies würde aber nicht ausschließen, daß B sich weiterhin seines Eigentums brüstet. Daher ist E berechtigt, gegen B nach § 1004 auf Unterlassung zu klagen (s. dazu *Staudinger-Gursky* § 1004 Rn. 17).

b) Fraglich ist, ob der einer Sache zugefügte *Schaden* unter dem Gesichtspunkt der Beseitigung einer „Beeinträchtigung" gesehen werden kann. Dies ist grundsätzlich zu verneinen, da ein eingetretener Schaden nur bei schuldhaftem Handeln zu ersetzen ist (§ 823). Ergibt sich aber aus dem schädigenden Ereignis eine weitere, fortdauernde Beeinträchtigung, so ist die Störungsquelle nach § 1004 zu beseitigen; auch kann eine drohende Schädigung mit dem Unterlassungsanspruch aus § 1004 bekämpft werden (Einzelheiten s. unten IV 1).

RGZ 127, 29, 35: setzt ein Brand auf einer Kohlenhalde auch einen Bahndamm in Brand, so liegt darin eine fortdauernde Beeinträchtigung, die zur Beseitigung, also zur Wiederherstellung des Bahndamms verpflichtet (sehr zweifelhaft: die Zerstörung des Bahndamms ist ein „Schaden", für den die Zeche nur haftet, wenn sie ein Verschulden trifft. Der Bahneigentümer kann nur eine Entfernung der Halde als der Störungsquelle aus der Nähe des Bahndamms verlangen).[1]

2. Die Beeinträchtigung muß *rechtswidrig* sein.[2] § 1004 Abs. 2 faßt dieses Erfordernis – aus Gründen der Beweislastverteilung – negativ: „Der Anspruch ist

---

[1] Siehe dazu MünchKomm/*Medicus* § 1004 Rn. 60; *Palandt/Bassenge* § 1004 Rn. 22; *Soergel/Mühl* § 1004 Rn. 112 f; BGHZ 97, 231.

[2] Zu der hier bestehenden Streitfrage (rechtswidrig oder eben: nicht hinzunehmen) s. *Staudinger-Gursky* § 1004 Rn. 123 m. w. N.

ausgeschlossen, wenn der Eigentümer zur Duldung verpflichtet ist". Damit soll – ähnlich wie in § 823 Abs. 1 – gesagt sein: Die Rechtswidrigkeit einer jeden Eigentumsbeeinträchtigung wird indiziert, es sei denn, daß dem Eingreifenden der Eingriff gestattet ist.

Diese Gestattung kann auf privatem oder öffentlichem Recht beruhen, auf einer allgemeinen gesetzlichen Vorschrift oder einem speziellen, zwischen dem Eigentümer und dem Störer gegebenen Rechtsverhältnisse oder Rechtsgrund. Das Ausmaß der Gestattung spiegelt den Bindungsgehalt, die ,,Schwäche" des Eigentums wider.

Privatrechtliche Duldungspflichten können sich etwa ergeben aus einer einseitigen Einwilligung des Eigentümers, aus einer obligatorischen oder dinglichen Gestattung, aus einem Vertrag: A gestattet seinem Nachbarn B, Baumaterial auf seinem – des A – Grundstück zu lagern. – A hat eine Grunddienstbarkeit bewilligt, wonach der jeweilige Eigentümer des Grundstücks b die für sein Haus notwendigen Versorgungsleitungen über sein – des A – Grundstück führen darf (§ 1018). Auch § 986 Abs. 1 Satz 1 2. Fall ist entsprechend anwendbar: Hat der Eigentümer eines Hauses seinem Mieter die Anbringung von Werbeschriften an der Hauswand gestattet, so kann sich darauf auch eine Reklamefirma berufen, der der Mieter die Benützung der Wand gestattet hat (OLG Köln NJW 1955, 1072; vgl. auch BGH LM § 164 BGB Nr. 13). – Kann sich der Störer auf eine zu seinen Gunsten ergangene einstweilige Verfügung stützen, so handelt er nicht rechtswidrig (BGH LM § 926 ZPO Nr. 1). Die Pflicht zur Duldung kann sich unmittelbar *aus Gesetz* ergeben; Hauptanwendungsfall sind die *nachbarrechtlichen* Duldungspflichten: der Eigentümer kann vor allem Beeinträchtigungen seines Eigentums durch Einwirkungen, die vom Nachbargrundstück ausgehen, nicht mit der Unterlassungsklage begegnen, wenn diese unwesentlich oder ortsüblich sind (§ 906).[1] Weitere Eingriffsbefugnisse können sich aus einem Gesichtspunkt des Notstands (§§ 228, 904) ergeben. *Öffentlich-rechtliche Duldungspflichten* können unmittelbar auf Gesetz oder auf einem durch Gesetz gestatteten Verwaltungsakt beruhen. Hierunter fällt etwa die Pflicht des Eigentümers, Luftverkehr über seinem Grundstück zu dulden oder bei einem dem Gemeingebrauch gewidmeten Grundstück die Auswirkungen des Gemeingebrauchs hinzunehmen (BGH NJW 1960, 2335). Eine Duldungspflicht besteht aber nicht schon deshalb, weil die Beeinträchtigung durch ein öffentliches Unternehmen (z. B. Elektrizitätswerk) erfolgt (BGHZ 66, 37). Auch schließt nicht jede Genehmigung eines Gewerbebetriebs die Rechtswidrigkeit der Störung aus (BGH NJW 1959, 2013; 1969, 234; BGHZ 41, 264, 269 u. unten § 25 IV 2 e). Wer durch Leistungsanforderung nach § 2 Abs. 1 Ziff. 4, 8 des Bundesleistungsgesetzes zur Duldung einer militärischen Fernsprechleitung verpflichtet wurde, kann zwar auf Entschädigung, nicht aber auf Unterlassung klagen. Schon hier wird die Relation: Eigentum – überwiegendes privates (vergl. § 14 BImSchG) oder öffentliches Eingriffsinteresse – Recht auf Entschädigung bei einem dem Eigentümer auferlegten *Sonderopfer* deutlich. Der im öffentlichen Interesse verweigerte Unterlassungsanspruch kommt umgestaltet in dem Entschädigungsanspruch wieder zum Vorschein; freilich nur dann, wenn es sich um ein ,,besonderes Opfer", handelt (Beispielsfall: BGH NJW 1963, 2020; siehe ferner unten §§ 13 C I, 4, 5). Von der Frage, ob ein Beseitigungs- und Unterlassungsanspruch durch Vorschriften des öffentlichen Rechts ausgeschlossen wird, ist die andere Frage zu unterscheiden, ob für einen – gegebenen – Anspruch der Zivilrechtsweg *oder* der Verwaltungsrechtsweg offen steht, so etwa wenn der Kläger sich dagegen wehrt, daß das Niederschlagswasser von einer Straße auf sein anliegendes Grundstück läuft: BGH MDR 1972, 225 (m. w. N.) und unten IV 2 a.

Ähnlich wie bei § 986 (s. oben § 11 B I 1) ist auch hier umstritten, ob die Berufung des Störers auf ein Recht zum Eingriff eine Einrede oder Einwendung darstellt. Wie dort handelt es sich auch hier um eine Einwendung: Die

---

[1] Nur unexakte Kurzformel! Genaueres s. § 25 IV.

Rechtswidrigkeit des Eingriffs ist materielle Anspruchsvoraussetzung, sie ist lediglich negativ gefaßt, um die Beweislast des Störers klarzustellen.[1]

III. Der „Störer"[2]

Auch wenn § 1004 offensichtlich ein Verschulden *nicht* fordert, so leuchtet doch ein, daß man jemanden auf Beseitigung einer Beeinträchtigung (und Unterlassung künftiger Störungen) nur in Anspruch nehmen kann, wenn ihm die Beeinträchtigung zugerechnet werden kann. Eine solche *Zurechnung* ist zu bejahen:

1. wenn jemand die Einwirkung durch seine *Handlung* herbeigeführt hat (sog. *Handlungshaftung – Handlungsstörer*).

Mein Nachbar geht über mein Grundstück zur öffentlichen Straße.
Oder: er leitet die Abwässer seines Hauses in meinen Garten.
Oder er errichtet ein – ungenügend konstruiertes – Kohlekraftwerk, so daß ein Ascheregen auf mein Grundstück niedergeht;

2. wenn ein das Eigentum beeinträchtigender *Zustand* (oder eine entsprechende Anlage) besteht, der – wenn auch nur mittelbar – auf den Willen des Störers zurückzuführen ist: *Zustandshaftung*

(so die Rechtsprechung: RGZ 155, 316; 159, 129, 136; BGHZ 14, 163; 17, 266, 291; 19, 126, 129; 28, 110 und 225; 29, 314, 317; 90, 255, 266; BGH NJW 1985, 1773): *Zustandshaftung*.
Mein Nachbar N vermietet sein Haus an einen Unternehmer U, der mit Wissen des N ein lärmendes Tanzetablissement einrichtet; hier ist U Handlungsstörer, N Zustandsstörer (BGH LM § 1004 BGB Nr. 44 = *Baur,* E. Slg. Fall 36). – Der BGH spricht in ähnlichen Fällen von *„mittelbarem Störer";* so BGH NJW 1982, 440: Zulieferer-LKW halten und parken auf dem Gewerbegrundstück des Bekl. mit laufendem Motor; BGH NJW 1985, 2823: Störung durch Mieter.
Ein von B in den dem A gehörigen Hafen gebrachter Lastkahn sinkt ohne Dazutun des B und versperrt die Fahrrinne. B ist verpflichtet, den Kahn heben zu lassen, auch wenn dies mit erheblichen Kosten verbunden ist (OGH NJW 1949, 623; BGH NJW 1964, 1365; OLG Köln OLGZ 1968, 24 = *Baur,* E.Slg. Fall 37). Die Gemeinde hat auf städtischem Grund Bäume gepflanzt, deren Wurzeln in die Abwasserleitung eines Nachbargrundstücks dringen und diese verstopfen (BGHZ 97, 231, 234/5; 106, 142, 144).
§ 1004 ist auch dann anwendbar, wenn jemand zunächst zu Recht auf fremdem Grund und Boden eine Anlage geschaffen hat, von der später Beeinträchtigungen des Grundeigentümers ausgehen (die Behörde hat einen Luftschutzstollen gebaut, den sie später verfallen läßt: BGHZ 40, 18, 21).

Die Zurechnung macht Schwierigkeiten, wenn die Beeinträchtigung durch *Naturkräfte* erfolgt,

infolge langer Regengüsse ergießt sich die Erde auf das Nachbargrundstück (Beispiel 1),

oder in den Fällen der *Rechtsnachfolge,*[3]

der Verkäufer eines Grundstücks hat eine Anlage errichtet, die den Nachbarn erst stört, als bereits der Käufer Eigentümer des Grundstücks ist (Beispiel 2),
jemand hat ein mit Giftstoffen belastetes Grundstück erworben, die erst lange Zeit nach Erwerb virulent werden[4] (Beispiel 3).

---

[1] Umstritten; s. RGZ 144, 271 (Einrede!).
[2] Über die verschiedenen Einteilungen in Lit. u. Rspr. s. MünchKomm/*Medicus* § 1004 Rn. 32 ff. m. w. N.
[3] Dazu *Brehm,* Nachfolge in dingliche Unterlassungspflichten? JZ 1972, 225 u. *Heinze* aaO.
[4] Sachverhalt entspr. BGH NJW 1987, 187.

schließlich dann, wenn der Eingriff ursprünglich gerechtfertigt war, der *Rechtfertigungsgrund* aber *später weggefallen* ist.

Eine Gemeinde hat mit Zustimmung des Eigentümers eine diesen beeinträchtigende Böschung aufgeschüttet; später ist das Grundstück verkauft worden; der Käufer ist an die Einwilligung seines Vorgängers nicht gebunden (Stuttgart SeuffA 64, Nr. 111 S. 227; BGHZ 66, 37; dazu *Picker* JZ 1976, 370) (Beispiel 4).

Man hat mannigfache Versuche unternommen, hier eine „Garantenstellung" zu entwickeln, etwa aus der Gefahrbeherrschung oder dem nachbarlichen Gemeinschaftsverhältnis, schließlich aus dem Pflichtgehalt des Eigentums.[1] Alle diese Versuche befriedigen nicht; vielmehr läßt sich aus den §§ 907, 908 die Wertung des Gesetzgebers entnehmen, daß die Einwirkung auf eine von Menschenhand geschaffene oder gehaltene Anlage zurückgehen muß, wenn sie in den genannten Fällen eine Haftung aus § 1004 auslösen soll (s. dazu *Baur* aaO).

Der „Oberlieger" hat also die herabgeschwemmte Erde nur zu beseitigen, wenn er – oder irgendein Rechtsvorgänger – die Ablösung des Erdreichs durch eine Maßnahme (z. B. Anschneiden des Steilhangs durch den Bau eines Hauses) ermöglicht hatte (ebenso jetzt im Ergebnis: BGHZ 90, 255, 266; BGH NJW 1985, 1773).

In unserem zweiten Beispiel haftet der Käufer, da er die Anlage zwar nicht *hergestellt* hat, aber *hält* (vgl. den Wortlaut des § 907!); so im Ergebnis auch BGH NJW 1968, 1327. Im dritten Beispiel also keine Störerhaftung des Eigentümers, in Frage kommt aber eine Haftung nach PolizeiR s. u. § 12 V 2a.

Im vierten Beispiel ist die Gemeinde zur Beseitigung der Böschung verpflichtet (sie hätte sich durch eine Dienstbarkeit sichern müssen!). –

Ergänzend ist zu bemerken:

a) Gelegentlich wird gesagt, Störer sei auch, wer die tatsächliche oder rechtliche Möglichkeit habe, die Beeinträchtigung zu beseitigen. Das ist irrig; die Möglichkeit der Störungsbeseitigung begründet keine Haftung nach § 1004, sondern die Unmöglichkeit der Beseitigung läßt eine nach § 1004 gegebene Haftung entfallen (Rechtsgedanke des § 275!).

b) Der Pflichtgehalt des Eigentums ist – wie ausgeführt – keine Grundlage für eine Beseitigungspflicht, wohl aber für eine Duldungspflicht.

Der Eigentümer eines Grundstücks kann sich z. B. nicht dagegen wehren, wenn sein Nachbar auf eigene Kosten einen Felsblock oder Baum sichert, der auf sein Grundstück zu fallen droht (s. *Baur* aaO S. 477 m. w. N. und JZ 1964, 354).

c) Im Falle der Zustandshaftung braucht der Störer nicht Eigentümer des Grundstücks zu sein, von dem die Störung ausgeht, er kann Mieter, Pächter, Nießbrauchsberechtigter sein (BGHZ 40, 18). Andererseits wird die Haftung des Eigentümers durch Vermietung usw. nicht ausgeschlossen, wenn er den beeinträchtigenden Zustand herbeigeführt hat (BGH NJW 1959, 2013) und seine Beseitigung durchsetzen könnte (BGH NJW 1967, 246; *Lutter-Overrath* aaO; *Medicus* Rn. 447).

Vgl. den oben angeführten *Beispielsfall* (Tanzetablissement); ferner BGHZ 41, 393: Haftet auch der Gläubiger, dem eine Sache zur Sicherheit übereignet ist? Der BGH verneint diese Frage, im Ergebnis zu Recht; in der Begründung wäre besser auf § 908 mit § 836 Abs. 1 abgestellt worden.

Auch weisungsgebundene Arbeitnehmer können als Störer in Anspruch genommen werden, sofern sie bei ihrer Arbeit einen Entschließungsspielraum haben (BGH DB 1979, 544), also die ihnen übertragene Arbeit auch störungsfrei hätten ausüben können.

Zusammenfassend läßt sich sonach sagen:

(1) Die actio negatoria greift Platz, wenn die Beeinträchtigung selbst auf ein menschliches Handeln oder eine Willensbetätigung zurückzuführen ist.

(2) Sie ist ferner dann gegeben, wenn die aktuelle oder potentielle Einwirkung von einer von Menschenhand geschaffenen Anlage ausgeht.

---

[1] Dazu *Staudinger/Gursky* § 1004 Rn. 69–74.

(3) Sie versagt, wenn die Beeinträchtigung ausschließlich auf Naturereignissen oder auf der natürlichen Beschaffenheit des Grundstücks beruht; hier muß aber der Eigentümer die Beseitigung der Gefahr durch den Gefährdeten dulden.

3. Geht die Beeinträchtigung auf *mehrere Störer* zurück, so ist jeder für die Beseitigung voll verantwortlich; der Eigentümer hat die Wahl, an welchen er sich halten will (Rechtsgedanke des § 840!).

RGZ 162, 349, 358: Für Störungen, die von einem Steinbruch herrühren, ist der Eigentümer verantwortlich, aber auch der, der Maschinen und Personal zur Ausbeutung des Steinbruchs zur Verfügung stellt, weil er an den Steinlieferungen interessiert ist.
Zu sog. summierten Immissionen s. unten § 25 IV 2 e) dd).

IV. Der Anspruch

1. a) Der in seinem Eigentum Gestörte kann von dem Störer ,, die *Beseitigung der Beeinträchtigung* verlangen". Voraussetzung ist, daß die Beeinträchtigung noch fortdauert oder ein Zustand gegeben ist, aus dem sich jederzeit neue Beeinträchtigungen ergeben können.

Die *Abgrenzung zum Schadensersatzanspruch aus unerlaubter Handlung* kann schwierig sein. Nach § 1004 kann *nicht* Schadensersatz verlangt werden, sondern nur der contrarius actus der störenden Tätigkeit und die Beseitigung der störenden Anlage (der ,,Störungsquelle") (Einzelheiten s. *Baur* aaO s. 487 ff.):
In dem ,,Steinbruchfall" muß der Störer die auf das Nachbargrundstück gefallenen Felsbrocken wegräumen lassen, auch wenn ihn kein Verschulden trifft. Anders ist die Rechtslage, wenn durch die Sprengung das Dach oder Fensterscheiben des Hauses beschädigt worden sind; hier kommt ein Schadensersatzanspruch nach §§ 823, 249 nur bei Verschulden in Betracht (sofern nicht die Voraussetzungen des § 14 BImSchG vorliegen). – Ist ein Damm gebrochen, so kann nach § 1004 nur die Schließung der Dammlücke, nicht aber Ersatz des Überschwemmungsschadens verlangt werden (BayObLG SeuffA 58 Nr. 106).[1]

Der Beseitigungsanspruch ist sonach *kein Schadensersatzanspruch,*[2] mag er auch im konkreten Fall zu demselben Erfolg (Naturalherstellung § 249) führen. Daraus ergibt sich, daß § 249 S. 2, § 251 Abs. 2 (Entschädigung in Geld) nicht anwendbar sind (BGH LM § 1004 Nr. 14).[2] Dagegen hat die Rechtsprechung den Rechtsgedanken des § 254 herangezogen, wenn der Eigentümer die Beeinträchtigung mitverursacht hat.

So hat das RG (RGZ 138, 327) in dem Haldenbrandfall die Eisenbahn für mitverantwortlich erklärt, weil der Bahndamm aus demselben Material bestand wie die Halden, das Übergreifen des Feuers also dadurch begünstigt wurde.
Von der eben erörterten Frage der Anwendbarkeit der §§ 249 ff. ist die andere zu unterscheiden, ob für den einmal *entstandenen* Beseitigungsanspruch die allgemeinen Vorschriften über den schuldrechtlichen Anspruch, also etwa die §§ 275, 280, 287 S. 2, gelten. Dies ist grundsätzlich zu bejahen; kommt also etwa der Störer mit der Beseitigung einer Beeinträchtigung in Verzug, so muß der Störer auch daraus sich ergebende weitere Beeinträchtigungen beseitigen und einen darüber hinausgehenden Schaden ersetzen (§ 287 S. 2), str. s. dazu *Picker* aaO 160 f.; *Henckel* aaO S. 130 ff.

b) Die *Kosten* für die Beseitigung der Beeinträchtigung treffen den Störer, denn *er* hat die Störung zu beseitigen.

---

[1] Übersicht über die hier vertretenen Auffassungen b. *Staudinger/Gursky* § 1004 Rn. 96 ff.
[2] Streitig: s. dazu MünchKomm/*Medicus* § 1004 Rn. 599; *Soergel/Mühl* § 1004 Rz. 112 f.; *Roth* AcP 180, 263, 266 m. w. N. Für die Anwendung des § 251 Abs. 2 BGHZ 62, 388, 391 (dazu *Staudinger/ Gursky* § 1004 Rn. 108).

Hat der Eigentümer die Störung auf seine Kosten behoben (z. B. weil er nicht warten konnte, bis der Störer sich dazu bereit erklärte), so kann er Ersatz seiner Aufwendungen aus dem Gesichtspunkt der ungerechtfertigen Bereicherung (BGHZ 97, 231 und BGH NJW 1964, 1365; dazu – kritisch – *Gursky* NJW 1971, 782) oder der Geschäftsführung ohne Auftrag fordern (RGZ 167, 55, 59; BGH NJW 1966, 1360 u. 1968, 1327; BGHZ 65, 354 u. 384; BGHZ 98, 235: Verhältnis von Verhaltens- u. Zustandsstörer u. BGHZ 106, 142: eindringende Wurzeln; OLG Köln OLGZ 1968, 24 = *Baur,* E. Slg. Fall 37).

c) Mit dem Anspruch auf Beseitigung der Beeinträchtigung kann ein *Herausgabeanspruch* nach § 985 verbunden sein, so z. B. wenn der Störer sich in den Besitz des Grundstücks gesetzt und auf ihm ein Gebäude errichtet hat; er muß das Gebäude auf seine Kosten beseitigen (§ 1004) und das Grundstück herausgeben (§ 985), BGH LM § 1004 Nr. 14.

Nach h. M. gilt dies auch dann, wenn der Besitzer i. S. der §§ 989, 990 redlich war. Da er aber dann nicht zum Schadensersatz verpflichtet wäre, seine Privilegierung also vom Gesetz gewollt ist, kann er auch nicht zur Beseitigung des Gebäudes nach § 1004 gezwungen werden (str., Einzelheiten s. *Baur* aaO S. 490 ff.; *Soergel/Mühl* § 1004 Rn. 111; *Manfred Wolf* JZ 1966, 467; *Lange/Scheyhing* S. 64).

d) *Prozessual* ist der Beseitigungsanspruch in der Form der Leistungsklage geltend zu machen, wobei die Sachlegitimation auf der Eigentümerseite durch eine Veräußerung der beeinträchtigten Sache nicht berührt wird (§ 265 ZPO, BGH LM § 265 ZPO Nr. 3). Das Urteil hat die zur Beseitigung der Beeinträchtigung erforderliche Maßnahme anzuordnen. Die Vollstreckung erfolgt nach § 887 ZPO („vertretbare Handlung": Ersatzvornahme) oder nach § 888 ZPO („unvertretbare Handlung": Beugezwang).[1]

2. a) Der *Unterlassungsanspruch* – der als materiellrechtlicher zu qualifizieren ist (str.) – ist gegeben, wenn „weitere Beeinträchtigungen zu besorgen" sind. Durch ihn soll eine künftige Beeinträchtigung verhindert werden. Er kann *neben* dem Anspruch auf Beseitigung der bereits erfolgten Beeinträchtigung und neben dem Anspruch auf Beseitigung der Störungsquelle Platz greifen, ist aber – entgegen dem Wortlaut des § 1004 Abs. 1 S. 2 – auch dann zuzubilligen, wenn ein *erster Eingriff* drohend bevorsteht (dazu BGHZ 2, 394; BGH LM § 1004 Nr. 27; *Münzberg* JZ 1967, 689; *Soergel/Mühl* § 1004 Rn. 168 m. w. N.).

Ich brauche nicht zu warten, bis der Nachbar mit seinem Bau die Grundstücksgrenze tatsächlich überschreitet, wenn alles dafür spricht (Baupläne), daß er dies tun will.

Beabsichtigt B in einer Landhausgegend ein Tanzkaffee zu errichten, so können die Nachbarn schon jetzt auf Unterlassung klagen (dies auch dann, wenn der Bau baupolizeilich genehmigt ist und die als Anlieger gehörten Nachbarn in dem baupolizeilichen Verfahren unterlegen sind). (Anders ist die Rechtslage dann, wenn es sich um einen „genehmigten Betrieb" i. S. des § 14 BImSchG handelt!); dazu unten § 25 IV 2.

Zweifelhaft kann der *Rechtsweg* sein (zu den Zivil- oder den Verwaltungsgerichten?), wenn die Störung von einer Einrichtung der öffentlichen Hand ausgeht: Der Eigentümer wird durch den Lärm eines öffentlichen Kinderspielplatzes beeinträchtigt (BGH NJW 1976, 570: „Bolzplatz"). Sicher ist der ordentliche Rechtsweg (zu den Zivilgerichten) ausgeschlossen, wenn es sich um hoheitliche Betätigung des Staates handelt. Aber auch bei anderen öffentlichrechtlichen Einrichtungen der Vorsorgeverwaltung geht die Tendenz der Rechtsprechung dahin, die Verwaltungsgerichtsbarkeit als für die Entscheidung der Abwehrklagen zuständig zu erachten (s. z. B. BGH NJW 1976, 570).

---

[1] Einzelheiten vgl. *Baur/Stürner* ZVR Rn. 667 ff.

Maßgebend sei „der öffentlichrechtliche Planungs- und Funktionszusammenhang" der Einrichtung (BVerwG NJW 1974, 817; 1973, 1710; NJW 1984, 989: „Kirchengeläute"). Bedient sich dagegen die Verwaltung des Privatrechts, so ist der Zivilrechtsweg gegeben (BGHZ 41, 264: „Kirmes"; *Soergel/Mühl* § 1004 Rn. 202, 208 m. w. N.), ebenso dann, wenn die Beseitigung der durch den Privatbetrieb erfolgten Störung nur mit behördlicher Genehmigung zulässig ist (BGH DVBl 1984, 472 m. Anm. *Bettermann*).

Der Rechtsweg vor den ordentlichen Gerichten wird nicht dadurch ausgeschlossen, daß sich ein privater Störer auf einen hoheitlichen Akt berufen kann; dieser Akt ist nur Vorfrage einer Entscheidung, die einen bürgerlich-rechtlichen Anspruch zum Gegenstand hat (BGHZ 5, 76, 82). Ist der Verwaltungsakt rechtmäßig, so ist freilich die Klage aus § 1004 materiellrechtlich unbegründet, weil der Eingriff dann nicht rechtswidrig ist. Dazu auch unten § 25 IV 1 e.

b) Der *Unterlassungsanspruch* ist – wie der Beseitigungsanspruch – im Wege der Leistungsklage geltend zu machen. Ist die Klage begründet – wozu in der Regel (oben IV 2 a) auch der Nachweis der Wiederholungsgefahr gehört (§ 1004 Abs. 1 S. 2)[1] –, so ergeht ein Unterlassungsurteil. Dieses Urteil wird nach § 890 ZPO vollstreckt, also durch Ahndung einer gegen das gerichtliche Verbot verstoßenden Zuwiderhandlung.[2]

V. Verwandte Rechtsinstitute

1. *Im Privatrecht:*

a) Der *actio negatoria* (Unterlassungs- und Beseitigungsanspruch des Eigentümers nach § 1004) ist verwandt der *Grundbuchberichtigungsanspruch* des § 894, den wir in seinen Einzelheiten unten § 18 C kennen lernen werden. Hier klagt – grob skizziert – der durch einen falschen Grundbucheintrag in seinem Recht (Eigentum, sonstigen dinglichen Recht) Beeinträchtigte gegen den fälschlich im Grundbuch Eingetragenen auf Bewilligung der Grundbuchberichtigung. Der Anspruch hat „negatorischen Charakter" (RGZ 57, 320, 322; BGHZ 5, 76, 82).

b) Eine ähnliche Funktion wie § 1004 im materiellen Recht erfüllt die *Drittwiderspruchsklage* nach § 771 ZPO im Zwangsvollstreckungsrecht. Hier wendet sich der durch einen Vollstreckungsakt in seiner – meist dinglichen – Rechtsstellung Betroffene gegen diesen Akt mit der Begründung, er sei nicht Vollstreckungsschuldner. Der Anspruch auf Beseitigung der Beeinträchtigung firmiert hier als Klage mit dem Antrag, die Zwangsvollstreckung für unzulässig zu erklären.[3]

2. *Im öffentlichen Recht – Der polizeiliche Schutz:*

Das *Polizeirecht* kennt die Haftung des Störers für eine polizeiwidrige Handlung oder einen polizeiwidrigen Zustand. § 6 bad. württ. Polizeigesetz formuliert dies z. B. wie folgt:

„Wird die öffentliche Sicherheit oder Ordnung durch das *Verhalten* von Personen bedroht oder gestört, so hat die Polizei ihre Maßnahmen gegenüber demjenigen zu treffen, der die Bedrohung oder Störung verursacht hat" (Handlungshaftung).

---

[1] Str. andere sehen darin eine besondere Form des Rechtsschutzbedürfnisses, also eine prozessuale Frage; s. dazu *Henckel,* Parteilehre und Streitgegenstand im Zivilprozeß (1961) S. 78 ff.; Münch-Komm/*Medicus* § 1004 Rn. 82; *Soergel/Mühl* § 1004 Rn. 156, 166 m. w. N.

[2] Einzelheiten s. *Baur/Stürner* ZVR Rn. 686 ff.

[3] Einzelheiten vergl. *Baur/Stürner* ZVR Rn. 769 ff.

§ 7 trifft eine entsprechende Bestimmung für die *Zustandshaftung,* wobei es – anders als in § 1004 – nicht darauf ankommt, ob der in Anspruch Genommene den rechts- oder ordnungswidrigen Zustand verursacht hat.

Bei drohender, auf andere Weise nicht zu beseitigender Gefahr schließlich kann sich die Polizei auch an jemanden halten, der weder Handlungs- noch Zustandsstörer ist (§ 9).

In der Regel wird sich die Polizei zunächst an den Handlungsstörer (auch Verhaltensstörer genannt) halten, dann an den Zustandsstörer und erst im Notfall an einen Dritten (BGH NJW 1981, 2457 m. w. N.; hier auch zum Ausgleich unter mehreren Störern: nicht § 426).

Es ist nicht unsere Aufgabe, diese Grundsätze des Polizeirechts näher zu entwickeln;[1] es muß jedoch auf gewisse bürgerlich-rechtliche Auswirkungen hingewiesen werden:

a) Zunächst eine negative Feststellung:

Jemand wird nicht dadurch zum Störer im Sinne des § 1004, daß ihn die Polizei in Ausübung ihrer Funktion zur Beseitigung eines polizeiwidrigen Zustands veranlassen könnte; m. a. W. die ,,Polizeipflichtigkeit'' als solche begründet keine bürgerlich-rechtliche Pflicht zur Beseitigung einer gefahrdrohenden Anlage.

Beispiel: An einem Steilhang befinden sich übereinandergestaffelt die Gärten von A, B, C. Wenn die Polizei von A und B die Anbringung von Stützmauern fordert, weil sie Felsabsturz auf eine unten vorbeiführende Straße befürchtet, so kann nicht auch C an A und B nach § 1004 das gleiche Ansinnen stellen (im Sinne des § 1004 sind die aus dem steilen Gefälle sich ergebenden Gefahren keine Beeinträchtigung des Eigentums des C; s. oben III 2).

b) Die der Polizei gegebene Ermächtigung und der dem Beeinträchtigten nach § 1004 gegebene Beseitigungsanspruch können im konkreten Fall auf dasselbe Ziel gerichtet sein,

so wenn im vorigen Beispiel A die Gefahr von Steinschlag durch bauliche Maßnahmen hervorgerufen hat.

Der Ausgangspunkt und die Mittel zur Erreichung des Zieles sind aber verschieden: Die Polizei hat die Aufgabe, ,,die öffentliche Sicherheit oder Ordnung'' zu schützen (§ 1 Abs. 1 bad. württ. Polizeigesetz). Auch wenn es sich um den polizeilichen Schutz des Einzelnen handelt, sieht sie ihn (und seine bedrohte Rechtsstellung) nur als Glied der Gesamtheit. Ein *nur* den Schutz privater Rechte betreffendes Vorgehen ist ihr daher nur subsidiär gestattet, nämlich dann, wenn der Berechtigte es beantragt und rechtzeitige gerichtliche Hilfe nicht zu erlangen ist und wenn ohne polizeiliche Hilfe die Gefahr besteht, daß die Verwirklichung des Rechts vereitelt oder wesentlich erschwert wird (§ 2 Abs. 2 bad.-württ. Polizeigesetz).[2]

Beispiel: A hat dem B in Form einer Grunddienstbarkeit den Durchgang zur Straße durch sein Grundstück a gestattet. Geraten A und B in Streit und versperrt A den Zugang so fest, daß dem B auch das ,,Gewaltrecht'' (§ 859) nichts hilft, so muß B das ordentliche Gericht angehen und den Erlaß einer einstweiligen Verfügung beantragen. Die Polizei dürfte auf Antrag des B z. B. nur dann eingreifen, wenn sich in der Familie des B ein Schwerkranker befindet, der sofort ins Krankenhaus transportiert werden muß; hier käme auch gerichtliche Hilfe zu spät. –

Freilich ist nicht zu verkennen, daß der Grundsatz der Subsidiarität des polizeilichen Schutzes privater Rechte nicht mehr als eine Leitlinie sein kann, da entsprechend neuerer Auffassung über die Aufgaben der Polizei eben auch von den Einzelnen Gefahren abzuwenden sind, durch die die öffentliche Sicherheit oder Ordnung bedroht wird (so § 1 bad.-württ. Polizeigesetz). *Letztlich* soll in solchen Fällen das Zivilgericht entscheiden; daher ist auch eine Bindung des Gerichts an polizeiliche Akte, die denselben Gegenstand betreffen und den Schutz des Einzelnen bezwecken, abzulehnen:

---

[1] Siehe *v. Münch-Friauf,* S. 181 ff. (m. w. N.); *Vollmuth* VerwArch. 68 (1977), 45; *Drews/Wacke/ Vogel/Martens,* Allg. Polizeirecht, 8. Aufl. I 1975, II 1977; *W. Martens,* Der Schutz des einzelnen im Polizei- und Ordnungsrecht, DÖV 1976, 457; 1982, 89 (Wandlungen im Recht der Gefahrenabwehr) u. DVBl. 1981, 597 (Immissionsschutzrecht und Polizeirecht); *Pietzker* DVBl. 1984, 457 (zur Bestimmung des Störers); *Selmer* GS f. *Martens* 1987, 483; *Baur,* D. pol. Schutz priv. Rechte, JZ 1962, 73. (= *Baur* Beitr. II 80); *Schlink* NJW 1988, 1689.

[2] Zur Frage des Rechtsanspruchs des einzelnen auf polizeiliches Einschreiten s. *Friauf, Martens, Baur* aaO; BVerwGE 11, 95; 37, 112.

Hat in dem obigen Beispiel die Polizei dem A aufgegeben, den Zugang zu öffnen, und diese Öffnung notfalls gewaltsam erzwungen, so braucht sich das ordentliche Gericht bei Entscheidung des Rechtsstreits nicht um die polizeiliche Maßnahme zu kümmern. Hat das Gericht zugunsten des A entschieden (etwa weil die Grunddienstbarkeit gar nicht bestehe), so hat für die Polizei künftig der Schutz des Einzelnen (B) auszuscheiden.

Wenn daher in unserem *Beispiel* das Gericht die Grunddienstbarkeit aus irgendeinem Grund als nichtig angesehen und auch ein Notwegrecht (§ 917) verneint hat, weil B noch einen anderen – wenn auch beschwerlicheren – Zugang zur Straße habe, so darf die Polizei dem A die Beseitigung der Sperre nur dann auferlegen, wenn Gründe des öffentlichen Wohls (z. B. feuerpolizeiliche Gesichtspunkte) dies verlangen. Dann handelt freilich auch B nicht rechtswidrig, wenn er den geöffneten Zugang benützt.

§ 13. Sonstiger Schutz dinglicher Rechte im Privatrecht und im öffentlichen Recht

A. Überblick

Mit der rei vindicatio (§ 985) und der actio negatoria (§ 1004) haben wir den spezifisch *sachenrechtlichen* Rechtsschutz der dinglichen Rechte kennengelernt. Seine Aufgabe ist es, den im Gesetz normierten Zuweisungsgehalt dieser Rechte in concreto durchzusetzen. Ein ausschließlich sachenrechtlicher Rechtsschutz – zu dem die oben § 12 V 1a und b genannten Rechtsbehelfe treten – wäre unvollkommen; dies zeigt schon die einfache Überlegung, daß weder der Herausgabeanspruch des § 985 noch der Abwehranspruch nach § 1004 Platz greifen, wenn die Sache, die Gegenstand des Eigentums oder eines sonstigen dinglichen Rechts ist, beschädigt wird, daß ferner der gesamte zivilrechtliche Rechtsschutz versagt, wenn die dingliche Rechtsstellung durch Maßnahmen der öffentlichen Gewalt beeinträchtigt wird.

Eine Darstellung des Rechtsschutzes der dinglichen Rechte wäre daher unvollkommen, wenn sie diese Eingriffs- und Gefährdungsmöglichkeiten außer acht ließe; sie soll im folgenden versucht werden; dabei kann es sich freilich nur um eine zusammenfassende Übersicht handeln, da diese Rechtsschutzformen anderen Rechtsgebieten angehören, also nur bei deren Erörterung (im Schuldrecht, im Verwaltungsrecht) voll entwickelt werden können.

B. Weitere Rechtsschutzformen des Privatrechts

S. die Übersicht 5 am Ende von § 10.

I. Der deliktische Rechtsschutz[1]

1. Nach § 823 Abs. 1 BGB verpflichtet die schuldhaft rechtswidrige Verletzung des Eigentums oder ,,eines sonstigen Rechts" zum Schadensersatz. Daß

---

[1] Vergl. dazu die Lehrbücher des Schuldrechts; ferner *Hagen,* Zum Begriff der Rechtswidrigkeit im Zivilrecht, FS E. Wolf, 1985, 133; *Jahr* AcP 183, 72 (Schadensersatz wegen deliktischer Nutzungsentziehung); *Leser* AcP 183, 56 (Rechtsgüterschutz im Delikts- und Gefährdungshaftungsrecht); *Wester-*

unter den Begriff des „sonstigen Rechts" gerade andere dingliche Rechte als das Eigentum fallen, ist außer Zweifel.

Die Verletzungshandlung kann tatsächlicher oder rechtlicher Art sein, so wenn die Sache zerstört (beschädigt) wird oder ein Unbefugter über die Sache verfügt.

Einen weiteren, vielfach parallel laufenden Schutz gewährt § 823 Abs. 2, wenn der Täter gegen ein Schutzgesetz verstößt; hier kommen etwa die §§ 242, 246, 249 ff., 259, 303 ff. StGB und die öffentlichrechtlichen nachbarschützenden Vorschriften[1] als Schutzgesetze in Betracht.

2. All das sind Binsenwahrheiten; die – uns zum Teil bekannten – Schwierigkeiten beginnen bei der Überlegung, daß der weite Deliktstatbestand des § 823 Abs. 1 (mit § 249) prima facie auch den Anwendungsbereich der rei vindicatio und der actio negatoria umfaßt, freilich immer vorausgesetzt, daß Verschulden vorliegt. Es bedarf also einer Abgrenzung des deliktischen Rechtsschutzes zu den genannten sachenrechtlichen Rechtsschutzformen:

a) *Das Verhältnis der rei vindicatio* (und des Eigentümer-Besitzerverhältnisses) *zum allgemeinen Deliktsrecht* ist uns bekannt (vgl. oben § 11 B). Es bedarf nur einer zusammenfassenden Wiederholung: Im Anwendungsbereich der §§ 987 ff. – also im Verhältnis zwischen Eigentümer und *unrechtmäßigem* Besitzer – greift Deliktsrecht nur Platz, wenn der Besitzer den Besitz an der Sache durch schuldhaft verbotene Eigenmacht oder durch eine Straftat erlangt hat (§ 992), ferner dann, wenn der Fremdbesitzer die Grenzen seines vermeintlichen Besitzrechts überschreitet.

b) Die *actio negatoria* (§ 1004) schließt im Falle einer schuldhaften Beeinträchtigung des Eigentums den deliktischen Schadensersatzanspruch nach § 823 nicht aus. Mit ihm kann vor allem ein über die Beeinträchtigung hinausgehender – adäquat verursachter – Schaden geltend gemacht werden. Freilich beseitigt eine nach § 1004 Abs. 2 gegebene Duldungspflicht des Eigentümers auch die Widerrechtlichkeit des schädigenden Eingriffs i. S. des § 823.

Beispiel: Nimmt der Inhaber einer Großgarage auf die Nachtruhe seiner Nachbarn keinerlei Rücksicht, so kann sowohl nach § 1004 wie nach § 823 Abs. 1 in Verbindung mit § 249 Beseitigung der Lärmursachen verlangt werden; ein darüber hinausgehender Schaden (z. B. eine Gesundheitsbeeinträchtigung) kann nach § 823 Abs. 1 zu ersetzen sein. Muß der Lärm der Großgarage nach § 906 geduldet werden (weil er ortsüblich und durch zumutbare Maßnahmen nicht zu beseitigen ist), so scheiden actio negatoria und ein deliktischer Schadensersatzanspruch aus (so auch BGH LM § 906 BGB Nr. 11); in Betracht kommt aber ein nachbarrechtlicher Ausgleichsanspruch nach § 906 Abs. 2 S. 2 (s. unten § 25 IV 2 d).

c) Ein Schadensersatzanspruch nach § 823 muß – trotz Vorliegens der Voraussetzungen des deliktischen Tatbestands – versagt bleiben, wenn damit ein Erfolg herbeigeführt würde, der der sachenrechtlichen Güterzuweisung widerspräche.

---

mann, Der Inhalt des Ersatzanspruches bei Gebäudezerstörung usw. AcP 156, 137; *Bälz,* Eingriffsschutz u. Opfersicherung im Haftungssystem des Zivilrechts (I), 1970; *Brinker,* Die Dogmatik zum Vermögensschaden, 1982; *Plum* AcP 181, 68 (Abgrenzung von Eigentumsschaden und Vermögensschaden). Zur Frage der Anwendbarkeit des § 823 I bei Vereitelung eines Grundstücksverkaufs s. *Willoweit* NJW 1975, 1190; *M. J. Schmid* NJW 1975, 2056. – Zur Ersatzfähigkeit von *Gebrauchsverlusten* s. oben § 11 C II 3.

[1] Dazu und *zur Beweislast* s. BGH NJW 1985, 1774.

Daher kann insbesondere ein sachenrechtlich wirksamer Rechtserwerb nicht durch eine sich als Deliktsfolge ergebende Naturalrestitution in Frage gestellt werden.

Beispiele: Hat V ein Buch des E unterschlagen und an den gutgläubigen K veräußert (§ 932), so kann E das Buch nicht nach §§ 823, 249 herausverlangen, weil K beim Erwerb leicht fahrlässig gewesen sei; denn § 932 stellt auf Vorsatz oder *grobe* Fahrlässigkeit ab.

E hat ein größeres Grundstück an L zum Schein aufgelassen, L ist als Eigentümer im Grundbuch eingetragen worden; L hat dann dem Bekl. Vollmacht zur Parzellierung und Veräußerung des Grundstücks erteilt. Der Bekl. hat entsprechend gehandelt. Die Erben des E verlangen vom Bekl. Schadensersatz. Da die Veräußerungsvollmacht unter die nach § 893 geschützten Rechtsvorgänge fällt, können die Erben von dem Bekl. selbst dann keinen Schadensersatz fordern, wenn er infolge grober Fahrlässigkeit das Nichteigentum des L nicht erkannt haben sollte (RGZ 90, 395).

d) Zweifelhaft kann der *Schutzbereich des Eigentums* sein; z. B. BGHZ 55, 153: durch einen Dammbruch sind Binnenschiffe, die eine Mühle mit Weizen beliefern, z. T. ,,eingesperrt'', z. T. ,,ausgesperrt'' worden (ähnlich BGHZ 86, 152),[1] *oder* OLG München NJW 1977, 438: Infolge eines Planungsfehlers ist das Dach eines Hauses fehlerhaft errichtet, *oder* BGH NJW 1977, 2264: Blockierung der Zufahrt durch Brand u. 1978, 1051 (s. dazu *Möschel* JuS 1977, 1; *Medicus,* Bürgerl. Recht Rn. 613; *Jahr* AcP 183, 725 ff.; *Freund/Barthelmess* NJW 1975, 281 u. 1977, 438; *Zeuner,* FS Flume, 1978, I, 775). Zum zeitweiligen, nicht mit Kosten verbundenen *Entzug der Nutzungsmöglichkeit* s. oben § 11 C II 3. *Zur Schadensberechung* s. BGH NJW 1988, 1835 und 1837.

e) *Die Inhaber beschränkter dinglicher Rechte* können nur den Schaden ersetzt verlangen, der gerade sie betroffen hat, also etwa der Nießbraucher bei Zerstörung der Sache nur den aus dem Entzug des Besitzes und der Nutzungen herrührenden Schaden.

Ob das *Anwartschaftsrecht* als ,,sonstiges Recht'' i. S. des § 823 Abs. 1 anzuerkennen ist, kann nicht für alle hier in Betracht kommenden Fälle einheitlich entschieden werden. Bejaht wurde die Frage für das Anwartschaftsrecht des Vorbehaltskäufers (Einzelheiten unten § 59 V 5), verneint für die Anwartschaft des Auflassungsempfängers (Einzelheiten unten § 19 B I 2c bb γ).

Beispiele: E hat eine Maschine unter Eigentumsvorbehalt an K verkauft und übergeben. Wird sie von B schuldhaft zerstört, so hat B dem K Schadensersatz zu leisten; so RGZ 170, 1, 6, wo freilich nicht voll deutlich wird, ob der Schadensersatzanspruch dem K selbst zusteht oder von diesem nur – als Anspruch des E – in eigenem Namen und Interesse geltend gemacht werden kann. Konsequent wäre die Lösung, den Schadensersatzanspruch dem K zuzugestehen, dem E aber ein Pfandrecht an ihm zur Sicherung seiner Kaufpreisforderung zu gewähren; allein dafür fehlt die gesetzliche Grundlage (dazu unten § 59 V 5a). –
Hat in unserem Fall K das Anwartschaftsrecht sicherungshalber an seinen Gläubiger G übertragen, veräußert er aber dann die Maschine abredewidrig an X, so haftet er (K) dem G nach § 823 Abs. 1 (daneben auch aus Vertrag), so BGH LM § 823 BGB (Ad) Nr. 1.

3. Nur anhangsweise sei bemerkt, daß ein Schutz dinglicher Rechte sich auch aus den Gesetzen ergibt, die eine *Gefährdungshaftung* statuieren, so z. B. aus § 833 S. 1 (Beispiel: BGHZ 79, 259), § 1 HaftpflichtG, § 7 Abs. 1 StVG.

II. Schutz aus dem Gesichtspunkt der ungerechtfertigten Bereicherung

Schon bei der Erörterung des Besitz- und Eigentumsschutzes hatten wir auf die sog. *Eingriffskondiktion* (Erwerb ,,in sonstiger Weise'') hingewiesen (s. oben § 9 V 2 und § 11 B II 2). Die dort erörterten Gedankengänge gelten auch – und in erster

---

[1] Dazu *Müller-Graff* JZ 1983, 860. – Zum Schutzzweck der Norm H. *Schack* JZ 1986, 305 m. w. N.

Linie – für den Eingriff in das Eigentum und die beschränkten dinglichen Rechte. Neben die gesetzlich ausdrücklich geregelten Fälle der Verfügung eines Nichtberechtigten (§ 816) und des Rechtsverlusts durch Verbindung, Vermischung, Verarbeitung (§ 951) treten die unbenannten Eingriffsfälle, für die der im Widerspruch zur Güterzuordnung erfolgende Eingriff und der sich daraus ergebende Vermögenszuwachs charakteristisch sind.[1] Der Bereicherungsanspruch hat hier die Funktion einer Ergänzung des Rechtsschutzes[2] dann, wenn Schadensersatzansprüche aus unerlaubter Handlung mangels Verschuldens oder aus sog. unechter Geschäftsführung ohne Auftrag mangels Anmaßungswillens und Herausgabeansprüche aus Geschäftsführung ohne Auftrag aus Mangel am Tatbestand (namentlich weil eine entsprechende Willensrichtung des ,,Eingreifenden" fehlte) nicht in Betracht kommen.

,,*Paradebeispiel*": Die Viehherde meines Nachbarn N, der seinen Hof erst jüngst erworben hat und daher über die Grundstücksgrenzen trotz redlichen Bemühens noch nicht voll orientiert ist, hat eine mir gehörende Wiese abgeweidet. Ansprüche aus § 823, § 687 Abs. 2 scheiden aus. Auch der Gesichtspunkt der Herausgabe der Nutzungen nach §§ 987, 989, 993 kommt schon deshalb nicht in Betracht, weil N gar nicht Besitzer des Grundstücks war. So bleibt nur der Kondiktionsanspruch nach § 812 Abs. 1 Satz 1 2. Alternative.[3]

Irrtümliche Abnahme fremden Stroms: LG Aachen NJW 1984, 2421 u. KG NJW 1985, 1714; dazu *Martinek* JuS 1985, 596

III. Zusammentreffen mehrerer Rechtsschutzformen

kommt in Betracht, wenn mehrere Personen an *einem* Schädigungstatbestand mitwirken, so etwa wenn ein dem E sicherungsübereigneter LKW von dem Besitzer B an den redlichen R veräußert wird und C dies dadurch ermöglicht hat, daß er den ihm anvertrauten Kfz-Brief dem B überlassen hat: Hier hat B jedenfalls den erzielten Kaufpreis nach § 816 herauszugeben. C haftet nach § 823, weil er an dem Entzug des Eigentums fahrlässig mitgewirkt hat. B u. C haften als Gesamtschuldner (BGH JZ 1984, 230; str.).

C. Rechtsschutzformen des öffentlichen Rechts

Wollte man das Thema: Schutz des Eigentums und der sonstigen dinglichen Rechte im öffentlichen Recht in voller Breite erörtern, so würde dies korrekterweise eine vollständige Darstellung des Verhältnisses von Einzelnem und öffentlicher Gewalt voraussetzen. Denn der Eigentumsschutz durch öffentliches Recht ist nur in diesem Zusammenhang zu begreifen. Dies aber kann nicht unsere Aufgabe sein. Es muß genügen, einige stichwortartige und daher notwendig unvollständige Hinweise zu geben: sie sollen ein Gefühl dafür vermitteln, welche Angriffsflächen das Eigentum der öffentlichen Gewalt bietet und wie sein Schutz daher in den allgemeinen Rechtsschutz des Bürgers gegenüber dieser Gewalt eingebettet sein muß. Dies bedeutet eine Beschränkung unserer Erörterungen auf die Grundrechtsqualität des Eigentums (I) und die prozessualen Schutzgarantien (II).

---

[1] Im einzelnen sind die Voraussetzungen der Eingriffskondiktion sehr umstritten; s. die Nachweise bei *Loewenheim*, Bereicherungsrecht, 1989 S. 64 ff.; *Reuter/Martinek*, Unger. Bereicherung, 1983, § 7; *Koppensteiner/Kramer*, Unger. Bereicherung, 2. Aufl. 1988, § 9; ferner *von Caemmerer* FS Rabel I, 1954, 352 ff.; *Harder* FS Mühl, 1981, 267 (zur Veräußerung fremder Sachen); *Jacobs*, Eingriffserwerb u. Vermögensverschiebung, 1963; *Kellmann*, Grundsätze der Gewinnhaftung, 1969; *Larenz* II § 68; *Medicus* Rn. 704 ff.; Fritz *Schulz* AcP 105, 1; *Schlechtriem* JZ 1988, 858; *Wilburg*, D. Lehre von der unger. Bereicherung, 1934.

[2] S. dazu als Beispiel BGH NJW 1975, 778.

[3] Zu der umstrittenen Frage des Umfangs der Eingriffskondiktion s. *Reuter/Martinek*, § 7 III 2; *Medicus* Rn. 719 ff.; *Jahr* aaO.

I. Der Grundrechtsschutz[1]

1. Art. 14 GG sagt, daß ,,das Eigentum gewährleistet" wird. Er enthält eine Institutsgarantie des Eigentums (als eines Rechtsinstituts) *und* eine Garantie der Eigentumsfreiheit als eines staatsgerichteten subjektiven öffentlichen Rechts.[2] Die Institutsgarantie bedeutet, daß der Gesetzgeber zwar ,,Inhalt und Schranken" des Eigentums ,,bestimmen" kann, nicht aber das Rechtsinstitut: Eigentum in seinem durch Privatnützigkeit und grundsätzliche Verfügungsbefugnis über den Eigentumsgegenstand gekennzeichneten ,,Wesensgehalt" ,,antasten" darf (Art. 19 Abs. 2 GG).[3] In der dem Gesetzgeber eingeräumten Befugnis, Inhalt und Schranken zu bestimmten, liegt gleichzeitig der ,,Vorbehalt des Gesetzes" für Eingriffe in das Eigentum beschlossen; darin kommt der Freiheitsgehalt des Eigentums im Sinne eines subjektiven öffentlichen Rechts zum Ausdruck: der Staat hat sich jeden Eingriffs in das Eigentum zu enthalten, zu dem er nicht durch ein dem GG entsprechendes Gesetz ermächtigt wird. Daraus ergibt sich, daß die Vermutung für die Unantastbarkeit des Eigentums spricht; wer die Rechtmäßigkeit des Eingriffs behauptet, hat die ,,Beweislast".[4]

2. Das Grundgesetz schließt die Möglichkeit der *Enteignung* nicht aus, erschwert sie aber einmal dadurch, daß sie nur zum Wohle der Allgemeinheit ,,zulässig" ist, zum anderen durch einen verschärften Gesetzesvorbehalt: es genügt nicht, daß überhaupt eine gesetzliche Grundlage vorhanden ist, daß ferner die Einschränkung des Eigentums ausdrücklich genannt wird (Art. 19 Abs. 1 GG), notwendig ist vielmehr weiter, daß in dem Enteignungsgesetz selbst ,,Art und Ausmaß der *Entschädigung*" geregelt werden (*sog. Junktimklausel*). Darin liegt nicht nur eine zusätzliche Sicherung des Eigentümers, sondern vor allem – wie in der staatsrechtlichen Literatur mit Recht betont wird – eine ,,Bremse" für den Gesetzgeber, die ihn von unüberlegten Enteignungsgesetzen abhalten soll.

3. Art. 14 GG spricht nur von ,,Eigentum". Darunter ist aber *jedes subjektive Privatrecht,* ja jede ,,konkrete subjektive Rechtsposition" zu verstehen,[5,6] in unserem Zusammenhang also auch alle beschränkten dinglichen Rechte.

---

[1] Siehe dazu auch unten §§ 24, 26.

[2] Vgl. dazu *Maunz/Papier* Art. 14 Rn. 8–11; *Soergel/J. F. Baur* § 903 Rn. 151, 154; *Staudinger/Seiler,* 22, 23 vor § 903 ff.

[3] Siehe dazu vor allem BVerfGE 24, 367 (= *Baur,* E.Slg. Fall 12); BVerfGE 42, 263, 293; 52, 1, 30 f.; BGH NJW 1958, 380 und BGHZ 30, 338; *Maunz/Papier* Art. 14 Rn. 272 ff.

[4] Auf den Bindungsgehalt des Eigentums braucht hier nicht eingegangen zu werden (s. dazu unten § 24).

[5] BGHZ 83, 1, 3; *Maunz/Papier* Art. 14 Rn. 150–153; 186–191 m. w. N. – Auch der Gewerbebetrieb, das Unternehmen: BGHZ 6, 270, 278; 45, 150; 48, 58 und 65; nicht jedoch die sich aus der – bisherigen – Lage eines Unternehmens (an einer Durchgangsstraße, die nunmehr zur Anliegerstraße wird) ergebenden Vorteile (BGHZ 55, 261; auch BGH NJW 1977, 2264 u. BGHZ 94, 373).

[6] Ob auch subjektive *öffentliche* Rechte, ist streitig (vgl. BGHZ 6, 270, 276 – BVerfGE 53, 257, 289; 40, 65, 82; BVerfG JZ 1985, 993; BVerwGE 23, 18; *Nüßgens/Boujong* Rn. 115 ff.). – Davon zu unterscheiden ist die Frage, ob auch das Eigentum *juristischer Personen des öffentlichen Rechts* unter Art. 14 GG fällt; grundsätzlich verneinend das BVerfG: BVerfG NJW 1982, 2173 = BVerfGE 61, 82 m. w. N.; *Maunz/Papier* Art. 14 Rn. 192 ff.

4. Die Enteignung – im überkommenen, „klassischen" Sinn – ist ein staatlicher, meist durch Verwaltungsakt erfolgender rechtmäßiger, unmittelbarer Zugriff auf das Eigentum des Einzelnen mit dem Ziel der Entziehung oder Belastung (BGHZ 57, 359; BVerfGE 52, 1, 27; 56, 249, 260; 58, 300, 330; *Maunz-Papier* Art. 14 GG Rn. 447ff. m. w. N.).

Beispiele: „Entziehung": Übertragung von Grundeigentum auf den Staat durch Enteignungsbeschluß zum Zwecke des Straßenbaus.
„Belastung": Begründung einer beschränkten persönlichen Dienstbarkeit (§ 1090) zugunsten des Staates durch Verwaltungsakt zur Duldung eines Telefonkabels.

Nun gibt es Eingriffe der öffentlichen Gewalt in den Vermögensbereich des Bürgers, die zwar dem eben genannten („formellen")" Enteignungsbegriff nicht entsprechen, die sich aber *wie eine Enteignung auswirken* („materiell-rechtlicher Enteignungsbegriff"); auch sie legen dem Einzelnen ein Sonderopfer auf. Die Rechtsprechung des BGH bezeichnet sie als enteignende (a) und enteignungsgleiche Eingriffe (b):

a) *Enteignender Eingriff:* Eine *rechtmäßige* hoheitliche Maßnahme hat unmittelbare Auswirkungen auf das Vermögen des Einzelnen mit dem Charakter eines Sonderopfers. Meist handelt es sich um reale Nebenfolgen einer öffentlichen Tätigkeit, die „die Schwelle des enteignungsrechtlich Zumutbaren überschreiten" (BGHZ 91, 20; ferner BGH NJW 1986, 991).

Beispiele: Bei einem Manöver gerät das dem Kläger gehörende Holz in Brand (BGHZ 37, 44; s. ferner BGHZ 28, 310; 34, 188; 40, 355; 57, 359: „Frankfurter U-Bahn"; BGH NJW 1976, 1312: „Münchner S-Bahn"; BGHZ 57, 370: Gemeindliche Kanalisationsanlage bewirkt Grundwassersenkung und beeinträchtigt dadurch die Standfestigkeit des Hauses des Klägers (ähnlich BGH NJW 1978, 1051); BGH NJW 1965, 1907: „Buschkrugbrücke"; BGHZ 60, 119: Duldung einer Hochspannungsleitung; BGHZ 70, 212: Großbaustelle; BGHZ 72, 289: Ausschachtungen; BGHZ 80, 111: Enteignende Wirkung von Hochwasserschutzmaßnahmen; BGHZ 91, 20: übermäßige Geruchsschädigung durch öffentl. Kläranlage; BGHZ 102, 357: keine Haftung der öff. Hand für neuartige Waldschäden (s. weiter *Maunz/Papier* Art. 14 Rn. 634; *Soergel/J. F. Baur* § 903 Rn. 203f.; RGRK-*Kreft* vor § 839 Rn. 33ff.; *Nüßgens-Boujong* Rn. 449ff.).

b) *„Enteignungsgleicher Eingriff":* Die Behörde hat *rechtswidrig* – ohne Verschulden oder schuldhaft – unmittelbar in das Eigentum des Einzelnen eingegriffen, was zu einem Vermögensschaden geführt hat.

Beispiele: Die lange Antenne eines Militär-LKWs hat die Hochspannungsleitung berührt; der Kurzschluß führt zu Schäden im Kraftwerk (BGH LM Art. 14 GG [Cc] Nr. 25). – Die Planungsbehörde hat ohne Rechtsgrundlage über das Grundeigentum des Klägers „faktisch" eine Bausperre verhängt (s. BGHZ 73, 161, 180; *Soergel/J. F. Baur* § 903 Rn. 234). – Die Behörde hat ein Baugesuch des Klägers jahrelang nicht behandelt. Schaden durch zwischenzeitliche Erhöhung der Baukosten. – BGHZ 78, 41: rechtswidrige Unterbindung einer gewerblichen Tätigkeit.[1]
Der Begriff des enteignungsgleichen Eingriffs stammt aus der für die Enteignungsrechtsprechung des BGH grundlegenden Entscheidung BGHZ 6, 270, 290: „Es ist geboten, *unrechtmäßige* Eingriffe der Staatsgewalt in die Rechtssphäre des Einzelnen dann *wie eine Enteignung* zu behandeln, wenn sie sich für den Fall ihrer gesetzlichen Zulässigkeit sowohl nach ihrem Inhalt wie nach ihrer Wirkung als Enteignung darstellen würden und wenn sie in ihrer tatsächlichen Wirkung dem Betroffenen ein besonderes Opfer auferlegt haben" (s. die Neuformulierung in BGHZ 76, 387, 392: Fluglotsenstreik).
Zu bemerken ist, daß die Rechtswidrigkeit des Eingriffs das Sonderopfer indiziert.

---

[1] Weitere Beispiele s. BGHZ 100, 145 (keine Haftung für „normatives Unrecht"); BGH NJW 1984, 2516 (schwere Verkehrsimmissionen); *Soergel/J. F. Baur* § 903 Rn. 203ff.; *Maunz/Papier* Art. 14 GG Rn. 597ff.; BGH NJW 1987, 1945 (falsch gesteuerte Ampel; dazu *Ossenbühl* JuS 1988, 193).

c) Der Leser fragt sich unwillkürlich, warum hier nicht auf die *Staatshaftung* nach Art. 34 GG mit § 839 BGB zurückgegriffen werde, da es sich doch um Fälle eines staatlichen Unrechts – gerichtet gegen das Eigentum – handle. Nun ist zu beachten, daß die Regelung der genannten Vorschriften ein Verschulden des Beamten fordert, daß dieses Verschulden vom Geschädigten nachgewiesen werden muß – was für ihn angesichts der Undurchsichtigkeit des Staatsapparats äußerst schwierig sein kann – und daß es sich schließlich vor Gericht die Situation ergeben kann, daß zwar das „Unrecht" des staatlichen Handelns oder Unterlassens zweifelsfrei feststeht, nicht aber, wem es anzulasten ist. Schließlich bedeutet auch in manchen Fällen § 839 Abs. 3 BGB eine „Sperre". So stellt sich die Rechtsprechung des BGH zum enteignungsgleichen Eingriff – ihre Entwicklung ist in BGH NJW 1984, 1169 (= BGHZ 90, 17 = Baur E. Slg. Fall 13a) klar dargestellt – in Wahrheit als eine von der Rechtsprechung geschaffene und gewohnheitsrechtlich anerkannte Füllung einer Lücke: *Haftung für schuldloses staatliches Unrecht unter dem Gesichtspunkt der Aufopferung* dar. Man könnte auch von einer aufopferungsbedingten staatlichen Gefährdungshaftung[1] sprechen.

5. In jüngster Zeit ist im Hinblick auf die neuere Rechtsprechung des BVerfG[2] zweifelhaft geworden, ob die Institute des enteignenden und enteignungsgleichen Eingriffs aufrechterhalten werden können. Denn aus der engen, stark formellen Auffassung der Enteignung folgte für das BVerfG, daß es keine Enteignungsentschädigung gebe, „für die es an einer vom Gesetzgeber geschaffenen Anspruchsgrundlage fehlt" (BVerfGE 58, 300, 319; dazu *Maunz-Papier* Art. 14 Rn. 311ff.). Daraus könnte man schließen: Da in Anwendung der Rechtsprechung des BVerfG der enteignende und der enteignungsgleiche Eingriff keine Enteignung im Sinne von Art. 14 GG ist, kann auch die dort vorgesehene Entschädigung in diesen Fallgruppen nicht zugesprochen werden.

In diesem Schluß liegt freilich auch schon der Ansatz für die Lösung des Problems: Wenn – folgt man der Rechtsprechung des BVerfG zum Enteignungsbegriff – der enteignende und der enteignungsgleiche Eingriff keine „Enteignung" sind, sondern nur von der früheren Rechtsprechung damit in Zusammenhang gebracht wurden, wenn es sich vielmehr in Wahrheit um Fälle einer richterrechtlich geschaffenen Haftungsregelung *auf der Grundlage der Aufopferung* individueller Werte handelt, dann werden die beiden genannten Institute von der neueren Rechtsprechung des BVerfG nicht tangiert. Diesen Weg sind nunmehr der BGH (BGHZ 90, 4 u. 17 [= Baur E. Slg. Fall 13a]; BGHZ 91, 20) und die überwiegende Auffassung in der Literatur[3,4] gegangen: „Der Aufopferungsgedanke in seiner richterrechtlich geprägten Ausformung bietet eine hinreichende Anspruchsgrundlage, die dort zum Zuge kommt, wo es sich nicht um eine Enteignung im Sinne von Art. 14 III (ergänze: im Sinne des BVerfG) handelt" (BGHZ 90, 17, 31).

---

[1] Dazu *Heidenhain*, Amtshaftung und Entschädigung aus enteignungsgleichem Eingriff, 1965; *Leisner*, Gefährdungshaftung im öffentlichen Recht? in VVDStRl 20, 185; *Schmidt-Kammler* FS E. Wolf, 1985, 595.

[2] S. vor allem BVerfGE 58, 300. S. zu dieser Entwicklung und zum Folgenden *Nüßgens/Boujong* Rn. 411ff.; *Kreft* FS für Geiger, 1989, 399ff.; *Faller*, AöR 115, 185ff.

[3] Freilich mit im einzelnen differenzierender Begründung (s. die Nachweise in BGHZ 91, 20). Aus der sehr zahlreichen Literatur s. *Bender* JZ 1986, 888; *Boujong* in UPR 1984, 137; *Battis* NVwZ 1982, 585; *Ipsen* DVBl. 1983, 1029; *Kreft*, FS für *Geiger*, 1989, 399; *Maurer* § 26 VI und in FS für Dürig, 1990, 293f.; *Papier* NVwZ 1983, 258; JuS 1985, 184; 1989, 630 u. Eigentumsgarantie des GG im Wandel, 1984; *Ossenbühl* NJW 1983, 1 und Neuere Entwicklungen im Staatshaftungsrecht, 1984, 15ff.; H. *Weber* JuS 1984, 477; *Schwerdtfeger* JuS 1983, 104; *Nüßgens/Boujong* Rn. 341ff., 430ff.; *Soergel/J. F. Baur*, § 903, Rn. 179–194.

[4] Kritisch dazu aber *Lege* NJW 1990, 864.

Zum besseren Verständnis des Gesagten einige Bemerkungen zu dem *Rechtsinstitut der Aufopferung:* Dieses Rechtsinstitut war in Anlehnung an die §§ 74, 75 EinlALR entwickelt worden. Danach ist der Staat verpflichtet, „denjenigen, welcher seine besonderen Rechte und Vorteile dem Wohle des gemeinen Wesens aufzuopfern genötigt wird, zu entschädigen". Die Rechtsprechung hatte daraus einen allgemeinen Grundsatz abgeleitet (RGZ 102, 390; 145, 109), der durch das – dem Einzelnen im öffentlichen Interesse auferlegte – Sonderopfer gekennzeichnet ist. So verstanden kann auch in der Enteignung ein gesetzlich geregelter besonderer Fall der Aufopferung gesehen werden. Indem aber zunächst die Rechtsprechung in den Begriff der Enteignung auch den enteignungsgleichen (schuldlos oder schuldhaft rechtswidrigen) Eingriff einbezog und damit der Entschädigungspflicht unterwarf, blieb für die Aufopferung als Rechtsgrundlage im wesentlichen der sich als „Sonderopfer" darstellende – rechtmäßige oder rechtswidrige – Eingriff in andere Güter als vermögenswerte Rechte, insbesondere die Beeinträchtigung der körperlichen Unversehrtheit. Praktischer Anwendungsbereich der Aufopferung war sonach etwa die Haftung für Impfschäden (BGHZ 9, 83; 24, 45; 31, 187), für Schäden aus einer Salvarsanbehandlung bei Geschlechtskrankheit (BGHZ 25, 238); Einzelheiten s. *Maunz/Papier* Art. 14 Rn. 587 ff.

Nunmehr erlebt also die Aufopferung – mittelbar veranlaßt durch die Rechtsprechung des BVerfG.s – eine neue Blüte!

6. Ergänzende Bemerkungen

a) *Nichteinlegung von Rechtsbehelfen.* Wo gegen ein rechtswidriges, zu einem Sonderopfer führendes staatliches Verhalten ein Rechtsbehelf (zu den Verwaltungsgerichten) möglich wäre, fragt es sich, ob der Beeinträchtigte zunächst diesen Rechtsbehelf ergreifen muß oder darauf verzichten und sofort Entschädigung vor den ordentlichen Gerichten verlangen kann. Die Rechtsprechung des BGH hatte dieses Wahlrecht eingeräumt. Nach der jetzigen Auffassung des BGH – veranlaßt durch die Naßauskiesungsentscheidung des BVerfG (BVerfGE 58, 300) – stellt sich die Rechtslage nunmehr so dar:

aa) Handelt es sich um einen zwar rechtswidrigen, aber dem formalen Enteignungsbegriff entsprechenden Verwaltungsakt, so bleibt nur der Weg des verwaltungsrechtlichen (verwaltungsgerichtlichen) Rechtsbehelfs mit dem Ziel der Aufhebung des Akts.[1]

bb) In den anderen Fällen des enteignungsgleichen Eingriffs kann die Nichteinlegung eines *zulässigen und zumutbaren* Rechtsbehelfs ein mitwirkendes Verschulden des Geschädigten sein (so jetzt der BGH BGHZ 90, 4 u. 17; 110, 12).[2] Beide Voraussetzungen (Zulässigkeit u. Zumutbarkeit) sind z. B. bei schon vollzogenen staatlichen Realakten nicht gegeben,[3] ebensowenig bei Schäden durch Verzögerungen bei Erteilung von Erlaubnissen.[4] Ein mitwirkendes Verschulden durch Nichteinlegung eines Rechtsbehelfs kann hier also in der Regel dem Beeinträchtigten nicht zur Last gelegt werden.

b) *Sozialbindung und Sonderopfereingriffe.* Ein Entschädigungsanspruch wegen enteignenden oder enteignungsgleichen Eingriffs kommt nur in Betracht, soweit sich der Eingriff auf eine geschützte Rechtsposition des Eigentümers bezieht, und nicht wenn er sich im Rahmen der sog. Sozialgebundenheit des Eigentums bewegt (BGHZ 73, 161; 78, 152; 90, 17, 26; BGH NJW 1986, 991). Wir müssen hier späteren Erörterungen vorgreifen (s. unten § 24 I 4 a) bb): Bei der Sozialbindung des Eigentums handelt es sich um Konkretisierungen des in Art. 14 II GG enthaltenen Satzes, daß das Eigentum verpflichte und sein Gebrauch zugleich dem Wohl der Allgemeinheit dienen solle. Es leuchtet ein, daß eine Beeinträchtigung, die diesen „weichen" Bereich des Eigentums betrifft, nicht zu einer Haftung aus enteignungsgleichem oder enteignendem Eingriff führen kann. Dabei ist es letztlich gleichgültig, ob man auf die Schwere des Eingriffs, das „Sonderopfer", oder auf die „situationsbedingte Belastung" des Eigentums abstellt.

c) Der geduldige Leser, der bis hierher unserer Darstellung der Rechtsprechung zum öffentlich-rechtlichen Eigentumsschutz gefolgt ist, wird den Eindruck gewonnen haben, daß es sich um eine höchst verwickelte Materie handelt, die nur schwer verständlich ist, und daß es an der Zeit sei, hierzu *kritisch Stellung zu*

---

[1] *Schwerdtfeger* aaO verweist auf den Fall der „Dürkheimer Gondelbahn" (BVerfGE 56, 249).

[2] Dazu kritisch *Maunz/Papier* Art. 14 Rn. 568.

[3] S. *Papier* aaO.

[4] *Boujong* UPR 1984, 138. – Zweifelhaft ist, ob das „Vermögen" insgesamt Schutzobjekt der Haftung aus enteignungsgleichem Eingriff sein kann (s. *Ossenbühl,* Neuere Entwicklungen, S. 21).

nehmen. Freilich wird eine zusammenfassende Kritik und Würdigung erst möglich sein, wenn wir die Gesamtkonzeption der neueren Rechtsprechung des BVerfG zum Eigentum und Eigentumsschutz kennengelernt haben (s. unten § 24 I). Schon jetzt läßt sich sagen, daß die dogmatisch enge Auffassung des Enteignungsbegriffs im Ergebnis eine Schwächung des beeinträchtigten Eigentümers bedeutet und zu einer noch stärkeren Belastung der Gerichte, namentlich der Verwaltungsgerichte, führen wird („Ruck zur Verwaltungsgerichtsbarkeit"). Denn gleich ob der Beeinträchtigte primär gegen den staatlichen Akt mit den verwaltungsrechtlichen Rechtsbehelfen angehen muß (s. oben a) aa)) oder ob er mittelbar zum Ausschluß des Einwands des mitwirkenden Verschuldens dazu gezwungen ist (oben a) bb)), jedenfalls erschwert sich schon rein prozessual seine Stellung, weil er zwei Gerichtsbarkeiten in Anspruch nehmen muß, um im Streitfall zu seinem Recht zu kommen. Bisher konnte er sich mit einem Wertschutz („Entschädigung") begnügen, weil er sich sagte, es habe im konkreten Fall doch keinen Sinn, den Bestandsschutz durchzusetzen. Schließlich könne es ganz vernünftig sein, sich an den Satz zu halten: „Dulde und liquidiere". Eine solche Haltung hat das Bundesverfassungsgericht jetzt für den engeren Bereich der Enteignung unmöglich gemacht.

II. Der prozessuale Rechtsschutz

1. Die materielle Eigentumsgarantie wäre einem Messer ohne Schneide zu vergleichen, wenn ihr nicht ein umfassender prozessualer Rechtsschutz entspräche. Diese Bedingung erfüllt Art. 19 Abs. 4 GG, der den Rechtsweg ganz allgemein eröffnet, „wenn jemand durch die öffentliche Gewalt in seinen Rechten verletzt" wird, und bei Fehlen eines ausdrücklich gegebenen anderen Rechtswegs[1] den zu den Zivilgerichten gibt. Der gegen den Staat gerichtete Anspruch auf Rechtsschutz erhält damit Grundrechtscharakter, wird zum „formellen Hauptgrundrecht".

Nach der Rechtsprechung des BVerfG wird Art. 19 Abs. 4 GG ergänzt „durch den sich unmittelbar aus dem materiellen Grundrecht des Art. 14 I 1 ergebenden Anspruch auf einen effektiven Rechtsschutz" (BVerfGE 49, 252, 257).

2. Der primäre Schutz des Eigentums und der sonstigen dinglichen Rechte gegenüber Eingriffen der öffentlichen Gewalt erfolgt durch die *Verwaltungsgerichtsbarkeit*. Die – durch Art. 19 Abs. 4 GG mittelbar erzwungene – *Generalklausel* gibt in allen Fällen den Rechtsweg zu den Verwaltungsgerichten, in denen jemand Tatsachen vorbringt, aus denen sich ergibt, daß er durch einen Verwaltungsakt in seinen Rechten verletzt ist.[2] Unter „Recht" sind sicher das Eigentum und alle sonstigen dinglichen Rechte zu begreifen, so daß dadurch ein umfassender Rechtsschutz sämtlicher dinglicher Rechte gegenüber Eingriffen der öffentlichen Gewalt gewährleistet ist.

§ 40 VwGO enthält die Generalklausel in der Formulierung, daß „der Verwaltungsrechtsweg in *allen* öffentlich-rechtlichen Streitigkeiten nichtverfassungsrechtlicher Art gegeben" ist. Was die *Klageformen* anlangt, so wird unterschieden zwischen

---

[1] Was heute freilich kaum mehr in Betracht kommt (verwaltungsgerichtliche Generalklausel!).
[2] *Badura* JA 1984, 83.

Anfechtungsklage: Mit ihr wird die Aufhebung eines Verwaltungsakts begehrt (§ 42 Abs. 1 VwGO):

z. B. Die Straßenbauverwaltung hat das Grundstück des E für Zwecke des Straßenbaus in Anspruch genommen;

Verpflichtungsklage: Mit ihr verlangt der Kläger die Verurteilung der Behörde zum Erlaß eines abgelehnten oder unterlassenen Verwaltungsakts (§ 42 Abs. 1 VwGO):

z. B. E hat die Genehmigung zur Errichtung eines Wohnhauses beantragt; der Antrag ist abgelehnt (sog. Vornahmeklage) oder überhaupt nicht beschieden worden (sog. Untätigkeitsklage);

Feststellungsklage: Sie ist subsidiär zulässig (§ 43 Abs. 2 VwGO), wenn der Kläger ein berechtigtes Interesse an der alsbaldigen Feststellung des Bestehens oder Nichtbestehens eines Rechtsverhältnisses oder der Nichtigkeit eines Verwaltungsakts hat (§ 43 Abs. 1 VwGO):

z. B. Eine Kirchengemeinde will festgestellt wissen, daß der Staat auf Grund alter Rechtstitel zur Tragung der Reparaturkosten an der Kirche verpflichtet ist (Kirchenbaulast);

Leistungsklage: Mit ihr verlangt der Kl. die Verurteilung der Behörde zu einer Leistung:

z. B. Klage des Eigentümers auf Zahlung einer Entschädigung.

Leistungsklage ist auch eine gegen eine Behörde gerichtete Beseitigungs- und Unterlassungsklage (vgl. *Rupp* NJW 1961, 811; *Soergel/Mühl* § 1004 Rn. 220 ff.; BGHZ 41, 264, 266; 72, 289, 293; BVerwG NJW 1974, 817), ebenso die klageweise Geltendmachung des Folgenbeseitigungsanspruchs (*Schleeh* AöR 92, 58 ff.; *Weyreuther,* Gutachten für den 47. Deutschen Juristentag, 1968), dagegen *nicht* die Klage auf Vornahme eines Verwaltungsakts (Verpflichtungsklage: besonderer Klagetyp).

Für den Schutz der Sachenrechte kommen vor allem die Anfechtungs- und Verpflichtungsklagen in Betracht (zur sog. öffentlich-rechtlichen Nachbarklage s. unten § 25 IV 4); um Popularklagen und Klagen wegen Beeinträchtigung bloßer Interessen auszuschließen, verlangt § 42 Abs. 2 VwGO, der Kläger müsse geltend machen, ,,durch den Verwaltungsakt oder seine Ablehnung oder Unterlassung in *seinen Rechten* verletzt zu sein''.

3. Einen weiteren Schutz des Eigentums und der beschränkten dinglichen Rechte gibt die *Verfassungsbeschwerde* an das Bundesverfassungsgericht nach §§ 90 ff. BVerfGG. Sie setzt die Behauptung einer Grundrechtsverletzung voraus; auch muß regelmäßig vor Anrufung des Bundesverfassungsgerichts der Rechtsweg (hier: vor den Verwaltungsgerichten) erschöpft sein (vgl. § 90 Abs. 2 BVerfGG).

4. Wird bei einer *Enteignung* die Höhe der Entschädigung streitig, so entscheiden darüber die Zivilgerichte (Art. 14 Abs. 3 S. 4 GG); ebenso bei einem enteignungsgleichen und einem enteignenden Eingriff (§ 40 II 1 VwGO u. § 48 VwVfG).

Der Rechtsweg ist bei der Enteignung also gespalten: Über die Berechtigung *der Enteignung selbst* entscheidet das Verwaltungsgericht, über die *Höhe* der Entschädigung das ordentliche Zivilgericht (Landgericht). Diese Spaltung hat der Gesetzgeber im Bundesbaugesetz vom 23. 6. 1960, BGBl. I 341 (jetzt: BauGB) überwunden; bei den Landgerichten werden ,,Kammern für Baulandsachen'' mit einer Mischbesetzung (3 Richter des Landgerichts, 2 Verwaltungsrichter) errichtet, die auch über die Berechtigung der Enteignung entscheiden.

Es ist nochmals (s. schon I 6 a) darauf hinzuweisen, daß nach der neueren Rechtsprechung des BGH (BGHZ 90, 17) der verwaltungsgerichtliche Rechtsschutz insofern Vorrang hat, als im Entschädigungsprozeß (vor den ordentlichen Gerichten) die Nichteinlegung eines zulässigen und zumutbaren verwaltungsrechtlichen Rechtsbehelfs gegen den Eingriffsakt als mitwirkendes Verschulden (§ 254 BGB) anzusehen ist.

Zu beachten ist ferner, daß das ordentliche Gericht im Entschädigungsprozeß nur dann *auch* über die Vorfrage, ob ein enteignender Tatbestand gegeben ist, entscheiden darf, wenn das Verwaltungsgericht darüber nicht rechtskräftig entschieden hat (BGHZ 95, 28, 33; dazu *Papier* JZ 1986, 183).

Übersicht 8

Öffentlichrechtlicher Schutz des Eigentums und andere Rechte[1]

Schutztatbestände	Ort d. Regelung	Gegenstand d. Schutzes	Bindungen u. Beschränkungen	Gerichtl. Zuständigkeit
1 generell: Grundrechtsschutz	Art. 14 GG: a) Institutsgarantie b) Individualrechtsgarantie (s. C I 1)	Eigentum und andere vermögenswerte Rechte (s. C I 3)	a) Sozialstaatsklausel (Art. 14 II) b) durch verfassungsmäßiges Gesetz angeordnete (Art. 14 I 2)	alle Gerichte. Bes.: a) BVerfG bei: Normenkontrolle und Verf.Beschwerde b) VerwG.e: bei rechtswidrigem, das Eigentum beeinträchtigenden Verhalten von Behörden
2 bei Enteignung	Art. 14 III (Voraussetzungen – JunktimklauselEntschädigung (s. C I 2)	Eigentum bei Legal- u. Administrativenteignung		a) BVerfG: bei Legalenteignung b) VerwG.e: bei AdministrativEg (s. C II 2) c) ord. Ger.e: bei Höhe der Entschädigung (Art. 14 III 4)
3 bei enteignendem und enteignungsgleichem Eingriff (s. C I 4)	Gewohnheitsrechtlich auf Grund der Rspr. – Aufopferungsanspruch (s. C I 4, 5)	Eigentum u. andere Rechte (s. C I 4a u. b)	nicht bei: Sozialbindung – nicht bei: verfassungsgemäßen Beschränkungen durch den Gesetzgeber (s. C I 6b)	ord. Ger.e (§ 40 II 1 VwGO; s. C II 4), aber u. U. nach vorheriger Entscheidung der VerwG.e (s. C I 6a)

[1] Zum privatrechtl. Schutz s. Übersicht 5 (oben am Ende von § 10).

III. Abschnitt

Liegenschaftsrecht

1. Kapitel. Das Grundbuch

§ 14. Die Funktion des Grundbuchs

Lit.-Hinweis: Kommentare zur GBO von *Meikel* u. a. 7. Aufl. 1987; *Horber/Demharter,* 19. Aufl. 1991; *Kuntze/Ertl/Herrmann/Eickmann,* 4. Aufl. 1990. Ferner *Eickmann/Gurowsky,* Grundbuchrecht, 3. Aufl. 1984; *Eickmann,* Grundbuchverfahrensrecht, 2. Aufl. 1986; *Planck/Kettnaker,* Die Führung des Grundbuchs (4. Aufl. 1960); *Haegele/Schöner/Stöber,* Grundbuchrecht, 9. Aufl. 1989; *Kehrer/Bühler/ Tröster/Schön,* Notar u. Grundbuch, 1972/1974 ff. (Losebl.), Stand 1988/1979; *Ertl* Rpfleger 1980, 1 (Entwicklungstendenzen des Grundbuchrechts) und Rpfleger 1980, 41 (Antrag, Bewilligung, Einigung); *Kollhosser* JA 1984, 558 (Funktion, Aufbau u. Inhalt des Grundbuchs) u. 714 (Grundprobleme des Grundbuchverfahrens); *Nieder* NJW 1984, 329 (Entwicklungstendenzen).
Die Muster Anhang 1 u. 2 am Ende des Buches (vor dem Paragraphenregister) sollen Ihnen das Verständnis erleichtern.

I. Allgemeines

Siehe die Übersicht 9 am Ende von § 16.

1. Mit den Gründen, die zu einer verschiedenartigen Regelung der Rechtsverhältnisse an Grundstücken (Liegenschaftsrecht) und an beweglichen Sachen (Fahrnisrecht) führten, haben wir uns schon auseinandergesetzt (s. oben § 2 II). Wir sahen sie in der hervorgehobenen Bedeutung des Grundeigentums für die Existenz des Einzelnen, in einer besonderen Interessenverknüpfung wie einem möglichen Interessenwiderstreit, der sich aus der „Nachbarschaft" ergibt, nicht zuletzt aber in der Notwendigkeit, daß die im Staat organisierte Gemeinschaft zur Erfüllung ihrer Aufgaben häufig des Rückgriffs auf das Grundeigentum bedarf.

So nimmt es nicht Wunder, daß der Staat die Registrierung der Grundstücke und der sie berührenden Rechtsvorgänge zu einer ihm obliegenden Angelegenheit erklärt. Die geschichtliche[1] Entwicklung hat in dem heute geltenden *Grundbuchsystem* ihren Abschluß gefunden: Jede rechtsgeschäftliche Rechtsänderung an Grundstücksrechten bedarf zu ihrer Wirksamkeit der Eintragung im Grundbuch.

Rechtsgrundlagen des Grundbuchrechts sind die Grundbuchordnung vom 24. 3. 1897 in der Fassung vom 5. 8. 1935 (RGBl. I 1073),[2] die Ausführungsverordnung hierzu vom 8. 8. 1935, die sog. Grundbuchverfügung vom selben Tage[3] und die Geschäftsordnung für die Grundbuchämter v. 25. 2. 1936, sowie das Gesetz über Maßnahmen auf dem Gebiet des Grundbuchwesens v. 20. 12. 1963 (BGBl. I 986).

---

[1] Einen knappen Überblick über die Geschichte des Grundbuchs geben *Wolff/Raiser* § 26; neuerdings *Stewing* Rpfleger 1989, 445 ff.
[2] Wesentlich geändert durch Ges. v. 22. 6. 1977, BGBl. I 998, zuletzt geändert durch Ges. v. 25. 7. 1986, BGBl. I 1142.
[3] I. d. F. der VO v. 1. 12. 1977, BGBl. I 2534.

Die praktische Bedeutung des Grundbuchrechts mögen folgende Zahlen veranschaulichen: Allein in Nordrhein-Westfalen wurden im Jahre 1973 rund 400 000 Eigentumsänderungen und mehr als zweieinhalb Millionen andere Geschäftsvorfälle – die meist Hypotheken und Grundschulden betrafen – im Grundbuch eingetragen.

2. Die „Registrierungstendenz" hat im Liegenschaftsrecht ihren prägnantesten Ausdruck gefunden. Man darf aber nicht verkennen, daß sich diese Tendenz mehr und mehr auch auf andere Gegenstände des Vermögens ausdehnt, die der Gesetzgeber in ihrer Bedeutung dem Grundeigentum gleichstellt: So erfüllen etwa die *Schiffsregister* (Seeschiffsregister, Binnenschiffsregister, Schiffsbauwerkeregister) eine dem Grundbuch vergleichbare Funktion. Eine eingeschränktere, nur der Publizität der vertraglichen Pfandrechte dienende Bedeutung haben die *Register für Pfandrechte an Luftfahrzeugen* (nach dem Gesetz über Rechte an Luftfahrzeugen vom 26. 2. 1959) und für *Kabelpfandrechte* (nach dem Gesetz vom 31. 3. 1925). Das Bestreben, zumindest die Sicherungsrechte an bedeutsamen Vermögenswerten publik zu machen, hat sich damit aber noch keineswegs erschöpft. So gestattet etwa das Pachtkreditgesetz vom 5. 8. 1951 (BGBl. I 492) die Verpfändung des dem Pächter eines landwirtschaftlichen Grundstücks gehörigen Inventars durch einen beim Amtsgericht niederzulegenden Verpfändungsvertrag (praktisches Beispiel: BGH NJW 1970, 2212); dieser kann dann von jedem anderen Interessenten eingesehen werden, der sich damit einen gewissen Einblick in die Vermögensverhältnisse des Pächters verschaffen kann. Pfandrechtsregister werden weiter gefordert – und sind im Ausland zum Teil schon verwirklicht – für die Verpfändung von Kraftfahrzeugen und von Warenlagern.

Eine interessante Entwicklung, die wohl in gleichem Maße auf eine Veränderung der wirtschaftlichen Struktur (das Grundeigentum hat nicht mehr die dominierende Stellung im Vermögen des Bürgers wie um die Jahrhundertwende) wie auf die Steigerung (vielfach: Übersteigerung) des Sicherungsbedürfnisses der Gläubiger aller Art zurückzuführen ist. Hier würde dann die Linie von dem – praktisch kaum mehr gebräuchlichen – Faustpfandrecht des BGB (das gerade der Publizität der Sicherungsrechte an beweglichen Sachen dienen soll) über das besitzlose Sicherungseigentum zum Registerpfandrecht führen; die Mobiliarhypothek würde in gewissem Umfang gleichberechtigt neben die Immobiliarhypothek treten!

3. Die Vorschriften, die die Einrichtung der Grundbuchbehörden und der Grundbücher sowie das bei der Eintragung zu beachtende Verfahren betreffen, bezeichnet man als *formelles Grundbuchrecht,* während das sog. *materielle Grundbuchrecht* sich im wesentlichen mit den Wirksamkeitsvoraussetzungen der dinglichen Rechtsänderung befaßt.

Faustregeln: Das *materielle* Grundbuchrecht (Liegenschaftsrecht) sagt, welche Voraussetzungen vorliegen müssen, damit eine dingliche Rechtsänderung eintritt; aus dem *formellen* Grundbuchrecht ergibt sich, wie die Rechtsänderung im Grundbuch zu vollziehen ist.

Das *materielle* Grundbuchrecht findet sich im BGB, das *formelle* Grundbuchrecht ist in der GBO enthalten.

Indessen: wie alle „Faustregeln", so können auch diese bestenfalls Gedächtnisstütze sein. Sieht man genauer zu, so ergibt sich folgendes:

a) Materielles und formelles Grundbuchrecht ergänzen sich, sind ineinander verwoben: wenn § 873 zu einer dinglichen Rechtsänderung Einigung *und* Eintragung fordert, so folgt daraus, daß auch der – formale – Akt der Eintragung unerläßlicher Bestandteil des materiellrechtlichen Wirksamkeit des dinglichen Rechtsgeschäfts ist. Ja, der „Trick" des Gesetzgebers besteht gerade darin, daß er die Eintragung nicht zum bloßen deklaratorischen Folgetatbestand des dinglichen Geschäfts gemacht, sondern sie in dieses selbst einbezogen hat. Er erreicht damit – ohne alle Zwangsmaßnahmen, Strafen und dergl. –, daß das Grundbuch mit einem hohen Grad von Wahrscheinlichkeit die *wirkliche* Rechtslage an einem Grundstück *vollständig* wiedergibt.

b) Trotz aller Verwobenheit von formellem und materiellem Grundbuchrecht darf die – aus verschiedenen Gründen notwendige – Eigenständigkeit des erstgenannten Rechtsgebiets nicht gering geschätzt werden. Dies bedeutet, daß es in mancher Hinsicht schärfere, in anderer Hinsicht mildere Regeln aufstellt als das materielle Liegenschaftsrecht: so kann etwa die Einigung über die Bestellung einer Hypothek *materiellrechtlich* formlos erfolgen, *formellrechtlich* verlangt das Grundbuchrecht eine öffentlich beglaubigte Eintragungsbewilligung des Eigentümers (§§ 19, 29 GBO); andererseits *begnügt* sich auch der Grundbuchrichter mit einer solchen und fordert nicht den Nachweis, daß wirklich eine Einigung zwischen Eigentümer und Hypothekar über die Bestellung des Rechts vorliegt.

c) Auch der Satz: Materielles Grundbuchrecht im BGB, formelles in der GBO! stimmt nicht ganz. So ist etwa § 1115 formellrechtlicher Natur, während § 3 Abs. 1 S. 2 GBO materiellrechtliche Bedeutung hat, wie der Wortlaut selbst zeigt.

II. Überblick über die Funktionen des Grundbuchs

Das Grundbuch verwirklicht den *Publizitätsgrundsatz* im Grundstücksrecht. Wir erinnern uns an die allgemeine Darstellung dieses Grundsatzes (§ 4 II), an die „Übertragungs"- „Vermutungs"- und „Gutglaubenswirkung" des Grundbucheintrags: die *rechtsgeschäftliche* Rechtsänderung bedarf zu ihrer Wirksamkeit der Eintragung im Grundbuch (§ 873) – der Grundbuchstand hat die Vermutung der Richtigkeit für sich (§ 891) – wer sich bei einem Rechtserwerb auf das unrichtige Grundbuch verläßt, wird in seinem guten Glauben geschützt (§ 892).

Diese Leitsätze bedürfen noch exakter Darstellung (s. unten §§ 19, 22, 23).

Schon jetzt aber wird deutlich, daß das Grundbuch Vorteile für den Rechtsverkehr, aber auch erhebliche Gefahren für den Rechtsträger mit sich bringt: schon die Beschränkung des zwingenden Eintragungsgrundsatzes auf *rechtsgeschäftliche* Rechtsänderungen bringt die Gefahr eines Auseinanderklaffens zwischen wahrer Rechtslage und Grundbuchstand mit sich. Dazu kommen Fehlerquellen, die sich aus einem unexakten Arbeiten des Grundbuchamts ergeben u. a. m. M. a. W.:

Die durch die Bedürfnisse des Rechtsverkehrs veranlaßte „Gutglaubenswirkung" (§ 892) kann zu einem Rechtsverlust des bisher Berechtigten führen.

Das Gesetz muß dem Berechtigten daher die Möglichkeit geben, jederzeit die Übereinstimmung von wahrer Rechtslage und Grundbuchstand herbeizuführen; das Mittel hierzu ist der *Grundbuchberichtigungsanspruch* (§§ 894ff.); s. unten § 18 C. Eine vorläufige Sicherung bietet der Widerspruch gegen die Richtigkeit des Grundbuchs (§ 899); s. unten § 18 B.

Man muß sich also folgende Gedankenkette klar machen: Der Eintragungsgrundsatz (für alle rechtsgeschäftlichen Rechtsänderungen) zusammen mit einem minutiös ausgearbeiteten Grundbuchverfahren sichert eine hohe Wahrscheinlichkeit an Übereinstimmung von Rechtswirklichkeit und Grundbuchstand. Ein verbleibender geringer Rest von Diskrepanz zwischen wahrem Recht und Buchstand wird zugunsten des Redlichen, zulasten des Rechtsträgers vernachlässigt. Die Gefahr eines solchen Rechtsverlusts ist aber nur tragbar, wenn der Berechtigte jederzeit in der Lage ist, Rechtslage und Buchstand miteinander in Einklang zu bringen.

§ 15. Die Einrichtung des Grundbuchs

I. Überblick über die Darstellung

Wir bezeichnen das Grundbuch zunächst schlicht als eine amtliche Aufzeichnung der Grundstücke eines bestimmten räumlichen Bezirks und der an diesen Grundstücken bestehenden Rechtsverhältnisse. Die Darstellung muß sich also zunächst mit der Behörde befassen, die das Grundbuch führt, mit dem *Grundbuchamt* (II). Aufgezeichnet werden Grundstücke und die an ihnen bestehenden Rechtsverhältnisse; wir haben uns also über den Begriff des Grundstücks (III) und den Kreis der eintragungsfähigen Rechte (IV) zu unterhalten. Daran schließt sich eine Erläuterung der äußeren Form und Einteilung des Grundbuchs (V). Mit dem Grundbuchverfahren, den „Buchungsvorgängen" schließlich wollen wir uns in § 16 beschäftigen.

Zur Entwicklung des Grundbuchs zum „Computer-Grundbuch" s. *Geiger* JZ 1974, 250; *Keim* DNotZ 1984, 724.

II. Das Grundbuchamt

§ 1 GBO sagt: „Die Grundbücher werden von den Amtsgerichten geführt (Grundbuchämter)". Die Führung der Grundbücher ist eine Angelegenheit der sog. freiwilligen Gerichtsbarkeit,[1] „die durch Reichsgesetz den Gerichten übertragen ist" (§ 1 FGG). Daraus ergibt sich:

1. a) Das Grundbuchamt ist gerichtsorganisatorisch ein Teil (eine „Abteilung") des Amtsgerichts. Die *Zuständigkeit* für die Erledigung der Grundbuchsachen liegt beim Amtsgericht, sie ist ausschließlich.

Wird ein anderes Gericht als das Amtsgericht in einer Grundbuchsache tätig, so ist dessen Akt nach überwiegender Auffassung nichtig.[2] Dies gilt jedoch nicht bei einem Verstoß gegen die Geschäftsverteilung *innerhalb* des Amtsgerichts; so wenn etwa ein nicht als Grundbuchbeamter eingeteilter Rechtspfleger eine Eintragung verfügt. Ein Eintragungsantrag wird aber erst in dem Augenblick wirksam, in dem er einem Beamten des *Grundbuchamts* vorgelegt wird (§ 1 AusfVO zur GBO).

Beispiel: In bedrängter Situation hat E sowohl dem H_1 wie dem H_2 eine Hypothek bewilligt. Gehen beide Eintragungsanträge zur gleichen Zeit beim Amtsgericht ein, der Antrag des H_1 bei der allgemeinen Geschäftsstelle des Amtsgerichts, der des H_2 – richtig – bei der Geschäftsstelle des Grundbuchamts, so ist die Hypothek des H_2 vor der des H_1 einzutragen (§§ 17, 45 GBO), sie erhält den Vorrang (§ 879). Verfügt der Rechtspfleger A die Eintragung, obwohl er nach dem Geschäftsverteilungsverfahren weder Grundbuchbeamter noch dessen Vertreter ist, so ändert dies an der Wirksamkeit der vollzogenen Eintragung nichts; sie kann auch nicht mit Beschwerde angefochten werden (§ 71 Abs. 2 S. 1 GBO).

b) Das Amtsgericht ist für alle in seinem Bezirk gelegenen Grundstücke *örtlich zuständig* (§ 1 Abs. 1 S. 2 GBO). Jedoch werden – aus Gründen der Übersichtlichkeit – Grundbuchbezirke gebildet, die sich mit den Gemeindebezirken decken (§ 1 Grundbuchverfügung).

Nach Bundesrecht werden also die Grundbücher für *sämtliche* Gemeinden eines Amtsgerichtsbezirks beim Amtsgericht geführt. Dieser Grundsatz gilt nicht in Baden-Württemberg; hier besteht in jeder Gemeinde ein staatliches Grundbuchamt, das von einem meist für mehrere Gemeinden zuständigen Notar geführt wird.[3]

c) Als *Beschwerdegericht* ist dem Amtsgericht im Instanzenzug das *Landgericht* vorgeordnet, „in dessen Bezirk das Grundbuchamt seinen Sitz hat" (§ 72 GBO); zur Entscheidung berufen ist eine – mit drei Berufsrichtern besetzte – Zivilkammer (§ 81 Abs. 1 GBO).

Rechtsmittel ist die Beschwerde, der aber regelmäßig die Erinnerung vorauszugehen hat (s. unten 2b). Sie ist zulässig gegen Entscheidungen des Grundbuchamts, also vor allem gegen die Ablehnung von Eintragungsanträgen, jedoch *nicht* „gegen eine Eintragung" (§ 71 Abs. 2 S. 1). Dieser

---

[1] Zum Begriff und Umfang der freiw. Gerichtsbarkeit s. *Baur*, Freiw. Gerichtsbarkeit, I (1955) §§ 1, 2 u. *Baur/Wolf*, Grundbegriffe des Rechts der freiw. Gerichtsbarkeit, 2. Aufl. 1980, Kap. 1; *Brehm*, Freiw. Gerichtsbarkeit, 1988, § 1; *Habscheid*, Freiw. Gerichtsbarkeit, 7. Aufl. 1983, §§ 4, 5; *Klüsener*, Freiw. Gerichtsbarkeit 1987; *Pikart/Henn*, Lehrbuch der freiw. Gerichtsbarkeit (1963) S. 1 ff.; *Zimmermann*, Praktikum der freiw. Gerichtsbarkeit, 3. Aufl. 1988.

[2] *Horber/Demharter* § 1 Anm. 7c; über die Bedenken dagegen s. *Baur*, Freiw. Gerichtsbarkeit, § 6 III.

[3] §§ 1, 17, 29, 32 BW LFGG: Notare und Bezirksnotare; krit. *Westermann/Eickmann* § 85 III 1 m. Nw.

Ausnahmeregelung liegt der Gedanke zugrunde, daß der öffentliche Glaube des Grundbuchs (§ 892) beeinträchtigt würde, wenn die Rechtsbeständigkeit einer Eintragung oder Löschung durch eine abweichende Entscheidung des Beschwerdegerichts in Zweifel gezogen werden könnte (BGHZ 64, 194). Hier kann sich der Benachteiligte nur durch die Geltendmachung des Grundbuchberichtigungsanspruchs (§ 894) wehren.[1] § 71 Abs. 2 S. 1 GBO greift folgerichtig nicht, wenn eine Eintragung berichtigt werden soll, die am öffentlichen Glauben des Grundbuchs gar nicht teilnimmt (BGHZ 108, 375).

Beispiele: Der Rechtspfleger hat einen Eigentumswechsel eingetragen, obwohl die zwischen V und K vorgenommene Auflassung an einem Formmangel litt. Hier kann der bisherige Eigentümer V nicht im Wege der Beschwerde Löschung des K als Eigentümers im Grundbuch fordern, sondern nur die Eintragung eines Widerspruchs erzwingen (§ 71 Abs. 2 S. 2 mit § 53 GBO). Dieser Widerspruch verhindert dann zunächst den gutgläubigen Erwerb durch einen Dritten (§ 892). Dann muß er gegen K den Grundbuchberichtigungsanspruch geltend machen (§ 894), der zu einer Wiedereintragung des V als Eigentümer führt. (War freilich der *Kaufvertrag* zwischen V und K wirksam, so kann K dem Berichtigungsanspruch des V entgegenhalten, daß ja V zu wirksamer Eigentumsübertragung verpflichtet sei; K kann dann die Nachholung einer wirksamen Auflassung erzwingen!).
Der Streit, ob eine Vollstreckungsunterwerfung (§ 800 ZPO) richtig eingetragen ist oder inhaltlich berichtigt werden muß, kann hingegen im Beschwerdeverfahren ausgetragen werden, weil dieses „prozessuale Nebenrecht" am öffentlichen Glauben des Grundbuchs nicht teil hat (BGHZ 108, 375f.; hierzu §§ 23 II 2b; 40 IV 5), obwohl es „eintragungsfähig" ist (dazu § 15 IV).

d) Gegen die Entscheidung des Beschwerdegerichts ist *weitere Beschwerde* an das *Oberlandesgericht* (Zivilsenat) möglich (§ 78 GBO); sie ist Rechtsbeschwerde; dies bedeutet, daß die Prüfung des Gerichts sich auf die Verletzung des Gesetzes durch die Vorentscheidung beschränkt, dagegen neu vorgebrachte Tatsachen außer acht zu lassen hat.[2]
Um divergierende Entscheidungen der höheren Gerichte in Grundbuchsachen zu vermeiden, hat das Oberlandesgericht unter den in § 79 Abs. 2 GBO genannten Voraussetzungen die weitere Beschwerde dem Bundesgerichtshof zur Entscheidung vorzulegen (Gedanke der Wahrung der Rechtseinheit! vgl. auch § 28 FGG, § 546 Abs. 1 S. 2 ZPO).[3]

2. a) *Grundbuchamt* ist das Amtsgericht (§ 1 GBO). Grundbuchbeamter ist der Richter, heute aber in der Regel der Rechtspfleger (s. b). Die Tätigkeit des Grundbuchbeamten gehört in den Bereich der Gerichtsbarkeit, nicht in den der Verwaltung.[4]

Der Landgerichtspräsident als Organ der Dienstaufsicht kann also nicht etwa den Grundbuchrichter anweisen, eine Eintragung vorzunehmen oder zu unterlassen.

b) Durch das RechtspflegerG sind die Grundbuchsachen dem *Rechtspfleger* übertragen (§ 3 Nr. 1h).

Der Rechtspfleger ist ein Beamter des gehobenen Justizdienstes (§ 2). Er ist – wie der Richter – in seinen Entscheidungen sachlich unabhängig („selbständig"; § 9), jedoch in gewissem Umfang zur Vorlage an den Richter verpflichtet (§ 5). Gegen Entscheidungen des Rechtspflegers kann Erinnerung eingelegt werden. Ändert weder der Rechtspfleger noch der Amtsrichter die Entscheidung ab, so gilt die Erinnerung als Beschwerde (an das Landgericht, § 11 Abs. 1 u. 2; *Durchgriffserinnerung*). Die Erinnerung ist jedoch ausgeschlossen, wenn es sich um eine durch den Rechtspfleger vollzogene Eintragung handelt (§ 11 Abs. 5 RPflG; Rechtsgedanke des § 71 Abs. 2 S. 1 GBO!).[5]

---

[1] Zulässig ist eine „beschränkte Beschwerde" mit dem Ziel des § 71 Abs. 2 S. 2 GBO.
[2] Einzelheiten vgl. *Baur,* Freiw. Gerichtsbarkeit, § 31 und *Baur/Wolf,* Grundbegriffe des Rechts der freiw. Gerichtsbarkeit, 2. Aufl., Kap. 5 IV; *Horber/Demharter* § 78 Anm. 4c, e.
[3] Einzelheiten vgl. *Baur,* Freiw. Gerichtsbarkeit, § 31 C V; *Horber/Demharter* § 79 Anm. 4 und 5; neuere Beispiele: BGHZ 106, 108ff.; 253, 255.
[4] Freilich stark umstritten: vgl. etwa *Baur/Wolf* Kap. 1 III 4; *Bettermann* in: FS Lent (1975) S. 17ff.; *Bernhard* DRiZ 1981, 361; *Baur* DNotZ 1955, 507 und Juristenjahrbuch 1962/3, S. 50ff.
[5] Einzelheiten *Weiß* DNotZ 1985, 524; zur Verfassungskonformität der Übertragung von Grundbuchsachen auf den Rechtspfleger *Böttcher* Rpfleger 1986, 201ff.

c) Über weitere „Grundbuchbeamte" mit beschränktem Geschäftsbereich s. §§ 1–4 AusfVO zur GBO.

d) Für *Amtspflichtverletzungen* des Grundbuchrichters, Rechtspflegers und der sonstigen Grundbuchbeamten haftet der Staat (Land) nach Art. 34 GG i. V. m. § 839 BGB. Das Richterprivileg des § 839 Abs. 2 kommt beim Grundbuchrichter *nicht* zum Tragen, da er weder Urteile erläßt noch seine Tätigkeit streitentscheidender Natur ist. Dagegen findet der Haftungsausschluß nach § 839 Abs. 1 S. 2 und § 839 Abs. 3 auch hier Anwendung.

Das Grundbuchrecht ist formales Recht mit einschneidenden materiellrechtlichen Auswirkungen; der Staatshaftung kommt daher hier besondere Bedeutung zu (s. *Baur,* Freiw. Gerichtsbarkeit, S. 71 ff.); dies mag sich aus folgendem ergeben: In unserem Beispiel oben II 1 a war der Antrag des H_2 vor dem des H_1 beim Grundbuchamt eingegangen, die Hypothek des H_2 hätte also vor der des H_1 im Grundbuch eingetragen werden müssen und hätte damit den ersten Rang erhalten. Hat der Grundbuchbeamte – aus Versehen oder in Verkennung der Rechtslage – die Hypothek des H_1 an erster Stelle, die des H_2 an zweiter Stelle eingetragen, so hat er damit eine sich aus §§ 17, 45 GBO ergebende, ihm dem H_2 gegenüber obliegende Amtspflicht verletzt (§ 839 Abs. 1 S. 1). H_2 konnte den Schaden nicht „durch Gebrauch eines Rechtsmittels abwenden" (§ 839 Abs. 3). Denn – wie wir wissen – ist gegen Eintragungen eine Beschwerde (bzw. Erinnerung) nicht möglich (§ 71 Abs. 2 GBO – § 11 Abs. 5 RPflG), zudem ist das Grundbuch hier richtig. Auch kann gegen H_1 auch nicht mit der Berichtigungsklage (§ 894) vorgehen oder etwa einen Kondiktionsanspruch geltend machen: das Grundbuch ist nicht unrichtig – H_2 hat noch keine „eingriffsfähige" absolute Rechtsstellung erlangt (s. u. § 17 B I 2 b a. E. und über Rangvereinbarungen § 17 B II 1). Es bleibt dem H_2 nur der Schadensersatzanspruch gegen den Staat (wobei freilich zunächst lediglich eine Feststellungsklage möglich sein wird, da sich der Schaden des H_2 regelmäßig erst herausstellen wird, wenn er in einer Zwangsversteigerung ganz oder teilweise ausfällt).

Unsere Gedankenkette (oben § 14 II a. E.) können wir also um ein weiteres Glied vervollständigen: führt ein schuldhaftes Versagen des Grundbuchbeamten zur Schädigung eines Beteiligten, so bietet die Staatshaftung einen – in Geld geleisteten – Ausgleich. Dem Staat steht bei vorsätzlichem oder grobfahrlässigem Verstoß ein Rückgriffsrecht gegen den Grundbuchbeamten zu (Art. 34 S. 2 GG).

Weiteres interessantes Beispiel: BGHZ 97, 184; hierzu *Foerste* JuS 1988, 261.

III. Das Grundstück

1. Unser Gesetz – sowohl das BGB wie die GBO – setzt den Begriff „Grundstück" voraus; so spricht § 94 von den wesentlichen Bestandteilen eines Grundstücks, § 873 von der Übertragung des Eigentums an einem Grundstück, § 3 GBO davon, daß jedes Grundstück im Grundbuch eine besondere Stelle (Grundbuchblatt) erhält. Wir müssen uns also zunächst um ein Verständnis des *Grundstücksbegriffs* bemühen:

Im täglichen Leben bevorzugt man eine wirtschaftliche Betrachtungsweise und versteht demgemäß unter einem Grundstück einen Teil der Erdoberfläche, der äußerlich erkennbar abgegrenzt ist und in irgendeiner Weise genützt oder bewirtschaftet wird (sog. „Wirtschaftsgrundstück").[1]

Diesen Begriff legt unser Gesetz in aller Regel *nicht* zugrunde, sondern wählt eine rein formale Abgrenzung, die auf ein amtliches Verzeichnis der Grundstücke (Kataster) und auf die Eintragung als Grundstück im Grundbuch abstellt.[2]

---

[1] In wirtschaftspolitisch bestimmten Gesetzen (z. B. Landbeschaffung zum Zwecke der Siedlung) geht das Gesetz vom *Grundstück im wirtschaftlichen Sinne* aus (Beispiel: BGHZ 94, 299).

[2] Zum Ineinandergreifen von Grundbuch und Kataster s. *Richter/Bengel/Simmering,* Grundbuch, Grundstück, Grenze, 3. Aufl. 1989; *Böttcher* Rpfleger 1989, 133 (m. w. N.).

Das gesamte Staatsgebiet ist vermessen, die Vermessungseinheit ist die Katasterparzelle (Flurstück). Die Parzellen werden im Kataster nach Nummern oder Buchstaben bezeichnet. Darauf baut der Grundstücksbegriff auf, ohne sich mit dem Begriff der Parzelle zu identifizieren: Zwar wird das Grundstück im Grundbuch nach der ihm im Kataster gegebenen Nummer benannt (§ 2 Abs. 2 GBO), aber *entscheidend* ist, ob es im Grundbuch auf einem besonderen Grundbuchblatt oder unter einer selbständigen Nummer (bei gemeinschaftlichem Grundbuchblatt) geführt wird. Das Grundstück kann also aus *einer* oder *mehreren* (Kataster-)Parzellen bestehen; *eine* Katasterparzelle kann aber nicht mehrere Grundstücke umfassen.

Grundstück im Rechtssinn ist sonach ein katastermäßig vermessener und bezeichneter Teil der Erdoberfläche, der im Grundbuch als „Grundstück" – sei es auf einem besonderen Grundbuchblatt, sei es unter einer besonderen Nummer eines gemeinschaftlichen Grundbuchblattes – geführt wird.

Der völlig arrondierte Hof des Bauern A kann also *ein* Grundstück im Rechtssinn sein, obwohl er sich aus mehreren Parzellen zusammensetzt, er kann aber auch – obgleich wirtschaftlich eine Einheit – aus mehreren Grundstücken im Rechtssinn bestehen. Will A einen Bauplatz an K verkaufen (der nur einen Teil des Grundstücks ausmacht), so muß dieser vermessen werden; dann erst kann die Abschreibung im Grundbuch des A und die Eintragung als Grundstück des K erfolgen (§ 2 Abs. 3, § 7 GBO).[1] U. U. bestehen baurechtliche Genehmigungspflichten, die das Grundbuchamt vor der Eintragung zu beachten hat (§§ 19, 23 BauGB; hierzu noch § 26 II 3a).

2. Die formale Fassung des Grundstücksbegriffs ermöglicht Besonderheiten in der Zusammensetzung der Grundstücke, die zum Teil nur formale, zum Teil aber auch materiellrechtliche Auswirkungen haben:[2]

a) *Die Zusammenschreibung:* Mehrere Grundstücke desselben Eigentümers, die an sich nach der Regel des § 3 Abs. 1 GBO je auf einem selbständigen Grundbuchblatt geführt werden müßten, können in ein „gemeinschaftliches Grundbuchblatt" aufgenommen werden (§ 4 Abs. 1 GBO). Dies ist ein rein grundbuchtechnischer Vorgang, der an der Selbständigkeit der Grundstücke, an ihren Belastungen usw. nichts ändert; eine solche Zusammenschreibung empfiehlt sich bei klein parzelliertem Besitz eines Eigentümers.

Will E die auf einem gemeinschaftlichen Grundbuchblatt geführten Grundstücke mit *einer* Hypothek für eine Darlehensforderung des G belasten, so kann dies nur in der Form der Gesamthypothek geschehen (§ 1132). Das Gleiche würde gelten, wenn jedes Grundstück des E auf einem besonderen Grundbuchblatt geführt würde. Aber die Vereinfachung des Verfahrens im ersten Fall ist augenscheinlich: der Grundbuchbeamte braucht in Abteilung III des gemeinschaftlichen Grundbuchblatts nur die Nummern der Grundstücke zu vermerken, die für die Hypothek haften.

b) *Die Vereinigung* hat – anders als die Zusammenschreibung – formalrechtliche *und* materiellrechtliche Bedeutung: Mehrere Grundstücke werden zu *einem* Grundstück vereinigt; hierzu ist eine rechtsgeschäftliche Willenserklärung des Eigentümers gegenüber dem Grundbuchamt und Eintragung im Grundbuch erforderlich (§ 890 Abs. 1 BGB, § 5 GBO). Die bisher auf den einzelnen Grundstücken lastenden Rechte bestehen an diesen fort, neue Rechte können nur an dem Gesamtgrundstück begründet werden.

c) Bei der *Zuschreibung* (§ 890 Abs. 2 BGB, § 6 GBO) wird auf eine Erklärung

---

[1] Zur Teilung eines Grundstücks *Böttcher* Rpfleger 1989, 133 ff.; zur Auflassung von Trennstücken BGHZ 90, 323, 326; BayObLG Rpfleger 1988, 60; *Soergel/Stürner* § 925 Rn. 38, 49; ferner § 22 III 2 und V 4b.

[2] S. dazu *Röll* DNotZ 1968, 523 u. *Wendt* Rpfleger 1983, 192.

des Eigentümers hin ein bisher selbständiges Grundstück einem anderen, ihm gehörigen Grundstück als „Bestandteil" zugeschrieben. Auch hier bleiben die bisher bestehenden Belastungen an den einzelnen Grundstücken bestehen, jedoch mit der wichtigen Ausnahme, daß die auf dem Hauptgrundstück lastenden Grundpfandrechte sich nunmehr auch auf das Nebengrundstück erstrecken[1], dabei freilich den auf dem zugeschriebenen Grundstück schon lastenden Rechten nachgehen (§ 1131).

Beispiel: E ist Eigentümer des Wohngrundstücks a, das mit einer am 1. 10. 1980 eingetragenen Hypothek zugunsten des H belastet ist. 1983 erwirbt er das danebenliegende Gartengrundstück b, auf dem noch ein Nießbrauch zugunsten der Mutter des Verkäufers lastet. Hier ergeben sich folgende Möglichkeiten:

(1) Beide Grundstücke werden nach wie vor auf getrennten selbständigen Grundbuchblättern geführt.

(2) Das Grundbuchamt schreibt beide Grundstücke von Amts wegen auf ein gemeinschaftliches Grundbuchblatt zusammen.

(3) Auf Antrag des E werden beide Grundstücke zu *einem* Grundstück (c) vereinigt; sie verlieren damit ihre rechtliche Selbständigkeit. Die Hypothek lastet jedoch nach wie vor nur auf dem (bisherigen) Grundstück a, der Nießbrauch auf dem (bisherigen) Grundstück b.

(4) E läßt das Grundstück b dem Grundstück a zuschreiben. Die Hypothek erstreckt sich jetzt auch auf das Grundstück b (geht aber dem Nießbrauch im Range nach, selbst wenn dieser später eingetragen worden war), nicht jedoch erfaßt der Nießbrauch auch das Grundstück a.

Ob die eine oder die andere Möglichkeit gewählt wird, hängt von Zweckmäßigkeitserwägungen ab; so wird der Eigentümer von einer Vereinigung oder Zuschreibung absehen, wenn er beabsichtigt, den Garten später wieder zu verkaufen.

3. Gewisse Rechte werden wie Grundstücke behandelt *(grundstücksgleiche Rechte)*. Der Gesetzgeber will damit erreichen, daß sie wie Grundstücke veräußert und belastet werden können. Hierunter fallen (nach Bundesrecht):

a) Das *Erbbaurecht* (§§ 11, 14ff. ErbbauRV; dazu unten § 29 C). Es ist daher ein *Erbbaugrundbuch* anzulegen. Auf dem Grundbuchblatt des Grundstücks (des Eigentümers) erscheint das Erbbaurecht als Belastung, im Erbbaugrundbuch dagegen werden die das Erbbaurecht betreffenden Rechtsvorgänge (z. B. Veräußerung, Belastung mit einer Hypothek) aufgezeichnet (§§ 54–60 Grundbuchverfügung).

b) Das *Wohnungseigentum.* Nach § 7 WEG ist für jedes Wohnungseigentum (dazu unten § 29 B) ein *Wohnungsgrundbuch* anzulegen. Das bisher für das Grundstück einheitlich geführte Grundbuchblatt splittert sich also in die verschiedenen Wohnungsgrundbücher der Wohnungseigentümer auf (§§ 7–9 WEG).

4. Grundstücke, die nach der Erfahrung nicht veräußert oder belastet werden, sind *buchungsfrei;* dies sind Grundstücke der öffentlichen Hand (Einzelheiten vgl. § 3 Abs. 2 u. 3 GBO). Soll jedoch ein solches Grundstück veräußert oder belastet werden, so muß zuvor ein Grundbuchblatt angelegt werden. Auch kann der Eigentümer die Eintragung jederzeit beantragen (§ 3 Abs. 2 GBO).

IV. Die eintragungsfähigen Rechte

1. Weder das BGB noch die GBO enthalten eine gesetzliche Bestimmung, aus der sich ergibt, welche Rechte und Rechtsverhältnisse eintragbar sind. Bei der Bestimmung des Kreises der eintragungsfähigen Rechte wird man also vom Zweck des Grundbuchs, die Rechtsverhältnisse an Grundstücken darzustellen, ausgehen müssen. Dabei wird sich freilich eine gewisse Einschränkung als erforderlich zeigen; denn es wäre zwecklos und würde zu einer Überladung des

---

[1] S. Anhang 3 und 3a.

Grundbuchs führen, wollte man auch solche Rechte in das Grundbuch aufnehmen, deren Verlautbarung für den Rechtsverkehr rechtlich irrelevant ist, wie etwa die Eintragung eines Miet- oder Pachtrechts. M. a. W.: Das Kriterium dafür, „was" eintragbar ist, werden wir dem § 892 entnehmen müssen; denn dort ist der für den redlichen Rechtsverkehr maßgebende Grundbuchinhalt umschrieben.

2. Daher sind *eintragungsfähig*

a) alle dinglichen Rechte an Grundstücken und alle grundstücksgleichen Rechte[1], § 892 Abs. 1 S. 1;

b) alle dinglichen Rechte an Grundstücksrechten (§ 892 Abs. 1 S. 1); als solche kommen nur Nießbrauch und Pfandrecht an einem übertragbaren Grundstücksrecht in Betracht, z. B. Nießbrauch an einer Hypothek;

c) relative Verfügungsbeschränkungen (§ 892 Abs. 1 S. 2). Hier ist zu unterscheiden zwischen solchen, die dem Schutz bestimmter Personen dienen und nur diesen Personen gegenüber zur Unwirksamkeit führen (§§ 135, 136, Beschlagnahme durch Zwangsversteigerung und Zwangsverwaltung, §§ 20 Abs. 1, 146 Abs. 1 ZVG, Veräußerungsverbote auf Grund einstweiliger Verfügung, § 938 Abs. 2 ZPO), und anderen Verfügungsbeschränkungen, die zwar gegenüber jedermann wirken, jedoch auf bestimmte Zwecke (Konkurs, §§ 6, 7, 113 KO,[2] Nachlaßverwaltung, § 1984 Abs. 1 S. 1, Testamentsvollstreckung, § 2211, Nacherbschaft §§ 2112 ff.)[3] begrenzt sind.

Gleichgestellt werden die in der Praxis entwickelten *Erwerbsverbote* auf Grund einstweiliger Verfügung:

V hat sein Grundstück an K verkauft und aufgelassen. Angenommen der Kaufvertrag sei formnichtig (§§ 313 S. 1, 125), so ist doch die formgerechte (§ 925) Auflassung für V bindend (§ 873 Abs. 2 BGB), kann also von ihm nicht widerrufen werden. Würde K im Grundbuch eingetragen, so würde er damit Eigentümer, V könnte das Eigentum nach § 812 Abs. 1 S. 1 nicht mehr kondizieren, weil Heilung des Grundgeschäftes (§ 313 S. 2) eingetreten ist. *Vor* der Eintragung aber kann V den Erlaß eines Erwerbsverbots im Wege der einstweiligen Verfügung erwirken; dieses Verbot ist ein Eintragungshindernis (BayObLG Rpfleger 1978, 306 m. Nw.). Wird K dennoch eingetragen, so ist der Erwerb des Eigentums dem V gegenüber unwirksam. Wird – was zulässig ist, sobald der Erwerber selbst mit seinem Recht eingetragen wird –, das Erwerbsverbot im Grundbuch eingetragen, so wirkt es in entsprechender Anwendung des § 892 Abs. 1 S. 2 auch einem dritten redlichen Erwerber gegenüber[4].

d) der Widerspruch gegen die Richtigkeit des Grundbuchs (§ 892 Abs. 1 S. 1);

e) die Vormerkung; denn sie ist nach § 883 erst wirksam, wenn sie im Grundbuch eingetragen ist.

---

[1] Dazu oben § 3 II, 15 III 3.

[2] Siehe *Baur/Stürner* II, InsolvenzR, Rn. 8.6 ff.

[3] Zum Nachweis des Eintritts der Nacherbfolge s. BGH NJW 1982, 2499. – Zur Unwirksamkeit der Verfügung des Vorerben s. BGH NJW 1985, 382 und *Jauernig/Stürner* § 2113 Anm. 1 d.

[4] RGZ 117, 287; 120, 118; *Habscheid,* FS Schiedermair, 1976, 245; *Foerste,* Grenzen der Durchsetzung von Verfügungsbeschränkung und Erwerbsverbot im Grundstücksrecht, 1986, S. 114 ff.; *Jahr,* GS Schultz, 1987, 117; krit. MünchKomm/*Wacke* § 888 Rn. 24; *Staudinger/Gursky* § 888 Rn. 71; befürwortend *Soergel/Stürner* § 873 Rn. 6 und § 888 Rn. 13.

3. *Nicht eintragungsfähig*[1] sind

a) Rechte, die nicht als dingliche Rechte an Grundstücken anerkannt sind (Grundsatz des numerus clausus der Sachenrechte!);

Die Antichrese (ein Nutzpfandrecht) z. B. ist in das BGB nicht übernommen, sie könnte daher nicht eingetragen werden (freilich läßt sich der gleiche Erfolg auch im geltenden Recht dadurch erzielen, daß einem Grundpfandgläubiger auch der Nießbrauch am Grundstück bestellt wird);

b) obligatorische Rechte, auch wenn sie ihrer Rechtswirkung nach einen dinglichen Einschlag haben, wie Miete und Pacht;

c) persönliche Verhältnisse, die – auch wenn sie eingetragen wären – keinen öffentlichen Glauben genössen, wie etwa Geschäftsunfähigkeit, Entmündigung, Verehelichung.

Eintragbar sind aber

aa) Angaben, die der Individualisierung des Berechtigten dienen (Name, Stand, Wohnort, vgl. § 15 Grundbuchverfügung).

bb) Güterrechtliche Verhältnisse, die zu einer Veränderung der Rechtszuständigkeit führen, wie die Gütergemeinschaft, die Gesamthandseigentum der Ehegatten am Gesamtgut bewirkt (§ 1416). Über die Frage, ob der Grundbuchrichter die Verfügungsbeschränkung des Ehegatten nach § 1365 im gesetzlichen Güterstand der Zugewinngemeinschaft zu beachten hat, s. unten § 22 III 3;

d) nicht eintragungsfähig sind weiter absolute Verfügungsbeschränkungen, die schon kraft Gesetzes jedermann gegenüber wirken (so z. B. die Verfügungsbeschränkung nach § 1365 oder die im Landwirtschaftsrecht bestehenden Verfügungsbeschränkungen bei Veräußerung landwirtschaftlicher Grundstücke, s. unten § 27 I 1);

e) rechtsgeschäftliche Verfügungsbeschränkungen, da sie nach § 137 nicht mit dinglicher Wirkung ausgestattet sind.

Beispiel: E hat sich seinem Nachbarn N – einem Hotelier – gegenüber verpflichtet, sein Grundstück nie an einen Konkurrenten des N zu verkaufen. Diese „Verfügungs"beschränkung ist nicht eintragbar. Verkauft E an einen anderen Gastwirt G, so wird dieser Eigentümer; N kann lediglich einen Schadensersatzanspruch gegen E geltend machen.
Besser ist die Rechtsstellung des N, wenn E sich bereit findet, dem N ein dingliches Vorkaufsrecht zu bestellen (§ 1094). Dagegen wäre es nicht zulässig, daß E dem N eine Grunddienstbarkeit des Inhalts bestellt, daß E das Grundstück nicht an einen Gastwirt veräußern darf (wohl aber, daß auf dem Grundstück kein Hotel betrieben werden darf!);

f) öffentlich-rechtliche Rechtsverhältnisse und Belastungen, z. B. Beschränkungen durch Baufluchtlinien, Straßenbaulasten und öffentliche Vorkaufsrechte.[2]

Obwohl gerade diese Beschränkungen für den Erwerber eines Grundstücks sehr einschneidend sein können! So wenn K ein Grundstück kauft, das laut Grundbuch völlig unbelastet ist, bei dem sich dann aber später herausstellt, daß es auf Grund örtlicher Vorschriften (Bebauungsplan) nicht bebaut werden darf. Hier ist K auf Mängelgewähransprüche gegen den Verkäufer nach §§ 459ff. beschränkt.

g) der Löschungsanspruch nach § 1179a BGB (s. unten § 46 IV).

4. Von der Eintragungs*fähigkeit* ist die Eintragungs*bedürftigkeit* zu unterscheiden. Wir müssen uns erinnern, daß nur *rechtsgeschäftliche* Rechtsänderungen an

---

[1] Über die Erweiterung des Kreises der eintragungsfähigen Rechtsverhältnisse durch § 1157 S. 2 s. unten § 38 VII 2b und § 45 II 2 und III 1c; zur Eintragung des Rechtshängigkeitsvermerks s. § 18 C IV 1a Anm. 1.

[2] Dazu *Walter* JZ 1981, 322; *Soergel/Stürner* § 873 Rn. 27 (mit Ausnahmen).

Grundstücksrechten zu ihrer Wirksamkeit der Eintragung bedürfen, *nicht* aber nicht rechtsgeschäftliche, also solche, die unmittelbar auf Gesetz oder auf einem Staatsakt (z. B. Zuschlag in der Zwangsversteigerung) beruhen.

Will E sein Grundstück an K veräußern, so *muß* die Eigentumsänderung im Grundbuch eingetragen werden. Beerbt K den E, so wird er mit dessen Tod kraft Gesetzes Eigentümer auch des Grundstücks, selbst wenn das Grundbuch darüber zunächst keine Auskunft gibt. Freilich *kann* K als Eigentümer eingetragen werden, aber dies ist dann lediglich eine Grundbuchberichtigung.

Es gilt also die *Regel:* Alle *rechtsgeschäftlichen* Rechtsänderungen an Grundstücken sind eintragungs*bedürftig,* alle *nicht rechtsgeschäftlichen* Rechtsänderungen sind eintragungs*frei,* aber doch eintragungs*fähig.*

V. Äußere Form und Einteilung des Grundbuchs

1. Das Verständnis der Grundbucheinrichtung macht dem Anfänger mangels Anschauung erfahrungsgemäß Schwierigkeiten.[1] Die Einrichtung des Grundbuchs wird aber verständlicher, wenn man sich vergegenwärtigt, was im Grundbuch enthalten sein muß, soll es seinen Zweck, ein Bild über die Rechtslage zu geben, erfüllen. Es muß Auskunft geben:

a) über das Grundstück, seine Bezeichnung, seine Größe, seine Lage,

b) über den Eigentümer und den Rechtsgrund seines Eigentumserwerbs,

Als Eigentümer ist eintragungsfähig *("Grundbuchfähigkeit")* jede natürliche oder juristische Person; ferner alle Personenverbindungen, die nach der gesetzlichen Regelung Träger von Vermögensrechten sein können; sie sind entweder mit ihrer Firma zu bezeichnen (so z. B. die oHG und KG; dazu BayObLG Rpfleger 1981, 192 und § 15 Abs. 1b Grundbuchverfügung) oder durch Angabe der einzelnen Gemeinschafter unter Angabe des sie verbindenden Rechtsverhältnisses (§ 47 GBO; z. B. Bruchteilsgemeinschaft, Erbengemeinschaft[2], Gesellschaft bürgerlichen Rechts[3] etc.). Eine gegründete, aber noch nicht im Handelsregister eingetragene und daher noch nicht rechtsfähige GmbH (AG) ist als Gründerorganisation eintragbar[4].

Nicht eintragbar ist ein Nichtrechtsfähiger (z. B. ein nichtrechtsfähiger Verein), s. *K. Schmidt* NJW 1984, 2249; *Jung* NJW 1986, 157; OLG Zweibrücken Rpfleger 1986, 12; aA für politische Parteien *Konzen* JuS 1989, 20 m. Nw.

c) über die mit dem Grundeigentum verbundenen Rechte, also z. B. eine zugunsten des Grundstücks bestehende Grunddienstbarkeit, etwa ein Wegerecht,

d) über die auf dem Grundstück ruhenden Lasten.

2. Diese Aufgabe wird *technisch* wie folgt bewältigt:

Über jedes Grundstück – oder über mehrere zusammengeschriebene Grundstücke – wird ein Grundbuchblatt geführt (§ 3 Abs. 1 Satz 1 GBO); dieses Grundbuchblatt ist „das Grundbuch" im Sinne des BGB (§ 3 Abs. 1 Satz 2 GBO).

---

[1] Es empfiehlt sich, bei der Lektüre des folgenden Textes die am Ende des Lehrbuchs abgedruckten Grundbuchmuster (und meine Bemerkungen dazu) heranzuziehen.

[2] Beispielsfall: BayObLG Rpfleger 1990, 503 (Erbengemeinschaft mit „Untergemeinschaften").

[3] Zur BGB-Gesellschaft im Grundbuchverfahren *Eickmann* Rpfleger 1985, 85.

[4] BGHZ 45, 338, 348; gleich für „KG in Gründung" BayObLG Rpfleger 1985, 353. Falls GmbH, AG oder KG entstehen, ist das Grundbuch entsprechend zu berichtigen. Von der Gründungsgesellschaft ist die Vorgründungsgesellschaft zu unterscheiden, die eine BGB-Gesellschaft (*Jauernig/Stürner* § 705 Anm. 2d und e) und entsprechend einzutragen ist. Guter Überblick bei *Böhringer* Rpfleger 1988, 446 ff.; ferner allgemein *Jaschke,* Gesamthand und Grundbuchrecht, 1991.

„Grundbuch" im Sinne des materiellen Rechts ist also nicht der Band, in dem mehrere Grundbuchblätter zusammengefaßt sind!

Die Grundbuchblätter können zu festen Bänden zusammengefaßt sein oder in „Loseblattform" geführt werden (*Riedel* Rpfleger 1970, 277; *Lüke/Dutt* Rpfleger 1984, 253; § 70a Grundbuchverfügung).

Dieses Grundbuchblatt ist – neben der *Aufschrift* (Bezeichnung des Amtsgerichts, Nummer des Bandes u. Blattes) – in mehrere „Gruppen", technisch: „Bestandsverzeichnis" und „Abteilungen" aufgegliedert, nämlich (§ 4 Grundbuchverf.):

a) in das *Bestandsverzeichnis* (§§ 6, 7 Grundbuchverf.). Wie sein Name sagt, soll es über den Bestand des Grundstücks oder der Grundstücke Auskunft geben.

Es enthält daher
die laufende Nummer des Grundstücks,
die aus dem Kataster zu entnehmenden Angaben über die Gemarkung,
die Parzellennummer,
die Karte, in der die Parzelle verzeichnet ist,
die Größe des Grundstücks,
die Wirtschaftsart und
die Lage,
die mit dem Eigentum am Grundstück verbundenen Rechte.
Damit ist das Grundstück in seiner räumlichen Lage und Größe charakterisiert;

b) in *Abteilung I* (§ 9 Grundbuchverf.).
Sie kennzeichnet den Eigentümer und den Erwerbsgrund für das Eigentum.

Bei Miteigentum nach Bruchteilen sind die Anteile der Berechtigten, bei Gesamthandseigentum das Rechtsverhältnis anzugeben, auf dem das gemeinschaftliche Eigentum beruht (§ 47 GBO);

c) *in Abteilung II und III* (§§ 10, 11 Grundbuchverf.).
Sie enthalten die Lasten und Beschränkungen, und zwar aus Gründen der Übersichtlichkeit,

die Abt. III die Hypotheken-, Grund- und Rentenschulden,

die Abt. II alle übrigen Lasten und Beschränkungen, also z.B. einen Nießbrauch, eine Grunddienstbarkeit, die Nacherbfolge, die Beschlagnahme durch Konkurseröffnung.

Technisch wäre es durchaus möglich, *alle* Lasten und Beschränkungen in *einer* Abteilung zusammenzufassen. Da aber Grundpfandrechte in der Praxis häufiger vorkommen als alle sonstigen beschränkten dinglichen Rechte, hat man sie in eine besondere Abteilung (III) verwiesen.

3. Das eben geschilderte Bild des Grundbuchs entspricht dem Regelfall; man bezeichnet diese Form als *Realfolium,* weil an der Spitze die res, das Grundstück steht. Zugelassen ist aber auch das *Personalfolium* (§ 4 GBO)[1]. Hier wird das Grundbuch durch die persona, den Eigentümer gekennzeichnet. In Abt. I sind dann alle die Grundstücke aufgeführt, die dem Eigentümer im Bereich des Grundbuchamtes gehören. Das Personalfolium eignet sich für Gebiete mit überwiegend kleinparzelliertem Streubesitz und ist daher noch in Südwestdeutschland bei älteren Grundbuchblättern anzutreffen.

Der Unterschied zwischen Real- und Personalfolium liegt also im wesentlichen in einer Vertauschung von Bestandsverzeichnis und Aufschrift einschließlich Abteilung I (s. die Muster unten Anhang 1 und 2).

---

[1] Zur „Zusammenschreibung" schon oben § 15 III 2a. Kritisch unter datenschutzrechtlichen Gesichtspunkten – Überblick über das Vermögen des Eigentümers auf einen Blick! – *Böhringer* Rpfleger 1989, 313; *Horber/Demharter* § 4 Anm. 3.

4. Nachdem wir das Grundbuchblatt in groben Strichen gezeichnet haben, muß noch auf einige – bedeutsamere – Einzelheiten kurz hingewiesen werden:

a) Wer sich einen Überblick über die „Qualitäten" eines Grundstücks durch Einblick ins Grundbuch verschaffen will, wird alle die Einzelheiten ins Auge fassen, die sich aus ihm ergeben.

Ihn werden etwa die Angaben über die Wirtschaftsart genau so interessieren, wie die über die Größe des Grundstücks, den Zeitpunkt des früheren Erwerbs, die Belastung mit Grundpfandrechten u. s. f.

Damit ist aber keineswegs gesagt, daß er sich auch auf alle diese Angaben in gleicher Weise verlassen kann. In welchem Umfang seine Redlichkeit geschützt wird, ergibt sich vielmehr einzig und allein aus den §§ 892, 893. Darüber wird unten § 23 zu sprechen sein. Aber schon hier ist darauf hinzuweisen, daß es irrig wäre anzunehmen: wer in das Grundbuch Einblick nimmt, darf alles das, was er liest, für bare Münze nehmen!

Steht im Grundbuch, daß das Grundstück „Wald" sei, ist dieser aber längst gerodet, so kann der Erwerber des Grundstücks nicht etwa den Staat in Anspruch nehmen, „weil er zuviel bezahlt habe". Ist infolge eines Rechenfehlers – bei einwandfreier Grenzbestimmung – die Größe des Grundstücks falsch angegeben, so kann der Erwerber sich weder auf § 892 berufen noch einen Amtshaftungsanspruch geltend machen.

b) Die Sorgfalt, die auf die Einrichtung des Grundbuchs und seine Übereinstimmung mit der materiellen Rechtslage verwendet wird, wäre weithin illusorisch, wollte man das Grundbuch als „Geheimsache" behandeln. Der Gesetzgeber verordnet das Gegenteil: Jeder *kann das Grundbuch einsehen,* „der ein berechtigtes Interesse darlegt" (§ 12 Abs. 1 GBO).[1]

Das Interesse braucht nicht gerade ein rechtliches zu sein, es genügt auch ein wirtschaftliches oder familiäres, ja u. U. ein allgemeines öffentliches;[2] es muß nicht bewiesen werden, es reicht aus, daß es dargelegt wird (hierzu BayObLG Rpfleger 1983, 272).
Das Einsichtsrecht erfaßt auch die noch nicht erledigten Eintragungsanträge, die Urkunden, auf die in einer Eintragung Bezug genommen ist (§ 12 Abs. 1 S. 2 GBO) und die Grundakten (§ 46 Grundbuchverf.). Für jedes Grundbuchblatt werden „Grundakten" angelegt; in ihnen werden – kurz gesagt – alle die Urkunden aufbewahrt, die sich auf die im Grundbuch enthaltenen Eintragungen beziehen (§ 24 Grundbuchverf., § 10 GBO), also z. B. der Kaufvertrag und die Auflassung über ein Grundstück. Man kann sonach die Grundakten als Erläuterung des Grundbuchs bezeichnen: will man den im Grundbuch enthaltenen Rechtsvorgängen wirklich auf den Grund gehen, so muß man sie lesen!
Das Einsichtsrecht wird ergänzt durch das Recht, Abschriften zu fordern (§ 12 Abs. 2, 3 GBO).

Das Einsichtsrecht bezeichnet man auch als Grundsatz der *formellen Publizität;* er ist die notwendige Parallele zur *materiellen Publizität,* worunter die „Übertra-

---

[1] Dazu *Schreiner* Rpfleger 1980, 51 (m. Nw.); *Böhringer* Rpfleger 1987, 181 ff.; 1989, 309 ff.; BayObLG Rpfleger 1983, 272 (kein Einsichtsrecht von Maklern und Auskunfteien zur besseren Geschäftsabwicklung); OLG Stuttgart Rpfleger 1983, 272 (Einsichtsrecht des Maklers zur Verfolgung von Provisionsansprüchen); BayObLG Rpfleger 1975, 361 (Einsichtsrecht des Personalkreditgebers); OLG Zweibrücken NJW 1989, 531 (Einsichtsrecht des Vollstreckungsgläubigers); OLG Hamm DNotZ 1986, 497 m. krit. Anm. *Eickmann* (Einsichtsrecht des künftigen Mieters); BVerfG NJW 1983, 281 (keine Privilegierung öffentlicher Bausparkassen bei Darlegung berechtigter Interessen gem. § 43 Abs. 1 Grundbuchverf.; hierzu *Feuerpeil* Rpfleger 1990, 450).
[2] Darunter soll auch „die demokratische Kontrollfunktion der Presse" fallen (Hamm NJW 1988, 2482); hierzu *Eickmann* DNotZ 1989, 378; *K. Schmidt* JuS 1989, 144; neuerdings LG Mosbach Rpfleger 1990, 60; zum Gesamtproblem *Stürner,* Gutachten zum 58. DJT, 1990, S. A 49–A 51.

gungs"- „Vermutungs"- und „Gutglaubenswirkung" des Grundbucheintrags verstanden wird (s. § 14 II).

Das Einsichtsrecht ist daher auch justizförmig garantiert: Wem der Urkundsbeamte der Geschäftsstelle die Einsicht verweigert, kann die richterliche Entscheidung beantragen und dagegen dann Beschwerde an das Landgericht einlegen (§ 71 GBO; oben § 15 II 2b und c). Kein Recht auf vorheriges Gehör oder Beschwerde hat indessen nach bisher h. M. der betroffene Grundstückseigentümer, wenn einem Dritten die Einsicht gewährt wird (BGHZ 80, 126; str.).

Das *Datenschutzrecht* beeinflußt das Einsichtsrecht nicht (*Lüke* NJW 1983, 1407 u. *Lüke/Dutt* Rpfleger 1984, 253; *Böhringer* Rpfleger 1987, 182; 1989, 310; OLG Hamm DNotZ 1988, 378; zu Unrecht a. A. *Nieder* NJW 1984, 329, 336). Man wird jedoch davon auszugehen haben, daß die verfassungsrechliche Gewährleistung informationeller Selbstbestimmung (BVerfGE 65, 1 ff.) bei der Abwägung des berechtigten Interesses einfließen muß. Das bedeutet, daß die Praxis an das „Interesse" wieder strengere Maßstäbe anlegen sollte (so auch *Westermann/Eickmann* § 85 V) und zumindest in Zweifelsfällen dem Betroffenen Gehör mit anschließender Beschwerdemöglichkeit zu gewähren ist – entgegen dem BGH.

VI. Das Grundbuch in den neuen Bundesländern[1]

1. Man kann sich die gegenwärtige, etwas verworrene Rechtslage in den neuen Bundesländern nicht klar machen, ohne die jüngere *Rechtsgeschichte* zu beachten. Bis 1952 galt einheitliches deutsches Grundbuchrecht. Die Grundbücher wurden beim Amtsgericht geführt. 1952 ging die Grundbuchführung aber auf die Verwaltungsbehörden über, nämlich auf die Räte der Kreise, Abteilung Kataster. Die Bestandsverzeichnisse der Grundbücher fielen weg, sie wurden durch die Bestandsblätter der Liegenschaftskartei des Katasters ersetzt. Im Jahre 1965 wurden bei den Räten der Bezirke Liegenschaftsdienste gebildet, die als Verwaltungsbehörde das Grundbuch führten und auch über Beschwerden entschieden.

Mit dem Inkrafttreten des ZGB am 1. 1. 1976 traten die Grundstücksdokumentationsordnung (GDO) vom 6. 11. 1975 (GBl. DDR I 697) und die Grundbuchverfahrensordnung (GBVO) vom 30. 11. 1975 (GBl. DDR I 1976, 42) in Kraft und schufen den Rechtszustand, den der Einigungsvertrag angetroffen hat.

2. Der *Einigungsvertrag* (Anlage I, Kap. III, Sachgeb. B, Abschn. III Nr. 1–5) beläßt die Grundbuchführung bis zu einer späteren bundesgesetzlichen Regelung bei den Liegenschaftsdiensten oder den von Landesgesetzen bestimmten Stellen. Ihre Grundbücher sind für die neuen Bundesländer nunmehr Grundbücher im Sinne des § 2 GBO. Für ihre *Führung* gelten die §§ 7–17 der Ausführungs-VO zur GBO und die §§ 43–53 Grundbuchverfügung uneingeschränkt, die Grundbuchverfügung im übrigen nur, soweit die Besonderheiten der bestehenden Grundbücher nichts Abweichendes verlangen; insoweit ist altes Recht oder neues Landesrecht anzuwenden, allerdings in bundesrechtskonformer Weise. Das Eintragungsverfahren richtet sich für Anträge vor dem 3. 10. 1990 nach altem Verfahrensrecht, für spätere Anträge gilt hingegen die GBO. Eine insgesamt dornenvolle Regelung, die sich aber schwerlich hätte einfacher gestalten lassen.

3. Welchen Bestand an Grundbüchern trifft man in den neuen Bundesländern an? Es gibt zunächst noch die alten Grundbücher im „Reichsvordruck" aus der Zeit vor 1952, die über frühere Rechtszustände und Rechtsvorgänge Auskunft geben; sie haben gegenüber den Grundbüchern der alten Bundesländer kaum Besonderheiten, werden aber oft schwer auffindbar sein.

Das Grundbuch nach dem „DDR-Formular", wie es den gegenwärtigen Rechtszustand dokumentiert, ähnelt zwar dem herkömmlichen Grundbuch, hat aber doch Besonderheiten, die vor allem materiellrechtlich bedingt sind (Grundstücksdokumentationsordnung vom 6. 11. 1975; GBl. DDR I 697). Es gibt Grundbücher für Grundstücke und Grundbücher für Gebäude, an denen selbständige Eigentumsrechte bestehen (z. B. § 288 Abs. 4, 292 Abs. 2, 295 Abs. 2 ZGB-DDR). Diese *Gebäudegrundbuchblätter* spielen eine erhebliche Rolle, weil Grund und Boden vielfach volkseigen war und oft

---

[1] Hierzu *Böhringer* Rpfleger 1991, 89 ff.; *von Schuckmann* Rpfleger 1991, 139 ff.; *Eickmann,* Grundstücksrecht in den neuen Bundesländern, 2. Aufl. 1991, S. 84 ff.; *Böhringer* DtZ 1991, 272 ff.; *Heuer,* Grundzüge des Bodenrechts der DDR, 1991, Rn. 154 ff. m. Nw.; s. a. MünchKomm/*Säcker/Hummert* und *Säcker/Busche* EinigungsV Rn. 1033 ff., 1163 ff. (Nachtrag); *Rodegra/Gogrewe* DtZ 1991, 353 ff.; *von Craushaar* DtZ 1991, 359 ff.

nur Nutzungsrechte geschaffen waren (z. B. § 286 ZGB-DDR), die Gebäudeeigentum ermöglichten (hierzu §§ 19 E, 21 C, 22 VI, 26a II 2, 29 B IV und C II 5; BezG Dresden ZIP, 1991, 1634, 1636). Daneben gibt es noch *Erbbaugrundbücher* aus der Zeit vor dem ZGB, das neue Recht wird Wohnungsgrundbücher für Wohnungseigentum erfordern.

Der *Aufbau des Grundbuchs* übernimmt grob die herkömmliche Einteilung. Die „Abteilung 0" entspricht dem Bestandsverzeichnis und enthält den Grundstücks-bzw. Gebäudebeschrieb, Abteilung 1 benennt das Gebäude- bzw. Grundstückseigentum. Die Abteilung 2 beinhaltet die Belastung des Grundstücks mit Nutzungsrechten (§§ 286 ff. ZGB-DDR, NutzungsrechteG vom 14. 12. 1970, GBl. DDR I, 372 etc.), die Belastung des Grundstücks oder Gebäudes mit Vorkaufsrechten (§ 306 Abs. 1 ZGB-DDR) oder Mitbenutzungsrechten (Wegerechte etc., § 322 Abs. 1 ZGB), ferner weist sie „altrechtliche Belastungen" nach dem BGB aus (Dienstbarkeiten, Nießbrauch, Reallast, ErbbauR etc.); neu begründete beschränkte dingliche Rechte sind dort nunmehr ebenfalls einzutragen. In Abteilung 3 begegnen die Hypotheken des ZGB (Sicherungshypothek, §§ 452 ff. ZGB-DDR, §§ 456 ff., Aufbauhypothek; näheres § 36 VII), u. U. aber auch die „altrechtlichen" BGB-Grundpfandrechte, die nunmehr auch neu begründet und dort eingetragen werden können.

4. Die *Publizitätsfunktion* des Grundbuchs (oben § 14 II) hatte im Recht der ehemaligen DDR nicht die volle Bedeutung, wie sie dem Recht der Bundesrepublik entspricht. Die *Übertragungsfunktion* der Eintragung entsprach zwar vielfach dem ZGB (§§ 297, 306, 453 ZGB), jedoch hatte sie bei manchen wichtigen Rechtsgeschäften keine konstitutive Bedeutung, z. B. bei der Verleihung von Nutzungsrechten (§§ 287 ff. ZGB; NutzungsrechteG) oder Bestellung von Mitbenutzungsrechten (hierzu §§ 321, 322 ZGB). Die Vermutungs- und *Gutglaubenswirkung* der Grundbucheintragung entsprach schon altem Recht (§§ 7, 8, 9, 16 GDO), war allerdings bis 1990 bei Volkseigentum ausgeschlossen. Der *Widerspruch* gegen die Richtigkeit des Grundbuchs (§ 8 Abs. 1 S. 2 GDO) war beim jeweils betroffenen Recht in der entsprechenden Abteilung einzutragen (§§ 3 Abs. 2, 14, 15 GDO: Bewilligung oder gerichtliche Entscheidung; zur Fortgeltung § 18 D).

Die *hinkende Verwirklichung der Publizitätsfunktion* des Grundbuchs hat dazu geführt, daß es viele Nutzungsrechte mit Gebäudeeigentum und auch Mitbenutzungsrechte gibt, die nicht eingetragen sind. Der Einigungsvertrag trägt dem Rechnung, indem er gutgläubigen lastenfreien Erwerb teilweise ausschließt und eine Entschädigungspflicht festlegt (Art. 233 § 4 und 5 EGBGB); seither nicht eintragungsfähige Mitbenutzungsrechte (§ 321 ZGB-DDR) können nunmehr eingetragen werden (Art. 233 § 5 Abs. 3 EGBGB).

Die Abwicklung volkseigenen Vermögens und die Problematik der Restitution von Vermögenseingriffen der früheren DDR bewirkt neue erhebliche Belastungen des Grundbuchwesens der neuen Bundesländer. Die *Auflösung volkseigenen Vermögens* und seine Neuzuordnung nach Art. 21, 22, 25 Einigungsvertrag, dem TreuhandG vom 17. 6. 1990 (GBl. DDR I 300), dem G über die Spaltung der von der Treuhandanstalt verwalteten Unternehmen vom 5. 4. 1991 (BGBl. I, 854), dem KommunalvermögensG vom 6. 7. 1990 (GBl. DDR I 660) und dem VermögenszuordnungsG vom 22. 3. 1991 (BGBl. I 784) führt zu vielfachen Rechtsträgerwechseln durch Gesetz und Verwaltungsakt, die oft im Wege der Grundbuchberichtigung einzutragen sind (insbesondere § 3 VermögenszuordnungsG). Soweit nach dem Gesetz zur Regelung offener Vermögensfragen vom 18. 4. 1991 (BGBl. I 958), der hierzu ergangenen Anmeldeverordnung vom 11. 10. 1990 (BGBl. I 2162) und dem InvestitionsG vom 22. 4. 1991 (BGBl. I 994) Eingriffe in Grundstücksrechte zu restituieren sind, schützt zwar die Grundstücksverkehrsverordnung idF vom 18. 4. 1991 (BGBl. I 999) mit ihrer Genehmigungspflicht vor gegenläufigen Verfügungen und Eintragungen, und die Gutglaubenswirkung bereits erfolgter Eintragungen ist teilweise durch die Eintragung eines Widerspruchs zu beseitigen, den die Genehmigungsbehörde beantragt (§ 7 Abs. 4 AnmeldeVO für genehmigte Erwerbsvorgänge der DDR-Endphase). Jedoch kann es trotzdem sinnvoll sein, den Restitutionsanspruch grundbuchmäßig zu sichern, z. B. um Behördenversehen auszuschließen, ferner bei verspäteter Anmeldung oder anfechtbarer behördlicher Genehmigung[1]. Der Streit um das Sicherungsmittel (Vormerkung, Widerspruch, Verfügungsverbot)[2] ist wohl am besten zugunsten

---

[1] Zum Ganzen *Eickmann* aaO S. 27 ff.; *Kohler* NJW 91, 465 ff.; DNotZ 1991, 699 ff.; *Jung/Vec* JuS 1991, 714, 717 f.; MünchKomm/*Säcker/Busche* EinigungsV Rn. 1177 (Nachtrag).

[2] Hierzu wohl zuletzt BezG Dresden DtZ 1991, 250 und 302; BezG Frankfurt a. d. O. DtZ 1991, 250; BezG Meiningen DtZ 1991, 251; BezG Leipzig ZIP 1991, 1313; LG Berlin DtZ 1991, 412. Bei drohenden tatsächlichen Veränderungen kann eine einstweilige Verfügung auf Unterlassen ergehen: KG DtZ 1991, 191 f.; BezG Gera ZIP 1992, 137; s. a. BVerfG ZIP 1992, 64 f.

des Verfügungsverbots zu entscheiden, das bei aktueller besonderer Gefährdung der Restitutionsrechte ergehen kann; nur so läßt sich Grundbuchüberlastung vermeiden, ohne die Gläubigerrechte unwiderruflich zu beeinträchtigen.

5. Das *Einsichtsrecht* in das Grundbuch folgt auch in den neuen Bundesländern § 12 GBO und der hierzu ergangenen Rechtsprechung (§ 125 GBO).[1] Für *Beschwerden* gilt ebenfalls die GBO, zuständig sind die Kreisgerichte und Bezirksgerichte, vor dem 3. 10. 1990 anhängige Beschwerden waren an die Gerichte abzugeben. Zum Eintragungsverfahren s. § 16 VII.

§ 16. Die Buchungsvorgänge – Das Eintragungsverfahren

I. Überblick über die Verfahrensgrundsätze

1. Das Grundbuch soll die Rechtslage an Grundstücken möglichst richtig und vollständig wiedergeben. Wie wir schon erörterten, erreicht der Gesetzgeber dieses Ziel mittelbar einmal dadurch, daß jede rechtsgeschäftliche Rechtsänderung zu ihrer Wirksamkeit der Eintragung im Grundbuch bedarf, zum anderen dadurch, daß jede unrichtige Eintragung infolge des möglichen gutgläubigen Erwerbs für den Berechtigten erhebliche Gefahren mit sich bringt; dieser hat also alles Interesse daran, Grundbuchstand und wahre Rechtslage – durch die Grundbuchberichtigung – zur Deckung zu bringen.

2. Diese Ausnutzung der privaten Initiative zeigt sich verfahrensmäßig darin, daß das Grundbuchamt regelmäßig nur *auf Antrag* tätig wird *(Antragsprinzip)*. Ähnlich wie in der Mehrzahl aller Verwaltungsverfahren wartet also das Grundbuchamt einen Anstoß der Beteiligten ab, schreitet nicht von Amts wegen ein (Einzelheiten unten II).

3. Liegt ein Antrag vor, so hat das Grundbuchamt zu prüfen, ob die Voraussetzungen für eine Rechtsänderung vorliegen. Das *materielle Recht* verlangt für eine wirksame Rechtsänderung – neben der Eintragung – die Berechtigung (also z. B. das Eigentum) des Verfügenden und die Einigung beider Teile über den Eintritt der Rechtsänderung (§ 873). Wollte man dem Grundbuchamt diese Prüfung auferlegen, so wäre es meist überfordert; zumindest wäre eine solche Nachprüfung sehr zeitraubend und schwierig. Das Gesetz (die GBO) begnügt sich daher mit „Surrogaten", aus deren Vorliegen man regelmäßig auch auf die materielle Wirksamkeit des dinglichen Rechtsgeschäfts wird schließen können:

Statt des Nachweises *der Einigung* begnügt sich das Grundbuchamt mit der *Bewilligung* des Betroffenen, d. h. dessen, der das Recht „abgibt"; dabei geht man von dem Gedanken aus, daß nur derjenige die Eintragung eines anderen als Berechtigten bewilligen wird, der sich auch materiell über den Rechtsübergang geeinigt hat *(Bewilligungsgrundsatz*, s. unten III).

Statt die *materielle Berechtigung* (also z. B. das Eigentum) des Verfügenden zu eruieren, stellt das Grundbuchamt lediglich fest, ob der Verfügende bisher als Berechtigter im Grundbuch eingetragen war, ob m. a. W. die *Voreintragung des Betroffenen* gegeben ist *(Grundsatz der Voreintragung des Betroffenen*, unten IV).

---

[1] *Böhringer* DtZ 1991, 272 ff.

Dies beruht auf der Erwägung, daß die Vermutung des § 891 auch dem Grundbuchrichter zugute kommt, daß m. a. W. der als Berechtigter Eingetragene in aller Regel auch materiell berechtigt sein wird.

4. Um eine gewisse Sicherheit zu erreichen, daß die für die Eintragung erforderlichen Erklärungen auch wirklich abgegeben worden sind, müssen die Eintragungsunterlagen in der Regel *öffentlich beurkundet oder beglaubigt* sein (s. unten V).

5. *Zusammenfassung*

(dargestellt an einer Nießbrauchsbestellung des E zugunsten des N)

Materiellrechtl. Voraussetzungen	Grundbuchrechtl. Voraussetzungen
Eigentum des E	*Voreintragung* des E im Grundbuch
Einigung zwischen E und N über die Bestellung des Nießbrauchs	*Bewilligung* des E, daß N als Nießbraucher eingetragen werde
Formlose Einigung	Bewilligung in *öffentlich beurkundeter* oder *beglaubigter* Form
	Antrag des E oder N.

II. Das Antragsprinzip

1. Das Grundbuchamt wird regelmäßig *nicht* von Amts wegen, sondern nur auf Antrag tätig (§ 13 Abs. 1 Satz 1 GBO).

Der Antrag veranlaßt den Grundbuchrichter zu einem Tätigwerden; er *begrenzt* aber auch den Umfang dieser Tätigkeit: Der Grundbuchrichter kann keine andere Eintragung vornehmen als die beantragte[1]. Entspricht der Antrag nach seiner Auffassung nicht der Rechtslage, so muß er ihn zurückweisen oder den Antragsteller zu einer Änderung oder Ergänzung des Antrags bewegen (§ 18 Abs. 1 GBO).

a) Seiner *Rechtsnatur* nach ist der Antrag eine *Prozeßhandlung,* die an das Grundbuchamt gerichtet ist, keine rechtsgeschäftliche Willenserklärung. Eine bestimmte *Form* ist für ihn nicht vorgeschrieben; da auf ihm aber der Zeitpunkt des Eingangs beim Grundbuchamt vermerkt werden muß (§ 13 Abs. 1 Satz 2 GBO; wichtig für die Reihenfolge mehrerer Eintragungen und damit für den späteren Rang des Rechts!), muß er in einem Schriftstück enthalten sein (ohne daß den Voraussetzungen des § 126 genügt sein muß) oder zur Niederschrift der Geschäftsstelle des Grundbuchamts erklärt werden (§ 13 Abs. 1 Satz 4 GBO; BayObLG DNotZ 1978, 240); s. ferner unten 6.

b) Der Antrag ist *bedingungs-* und *befristungsfeindlich* (§ 16 Abs. 1 GBO). Grund: Ob das Grundbuchamt überhaupt tätig werden soll oder nicht, soll nicht zweifelhaft sein. Der Antragsteller kann jedoch – auch stillschweigend (z. B. BayObLG Rpfleger 1988, 244) – mehrere beantragte Eintragungen voneinander abhängig machen, indem er bestimmt, daß „die eine Eintragung nicht ohne die andere erfolgen soll" (§ 16 Abs. 2 GBO). So etwa, wenn der Verkäufer beantragt, der Eigentumswechsel solle nur gleichzeitig mit der Restkaufpreishypothek zu seinen Gunsten eingetragen werden. Handelt der Grundbuchbeamte dem zuwider, so wird das Grundbuch nicht unrichtig, der Grundbuchbeamte hat aber gegen seine Amtspflichten verstoßen (§ 839).

---

[1] Das Grundbuchamt kann aber im Rahmen der Auslegung die Eintragung trotzdem selbständig fassen. Beilspiel: BGHZ 47, 46; zur Auslegung allgemein *Böhringer* Rpfleger 1988, 389 ff.

c) *Stellvertretung* bei Antragstellung ist zulässig; der *beurkundende Notar* gilt als zur Stellung des Antrags ermächtigt (§ 15 GBO; Beispiele: OLG Braunschweig NJW 1961, 1362; BGHZ 72, 348, 352; zu den Grenzen BayObLG NJW-RR 1989, 1495); darin liegt auch die Ermächtigung zur Einlegung der Beschwerde (bzw. Erinnerung), nicht aber zur Abgabe anderer Erklärungen, etwa der Eintragungsbewilligung. S. auch unten III 4 d.

d) Der Antrag wird ersetzt durch das im Gesetz vorgesehene *Ersuchen* einer Behörde auf Vornahme einer Eintragung (§ 38 GBO; s. ferner unten V 2 d):

Ersuchen des Konkursgerichts auf Eintragung des Konkursvermerks im Grundbuch (§ 113 KO). – Ersuchen des Prozeßgerichts auf Eintragung eines Widerspruchs im Verfahren der einstweiligen Verfügung (§ 941 ZPO).

2. *Antragsberechtigt*[1] ist der „gewinnende" wie der „verlierende" Teil wie beide zusammen (§ 13 Abs. 2 GBO), also z. B. bei einer Hypothekenbestellung sowohl der Eigentümer wie der Gläubiger.

Dieser doppelten Berechtigung kommt deshalb Bedeutung zu, weil der Antrag bis zum Vollzug der Eintragung *frei zurücknehmbar* ist (§ 31 GBO), auch wenn der Zurücknehmende dadurch einer Verpflichtung zuwiderhandelt, ja selbst wenn die Einigung nach § 873 Abs. 2 schon bindend geworden ist, also nicht mehr widerrufen werden kann. Hätte in unserem Beispiel *nur* der Eigentümer die Eintragung der Hypothek beantragt, so könnte er – ohne Wissen des Gläubigers – den Antrag zurücknehmen und einem anderen Gläubiger eine – dann vorgehende – Hypothek bestellen. Die Rücknahme seines Antrags ist aber bedeutungslos, wenn *auch* der Gläubiger den Antrag gestellt hat.

Mittelbar an der Eintragung Interessierte haben kein Antragsrecht (Beispiel: OLG Hamm Rpfleger 1990, 157, 158). Davon macht § 14 GBO eine Ausnahme zugunsten eines Gläubigers des Berechtigten, wenn er nur bei vorheriger, im Wege der Berichtigung erfolgter Eintragung seines Schuldners zu seinem Recht kommen kann.

Beispiel: G hat gegen E einen Vollstreckungstitel über 10 000 DM. Er will auf dem Grundstück des E eine Zwangshypothek eintragen lassen (§ 867 ZPO). Im Grundbuch ist aber noch der verstorbene Vater V des E als Eigentümer eingetragen. Zufolge des Grundsatzes der Voreintragung (§ 39 GBO) muß das Grundbuch zuvor berichtigt werden. *Diesen* Antrag kann auch G stellen. Den Nachweis der Unrichtigkeit des Grundbuchs – den ihm § 14 GBO *nicht* abnimmt! – führt G durch einen Erbschein, dessen Ausfertigung er vom Nachlaßgericht erhält (§ 85 FGG).[2]

Weiterer Beispielsfall: LG Dortmund NJW 1960, 679.

3. *Ausnahmsweise* wird das Grundbuchamt *von Amts wegen* tätig:

a) bei Eintragung eines Widerspruchs oder einer Vormerkung nach § 18 Abs. 2 GBO (dazu unten VI 3) oder § 76 GBO;

b) bei Eintragung eines Amtswiderspruchs oder einer Amtslöschung nach § 53 GBO (dazu unten VI 2 e bb) und § 71 Abs. 2 S. 2 GBO;

c) in den – praktisch nicht sehr bedeutsamen – Fällen der §§ 82 ff. GBO (Zweck: Grundbuchbereinigung und -klarstellung!)

4. Der Antrag wird mit seinem *Eingang* beim Grundbuchamt wirksam. Dieser *Zeitpunkt* ist für den späteren Rang des Rechts von entscheidender Bedeutung: § 17 GBO bestimmt nämlich, daß eine früher beantragte Eintragung vor einer später beantragten vorgenommen werden muß. Die zeitliche Reihenfolge der Anträge ist maßgebend für die Reihenfolge der Eintragungen im Grundbuch (§ 45 GBO). Nach dieser Reihenfolge aber bestimmt sich der Rang des Rechts (§ 879; s. unten § 17).

Daraus ergibt sich, daß der Zeitpunkt des Antragseingangs genau fixiert wer-

---

[1] Dazu *Böttcher* Rpfleger 1982, 52; zum Einfluß des Verlustes der Verfügungsbefugnis des Antragsberechtigten nach Stellung, aber vor Erledigung des Antrags *Venjakob* Rpfleger 1991, 284 (Ablehnung der Anwendung des § 878 – fragwürdig!).

[2] Ist der Erbschein noch nicht erteilt, so kann ihn auch G beantragen (§§ 896, 792 ZPO).

den muß und zwar nach Tag, Stunde und Minute (§ 13 Abs. 1 S. 2 GBO). Der Antrag ist dann eingegangen, wenn er einem zur Entgegennahme zuständigen Beamten des Grundbuchamts (s. dazu § 1 AusfVO) vorgelegt, „präsentiert" wird.

Wird der Antrag zu Protokoll eines solchen Beamten erklärt, „so ist er mit dem Abschluß der Niederschrift eingegangen" (§ 13 Abs. 1 S. 4 GBO).

Gleichzeitig eingegangene Anträge, die dasselbe Recht betreffen, erhalten gleichen Rang (§ 45 Abs. 1 2. Halbs. GBO).

Verstößt freilich der Grundbuchbeamte gegen § 45 Abs. 1 2. Halbs. GBO, so ist das sich aus dem Grundbuch ergebende Rangverhältnis maßgebend.

5. Der Antrag soll das Grundbuchamt zu einem Tätigwerden veranlassen, er hat also in erster Linie verfahrensrechtliche Bedeutung. Ihm kommen aber auch gewisse *materiellrechtliche Auswirkungen* zu:

a) einmal – wie wir schon sahen (s. oben § 15 II 1a u. 2d) – für die Rangbestimmung des Rechts;

b) ferner für die Auswirkung von Verfügungsbeschränkungen, die den Verfügenden betreffen: eine solche ist bedeutungslos, wenn sie erst ergeht, *nachdem* der Antrag auf Eintragung beim Grundbuchamt gestellt ist und die Erklärung im Sinne des § 873 Abs. 2 bindend geworden ist (§ 878; Einzelheiten unten § 19 B III 2d);

c) schließlich für den Zeitpunkt der Gutgläubigkeit bei einem Erwerb vom Nichtberechtigten (§ 892 Abs. 2).

6. Im Antrag kann *gleichzeitig die Eintragungsbewilligung* enthalten sein (vgl. § 30 GBO; RGZ 169, 317; OLG Frankfurt Rpfleger 1980, 63), er bedarf aber dann der für diese vorgeschriebenen Form (§ 29 Abs. 1 S. 1 GBO). Umgekehrt kann in einer Eintragungsbewilligung ein Antrag liegen, wenn sich aus ihr das Begehren ergibt, das Grundbuchamt möge tätig werden.

III. Der Bewilligungsgrundsatz[1]

1. Nach § 19 GBO erfolgt eine Eintragung, wenn derjenige sie bewilligt, dessen Recht von ihr betroffen wird. Dieser bedeutsame Satz der GBO enthält das sog. *formelle Konsensprinzip*; der Grundbuchbeamte begnügt sich mit der Einverständniserklärung des Betroffenen, ohne die materiellrechtlich notwendigen Willenserklärungen – meist die Einigung (§ 873 Abs. 1), *materielles Konsensprinzip* – nachzuprüfen. Dem liegt, wie schon gesagt (oben I), der Gedanke zugrunde, daß der Betroffene eine solche Erklärung nur abgeben wird, wenn er sich mit dem „gewinnenden" Teil wirklich geeinigt hat.

Die Bewilligung bedarf der Form des § 29 GBO (s. unten V) und muß das Grundstück entsprechend der Eintragung im Grundbuch bezeichnen (§ 28 GBO).[2]

2. Dem Verständnis der Einzelheiten der Eintragungsbewilligung steht häufig entgegen, daß folgende Fragen nicht scharf genug getrennt werden:

a) in welchem Verhältnis steht die Eintragungsbewilligung zu der (den) materiellrechtlich erforderlichen Willenserklärung(en)? (unten 3)

b) Welche Rechtsnatur kommt der Eintragungsbewilligung selbst zu? (unten 4)

Ferner ist zu beachten, daß die *Richtung* der Eintragungsbewilligung verschie-

---

[1] Dazu *Wolfsteiner* DNotZ 1987, 67 (m. Nw.).
[2] BayObLG Rpfleger 1981, 147; DNotZ 1983, 172; gegen allzu enge Auslegung BGHZ 90, 323, 327/328; Rpfleger 1987, 452.

den sein kann: Sie kann – dies ist der Regelfall – die Herbeiführung einer Rechtsänderung bezwecken *(Änderungsbewilligung)*, sie kann aber auch lediglich auf die
Berichtigung des Grundbuchs gerichtet sein *(Berichtigungsbewilligung)*.

Hat E dem H eine Hypothek bewilligt, so wird mit der Eintragung des H (und der Einigung) die
Rechtsänderung, eben die Hypothekenbestellung perfekt.

Ist H versehentlich als Hypothekar eingetragen worden, so dient die von ihm abgegebene Löschungsbewilligung nur der Berichtigung des Grundbuchs.

Schließlich muß erwähnt werden, daß das Wort „Eintragung" in § 19 GBO
auch die Löschung eines eingetragenen Rechts umfaßt; in diesem Fall spricht man
von *Löschungsbewilligung*.

Beispiel: BayObLG Rpfleger 1983, 480.

3. *Eintragungsbewilligung* und die nach *materiellem* Recht erforderliche *Willenserklärung* sind scharf zu scheiden.

Voraussetzungen und Wirkung der materiellrechtlichen Erklärungen bestimmen sich nach BGB, Voraussetzungen und Wirkungen der Eintragungsbewilligung nach Grundbuchrecht (wobei freilich – wie wir sehen werden – die Grundsätze des bürgerlichen Rechts vielfach entsprechend heranzuziehen sind).

Beispiele: E hat sich mit H wirksam über die Bestellung einer Hypothek geeinigt (§ 873 Abs. 1), hat
jedoch die Eintragungsbewilligung nicht in gehöriger Form (oder im Zustand der Geschäftsunfähigkeit) abgegeben. Wird H eingetragen, so hat er die Hypothek erworben, mag auch die Bewilligung
unwirksam gewesen sein.

E hat zugunsten seiner Ehefrau F eine Grundschuld bewilligt, ohne diese je zu verständigen, also
sich mit ihr zu einigen. Wird die F eingetragen, so ist das Grundbuch unrichtig; denn es fehlt an einer
wirksamen Einigung, obwohl die Eintragungsbewilligung in Ordnung ist.

Möglich ist es jedoch, daß in der materiellrechtlichen Erklärung gleichzeitig die
grundbuchrechtliche Eintragungsbewilligung liegt und umgekehrt; ob dies der
Fall ist, ist Auslegungsfrage. Sie wird vor allem dann zu bejahen sein, wenn auch
die materiellrechtliche Erklärung dem Grundbuchamt gegenüber abzugeben ist
oder doch *auch* ihm gegenüber abgegeben werden kann (vgl. z. B. §§ 875 Abs. 1
Satz 2, 876 Satz 3, 1196 Abs. 2).

Bewilligt z. B. der Eigentümer für sich selbst die Eintragung einer Grundschuld (§ 1196 Abs. 2), so
liegt darin gleichzeitig die nach § 1196 Abs. 2 erforderliche Erklärung. Leidet diese Bewilligung an
einem Formmangel, wird aber die Grundschuld eingetragen, so ist sie wirksam entstanden, weil die
Erklärung nach § 1196 Abs. 2 materiellrechtlich keiner Form bedarf.

Hat E sich mit dem G über die Bestellung einer Grundschuld in notarieller Form geeinigt, fehlt
aber die Eintragungsbewilligung, so ist diese in der Einigungserklärung des E mitenthalten, wenn
sich aus dem Antrag ergibt, daß E sofortigen Vollzug wünscht.

Weiteres Beispiel: BGHZ 60, 46, 52 f.

4. Die Bestimmung der *Rechtsnatur der Eintragungsbewilligung* macht Schwierigkeiten einmal deshalb, weil die GBO selbst keinen Anhaltspunkt gibt,

Wie soll sich der Grundbuchrichter verhalten, wenn zwar die Eltern namens des minderjährigen
Eigentümers die Einigung über die Bestellung einer Grundschuld erklärt haben, die Eintragungsbewilligung aber von dem Minderjährigen selbst abgegeben wird? (z. B. weil die Eltern inzwischen
verstorben sind),

zum anderen deshalb, weil § 19 GBO selbst auf die Bewilligung des „Betroffenen" abstellt, also damit auf den materiellen Rechtsträger verweist.

Die Lösung wird wie folgt zu finden sein:

Die Eintragungsbewilligung ist zwar eine *Willenserklärung des Verfahrensrechts* (so BGHZ 84, 202, 207: verfahrensrechtliche Lösung; s. weiter *Ertl* DNotZ 1964, 260; 1967, 339, 406, 562 u. Rpfleger 1980, 41, 46). Fraglich ist aber, ob die Vorschriften des BGB über Willenserklärungen entsprechende Anwendung finden; u. E. mangels verfahrensrechtlicher Regelungen zu bejahen.

Daraus ergibt sich:

a) Die Eintragungsbewilligung ist wie eine einseitige *amts*empfangsbedürftige Willenserklärung zu behandeln (§ 130 Abs. 3 mit Abs. 1 u. 2; BGHZ 84, 202:[1] einschränkend). Zugang bei dem durch sie Begünstigten genügt nicht (str.; a. A. wohl Hamm Rpfleger 1989, 148, 149).

b) Sie kann nichtig oder anfechtbar sein (a. A. die wohl h. M.: statt aller *Horber/Demharter* § 19 Anm. 23; *Kuntze/Ertl/Herrmann/Eickmann* § 19 Rn. 184); die Anfechtung ändert aber nach Vollzug der Eintragung an der Rechtslage nichts, wenn die materiellrechtliche Erklärung (z. B. die Einigung) fehlerfrei ist. Sie ist auslegungsfähig[2].

c) Sie ist eine *abstrakte* Willenserklärung, also vom Rechtsgrund, auf dem sie beruht, unabhängig: E verlangt von dem als Nießbraucher eingetragenen N die Berichtigung des Grundbuchs mit der Behauptung, der Nießbrauch sei nicht wirksam bestellt. N bewilligt die Berichtigung, weil er sich nach § 894 dazu verpflichtet glaubt; der Nießbrauch wird gelöscht. Hier ist die Bewilligung grundbuchrechtlich wirksam, auch wenn sich herausstellt, daß der Nießbrauch rechtsgültig war, die Berichtigungsbewilligung also ohne Rechtsgrund abgegeben wurde (freilich ist nunmehr materiellrechtlich das Grundbuch unrichtig, weil in der Berichtigungsbewilligung nicht die nach materiellem Recht notwendig gewesene Aufhebungserklärung nach § 875 liegt!).

d) *Stellvertretung* ist zulässig, auch Vertretung ohne Vertretungsmacht. Ist Betroffener ein Geschäftsbeschränkter, Geschäftsunfähiger, so muß die Bewilligung durch den gesetzlichen Vertreter abgegeben werden. Nach h. M. ist auch eine Vollmacht an den beurkundenden Notar möglich; dieser kann dann in einer sog. *Eigenurkunde* als Stellvertreter die Bewilligung erklären (str. BGHZ 78, 36).

e) Obwohl die Eintragungsbewilligung als solche keinen Einfluß auf die materielle Rechtslage hat (sofern nicht in ihr gleichzeitig die materiellrechtliche Willenserklärung steckt!), also *keine Verfügung* darstellt, ist sie doch wie eine Verfügung zu behandeln; denn sie bringt durch die Änderung des Buchstandes eine Änderung der Rechtsstellung mit sich. Daraus ergibt sich die entsprechende Anwendung des § 185 BGB.

5. *Zur Bewilligung berechtigt* ist der in seinem Recht Betroffene.

a) Dies ist bei einer *Änderungsbewilligung* der wahre Rechtsträger, wobei sich jedoch auch der Grundbuchrichter auf § 891 berufen, also den als Berechtigten Eingetragenen als solchen behandeln kann (s. auch BGHZ 66, 341).[3]

b) Bei der *Berichtigungsbewilligung* ist entweder der Buchberechtigte oder der wahre Berechtigte betroffen.

Beispiele: Zu a). Für H ist eine Hypothek auf dem Grundstück des E eingetragen. Das Darlehen ist bereits zurückbezahlt, so daß in Wahrheit eine Eigentümergrundschuld besteht (§§ 1163 Abs. 1 Satz 2, 1177). Zur Bewilligung der Abtretung der „Hypothek" ist also E berufen (der aber wegen des Grundsatzes der Voreintragung – § 39 GBO – zuerst im Wege der Berichtigung als Inhaber der Eigentümergrundschuld eingetragen werden müßte).[4]

---

[1] Dazu *Ertl* Rpfleger 1982, 407 (m. w. N.); *Nieder* NJW 1984, 329, 331.

[2] Hierzu BGHZ 90, 323, 327; Rpfleger 1987, 452; BGHZ 92, 351, 355; NJW-RR 1991, 457, 458; 526, 527; zur Grenze der Eindeutigkeit BayObLG Rpfleger 1990, 363, 364; allgemein zur Auslegung von Grundbuchverfahrenserklärungen *Böhringer* Rpfleger 1988, 389 ff.

[3] Zur Widerlegung der Vermutung zugunsten des eingetragenen Grundpfandrechtsgläubigers durch Brief und Abtretungserklärung instruktiv BayObLG NJW-RR 1991, 1398.

[4] Die Praxis ist weniger streng! Vgl. zum Ganzen BGH NJW 1968, 1674; KG Rpfleger 1975, 136 (m. w. N.); BayObLG DNotZ 1990, 739, 740 und unten § 36 V 6a bb (Beispiele).

Bewilligt H die Eintragung des Zessionars, so ist er zwar in Wahrheit nicht der Betroffene, aber der Grundbuchrichter darf ihn als solchen behandeln (§ 891), solange ihm die wahre Rechtslage nicht bekannt geworden ist (hierzu BayObLG DNotZ 1990, 739, 740).

Zu b). Ist E zu Unrecht als Eigentümer eingetragen, so ist er als „Buchberechtigter" zur Abgabe der Berichtigungsbewilligung verpflichtet.

Ist ein für N eingetragener Nießbrauch zu Unrecht gelöscht und soll er daher wieder eingetragen werden, so muß E – also der wahre Berechtigte – die berichtigungsweise Wiedereintragung des N bewilligen.

c) Ist der Betroffene in der Verfügung beschränkt, so muß an seiner Stelle der zur Verfügung Berechtigte bewilligen; hierunter fallen vor allem die sog. Amtsverwalter, wie Konkurs- und Nachlaßverwalter, Testamentsvollstrecker.

d) Der Kreis der Betroffenen wird erweitert auf die durch die Eintragung *mittelbar* in ihrem Recht *Beeinträchtigten.* Hierunter fallen

aa) diejenigen, deren Zustimmung nach materiellem Recht zur Rechtsänderung erforderlich ist (vgl. z. B. §§ 876, 1183);

bb) der Eigentümer im Falle der Löschung eines Grundpfandrechts (§ 27 GBO).

Diese praktisch bedeutsame Vorschrift beruht auf dem Gedanken, daß „hinter jedem Grundpfandrecht" potentiell ein Eigentümergrundpfandrecht steht, das z. B. im Falle der Hypothek bei Rückzahlung des Darlehens aktuell wird. Daher muß die Löschung stets *auch* der Eigentümer zustimmen, und zwar sowohl, wenn es sich um eine rechtsändernde Löschung („Aufhebung" nach § 875) als auch, wenn es sich um eine berichtigende Löschung handelt.

6. Die *Bewilligung genügt nicht* bei der Übereignung von Grundstücken; hier muß dem Grundbuchamt die *Auflassung* vorgelegt werden, beim Erbbaurecht die Einigung über seine Bestellung (§ 20 GBO); daneben ist nach h. M. eine Eintragungsbewilligung nicht erforderlich, sei es daß man in der Auflassung grundsätzlich die Eintragungsbewilligung miterteilt sieht[1], sei es daß man mangels gegenteiliger Erklärung oder Anhaltspunkte eine entsprechende Auslegung der Auflassungserklärung befürwortet.[2]

Das Gesetz begnügt sich hier also nicht mit einem „Surrogat"! Der Grund ist unschwer in der besonderen Bedeutung des Eigentumsübergangs zu sehen. Daraus erklärt sich auch § 925a. Es sollen also ohne rechtlichen Grund erfolgende Eigentumswechsel (§ 925a) wie ohne gültige Auflassung vorgenommene Eigentumsumschreibungen (§ 20 GBO) verhindert werden.

Die Bewilligung entfällt in einigen im Gesetz aufgeführten Fällen; die wichtigsten sind: § 22 GBO (kann die Unrichtigkeit des Grundbuchs durch öffentliche Urkunden nachgewiesen werden, so bedarf es keiner Berichtigungsbewilligung), §§ 885, 899 Abs. 2, 1139 BGB, § 26 GBO, § 38 GBO.

Beispiel (BayObLG NJW-RR 1989, 910; *K. Schmidt* JuS 1989, 931): Aus der notariellen Beurkundung der Auflassung ergeben sich schwere Krankheit des Veräußerers und Zweifel des Notars an der Geschäftsfähigkeit (§ 104 Nr. 2). Hier muß der Grundbuchrichter die Zweifel an der Geschäftsfähigkeit klären, ehe er einträgt. Da § 12 FGG nicht gilt (§ 16 VI 1), muß er den Antragsteller auffordern, ärztliche Zeugnisse beizubringen (§ 18 GBO) und bei unbefriedigendem Ausgang den Antrag zurückweisen.

7. Die Eintragungsbewilligung öffnet nicht nur den Zugang zum Grundbuch, sie ist auch *für den Inhalt des Grundbuchs* bedeutsam. Um nämlich eine Überladung des Grundbuchs mit den Einzelheiten des einzutragenden Rechts zu verhindern,

---

[1] So wohl RGZ 141, 374, 376 und Vorauflage; BayObLGZ 1956, 177.
[2] So eher BayObLG Rpfleger 1975, 26; *Ertl* Rpfleger 1980, 49; *Behmer* Rpfleger 1984, 306; *Horber/ Demharter* § 20 Anm. 1a.

kann insoweit in der Eintragung auf die Eintragungsbewilligung Bezug genommen werden (vgl. etwa §§ 874, 877, 885 Abs. 2, 1115 BGB, § 49 GBO).[1] Die – zulässige – Bezugnahme bedeutet, daß die Eintragungsbewilligung als Bestandteil des Grundbuchs angesehen wird (daher die Notwendigkeit, die Grundakten genau einzusehen!).

IV. Der Grundsatz der Voreintragung des Betroffenen

1. Wie wir bereits wissen (oben I), ersetzt die Voreintragung die Nachprüfung der materiellen Rechtsinhaberschaft des Bewilligenden. § 39 Abs. 1 GBO ist sonach im Grunde eine grundbuchrechtliche Konsequenz der Vermutungswirkung des § 891. Gleichzeitig soll damit erreicht werden, „daß der Rechtsstand des Grundbuchs nicht bloß im Endziel richtig, sondern in allen Entwicklungsstufen klar und verständlich wiedergegeben werde" (BGHZ 16, 101; RGZ 133, 279, 283).

2. Der Grundsatz der Voreintragung muß gewahrt werden, gleichgültig ob der Eintragung rechtsändernde oder nur berichtigende Bedeutung zukommt, gleichgültig ob sie auf Rechtsgeschäft oder einem Akt der Zwangsvollstreckung beruht.

3. *Ausnahmen:*

a) Ist der Berechtigte *Erbe* einer noch im Grundbuch eingetragenen Person und will er sein Recht übertragen oder aufheben, so wäre es Formalismus zu verlangen, daß er zuvor noch im Grundbuch eingetragen wird; denn er würde ja sofort wieder aus dem Grundbuch „verschwinden". Daher verzichtet § 40 GBO (dort noch weitere Ausnahmefälle) auf die Zwischeneintragung des Erben[2].

Beispiel: Will der Erbe V des noch im Grundbuch eingetragenen E sein Grundstück an K veräußern, so braucht er nicht zuvor als Eigentümer eingetragen zu werden; er muß allerdings sein Erbrecht durch Erbschein oder öffentliches Testament oder Erbvertrag nachweisen (§ 35 Abs. 1 GBO), sofern nicht der Erbgang beim Grundbuchamt offenkundig ist.
Will V allerdings zugunsten des H eine Hypothek bestellen, so muß das Grundbuch zuvor durch seine Eintragung als Eigentümer berichtigt werden.

b) Bei *Briefpfandrechten* ist der Brief gewissermaßen ein im Besitz des Berechtigten befindlicher Teil des Grundbuchs. Der Hypothekar wird durch den Besitz des Briefes und öffentlich beglaubigte Abtretungserklärungen legitimiert (§ 1155); diese Legitimation genügt auch gegenüber dem Grundbuchamt (§ 39 Abs. 2 GBO), also z. B. dann, wenn der Zessionar des bisherigen Hypothekars Wert darauf legt, im Grundbuch eingetragen zu werden (§ 1154 Abs. 2); siehe noch § 16 III 5 und § 36 V 6a, bb.

c) Keine Voreintragung bei einer „Kettenauflassung" (s. § 19 B I 2c bb).

V. Form

1. Wie wir wissen, verläßt sich der Grundbuchbeamte bei der Eintragung auf grundbuchrechtliche „Surrogate" der materiellrechtlichen Wirksamkeitsvoraus-

---

[1] Beispielsfälle: BGHZ 21, 34, 41; 47, 41; BGH NJW 1961, 2157; OLG Hamm Rpfleger 1989, 448; BayObLG NJW-RR 1989, 907, 908.
[2] Zur entsprechenden Anwendung auf andere Fälle der Gesamtrechtsnachfolge BayObLG NJW-RR 1989, 977; *Horber/Demharter* § 40 Anm. 3.

setzungen. Damit ist ein gewisses Risiko verknüpft. Um es zu vermindern, soll wenigstens sichergestellt werden, daß die Eintragungsunterlagen echt sind; das Gesetz verlangt daher grundsätzlich öffentliche Beurkundung, läßt aber in gewissen Fällen öffentliche Beglaubigung genügen (§ 29 GBO).

Die *öffentliche Beglaubigung* bezieht sich nur auf die Echtheit der *Unterschrift,* die *öffentliche Beurkundung* auch auf die Echtheit der abgegebenen *Erklärung.*

Als *Regel* kann man sich merken:
Eintragungsbewilligungen und sonstige *Erklärungen* bedürfen der öffentlichen Beurkundung oder der öffentlichen Beglaubigung (§ 29 Abs. 1 Satz 1 GBO).
Sonstige Eintragungsgrundlagen müssen entweder beim Grundbuchamt offenkundig oder öffentlich beurkundet sein (§ 29 Abs. 1 Satz 2 GBO).
Beruht die Eintragung auf einem Ersuchen einer Behörde, so genügt es, wenn das Ersuchen unterschrieben und mit Siegel oder Stempel versehen ist (§ 29 Abs. 3 GBO).

2. Folgende *Einzelheiten* sind von praktischer Bedeutung:

a) Der Nachweis der *Erbfolge* wird durch Erbschein oder das öffentlich beurkundete Testament des Erblassers (auch durch Erbvertrag) geführt, § 35 GBO (Beachte: das sog. privatschriftliche Testament ist daher zunächst bequemer und billiger, im Todesfall ist aber ein Erbschein nötig, um das Grundbuch berichtigen zu können!)[1].

b) Ist die nachzuweisende Tatsache in einem Register vermerkt (z. B. die Bestellung zum Vorstand einer juristischen Person), so genügt ein *Zeugnis des Registergerichts* (§§ 32–34 GBO).

c) Der *Eintragungsantrag* bedarf nur einer vereinfachten Schriftform (s. oben II 1a); enthält er aber gleichzeitig die Eintragungsbewilligung (oder die Erteilung einer Vollmacht u. s. f.), so ist die Form des § 29 GBO einzuhalten (§ 30 GBO). Das gleiche gilt, wenn ein Eintragungsantrag zurückgenommen wird (§ 31 GBO; Grund: Der Eintragungsantrag hat erhebliche Bedeutung; es soll Klarheit bestehen, ob er wirklich zurückgenommen worden ist).

d) Das *Ersuchen* der Behörde um Vornahme einer Eintragung ersetzt in den Fällen, wo das Gesetz ein solches Ersuchen gestattet (und nur in diesen!), den Eintragungsantrag, die Eintragungsbewilligung (§ 38 GBO) und die sonst erforderliche Form (§ 29 Abs. 3 GBO), *nicht* aber die Voreintragung des Betroffenen! (Beispielsfälle: OLG Hamm Rpfleger 1983, 481; BayObLG NJW 1983, 1567, 1568 und DNotZ 1986, 146).

VI. Die „Buchung" – Das Eintragungsverfahren

1. Der Eintragungsantrag veranlaßt die Tätigkeit des Grundbuchamts und bestimmt gleichzeitig die Grenzen des Tätigwerdens. Das Grundbuchamt prüft, ob die für die Eintragung erforderlichen Voraussetzungen in gehöriger Form nachgewiesen sind; fehlende Eintragungsgrundlagen werden *nicht* von Amts wegen beschafft; § 12 FGG ist also nicht anwendbar.

Es gilt also die Dispositionsmaxime (Antrag bestimmt die Eintragung und ihren Inhalt, er ist zurücknehmbar) und die – abgewandelte – Verhandlungsmaxime (die Beteiligten liefern die Grundlage der Eintragung – keine Ermittlungen durch das Grundbuchamt: BayObLG Rpfleger 1982, 467 u. 1983, 17; NJW-RR 1990, 721, 722; 1989, 910 und hierzu K. Schmidt JuS 1989, 931; Eickmann Rpfleger 1979, 169 ff.).

---

[1] Die grundsätzliche Unabdingbarkeit des Erbscheins als Mittel zum Nachweis des Erbganges betonen BGHZ 84, 196 ff. und BayObLG DNotZ 1989, 574 ff.

Ist ein Eintragungsantrag eingegangen, so hat das Grundbuchamt nur drei Möglichkeiten: es verfügt die Eintragung (2), es lehnt den Antrag ab (3) oder erläßt eine sog. Zwischenverfügung (4).

2. a) Sind alle Eintragungsvoraussetzungen gegeben, so verfügt der Grundbuchbeamte (Rechtspfleger) die *Eintragung* (diese Verfügung ist ein nur interner Vorgang – keine Mitteilung an die Beteiligten – keine Anfechtung!), die der Grundbuchführer vornimmt; sie wird dann von beiden unterschrieben (§ 2 AusfVO z. GBO).

b) Werden mehrere dasselbe Grundstück betreffende Eintragungen am selben Tage vorgenommen, so ist ihr – dem Eingang der Anträge entsprechender – Rang kenntlich zu machen, sei es durch die räumliche Reihenfolge (in derselben Abteilung), sei es durch einen Rangvermerk, wenn die Eintragung in verschiedenen Abteilungen erfolgt (§ 45 GBO; wichtig für den Rang der Grundstücksrechte! s. unten § 17).

c) Wird ein Recht *gelöscht,* so wird ein Löschungsvermerk eingetragen (§ 46 Abs. 1 GBO). Die gleiche Wirkung hat die Nichtmitübertragung des Rechts, wenn das Grundstück auf ein anderes Blatt übertragen wird (§ 46 Abs. 2 GBO).

Beispiel: E veräußert von seinem großen, mit einer Hypothek des H belasteten Grundstück eine kleine Parzelle an den baulustigen K. H entläßt die Parzelle aus der Mithaft, d. h. er hebt seine Hypothek insoweit auf (§ 875). Bei Übertragung der Parzelle auf ihr neues Grundbuchblatt wird daher die Hypothek nicht mitübertragen; dies gilt als Löschung.

d) Über die *Bekanntmachung* der Eintragung an die Beteiligten vgl. § 55 GBO, §§ 39–41, 42 Grundbuchverfügung (Benachrichtigungen genau prüfen wegen § 839 Abs. 3! Nicht auf Benachrichtigung verzichten, wie dies vielfach formularmäßig geschieht!).

e) Der Eintragung kommt eine *formale Bindungswirkung* zu, der Grundbuchrichter kann sie nicht abändern, auch wenn er erkennt, daß das Grundbuch durch sie unrichtig geworden ist. Er muß es den Beteiligten überlassen, eine Berichtigung herbeizuführen (§ 894 BGB – § 22 GBO).
Von diesem Grundsatz macht § 53 GBO zwei Ausnahmen:

aa) Inhaltlich unzulässige Eintragungen genießen nicht den Schutz des öffentlichen Glaubens, sie sind daher von Amts wegen zu löschen (§ 53 Abs. 1 Satz 2 GBO); z. B. Eintragung eines Mietrechts – Eintragung einer Hypothek ohne Angabe des Berechtigten – Eintragung eines Erbbaurechts nicht an erster Rangstelle (entgegen § 10 ErbbauRV; dazu BGHZ 51, 50). Zu Recht geht OLG Köln Rpfleger 1989, 405 (mit insoweit abl. Anmerkung *Böttcher*) davon aus, daß inhaltliche Unzulässigkeit und materiellrechtliche Nichtigkeit zu unterscheiden sind und deshalb bei materiellrechtlicher Nichtigkeit gemäß §§ 134, 138, 242 BGB, 9–11 AGBG eine Amtslöschung nicht in Frage kommt. Die Gegenansicht würde materiellrechtliche Streitigkeiten allzusehr ins grundbuchrichterliche amtswegige Verfahren mit seinem Ausnahmecharakter („klare Fälle") verlagern (siehe noch §§ 16 VI 3 b und 23 II 2 e).

bb) Praktisch bedeutsamer ist die zweite Durchbrechung des Grundsatzes, die Eintragung eines *Amtswiderspruchs* nach § 53 Abs. 1 Satz 1 GBO. Sie ist unter zwei Voraussetzungen zulässig, wenn
einmal das Grundbuchamt die Eintragung „unter Verletzung gesetzlicher Vorschriften vorgenommen hat"[1]

und

zum anderen durch diese Eintragung das Grundbuch unrichtig geworden ist und die Unrichtigkeit jetzt noch besteht (was nicht der Fall ist, wenn inzwischen ein

---

[1] Siehe dazu BGHZ 30, 255; auch bei Eintragungen im Wege der Zwangsvollstreckung kann auf dieses Erfordernis nicht verzichtet werden (*Münzberg* Rpfleger 1990, 253 gegen OLG Celle Rpfleger 1990, 112).

redlicher Erwerb stattgefunden hat).[1] Nur wenn *beide* Voraussetzungen vorliegen, ist ein Amtswiderspruch möglich; er schließt dann den gutgläubigen Erwerb Dritter aus (§ 892).

Verfahrensrechtlich muß die Gesetzesverletzung feststehen, die Unrichtigkeit des Grundbuchs muß glaubhaft sein (BayObLG DNotZ 1982, 254/6; Rpfleger 1987, 101)[2]. Unerläßlich ist die Eintragung des Widerspruchsberechtigten (BGH NJW 1962, 963; 1985, 3070; s. noch § 18 B II 1 c und III 1).

Beispiele:

Die X AG hat auf ihrem Grundstück für den G eine Hypothek eintragen lassen. Der Grundbuchrichter hat versäumt, sich die Vertretungsbefugnis des Vorstands durch Registerauszug nachweisen zu lassen. Zwar Verfahrensverstoß (§ 32 mit § 29 Abs. 1 S. 2 GBO) – aber keine Unrichtigkeit des Grundbuchs: kein Amtswiderspruch.

Im selben Fall ist das zu sichernde Darlehen nie ausbezahlt worden. Zwar Verfahrensverstoß (§ 32 mit § 29 Abs. 1 S. 2 GBO) *und* Unrichtigkeit des Grundbuchs (§§ 1163 Abs. 1 Satz 1, 1177: Eigentümergrundschuld!). Aber die Unrichtigkeit des Grundbuchs ist nicht *durch* den Verfahrensverstoß herbeigeführt worden: kein Amtswiderspruch (zweifelhaft! Manche fordern nur Ursächlichkeit der Eintragung für die Unrichtigkeit, nicht der Gesetzesverletzung; *Horber/Demharter* § 53 Anm. 8; unklar *Haegele/Schöner/Stöber* Rn. 401 ff.).

Ist die Einigung über die Hypothekenbestellung durch eine zur Vertretung der X AG nicht befugte Person – ohne Genehmigung des Vorstands (§ 177!) – erfolgt und hat diese auch die Eintragung bewilligt, so ist gegen § 32 mit § 29 Abs. 1 S. 2 GBO verstoßen *und dadurch* auch das Grundbuch unrichtig geworden: Amtswiderspruch!

Gegen die Eintragung des Amtswiderspruchs ist Beschwerde möglich; Grund: Der Widerspruch vernichtet zwar den öffentlichen Glauben, ist aber selbst nicht Gegenstand des öffentlichen Glaubens!

cc) Die Bindung des Grundbuchamts an die Eintragung besteht insoweit nicht, als es sich nur um Angaben handelt, die am öffentlichen Glauben des Grundbuchs nicht teilnehmen. Daher können z. B. richtig gestellt werden: falsche Schreibweise des Namens des Berechtigten, dessen Stand, Wirtschaftsart des Grundstücks usw. Ohne die Voraussetzungen des § 53 GBO können gelöscht werden: unrichtige Testamentsvollstrecker- oder Nacherbenvermerke, zu Unrecht eingetragene Widersprüche (RGZ 117, 346, 352) oder Verfügungsbeschränkungen, weil das Grundbuch insoweit keinen öffentlichen Glauben genießt; hingegen ist gegen die fehlsame Löschung dieser Eintragungen ein Amtswiderspruch nötig und möglich, weil die Löschung vom öffentlichen Glauben des Grundbuchs erfaßt ist (hierzu BayObLG Rpfleger 1987, 450 für gelöschte Vormerkung).

3. Liegen die Eintragungsvoraussetzungen nicht vor, so ist der *Antrag abzulehnen* (§ 18 GBO); dagegen Erinnerung bzw. Beschwerde (§ 71 GBO)[3].

Zu beachten ist, daß dem Antrag nicht teilweise stattgegeben werden kann. Hat z. B. A seine Eintragung als Miteigentümer zu ½ beantragt, so kann ihn das Grundbuchamt nicht als Miteigentümer zu ¼ eintragen, wenn dies seiner Auffassung nach der Rechtslage entspricht. Der Antrag muß abgelehnt werden.

---

[1] Ebenso OLG Frankfurt Rpfleger 1978, 418; BayObLG DNotZ 1980, 745 u. Rpfleger 1981, 397 (Zuschlag in der Zwangsversteigerung); BayObLG Rpfleger 1987, 450, 451; NJW-RR 1989, 907; hierzu K. *Schmidt* JuS 1989, 1013.

[2] Zum Problem der Glaubhaftmachung von Gutgläubigkeit oder Böswilligkeit ausführlich *Demharter* Rpfleger 1991, 41 ff.

[3] Hierzu § 15 II 1 c und 2 b; ferner BGH NJW 1980, 2521 (nicht beschwerdefähige Mitteilung). Die Beschwerdeberechtigung im Eintragungsverfahren deckt sich grundsätzlich mit der Antragsbefugnis (BayObLG DNotZ 1989, 438).

Besondere Probleme bereitet die *Prüfungspflicht* des Grundbuchrichters:

a) Sind zwar die grundbuchrechtlichen Voraussetzungen der Eintragung gegeben, erkennt der Grundbuchbeamte aber, daß das *materielle* dingliche Rechtsgeschäft unwirksam ist, so hat er den Antrag abzulehnen; denn er darf nicht die Hand dazu reichen, daß das Grundbuch sofort unrichtig wird (BGHZ 35, 135, 140; 106, 108, 110). Der Grundbuchrichter muß und darf nicht von sich aus nach Unwirksamkeitsgründen forschen, eine Prüfungspflicht trifft ihn nur bei Anhaltspunkten für die Unrichtigkeit des Rechtsaktes (BGH NJW 1986, 1687; *K. Schmidt* JuS 1989, 931; sehr weitgehend *Böttcher* Rpfleger 1990, 486 ff.). Für die Zurückweisung des Antrages müssen sich die Anhaltspunkte zur Überzeugung verdichtet haben (BGHZ 35, 135, 139/140; BayObLGZ 1987, 360; *Horber/Demharter* Anh. § 13 Anm. 9). Dabei ist grundsätzlich das Abstraktionsprinzip zu beachten, das regelmäßig die Nichtigkeitsgründe der §§ 134, 138, 119 BGB nicht auf das dingliche Geschäft übergreifen läßt (§ 5 II 1a, IV 3; aufschlußreich BayObLG DNotZ 1990, 510: wirksame Nießbrauchbestellung bei fehlerhaftem Grundgeschäft, §§ 1643 Abs. 1, 1821 Abs. 1 Nr. 5). Von dieser allgemeinen Prüfungspflicht ist aber die besondere Prüfungspflicht gemäß § 20 GBO zu unterscheiden (§§ 16 III 6, 22 III 2); besondere Steitfragen ergeben sich aus § 1365 (s. § 22 III 3).

b) Ist das Grundbuchamt befugt, *Allgemeine Geschäftsbedingungen* auf ihre Vereinbarkeit mit dem AGB-Gesetz nachzuprüfen (s. § 5 II 1d), so wenn eine Hypothek eingetragen werden soll u. dabei auf die Allg. Geschäftsbedingungen des Gläubigers Bezug genommen wird (s. §§ 36 I 6, 37 III 2b, 40 II 1a)? Die Antwort ist äußerst umstritten.[1]
Der BGH hat die Frage bisher offengelassen (BGHZ 76, 371, 374); die Rechtsprechung der Oberlandesgerichte ist uneinheitlich (befürwortend BayObLG NJW 1980, 2818; eher zurückhaltend neuerdings wieder OLG Köln Rpfleger 1989, 405). Man wird die AGB-Kontrolle auf *eindeutige* Fälle zu beschränken haben. Das bedeutet, daß die Unwirksamkeit nach §§ 10, 11 AGBG regelmäßig zu beachten sein wird, bei der Kontrolle nach § 9 AGBG aber Zurückhaltung geboten ist: keine „Pionierleistungen" des Grundbuchrichters!

Beispiele: In den einer Hypothekenbestellung zugrunde liegenden Darlehensbedingungen ist eine gegen § 10 Nr. 6 AGBG verstoßende Zugangsfiktion bezüglich des Zugangs einer Kündigung der Hypothek durch den Gläubiger enthalten: Unwirksam und daher auch nicht im Wege der Bezugnahme eintragbar, weil das Grundbuch bezüglich der Kündigungsbestimmungen sofort unrichtig würde (BayObLG NJW 1980, 2818).
Eine Teilungserklärung, die den Inhalt künftigen Wohnungseigentums bestimmt (§ 29 B II), will die Vertretung in der Eigentümerversammlung nur durch Angehörige zulassen und statuiert eine „Zwangsvertretung" durch den Verwalter für abwesende Wohnungseigentümer. Man wird die Kontrolle dieser Teilungserklärung anhand von § 138 BGB *und* § 9 AGBG für richtig halten müssen (allein für § 242 BGB BayObLG DNotZ 1989, 428 ff. m. Anm. *Weitnauer*, dagegen *Böttcher* Rpfleger 1990, 160; wie hier *Soergel/Stürner* § 8 WEG Rn 3 m. Nw.). Der Grundbuchrichter wäre aber mit dieser Prüfung überfordert (OLG Köln Rpfleger 1989, 405); bei fehlendem höchstrichterlichem Präjudiz kann und muß er eintragen (sehr str.!) und überläßt die Kontrolle dem Streitverfahren unter den Beteiligten (§ 43 WEG; s. a. LG Regensburg Rpfleger 1991, 1169).

4. Die sofortige Ablehnung des Antrags kann unbillig sein, wenn es sich um geringfügige Mängel oder um rechtsungewandte Antragsteller handelt. Das Gesetz (§ 18 GBO) gestattet daher dem Grundbuchamt *statt der Ablehnung* den Erlaß einer *Zwischenverfügung,* durch die dem Antragsteller die Beseitigung des Mangels innerhalb gewisser Frist auferlegt wird.

Gedanke der Fürsorge des Gerichts für die Parteien (vgl. § 139 ZPO)! Die Zwischenverfügung ist bedeutsam, weil sie dem Antragsteller seine durch den Antrag erlangte Rechtsstellung wahren hilft (BayObLG Rpfleger 1983, 17). Geht nämlich während des Laufs der Frist ein anderer Antrag, der dasselbe Recht betrifft, ein, so ist dieser zwar durch Eintragung zu erledigen, zugunsten des zuerst gestellten Antrags ist aber eine Vormerkung oder ein Widerspruch einzutragen (§ 18 Abs. 2 GBO).

---

[1] *Schlenker,* Die Bedeutung des AGBG im Grundbuchantragsverfahren (Tüb. Diss. 1982); *Eickmann* Rpfleger 1978; 1 ff.; *Ertl* Rpfleger 1980, 1, 7; DNotZ 1981, 49; *Böttcher* Rpfleger 1989, 408; *Wolf/Horn/Lindacher* § 9 Rn. 155; *Soergel/Stürner* § 873 Rn. 4; *Horber/Demharter* § 19 Anm. 9 c).

Die Vormerkung kommt in Betracht, wenn der erste Antrag auf eine Rechtsänderung, der Widerspruch, wenn er auf eine Berichtigung gerichtet ist.

Fehlt in unserem obigen Beispiel (2e bb) noch das Zeugnis des Registergerichts und hat das Grundbuchamt deshalb eine Zwischenverfügung erlassen, so wird zugunsten des G eine Vormerkung eingetragen, wenn eine weitere Hypothek für D gebucht wird. Ergebnis: G erhält den ersten Rang, wenn das Registerzeugnis fristgerecht eingereicht wird.

Hat G nach Rückzahlung des durch die Hypothek gesicherten Darlehens die Löschung der Hypothek mit Zustimmung der X AG bewilligt, fehlt aber das Registerzeugnis, so wird ein Widerspruch eingetragen. Wenn G die Hypothek dennoch an D abtritt, so wird dessen gutgläubiger Erwerb dadurch ausgeschlossen. Weitere gute Beispiele: BayObLG NJW-RR 1990, 721, 722; 1989, 910; *K. Schmidt* JuS 1989, 931 (hierzu § 16 III 6).

Geschäftsgewandte Antragsteller reichen – weil sie auf eine Zwischenverfügung hoffen – einen Antrag auch dann ein, wenn die Eintragungsunterlagen noch „nicht alle beieinander sind" (vgl. RGZ 126, 107). Sie wahren dadurch den Rang ihres Rechts. Ob allerdings das Grundbuchamt ablehnt oder die Zwischenverfügung erläßt, steht in seinem pflichtgemäßen Ermessen (s. dazu *Habscheid* NJW 1967, 225). Um eine Zwischenverfügung zu rechtfertigen, muß es sich aber um einen *rückwirkend behebbaren* Mangel oder um einen Mangel *grundbuchrechtlicher Art* handeln (BGHZ 27, 313; BayObLG DNotZ 1982, 438; Rpfleger 1984, 406; OLG Hamm Rpfleger 1990, 292).

Da das Grundbuchamt heute vielfach zum „Büttel" staatlicher Wirtschaftslenkung geworden ist (die Veräußerung landwirtschaftlicher Grundstücke bedarf z. B. einer „Genehmigung" der Landwirtschaftsbehörde, s. § 27 I – es ist ungewiß, ob ein staatliches Vorkaufsrecht ausgeübt wird, s. § 22 V 4 b), die Beteiligten sich aber darüber häufig von vornherein nicht im klaren sind, kommt schon aus diesem Grunde der Zwischenverfügung erhebliche praktische Bedeutung zu (zu Genehmigungspflichten § 22 V).

5. Da im Regelfall der Betroffene die Eintragung bewilligen muß, spielt der Grundsatz der *Gewährung des rechtlichen Gehörs* nur dort eine Rolle, wo eine Eintragung ohne Bewilligung des Betroffenen erfolgt oder wo es sich um ein Beschwerdeverfahren handelt (vgl. *Ertl* Rpfleger 1979, 1, 9).

VII. Das Eintragungsverfahren in den neuen Bundesländern

Es ist schon ausgeführt (§ 15 VI 2), daß nach dem Einigungsvertrag für Anträge seit dem 3. 10. 1990 das Eintragungsverfahren der GBO gilt. Vorher gestellte Anträge sind noch nach dem Grundbuchverfahrensrecht der ehemaligen DDR abzuwickeln, wie es sich aus der Grundstücksdokumentationsordnung und der Grundbuchverfahrensordnung 1976 ergibt (hierzu insbesondere *Böhringer* und *von Schuckmann* Rpfleger 1991, 89 ff.; 139 ff.; *Heuer,* Grundzüge des Bodenrechts der DDR, 1991, Rn. 161 ff.). Das formelle Konsensprinzip ist dabei durch materielle Prüfungspflichten weithin abgelöst.

Das Grundbuchverfahren ist durch die vielfach ungeklärten Eigentumsverhältnisse erheblich belastet. Das Gesetz zur Regelung offener Vermögensfragen sieht unter bestimmten Voraussetzungen die Rückübertragung von Grundstücken vor, die durch Eingriffe der DDR-Verwaltung ganz oder teilweise entzogen worden waren. Die fortgeltende Grundstücksverkehrsverordnung verlangt zur Sicherung dieser Ansprüche die Genehmigung (Landratsämter, Stadtverwaltungen) von Veräußerungen vor ihrer Eintragung; sie wird grundsätzlich nicht erteilt, falls nach der AnmeldeVO zum Gesetz zur Regelung offener Vermögensfragen Ansprüche angemeldet worden sind. Weil sich die damit verbundene Grundbuchblockade als investitionshemmend erwiesen hat, kann durch eine Investitionsbescheinigung nach dem Gesetz über besondere Investitionen (InvestitionsG) die Genehmigung trotz angemeldeter Ansprüche ersetzt werden (die Entschädigungsansprüche erstrecken sich gegebenenfalls auf den Erlös). Eine ähnliche Regelung besteht aufgrund einer Ergänzung des Gesetzes zur Regelung offener Vermögensfragen, falls eine öffentliche Gebietskörperschaft oder die Treuhandanstalt verfügen (zu den – reichlich komplizierten – Einzelheiten vor allem *Eickmann,* Grundstücksrecht in den neuen Bundesländern, 2. Aufl. 1991, Rn. 57 ff., 68 ff.; ferner § 15 VI 4 – auch zur grundbuchrechtlichen Sicherung von Rückerstattungsansprüchen).

Die Grundbuchämter der neuen Bundesländer sind durch unerledigte Altanträge, Anträge aufgrund der Neuordnung der Eigentumsrechte, investitionsbedingte Neuanträge und erbrechtlich bedingte Anträge überlastet[1]. Verwaltungsanweisungen, Anträge mit Investitionsbescheinigungen

---

[1] Dem Berliner Amt für offene Vermögensfragen lagen im September 1991 90 000 Anträge auf Rückübertragung von Immobilien vor. Dem standen 2500–3000 Anträge auf „Vorfahrt" nach dem InvestitionsG gegenüber! Das BJM rechnet mit insgesamt ca. 1,3 Millionen Rückerstattungsanträgen.

„unbeschadet des § 17 GBO" bevorzugt zu behandeln (*Schmidt-Räntsch* DtZ 1991, 65 ff.), können nur so verstanden werden, daß die betroffene Akte mit *allen* Anträgen vorgezogen zu bearbeiten ist. § 17 GBO kann natürlich nicht in der Weise abbedungen werden, daß entgegen dem Prioritätsprinzip innerhalb eines Grundbuchblattes investitionsförderliche Anträge vorgezogen würden!

Übersicht 9

Grundbuchsachen

Sachliche Zuständigkeit	das AG (§ 1 GBO) – Aufteilung Richter – Rechtspfleger § 3 Nr. 1 h RechtspflegerG (Regel: Rechtspfleger)
Örtliche Zuständigkeit Anwendbares Recht	stets Amtsgericht des Grundstücks Zusammenhang mit mat. Recht des BGB: BGB enthält mat. Grundbuchrecht, GBO formelles
Aufgabenbereich des Grundbuchamts	Führung des Grundbuchs (§ 1 GBO)
Verfahrensgrundsätze	1. *Antragsprinzip* (§ 13 GBO). Ausnahmen: § 18 II – § 53 – §§ 82 ff. 2. *Bewilligungsprinzip:* § 19 mit § 29 GBO: Änderungs-, Berichtigungs-, Löschungsbewilligung. Bewilligung durch den Berechtigten oder den nach dem Grundbuchstand in seinem „Recht" Betroffenen. – Bei Grundstücks*übereignung* Auflassung erforderlich (§ 20 GBO) 3. *Voreintragungsgrundsatz:* § 39 I GBO – Zusammenhang mit § 891 BGB! – Ausnahme: § 40 GBO
Entscheidung des Grundbuchamts	a) Eintragung (nicht abänderbar! nur Berichtigung nach § 894 BGB – § 22 GBO möglich; bei Fehlern Amtswiderspruch, § 53) b) Ablehnung des Antrags (§ 18) c) Zwischenverfügung (§ 18; wichtig: § 18 II GBO!)

§ 17. Der Rang der Grundstücksrechte

A. Allgemeine Grundsätze[1]

I. Die wirtschaftliche und rechtliche Bedeutung des Rangs

1. Erinnern wir uns einen Augenblick daran, daß das Gesetz dem Eigentümer die Macht verleiht, sich des ihm zustehenden Nutzungs- und Verwertungsrechts zu entäußern und es in Gestalt eines beschränkten dinglichen Rechts (eines Nutzungsrechts, z. B. Nießbrauchs oder eines Verwertungsrechts, z. B. einer Hypothek) einem anderen zu übertragen. Dies ist so lange problemlos, als nur *ein* Nutzungsrecht oder *ein* Verwertungsrecht bestellt ist. Die Lage ändert sich, wenn an ein- und demselben Grundstück mehrere beschränkte dingliche Rechte begründet sind: zwischen ihnen besteht eine Konkurrenz. Sie wird zwar in der Regel nicht aktuell, „solange alles gut geht", also etwa die verschiedenen Hypotheken vereinbarungsgemäß „bedient" (d. h. die Zins- und Amortisationsraten pünktlich bezahlt) werden. Muß aber das Grundstück – in der Zwangsversteigerung oder (und) Zwangsverwaltung – verwertet werden und reicht der Erlös für alle Beteiligten nicht aus, so wird die Konkurrenz der Rechte, ihr Verhältnis zueinander, *ihr Rang* von entscheidender Bedeutung.

Man könnte daran denken, alle beteiligten Rechte anteilmäßig zu berücksichtigen, wie dies im Konkurs – dem Grundsatz nach – geschieht; dann gäbe es auch zwischen den beschränkten dinglichen Rechten keine Rangordnung. Aber ein solches Verfahren entspräche nicht der Gerechtigkeit; denn soll etwa ein Hypothekar dadurch beeinträchtigt werden, daß der Eigentümer nach Jahr und Tag auch einem anderen Gläubiger eine Hypothek bestellt, eine Situation, mit der der „erste Hypothekar" damals gar nicht rechnen konnte und auch nicht zu rechnen brauchte? Soll er es hinnehmen, mit seinem früher begründeten Recht ebenso behandelt zu werden wie die zeitlich später entstandene Hypothek, deren Inhaber die schon vorhandene Belastung kannte?

2. Gesetz und Verkehr gehen daher davon aus, daß zwischen verschiedenen beschränkten dinglichen Rechten eine Rangordnung besteht; sie basiert auf dem Gedanken, daß das früher begründete Recht den Vorrang vor dem zeitlich später entstandenen Recht hat. Entsprechend der unterschiedlichen, damit verbundenen Chance, bei einer zwangsweisen Verwertung des Grundstücks voll oder nur teilweise zum Zuge zu kommen, werden die Rechte bewertet: Eine „zweite Hypothek" bietet in dieser Richtung geringere Sicherheiten als eine „erste". Daraus werden folgende Konsequenzen gezogen:

a) Die Bedingungen, zu denen Grundstücke darlehensweise beliehen werden, werden mit abnehmendem Rang für den Schuldner härter:

Zinssatz und Amortisationsquoten sind bei einer 1. Hypothek günstiger als bei der zweiten oder

---

[1] Neuere Literatur: *Streuer*, Rangdarstellung durch Rangvermerke, Rpfleger 1985, 388; *Böttcher*, Rangverhältnis im Grundbuchverfahren, BWNotZ 1988, 73; *Stadler*, Der Rang im Immobiliarsachenrecht – ein noch immer ungelöstes Problem, AcP 189, 427; *Wilhelm*, Der Rang der Grundstücksrechte aufgrund des Verfügungstatbestandes, insbesondere von Einigung und Eintragung, JZ 1990 501 ff.; *Jungwirth*, Der vereinbarte Rang von Grundstücksrechten, 1990 (hierzu *Böttcher* Rpfleger 1990, 438; *Flume* JZ 1991, 133). Weitere Literaturangaben bei *Soergel/Stürner* vor § 879; *Westermann/Eickmann* vor § 96.

dritten. Denn die Nachhypothekare müssen mit dem Risiko des Ausfalls in der Zwangsversteigerung rechnen; sie verlangen also mit Recht als Risikoprämie einen höheren Zinssatz; sie zahlen auch u. U. den Darlehensbetrag nicht in voller Höhe aus, sondern berechnen ein „Damnum" („Disagio").

Freilich wird dieses an sich selbstverständliche, für den Schuldner aber lästige „Gefälle" in der heutigen Praxis des Wohnungsbaus durch Einrichtungen der Selbsthilfe und staatliche Förderung ausgeglichen: Die Bausparkassen – als genossenschaftliche Zusammenschlüsse der Bausparer – machen es sich zur Aufgabe, gerade zinsgünstige *zweite* Hypotheken auszugeben; das darin liegende Risiko wird durch eine Mischung von Ansparpflicht und breiter Streuung der Darlehen verringert. Der Staat übernimmt im sog. sozialen Wohnungsbau die besonders gefährdete dritte Hypothek zu für den Schuldner günstigen Bedingungen; das Risiko wird hier auf die Allgemeinheit abgewälzt.

b) Gewisse Geldinstitute werden von Staats wegen angehalten, Darlehen nur gegen erststellige Sicherheit zu gewähren. Dies gilt vor allem dem Grundsatz nach für die Sparkassen; denn bei ihnen kann „Mündelvermögen" angelegt werden, der Staat muß daher auch für eine sichere Anlage dieser Gelder sorgen. Ähnliche Grundsätze gelten für die Hypothekenbanken (s. dazu unten § 36 I 4).

3. Was die *rechtliche Bedeutung* des Rangs anlangt, so streitet man sich, ob er zum Inhalt des Rechts gehört, eine Eigenschaft des Rechts ist oder nur aus der besseren Lage im Konkurrenzverhältnis erwachsende Ansprüche gibt. Im wesentlichen sind dies Formulierungsfragen, aus denen praktische Konsequenzen nicht gezogen werden können. Seiner Wirkung nach erscheint der Rang als ein Faktor des Rechts*inhalts*.[1]

II. Grundsätze der Rangordnung

Bevor wir uns in die hier oft recht schwierigen Einzelheiten verlieren, ist es unabweisbar, sich mit den Grundgedanken vertraut zu machen und sie dem Gedächtnis einzuprägen.

1. Die Rangordnung der Grundstücksrechte beruht auf dem Grundsatz des Vorzugs des *zeitlich früher entstandenen Rechts* vor dem später begründeten („prior tempore potior iure").

Wie wir schon sahen, entspricht diese Lösung der allgemeinen Gerechtigkeitsvorstellung, mag sie auch im konkreten Fall einmal unbillig erscheinen, weil der „fixere" Rechtsgenosse den Vorzug vor einem „geduldigen", dem Schuldner entgegenkommenden Gläubiger erhält.

Da sich die beschränkten dinglichen Rechte für den Rechtsverkehr aus dem Grundbuch ergeben, muß der Grundsatz der „Alterspriorität" (*Heck*) seinen Ausdruck im Grundbuch finden (Einzelheiten unten B).

2. Die einmal gegebene Rangordnung ist nicht starr, fest, sondern beweglich *(Prinzip der beweglichen Rangordnung)*.

Soll der an zweiter Stelle eingetragene Hypothekar auf alle Zeiten diesen zweiten Rang behalten, auch wenn die erste Hypothek später – z. B. wegen Tilgung des gesicherten Darlehens – wegfällt?

Das Gesetz hat sich für die *bewegliche Rangordnung* entschieden,[2] aber davon in zwei Fällen aus Billigkeitsgründen *Ausnahmen* verordnet, die dann insoweit eine feste Rangordnung bewirken:

a) Bei *Vereinigung* von Eigentum und beschränktem dinglichem Recht geht das beschränkte dingliche Recht nicht unter, sondern bleibt als solches bestehen (§ 889), hindert also im Rang nachfolgende Rechte am Aufrücken.

---

[1] A. A. *E. Wolf* § 10 C II f., 416.
[2] Siehe dazu besonders *Heck* S. 92 ff.

Beispiel: E hat dem N einen Nießbrauch, später dem H eine Hypothek bewilligt. Beerbt N den E, so bleibt sein Nießbrauch (als Recht an eigener Sache) bestehen, hindert also eine Rangverbesserung des H.

b) Praktisch bedeutsamer ist die zweite Durchbrechung des Grundsatzes: Bei der Hypothek führt die Nichtentstehung oder das Erlöschen der gesicherten Forderung *nicht* zu ihrem Untergang und damit zu einem Aufrücken der nachfolgenden Gläubiger, das Pfandrecht steht vielmehr jetzt dem Eigentümer als Eigentümerpfandrecht zu (vgl. § 1163 Abs. 1 mit § 1177; weitere Tatbestände §§ 1163 Abs. 2, 1168, 1170 Abs. 2).

Wenn wir uns daran erinnern, daß sich der 2. (und 3.) Hypothekar seinen schlechteren Rang regelmäßig hat bezahlen lassen, wird uns der Grund dieser Regelung deutlich.
In der Praxis haben freilich schon früher die nachfolgenden Gläubiger ein Aufrücken dadurch erreicht, daß sie mit dem Eigentümer eine Vereinbarung trafen, in der sich dieser verpflichtete, das auf ihn übergegangene Grundpfandrecht sofort löschen zu lassen; dieser Löschungsanspruch wurde durch eine Vormerkung gesichert *(Löschungsvormerkung).* Diese Praxis war so allgemein geworden, daß der Gesetzgeber durch Ges. v. 22. 6. 1977 jedem Grundpfandberechtigten einen im Grundbuch nicht mehr eingetragenen, *gesetzlichen Löschungsanspruch* für den Fall einräumt, daß sich ein vorrangiges oder gleichrangiges Grundpfandrecht mit dem Eigentum in einer Person vereinigt (§ 1179a; Einzelheiten s. § 46 IV). Im Ergebnis ist damit bei den Grundpfandrechten die bewegliche Rangordnung wieder hergestellt.

3. Der Grundsatz, daß für die Rangordnung der Entstehungszeitpunkt der Rechte maßgebend ist, schließt es nicht aus, daß die Beteiligten eine abweichende Vereinbarung treffen. Dies kann geschehen:

a) *von vornherein:* der abweichend vereinbarte Rang muß im Grundbuch vermerkt sein *(Rangvermerk,* § 879 Abs. 3, s. unten B II 1);

b) *nachträglich:* dann spricht man von *Rangänderung* (§ 880, s. unten D);

c) schließlich kann sich der Eigentümer eine Rangstelle zur späteren „Besetzung" vorbehalten *(Rangvorbehalt,* § 881; s. unten C).

B. Die Rangordnung

S. die Übersicht 10 am Ende von § 17 B.

I. Die Regel

1. Der in § 879 enthaltene Grundsatz scheint zunächst leicht verständlich zu sein:

Die Rangordnung von Rechten, die *in derselben Abteilung* des Grundbuchs eingetragen sind, bestimmt sich nach der räumlichen Reihenfolge der Eintragungen (§ 879 Abs. 1 Satz 1: „Locusprinzip").

Sind die Rechte *in verschiedenen Abteilungen* eingetragen, so entscheidet das angegebene Eintragungsdatum; bei gleichem Datum haben die Rechte gleichen Rang (§ 879 Abs. 1 Satz 2: „Tempusprinzip").

Beispiel: (ohne Rücksicht auf die Einzelheiten des Grundbuchmusters)

II. Abteilung		III. Abteilung
2. 5. 1984	Nießbrauch für bis- herigen Eigentümer N	12. 3. 1978 Hypothek für H
		2. 5. 1984 Hypothek für Bank B
		1. 7. 1984 Sicherungshypothek für Bauunternehmer U

Die Hypothek H geht allen anderen Rechten vor, Nießbrauch N und Hypothek B haben untereinander gleichen Rang, sie gehen beide der Sicherungshypothek U vor.

2. Hier stellt sich sofort die Frage: Wie kommt es zu dieser Reihenfolge der
Eintragungen? Sie dem Zufall oder dem Ermessen des Grundbuchrichters zu
überlassen, wäre offenbar willkürlich. Das maßgebende Kriterium ist die zeitliche Reihenfolge des Eingangs mehrerer Aufträge, die dasselbe Recht betreffen,
beim Grundbuchamt.

Dies besagen die §§ 17, 45 GBO:

a) Die später beantragte Eintragung darf nicht vor Erledigung des früher gestellten Antrags erfolgen (§ 17 GBO).

b) Werden in ein und derselben Abteilung mehrere Eintragungen vorgenommen, so erhalten sie
die der Zeitfolge der Anträge entsprechende Reihenfolge (§ 45 Abs. 1 1. Halbsatz GBO).

Diese Regel muß in zwei Fällen variiert werden:

a) Sollen nach dem Willen der Beteiligten die in ein- und derselben Abteilung eingetragenen Rechte
gleichen Rang haben, so muß dies im Grundbuch vermerkt werden (§ 45 Abs. 1 2. Halbsatz GBO;
würde dies nicht geschehen, so hätte das früher eingetragene Recht den Vorrang!).

b) Werden zwei Eintragungen in verschiedenen Abteilungen am selben Tage bewirkt, so erhalten
sie gleichen Rang (§ 879 Abs. 1); dies würde aber dem Grundsatz des § 17 GBO widersprechen, wenn
die Anträge zu verschiedenen Zeiten eingegangen sind; daher muß durch Rangvermerk klar gestellt
werden, daß das früher beantragte Recht dem später beantragten vorgeht (§ 45 Abs. 2 GBO):
In unserem obigen Beispiel haben der Nießbrauch des N und die Hypothek der B gleichen Rang.
Wäre aber der die Hypothek der B betreffende Antrag früher eingegangen, so müßte der Vorrang der
Hypothek vor dem Nießbrauch vermerkt werden.
Weiteres Beispiel: BayObLG Rpfleger 1982, 334.

Die §§ 17, 45 GBO und § 879 BGB sind nach h. M. folgendermaßen aufeinander abgestimmt: Die GBO besagt, in welcher Reihenfolge die Rechte einzutragen
sind, damit sie den ihnen gebührenden Rang (eben den der zeitlichen Folge der
Anträge) erhalten. Das BGB sagt, wie sich der Rang bestimmt, *wenn* die Eintragung erfolgt ist.

Vergleicht man das Grundbuch mit einem Kartenwerk, so bestimmt die GBO, „wie die Karte zu
zeichnen ist", das BGB, „wie die fertiggestellte Karte gelesen werden muß".

Daraus ergibt sich nach h. M., daß die Eintragung für den Rang maßgebend ist,
selbst wenn das Grundbuchamt den §§ 17, 45 GBO zuwidergehandelt hat; es
bleibt dann im Regelfall nur der Amtshaftungsanspruch gegen den Staat.

Beispiel: Ist die Hypothek des H_1 am 10. 4. 1984, die des H_2 am 15. 4. 1984 beantragt, trägt aber der
Grundbuchbeamte H_2 vor H_1 ein, so hat die Hypothek des H_2 nach h. M. den Vorrang. Eine
Korrektur dieses Versehens ist nach h. M. nicht möglich, auch nicht auf dem Wege der ungerechtfer-
tigten Bereicherung (so BGHZ 21, 98 [= *Baur*, E.Slg. Fall 6]). Zwar mag H_1 durch die Einigung, die
Bewilligung und Antragstellung (§ 873 Abs. 2) schon eine Anwartschaft erlangt haben, deren er
durch die Voreintragung des H_2 verlustig geht. Aber zweifelhaft ist schon, ob § 879 nicht eine
endgültige Fixierung der Rangverhältnisse anstrebt, noch zweifelhafter – und nach überwiegender
Meinung ausschlaggebend –, ob H_1 schon eine absolut geschützte Rechtsstellung erlangt hat, die

Grundlage einer Eingriffskondiktion sein könnte (ablehnend im Ergebnis BGHZ 21, 98 [= *Baur*, E. Slg. Fall 6]; *Hoche* JuS 1962, 60; MünchKomm/*Wacke* § 879 Rn. 34; *Westermann/Eickmann* § 97 II 7; *Staudinger/Kutter* § 879 Rn. 42; *Wilhelm* JZ 1990, 509; a. A. *Heck* § 41, 7 b; *Harry Westermann* [5. Aufl.] § 81 II 7 und JZ 1956, 656; *Stadler* AcP 189, 459 ff. m. Nw.; *Soergel/Stürner* § 879 Rn. 12). Vom verfehlten Rang bei fehlender Rangvereinbarung ist die unten II 2 zu erörternde Frage zu unterscheiden. wie sich ein Verstoß des Grundbuchbeamten gegen den schuldrechtlich oder dinglich *vereinbarten* Rang auswirkt.

Die geschilderte h. M. zur Rangentstehung ist allerdings nicht unbestritten. Folgt man der letztlich vorzugswürdigen Auffassung *Hecks* [1], so ist für die Rangbildung inter partes immer nur die zeitliche Reihenfolge der Eintragung maßgeblich, wie sie sich tatsächlich abspielte (hierzu *Stadler* AcP 189, 425 ff., 443 ff.; *Soergel/Stürner* § 879 Rn. 7), § 879 hat allein Bedeutung für den gutgläubigen Dritten (§ 892).

Im geschilderten Beispielsfall käme es also darauf an, ob H$_2$ auch *zeitlich* vor H$_1$ eingetragen worden war. Dann war das Grundbuch auch nach *Heck*'scher Lehre richtig und es bleibt nur der – besser zu bejahende – umstrittene Bereicherungsanspruch. Das Grundbuch ist aber nach dieser Auffassung unrichtig, wenn H$_1$ zeitlich zuerst eingetragen und der später eingetragene H$_2$ versehentlich räumlich vor H$_1$ gesetzt war; hierzu unten § 17 B I 4 mit Beispielen.

3. Um der Rechtssicherheit willen ist die Eintragung selbst dann maßgebend, wenn die zur Entstehung des Rechts erforderliche Einigung erst später erfolgt (§ 879 Abs. 2).

Ist in unserem Beispiel eine Einigung zwischen E und H$_1$ noch gar nicht erfolgt (denkbar, wenn etwa E auf alle Fälle seinen alten, „kulanten" Gläubiger H$_1$ vor dem zudringlichen H$_2$ sichern will), sondern ist die Hypothek lediglich auf die Eintragungsbewilligung des E hin eingetragen worden, so hat H$_1$ Vorrang vor H$_2$ auch dann, wenn die Einigung erst lange nach der Eintragung beider Hypotheken erfolgt.

Das gleiche gilt übrigens auch, wenn die Hypothek des H$_1$ erst nach der des H$_2$ „valutiert" wird, das Darlehen durch H$_1$ also erst nach dem des H$_2$ an E ausbezahlt wird (vgl. § 1163 Abs. 1 S. 1).

4. Die Regel des § 879 erscheint einleuchtend, ihre Realisierung macht auch in der Praxis meist keine Schwierigkeiten. Jedoch ergeben sich *in zwei atypischen Fällen* Auslegungszweifel:

a) *Eintragungszeit und räumliche Reihenfolge stimmen* bei Eintragungen in derselben Abteilung *nicht überein.*

Beispiel (in Anlehnung an KGJ 41, 223):

Im Grundbuch ist eine Vormerkung für H$_1$ eingetragen, die aber in Wahrheit schon erloschen war. Dann folgt eine am 15. 4. 1984 eingetragene Hypothek für H$_2$. Später gibt H$_1$ dem E ein Darlehen. Die von E bewilligte Hypothek wird räumlich an der Stelle der – nicht mehr bestehenden, aber nicht gelöschten – Vormerkung, also an erster Stelle am 1. 6. 1984 eingetragen.

Entscheidet hier die räumliche oder zeitliche Reihenfolge? Das KG hat sich für die zweite Auffassung entschieden (ebenso *Wolff-Raiser* § 41 Anm. 2), während das RG (HRR 1935 Nr. 1016; gleich *Westermann/Eickmann* § 97 II 2) der räumlichen Reihenfolge den Vorrang gibt. Die Meinung des KG verdient den Vorzug (vgl. *Soergel/Stürner* § 879 Rn. 6 und 7; MünchKomm/*Wacke* § 879 Rn. 15 ff.; *Stadler* AcP 189, 440 ff.). Dabei muß auffallen, daß sie sich auf dem Boden der *Heck*'schen Lehre konsequent begründen läßt, während die h. M. nur durch eine teleologische Reduktion des Locusprinzips zum richtigen Ergebnis kommen kann (*Soergel/Stürner* § 879 Rn. 7 m. Nw.). Weil das Grundbuch unter Verletzung verfahrensrechtlicher Vorschriften unrichtig geworden ist, sind Amtswiderspruch (§ 53 Abs. 1 S. 1 GBO) und Grundbuchberichtigungsanspruch (§ 894) gegeben (*Stadler* AcP 189, 458).

b) Muß der Rang von Rechten bestimmt werden, die in verschiedenen Abteilungen eingetragen sind, so soll nach dem Wortlaut des § 879 Abs. 1 S. 2 das *Datum* der Eintragung entscheiden, auch wenn dieses die tatsächliche Eintragungszeit nicht richtig wiedergibt.

---

[1] *Heck,* Sachenrecht, 1930, Neudruck 1970, Exkurs 4, S. 496 ff.

Beispiel: Der Grundbuchbeamte hat in unserem Beispiel oben I 1 als Eintragungszeit der Hypothek B statt – wie geschehen – dem 2. 5. 1984 den 2. 5. 1983 eingetragen. Hat die Hypothek der Bank nunmehr den Vorrang vor dem Nießbrauch des N? Die durchaus h. M. bejaht diese Frage, während *Heck* S. 496 ff. und *Westermann/Eickmann* § 97 II 3 auch hier die wirkliche Eintragungszeit (also den 2. 5. 1984) entscheiden lassen (gleich nunmehr *Soergel/Stürner* § 879 Rn. 10; *Stadler* AcP 189, 425, 444 ff.; a. A. Vorauflage). Die Geltung der tatsächlichen Priorität führt zu keinen unbilligen Ergebnissen, weil § 892 gutgläubige Dritte schützt. Das Grundbuch ist unrichtig mit der Rechtsfolge der §§ 53 Abs. 1 S. 1 GBO, 894 BGB.

5. Halten wir vor Erörterung der Ausnahmetatbestände als *Ergebnis* fest:

Über den Rang von Rechten, die *in derselben Abteilung* des Grundbuchs eingetragen sind, entscheidet die *räumliche* Reihenfolge (bei Divergenz zwischen räumlicher Folge und Eintragungszeiten allerdings die letzteren).

Für den Rang von Rechten, die *in verschiedenen Abteilungen* des Grundbuchs eingetragen sind, sind die Eintragungs*daten* entscheidend (bei Divergenzen mit dem „wahren" Eintragungszeitpunkt der letztere, str.).

II. Ausnahmetatbestände

Die Regelung der Rangverhältnisse – wie wir sie im Zusammenspiel der §§ 17, 45 GBO bisher kennenlernten – überläßt den Rang vielfach dem Zufall; denn maßgebend ist der zeitlich frühere Eingang des Eintragungsantrags beim Grundbuchamt. Ein solches Abstellen auf den Zufall kommt in der Praxis nur vor, *einmal* wenn sich der Zufall mit dem Parteiwillen deckt:

Zuerst wird bei einem Hausbau die erste Hypothek für die Kreissparkasse beantragt und eingetragen, dann die zweite Hypothek für die Bausparkasse usw.

oder wenn es sich um die Konkurrenz zwischen bewilligten Hypotheken und Zwangshypotheken oder von Zwangshypotheken untereinander handelt:

So wenn der bedrängte Schuldner dem Gläubiger H₁ eine Hypothek bewilligt, während H₂ auf Grund eines Vollstreckungstitels die Eintragung zu erreichen sucht.

Von solchen Fällen abgesehen wird aber der Rang, der den Beteiligten zukommen soll, genau geplant. Mit dieser *gewillkürten Rangbestimmung* wollen wir uns befassen, und zwar sowohl mit der „geglückten" (1) wie der „mißglückten" (2):

1. Die *geglückte Vereinbarung eines Rangverhältnisses* setzt eine Einigung der Parteien über den Rang, den das Recht erhalten soll, *und* die Eintragung dieses Rangverhältnisses im Grundbuch voraus (§ 879 Abs. 3 BGB, § 45 Abs. 3 2. Fall GBO).[1]

Beispiel: E vereinbart mit seinem Gläubiger H und dem Nießbraucher N, daß H eine Hypothek mit Vorrang vor einem für N zu bestellenden Nießbrauch erhalten soll. Auch wenn nun beide Anträge gleichzeitig gestellt und gleichzeitig erledigt werden, erhält H den Vorrang, wenn dies durch einen Rangvermerk – zumindest bei dem Nießbrauch des N (vgl. aber § 18 Grundbuchverf.) – klargestellt wird.

Unser Beispiel macht deutlich, daß die Rangbestimmung nicht nur Bestandteil der dinglichen Einigung, sondern regelmäßig auch Gegenstand des schuldrechtlichen Rechtsgeschäfts ist: E ist dem H zur Bestellung der Hypothek an 1. Rangstelle verpflichtet. Ob schuldrechtliche Beziehungen dieser Art auch zwischen H und N bestehen (derart, daß N verpflichtet ist, dem H den Vorrang zu überlassen), ist Tatfrage, aber nur bei dreiseitigen Verhandlungen anzunehmen.

Die besondere Rechtslage der *rechtsgeschäftlichen Rangbestimmung durch Rangvorbehalt und nachträgliche Rangänderung* soll unten bei C und D erörtert werden.

2. Der nicht gerade alltägliche Fall einer *mißglückten Rangvereinbarung* soll an einem *Beispiel* erörtert werden:

---

[1] Zur geglückten und mißglückten Rangvereinbarung insbesondere *Streuer* Rpfleger 1985, 388; *Jungwirth* und *Flume* aaO (mit teilw. abw. Auffassung).

G₁ gewährt dem E ein Darlehen von 30000 DM zu 7% „gegen Bestellung einer erstrangigen Buchhypothek". Der Antrag mit Eintragungsbewilligung des E wird beim Grundbuchamt eingereicht, aber infolge eines Versehens nicht erledigt. Später sagt G₂ dem E ein weiteres mit 9% verzinsliches Darlehen über 25000 DM zu „gegen zweitrangige Buchhypothek". Die Hypothek des G₂ wird eingetragen, und zwar an erster Rangstelle. Später klärt sich das Versehen des Grundbuchamts auf, G₁ wird eingetragen, aber eben nur an zweiter Stelle.

Hier entsteht also folgendes Bild:

Einigung	Eintragung
für G₁: 1. Hypothek über 30000 DM	für G₂: 1. Hypothek über 25000 DM
für G₂: 2. Hypothek über 25000 DM	für G₁: 2. Hypothek über 30000 DM

Zunächst die *dingliche Rechtslage:*

Einigung und Eintragung über die Rangbestellung differieren: die vereinbarte Rangbestimmung ist nicht eingetragen, auf das eingetragene Rangverhältnis hat man sich nicht geeinigt. Sicher ist, daß das vereinbarte Rangverhältnis nicht entstanden ist, denn es fehlt die ihm entsprechende Eintragung. Bezüglich der eingetragenen Hypotheken liegt zwar die grundsätzliche Einigung über die Bestellung der Hypotheken vor, es fehlt aber die Einigung über den nun so verlautbarten Rang. Damit kann § 139 entsprechend angewandt werden.[1] Da aber auch für G₁ eine Hypothek besser ist als gar keine, wird in aller Regel die Teilnichtigkeit nicht das ganze Rechtsgeschäft erfassen. Die Hypotheken sind nach h. M. so entstanden wie sie eingetragen sind, das Grundbuch ist nicht unrichtig. Folgt man der *Heck*'schen Auffassung, so ist für den „wahren Rang" auf den tatsächlichen Eintragungszeitpunkt abzustellen (§ 17 B I 2 a. E.; *Stadler* AcP 189, 455 ff.), was in unserem Falle – wie meist – zum gleichen Ergebnis führen wird. §§ 53 Abs. 1 S. 1 GBO, 894 BGB greifen nur, falls gemäß § 139 ausnahmsweise keine Hypothek entstanden ist (Löschung) oder – nach *Heck*'scher Lehre – ausnahmsweise der „wahre Rang" von der Eintragung abweicht (Berichtigung); a. A. *Jungwirth* und *Flume* aaO (stets Unrichtigkeit!).

Schuldrechtlich kann E von G₂ einen Rangrücktritt (technisch eine Rangänderung i. S. des § 880) fordern, sei es aus der schuldrechtlichen Vereinbarung, sei es aus ungerechtfertigter Bereicherung (so *Westermann/Eickmann* § 97 III 3). Die Abtretung dieses Anspruchs soll dann G₁ von E in entsprechender Anwendung des § 281 fordern dürfen (krit. *Stadler* AcP 189, 463 f.; *Soergel/Stürner* § 879 Rn. 16 m. Nw.).

Ein unmittelbarer Anspruch von G₁ gegen G₂ auf Rangrücktritt kann sich aus einer vertraglichen Abrede zwischen G₁ und G₂ über die Rangbestimmung ergeben (s. oben 1 a. E.) – die große Ausnahme; sonst bleibt als Direktanspruch nur die Eingriffskondiktion, welche die h. M. auch hier zu Unrecht ablehnt (s. § 17 B I 2, Beispiel; *Soergel/Stürner* § 879 Rn. 16; *Stadler* AcP 189, 464 ff.).

3. Auch der *Rangverlust* ist nur mit dem Willen des Rechtsträgers wirksam. So bleibt der Rang des Rechts bestehen, wenn das Grundbuchamt den Vermerk des Vorrangs irrig löscht oder einen nicht bewilligten Rangrücktritt einträgt oder gar das gesamte Recht zu Unrecht löscht. Für einen redlichen Erwerber ist allerdings der Grundbuchstand maßgebend (BayObLG NJW-RR 1989, 907, 909; hierzu *K. Schmidt* JuS 1989, 1013).

Wurde die erstrangige Hypothek des H₁ zu Unrecht gelöscht, so erwirbt der redliche K das Grundstück ohne diese Hypothek.

Tritt der zweitrangige H₂ – nach versehentlicher Löschung der Hypothek des H₁ – seine Hypothek an den redlichen D ab, so wird dieser erstrangiger Hypothekar.

4. Im Grundbuch finden sich Eintragungen, die für den Rechtsverkehr bedeutsam sind, aber keine Grundstücksrechte betreffen, z. B. Verfügungsbeschrän-

---

[1] Ebenso im Ergebnis MünchKomm/*Wacke* § 879 Rn. 31; *Westermann/Eickmann* § 97 III 3; *Soergel/ Stürner* § 879 Rn. 15; *Stadler* AcP 189, 451 ff.; neuerdings BGH NJW-RR 1990, 206; *K. Schmidt* JuS 1990, 499; hierzu allgemein § 19 B III 1.

kungen wie der Konkursvermerk, Nacherbenvermerk, ferner Widersprüche gegen die Richtigkeit des Grundbuchs u. s. f. Zwischen solchen Vermerken untereinander und im Verhältnis zu eingetragenen Rechten besteht kein Rangverhältnis; denn § 879 bezieht sich nur auf „Rechte", mit denen ein Grundstück belastet ist (s. aber § 883 Abs. 3 für die Vormerkung!).

Pfandrecht und Nießbrauch an – übertragbaren – Grundstücksrechten fallen dem Wortlaut nach *nicht* unter § 879 („... mit denen *ein Grundstück* belastet ist ..."), die Bestimmung ist aber entsprechend anwendbar (h. M.).

Rechte, die zu ihrer Entstehung der Eintragung nicht bedürfen, erhalten den Rang der Entstehungszeit (so bei Verpfändung oder Pfändung einer Briefhypothek); Ausnahmen vergl. § 914 Abs. 1 Satz 1; § 917 Abs. 2 Satz 2 mit § 914 Abs. 1 Satz 1: Überbau- und Notwegrenten!

5. *Beispiel* zum Rang der Grundstücksrechte:

Abt. II	**Abt. III**
2. 10. 80 Nießbrauch des N	2. 9. 79 Hypothek für Bank B
11. 10. 80 Grunddienstbarkeit des G	2. 10. 80 Hypothek für Bausparkasse X
	8. 5. 82 Sicherungshypothek für U

am 17. 11. 81 sind die beiden Hypotheken zu ¼ zurückbezahlt

Rangfolge: 1. Resthypothek der B und – mit Nachrang (§ 1176) – Teileigentümergrundschuld des E.
               2. Resthypothek der X und – mit Nachrang (§ 1176) – Teileigentümergrundschuld des E.
               2. Nießbrauch des N in gleichem Rang mit der Resthypothek der X und der Teileigentümergrundschuld des E.
               3. Grunddienstbarkeit des G.
               4. Sicherungshypothek des U.

C. Der Rangvorbehalt

I. Der Zweck des Rechtsinstituts

Die Belastung eines Grundstücks in der endgültig geplanten Form läßt sich häufig nicht von vornherein verwirklichen. Dies gilt vor allem dann, wenn zwar der Geldgeber für die zweite Hypothek bereits feststeht, der erste Hypothekar aber noch gefunden werden muß.

Praktisch wird dies vor allem bei der Bebauung eines Grundstücks, und zwar in zwei typischen Fällen:

a) E verkauft einen Bauplatz an K; er ist bereit, einen Teil des Kaufpreises „gegen zweitrangige Hypothek stehen zu lassen". Die Besetzung der ersten Rangstelle in bestimmter Höhe überläßt er dem Eigentümer, da viele Kreditinstitute – insbesondere die Sparkassen – Baugelder nur gegen erststellige Sicherheit ausleihen.

b) Der baulustige E hat in seiner Bausparkasse einen Geldgeber für die „Beleihung der 2. Hypothek" gefunden, noch nicht aber eine Bank, die zu erträglichen Bedingungen „die 1. Hypothek bereitstellt" (in Zeiten der Geldknappheit eine durchaus mögliche Erscheinung!). Hier erklärt sich die Bausparkasse damit einverstanden, daß sich E den ersten Rang (in bestimmter Höhe) vorbehält.

Das Gesetz (§ 881) entspricht diesem Bedürfnis; der Eigentümer kann sich bei der Eintragung eines Rechts den Rang für ein später einzutragendes Recht vorbehalten.

Übersicht 10

Der Rang von Grundstücksrechten

	Fehlerfreie Rangbildung	Fehlerhafte Rangbildung
Gesetzliche Rangfolge	1. Gleiche Abteilung: „Locusprinzip", § 879 Abs. 1 (Merke: 1. Abteilung: Erwerbstatbestände, Rechtsinhaber; 2. Abteilung: dingl. Belastungen; 3. Abteilung: Grundpfandrechte) §§ 17, 45 GBO 2. Verschiedene Abteilungen: „Tempusprinzip" – Datumsangabe der Eintragung (§ 879 Abs. 1); Rangvermerk bei gleichem Tag, GBO § 45 Abs. 2 Beachte: Maßgeblichkeit allein der Eintragung (§ 879 Abs. 2)	1. Regelwidrige Eintragung macht das Grundbuch nach h.M. nicht *unrichtig,* da die Eintragung für den Rang konstitutiv ist (also kein § 894 BGB!; str.) 2. Nach hM keine *Eingriffskondiktion* des benachteiligten Gläubigers gegen den regelwidrig vorrangigen Gläubiger (§ 879 als Rechtsgrund – fehlender Zuweisungsgehalt der Rechtsposition vor Eintragung; str)
Vereinbarte Rangfolge	Dingliche Einigung mit Eigentümer und Inhaber des nachrangigen Rechts *und* Eintragung (§ 879 Abs. 3), die *konstitutiv* wirkt Beachte: schuldrechtliche Verpflichtung zur Rangverschaffung ist von dinglicher Einigung über Rang zu unterscheiden	1. Abweichung Buchrang – Einigung: a) Unrichtiges Grundbuch, falls kein Recht entstanden (§ 139); § 894 auf Löschung. b) Rechtsentstehung (§ 139): gesetzl. Rang, kein unrichtiges Grundbuch 2. Anspruch des benachteiligten Gläubigers aus schuldrechtlicher Rangvereinbarung, der analog § 281 Abtretung des Anspruchs des Eigentümers gegen den bevorzugten Gläubiger (z. B. § 812 Abs. 1) beinhalten kann. – Nach h.M. keine Eingriffskondiktion zwischen den Gläubigern!

In der Praxis wird dieser Rangvorbehalt freilich durch ein anderes Institut verdrängt: der Eigentümer läßt zu seinen Gunsten zunächst an erster Stelle eine *Eigentümergrundschuld* in der benötigten Höhe eintragen (§ 1196), womit der dann einzutragende zweite Hypothekar (Verkäufer bzw. Bausparkasse) einverstanden ist. Hat der Eigentümer den auf die erste Rangstelle zu setzenden Geldgeber gefunden, so tritt er ihm seine Grundschuld ab, die dann zur Fremdgrundschuld wird und das Darlehen erstrangig sichert. Falls der Geldgeber es wünscht, kann die Grundschuld bei der Abtretung in eine Hypothek umgewandelt werden (§ 1198).

Der *Vorteil* der Eigentümergrundschuld liegt darin, daß relative Rangverhältnisse – wie sie beim Rangvorbehalt vorkommen können, s. unten II 4 – vermieden werden. Ihre *Gefahr* besteht in der Möglichkeit der Pfändung durch dritte Gläubiger, auch darin, daß der Eigentümer sie zu einem anderen als dem mit dem Inhaber der 2. Rangstelle vereinbarten Zweck verwendet. Demgegenüber kann der Rangvorbehalt durch Vollstreckungsgläubiger nicht ausgenutzt werden (BGHZ 12, 238);[1] auch kann der Vorbehalt auf eine bestimmte Art von Hypothek (z. B. Baugeldhypothek) beschränkt werden.

Trotz dieses mit der Eigentümergrundschuld verbundenen Risikos hat sie sich in der Praxis durchgesetzt. Wir können uns daher bei der Darstellung des Rangvorbehalts auf das Grundsätzliche beschränken.

---

[1] Siehe dazu *Jansen,* Rangvorbehalt u. Zwangsvollstreckung, AcP 152, 508.

II. Die gesetzliche Regelung

1. Begriff

Mit dem Rangvorbehalt behält sich der Eigentümer bei Begründung eines dinglichen Rechts die Befugnis vor, künftig ein diesem Recht vorgehendes, seinem Umfang nach bestimmtes Recht eintragen zu lassen (§ 881 Abs. 1).

Der Rangvorbehalt ist Bestandteil des Eigentums,[1] kann von diesem nicht getrennt werden (§ 881 Abs. 3) und ist selbständig nicht verwertbar, auch nicht im Wege der Zwangsvollstreckung und zwar weder durch Pfändung und Überweisung nach § 857 Abs. 1 ZPO noch auf dem Wege, daß sich ein Gläubiger eine Zwangshypothek an der Stelle des Rangvorbehalts eintragen läßt (BGHZ 12, 238).

2. Entstehung

Der Rangvorbehalt entsteht durch Einigung zwischen dem Eigentümer und dem Erwerber des Rechts, das durch den Vorbehalt beschränkt wird, und durch Eintragung bei diesem Recht (§ 881 Abs. 2).

Übliche Formulierung: „Vorbehalten ist der Vorrang für eine Hypothek von . . . . .".
Der Vorbehalt kann bedingt und befristet werden; auch kann vereinbart werden, daß die vorbehaltene Belastung von bestimmter Art sein müsse, z. B. Baugeldhypothek.

3. Ausübung

Der Vorbehalt wird durch Einigung zwischen dem Eigentümer und dem Inhaber des später einzutragenden Rechts über die Ausnützung des Vorbehalts und Eintragung dieser Ausnutzung ausgeübt.
Formel des amtlichen Musters:

„Unter Ausnutzung des Vorbehalts mit dem Vorrange vor der Post. Abt. III, Nr. . . . .".

4. Wirkung

Folgen das mit dem Vorrang belastete und das durch ihn nunmehr begünstigte Recht unmittelbar hintereinander, so tritt das belastete Recht zurück.

Komplizierter ist die Lage, wenn Zwischenrechte eingetragen werden, die mit einem Vorrang nicht belastet sind. Hier entstehen – nicht sehr erwünschte – relative Rangverhältnisse, da die Zwischenrechte durch den Vorrang nicht berührt werden; m. a. W. das mit dem Vorrang ausgestattete Recht hat den Vorrang vor den Zwischenrechten nur in Höhe des zurücktretenden Rechts (§ 880 Abs. 5 entsprechend). Andererseits braucht sich der Zurücktretende keine höhere Belastung als die in den Vorbehalt aufgenommene (nunmehr einschließlich der Zwischenrechte) vorgehen zu lassen (§ 881 Abs. 4).
Schon dieses Ergebnis sollte vor dem Rangvorbehalt warnen!

5. Der Rangvorbehalt wird entsprechend § 877 durch Einigung und Löschung aufgehoben.[2]

Andere lassen einseitige Aufgabeerklärung des Eigentümers und Löschung genügen (§ 875); praktische Bedeutung kommt diesem Streit nicht zu (vgl. LG Kassel NJW 1956, 424).
Wichtiger ist die Frage, ob der Rangvorbehalt durch einmalige Ausübung erlischt:
Bei Bestellung der Hypothek Nr. 1 ist ein Vorbehalt für eine Hypothek in Höhe von 20 000 DM eingetragen worden. Der Vorbehalt wird bei Eintragung der Hypothek Nr. 2 ausgeübt; die Hypo-

---

[1] Dazu *Grunsky*, Rangfragen bei dinglichen Rechten, Tüb. Diss. 1963.
[2] S. *Fabricius* Rpfleger 1956, 155 u. 301.

thek wird später gelöscht und eine neue Hypothek (etwa zu billigerem Zins) eingetragen. Kann auch ihr der Vorrang zugeteilt werden? KGJ 40, 234 bejaht mit Recht (s. zum Streitstand *Soergel/Stürner* § 881 Rn. 10 u. 14).

D. Die Rangänderung

I. Der Zweck des Instituts

Die Rangänderung kommt in ihrer Wirkung der Ausübung eines Rangvorbehalts gleich (es kommt zu einem Rangtausch). Der Anlaß für eine Rangänderung ähnelt daher den mit dem Rangvorbehalt verwirklichten Zielen. Folgende Fälle sind in der Praxis häufig:

a) Der bisher an erster Stelle eingetretene Hypothekar (z. B. eine Bausparkasse) tritt hinter eine neu einzutragende Hypothek eines Instituts, das Darlehen nur gegen erststellige Sicherheit gibt, zurück. Will die Bausparkasse sicher gehen, daß die Gelder der 1. Hypothek auch für den Bau verwendet werden (so daß der Wert des Grundstücks sich erhöht, ihre Sicherheit also auch noch an 2. Stelle groß genug ist), so wird sie den Rücktritt nur unter dieser Bedingung erklären, was zulässig ist (vgl. *Soergel/Stürner* § 880 Rn. 4).

b) H₁ und H₂ sind in dieser Reihenfolge in Abt. III des Grundbuchs eingetragen. Nachträglich soll die Hypothek des H₁ erhöht werden; hier wird die Erhöhung an dritter Stelle eingetragen, sie erhält aber den Vorrang vor der Hypothek des H₂, wenn dieser damit einverstanden ist. (Beispiel: LG Siegen DNotZ 1964, 615).

c) Die Bank H hat dem E ein größeres hypothekarisch gesichertes Darlehen gegeben. Ihr geht ein Nießbrauch des N im Range vor. Später kommen der H deswegen Bedenken; sie will die Hypothek kündigen, nimmt aber davon Abstand, als N sich bereit erklärt, „mit seinem Nießbrauch zurückzutreten".

Diese typischen Beispiele zeigen schon, daß eine Rangänderung nicht nur dann vorliegt, wenn der Rangtausch zwischen zwei schon bestehenden Rechten erfolgt (so der Wortlaut des § 880 Abs. 2!), sondern auch dann, wenn das „vortretende" Recht erst eingetragen werden soll (BayObLG NJW-RR 1989, 907, 908).

II. Die gesetzliche Regelung

1. Begriff und Voraussetzungen

a) Die Rangänderung ist ein dingliches Rechtsgeschäft über die nachträgliche Änderung des Ranges zweier oder mehrerer Rechte.

b) Voraussetzung ist die Einigung des Inhabers des zurücktretenden Rechts mit dem Berechtigten des vortretenden Rechts *und* die Eintragung im Grundbuch (§ 880 Abs. 2 S. 1).

Der Vermerk erfolgt bei beiden Rechten (§ 18 Grundbuchverf.), ausreichend ist aber der Änderungsvermerk bei dem zurücktretenden Recht (RG HRR 1931 Nr. 1912; KGJ 44, 260).

Ist Träger beider Rechte ein- und dieselbe Person, so genügt ihre Erklärung zusammen mit der Eintragung (KGJ 40, 241); daran kann ihr z. B. liegen, wenn sie die bisherige 2. Hypothek als nunmehr erste abtreten will!

Das Grundbuch wird unrichtig, wenn ein Rangvermerk ohne eine entsprechende Einigung eingetragen wird (§ 894). Falls auch die Eintragungsbewilligung fehlte (§ 19 GBO), ist ein Amtswiderspruch möglich (§ 53 Abs. 1 S. 1 GBO). Beispielsfall: BayObLG NJW-RR 1989, 907, 908; hierzu *K. Schmidt* JuS 1989, 1013.

Die Rangänderung für eine Hypothek gilt im Zweifel auch zugunsten der vorläufigen Eigentümergrundschuld bis zur Valutierung (BGHZ 60, 226; str., s. *Soergel/Stürner* § 880 Rn. 3).

c) Ist das zurücktretende Recht mit dem Rechte eines Dritten belastet (die Hypothek ist z. B. verpfändet oder gepfändet), so muß auch *der Dritte* zustimmen (§ 880 Abs. 3), ebenso der *Eigentümer* dann, wenn ein Grundpfandrecht zurücktritt (§ 880 Abs. 2 Satz 2). Grund: Hinter jedem Grundpfandrecht steckt die mögliche Eigentümergrundschuld.[1]

Zwischen formfreier Zustimmung als materiellrechtlicher Erklärung und Eintragungsbewilligung des Eigentümers als des Mitbetroffenen (§§ 19, 29 GBO) ist zu differenzieren (hierzu *Soergel/Stürner* § 880 Rn. 15; BayObLG NJW-RR 1989, 911; s. a. § 16 III 5).

d) Von der dinglich wirkenden Rangänderung ist der schuldrechtliche Vertrag zu unterscheiden, in dem sich ein Rangbesserer verpflichtet hat, im Falle der Zwangsversteigerung oder Zwangsverwaltung die Vorwegbefriedigung des Rangschlechteren zu gestatten. Solche Verträge sind formlos ohne Eintragung im Grundbuch gültig, wirken aber nur inter partes, verpflichten also z. B. nicht einen Zessionar des Grundstücksrechts des Rangbesseren.

2. *Wirkung*

a) Das vortretende Recht erhält den Rang des zurücktretenden Rechts. Dieser Rang geht auch nicht dadurch verloren, daß das zurücktretende Recht später *durch Rechtsgeschäft* aufgehoben wird (§ 880 Abs. 4).

Zu beachten ist aber, daß dies nicht gilt, wenn das zurücktretende Recht auf andere Weise als durch Rechtsgeschäft untergeht.

b) Durch die Rangänderung werden Zwischenrechte nicht berührt (§ 880 Abs. 5):

Für die Grundstücksverkäuferin V ist an erster Stelle eine Restkaufpreishypothek von 10 000 DM eingetragen. Dann folgt an zweiter Stelle eine Hypothek des Finanzamts F in Höhe von 4000 DM für rückständige Steuerschulden. Die Bank B ist bereit, gegen erststellige Sicherheit ein Darlehen von 30 000 DM zu geben; sie vereinbart mit V unter Zustimmung des Eigentümers E einen Rangtausch. Dann wird noch eine Hypothek von 8000 DM zur Sicherung eines Darlehens des sozialen Wohnungsbaus (W) eingetragen.
Rangfolge: B 10 000, F 4000, B 20 000, V 10 000, W 8000.
Weiteres Beispiel: BayObLG Rpfleger 1985, 434.

E. Der Rang in den neuen Bundesländern

Für Hypotheken des ZGB bestimmt sich der Rang nach ihrem Entstehungszeitpunkt, also dem Zeitpunkt der Eintragung (§ 453 ZGB); Aufbauhypotheken haben stets Vorrang kraft Gesetzes (§ 456 Abs. 3). Beim Eintragungsverfahren alten Rechts galt das Prioritätsprinzip (§ 8 Abs. 2 Grundbuchverfahrensordnung). Der Rang der Altrechte bleibt auch nach dem 3. 10. 1990 erhalten (Art. 233 § 3 EGBGB).

---

[1] Anders bei Teilung unter Rangbestimmung: § 1151; interessanter Beispielsfall: OLG Hamm ZIP 1991, 1485, 1487. S. a. § 38 II 2.

§ 18. Das unrichtige Grundbuch – Der Widerspruch gegen die Richtigkeit des Grundbuchs – Die Grundbuchberichtigung

A. Das unrichtige Grundbuch

I. Entstehungsgründe

Im Verlaufe unserer Erörterungen ist uns deutlich geworden, daß ein Auseinanderklaffen zwischen der Rechtswirklichkeit und dem Grundbuchstand, also die Unrichtigkeit des Grundbuchs, viele Ursachen haben kann; es geht jetzt nur darum, einen zusammenfassenden Überblick über diese Ursachen zu gewinnen, der aber keineswegs vollständig ist:

1. Die Unrichtigkeit kann auf den *Eigentümlichkeiten des Grundbuchrechts* beruhen, insbes. auf dem sog. formellen Konsensprinzip.

Das Grundbuchamt begnügt sich mit der Bewilligung des Betroffenen; die materiellrechtlich erforderliche Einigung kann von vornherein fehlen oder von Anfang an nichtig sein oder später – z. B. wegen Anfechtung nach §§ 119 ff. – wegfallen. Das Grundbuch ist dann von Anfang an unrichtig oder wird später unrichtig.

2. Das Auseinanderfallen von Buchstand und Rechtsstand kann auf die *Divergenz zwischen Einigung und Eintragung* zurückzuführen sein; dabei können für diese Divergenz die Parteien oder das Grundbuchamt verantwortlich sein.

a) V will an K die Parzelle a veräußern; infolge eines gemeinschaftlichen Irrtums geben sie als Objekt des Kaufs die Parzelle „b" an. Hier bezieht sich trotz der unrichtigen Bezeichnung Kauf und Auflassung auf „a" (falsa demonstratio). Trägt das Grundbuchamt K als Eigentümer der Parzelle „b" ein, so ist das Grundbuch unrichtig (K ist weder Eigentümer von „a", weil die Eintragung fehlt, noch von „b", weil die Auflassung sich nicht auf diese Parzelle bezogen hat).
Beispiele aus der Rechtsprechung: BGH WM 1978, 194; BGHZ 87, 150; BGH NJW 1986, 1867; s. auch oben § 5 III.

b) V und K haben die Verträge über „a" abgeschlossen, der Grundbuchbeamte trägt irrtümlich bei „b" ein.

3. Eine hauptsächliche Quelle eines unrichtigen Grundbuchstands liegt in den Rechtsänderungen *„außerhalb des Grundbuchs"*.

Die Regel ist, daß nur *rechtsgeschäftliche* Rechtsänderungen der Einigung und Eintragungen bedürfen, nicht dagegen solche, die kraft Gesetzes erfolgen. Außerhalb des Grundbuchs kann sich eine Rechtsänderung ergeben, z. B. in den Fällen der Gesamtrechtsnachfolge (Erbfall, Fusion zweier Aktiengesellschaften, Begründung des vertraglichen Güterstandes der Gütergemeinschaft[1]), bei einem Grundpfandrecht, wenn die gesicherte Forderung zunächst besteht, später aber – z. B. durch Erfüllung – untergeht (§§ 1163 Abs. 1 S. 2, 1177) oder wenn das Grundpfandrecht auf einen anderen übergeht (§ 1143, § 1164).

Hierher gehören auch die Tatbestände einer zu Unrecht noch oder noch nicht eingetragenen *Verfügungsbeschränkung:*

---

[1] S. noch § 19 A I 2 mit Beispielen!

Zugunsten des K ist noch ein – auf einer einstweiligen Verfügung beruhendes – Veräußerungsverbot eingetragen; die einstweilige Verfügung ist längst aufgehoben,

oder

über das Vermögen des E ist Konkurs eröffnet; der Konkursvermerk ist *noch nicht* eingetragen.

4. Schließlich kann auch ein Versagen des Grundbuchamts zu einem unrichtigen Grundbuchstand führen.

Einen Fall dieser Art haben wir schon oben 2b erörtert. Beliebige andere lassen sich denken, so wenn etwa der Grundbuchbeamte bei Übertragung eines Grundstücks auf ein neues Blatt eine Belastung nicht mit überträgt und dadurch die Löschung (aber nicht das „Erlöschen") hervorruft (§ 46 Abs. 2 GBO) oder wenn er eine Hypothek auf Bewilligung des Hypothekars löscht, obwohl der Eigentümer hätte zustimmen müssen (§ 1183 BGB, § 27 GBO).

Zu beachten ist freilich, daß nicht jeder Verfahrensverstoß ein unrichtiges Grundbuch bewirkt; auch solche Fälle (etwa Verstoß gegen §§ 17, 45 GBO bei Eintragung mehrerer Rechte) haben wir schon kennengelernt.

II. Begriff

Wann das Grundbuch im Sinne des Gesetzes unrichtig ist, läßt sich dem § 894 entnehmen. Danach muß sich das Auseinanderfallen von Grundbuchinhalt und wirklicher Rechtslage beziehen:

1. auf ein Recht am Grundstück, gleichgültig ob dies das Eigentum oder ein beschränktes dingliches Recht ist,

2. auf ein Recht an einem solchen Recht (Pfandrecht oder Nießbrauch),

3. auf eine relative Verfügungsbeschränkung.

4. Gleichgestellt werden Vormerkungen und Widersprüche, und zwar gleichgültig, ob die Vormerkung zu Unrecht eingetragen oder zu Unrecht gelöscht ist oder der Widerspruch zu Unrecht eingetragen ist (s. dazu RGZ 163, 62, 63; BGHZ 25, 16 und unten B IV 2, § 20 II 3, VI 2).

Beispiele

zu 1) Fall der Parzellenverwechslung, oben I 2a u. b.

zu 2) Auf Grund eines Pfändungsbeschlusses ist die Buchhypothek des H gepfändet worden; der Pfändungsbeschluß wurde später aufgehoben.

zu 3) Zugunsten des K ist ein Veräußerungsverbot auf Grund einstweiliger Verfügung eingetragen; die einstweilige Verfügung wurde im Instanzenzug aufgehoben.

zu 4) K hat eine Auflassungsvormerkung erwirkt; später stellt sich heraus, daß der Kaufvertrag nichtig ist: Unrichtigkeit zum Nachteil des E. Oder: Der Grundbuchbeamte löscht versehentlich die Vormerkung: Unrichtigkeit zum Nachteil des K.

Keine Unrichtigkeit im technischen Sinne liegt vor, wenn es sich um Angaben im Grundbuch anderer, insbes. tatsächlicher Art handelt, auf die sich der öffentliche Glaube des Grundbuchs nicht beziehen kann; so etwa wenn der Beruf des Eigentümers falsch angegeben oder die Wirtschaftsart oder Größe des Grundstücks (bei feststehenden, richtig wiedergegebenen Grenzen) unrichtig vermerkt ist. Solche Angaben kann das Grundbuchamt von sich aus richtigstellen.

III. Wirkungen

Das unrichtige Grundbuch beeinträchtigt den durch die Unrichtigkeit Betroffenen: ihm steht die Legitimation des § 891 (Vermutungswirkung) nicht zur Seite, für ihn besteht die Gefahr des Rechtsverlusts oder der Rechtsbeeinträchtigung bei Erwerb durch einen redlichen Dritten (§§ 892, 893); s. ferner §§ 900, 901, 927.

Das Ausmaß der Beeinträchtigung bzw. des Rechtsverlustes kann natürlich im Einzelfall sehr verschieden sein:

Ist K fälschlich als Eigentümer eines Grundstücks des E eingetragen und veräußert er es an den redlichen D, so verliert E das ihm bisher noch zustehende Eigentum an dieser Parzelle.

Ist im Grundbuch H noch als Hypothekar eingetragen, obwohl das durch die Hypothek gesicherte Darlehen längst zurückbezahlt ist, und tritt H die „Hypothek" an D ab, so bleibt das Eigentum des E mit der Hypothek belastet (§§ 1138, 892), D kann also die Zwangsvollstreckung in das Grundstück des E durch Zwangsversteigerung (Zwangsverwaltung) betreiben.

IV. Abhilfe

Gegen solche Gefahren muß das Gesetz Abhilfemöglichkeiten schaffen. Es tut dies:

1. durch eine vorläufige, sichernde Maßnahme:

den *Widerspruch* gegen die Richtigkeit des Grundbuchs. Sein Zweck ist es, einen Erwerb im Vertrauen auf die Richtigkeit des Grundbuchs zu verhindern (Einzelheiten unten B);

2. durch eine endgültige *Berichtigung des Grundbuchs* (unten C).

B. Der Widerspruch gegen die Richtigkeit des Grundbuchs[1]

S. die Übersicht 12 am Ende von § 20.

I. Zweck und Rechtsnatur

1. Der durch einen unrichtigen Grundbuchstand Betroffene ist verständlicher Weise an einer raschen Berichtigung des Grundbuchs interessiert. Aber häufig ist die Rechtslage nicht so eindeutig und klar, daß er dieses Ziel rasch erreichen könnte. Er bedarf daher für die Zeit bis zur Berichtigung einer Sicherung gegen die Rechtsnachteile, die sich für ihn aus dem redlichen Erwerb eines Dritten ergeben könnten. Diese Sicherung ist der *Widerspruch,* der entweder auf Bewilligung des „Berechtigten" hin oder – so meist in der Praxis – auf Grund einer gerichtlichen einstweiligen Verfügung eingetragen wird (s. unten II).

2. Unser Gesetz arbeitet nicht mit groben Mitteln; der Widerspruch führt daher *nicht* zu einer „Blockierung" des Grundbuchs, zu einer *Grundbuchsperre.* Der – möglicherweise nur – Buchberechtigte kann über das Recht verfügen, der redliche Erwerb ist aber ausgeschlossen (§ 892 Abs. 1 S. 1); s. unten III.

3. Der Widerspruch ist seiner *Rechtsnatur* nach weder eine Belastung des „Buchrechts", noch eine absolute oder relative Verfügungsbeschränkung des „Buchberechtigten", vielmehr eine vorläufige Sicherung eines im Grundbuch möglicherweise unrichtig oder überhaupt nicht ausgewiesenen dinglichen Rechts. Erweist sich später, daß das Grundbuch richtig war und ist, so war der Widerspruch von Anfang an bedeutungslos. Daher gibt es auch „keinen Widerspruch gegen einen Widerspruch" (RGZ 117, 346, 352).

---

[1] Literatur bei *Soergel/Stürner* § 899 vor Rn. 1; MünchKomm/*Wacke* § 899 vor Rn. 1.

II. Eintragung

1. Der Widerspruch kann seine Funktion, den Rechtsverkehr auf die – mögliche – Unrichtigkeit des Grundbuchs hinzuweisen, nur erfüllen, wenn er im Grundbuch eingetragen ist. Die Eintragung erfolgt (§ 899 Abs. 2)

a) auf Grund einer *Bewilligung* des Betroffenen; das ist derjenige Berechtigte oder Buchberechtigte, der nach den Vorschriften der GBO die Bewilligung der Berichtigung erteilen muß (s. oben § 16 III 5).

Also der eingetragene Scheineigentümer (Buchberechtigte) SE zugunsten des wahren Eigentümers E,
der wahre Eigentümer E zugunsten des H, dessen Hypothek fälschlich gelöscht ist.
Man wird sich fragen, ob denn SE bzw. E bereit sein werden, die Eintragung eines Widerspruchs zu bewilligen, wenn sie beabsichtigen, über die Frage, ob das Grundbuch wirklich unrichtig ist, zu streiten; doch gibt es solch' „honorige" Leute, die sagen: „Ich bestreite zwar die Unrichtigkeit des Grundbuchs; bis aber dieser Streit entschieden ist, bin ich bereit, einen Widerspruch eintragen zu lassen, der aufgrund gerichtlicher Verfügung ohnehin eingetragen würde."

b) auf der Grundlage einer *einstweiligen Verfügung,* also einer richterlichen Anordnung nach §§ 935 ff. ZPO (s. auch § 895 ZPO).

Hier muß der Antragsteller lediglich seinen Berichtigungsanspruch glaubhaft machen (§ 936 mit § 920 Abs. 2 ZPO), nicht die Gefährdung seines Rechts (§ 899 Abs. 2 S. 2); diese folgt schon aus der Möglichkeit des redlichen Erwerbs eines Dritten;

c) von *Amts wegen* in den in der GBO genannten Fällen (Amtswiderspruch); s. vor allem § 18 Abs. 2 (oben § 16 VI 4), § 53 (oben § 16 VI 2e bb);[1]

d) oder auf *Ersuchen* der zuständigen Behörde nach § 7 GrundstücksverkehrsG bei Eintragung ohne die erforderliche Genehmigung, s. *Herminghausen* DNotZ 1963, 476;

e) auf Grund eines bloßen Antrags des Eigentümers nach § 1139; hier hat der innerhalb eines Monats seit Bestellung der Hypothek eingetragene Widerspruch sogar rückwirkende Kraft! Grund: Schutz des Eigentümers bei Nichtvalutierung der Buchhypothek.

2. Der Widerspruch wird bei der Eintragung *kundgemacht,* gegen die er sich richtet, bei einem Widerspruch gegen das Eigentum jedoch wie eine Belastung in Abteilung II (§§ 12 Abs. 2, 19 Grundbuchverf.).

3. Der Widerspruch dient der *Sicherung eines dinglichen Rechts.* Die Vormerkung ist einem dinglichen Recht insoweit gleichzustellen, als ein redlicher Erwerb möglich ist (s. unten § 20 II 3 und VI 2; BGHZ 25, 16).
Das Verständnis für diese Feststellung wird sich uns freilich erst erschließen, wenn wir uns mit der Vormerkung befaßt haben. Immerhin soll schon hier der *Unterschied zwischen Widerspruch und Vormerkung* angedeutet werden:
Beide sind vorläufige Sicherungsmittel; aber die *Vormerkung* dient der Sicherung eines schuldrechtlichen Anspruchs auf eine dingliche Rechtsänderung (Typ: Auflassungsvormerkung: sie schützt den meist auf Kaufvertrag beruhenden Anspruch des Käufers gegen den Verkäufer auf Übereignung des Grundstücks).
Demgegenüber dient der *Widerspruch* der Sicherung eines dinglichen Rechts gegen die Gefahr eines sich auf den – unrichtigen – Grundbuchstand stützenden redlichen Erwerbs.

---

[1] Beispielsfälle: BGH NJW 1962, 963; 1985, 3070 (Eintragung des Widerspruchs*berechtigten*).

III. Wirkung[1]

1. Der Widerspruch bringt keine Grundbuchsperre mit sich, aber er zerstört den öffentlichen Glauben des Grundbuchs hinsichtlich der Eintragung oder Löschung, auf die er sich bezieht (§ 892). Erweist sich die Eintragung entgegen dem Widerspruch als richtig, so hat der Erwerber das Recht erworben, der Widerspruch war von Anfang an bedeutungslos.

In unserem Beispiel oben A I 2 (Parzellenverwechslung!) verhindert ein in Abteilung II des Grundbuchs des K eingetragener Widerspruch nicht, daß K das Grundstück an D veräußert oder dem H eine Hypothek bestellt. Aber der Widerspruch verhindert einen Rechtserwerb des D bzw. H nach § 892. Stellt sich später heraus, daß das Grundbuch richtig war, also gar keine Parzellenverwechslung vorlag, dann war der Widerspruch bedeutungslos. –

Im übrigen hat der Widerspruch in keinem Fall die Wirkung, daß etwa zugunsten des durch ihn Gesicherten die Vermutungswirkung des § 891 eingreift (sonst würde sich im übrigen auch niemand finden, der die Eintragung eines Widerspruchs *bewilligt!*), noch hat er die Wirkung, daß er die auf Grund des § 891 bestehende Vermutung zugunsten des Buchstands vernichtet (BGH MDR 1967, 749).

In unserem Beispiel spricht also trotz Eintragung eines Widerspruchs die Vermutung für das Eigentum des K an der Parzelle b; m. a. W. V muß nachweisen, daß K nicht Eigentümer ist.

Zu beachten ist ferner, daß der Widerspruch nur wirkt, wenn er zugunsten des Berechtigten eingetragen ist (BGH NJW 1985, 3070). *Beispiel:* E ist Eigentümer eines Grundstücks, V ist zu Unrecht als Eigentümer eingetragen. V veräußert an K. Zugunsten des V wird dann ein Widerspruch eingetragen, weil die Auflassung angeblich nichtig war (was aber – wie sich später herausstellt – nicht der Fall war). K veräußert an D. Falls K redlich war, erwirbt D vom Berechtigten. War K unredlich, erwirbt D gutgläubig vom Nichtberechtigten. Denn der Widerspruch zugunsten des V ist zu Unrecht eingetragen; zugunsten des E wirkt dieser Widerspruch nicht!

Ist aber der Widerspruch zu Recht eingetragen, so wirkt er auch gegen weitere Rechtsnachfolger: E hat gegen das Eigentum des NE einen Widerspruch erwirkt. Dieser wirkt im Falle der Veräußerung NE an K, aber auch bei Weiterveräußerung K an D. Ebenso wenn NE dem H₁ eine Hypothek bestellt hat und dieser sie an H₂ abtritt (dazu *Medicus* Rn. 551). Der Fall liegt anders, falls der Widerspruch erst *nach* Bestellung der Hypothek H₁ eingetragen worden ist: Erwerb durch H₂ bei Redlichkeit des H₁, umstritten bei Unredlichkeit (RGZ 129, 124 ff.; *Medicus* Rn. 551); u. E. zu verneinen, weil das Vertrauen auf die Redlichkeit des Vorerwerbs nicht geschützt ist und die Gutglaubenswirkung des Grundbuchs durch den Widerspruch gerade beseitigt wird!

2. *Weitere Wirkungen* s. §§ 900 Abs. 1 S. 3, 902 Abs. 2, 927 Abs. 3 BGB, § 48 ZVG.

IV. Löschung

1. Der Widerspruch ist zu löschen:

a) wenn – bei bewilligter oder vom Gericht erzwungener Eintragung – derjenige die Löschung bewilligt, zu dessen Gunsten er eingetragen ist;

b) wenn – bei erzwungener Eintragung – die gerichtliche Entscheidung aufgehoben wird, auf der er beruht (also z. B. die einstweilige Verfügung).

2. Die Bewilligung der Löschung kann erzwungen werden, wenn sich herausstellt, daß der Widerspruch zu Unrecht eingetragen wurde oder noch zu Unrecht eingetragen ist; § 894 gilt entsprechend.[2]

Erweist es sich in unserem Beispiel, daß in Wahrheit keine Parzellenverwechslung vorgelegen hat, so bedeutet der Widerspruch zwar keine rechtliche, wohl aber eine tatsächliche Beeinträchtigung des K (Wer kauft ein Grundstück, auf dessen Grundbuchblatt ein Widerspruch eingetragen ist?). K muß also den V auf Abgabe einer Löschungsbewilligung bezüglich des Widerspruchs in Anspruch nehmen können.

---

[1] S. noch § 23 IV 2.
[2] *Soergel/Stürner* § 899 Rn. 6; BGH NJW 1969, 93; *Westermann/Eickmann* § 89 III 5 u. Münch-Komm/*Wacke* § 899 Rn. 6; ganz h. M.

C. Die Grundbuchberichtigung[1]

I. Grundsätze

Das Verfahren, das der Gesetzgeber zur Beseitigung der Unrichtigkeit des Grundbuchs gewählt hat, wird verständlich, wenn man sich zwei Gesichtspunkte vergegenwärtigt, einen auf der Grundbuchverfassung beruhenden formalrechtlichen und einen materiellrechtlichen:

1. Als wichtigsten Grundsatz des Grundbuchrechts hatten wir den Bewilligungsgrundsatz kennengelernt: die Eintragung einer Rechtsänderung bedarf der Bewilligung des Betroffenen. Dieses Prinzip gilt auch im Falle der Grundbuchunrichtigkeit. Der durch die Berichtigung in seiner wirklichen Rechtsstellung oder in seiner „Buchrechtstellung" Betroffene muß die Berichtigung bewilligen (dazu oben § 16 III 2, 4 c und 5 b).

> „Der wirkliche Berechtigte": Der Eigentümer bewilligt die Berichtigung des Grundbuchs durch Wiedereintragung der versehentlich gelöschten Hypothek.
> „Der Buchberechtigte": Der eingetragene Nichteigentümer bewilligt die Eintragung des wahren Eigentümers.

Die Berichtigungsbewilligung erspart dem Grundbuchamt die Prüfung, ob das Grundbuch bisher unrichtig war.

2. Wird die Bewilligung nicht freiwillig erklärt, so muß sie erzwungen werden können. Das Gesetz gibt dem durch die Unrichtigkeit Betroffenen einen materiellrechtlichen Anspruch auf Abgabe der Berichtigungsbewilligung, den *Grundbuchberichtigungsanspruch* (§ 894).

> Das Gesetz hat diesen Weg gewählt, weil der unrichtige Buchstand eine Beeinträchtigung des Berechtigten darstellt. Diese Beeinträchtigung muß – ähnlich wie die des § 1004 – mit materiellrechtlichen Mitteln beseitigt werden können. Der Anspruch hat negatorischen Charakter (s. oben § 12 V 1). – Interessant ist sonach, daß aus einer Rechtsbeeinträchtigung ein Anspruch auf Abgabe einer formalrechtlichen Erklärung, eben der Berichtigungsbewilligung erwächst. Aber die „Beeinträchtigung" läßt sich eben nur so „beseitigen" (vgl. § 1004!).

3. Einer Bewilligung der Berichtigung bedarf es nicht, „wenn die *Unrichtigkeit*" – in der Form des § 29 GBO – „*nachgewiesen* wird" (§ 22 GBO s. auch § 25 GBO); verständlich: wenn der Betroffene die Unterlagen für den Nachweis der Unrichtigkeit in Form öffentlicher Urkunden zur Hand hat, wäre das Verlangen nach Abgabe einer Bewilligung ein superfluum; für eine Klage aus § 894 fehlte dann regelmäßig das Rechtsschutzinteresse (dazu *Furtner* DNotZ 1963, 196; OLG Zweibrücken NJW 1967, 1809).

> *Beispiele:* Auf Grund einer einstweiligen Verfügung des Landgerichts ist eine Auflassungsvormerkung für K eingetragen worden. Später legt der Eigentümer V ein Urteil des Oberlandesgerichts vor,

---

[1] Siehe dazu u. a. *Wieacker* DJZ 1936, 989; *Demelius* AcP 157, 361; *Pohle* JZ 1956, 53; *Zeuner,* Die objektiven Grenzen der Rechtskraft im Rahmen rechtlicher Sinnzusammenhänge (1959) S. 133 f.; *Köbler* JuS 1982, 181; Übersicht über ältere und speziellere Literatur bei *Soergel/Stürner* § 894 vor Rn. 1; MünchKomm/*Wacke* § 894 vor Rn. 1; *Westermann/Eickmann* § 89.

das die Entscheidung des LG aufhebt, und beantragt Löschung der Vormerkung. Diese erfolgt, ohne daß K die Löschung zu bewilligen braucht[1] (§ 25 GBO).

Nach der Satzung der BGB-Gesellschaft „Gewerbeobjekt X" können Gesellschafter aus wichtigem Grund durch Mehrheitsbeschluß ausgeschlossen werden; der Beschluß ist endgültig, falls nicht binnen vier Wochen Feststellungsklage auf Fortbestand der gesellschaftsvertraglichen Beziehung erhoben worden ist. Die Gesellschafter A, B, C schließen D aus und beantragen nach 6 Wochen Grundbuchberichtigung, weil ihnen der Anteil des D zugewachsen sei (§ 738 Abs. 1 S. 1). Zwar mag der Beschluß in der Form des § 29 GBO nachweisbar sein (z. B. notarielle Beurkundung), die fehlende Klageerhebung ist es nicht. A, B und C scheitern deshalb mit ihrem Antrag nach § 22 GBO und müssen gegebenenfalls aus § 894 klagen (OLG Stuttgart NJW-RR 1990, 2757; ferner BGH Rpfleger 1990, 158 und § 19 A I 2 mit Beispielen).

4. Von dem dinglichen Berichtigungsanspruch ist der von der Rechtsprechung entwickelte sog. *schuldrechtliche Berichtigungsanspruch* zu unterscheiden; er beruht auf ungerechtfertigter Bereicherung, u. U. auch auf unerlaubter Handlung.

Beispiel (in Anlehnung an RG LZ 1924, 292 u. BGH NJW 1973, 613; s. ferner RGZ 129, 307, 311; 112, 260; MünchKomm/*Wacke* § 894 Rn. 35, 36; *Jahr* GS f. Schultz, 1987, 117, 140).
V hat sein Grundstück Mitte 1919 an den Kläger K verkauft und aufgelassen, K wurde als Eigentümer im Grundbuch eingetragen. Ende 1919 veräußert K das Grundstück an den Bekl. B, der eingetragen wird. 1921 wird K wegen Geisteskrankheit entmündigt. Der Vormund des K klagt auf Berichtigung mit der – von ihm auch nachgewiesenen – Behauptung, K sei schon Ende 1919 geisteskrank gewesen. B verteidigt sich damit, K sei nicht Eigentümer, also auch nicht zur Geltendmachung des Berichtigungsanspruchs legitimiert, da schon die erste Veräußerung V–K wegen Geisteskrankheit des K nichtig gewesen sei. Trifft diese Behauptung zu, so sind die Voraussetzungen des § 894 in der Person des K in der Tat nicht gegeben; Eigentümer wäre dann noch V. Indessen kann K seine „Buchrechtsstellung" von B kondizieren, da dieser sie ohne rechtlichen Grund erlangt hat. Sie wieder zu erlangen, ist für K schon wegen § 891 (Vermutungswirkung!), § 900 (Buchersitzung!) von Bedeutung.
Von einem schuldrechtlichen Berichtigungsanspruch spricht man besser nicht, wenn die fehlgeschlagene Erfüllung des Grundgeschäfts oder das nichtige Grundgeschäft rückabgewickelt werden: verkauft war Grundstück X, aufgelassen und eingetragen Grundstück Y, oder der Kaufvertrag verstieß gegen § 138. Falls der Verkäufer kondiziert, findet eine volle Rückübereignung statt, die mit Grundbuchberichtigung eigentlich gar nichts zu tun hat, weil das Grundbuch nie unrichtig war (*Soergel/Stürner* § 894 Rn. 25). Die Bezeichnung paßt eher, sofern bei Doppelnichtigkeit mit § 894 eine Leistungskondiktion konkurriert, deren Anspruchsinhalt identisch (Herausgabe der Buchposition) und die praktisch bedeutungslos ist.

II. Anspruchsberechtigter

1. Der Berichtigungsanspruch steht jedem zu, der durch den unrichtigen Grundbuchstand (s. dazu oben A II) in seiner Rechtsstellung beeinträchtigt ist.

2. Er muß nachweisen,

a) daß er Inhaber eines Grundstücksrechts ist,

Gleichgestellt sind, wie wir wissen, die Fälle, daß zu seinen Gunsten eine Vormerkung oder eine relative Verfügungsbeschränkung besteht (§ 18 A II);

b) daß dieses Recht „nicht oder nicht richtig eingetragen oder durch die Eintragung einer nicht bestehenden Belastung oder Beschränkung beeinträchtigt ist" (§ 894).

---

[1] Weitere Beispiele s. BGHZ 39, 21 und BayObLG Rpfleger 1980, 278.

III. Anspruchsverpflichteter

1. Dies ist jeder, dessen Bewilligung nach grundbuchrechtlichen Vorschriften zur Herstellung des richtigen Grundbuchstandes erforderlich ist (BGHZ 41, 30, 32 = *Baur*, E. Slg. Fall 11).

Interessant, daß sich der Gegner eines materiell-rechtlichen Anspruchs aus formalen Recht, dem Grundbuchrecht ergibt![1]

Anspruchsgegner können demnach *mehrere* sein: Ist für H zu Unrecht eine Hypothek eingetragen und hat B diese Hypothek gepfändet (kein gutgläubiger Erwerb möglich!), so sind dem E (wie übrigens auch einem im Range nachfolgenden Hypothekar) sowohl H wie B zur Abgabe der Berichtigungsbewilligung verpflichtet. – Hätte H die Hypothek an B *verpfändet*, so wäre gutgläubiger Erwerb des Pfandrechts möglich. Die Berichtigung des Grundbuchs hätte dann in der Weise zu erfolgen: die Hypothek wird mit der Maßgabe gelöscht, daß sie insoweit bestehen bleibt, als sie an B verpfändet ist.

Gleichgültig ist, ob der Verpflichtete an der Herbeiführung der Unrichtigkeit bewußt oder unbewußt mitgewirkt hat, ja ob er von ihr überhaupt wußte (wie der Herausgabeanspruch nach § 985 und der Unterlassungsanspruch nach § 1004 hat auch der Berichtigungsanspruch keinen deliktischen Charakter!).

2. Verteidigung des Anspruchsgegners.

a) Selbstverständlich ist, daß er das Vorliegen der Anspruchsvoraussetzungen bestreiten kann. Beweisbelastet ist dann der Kläger, weil für den Bekl. das – wenn auch möglicherweise unrichtige – Grundbuch spricht (§ 891).

b) Er kann aber auch dartun, daß zwar das Grundbuch unrichtig ist, der Kläger aber *schuldrechtlich* verpflichtet sei, den jetzt bestehenden Grundbuchstand herbeizuführen, oder daß ihm – dem Bekl. – die Einrede des Zurückbehaltungsrechts offenstehe oder schließlich, daß das Verlangen des Klägers gegen Treu und Glauben verstoße (dazu BGH NJW 1974, 1651; 1988, 3261).

Beispiele: V hat an K wirksam verkauft, die Auflassung war nichtig. Dem Berichtigungsanspruch des V kann K entgegenhalten, V sei zur Nachholung einer wirksamen Auflassung verpflichtet.

K hat nach nichtigem Kaufvertrag und nichtiger Auflassung erhebliche Verwendungen auf das Grundstück gemacht. Gegenüber dem Berichtigungsanspruch macht K ein Zurückbehaltungsrecht bis zur Erstattung der Aufwendungen geltend (RGZ 114, 266). Hier ist zu bemerken, daß die h. M. auf die Stellung des Buchberechtigten die §§ 987 ff. *(wegen Verschlechterung des Grundstücks* sowie wegen *der Nutzungen und Verwendungen)* entsprechend anwendet; vgl. RGZ 114, 266; 121, 335 u. 158, 40 (Beseitigung zwischenzeitlicher Belastungen!), 133, 283; 163, 62; BGHZ 41, 30 (Nutzungen und Verwendungen) = *Baur*, E. Slg. Fall 11; s. hierzu die Tüb. Diss. von *Dallinger,* Die Pflichten des Buchbesitzers (1958) und *Medicus* Rn. 454.

Weitere Beispiele: BGH NJW-RR 1990, 847 (Grundbuchberichtigung nach Doppelnichtigkeit von Verkauf und Auflassung, Zurückbehaltungsrecht wegen gegenläufiger Schadensersatzforderungen); BGH Rpfleger 1990, 158 (Grundbuchberichtigung nach Anwachsung gemäß § 738 Abs. 1 S. 1, Zurückbehaltungsrecht wegen Auseinandersetzungsansprüchen des ausgeschiedenen Gesellschafters); BGH NJW-RR 1989, 201 (Grundbuchberichtigung bezüglich Auflassungsvormerkung nach Anspruchsuntergang, Zurückbehaltungsrecht wegen Kaufpreiszahlung).

Bei der berichtigenden Löschung von Grundpfandrechten verneint die Rspr. zu Recht ein Zurückbehaltungsrecht wegen gegenläufiger Ansprüche (BGH NJW 1988, 3260, 3261; s. a. § 40 IV 2b).

---

[1] Ist freilich der Buchberechtigte nicht verfügungsberechtigt, weil er in Konkurs gefallen ist, so ist der Konkursverwalter richtiger Beklagter (OLG Celle NJW 1985, 204; zum Aussonderungsrecht *Baur/Stürner* II, InsolvenzR, Rn. 14.7).

IV. Der Inhalt des Anspruchs

1. Der Anspruch ist auf die zur Berichtigung erforderliche Bewilligung gerichtet; sie muß in der Form des § 29 GBO erfolgen (über die Kosten s. § 897).
Wird die Bewilligung nicht freiwillig erklärt, so muß auf ihre Abgabe geklagt werden; das rechtskräftige Urteil ersetzt sie (§ 894 ZPO).[1]

a) Die gerichtliche Geltendmachung des Berichtigungsanspruchs hindert den Anspruchsgegner nicht, sein „Recht" zu veräußern (§ 265 ZPO); das Urteil wirkt aber Rechtskraft gegenüber dem *Rechtsnachfolger*, es sei denn, daß dieser redlich war (§ 325 ZPO); daher die Bedeutung des Widerspruchs auch in einem solchen Fall:[2]
Ist die Hypothek des H auf dem Grundstück des E zu Unrecht gelöscht worden und klagt H gegen E (der also Berechtigter ist, nicht lediglich Buchberechtigter!) auf Bewilligung der Wiedereintragung der Hypothek, so kann E das Grundstück an K während des Prozesses veräußern. Der Rechtsstreit wird zwischen H und E fortgeführt. Obsiegt H, so kann „das Urteil gegen K umgeschrieben werden" (§ 727 ZPO).[3] K kann aber einwenden, er habe weder von der Unrichtigkeit des Grundbuchs noch von dem anhängigen Rechtsstreit gewußt (§ 325 Abs. 2 ZPO mit § 892 BGB). E kann dann dem H zum Schadensersatz verpflichtet sein (§ 823 Abs. 1; auch § 816 und § 687 Abs. 2 sind anwendbar).

b) Die Berichtigungsbewilligung ist von der Änderungsbewilligung scharf zu unterscheiden (s. dazu oben § 16 III 2, 4 c und 5 b).

c) §§ 895, 896 bringen eine Erweiterung des Grundbuchberichtigungsanspruchs, wobei § 895 etwa in dem Fall Platz greift, daß der zur Abgabe der Bewilligung Verpflichtete selbst noch nicht im Grundbuch eingetragen ist (z. B. weil er Erbe des „Buchberechtigten" ist).

2. Der Berichtigungsanspruch ist Ausfluß des dinglichen Rechts, auf dem er beruht. Er geht daher ohne weiteres bei Veräußerung des Rechts auf den Erwerber über. Er kann daher auch *nicht* durch *Abtretung* von dem Recht, dem er zugehört, getrennt werden; möglich ist aber eine Ausübungsermächtigung (§ 185; vgl. das entsprechende Problem bei § 985 oben § 11 C I 3 a aa und § 2 I 1 a aa).

Kraft gesetzlicher Regelung (§ 898) unterliegt der Anspruch nicht der Verjährung, wohl aber ist eine Verwirkung möglich (s. § 5 II 2).

Beispiel: V hat an K ein Grundstück verkauft und aufgelassen, das laut Grundbuch mit einem Nießbrauch des N belastet ist. V hat sich verpflichtet, den nach seinen Angaben längst nicht mehr bestehenden Nießbrauch „zur Löschung zu bringen" (vgl. § 435). Als V von N Grundbuchberichtigung fordert, wendet dieser u. a. ein, V sei gar nicht aktiv legitimiert, da er nach der Übereignung des Grundstücks an K nicht mehr Eigentümer des Grundstücks sei, der Berichtigungsanspruch aber „Teil des Eigentums" sei. Dieser Einwand ist richtig; den Berichtigungsanspruch könnte K geltend machen; dieser ist aber gar nicht daran interessiert, sich mit N herumzuschlagen, da ihm V kraft Gesetzes (§ 435) und ausdrücklicher vertraglicher Vereinbarung verpflichtet ist, den Nießbrauch löschen zu lassen. Hier kann K den V ermächtigen, den Berichtigungsanspruch als fremdes (des K) Recht in eigenem Namen geltend zu machen (eine andere – interessante – Frage ist die, ob K schuldrechtlich verpflichtet ist, dem V eine solche Ermächtigung zu geben!). Ermächtigt K den V, so kann dieser den Anspruch auch klageweise geltend machen (Fall der sog. Prozeßstandschaft).[4] Die Rechtskraft des im

[1] Zur Rechtskraftwirkung eines dem Grundbuchberichtigungsanspruch stattgebenden oder ihn abweisenden Urteils s. die entsprechenden Bemerkungen zur Rechtskraft eines Herausgabeurteils oben § 11 C I 2 a. E.

[2] Daher ist auch ein Rechtshängigkeitsvermerk im Grundbuch eintragbar, s. OLG Zweibrücken NJW 1989, 1098 m. Nw.; *Rahn* BWNotZ 1960, 61. Dazu genügt analog § 22 GBO der Nachweis durch öffentliche Urkunden; eine einstweilige Verfügung ist nicht erforderlich (wie hier OLG Zweibrücken aaO m. Nw.; *Soergel/Stürner* § 899 Rn. 14; str., a. A. z. B. OLG München NJW 1966, 1030).

[3] Siehe dazu *Baur/Grunsky*, ZPrR, Rn. 114a; *Baur/Stürner*, ZVR, Rn. 247 ff.

[4] Vgl. *Rosenberg/Schwab*, Zivilprozeßrecht, 14. Aufl. 1986, § 46 II; *Baur/Grunsky*, ZPrR, Rn. 88–91.

Prozeß V – N ergangenen Urteils wirkt auch für und gegen K (vgl. BGH LM § 325 ZPO Nr. 9 m. Nw.). Im übrigen ist K nicht gehindert, die Ermächtigung zu widerrufen und den Berichtigungsanspruch selbst zu erheben. –

Weil nicht abtretbar, ist der Berichtigungsanspruch auch *nicht pfändbar* (§ 851 Abs. 1 ZPO). Doch gestattet die h. M.[1] – in dogmatisch wohl nicht zu begründender, aber einem praktischen Bedürfnis gerecht werdender Weise – eine Pfändung des Anspruchs mit dem Ziel einer Ermächtigung:

So wenn ein Gläubiger G in das Grundstück des nicht eingetragenen E (§ 39 GBO!) vollstrecken will (KGJ 47, 174). Hat G die Eintragung des E durch Geltendmachung des Berichtigungsanspruchs (§ 894 ZPO!) erwirkt, so kann er vollstrecken (Zwangshypothek – Zwangsversteigerung – Zwangsverwaltung).

D. Rechtslage in den neuen Bundesländern[2]

Soweit Grundbuchberichtigung ab dem 3. 10. 1990 betrieben wird, gelten § 894 BGB und § 22 GBO, und zwar auch dann, wenn die Unrichtigkeit auf Vorgängen aus der Zeit vor dem 3. 10. 1990 beruht; allerdings ist für die Divergenz von Buchlage und „wahrer" Rechtslage dann früheres DDR-Recht zu beachten (hierzu noch Art. 233 § 7 EGBGB mit seiner Rechtsgrenze). Soll ein Amtswiderspruch eingetragen werden, ist im Rahmen des § 53 Abs. 1 S. 1 GBO für frühere Rechtsvorgänge ebenfalls früheres DDR-Grundbuchverfahrensrecht als Maßstab anzulegen (dazu § 16 VII m. Nw.). Widersprüche in den Grundbüchern aus der Zeit vor 3. 10. 1990 (§§ 3 Abs. 2, 14, 15 Grundstücksdokumentationsordnung, 18 Abs. 1 Grundbuchverfahrensordnung; hierzu schon § 15 VI 4) behalten ihre Wirkung (analog Art. 233 § 3 Abs. 1 EGBGB), die dem § 899 BGB gleichkommt, aber nach zwei Jahren der Verlängerung durch gerichtliche Entscheidung bedarf (§§ 14 Abs. 4, 15 Abs. 1 Grundstücksdokumentationsordnung – zweifelhafte Fortgeltung!). Auch der Amtswiderspruch aus der Zeit vor dem 3. 10. 1990 (§ 18 Abs. 2 Grundbuchverfahrensordnung) behält seine Wirkung.

Soweit eine Berichtigungsklage auf Einwilligung nach § 13 Abs. 3 Grundstücksdokumentationsordnung – er entspricht § 894 BGB – am 3. 10. 1990 anhängig war, wird nunmehr § 894 gelten; hingegen wäre beim grundbuchrechtlichen Berichtigungsverfahren (§§ 13 Abs. 1, 2 und 15 Grundstücksdokumentationsordnung, 17 Grundbuchverfahrensordnung) eher an den Fortgang nach altem Recht zu denken (§ 16 VII).

---

[1] Vgl. *Westermann/Eickmann* § 89 II 1; *Soergel/Stürner* § 894 Rn. 28; MünchKomm/*Wacke* § 894 Rn. 24, 25; *Baur/Stürner,* ZVR, Rn. 528.

[2] Literatur s. § 15 VI.

2. Kapitel. Rechtsänderungen an Grundstücken

§ 19. Begründung, Übertragung, Inhaltsänderung und Aufhebung von Grundstücksrechten

A. Grundsätze – Abgrenzungsfragen

I. Abgrenzung

1. Bei Grundstücken und Rechten an ihnen wechselt im allgemeinen der Rechtsträger seltener als bei beweglichen Sachen (dazu oben § 2 II). Das Ergebnis einer solchen Rechtsübertragung oder Rechtsbegründung ist für das Vermögen der Beteiligten häufig von erheblicher Bedeutung. Das Gesetz fordert daher – in Anlehnung an das ältere deutsche Recht – eine besondere Verlautbarung der Rechtsänderung: zu der Einigung der Beteiligten muß die Eintragung treten; erst Einigung *und* Eintragung bewirken die Rechtsänderung. Anders als im Rechtsverkehr mit beweglichen Sachen gilt nicht das Traditionssystem; die Übergabe eines Grundstücks ist für die dingliche Rechtslage an ihm bedeutungslos.

2. Dieser Grundsatz, den man – nicht sehr prägnant – Grundbuchsystem nennt, gilt nur für *rechtsgeschäftliche* Rechtsänderungen, nicht für solche, die unmittelbar auf Gesetz oder einem behördlichen oder richterlichen Akt beruhen, also nicht für die Fälle der Gesamtrechtsnachfolge (z. B. Erbfolge), nicht für den Zuschlag in der Zwangsversteigerung (§ 90 ZVG; richterlicher Akt), nicht für die Enteignung durch die zuständige Verwaltungsbehörde.[1]

Diese – uns längst vertrauten – Grundsätze bedürfen einer Verdeutlichung bei sog. *Gesamthandsrechtsverhältnissen* (s. oben § 3 II 1 b aa). Ist etwa § 873 einzuhalten, wenn eine OHG gegründet werden soll und einer der Gesellschafter Grundstücke in das Gesellschaftsvermögen einbringt *oder* wenn in eine bereits bestehende Gesellschaft des bürgerlichen Rechts ein neuer Gesellschafter eintritt *oder* wenn eine OHG in eine KG umgewandelt wird *oder* schließlich wenn ein Miterbe seinen Erbanteil auf einen anderen überträgt (§ 2033)?

Einen Anhaltspunkt für die Lösung dieser Fragen gibt § 738: Bei Ausscheiden eines Gesellschafters „wächst sein Anteil am Gesellschaftsvermögen den übrigen Gesellschaftern zu". Die Rechtszuständigkeit (z. B. statt bisher 4 sind nur noch 3 Gesellschafter Inhaber des Gesellschaftsvermögens) ändert sich also, ohne daß es eines Übertragungsaktes bezüglich der einzelnen Gegenstände des Gesellschaftsvermögens bedürfte. Entsprechend wächst dem eintretenden Gesellschafter ein Anteil am Gesellschaftsvermögen zu.

Daraus läßt sich folgende *Regel* gewinnen:
Gesellschaftsrechtliche Rechtsvorgänge, die bei gleichbleibender Rechtsform der Gesamthand nur den personellen Bestand betreffen, fallen nicht unter § 873 (§ 925), auch wenn dadurch mittelbar die Rechtsverhältnisse an Grundstücken berührt werden. Eine rechtsgeschäftliche Übertragung ist auch nicht erforderlich, wenn dieselben Personen lediglich die Rechtsform der Gesellschaft ändern, so daß die neue Gesamthand an die Stelle der alten tritt. Soll dagegen ein Grundstücksrecht neu in das

---

[1] Zu bemerken ist, daß auch zur Entstehung gewisser sich *aus der Zwangsvollstreckung* ergebender Rechte an Grundstücken oder an Grundstücksrechten neben dem Vollstreckungsakt die Eintragung erforderlich ist (z. B. §§ 867 Abs. 1 S. 2, 830 Abs. 1 S. 3, 857 Abs. 6 ZPO).

Gesellschaftsvermögen einbezogen[1] oder aus ihm ausgeschieden werden oder handelt es sich um Rechtsgeschäfte zwischen mehreren personengleichen Gesellschaften, so ist die Form des § 873 (§ 925) einzuhalten.[2]

Beispiele: § 313, § 873 (§ 925) *sind anzuwenden,* wenn ein Gesellschafter ein Grundstück in das Gesamthandsvermögen einbringt (*Jauernig/Stürner* § 706 Anm. 2d, aa) oder wenn es an ihn veräußert wird,

wenn aus einer Erbengemeinschaft eine personengleiche OHG gebildet wird (BGHZ 92, 259, 263; BFH NJW 1988, 1343; *Jauernig/Stürner* § 2032 Anm. 4a),

wenn die aus A, B, C bestehende OHG ein Grundstück auf die aus denselben Personen bestehende Gesellschaft des bürgerlichen Rechts überträgt (KG NJW-RR 1987, 1321; RGZ 136, 402: die OHG A u. Co. überträgt Grundstücke auf eine aus denselben Personen bestehende Grundstücksverwaltungsgesellschaft!).

§ 313, § 873 (§ 925) sind *nicht* anwendbar,

wenn A aus einer OHG ausscheidet und B eintritt (BGHZ 86, 367, 369f.; Rpfleger 1990, 158),

wenn aus einer Gesellschaft des BGB eine OHG, aus einer OHG eine KG gebildet wird. Grund: die Identität des Sondervermögens bleibt gewahrt (Hamm OLGZ 1984, 50; *Jauernig/Stürner* § 705 Anm. 2c).[3] In solchen Fällen nicht rechtsgeschäftlicher Übertragung erfolgt Grundbuchberichtigung (hierzu § 18 C I 3 mit Beispiel).

3. Der Grundsatz, daß Einigung *und* Eintragung notwendig sind, gilt für *alle* Rechtsänderungen an Grundstücken. Im einzelnen unterscheidet das Gesetz:

a) die *Übertragung des Eigentums* (§ 873 Abs. 1, Sondervorschrift § 925, s. unten § 22);

b) die *Belastung eines Grundstücks* mit einem Recht (§ 873 Abs. 1; hier also ein Akt der Rechtsbegründung! z. B. Bestellung einer Hypothek);

c) die *Übertragung eines* auf diese Weise begründeten *Rechts* (§ 873 Abs. 1, z. B. Übertragung einer Hypothek);

d) *die Belastung eines beschränkten dinglichen Rechts* (§ 873 Abs. 1, z. B. Verpfändung einer Hypothek);

e) die *Änderung des Inhalts* eines Rechts (§ 877, z. B. Änderung der Kündigungsbestimmungen einer Hypothek), s. unten C;

f) die *Aufhebung eines Rechts* (§§ 875, 876; z. B. die Aufhebung einer bisher bestehenden Grundschuld); hier ist nur eine einseitige Aufhebungserklärung, nicht eine Einigung erforderlich, s. unten D.

Diese Mannigfaltigkeit braucht nicht zu erschrecken: denn – von der Aufhebung eines Rechts abgesehen – gelten für *alle* diese Vorgänge dieselben Grundsätze.

4. Die hier zu erörternden Rechtsvorgänge betreffen *nur die dingliche Rechtsänderung,* nicht die ihr zugrunde liegenden schuldrechtlichen Vorgänge (Abstraktionsgrundsatz! s. oben § 5 IV).

---

[1] Anders bei Eingehung einer Gütergemeinschaft (§ 1416)! Hier erfolgt der Gesamthandserwerb kraft Gesetzes, Eintragung im Wege der Grundbuchberichtigung. Interessant BGHZ 82, 346ff.: sofortige Eintragung beider Ehegatten bei rechtsgeschäftlichem Erwerb, wenn anderenfalls eine sofortige Grundbuchberichtigung nötig wäre!

[2] Einzelheiten s. *Soergel/Stürner* § 925 Rn. 6ff.; MünchKomm/*Wacke* § 873 Rn. 13–16; *Eickmann* Rpfleger 1985, 89.

[3] Zur „Grundbuchfähigkeit" eines nicht rechtsfähigen Vereins s. zuletzt *Konzen* JuS 1989, 20 (m. Nw.) und § 15 V 1b.

II. Einigung und Eintragung als Voraussetzungen der Rechtsänderung

Nur Einigung *und* Eintragung bewirken die Rechtsänderung; die Einigung enthält das Willensmoment, die Eintragung dessen Kundbarmachung. Beide müssen einander entsprechen.

Schwierigkeiten können entstehen, wenn beide differieren (s. unten B III) oder wenn die Voraussetzungen für ein wirksames Verfügungsrechtsgeschäft (Geschäftsfähigkeit, Verfügungsbefugnis) sich zwischen Einigung und Eintragung ändern (B III).

Wir erörtern zunächst die Begründung und Übertragung von Grundstücksrechten (B), dann ihre Inhaltsänderung (C), schließlich ihre Aufhebung (D). –

Es empfiehlt sich eine vorherige, nochmalige Lektüre unserer Erörterungen zum „dinglichen Rechtsgeschäft" (oben § 5).

B. Begründung und Übertragung von Grundstücksrechten

S. die Übersicht 13 am Ende von § 22.

I. Die Einigung[1]

1. Die Einigung enthält den Rechtsentäußerungswillen des einen und den Rechtserwerbswillen des anderen Teils. Beide müssen einander entsprechen, sind also Vertrag.

Bei der Frage, ob die Einigung allein oder nur zusammen mit der Eintragung „*der* Vertrag" ist, handelt es sich im wesentlichen um die Wahl des Standorts: Wer schon in der Einigung den Vertrag sieht, betont die rechtsgeschäftlichen Voraussetzungen der Rechtsänderung, wer die Eintragung mit einbezieht, sieht auf den beabsichtigten Erfolg. Sicher ist, daß es sich um einen gestreckten Tatbestand, einen Doppeltatbestand handelt.

2. Auf die Einigung finden die Vorschriften des Allgemeinen Teils über Rechtsgeschäfte und Verträge Anwendung (s. oben § 5 II, III).

Also gelten z. B. die Bestimmungen über die Geschäftsfähigkeit, über Willensmängel, über das Zustandekommen des Vertrags, über die Stellvertretung usw.

Hervorzuheben ist:

a) Das Gesetz verlangt *keine* Form, ausgenommen bei der Übereignung von Grundstücken (Auflassung: § 925). Freilich wissen wir, daß *grundbuchrechtlich* eine Eintragungsbewilligung des Betroffenen in öffentlich beglaubigter oder beurkundeter Form vorliegen muß (s. oben § 16 III).

b) Die Einigung kann *bedingt* oder *befristet* sein (Ausnahme wieder bei der Auflassung, § 925 Abs. 2). Das Recht wird dann als bedingtes oder befristetes eingetragen.
E einigt sich z. B. mit K über ein dingliches Vorkaufsrecht für alle Verkaufsfälle für die Zeit bis 1. 1. 1995 (RGZ 108, 350, 356). Die Bedingung muß „genügend bestimmt" sein (hierzu BayObLG Rpfleger 1985, 188).

c) Der Einigung fehlt jedes schuldrechtliche Moment; sie ist daher frei widerruflich, auch wenn damit der schuldrechtlichen Verpflichtung zuwidergehandelt wird.

Ausnahmsweise ist die *Einigung bindend,* wenn die in § 873 Abs. 2 genannten Voraussetzungen vorliegen. Ihnen ist gemeinsam, daß der Einigungswille schon

---

[1] Zur Entstehungsgeschichte des § 873 s. *Schubert,* Die Entstehung der Vorschriften des BGB über Besitz und Eigentumsübertragung, 1966, S. 118 ff.

nach außen in besonderer – notarieller – Form offenbar geworden ist (BGHZ 46, 398). Die Bindung bedeutet Ausschluß des freien Widerrufs, sie bewirkt aber keine Verfügungsbeschränkung. Sie hindert die Parteien auch nicht, die Einigung durch – formlosen – Vertrag aufzuheben.

S. dazu das *Beispiel* oben § 5 III 1 a bb. –

aa) Bei bindender Einigung ist der Erwerber zwar gegen einseitigen Widerruf, nicht aber gegen anderweitige Verfügungen des Veräußerers geschützt (BayObLG DNotZ 1984, 579). Er kann sich dagegen durch eine Vormerkung (vgl. § 888 Abs. 1) oder durch ein im Wege der einstweiligen Verfügung (§ 938 ZPO) zu erlangendes gerichtliches Veräußerungsverbot (vgl. § 888 Abs. 2) schützen, das aber auf Grund des schuldrechtlichen Rechtsgeschäfts (z. B. des Kaufs), nicht auf Grund der bindenden Einigung ergeht.

bb) Andererseits hat der Erwerber bei bindender Einigung und erteilter Eintragungsbewilligung schon insofern eine gesicherte Rechtsstellung erlangt, als mit der Stellung des Eintragungsantrags[1] beim Grundbuchamt die Rechtsänderung im Grundbuch vollzogen werden muß; den Antrag kann auch der Erwerber stellen. Er hat dann eine gesicherte Rechtsstellung, ein *Anwartschaftsrecht*[2] (s. dazu oben § 3 II 3; BGHZ 45, 186; 83, 395, 399; 89, 41; 106, 108). Hier ergeben sich u. a. folgende Fragen:

α) Ist diese durch die bindende Einigung bewirkte Rechtsstellung des Erwerbers *übertragbar* und *verpfändbar,* insbes. pfändbar? *(Übertragungs- und Pfändungsproblem).* Die Frage ist mit BGHZ 49, 197; 83, 395; 89, 41; 106, 108 zu bejahen, wenn die Auflassung erklärt ist u. der Erwerber den Eintragungsantrag gestellt hat (oder eine Auflassungsvormerkung vorliegt). Dabei ist zur Übertragung Einigung erforderlich (§§ 873, 925) und die Pfändung hat nach § 857 ZPO zu erfolgen. Zu beachten ist auch, daß der Erwerber eben auch nur das Anwartschaftsrecht (bzw. ein Pfandrecht an ihm) erwirbt, das Vollrecht dagegen erst mit der Eintragung.
Das Anwartschaftsrecht des Auflassungsempfängers ist stark umstritten[3], manche halten es letztlich für entbehrlich. Der Streit läßt sich am besten an folgenden Beispielen zur Übertragung und Pfändung darstellen:
(1) V hat sein Grundstück an K aufgelassen, K einige Zeit später an D, ohne daß K im Grundbuch als Eigentümer eingetragen worden war (sog. Kettenauflassung, insbes. bei Parzellierungsverträgen: V verkauft sein großes Grundstück an K, der es parzelliert und die Parzellen an die Baulustigen D₁, D₂ usw. weiterveräußert). Ist V mit der Weiterauflassung durch K an D ausdrücklich einverstanden oder sieht man in der Auflassung V–K die Ermächtigung durch V zur Weiterauflassung (RGZ 89, 152, 157; 129, 150, 153; BayObLG NJW 1971, 514 u. DNotZ 1973, 298; NJW-RR 1991, 465), so greift § 185 Platz; die Figur des Anwartschaftsrechts braucht nicht bemüht zu werden. Darauf kommt es an, wenn K nicht als „Nichtberechtigter" verfügt, sondern – wie im Regelfall – sein Anwartschaftsrecht an D überträgt (zum Umfang der Ermächtigung s. BGH NJW 1989, 521). Jedenfalls bedarf es keiner Voreintragung des K; D kann aufgrund der Bewilligung des V sofort seine Eintragung beantragen falls er die „Auflassungskette" gemäß § 29 BGO nachweist (BGHZ 49, 197, 205; hierzu noch § 16 IV 3 c).

(2) Sachverhalt wie vorher mit dem Unterschied, daß D als Gläubiger des K dessen Anwartschaftsrecht (aus der Auflassung und schon gestelltem Eintragungsantrag) pfändet. Hier hält der BGH (BGHZ 49, 197 = *Baur,* E. Slg. Fall 5; zuletzt BGHZ 106, 108) eine Pfändung, und zwar nach § 857 ZPO für möglich mit dem Ergebnis, daß K nach Eintragung Eigentümer wird, D aber entsprechend § 848 Abs. 2 Satz 2 ZPO kraft Gesetzes eine Sicherungshypothek erwirbt. Das Ergebnis ist praktisch nicht anders, wenn man § 848 Abs. 1 Satz 1 ZPO anwendet, D also den aus dem Kaufvertrag sich ergebenden Anspruch des K gegen V auf Eigentumsverschaffung (den Auflassungsanspruch) pfän-

---

[1] Gleichgestellt wird die erklärte Auflassung *und* die Eintragung einer Auflassungsvormerkung (dazu *Reinicke/Tiedtke* NJW 1982, 2281).
[2] Str., ob Anwartschafts*recht* oder lediglich Anwartschaft; s. MünchKomm/*Wacke* § 873 Rn. 43 m. w. N.
[3] Dazu *Hoche* NJW 1955, 652, 931; *Ronke* in Festschrift für Nottarp, 1961, S. 91; *Kuchinke* JZ 1964, 145 und 1966, 797; *Löwisch/Friedrich* JZ 1972, 302; *Medicus* Rn. 467 ff.; *Dieckmann* FS Schiedermair, 1976, 93; *Westermann/Eickmann* § 92 I 6; *Soergel/Stürner* § 873 Rn. 14–14 b; *Hager* JuS 1991, 1 ff.; *Medicus* DNotZ 1990, 275 ff.

det.[1] Auch dann würde – wie in dem vom BGH unter Anwendung des § 857 ZPO entschiedenen Fall – eine von K schon vor der Pfändung durch D bestellte Grundschuld für G der Sicherungshypothek des D im Range nachgehen, da diese Grundschuld erst mit der Eintragung entsteht, diese Eintragung aber erst nach Eintragung des K im Grundbuch möglich ist; damit aber ist die Sicherungshypothek des D schon kraft Gesetzes entstanden. G hätte sich das Anwartschaftsrecht des K oder den Übereignungsanspruch nach §§ 1274, 1287 verpfänden lassen müssen. Eine Grundschuldbestellung an dem Anwartschaftsrecht war nicht möglich[2]. Weiteres interessantes Beispiel: LG Fulda Rpfleger 1988, 252 mAnm *Böttcher* und *Kerbusch* (S. 475).

β) Kann das Anwartschaftsrecht selbst Gegenstand einer *Kondiktion* oder die Grundlage einer solchen sein? Beide Probleme sind uns schon begegnet; *das erste,* wenn der Veräußerer bei nichtigem Grundgeschäft die bindende Einigung kondiziert (Leistungskondiktion), wobei er sich zuvor durch ein im Grundbuch eintragbares *Erwerbsverbot* sichern kann (s. oben § 15 IV 2c), *das zweite* in den Fällen, wo der im Grundbuch eingetragene Rang dem zwischen den Parteien vereinbarten nicht entspricht (s. oben § 17 B I 2, II 2: Eingriffskondiktion).

γ) Ist das Anwartschaftsrecht als sonstiges Recht i. S. des § 823 Abs. 1 BGB anzuerkennen („Schutzproblem")? Die Rechtsprechung (BGHZ 45, 186; dazu *Kuchinke* JZ 1966, 797) verneint die Frage dann, wenn der Auflassungsempfänger den Eintragungsantrag noch nicht gestellt hatte und keine Vormerkung eingetragen ist. Hat also der Eigentümer E, der das Grundstück an K bereits aufgelassen hatte, dem G – der von diesem Sachverhalt wußte – eine Grundschuld bestellt, so wird G dem K *nicht* nach § 823 Abs. 1 BGB schadensersatzpflichtig. Er kann die Grundschuld gegen den – nunmehr als Eigentümer eingetragenen – K geltend machen. Dieser Rechtsprechung ist zuzustimmen; K hätte sich eben durch eine Vormerkung sichern müssen; diese Vormerkung hätte sich auch gegenüber der Grundschuld des G durchgesetzt (s. unten § 20 IV 1 c). Schädigt hingegen ein Dritter das Grundstück in der Zeit nach Stellung des Eintragungsantrags bzw. Eintragung einer Auflassungsvormerkung, aber vor Eintragung des Erwerbs (zB Abgraben entgegen § 909), so stellt sich die Frage, ob dem Alteigentümer oder dem „Anwartschaftsberechtigten" Ansprüche aus §§ 823 Abs. 1, Abs. 2 iVm § 909 zu stehen. Der BGH hält nach Gefahrübergang (§ 446 Abs. 1) den Anwartschaftsberechtigten für den Anspruchsinhaber, ohne dieses Ergebnis seiner vom Eigentumsvorbehalt her bekannten Problematik (§ 59 V 5 a) nach allen Richtungen voll abzusichern (BGH NJW 1991, 2019; hierzu krit. *Selb* JZ 1991, 1087). Denkbar wären folgende Lösungsvarianten: Drittschadensliquidation durch Eigentümer bzw. Verkäufer; Ermächtigung des Erwerbers nach §§ 185 Abs. 1, 362 Abs. 2; bei eigenem Anspruch aus Anwartschaft § 432 oder § 428? Wenn man dem BGH darin folgt, daß eine deliktisch geschützte Anwartschaft vorliegt, läge die Lösung über § 432 nahe, anderenfalls wäre die konkludente Ermächtigung gemäß §§ 185 Abs. 1, 362 Abs. 2 die brauchbare Alternative.

d) Zweifelhaft ist die Anwendung schuldrechtlicher Bestimmungen, insbesondere die Frage, ob *eine Einigung zugunsten Dritter* möglich ist. Die Frage ist generell zu verneinen, in Ausnahmefällen zu bejahen; zur Begründung kann auf das oben § 5 II 2 Gesagte verwiesen werden.

II. Die Eintragung

1. Erst Einigung und Eintragung zusammen bewirken die Rechtsänderung. Damit erreicht der Gesetzgeber – wie wir schon wiederholt sahen –, daß wirkliche Rechtslage und Buchstand in aller Regel übereinstimmen. Den Eintragungsantrag kann jeder Vertragteil stellen, die grundbuchrechtlich erforderliche Eintragungsbewilligung muß der „Betroffene" erteilen.

2. Die Eintragung muß den Rechtsvorgang wiedergeben, auf den die Beteiligten sich geeinigt hatten. Doch beugt das Gesetz (§ 874) einer Überladung des

---

[1] Von der Pfändung ist die rechtsgeschäftliche Verpfändung zu unterscheiden; hierzu BayObLG DNotZ 1983, 758 (Eintragung bei der Vormerkung des Auflassungsanspruchs – Eintragung der Auflassung bedarf der Zustimmung des Pfandgläubigers) u. DNotZ 1986, 345. Die Verpfändung ist ein wichtiges Mittel bei der Kaufpreiszwischenfinanzierung (s. *Reithmann* DNotZ 1983, 716; *Stöber* DNotZ 1985, 587 und unten § 62 B II 2). Zur Pfändung s. BayObLG Rpfleger 1985, 58 u. LG Düsseldorf m. Anm. *Münzberg* Rpfleger 1985, 305; *Baur/Stürner* Rn. 536; *Brox/Walker* Rn. 713.

[2] S. *Wolfsteiner* JZ 1969, 154; *Münzberg* FS Schiedermair, 1976, 439.

Grundbuchs dadurch vor, daß bei der Eintragung von Rechten, die das Grundstück belasten, „zur näheren Bezeichnung des Inhalts des Rechts" auf die Eintragungsbewilligung *Bezug genommen* werden darf. Deren Inhalt wird dann insoweit als Bestandteil der Eintragung fingiert.

Dies ist nach mehreren Richtungen bedeutsam:

a) Das Recht ist i. S. des § 873 so begründet, wie es im Grundbuch *und* in der „in Bezug genommenen" Eintragungsbewilligung zum Ausdruck kommt (BayObLG NJW-RR 1989, 907, 908; Hamm Rpfleger 1989, 448). Mit *diesem* Inhalt kann es weiter übertragen werden. Eine Divergenz zwischen Einigung und Eintragung kann sich auch aus dem Inhalt der in Bezug genommenen Eintragungsbewilligung ergeben.

b) Für den Erwerber des Grundstücks oder des beschränkten dinglichen Rechts kommt als „Inhalt des Grundbuchs" (i. S. der §§ 892, 893) auch der der Eintragungsbewilligung in Betracht.
Ergibt sich z. B. aus der Eintragungsbewilligung zur Bestellung einer Grunddienstbarkeit, daß das Fahrrecht auch für Lastkraftwagen aller Art gilt, so muß sich das auch der Erwerber des belasteten Grundstücks entgegenhalten lassen.

c) Mit Hilfe der Bezugnahme können nicht Rechte, denen der Zugang zum Grundbuch versperrt ist, zum Inhalt des Grundbuchs gemacht werden, so z. B. nicht eine Hypothek, die zur Sicherung einer anderen Forderung als einer Geldforderung dienen soll (BayObLG MDR 1967, 93) oder schuldrechtliche Vereinbarungen.

Die Art des Rechts (z. B. Grunddienstbarkeit: Überfahrtsrecht – Hypothek) und die Person des Berechtigten, auch eine Bedingung und Befristung müssen aus dem Grundbuch selbst ersichtlich sein[1], im übrigen entscheidet das Ermessen des Grundbuchamts, inwieweit es von der Ermächtigung des § 874 Gebrauch macht (s. dazu BGHZ 21, 34; 35, 378; 47, 41; *Soergel/Stürner* § 874 Rn. 2 und für die Hypothek § 1115).

III. Einigung und Eintragung[2]

Da das Gesetz Einigung *und* Eintragung fordert und beide einander entsprechen müssen, kann sich eine Divergenz ergeben. Diese Divergenz kann einmal sachlich – inhaltlich sein (Einigung und Eintragung differieren dem Inhalt nach; s. unten 1). Schwierigkeiten können sich aber auch aus der zeitlichen Reihenfolge ergeben. Denn zwischen Einigung und Eintragung wird immer ein zeitlicher Zwischenraum liegen, auch kann die Einigung der Eintragung nachfolgen. Um die sich hieraus ergebenden Schwierigkeiten anzudeuten, sei auf die Frage hingewiesen, welche Bedeutung es hat, wenn zwischen Einigung und Eintragung eine der Parteien geschäftsunfähig oder in der Verfügung beschränkt wird oder die Rechtszuständigkeit sich ändert (der Veräußerer stirbt); s. dazu unten 2.

Diesen Fragen kommt – leider – in der Praxis erhebliche Bedeutung zu, da zwischen Einigung und Eintragung oft eine erhebliche Zeitspanne liegt. Dies ist z. T. auf die Überlastung namentlich großstädtischer Grundbuchämter zurückzuführen, noch mehr aber auf die Tatsache, daß der Gesetzgeber mehr und mehr dingliche Rechtsänderungen von dem Vorliegen einer staatlichen Genehmigung abhängig macht (so z. B. im Landwirtschaftsrecht). Das Grundbuchamt darf dann die Eintragung erst

---

[1] BGH NJW 1961, 2157; großzügig BGH NJW 1983, 116; zu den Grenzen des „schlagwortartigen" Eintragungsvermerks BayObLG DNotZ 1991, 258; wegen ausführlicher Nachweise der Rechtsprechungskasuistik für Dienstbarkeiten siehe *Soergel/Stürner* § 1018 Rn. 41.
[2] Dazu *Streuer* Rpfleger 1988, 513 m. Nw.

vornehmen, wenn die Genehmigung erteilt ist; darüber aber können Monate, ja Jahre vergehen. Auf die besonderen Probleme der *neuen Bundesländer* ist an anderer Stelle hingewiesen (§§ 15 VI 4; 16 VII).

1. Fälle *inhaltlicher Divergenz* zwischen Einigung und Eintragung sind uns schon wiederholt begegnet (vgl. z. B. § 18 A I 2). Grundsatz ist, daß weder das vereinbarte Recht (mangels Eintragung) noch das eingetragene Recht (mangels Einigung) entstanden ist. Das Grundbuch ist unrichtig; der Eingetragene muß die Berichtigung des Grundbuchs bewilligen. Er kann aber andererseits – wenn dies noch möglich ist – den Vollzug der der Einigung entsprechenden Eintragung fordern.

Haben sich V und K auf Übereignung der Parzelle a geeinigt und auch die Eintragung der Parzelle a auf K als Eigentümer beantragt, hat aber das Grundbuchamt den Eigentumswechsel fälschlich bei der Parzelle b eingetragen, so muß K die Berichtigung des Grundbuchs durch Wiedereintragung des V als Eigentümer von b bewilligen. Andererseits ist der die Parzelle a betreffende Eintragungsantrag noch nicht erledigt. Das Grundbuchamt muß K als Eigentümer dieser Parzelle eintragen; dies ist nicht mehr möglich, wenn V (oder seine Erben) die Parzelle a inzwischen an D veräußert haben. Auf die Redlichkeit des D kommt es dabei übrigens nicht an, da das Grundbuch bezüglich der Parzelle a richtig und nur bezüglich der Parzelle b unrichtig ist! –

Decken sich Einigung und Eintragung nur teilweise, so ist das Recht im Umfang der Übereinstimmung bei Vorliegen eines entsprechenden Parteiwillens entstanden (§ 139 entsprechend), so wenn die Parteien sich über einen Nießbrauch an den Parzellen a und b geeinigt haben, das Grundbuchamt den Nießbrauch aber nur bei a einträgt: Nießbrauch an a entstanden; ebenso im umgekehrten Fall: Einigung nur über Nießbrauch an a, Eintragung bei a und b.

Weitere Beispiele: RGZ 123, 169: Einigung auf Verkehrshypothek – eingetragen Sicherungshypothek – entstanden Sicherungshypothek (s. unten § 37 IV 1 und § 42 I 2); BGH NJW 1990, 112, 114: Einigung über Wohnrecht auf 30 Jahre – Eintragung ohne Beschränkung – entstanden ein Wohnrecht über 30 Jahre; BGH NJW-RR 1990, 206: Einigung auf ersten Rang – Eintragung auf zweitem – entstanden auf zweitem Rang (str., hierzu § 17 B II 2).

2. Die *zeitliche Divergenz* zwischen Einigung und Eintragung führt zu folgenden Teilfragen (s. dazu die Übersicht 11 am Ende von § 19 B):

a) *Verlust oder Beschränkung der Geschäftsfähigkeit* (Betreuungsbedürftigkeit) im Zeitraum zwischen Einigung und Eintragung (hierzu schon § 5 III 2):

E hat sich am 1. 4. 1992 mit G über die Eintragung einer Grundschuld geeinigt, am 10. 5. 1992 wird ihm wegen plötzlich auftretender Geisteskrankheit (§ 104 Nr. 2) ein Betreuer bestellt (§ 1896), der den E vertritt (§ 1902) und in Willenserklärungen des E einwilligen muß (§ 1903). Der Betreuer möchte die schon beantragte, aber noch nicht vollzogene Eintragung verhindern.

Maßgebend ist § 130 Abs. 2: War die Einigung schon nach § 873 Abs. 2 bindend geworden, so bleibt sie es auch für den Betreuer. War dies nicht der Fall, so kann der Betreuer die Einigung widerrufen, wie es auch der Eigentümer E selbst hätte tun können (s. oben § 5 III 2).

b) Die gleiche Regelung gilt im *Falle des Todes eines der Beteiligten* für die Erben (§ 130 Abs. 2).

Beispielsfälle: BGHZ 32, 367, 369; 48, 351 (= *Baur*, E. Slg. Fall 3).

c) *Wechsel in der Rechtszuständigkeit:*

Hier gilt der Grundsatz, daß dem Verfügenden das Recht, über das er verfügt, noch im Augenblick der *Eintragung* zustehen muß; hat die Rechtszuständigkeit zwischen Einigung und Eintragung gewechselt, so muß eine neue Einigung mit dem neuen Rechtsträger stattfinden. Dies gilt nicht, wenn die Änderung der

Rechtszuständigkeit auf einem Fall der Gesamtrechtsnachfolge beruht; denn der Gesamtrechtsnachfolger tritt im gesamten Umfang in die Rechtsstellung seines Vorgängers ein.

Beispiel (in Anlehnung an BayObLG NJW 1956, 1279): Die Erbengemeinschaft ABC hat ein zum Nachlaß gehörendes Grundstück an K in notarieller Form aufgelassen (§ 925, § 873 Abs. 2). Als K eingetragen werden soll, war inzwischen – weil A, B, C den Nachlaß auseinandergesetzt hatten – A als Alleineigentümer eingetragen worden. Hier muß eine neue Auflassung zwischen dem nunmehr berechtigten A und K erfolgen (Wäre bezüglich der ersten Auflassung schon der Eintragungsantrag gestellt gewesen, so hätte übrigens der Eigentumswechsel auf A nicht eingetragen werden dürfen: § 17 GBO!). – Weiteres Beispiel: BayObLG Rpfleger 1987, 110.
Ist der Verkäufer des Grundstücks V nach Erklärung der notariellen Auflassung gestorben und durch E beerbt worden, so bedarf es keiner neuen Auflassung zwischen E und K: Die Einigungserklärung des V bleibt rechtsgeschäftlich wirksam (§ 130 Abs. 2), sie ist bindend, also durch E nicht widerruflich (§ 873 Abs. 2), die Änderung der Rechtszuständigkeit ist unbeachtlich (§ 1922); s. ferner das oben § 5 III zu 2b im Anschluß an BGHZ 48, 351 (= *Baur*, E. Slg. Fall 3) gebildete Beispiel.

d) Vom Wechsel der Rechtszuständigkeit ist *die Beschränkung in der Verfügungsbefugnis* zu unterscheiden.[1]
Hier wird die Befugnis des Rechtsträgers zur Verfügung über das ihm zustehende Recht – bei Aufrechterhaltung seiner Rechtsträgerschaft – beschränkt; hierunter fallen etwa die Eröffnung des Konkursverfahrens, die Beschlagnahme des Grundstücks im Zwangsversteigerungsverfahren, ein durch einstweilige Verfügung angeordnetes Veräußerungsverbot. Auch hier gilt die *Regel,* daß die Verfügungsbefugnis noch im Augenblick der Eintragung vorliegen muß. Davon macht aber *§ 878 eine bedeutsame Ausnahme:* Eine Verfügungsbeschränkung, die zwischen Einigung und Eintragung eintritt, hindert die Rechtsänderung nicht, wenn die Erklärung des – nunmehr in der Verfügung beschränkten – Berechtigten bereits bindend geworden (§ 873 Abs. 2) *und* der Eintragungsantrag gestellt war. Die Vorschrift beruht offensichtlich auf einer Billigkeitserwägung: Wenn die Parteien alles getan haben, was ihnen oblag, um die dingliche Rechtsänderung herbeizuführen, so soll die Beantwortung der Frage, ob eine *nachher* eingetretene Verfügungsbeschränkung sich noch auswirkt, nicht davon abhängen, wann das Grundbuchamt die Eintragung im Grundbuch vorgenommen hat, ob sofort oder erst nach geraumer Zeit.

Beispiel: (in Anlehnung an BGHZ 28, 182): V hat dem K am 27. 10. 1953 eine Auflassungsvormerkung bewilligt (auch dieses Rechtsgeschäft fällt unter § 878, obwohl diese Bestimmung auf die Bewilligung einer Vormerkung – § 885 – nicht ausdrücklich Bezug nimmt) *und* am selben Tage Antrag auf Eintragung beim Grundbuchamt gestellt. Am 6. 11. 1953 erging zugunsten des D ein gerichtliches Veräußerungsverbot. Die Auflassungsvormerkung zugunsten des K wurde am 10. 11. 1953 eingetragen, das Veräußerungsverbot am 2. 12. 1953. Am 30. 6. 1954 wurde K als Eigentümer eingetragen. Das Veräußerungsverbot beeinträchtigt den Rechtserwerb des K nicht (§ 878); K kann daher die Löschung des Veräußerungsverbots im Grundbuch beantragen. Auf seinen guten oder schlechten Glauben bezüglich des Veräußerungsverbots kommt es nicht an.[2]
Weitere Beispiele: Für Konkursbeschlagnahme (§§ 7, 15 KO) *Baur/Stürner* II InsolvenzR, Rn. 8.17 – 8.22 und BayObLG NJW 1961, 783; KG NJW 1975, 878; OLG Köln Rpfleger 1974, 299 u. 1975, 20;

---

[1] S. dazu *Böttcher* Rpfleger 1983, 187 u. 1984, 377; *Jahr* GS f. Schultz, 1987, 117 (eingehend zum „gerichtlichen Erwerbsverbot").
[2] So mit Recht *Rahn* NJW 1959, 97; BWNotZ 1960, 1; 1967, 269; *Schönfeld* JZ 1959, 140; NJW 1959, 1417; MünchKomm/*Wacke* § 878 Rn. 2; a. A. BGH aaO und *Seuffert* NJW 1959, 527; s. noch § 20 VII 2.

Wörbelauer DNotZ 1965, 518, 529, 580; *Klaus Müller* JZ 1980, 554. Für Beschlagnahme nach § 23 ZVG: BGH NJW-RR 1988, 127.

Schon aus dem Wortlaut des § 878 ergibt sich, daß die Durchbrechung der Regel nur für den *rechtsgeschäftlichen* Rechtserwerb gilt, nicht für den Erwerb im Wege der Zwangsvollstreckung (BGHZ 9, 250 = *Baur,* E. Slg. Fall 4).[1]

Beispiel: Ein Gläubiger G des E hat auf Grund eines Urteils am 1. 3. die Eintragung einer Zwangs- hypothek beantragt. Am 5. 3. wurde ein gerichtliches allgemeines Veräußerungsverbot nach §§ 59, 60 VerglO erlassen, am 5. 4. wurde der Anschlußkonkurs über das Vermögen des E eröffnet. Hier kann sich G nicht auf § 878 berufen, wenn die Zwangshypothek am 5. 3. noch nicht eingetragen war.

§ 878 ist weiter *nicht* anwendbar, wenn die Beschränkung in einem *Erwerbsverbot* besteht (s. oben § 15 IV 2c). Denn sein Zweck ist es gerade, einen rechtsgrundlosen Erwerb zu verhindern (RGZ 120, 118, 120; KG DNotZ 1962, 400).[2] Außerdem wird ja nicht der Berechtigte in der Verfügung be- schränkt, wie § 878 voraussetzt.[3]

3. Bisher sind wir von dem Regelfall ausgegangen, daß die Einigung der Ein- tragung vorausgeht. Es ist aber durchaus möglich, wenn auch nicht gerade häu- fig, daß die *Einigung erst nach der Eintragung erfolgt.*

E hofft, von G ein Darlehen zu erhalten. Er bewilligt zugunsten des G eine Grundschuld, die eingetragen wird. Erst bei Abschluß des Darlehensvertrags macht er dem G davon Mitteilung.

Hier ist das Grundbuch zunächst unrichtig; mit der später vorgenommenen Einigung wird es richtig, das Recht kommt jetzt zur Entstehung.

Die oben 2 bei vorangehender Einigung erörterten Teilfragen sind hier wie folgt zu beantworten:

a) Die *rechtsgeschäftlichen Voraussetzungen* (Geschäftsfähigkeit) müssen im Augenblick der Einigung vorliegen.

Ist E in unserem Beispiel nach Eintragung der Grundschuld unter Betreuung mit Einwilligungs- vorbehalt (§§ 1896 ff., 1903) gestellt worden, so erwirbt G die Grundschuld nicht, wenn der Betreuer des E die Mitwirkung bei der Einigungserklärung ablehnt. G muß die Berichtigung des Grundbuchs bewilligen (obwohl er zunächst von seiner Eintragung gar nichts wußte!).

b) Die *Rechtszuständigkeit* muß im Zeitpunkt der Einigung noch vorliegen. Hat der Rechtsträger gewechselt, so muß die Einigung mit dem neuen Rechtsinhaber erfolgen:

Hat E das Grundstück an K veräußert, so muß die Einigung über die Bestellung der Grundschuld zwischen K und G erfolgen oder K der Einigung zwischen E und G zustimmen (§ 185). Hier auch eine neue *Eintragung* zu fordern (so BGH LM § 873 BGB Nr. 1), ist zuviel des Guten (ebenso *Wolff- Raiser* § 38 Anm. 27 und BGH NJW 1973, 613; dazu *Gotzler* NJW 1974, 2014 u. *Ertl* Rpfleger 1980, 41, 48).

c) Ist der Verfügende in der Zeit zwischen Eintragung und Einigung in der Verfügung beschränkt worden, so bleibt es bei der Regel, daß die Verfügungsbefugnis bei Verwirklichung *beider* Tatbe- standsstücke gegeben sein muß:

Ist über das Vermögen des E nach Eintragung des G der Konkurs eröffnet worden und einigen sich erst jetzt E und G über die Bestellung der Grundschuld, so hat G die Grundschuld dem Konkursver- walter gegenüber wirksam erworben (§ 7 KO). Kannte G jedoch im Augenblick der Einigung die Konkurseröffnung über das Vermögen des E nicht, so greifen § 7 KO u. § 892 Abs. 2 2. Fall mit § 892 Abs. 1 S. 2 Platz: Sein redlicher Erwerb wird geschützt, es sei denn, daß im Zeitpunkt der Einigung der Konkursvermerk schon im Grundbuch eingetragen war (Einzelheiten s. *Baur-Stürner* II, InsolvenzR, Rn. 8.17 ff., insbes. 8.21.).

---

[1] Dazu kritisch *Wacke* ZZP 82, 377 u. im MünchKomm. § 878 Rn. 3; wie hier *Soergel/Stürner* § 878 Rn. 3.

[2] A. A. MünchKomm/*Wacke* § 878 Rn. 25 m. Nw.

[3] Wenn man mit *Venjakob* Rpfleger 1991, 284, § 878 nur auf die Willenserklärung anwendet und den Eintragungsantrag nicht fortbestehen läßt, falls der Antragende vor Eintragung die Verfügungs- befugnis verliert (s. schon § 16 II 2), wäre die Bedeutung des § 878 praktisch stark reduziert – u. E. abzulehnen!

Übersicht 11

Änderung rechtlich erheblicher Umstände: bei mehraktigem Rechtserwerb

Wegfall der Geschäftsfähigkeit oder Tod	Wechsel der Rechtszuständigkeit	Wegfall (Beschränkung) der Verfügungsbefugnis
zwischen Einigung und Eintragung		
§ 130 Abs. 2 (aber Widerrufsmöglichkeit, sofern nicht § 873 Abs. 2)	Einigung mit neuem Rechtsträger erforderlich, sofern nicht Gesamtrechtsnachfolge	§ 878
zwischen Eintragung und (nachfolgender) Einigung		
Geschäftsfähigkeit noch im Augenblick der Einigung erforderlich	Einigung mit neuem Rechtsträger erforderlich (aber keine neue Eintragung!)	Verfügungsbefugnis noch im Augenblick der Einigung erforderlich, sofern nicht Sonderregelung, z.B. § 7 KO mit § 892; beachte aber § 42 KO!
zwischen Einigung und Übergabe (bei beweglichen Sachen)		
§ 130 Abs. 2 (aber Widerrufsmöglichkeit)	Einigung mit neuem Rechtsträger erforderlich, sofern nicht Gesamtrechtsnachfolge	Verfügungsbefugnis im Augenblick der Übergabe
zwischen Übergabe und (nachfolgender) Einigung (bei beweglichen Sachen)		
Geschäftsfähigkeit noch im Augenblick der Einigung	Einigung mit neuem Rechtsträger erforderlich	Verfügungsbefugnis im Augenblick der Einigung

C. Die Inhaltsänderung

I. Voraussetzungen

1. Das Gesetz sieht in einer Inhaltsänderung eines das Grundstück belastenden Rechts eine teilweise, „substantielle" Verfügung über das Recht. Es verlangt daher, wie sich aus § 877 ergibt,

a) die Einigung des Berechtigten und des Grundeigentümers (§ 877 mit § 873 Abs. 1);

Die Einigung ist unter den Voraussetzungen des § 873 Abs. 2 bindend;

b) die *Eintragung* der Inhaltsänderung im Grundbuch, wobei zur näheren Bezeichnung der Inhaltsänderung auf die Eintragungsbewilligung Bezug genommen werden kann (§ 877 mit §§ 873, 874);

c) die *Zustimmung eines Dritten,* mit dessen Recht das inhaltlich zu ändernde Recht belastet ist (§ 877 mit § 876), und zwar dann, wenn die Inhaltsänderung für den Dritten rechtlich ungünstig ist;[1]

d) die *Zustimmung der im Range Gleich- oder Nachstehenden,* wenn der Umfang des Rechts erweitert wird.

---

[1] BayObLG NJW 1960, 1155; OLG Neustadt DNotZ 1964, 344; BGHZ 91, 343, 346.

Beispiel: Änderung der Einzelleistungen aus einer Reallast (OLG Frankfurt Rpfleger 1987, 312). Die fehlende Zustimmung macht allerdings nur den *Rang* (§ 879) insoweit unrichtig, die Inhaltsänderung als solche ist wirksam!

II. Begriff

Inhaltsänderung ist jede Änderung des dinglichen Gehalts des Rechts, die nicht Begründung, Übertragung, Belastung oder Aufhebung des Rechts ist.

Man muß sich freilich von der Vorstellung frei machen, als sei jede beliebige Inhaltsänderung zulässig; da die Zahl der zulässigen beschränkten dinglichen Rechte vom Gesetz bestimmt ist und ihr typischer Inhalt festlegt, sind nur solche inhaltliche Änderungen möglich, die *entweder* das Gesetz ausdrücklich gestattet,

z. B. die Umwandlung einer Hypothek in eine Grundschuld und umgekehrt (§ 1198), die Verlegung der räumlichen Ausübung einer Grunddienstbarkeit (§ 1023)

oder die dem vom Gesetz geprägten Gehalt des Rechts nicht zuwiderlaufen.

So wäre z. B. die Begründung eines Nutzungsrechts für den Hypothekar durch Inhaltsänderung der Hypothek unzulässig; zulässig dagegen eine Änderung der Kündigungsbestimmungen bei einer Hypothek.

Von einer Inhaltsänderung kann man auch dann nicht sprechen, wenn an Stelle des bisher begründeten Rechts ein anderes gesetzt werden soll, ohne daß das Gesetz – wie bei Hypothek und Grundschuld – eine solche Umwandlung gestattet. Hier muß das „alte" Recht aufgehoben (§ 875), das neue begründet werden (§ 873; dazu auch BayObLG Rpfleger 1967, 11).

Eine besondere Rolle spielen Inhaltsänderungen im Bereich des Wohnungseigentums (z. B. bei Verschiebung von Sondereigentumsräumen unter den Wohnungseigentümern oder Änderungen der Teilungserklärung; hierzu *Soergel/Stürner* § 10 WEG Rn. 10–10d m. Nw.; Grundzüge des Wohnungseigentums bei § 29 B).

D. Die Aufhebung eines Rechts

I. Begriff

1. Daß jemand auf ein ihm zustehendes Grundstücksrecht verzichtet, wird nicht gerade häufig sein, aber immerhin vorkommen: So wird der Eigentümer eines Grundstücks u. U. auf sein Eigentum verzichten, wenn es völlig überlastet ist oder infolge hoher Steuern und Reparaturkosten „nicht mehr gehalten werden kann". Der Inhaber eines beschränkten dinglichen Rechts wird aus Entgegenkommen oder gegen eine Ablösungssumme bereit sein, sein Recht aufzuheben, wenn etwa die Nutzung oder Verwertung des Eigentums dies erfordert.

Beispiel: Der Mutter des E steht an den dem E gehörigen Grundstücken der Nießbrauch zu: Sie wird den Nießbrauch aufheben, wenn ihr Sohn ein Grundstück als Bauplatz verkaufen will.

Das Gesetz spricht von „Aufhebung" nur dann, wenn ein beschränktes dingliches Recht durch rechtsgeschäftliche Erklärung des Berechtigten beseitigt wird. Davon sind zu unterscheiden:

a) Der *Verzicht auf das Eigentum* (s. § 928);[1]

b) Die *Aufgabe eines Rechts an einem beschränkten dinglichen Recht,* also die Aufhebung des Nießbrauchs oder Pfandrechts an einem beschränkten dinglichen Recht; hierzu genügt einseitige Aufgabeerklärung des Berechtigten (§ 1072 mit § 1064; § 1273 mit § 1255). Eine Löschung des „Rechts am Recht" im Grundbuch ist bloße Grundbuchberichtigung, obwohl zur Begründung des Rechts die Eintragung erforderlich gewesen war (§ 873 Abs. 1; systemwidrig!).

2. Unter *Aufhebung* eines beschränkten dinglichen Rechts versteht man den Verzicht[2] des Berechtigten auf sein Recht.

---

[1] Aber kein Verzicht auf Miteigentum an einem Grundstück (BGH NJW 1991, 2488); dies wäre mit dem Gemeinschaftsverhältnis unvereinbar!

[2] Untechnisch! Zum „Verzicht" bei Grundpfandrechten s. §§ 38 IX 1b, 44 VI 3a.

Voraussetzung ist, daß das Recht besteht; ist es bereits außerhalb des Grundbuchs erloschen oder auf einen anderen übergegangen, so liegt in der Löschungs- oder Umschreibungsbewilligung des Berechtigten nur sein Einverständnis mit der Berichtigung des Grundbuchs, keine Aufhebung des Rechts i. S. des § 875.

Beispiel: E hat die durch die Hypothek des H gesicherte Darlehensforderung in laufenden Raten getilgt (amortisiert). Hier kann H die Hypothek nicht mehr aufheben. Seine Löschungsbewilligung ist zwar grundbuchrechtlich zur Löschung der Hypothek erforderlich, da H noch als Berechtigter im Grundbuch eingetragen ist; sie genügt aber allein nicht, da die Hypothek als Eigentümergrundschuld kraft Gesetzes (§ 1163 Abs. 1 S. 2 mit § 1177) auf den Eigentümer übergegangen ist.

Zu beachten ist im übrigen auch, daß für die Löschung der Hypothek *nie* die Aufhebungserklärung des H allein genügt, sondern immer die Zustimmung des Eigentümers notwendig ist (§ 1183; § 27 GBO).

II. Voraussetzungen

Die Aufhebung ist der contrarius actus zur Rechtsbegründung; wie diese erfordert sie ein Willensmoment und dessen Kundbarmachung im Grundbuch.

1. Notwendig ist „die Erklärung des Berechtigten, daß er das Recht aufgebe" (§ 875 Abs. 1 S. 1).

Das Gesetz fordert also keine Einigung; denn die Aufhebung wird dem Eigentümer regelmäßig nützlich sein; seiner Zustimmung bedarf es also nicht (Ausnahmen: § 1183; § 26 ErbbauRV).

Die Aufgabeerklärung ist eine einseitige, abstrakte Willenserklärung des Privatrechts; sie ist empfangsbedürftig: sie muß dem Grundbuchamt oder dem durch die Aufhebung Begünstigten gegenüber abgegeben werden (§ 875 Abs. 1 S. 2).

Anwendbar sind also die Vorschriften über die Geschäftsfähigkeit, die Willenserklärungen, Vertretung usw. –

Beispiel: Wenn Grundstückseigentümer E als Vertreter des Hypothekars H die Aufgabeerklärung abgibt, so ist sie analog § 181 unwirksam (BGHZ 77, 7; hierzu § 5 II 1 b).

Bindend (also nicht widerruflich) ist die Aufgabeerklärung nur unter den Voraussetzungen des § 875 Abs. 2 (vgl. den entsprechenden § 873 Abs. 2). Davon ist aber die bindende schuldrechtliche Verpflichtung zur Aufgabe zu unterscheiden, die sich – natürlich – nicht an § 875 Abs. 2 mißt (BGH NJW 1980, 228)!

Von der materiellrechtlichen Aufgabeerklärung ist die grundbuchrechtlich erforderliche *Löschungsbewilligung* (§ 19 GBO) zu unterscheiden. Da die erstgenannte auch dem Grundbuchamt gegenüber abgegeben werden kann, wird sie freilich regelmäßig in der Löschungsbewilligung mitenthalten sein (BGHZ 77, 7 ff.). Ihre Voraussetzungen bestimmen sich aber auch dann ausschließlich nach materiellem Recht (s. dazu oben § 16 III 3).

2. Notwendig ist ferner die Kundbarmachung der Aufhebung im Grundbuch, die *Löschung*. Sie erfolgt – wie wir wissen (vgl. § 16 VI 2 c) – durch einen Löschungsvermerk oder durch Nichtmitübertragung (§ 46 GBO).

Zwischen Aufgabeerklärung und Löschung kann ein längerer zeitlicher Zwischenraum liegen. Auch kann die Aufgabeerklärung der Löschung nachfolgen. Es ergeben sich dann ähnliche Probleme, wie wir sie oben B III 2, 3 bei der Rechtsbegründung und Rechtsübertragung besprochen haben. Hervorzuheben ist, daß auch hier § 878 anwendbar ist.

Beispiel: H hat seinem Schwiegersohn E ein durch Grundschuld gesichertes Darlehen gegeben. Als H in Vermögensverfall gerät, will er dem E Darlehen und Grundschuld „zukommen lassen": Er erläßt dem E das Darlehen und bewilligt die Löschung der Grundschuld durch Erklärung gegenüber dem Grundbuchamt. Wenn er vor der Löschung des Rechts in Konkurs fällt, so hindert dies die Löschung nicht, § 878 mit § 875 Abs. 2 (eine andere Frage ist, ob der Konkursverwalter nicht die Aufhebung der Grundschuld nach §§ 31, 32 KO anfechten kann: Gesichtspunkt der Gläubigerbenachteiligung).

3. Ist das aufzuhebende Recht mit dem Recht (Nießbrauch oder Pfandrecht) eines Dritten belastet, so muß auch dieser zustimmen (§ 876).

Dies ist eigentlich selbstverständlich, da in solchen Fällen der Inhaber des beschränkten dinglichen Rechts eben nicht mehr allein Herr dieses Rechts ist. Weniger selbstverständlich ist es, daß bei Aufhebung eines subjektiv-dinglichen Rechts (z.B. einer Grunddienstbarkeit) auch solche Dritte zustimmen müssen, die ein beschränktes dingliches Recht an dem herrschenden Grundstück haben (also z.B. ein Hypothekar), § 876 Satz 2. Aber man muß sich vergegenwärtigen, daß durch die Aufhebung der Grunddienstbarkeit der Wert des herrschenden Grundstücks beeinträchtigt werden kann.

Fehlt die erforderliche Zustimmung des Dritten, so darf die Löschung im Grundbuch nicht erfolgen. Dies ergibt sich für den Fall des § 876 Satz 1 aus § 19 GBO, da – wie wir wissen (§ 16 III 5 d) – auch nur mittelbar Betroffene die Eintragung (hier: Löschung) bewilligen müssen, für den Fall des § 876 Satz 2 aus der verdeutlichenden Bestimmung des § 21 GBO. Es wird also selten vorkommen, daß die Löschung ohne die notwendige Zustimmung des Dritten erfolgt. Geschieht dies einmal, so ist fraglich, ob das Grundbuch nur dem Dritten gegenüber oder schlechthin unrichtig ist. Für die zweite Auffassung, der die h.M. folgt, spricht der Wortlaut des § 876 Satz 1 und 2 („ist erforderlich"), für die erste (*Wolff-Raiser* § 39 IV) der mit dem Zustimmungserfordernis verfolgte Zweck; ihr ist daher zu folgen.

E. Rechtsänderungen in den neuen Bundesländern

I. Neubegründung

Für die Neubegründung dinglicher Rechte gilt ab dem 3. 10. 1990 das Recht des BGB. Nach dem ZGB können Rechte nur noch begründet werden (Art. 233 § 7 Abs. 2 EGBGB), falls vor dem 3. 10. 1990 ein Eintragungsantrag gestellt *und* Eintragungsbedürftigkeit gegeben war. Eintragungsbedürftig in diesem Sinne waren das Vorkaufsrecht (§ 306 S. 2 ZGB) und die Hypothek (§ 453 S. 3 ZGB), nicht aber Nutzungsrechte (§§ 286 ff. ZGB) mit der Möglichkeit isolierten Gebäudeeigentums, weil hier die Eintragung ebenso wie bei Mitbenutzungsrechten (§§ 321, 322 ZGB) nicht konstitutiv war (hierzu schon § 15 VI 4).

II. Übertragung

Eigentum wird ab 3. 10. 1990 nach §§ 873, 925 übertragen; das gleiche gilt für Gebäudeeigentum aufgrund von Nutzungsrechten, für das ein gesondertes Gebäudegrundbuchblatt existiert (Art. 233 § 4 Abs. 1 und 3 EGBGB; siehe ferner § 15 VI 3). Hingegen gilt § 297 ZGB (Eigentumserwerb durch Kaufvertrag und Eintragung), falls der Eintragungsantrag vor dem 3. 10. 1990 gestellt war (Art. 233 § 7 Abs. 1 EGBGB). Für die Übertragung von Hypotheken des ZGB (§§ 452 ff. ZGB) gilt das Recht der BGB-Sicherungshypothek (Art. 233 § 6 Abs. 1 S. 1 EGBGB); falls der Eintragungsantrag vor dem 3. 10. 1990 gestellt war (Art. 233 § 7 Abs. 2 S. 3 EGBGB), bewendet es bei § 454 Abs. 3 ZGB (beglaubigte Forderungsabtretung und Eintragung – hinfällig wohl die staatliche Genehmigung!). Für alte BGB-Grundpfandrechte gilt BGB-Recht (Art. 233 § 6 Abs. 2 EGBGB).

III. Inhaltsänderung

Der mögliche Rechtsinhalt richtet sich nach dem ZGB, soweit es um ZGB-Altrechte geht (Art. 233 § 3 Abs. 1 EGBGB); Neubestellung ist notwendig, soweit einem Recht ein BGB-Inhalt gegeben werden soll. Das Verfahren der Inhaltsänderung folgt § 877, es sei denn, der Antrag war vor dem 3. 10. 1990 gestellt; dann gilt § 13 Grundbuchverfahrensordnung (Art. 233 § 7 Abs. 2 S. 3 EGBGB).

IV. Aufhebung

Die Aufhebung folgt bei eingetragenen Rechten § 875; nur für nicht eintragungsbedürftige Rechte, die auch nicht eingetragen sind, gilt ZGB-Recht (z B. nicht eingetragene Mitbenutzungsrechte gemäß §§ 321 f. ZGB) – so Art. 233 § 3 Abs. 3 EGBGB. Für Hypotheken des ZGB greift ebenfalls § 875, aber ohne §§ 1183 BGB, 27 GBO; der Verzicht (§ 1168) ist ausgeschlossen (Art. 233 § 6 Abs. 1 S. 2 und 3); der Grund beider Einschränkungen liegt darin, daß das ZGB die Eigentümergrundschuld nicht kennt (§ 454 Abs. 2 ZGB, der gemäß Art. 233 § 3 Abs. 1 EGBGB fortgilt).

Lit.: MünchKomm/*Quack, v. Oefele, Joost, Eickmann, Wacke* Art. 233 § 3 bis 7 EGBGB (Nachtrag).

§ 20. Die Vormerkung

Lit.-Hinweis: *Jürgen F. Baur,* Die Durchsetzung einer gutgläubig erworbenen Auflassungsvormerkung, JZ 1967, 437; *Biermann,* Widerspruch und Vormerkung nach deutschem Grundbuchrecht (1901); *Canaris,* Die Verdinglichung oblig. Rechte, FS Flume, 1978, 371, 381; *Dulckeit,* Die Verdinglichung obligatorischer Rechte (1951); *Flume* II § 17, 6; *Hager,* Die Vormerkung, JuS 1990, 429 ff.; *Knöpfle* JuS 1981, 157; *Kohler,* Vormerkbarkeit eines durch abredewidrige Veräußerung bedingten Rückerwerbsanspruchs, DNotZ 1989, 339 ff.; *Kupisch* JZ 1977, 486; *Medicus,* Vormerkung, Widerspruch, Beschwerde, AcP 163, 1; *v. Olshausen* JuS 1976, 522; *Paulus,* Schranken des Gläubigerschutzes aus relativer Unwirksamkeit, FS Nipperdey I, 1965, 909; *Prinz,* Der gutgläubige Vormerkungserwerb und seine rechtlichen Wirkungen, 1989; *Reichel,* Die Vormerkung im deutschen BGB, in DogmJ 46, 59; *D. Reinicke,* Der Schutz des guten Glaubens beim Erwerb einer Vormerkung, NJW 1964, 2373; *Siber,* Individualisierung der Forderungen bei ... Vormerkungen, DogmJ 75, 375; *Schneider,* DNotZ 1982, 523 (Rang); *Schwerdtner,* Die Auflassungsvormerkung, Jura 1985, 316; *Tiedtke* Jura 1981, 354 (System. Darstellung); *Weber,* Die Anwendung der Vorschriften über Rechte an Grundstücken auf die Vormerkung, Tüb. Diss. 1962; *Werner, Olaf,* Gleichrangige Auflassungsvormerkungen, FS E. Wolf 1985, 671; *Wiegand* JuS 1975, 211; *Wörbelauer,* Das unter Eigentumsvormerkung stehende Grundstück – eine res extra commercium? DNotZ 1963, 580, 652, 718; *Zagst,* Das Recht der Löschungsvormerkung und seine Reform (1973). – Weitere Lit.-Angaben im Text u. in *Soergel/ Stürner* § 883 vor Rn. 1; ferner bei *Westermann/Eickmann* § 100.

S. die Übersicht 12 am Ende von § 20.

I. Begriff und Anwendungsbereich

1. Die dem deutschen Recht eigene Trennung von schuldrechtlichem und dinglichem Geschäft bei der Begründung und Übertragung von Grundstücksrechten führt zu einem ausgesprochenen *Sicherungsbedürfnis* des einstweilen nur obligatorisch Berechtigten; denn dieser ist seines Rechtes erst sicher, wenn er im Grundbuch eingetragen ist. Bis dahin kann sein Schuldner den Anspruch auf die dingliche Rechtsänderung vereiteln, indem er z. B. das verkaufte Recht auf einen anderen überträgt. Er macht sich dann zwar schadensersatzpflichtig (z. B. nach §§ 440, 325); aber die nun geschaffene dingliche Rechtslage ist oft irreparabel.

Welche wirtschaftlichen Machtkämpfe sich hier verbergen können, mag folgendes *Beispiel* deutlich machen: Das Kaufhaus K möchte verhindern, daß das benachbarte unbebaute Grundstück des V an „die Konkurrenz" veräußert wird. V und K schließen daher einen Kaufvertrag, der aber erst nach dem Tode des V durch Auflassung vollzogen werden soll. D, der ein Warenhaus betreibt, wendet sich an V, um das Grundstück zu kaufen, schlägt dessen Bedenken („das Grundstück sei ja schon verkauft") aus dem Felde und erreicht schließlich, daß V an ihn verkauft und aufläßt. Wird er eingetragen, so ist an seinem Eigentum nur zu rütteln, wenn der Kaufvertrag V–D *ausnahmsweise* sittenwidrig war (§ 138 I), z. B. weil D den K bewußt überboten oder den bedenklichen V von Schadensersatzforderungen des K freigestellt hat (hierzu BGH NJW 1981, 2185 m. Nw.). Dann kann K von V die Abtretung des bereicherungsrechtlichen Rückauflassungsanspruches verlangen (§§ 440 I, 325, 281, 812 I 1, 1. Alt.; aber: §§ 814, 817 S. 2!) oder aus §§ 826, 249 bzw. §§ 1 UWG, 249 direkt die

Auflassung von D fordern (str.). Im „Normalfall" des Zweitverkaufes bleibt indessen D Eigentümer, die Beweislage ist für den Erstkäufer oft schlecht.

Hier setzt das Institut der Vormerkung ein: mit ihr gibt das Gesetz (§§ 883 ff.) dem Anspruchsberechtigten ein *vorläufiges Sicherungsmittel*, das ihn schützt. Die Vormerkung wird im Grundbuch eingetragen und weist jeden Erwerber darauf hin, daß eine Eintragung zugunsten eines anderen bevorsteht und daß er – läßt er sich trotzdem eintragen – damit rechnen muß, sein Recht wieder zu verlieren.

2. Der so in groben Strichen gekennzeichnete Anwendungsbereich der Vormerkung wird nun freilich in der Praxis mannigfach variiert: zu der eben geschilderten *Auflassungsvormerkung* treten als weitere gängige Formen die *Löschungsvormerkung* und für den Bereich der Grundpfandrechte der gesetzliche *Löschungsanspruch* (s. oben § 17 A II 2b und ausführlich unten § 46 IV), der in seinen Wirkungen einer eingetragenen Löschungsvormerkung gleichsteht (§ 1179a Abs. 1 S. 3): hier wird im Regelfall der Anspruch eines nachrangig Berechtigten auf Löschung eines vorhergehenden Grundpfandrechts im Falle seiner Vereinigung mit dem Eigentum gesichert.

In ihrer Zweckrichtung unterscheidet sich die Auflassungsvormerkung erheblich von der Löschungsvormerkung und dem gesetzlichen Löschungsanspruch: erstere soll den meist recht kurzen Zeitraum zwischen Kauf und Eigentumserwerb überbrücken. Dagegen bezwecken die Löschungsvormerkung und der gesetzliche Löschungsanspruch, ein noch recht ungewisses künftiges Ereignis (das Zusammenfallen von Eigentum und Grundpfandrecht) schon jetzt zugunsten des geschützten nachrangigen Gläubigers zu „fixieren". In dieselbe Richtung weisen nun verschiedene moderne Formen der Vormerkung: ihnen ist gemeinsam, daß zwar der dingliche Rechtszustand jetzt und in naher Zukunft nicht geändert werden, daß aber doch bei Eintritt gewisser Ereignisse oder Ablauf einer gewissen Zeit eine Rechtsänderung eintreten soll; *daß sie in der Zwischenzeit nicht vereitelt werden kann,* dies soll die Vormerkung garantieren. Hierunter fallen etwa die Vormerkung des Anspruchs aus einem schuldrechtlichen *Wiederkaufsrecht:*

V hat sein Geschäftshaus an seinen Sohn S übereignet, sich aber das Wiederkaufsrecht vorbehalten, falls S das Geschäft aufgibt; dieses Recht wird durch Vormerkung gesichert (RGZ 125, 242, 247; BGHZ 75, 288; BGH DNotZ 1959, 399; *Streuer* Rpfleger 1986, 245; BayObLG NJW-RR 1990, 662);

oder die Vormerkung des Anspruchs aus einem Vorvertrag oder aus einem vom Eigentümer – meist gegen Vergütung – eingeräumten *Ankaufsrecht* (Option; dazu unten § 21 B VI):

„Falls E aus irgend einem Grunde sein Grundstück verkauft, ist er verpflichtet, es dem A anzubieten, und zwar zu einem bestimmten Preis . . ." (RGZ 154, 355; BayObLG DNotZ 1956, 206; ähnlich BGH NJW 1981, 446); dieses Recht des A kann durch Vormerkung gesichert werden.

Andere Fälle sind die Vormerkung zum Schutze des Anspruchs aus einem persönlichen Vorkaufsrecht (RGZ 104, 122), des Anspruchs auf Einräumung des Vorrangs u. s. w.

Erhebliche praktische Bedeutung hat die Vormerkung heute im Rahmen einer *Grundstücksparzellierung:* V hat an K ein Grundstück verkauft und aufgelassen. K soll berechtigt sein, ohne seine vorgängige Eintragung im Grundbuch das Grundstück in einzelnen Parzellen an Baulustige zu veräußern; so veräußert K eine Parzelle an B und läßt sie ihm auf. Da V bis zur Eintragung des B Eigentümer bleibt, ist das Sicherungsbedürfnis sowohl des K wie des B augenscheinlich; ihm wird durch die Vormerkung genügt (zu den recht komplizierten Einzelheiten s. *Vollkommer* Rpfleger 1968, 337).

Insgesamt halten sich bei der Verwendung des Instituts der Vormerkung berechtigtes Sicherungsbedürfnis und das ja nur zu bekannte Bestreben einer „Fixierung der Zukunft" die Waage. Dem letztgenannten Bestreben dienen etwa die – bisher mißglückten – Versuche, auch künftige erbrechtliche Ansprüche durch Vormerkung zu sichern (BGHZ 12, 115 = *Baur,* E.Slg. Fall 7; s. unten II 1 a).

3. Der *Zweck* der Vormerkung ist also der Schutz eines Anspruchs auf eine dingliche Rechtsänderung gegen seine Vereitelung durch eine Verfügung des Schuldners. Sie führt freilich nicht zu einer Grundbuchsperre: Der Schuldner kann über sein Recht nach wie vor verfügen, aber eine solche Verfügung ist gegenüber dem Vormerkungsgeschützten – also *relativ* – *unwirksam.* Darüber hinaus hat die Vormerkung in gewissem Umfang *Vollwirkung,* d. h. sie wird wie ein beschränktes dingliches Recht behandelt, so vor allem im Konkurs des Schuldners (§ 24 KO) oder im Falle der Haftungsbeschränkung des Erben (§ 884). Auch sichert die Vormerkung den Rang des späteren Rechts (§ 883 Abs. 3: *Rangwirkung*).

Diese „Zwitterstellung" der Vormerkung macht ihre rechtliche Qualifikation schwierig; ein abschließendes Urteil darüber wird uns erst am Ende unserer Erörterungen möglich sein. Hier können wir zunächst nur ihre allgemeinen Kennzeichen skizzieren: Sie rangiert einmal im schuldrechtlichen Bereich, insofern sie den obligatorischen Anspruch auf eine dingliche Rechtsänderung sichert, sie gehört aber auch in den Bereich des Sachenrechts, da ihre Wirkungen dinglicher Natur sind. Man kann sie daher als dinglich wirkendes Sicherungsmittel zum Schutze eines Anspruchs auf eine dingliche Rechtsänderung bezeichnen.

In der Verknüpfung (Akzessorietät) von Anspruch und dinglichem „Recht" hat sie manche Ähnlichkeit mit der Hypothek: wie diese ist sie in ihrer Entstehung und in ihrem Bestand von dem zu sichernden Anspruch abhängig; wie diese geht sie mit dem Anspruch auf einen neuen Rechtsträger über. Im *Ziel* sind beide freilich verschieden: die Hypothek gibt dem Gläubiger – neben dem Anspruch aus der gesicherten Geldforderung – ein Verwertungsrecht, die Vormerkung ermöglicht die Durchsetzung des Anspruchs auf Rechtsänderung gegenüber Dritten, die nach Eintragung der Vormerkung Rechte erworben haben, falls sie den durch die Vormerkung geschützten Anspruch beeinträchtigen.

4. Als vorläufiges Sicherungsmittel hat die Vormerkung Ähnlichkeit mit dem *Widerspruch.* Beide Rechtsbehelfe sind aber doch grundsätzlich zu unterscheiden: Der *Widerspruch* richtet sich gegen die Richtigkeit des Grundbuchs und schützt den wirklich Berechtigten vor Verfügungen des eingetragenen „Berechtigten" (s. oben § 18 B). Dagegen wendet sich die *Vormerkung* nicht gegen die Richtigkeit des Grundbuchs, sie enthält vielmehr die Ankündigung einer künftigen Rechtsänderung und schützt den obligatorischen Anspruchsinhaber vor Verfügungen des wirklich Berechtigten. Man sagt: „Die *Vormerkung* prophezeit" (nämlich eine künftige Rechtsänderung im Grundbuch), „der *Widerspruch* protestiert" (nämlich gegen die Richtigkeit des Grundbuchs).[1]

Freilich kann im Einzelfall zweifelhaft sein, ob die Vormerkung oder der Widerspruch der geeignete Rechtsbehelf ist; hier muß eine Kumulierung beider Rechtsbehelfe bzw. eine Umdeutung des einen Rechtsbehelfs in den anderen möglich sein.

Hat z. B. E sein Grundstück an K verkauft und aufgelassen und behauptet er später, er sei von K

---

[1] *Reichel* DogmJ 46, 66.

arglistig getäuscht worden und habe daher wirksam angefochten, so ist die Vormerkung der richtige Rechtsbehelf, wenn die Anfechtung *nur* den Kaufvertrag erfaßt (sie schützt dann den Anspruch auf Rückübereignung aus ungerechtfertigter Bereicherung). Ergreift die Anfechtung *auch* die Auflassung, so müßte – da dann das Grundbuch unrichtig ist – ein Widerspruch eingetragen werden. Aus einer unrichtigen Beurteilung der Rechtslage darf dem zu sichernden E kein Nachteil erwachsen. Hat er also eine Vormerkung eintragen lassen, so ist sie als Widerspruch zu behandeln, wenn das Gericht Nichtigkeit der Auflassung annimmt (RGZ 139, 353, 355; RG SeuffA 78 Nr. 168 S. 276; zust. *Heck* § 47 II 8; *Westermann/Eickmann* § 100 II 1 b).

II. Gegenstand der Vormerkung

1. § 883 kennzeichnet den durch die Vormerkung zu sichernden Anspruch: er muß auf *Einräumung* eines Grundstücksrechts oder eines Rechts an einem solchen, auf *Aufhebung* solcher Rechte, auf *Inhaltsänderung* des Rechts oder schließlich auf *Rangänderung* gerichtet sein.

Daraus ergibt sich folgendes:

a) Der *Anspruch* kann dem verschiedenartigsten *Rechtsgrund* entspringen; er kann schuldrechtlicher Natur sein (Typ: die auf Kaufvertrag beruhende Auflassungsvormerkung), er kann im Familienrecht begründet sein (so etwa wenn das Familiengericht dem einen Ehegatten nach § 1383 den Anspruch auf Übereignung eines Grundstücks zugesprochen hat), schließlich sind auch voll entstandene erbrechtliche Ansprüche durch Vormerkung sicherbar (z. B. ein Vermächtnisanspruch *nach* Eintritt des Erbfalls).

Dagegen können *vor* dem Erbfall erbvertragliche Ansprüche *so wenig wie testamentarische Vermächtnisse* durch Vormerkung geschützt werden (BGHZ 12, 115 [= *Baur*, E.Slg. Fall 7]; OLG Hamm, DNotZ 1956, 151; str.).[1] Auch nicht der sachenrechtliche Anspruch auf eine künftige Grundbuchberichtigung (BayObLG DNotZ 1976, 106; Widerspruch, nicht Vormerkung, u. U. aber Umdeutung: oben I 4).

Der Anspruch muß gültig entstanden sein und noch bestehen.

Beispiel (in Anlehnung an BGHZ 54, 56): V hat an K notariell zu 175000 DM veräußert, wirklich gewollt war ein Kaufpreis von 200000 DM. Die von V dem K bewilligte Auflassungsvormerkung wird eingetragen. Kurze Zeit darauf wird eine Vormerkung auf Eintragung einer Grunddienstbarkeit zugunsten der G eingetragen. – Da der simulierte notarielle Vertrag nach § 117 I nichtig war und der wirklich gewollte Vertrag erst durch die Eintragung des K als Eigentümers wirksam werden konnte (§§ 117 II, 125, 313 S. 2), lag der Auflassungsvormerkung keine gültige Forderung zugrunde; sie konnte auch nicht als Vormerkung eines künftigen Anspruchs (dazu unten 2) aufrechterhalten werden (*Medicus* Rn. 555; a. A. *Lüke* JuS 1971, 341). § 883 II griff also zu Lasten der Grunddienstbarkeitsvormerkung nicht Platz; sie kann auch nach Eintragung des K als Eigentümers im Grundbuch durchgesetzt werden (§ 888). –
Hat der Verkäufer bereits aufgelassen und die Eintragung des Käufers bewilligt, so bleibt doch der Eigentumsverschaffungsanspruch des Käufers bis zur Eintragung bestehen, kann also durch Vormerkung gesichert werden (vgl. die Nachweise bei MünchKomm/*Wacke* § 883 Rn. 30).

---

[1] Siehe dazu *Rimmelspacher* Rn. 578 ff.; *Schönfeld*, Die Vormerkbarkeit erbrechtlicher Ansprüche vor Eintritt des Erbfalls, Tüb. Diss. 1956; *Jauernig/Stürner* § 2174 Anm. 1. – Sicherbar ist der Vermächtnisanspruch nach dem Erbfall (BayObLG Rpfleger 1981, 190; BGH JZ 1991, 986 mAnm *Leipold*), ferner der Anspruch aus einem Schenkungsvertrag oder ein entsprechendes bindendes Schenkungsangebot; dabei darf die Schenkung zwar erst im Todeszeitpunkt fällig, aber nicht unter der Bedingung des Überlebens des Beschenkten (§ 2301) gemacht sein (*Soergel/Stürner* § 883 Rn. 17 m. Nw.; krit. *Westermann/Eickmann* § 100 II 1 c; zur Unterscheidung zwischen überlebensbedingter Schenkung und unbedingter, im Todeszeitpunkt fälliger Schenkung *Jauernig/Stürner* § 2301 Anm. 1 a und 3).

b) Der durch Vormerkung zu sichernde Anspruch muß auf eine *zulässige Eintragung* gerichtet sein.

Unzulässig wäre es, ein künftiges Pachtrecht aus einem Vorpachtvertrag durch Vormerkung zu sichern.

c) Der Vormerkungsgeschützte muß *Gläubiger* des zu sichernden Anspruchs sein; der gesicherte Anspruch muß sich *gegen den* durch die Vormerkung betroffenen *Rechtsinhaber* richten.

Gläubigerstellung und Berechtigung aus der Vormerkung, Schuldnerstellung und Inhaber des durch die Vormerkung belasteten Rechts müssen also zusammenfallen.

Dies schließt nicht aus, den durch einen *Vertrag zugunsten Dritter* Begünstigten durch eine Vormerkung zu schützen; denn er kann „die Leistung fordern" (§ 328 Abs. 1; dazu *Holch* JZ 1958, 724).

Beispiel (in Anlehnung an RGZ 128, 246): E hat aus seinem landwirtschaftlichen Betrieb E-Hof einige Grundstücke an K veräußert und zu Eigentum übertragen. Dabei sind „zugunsten des jeweiligen Eigentümers des E-Hofs" Rückübertragungsansprüche vereinbart worden. Diese können durch Vormerkung gesichert werden; durch die Eigentümerstellung am E-Hof sind die aus dem Vertrag zugunsten Dritter künftig Berechtigten ausreichend gekennzeichnet (vgl. weiter BGHZ 28, 99, 103; BayObLG DNotZ 1987, 102). Soll dagegen der Dritte erst später benannt werden, so ist eine Vormerkung nur zur Sicherung des Anspruchs des Versprechensempfängers (§ 335 BGB) möglich (BGH NJW 1983, 1543; dazu *Ludwig* NJW 1983, 2792 u. Rpfleger 1986, 345; *Denk* NJW 1984, 1009; OLG Oldenburg NJW-RR 1990, 273).

Dagegen kann eine Vormerkung *nicht zu Lasten eines erst künftig zu erwerbenden Rechts* eingetragen werden: der Anspruch auf *Abtretung* einer erst künftig entstehenden Eigentümergrundschuld läßt sich nicht durch Vormerkung sichern (RGZ 145, 353, 352; OLG Hamm NJW-RR 1990, 272), wohl aber kraft der Sondervorschrift des § 1179 der Anspruch auf *Löschung* eines solchen künftigen Rechts (s. dazu unten § 46 III 2 a. E. und IV); vgl. weiter auch die interessanten Entscheidungen BayObLG DNotZ 1956, 206; OLG Köln JMBl. NRW 1960, 30 und BGH NJW 1966, 1656 (Sicherung eines Ankaufsrechts), BayObLG DNotZ 1974, 174 (Auflassungsvormerkung bezüglich einer Grundstücksteilfläche auch dann zulässig, wenn im schuldrechtlichen Vertrag das Geländebestimmungsrecht einem Vertragsteil zugewiesen ist).

2. Nach der ausdrücklichen Regelung in § 883 Abs. 1 Satz 2 kann durch die Vormerkung auch *ein künftiger oder bedingter Anspruch* gesichert werden.

Damit wird der dinglichen Sicherung künftig erst existent werdender Ansprüche auf eine dingliche Rechtsänderung ein weites Feld eröffnet; hierunter fallen etwa bedingte Ankaufs- oder Rückkaufsrechte (s. § 21 V 2 u. VI), bedingte Rückauflassungsansprüche.[1] Nach h. M. (BayObLG NJW 1978, 700; Rpfleger 1978, 14 u. 1981, 190; DNotZ 1979, 27; Rpfleger 1990, 504; *Denk* NJW 1984, 1009, 1012 m. w. N.) sind *bedingte* Ansprüche auf eine künftige Rechtsänderung ohne weitere Prüfung vormerkbar, während bei *künftigen* Ansprüchen[2] der „Rechtsboden so weit vorbereitet sein muß, daß ihre Entstehung nur noch vom Willen des demnächst Berechtigten abhängt" (so BayObLG NJW 1978, 700; Rpfleger 1978, 14 m. w. N.; DNotZ 1979, 27 u. Rpfleger 1979, 303). Die Berechtigung dieser Unterscheidung ist zweifelhaft; denn der bedingte (§ 158) und betagte (§ 163) Anspruch ist nur ein Unterfall des künftigen Anspruchs mit der Besonderheit, daß die Entstehung des Anspruchs von einem künftigen ungewissen Ereignis oder dem Eintritt eines Termins abhängt. Notwendig ist daher in allen Fällen eine feste, nicht mehr einseitig vom Schuldner zu beseitigende rechtsgeschäftliche Grundlage (BGH NJW 1981, 446).

Beispiel (in Anlehnung an OLG Düsseldorf NJW 1957, 1282): E hat dem G eine Grundschuld zur Sicherung einer Darlehensforderung bewilligt. G hat sich zur Rückübertragung der Grundschuld auf E nach Tilgung des Darlehens verpflichtet und die Eintragung einer Vormerkung bewilligt. Diese

---

[1] Zur Vormerkbarkeit von Rückerwerbsansprüchen, die durch abredewidrige Veräußerung bedingt sind, ausführlich *Kohler* DNotZ 1989, 339 ff. m. Nw. und Erörterung der Problematik der §§ 137, 138; hierzu *Timm* JZ 1989, 13 ff.

[2] Hierzu *Hepting* NJW 1987, 865 ff.

Vormerkung ist zulässig, da sie den künftigen Anspruch des E gegen G auf Rückabtretung der Grundschuld sichert (OLG Hamm NJW-RR 1990, 272). Dieser Anspruch kann von E auch an einen Dritten D abgetreten werden; damit geht auch die Vormerkung auf D über (§ 401 entsprechend). S. auch unten § 46 IV 4 a.

Zulässig ist auch die Sicherung zweier *alternativ Berechtigter* durch zwei Vormerkungen (BayObLG DNotZ 1985, 702) oder von „*sukzessiv Berechtigten*" (BayObLG DNotZ 1985, 702, 706; NJW-RR 1990, 662) oder von mehreren gemeinschaftlich Berechtigten (BayObLG Rpfleger 1986, 371).

3. *Bestand* der zu sichernde *Anspruch* von vornherein *nicht*, so ist trotz Eintragung auch die Vormerkung nicht entstanden.[1] Ist der Anspruch später erloschen, so erlischt damit auch die Vormerkung. In beiden Fällen ist das Grundbuch unrichtig. Der durch die – unrichtige – Vormerkung Belastete kann Berichtigung des Grundbuchs verlangen; dagegen ist die Eintragung eines Widerspruchs unzulässig; denn der Zessionar des – nicht bestehenden – Anspruchs kann sich nicht auf das Grundbuch verlassen (BGHZ 25, 16; *Baur* JZ 1957, 629; *Medicus* AcP 163, 1, 3).

Beispiel: V hat sein Grundstück an K verkauft und ihm eine Auflassungsvormerkung bewilligt, die auch eingetragen wurde. Später wird die nach Landwirtschaftsrecht erforderliche staatliche Genehmigung nicht erteilt. Der Kaufvertrag ist damit von Anfang an nichtig. V kann von K die Bewilligung der Grundbuchberichtigung (Löschung der Vormerkung) fordern, nicht aber die Eintragung eines Widerspruchs, da es einen redlichen Erwerb des „Anspruchs" durch einen Dritten nicht gibt, ein Widerspruch also sinnlos wäre.

Wird die Vormerkung trotz weiter bestehenden Anspruchs zu *Unrecht gelöscht,* so hat umgekehrt der durch die Vormerkung Geschützte einen Berichtigungsanspruch gegen den mit der Vormerkung Belasteten. Hier ist auch die Eintragung eines Widerspruchs möglich. Denn ein redlicher Erwerber würde das Recht „vormerkungsfrei" erwerben (BGHZ 60, 46, 50; NJW 1991, 1113 u. unten VI 2).

Hat im vorigen Beispiel das Grundbuchamt nach erteilter staatlicher Genehmigung die Auflassungsvormerkung versehentlich gelöscht, so kann K im Wege der Berichtigung die Wiedereintragung der Vormerkung fordern; auch kann er die Eintragung eines Widerspruchs erreichen; denn wenn V vor Wiedereintragung der Vormerkung das Grundstück an D aufläßt, so wird dieser „vormerkungsfreier" Eigentümer, sofern er von dem Bestehen der Vormerkung nichts weiß.

III. Voraussetzungen

Neben einem gültigen, zu sichernden *Anspruch* (oben II) ist – ähnlich wie beim Widerspruch – nötig

1. *entweder* die Bewilligung des Betroffenen

2. *oder* eine einstweilige Verfügung

3. *und* die Eintragung der Vormerkung im Grundbuch (§ 885).

1. *Bewilligung.* a) Die Vormerkung ist einem beschränkten dinglichen Recht ähnlich. Nach der Regel des § 873 Abs. 1 wäre also Einigung beider Teile erforderlich. § 885 begnügt sich aber mit der Bewilligung des Betroffenen.

---

[1] Also keine Vormerkung zur Sicherung eines nichtigen Anspruchs! (BGHZ 54, 56 ff.; NJW-RR 1989, 199; hierzu schon oben II 1 a mit Beispiel; a. A. OLG Celle DNotZ 1958, 418). Soweit ein neuer wirksamer Vertrag geschlossen wird, muß auch eine neue Vormerkung bewilligt und eingetragen werden (OLG Zweibrücken Rpfleger 1989, 495 für versagte öffentlichrechtliche Genehmigung).

Diese Bewilligung ist eine materiellrechtliche Willenserklärung, die dem Grundbuchamt oder dem Begünstigten gegenüber abzugeben ist (BGH NJW-RR 1989, 199). Sie ist von der grundbuchrechtlichen Bewilligung nach § 19 GBO zu unterscheiden. In der Praxis werden beide Erklärungen meist zusammenfallen. Jedoch ist die Unterscheidung bedeutsam: Wenn nur die grundbuchrechtliche Bewilligung unwirksam, dagegen die materiellrechtliche Bewilligung wirksam und die Eintragung erfolgt ist, ist die Vormerkung entstanden (s. oben § 16 III 4 b).

b) Da es sich um einen rechtsgeschäftlichen Begründungsakt handelt, ist *redlicher Erwerb* der Vormerkung von dem zu Unrecht eingetragenen Bewilligenden nach § 893 BGB möglich (BGHZ 28, 182, 187).

Für H ist an dem Grundstück des E eine Hypothek eingetragen; das Darlehen, das sie sichert, ist längst zurückbezahlt; die Hypothek steht also in Wahrheit dem E als Eigentümergrundschuld zu. Verpflichtet sich H dem D gegenüber, ihm die Hypothek abzutreten, und bewilligt er ihm eine Vormerkung, so hat D die Vormerkung erworben (RGZ 121, 44; BGHZ 57, 341, 343; BGH JZ 1981, 63 (= NJW 1981, 446 = *Baur* E.Slg. Fall 8 b; s. ferner *E. Wolf* § 13 B IV c). Wird D dann später als Hypothekar eingetragen, so erwirbt er die Hypothek auch dann, wenn er *jetzt* nicht mehr redlich ist oder *jetzt* ein Widerspruch gegen die Richtigkeit des Grundbuchs bezüglich der Eintragung des H eingetragen ist (*Reinicke* NJW 1964, 2373, 2375 u. 1981, 446; BGHZ 57, 341, 343; BGH JZ 1981, 63; dazu kritisch *Goetzke/Habermann* JuS 1975, 82).[1]
Nach BGHZ 57, 341 erwirbt der Käufer eines Grundstücks auch dann die Auflassungsvormerkung, wenn sie von einem Scheinerben bewilligt wurde, der zwar noch nicht als Eigentümer im Grundbuch eingetragen, aber durch einen Erbschein ausgewiesen war (§ 2367).

c) Über die Fälle einer Eintragung der Vormerkung *von Amts wegen,* also ohne Bewilligung des Betroffenen s. oben § 16 VI 4 (§§ 18 Abs. 2, 76 GBO).

2. *Einstweilige Verfügung*. Hier kann auf das zum Widerspruch Gesagte verwiesen werden (s. oben § 18 B II 1 b). Zwar muß der zu sichernde Anspruch glaubhaft gemacht werden, nicht aber dessen Gefährdung (§ 885 Abs. 1 S. 2); diese ergibt sich aus der Möglichkeit einer jederzeitigen Verfügung durch den eingetragenen Berechtigten (Beispielsfall BGHZ 39, 21).

Auf durch einstweilige Verfügungen erzwungene Vormerkungen ist § 893 auch nicht entsprechend anwendbar (keine rechtsgeschäftliche Verfügung!; s. BayObLG DNotZ 1987, 618).

Von der auf einstw. Verfügung beruhenden Vormerkung ist die *Vormerkung nach § 895 ZPO* zu unterscheiden! Hier wohl auch gutgl. Erwerb möglich (str.).

3. *Eintragung*. Sie ist für die *Entstehung* der Vormerkung konstitutiv. Die Eintragungsvoraussetzungen richten sich nach allgemeinen Grundsätzen (Antrag – Bewilligung oder einstweilige Verfügung – Voreintragung).

Über die technischen Modalitäten der Eintragung informiert § 12 Abs. 1 Grundbuchverfügung.
Da die bewilligte Vormerkung verfügungsähnlichen Charakter hat, muß bei zeitlicher Divergenz zwischen Bewilligung und Eintragung § 878 entsprechend angewendet werden können (so *Heck* § 47 III 3; *Canaris* aaO S. 390; oben § 19 B III 2 d und BGHZ 28, 182 ff.; 33, 123, 129).
Schwierigkeiten entstehen in der Praxis dann, wenn ein Teil eines Grundstücks verkauft und eine Auflassungsvormerkung bewilligt ist, der Grundstücksteil aber noch nicht als selbständiges Grundstück eingetragen ist. Hier begnügt man sich mit der Bezugnahme auf einen Lageplan und dergl. in der Eintragungsbewilligung (BGH NJW 1972, 2270; BayObLG Rpfleger 1981, 232 u. 1982, 17 u. 335; NJW-RR 1990, 662; 724).

---

[1] Zur Durchsetzung der Vormerkung noch § 20 VI 2 c.

IV. Wirkungen

Man hat die *Sicherungswirkung* (1) von der *Vollwirkung* (2) und der *Rangwirkung* (3) zu unterscheiden:

1. *Die Sicherungswirkung*

a) Sie ist in §§ 883 Abs. 2, 888 geregelt. Ihr Verständnis bereitet Schwierigkeiten.

Um sie zu überwinden, muß man sich klar machen, daß der Gesetzgeber verschiedene Wege hätte gehen können, um die Vormerkung wirksam zu machen: das gröbste, wenngleich einfachste Mittel wäre die *Grundbuchsperre* gewesen; diesen Weg hat der Gesetzgeber nicht gewählt, um den Rechtsverkehr mit Grundstücken nicht mehr als nötig zu blockieren. Der zweite Weg wäre die Übernahme der schuldrechtlichen Verpflichtung durch den Erwerber gewesen.[1] Aber auch dafür hat sich der Gesetzgeber nicht entschieden; eine solche Schuldübernahme kraft Gesetzes wäre ihm wohl systemwidrig erschienen.

So blieb nur folgende *Lösung:* Der durch die Vormerkung Betroffene bleibt zur Verfügung über sein Recht befugt (er ist Berechtigter!), seine Verfügung ist aber dem durch Vormerkung Geschützten gegenüber, also relativ unwirksam,[2] und zwar insoweit unwirksam, „als sie den Anspruch vereiteln oder beeinträchtigen würde" (§ 883 Abs. 2). Die relative Unwirksamkeit ist also eine doppelte, eine *persönliche* (nur dem Geschützten gegenüber bestehende, s. b) und eine *inhaltliche* (nur im Umfang der Vereitelung oder Beeinträchtigung, s. c).

b) Die Verfügung ist *nur demjenigen gegenüber unwirksam,* „zu dessen Gunsten die Vormerkung besteht" (§ 888).

Dies bedeutet, daß der Erwerber das Recht jedermann gegenüber voll wirksam erwirbt, nur nicht dem durch die Vormerkung Geschützten gegenüber. Daraus folgt auch die Art der *Durchsetzung* des geschützten Anspruchs:

Für den Geschützten ist Rechtsträger noch der Schuldner des Anspruchs; von ihm verlangt er die zur Durchsetzung seines Rechts erforderlichen dinglichen Erklärungen (also z. B. die Einigung nach § 873 Abs. 1, die Auflassung nach § 925). Da aber der Erwerber schon im Grundbuch eingetragen ist, muß er der der Verwirklichung des geschützten Anspruchs dienenden Eintragung zustimmen (§ 888).

Beispiel: V hat sein Grundstück an K verkauft und ihm eine Auflassungsvormerkung bewilligt, die auch eingetragen wurde. Übereignet V dennoch sein Grundstück an D, so wird D jedermann gegenüber Eigentümer, nur nicht dem K gegenüber. Für diesen ist sein Kontrahent V noch als Eigentümer anzusehen, von ihm fordert und erzwingt er die Auflassung (z. B. § 433 Abs. 1 S. 1; hierzu BGHZ 111, 364, 368). D muß aber als eingetragener Eigentümer zustimmen, und zwar wegen des grundbuchrechtlichen Grundsatzes, daß der Eingetragene bewilligen muß (Grundsatz der Voreintragung!); auch diese Zustimmung kann durch gerichtliches Urteil ersetzt werden (§ 894 ZPO). Auf Grund der Auflassung mit V und der Zustimmung des D (§ 888) wird K als Eigentümer eingetragen (übrigens ohne Rückwirkung, BGHZ 99, 385, 387). Die Zustimmung des eingetragenen Dritten hat nur grundbuchverfahrensrechtliche Bedeutung (§ 19 GBO); fehlt sie und wird trotzdem eingetragen, ist das Grundbuch nicht etwa unrichtig (BayObLG NJW-RR 1990, 724).

Man wird sich fragen, ob sich denn jemand findet, der trotz der Vormerkung das Grundstück oder Grundstücksrecht erwerben wird. In der Tat wirkt die Vormerkung *praktisch* vielfach wie eine

---

[1] Darauf weist *Westermann,* 5. Aufl., § 84 IV 2 mit Recht hin.
[2] A. A. *E. Wolf* § 13 A II h S. 579 („aufschiebend bedingt unwirksam") u. *Knöpfle* aaO S. 157.

Grundbuchsperre. Aber es finden sich doch Ausnahmen: so kann D darauf hoffen, daß K seinem Eigentumserwerb *zustimmt* (RGZ 154, 355, 367); oder er kann sich auf die Angaben des V verlassen, daß der durch die Vormerkung geschützte Anspruch nicht oder nicht mehr besteht. Trifft diese Behauptung zu, so kann D dartun, daß die Vormerkung nicht besteht. Dasselbe gilt für sonstige Einwendungen, so etwa wenn V von dem Kaufvertrag mit K nach §§ 325, 326 zurückgetreten ist, weil K seine Vertragspflichten nicht erfüllt hat; den Einwand, daß ein wirksamer Auflassungsanspruch des K gegen V nicht mehr bestehe, kann dann auch D geltend machen. Fraglich ist, ob D dem K auch *Einreden* entgegenhalten kann, die an sich dem V zustehen.[1] Die Frage ist in Analogie zu §§ 768, 1137 zu bejahen. Die Identität möglicher Gegenrechte zwingt den Vormerkungsberechtigten aber nicht zur „Vorausklage" gegen den Schuldner des gesicherten Anspruchs, hier also K! (BGH NJW-RR 1988, 1357).

Verzögert D die Zustimmung zur Eintragung des K, zu der er nach § 888 verpflichtet ist, so soll D nach BGHZ 49, 263 dem K *nicht* nach Verzugsgrundsätzen schadensersatzpflichtig sein (a. a. mit Recht *Reinicke* NJW 1968, 788; *Weitnauer* DNotZ 1968, 708; *Medicus* Rn. 451; s. allgemein § 5 II 2).

c) Die Verfügung ist – *inhaltlich* – nur „insoweit unwirksam, als sie den Anspruch vereiteln oder beeinträchtigen würde" (§ 883 Abs. 2). Der Gesetzgeber hat die Worte „vereiteln" – „beeinträchtigen" mit Bedacht gewählt: man muß sich die Grundbuchsituation im Augenblick der Vormerkungseintragung vergegenwärtigen; jede nachträgliche Verfügung, die diesen Stand verschlechtert, ist dem Geschützten gegenüber unwirksam.

In unserem Beispiel oben b) ist nicht nur die Übereignung an D vormerkungswidrig und daher relativ unwirksam, sondern das gleiche gälte für die Bestellung einer Hypothek durch V zugunsten des D. D wäre also dem K nach § 888 zur Bewilligung der Löschung der Hypothek verpflichtet (BGHZ 99, 385, 388). – E ist der GmbH A u. Co als Gesellschafter beigetreten. Er hat sich verpflichtet, der GmbH bei Eintritt einer bestimmten Bedingung eine Grundschuld in Höhe von 50 000 DM zu bewilligen; zur Sicherung dieses Anspruchs hat er eine Vormerkung an seinem bis dahin unbelasteten Grundstück bewilligt. Später bestellt er zugunsten des H eine Hypothek von 20 000 DM und veräußert dann das Grundstück an D. Hier kann die GmbH, wenn die Bedingung eintritt, von E die Bestellung der Grundschuld, von D die Zustimmung zur Eintragung der Grundschuld nach § 888 fordern. Den Vorrang vor der Hypothek des H erhält die Grundschuld automatisch (§ 883 Abs. 3), ohne daß H einen Rangrücktritt bewilligen müßte. – E hat für sich eine Eigentümergrundschuld eintragen lassen (§ 1197). Dann wird zugunsten des K eine Auflassungsvormerkung eingetragen. Später tritt E die Grundschuld an X ab: hier greift die Sicherungswirkung der Vormerkung nicht ein (BGHZ 64, 316). Anders wenn die Auflassungsvormerkung *vor* Entstehung der Eigentümergrundschuld eingetragen war (s. *Rimmelspacher* § 10 Rn. 672 u. *G. Schneider* DNotZ 1982, 523).

d) Es muß sich schließlich um eine „*Verfügung*" über das Recht handeln, auf das sich die Vormerkung bezieht (§ 883 Abs. 2). Doch wird der rechtsgeschäftlichen Einwirkung die Verfügung im Wege der Zwangsvollstreckung, Arrestvollziehung und durch den Konkursverwalter gleichgestellt (§ 883 Abs. 2 S. 2). Dies bedeutet, daß auch Vollstreckungsakte dem durch die Vormerkung Geschützten gegenüber unwirksam sind.

Streitig und praktisch wichtig ist die Frage, ob die Auflassungsvormerkung *auch bei einer Vermietung* des Grundstücks wirkt, und zwar derart, daß der Inhaber des Auflassungsanspruchs nach Erwerb des Eigentums – wie sonst nach § 571 – in den Mietvertrag eintritt. Die Meinungen sind geteilt (vgl. die Nachweise in BGHZ 13, 1 [= *Baur*, E.Slg. Fall 8]). Der BGH verneint die Auswirkung der Vormerkung (neuerdings BGH NJW 1989, 451), während die wohl h. M. § 883 Abs. 2 S. 1 anwendet: „sonst stünde der Mieter als schuldrechtlich Berechtigter besser als der dinglich berechtigte

---

[1] Siehe dazu RGZ 53, 31; 144, 281; *Westermann/Eickmann* § 100 IV 4c; *Wörbelauer* DNotZ 1963, 591 ff.; *Soergel/Stürner* § 888 Rn. 8.

Nießbraucher" (so *Westermann/Eickmann* § 100 IV 3c m. Nw.). Trotz dieses einleuchtenden Arguments erscheint die Auffassung des BGH im Ergebnis richtig: der soziale Schutz, den § 571 beabsichtigt und der sich auch aus § 57 ZVG, § 21 KO ergibt, geht dem Vormerkungsschutz vor.[1] (Dagegen greift das Argument des BGH, der Erwerber sehe ja, daß das Grundstück vermietet sei, nicht durch, da zur Zeit der Begründung der Auflassungsvormerkung das Grundstück noch nicht vermietet war).

e) Fraglich ist, ob und wie sich der durch die Vormerkung Geschützte gegen *tatsächliche Veränderungen* schützen kann (der Erwerber des mit der Vormerkung belasteten Waldgrundstücks beginnt den Wald abzuholzen). U. E. ist § 1004 entsprechend anwendbar. Auch § 823 Abs. 1 kann in Betracht kommen (so *Canaris* aaO, 383 m. w. N.; *Hager* JuS 1990, 437; s. a. neuerdings BGH NJW 1991, 2019 und hierzu § 19 B I 2c, bb, γ; a. A. OLG München NJW 1963, 301 m. abl. Anm. *Hoche*). Den *quasidinglichen* Schutz der Vormerkung gegenüber Veränderungen am Grundstück bestätigt BGHZ 99, 385 ff.: Eingriffskondiktion (§ 812 Abs. 1 S. 2) des Vormerkungsberechtigten gegen den Inhaber einer vormerkungswidrigen Grundschuld, wenn dieser die Versicherungsforderungen für das abgebrannte Gebäude einzieht (§§ 1127 ff.; hierzu noch § 40 VI 1).

Hat der Erwerber *Verwendungen* auf das Grundstück gemacht, so sind die §§ 994 ff. entsprechend heranzuziehen (zweifelhaft; s. BGHZ 75, 288 m. w. N.; 87, 296, 297; a. A. OLG Hamburg NJW 1961, 2350).[2]

f) Eine interessante Nuance der Sicherungswirkung findet sich in der Rechtsprechung zu § 419: Der Übernehmer eines Grundstücks haftet für die Verbindlichkeiten des Veräußerers, die bei Auflassung entstanden sind, wenn das Grundstück das gesamte Vermögen des Veräußerers ausmachte und der Erwerber dies wußte (RGZ 134, 121, 125; BGHZ 33, 123, 125; 93, 135, 140; *Jauernig/Stürner* § 419 Anm. 2c, 4b). War jedoch für den Erwerber eine Auflassungsvormerkung eingetragen, so haftet er nur für die bis zur Stellung des Antrags auf Eintragung der Auflassungsvormerkung entstandenen Verbindlichkeiten. Begründung: Vollstreckungshandlungen des Gläubigers wegen später entstandener Verbindlichkeiten wären ohnehin dem durch die Vormerkung Geschützten gegenüber unwirksam gewesen (BGHZ 33, 123, 128 f.). Davon zu unterscheiden ist die Frage, welcher Zeitpunkt maßgebend ist für die Kenntnis des Erwerbers davon, daß das Grundstück das ganze Vermögen des Veräußerers ausmacht: der Zeitpunkt der Eintragung des Erwerbers als Eigentümers (so noch BGH NJW 1966, 1748) oder der Zeitpunkt der Stellung des Antrags auf Eintragung der Auflassungsvormerkung (so mit Recht BGHZ 55, 105 im Anschluß an *Reinicke* NJW 1967, 1249).

g) Die wirksame Bestellung einer *Baulast* (hierzu § 33 I 1) wird man als öffentlichrechtliche Verfügung, die der Bestellung einer Grunddienstbarkeit entspricht, von der Zustimmung des Vormerkungsberechtigten abhängig zu machen haben (*Drischler* Rpfleger 1991, 234).

2. Die Vollwirkung

a) Der einem dinglichen Recht ähnliche Charakter der Vormerkung zeigt sich im *Konkurs des Schuldners*: Trotz Konkurseröffnung kann der durch die Vormerkung geschützte Gläubiger vom Konkursverwalter die Erfüllung des Anspruchs verlangen (§ 24 KO), also bei Auflassungsvormerkung: die Auflassung und Eintragung (was dann zu einer Aussonderung des Grundstücks aus der Konkursmasse führt),[3] bei einer Vormerkung auf Eintragung einer Grundschuld: die Einigung über die Bestellung und die Eintragung der Grundschuld (was eine abgesonderte Befriedigung zur Folge hat).

Beispiele: s. *Baur/Stürner* II, InsolvenzR, Rn. 9.15 u. BGHZ 79, 103 ff.

b) In der *Zwangsversteigerung* bleibt die Vormerkung bestehen, wenn sie gegenüber dem betreibenden Gläubiger Priorität hat (§ 883 Abs. 2); sie fällt in das „geringste Gebot" (§§ 44, 52 ZVG).

---

[1] So auch *Finger* JR 1974, 8; *Soergel/Stürner* § 883 Rn. 30; *Jauernig* § 883 Bem. 4e; a. A. *Staudinger/Gursky* § 883 Rn. 139.

[2] S. dazu *Gursky* JR 1984, 3; *Kohler* NJW 1984, 2849.

[3] Und zwar nach § 24 S. 2 KO auch dann, wenn der Konkursverwalter die Erfüllung des Vertrags im übrigen (z. B. bezüglich der Bauverpflichtung) nach § 17 KO zu Recht abgelehnt hat (BGHZ 79, 103); Einzelheiten s. *Soergel/Stürner* § 883 Rn. 39.

Gegenüber dem Versteigerungserwerber, der durch Zuschlag Eigentum erworben hat (§ 90 ZVG), kann sie nach allgemeinen Regeln durchgesetzt werden (BGHZ 46, 124, 126 f. für Auflassungsvormerkung; BGHZ 53, 47, 49 für Vormerkung zur Neubegründung beschränkter dinglicher Rechte). Die Auflassungsvormerkung berechtigt deshalb auch nicht zur Drittwiderspruchsklage gemäß § 771 ZPO (BGHZ 46, 127). Sofern ein „vorrangiger" Gläubiger die Vollstreckung betreibt, erlischt die Vormerkung mit dem Zuschlag (§ 91 ZVG), der Vormerkungsberechtigte hat dafür am – überschüssigen – Versteigerungserlös Anteil.[1]

c) Der Vormerkung gegenüber kann sich der Erbe nicht auf eine Beschränkung seiner Haftung berufen (§ 884), er muß also – ähnlich wie der Konkursverwalter – den Anspruch ohne Rücksicht auf die von ihm durchgeführte Haftungsbeschränkung erfüllen.

3. *Die Rangwirkung*

Nach § 883 Abs. 3 bestimmt sich der Rang des Rechts, auf dessen Einräumung der Anspruch gerichtet ist, nach der Eintragung der Vormerkung. Wenn sonach das vorgemerkte Recht eingetragen wird, so wird sein Rang auf den Zeitpunkt dieser Eintragung zurückbezogen, m. a. W. es erhält die Rangstelle, die es eingenommen hätte, wenn es an Stelle der Vormerkung sofort eingetragen worden wäre.

Ist z. B. dem H bei unbelastetem Grundstück eine Hypothekenvormerkung bewilligt worden und werden dann zwei andere Hypotheken eingetragen, so erhält H den ersten Rang.

Technisch wird dieses automatische Einrücken des Rechts in den Rang der Vormerkung durch die Vorschrift des § 12 Abs. 1 b Grundbuchverf. erreicht.

Ein Sonderproblem sind *ranggleiche* Auflassungsvormerkungen; sie sind nach richtiger Ansicht unzulässig und nicht eintragbar (*Soergel/Stürner* § 883 Rn. 38); anders die wohl h. M.: Wirksamkeit der ersten Eigentumsübertragung (z. B. MünchKomm/*Wacke* § 883 Rn. 59; *Palandt/Bassenge* § 883 Rn. 29).

V. Übertragung und Erlöschen

Die Vormerkung ist akzessorisch; sie dient der Sicherung eines Anspruchs auf eine dingliche Rechtsänderung, ist also mit dem Schicksal dieses Anspruchs rechtlich verknüpft. Dies wirkt sich bei ihrer Entstehung (oben II) ebenso aus wie bei ihrer Übertragung und ihrem Untergang.

1. *Übertragung*

a) Die Vormerkung kann nicht allein übertragen werden. Sie geht mit der Abtretung oder einem aus anderem Rechtsgrund erfolgenden Übergang des gesicherten Anspruchs entsprechend § 401 (§ 412) auf den Erwerber des Anspruchs über (BGHZ 25, 23), ohne daß es einer Eintragung des Übergangs bedürfte. Eine Eintragung wäre nur Grundbuchberichtigung (RGZ 142, 331).

b) Der Erwerber des Anspruchs kann sich für den *Bestand des Anspruchs* nicht auf die Eintragung berufen. *Besteht der Anspruch,* ist aber die Vormerkung aus irgend einem Grunde (z. B. mangels gültiger Bewilligung) nicht entstanden, so

---

[1] Im einzelnen existieren zahlreiche Streitfragen und Probleme: rechnerische Berücksichtigung des Nichtbestehens des vormerkungsgesicherten Anspruchs beim Bargebot und der Verteilung, Abwicklung der Gegenleistung des vorgemerkten Käufers etc.; hierzu *J. Blomeyer* DNotZ 1979, 515; *Keuk* NJW 1968, 476; *Soergel/Stürner* § 883 Rn. 40 ff.; *Baur/Stürner,* ZVR, Rn. 624.

ist zweifelhaft, ob § 892 eingreift.[1] Die Frage dürfte zu verneinen sein, da der Erwerb der Vormerkung kraft Gesetzes (§ 401) – als „Anhängsel" des Anspruchs –, nicht kraft Rechtsgeschäfts (wie dies § 892 fordert) erfolgt. Eine Parallele zur Hypothek kann nicht gezogen werden, weil bei der Abtretung des durch die Vormerkung gesicherten Anspruchs – im Gegensatz zur Hypothek (§§ 1154, 1155) – kein Publizitätserfordernis zu beachten ist.

Schließlich ist mit *Medicus* § 22 III 5 c Rn. 557 ein Bedürfnis für die Erleichterung der Verkehrsfähigkeit von Übereignungsansprüchen zu verneinen. – Von dieser Fallgestaltung ist aber der gutgläubige Erwerb einer Vormerkung vom eingetragenen Nichteigentümer zu unterscheiden (hierzu § 20 III 1 b und VI 2)!

c) Wird bei der Abtretung des Anspruchs der Übergang der Vormerkung ausgeschlossen, so erlischt sie.[2]

2. *Erlöschen*

Aus der Sicherungsfunktion der Vormerkung und ihrem „quasidinglichen" Charakter ergeben sich auch die Gründe für ihr Erlöschen.

a) Mit dem *Untergang des Anspruchs* erlischt auch die Vormerkung.[3] Die Löschung im Grundbuch ist nur Grundbuchberichtigung; der durch sie Beeinträchtigte (§ 894) kann von dem als Vormerkungsberechtigten Eingetragenen die Löschung verlangen. Auch § 22 GBO ist anwendbar.[4]

b) Die Vormerkung erlischt weiter:

aa) wenn der durch sie geschützte Gläubiger sie *aufhebt* (entsprechende Anwendung von §§ 875, 876: Aufhebungserklärung und Löschung, BGHZ 60, 46; 77, 151). Löschung allein genügt nicht; fehlt die Aufhebungserklärung, so ist das Grundbuch unrichtig. Die Berichtigung erfolgt durch Wiedereintragung; vorheriger Widerspruch ist zulässig (s. oben II 3).

Ein Recht, die Aufhebung zu verlangen, statuiert § 886, wenn dem Anspruch eine dauernde Einrede entgegensteht;

Beispiel (in Anlehnung an BGHZ 60, 46): Zugunsten der Kl. wurde 1963 eine Auflassungsvormerkung auf dem Grundstück des E eingetragen. 1964 ließ E zu seinen Gunsten eine Eigentümerbriefgrundschuld eintragen, die er im März 1970 an die Bekl. abtrat. Inzwischen war die Kl. 1968 als Eigentümerin eingetragen worden, ihre Auflassungsvormerkung war im März 1970 gelöscht worden. Die Kl. verlangt vom Bekl. Löschung der Grundschuld.
Voraussetzung ist das Bestehen der Vormerkung: Sie ist durch die Löschung nicht untergegangen, weil die Aufhebungserklärung der Kl. fehlte (§ 875); auch nicht dadurch, daß der gesicherte Anspruch auf Auflassung seit der Eintragung der Kl. als Eigentümerin erloschen ist (denn es ist ein Zwischenrecht – die Eigentümergrundschuld des E – eingetragen, das außerhalb des Grundbuchs an einen

---

[1] Ja: *Westermann/Eickmann* § 101 IV; *Wunner* NJW 1969, 116 ff.; BGHZ 25, 16, 23. Nein: *Baur* JZ 1957, 629; *Medicus* Rn. 553, 555 ff. u. AcP 163, 1, 8; *Soergel/Stürner* § 893 Rn. 8; *Reinicke* NJW 1964, 2373, 2376; *Kupisch* aaO; *Görmer* JuS 1991, 1011, 1013. *Rimmelspacher* § 9 Rn. 626, 633 ff. differenziert, je nachdem, ob der Gläubiger als Inhaber der nicht bestehenden Vormerkung im Grundbuch eingetragen ist oder nicht.

[2] Auf den Fall der *Schuldübernahme* ist § 418 entsprechend anwendbar (*Hoche* NJW 1960, 462).

[3] BGH NJW 1981, 447; dazu *Wacke* NJW 1981, 1577 u. *H. Ebel* NJW 1982, 724; BGH NJW-RR 1989, 201; s. noch § 18 III 2 b.

[4] KG NJW 1969, 138; BayObLG DNotZ 1976, 160. – Zum Parallelfall des Nichtentstehens wegen fehlenden Anspruchs oben § 20 II 1 a und 3.

Dritten vormerkungswidrig abgetreten sein konnte [BGH BB 1964, 576]). Es kommt also darauf an, ob die Vormerkung im März 1970 schon gelöscht war, als die Bekl. die Grundschuld erwarb. War dies der Fall, so hat die Bekl. – im Falle ihrer Redlichkeit – die Grundschuld „vormerkungsfrei" erworben. Andernfalls ist sie gemäß § 888 zur Bewilligung der Löschung der Grundschuld verpflichtet (vgl. § 20 IV 1 c).

bb) durch *Aufhebung der einstweiligen Verfügung,* auf der sie beruht (BGHZ 39, 21 = JZ 1963, 710 mit Anm. *Rahn;* OLG Hamm Rpfleger 1983, 435);

cc) durch *Ausschlußurteil* im Falle des § 887.

VI. „Rechtsnatur" – Einzelfragen

Um die Aufhellung des „Begriffshimmels" bei der Vormerkung, um die Klärung der Interessenlage, namentlich aber um die Lösung der zahlreichen gesetzlich nicht geregelten Zweifelsfragen hat sich *Heck* (§ 47 seines Sachenrechts) besonders verdient gemacht. Die – freilich nicht leichte – Lektüre gerade dieses Abschnitts bei *Heck* wird dringend angeraten. Sie ist ein Musterbeispiel für die Anwendung der von der Interessenjurisprudenz entwickelten methodischen Grundsätze.

1. Über die *Rechtsnatur* der Vormerkung: ist sie ein beschränktes dingliches Recht am Grundstück? ein subjektives Recht in der Form eines „negativen Herrschaftsrechts"? ein bloßes Sicherungsmittel? hat man sich viele Gedanken gemacht.[1] Eine allen Erscheinungen und Wirkungen der Vormerkung gerecht werdende begriffliche Fixierung ist nicht geglückt. Dies nimmt bei dem Mischcharakter der Vormerkung, ihrer Zwischenstellung zwischen obligatorischem und dinglichem Bereich nicht wunder. Wir werden uns damit begnügen müssen, sie als eine im Grundbuch verlautbarte, mit gewissen dinglichen Wirkungen ausgestattete Sicherung eines auf eine dingliche Rechtsänderung gerichteten Anspruchs zu bezeichnen.

2. Im folgenden soll noch erörtert werden, in welchem Umfang die Vormerkung am öffentlichen Glauben des Grundbuchs teilnimmt; darauf sind wir zwar schon wiederholt im systematischen Zusammenhang eingegangen; eine Zusammenfassung der in Betracht kommenden Tatbestände dürfte aber zur Klärung beitragen.[2]

Als *Regel* kann man sich merken, daß der *öffentliche Glaube des Grundbuchs* nie den durch die Vormerkung geschützten Anspruch erfaßt; für ihn gilt der Satz, daß ein gutgläubiger Erwerb einer Forderung nicht möglich ist. Dagegen kommt die Anwendung der §§ 892, 893 für die Vormerkung als dinglich wirkendes Sicherungsrecht in Betracht.

Dies bedeutet im Einzelnen:

a) Beruht die *Begründung* der Vormerkung *auf einer Bewilligung* des im Grundbuch Eingetragenen (also nicht auf einer einstweiligen Verfügung!), so erwirbt sie der Gläubiger des geschützten Anspruchs auch dann, wenn der Bewilligende zu Unrecht im Grundbuch eingetragen ist (Beispiel oben III 1 b).

Voraussetzung ist, daß der zu sichernde Anspruch besteht. Es genügt auch nicht, daß der Anspruch später (z. B. durch Heilung des formnichtigen Vertrags

---

[1] Siehe etwa *Heck* § 47 IV; *Canaris* u. *Dulckeit* aaO; *Schwab/Prütting* § 18 VIII; *Knöpfle* aaO S. 157, 158 ff.; *Westermann/Eickmann* § 100 I 2; *Wieacker,* Bodenrecht (1938) § 19 IV 2; *E. Wolf* § 13 A II a.

[2] S. dazu *Tiedtke,* Gutgl. Erwerb, S. 103 ff.; *Rimmelspacher* Rn. 611 ff.; *Jürgen F. Baur/Riede* JuS 1987, 380; *Hepting* NJW 1987, 865 (gutgl. Erwerb bei Vormerkung künftiger Ansprüche); *Ludwig* DNotZ 1987, 403.

nach § 313 S. 2) entsteht. Besteht der zu sichernde Anspruch nicht (oder erlischt er), ist aber die Vormerkung eingetragen, so hat der Beeinträchtigte den Berichtigungsanspruch auf Löschung der Vormerkung (oben II 1 a und 3, 1. Beispiel; V 2 a).

Besteht der zu sichernde Anspruch, ist aber die Vormerkung *zu Unrecht gelöscht,* so kann der Gläubiger des Anspruchs Wiedereintragung der Vormerkung im Wege der Berichtigung und einstweilige Sicherung durch Widerspruch verlangen (oben II 3 2. Beispiel). Denn ein gutgläubiger Erwerber könnte sich auf die Löschung der Vormerkung verlassen.

b) *Tritt* der Gläubiger den Anspruch *ab,* besteht aber der Anspruch oder die Vormerkung nicht, so wird der redliche Erwerber nicht geschützt. Bezüglich des Anspruchs kann er sich auf das Grundbuch nicht verlassen, die zu Unrecht eingetragene Vormerkung ist bei der Abtretung nur ein „Anhängsel" des Anspruchs (§ 401), der in § 892 geforderte *rechtsgeschäftliche* Erwerb liegt also nicht vor (oben V 1 b).

c) Hat der Gläubiger des Anspruchs von dem zu Unrecht Eingetragenen auf dessen Bewilligung hin die Vormerkung erworben (oben a), so kann er seinen Auflassungsanspruch durchsetzen, auch wenn er vor seiner Eintragung als Berechtigter die wahre Rechtslage erfährt oder nach Eintragung der Vormerkung ein Widerspruch gegen die Richtigkeit des Grundbuchs eingetragen wird[1] (oben III 1 b) oder das Grundbuch berichtigt wird. Im letzten Fall muß der nunmehr eingetragene Berechtigte entsprechend § 888 die Eintragung des Gläubigers bewilligen (vgl. RGZ 121, 44, 46).

Streitig ist, ob der durch die Vormerkung Geschützte nur den aus grundbuchtechnischen Gründen (Voreintragung!) notwendigen Anspruch aus § 888 BGB (so *Roloff* NJW 1968, 484) oder einen Anspruch gegen den wahren Berechtigten auf materiellrechtliche Zustimmung nach § 185 hat (so *Jürgen F. Baur* JZ 1967, 437). Weitere Nachweise zu dieser Streitfrage bei *Gursky,* Sachenrecht, S. 20 ff. u. *Rimmelspacher* § 9 Rn. 647 ff.

VII. Das Veräußerungsverbot[2]

Relative Veräußerungsverbote – mögen sie auf Gesetz (§ 135) oder auf gerichtlicher Anordnung (§ 136) beruhen – sind in folgender Hinsicht einer Vormerkung gleich gestellt:

1. Die verbotswidrige Verfügung ist gegenüber dem durch das Verbot Geschützten unwirksam (§ 135 Abs. 1, § 136).

2. Wer durch eine verbotswidrige Verfügung ein Grundstücksrecht erworben hat, ist dem Geschützten gegenüber verpflichtet, die grundbuchrechtliche Erklärung abzugeben, die zur Eintragung des Geschützten erforderlich ist (§ 888 Abs. 2).

---

[1] A. A. *Gœtzke/Habermann* JuS 1975, 82; *Wiegand* JuS 1975, 205, 212. S. zum ganzen *Rimmelspacher* § 9 Rn. 635 ff. m. w. N. und *Knöpfle* aaO 157, 165.

[2] Hierzu *Kohler,* Das Verfügungsverbot gemäß § 938 Abs. 2 ZPO im Liegenschaftsrecht, 1984 (Besprechung *M. Wolf* ZZP 99 [1986], 480 f.); zum *Erwerbsverbot* §§ 15 IV 2 c; 19 B I 2 c ß und III 2 d.

Die Gleichstellung mit der Vormerkung erstreckt sich aber *nicht* auf die Vollwirkung und nicht auf die Rangwirkung. Auch bestehen Unterschiede insofern, als das Veräußerungsverbot andere Rechte (also nicht – wie die Vormerkung – nur Ansprüche schuldrechtlichen Charakters) sichern kann und zu seiner Wirksamkeit nicht der Eintragung im Grundbuch, sondern nur der Zustellung an den Schuldner bedarf; freilich ist die Eintragung zulässig und auch rätlich, weil sonst ein redlicher Dritter das Recht voll wirksam erwerben kann (§ 892 Abs. 1 S. 2).

Zu beachten ist, daß *absolute Veräußerungsverbote* jedermann gegenüber wirksam sind, also nicht unter §§ 135, 136, 888 Abs. 2 fallen, daß ferner *rechtsgeschäftlich bewilligte Veräußerungsverbote* wegen § 137 keine dingliche Wirkung haben, also auch nicht im Grundbuch eintragbar sind (OLG Koblenz DRZ 1949, 234; *Timm* JZ 1989, 13 u. *Kohler* DNotZ 1989, 339: umfassend zu § 137); jedoch ist u. U. eine Umdeutung in eine bewilligte Vormerkung oder in einen bewilligten Widerspruch möglich (*Baur* DRZ 1949, 523); auch ist eine Sicherung durch einstweilige Verfügung möglich.

Beispiel (in Anlehnung an BGHZ 28, 182 und BayObLG NJW 1954, 1120):[1] V hat am 27. 10. 1953 sein Grundstück in notarieller Urkunde an K verkauft und in derselben Urkunde eine Auflassungsvormerkung bewilligt. Der Antrag auf Eintragung ging am 27. 10. beim Grundbuchamt ein und wurde am 6. 11. vollzogen.
Zwischen V und A schwebte ein Rechtsstreit darüber, ob V auf Grund eines dem A im Jahre 1949 notariell bewilligten Ankaufsrechts zur Auflassung verpflichtet sei. Am 5. 11. erließ das Gericht durch einstweilige Verfügung ein Veräußerungsverbot, das dem V am 6. 11. zugestellt wurde, am selben Tage beim Grundbuchamt einging und am 2. 12. eingetragen wurde.
Hier stehen offensichtlich das Verhältnis von Auflassungsvormerkung und Veräußerungsverbot zur Debatte. Als das Grundbuchamt am 6. 11. die Auflassungsvormerkung eintrug, war das Veräußerungsverbot durch die Zustellung an V schon wirksam geworden und dem Grundbuchamt bekannt. Es durfte daher die Auflassungsvormerkung nicht mehr eintragen, es sei denn, daß die Sondervorschrift des § 878 hier anzuwenden war. Diese Frage ist zu bejahen. Denn – wie wir wissen – kann § 878 bei *bewilligten* Vormerkungen entsprechend herangezogen werden. Da eine i. S. des § 873 Abs. 2 bindende Erklärung des V seit 27. 10. 1953 vorlag und an diesem Tage auch der Eintragungsantrag beim Grundbuchamt einging, ist der nachträgliche Erlaß des gerichtlichen Veräußerungsverbots für K bedeutungslos. K kann von A in entsprechender Anwendung des § 888 Abs. 1 die Zustimmung zu seiner Eintragung als Eigentümer verlangen (BGH JZ 1966, 526) und nach seiner Eintragung die Löschung des Veräußerungsverbots nach § 894 herbeiführen (Die Tatsache, daß das Ankaufsrecht des A aus dem Jahre 1949 stammt, der Kaufvertrag mit K aber erst 1953 geschlossen wurde, spielt keine Rolle!).

VIII. Vormerkung in den neuen Bundesländern

Seit dem 3. 10. 1990 können in den neuen Bundesländern Vormerkungen nach dem BGB bestellt werden, u. E. sowohl für Neuansprüche nach dem BGB und anderen gesamtdeutschen Gesetzen als auch für unerfüllte Altansprüche, die vor dem 3. 10. 1990 entstanden sind und inhaltlich dem ZGB folgen (Art. 232 § 1 EGBGB). Das ZGB und das Grundbuchrecht der DDR kannten die Vormerkung nicht.[2] Zwar setzten der Eigentumswechsel (§§ 26 Abs. 2, 297 Abs. 2 S. 1 ZGB) und teilweise die Entstehung beschränkt dinglicher Rechte (Vorkaufsrecht, § 306 Abs. 1 S. 3 ZGB; Hypothek, § 453 Abs. 1 S. 3 ZGB) die Eintragung voraus. Jedoch wurde bei der Beurkundung des Erwerbsvertrags idR die Eintragung ins Grundbuch beantragt (s. § 4 Grundbuchverfahrensordnung), und stets war eine staatliche Genehmigung einzuholen (Grundstücksverkehrsverordnung, §§ 297 Abs. 1 S. 2, 306 Abs. 1 S. 2, 453 Abs. 1 S. 2 ZGB), so daß sich das Problem der Mehrfachverfügung nicht wie im freien Grundstücksverkehr stellte.
Auf die Problematik der Vormerkung von Rückerstattungsansprüchen nach dem Gesetz zur Regelung offener Vermögensfragen ist bereits eingegangen (§ 15 VI 4).

---

[1] Dasselbe Beispiel wie oben § 19 B III 2d; dort auch Lit.-Angaben; s. ferner OLG Köln Rpfleger 1973, 299 (Anwendung des § 878 im Falle der Aufhebung einer Vormerkung?).
[2] *Heuer,* Grundzüge des Bodenrechts der DDR 1949 – 1990, 1991, Rn. 162.

Übersicht 12. Die Vormerkung

Zweck	Dingl. Sicherung eines *obligatorischen* Anspruchs auf eine dingl. Rechtsänderung. Hauptfälle: Auflassungsvormerkung – Löschungsvormerkung (bzw. Löschungsanspruch)
Voraussetzungen	entweder: Bewilligung des Betroffenen *und* (z. B. des Verkäufers) Eintragung oder: Einstweilige Verfügung des Gerichts im Grundbuch
Wirkungen	1. *Sicherungswirkung* $K \dfrac{\text{Kaufvertrag v. 1. 4. 1972}}{+\ \text{Vormerkung}} V \dfrac{\text{Kaufvertrag v. 15. 5. 1972}}{\text{u. Auflassung/Eintragung}} D$ (also keine Grundbuchsperre!) D wird Eigentümer, aber nicht K gegenüber. Daher verlangt K von V Auflassung (§ 433 Abs. 1) und von D Zustimmung zu seiner Eintragung im Grundbuch (§§ 883 Abs. 2, 888 BGB). Ebenso wenn V dem D eine Hypothek bestellt hätte: K verlangt von V Auflassung und von D Zustimmung zur Löschung der Hypothek 2. *Vollwirkung:* § 24 KO 3. *Rangwirkung:* § 883 Abs. 3 BGB
Unterschied zwischen Vormerkung und Widerspruch	Gemeinsam: Warnfunktion. Unterschied: Die Vormerkung „vermerkt" im Grundbuch eine künftige Rechtsänderung. Der Widerspruch weist auf eine – gegebene oder doch mögliche – Unrichtigkeit des Grundbuchs hin. Lehrspruch: „Die Vormerkung prophezeit" (erg. eine künftige Rechtsänderung), „der Widerspruch protestiert" (erg. gegen die Richtigkeit des Grundbuchs)

§ 21. Der Grundstückskaufvertrag – Das Vorkaufsrecht

Vorbemerkung

In einem Lehrbuch des „Sachenrechts" ein Kapitel über den Grundstückskauf zu finden, mag wunder nehmen.

Aber zum Verständnis des zu erörternden rechtsgeschäftlichen Eigentumsübergangs an Grundstücken durch *Auflassung und Eintragung* (s. unten § 22) erscheint es ratsam, den schuldrechtlichen Vertrag zu erläutern, auf dem die meisten Eigentumswechsel an Grundstücken basieren, eben den Grundstückskauf. Dabei ist freilich zu beachten, daß der Grundstückskauf in der Praxis zwar das wichtigste, aber nicht das einzige Grundgeschäft ist. Es kommen weiter in Betracht Tausch, Schenkung (auch in der Form der vorweggenommenen Erbfolge insbesondere im Landwirtschaftsrecht: Übergabeverträge), Nachlaßauseinandersetzung, Gesellschaftsverträge usw. Auch kann es sich nicht darum handeln, das Kaufrecht in aller Breite zu entwickeln; dessen Kenntnis wird vorausgesetzt; es sollen nur die *Besonderheiten* des Grundstückskaufs erläutert werden, nämlich hinsichtlich der Form (A I), der Gefahrtragung (A II), der Rechtsmängelhaftung (A III) und der Sachmängelhaftung (A IV). Daran schließt sich eine knappe Darstellung des persönlichen und dinglichen Vorkaufsrechts (B).

Interessant ist der jährliche „Immobilienumsatz", so für die alten Bundesländer geschätzt für 1986: 110 Milliarden DM (28% Eigentumswohnungen, 26% Ein- u. Zweifamilienhäuser, 23% Mehrfamilienhäuser, 17% unbebaute Grundstücke, 7% gewerbliche Objekte).[1]

A. Der Grundstückskaufvertrag

Lit.-Hinweis: *Backhaus* JuS 1985, 512 (Grenzen des Formgebots); *Heckschen,* Die Formbedürftigkeit mittelbarer Grundstücksgeschäfte, 1987; *von Hofmann,* Das Recht des Grundstückskaufs, 1982; *Kanzleiter* DNotZ 1986, 258 (Ausschluß der Rückforderung bei Formnichtigkeit); *Korte* DNotZ 1984, 3 u. 82 (Beurkundungsumfang); *ders.,* Handbuch der Beurkundung von Grundstücksgeschäf-

---

[1] Erhebung im Auftrag des Forschungsverbandes für Immobilien-, Hypotheken- und Baurecht e. V., veröffentlicht in AIZ 1989, 9.

ten, 1990; *Hagen* DNotZ 1984, 267; *Schwanecke* NJW 1984, 1585 (Formzwang bei „Durchgangserwerb"?); *Zeller,* Die Formbedürftigkeit nachträglicher Änderungen von Kaufverträgen, 1985.

I. Die Form

1. In seiner ursprünglichen Fassung diente § 313 S. 1 dem *„Warnzweck"* zugunsten des Veräußerers, nicht dagegen dem Schutz des Erwerbers. Die Rechtsprechung war daher der Meinung, daß Verträge, die nur *Erwerbsverpflichtungen* des Käufers enthielten *(Kaufanwärterverträge)* formfrei gültig seien. Die Entwicklung hat aber gezeigt, daß der Erwerber mindestens ebenso schutzwürdig ist wie der Veräußerer. Durch Gesetz v. 30. 5. 1973 (das § 313 S. 1 änderte) wurde daher der Formzwang auch auf die *Erwerbsverträge* ausgedehnt. Dies bedeutet, daß Rechtsgeschäfte jeder Art, die zur Veräußerung oder zum Erwerb eines Grundstücks verpflichten, der notariellen Form bedürfen.

Neben dem Warnzweck soll die Form auch den *Beweis* des Vertragsinhalts erleichtern.

§ 313 erfaßt alle Verträge, durch die sich ein Teil zu einer Grundstücksübereignung oder einem Grundstückserwerb verpflichtet, also etwa auch Nachlaßauseinandersetzungen, Gesellschaftsverträge, wenn zu den Gesellschafterpflichten die Einbringung eines Grundstücks in die Gesellschaft (oder der Erwerb durch die Gesellschaft) gehört (BGH BB 1967, 731). § 313 bezieht sich auch nicht nur auf die Verpflichtungserklärung des Veräußerers (oder des Erwerbers; anders § 518 für die Schenkung; *reiner* Warnzweck!), sondern auf den ganzen Vertrag, also auch auf die Willenserklärung des Käufers bzw. des Verkäufers bei Erwerbsverträgen (vgl. BGH NJW 1974, 271). Formpflichtig sind alle Vereinbarungen aus denen sich nach dem Willen der Vertragspartner das Geschäft zusammensetzt: BGH NJW 1986, 248 u. BGHZ 101, 393; NJW 1989, 898; zur Formpflicht von Vereinbarungen mit Dritten zuletzt BGH NJW 1991, 1031 m. Nw. Stellt man auf den Zweck des § 313 ab, so wird deutlich, daß eine Reihe von Rechtsgeschäften formbedürftig ist, die einen Grundstückskaufvertrag erst einleiten oder vorbereiten, sofern damit die in § 313 vorausgesetzte Verpflichtung entsteht: so *Vorverträge und Optionsverträge* (BGHZ 82, 398; dazu kritisch *Reinicke/Tiedtke* NJW 1982, 1430; RGZ 169, 185, 188; BGHZ 97, 147),[1] die Einräumung eines *Vorkaufsrechts* (RGZ 148, 105, 108; BGH NJW-RR 1991, 205, 206) oder eines Rückkaufsrechts (BGHZ 104, 276), *Vergleiche,* wenn der eine Teil sich dem anderen zur Veräußerung (oder zum Erwerb) eines Grundstücks verpflichtet (wobei zu beachten ist, daß der gerichtlich protokollierte Vergleich der Form genügt, § 127a) oder eine *unwiderrufliche Vollmacht* zur Grundstücksveräußerung oder zum Grundstückserwerb (da sie wegen des Ausschlusses des Widerrufs nach § 168 S. 2 bereits bindet, BGH FamRZ 1965, 495; DNotZ 1970, 743), regelmäßig dagegen *nicht,* wenn der Bevollmächtigte nur von dem Verbot des Selbstkontrahierens nach § 181 befreit ist (vgl. BGH LM § 313 Nr. 2; a. A. *Flume* II § 52, 2b). *Formbedürftig* ist auch die Verpflichtung zur Übereignung eines Grundstücks im Rahmen eines *Erschließungsvertrags* (§ 124 BauGB; BGHZ 58, 386) sowie der Auftrag, für Rechnung des Auftraggebers ein Grundstück zu erwerben (str., BGH NJW 1970, 1915 u. BGHZ 85, 245, u. U. auch ein sog. „Bauwerkvertrag"; BGHZ 76, 43 u. 78, 346). Keiner Form bedarf die Verpflichtung, ein Grundstück nicht zu veräußern (BGHZ 103, 235, 238); auch nicht die Satzung eines Vereins (Genossenschaft usw.), die zur Übertragung von Grundstücken an die Mitglieder verpflichtet (dazu *Steindorff* ZHR 129, 21 u. *Klingsporn* DB 1967, 367); auch nicht die Verpflichtung zur Übertragung von Mitgliedschaftsrechten an Grundstücksgesellschaften (BGHZ 86, 367) und nicht die Verpflichtung zur Abtretung eines Auflassungsanspruches, solange der Käufer noch kein Anwartschaftsrecht erlangt hat (BGHZ 89, 41; 103, 179).

2. Die Formvorschrift bezieht sich auf den *ganzen* Vertragsinhalt. Ist nur ein Teil beurkundet, so ist im Zweifel der ganze Vertrag nichtig (§ 139), sofern

---

[1] Zur Formbedürftigkeit sog. Reservierungsvereinbarungen s. BGHZ 103, 235.

nicht *Heilung* des Formmangels nach § 313 S. 2 durch Auflassung und Eintragung eintritt.[1]

Eine gut gemeinte, aber nicht ungefährliche und in ihren Einzelheiten schwer überschaubare Regelung:

V hat an K *notariell* ein Grundstück verkauft. In einem *schriftlichen* „Zusatzabkommen" hat sich K zur Rückübereignung unter gewissen Bedingungen bereit erklärt. Da die zusätzliche Vereinbarung für beide Teile wesentlich ist, ist nicht nur diese, sondern das ganze Vertragswerk nichtig. Mit Einigung und Eintragung wird es im ganzen Umfang voll wirksam (BGHZ 104, 276, 278: anders, wenn die Rückübereignungspflicht erst *nach* Auflassung schriftlich vereinbart wurde!). Bedurfte aber – wie vielfach – der Vertrag der behördlichen Genehmigung und ist nur der *notarielle* Vertrag genehmigt worden, so ist der Vertrag in vollem Umfang nichtig (weil das „Zusatzabkommen" nicht genehmigt worden ist), und kann durch Auflassung und Eintragung nicht geheilt werden.[2] Die Heilung nach § 313 S. 2 wirkt nicht auf den Zeitpunkt des Vertragsschlusses zurück (BGHZ 54, 56, 63).

Eine irrtümliche Falschbezeichnung des Grundstücks im notariellen Vertrag (falsa demonstratio), bedeutet keinen Formmangel (BGHZ 87, 150; dazu *Brox* JA 1984, 549, 551, 554 und oben § 5 III).

Der Form des § 313 bedarf *nicht die Aufhebung* eines Grundstückskaufvertrags, solange das Eigentum am Grundstück noch nicht auf den Käufer übergegangen ist oder dieser noch nicht ein Anwartschaftsrecht erlangt hat (BGHZ 83, 395 = BGH NJW 1982, 1639; dazu – kritisch – *Reinicke/Tiedtke* NJW 1982, 2281; BGHZ 103, 175, 179), wohl aber die Vereinbarung über die Herab- oder Hinaufsetzung des Kaufpreises (s. dazu BGH NJW 1982, 434). Nach Auflassung – aber vor Eintragung! – sind Änderungen formfrei möglich (BGH NJW 1985, 266), es sei denn, sie enthalten neue Erwerbs- oder Verkaufspflichten (BGHZ 104, 276).

Die Möglichkeit von Verweisungen (auf Karten, Pläne) usw. ist in einem Gesetz v. 20. 2. 1980 (BGBl. I 157) geregelt worden (dazu *Lichtenberger* NJW 1980, 864; *Dietlein* DNotZ 1980, 195; *Winkler* Rpfleger 1980, 169; *Arnold* DNotZ 1980, 262). Für „Neufälle" gelten §§ 9, 13, 13a BeurkG n. F., für „Altfälle" wird insoweit rückwirkende Heilung angeordnet (hierzu BGH NJW 1983, 2137; BVerfGE 72, 302, 318 ff.).

3. Zur Beurkundung des Kaufvertrags sind nach § 60 BeurkundungsG nur die Notare zuständig, ein Gericht nur dann, wenn der Kaufvertrag Gegenstand eines gerichtlichen Vergleichs ist (§ 127 a).

4. Schließlich ist noch darauf hinzuweisen, daß dem Einwand der *Arglist* bei Berufung auf einen Formmangel gerade bei Grundstückskaufverträgen besondere Bedeutung zukommt. Entwicklung und Ausgestaltung dieser Lehre können hier nicht erörtert werden (s. hierzu *Larenz* I § 10 III m. Nw. und BGHZ 48, 396 u. 85, 315, 318; 92, 171; NJW 1989, 167).

II. Die Gefahrtragung

1. Nach der allgemeinen Regel des § 446 Abs. 1 geht die Gefahr (Preisgefahr) beim Kauf mit der Übergabe der verkauften Sache auf den Käufer über, auch wenn dieser das Eigentum noch nicht erlangt hat (Durchbrechung des in § 323

---

[1] Dazu ausführlich *Larenz* I § 5; BGHZ 47, 266 (§ 313 S. 2 greift auch dann Platz, wenn der Eigentumserwerb nach § 892 erfolgt u. auch dann, wenn die Parteien die Formbedürftigkeit kannten, BGH NJW 1975, 205 u. DNotZ 1980, 222).

[2] BGH DB 1981, 1922. – Früher waren in der Praxis auch sog. *Schwarzkäufe* zur Umgehung der Bestimmungen über den Preisstopp häufig (s. dazu BGHZ 11, 90). Diese Vorschriften sind durch das Bundesbaugesetz v. 23. 6. 1960 (BGBl. I 341) §§ 185, 186 Abs. 1 Nr. 65 bis 67 außer Kraft gesetzt worden. Zur Hinterziehung der Grunderwerbsteuer gibt es auch heute noch Schwarzkäufe (BGH NJW 1980, 451 u. dazu *Roth* JuS 1981, 250). Der beurkundete Vertrag ist nichtig (§ 117 Abs. 1), der formlos geschlossene bedarf der Heilung (§§ 117 Abs. 2, 313 S. 1, 125, 313 S. 2). Für die Kaufpreiskondiktion gelten nicht §§ 812 Abs. 1 S. 1, 1. Alt., 814, sondern §§ 812 Abs. 1 S. 2, 2. Alt., 815; zum Erwerbsverbot nach bindender Auflassung, aber vor Eintragung § 15 IV 2c.

enthaltenen Grundsatzes – Auswirkung des Gefahrbeherrschungsgedankens: *Heck,* Schuldrecht § 83, 6 b). Von diesem Zeitpunkt an gebühren dem Käufer die Nutzungen und trägt er die Lasten der Sache (§ 446 Abs. 1 S. 2).

2. Diese Regel gilt auch für Grundstückskäufe. Ist jedoch der Käufer *vor* der Übergabe als Eigentümer im Grundbuch eingetragen worden, so wird der Gefahrübergang auf diesen früheren Zeitpunkt vorverlegt (§ 446 Abs. 2). Es gilt dann der Satz: periculum sentit dominus (= die Gefahr trägt der Eigentümer, wobei es freilich nur auf die *Eintragung* ankommt; sie ist selbst dann maßgebend, wenn die Auflassung nachfolgt!).

§ 446 ist dispositiven Rechts; in den meisten Grundstückskaufverträgen werden ausdrückliche Vereinbarungen über den Zeitpunkt des Übergangs der Gefahr, die Nutzungen und Lasten getroffen.

III. Rechtsmängelhaftung

1. Wie jeden Verkäufer so trifft auch den Verkäufer eines Grundstücks die Rechts- und Besitzverschaffungspflicht (§ 433); die Sache ist lastenfrei zu übereignen (§ 434). Über diese allgemeinen Grundsätze hinaus gelten für den Grundstückskauf einige Sonderregeln:

a) Der Verkäufer hat auch nicht mehr bestehende, aber noch im Grundbuch eingetragene Rechte – durch Grundbuchberichtigung – „zur Löschung zu bringen" (§ 435).

Gedanke: Auch solche Eintragungen können dem Käufer – wegen eines redlichen Erwerbs Dritter – gefährlich werden. Außerdem fällt es dem Verkäufer in der Regel leichter, das Nichtmehrbestehen des Rechts nachzuweisen oder den Eingetragenen zur Bewilligung der Grundstückberichtigung zu veranlassen. Ein eigener Anspruch des Käufers (§§ 888, 883 II) steht § 435 nicht entgegen (BGH NJW-RR 1986, 310).

b) Während im allgemeinen Kenntnis des Käufers vom Bestehen eines Rechtsmangels die Haftung des Verkäufers ausschließt (§ 439 Abs. 1), muß der Verkäufer eines Grundstücks auch solche Grundpfandrechte „beseitigen", die der Käufer kennt (§ 439 Abs. 2).

Grund: Der Käufer will im allgemeinen ein in Abt. III „sauberes" Grundstück erwerben.
Freilich wird gerade diese Vorschrift in der Praxis meist abbedungen: der Käufer übernimmt die bestehenden Grundpfandrechte in Anrechnung auf den Kaufpreis; der Vorteil für ihn besteht darin, daß er nicht den gesamten Kaufpreis bar aufbringen muß:
Auf dem Hausgrundstück des V lastet eine Hypothek der Bank H in Höhe von 50 000 DM. Verkauft V das Grundstück an K zu 400 000 DM, so wird vereinbart, daß K die Hypothek in Höhe von 50 000 DM unter Anrechnung auf den Kaufpreis übernimmt. Korrekt gesagt: „übernommen" wird die durch die Hypothek gesicherte Darlehensschuld des V; die Hypothek lastet ohnehin auf dem Grundstück, kann und braucht daher auch nicht übernommen zu werden. Es handelt sich zunächst nur um eine Erfüllungsübernahme (§§ 415 Abs. 3, 329); erst mit Genehmigung der H oder der Fiktion dieser Genehmigung nach § 416 scheidet V als persönlicher Schuldner aus; bis dahin hat er nur einen internen Schuldbefreiungsanspruch gegen K auf Grund des Kaufvertrags.

2. Die Pflicht zur Verschaffung eines lastenfreien Grundstücks schließt nicht die *öffentlichen Abgaben* und Lasten ein (§ 436).

Grund: Mit solchen Lasten (z. B. Grundsteuer, Anliegerbeiträge) rechnet jeder Käufer; sie sind im allgemeinen auch nicht ablösbar.
Öffentlich-rechtliche *Baubeschränkungen* können Sachmängel i. S. des § 459 sein (z. B. Bauverbote, BGHZ 67, 134, 136; 96, 385, 387) oder Rechtsmängel (z. B. Abgabepflicht von Straßengelände an die

Gemeinde, BGH NJW 1983, 275; dazu *Koller* JuS 1984, 106 m. w. N.). Die Abgrenzung ist im Einzelfall schwierig, die Rechtsprechung hierzu von allzu gedankenreichem Scharfsinn. Daneben kann eine Anfechtung wegen arglistiger Täuschung (nicht aber nach § 119 Abs. 2!) in Betracht kommen.

IV. Sachmängelhaftung

1. Der Haftung für Sachmängel kommt bei Grundstückskäufen erhebliche Bedeutung zu, weil die Mängel des Grundstücks, insbesondere wenn es bebaut ist, bei einer Besichtigung meist nicht offenbar werden. Die Verkäufer legen daher Gewicht darauf, die Haftung für Sachmängel vertraglich abzubedingen (hierzu BGHZ 98, 100 ff.), während sich umgekehrt die Käufer besonders wichtige Eigenschaften, z. B. Höhe der Mieteinnahmen (BGH NJW 1989, 1795 m. Nw.) oder das Fehlen bestimmter Mängel (z. B. Schwammfreiheit, s. BGH LM § 463 BGB Nr. 1) zusichern lassen (§ 463). Dabei bedarf die Zusicherung der notariellen Form (BGH NJW 1989, 2050), kann aber Ergebnis der Auslegung des Vertragstextes sein (BGH NJW 1990, 902: Mietaufstellung), mündliche Zusicherungen unterliegen der Heilung (§ 313 S. 2).

2. Das BGB gibt für Grundstückskäufe einige Sonderbestimmungen:

a) Zusicherungen über die Grundstücksgröße: § 468.[1]

b) Die Mängelansprüche *verjähren* in einem Jahr nach der Übergabe (zu knapp!). Die 30jährige Verjährung gilt, wenn der Verkäufer den Mangel arglistig verschwiegen oder die Eigenschaft arglistig vorgespiegelt hat (§ 477 Abs. 1); *nicht* dagegen soll § 195 gelten, wenn es sich um einen durch positive Vertragsverletzung ausgelösten Anspruch auf Ersatz von sog. Mangelfolgeschäden handelt (zuletzt BGHZ 107, 249, 252 m. Nw.), der dann kurz (§ 477 Abs. 1) verjährt.

c) Besonderheiten gelten nach der Rechtsprechung des BGH bei Kauf eines Grundstücks mit *neu errichtetem* Gebäude bzw. Wohnungseigentum:

aa) bezüglich der Sachmängelansprüche: Geltung des Werkvertragsrechts (BGHZ 101, 350, 352; 108, 164, 167). Dies führt zum Nachbesserungsrecht (§ 633) und zur fünfjährigen Verjährung (§ 638), bei „entfernteren" Mangelfolgeschäden sogar zur dreißigjährigen Verjährung (BGHZ 58, 85 ff.) der Ansprüche aus positiver Vertragsverletzung,

bb) bezüglich einer völligen Freizeichnung des Veräußerers von Gewährleistungspflichten: Soweit dies formularmäßig geschieht, gelten § 11 Nr. 7, 10, 11 AGBG mit ihren Beschränkungen; die Verdingungsordnung für Bauleistungen Teil B mit ihren kurzen Verjährungsfristen (2 Jahre) können nur insgesamt und nicht auf Gewährleistungsrecht beschränkt vereinbart werden (BGHZ 96, 129 ff.; § 23 Abs. 2 Nr. 5 AGBG; anders bei Verwendung durch den *Käufer*: BGHZ 99, 160!). In Individualverträgen verstößt der Gewährleistungsausschluß regelmäßig gegen § 242 BGB, falls keine besondere notarielle Belehrung erfolgt ist[2] (anders beim Verkauf von Altbauten![3]).

---

[1] Hierzu BGHZ 96, 283, 286 m. Anm. *Honsell* JZ 1986, 497 („ca."-Angabe).

[2] BGHZ 74, 204 m. Anm. *Stürner* JZ 1979, 758; 101, 350; 108, 164; distanzierend aber nunmehr teilw. BGH NJW 1991, 843, 844. Umfassende Nachweise zum Problem der Inhaltskontrolle notarieller Individualverträge § 5 II 1 d, aa (Fußnote).

[3] BGHZ 98, 100 ff.

B. Das Vorkaufsrecht[1]

I. Grundgedanken – Arten

1. Schon bei Erörterung der Vormerkung hatten wir das Bestreben kennengelernt, Ansprüche auf eine künftige Rechtsänderung dinglich zu sichern. Von der gleichen Tendenz getragen ist auch das dingliche Vorkaufsrecht: Der Vorkaufsberechtigte soll befugt sein, im Falle des Verkaufs des Grundstücks durch den Eigentümer von diesem die Übereignung des Grundstücks zu den in dem Kaufvertrag mit dem Dritten vereinbarten Bedingungen zu fordern; die Rechtsstellung des Vorkaufsberechtigten gegenüber dem Dritten ist nach Eintritt des Vorkaufsfalles die gleiche wie die eines durch Vormerkung Geschützten (§ 1098 Abs. 2).

Von dem *persönlichen Vorkaufsrecht* der §§ 504 ff. unterscheidet sich das dingliche Vorkaufsrecht vor allem durch seine „Dinglichkeit": das persönliche Vorkaufsrecht begründet Rechtsbeziehungen nur zwischen dem Vorkaufsberechtigten und -verpflichteten, das dingliche Vorkaufsrecht ist ein dingliches Recht und wirkt daher auch gegenüber Dritten (§ 1098 Abs. 2). *Gegenstand* des persönlichen Vorkaufsrechts kann jeder „Gegenstand" (Sache oder Recht) sein (§ 504), während sich das dingliche Vorkaufsrecht nur auf Grundstücke beziehen kann.

Man muß sich von der Vorstellung freimachen, als ob dem dinglichen Vorkaufsrecht stets ein persönliches zugrunde liegen müsse. Dies *kann* der Fall sein, muß es aber nicht. Grundgeschäft des dinglichen Vorkaufsrechts kann eine Schenkung oder ein entgeltlicher Vertrag sein, demzufolge der Eigentümer gegen eine Vergütung das dingliche Vorkaufsrecht bestellt. Dieses Kausalgeschäft ist formpflichtig, § 313 S. 1 (BGH NJW-RR 1991, 205, 206), der Formfehler durch Bestellung und Eintragung des dinglichen Vorkaufsrechts heilbar, § 313 S. 2 (BGH DNotZ 1968, 93 f.).

Man muß sich weiter vor der Annahme hüten, daß der Vorkaufsberechtigte die absolute Sicherheit hat, später einmal das Grundstück „in die Hand zu bekommen". Denn Bedingung für die Ausübung des Rechts ist der *Verkauf* des Grundstücks. Wird es überhaupt nicht verkauft oder wechselt es zwar den Eigentümer, wird es aber z. B. verschenkt oder getauscht (BGHZ 49, 7), so kommt das Vorkaufsrecht nicht zum Zug, sofern nicht ein Umgehungsgeschäft vorliegt (BGH NJW 1964, 540; 1992, 236).

2. In der Praxis werden dingliche Vorkaufsrechte vor allem bei zwei Tatbestandsgruppen bestellt: *einmal* bei langjährigen Miet- und Pachtverhältnissen:

Der Einzelhändler E verpachtet sein Ladengeschäft an ein „Filialunternehmen" fest auf 20 Jahre und räumt ihm das dingliche Vorkaufsrecht an seinem Grundstück ein;

oder bei nachbarschaftlichen Vereinbarungen etwa über die künftige räumliche Vergrößerung eines Unternehmens.

Die Nachbarn A, B u. C eines Unternehmers K räumen diesem gegen eine Vergütung das Vorkaufsrecht an ihren Grundstücken ein.

Fast noch bedeutsamer als die rechtsgeschäftlich bestellten sind die *gesetzlichen Vorkaufsrechte*. Mit ihrer Hilfe sichert sich der Staat den – freilich nur bedingten – Zugriff auf Grundstücke, um sie dann für bestimmte Zwecke (z. B. Siedlung) zu verwenden (s. unten IV).

---

[1] *Schurig*, Das Vorkaufsrecht im Privatrecht, 1975; zum Schutz durch Art. 14 GG neuerdings BVerfG NJW 1991, 1807.

II. Entstehung

Das dingliche Vorkaufsrecht entsteht durch Einigung[1] und Eintragung (§§ 873, 1094). Es kann zugunsten einer Person, d. h. *subjektiv persönlich* (§ 1094 Abs. 1), aber auch zugunsten des jeweiligen Eigentümers eines anderen Grundstücks, also *subjektiv dinglich,* bestellt werden (§ 1094 Abs. 2; s. dazu BGHZ 37, 147 = *Baur,* E. Slg. Fall 44). Es ist auf *einen* Verkaufsfall durch den das Recht bestellenden Eigentümer oder seine Erben beschränkt (§ 1097 1. Halbsatz), sofern es nicht *für mehrere oder alle Verkaufsfälle* bestellt ist (§ 1097 2. Halbsatz).

Auch die Bestellung mehrerer dinglicher Vorkaufsrechte mit verschiedenem Rang ist möglich (BGHZ 35, 146), nicht aber gleichrangige Bestellung mit der Folge des Wettlaufes um die raschere Durchsetzung (*Soergel/Stürner* § 1094 Rn. 4; a. A. z. B. OLG Hamm NJW-RR 1989, 912 m. Nw.). Das Vorkaufsrecht kann bedingt oder befristet bestellt sein (BayObLG NJW-RR 1990, 1169), auch eine beschränkte Bestellung ist zulässig (BGH NJW-RR 1991, 526).

III. Wirkung

Die Wirkung eines dinglichen Vorkaufsrechts wird am besten durch ein Beispiel verdeutlicht:

E_1 hat 1980 seinem Nachbarn K – Eigentümer eines Industriebetriebs – ein dingliches Vorkaufsrecht „für alle Verkaufsfälle" eingeräumt. 1984 stirbt E_1 und wird von seinen Söhnen E_2 und E_3 beerbt. Diese verkaufen 1986 das Grundstück an D zum Barkaufpreis von 100000 DM. Hier hat K die Befugnis, das Vorkaufsrecht innerhalb einer Frist von zwei Monaten auszuüben (vgl. § 1098 Abs. 1 S. 1 mit § 510 Abs. 2). Übt er es aus (h. M.: formfrei entgegen § 313; a. A. *Wufka* DNotZ 1990, 350 ff.), so kommt *kraft Gesetzes* ein Kaufvertrag zwischen E_2 und E_3 und K „unter den Bestimmungen zustande", welche E_2 und E_3 mit D vereinbart hatten (§ 1098 Abs. 1 S. 1 mit § 505 Abs. 2: Übereignungspflicht der E_2 und E_3 – Pflicht zur Zahlung des Kaufpreises von 100000 DM durch K; dieser kann also nicht geltend machen, der Kaufpreis sei ihm zu hoch, BGH DB 1966, 73).[2] Hatten E_2 und E_3 das Grundstück an D schon aufgelassen, war dieser auch als Eigentümer eingetragen worden (das Grundbuchamt kann die Eintragung nicht ablehnen), so sind nach wie vor E_2 und E_3 zur Auflassung an K verpflichtet, D muß der Eintragung des K zustimmen (Vormerkungswirkung: § 1098 Abs. 2 mit § 888 Abs. 1). War ein Teilbetrag von 40000 DM bereits von D an E_2 und E_3 bezahlt worden, so muß K diesen Betrag dem D ersetzen (§ 1100), den Rest von 60000 DM muß er an E_2 und E_3 entrichten. War dem D das Grundstück schon übergeben worden und muß D es dann dem K herausgeben (BGH NJW 1992, 236, 238: uU schon vor Eintragung des K), so gelten für Nutzungen und Verwendungen die §§ 990 ff. BGB entsprechend (BGHZ 87, 296 = *Baur* E. Slg. Fall 52 b).

Falls sich K entschließt, das Vorkaufsrecht nicht auszuüben (weil ihm der Kaufpreis zu hoch ist), so würde sein Recht erlöschen, wenn es nur für *einen* Verkaufsfall bestellt ist; ist es – wie hier – für *alle* Verkaufsfälle bestellt, so kann es K bei einem späteren Verkauf durch D (oder dessen Rechtsnachfolger) ausüben.

Wie ist die Rechtslage, wenn E_2 und E_3 von einem Verkauf an Dritte absehen, sondern vereinbaren, daß E_3 das Grundstück gegen Bezahlung von 50000 DM an E_2 „übernimmt?" Hier handelt es sich um eine Auseinandersetzung des Nachlasses unter mehreren Miterben; E_3 ist nicht „Dritter". Das Vorkaufsrecht kann nicht ausgeübt werden (BGH LM § 1098 BGB Nr. 3; BGH BB 70, 1073; BGHZ 13, 133 für das Verhältnis unter mehreren Miteigentümern nach Bruchteilen).[3] Verkauft aber E_3 das

---

[1] Sie bedarf nach BGH NJW-RR 1991, 205, 206 wie das Kausalgeschäft wegen § 313 S. 1 notarieller Beurkundung; a. A. *Soergel/Stürner* § 1094 Rn. 7; *Jauernig* § 1094 Rn. 2 und die ganz h. M., die dies nur für das Grundgeschäft (oben I 1) annehmen. Mißverständliche Formulierung des BGH?

[2] U. U. aber Anpassung der Fälligkeit: BGH NJW 1983, 682; grundlegend zu Bindungsgrenzen BGHZ 77, 359 ff.

[3] Davon zu unterscheiden aber der Fall des Verkaufs eines Miteigentumsanteils an einen Dritten: BGHZ 90, 174, 178.

Grundstück an D, so ist der Vorkaufsfall gegeben. Über den Fall einer Vereitelung des Vorkaufsrechts s. BGHZ 34, 200, 204 und *Hoche* NJW 1963, 301. Vertraglich vorbehaltener Rücktritt einer Partei vom Kaufvertrag verhindert die Ausübung des Vorkaufsrechts nicht (s. BGHZ 67, 395ff.).

Ist in unserem Ausgangsfall der Verkauf E_2/E_3 an D von einer staatlichen Genehmigung abhängig, so kann (und braucht) das Vorkaufsrecht erst ausgeübt (zu) werden, wenn die Genehmigung vorliegt; denn Voraussetzung ist, daß ein *gültiger* Kaufvertrag mit D abgeschlossen ist (BGHZ 14, 1; 23, 342, 344; 67, 397). –

Man fragt sich unwillkürlich: wird jemand überhaupt bereit sein, zu verkaufen bzw. zu kaufen, wenn die Gefahr besteht, daß der Vorkaufsberechtigte von seinem Recht Gebrauch macht. Hierzu ist zu sagen, daß solche Kaufverträge vielfach in der Hoffnung abgeschlossen werden, der Vorkaufsberechtigte werde seine Befugnis nicht ausüben wollen oder können (z.B. mangels Geldmittel). Im übrigen ist das Risiko für den Verkäufer nicht allzugroß; zwar erlischt der Kaufvertrag (E_2/E_3 mit D) nicht mit der Ausübung des Vorkaufsrechts (vgl. auch § 506: „dem Vorkaufsberechtigten gegenüber"!), aber eine Haftung des Verkäufers gegenüber dem Käufer D (wegen Verletzung der Rechtsverschaffungspflicht) entfällt doch regelmäßig nach § 439.

IV. Gesetzliche Vorkaufsrechte

1. Sie sind ein Mittel staatlicher Bodenpolitik. Klassisches Beispiel ist das Vorkaufsrecht des Reichssiedlungsgesetzes v. 11. 8. 1919 i.d.F. v. 28. 7. 1961 (BGBl. I 1091): Nach §§ 4ff. hat das gemeinnützige Siedlungsunternehmen *kraft Gesetzes* ein Vorkaufsrecht bei Verkauf landwirtschaftlicher Grundstücke bestimmter Größe (Beispiel: BGHZ 94, 299).

Ähnlichen Charakter haben die Vorkaufsrechte der Gemeinden nach §§ 24ff. BauGB (s. dazu unten § 26 II 3c und ausführlich *Soergel/Stürner* Vor § 1094 Rn. 13–21). Die Ausübung des Vorkaufsrechts durch die Behörde erfolgt durch Verwaltungsakt (§ 28 II BauGB). Das Grundbuchamt darf nicht eintragen, solange die Nichtausübung nicht feststeht (§ 22 V 3).

2. Andere gesetzliche Vorkaufsrechte haben den Zweck, eine einmal gegebene zweckentsprechende Bodenverteilung nicht wieder rückgängig gemacht zu sehen; hierunter fallen z.B. das Vorkaufsrecht des Heimstättenausgebers nach §§ 11, 14ff. Heimstättengesetz v. 25. 11. 1937 bei Veräußerung einer Heimstätte; dadurch soll sichergestellt werden, daß die einmal geschaffene Heimstätte bei Veräußerung wieder in die richtigen Hände kommt.[1]

V. Wiederkaufsrechte

1. Bodenpolitische Tendenz haben auch die *gesetzlichen* Wiederkaufs- und Heimfallrechte: so hat nach § 20 RSiedlG das Siedlungsunternehmen ein Wiederkaufsrecht, wenn der Ansiedler die in ihn gesetzten Erwartungen nicht erfüllt (Beispiel: BGH NJW 1986, 1993). Das gleiche Recht hat der frühere Eigentümer, wenn das Grundstück nicht innerhalb von 10 Jahren zu Siedlungszwecken verwendet wird (§ 21 RSiedlG): die Siedlungsunternehmen sollen den Grund und Boden nicht horten! (weitere Fälle s. etwa §§ 12, 13 RHeimstG; § 2 Ziff. 4, §§ 32, 33 ErbbauRV).

Zu beachten ist, daß das Wiederkaufsrecht *nicht* den Verkauf des Grundstücks durch den Eigentümer voraussetzt; notwendig ist vielmehr, daß der Tatbestand, an den das Gesetz das Wiederkaufsrecht knüpft, erfüllt wird (z.B. „grobe Mißwirtschaft" nach § 12 Abs. 1b RHeimstG).

2. Das BGB kennt ein *vertraglich eingeräumtes* dingliches Wiederkaufsrecht nicht. Doch kann ein persönliches Wiederkaufsrecht (dazu BGHZ 38, 369 u. *Mayer-Maly*, FS Wieacker, 1978, 424) vereinbart werden (Form: § 313!; hierzu *Wufka* DNotZ 1990, 339, 350), das dann durch eine Vormerkung gesichert wird und damit „quasidingliche" Wirkung erhält (s. BGHZ 58, 78, 82; BGH NJW 1980, 833 u. oben § 20 I 2 und II 2).

---

[1] S. dazu *Walter* JA 1981, 322; zu weiteren Vorkaufsrechten s. *Soergel/Stürner* Vor § 1094 Rn. 26 (militärische Landbeschaffung, Wohnungsbindung, Natur- und Denkmalschutz).

VI. Verwandte Institute

Die Praxis hat die atypische Form des *Ankaufsrechts* (Option) entwickelt;[1] es kommt in mancherlei Formen vor (hierzu BGHZ 47, 387, 388; 97, 147, 152): so als einseitiges bindendes Verkaufsangebot des Eigentümers, ferner als Vorvertrag, aus dem sich für den einen Teil das Recht ergibt, den Abschluß eines Kaufvertrags zu verlangen, schließlich als bedingter Kaufvertrag, bedingt dadurch, daß der Berechtigte (oder beide Teile, BGH NJW 1967, 153) das Wirksamwerden des Kaufvertrags fordert.[2]

Gemeinsam ist allen Formen, daß die Begründung des Ankaufsrechts der Form des § 313 bedarf (BGHZ 97, 147, 152 ff.; *Soergel/Stürner* § 1094 Rn. 12) und der Berechtigte durch Eintragung einer Vormerkung gesichert werden kann (s. oben § 20 I 2). Die Ausübung des Ankaufsrechts ist beim bedingten Kaufvertrag und dem Kaufvorvertrag formfrei (BGHZ 97, 147, 150; *Soergel/Stürner* aaO), bei der Annahme eines Angebots ist hingegen Formpflicht gegeben (für umfassende Formpflicht *Wufka* DNotZ 1990, 353 f.).

Von einer *Vorhand* spricht man, falls eine Pflicht zum ersten Angebot vereinbart ist (Anbietungspflicht). Nach h. M. besteht Formpflicht gemäß § 313, es kann eine Vormerkung zur Sicherung des künftigen Auflassungsanspruchs bestellt werden (*Larenz* II 1 § 44 IV 2 m. Nw.); zweifelhaft!

Keine Option ist der sog. *Belastungsvorbehalt:* Der Veräußerer eines Grundstücks vereinbart mit dem Erwerber, daß er das Grundstück auch nach der Übereignung noch mit Grundpfandrechten zur Sicherung ihm gewährter Kredite belasten darf; so wenn M seiner Frau F ein Grundstück überläßt, sich aber die weitere Belastung des Grundstücks vorbehält (s. *Dubischar* NJW 1984, 2440 u. OLG Bremen NJW 1984, 2478).

C. Grundstückskauf und Vorkauf in den neuen Bundesländern

Seit dem 3. 10. 1990 gelten für neu abgeschlossene Kaufverträge (Art. 232 § 1 EGBGB) und für neu begründete Vorkaufsrechte die allgemeinen Vorschriften des BGB. Dabei ist aber zu beachten, daß auf Gebäudeeigentum aufgrund von Nutzungsrechten ebenfalls das BGB-Grundstücksrecht Anwendung findet (Art. 233 § 4 Abs. 1 EGBGB). Auf Altkaufverträge vor dem 3. 10. 1990 sind §§ 297 ff. ZGB anzuwenden, auch bei Gebäudeeigentum. Eigentum erwirbt der Käufer also durch beurkundeten Kauf und Eintragung (§ 297 ZGB) ohne Auflassung. War am 3. 10. 1990 der Eintragungsantrag schon gestellt, wird der Erwerb nach dem ZGB vollendet (Art. 233 § 7 Abs. 1 EGBGB). Beurkundete Altkaufverträge ohne Antrag wird es kaum geben, weil der Antrag idR bei Beurkundung gestellt wurde (§ 4 Grundbuchverfahrensordnung DDR; s. § 20 VIII). Divergenzfälle wären so zu lösen, daß der Altkaufvertrag einen Anspruch auf Auflassung gewährt (zweifelhaft!).

Alte Vorkaufsrechte, die im Grundbuch eingetragen sind (§ 306 ZGB), folgen §§ 306 ff. ZGB (Art. 233 § 3 EGBGB). Sie beinhalten eine Anbietungspflicht (§ 307 ZGB), deren Mißachtung ein Übertragungsrecht des Berechtigten gegenüber dem Erwerber auslöst (§ 309 ZGB); es wird dann in den Formen der §§ 873, 925 ff. BGB zu erfüllen sein (zweifelhaft!). Der Berechtigte schuldet dem Erwerber Kaufpreisrückerstattung (§ 307 ZGB). Rasche Präklusion: 1 Monat nach Kaufkenntnis bzw. 1 Jahr (§ 307 Abs. 3 ZGB). Lit.: *Heuer,* Grundzüge des Bodenrechts der DDR 1949–1990, 1991, S. 80 ff., 88 ff.

Lit.: MünchKomm/*Quack, v. Oefele, Wacke* Art. 233 §§ 3, 4, 7 EGBGB (Nachtrag); *Steiner* DtZ 1991, 372 (in den alten Bundesländern *vor* dem 3. 10. 1990 beurkundete Kaufverträge); BJM DtZ 1991, 406 f; Beispiel für Altvertrag: LG Berlin DtZ 1991, 411. Zur Exklusivität der Rückerstattung nach dem VermögensG (§§ 15 VI 4, 26 a IV, V) gegenüber der bürgerlichrechtlichen Anfechtung der Veräußerungsgeschäfte insbes. wegen Drohung *R.* u. *W. Adlerstein* DtZ 1991, 417 ff. mNw.

---

[1] *Henrich,* Vorvertrag, Optionsvertrag, Vorrechtsvertrag, 1965; *Lorenz* in FS f. Dölle 1963, I, 103; *Georgiades* in FS f. Larenz, 1973, 409; *v. Einem,* D. Rechtsnatur der Option (1974) u. oben A I 1.

[2] Beispiele: BGH DNotZ 1963, 230; 1968, 23; BB 1978, 731 (Ankaufsrecht mit Wertanpassungsklausel).

§ 22. Die Übereignung von Grundstücken – Die Auflassung

I. Grundgedanken

Die Sorgfalt, mit der der Gesetzgeber den Eigentumswechsel an Grundstücken behandelt wissen will, ist uns schon wiederholt – zuletzt bei der Formvorschrift des § 313 – aufgefallen. Sie zeigt sich auch beim Übereignungsvorgang: Während die dingliche Rechtsänderung im allgemeinen nur eine formlose Einigung – neben der Eintragung – fordert, schreibt § 925 für die Einigung über den Eigentumswechsel – „Auflassung" genannt – eine besondere Form vor, die an die feierliche, symbolische Rechtsübertragung im älteren deutschen Recht anknüpft (s. unten II). Dem Grundbuchbeamten werden besondere *Prüfungspflichten* auferlegt, bevor er die Eintragung vornimmt (III). Die *Wirkung* von Auflassung und Eintragung hat einige Besonderheiten aufzuweisen (IV). Schließlich macht der Staat die Auflassung häufig aus verschiedenen, vor allem bodenpolitischen Gründen von einer Genehmigung abhängig (V).

II. Die Form

1. Die Auflassung muß *vor einem Notar* oder – falls sie in einem gerichtlichen Vergleich[1] erfolgt – vor dem Gericht erklärt werden (§ 925, § 127a).

Ursprünglich war nur das Grundbuchamt zuständig. Dies hatte den Vorteil, daß die Auflassung „vor dem offenen Grundbuch" erklärt werden konnte, der Stand des Grundbuchs also jedem Beteiligten bekannt war. Die Zuständigkeit des Notars dient u. a. der Vereinfachung des Grundstücksverkehrs. Vorsichtige Urkundspersonen ziehen aber regelmäßig einen neuen Grundbuchauszug bei (s. § 21 Abs. 1 BeurkG). –

Die Auflassung muß *vor* einem Notar erfolgen, sie wird beurkundet.[2] Zu beachten ist, daß die materiellrechtliche Wirksamkeit der Auflassung von dieser Beurkundung unabhängig ist;[3] aber sie ist für das Eintragungsverfahren wichtig (§§ 20, 29 GBO).

2. Veräußerer und Erwerber müssen bei Abgabe der Erklärung *gleichzeitig,* wenn auch nicht notwendig persönlich *anwesend* sein.

Eine zeitlich aufeinanderfolgende Erklärung ist also – anders als in § 152 vorgesehen – nicht zulässig (Nichtigkeit gemäß § 125, BGHZ 29, 10), es sei denn, daß die Erklärung des einen Teils durch ein rechtskräftiges Urteil nach § 894 ZPO ersetzt wird (ist also z. B. der Verkäufer zur Auflassung verurteilt, so muß der Käufer *seine* Erklärung noch vor einem Notar abgeben und dabei das gerichtliche Urteil vorlegen; dazu BayObLG Rpfleger 1983, 390).

Da *persönliche* Anwesenheit *nicht* gefordert wird, ist Stellvertretung, auch in der Form des erlaubten Selbstkontrahierens (§ 181), zulässig. Ist die Auflassung

---

[1] Dazu *Walchshöfer* NJW 1973, 1103. Der neue anwaltliche Vergleich (§ 1044b ZPO) ersetzt die Auflassung vor dem Notar hingegen nicht; statt aller *Geimer* DNotZ 1991, 275.

[2] Zur Neufassung des BeurkG im Jahre 1980 statt vieler *Arnold* DNotZ 1980, 262.

[3] BGH NJW 1983, 2933; hingegen ist beim gerichtlichen Vergleich die Protokollierung Wirksamkeitsvoraussetzung (BGHZ 16, 390).

durch einen *Vertreter ohne Vertretungsmacht* erfolgt,[1] so kann sie durch Genehmigung des Vertretenen wirksam werden (§ 177), und zwar mit rückwirkender Kraft (§ 184). Die Genehmigung kann auch noch nach der Eintragung im Grundbuch erfolgen.

Die von einem Vertreter ohne Vertretungsmacht abgegebene Auflassungserklärung ist von der *eines Nichtberechtigten* zu unterscheiden; dessen Verfügung kann durch Zustimmung des Berechtigten oder durch einen anderen der in § 185 genannten Tatbestände wirksam werden (s. RGZ 152, 382 und oben § 19 B I 2c bb α).

3. Die Auflassung kann *nicht bedingt* oder *befristet erklärt* werden; damit soll ein bedingtes oder befristetes Grundeigentum ausgeschlossen werden (§ 925 Abs. 2). Verkauf eines Grundstücks unter Eigentumsvorbehalt (§ 455) ist also unmöglich.

Jedoch hat die Praxis – um dem Sicherungsstreben entgegenzukommen – folgende Möglichkeiten entwickelt:

a) Bei Erklärung der Auflassung weisen die Parteien die die Auflassung entgegennehmende Stelle (den Notar) an, den Eintragungsantrag erst bei Eintritt einer bestimmten Bedingung (z. B. nach Nachweis der Zahlung des Kaufpreises) zu stellen (der Eintragungsantrag selbst könnte nicht bedingt sein, § 16 Abs. 1 GBO: BGH LM § 925 BGB Nr. 3); sie können auch den Ablauf einer gewissen Frist vereinbaren und dem Notar eine entsprechende Weisung erteilen (OLG Düsseldorf NJW 1954, 1041).

b) Möglich ist es ferner, das Verpflichtungsgeschäft (den Kauf) zu bedingen (z. B. dadurch, daß der Erwerber entgegen einer vertraglichen Vereinbarung weiterveräußert) oder zu befristen und den bedingten Anspruch auf Auflassung (Rückauflassung) durch Vormerkung zu sichern (z. B. bei einem vor dem Familiengericht geschlossenen „Scheidungsvergleich"). Daraus folgt auch die Möglichkeit der *Sicherungsübereignung* von Grundeigentum (hierzu BezG Dresden ZIP 1991, 1634 mNw).

c) Schließlich kann der Verkäufer seine Kaufpreisforderung durch gleichzeitige Eintragung einer Hypothek sichern. Er stellt dann beim Grundbuchamt den Antrag auf Eintragung des Eigentumsübergangs auf den Käufer mit der Bestimmung, daß diese Eintragung nicht ohne die Hypothekeneintragung erfolgen soll (§ 16 Abs. 2 GBO).

d) Zu beachten ist, daß *Rechtsbedingungen* nicht unter § 925 Abs. 2 fallen, so etwa die „Bedingung" behördlicher Genehmigung oder die Vereinbarung, daß ein von Verlobten erworbenes Grundstück zum Gesamtgut der Gütergemeinschaft gehören soll, wenn der Güterrechtsvertrag schon abgeschlossen ist, die Eheschließung aber noch bevorsteht (BGH NJW 1952, 1330). Nicht wirksam wäre aber eine Auflassung „für den Fall der Scheidung" (BayObLG NJW 1972, 2131) oder unter dem Vorbehalt des Widerrufs des Prozeßvergleichs, in dem die Auflassung enthalten ist (BGH NJW 1988, 416).

4. Von dieser Formerschwernis abgesehen, gelten für die Auflassung alle die Grundsätze, die wir oben § 19 B I bei der Einigung erörtert haben. Entgegen einem Teil der Literatur tritt Bindungswirkung der Auflassung nur unter den Voraussetzungen des § 873 Abs. 2 ein (*Bassenge* Rpfleger 1977, 8 m. Nw.; a. A. z. B. *Jauernig* § 925 Anm. 6; s. ferner §§ 5 III 1a, 19 B I 2c).

5. Zur Auflassungsanwartschaft s. oben § 19 B I 2c bb, zur sog. Kettenauflassung bei Parzellierungsverträgen s. oben § 19 B I 2c bb und § 20 I 2 a. E.

Zu beachten ist, daß die Auflassung allein noch zu keiner Verfügungsbeschränkung führt (BayObLG Rpfleger 1983, 249). Eine Sicherheit gegen weitere Verfügungen des Eigentümers nach der Auflassung bietet eine Auflassungsvormerkung (s. oben § 20), auch – wegen § 17 GBO! – die sofortige Stellung des Eintragungsantrags (s. oben § 16 III 4).

---

[1] Was freilich nicht als Vertreter einer noch gar nicht bestimmten Person geschehen kann (BayObLG Rpfleger 1984, 11).

III. Die Prüfungspflicht des Grundbuchbeamten

Wir kennen die Faustregel, daß der Grundbuchbeamte vor der Eintragung Antrag, Eintragungsbewilligung des Betroffenen und dessen Voreintragung nachzuprüfen hat (formellrechtliche Prüfung) und darüberhinaus das Grundbuch nicht durch wissentliche Eintragung unwirksamer dinglicher Geschäfte unrichtig machen darf (materielle Prüfung; s. § 16 VI 3 m. Nw.). Die Eintragungsvoraussetzungen sind bei der Auflassung und Eintragung des Eigentumswechsels verschärft:

1. Die Auflassung soll nur entgegengenommen werden, wenn die Urkunde über das Grundgeschäft vorgelegt oder gleichzeitig errichtet wird (§ 925 a).

Nur Ordnungsvorschrift! Keine Prüfung der Wirksamkeit des Grundgeschäfts durch das Grundbuchamt (OLG Frankfurt Rpfleger 1980, 292). *Zweck:* Kondiktionsfälle wegen fehlenden oder formunwirksamen Grundgeschäfts sollen möglichst vermieden werden.

2. Vor Eintragung des Eigentumswechsels muß die Auflassung vorliegen (§ 20 GBO).

Ebenfalls nur Ordnungsvorschrift! *Zweck:* Eintragungen, bei denen die Auflassung fehlt oder die von ihr differieren, sollen verhütet werden (s. auch § 16 III 6).

Zu beachten ist, daß das Grundstück in der *Auflassungserklärung* nicht notwendig mit der Grundbuch- oder Parzellennummer bezeichnet sein muß; es genügt die Angabe anderer Merkmale, die das Grundstück einwandfrei kennzeichnen.[1] Jedoch kann die *Eintragung* erst erfolgen, wenn die katastermäßige Vermessung und Bezeichnung vorliegt („Veränderungsnachweis").[2]

In der Praxis werden häufig Verpflichtungsgeschäft (§ 313), Auflassung (§ 925), Eintragungsbewilligung (§ 19 GBO) und Eintragungsantrag (§ 13 GBO) in *einer* Urkunde – errichtet vor *einer* Urkundsperson – zusammengefaßt.

Bei Erwerb durch in Gütergemeinschaft lebende Ehegatten wird gelegentlich das Beteiligungsverhältnis falsch angegeben: so „Miteigentum zur Hälfte" statt „Miteigentum in Gütergemeinschaft". Nach BGHZ 82, 346 ist eine bloße Richtigstellung möglich, erneute Auflassung nicht erforderlich (so noch BayObLG DNotZ 1979, 216; a. A. *Tiedtke* FamRZ 1979, 370; *Gernhuber,* Familienrecht, § 38 III 2); s. auch oben § 3 II 1 b aa (Fußnote).

3. Besondere Schwierigkeiten ergeben sich aus der Anwendung des § 1365. Hier wird – um die wirtschaftlichen Grundlagen der Familiengemeinschaft zu erhalten – das *Verpflichtungs- und Verfügungsgeschäft eines Ehegatten über sein Vermögen im ganzen* (und über die Gegenstände des ehelichen Haushalts, § 1369) in seiner Wirksamkeit von der Zustimmung des anderen Ehegatten abhängig gemacht, die keiner Form bedarf (KG NJW 1962, 1062). Ein solcher zustimmungsbedürftiger Vertrag kann auch dann vorliegen, wenn er sich nur auf *ein* Grundstück[3] bezieht, sofern dieses Grundstück den wesentlichen Teil des Vermögens des Ehegatten ausmacht (BGHZ 35, 135, 143 u. 77, 293).

§ 1365 enthält eine absolute Verfügungsbeschränkung (BGHZ 40, 218), die freilich – prinzipwidrig! – nur gilt, wenn die Ehegatten im Güterstand der Zuge-

---

[1] Zur Verurteilung zur Auflassung einer Grundstücksteilfläche s. BGHZ 90, 323; BGH NJW 1986, 1867 u. 1988, 415.

[2] Hierzu ferner §§ 15 III 1, 24 V 4b.

[3] Zu beweglichem Vermögen s. § 51 V 4b (2).

winngemeinschaft leben.[1] Die Verfügungsbeschränkung ist im Grundbuch nicht eintragbar. Der Grundbuchbeamte hat sie von Amts wegen zu beachten, wenn konkrete Anhaltspunkte dafür gegeben sind, daß es sich bei dem Grundstück des Ehegatten um sein Vermögen im ganzen handelt (BGHZ 35, 135; 64, 246, 250). So entspricht es den allgemeinen Regeln grundbuchrichterlicher Prüfungspflicht (s. § 16 IV 3).

„Redlichkeit" hilft dem Erwerber nichts; er kann sich also nicht darauf berufen, er habe nicht gewußt, daß sein Vertragspartner verheiratet sei, im Güterstand der Zugewinngemeinschaft lebe und in dem Vertrag sein gesamtes Vermögen veräußere. Die h. M. macht davon in Anlehnung an die Rechtsprechung zu § 419 (BGHZ 55, 107) eine Ausnahme nur dann, wenn der Vertrag nur *ein* Grundstück des Ehegatten betrifft; hier muß der Erwerber im Zeitpunkt des schuldrechtlichen Vertragsschlusses wissen, daß dieses Grundstück das ganze Vermögen des Ehegatten ausmacht (BGHZ 43, 174; 106, 253).[2]

Beispiel: (BGH NJW 1991, 1739): Vater V verkauft und veräußert an seinen Sohn S in *einer* notariellen Urkunde ein Grundstück im Wert von 425 000 DM und ein Grundstück im Wert von 160 000 DM; es verbleiben verstreute Feld- und Forstgrundstücke im Wert von 60 000 DM. Mutter M verlangt von S Wiedereintragung von V im Grundbuch (§§ 894, 1368). Sie ist wegen § 1365, 1366 im Recht, falls die Verfügung über insgesamt 585 000 DM bei einem Gesamtvermögen von 645 000 DM eine Verfügung über das Vermögen im ganzen war. Angesichts der Gesamtgröße des Vermögens hat dies der BGH verneint.

Anzumerken bleibt, daß auch die *Belastung* eines Grundstücks des Ehegatten unter § 1365 fallen kann.

Beispiel (in Anlehnung an BayObLG FamRZ 1960, 31; ferner BGH FamRZ 1966, 22; OLG Celle NJW 1970, 1882): Der Arbeiter E ist Eigentümer eines Grundstücks im Werte von 6800 DM. Er nimmt von der Bank B ein Darlehen von 5000 DM auf, das durch Eintragung einer Grundschuld gesichert werden soll. Das Grundbuchamt verlangt im Wege der Zwischenverfügung, daß die Zustimmung der Ehefrau des E beigebracht wird. Wie das BayObLG meint, zu Recht. Seine Begründung: Das Grundbuchamt dürfe nicht seine Hand dazu reichen, daß das Grundbuch unrichtig wird. Dies wäre hier der Fall. Denn das Grundstück mache nahezu das gesamte Vermögen des E aus. Veräußerungsgeschäft im Sinne des § 1365 sei auch die Belastung, wenn sie den Verkehrswert des Grundstücks im wesentlichen ausschöpfe.[3]

Hätte das Grundbuchamt die Grundschuld sofort eingetragen, so wäre es darauf angekommen, ob B wußte, daß das Grundstück den wesentlichen Teil des Vermögens des E ausmachte. Bejahendenfalls wäre die Belastung schwebend unwirksam, nach Verweigerung der Genehmigung durch die Frau endgültig nichtig. Das Grundbuch wäre also unrichtig. Die Eintragung eines Widerspruchs – auch eines Amtswiderspruchs nach § 53 GBO – wäre zulässig (OLG Hamm NJW 1960, 436). Sowohl E wie seine Frau (§ 1368) könnten von B die Löschung der Grundschuld im Wege der Grundbuchberichtigung verlangen, ohne daß B ein Zurückbehaltungsrecht wegen des gewährten Darlehens ausüben könnte![4]

Die Beispiele zeigen, daß die §§ 1365 ff. die Rechtssicherheit im Grundstücksverkehr erheblich beeinträchtigen. Praktisch führt die geschilderte Rechtsprechung dazu, daß die Banken bei einer Kredithingabe stets die Zustimmung des anderen Ehegatten verlangen und dabei auch dessen schuldrechtliche Verpflichtung fordern, und zwar auch deshalb, um die Konkurrenz des Anspruchs auf

---

[1] Siehe zu § 1365 die Nachweise bei *Soergel/Lange* Vorbem. zu § 1365 u. Rn. 1ff.; *Gernhuber,* Familienrecht, 3. Aufl. 1980, § 35 II u. BGHZ 77, 293 u. BayObLG Rpfleger 1981, 62. – Nach Scheidung der Ehe s. BGH NJW 1978, 1380; nach dem Tod des Ehegatten s. BGH NJW 1982, 1099.

[2] Zur sachenrechtl. Situation s. *Medicus* Rn. 537 ff.; *Eickmann* Rpfleger 1981, 213; *Tiedtke* JZ 1984, 1018 u. Gutgl. Erwerb, S. 184 ff; *Liessen* NJW 1989, 497. Nicht zu berücksichtigen sind bei der Vermögensbewertung Arbeitseinkommen (BGHZ 101, 225) oder laufende Rentenbezüge (BGH NJW 1990, 112).

[3] Unter § 1365 fällt aber nicht die Eintragung einer Auflassungsvormerkung an dem einzigen Grundstück des Ehegatten (BayObLG NJW 1976, 576; dazu *Tiedtke* FamRZ 1976, 320).

[4] Siehe dazu *Gernhuber,* Familienrecht, § 35 V 1; *Rimmelspacher* NJW 1969, 1997; *Hermann Lange* JuS 1974, 766; *Scheld* Rpfleger 1973, 280 (m. Nw.); a. A. *Dölle,* Familienrecht I, § 52 III 3.

Ausgleich des Zugewinns (z. B. der Ehefrau bei Scheidung der Ehe) mit ihrem Rückzahlungsanspruch auszuschalten!

4. Zur Prüfungspflicht des Grundbuchrichters bei notwendiger staatlicher Genehmigung s. unten V.

IV. Wirkung

Auflassung und Eintragung lassen das Eigentum auf den Erwerber übergehen. Die wirtschaftliche Einheit des Grundstücks wird dadurch gewahrt, daß mit seiner Übereignung auch das Eigentum an den wesentlichen, wenn nichts anderes vereinbart, auch an den unwesentlichen Bestandteilen *und* am Zubehör des Grundstücks auf den Erwerber übergeht. Letzteres gilt freilich nur, wenn die Parteien es so wollen; daß dies aber der Fall ist, wird vermutet (§ 926 Abs. 1 S. 2).[1]

Das Gesetz kennt diese Einheit nicht nur bei der Auflassung, sie hat vielmehr im Schuldrecht (§ 314), im Recht der Grundpfandrechte (§§ 1120 ff.) und bei der Immobiliarvollsteckung (§§ 20 Abs. 2, 21 ZVG; hierzu *Baur/Stürner*, ZVR, Rn. 578 ff.) weitere Parallelen.

Bewegliche Sachen können hier also nach Grundstücksrecht, nicht allein durch Einigung und Übergabe übereignet werden. Ist jedoch der Veräußerer nicht Eigentümer des Zubehörs, so erlangt der Erwerber das Eigentum an den Zubehörstücken nur unter den Voraussetzungen der §§ 932–935 (§ 926 Abs. 2).

Beispiel: V hat sein Fabrikgrundstück an K verkauft und aufgelassen. Mit der Eintragung wird K Eigentümer auch der Gebäude und sonstigen wesentlichen Bestandteile (§§ 93, 94), aber auch z. B. der Lastkraftwagen, die im Betrieb benützt werden, selbst wenn eines der Fahrzeuge kurzfristig an M vermietet war und auch dann, wenn die Übergabe des Betriebs erst später erfolgt. Behauptet K, ihm gehöre jetzt auch der Personenkraftwagen, den V bisher für Geschäftsfahrten benötigt hat, so sprechen für diese seine Behauptung § 314 (Einbeziehung des Zubehörs in den Kauf) und § 926 Abs. 1 S. 2 (Einbeziehung in die Übereignung); V muß daher den Gegenbeweis führen, daß die Mitübereignung nicht gewollt war.

War einer der LKW auf Abzahlung unter Eigentumsvorbehalt von D gekauft, so erwirbt K das Eigentum erst mit der Übergabe, seine Redlichkeit vorausgesetzt (§ 926 Abs. 2 mit § 932). Kannte K den Sachverhalt, so wird § 926 Abs. 1 auch auf den Erwerb des Anwartschaftsrechts anwendbar sein. Ob er nun dem D gegenüber für den restlichen Kaufpreis haftet, richtet sich nach § 25 HGB (u. U. auch nach § 419).

V. Genehmigungspflicht

1. Nicht jeder Eigentumswechsel an Grundstücken deckt sich mit den Intentionen staatlicher Bodenpolitik.

So ist es – um nur *ein* Beispiel herauszugreifen – nicht erwünscht, daß ein Fabrikant landwirtschaftliche Grundstücke als Geldanlage aufkauft, zumindest dann nicht, wenn noch landbedürftige Landwirte vorhanden sind (dazu BVerfG NJW 1967, 619).

Der Staat macht daher häufig die Wirksamkeit von Kauf und Auflassung von einer staatlichen Genehmigung abhängig. Bis zu ihrer Erteilung sind die Verträge schwebend unwirksam, dann mit rückwirkender Kraft voll gültig, im Falle der Verweigerung nichtig. In der Genehmigung des einen Vertrags (z. B. des Kaufs) liegt auch die Genehmigung des ihm entsprechenden anderen (der Auflassung).

---

[1] Zur analogen Anwendung der §§ 314, 926 auf obligatorische Berechtigungen zum Vorteil eines Grundstücks (zB Mitbenutzungsrechte) *Kohler* DNotZ 1991, 362.

Die einzelnen Genehmigungsfälle können nur in dem systematischen Zusammenhang, in den sie gehören, erörtert werden (dazu §§ 25 ff.). Hingewiesen sei insbesondere auf die Genehmigung der Veräußerung *landwirtschaftlicher Grundstücke* bestimmter Größe durch die Landwirtschaftsbehörde; s. unten § 27 I 1.

2. **Fürsorgende Funktion** hat die Genehmigung des *Vormundschaftsgerichts* bei Grundstücksgeschäften Minderjähriger (§§ 1821 f., 1643) oder Betreuter (§§ 1903 Abs. 1, 1908 i Abs. 1), aber auch die Genehmigung der Aufsichtsbehörde bei Grundstücksveräußerungen durch die Gemeinden (z. B. § 92 Abs. 3 GemO BW).

3. Schließlich bleibt noch die Durchsetzung des rein fiskalischen Interesses des Staates bei Erhebung der *Grunderwerbsteuer*. Vor Eintragung muß eine Unbedenklichkeitsbescheinigung des Finanzamts vorliegen; ihr Fehlen macht aber den Eigentumsübergang nicht unwirksam (ausführlich *Soergel/Stürner* Vor § 873 Rn. 60–63; *Palandt/Bassenge* § 925 Rn. 24).

4. Beschließt also ein gehetzter Großstadtbürger, in einer benachbarten, ländlichen Gemeinde einen Bauplatz zu erwerben, so hat er dem Grundbuchamt vor Eintragung folgende Genehmigungen und dergl. vorzulegen:
a) Genehmigung der Landwirtschaftsbehörde (hierzu § 27 I).
b) Negativattest der Gemeinde, daß das *Vorkaufsrecht* nach §§ 24 ff. BauGB nicht bestehe oder ausgeübt werde (§ 28 I BauGB) bzw. daß die Frist zur Ausübung des Vorkaufsrechts abgelaufen sei (§ 28 II BauGB). Dieses Vorkaufsrecht besteht in Bebauungsgebieten, Umlegungsgebieten, Sanierungsgebieten etc. kraft Gesetzes oder kraft besonderer Satzung (§§ 24, 25 BauGB), um den zum Wohl der Allgemeinheit nötigen Eigentumserwerb durchsetzen zu können. Eines Negativattests bedarf es *nicht,* wenn der Vorkaufsfall von vornherein ausgeschlossen ist, z. B. beim Erwerb von Wohnungseigentum oder Erbbaurechten (§ 24 Abs. 2 BauGB), bei Schenkung (BGHZ 73, 13) einschließlich vorweggenommener Erbfolge, bei Übertragung auf einen Miteigentümer (BayObLGZ 1985, 322), beim Verkauf an nahe Verwandte (§ 26 Nr. 1 BauGB), bei Veräußerungen im Vollstreckungswege (zuletzt LG Lübeck Rpfleger 1990, 159). Das Grundbuchamt kann selbständig prüfen, ob ein Vorkaufsfall von vornherein nicht gegeben ist (BGHZ 73, 12 ff.). Erfolgt die Eintragung ohne Negativattest, ist wirksam Eigentum erworben; jedoch hat der Fristlauf zur Ausübung des Vorkaufsrechts u. U. noch nicht begonnen (§ 28 Abs. 2 BauGB)!
Beispiele: BVerwG NJW 1990, 2703 (Ausübungsvoraussetzungen); BGH NJW 1991, 293 (Ausübung bei teilweisem Bedarf); s. ferner §§ 21 IV 1, 26 II 3 c, aa und *Soergel/Stürner* Vor § 1094 Rn. 13–21.
Vom Negativattest wegen Vorkaufsrechts ist die Genehmigung der *Grundstücksteilung* zu unterscheiden (§§ 19, 23 BauGB). Ihr Fehlen bewirkt Unwirksamkeit des Eigentumserwerbs und Unrichtigkeit des Grundbuchs (*Böttcher* Rpfleger 1989, 133, 140; *Soergel/Stürner* § 925 Rn. 49; s. auch §§ 15 III 1, 22 III 2; 26 II 3 a).
c) Unbedenklichkeitsbescheinigung des Finanzamts.
Fürwahr ein dornenvoller Weg, der noch schwieriger wird, wenn der Veräußerer etwa minderjährig ist oder das Gebiet unter Naturschutz steht usw. Hier zeigt sich, wie wichtig das Institut der Zwischenverfügung (§ 18 GBO) und die Schutzvorschrift des § 878 sind!

VI. Auflassung in den neuen Bundesländern

Für Erwerbsvorgänge ab 3. 10. 1990 gilt BGB-Recht, vorher und bei bereits gestelltem Eintragungsantrag das Recht des ZGB (s. § 21 C), das den Erwerb durch notariellen Vertrag und Eintragung *ohne* gesonderte Auflassung vorgesehen hat (§ 297 ZGB). Diese Regeln beherrschen auch die Übertragung von fortbestehendem Gebäudeeigentum (s. §§ 21 C; 15 VI 3 und 4; BezG Dresden ZIP 1991, 1634 ff.). Zu beachten ist die Genehmigungspflicht nach der Grundstücksverkehrsverordnung, die Rückerstattungsansprüche nach dem Gesetz zur Regelung offener Vermögensfragen schützt (hierzu und zu Ausnahmen §§ 15 VI 4, 16 VII).

Übersicht 13*

Erwerb von Grundeigentum

	Tatbestandsvoraussetzungen	Besonderheiten
Grundtatbestand §§ 873, 925	Materieller Konsens; Formpflicht (§§ 873 I, 925) Formeller Konsens (GBO §§ 13, 19) Prüfungspflicht des GBA: GBO § 20	§ 1365 bei Grundstücken von Eheleuten; „subjektive Theorie"; eingeschränkte Prüfungspflicht des GBA
Erwerb vom nicht eingetragenen Auflassungs-empfänger („Ket-tenauflassung")	Unterscheide: Erwerb gem. §§ 873, 925, 185 (Er-mächtigung zur Weiterauflassung) und Erwerb der Anwartschaft gem. § 873 II durch Auflassung (§§ 873 I, 925), späterer Eigentumserwerb durch Eintragung ohne Voreintragung des Zwischenerwerbers	Rechtsnatur der Anwartschaft: 1. Pfändbarkeit (ZPO § 857; Sicherungshypothek analog ZPO § 848 bei Erstarken zum Vollrecht) 2. Kondiktion (§ 812 I 1); Sicherung über e. V. (ZPO § 938) durch Erwerbsverbot, das Heilung des Kaufvertrags verhindert (§ 313 S. 2) 3. Schutz als absolutes Recht gem. § 823 I str.

* Lesen Sie neben § 22 noch § 19 B I.

§ 23. Der Erwerb vom Nichtberechtigten: der öffentliche Glaube des Grundbuchs[1]

S. die Übersicht 14 am Ende von § 23.

I. Grundlagen

1. Das Grundbuch ist nicht lediglich ein Register aufzeichnenden Charakters. Würde man sich damit begnügen, so wäre der Einsatz großer finanzieller Mittel, die die Grundbuchorganisation erfordert, aber auch der Aufwand an minutiöser Arbeit kaum zu rechtfertigen. Das Grundbuch muß daher auch für den Rechtsverkehr nutzbar gemacht werden, ihm muß eine Rechtsscheinwirkung oder – wie wir es nannten – eine Vermutungs- und Gutglaubenswirkung zukommen. M. a. W. seine Funktion wird gerade dann bedeutsam, wenn es unrichtig ist oder doch unrichtig sein kann.

2. Diesen Gedanken verwirklichen § 891 (Vermutungswirkung) und §§ 892, 893 (Gutglaubenswirkung). Vom selben Gedanken ausgehend sind diese Vorschriften freilich nach Voraussetzungen und Wirkungen verschieden:

a) § 891 ist eine *Beweislastnorm,* die gerade dann zum Zuge kommt, wenn sich die wahre Rechtslage nicht aufklären läßt: nicht beweisbelastet ist der, für den der Inhalt des Grundbuchs spricht (Einzelheiten: § 10 III).

b) Die §§ 892, 893 sind Vorschriften *materiellrechtlichen Gehalts.* Ausgangspunkt ist das *unrichtige,* also mit der wahren Rechtslage nicht übereinstimmende Grundbuch. Wer sich im rechtsgeschäftlichen Grundstücksverkehr auf den Inhalt des Grundbuchs verläßt, wird in seinem Vertrauen hierauf geschützt; er erhält die

---

[1] Wichtige neuere Lit.: *Lutter* AcP 164, 122; *Westermann* JuS 1963, 1; *Wiegand* JuS 1975, 205 u. 1978, 145; *Tiedtke,* Gutgl. Erwerb, 1985; *Hager,* Verkehrsschutz durch redlichen Erwerb, 1990; weitere Lit.-Hinweise b. *Soergel/Stürner* u. MünchKomm/*Wacke* jeweils § 892 vor Rn. 1.

Rechtsposition, die ihm zukäme, wenn der Grundbuchstand der wirklichen Rechtslage entspräche. Man kann auch sagen: Der Rechtsschein ersetzt das Recht.

3. Will man sich einen klaren Überblick über Voraussetzungen und Wirkungen der §§ 892, 893 verschaffen, so müssen folgende Fragen auseinandergehalten werden:

a) *Worauf* kann sich der Erwerber eines Grundstücks verlassen, etwa auf alle im Grundbuch enthaltenen Eintragungen? (Schutzbereich, s. unten II).

b) Welche *Rechtsvorgänge* werden von der Rechtsscheinfunktion erfaßt, etwa nur rechtsgeschäftliche oder auch andere? (Geschützte Rechtsvorgänge, s. unten III).

c) Wann ist ein Erwerb auf Grund unrichtigen Grundbuchs ausgeschlossen? (*Redlichkeit – Widerspruch*, s. unten IV).

d) Schließlich welche *Wirkung* ist mit der Erfüllung aller Voraussetzungen der §§ 892, 893 verknüpft? („*Wirkung*", s. unten V).

4. Es mag die Frage berechtigt sein, ob den §§ 892, 893 in der Praxis eine große Bedeutung zukommt. Man könnte darauf hinweisen, daß sich in der höchstrichterlichen Rechtsprechung nur selten Entscheidungen zu §§ 892, 893 finden. Dazu ist zu sagen: einmal sind Voraussetzungen und Wirkungen des redlichen Erwerbs so klar geregelt, daß für erhebliche Streitfragen wenig Raum ist; zum anderen haben die §§ 892, 893 in der Tat mehr prophylaktische Bedeutung: alle Beteiligten – das Grundbuchamt wie die, die es angeht – werden durch die Möglichkeit des redlichen Erwerbs im Vertrauen auf das unrichtige Grundbuch zu größter Sorgfalt angehalten; sie werden darauf achten, daß das Grundbuch eben möglichst selten unrichtig ist oder daß eine vorhandene Unrichtigkeit so rasch als angängig beseitigt wird. Vielleicht läßt sich dies so formulieren: Die Möglichkeit redlichen Erwerbs auf der Grundlage des unrichtigen Grundbuchs erzwingt in der Regel das richtige Grundbuch.

II. Der Schutzbereich[1]

1. § 892 spricht vom „*Inhalt*" des Grundbuchs. Prima facie könnte man also meinen, daß alles, „was im Grundbuch steht", in die Möglichkeit des redlichen Erwerbs einbezogen ist. Vergegenwärtigt man sich aber, daß Voraussetzung des redlichen Erwerbs die Unrichtigkeit des Grundbuchs, also eine Diskrepanz zwischen wirklicher und buchmäßig ausgewiesener Rechtslage ist, so wird deutlich, daß der Schutzbereich der §§ 892, 893 sich nur auf solche Tatbestände beziehen kann, die zu einer Unrichtigkeit des Grundbuchs im Rechtssinn führen können (s. oben § 18 A II), demnach

a) auf das Bestehen der im Grundbuch eingetragenen dinglichen Rechte,

b) auf das Nichtbestehen nicht eingetragener (oder gelöschter), aber eintragungsfähiger dinglicher Rechte,

c) auf das Nichtbestehen nicht eingetragener (oder gelöschter), aber eintragungsfähiger relativer Verfügungsbeschränkungen (§ 892 Abs. 1 S. 2).

Der Schutzbereich erstreckt sich *nicht* auf die Richtigkeit eingetragener relativer Verfügungsbeschränkungen. Ist also z. B. im Grundbuch ein Konkursvermerk (§ 113 KO) oder ein Testamentsvollstreckervermerk (§ 2211) eingetragen, so kann sich der Verkehr nicht auf die Verfügungsbefugnis

---

[1] Hierzu noch § 15 IV (eintragungsfähige Rechte).

des Konkursverwalters (§ 6 Abs. 2 KO) oder des Testamentsvollstreckers verlassen (§ 2205 S. 2); es gilt die materielle Rechtslage oder ein anderer Rechtsscheinträger (z. B. § 2368); s. noch unten unter V 2.

Beispiele:

zu a) F ist zu Unrecht als Eigentümer eingetragen.

zu b) Die Hypothek des H ist vom Grundbuchamt versehentlich gelöscht worden oder auf ein neues Grundbuchblatt nicht mitübertragen worden (§ 46 GBO; oben § 16 VI 2c; BGH Rpfleger 1988, 353).

zu c) Das zugunsten des K ergangene Veräußerungsverbot ist dem E zwar zugestellt und damit wirksam geworden, aber im Grundbuch nicht vermerkt worden.
Es gibt Institutionen des Sachenrechts, die weder ein dingliches Recht noch eine Verfügungsbeschränkung und deshalb unter die Gutglaubensregeln schwer einzuordnen sind. Die Sonderprobleme der *Vormerkung* sind an anderer Stelle schon erörtert (s. § 20 II 1a und 3, III 1b, VI 2). Die „dingliche" *Vollstreckungsunterwerfung* (§ 800 ZPO) als „prozessuales Nebenrecht" zum Grundpfandrecht ähnelt insoweit der Verfügungsbeschränkung, als sie dem Erwerber des Grundstücks bei fehlender Eintragung nicht entgegengehalten werden kann, sie nimmt aber nicht am guten Glauben im *Sinne einer Bestandsvermutung* teil (BGHZ 108, 372, 375 f.; s. § 40 IV 5).

2. Der Schutzbereich erstreckt sich *nicht:*

a) auf *tatsächliche Angaben,* wie die über Wirtschaftsart und Größe des Grundstücks. Eine Ausnahme gilt für solche aus dem Kataster entnommenen Bestandsangaben, die erst die rechtliche Kennzeichnung des Grundstücks ermöglichen.

Bei einer Neuvermessung ist die Grenze eines Grundstücks irrtümlich 5 m nach Süden in das Nachbargrundstück verschoben worden. Mit diesen Grenzen ist das Grundstück nun auch im Kataster, auf das im Grundbuch verwiesen ist, enthalten. K erwirbt dann nach § 892 das Grundstück mit diesen Grenzen, es sei denn, daß sich der in Augenschein genommene tatsächliche Grenzverlauf mit dem wirklichen ursprünglichen (nicht mit dem irrtümlich neuvermessenen) deckt (so mit Recht *Westermann/Eickmann* § 101 II 1a; RGZ 73, 125; BGH DNotZ 1966, 172; BayObLG Rpfleger 1980, 195; s. zum ganzen Fragenkreis *Lutter* AcP 164, 122, 137 ff.; BGH NJW 1976, 417: Umfang eines Wegerechts);

b) auf die aus dem Grundbuch ersichtlichen *persönlichen Verhältnisse,* so etwa Angaben, aus denen auf die Rechts- und Geschäftsfähigkeit oder auf die Verfügungsbefugnis geschlossen werden kann.

Ein Verein ist irrtümlich als „rechtsfähig" bezeichnet – Die Eigentümerin E ist als „Fräulein" tituliert, in Wahrheit ist sie längst verheiratet, unterliegt daher u. U. der Verfügungsbeschränkung des § 1365, wenn das Grundstück das gesamte Vermögen ausmacht (hierzu § 22 III 3).
Hat freilich „Fräulein E" inzwischen geheiratet und mit ihrem Mann Gütergemeinschaft vereinbart, so ist das Grundbuch unrichtig, da das Grundstück jetzt zum Gesamtgut der Gütergemeinschaft gehört (§ 1416). Hält der Erwerber K die E im Vertrauen auf das Grundbuch für die Alleineigentümerin, so greift § 892 ein;

c) auf nicht eintragbare Rechte, Belastungen und Beschränkungen; hierunter fallen etwa öffentlich-rechtliche Beschränkungen und Belastungen (Bauverbote, Baulinien, Anliegerbeiträge); ferner nicht auf altrechtliche Dienstbarkeiten (Art. 187 EGBGB)[1] oder Rechte, die im Grundbuch des *Berechtigten* vermerkt sind.[2]

---

[1] Interessant BGHZ 104, 139 ff.: Gutglaubensschutz nach Eintragung (Art. 187 Abs. 1 S. 2, Abs. 2) und Löschung. Die Eintragung ist Grundbuchberichtigung (BayObLG Rpfleger 1990, 351; NJW-RR 1991, 1172).

[2] Siehe hierzu *Lutter* AcP 164, 122, 131 ff.

Beispiel: K kauft von V das Grundstück a, zu dessen Gunsten eine Grunddienstbarkeit am Nachbargrundstück b im Grundbuch des V eingetragen ist, während sie im Grundbuchblatt b zu Recht gelöscht ist. Hier hat K die Grunddienstbarkeit nicht erworben (BayObLG Rpfleger 1987, 101: kein Gutglaubensschutz aufgrund des „Herrschaftsvermerks").

Steht umgekehrt dem Eigentümer des Grundstücks b seit alters her ein Wegerecht am Grundstück a zu, das im Grundbuch nicht eingetragen ist, so kann sich K nicht auf das Grundbuch berufen, es sei denn, daß landesrechtlich die Eintragungspflicht auch für solche altrechtlichen Grunddienstbarkeiten angeordnet ist (s. dazu *Palandt/Bassenge* Art. 187 EGBGB Anm. 3) oder eine bereits erfolgte Eintragung wieder zu Unrecht gelöscht war (BGHZ 104, 139).

d) Zweifelhaft sind die Fälle der sog. *Doppelbuchung;* so, wenn z. B. die Parzelle a sowohl im Grundbuch des E_1 wie in dem des E_2 gebucht ist. Hier kann sich niemand auf den für ihn günstigen Buchstand berufen (RGZ 56, 58), da das Grundbuch als Ganzes in sich widerspruchsvoll ist (KG JW 1938, 3046). Dies bedeutet, daß nur der wirklich Berechtigte einem Dritten Eigentum (oder ein beschränktes dingliches Recht) verschaffen kann (s. dazu *Steffen,* Die Verdoppelung von Rechtsscheinträgern, 1967).

e) *Unzulässige Eintragungen* sind zu löschen (§ 53 Abs. 1 S. 2 GBO) und genießen keinen Gutglaubensschutz. Allerdings muß man inhaltliche Unzulässigkeit und materiellrechtliche Nichtigkeit (z. B. §§ 134, 138, 9–11 AGBG) unterscheiden (hierzu schon § 16 VI 1 e, aa). Nur selten wird sich aus der Eintragung als solcher Unzulässigkeit ergeben: bei Verstößen gegen §§ 10, 11 AGBG steht z. B. nicht nachprüfbar fest, ob eine Individualvereinbarung (§ 1 Abs. 2 AGBG!) oder eine AGB vorliegt; §§ 134, 138 BGB, 9 AGBG erfordern meist Kenntnisse des Gesamtsachverhalts, die der Eintrag nicht hergibt (u. E. zu weitgehend *Westermann/Eickmann* § 101 II 1 b; s. a. § 16 VI 3 zur Prüfungspflicht des GBA).

III. Geschützte Rechtsvorgänge

1. Die §§ 892, 893 bezeichnen die Rechtsvorgänge, bei denen redlicher Erwerb möglich ist; § 892 Abs. 1 S. 1 und § 893 1. Tatbestandsgruppe bringen Einzeltatbestände, während die Generalklausel am Ende des § 893 versteckt ist. Aus ihr läßt sich entnehmen, daß es sich stets um einen *rechtsgeschäftlichen* Vorgang handeln muß, der eine *Verfügung* über das Recht enthält. Ausgeschlossen ist also jeder Erwerb, der nicht rechtsgeschäftlicher Natur ist, aber auch jeder Vorgang, der keine Verfügung enthält, sondern etwa nur zu einer obligatorischen Berechtigung führt.

2. *Einzeltatbestände*

a) Rechtsgeschäftlicher *Erwerb eines Rechts am Grundstück* oder eines Rechts an einem solchen Recht (§ 892 Abs. 1 S. 1).

Der Scheineigentümer V veräußert das auf ihn eingetragene Grundstück an K. K wird Eigentümer (und zwar lastenfreier Eigentümer, wenn etwa die einzige bisher eingetragene Belastung zuvor irrtümlich gelöscht worden war).

Der Scheinerbbauberechtigte E bestellt dem H eine Hypothek. H ist so zu stellen wie der Hypothekar eines real existierenden Erbbaurechts (BGH WM 1963, 533; teilw. krit. *Westermann/Eickmann* § 101 II 1b).

b) *Bewirken einer Leistung* auf Grund eines Rechts an den im Grundbuch Eingetragenen (§ 893 1. Fall).

E leistet an H, der zu Unrecht im Grundbuch als Inhaber einer Buchhypothek eingetragen ist. Er wird dadurch befreit und erwirbt die Hypothek als Eigentümergrundschuld (§§ 1163, 1177).

c) *Andere Verfügungsgeschäfte* zwischen dem Eingetragenen und einem anderen (§ 893 a. E.).

Generalklausel! Der fälschlich eingetragene N hebt den Nießbrauch durch Erklärung gegenüber dem Eigentümer auf (§ 875).

H₁ und H₂ vereinbaren eine Rangänderung; wirksam, auch wenn dem eingetragenen H₁ die Hypothek nicht zusteht.

3. *Nicht geschützte Rechtsvorgänge*

a) Hierunter fällt der *Erwerb kraft Gesetzes,* insbesondere also der Fall der *Erbfolge.*

E ist fälschlich als Eigentümer im Grundbuch eingetragen. Sein Alleinerbe S wird durch seine Eintragung im Grundbuch nicht Eigentümer, wohl aber ein Käufer K, der das Grundstück von S erwirbt. (Zweifelhaft dann, wenn S nach § 40 GBO gar nicht als Eigentümer eingetragen wird, sondern auf E im Grundbuch unmittelbar K folgt!; für gutgläubigen Erwerb die h. M., s. *Palandt/ Bassenge* § 892 Rn. 14).

Abwandlung: War E Eigentümer, S aber in Wahrheit nicht Erbe, ist er aber als Eigentümer eingetragen worden, so erwirbt er das Eigentum nicht, selbst wenn er – gutgläubig – sein Erbrecht angenommen und einen Erbschein erwirkt hatte. Wohl aber wird der Käufer K Eigentümer.

Ebenso ist die Rechtslage, wenn E eingetragener Nichteigentümer und S eingetragener Nichterbe ist! Auch die Kombination aus §§ 892, 2366 ist denkbar: K erwirbt vom Scheinerben S des Nichteigentümers V gutgläubig, falls V eingetragen und S im Erbschein als Erbe ausgewiesen war.

Besondere Probleme ergeben sich, wenn an einen rechtsgeschäftlichen Tatbestand gesetzliche Rechtsfolgen knüpfen, insbesondere im Recht der Grundpfandrechte; hierzu § 38 IX 4. Auch bei *gesellschaftsrechtlicher* Gesamtrechtsnachfolge (z. B. §§ 339 ff. AktG) bleibt gutgläubiger Erwerb ausgeschlossen; ein solcher Fall liegt aber nicht vor bei Vermögensübernahme (§ 419) oder Übernahme eines Einzelhandelsgeschäftes (§ 22 HGB), weil zahlreiche einzelne dingliche Erfüllungsgeschäfte gegeben sind (lesenswert BayObLG NJW-RR 1989, 907, 909).

b) Nicht geschützt ist weiter der *Erwerb im Wege der Zwangsvollstreckung,* es sei denn, daß eine rechtsgeschäftliche Erklärung durch ein Urteil des Richters ersetzt wird (§ 898 ZPO).

Hat G gegen den fälschlich als Eigentümer eingetragenen S die Eintragung einer Zwangshypothek erwirkt, so erwirbt G die Zwangshypothek nicht (BGHZ 64, 197; BB 1963, 286 = *Baur,* E.Slg. Fall 10). Betreibt G die Zwangsversteigerung und wird das Grundstück dem K zugeschlagen, so wird dieser Eigentümer (§ 90 ZVG), da es sich um einen konstitutiven Erwerb des Eigentums handelt. G muß den auf die Zwangshypothek entfallenden Erlösanteil an den wahren Eigentümer E herausgeben (§ 812; hierzu *Baur/Stürner, ZVR,* Rn. 626).

c) Auf §§ 892, 893 kann sich nicht berufen, wer mit dem zu Unrecht Eingetragenen einen *schuldrechtlichen Vertrag* (Miete, Pacht) schließt.

S ist das einzige Kind des verstorbenen E. Er ist als Eigentümer im Grundbuch eingetragen worden und hat das Grundstück auf 20 Jahre an M vermietet. Später wird ein Testament des E gefunden, in dem er eine gemeinnützige Stiftung als Alleinerbin eingesetzt hat; diese kann von S die Berichtigung des Grundbuchs, von M die Herausgabe des Grundstücks fordern. M bleibt auf seine Ansprüche aus dem Mietvertrag gegen S beschränkt (vgl. § 541).

d) Ohne Anhalt im Wortlaut des Gesetzes wird die Anwendung der §§ 892, 893 auch dann ausgeschlossen, wenn es sich zwar um rechtsgeschäftliche Erwerbsvorgänge handelt, in Wahrheit aber für den Rechtsscheingedanken *mangels eines* „*Verkehrsgeschäfts*" kein Raum ist.

Eklatanter Fall: Der zu Unrecht eingetragene F überträgt das Eigentum an eine GmbH, deren einziger Gesellschafter er ist! Soll die „Umbuchung" aus der einen in die andere Vermögensmasse zum Rechtserwerb des F (richtiger: „seiner" GmbH) führen? Die einzelnen hier in Betracht kommenden Fälle brauchen nicht in aller Breite erörtert zu werden (s. etwa *Soergel/Stürner* § 892 Rn. 21–25; *Lutter* AcP 164, 122, 159 ff.). Es genügt festzuhalten, daß es sich im wesentlichen um drei Gruppen handelt:

aa) Der zu Unrecht Eingetragene bestellt zu seinen eigenen Gunsten ein beschränktes dingliches Recht, so etwa der redliche Nichteigentümer eine Eigentümergrundschuld nach § 1196. Diesem und ähnlichen Geschäften (Restkaufpreishypothek, Rückerwerb) fehlt der Charakter des Verkehrsgeschäfts, weil nur *eine* Person beteiligt ist.

bb) Die Interessenlage ist aber ebenso, wenn auf den beiden Vertragsseiten *dieselben Personen* beteiligt sind, wenn ihre Verbindung auch rechtlich jeweils einen anderen Charakter hat. Hierunter fallen etwa die Auflassung eines Grundstücks von einer Form der Gesamthand (z. B. Erbengemeinschaft) an die aus denselben Personen bestehende andere Gesamthandsform (z. B. OHG) oder von einer OHG an eine gesellschaftergleiche GmbH (BGHZ 78, 318, 325; BayObLG NJW-RR 1989, 907, 909). Dem steht grundsätzlich *nicht* gleich der Rechtserwerb durch einen oder einige Mitglieder, wo es auf die Gutgläubigkeit der Erwerberseite ankommt (teilw. str., s. *Soergel/Stürner* § 892 Rn. 21 ff.).

Beispiel (in Anlehnung an RGZ 117, 257, 265 [= *Baur,* E.Slg. Fall 9]): Auf dem Grundstück der Miterbengemeinschaft ABCD lastete eine Hypothek der Bank H; sie ist zu Unrecht gelöscht worden. Sodann ist das Grundstück an eine Kommanditgesellschaft aufgelassen worden, bei der A und B persönlich haftende Gesellschafter, C und D Kommanditisten sind. Die KG beruft sich auf redlichen *lastenfreien* Erwerb des Grundstücks. Zu Unrecht!

cc) Im Erbfall ist der redliche Erwerb ausgeschlossen, weil der Anfall kraft Gesetzes eintritt. Das gleiche muß auch dann gelten, wenn die *Erbfolge* durch ein Rechtsgeschäft unter Lebenden *vorweggenommen* wird.

Beispiel (nach RGZ 123, 52): Auf dem Landgut des E lastete eine Hypothek des H, die zu Unrecht gelöscht wurde. E hat später das Landgut an seinen Sohn S durch „Gutsüberlassungsvertrag" (Hofübergabe) übereignet. Hier scheidet die Anwendung des § 892 aus, weil die „Eigentumsübertragung unter Lebenden sowohl nach ihrer tatsächlichen Gestaltung wie auch nach dem Willen der Vertragsbeteiligten die Bedeutung einer Vorwegnahme der Erbfolge hat" (RGZ 136, 148, 150; BayObLG JuS 1986, 911 u. DNotZ 1988, 781; offen BGH NJW 1982, 761).

4. Die Rückabwicklung nach gutgläubigem Erwerb erfolgt gegenüber dem bösgläubigen bzw. fahrlässigen Veräußerer gemäß §§ 687 Abs. 2, 989, 990, 823 ff., hingegen haftet der gutgläubige Erwerber nicht aus § 823 wegen Fahrlässigkeit, weil damit § 892 Abs. 1 S. 1 unterlaufen wäre (RGZ 90, 397; s. auch § 52 III 1 b). Der *bereicherungsrechtliche* Ausgleich vollzieht sich bei entgeltlichem Erwerb nach § 816 Abs. 1 S. 1 (der Anspruch – auf Geld – richtet sich gegen den Veräußerer), bei unentgeltlichem Erwerb nach § 816 Abs. 1 S. 2 (der Anspruch – auf Rückübertragung – richtet sich gegen den Erwerber).

S hat seine Grundstücke 1–3 der Stadt T zur Errichtung eines Altersheimes geschenkt; das Grundstück Nr. 3 war zu Unrecht auf ihn eingetragen. Hier ist T auch Eigentümer des Grundstücks Nr. 3 geworden, ist aber verpflichtet, es an den wahren Eigentümer E aufzulassen (so jetzt auch BGHZ 81, 395). Dieser Kondiktionsanspruch kann durch eine Vormerkung (nicht durch einen Widerspruch!) einstweilen gesichert werden.

IV. Redlichkeit – Widerspruch

§ 892 schließt den Erwerb des Rechts vom Nichtberechtigten aus, wenn „ein Widerspruch gegen die Richtigkeit eingetragen (2) oder die Unrichtigkeit dem Erwerber bekannt ist" (1).

1. *Redlichkeit*

a) *Begriff:* Die Anwendung des Rechtsscheingedankens setzt Redlichkeit des Erwerbers voraus. Unredlich ist der Erwerber nur, wenn er die Unrichtigkeit des Grundbuchs *kennt.* Anders als beim gutgläubigen Erwerb beweglicher Sachen (§ 932 Abs. 2) schließt grobe Fahrlässigkeit die Anwendung der §§ 892, 893 nicht aus. Grund für diese Unterscheidung ist, daß nach der Meinung des Gesetzgebers das Grundbuch eine stärkere Vertrauensbasis liefert als der Besitz. Ob diese Differenzierung innerlich gerechtfertigt ist, kann bezweifelt werden. In krassen Fällen grober Fahrlässigkeit sucht die Rechtsprechung mit §§ 226, 826 zu helfen (Rechtsmißbrauch).[1] Die Position des wahren Berechtigten wird noch durch zwei weitere Gesichtspunkte verschlechtert: *einmal* wird der Erwerber nicht dadurch unredlich, daß er die Tatsachen kennt, aus denen sich die Unrichtigkeit ergibt, er muß vielmehr daraus den Schluß auf die Unrichtigkeit ziehen.[2] *Zum anderen* wird – wie sich aus der Fassung des § 892 Abs. 1 ergibt – die Redlichkeit des Erwerbers vermutet; der durch den Erwerb nach § 892 Beeinträchtigte (der wahre Berechtigte) muß also nachweisen, daß dem Erwerber die Unrichtigkeit des Grundbuchs bekannt war. Dieser Nachweis ist schon deswegen schwierig, weil es sich hier um innere Tatsachen handelt, die erfahrungsgemäß auch durch eine Parteivernehmung des Erwerbers nach §§ 445, 448 ZPO nicht aufgeklärt werden können. So bleibt dem Richter meist doch nichts anderes übrig, als aus der positiven Kenntnis der Tatsachen, die die Unrichtigkeit bewirken, den Schluß auf die Kenntnis der Unrichtigkeit des Grundbuchs seitens des Erwerbers zu ziehen.[3]

Dennoch bleiben Zweifel genug übrig, wie folgendes *Beispiel* zeigen mag:

E hat dem H zur Sicherung eines Darlehens eine Buchhypothek über 50 000 DM bestellt. Das Darlehen sollte in jährlichen Raten von 5000 DM zurückbezahlt werden. Als E 40 000 DM geleistet hat, tritt H – der in finanzielle Schwierigkeiten ist – die Hypothek an D ab. Ihm sagt er, die Hypothek sei noch in voller Höhe valutiert, ein Blick ins Grundbuch bestätigt dies dem D. In Wahrheit war die Hypothek durch teilweise Tilgung in Höhe von 40 000 DM zur Eigentümergrundschuld geworden (§§ 1163, 1177). E hätte Umschreibung in dieser Höhe auf sich verlangen oder einen Widerspruch eintragen lassen können. Beides hat er nicht getan (wie dies in aller Regel nicht geschieht). Hat D die Hypothek erworben? Er war sicher grob fahrlässig; denn eine Erkundigung bei E hätte ihn belehrt, ein Blick in die Eintragungsbewilligung hätte ihm gezeigt, daß es sich um eine Amortisationshypothek handelt, bei der mit einiger Sicherheit mit regelmäßigen Zahlungen gerechnet werden kann. Man kann dem E auch nicht mit dem Argument helfen, daß die Eintragungsbewilligung ja durch die Bezugnahme Teil des Grundbuchs geworden sei (§ 874). Denn abgesehen davon, daß es zweifelhaft ist, ob die Amortisationsvereinbarung zum Inhalt der Hypothek (und nicht nur der Darlehensvereinbarung) gehört, ist damit nicht der Schluß des D auf die Unrichtigkeit des Grundbuchs nachgewiesen! Immerhin würden wir in einem solchen Fall Unredlichkeit des D dann annehmen, wenn es sich um einen im Grundbuchrecht versierten Fachmann (also etwa einen Bankier) handelt; hier spricht eine tatsächliche Vermutung für seine Unredlichkeit. Daß D die Augen verschlossen hielt, kann ihn von dem Vorwurf der Unredlichkeit nicht befreien (Besser wäre übrigens die Position des E, wenn es sich um eine *Brief*hypothek gehandelt hätte; dann hätte er – ohne Inanspruchnahme des Grundbuchs – verlangen können, daß H die jeweiligen Zahlungen auf dem Brief quittiert. Redlicher Erwerb wäre damit ausgeschlossen gewesen, §§ 1145, 1140). Zum guten Glauben im Recht der Grundpfandrechte ausführlich § 38 IV-VII und § 45 III.

Die Redlichkeit setzt nicht voraus, daß der Erwerber das Grundbuch tatsächlich eingesehen hat. Es genügt, daß der Grundbuchstand für ihn spricht (BGHZ 104, 139, 143). Man kann also nur sehr bedingt von einem „Schutz des Vertrau-

---

[1] RGZ 117, 180, 189; BayObLG NJW-RR 1989, 907, 909.
[2] RGZ 117, 180, 187; BayObLG NJW-RR 1989, 907, 909 m. Nw.
[3] Zur Kenntnis der Anfechtbarkeit wegen Willensmangels s. § 142 Abs. 2; *Bauer* GS f. Schultz, 1987, 21.

ens auf die Richtigkeit des Grundbuchs" sprechen. Der Rechtsschein wird hier zu einer Fiktion; von seinem Standpunkt aus mit Recht verwendet das Gesetz daher auch die Formulierung: *„gilt . . . . . als richtig"*.

b) *Maßgebender Zeitpunkt*

Streng genommen müßte der Erwerber bis zur Vollendung des Erwerbs redlich sein; aus ähnlichen Erwägungen, wie sie in § 878 ihren Ausdruck gefunden haben, stellt jedoch § 892 Abs. 2 auf den Zeitpunkt der Stellung des Eintragungsantrags ab, wenn bereits alle übrigen Voraussetzungen – insbesondere also die Einigung – gegeben sind. Tritt eine solche Voraussetzung erst nach Antragstellung ein oder wird das Grundbuch erst nach Antragstellung unrichtig (BGH NJW 1980, 2413), ist dieser Zeitpunkt maßgebend. Ist ein bedingtes Recht bestellt, so schadet es nicht, wenn der Erwerber im Zeitpunkt des Bedingungseintritts nicht mehr redlich ist (str. vgl. BGHZ 10, 69).

Beispiel: Der Vormund des im Grundbuch irrtümlich als Eigentümer eingetragenen minderjährigen NE hat das Grundstück an K aufgelassen. Eintragungsantrag war gestellt. Vor Eintragung mußte aber noch den vormundschaftsgerichtliche Genehmigung (§ 1821 Abs. 1 Nr. 1) und – da es sich um ein landwirtschaftliches Grundstück handelte – die Genehmigung der Landwirtschaftsbehörde erteilt werden. In der Zwischenzeit erfuhr K von der Unrichtigkeit des Grundbuchs. Hat K redlich erworben? *Dafür* spräche, daß die Genehmigung der Behörde rückwirkende Kraft hat, *dagegen* aber, daß erst jetzt alle Voraussetzungen für die Wirksamkeit der Übereignung vorliegen. Die Rechtsprechung ist uneinheitlich: s. einerseits RGZ 134, 283, 286, andererseits RGZ 142, 59, 62, 63. U. E. muß nach dem mit dem § 892 Abs. 2 verfolgten Zweck bei *behördlichen* Genehmigungen auf den Zeitpunkt abgestellt werden, in dem alle *sonstigen* materiell-rechtlichen Voraussetzungen des Rechtsgeschäfts *und* der Eintragungsantrag vorliegen (str. dazu *Lutter* AcP 164, 122, 166 ff. m. Nw. und *Thiele,* Die Zustimmungen in der Lehre vom Rechtsgeschäft, 1966, S. 268 ff.; *Nieder* NJW 1984, 329, 338).

Ein *Beispiel* zur Gutgläubigkeit bei Unrichtigkeit des Grundbuchs *nach* Antragstellung ist unten geschildert (V 2 Beispiel a).

c) *Erwerb durch Stellvertreter*

Ist auf der Erwerberseite ein (gesetzlicher oder rechtsgeschäftlicher) Vertreter tätig geworden, so kommt es allein auf die Kenntnis des Vertreters an (§ 166 Abs. 1). Nur bei einem weisungsgebundenen Bevollmächtigten kann sich der unredliche Vollmachtgeber nicht auf dessen Redlichkeit berufen (§ 166 Abs. 2).[1]

Dies kann zu recht unbilligen Ergebnissen führen:
K steht mit dem eingetragenen Nichteigentümer NE in Kaufverhandlungen. Vor ihrem Abschluß wird K wegen Verschwendung unter Betreuung mit Einwilligungsvorbehalt (§§ 1896 Abs. 1 und 2, 1902, 1903 Abs. 2) gestellt. Dem Betreuer des K scheint das angebahnte Geschäft günstig. Er schließt als gesetzlicher Vertreter des K das Geschäft mit NE ab. Hier wird K auch dann Eigentümer, wenn er weiß, daß NE nicht Eigentümer gewesen war. Mit § 826 wird nur in seltenen Fällen zu helfen sein.
§ 166 ist für die Fälle des redlichen Erwerbs verfehlt. Hier sollte das Gesetz – wie in dem Ausnahmefall des § 166 Abs. 2 – Redlichkeit *beider,* des Vertretenen *und* des Vertreters fordern.
Juristische Personen müssen sich die Kenntnis ihrer Organmitglieder stets zurechnen lassen, wobei Bösgläubigkeit *eines* Mitglieds selbst dann reicht, wenn es selbst nicht handelt (BayObLG NJW-RR 1989, 907, 910 m. Nw.).

---

[1] *Lehrreiches Beispiel:* BayObLG NJW-RR 1989, 907, 910. Die Kenntnis des Notars, der Vollmacht im Eintragungsverfahren hat, behandelt KG NJW 1973, 57 ff.

2. *Widerspruch*

Lesen Sie zunächst § 18 B.

Der Widerspruch verhindert den redlichen Erwerb. Seine Eintragung entfaltet diese Wirkung sofort. Eine „Vorverlegung" zugunsten des Erwerbers – wie sie für die Redlichkeit in § 892 Abs. 2 enthalten ist – gibt es im Falle des Widerspruchs nicht. Auch § 878 ist nicht entsprechend anwendbar, da der Widerspruch keine Verfügungsbeschränkung ist.

Beispiele: a) E hat sein Grundstück an K verkauft und aufgelassen; K ist eingetragen worden, K läßt das Grundstück an R auf, beide beantragen die Eintragung. Bevor diese vollzogen wird, erwirkt E einen Widerspruch auf Grund einstweiliger Verfügung mit der Behauptung, er sei von K arglistig getäuscht worden und habe seine Einigungserklärung angefochten. Wird der Widerspruch (unter Verletzung des § 17 GBO!) eingetragen, so schließt er einen redlichen Erwerb des R aus.
Wird umgekehrt zunächst R als Eigentümer eingetragen und dann erst der Widerspruch, so hat R Eigentum erworben; veräußert er weiter an X, so ist für dessen Erwerb der Widerspruch bedeutungslos, denn er erwirbt vom Berechtigten.[1]

b) Ist in dem zuerst behandelten Fall der Widerspruch gegen das Eigentum des K eingetragen, so wird nicht nur ein Eigentumserwerb des R, sondern ebenso auch der Erwerb eines beschränkten dinglichen Rechts, etwa einer Hypothek vereitelt.

V. Die Wirkung

1. § 892 Abs. 1 S. 1 sagt zunächst ganz allgemein, daß der Inhalt des Grundbuchs als richtig „gilt". Diese Fiktion engt jedoch das Gesetz in S. 2 bei relativen Verfügungsbeschränkungen ein: hier kann sich der Erwerber nur darauf verlassen, daß beim Schweigen des Grundbuchs eine solche Beschränkung nicht besteht.

2. Hinsichtlich eintragbarer *dinglicher Rechte* besteht also ein *positiver und negativer Vertrauensschutz:* eingetragene Rechte gelten als bestehend, nicht eingetragene oder gelöschte Rechte als nicht bestehend. Der Erwerber erhält die Rechtsposition, die er erlangen würde, wenn das Grundbuch die Rechtslage richtig wiedergeben würde.

Bei Verfügungsbeschränkungen ist der Vertrauensschutz nur *negativ:* er kann sich nicht auf den Bestand eingetragener Beschränkungen erstrecken.

Diese Unterscheidung ist innerlich gerechtfertigt; denn die Verfügungsbeschränkung soll nur den absoluten, jedermann gegenüber wirkenden Rechtserwerb ausschließen; soll sie diese Wirkung gegenüber einem *redlichen* Dritten entfalten, muß sie eingetragen sein. Die Eintragung hat aber nicht die Aufgabe, das Rechtsverhältnis zu bezeugen, auf dessen Grundlage die Verfügungsbeschränkung besteht (s. schon II 1 c).

Beispiele: a) Der im Grundbuch fälschlich eingetragene NE hat dem redlichen H eine Hypothek von 20 000 DM bewilligt. Die Hypothek wird versehentlich gelöscht. Veräußert NE das Grundstück für 50 000 DM an K, so wird dieser lastenfreier Eigentümer: der wahre Eigentümer E verliert sein Eigentum, H die von ihm nach § 892 erworbene Hypothek. Der für den guten Glauben maßgebliche Buchbestand richtet sich dabei – anders als der maßgebliche Zeitpunkt guten Glaubens (§ 892 Abs. 2) – nach dem Zeitpunkt der Vollendung des Rechtserwerbs (BGH NJW 1980, 2413); es kommt also nicht darauf an, ob die Hypothek vor oder nach dem Antrag auf Eigentumsumschreibung gelöscht

---

[1] Zur Rechtslage, wenn R unredlich war, s. RGZ 129, 124, 127; *Medicus* Rn. 551 und § 18 B III 1.

worden ist, die Löschung muß nur vor der Eintragung des K als Eigentümer erfolgt sein. Allerdings muß K dann mindestens bis zum Zeitpunkt der Unrichtigkeit des Grundbuchs durch Löschung gutgläubig gewesen sein, also über den Zeitpunkt des § 892 Abs. 2 hinaus (oben IV 1 b); eine Mindermeinung verlangt Gutgläubigkeit bis zum vollendeten Rechtserwerb (offen BGH NJW 1980, 2413, 2414). Wie vollzieht sich hier der schuldrechtliche Ausgleich? Im Verhältnis E zu NE sind zunächst §§ 687 Abs. 2, 989, 990, 823 zu erwägen. Bereicherungsrechtlich gilt folgendes: nach § 816 Abs. 1 S. 1 muß NE den von K erhaltenen Kaufpreis an E herausgeben. Kann H den auf die Hypothek entfallenden Teil des Kaufpreises verlangen mit der Begründung, durch die Verfügung des NE sei sein Grundpfandrecht untergegangen? Die Frage wird nach § 816 Abs. 1 S. 1 zu bejahen sein (BGHZ 81, 395 für den Fall des § 816 Abs. 1 S. 2).

b) Der im Grundbuch eingetragene E ist Vorerbe; der Nacherbenvermerk (zugunsten des N) ist im Grundbuch nicht eingetragen worden. Veräußert E das Grundstück an K, so bleibt K auch im Fall des Eintritts der Nacherbfolge Eigentümer; § 2113 Abs. 1 wird durch § 2113 Abs. 3 mit § 892 Abs. 1 S. 2 ausgeschaltet.

War der Nacherbenvermerk zugunsten des N eingetragen und hat N der Veräußerung des Grundstücks an K zugestimmt, so wird der Eigentumserwerb des K unwirksam, wenn sich bei Eintritt der Nacherbfolge herausstellt, daß nicht N, sondern X Nacherbe ist. Denn der Nacherbenvermerk bezeugt nicht, daß N Nacherbe ist. Zu bemerken ist, daß die hier vorgeschlagene Lösung des Falles nicht über jeden Zweifel erhaben ist; denn man könnte auch argumentieren: Der Nacherbenvermerk wirkt – wie der Widerspruch, s. oben § 18 B III 1 a. E. – nur zugunsten des N. N aber ist nicht Nacherbe; der gesamte Eintrag ist also unrichtig, kann sonach auch den Erwerb des K nicht verhindern; auf die Zustimmung des N kommt es nicht an. Dem wäre entgegenzuhalten, daß der Nacherbenvermerk die „Redlichkeit" des K i. S. des § 2113 Abs. 1 und 3 auch dann ausschließt, wenn die Person des Nacherben unrichtig angegeben ist; denn auf jeden Fall ergibt sich aus dem Grundbuch, daß E (als Vorerbe) in der Verfügung beschränkt ist.

Weitere Beispiele: BGH NJW 1970, 943; dazu *Bartsch* NJW 1970, 1314; s. ferner BayObLG Rpfleger 1982, 467; 1988, 525 u. OLG Hamm Rpfleger 1984, 312 (Löschung des Nacherbenvermerks gemäß §§ 894 BGB, 22 GBO nach wirksamer Verfügung des Vorerben, §§ 2136, 2113).

3. Die Konkurseröffnung bedeutet ein Veräußerungsverbot für den Gemeinschuldner (§ 7 KO). Doch gelten auch hier die §§ 892, 893. Um einen redlichen Erwerb möglichst auszuschließen, muß die Konkurseröffnung sofort im Grundbuch eingetragen werden (§ 113 KO). Der *nach* Konkurseröffnung, aber *vor* seiner Eintragung im Grundbuch vollzogene Rechtserwerb verschafft dem Erwerber zwar das Recht, schließt aber eine Anfechtung dieses Erwerbs durch den Konkursverwalter nicht aus (§ 42 mit §§ 30, 31 KO).

Zu beachten ist, daß § 878 auch hier anwendbar ist (§ 15 S. 2 KO). War also die Einigung bindend geworden (§ 873 Abs. 2) *und* Eintragungsantrag gestellt, so hindert die Konkurseröffnung die Vollendung des Rechtserwerbs durch Eintragung nicht, was aber noch nicht bedeutet, daß eine Anfechtung durch den Konkursverwalter ausgeschlossen ist, sofern die Voraussetzungen hierfür gegeben sind (§§ 30–32 KO).

Beispiel: E hat der Großhandlung H am 20. 3. auf deren Drängen eine Hypothek zur Sicherung von Warenforderungen bewilligt; am 21. 3. ist der Antrag beim Grundbuchamt eingegangen. Am 26. 3. stellt E seine Zahlungen ein; der Konkurs wird am 30. 3. auf seinen Antrag eröffnet und am selben Tage im Grundbuch eingetragen. Die Hypothek wird am 5. 4. durch Grundbucheintrag vollzogen.

Hier hat H die Hypothek erworben (§ 15 S. 2 KO mit § 878 BGB). Der Konkursverwalter kann aber den Erwerb der Hypothek nach § 30 Nr. 2 KO anfechten, was bedeutet, daß H ein Absonderungsrecht aus der Hypothek nicht geltend machen kann.

Weitere Beispiele u. Einzelheiten bei *Baur/Stürner* II, InsolvenzR, Rn. 8.16 ff., 18.21 ff., 18.29, 19.20 ff.

VI. Gutgläubiger Erwerb in den neuen Bundesländern

Für Erwerbsvorgänge ab dem 3. 10. 1990 gilt grundsätzlich das Recht des BGB. Weil aber im Grundbuch der früheren DDR Nutzungsrechte mit Gebäudeeigentum (§§ 287 ff. ZGB) oder Mitbenutzungsrechte (§§ 321, 322 ZGB) oft nicht eingetragen sind (hierzu § 15 VI 4), sieht eine Übergangsregelung (Art. 233 § 4 und § 5 EGBGB) den Ausschluß gutgläubigen Erwerbs vor, bei Nutzungsrechten, falls Gebäudeeigentum ganz oder teilweise errichtet ist. Der gutgläubige Erwerber hat nur ein Ablösungsrecht gegen Entschädigung, falls seine Beeinträchtigung überwiegt. Gutgläubiger Erwerb ist auch ausgeschlossen, falls ein wirksamer Widerspruch nach altem Recht (hierzu § 18 D und § 15 VI 4) eingetragen ist. Die Vorschriften des BGB über gutgläubigen Erwerb gelten auch für Gebäudeeigentum (Art. 233 § 4 EGBGB).

Rechtsänderungen, für die am 3. 10. 1990 schon beim Grundbuchamt der Eintragungsantrag gestellt war, vollziehen sich noch nach dem Recht der alten DDR (Art. 233 § 7 EGBGB). Es läßt gutgläubigen Erwerb zu (§§ 7, 8, 16 Grundstücksdokumentationsordnung; hierzu § 15 VI 4), der ähnlichen Regeln wie im BGB folgt (*Schröder*, FS Bosch, 1976, S. 875). Vormerkungen kannten das ZGB und seine Begleitgesetze nicht (vgl. § 20 VIII), wohl aber können sie aus der Zeit ab dem 3. 10. 1990 stammen.

Das Gesetz zur Regelung offener Vermögensfragen regelt die Rückerstattung rechtswidrig entzogenen Eigentums und sichert sie durch die Anmeldeverordnung und die Genehmigungspflicht nach der Grundstücksverkehrsverordnung (hierzu §§ 15 VI 4; 16 VII), wobei aber bei investiven Vorhaben und Maßnahmen der Treuhandanstalt Ausnahmen gelten. Es ist bereits ausgeführt (§ 15 VI 4), daß gegebenenfalls ein gerichtliches Verfügungsverbot – nicht Vormerkung oder Widerspruch – den Rückerstattungsanspruch sichern kann.

Übersicht 14

Der öffentliche Glaube des Grundbuchs

	Ja	Nein
Schutzbereich („worauf"?)	1. Bestand eingetragener dinglicher Rechte 2. Nichtbestand nicht eingetragener oder gelöschter dinglicher Rechte 3. Nichtbestand nicht eingetragener relativer Verfügungsbeschränkungen	1. tatsächliche und persönliche Angaben 2. nicht eintragbare Rechte, Belastungen und Beschränkungen
Geschützte Rechtsvorgänge	rechtsgeschäftliche Vorgänge, die sich auf ein Grundstücksrecht beziehen, z. B. Übereignung des Grundstücks oder Bestellung einer Hypothek durch den Nichteigentümer	1. Erwerb kraft Gesetzes 2. Erwerb durch Zwangsvollstreckung 3. bei Abschluß schuldrechtlicher Verträge 4. bei Fehlen eines „Verkehrsgeschäfts"
Redlich	bei Nichtkenntnis der Unrichtigkeit des Grundbuchs, auch wenn leicht oder grob fahrlässig	1. bei Kenntnis (maßgebender Zeitpunkt: § 892 Abs. 2) 2. bei Widerspruch
Wirkung des öffentlichen Glaubens	Inhalt des Grundbuchs gilt als richtig: Richtigkeitsfiktion in *positiver* Hinsicht (Der fälschlich als Eigentümer eingetragene V überträgt dem redlichen K das Eigentum.) und *negativer* Hinsicht (ist die Hypothek des H versehentlich gelöscht worden, so erwirbt K das Grundstück unbelastet durch die Hypothek des H). Hinsichtlich Veräußerungsbeschränkungen (z. B. nicht eingetragener Konkursvermerk) nur in negativer Hinsicht.	

3. Kapitel. Das Eigentum an Grundstücken

A. Inhalt und Bindungen

§ 24. Das Grundeigentum – Inhalt und Bindungen

Lit.-Hinweis:[1] *Aicher,* D. Eigentum als subjektives Recht, 1975; *Bachof,* Begriff u. Wesen d. sozialen Rechtsstaats, VVDStRL 12, 37; *Badura* AöR 98, 153 (Eigentumsschutz des eingerichteten u. ausgeübten Gewerbebetriebs) u. AcP 176, 119 (Zivilrecht u. öffentl. Erfordernisse im Bodenrecht; zum selben Thema *Baur* AcP 176, 97); *J. F. Baur* (Hrsg.), Das Eigentum, 1989; *Böhmer* NJW 1988, 2561 (Grundfragen); *v. Brünneck,* D. Eigentumsgarantie des GG, 1984; *Dürig,* D. Eigentum als Menschenrecht, ZStW 109, 326; *ders.,* Zurück zum klassischen Enteignungsbegriff, JZ 1954, 4; *Gast,* Wirtschaftl. Eigentum im Zivilrecht, FS E. Wolf, 1985, 87; *Georgiades,* Eigentumsbegriff und Eigentumsverhältnis, FS *Sontis* 1977, 149; *Hübner,* Eigentumsgarantie u. Eigentumsbindung, Ann. Univ. Saraviensis, VIII (1960) 87; *Ipsen,* Enteignung u. Sozialisierung, VVDStRL 10, 74; *Jahr,* Z. römischen Begriff d. Eigentums, GedächtnisSchr. f. Kunkel, 1984, 69; *Knoll* AöR 79, 455 (Eigentumseingriffe u. Umgestaltung der gesellschaftl. Verhältnisse); *Kreft,* FS für Heusinger, 1968 (Grenzfragen des Enteignungsrechts); *ders.,* FS Geiger, 1989, 399 (Eigentumsgarantie und verfassungsrechtliche Entschädigungspflichten); *Kroeschell* FS Thieme, 1977, 34; *Kimminich* JuS 1978, 217; *Kübler* AcP 159, 236 ff.; *Krumbiegel,* D. Sonderopferbegriff in d. Rspr. des BGH, 1978; *Leisner,* Sozialbindung des Eigentums, 1972 u. NJW 1975, 233; *Leisner,* Situationsgebundenheit des Eigentums – eine überholte Rechtssituation?, 1990; *Liver,* Eigentumsbegriff u. Eigentumsordnung, in Gedenkschrift Franz Gschnitzer, 1969, S. 247; *ders.,* D. Eigentum (Schweiz. Priv.R V/1), 1977; *Meier-Hayoz,* Verfassungsentwurf und Eigentumsgarantie, Schriftenreihe des Schw. Handels- und Industrievereins, Nr. 15, 1978 u. Berner Komm. IV I 1 1981 S. 186 ff.; *Nüßgens-Boujong,* Eigentum, Sozialbindung, Enteignung, 1986; *Olzen* JuS 1984, 328 (Geschichtliche Entwicklung des privatrechtlichen Eigentumsbegriffs); *Häberle* AÖR 109, 3; *Maurer,* Eigentumsbegriff und Eigentumsgarantie, FS für Günter Dürig, 1990, 293; *Pawlowski* AcP 165, 395 (Substanz- oder Funktionseigentum?); *Pleyer,* Eigentum und Wirtschaftsordnung, JuS 1963, 8; *Raiser* AöR 78, 118 (Zur Eigentumsgarantie des GG) u. FS Sontis, 1977, 166 (Funktionsteilung des Eigentums) u. FS *Baur,* 1981, S. 105 (D. Eigentum als Menschenrecht); *Reinhardt-Scheuner,* Verfassungsschutz des Eigentums, 1954, S. 1; *Rudolph,* Die Bindungen des Eigentums (1960); *Rüfner* JuS 1973, 593 (Bodenordnung u. Eigentumsgarantie); *Rupp,* Privateigentum an Staatsfunktionen?, 1963; *Schneider,* Enteignung u. Aufopferung, 1966; *Schulte,* Eigentum u. öffentl. Interesse, 1970; *ders.,* Zur Dogmatik des Art. 14 GG, 1979; *Schulze-Osterloh* NJW 1981, 2537; *Schwerdtfeger,* D. Dogmatische Struktur der Eigentumsgarantie, 1983 (dazu *Rüfner* NJW 1983, 2689); *Sontis,* FS f. Larenz, 1973, 981 (Strukturelle Betrachtungen z. Eigentumsbegriff); *Stein,* Zur Wandlung des Eigentumsbegriffs, FS für Gebhard Müller, 1970; Werner *Weber,* Eigentum u. Enteignung, im *Neumann-Nipperdey-Scheuner,* D. Grundrechte II (1954), 331; *Wolff* § 3 S. 90; *M. Wolf* Einl. III u. Rn. 49 ff.; *Willoweit* Histor. Jb. 94 (1974), 131 (Zur geschichtl. Entwicklung des Eigentumsbegriffs); zum selben Thema Dieter *Schwab,* Hist. Lex. z. politisch-sozialen Sprache in Deutschland, Bd. 2 (1975) 65; M. *Wolff,* Reichsverfassung u. Eigentum, FS f. Kahl (1923); *Wieacker,* Wandlungen der Eigentumsverfassung 1935; H. *Westermann,* Freiheit d. Unternehmers u. Grundeigentümers, 1973; *ders.,* Zulässigkeit u. Folgen einer Aufspaltung des Bodeneigentums in Verfügungs- u. Nutzungseigentum, 1975; *Baur* FS Sontis, 1977, 181 (Privates u. öffentl. Recht im Bodeneigentum) u. FS Meier-Hayoz, 1982, 27 (= Beitr. II 163: Wirksamkeit d. Eigentumsschutzes) u. NJW 1982, 1734 (= Beitr. II 41: Zur Enteignungsrechtsprechung des BVerfG; dazu auch oben § 13 C I 4–6); *Schmidt-Aßmann,* JuS 1986, 833 (Formen d. Enteignung).

---

[1] Eine umfassende Aufzählung der – kaum mehr zu überblickenden – Lit. finden Sie in *Maunz-Papier* vor Art. 14 GG (1983) und in *Isensee/Kirchhof/Leisner* zu § 149. Weitere Lit.-Angaben im Text.

I. Der Eigentumsbegriff – Eigentumsinhalt

1. § 903 nennt die sich aus dem Eigentum ergebenden *Befugnisse* des Eigentümers, die positiven („mit der Sache nach Belieben verfahren") und die negativen („andere von jeder Einwirkung ausschließen"). Damit wird mittelbar der Eigentumsbegriff umschrieben.

Aus § 903 läßt sich auf den Eigentumsbegriff schließen, der dem Gesetzgeber des BGB vorschwebte. Für ihn war die Beziehung einer Person zu einer Sache im Sinne einer absoluten Beherrschung entscheidend, einer Beherrschung, die sich positiv in der beliebigen Einwirkungsmöglichkeit des Rechtsträgers auf die Sache (eingeschlossen die Verfügungsmöglichkeit über sie) und negativ in der Ausschließung jedes anderen von der Sache äußert.

Zu den Eigentumstheorien s. u. a. *Maunz/Papier* Art. 14 GG Rn. 1 ff.; *Soergel/J. F. Baur* § 903 Rn. 15 ff.; *Darmstaedter* AcP 158, 311; *Georgiades*, FS Sontis, 1977, 149; *Schultze v. Lasaulx* AcP 151, 454; *Wolff/Raiser* § 51; *Westermann – H. P. Westermann* § 28 I; *Eichler* I S. 138; jeweils m. w. N.; *Fabricius* AcP 162, 456, 467 ff. – Zu Eigentumstheorien, die das Privateigentum ausschließen oder begrenzen, s. „Das Eigentum im Ostblock" (Band 5 der Studien des Instituts für Ostrecht, München, 1958); *Raiser*, RabelsZ 26, 230; *Samson* JR 1961, 41.

Das Eigentum sollte also – wie *Wolff/Raiser* (§ 51 II) es ausdrücken – als „das umfassendste Herrschaftsrecht, das die Rechtsordnung an einer Sache zuläßt", begriffen werden.

2. Aus § 903 läßt sich weiter entnehmen, daß der zivilrechtliche Eigentumsbegriff auf *Sachen* beschränkt ist; er erfaßt also – anders als der des öffentlichen Rechts[1] – nicht alle vermögenswerten Rechte, ferner nicht Sachgesamtheiten und Sachinbegriffe, nicht das Vermögen insgesamt (Grundsatz der Spezialität!).[2]

3. § 903 gilt vielen als prägnanter Ausdruck des „liberalen", „kapitalistischen" Zeitalters. In der Tat: wenn man den Wortlaut des § 903 nur flüchtig liest, so muß man den Eindruck bestätigt finden, daß das BGB „mit keinem Tropfen sozialen Öls gesalbt" sei. Doch wäre ein solches Urteil vorschnell und in seiner Allgemeinheit unrichtig:

§ 903 gibt dem Eigentümer die erwähnten umfassenden Befugnisse nur, „soweit nicht das Gesetz oder Rechte Dritter entgegenstehen". Es ist also sicher, daß auch der Gesetzgeber des BGB um die Notwendigkeit von Beschränkungen des Eigentums wußte, Beschränkungen, die sich aus dem Zusammenleben der Menschen ebensowohl wie aus den Bedürfnissen der organisierten Gemeinschaft ergeben. Es wäre also irrig, wollte man sagen, der Eigentumbegriff des BGB sei „bindungsfeindlich".

Werner *Weber* bemerkt (aaO S. 333) mit vollem Recht, daß Pflichtbindungen des Eigentümers auch der liberalen Ära nicht fremd gewesen seien. „Es lag nur dem damaligen liberalen Verfassungsdenken näher, solche Pflichtgebundenheit zu übergehen, als sie besonders hervorzukehren . . . .".

4. Wie verhält sich der zivilrechtliche Eigentumsbegriff des § 903 zu der Regelung des Art. 14 GG?

a) Vorweg ist zu bemerken, daß *§ 903 BGB* und die folgenden Bestimmungen

---

[1] Siehe dazu oben § 13 C I.
[2] S. dazu oben § 4 III.

des BGB das zivilrechtliche Verhältnis des Eigentümers zu den anderen Rechts-
genossen regelt. Demgegenüber ist *Art. 14* GG ein verfassungsrechtliches
Grundrecht, regelt also in erster Linie das öffentlichrechtliche Verhältnis des
Eigentümers zum Staat.

Dabei ist zu beachten, daß Art. 14 sowohl eine Institutsgarantie – das Eigentum als Rechtsinstitut ist für den Staat gewissermaßen sakrosankt – wie ein
persönliches staatsgerichtetes Grundrecht enthält.[1]

Man kann also sagen: Die Eigentumsregelung im Sachenrecht des BGB und
in den ergänzenden Gesetzen bildet den verhältnismäßig weitgespannten Rahmen, in dem sich die Rechtsgenossen, die ihr Eigentum nutzen und verwerten,
bewegen können. *Art. 14* GG will die der Regelungsgewalt des Staates ausge-
setzten Staatsbürger in ihren Rechtspositionen schützen, aber auch durch die
„Gemeinwohlklausel" des Art. 14 Abs. 2 die soziale Bindung des Eigentums
festlegen.

So läßt sich im Ausgangspunkt eine Trennung beider Regelungsbereiche feststellen. Dies führt dann u. a. dazu, daß § 903 in der Fixierung des Schutzobjekts
enger ist: nur Sacheigentum wird erfaßt, während Art. 14 seinen Anwendungsbereich auf alle vermögenswerten Rechtspositionen erstreckt.[2] Dies führt weiter
dazu, daß die Schranken und Bindungen des zivilistischen Eigentums im Zivilrecht selbst enthalten sind,

> darunter fallen etwa die in den §§ 904 ff. genannten Bindungen und Beschränkungen; aber auch
> der Typenzwang des Sachenrechts – also die Fixierung der zulässigen beschränkten dinglichen
> Rechte im Gesetz selbst und damit die Beschränkung der inhaltlichen Gestaltungsfreiheit der
> Rechtsgenossen, und zwar im wohlverstandenen Interesse des Eigentümers (s. dazu oben § 1 II 2).

Demgegenüber sagt Art. 14 über die Bindungen und Beschränkungen des Eigentums selbst nichts, er erklärt sie nur durch Gesetz für zulässig.

Trotz dieser Verschiedenheiten im Ausgangspunkt sind doch mannigfache
Verknüpfungen zwischen der zivilrechtlichen und der verfassungsrechtlichen
Regelung gegeben. So liegt z. B. auf der Hand, daß nur die in Art. 14 festgeleg-
te Institutsgarantie des Eigentums verhindern kann, daß der Gesetzgeber das
zivilrechtliche Eigentum ganz oder für bestimmte Eigentumsobjekte beseitigt
oder so einschränkt, daß von einem Eigentum nicht mehr die Rede sein kann.
Insofern wirkt sich auch die sog. Wesensgehaltsgarantie des Art. 19 Abs. 2 („in
keinem Fall darf ein Grundrecht in seinem Wesensgehalt angetastet werden")[3]
zugunsten des privatrechtlichen Eigentums aus. Denn man könnte sich ein Gesetz vorstellen, das zwar das zivilrechtliche Eigentum nicht beseitigt, also *seinem
Wortlaut nach* der Institutsgarantie des Art. 14 nicht zuwiderläuft, das aber die
Nutzungs- und Verwertungsbefugnisse des Eigentümers oder die Eigentumsobjekte so beschränkt, daß der Wesensgehalt des Eigentums im Sinne des
Art. 19 Abs. 2 GG „angetastet" wird. Aber abgesehen von dieser meist nicht
beachteten Auswirkung des verfassungsrechtlichen Eigentumsschutzes auf das

---

[1] S. *Leisner* in *Isensee/Kirchhof,* § 149 Rn. 3–24; *Maunz/Papier* Art. 14 Rn. 11–17; *Nüßgens/Boujong*
Rn. 24 ff. m. w. N. und oben § 13 C I 1.

[2] S. *Maunz/Papier* Art. 14 Rn. 57 ff. m. w. N. und oben § 13 C I 3.

[3] Dazu *Maunz/Papier* Art. 14 Rn. 272 ff.

zivilrechtliche Eigentum finden sich mannigfache Verknüpfungen von öffentlichrechtlicher und privatrechtlicher Regelung:

aa) Im § 903 BGB findet sich eine Umschreibung des Eigentumsbegriffs mit dem Satz: „Der Eigentümer ... kann mit der Sache nach Belieben verfahren und andere von jeder Einwirkung ausschließen". Art. 14 enthält nichts zu der Inhaltsbestimmung des Eigentums und seinem Anwendungsbereich; es heißt eben: „Das Eigentum ...". Soll das nun bedeuten, daß damit auf den Eigentumsbegriff des § 903 verwiesen wird oder liegt der Verfassungsbestimmung eine eigene verbindliche Vorstellung vom Eigentum zugrunde? Die Antwort auf diese Frage ist lebhaft umstritten. Der BGH ist in seiner Rechtsprechung zu der Sozialbindung des Grundeigentums und der Enteignung von Grund und Boden von der Vorstellung ausgegangen, daß das Grundeigentum auch im Sinne des Grundgesetzes grundsätzlich jede mögliche und wirtschaftlich vernünftige Nutzung einer Sache umfaßt, ein Recht, das durch die §§ 903 u. 905 BGB geprägt werde (vgl. *Maunz-Papier* Art. 14 Rn. 36–38 m. w. N.). Das BVerfG war zunächst von ähnlichen Erwägungen ausgegangen:

z. B. BVerfGE 50, 290, 339. „Das verfassungsrechtlich geschützte Eigentum ist in seinem rechtlichen Gehalt gekennzeichnet durch die Privatnützigkeit ... und durch die grundsätzliche Verfügungsbefugnis über den Eigentumsgegenstand.

Ein grundsätzlicher Wandel bahnt sich in der Entscheidung BVerfGE 52, 1, 29 an, ein Wandel, der dann in BVerfGE 58, 300 verfestigt wird. Das BVerfG sagt zunächst (S. 311): „Der Begriff des von der Verfassung gewährleisteten Eigentums muß aus der Verfassung selbst gewonnen werden". Die Regelungen des Gesetzgebers müssen in materieller Hinsicht mit dem Grundgesetz in Einklang stehen. Was nun aber dieses Eigentum im Sinne des Grundgesetzes inhaltlich bedeutet, wird an anderer Stelle derselben Entscheidung gesagt, die wörtlich zitiert werden soll: „Welche Befugnisse einem Eigentümer in einem bestimmten Zeitpunkt konkret zustehen, ergibt sich ... aus der Zusammenschau aller in diesem Zeitpunkt geltenden, die Eigentümerstellung regelnden gesetzlichen Vorschriften. Ergibt sich hierbei, daß der Eigentümer eine bestimmte Befugnis nicht hat, so gehört diese nicht zu seinem Eigentumsrecht" ... „Aus der Gesamtheit der verfassungsmäßigen Gesetze, die den Inhalt des Eigentums bestimmen, ergeben sich somit Gegenstand und Umfang des durch Art. 14 II gewährleisteten Bestandsschutzes und damit auch, wann ein zur Entschädigung verpflichtender Rechtsentzug vorliegt" (S. 336). Dazu ist zu sagen: Zum einen enthalten die Ausführungen des BVerfG.s einen Zirkelschluß: Wenn sich nämlich der Inhalt des Eigentums aus der Zusammenschau der einfachen, das Eigentum bindenden und beschränkenden Gesetze ergeben soll, dann muß man sich fragen, wie die Verfassungsmäßigkeit des einfachen Gesetzes an den Normen der einfachen Gesetze gemessen werden soll (vgl. *Baur* NJW 1982, 1734 (= Baur Beitr. II, 47); *Leisner* DVBl. 1983, 62; *Mayer-Maly* FS Hübner, 1984; *Westermann/H. P. Westermann* I § 28 III b).[1]

---

[1] *Böhmer* – ein an der Entscheidung des BVerfG beteiligter Bundesverfassungsrichter – sucht in NJW 1988, 2561 die Kritik an diesem Beschluß zu widerlegen, jedoch ohne Erfolg; und zwar schon

Ferner: Was soll Eigentumsinhalt nach der Meinung des BVerfG.s sein? Denn das Gericht sagt ausdrücklich, daß der Eigentumsinhalt auch nicht „aus der Natur der Sache" gefunden werden könne. Offenbar soll damit auch jede vorkonstitutionelle Anknüpfung, also auch jede Verbindung zu einer naturrechtlichen Fixierung des Eigentumsinhalts verneint sein. Die entscheidende Frage nach der inhaltlichen Fixierung des Eigentums im Sinne des Art. 14 ist also vom BVerfG nicht beantwortet. Sie muß aber beantwortet werden, wenn der verfassungsrechtlich zulässige Rahmen für den einfachen Gesetzgeber nicht völlig verschwommen sein soll. Der Rückgriff auf die Wesensgehaltsgarantie des Art. 19 Abs. 2 GG reicht nicht aus. Denn auch diese Verfassungsbestimmung verlangt eine Antwort auf die Frage, was denn der „Wesensgehalt" des Eigentums sei.

bb) Eine Verknüpfung zwischen dem verfassungsrechtlichen und dem privatrechtlichen Eigentumsbegriff findet sich ferner im Bereich der sog. *Sozialbindung des Eigentums*. Dazu einige Vorbemerkungen: Art. 14 Abs. 2 GG sagt: „Eigentum verpflichtet. Sein Gebrauch soll zugleich dem Wohle der Allgemeinheit dienen." Damit ist die sog. Sozialbindung des Eigentums angesprochen. Lassen wir die Frage dahingestellt, ob auch die Beschränkungen des Eigentums durch die Sozialbindung in einem Gesetz enthalten sein müssen oder unmittelbar aus der Verfassung abgeleitet werden können (eine sehr umstrittene Frage), so ist doch in unserem Zusammenhang ein Doppeltes bedeutsam: Einmal wann liegt eine entschädigungslos hinzunehmende Sozialbindung vor, wann eine entschädigungspflichtige, also mit einer Junktimklausel, mit Entschädigungsvorbehalt zu versehende Enteignung?[1] Die zweite Frage ist, ob die Sozialklausel des Grundgesetzes auch im Rahmen der bürgerlichrechtlichen Eigentumsregelung unmittelbar oder mittelbar verbindlich ist.

(1) Zu der *ersten Frage* (die wie alles in diesem Zusammenhang sehr umstritten ist) ist zu beachten, daß sie vor allem eine Rolle spielt im Rahmen des sog. enteignenden und enteignungsgleichen Eingriffs (s. dazu oben § 13 C I). Die Rechtsprechung des BGH ging ursprünglich von der sog. *Einzelakttheorie* des Reichsgerichts aus.[2] Danach soll entscheidend sein für die Annahme einer ent-

---

deshalb, weil er zu dem oben mitgeteilten Kernsatz der Entscheidung („Zusammenschautheorie") nicht Stellung nimmt. Statt dessen begnügt er sich mit der immer wieder variierten Behauptung, „die Befugnis des Gesetzgebers zur Ausgestaltung der Eigentumsordnung" ergebe „sich bereits aus der demokratischen Ordnung des Grundgesetzes". Nicht die Rede ist von den verfassungsrechtlichen Schranken, die diesem Gesetzgeber oblägen. B. bemüht sich weiter um den Nachweis, daß die Entscheidung des BVerfG.s keinen Bruch mit der früheren Rechtsprechung dieses Gerichts bedeute; er beruft sich dabei wiederholt auf BVerfGE 21, 73. Dort aber liest man: „Die dem Gesetzgeber in Art. 14 I 2 GG übertragene Aufgabe, den Inhalt und die Schranken des Eigentums zu bestimmen, ist nicht unbegrenzt. Er muß den grundlegenden Gehalt der Eigentumsgarantie des Art. 14 I 1 GG u. die übrigen Verfassungsnormen beachten;" und in der angezogenen Entscheidung BVerfGE 14, 278 heißt es: „... die grundlegenden Wertentscheidungen zu Gunsten des Privateigentums im herkömmlichen Sinne ... beachten." ... –

Im Interesse der historischen Wahrheit sei mir noch folgende Bemerkung erlaubt: B. bemerkt (S. 2562): „Der einzelne war, wie man in der Verfassung von 1871 ... nachlesen kann, ein dem Staat durch Pflichten verbundener ‚Untertan'." Ich empfehle, Art. 3 und 4 der Verf. 1871 zu lesen und sich dann zu vergegenwärtigen, welche staatsbürgerliche Bedeutung diese Regelung hatte!

[1] Dazu *Maunz/Papier* Art. 14 Rn. 485 ff.; *Nüßgens/Boujong* Rn. 339 ff.

[2] S. zur Entwicklung *Maunz/Papier* Art. 14 Rn. 324 ff.

schädigungspflichtigen Enteignung, ob der hoheitliche Eingriff unter Verstoß gegen den Gleichheitssatz dem Einzelnen ein besonderes Opfer (Sonderopfer) im Interesse der Allgemeinheit auferlegt. „Der Verstoß gegen den Gleichheitssatz kennzeichnet die Enteignung" (BGHZ 6, 270, 277, 280; 30, 338: Sonderopfertheorie). Im Bereich des Grundeigentums wird diese Auffassung jedoch mehr und mehr modifiziert durch die Rücksichtnahme auf die sog. *„Situationsgebundenheit"*, aus der sich Schranken hinsichtlich der Nutzbarkeit des Eigentums ergeben. Die Überlegungen, die der BGH in diesem Zusammenhang aus der sog. Situationsgebundenheit eines Grundstücks entwickelt hat, sind in BGHZ 87, 66, 71 u. 99, 24, 31 (auch BGH NJW 1988, 3201 = BGHZ 105, 15), zusammengefaßt. Sie lassen sich wie folgt darstellen: Jedes Grundstück werde durch seine Lage und Beschaffenheit, seine Einbettung in die Landschaft und Natur, also seine „Situation" geprägt. Darauf müsse der Eigentümer bei der Ausübung seiner Rechte im Hinblick auf die Sozialbindung des Eigentums Rücksicht nehmen. „Daher lastet auf jedem Grundstück gleichsam eine aus seiner Situationsgebundenheit abzuleitende immanente Beschränkung der Rechte des Eigentümers, aus der sich Schranken seiner Nutzungs- und Verfügungsmacht ergeben. Wie diese Grenzen im Einzelfall zu ziehen sind, ist jeweils auf Grund einer wertenden Beurteilung der Kollision zwischen den Belangen des Allgemeinwohls und den betroffenen Eigentümerinteressen festzustellen. Eine situationsbedingte Belastung des Grundstücks kann angenommen werden, wenn ein – als Leitbild gedachter – vernünftiger und einsichtiger Eigentümer, der auch das Gemeinwohl nicht aus dem Auge verliert, von sich aus im Blick auf die Lage und die Umweltverhältnisse seines Geländes von bestimmten Formen der Nutzung absehen würde. ... Hierfür sind in der Regel die bisherige Benutzung und der Umstand von Bedeutung, ob die Benutzungsart in der Vergangenheit schon verwirklicht worden war. Allerdings ist nicht nur auf schon gezogene Nutzungen abzustellen. Vielmehr ist entscheidend, ob eine Nutzungsmöglichkeit, die sich nach Lage und Beschaffenheit des Grundstücks objektiv anbietet, untersagt oder wesentlich eingeschränkt worden ist".

Die Rechtsprechung des BVerwG.s geht von ähnlichen Überlegungen aus, wenn sie sagt, das Kennzeichen der entschädigungspflichtigen Enteignung liege „in dem materiellen Element der Schwere und Tragweite des Eingriffs" (sog. Schweretheorie: BVerwGE 7, 297, 299; 15, 3, 335). Dabei ist bei der Schwere des Eingriffs die „situationsbedingte Pflichtigkeit" zu berücksichtigen (BVerwG NJW 1977, 945 u. 1981, 2137/9).

Die Rechtsprechung des BGH und des BVerwG stimmt also im wesentlichen überein. Man kann sie auf die Formel bringen, daß der Eigentümer zumutbare Rücksichtnahmen auf Allgemeinbelange auch ohne Entschädigung hinnehmen muß.

Damit kommt – was meist nicht gesehen wird – der gleiche Gedanke zum Ausdruck, wie er in § 906 BGB enthalten ist, wenn dort gesagt wird, daß der Eigentümer zum einen nicht oder unwesentliche Beeinträchtigungen in der Benutzung seines Grundstücks durch Immissionen von anderer Seite hinzunehmen hat, ferner solche, die zwar wesentlich sind, aber ortsüblich und durch zumutbare Maßnahmen nicht verhinderbar sind.

Nunmehr einige *Beispiele* zu dem eben Erörterten:

1. „Buchendom" (BGH LM Art. 14 GG Nr. 60 = Baur E. Slg. Fall 13): Auf dem Acker des Kl.s steht eine aus 8 Buchen und 2 Eichen bestehende Baumgruppe (Buchendom). Schon im Jahre 1925 wurden „7 alte Buchen" in die Liste der Naturdenkmäler aufgenommen. Der Kl. hat die Löschung in dieser Liste nach 1945 vor den Verwaltungsgerichten angestrebt, aber ohne Erfolg. Die Eintragung war auf Grund eines Gesetzes erfolgt und rechtmäßig. Der Schadensersatz wurde also mit der Behauptung verlangt, es handle sich um einen „enteignenden Eingriff" (s. oben § 13 C I 4 a). Der BGH hat das Vorliegen der Voraussetzungen verneint: Es handle sich nicht um eine entschädigungspflichtige Enteignung, sondern um eine „Bindung", die ihre Rechtfertigung in der Situationsgebundenheit finde, somit um eine entschädigungslos zu duldende Eigentumsbeschränkung.

2. „Luxusvilla" (BGHZ 72, 217/8): Dem Kl. ist der Abriß seines 1911 großzügig gebauten Hauses verweigert worden, weil es sich um ein eingetragenes Kulturdenkmal handle. Auch hier hat der BGH im Hinblick auf die Situationsgebundenheit die Klage auf Entschädigung abgewiesen: „Die Grenze zwischen Sozialbindung und Enteignung ist erst dann überschritten, wenn eine bisher ausgeübte oder zulässige Nutzung, die der Lage und Beschaffenheit des Eigentums entspricht und von einem vernünftig denkenden Eigentümer ins Auge gefaßt wird, untersagt wird".

3. „Frankfurter U-Bahn" (BGHZ 57, 359): Der Kl. verlangt von der Stadt Frankfurt eine Entschädigung für geschäftliche Nachteile, die ihm als Anlieger durch den Bau der U-Bahn entstanden sind. Auch hier geht es um „die Grenzziehung zwischen der entschädigungslos hinzunehmenden Sozialbindung und der entschädigungspflichtigen Enteignung". Auch hier kommt es auf die jeweilige „Situation" an; z. B. die Sperrung der Fahrbahn beeinträchtigt eine Tankstelle schwerstens, nicht aber stets ein Ladengeschäft oder einen Bürobetrieb. Ergebnis: Vorübergehende Verkehrsbeschränkungen durch Straßenarbeiten sind hinzunehmen – lang dauernde (2½ Jahre) Sperrungen, die das Geschäft zum Erliegen bringen, sind entschädigungspflichtig.[1]

Die bisherige Rechtsprechung zu der Sozialgebundenheit hat ihre Bedeutung nicht verloren durch die oben § 13 C I 4–6 geschilderte neue Rechtsprechung des BVerfG.s zur Enteignung. Denn – wie dort ausgeführt – bleibt die Haftung für enteignende und enteignungsgleiche Eingriffe nach wie vor bestehen und gerade hier ist es dann von Bedeutung, ob der enteignende bzw. enteignungsgleiche Eingriff über das hinausgeht, was aus dem Gesichtspunkt der Sozialgebundenheit zu dulden ist (s. § 13 C I 6 b).

(2) Wir müssen nun *weiter* prüfen, ob das verfassungsrechtliche Gebot der Sozialgebundenheit des Eigentums auch eine unmittelbare Bedeutung im bürgerlichrechtlichen Bereich der Fixierung des Eigentumsinhalts hat.[2] Hier muß man sich wieder klar werden, daß die Zweckbestimmung der §§ 903 ff. einerseits und die des Art. 14 GG andererseits völlig verschieden sind; man muß sich weiter klar werden, daß die Bindungen, die sich der Eigentümer entschädigungslos auferlegen muß, bereits im BGB selbst weithin enthalten sind, so vor allem – wie bereits erwähnt – in § 906 BGB. Diese Regelung entspricht der Rechtsprechung zur Sozialgebundenheit im öffentlichrechtlichen Bereich. Es wird also für eine Anwendung des verfassungsrechtlichen Grundsatzes der Sozialbindung im Bürgerlichen Recht nur einen geringen Anwendungsbereich geben, nämlich dann, wenn Belange des Eigentümers und Belange des öffentlichen Wohls in diesem privatrechtlichen Bereich gegeneinander abzuwägen sind. Dies kann in Betracht kommen etwa bei einem privatrechtlichen Aufopferungsanspruchs, wie wir ihn oben § 13 C I 5 kennengelernt haben.

---

[1] Weitere Nachweise BGH NJW 1988, 3201 (= BGHZ 105, 15).
[2] Zur „Drittwirkung der Grundrechte" allgemein s. BVerfGE 73, 261, 269; *Canaris* AcP 184 (1984), 201 m. w. N. zu diesem seit langem äußerst umstrittenen Problem.

b) *Zusammenfassend* läßt sich sagen: Die Pflichtbindung des Eigentümers gilt auch *im privatrechtlichen Bereich,* insofern der Eigentümer bei Ausübung seiner Rechte auf die Belange der Rechtsgenossen in zumutbarer Weise Rücksicht zu nehmen hat. Diese Rücksichtnahme ist in den meisten in Betracht kommenden Fällen vom Gesetzgeber ausdrücklich formuliert worden. Aber es kann Tatbestände geben, wo auf den Bindungsgehalt des Eigentums auch im privatrechtlichen Bereich zurückgegriffen werden muß, so von der Rechtsprechung etwa beim sog. nachbarlichen Gemeinschaftsverhältnis oder im Bereich des privatrechtlichen Aufopferungsanspruchs.

5. Die Rechtsprechung des BVerfG, die in den neuen Entscheidungen BVerfGE 52, 1 u. 58, 300 zum Ausdruck kommt, hat in unseren bisherigen Überlegungen und schon in § 13 C I eine erhebliche Rolle gespielt. An Ort und Stelle sind auch die Bedenken vorgetragen worden, die gegen diese Rechtsprechung bestehen. Wegen der Bedeutung dieser neuen Eigentumsjudikatur sollen die wesentlichen Einwände, die aus meiner Sicht gegen sie bestehen, nochmals zusammengefaßt vorgetragen werden:

(1) Während das BVerfG in seiner früheren Rechtsprechung – wie der BGH – davon ausgegangen ist, daß Art. 14 GG das Eigentum so schütze, „wie es das bürgerliche Recht und die gesellschaftlichen Anschauungen geformt haben" (vgl. u. a. BVerfGE 1, 264, 278; 28, 119, 142), sagt das BVerfG jetzt, daß der Begriff des Eigentums aus der Verfassung selbst gewonnen werden müsse, sagt aber an anderer Stelle auch (BVerfGE 58, 300, 330), daß die Normen, die der Gesetzgeber gegeben hat, „generell und abstrakt die Rechte und Pflichten des Eigentümers festlegen, also den Inhalt des Eigentums bestimmen". Durch diese Normen werde „die Rechtsstellung des Eigentümers begründet und ausgeformt". *Papier* betont in *Maunz* Art. 14 GG Rn. 38 mit vollem Recht, daß damit der Eigentumsbegriff des Verfassungsrechts zu einem Begriff nach Maßgabe der einfachen Gesetzgebung geworden sei.[1] Wenn dem aber so ist, so muß gefragt werden, wie die Verfassungsmäßigkeit eines einfachen Gesetzes an den Normen der einfachen Gesetze gemessen werden kann. Diese Argumentation des BVerfG enthält also – wie bereits dargelegt – einen offenen Zirkelschluß. *Ferner:* Wenn der verfassungsmäßige Eigentumsbegriff weder aus der Natur der Sache noch aus der im Privatrecht umschriebenen Rechtsstellung des Eigentümers abgeleitet werden kann, sondern aus der Verfassung selbst gewonnen werden müsse, so ist zu fragen, wie er zu gewinnen ist.

Darin daß das BVerfG die Festlegung eines solchen verfassungsrechtlichen Eigentumsbegriffs unterlassen hat und diesbezüglich auf den einfachen Gesetzgeber hinweist, sehe ich einen schweren Mangel dieser neuen Rechtsprechung. Schon die Rücksicht auf die Wesensgehaltsgarantie des Art. 19 Abs. 2 GG hätte

---

[1] Wobei die von dieser Gesetzgebung zu beachtenden verfassungsrechtlichen Gesichtspunkte völlig unbestimmt gekennzeichnet werden: „Dabei geht die Befugnis des Gesetzgebers zur Inhalts- und Schrankenbestimmung umso weiter, je mehr das Eigentumsobjekt sozial gebunden ist" (BVerfGE 68, 361, 368 u. 50, 290, 339 für Eingriffe in das Unternehmenseigentum durch die Mitbestimmungsgesetze). Ablehnend auch *Staudinger/H. H. Seiler,* Einl. zu §§ 854ff. Rn. 92; *Westermann/H. P. Westermann* I § 28 III 2a und *Soergel/J. F. Baur* § 903 Rn. 153.

das BVerfG veranlassen müssen, zu der inhaltlichen Gestaltung des Eigentumsbegriffs von Verfassungs wegen Stellung zu nehmen. Bleibt es bei der jetzigen
Rechtsprechung, so ist nicht auszuschließen, daß der einfache Gesetzgeber langsam, aber sicher diesen „Inhalt" mehr und mehr abbaut. In diesem Abbau liegt
dann auch die Minderung der Rechte des Eigentümers „von Verfassungs wegen."

Die inneren Widersprüche, die diese Entscheidung aufweist, werden in Sätzen wie den folgenden
deutlich: „Der Begriff des von der Verfassung gewährleisteten Eigentums muß aus der Verfassung
selbst gewonnen werden. Aus den Normen des einfachen Rechts ... kann weder der Begriff des Eigentums im verfassungsrechtlichen Sinn abgeleitet, noch kann aus der privatrechtlichen Rechtstellung
der Umfang der Gewährleistung des konkreten Eigentums bestimmt werden".
Andererseits: „Welche Befugnisse einem Eigentümer in einem bestimmten Zeitpunkt konkret
zustehen, ergibt sich vielmehr aus der Zusammenschau aller in diesem Zeitpunkt geltenden, die
Eigentümerstellung regelnden gesetzlichen Vorschriften." ... „Aus der Gesamtheit der verfassungsmäßigen Gesetze, die den Inhalt des Eigentums bestimmen, ergeben sich somit Gegenstand und
Umfang des durch Art. 14 Abs. 1 Satz 1 GG gewährleisteten Bestandsschutzes ...".
Ferner spricht folgende Überlegung gegen die Auffassung des BVerfG: Art. 15 GG ermöglicht
bekanntlich die Sozialisierung von Grund und Boden, Naturschätzen und Produktionsmitteln, aber
eben nur gegen Entschädigung. Nun lese man folgenden Satz der Entscheidung (BVerfGE 58,
S. 339): „Die Gewährleistung des Rechtsinstituts wird nicht angetastet, wenn für die Allgemeinheit
lebensnotwendige Güter zur Sicherung überragender Gemeinwohlbelange und zur Abwehr von
Gefahren nicht der Privatrechtsordnung, sondern einer öffentlichrechtlichen Ordnung unterstellt
werden". Hier hätte man doch eine Auseinandersetzung mit Art. 15 GG erwarten dürfen, der zwar
eine Sozialisierung durch einfaches Gesetz zuläßt, aber eben nur gegen Entschädigung. Die Entscheidungen des BVerfG.s bedeuten also einen klaren „Ruck" zugunsten der Legislative. Sie bestimmt
letztlich den „Inhalt" des Eigentums.

Weitere Bedenken, die sich aus der neueren Rechtsprechung des BVerfG im
Zusammenhang mit der Enteignung, dem enteignenden und enteignungsgleichen Eingriff ergeben, sind bereits oben § 13 C I 4–6 dargestellt worden. Es sei
lediglich noch darauf hingewiesen, daß auch die *prozessuale Stellung des betroffenen
Eigentümers* erheblich verschlechtert worden ist, insofern er u. U. folgende Gerichtsbarkeiten in Anspruch nehmen muß: das BVerfG (konkrete Normenkon-
trolle oder Verfassungsbeschwerde), wenn das in Betracht kommende Gesetz als
verfassungswidrig angesehen wird, die Verwaltungsgerichtsbarkeit, wenn der
enteignende Akt in seiner Rechtmäßigkeit angegriffen wird und das ordentliche
Zivilgericht, wenn es um die Entschädigung geht. Daraus ergeben sich erhebliche wirtschaftliche, finanzielle und nervliche Belastungen für den Betroffenen.
Auch die Gefahr der Rechtsunsicherheit durch widersprüchliche Entscheidungen
ist gegeben.

Sie wird jetzt schon deutlich: So hat das BVerfG in BVerfGE 58, 300, 336 f. die eigentumsrechtli-
che Trennung von Grundwasser und Kies mit Nachdruck abgelehnt. Demgegenüber sagt der BGH
in einer später ergangenen Entscheidung (BGHZ 87, 66, 78): „Daraus (aus der Rechtsprechung des
BVerfG.s) folgt aber nicht, daß die Kiesbestandteile des Grundstücks aus dem Schutzbereich des
Art. 14 GG ausgegliedert worden wären ... Die Ordnung des Wasserhaushaltsgesetzes beläßt dem
Grundeigentümer das Eigentum an einem unter der Erdoberfläche seines Grundstücks befindlichen
Kiesvorkommen."[1]

---

[1] S. ferner oben § 13 C I 5. – Andererseits hat sich der BGH im Bereich der Enteignung der Rspr.
des BVerfG bereits gebeugt (s. BGH NJW 1982, 2488 = BGHZ 84, 223; dieses Urteil des BGH ist
ergangen auf die Entscheidung BVerfGE 58, 300 hin; diese ihrerseits auf den Vorlagebeschluß des
BGH NJW 1978, 2290: sog. Naßauskiesungsentscheidungen). S. ferner auf der gleichen Linie BGH
NJW 1982, 2489 (= BGHZ 84, 230); folgende Sätze dieses Urteils sind charakteristisch für die neue

6. Einer anderen viel diskutierten Frage gilt es noch nachzugehen, nämlich der, ob sich der spezifi-sche zivilrechtliche Eigentumsinhalt einer Sache ändert, je nachdem welcher besonderen Wirtschafts- oder Vermögenseinheit sie zugeordnet, eingeordnet ist. Diese Frage mußte in einer Zeit besonders bedeutsam sein, wo von Staats wegen an der Schaffung und Entfaltung „ständischer Ordnungen" und ihrer vermögensrechtlichen Substrate ein besonderes Interesse bestand. Aber auch unter Verhält-nissen, wo die Bildung und Auflösung von wirtschaftlichen Einheiten dem freien Spiel der Kräfte überlassen bleibt, ist es sicher, daß sich bestimmte Typen solcher Einheiten immer wieder bilden („Hof", „industrieller Betrieb", „Großhandelsunternehmen") und daß Herkommen wie Verkehrssit-te dafür bestimmte Regeln entwickeln. Diese Regeln wirken auch auf das Recht zurück, sei es daß sie durch die Gesetzgebung übernommen werden (z. B. Anerben- und Höferecht; s. unten § 27 III), sei es daß sie bei der Inhaltsgestaltung von Verträgen oder ihrer Auslegung herangezogen werden.

Daß der Inhalt des Eigentums durch die Einbeziehung in eine solche Vermögens- und Wirtschafts-einheit *mit* geprägt wird, ist sicher. Aber dieser Gesichtspunkt darf nicht überbetont werden, etwa dahin, daß das Eigentum *überhaupt erst* durch eine solche Einordnung und die damit verbundene Zweckbestimmung seine inhaltliche Fixierung erhalte.

Sehr oberflächlich ist dieser aus der Zweckbestimmung sich ergebende Bindungsgehalt *bei bewegli-chen Sachen:*

Bei beweglichen Sachen, die zum Umlaufvermögen gehören (z. B. Warenvorräten) oder zum Verbrauch bestimmt sind, ist dies selbstverständlich. Aber auch Sachen des Anlagevermögens (z. B. Maschinen) oder zu längerem Gebrauch bestimmte Sachen erhalten meist weder durch das Gesetz noch durch die Verkehrssitte eine besondere inhaltliche Prägung. Selbst der Familienschmuck, der sich bisher von Generation zu Generation auf die älteste Tochter vererbt hat, ist dadurch nicht rechtlich geprägt worden. Wenn etwa eine der Töchter gegen die Familienübung verstößt und den Schmuck veräußert, so können daraus keine sachenrechtlichen Konsequenzen gezogen werden.

Hier wird – dies sei nebenbei gesagt – eine der juristischen Person zufallende Aufgabe deutlich: Mit ihrer Hilfe kann für eine Vermögensmasse ein bestimmter Zweck auf Dauer festgelegt werden (z. B. Einbringung von Grundstücken in eine wohltätige Stiftung) – Umwandlung eines einzelkaufmänni-schen Unternehmens oder OHG in eine GmbH oder AG. Wird in der Satzung der juristischen Person etwa die Unveräußerlichkeit für bestimmte Teile des Vermögens ausgesprochen, so hat dieses Verä-ußerungsverbot zwar keine unmittelbare dingliche Wirkung; aber die Bindung der Organe an die Satzung verhindert verbandsrechtlich und u. U. auch durch die Beschränkung der Vertretungsmacht der Organe der jur. Person ihre Veräußerung.

Stärker ist der Einfluß der Zweckbestimmung, wie sie sich aus der Einordnung in eine bestimmte Vermögensmasse ergibt, bei *Grundstücken.* Freilich können Anlaß und Ausmaß dieses Einflusses sehr verschieden sein:

a) *Anlaß* kann die Einordnung eines Grundstücks in ein bestimmtes zweckgebundenes Vermögen *durch den Eigentümer* sein: z. B. der Eigentümer eines Anerbenguts kauft ein Grundstück für seinen Hof; damit ist dieses Grundstück in verschiedener Hinsicht gebunden (s. unten § 27 II).

Anlaß kann weiter die besondere Art der Ausbeute des Grundstücks sein; hierunter fällt das Bergwerkseigentum, aber auch die anderen Besonderheiten, die sich aus der Urproduktion ergeben (s. unten § 30).

Ursache können schließlich staatliche Maßnahmen sein, die mit der Einordnung des Grundstücks in eine bestimmte Vermögensmasse gar nichts zu tun haben. Hierher gehören etwa Maßnahmen der Bauplanung: Grundstücke z. B., die bisher landwirtschaftliche waren, erhalten Baulandeigenschaft. Äußerlich ändert sich zunächst nichts. Aber der Inhalt des Eigentums hat sich verschoben: Der Eigentümer hat jetzt die rechtliche Möglichkeit, von seiner „Baufreiheit" (s. § 26 II 1) Gebrauch zu machen, also z. B. ein Gebäude zu errichten. Andererseits kann der Eigentümer u. U. sein Eigentum

---

Rechtsprechung: „Schützt hiernach Art. 14 I GG das Grundeigentum nur mit dem Inhalt, der sich aus seiner Überlagerung durch die öffentlichrechtliche Benutzungsordnung des Wasserhaushaltsgesetzes ergibt, so ist der Grundeigentümer bei rechtswidriger Versagung der wasserrechtlichen Erlaubnis (Bewilligung) zur Kiesentnahme grundsätzlich darauf verwiesen, gegen den behördlichen Akt vorzu-gehen und dessen Aufhebung im Verwaltungsrechtsweg durchzusetzen. Selbst wenn also in dem hier zu prüfenden Fall bei ermessensfehlerfreier Anwendung des § 6 WassHG eine (inhaltlich beschränkte und mit Auflagen versehene) Erlaubnis (Bewilligung) hätte erteilt werden müssen, ergibt sich hieraus nicht die Verpflichtung der öffentlichen Hand, dem Eigentümer, der den Verwaltungsrechtsweg nicht beschritten hat, eine Entschädigung wegen enteignungsgleichen Eingriffs zu zahlen."

durch Enteignung verlieren (z. B. nach §§ 85 ff. BauGB); der Charakter der Gegend wird sich langsam ändern, was sich auf die nachbarrechtlichen Befugnisse (§ 906) auswirkt u. s. w.

b) Auch das *Ausmaß* des Einflusses der Zweckbestimmung ist recht verschieden, stärker etwa aus Gründen der Tradition bei landwirtschaftlichen Grundeigentum, wobei sich die Familienbindung auswirkt. Im städtischen Bereich fallen derartige Prägungen meist weg, dafür sind hier die durch die öffentliche Hand verfügten Zweckbestimmungen intensiver.

Zusammenfassend läßt sich sagen:

Den Eigentumsinhalt allein oder doch im wesentlichen aus seiner Zweckbestimmung zu gewinnen, geht nicht an. Jedoch lassen sich bestimmte Einordnungstypen („Hofeigentum" – „Unternehmenseigentum" – „Die Wohnung") feststellen; in diesem Bereich wird der Inhalt des Eigentums durch die typische Zweckbestimmung *mit* geprägt (vgl. unten § 27–31).

Abschließend ist noch darauf hinzuweisen, wie stark sich gerade der *Familiengedanke* im Laufe der Geschichte erwiesen hat: Das *Familienfideikommiß* war die Bindung eines Vermögens an eine Familie durch Familiensatzung; Unveräußerlichkeit des Familienguts und einheitliche Vererbung sollten dem *splendor familiae* dienen; Art. 155 Abs. 2 Satz 2 WRV hat die Familienfideikommisse verboten, sah man doch in den Angehörigen gerade dieser Familien die Stützen von „Thron und Altar" (s. unten § 27 II 4). Im bäuerlichen Bereich sichern *Anerbenrecht* (Höferecht) und (oder) Anerbensitte die einheitliche Vererbung des Familienguts; zwar geht es hier nicht um den „Glanz der Familie", sondern ganz nüchtern um die Erwägung, daß eine im Laufe der Geschichte gewordene Wirtschaftseinheit (der „Hof") nach aller Erfahrung die Familie tragen kann. Der Gedanke, hier habe sich eine optimale Betriebseinheit gebildet, die von der Familie bewirtschaftet werden könne, aber auch für ihren Unterhalt ausreiche, ist durchaus modern.[1] Mehr und mehr begegnet man der Tendenz, solche familiengebundenen Sondervermögen auch für Betriebe der *Industrie* und des *Handels* zu schaffen. Die Rechtsformen, die hier versucht werden, sind mannigfach: sie reichen von der besonderen Ausgestaltung der Erbfolge (Vor- und Nacherbfolge mit langer Verwaltungstestamentsvollstreckung) über Sonderformen der OHG und KG (typisch etwa BGHZ 22, 186) zur Familien-GmbH und Familien-AG. Schließlich gehören hierher die §§ 1365–1370, die den Schutz der Familienhabe im Auge haben (s. § 22 III 3 und § 51 V 4b [1] und [2]).

II. Überblick über die folgende Darstellung

Im folgenden soll zunächst die Inhaltsgestaltung des Grundeigentums durch das Privatrecht erörtert werden (§ 25); Kern wird die Darstellung des Nachbarrechts sein. In § 26 soll der Einfluß des öffentlichen Rechts auf das Grundeigentum geschildert werden, wobei freilich nur die wesentlichen

Übersicht 15

Eigentum

Ort der Regelung	Bereich	Garantie	Bindung/Beschränkung/Entzug
I. Eigentum im Rahmen des öffentlichen Rechts	Sachen, Rechte – Vermögen	Art. 14 I 1 GG Art. 19 II GG	a) Art. 14 II GG b) Art. 14 I 2 GG c) Art. 14 III (Enteignung)
II. Eigentum im Rahmen des Privatrechts	nur an Sachen = körperlichen Gegenständen		a) § 903 („soweit . . .") b) mangelndes Eigeninteresse § 905 c) Überwiegendes Einwirkungsinteresse (§§ 904, 912, 917/8) d) nachbarrechtlicher Ausgleich §§ 906 ff.

[1] S. dazu *Baur* in FS *Vischer*, 1982, 515 (= Baur Beitr. II 268); *Reuter* AcP 181, 1 u. MünchKomm vor § 80 m. w. N.

und charakteristischen Formen dieses Einflusses berücksichtigt werden können. Im Anschluß daran wollen wir einige typisierte Sonderformen des Grundeigentums kennenlernen, wobei wir uns freilich nicht ängstlich an den Begriff „Grund"„eigentum" klammern: es sollen hier des Zusammenhangs halber das Erbbaurecht (als besondere Form des Eigentums an einem Gebäude) ebenso behandelt werden wie etwa das Schiffseigentum (wegen seiner dem Grundeigentum in vielem entsprechenden Regelung).

§ 25. Die Inhaltsgestaltung des Grundeigentums durch das Privatrecht – Das Nachbarrecht

I. Grundgedanken

Für die inhaltliche Gestaltung des Grundeigentums durch das Privatrecht ist der Versuch des Gesetzgebers kennzeichnend, die *Kollision des Eigentumsinteresses mit den Rechten anderer* ausgleichend zu regeln. Es geht hier also immer um „Nachbarrecht" in dem Sinne, daß die Befugnisse des Eigentümers gegenüber denen anderer Eigentümer oder gegenüber den Interessen dritter durch das Eigentum tangierter Personen abgegrenzt werden müssen. Die Abgrenzungsmaßstäbe, die das Gesetz verwendet, sind recht verschieden: So wird auf das vernünftige Nutzungsinteresse des Eigentümers abgestellt (§§ 905, 906 Abs. 1; Schikanegedanke!), dann auf das überwiegende Interesse des anderen, der das Eigentum beeinträchtigt (§§ 904, 912, 917). Schließlich betont der Gesetzgeber, daß „gewöhnliche", also dem Durchschnitt entsprechende Beeinträchtigungen hinzunehmen sind; die Grundeigentümer werden dadurch „gleichgeschaltet": Grundstücke gleicher Lage haben auch das gleiche nachbarrechtliche Schicksal (§ 906 Abs. 2).

Als *Leitlinie* für die inhaltliche Gestaltung des Grundeigentums im Privatrecht zeichnet sich also folgender Gedanke ab:

Die grundsätzlich freie und ungebundene Stellung des Eigentümers *versagt,* wenn und soweit

ein eigenes schutzwürdiges Interesse *des Eigentümers* an der Durchsetzung seiner Rechte nicht besteht *(mangelndes Eigeninteresse)*

oder

die Interessen *des* in den Eigentumsbereich *Einwirkenden* erheblich überwiegen (hier Pflicht zur Entschädigung: §§ 904 S. 2, 912 Abs. 2, 917 Abs. 2): *überwiegendes Einwirkungsinteresse*

oder

die Einwirkungen ihrer Art und ihrem Umfang nach das Grundeigentum aller Eigentümer eines Gebiets gleichermaßen treffen *(Egalisierung der Grundeigentümer gleicher Lage).*[1]

---

[1] H. *Schulte* will einen weiteren generellen Gesichtspunkt einführen, nämlich den „des öffentlichen Interesses an einer ökonomisch sinnvollen Nutzung von Grund und Boden" (s. Eigentum u. öff. Interesse, S. 30; JZ 1984, 297). Dieses könne zu einer „öffentlichen Nutzungsordnung" führen. Das ist als Gliederungsgesichtspunkt beifallswert, kann aber nicht Grundlage für privatrechtliche Bindungen, „Schranken" des Eigentums sein. Auch die „Entschädigungsfrage" wird – wie *Schulte* selbst betont – davon nicht berührt.

Diese Gliederung liegt auch den folgenden Darlegungen zugrunde, ausgenommen beim sog. *Immissionsrecht,* also dem Rechtsgebiet, das sich mit den täglichen, meist gegenseitigen Einwirkungen der Nachbarn befaßt. Seiner Regelung liegt *sowohl* der Gedanke des mangelnden Eigeninteresses *wie* der der Egalisierung zugrunde. Es muß daher notgedrungen einheitlich dargestellt werden.

Vorweg ist zu betonen, daß in den folgenden Ausführungen die Beschränkungen des Eigentums im Vordergrund stehen, die sich *aus dem bürgerlichen Recht* ergeben. Aber wir werden feststellen müssen, daß gerade hier häufig eine reinliche Trennung zwischen privatrechtlichen und öffentlich-rechtlichen Regelungen schwierig, ja unmöglich ist. Häufig finden sich „Gemengelagen", die dem Verständnis Schwierigkeiten machen.

Beispiel: BGHZ 91, 20 (= NJW 1984, 1876).

II. Inhaltsbeschränkung durch mangelndes Eigeninteresse

1. Hierunter fallen zunächst die *Schikanefälle* (§ 226) wie etwa der in RGZ 72, 251 entschiedene, wo der Vater seinem Sohn jeden Zutritt zu dem Grab der Mutter verboten hatte, das sich auf seinem Grundstück befand.

2. § 905 bezieht in das Eigentum auch den Raum über der Oberfläche und den Erdkörper unter der Oberfläche ein. Unbeschadet seines Eigentums kann jedoch der Eigentümer Einschränkungen nicht verbieten, die – weil in großer Höhe oder Tiefe vorgenommen – seine Interessen nicht mehr tangieren (§ 905 Satz 2).

a) Sonderregelungen gelten für die *Gewinnung von Mineralien* (s. unten § 30) und für den *Schatzfund* (s. § 984: Miteigentum zur Hälfte des Entdeckers und des Grundeigentümers, genauer: des Eigentümers der Sache, in welcher der Schatz verborgen war; vergl. unten § 53 g VI).

b) Die h. M. gibt dem Eigentümer im Falle einer Duldungspflicht nach § 905 Satz 2 einen Schadensersatzanspruch auch ohne Verschulden (vergl. MünchKomm/*Säcker* § 905 Rn. 19; *Pleyer* AcP 160, 168, 170; *Weitnauer* DNotZ 1986, 313). M. E. wohl zu Unrecht: denn § 905 Satz 2 legt dem Eigentümer kein Sonderopfer im überwiegenden Interesse eines anderen auf (wie in § 904), sondern schränkt seine Befugnisse wegen mangelnden Eigeninteresses ein.

Beispiel:

100 m unter dem Grundstück des E wird ein Straßentunnel gebaut. E kann nicht widersprechen, wenn Sachverständige die absolute Festigkeit des Gesteins bestätigen (s. BGH NJW 1981, 573). Zeigen sich später am Hause des E Risse, so kann er Schadensersatz nur bei Verschulden (z. B. mangelhafte Ausführung des Tunnels) und Beseitigung der Beeinträchtigung für die Zukunft (§ 1004: Abwehrmaßnahmen) fordern.

Freilich kann sich aus Sonderregelungen eine Ersatzpflicht auch ohne Verschulden ergeben, so etwa aus § 33 *Luftverkehrsgesetz* i. d. F. vom 14. 1. 1981 (BGBl. I 61), dazu unten § 26 V b.

§ 905 hat durch die unterirdische Speicherung von Gas und Öl an Aktualität gewonnen (dazu u. allgemein zur „Tiefennutzung von Grundstücken" *Jürgen F. Baur* ZHR 150 (1986) 507 ff. m. w. N.; BGHZ 110, 17 ff.).

Man hat also folgende Tatbestände zu unterscheiden:

a) Sonderregelungen (z. B. Bergrecht; s. unten § 30 III) gehen dem § 905 vor.

b) Bei Eingriff in das Eigentum (nach § 905 S. 1) ohne Rechtfertigung durch § 905 S. 2 Verbietungsrecht des Eigentümers nach § 1004 – im Falle des Verschuldens Schadensersatzanspruch nach § 823 I –. Sonst Entschädigung nach § 812 (BGB LM § 905 BGB Nr. 7).

c) Eingriff in das Eigentum – aber „gedeckt" durch § 905 S. 2: kein Verbietungsrecht; aber nach h. M. Schadensersatzanspruch auch ohne Verschulden.

III. Inhaltsbeschränkung aus überwiegendem Einwirkungsinteresse

Hierunter fallen der Notstand nach § 904 (unten 1), der Überbau (unten 2), der Notweg (unten 3). Allen Tatbestandsgruppen gemeinsam ist, daß dem Eigentümer wegen des überwiegenden Gegeninteresses des Einwirkenden eine Duldungspflicht auferlegt wird; dieses Sonderopfer aber berechtigt den Eigentümer, den Ausgleich des Schadens zu fordern (Aufopferungsgedanke).

1. *Notstand*

a) § 904 schafft eine *Duldungspflicht des „Unbeteiligten"*: Weder geht von ihm als Eigentümer ein rechtswidriger Angriff aus (§ 227: Notwehr) noch rührt die akute Gefahr von einer ihm gehörigen Sache her (§ 228: sog. Verteidigungsnotstand). Er muß vielmehr die Einwirkung auf sein Eigentum nur deshalb dulden, weil er Inhaber des Gegenmittels ist, m. a. W. weil durch die Einwirkung auf sein Eigentum eine Gefahr beseitigt werden kann. Freilich stellt das Gesetz – weil eben der Vorgang den Eigentümer eigentlich „gar nichts angeht" – sehr scharfe Anforderungen an die Rechtmäßigkeit des Eingriffs:

aa) Die – bewußte und gewollte[1] – Einwirkung muß zur Abwendung einer *gegenwärtigen* Gefahr *notwendig* sein,

bb) der von der Gefahr drohende Schaden muß gegenüber dem aus der Einwirkung dem Eigentümer entstehenden *Schaden unverhältnismäßig groß sein.*

Beispiele:
Zu § 228 (Verteidigungsnotstand): Ein brennendes Haus wird von den Nachbarn eingerissen, um die Ausbreitung des Brandes auf die angrenzenden Grundstücke zu verhindern (s. auch RGZ 134, 387; OGHZ 4, 99).
Zu § 904 (Aggressiver Notstand): Das Haus des A brennt, die Häuser von C, D und E sind gefährdet, können aber gerettet werden, wenn das Haus des B eingerissen wird. Daß das Haus A zum Einsturz gebracht werden kann, ergibt sich schon aus § 228. Daß aber auch B sein Haus opfern muß (von dem keine Gefahr droht), folgt aus § 904.

Nicht erforderlich ist, daß der Schaden gerade dem Einwirkenden droht, § 904 gestattet also auch die *Nothilfe,* die man einem anderen leistet.

In unserem *Beispiel* können also auch Passanten (die Feuerwehr)[2] das Haus des B einreißen.

b) § 904 *beseitigt die Rechtswidrigkeit des Eingriffs;* wehrt sich der Eigentümer gegen den Eingriff, so handelt er rechtswidrig; seine Abwehr wäre ein rechtswidriger „Angriff", gegen den sich die auf das Eigentum Einwirkenden mit Gewalt wehren könnten (§ 227).

Will B in jener Brandnacht die Feuerwehrleute (oder Nachbarn), die sein Haus einreißen, mit Gewalt vertreiben, so können sie den Widerstand des B gewaltsam brechen. –
Beabsichtigt B, eine auf seinem Grundstück gelegene, vom Einsturz bedrohte Brandmauer zu beseitigen, so kann sich A als Nachbar nicht dagegen wehren, selbst wenn möglicherweise sein Haus beschädigt wird. Denn die Gefahr, die den Straßenpassanten bei Stehenbleiben der Brandmauer droht, ist unvergleichlich größer als der Sachschaden, der jetzt vielleicht dem A erwächst (BGH LM § 904 BGB Nr. 3; s. dazu *Schnorr von Carolsfeld* in Festschrift für Molitor (1962) S. 365).

c) Der mit der Duldungspflicht belastete Eigentümer kann „*Ersatz* des ihm entstehenden *Schadens* verlangen", eine Auswirkung des Grundsatzes: „Dulde und liquidiere", den wir auch bei Auferlegung von *Sonderopfern* im öffentlichen Recht kennengelernt haben.
Die Feststellung der *Person des Ersatzpflichtigen* macht dann keine Schwierigkeit, wenn dem Einwirkenden auch der Erfolg der Einwirkung zugute kommen

---

[1] BGHZ 92, 357 (dazu *Konzen* JZ 1985, 181). – Zur Notstandsproblematik *Schünemann,* Selbsthilfe im Rechtssystem, 1985.
[2] Sofern diese nicht schon auf Grund öffentlichen Rechts zum Eingriff befugt ist (vergl. BGHZ 20, 290). Dazu auch *Kirchhof* NJW 1978, 969 u. unten d.

soll. Wie aber dann, wenn Einwirkender und Begünstigter zwei verschiedene Personen sind?

Ein Student S, der spät nachts heimgeht, bemerkt den Geruch ausströmenden Gases. Er schlägt mehrere Fensterscheiben ein und rettet dadurch den bereits bewußtlosen Mieter M. Soll sich der Hauseigentümer E an S („Einwirkender") oder M („Begünstigter") halten können?

Nach h. M. *trifft die Haftung den Einwirkenden;*[1] ist er nicht gleichzeitig der Begünstigte, so ist es seine Sache, sich im Innenverhältnis – etwa aus Auftrag (§ 670) oder Geschäftsführung ohne Auftrag (§§ 683, 670) – an diesen zu halten.

Beispiele: E wird also von S Ersatz für die Fensterscheiben fordern; der Student kann aber von M Ausgleich (Ersatz seiner Aufwendungen: § 670) verlangen. –

Der Bekl. hat 1944/45 von der Garage des Klägers aus einen Luftschutzkeller für sich „und die Nachbarschaft" gebaut. Der Kl. verlangt vom Bekl. Ersatz der Aufräumungskosten usw. Hier kann sich der Bekl. nicht darauf berufen, daß er wesentlich *auch* für andere (nämlich die Nachbarn) tätig geworden sei; dieser Einwand würde auch dann versagen, wenn der Bekl. *ausschließlich* im Interesse der Nachbarn tätig geworden wäre. Eine Ausnahme von diesem Grundsatz hat die Rechtsprechung nur dann zugelassen, wenn der Einwirkende in *einem Abhängigkeitsverhältnis* zu einem bestimmten Auftraggeber tätig geworden war (BGH LM § 904 BGB Nr. 2; BGHZ 6, 103; RGZ 113, 301). Wäre also in unserem Beispiel der Bekl. als Bauunternehmer von den Nachbarn mit dem Bau des Luft-schutzkellers beauftragt worden, so würden dem Kläger *nur* die Nachbarn haften.

Man fragt sich unwillkürlich nach dem tragenden Grund für den Satz, daß der Einwirkende, nicht aber der Begünstigte haftet, wo doch der umgekehrte Grundsatz dem Rechtsgefühl mehr entspräche. Die Antwort findet sich leicht, wenn man von der Position des beeinträchtigten Eigentümers aus-geht: für ihn besteht die Duldungspflicht dem Einwirkenden gegenüber; den Ausgleich soll er daher – ohne der oft schwierigen Frage nach dem Begünstigten nachgehen zu müssen – von diesem erhalten; vom Eigentümer aus gesehen ist der Einwirkende von der Norm begünstigt; denn ihm gegenüber versagt das Eigentum. Einwirkungs*recht* und Schadensersatz*pflicht* müssen sonach in aller Regel in ein- und derselben Person zusammenfallen. Dies muß auch dann gelten, wenn der Nothelfer zur Hilfe nach § 323c StGB verpflichtet war.

d) Eine ähnliche Regelung *gilt im Polizeirecht.* Wie wir wissen (s. oben § 12 V 2), muß sich die Polizei regelmäßig an den Störer halten. Davon gilt eine Ausnahme bei polizeilichem *Notstand;* liegen seine – im übrigen dem § 904 entsprechenden – Voraussetzungen vor, so kann sich die Polizei auch an Nichtstörer, also an völlig Unbeteiligte wenden (vergl. etwa § 9 bad.-württ. PolG). Es besteht aber dann eine Entschädigungspflicht (§ 41 bad.-württ. PolG), die grundsätzlich von der Anstellungsbe-hörde des Beamten zu erfüllen ist (§ 42 bad.-württ. PolG). Diese kann sich dann an den Störer halten und von ihm Ausgleich fordern (§ 43 bad.-württ. PolG), es haftet dann letztlich der von der Polizei-pflicht Entlastete.

e) Schließlich ist noch anzumerken, daß § 904 über seinen Wortlaut hinaus auch bei Einwirkungen auf andere Vermögensrechte als das Eigentum an Sachen anwendbar ist (s. dazu *Hubmann* JZ 1958, 489, 490). Ferner ist wie der Eigentü-mer so auch der Besitzer (etwa ein Pächter) zur Duldung der Einwirkung ver-pflichtet; ihm steht dann auch der Anspruch auf Ausgleich seines Schadens zu (RGZ 156, 187, 190).

f) Besonderes Gewicht hat im Rahmen des § 904 das *Kausalitätsproblem,* nämlich bei Beseitigung einer gemeinen Gefahr, die auch der beeinträchtigten Sache gedroht hat.

Kann in unserem Eingangsbeispiel gegen den Schadensersatzanspruch des B (nach § 904 Satz 2) eingewendet werden, das Haus des B wäre ohnehin von den Flammen ergriffen worden und sei nicht zu retten gewesen? (ähnliches Beispiel: OLG Karlsruhe NJW 1949, 585). Wir haben es hier mit dem umstrittenen Problem der sog. *überholenden Kausalität* zu tun (die schon in Gang gesetzte Kausalität:

---

[1] A. A. *Horn* JZ 1960, 350; *Larenz* II § 78, 1; *Kraffert* AcP 165, 453; *Konzen,* Aufopferung im Zivilrecht, 1969, § 4 u. JZ 1985, 181; *Westermann/H. P. Westermann* I § 28 II 2c und *Staudinger/H. H. Seiler* § 904 Rn. 38; weitere Nachweise b. *Gursky* S. 30ff.

Brand des Hauses A – Übergreifen des Brandes auf das Haus B ist durch das Einreißen des Hauses B „überholt" worden); s. zu dem Problemkreis namentlich *von Caemmerer*, Das Problem der überholenden Kausalität im Schadensersatzrecht (1963); *Lange*, Schadensersatzrecht, 1979, § 4; *Larenz* I § 30 I; *Mertens*, Der Begriff des Vermögensschadens, 1967; *Niederländer* AcP 153, 41; *Zeuner* AcP 157, 441; OGHZ 1, 308; BGHZ 20, 275; 29, 207; Überblick über die Rechtsprechung s. *Palandt/Heinrichs* Vorbem. vor § 249 Rn. 73 ff.). Ohne die Problematik dieses Fragenbereichs behandeln zu können, wird für Fälle dieser Art die Frage vom Schadensbegriff her zu lösen sein (so mit Recht *Larenz* aaO); denn wenn das Objekt, auf das der Nothelfer eingewirkt hat, ohnehin vernichtet worden wäre, dann ist der durch den Eingriff nach § 904 Satz 1 verursachte Schaden geringfügig, in vielen Fällen sogar gleich Null.

2. Der Überbau[1]

a) *Grundgedanken:* Daß jemand bei Errichtung eines Baus die Grenzen seines Grundstücks überschreitet, ist nicht gerade häufig; dem wird durch gut gearbeitete Kataster, durch die Grenzzeichen (Marksteine) zwischen den Grundstücken sowie dadurch vorgebeugt, daß nach den Bauordnungen der Grundriß eines jeden neu zu errichtenden Gebäudes im Gelände durch die amtliche Stellen „eingemessen" werden muß. Dennoch kommen Überbauten bei eng ineinander verzahnten Grundstücken (z. B. in den mittelalterlichen Ortskernen) gelegentlich vor.

Wollte man schlicht den Grundsatz „superficies solo cedit" (§§ 93, 94, 946; s. oben § 3 I 2a) anwenden, so würde dies bedeuten, daß der Eigentümer des überbauten Grundstücks auch den „hinübergebauten" Gebäudeteil erwirbt, daß er weiter die Beseitigung des Überbaus als Störung seines Grundeigentums verlangen könnte (§ 1004). Eine solche Lösung wäre – wie auf der Hand liegt – wirtschaftlich nicht gerade sinnvoll, die Abbruchdrohung könnte zu ungerechtfertigten Vorteilen für den beeinträchtigten Grundeigentümer führen.

In Anlehnung an die Grundgedanken des § 904 statuiert daher § 912 eine *Duldungspflicht* des Eigentümers, freilich nicht schlechthin, sondern nur unter den weiteren *Voraussetzungen,* daß *einmal* dem Überbauenden weder Vorsatz noch grobe Fahrlässigkeit zur Last fällt und daß *ferner* der beeinträchtigte Grundeigentümer der Grenzüberschreitung nicht widersprochen hat. Gedanke: bei eigenem Verschulden oder Widerspruch des Nachbarn ist der Überbauende nicht schutzwürdig.

Besteht eine Duldungspflicht, so hat der Überbauende (bzw. sein Rechtsnachfolger) dem Nachbarn das gebrachte Opfer durch eine Rente (Überbaurente) auszugleichen (§§ 912 Abs. 2, 913, 914).

Liegen die Voraussetzungen für eine Duldungspflicht *nicht* vor, so bleibt es bei der Regel der Vertikalteilung auf der Grundstücksgrenze (so BGHZ 27, 204; 41, 157; 64, 333, 337; BGH NJW 1982, 756 u. 1985, 789, 791; a. A. *Hodes* NJW 1964, 2382).[2] Zur Frage der Beseitigung des Überbaus (§ 1004) s. BGHZ 62, 388; BGHZ 105, 202 u. *Staudinger/Gursky* § 1004 Rn. 26/7 m. w. N.

b) *Der Tatbestand:* Voraussetzung ist, daß der Eigentümer eines Grundstücks (nicht der Pächter: BGHZ 15, 216) über die Grenze des Nachbargrundstücks

---

[1] **Lit.-Hinweis:** Martin *Wolff*, Der Bau auf fremdem Boden (1900); *Bull* AcP 138, 80; *Ebel* AcP 141, 183; *Gollnick* AcP 157, 460; *Ludwig* DNotZ 1984, 541.
[2] Zu den Bedenken gegen die Auffassung des BGH s. *Soergel/J. F. Baur* § 912 Rz. 23f.

(gleichgültig ob auf, unter oder über der Erde) gebaut,[1] daß ihn weder Vorsatz noch grobe Fahrlässigkeit getroffen[2] und daß der Nachbar nicht sofort widersprochen hat.[3]

Gleichgestellt sind folgende Fälle:

aa) Die beiden Grundstücke gehören zunächst demselben Eigentümer, später wird das eine veräußert (sog. *Eigengrenzüberbau;* RGZ 160, 166; 169, 172; BGHZ 64, 333, 102, 311 u. 110, 238).

bb) Der Überbauende verletzt ein *am Nachbargrundstück* bestehendes Erbbaurecht oder eine Dienstbarkeit (§ 916): der Wegeberechtigte kann z. B. sein Wegerecht nicht mehr ausüben.

cc) Der Bauende bleibt zwar innerhalb der Grenzen *seines* Grundstücks, überschreitet aber die zugelassenen Bauabstände oder verletzt eine auf *seinem* Grundstück lastende Dienstbarkeit (baut z. B. höher, als ihm nach Landesrecht gestattet ist, oder macht die Benützung eines auf seinem Grundstück ruhenden Wegerechts unmöglich (BGHZ 39, 5; dazu *Kleindienst* JZ 1963, 633).

dd) Gleichgestellt (bezüglich der Eigentumsverhältnisse) auch der Fall des einverständlich erfolgten Überbaus (BGHZ 62, 141) und der Fall, daß ein bebautes Grundstück geteilt wird und später verschiedene Personen Eigentümer der Teile werden (BGHZ 64, 333).

c) Rechtsfolgen: aa) Der Nachbar muß den Überbau[4] nach Art einer Legalservitut (einer durch Gesetz auferlegten Dienstbarkeit) *dulden,* hat also nicht den Beseitigungsanspruch (§ 1004). Der Überbau ist nicht wesentlicher Bestandteil des überbauten Grundstücks (§ 95 Abs. 1 Satz 2 entsprechend), sondern des Grundstücks, von dem aus hinübergebaut wurde, des „Stammgrundstücks" (BGH NJW 1985, 789), der Überbauende ist also *Eigentümer* auch dieses Gebäudeteils.

bb) Die als Ausgleich für das Opfer zu gewährende *Rente* lastet auf dem Grundstück, von dem aus überbaut wurde (BGH in LM § 912 BGB Nr. 1), zugunsten des jeweiligen Eigentümers des überbauten Grundstücks (subjektiv dinglich), § 913; das Rentenrecht geht allen übrigen Rechten am Grundstück vor (§ 914 Abs. 1), ist nicht eintragbar (§ 914 Abs. 2) und ähnelt einer subjektiv dinglichen Reallast (§ 914 Abs. 3). Der Rentenberechtigte kann jederzeit verlangen, daß der Rentenpflichtige ihm den überbauten Teil seines Grundstücks abkauft (§ 915).

cc) Einzelfragen:

α) Durch die Überbaurente nach § 912 soll der Streit über den jeweiligen Wert der überbauten Fläche abgeschnitten werden (beachte § 912 Abs. 2 Satz 2! § 323 ZPO ist also nicht anwendbar); dieser Gesichtspunkt schließt aber den Schadensersatzanspruch des Grundeigentümers gegen den für den Überbau verantwortlichen Bauunternehmer nicht aus (BGH NJW 1958, 1288).

β) Einigen sich die Parteien über die Höhe der Rente nicht, so entscheidet das Gericht (zu ihrer Bemessung s. BGHZ 57, 305; 65, 395). In beiden Fällen wirkt die Festsetzung nur inter partes; auf Rechtsnachfolger erstreckt sie sich nur, wenn sie im Grundbuch eingetragen ist (§ 914 Abs. 2 Satz 2).[5]

---

[1] Dabei ist entscheidend, in wessen Namen und wirtschaftlichem Interesse das Gebäude errichtet wurde (BGH NJW 1983, 2022). – S. auch BGHZ 97, 292: Späteres „Neigen" der Grenzmauer.

[2] Zu der umstrittenen Frage, ob der Überbauende für ein Verschulden seiner Leute einzustehen hat, s. oben § 5 II 1 c dd.

[3] Dazu BGHZ 59, 191.

[4] Aber nicht seine spätere Aufstockung (BGHZ 64, 273).

[5] Dazu auch BGH NJW 1983, 1112: Rente auch wenn der Rechtsvorgänger dem Überbau zugestimmt hatte, der Verzicht auf die Rente aber nicht eingetragen war (§ 914 Abs. 2 S. 2).

3. Der Notweg

Auch hier ist für die gesetzliche Regelung (§§ 917, 918) der Gedanke des Sonderopfers wegen überwiegender Einwirkungsinteressen (Notwendigkeit des Zugangs zu einem öffentlichen Weg) charakteristisch; auch hier wird das Sonderopfer durch eine Rente abgegolten (§ 917 Abs. 2).

Wegen der Einzelheiten s. das Gesetz u. *Säcker/Paschke* NJW 1981, 1009; *Figge* AcP 160, 409. *Beispielsfälle:* BGHZ 75, 315; BGH NJW 1954, 1321 und 1964, 1321; BGH LM § 917 Nr. 2 (Zufahrt zu einem Alpengasthof); BGHZ 31, 159 (Umfang des Notwegrechts); BGH LM § 917 BGB Nr. 3 (Duldung eines unterirdischen Abwässerkanals); BGHZ 36, 187 (prozessuale Fragen); BGH NJW 1963, 1917 (Entschädigungsfragen); BGHZ 79, 307 (Verlegung eines Wegs); BGHZ 94, 160: Rente nur, wenn der Notweg „verlangt" wurde.

IV. Das Nachbarrecht[1]

Vorbemerkung

Das Nachbarrecht, das in wesentlichen Teilen Immissionsrecht („Einwirkungsrecht") ist, bietet dem Verständnis erhebliche Schwierigkeiten. Sie beruhen vor allem auf der Gemengelage von öffentlichem und privatem Recht. Zur Einführung ein Beispiel aus der Rspr. des BGH, die sog. Tennisplatzentscheidung (BGH NJW 1983, 751) mit einigen mir vorgenommenen Abwandlungen: Das Wohnhaus der Kl. war 1971 errichtet und 1973 bezogen worden. Unmittelbar daneben wurden 1974/5 auf Grund eines rechtskräftigen Bebauungsplans Tennisplätze errichtet. Die Kl. klagt auf Einstellung des Spielbetriebs auf Grund von § 1004 BGB.

(1) Steht dem Erfolg der Klage die Planungsentscheidung der Behörde entgegen?

(2) Stünde eine ausdrückliche Errichtungsgenehmigung (bezgl. der Spielplätze) entgegen?

(3) Wie wäre zu entscheiden, wenn die Kl. zunächst sich an die Behörde gewandt hätte und diese (und das Verwaltungsgericht) zum Nachteil der Kl. entschieden hätte mit der Begründung, die Belästigung durch das Tennisspiel sei nicht wesentlich. Wäre das Zivilgericht daran gebunden?

(4) Wie wären die gestellten Fragen zu beantworten, wenn auf dem Platz die Fahrbereitschaft der Polizei (mit Fahrbetrieb bei Tag und Nacht) eingerichtet worden wäre?

Ich hoffe, daß sich schon aus diesem Sachverhalt das Spannungsverhältnis von öffentlichem und

---

[1] **Lit.-Hinweis:** Jürgen F. *Baur* GS f. Martens, 1987, 546 (Doppelgleisigkeit d. Nachbarschutzes); F. *Baur* JA 1987, 105 (Entwicklungstendenzen); *Bender/Dohle,* Nachbarschutz im Zivil- und Verwaltungsrecht (1972); *Beyer,* Die Rechtsstellung des Nachbarn bei der gewerberechtlichen Genehmigung lästiger Anlagen (Tüb. Diss. 1970); *Brox* JA 1984, 182; *Diederichsen* FS R. Schmidt 1976, 1; *Forkel,* Immissionsschutz und Persönlichkeitsschutz, 1967; *Forkel* WM 1982, 410; 1984, 677; *Jaborneg/Strasser,* Nachbarrechtl. Ansprüche als Instrument d. Umweltschutzes, 1978; *Glaser/Dröschl,* D. Nachbarrecht in der Praxis, 3. Aufl. 1971; *Jarass,* VVDStRL 50, 238 ff. (Vorgaben des Verwaltungsrechts für das private Nachbarrecht); *Jauernig* JZ 1986, 605 (Zivilrechtl. Schutz des Grundeigentums); *Kleindienst,* D. privatrechtl. Immissionsschutz nach § 906 BGB, 1964; *Kleinlein,* D. System des Nachbarrechts, 1987; *Kunig* GS f. Martens, 1987, 599; *Locher,* D. private BauR, 4. Aufl. 1988; *Lang* AcP 174, 381 (Immissionsschutz rechtsvergleichend); *Meier-Hayoz* in FS z. Zentenarium d. schweiz. Juristentags, 1961, S. 35; *Laufke,* Bemerkungen zum Nachbarrecht, in FS für Lange (1970), 275; *Meisner/Stern/Hodes/Dehner,* Nachbarrecht, 6. Aufl. 1982; *Mittenzwei* MDR 1977, 99 (Ortsüblichkeit – Umweltverträglichkeit); *Mosich,* Das Grundeigentum u. seine Begrenzung nach §§ 905 u. 906 BGB, JherJb. 80, 255; *Mühl* in FS f. Raiser (1974), 159 u. in FS Baur, 1981, 83 (Nachbarrecht: privat- u. öffentlichrechtlich); *MünchKomm/Säcker* Bem. zu § 906; *Peine* JuS 1987, 169 (öff. u. priv. Nachbarrecht); *Pleyer* JZ 1959, 305; *Papier* NJW 1974, 1797 (öff. Immissionen); *Schapp,* D. Verhältnis von privatem u. öffentl. Nachbarrecht, 1978 (dazu *Mühl* AcP 180, 300); *Westermann,* Welche gesetzl. Maßnahmen zur Luftreinhaltung u. zur Verbesserung des Nachbarrechts sind erforderlich?, 1958; ders., Nachbarrechtl. Vorschriften in einem Bundesbaugesetz in „Baul. Nachbarrecht", 1954; ders., Die Funktion des Nachbarrechts, in FS Larenz 1973, 1003 ff.; *Baur,* Rivista di Diritto Agrario 1958, 302; BB 1963, 483; JZ 1974, 657 (= Baur Beitr. II 61) u. FS Sontis, 1977, 181. Weitere Hinweise im Text.

privatem Recht im Bereich des Nachbarrechts erahnen läßt und damit die folgenden Ausführungen leichter verständlich werden.

1. *Grundgedanken*

a) Das Nachbarrecht soll ein möglichst friedliches Zusammenleben der Nachbarn sichern; es gilt nicht nur für das Verhältnis mehrerer Grundeigentümer untereinander, sondern auch für die nachbarschaftlichen Beziehungen zwischen Eigentümern und Grundstücksbesitzern (z. B. Mietern) und auch zwischen Besitzern untereinander (§ 862; BGH LM § 906 BGB Nr. 1). Das Gesetz begnügt sich nicht mit einem Hinweis auf die ausgleichende Funktion des Richters, sondern bemüht sich, in den §§ 906ff. allgemein gültige Regeln aufzustellen. Ihr Ausgangspunkt ist die in § 903 statuierte umfassende Dispositions- und Ausschließungsbefugnis des Eigentümers und die ihr entsprechende Sanktionsnorm des § 1004: der Eigentümer kann also jede Beeinträchtigung verhindern, die ihn in seinem Eigentum stört, andererseits kann er auf seinem Grundeigentum schalten und walten, wie er will.

Daß sich diese beiden Maximen häufig nicht vertragen werden, liegt auf der Hand: der volle Eigentumsgenuß des einen würde den anderen in seiner Eigentumsnutzung stören.

Wer um Mitternacht in seinem Garten Waldhorn bläst, erfreut sich der Idylle seines Gartens, stört aber erheblich die Ruhe, die der Nachbar sucht.

Aufgabe des Gesetzes ist also eine vernünftige *Abgrenzung* der beiderseitigen Rechte und Pflichten. Technisch bewältigt das Gesetz diese Aufgabe, indem es den Anspruch des Eigentümers nach § 1004 in gewissen Fällen *beschränkt,* z. B. bei unwesentlichen Einwirkungen, in anderen Fällen – bei überwiegendem Abwehrinteresse – *betont*. Mit dieser Beschränkung oder Betonung der actio negatoria ist dann indirekt der freie Nutzungsrahmen des anderen Nachbarn abgesteckt, soweit diese Nutzung Wirkungen nach außen hat.

Die Beschränkungen, die sich aus § 906 BGB ergeben, gelten auch dann, wenn der Beeinträchtigte seinen Anspruch nicht auf Eigentum gründet, sondern z. B. auf die Störung seines Besitzes oder seines eingerichteten und ausgeübten Gewerbebetriebs.

Eingeschränkt werden die Rechte des Eigentümers aus §§ 903, 1004 bei der Immission von „Imponderabilien", wenn sie unwesentlich (§ 906 Abs. 1) oder ortsüblich und durch geeignete Maßnahmen nicht zu verhindern sind (§ 906 Abs. 2).[1] Imponderabilien sind nicht wägbare Einwirkungen, wie sie beispielhaft in § 906 Abs. 1 aufgeführt sind. Mit dieser Vorschrift macht das Gesetz ein nachbarliches Zusammenleben überhaupt erst möglich, indem es die Belange allzu Empfindsamer unbeachtet läßt, andererseits aber das unbekümmerte Gebaren Rücksichtsloser verurteilt.

„*Unwesentliche Beeinträchtigungen"* (§ 906 Abs. 1): Die Ölheizung des Nachbarhauses verursacht bei diesigem Wetter gelegentlich einen schwachen Ölgeruch – die Kinder des Nachbarn üben nachmittags auf dem Klavier.

---

[1] Das ist zunächst eine grobe, nicht ganz exakte Kennzeichnung.

„Wesentliche, aber ortsübliche und durch geeignete Maßnahmen nicht zu verhindernde Beeinträchtigungen" (§ 906 Abs. 2): Das Wohnhaus des E liegt in einem Industriegebiet; E leidet unter dem unvermeidbaren Lärm der Maschinen oder dem Ruß aus den Schornsteinen – Der landwirtschaftliche Betrieb des E liegt neben einem großen chemischen Werk; die Abgase verhindern – trotz aller technischer Bemühungen – bestimmte landwirtschaftliche Kulturen.

Eine *Betonung* der Rechte des beeinträchtigten Eigentümers bringen

§ 906 Abs. 3: Imponderabilien (z. B. Gase, Dämpfe) – selbst unwesentliche oder übliche – dürfen niemals *durch eine besondere Leitung* dem Nachbargrundstück zugeführt werden,

§ 907: die Errichtung „störender Anlagen" kann verboten, die Beseitigung schon vorhandener verlangt werden, auch wenn eine Einwirkung auf das Nachbargrundstück noch nicht erfolgt ist (s. unten IV 3 b),

§ 908: Maßnahmen gegen drohenden Einsturz des Nachbargebäudes,

§ 909: Maßnahmen gegen Vertiefung des Nachbargrundstücks (s. unten IV 3 c),

§ 910: Selbsthilferecht bei Überhang von Zweigen und dgl.

§ 911: Rechtslage bei Überfall von Früchten.

Man kann sich also als *Faustregel* merken: Regelmäßig kann der Eigentümer Einwirkungen (Immissionen) jeder Art auf sein Eigentum verhindern; davon macht das Gesetz eine Ausnahme bei nicht wägbaren Immissionen, sofern sie unwesentlich oder zwar wesentlich, aber ortsüblich und nicht zu vermeiden sind.

Die Freude über diesen recht umfassenden Schutz des Eigentums wird freilich getrübt durch die Erkenntnis, daß der Eigentümer gegenüber Immissionen der *öffentlichen Gewalt* wenig geschützt ist, ja daß er sogar die Immissionen solcher *privater* Betriebe dulden muß, die von der zuständigen Behörde genehmigt sind (§ 14 BImSchG; früher §§ 16, 26 GewO; s. unten V).

b) § 906 ist durch das Gesetz v. 22. 12. 1959 (BGBl. I 781) mit Wirkung v. 1. 6. 1960 geändert worden. Diese *Entwicklung der Gesetzgebung* muß zunächst kurz dargestellt werden, damit die späteren Ausführungen verständlich werden:

In seiner ursprünglichen, bis 31. 5. 1960 geltenden Fassung verpflichtete § 906 den Eigentümer, die Immission von Gasen, Dämpfen, Geräuschen und ähnliche Immissionen hinzunehmen, wenn diese Einwirkungen *entweder* die Grundstücksnutzung nicht oder nur *unwesentlich* beeinträchtigten *oder ortsüblich* waren. Diese Regelung führte zu unbilligen Ergebnissen namentlich dort, wo die mit der Entwicklung der Technik verbundenen, ortsüblichen Einwirkungen benachbarte Grundeigentümer in ihrer wirtschaftlichen Existenz bedrohten. Dies galt namentlich für landwirtschaftliche Betriebe in der Nachbarschaft von industriellen Großbetrieben. Um hier Abhilfe zu schaffen, hatte die Rechtsprechung[1] den Grundsatz des *nachbarlichen Gemeinschaftsverhältnisses*[2] eingeführt (RGZ 154, 161; 159, 129; 162, 209; BGH NJW 1959, 97; BGHZ 30, 273): Sind in einer Gegend Industrie *und* Landwirtschaft zu Hause, so müssen beide aufeinander Rücksicht nehmen; für unvermeidbare Schäden muß ein billiger Ausgleich in Geld gewährt werden.

Die erwähnte Änderung des Nachbarrechts verwendet den Gedanken des nachbarlichen Gemeinschaftsverhältnisses und sucht gleichzeitig die Industrie unmittelbar (durch gewerbepolizeiliche Maßnahmen) und mittelbar (durch zivilrechtliche Haftungsbestimmungen) zu wirksameren technischen Schutzmaßnahmen zu zwingen. Es gelten nunmehr folgende Grundsätze:

aa) *Unwesentliche Einwirkungen* muß der Eigentümer – wie bisher – hinnehmen (§ 906 Abs. 1)

bb) *Wesentliche, aber ortsübliche Einwirkungen* brauchen nur geduldet zu werden, wenn sie nicht durch technische, wirtschaftlich zumutbare Maßnahmen verhindert werden können (§ 906 Abs. 2 Satz 1).

---

[1] Siehe zur Entwicklung dieser Rechtsprechung *Kleindienst* aaO S. 26 ff.

[2] Dazu *Mühl* NJW 1960, 1133; FS Raiser, 1974, 159 u. FS Baur, 1981, 83, 94; *Deneke*, D. nachbarl. Gemeinschaftsverhältnis, 1987 (m. w. N.).

cc) Muß der Eigentümer eine ortsübliche Einwirkung, die nicht durch geeignete, wirtschaftlich zumutbare Maßnahmen verhindert werden kann, hinnehmen, so kann er doch einen *Ausgleich in Geld* fordern, wenn seine wirtschaftlichen Interessen „über das zumutbare Maß hinaus" beeinträchtigt werden (§ 906 Abs. 2 Satz 2).

Zur Anwendbarkeit des § 906 auf beeinträchtigte *bewegliche Sachen* s. unten IV 2 e) dd) a. E.

c) In Zusammenhang mit dem Nachbarrecht muß auf eine besondere Funktion der *Grunddienstbarkeit* und *beschränkten persönlichen Dienstbarkeit* hingewiesen werden: beide können einer *konkreten Ausgestaltung* der Nachbarschaftsverhältnisse dienen, sei es daß das Maß der zulässigen Immissionen erweitert, sei es daß es beschränkt wird; rein schuldrechtliche Vereinbarungen werden damit „verdinglicht" und – bei der Grunddienstbarkeit – „verewigt".[1]

Beispiele: Mehrere Grundstückseigentümer sind übereingekommen, auf ihren Grundstücken vice versa eine Grunddienstbarkeit eintragen zu lassen, wonach eine Gastwirtschaft nicht betrieben werden darf. Eine solche darf künftig auch dann nicht mehr eingerichtet werden, wenn von ihr überhaupt keine Immissionen auf das „herrschende Grundstück" ausgehen.

Eine Siedlungsgesellschaft parzelliert Gelände. Ein Eckgrundstück ist als Tankstelle und Reparaturwerkstätte vorgesehen. Zugunsten dieses Grundstücks läßt sie – als sie noch Eigentümer aller Grundstücke ist (Eigentümergrunddienstbarkeit: RGZ 160, 166; ähnlich BGHZ 41, 209) – eine Grunddienstbarkeit auf den benachbarten Grundstücken eintragen, wonach deren Eigentümer nicht befugt sind, gegen Immissionen aus dem KFZ-Betrieb, die das Maß des § 906 übersteigen, vorzugehen.[2]

d) Weiter ist daran zu erinnern, daß die nachbarrechtliche Regelung nicht nur für Grundstücks*eigentümer,* sondern auch für Grundstücks*besitzer* (z. B. Mieter) gilt: § 862 (s. oben § 9 III).

e) Das im folgenden zu erörternde Immissionsrecht gilt *im privatrechtlichen Bereich.* Gehen nachbarrechtliche Beeinträchtigungen von *öffentlichrechtlichen Betätigungen* des Staates, der Gemeinden usw. aus, so kommen als Schutzrechte der öffentlichrechtliche Unterlassungs- und Beseitigungsanspruch (BGHZ 72, 289, 293; BVerwG NJW 1989, 121 u. OVG Münster NJW 1984, 1982) und die Ersatzansprüche aus enteignendem und enteignungsgleichem Eingriff (s. oben § 13 C I.) in Betracht. Freilich wird auch § 906 Abs. 2 entsprechend angewendet. Auch ist die Abgrenzung zwischen einer privatrechtlichen u. einer öffentlichrechtlichen Immission häufig zweifelhaft, so z. B. wenn der Anlieger einer Autobahnbaustelle durch die Staubentwicklung in der landwirtschaftlichen Nutzung seines Grundstücks beeinträchtigt wird.[3] Daher ist es angebracht, im Folgenden auch öffentlichrechtliche Immissionstatbestände zu erörtern.

Übersicht 16

Inhalt des § 906

I. Duldungspflicht des Eigentümers:	II. Keine Duldungspflicht des Eigentümers:	III. Ausgleichsanspruch in Geld des Eigentümers:
1. bei unwesentlichen „Imponderabilien"	1. bei „Ponderabilien" BGHZ 28, 225: Steinbrocken	1. bei wesentlichen, ortsüblichen, sofern durch geeignete zumutbare Maßnahmen nicht verhinderbar (§ 906 II 2)
2. bei wesentlichen ortsüblichen, sofern durch geeignete zumutbare Maßnahmen nicht verhinderbar (aber III 1!)	2. bei wesentlichen, nicht ortsüblichen	2. bei genehmigten gefährlichen Betrieben (§ 14 BImSchG)
3. bei genehmigten gefährlichen Betrieben (aber III 2!) § 14 BImSchG	3. bei wesentlichen, ortsüblichen, sofern durch geeignete Maßnahmen verhinderbar	

---

[1] Siehe dazu *Westermann* in „Bauliches Nachbarrecht" (1954) S. 40.

[2] S. ferner BGH NJW 1970, 856; OLG Frankfurt RPfleger 1975, 59; OLG Hamm DNotZ 1986, 626 u. unten § 33 II 3.

[3] Weiteres instruktives Beispiel BGH NJW 1984, 1876 = BGHZ 91, 20.

2. Immissionen

a) Sedes materiae ist § 906 Abs. 1 u. 2. Eine Duldungspflicht besteht nur, wenn es sich um Einwirkungen bestimmter Art („Imponderabilien") handelt (s. unten b) und wenn diese nicht wesentlich (c) *oder* ortsüblich und durch technische Maßnahmen nicht zu verhindern sind (d). Eine über den Rahmen des § 906 hinausgehende Duldungspflicht ergibt sich schließlich aus § 14 BImSchG (früher: § 26 GewO); s. unten e).

b) *„Imponderabilien".* Das Gesetz zählt in § 906 Abs. 1 eine Reihe solcher Einwirkungen ohne den Anspruch einer abschließenden Regelung („ähnliche Einwirkungen") auf. Kennzeichnend sind folgende Gesichtspunkte:

aa) „Wägbare" feste Körper (sog. grob-körperliche Immissionen) fallen *nicht* unter die Duldungspflicht.

So etwa Steinbrocken bei Sprengungen (BGHZ 28, 225); herabfallendes Schrotblei aus benachbarter Schießanlage (BGHZ 111, 158); s. aber unten e ee α.

bb) Die Einwirkung muß von einem anderen Grundstück oder einer auf ihm errichteten Anlage ausgehen; unmittelbare Nachbarschaft ist nicht erforderlich (RGZ 105, 213, 216).

Siehe die interessanten Beispielsfälle BGHZ 111, 63 (Lärm, der von einem Volksfest ausgeht; s. a. BGHZ 41, 264) und BGH NJW 1980, 770 (Krähenfall); chemische Pflanzenschutzmittel (BGHZ 90, 255).

cc) § 906 Abs. 1 sagt weiter, daß die Einwirkung „zugeführt" werden muß; hieraus entnimmt die Rechtsprechung, daß *negative* Einwirkungen (wie Entzug der Aussicht, Versperren von Licht und Luft, Behinderung des Zugangs durch Bauzaun, vgl. etwa RGZ 98, 15) ebenso hingenommen werden müssen wie ideelle Einwirkungen[1] (z. B. RGZ 76, 130; BGHZ 95, 307: Bordellbetrieb oder Nacktbad; BGHZ 51, 396 = JZ 1969, 431 m. Anm. *Baur:* Lagerung von Baumaterialien in einem Wohngebiet und 54, 56: Abstellen von Schrottfahrzeugen; ferner BGHZ 88, 344: „Abschatten" von Funkwellen durch ein Hochhaus; dazu *Mühl* JZ 1984, 850 u. *Jauernig* aaO).

Ausgangspunkt der Überlegungen muß sein, ob solche negativen oder ideellen Eigentumsbeeinträchtigungen unter §§ 903, 1004 fallen; bejahendenfalls muß geprüft werden, ob die Voraussetzungen vorliegen, unter denen sie nach § 906 hingenommen werden müssen. Dann wird man zu der Feststellung kommen, daß die eigentliche Problematik in §§ 903, 1004, nicht in § 906 liegt (Liegt im Eigentum ein Recht auf Beibehaltung der Aussicht? Antwort: grundsätzlich nein! Ist das Treiben in einem dem Grundstück gegenüber liegenden Bordell eine Beeinträchtigung? m. E. sicher ja!).[2]

---

[1] Dazu *Jauernig* JZ 1986, 606.
[2] So auch AG Münster NJW 1983, 2886 und die überwiegende Meinung in der Lit.; s. *Künzl* NJW 1984, 774 m. w. N. und *Staudinger/Gursky* § 1004 Rn. 55–58; *Manfred Wolf* NJW 1987, 2647, 2648; a. A. BGHZ 92, 307. Zu dem Zusammenhang zwischen Eigentums- und Persönlichkeitsschutz s. bes. *Forkel* aaO, dort S. 47 ff. auch beifallswerte Ausführungen zur *personellen* Erweiterung des Immissionsschutzes; *Beyer* aaO S. 45 ff.; *Grunsky* JZ 1970, 782 und JurA 1970, 412 ff.; *Baur* in Gedächtnisschrift für Michelakis, 1973, 59 ff. (= Baur Beitr. II 154).

Halten wir fest:

Als Einwirkungen (die bei Unwesentlichkeit hingenommen werden müssen), kommen nur solche in Betracht, die sich erfahrungsgemäß aus dem nachbarschaftlichen Verhältnis mehrerer Grundstücke ergeben können.

c) Solche Einwirkungen sind zu dulden, wenn sie „die Benutzung des Grundstücks *nicht oder nur unwesentlich beeinträchtigen*". Hierbei kommt es auf das Empfinden „eines normalen Durchschnittsmenschen" an, wobei freilich Ausgangspunkt gerade die Benützung des beeinträchtigten Grundstücks ist (BGHZ 111, 63, 65; st. Rspr. im Anschluß an *Wolff/Raiser* § 53 II 1; sog. differenziert-objektiver Maßstab).

Der von einem Materiallager ausgehende Lärm ist für die Bewohner eines Einfamilienhauses eine wesentliche Beeinträchtigung (BGHZ 51, 396), ebenso der Lärm nächtlicher Bauarbeiten in einem Miethaus (BGH LM § 906 BGB Nr. 1; BGHZ 38, 61), die Geräusche einer nachts arbeitenden Zeitungsdruckerei (BGH JZ 1956, 346; dazu *Kerst* NJW 1964, 181), der Lärm eines Volksfestes (BGHZ 111, 63), die Musikdarbietungen einer Freilichtbühne (BGH JZ 1969, 635), die Geruchseinwirkungen durch eine gewerbliche Schweinemästerei (BGHZ 48, 31 = *Baur*, E. Slg. Fall 14; BGHZ 67, 252) und der Lärm eines Tennisplatzes (BGH NJW 1983, 751).[1] Eine zu duldende Beeinträchtigung ist kirchliches Glockengeläute zu vernünftigen Zeiten (BVerwG NJW 1984, 989).

d) Auch eine *wesentliche* (!) Beeinträchtigung muß hingenommen werden, wenn sie durch eine *ortsübliche* Benutzung des anderen Grundstücks herbeigeführt „und nicht durch Maßnahmen verhindert werden kann, die Benutzern dieser Art wirtschaftlich zumutbar sind" (§ 906 Abs. 2 Satz 1). Das Gesetz will damit sagen: Jedes Grundstück ist in eine bestimmte Umgebung eingebettet (Industrieviertel – Landhausgebiet – landwirtschaftliche Gegend u. s. w.). Einwirkungen, die sich aus einer solchen Lage ergeben, müssen – auch wenn sie wesentliche sind – hingenommen werden; sie sind eben ortsüblich (zur Bedeutung gesetzlicher Wertungen, z. B. von Lärmschutzverordnungen, BGHZ 111, 63 ff., 68). Freilich ist diese Duldungspflicht nicht unbeschränkt: Auch wesentliche ortsübliche Immissionen brauchen nicht geduldet zu werden, wenn sie durch wirtschaftlich zumutbare, technische Maßnahmen verhindert werden können (§ 906 Abs. 2 Satz 1).

Der Zweck dieser Regelung leuchtet angesichts der Lärmfreudigkeit „moderner" technischer Einrichtungen, der Luftvergiftung usw. ohne weiteres ein. Zu beachten ist, daß es für die wirtschaftliche Zumutbarkeit einer Abwehrmaßnahme nicht auf die Verhältnisse des konkreten beeinträchtigenden Betriebs, sondern auf die wirtschaftliche Leistungskraft von Betrieben „dieser Art" ankommt. Verlangt werden also: technische Möglichkeiten und Wirksamkeit der Abwehrmaßnahme – generelle wirtschaftliche Zumutbarkeit.

In zahlreichen Fällen ist eine wesentliche Einwirkung ortsüblich und durch technische oder sonstige Maßnahmen nicht zu verhindern: Der betroffene Eigentümer muß sie dulden. Dann aber kann der *Aufopferungsgedanke* Platz greifen: Wird der betroffene Eigentümer in der Nutzung seines Grundstücks „über das zumutbare Maß hinaus beeinträchtigt" (nicht notwendig in seiner Existenz ver-

---

[1] Dazu mit umfangreichen Nachweisen in Fn. 20 *Soergel/J. F. Baur* § 906 Rn. 9 ff.; s. auch BVerwG NJW 1989, 1291 bei Sportlärm.

nichtet oder gefährdet!), dann kann er von dem Benutzer[1] des anderen Grundstücks einen *„angemessenen Ausgleich"* fordern (§ 906 Abs. 2 Satz 2: *nachbarrechtlicher Ausgleichsanspruch*). Ein nachbarrechtlicher Ausgleichsanspruch (analog § 906 II S. 2) kommt aber auch dann in Frage, wenn der betroffene Grundstückseigentümer gegen die Beeinträchtigung aus tatsächlichen Gründen nicht rechtzeitig vorgehen konnte (s. dazu *Soergel/J. F. Baur* § 906 Rn. 111 ff.). Beispiele: Kontaminierung von Grundstücken durch Zufuhr von chemischen Unkrautvernichtungsmitteln (BGHZ 90, 255, 262); Beeinträchtigung durch Herabfallen von Schrotblei aus benachbarten Schießanlagen (BGHZ 111, 158, 162; siehe auch BGH NJW 1990, 3195).

Bei Immissionen, die von der öffentlichen Hand ausgehen (z. B. Straßenbau) kann im Einzelfall zweifelhaft sein, ob Rechtsgrundlage der Entschädigung der privatrechtliche nachbarrechtliche Ausgleichsanspruch *oder* ein öffentlichrechtlicher Entschädigungsanspruch (s. oben § 13 C I 4–6) ist (BGHZ 48, 98; 54, 384; 57, 370; 70, 212; 72, 289; dazu *Jauernig* JZ 1986, 605, 611(2)). In beiden Fällen steckt aber § 906 die Grenzen der entschädigungslos zu duldenden Immissionen ab (BGH aaO u. NJW 1973, 326); s. auch unten e bb).

e) aa) Eine über § 906 Abs. 1 und 2 hinausreichende Duldungspflicht enthält § 14 BImSchG.[2] Gewisse gefährliche oder die Umwelt beeinträchtigende Anlagen bedürfen behördlicher Genehmigung; für sie ist kennzeichnend, daß sie „auf Grund ihrer Beschaffenheit oder ihres Betriebs in besonderem Maße geeignet sind, schädliche Umwelteinwirkungen hervorzurufen oder in anderer Weise die Allgemeinheit *oder die Nachbarschaft* zu gefährden, erheblich zu benachteiligen oder erheblich zu belästigen" (§ 4 BImSchG). Diese Besorgnis führt zu einem Genehmigungsverfahren, in dem – gewissermaßen vorbeugend[3] – auch die nachbarrechtlichen Verhältnisse berücksichtigt werden; die Nachbarn können Einwendungen geltend machen (§ 10 Abs. 3, 6, 7, 10; § 9 BImSchG), werden also zu dem Verfahren zugezogen; ihnen steht auch die verwaltungsgerichtliche Klage zu.[4]

Ist die Genehmigung erteilt, so kann auf Grund der §§ 903, 906, 1004 *nicht* mehr die Einstellung des genehmigten Betriebs, sondern nur noch die Errichtung schützender Vorkehrungen oder Schadensersatz beansprucht werden (§ 14 BImSchG);[5] Verschulden des Betriebsinhabers ist nicht Voraussetzung des Schadensersatzanspruchs.

---

[1] Zum Begriff des „Benutzers" in diesem Sinn s. BGHZ 62, 186: das Zementwerk, das vermehrte Straßenbaukosten verursacht; BGHZ 62, 361: Der Nachbar, der mit behördl. Genehmigung den Gehsteig vor dem Geschäft des Klägers als Ablage für Baumaterial usw. benutzt; BGH LM § 906 BGB Nr. 29: nicht der durch den „Eingriff" Begünstigte, sondern der Störer; aber BGH NJW 1966, 42: nicht der Bauunternehmer, der auf dem Grundstück ein Bauwerk errichtet! – Verjährung dieses Anspruchs in 30 Jahren (str.).

[2] Zur entsprechenden Rechtslage bei *Atomanlagen* s. Gesetz über die friedliche Verwendung der Kernenergie und den Schutz gegen ihre Gefahren (Atomgesetz) v. 23. 12. 1959 i. d. F. v. 15. 7. 1985, insbes. §§ 7–9a, 25, 25a, 26. Vgl. dazu *Zweigert/Kötz,* Die Haftung für gefährliche Anlagen in den EWG-Ländern sowie in England und den Vereinigten Staaten von Amerika, 1966. Zur Entwicklung des Atomrechts s. *Breuer* NJW 1977, 1121.

[3] Ebenso BVerwG 28, 131.

[4] S. dazu *Jarass* NJW 1983, 2844 u. JuS 1984, 351; *Ortloff* NJW 1983, 961.

[5] Fraglich ist, in welchem Umfang die erteilte Genehmigung auch ein behördliches Eingreifen auf Grund der polizeilichen Generalklausel ausschließt; s. dazu BVerwG DÖV 1978, 406 u. zum Verhältnis Immissionsschutzrecht und Polizeirecht *W. Martens* DVBl. 1981, 597.

Man fragt sich unwillkürlich nach dem Grund dieser Regelung: warum soll ein sog. genehmigter Betrieb gegen Beseitigungs- und Unterlassungsansprüche aus dem Nachbarrecht gefeit sein? Die Meinung, daß hier eben ein obrigkeitlicher Akt vorliege, der durch ein Urteil des Zivilgerichts nicht wieder in Zweifel gezogen werden dürfe, bleibt an der Oberfläche. Der tiefere Grund liegt darin, daß die Immissionsfrage vorweg geprüft werden soll und zur Erteilung oder Verweigerung der Genehmigung führt. Diese Vorwegnahme bedeutet nicht nur einen Schutz der Allgemeinheit und der Nachbarn, sondern verhindert auch, daß später einmal geschaffene wirtschaftliche Werte wieder – auf ein Urteil des Zivilgerichts hin – vernichtet werden müssen.

Freilich hat dieses Verfahren auch seine Schwächen für den beeinträchtigten Nachbarn: Zwar kann die *Genehmigungsbehörde* auch nach Erteilung der Genehmigung Anordnungen zum Schutz der Allgemeinheit treffen (§ 17 BImSchG), sie kann auch unter gewissen Voraussetzungen die Stillegung des Betriebs verlangen (§ 20 BImSchG) oder die Genehmigung widerrufen (§ 21 BImSchG), die beeinträchtigten Nachbarn aber können *auf dem Zivilrechtsweg* nur schützende Vorkehrungen oder Schadensersatz verlangen (§ 14 BImSchG). Im übrigen sind sie darauf angewiesen, die Behörden zum Einschreiten zu veranlassen.

Der Vorteil der gesetzlichen Regelung besteht in der erheblich weiten Fassung der Genehmigungsvoraussetzungen, in der eben geschilderten Möglichkeit nachträglichen Einschreitens der Behörden, ferner in der Einbeziehung nicht genehmigungsbedürftiger, aber doch schädlicher Anlagen (sog. Kleinemittenten, §§ 22–25 BImSchG), schließlich – und nicht zuletzt – darin, daß auch die Anlagen der öffentlichen Hand diesen Vorschriften unterliegen, sofern sie nicht dem Hoheitsbereich (z. B. Militärflugplatz) angehören (s. §§ 2 Abs. 2, 60 BImSchG; BGHZ 59, 378; 91, 20).

Beispiel: In einem Gebiet, in dem sich bisher nur Wohnhäuser und kleinere gewerbliche Betriebe fanden, will die X AG eine chemische Fabrik (Herstellung von schmerzlindernden Tabletten) errichten. Sie bedarf dazu der Genehmigung (§ 4 BImSchG). Im Verwaltungsverfahren wenden die Nachbarn ein, ihre Grundstücke verlören an Wert, außerdem seien schädliche Abgase zu befürchten. Der erste Einwand schlägt nicht durch, den zweiten weiß die X AG mit Hilfe entsprechender Gutachten zu beseitigen. Die Behörde erteilt die Genehmigung (zumal die Gemeinde wegen der Gewerbesteuereinnahmen dauernd drängt!), die verwaltungsgerichtliche Klage der Nachbarn bleibt erfolglos. Stellt sich später heraus, daß wesentliche, nicht ortsübliche Gerüche alle Nachbarn belästigen, so können diese nur auf technische Abhilfe – soweit diese möglich und wirtschaftlich vertretbar ist – klagen, sonst nur auf Schadensersatz. Dieser aber besteht in Geld; es wird ein „Surrogat" geliefert, das die Nachteile nicht ausgleichen kann, abgesehen davon, daß der Nachweis des Schadens in solchen Fällen meist schwierig sein wird. Die Behörde freilich kann auch jetzt noch – nach erteilter Genehmigung – eingreifen.

Darstellung der Haftung nach § 14 BImSchG in BGHZ 102, 350 (keine Haftung der öff. Hand für „emittentenferne" *Waldschäden*); dazu *Dörr* JuS 1988, 733).

bb) § 14 BImSchG gilt nur bei Betrieben, die nach §§ 4 ff. BImSchG wegen ihrer „Gefährlichkeit" einer Genehmigung bedürfen (s. VO v. 4. 8. 1960, BGBl. I 690),[1] nicht bei anderen Betrieben, die aus sonstigen – z. B. baupolizeilichen – Gründen unter Genehmigungszwang gestellt sind (Beispielsfall: BGH NJW 1959, 2013).

Der oben geschilderte Einbruch in die zivilrechtliche Abwehrstellung des beeinträchtigten Grundeigentümers vertieft sich noch dadurch, daß

einmal *§ 14 BImSchG* (= früher § 26 GewO) landesrechtlich auf „Eisenbahn-, Dampfschiffahrts- und ähnliche Verkehrsunternehmungen" erstreckt werden kann (Art. 125 EGBGB; landesrechtl. Gesetze bei *Palandt-Bassenge*, Art. 125 EGBGB Anm. 2) und bundesrechtlich auf Flughafenbetriebe ausgedehnt worden ist (§ 11 LuftVerkehrsG),

ferner die Praxis den Grundgedanken des § 14 BImSchG auf sonstige „Hoheitsbetriebe" und im öffentlichen Interesse errichtete Unternehmungen ausdehnt (wobei freilich sich BGHZ 66, 37 gegen eine Verallgemeinerung solcher Tendenzen ausspricht).

---

[1] i. d. F. v. 7. 7. 1971 (BGBl. I 888), bis auf weiteres maßgebend nach § 66 Abs. 1 BImSchG.

Beispiele: RGZ 73, 270: Geräusche einer Rohrpostanlage; RGZ 159, 129: Einwirkung der Autobahnen; Ernteausfall durch Staubeinwirkungen beim Straßenbau: BGHZ 48, 98 [= *Baur,* E. Slg. Fall 16]; RGZ 167, 14, 25: Grundwassersenkungen[1] beim Bau von Untergrundbahnen; BGHZ 60, 119: Hochspannungsleitung; nicht aber auf Garagen, selbst wenn der Eigentümer zu ihrem Bau öffentlich-rechtlich verpflichtet war: BGH NJW 1959, 1632). Der Eigentümer wird damit auf den *Aufopferungsanspruch* (oder – wie BGHZ 48, 98 [= *Baur,* E. Slg. Fall 16] sagt – „zutreffender wohl als nachbarrechtlicher Ausgleichsanspruch bezeichnet") beschränkt.[2]

Von einem privatrechtlichen *Aufopferungsanspruch* spricht man, wenn einem Eigentümer auf Grund besonderer gesetzlicher Vorschriften der ihm sonst zustehende Abwehranspruch versagt wird.

Beispiele: BGHZ 110, 17: Inanspruchnahme eines Grundstücks durch einen unterirdischen Gasspeicher; BGHZ 91, 20: Geruchsbelästigung durch öffentliche Kläranlagen.

Bei Immissionen, die von der öffentlichen Hand ausgehen (z. B. bei Straßenbauarbeiten), kann zweifelhaft sein, ob dieser privatrechtliche Aufopferungsanspruch oder ein Anspruch aus enteignendem bzw. aus enteignungsgleichem Eingriff (s. o. § 13 C I 4b) in Betracht kommt. Maßgebend ist, ob die störende staatliche Veranstaltung hoheitlich organisiert ist und nach öffentlichrechtlichen Grundsätzen betrieben wird (*Soergel/J. F. Baur* § 903 Rn. 114).

Hauptfall: Straßenverkehr auf öffentlich gewidmeten Straßen und Plätzen.

cc) Ein Anspruch auf Schadensersatz nach § 14 BImSchG – wie auch ein Aufopferungsanspruch in dem eben dargelegten Sinne – kommt nur in Betracht, wenn die beeinträchtigende Einwirkung über den Rahmen des § 906 hinausgeht; denn bleibt sie in diesem Rahmen, dann müßte sie der Eigentümer ja ohnehin – also auch ohne die behördliche Genehmigung – erdulden (BGHZ 48, 46; 59, 378; BGH NJW 1980, 770).

In unserem Beispiel können die Nachbarn von der X AG dann keine Schadloshaltung verlangen, wenn die Geruchsbeeinträchtigung unwesentlich wäre (beides kann nach dem gegebenen Sachverhalt nicht gesagt werden!).[3] –

Zur *Beweislast* s. BGHZ 92, 143 (dazu *Emmerich* JuS 1985, 312 u. *Marburger/Herrmann* JuS 1986, 354).

dd) Es fällt auf, daß das Gesetz nunmehr *zwei Ausgleichsansprüche* kennt, den auf § 906 Abs. 2 Satz 2 gestützten und den Anspruch auf Schadensersatz nach § 14 BImSchG. Das Verhältnis dieser Ansprüche zueinander wird nur bei Betrachtung des gesamten Immissionskomplexes verständlich; er sei in Stichworten erneut verdeutlicht:[4]

(1) *Unwesentliche* Beeinträchtigungen: Weder Abwehr- noch Entschädigungsanspruch.

(2) *Wesentliche, nicht ortsübliche* Beeinträchtigungen: Abwehranspruch, es sei denn, daß die „einwirkende Anlage" behördlich genehmigt ist. Ist dies der Fall, dann nur Klage auf „schützende Einrichtungen" bzw. *Schadloshaltung* in Geld (§ 14 BImSchG).

(3) *Wesentliche, ortsübliche,* durch technische, wirtschaftlich zumutbare Maßnahmen *zu verhindernde,* aber *nicht verhinderte* Einwirkungen: Abwehranspruch, der aber im Bereich des § 14 BImSchG – oben (2) – nie auf Einstellung des Betriebs, sondern nur auf „schützende Maßnahmen" gerichtet sein kann.

(4) *Wesentliche, ortsübliche* Einwirkungen, die durch technische Maßnahmen *nicht zu verhindern* sind oder zwar verhindert werden könnten, deren Behebung aber einen wirtschaftlich nicht zumutbaren Aufwand erforderte: kein Abwehranspruch, wohl aber Anspruch auf *Ausgleich* bei übermäßiger Beeinträchtigung der Grundstücksnutzung oder des Grundstücksertrags (§ 906 Abs. 2 Satz 2).

---

[1] Siehe dazu auch § 35 Wasserhaushaltsgesetz v. 27. 7. 1957 (BGBl. I 1110).

[2] S. dazu *Maunz/Papier* Art. 14 GG Rn. 393, 395; *Nüßgens/Boujong* Rn. 237 ff.; *W. Martens* in Hamburger Festschrift für Schack [1966] S. 85 ff.; *Soergel/J. F. Baur* § 903 Rn. 113 ff., 121 ff.; *Baur* JZ 1974, 657 u. MünchKomm/*Säcker* § 906 Rn. 113 ff.; RGRK-*Kreft* vor § 839 Rn. 37.

[3] Zur Bedeutung behördlicherseits festgelegten *Richtwerten* für die Beurteilung der „Wesentlichkeit" von Immissionen („TA-Luft" und „TA-Lärm": Verwaltungsvorschriften nach § 48 BImSchG); s. *Soergel/J. F. Baur,* § 906 Rn. 14 ff.; *Baur* JZ 1974, 657 (= *Baur,* Beiträge II 61) u. 1981, 278; BVerwG NJW 1988, 2396 (Feueralarmsirene); NJW 1978, 1405 u. 2409; BGHZ 70, 102; *Walter* NJW 1978, 1158. Zur Bedeutung gesetzlicher *Wertungen,* z. B. von LärmschutzVO, BGHZ 11, 63 ff., 68.

[4] Siehe dazu auch die Tabelle 17 (am Ende von IV 3).

Eine nicht sehr einfache Regelung! Man kann sich als Faustregel merken: Ein *Anspruch aus § 14 BImSchG* kommt in Betracht, wenn dem betroffenen Eigentümer an sich (nach § 906 mit § 1004) ein Verbietungsrecht zustünde, dieses Recht aber zufolge der staatlichen Genehmigung nicht ausgeübt werden kann. Ein *Ausgleichsanspruch nach § 906 Abs. 2 Satz 2* ist gegeben, wenn ein Verbietungsrecht *nicht* besteht, die Einwirkung aber über den Rahmen des Zumutbaren hinausgeht.

Schwierig ist die Lösung der Ausgleichs- bzw. Schadensersatzansprüche bei *summierten Immissionen* (s. dazu besonders *Kleindienst* aaO – oben IV 1 Anm. 1 – S. 56ff. u. *Palandt-Bassenge* § 906 Rn. 34ff. sowie *Soergel/J. F. Baur* § 906 Rn. 119 jew. m. w. N.). Man versteht darunter die Fälle, in denen

a) nur mehrere Immissionen, die von mehreren Störern ausgehen, *zusammen* wesentlich sind bzw. über das zumutbare Maß hinausgehen (Beispielsfall: LG Hamburg MDR 1965, 45)

oder

b) mehrere Immissionen vorliegen, wobei jede einzelne ausreichen würde, den Schaden herbeizuführen.

Fraglich ist, ob die Störer anteilig oder gesamtschuldnerisch haften. Aus § 830 Abs. 1 S. 2 läßt sich das Problem nicht – im Sinne einer gesamtschuldnerischen Haftung – lösen, weil es sich bei dieser Vorschrift nur um eine Beweislastregelung handelt. Es spricht viel dafür, bei a) eine anteilige Haftung (nach dem Ausmaß der einzelnen Immissionen), bei b) eine gesamtschuldnerische Haftung der mehreren Störer anzunehmen (s. dazu BGHZ 66, 70).

Zu der umstrittenen Frage, ob die nachbarrechtlichen Schadensersatz- und Ausgleichsansprüche auch den *Eigentümern beweglicher Sachen* zustehen sollen, s. BGHZ 92, 143 (PKW's von Arbeitnehmern eines benachbarten Betriebs). Der BGH nimmt zwar als Anspruchsgrundlage nur den Verstoß gegen § 823 an, zieht aber die für die nachbarrechtlichen Ansprüche entwickelten Beweiserleichterungen heran; s. dazu *Marburger/Herrmann* JuS 1986, 354 und früher schon *Steindorff*, Slg. arbeitsrechtl. Entsch. 1966, 100; siehe jetzt auch die Regelung des UmwelthaftungsG vom 10. 12. 1990 (dazu unten § 25 V 4b).

ee) Der Gedanke des *nachbarschaftlichen Gemeinschaftsverhältnisses*[1] ist von der Rechtsprechung auch auf andere als mit § 14 BImSchG zu erfassende Tatbestände ausgedehnt worden, und zwar immer dann, wenn die Anwendung der §§ 903, 906, 1004 zu unbefriedigenden Ergebnissen zu führen schien. Im wesentlichen handelt es sich um folgende Fragenkreise:

α) Soll § 906 Abs. 1 auch auf *grob-körperliche Immissionen* ausgedehnt werden? Dieses Problem war schon früher – namentlich im Hinblick auf den Bienenflug, also bei unbedeutenden Immissionen – erörtert worden (vgl. insbes. *Heck* § 50, 8). Der BGH bejaht diese Frage auch in einem Fall, wo bei Sprengungen in einem Gipswerk Steinbrocken auf das Nachbargrundstück fliegen: Bedeutet die Einstellung des Betriebs die Existenzvernichtung des Bekl., so könne der Beeinträchtigte nicht auf Unterlassung, sondern nur auf Schadensersatz klagen (BGHZ 28, 225).

Was den *Bienenflug* anlangt, so sagt BGHZ 16, 366, 370, daß der Nachbar den Bienenflug „im Rahmen des § 906" hinnehmen müsse, daß er aber andererseits dem Imker nicht schadensersatzpflichtig sei, wenn die Bienenvölker sich an den verwendeten chemischen Schädlingsbekämpfungsmitteln vergiften. S. ferner OLG Karlsruhe NJW 1983, 2886: Überfall von Laub, Nadeln, Zapfen usw.: nicht § 1004, aber Geldausgleich (dazu *K. Schmidt* JuS 1984, 224). – Zum Streit um „Katzen in Nachbars Garten" s. die Entscheidungen NJW 1985, 2338–2340 u. dazu *Dieckmann* NJW 1985, 2311.

---

[1] Dazu *Deneke*, D. nachbarl. Gemeinschaftsverhältnis, 1987; *Mühl* NJW 1960, 1133; FS Raiser, 1974, 159 u. FS Baur, 1981, 83, 94; *Pleyer* JZ 1959, 305; OLG Frankfurt NJW 1988, 2618.

β) In zwei weiteren Entscheidungen gelangt der BGH unter dem Gesichtspunkt des nachbarschaftlichen Gemeinschaftsverhältnisses zu einer im Vergleich zu der früheren Rechtsprechung erweiterten Auslegung des § 1004 (vgl. *Pleyer*, aaO): In BGH LM § 903 Nr. 2 wird ein Eigentümer zu einem gesetzlich nicht vorgesehenen Bauabstand verpflichtet, wenn der Bau hart an der Grenze schwerste Nachteile (Verbauung von Fenstern) für den Nachbarn mit sich brächte. In BGHZ 28, 110 wird der Eigentümer einer Brandmauer für verpflichtet gehalten, dem Nachbarn die Aufwendungen zu ersetzen, die dieser wegen einer kriegsbedingten Ausbauchung der dem erstgenannten gehörigen Brandmauer hatte machen müssen.

Ähnlich BGHZ 58, 149 für den Fall, daß ausnahmsweise eine beeinträchtigende Anlage hingenommen werden muß: Anspruch auf Schadloshaltung; ebenso BGHZ 68, 350 für den Fall, daß jemand ausnahmsweise an dem Abbruch einer Grenzwand gehindert ist, u. BGHZ 90, 255, 262. Der BGH spricht in diesen Fällen von einem nachbarrechtlichen Ausgleichsanspruch (s. auch BGHZ 101, 290 u. oben IV 2 d).
Die Ergebnisse, zu denen der BGH gelangt, sind durchweg zu billigen. Aber sie hätten sich auch ohne die etwas schwammige Figur des nachbarschaftlichen Gemeinschaftsverhältnisses[1] erzielen lassen. Im ersten Fall (α) wäre eine entsprechende Anwendung der § 906 BGB, § 14 BImSchG in Betracht gekommen,[2] in den beiden anderen Fällen (β) wäre eine Lösung möglich gewesen, wenn man den Störungsbegriff in vorsichtiger Ausdehnung der bisherigen Rechtsprechung auch auf den Entzug von Licht und Luft ausgedehnt und auf die störende Anlage abgestellt hätte. Im übrigen hat auch der BGH in BGHZ 38, 61 anerkannt, daß angesichts der Neufassung des § 906 das nachbarliche Gemeinschaftsverhältnis als Anspruchsgrundlage jedenfalls insoweit nicht mehr in Betracht kommt, als es sich um die Zuführung von Imponderabilien handelt.

f) Eine *Einbruchstelle* in den nachbarrechtlichen Schutz des Eigentums hatten wir schon in § 14 BImSchG kennengelernt; damit verbindet sich die andere Einbruchstelle, die mit dem Schlagwort *technischer Fortschritt* gekennzeichnet ist. Man kann das Problem an einem Beispiel skizzieren: Muß es der Eigentümer hinnehmen, wenn ein in seiner Nachbarschaft gelegenes Industriewerk *erweitert* wird oder wenn durch eine besondere Gestaltung der Verkehrsverhältnisse eine bisher stille Vorstadtstraße zu einer Hauptverkehrsstraße wird? Die Rechtsprechung neigt dazu, beide Fragen zu bejahen. Freilich ist im ersten Fall Voraussetzung, daß auch die Betriebserweiterung nach §§ 4 ff. BImSchG genehmigt worden ist, sofern es sich überhaupt um einen genehmigungspflichtigen Betrieb handelt.

Denn der Ausschluß der Beseitigungs- und Unterlassungsklage (durch § 14 BImSchG) erfaßt solche Beeinträchtigungen nicht, die der Art oder dem Maß nach über den der Genehmigung zugrunde liegenden Tatbestand hinausgehen oder die sich aus einer Nichteinhaltung der Genehmigungsbedingungen ergeben.

Was die *Steigerung des Straßenverkehrs anlangt* (s. dazu unten § 26 V), so hatte die Rechtsprechung zum Nachteil des Straßenanliegers zunächst völlig kapituliert; es müsse hingenommen werden, wenn eine bis dahin ruhige Straße „durch die Entwicklung des Verkehrs oder durch Veränderungen im Straßennetz ... Trägerin starken Verkehrs wird" (RGZ 159, 129, 137). Mit BGHZ 49, 148 (= *Baur*,

---

[1] Zu der umstrittenen Frage, ob das nachbarliche Gemeinschaftsverhältnis Grundlage schuldrechtlicher Pflichten sein kann, s. schon oben § 5 II 1 c) cc).
[2] Dazu *Jauernig* JZ 1986, 605, 608.

E. Slg. Fall 15) bahnte sich ein Wandel an: Ausgleichsanspruch in Geld bei ganz außergewöhnlicher Lärmbeeinträchtigung durch den Straßenverkehr. Dieser Wandel setzt sich fort in BVerwG NJW 1987, 2886 u. in der Rspr. des BGH: BGHZ 64, 220; 97, 361; NJW 1977, 894; 1986, 1980 (m. Anm. *Papier* JZ 1986, 544).

Maßgebend ist der Schutz der Wohngebiete entsprechend der Wertentscheidung des BImSchGes. Wird z. B. eine Anliegerstraße in eine Schnellstraße umgewandelt, so kann der betroffene Eigentümer die Kosten baulicher Lärmschutzmaßnahmen ersetzt verlangen, den Minderwert seines Grundeigentums freilich nur dann, wenn solche Maßnahmen zwecklos wären oder einen unverhältnismäßigen Aufwand erforderten.[1]

Bemerkenswert ist, daß § 42 BImSchG einen öffentlichen Entschädigungsanspruch gibt, wenn von einem neu angelegten oder wesentlich veränderten Verkehrsweg Geräuschbeeinträchtigungen ausgehen, die die festgelegten „Immissionsgrenzwerte" überschreiten und den Anlieger zu „Schallschutzmaßnahmen" zwingen (s. ferner § 17 IV FStrG; dazu *Nüßgens-Boujong* Rn. 247 ff.).

Den *Fluglärm* sucht der Gesetzgeber durch öffentlich-rechtliche Maßnahmen zu beschränken (s. das in Anm. 1 gen. Gesetz u. dazu als Beispiel BGHZ 79, 45). Daneben kommen privatrechtliche nachbarrechtliche Ausgleichsansprüche in Betracht (BGHZ 69, 105 u. 118) oder – bei Militärflugplätzen – ein Anspruch aus enteignendem Eingriff (BGH NJW 1986, 2423).

Daß man *kirchliches Glockengeläute* – zu vernünftigen Zeiten – „ertragen" muß, mußte sogar das BVerwG (NJW 1984, 989) entscheiden! – Zu den „Lärmpegeln" s. BVerwG NJW 1988, 2396: „Feueralarmsirene"; *Soergel/J. F. Baur* § 906 Rn. 41 ff.

3. Hinweise auf sonstiges Nachbarrecht

Vollständigkeit wird nicht angestrebt; folgende Materien sind aus dem Gesetz verständlich: Überhang (§ 910; dazu BGHZ 60, 235, 241: Verhältnis zu § 1004), Überfall (§ 911), Grenzstreitigkeiten (§§ 919–923 – dazu BGH NJW 1965, 37 –); zum Eigentum an Grenzmauern s. BGHZ 27, 197; 29, 372; 36, 46; 41, 177 und 43, 127; BGH NJW 1972, 195; *Gollnick* AcP 157, 460; *Westermann* in „Bauliches Nachbarrecht" (1954) S. 15; *Hodes* NJW 1962, 773 und 1965, 2088.

a) Nachbarrechtliche Sonderbestimmungen – namentlich über den *Abstand* von Gebäuden, Bäumen, Sträuchern – finden sich im *Landesrecht;*[2] die bundesgesetzliche Ermächtigung findet sich in den Art. 122–125 EGBGB.

Zu beachten ist, daß der in den *Baugesetzen* vorgeschriebene Abstand *keinen privatrechtlichen* Anspruch auf Einhaltung dieser Abstände gibt; der Nachbar ist auf die verwaltungsgerichtliche Klage angewiesen (zur sog. *öffentlich-rechtlichen Nachbarklage* s. unten 4).

Umgekehrt wird ein privatrechtlicher Anspruch nicht schon deshalb ausgeschlossen, weil ein Gebäude baupolizeilich (anders nach § 14 BImSchG) genehmigt ist.

Beispiel: Ist in einem Gebiet zweistöckige Bauweise durch den Bebauungsplan vorgeschrieben und beantragt B die Genehmigung für den Bau eines 12stöckigen Wohnhauses, so kann der Nachbar A gegen die Erteilung dieser Genehmigung (Dispens) *vor dem Verwaltungsgericht klagen.* Unterliegt er, so ist er nicht gehindert, gegen B nach § 1004 mit der Behauptung *vorzugehen,* ihm werde Luft und Licht entzogen (was allerdings – wie wir wissen: 2b cc – nach h. M. nicht ausreicht, um der Klage zum Erfolg zu verhelfen; s. aber 2e ee β).

b) „*Gefährliche – lästige Anlagen".* § 907 ist ein gesetzliches Beispiel für einen

---

[1] Eingehend zu den verschiedenen Rechtsgrundlagen für *eine Entschädigung* s. *Nüßgens/Boujong* Rn. 241 ff.; *Soergel/J. F. Baur* § 903 Rn. 203 ff.; BGH JZ 1986, 544 (mit Anm. *Papier*) = NJW 1986, 1980; 1987, 2886 u. unten § 26 V 2a. Zu den *öffentlich-rechtlichen Vorschriften,* die die Bekämpfung des Lärms zum Ziel haben, s. BVerwGE 77, 285 u. dazu *Scheuing* JuS 1988, 860; *Schmidt-Aßmann,* Schutz gegen Verkehrslärm, in *Salzwedel,* Umweltrecht, 1982, 303, ferner das Gesetz zum Schutz gegen *Fluglärm* v. 30. 3. 1971 (BGBl. I 282); dazu *Luckow* DVBl. 1981, 1133.

[2] Vgl. etwa bad.-württ. Gesetz über das Nachbarrecht v. 14. 12. 1959 (GesBl. 171); dazu Kommentare von *Birk,* 1982 u. *Kühnle/Vetter-Karremann,* 15. Aufl. 1983. – Bayer. Nachbarrecht: *Bayer/Lindner,* 1986; *Meisner/Ring/Götz* 7. Aufl. 1986; Nordrhein-Westfalen: *Schäfer* 7. Aufl. 1985.

vorbeugenden Unterlassungs- und Beseitigungsanspruch: Auch wenn lästige Einwirkungen noch gar nicht vorliegen, kann doch die Errichtung einer Anlage verhindert bzw. ihre Beseitigung verlangt werden, wenn von ihr unzulässige Einwirkungen zu erwarten sind.

Beachte aber die Beschränkung dieses Anspruchs durch § 907 Abs. 1 Satz 2 und durch § 14 BImSchG.

Beispiele:
BGH LM § 559 ZPO Nr. 8 (Badeanstalt); OLG München NJW 1954, 513 (Tankstelle).
Eine ähnliche Funktion hat *§ 908 bei drohendem Gebäudeeinsturz.*

c) *„Gefahrbringende Vertiefung".* § 909 hat erhebliche praktische Bedeutung, und zwar *einmal* dann, wenn durch Vertiefung (Erdaushub, Fundamentierung, Pfahlgründung usw.) das Nachbargrundstück seinen Halt verliert,

Beispiele: RGZ 132, 51; 144, 171; BGHZ 12, 75 (zu enge Auslegung!); BGH NJW 1960, 335 (Haftung für Gehilfen nach § 831; s. dazu oben § 5 II 1 c) cc); BGH NJW 1968, 1327 (Schaden durch Ausschachtung); BGHZ 44, 130 (Niveausenkung durch Gewicht eines Neubaus; ähnlich BGH NJW 1971, 935); BGH NJW 1980, 224 (Abbruch eines Kellers); BGHZ 63, 176 (Ausbaggerung eines Geländes); BGH NJW 1980, 1679 u. 1981, 50 (Bodenvertiefung bei Straßenbau); BGH NJW 1966, 42 (Schadensverteilung zwischen den Nachbarn); BGHZ 85, 375 (Haftung des Eigentümers und des Architekten); BGHZ 91, 282 (selbst verursachte Beeinträchtigung); BGHZ 101, 290 (Verursachung durch mehrere) u. 103, 39. – Umfangreiche Lit. u. Rspr.-Angaben bei MünchKomm/*Säcker* zu § 909.

ferner dann, wenn durch die Vertiefung der *Grundwasserspiegel* gesenkt wird und dadurch dem Nachbargebäude die Stütze entzogen wird.

Beispiele: BGHZ 57, 370 (Grundwassersenkung durch Gemeindekanalisation); BGHZ 69, 1 (Grundwasserentzug durch Baumaßnahmen des Nachbarn); RGZ 132, 51, 53; 167, 14 (zum ganzen Problemkreis *Klausing-Paul,* Häuser- und Grundstücksschäden u. s. f. [1940]; *Weber,* Häuserschäden durch Grundwassersenkung usw. 1937; *Gieseke,* Eigentum und Grundwasser (1959); MünchKomm/ *Säcker* § 909 Rn. 19.

Tabelle 17

Tabelle zulässiger und unzulässiger Immissionen

Abwehrrecht			Schadensersatz („Schadloshaltung" – „Ausgleich")
I. Grobkörperliche Immissionen:	ja	ja	(bei Verschulden: § 823)
II. Immission von Imponderabilien:			
1. Unwesentliche:	nein	nein	
2. Wesentlich, nicht ortsübliche:	ja	ja	(bei Verschulden: § 823)
sofern die Anlage nach §§ 4ff. BImSchG genehmigt ist	nein,	ja	(Anspruch auf Schadloshaltung auch ohne Verschulden, § 14 BImSchG).
3. Wesentliche, ortsübliche:			
a) technisch nicht verhinderbare:	nein	ja	(Anspruch auf Ausgleich nach § 906 Abs. 2 Satz 2)
b) technisch verhinderbare, aber Schutzeinrichtung wirtschaftlich nicht zumutbar:	nein	ja	(Anspruch auf Ausgleich nach § 906 Abs. 2 Satz 2)
c) Technisch verhinderbare, Schutzeinrichtung wirtschaftlich zumutbar:	ja	ja	(bei Verschulden: § 823)

4. *Der Einfluß des Baurechts auf das Nachbarrecht* – Der *sog. verwaltungsrechtliche Nachbarschutz* (Die öffentlichrechtliche Nachbarklage).[1]

Bisher hatten wir das privatrechtliche Nachbarrecht erörtert, also diejenigen Vorschriften des bürgerlichen Rechts, die das Verhältnis der Nachbarn untereinander regeln. Wir hatten aber festgestellt, daß dieses Verhältnis durch öffentlichrechtliche Normen und Akte beeinflußt wird,[2] so wenn ein Nachbar gegen den Inhaber einer behördlich genehmigten gefährlichen Anlage nicht den Unterlassungs- und Beseitigungsanspruch nach §§ 903, 906, 1004 BGB erheben kann (§ 14 BImSchG). Nun zeigt aber ein Blick in die Rechtswirklichkeit, daß die nachbarrechtliche Stellung des Grundeigentümers auch in anderer Weise als durch Entzug privatrechtlicher Abwehransprüche beeinträchtigt werden kann.

Dafür einige Beispiele: In einem Bebauungsplan ist für ein bestimmtes Gebiet zweigeschossige Bauweise vorgeschrieben. Die Baubehörde gestattet dem A die Errichtung eines achtstöckigen Hochhauses.
Das öffentliche Baurecht sieht für ein bestimmtes Gebiet einen seitlichen Abstand der Häuser von 6 m vor. Dem A gestattet die Behörde die Errichtung eines Hauses im Abstand von nur 5 m vom Nachbarhaus.
In einem Landhausgebiet genehmigt die Behörde die Errichtung eines – nicht unter § 14 BImSchG fallenden – Druckereigebäudes.

Offenbar kommen die in ihren Interessen beeinträchtigten Eigentümer mit privatrechtlichen Abwehransprüchen nicht (so in den beiden ersten Beispielen) oder nur ungenügend (so im dritten Beispiel) zum Ziel. Soll ihnen die Möglichkeit gegeben werden, als „Dritte" gegen den Genehmigungsakt vorzugehen, wenn ja, in welcher Form?

Dies gilt es nunmehr zu erörtern. Streng systematisch gehörten diese Ausführungen freilich oben zu § 13 C oder unten zu § 26. Aber verständlich werden sie nur dann, wenn man sie im Zusammenhang mit dem privaten Nachbarrecht sieht.[3]

a) Ausgangspunkt der Überlegungen ist, daß jede behördliche Baugenehmigung „unbeschadet der privaten Rechte Dritter" ergeht. Dies bedeutet, daß der Nachbar durch die Baugenehmigung nicht gehindert wird, seine „privaten Rechte" – mögen sie sich aus dem allgemeinen Nachbarrecht oder einer besonderen privatrechtlichen Rechtsstellung, z. B. einer Dienstbarkeit, ergeben – ge-

---

[1] Literatur (nur knappe Auswahl): *Martens* NJW 1985, 2302; *Bachof* DVBl. 1961, 130; *Bartlsberger* VerwArch 60 (1969), 35 u. DVBl. 1971, 723; *Jürgen F. Baur* GS f. Martens, 1987, 545 (Verhältnis von verwaltungsrechtl. u. zivilrechtl. Rechtsschutz); *Bettermann* NJW 1961, 1097; *Degenhart* JuS 1984, 187; *Dolde* NJW 1984, 1713, 1726 u. 1986, 1021/6; *Friauf* in v. Münch, Bes. Verwaltungsrecht, 8. Aufl. 1988, 523 (m. w. N.); *Jarass*, VVDStRL 50, 238 ff. (Verwaltungsrecht als Vorgabe für den zivilrechtlichen Nachbarschutz); *Karpen* NJW 1986, 881 (einstw. Rechtsschutz im Nachbarrecht); *Kemnade*, Der Rechtsschutz des Nachbarn im Baurecht, 1965; *Kunig* GS f. Martens, 1987, 599 („Dritte" u. Nachbarn im Immissionsschutzrecht); *Mühl* NJW 1958, 796 u. FS Baur, 1981, 83 (Verbindungslinien zwischen Baurecht u. privatem Nachbarschutzrecht); *Seewald* GS f. Martens, 1987, 461 (BauR u. Immissionsschutz); *Steinberg* NJW 1984, 457 (öff. NachbarR); *Timmermann*, D. baurechtl. Nachbarschutz (1969); *Wahl* JuS 1984, 577 (guter Überblick über Rspr. u. Lit.).
[2] Umfassend *Jarass*, VVDStRL 50, 238 ff. (Vorgaben des Verwaltungsrechts für das Privatrecht); ferner *Berg*, Die Verwaltung 1988, 319 ff.
[3] Zum Rechtsschutz Dritter in einem öffentlichrechtlichen Genehmigungsverfahren s. *Jarass* NJW 1983, 2844 u. *Ortloff* NJW 1983, 961.

gen den Bauherrn geltend zu machen, und zwar vor den ordentlichen Zivilge-richten.[1]

Steht dem B an dem Grundstück des A eine Dienstbarkeit des Inhalts zu, daß das Grundstück nicht bebaut werden darf, so kann B gegen A auf Unterlassung der Bebauung klagen, auch wenn dem A die Baugenehmigung erteilt worden war. Eine andere Frage ist es, ob dem A angesichts des „privat-rechtlichen Bauverbots" die öffentlich-rechtliche Baugenehmigung überhaupt hätte erteilt werden dürfen (s. dazu BVerwGE 20, 124; 42, 115 und *Schwerdtfeger* DÖV 1966, 494).

In unserem dritten Beispiel sind die Nachbarn der Druckerei nicht gehindert, ihre Ansprüche nach §§ 903, 906, 1004 geltend zu machen, auch wenn die Errichtung des Gebäudes baurechtlich und der Betrieb der Druckerei gewerbepolizeilich (sofern überhaupt erforderlich) genehmigt wor-den war.

b) Der „Vorbehalt der privaten Rechte" hilft dem Nachbarn jedoch dann nichts, wenn ihm privatrechtliche Abwehransprüche entweder überhaupt nicht zustehen oder er sie zur Zeit nicht geltend machen kann, seine Interessen aber gleichwohl durch die Baugenehmigung beeinträchtigt werden.

Gegen die Errichtung des Hochhauses (erstes Beispiel) kann der Nachbar auf der Grundlage des Nachbarrechts nichts unternehmen (s. oben 2b cc), ebensowenig gegen die Errichtung des Gebäudes im Abstand von nur 5 m (2. Beispiel). In unserem dritten Beispiel müßte er mit der Geltendmachung seiner privatrechtlichen Abwehransprüche zuwarten, bis sich aus dem Betrieb der Druckerei unzuläs-sige Geräuschimmissionen ergeben oder wenigstens feststeht, daß sie mit Sicherheit zu erwarten sind. –

Man könnte daran denken, die „nachbarschützenden" Vorschriften des öffentlichen Rechts als Schutzgesetze i. S. des § 823 Abs. 2 anzusehen und dem Nachbarn den sog. deliktischen Unterlas-sungsanspruch zuzusprechen. Aber damit wäre nichts gewonnen; denn solange die Baugenehmigung besteht, ist die Bautätigkeit nicht rechtswidrig.[2] Der Nachbar könnte also seine Rechte aus § 823 Abs. 2 erst geltend machen, wenn ihm die Aufhebung der Baugenehmigung geglückt ist; dies kann er aber nur in den Formen des Verwaltungs- und Verwaltungsprozeßrechts erreichen (s. dazu sofort c). Ist ihm aber die Aufhebung der Baugenehmigung geglückt, dann bedarf er nicht mehr des privat-rechtlichen Schutzes.

c) Das aufgezeigte Dilemma hat die neuere verwaltungsrechtliche Doktrin[3] durch das Institut der *öffentlich-rechtlichen Nachbarklage* überwunden. Sie beruht auf folgenden Grundgedanken: Im öffentlichen Baurecht finden sich Vorschrif-ten, die nachbarschützenden Charakter haben; sie dienen nicht nur der Realisie-rung des öffentlichen Interesses, sondern *auch* dem Schutz der privaten Interessen der Nachbarn (so z. B. die Bestimmungen über Bauabstände, die Anbringung von Fenstern, die Festlegung eines Gebiets als Wohngebiet usw.). Verletzt die Behörde diese Bestimmungen, indem sie sich stillschweigend über sie hinweg-setzt oder ausdrücklich einen – im einschlägigen Baurecht nicht vorgesehenen –

---

[1] BGH NJW 1959, 2013.

[2] S. *Friauf* aaO S. 524 ff. und BVerwGE 22, 129 A 1 (= *Baur*, E. Slg. Fall 18); 27, 29. – Eine interessante Regelung enthält Art. 27 des G über die Bauvorschriften v. 21. 1. 1958 (i. d. F. v. 3. 10. 1965) des Kantons *Bern*: Der beeinträchtigte Nachbar erhält gegen den durch eine Sonderregelung Begünstigten einen Entschädigungsanspruch in Geld (Lastenausgleichsanspruch). Diesen Hinweis verdanke ich Herrn Prof. Dr. Liver, Bern.

[3] Vgl. aus der Rechtsprechung BVerwGE 1, 83; 11, 95; 22, 129 (= *Baur*, E. Slg. Fall 18); 28, 33 u. 268; BVerwGE 32, 173; NJW 1981, 67 (dazu *Selmer* JuS 1981, 58; *Sellner*, FS 25jähr. Bestehen des BVerwG, 1979, 35 (Grundpflichten des BImSchG – nachbarschützend? Schutzgesetz?); *Hahn* JuS 1987, 536 (baurechtl. Nachbarabwehrrecht). – Zur Form einer „offensiven" Nachbarklage s. BVerwG NJW 1986, 469 u. NJW 1989, 1291; *Selmer* JuS 1986, 915.

Dispens erteilt,[1] so muß es dem betroffenen Nachbarn möglich sein, dagegen anzugehen. Zwar regelt die Baugenehmigung zunächst nur das Verhältnis zwischen der Behörde und dem Bauwilligen, sie ist insofern ein begünstigender Verwaltungsakt, aber sie beeinträchtigt, belastet gleichzeitig den Nachbarn (Verwaltungsakt mit Doppelwirkung). Die öffentlich-rechtliche Nachbarklage gibt ihm die Möglichkeit, diese Belastung zu beseitigen, sofern sie rechtswidrig ist, und zwar im Wege des Widerspruchs und der verwaltungsgerichtlichen Klage.

Damit ist die Nachbarklage grob gekennzeichnet. Geht man in die Einzelheiten – was hier nicht möglich, auch nicht notwendig ist –, so zeigt es sich, daß das Institut mit einer Unzahl von Streitigkeiten befrachtet ist. Andeutungsweise: Wann hat eine baurechtliche Vorschrift nachbarschützenden Charakter?[2] Wie ist die Rechtsstellung des Nachbarn, die sich aus solchen Vorschriften ergibt, rechtlich zu qualifizieren: subjektives öffentliches Recht? Reflexrecht? rechtlich geschütztes Interesse? (Zusammenhang mit der Klageberechtigung!).[3] Welchen prozessualen Weg hat der Nachbar zu beschreiten: Anfechtungs- oder Verpflichtungsklage?[4] Wie gestaltet sich sein vorläufiger Rechtsschutz: nach § 80 VwGO oder § 123 VwGO?[5] Ist eine vorbeugende Unterlassungsklage schon vor Erteilung der Baugenehmigung möglich?[6] Ist der Nachbar geschützt, wenn der Angriff auf seine Rechtsstellung schon in der örtlichen Bausatzung, also in einer Norm zu finden ist.[7]

Zu beachten bleibt schließlich, daß nach der Rechtsprechung (BVerwGE 32, 173, 178; 52, 122, 128; BVerwG NJW 1974, 811) Nachbarschutz auch dann zu bejahen ist, wenn zwar keine nachbarschützende Vorschrift verletzt ist, wenn aber die rechtswidrige Baugenehmigung *das Gebot der Rücksichtnahme* außer acht läßt, „soweit in qualifizierter und zugleich individualisierter Weise auf schutzwürdige Interessen eines erkennbar abgegrenzten Kreises Dritter Rücksicht zu nehmen ist" (BVerwGE 52, 122, 128; BGHZ 86, 356, 362; BVerwG NJW 1976, 1987: rechtswidrige Baugenehmigung zwingt einen Nachbarn zur Duldung eines Notwegs; Rechtsgrundlage: Art. 14 GG; einengend wohl BVerwG JZ 1980, 646; s. zum Ganzen *Mühl* FS Baur, 1981, 83, 86 m. w. N.; *Friauf* aaO., *Dolde* NJW 1986, 1021/1026: umfassende Nachweise). Zum Schadensersatzanspruch bei bauordnungswidriger Baugenehmigung s. BGHZ 60, 112 u. 86, 356.

Zu der Frage, ob auch ein *privatrechtlicher* Rechtsschutz gegen baurechtswidrige Bauten gegeben ist, s. BGH NJW 1976, 1889; *Picker* AcP 176, 128. Zur ähnlichen Situation im Umweltschutzrecht s. unten § 25 V.

d) Sicher schließt das Institut der öffentlich-rechtlichen Nachbarklage eine Lücke im nachbarrechtlichen Rechtsschutz. Die Regelung des Nachbarrechts insgesamt ist freilich dadurch recht unübersichtlich geworden; die verschiedenartigen Rechtsquellen und die aufgespaltene gerichtliche Zuständigkeit[8] erschweren das Verständnis und beeinträchtigen die Wirksamkeit des Rechtsschutzes. Eine künftige gesetzliche Regelung sollte daher *entweder* die Prüfung auch der privatrechtlichen Immissionsfrage in das Baugenehmigungsverfahren einbeziehen *oder* die nachbarschützenden Bestimmungen des öffentlichen Rechts als eine Abgrenzung der Rechts- und Interessensphären der Nachbarn untereinander begreifen mit der

---

[1] Umstritten, ob auch bei Erteilung einer im Baurecht vorgesehenen Ausnahmeerlaubnis, s. *Kemnade,* aaO S. 83 ff. (m. w. N.) u. BVerwG JZ 1988, 404.

[2] Über die Grundsätze der Nachbarklage und die Schadenshaftung unterrichtet ausgezeichnet BGHZ 86, 356 (zur Lektüre dringend empfohlen); BVerwG JZ 1988, 404; ferner *Walde* aaO.

[3] Vgl. *Bachof* in Gedächtnisschrift für Jellinek, 1955, S. 287 ff., S. 299 ff.; *Kemnade* aaO S. 27 ff; *Walde* aaO.

[4] BVerwGE 22, 129: Anfechtungsklage.

[5] S. dazu BVerwG DVBl. 1969, 269: § 80 VwGO.

[6] BVerwG DVBl. 1971, 746; *Bender/Dohle* Rn. 90–92.

[7] Normenkontrollklage (§ 47 VwGO): *Bender/Dohle* Rn. 93–101

[8] S. dazu schon *Baur* JZ 1962, 73, 74 und 1963, 41, 46 u. FS f. Sontis, 1977, 181; *Redeker* NJW 1959, 749.

Konsequenz, daß dem geschützten Nachbarn subjektive Abwehrrechte auch aus diesem Rechtskreis erwachsen.

V. Umweltschutzrecht

I. *Vorbemerkung:*

Das Umweltschutzrecht (USchR) hat keine einheitliche gesetzliche Regelung erfahren. Vielmehr ist die Materie in zahlreichen Gesetzen – von denen die wichtigsten das Bundesimmissionsschutzgesetz und das am 1. Januar 1991 inkraft getretene Umwelthaftungsgesetz sind – behandelt und von der Rechtsprechung und Literatur weiter entwickelt worden. Das Verständnis für die komplizierten Zusammenhänge wird – so hoffe ich – erleichtert, wenn man eine *nach dem Standort der jeweiligen Regelung* gewählte *Gliederung* versucht:

1. Das USchR gehört dem *öffentlichen Recht* an, *wenn und insoweit* es der Aufgabe des Staates dient, die Umwelt (z. B. Luft – Wasser – Boden) in einem für das Leben des Menschen geeigneten Zustand zu erhalten oder in einen solchen zu versetzen (vgl. z. B. §§ 1, 3 BImSchG). Dieser öffentlichrechtliche Bereich ist

a) *materielles öffentliches Recht,* insofern die Rechtsgrundlagen zur Erreichung dieses Zieles durch Gebote, Verbote, Weisungen usw. geregelt werden;

b) *öffentliches Verfahrensrecht,*[1] insofern die Regeln für die praktische Durchsetzung der im materiellen öffentlichen Recht enthaltenen Ziele und Maßnahmen und für den Rechtsschutz getroffen werden. Dazu gehört einmal die Rechtsstellung des Betreibers bzw. Antragstellers einer gefährlichen Anlage, zum anderen die verfahrensrechtliche Stellung eines Dritten durch die Genehmigung oder den Betrieb einer Anlage möglicherweise Betroffenen; hier spricht man von *Drittschutz* oder von dem Schutz (eines oder mehrerer) mittelbar Betroffener.

Beispiel: Welche Grundsätze gelten für einen Antrag auf Genehmigung einer Anlage? Können in dem Genehmigungsverfahren für ein chemisches Werk die Nachbarn (nähere? entfernte?) – jedermann, der in der weiteren Umgebung wohnt? – jeder „Interessierte"? als Beteiligte auftreten? In welchem Umfang sind sie von amtswegen beizuziehen? Können sie eine erteilte Genehmigung anfechten?

2. Das USchR gehört aber auch dem *Bereich des Privatrechts* an, und zwar dem materiellen Privatrecht wie dem verfahrensrechtlichen Privatrecht.

a) Der *materiell privatrechtliche Bereich* hat verschiedene Anknüpfungen, so einmal den – von uns schon eingehend erörterten – Immissionsschutz der §§ 906, 903 mit § 1004 (s. oben IV), ferner die öffentlichrechtlichen Schutznormen als Schutzgesetze i. S. d. § 823 Abs. 2 und schließlich die im Gesetz normierten Fälle der Gefährdungshaftung.

b) Das *verfahrensrechtliche Privatrecht* regelt das Verfahren zur Durchsetzung privatrechtlicher USch-Ansprüche. Anders als im öffentlichen Recht wird hier die Fixierung der am Verfahren Beteiligten kaum Schwierigkeiten machen; denn

---

[1] Verfahrensrecht ist immer öffentliches Recht. Aus Gründen der Anschaulichkeit wird aber hier zwischen „öffentlichem Verfahrensrecht" und „privatrechtlichem Verfahrensrecht" unterschieden, wobei bei der Einordnung der Gegenstand der Verfahren maßgebend ist.

die Parteirollen werden durch den behaupteten materiellen Anspruch fixiert. Schwierigkeiten machen aber vor allem die Beweisfragen, so bezüglich der Kausalität, des Verschuldens (wo es auf das Verschulden ankommt), ferner Fragen der Beweislast und der Anforderungen an den Beweis (z. B. Anscheinsbeweis).

3. In einem Lehrbuch des Sachenrechts kann man keine umfassende Darstellung des USchR.s erwarten. Hingewiesen kann nur werden auf umweltschutzrechtliche Regelungen, die mit dem Sachenrecht unmittelbar (z. B. § 906 BGB mit § 14 BImSchG) oder mittelbar (z. B. Schutz des Nachbarn im Baurecht, s. oben IV 4) zusammenhängen.

Die Bedeutung des individuellen Rechtsschutzes im Umweltrecht läßt die Themenstellung des 56. Deutschen Juristentages 1986 erkennen, nämlich „Der Ausbau des Individualschutzes gegen Umweltbelastungen als Aufgabe des bürgerlichen und öffentlichen Rechts". Die Beratungen wurden vorbereitet durch ein umfang- und inhaltsreiches Gutachten (C) von *Marburger* (1986) und durch zahlreiche Aufsätze, z. B. *Hager* NJW 1986, 1961, *Jauernig* JZ 1986, 605, *Medicus* JZ 1986, 778, *Ronellenfitsch/Wolf* NJW 1986, 1955; *Adams* ZZP 99, 129; s. ferner *Schulte* JZ 1988, 278 (Ersatz „ökologischer Schäden"). Bezüglich der fast nicht mehr überschaubaren literarischen Äußerungen zu diesem Thema und der umfangreichen Judikatur kann auf die Nachweise in den genannten Darlegungen verwiesen werden.[1,2]

4. Vorweg sollen ferner die für einen individuellen Umweltrechtsschutz wichtigsten Gesetze genannt werden:

a) Das *Bundesimmissionsschutzgesetz* v. 15. 3. 1974.[3] Es enthält eine Legaldefinition seines Zwecks, nämlich „Menschen sowie Tiere, Pflanzen und andere Sachen vor schädlichen Umwelteinwirkungen und, soweit es sich um genehmigungsbedürftige Anlagen handelt, auch vor Gefahren, erheblichen Nachteilen und erheblichen Belästigungen, die auf andere Weise herbeigeführt werden, zu schützen und dem Entstehen schädlicher Umwelteinwirkungen vorzubeugen".

Das Gesetz geht also in seiner Tendenz weit über die frühere Regelung der Genehmigungspflicht für gefährliche Anlagen (§§ 16 ff. GewO) hinaus. Es erfaßt sowohl gefährliche und daher genehmigungspflichtige Anlagen (§§ 4–21, vergleichbar mit den früheren §§ 16 ff. GewO), wie nicht genehmigungspflichtige, aber u. U. doch schädliche Anlagen (sog. Kleinemittenten §§ 22 bis 25), ferner auch Maschinen usw. (§ 3 Abs. 5 Nr. 2), Kraft-, Schienen-, Luft- und Wasserfahrzeuge (§ 38), den Bau von Schienen- und Straßenwegen (§ 41) usw.;

b) Das Umwelthaftungsgesetz vom 10. 12. 1990 (UmweltHG).[4] Es enthält eine anlagenbezogene Gefährdungshaftung für aus Umwelteinwirkungen entstandene Personen- und Sachschäden. Der Inhaber bestimmter in einem Anhang zum

---

[1] S. dazu *Breuer* in v. Münch u. a., Bes. VerwR, 8. Aufl. 1988, S. 601; *Kloepfer,* UmweltR, 1989; *Hoppe/Beckmann,* UmweltR, 1989; *Storm,* UmweltR, 2. Aufl. 1987, sowie die Beiträge im Jahrbuch für Umwelt- und Technikrecht, Bd. 3, 1987; *R. Schmidt,* Einführung in das Umweltrecht, 2. Aufl. 1989.

[2] S. auch *Baur* JZ 1987, 317; *Pfeifer,* D. Bedeutung des privatrechtl. Umweltschutzes, 1987; *Gerlach,* Privatrecht u. Umweltschutz im System d. Umweltrechts, 1989; *Nicklisch,* Prävention im Umweltrecht, 1988; *Diederichsen,* FS Lukes, 1989, 41 ff.; *Steffen,* NJW 1990, 817 ff.; *Hager,* JZ 1990, 397 ff.; *Olzen,* Jura 1991, 281.

[3] Hierzu *Sellner,* Immissionsschutzrecht und Industrieanlagen, 2. Aufl. 1988, sowie die Kommentare *Jarass,* Bundesimmissionsschutzgesetz, 1983; *Feldhaus,* Bundesimmissionsschutzrecht, Bd. I, 2. Aufl., Loseblattsammlung Stand 1989.

[4] Hierzu *Hager,* NJW 1991, 134 ff.; *Kreuzer,* JA 1991, 209 ff.; *Reuter,* BB 1991, 145 ff.

Gesetz aufgezählter Anlagen haftet ohne Verschulden[1] bis zu einem Haftungs-
höchstbetrag von jeweils 160 Mio. DM für Personen- und für Sachschäden, die
durch von solchen Anlagen ausgehenden Umwelteinwirkungen entstanden sind.
Gemeint sind dabei Schäden, die durch emittierte Stoffe, Erschütterungen,
Druck, Strahlen, Gase, Dämpfe, Wärme oder sonstige Erscheinungen verursacht
worden sind, welche sich in Boden, Luft oder Wasser ausgebreitet haben. Die
Gefährdungshaftung erfaßt gleichermaßen Störfallschäden, wie Schäden während des Normalbetriebs und auch Schäden aus freigesetzten Stoffen, deren Gefährlichkeit nach dem Stand der Wissenschaft unterschätzt worden ist.

c) das *Wasserhaushaltsgesetz*, s. dazu unten § 27 V;

d) das *Atomgesetz* i. d. F. vom 15. 7. 1985;

e) die baurechtlichen Bestimmungen, insbes. das *BauGB* (s. unten § 26 II);

f) die *Naturschutzgesetze* (unten § 26 IV). –

II. Unter Benutzung der eben in der Vorbemerkung (I 1, 2) entwickelten
Gliederung sollen im Folgenden einige Bemerkungen zum *individuellen USchR*
(und Verweisungen auf schon früher Gesagtes) gemacht werden:

zu I 1a und b: Öffentliches Recht: Materieller und verfahrensrechtlicher Bereich

(1) Das dem öffentlichen Recht angehörende Umweltrecht hat den Schutz der
Allgemeinheit zum Ziel. Fraglich ist, ob und unter welchen Voraussetzungen
sich daraus auch individuelle Schutzrechte ableiten lassen. Eine Antwort hierauf
ist zunächst im öffentlichen Verfahrensrecht versucht worden, insbesondere bei
der Klagebefugnis im Verwaltungsprozeß und allgemein für die Beteiligtenstel-
lung im öffentlichen Verfahren. Die Antwort auf die Frage ist aber auch bedeutsam im *materiellen* Bereich des öffentlichen Rechts, etwa für die Frage, wem
öffentlichrechtliche Entschädigungsansprüche zustehen können. Schließlich aber
auch bedeutsam für privatrechtliche Ansprüche, die auf Verletzung eines öffentlichrechtlichen Schutzgesetzes nach § 823 Abs. 2 BGB gestützt werden.
Die Antwort auf die Frage wird heute meist aus der sog. *Schutznormtheorie*
abgeleitet:[2] Danach ist notwendig die Verletzung entweder einer auch den Dritten schützenden Norm oder des Gebots der Rücksichtnahme auf schutzwürdige
Interessen des Dritten oder ein besonders schwerer Eingriff in eine geschützte
Rechtsstellung (z. B. in das Eigentum nach Art. 14 GG).

Zu den Auswirkungen der Schutznormtheorie im Baurecht s. oben IV 4c.

(2) Der Verstoß gegen ein auch zugunsten eines Dritten geltendes Schutzgesetz
öffnet – wie gesagt – im Falle des Verschuldens sei es der Behörde, sei es des
Betreibers der Anlage nach Art. 34 GG mit § 839 BGB bzw. nach § 823 Abs. 2
BGB den Weg zu einem privatrechtlichen Schadensersatzanspruch. Können sich
so aus dem öffentlichrechtlichen Bereich privatrechtliche Ansprüche ergeben, so
kann andererseits das öffentliche Recht auch zu einem *Ausschluß oder einer Be-*

---

[1] Zu der bis zum Inkrafttreten des Gesetzes bestehenden Haftungsregelung, *Michalski*, DB 1991,
1365.

[2] S. *Marburger, Hager*, oben V 3.

schränkung privatrechtlicher Ansprüche führen; so wenn die öffentlichrechtliche Genehmigung einer Anlage nach § 14 BImSchG einen an sich nach privatem Immissionsrecht gegebenen Beseitigungs- und Unterlassungsanspruch verhindert und den beeinträchtigten Nachbarn im wesentlichen auf einen Entschädigungsanspruch verweist (Einzelheiten s. oben IV 2c).

Zu 2a und b: Privatrecht: Materieller und verfahrensrechtlicher Bereich

(1) Die *privatrechtlichen Ansprüche* haben zum Teil einen originären Charakter, zum Teil einen aus dem öffentlichen Recht abgeleiteten:

aa) *Originär* sind die *immissionsrechtlichen Ansprüche* aus §§ 1004, 862 BGB mit §§ 903, 906, und zwar sowohl die negatorischen, also die auf Beseitigung und Unterlassung gerichteten Ansprüche wie der Ausgleichsanspruch nach § 906 Abs. 2 S. 2 BGB (s. oben IV 2d).

Originär sind ferner die Ansprüche aus *Gefährdungshaftung.* Hierher gehören die Haftung für Personen- und Sachschäden, hervorgerufen durch Umwelteinwirkungen aus Anlagen nach dem UmweltHG (dazu oben V 4b), für atomare Schäden nach dem Atomgesetz und dem Pariser Atomhaftungsübereinkommen,[1] die Haftung für die dem Wasser zugefügten Schäden nach § 22 WHG,[2] die Haftung für Schäden durch Energieanlagen nach § 2 HaftpflichtG.[3]

bb) *Abgeleitet* (aus dem öffentlichen Recht) sind die Ansprüche *nach § 823 Abs. 2* wegen schuldhaften Verstoßes gegen ein im öffentlich-rechtlichen Umweltrecht enthaltenen *Schutzgesetz.*

Verwandt damit ist die *Haftung wegen Verstoßes gegen* sog. *Verkehrspflichten* (Verkehrssicherungspflichten) *nach § 823 Abs. 1.*[4] Solche Pflichten können sich ergeben aus gesetzlichen Vorschriften, aus behördlichen Richtlinien (z. B. TA-Luft), aus der Rechtsprechung.

So sagt etwa der BGH in BGHZ 92, 143, 151: „Es gehört zu der Verkehrssicherungspflicht des Emittenten, die erforderliche Kontrolle zur Einhaltung unschädlicher Emissionswerte zu schaffen". S. weiter *Marburger* DJT 1986 C 121; *Hager* NJW 1986, 1966 m. w. N.

cc) Eine „gemischte" Ableitung aus dem öffentlichen *und* Privatrecht stellt schließlich der – schon oben erörterte – *Ersatzanspruch aus § 14 BImSchG* dar, gemischt insofern als Ausgangspunkt ein an sich gegebener, privatrechtlicher negatorischer Anspruch aus § 1004 mit §§ 903, 906 ist, der aber wegen der öffentlich-rechtlichen Genehmigung der Anlage des Betreibers zu einem Schadensersatzanspruch „umgebogen" ist.[5]

dd) Eine gemischte Ableitung haben schließlich Ansprüche aus *enteignendem und enteignungsgleichem Eingriff* (s. oben § 13 C I 4, 5 und 6); sie gehören dann hierher, wenn ein Zusammenhang mit einem umweltrechtlichen Sachverhalt besteht.

---

[1] Dazu *Larenz* II § 77 VII.
[2] *Larenz* II § 77 IX.
[3] *Larenz* II § 77 VI.
[4] *Larenz* II § 72 I d.
[5] S. oben IV 2e.

So etwa, wenn ein Eigentümer durch übermäßige Geruchsbelästigungen beeinträchtigt wird, die von einer – schlicht hoheitlich – betriebenen städtischen Kläranlage ausgehen (BGHZ 91, 20) oder wenn er durch die Planung einer Autobahn Verkehrsimmissionen zu befürchten hat, die die Enteignungsschwelle übersteigen (BGH NJW 1986, 1980 = BGHZ 97, 114).

Das gleiche gilt für umweltrechtlich konturierte *Ansprüche* aus *Amtspflichtverletzung* (s. oben § 13 C I 4 c). Beispiel: BGHZ 97, 97.

(2) Im *verfahrensrechtlichen Bereich* des Privatrechts spielen *Beweisprobleme* die größte Rolle, namentlich bezüglich der Kausalität und – wo vorausgesetzt – des Verschuldens, und zwar bezüglich der Beweislast und der Beweisanforderungen.

Zum Folgenden wird die Lektüre von zwei Leitentscheidungen des BGH empfohlen: BGHZ 70, 102 (Ziegeleifall) und 92, 143 (Kupolofenfall); ferner zusammenfassend: *Marburger* aaO C 123; *Hager,* NJW 1986, 1960 u. neuerdings Jura 1991, 303; *Salje,* DAR 1988, 303; *Emmerich* JuS 1985, 312; *Medicus* JZ 1986, 778.

Nach allgemeinen Regeln hätte der beeinträchtigte Kläger die *Beweislast* für Kausalität und Verschulden, der Beklagte nur die Beweislast für die Unwesentlichkeit der Immission oder die Ortsüblichkeit und Nichtverhinderbarkeit (§ 906 BGB).

Es ist augenscheinlich, daß diese Beweissituation des Klägers schwierig ist. Die Rechtsprechung erleichtert sie dadurch, daß bei Überschreitung der behördlich festgelegten Grenzwerte (z. B. TA-Luft) eine *Beweislastumkehr* sowohl bezüglich der Kausalität wie des Verschuldens Platz greift. Werden andererseits diese Grenzwerte eingehalten, so ist davon auszugehen, daß „regelmäßig schädliche, unzulässige Immissionen nicht eintreten werden" (BGHZ 92, 143, 151). Dies bedeutet dann, daß der Betreiber es im Sinne des *Anscheinsbeweises* jetzt dem Kläger überlassen kann darzutun, daß dem Betreiber im konkreten Fall zusätzliche Gefahrabwendungspflichten über die Richtwerte hinaus obgelegen hätten (Einzelheiten s. *Hager,* NJW 1986, 1960 f. m. w. N.).

Eine ganz wesentliche Verbesserung der Position des Klägers bringt nunmehr das UmweltHG für Personen- und Sachschäden, hervorgerufen durch Umwelteinwirkungen aus bestimmten Anlagen. Zur Begründung seines verschuldensunabhängigen Ersatzanspruchs muß der Geschädigte nicht, wie es allgemeinen Regeln entspräche, den Zusammenhang zwischen der Umwelteinwirkung und seinem Schaden beweisen. Es genügt der Nachweis, daß die Anlage nach den Gegebenheiten des Einzelfalls geeignet ist, den entstandenen Schaden zu verursachen (Einzelheiten *Hager* NJW 1991, 134, 137 f.; *Landesberg/Lülling* BB 1991, 479 ff.): der Betrieb der Anlage muß mit der Freisetzung bestimmter Schadstoffe verbunden sein, zwischen den freigesetzten Schadstoffen und dem erlittenen Schaden muß eine räumlich-zeitliche Beziehung bestehen, und die freigesetzten Schadstoffe müssen geeignet sein, den Schaden zu verursachen (§ 6 I UmweltHG). Diese Beweiserleichterung gilt allerdings nur für den Störfall sowie für die Fälle, in denen Betriebspflichten, etwa bestimmte Grenzwerte, nicht eingehalten wurden (§ 6 II UmweltHG). Der sogenannte rechtmäßige Normalbetrieb der Anlage wird demgegenüber privilegiert. Hier hat der Geschädigte die Kausalität nach allgemeinen Regeln nachzuweisen.

§ 26. Die Inhaltsgestaltung und Beschränkung des Grundeigentums durch das öffentliche Recht – Die Eigentumsentziehung

I. Überblick

Lesen Sie zunächst § 24 und § 13 C.

Wie wir oben § 24 erörterten, ist es in aller Regel Aufgabe des Gesetzgebers, die Pflichtbindung des Eigentums zu konkretisieren, die möglichen Eigentumsbeschränkungen festzulegen und die Voraussetzungen für eine völlige Entziehung des Eigentums aus Gründen des öffentlichen Wohls zu schaffen. Das Gesetzgebungswerk, das diesen Zweck erfüllt, ist kaum übersehbar. Der Versuch, es lückenlos darzustellen, wäre von vornherein wenig aussichtsreich, auch wenig reizvoll. Es muß genügen, einige besonders bedeutsame prägnante Gesetze hervorzuheben. Dabei wird eine Gliederung nach dem Zweck, den die gesetzgeberischen Maßnahmen verfolgen, ratsam sein; freilich ist zu beachten, daß eine bestimmte Maßnahme u. U. verschiedenartige Ziele anstrebt. Mit diesem Vorbehalt läßt sich vielleicht folgende Gliederung vertreten:

Im Vordergrund steht das öffentliche *Baurecht.* Ursprünglich rein der Gefahrenabwehr dienend (Baupolizei!) hat es sich mehr und mehr in Richtung auf eine das ganze Gebiet (oder Teilgebiete) einer Gemeinde umfassende Bauplanung entwickelt; Ausdruck dieser veränderten Betrachtungsweise ist das BauGB (II). Die örtliche Bauplanung findet ihre Ergänzung in der weite Siedlungsgebiete umfassenden *Landesplanung* und Raumordnung (III). Ästhetische und ideelle Gesichtspunkte verfolgen *Natur-* und *Denkmal*schutz (IV), während die Beschränkungen des Eigentums im Interesse des *Verkehrs* und der Verkehrsmittel wieder sehr reale Belange der Allgemeinheit im Auge haben (V). *Ernährungs-* und *berufspolitischen Tendenzen* entspringen die im Landwirtschaftsrecht vorgesehenen Eigentumsbeschränkungen (VI). Ein anderer Bereich kann mit dem Stichwort „Staatliche *Wirtschaftslenkung*" überschrieben werden (VII). Die *Enteignung* führt zu Eigentumsentziehung. Sie kann mannigfaltigen Zwecken dienen, denen nur die Berufung auf die Notwendigkeiten des öffentlichen Wohls gemeinsam ist (VIII).

II. Eigentumsbeschränkungen durch das öffentliche Bau- und Bauplanungsrecht

1. Das öffentliche Baurecht ist *ursprünglich Baupolizeirecht,* dient also der Gefahrenabwehr: es ist ein hergebrachter Grundsatz des Verwaltungsrechts, daß der Eigentümer (Besitzer) „für den polizeigemäßen Zustand" seines Eigentums einzustehen hat. Dieser Satz findet sich dem Sinn nach in allen neueren Polizeigesetzen (vgl. z. B. § 20 PVG, § 7 bad. württ. PolG). Die Polizei kann alle Maßnahmen treffen, um ihm im konkreten Fall Geltung zu verschaffen (oben § 12 V 2).

Eine zivilrechtliche Parallele ist die in erster Linie dem Eigentümer obliegende *Verkehrssicherungspflicht,*[1] nur liegt die Betonung auf der Gefahrenabwehr zugunsten Einzelner, während die polizeiliche „Zustandshaftung" in erster Linie den Schutz der Allgemeinheit bezweckt.

Bedeutend ist der Unterschied allerdings nicht, da im Polizeirecht auch der Einzelne als Glied der Allgemeinheit geschützt wird: Ist das Treppengeländer in einem Mietshaus schadhaft, so kann die Baupolizei dem Eigentümer die Reparatur auferlegen und erzwingen. Stürzt ein Besucher des Hauses, so haftet der Eigentümer nach § 823 (während er den Mietern und ihren Angehörigen aus Mietvertrag [in Verbindung mit § 328: Schutzpflicht[2]] haftet).

---

[1] Siehe dazu *Larenz* II § 72 I d; *Esser-Weyers* § 55 V; *Fikentscher* § 103 III und zum Verhältnis zur Amtshaftung BGHZ 32, 352.

[2] Siehe dazu *Larenz* I § 17 II; BGH NJW 1988, 2667. – Eine weitere Parallele ist die Haftung des Besitzers nach § 836.

Unbebaute Grundstücke werden selten Anlaß zu behördlichen Maßnahmen bieten. Dies ändert sich, sobald ein Grundstück bebaut werden soll: Die Feststellung, daß die sog. *Baufreiheit* zum Inhalt des Grundeigentums gehört,[1] hindert doch nicht, daß bei jedem Bau polizeiliche Gesichtspunkte (z. B. Feuerschutz, statische Festigkeit u. s. w.) präventiv berücksichtigt werden. Daher sehen die Baugesetze überall den Baugenehmigungszwang vor; auf die Erteilung der Baugenehmigung besteht – wenn sich das Bauvorhaben im Rahmen des Baugesetzes und des meist gemeindlichen Baustatuts (Bausatzung, Bebauungsplan) hält – ein Rechtsanspruch (anders beim Baudispens, der eine Ausnahmegenehmigung enthält!). Der Genehmigungszwang ist als generelle Beschränkung des Eigentums anzusehen; er bedarf zwar gesetzlicher Grundlage, hat aber keinerlei Entschädigungspflicht zur Folge.

2. Daß die Beachtung rein baupolizeilicher Gesichtspunkte nicht ausreicht, um ein geordnetes Bauen sicherzustellen, liegt auf der Hand: In aller Regel ist ein Gebäude Teil eines Bau- und Siedlungsgebiets; es muß in dieses Gebiet eingeordnet, an die öffentlichen Verkehrswege und die gemeindlichen Versorgungsleitungen angeschlossen und in ein gewisses vernünftiges Verhältnis zu den schon vorhandenen oder beabsichtigten Bauten gebracht werden: Die Baupolizei muß durch die *Bauplanung* ergänzt werden. Auf der Grundlage eines Baugesetzes müssen die Gemeinden Ortsbausatzungen (Ortsbaupläne, Bebauungspläne) erlassen; sie fixieren die bebaubaren Flächen für bestimmte Baugebiete, legen die öffentlichen Straßen und Versorgungsleitungen fest, bestimmen die Bebauungsart (z. B. Wohngebiet, Industriegebiet), enthalten Vorschriften über die Höhe der Bauten, die Bauabstände u. s. w.

3. Das öffentliche Baurecht war früher weithin Landesrecht; daraus ergab sich eine unheilvolle Rechtszersplitterung. Auch waren die Baugesetze den heute gestellten Anforderungen (Zusammenballung von Industrie- und Wohngebieten auf kleinem Raum – Verkehrsprobleme – Wiederaufbau zerstörter Städte) vielfach nicht mehr gewachsen. Hier sucht das *Bundesbaurecht* Abhilfe zu schaffen; es enthält die Rechtsgrundlage für alle Maßnahmen, die eine geordnete, geplante Bebauung eines Gemeindegebiets zum Ziele haben.

Bundesbaurecht

Maßgebend ist nunmehr das *Baugesetzbuch* v. 8. 12. 1986 (BauGB). Es löst seine Vorläufer: das Bundesbaugesetz v. 23. 6. 1960 und das Städtebauförderungsgesetz vom 27. 7. 1971 ab. Beide Gesetze wurden zum Teil inhaltlich novelliert, zum Teil unverändert in das neue BauGB übernommen.[2] Die *Neuerungen* betreffen im wesentlichen eine Stärkung des *Umweltschutzes*,[3] eine Vereinfachung des städtischen *Sanierungs*- und *Stadterneuerungsrechts,* eine Stärkung der *kommunalen Selbstverwaltung* und damit verbunden eine *Verfahrensvereinfachung* für den Bauwilligen.

Die Gliederung des Gesetzes in „Kapitel" und „Teile" weist deutlich auf den Inhalt hin: Das *erste Kapitel* (§§ 1–135) enthält das *„Allgemeine Städtebaurecht"*, also sozusagen die Regelung der Normalfälle. Hierzu gehören die *Bauleitplanung* (§§ 1–13; unten a, b), deren *Sicherung* durch Veränderungs-

---

[1] Dazu *Maunz/Papier* Art. 14 GG Rn. 59 ff.; *Nüßgens/Boujong* Rn. 39 ff. (je m. w. N.).

[2] *Lit. Hinweis: Battis* u. a. BauGB, 2. Aufl. 1987; *Bielenberg* u. a., Städtebauförderungsrecht, 3. Aufl. 1988; *Hoppenberg* NJW 1987, 748; *Peine* JZ 1987, 322; *Schelter* DNotZ 1987, 330; *Cholewa* u. a., D. neue BauGB, 1987; *Schlichter/Stich,* Komm. zu BauGB, 1988.

[3] S. jetzt § 1 Abs. 5 Nr. 7 BauGB.

sperre (unten a), Teilungsgenehmigung und vor allem durch das gesetzliche Vorkaufsrecht der Gemeinde (unten c) aa) bb), das *Enteignungsrecht* (unten c) bb), damit verwandt die *Baulandumlegung* (unten d) und schließlich die *Erschließung* der Baugrundstücke (unten c). Das *zweite Kapitel* enthält unter dem Stichwort *„Besonderes Städtebaurecht"* vor allem die Regelung der städtebaulichen Sanierungs- (§§ 136–164) und Entwicklungsmaßnahmen (§§ 165–171) und schließlich der „Erhaltungssatzung" (§§ 172–174) und der „städtebaulichen Gebote" (§§ 175–179). Das *dritte Kapitel* regelt das *Verwaltungsverfahren* (§§ 200–216) und vor allem die *gerichtliche Zuständigkeit* der Kammern (Senate) für Baulandsachen (§§ 217–232) unten g).

a) Die Besiedlung und Bebauung des Gemeindegebiets erfolgt auf der Grundlage von *Bauleitplänen,* und zwar des *Flächennutzungsplans* (er enthält sozusagen das Programm, in dem er „für das ganze Gemeindegebiet die sich aus der beabsichtigten städtebaulichen Entwicklung ergebende Art der Bodennutzung nach den voraussehbaren Bedürfnissen der Gemeinde *in den Grundzügen*" darstellt) und des *Bebauungsplans* (rechtsverbindliche Festsetzung der baulichen Ordnung; z. B. Art und Maß der baulichen Nutzung, Mindestgröße der Baugrundstücke, Flächen für den Gemeinbedarf). Zur Sicherung der Bauleitplanung kann eine *Veränderungssperre*[1] angeordnet werden, die während einer gewissen Frist bauliche Veränderungen ausschließt. Dauert die Bausperre nicht länger als 4 Jahre, so ist sie Ausdruck einer Sozialbindung des betroffenen Grundeigentums und muß entschädigungslos hingenommen werden (dazu BGHZ 73, 161 u. 78, 152). Bei zeitlich weiter reichenden Bausperren (§ 18) sowie bei gewissen Eigentumsbeschränkungen, die sich aus dem Bebauungsplan ergeben, ist Entschädigung zu leisten; unter bestimmten Voraussetzungen kann der Eigentümer auch „Übernahme" seines Grundeigentums verlangen. Unter die Entschädigungspflicht fallen etwa der Ausweis von Grundstücken als Verkehrs- und Grünflächen, die Festsetzung von absoluten Bauverboten für bestimmte Grundstücke. Die sehr ins Detail gehende Entschädigungsregelung beruht auf dem Grundsatz, daß die Bauleitplanung als solche im Rahmen der – entschädigungslos – zu duldenden Inhaltsbestimmung des Eigentums liegt, daß aber Maßnahmen wie z. B. die eben genannten durch ihre Schwere zur Entschädigung verpflichten. Hatte also etwa ein Grundeigentümer beabsichtigt, auf seinem Grundstück ein mehrstöckiges Mietshaus zu errichten, gestattet aber der Bebauungsplan nur eine aufgelockerte Bauweise im Landhausstil, so scheidet eine Entschädigung aus. Anders dann, wenn das Grundstück in Zukunft nicht mehr bebaut werden darf oder wenn eine nach bisherigem örtlichem Baurecht zulässige Bauweise durch den neuen Bebauungsplan aufgehoben oder geändert wird (Einzelheiten vergl. §§ 39–44 BauGB: sog. Planungsschadensrecht; dazu BGH NJW 1989, 976).

Der Sicherung der Bauplanung dient auch die *Genehmigungspflicht* für die *Teilung* von Grundstücken innerhalb und außerhalb eines Bebauungsplans (Einzelheiten s. § 19).

b) Der *Bebauungsplan* ist das verbindliche Baustatut des von ihm umschriebenen Geländes. Entspricht ein Bauvorhaben den in ihm enthaltenen Bestimmungen, so besteht ein Rechtsanspruch auf Erteilung der Baugenehmigung.[2] Ausnahmebewilligungen für Bauten, die dem Bebauungsplan nicht entsprechen, sind nur in begrenztem Rahmen zulässig (§§ 31, 34 III, 35 IV).

c) Andere gesetzliche Maßnahmen sollen es den Gemeinden ermöglichen, das für öffentliche Zwecke oder Bauvorhaben *erforderliche Gelände* in ihre Hand zu bekommen:

aa) Ein Mittel hierzu ist ein *gesetzliches Vorkaufsrecht* der Gemeinde („zum Wohle der Allgemeinheit"), das aber nach der jetzigen Regelung (§§ 24, 25) im wesentlichen beschränkt ist auf Flächen zur Nutzung für öffentliche Zwecke und in einem Umlegungs-, Sanierungs- und Entwicklungsgebiet (Einzelheiten s. §§ 24, 25).

bb) Das Gesetz sieht auch die Möglichkeit einer *Enteignung* (§§ 85 ff.) vor. Sie kann der Beschaffung von Bauland für öffentliche Bauvorhaben, der Schließung von Baulücken, der Zuführung von baureifen Grundstücken an Bauwillige oder der Beschaffung von Ersatzland für die an anderer Stelle Enteigneten dienen. Das Gesetz hat verschiedene Vorkehrungen getroffen, um ein „Hamstern" von Bauland durch die Gemeinden auszuschließen; hierunter fällt vor allem ein *Anspruch auf Rückübertragung,* wenn das enteignete Grundstück nicht dem Enteignungszweck entsprechend verwendet wird (§ 102). Die *Enteignungsentschädigung* bemißt sich nach dem Verkehrswert des enteigneten Grundstücks im Zeitpunkt der Entscheidung über den Enteignungsantrag (§ 93 II; Beispiel: BGHZ 95, 28: „Folgeschäden" der Enteignung; dazu *Papier* JZ 1986, 183).

---

[1] S. §§ 15–18 BauGB.
[2] Sofern auch die bau*polizeilichen* Bestimmungen eingehalten sind.

Statistik: Im Jahre 1972 standen in den Städten mit mehr als 500 000 Einwohnern 34% des Gemeindegebiets (also mehr als ⅓!) im Eigentum dieser Städte;[1] in Frankfurt z. B. rund 47%. Freilich sind hier auch die Verkehrsflächen usw. eingerechnet.

d) Der Bodenordnung dient die *Umlegung* der Grundstücke eines neuzugestaltenden Baugebiets (§§ 45–79). Ähnlich wie die Umlegung landwirtschaftlicher Grundstücke (Flurbereinigung; s. unten § 27 I 2) werden die Grundstücke eines Gebiets in einen „Topf" geworfen und auf die beteiligten Grundeigentümer in der Weise neu verteilt, „daß nach Lage, Form und Größe für die bauliche oder sonstige Nutzung zweckmäßig gestaltete Grundstücke entstehen". Während des Umlegungsverfahrens ist die Verfügung über die Grundstücke oder ihre Veränderung durch Genehmigungspflichten blockiert. Bei der Neuverteilung sind „den Eigentümern ... nach Möglichkeit Grundstücke in gleicher oder gleichwertiger Lage" zuzuweisen, wie sie die früheren Grundstücke hatten (§ 59). Für Flächen, die für öffentliche Zwecke in Anspruch genommen werden, ist ein Ausgleich in Geld zu leisten.[2]

In diesem Zusammenhang ist auch die Möglichkeit einer autoritativen *Grenzregelung* (Austausch von Teilen benachbarter Grundstücke) zu nennen; sie ist im öffentlichen Interesse zulässig, sofern der Wert des Grundstücks nur unerheblich geändert wird. Dabei können auch betroffene Grunddienstbarkeiten „neu geordnet werden" (§§ 80–84).

e) Der Bebauungsplan hat ferner die Bestimmungen über die *Erschließung*[3] eines Baugebiets zu enthalten (§§ 123–135); die Verkehrsanlagen, die öffentlichen Versorgungseinrichtungen sind festzulegen. Die beteiligten Eigentümer haben einen *Erschließungsbeitrag* (Anliegerbeitrag) zu leisten; er kann nach den tatsächlich entstandenen Aufwendungen oder nach Einheitssätzen, die den Durchschnittskosten entsprechen, berechnet werden. Gesichtspunkte für die Verteilung des Aufwandes auf die beteiligten Grundstückseigentümer sind die Intensität der Nutzung, die Größe der Grundstücksfläche oder die Grundstücksbreite an der Straße (§§ 130, 131). Während nach früherem Recht die *Beitragspflicht* erst mit der tatsächlichen Bebauung eines Grundstücks entstand, wird sie jetzt auf den Zeitpunkt *vorverlegt,* in dem das Grundstück bebaut werden *darf;* damit soll erreicht werden, daß erschlossenes Baugelände auch tatsächlich bebaut wird und nicht aus Spekulationsgründen zurückgehalten wird (Einzelheiten s. § 133).

f) Das Bundesbaugesetz hatte den *Preisstop* aufgehoben. Er war mehr und mehr umgangen worden und hatte zu einer bedauerswerten Diskrepanz zwischen tatsächlich vereinbartem und notariell beurkundetem Kaufpreis geführt („Schwarzer Grundstücksmarkt"). Weitere Preissteigerungen sollen durch ein erhöhtes Angebot von Baugrundstücken (Vorkaufsrechte, Enteignungsmöglichkeit, Vorverlegung der Fälligkeit des Erschließungsbeitrags) verhindert werden. Auch werden *Gutachterstellen* eingerichtet, die auf Antrag einer Behörde, eines Gerichts, eines an einem Kaufvertrag Beteiligten den *Verkehrswert* eines Grundstücks *schätzen.* Diese Schätzung ist freilich nicht verbindlich und kann nur durch ihre Überzeugungskraft wirken. Dem Gutachterausschuß stehen *Kaufpreissammlungen* zur Verfügung, aus denen sich Durchschnittswerte („Richtwerte") ermitteln lassen (§§ 192–199).

g) Für die Entscheidung von *Rechtsstreitigkeiten,* die sich aus dem BauGB ergeben, sind die Baulandkammern bei den Landgerichten und die Baulandsenate bei den Oberlandesgerichten zuständig. Sie entscheiden in einer Mischbesetzung (Richter der ordentlichen Zivilgerichtsbarkeit und Verwaltungsrichter) sowohl bei Anfechtung eines Verwaltungsakts (z. B. eines Enteignungsbeschlusses) wie über die Festsetzung von Entschädigungen. Damit soll eine Zweispurigkeit des Rechtswegs vermieden werden (s. §§ 217–237).

4. Die besonderen städtebaulichen *Sanierungs- und Entwicklungsmaßnahmen* waren früher im Städtebauförderungsgesetz geregelt. Sie sind nunmehr als §§ 136–171 in das BauGB übernommen. Die Sanierungsmaßnahmen dienen der Behebung städtebaulicher Mißstände. Das Instrumentarium reicht von der Genehmigungspflicht von Verträgen über Grundstücke (§§ 144, 145) über die mittelbare Erzwingung der durch die Eigentümer zu vollziehenden Sanierung (§ 148) bis zur Beauftragung von „Sanierungsträgern" (§§ 157 ff.).

---

[1] Dazu *Gaßner,* D. Freihändige Grunderwerb der öff. Hand, 1983.

[2] Beispiel (insbes. zur Bewertung der Grundstücke u. zur öffentlichen Grünfläche) BGHZ 76, 274. S. ferner *Baur,* FS Mühl 1981, 71 (= Baur Beiträge II 47: private Baulandumlegung) und BGHZ 93, 372; ferner *Dietrich,* Baulandumlegung, 1985.

[3] Über Erschließungsverträge s. § 124; *Birk* VBl BW 1984, 97 m. w. N.; ferner *Dietrich,* Baulandumlegung, 1985.

III. Beschränkungen aus den Gesichtspunkten der Raumordnung und Landesplanung[1]

Schon bei dem Hinweis auf die Beschränkungen des Eigentums aus baurechtlichen Gesichtspunkten (oben II) wurde deutlich, daß ein fester Bestandteil des Baurechts die örtliche Bauplanung ist. Sie wird vervollständigt durch die über größere Gebiete reichende Raumordnung und Landesplanung.

Die Grundsätze der Raumordnung sind in dem *Raumordnungsgesetz* des Bundes v. 8. 4. 1965 (BGBl. I 306) enthalten. Diese Grundsätze sind auch für die Raumordnungs- und Planungsgesetze der Länder verbindlich. Die Länder sind gehalten, für ihre Gebiete Raumordnungspläne aufzustellen. – Es bleibt abzuwarten, ob sich die hochgesteckten Ziele verwirklichen lassen und die Planungsbehörden sich gegenüber dem massierten Egoismus der Interessenten (Industrie, aber auch Gemeinden!) durchsetzen können. Wer mit wachen Augen die deutsche Landschaft betrachtet, muß das regellose Durcheinander von Industrieanlagen, Wohngebieten, die Zerstörung der freien Natur bedauern.

IV. Beschränkungen wegen Natur- und Denkmalschutz[2]

Gesetzliche Grundlagen sind das Naturschutzgesetz des Bundes vom 20. 12. 1976 (BGBl. I 3574) und die Naturschutzgesetze der Länder (z. B. bad.-württ. NatSchG v. 21. 10. 1975 GBl. 653). Naturschutz und Landschaftspflege erfordern planerische und schützende Maßnahmen. Damit verbunden sind Eingriffe in das Eigentum: Das Eigentum an Naturdenkmalen, Naturschutzgebieten und Landschaftsschutzgebieten unterliegt gewissen Beschränkungen, die sich insbes. auf die tatsächliche Nutzung beziehen. Im allgemeinen wird es sich hier um gesetzlich umschriebene Eigentumsbindungen handeln, nicht um entschädigungspflichtige Enteignungen (so BGH LM Art. 14 GG Nr. 60 für ein Naturdenkmal „Buchendom"; BVerwGE 3, 335 bei Erklärung eines Gebiets zum Naturschutzgebiet, sofern die bisherige land- und forstwirtschaftliche Nutzung des Gebiets aufrechterhalten bleibt; BVerwGE 4, 57 bei Unterstellung eines Gebiets unter den Landschaftsschutz).

Freilich kann der Eingriff in das Eigentum durch die Maßnahmen der Naturschutzbehörden so tief sein, daß vom Eigentum nur das nudum ius übrig bleibt und daher eine entschädigungspflichtige Enteignung vorliegt; so etwa dann, wenn ein Wald zum Naturschutzgebiet erklärt und jede forstwirtschaftliche Nutzung untersagt wird (s. dazu auch § 47 II bad.-württ. NatSchG; *Stich* DVBl. 1962, 397) oder wenn der Denkmalschutz für ein Gebäude die Pflicht zur Unterhaltung eines Museums bedeutet (BGHZ 99, 26).
Beispiel eines Denkmalschutzgesetzes: Bad.-württ. Ges. i. d. F. v. 6. 12. 1983 u. dazu BGHZ 72, 211 u. BGH NJW 1980, 2299 u. 1988, 3201 m. Anm. *Ossenbühl* (Problem: enteignender Eingriff oder Sozialbindung?); *Moench* NJW 1980, 1545 (dort auch Nachweise d. Denkmalschutzgesetze der Länder). S. ferner Ges. zur Berücksichtigung des Denkmalschutzes im Bundesrecht v. 1. 6. 1980, BGBl. I 649: Änderung und Ergänzung von Bundesgesetzen, um den Denkmalschutz zu fördern.

---

[1] *Friauf* in *v. Münch* u. a. Bes. VerwR, 8. Aufl. 1988, 491 ff.; *Wolff/Bachof* § 38 III (m. w. N.); *Hendler* JuS 1979, 618 (Einführung in das Recht der Bauplanung).
[2] S. *Breuer* in v. Münch u. a. Bes. VerwRecht, 8. Aufl. 1988, 655 ff.; *Dilcher* FS Coing 1982, II 73; *Hofmann* JZ 1988, 265 (Naturschutz u. Verfassung); *Kolodziejcok/Recken,* Naturschutz u. Landschaftspflege (ab 1980); *Stich/Burkenne,* Denkmalrecht 1984; *Moench* NJW 1983, 1998 (Reichweite und Grenzen d. Denkmalschutzes); *Lorz,* Naturschutzrecht, 1985; *Nüßgens/Boujong* Rn. 205 ff., 219 ff.

V. Eigentumsbeschränkungen im Interesse des Verkehrs

Damit sind weniger die Beschränkungen gemeint, denen der Eigentümer einer dem öffentlichen Verkehr gewidmeten Sache („öffentlichen Sachen") unterworfen ist;[1] denn diese Sachen werden meist auch im privatrechtlichen Eigentum der Körperschaft, die die Widmung vorgenommen hat, stehen. Überschneidungen zwischen privatrechtlicher Eigentumsnutzung und öffentlich-rechtlichem Gemeingebrauch sind daher selten; sie kommen allenfalls in der Form vor, daß der Eigentümer der öffentlichen Sache eine nicht erwünschte Form des Gemeingebrauchs (z. B. Dauerparken) auf Grund seines Privateigentums zu inhibieren oder nur gegen Entgelt hinzunehmen sucht.

Typisch etwa BGHZ 20, 270: Hier wird für die Frage, ob ein Bahnhofsvorplatz nur gegen „Gebühr" als Taxihalteplatz benützt werden darf, mit Recht auf die Eigenschaft des Vorplatzes als öffentlicher Platz abgestellt (ähnlich BGH NJW 1965, 387 und BGHZ 19, 85: Nutzungsentgelt für einen Straßenstand?[2] s. ferner BVerwGE 5, 342: Zulässigkeit von Parkgebühren? BVerwG DVBl. 1966, 406: Zulässigkeit des Dauerparkens? BayObLG DÖV 1966, 466: Zulässigkeit von Reklamefahrten?).

In diesen Bereich gehört auch der Umfang des *Nutzungsrechts des Anliegers* einer öffentlichen Straße.

So war in BGHZ 22, 395 die Frage zu entscheiden, ob sich aus dem Anliegerrecht die Befugnis ergibt, einen Bauzaun zu Reklamezwecken zu vermieten, ober ob umgekehrt dieses Recht dem Straßeneigentümer zusteht (ähnlich BGHZ 23, 157 u. BVerwG DÖV 1978, 373; DVBl. 1979, 74 u. 157: Gebühr f. Informationsstand?),[3] in BVerwG JZ 1983, 343 die Frage, ob sich aus dem Anliegergebrauch das Recht auf eine Parkmöglichkeit auf der öff. Straße ergibt. Der bad.württ. VGH hatte die Frage zu entscheiden, ob in den Anliegergebrauch auch dauernder Schwerlastverkehr fällt (DÖV 1982, 206). In BGHZ 57, 359; NJW 1976, 1312 u. 1980, 2703, auch BVerwGE 32, 222 ging es um die Entscheidung darüber, ob der Straßenanlieger einen Aufopferungsanspruch geltend machen kann, wenn der bisher übliche Gemeingebrauch eingeschränkt wird, in BGHZ 30, 241; 48, 58 und 65; 55, 261 um Ersatzansprüche aus Höherlegung oder Verlegung einer Straße (s. dazu auch § 8 Abs. 8 Bundesfernstraßengesetz). Primär handelt es sich hier offensichtlich um öffentlich-rechtliche Fragen, aber die Nahtstellen zum bürgerlichen Recht sind deutlich erkennbar.

Doch soll hiervon nicht weiter die Rede sein; einschneidend sind vielmehr die Beschränkungen, *die sich für den Grundeigentümer aus dem öffentlichen Verkehr ergeben.* Hier werden die Abwehrrechte des Eigentümers – ähnlich wie in § 906 gegenüber privatrechtlichen Immissionen – im Verhältnis zum öffentlichen Verkehr beschränkt oder ausgeschlossen; die Beschränkungen sind teils ausdrücklich im Gesetz normiert, zum Teil werden sie in Analogie zu § 14 BImSchG; § 906 BGB gewonnen.

Ausdrückliche gesetzliche Beschränkungen sind u. a. enthalten:

a) in §§ 9–11 *Bundesfernstraßengesetz:* Beschränkung von Bauanlagen und Duldung von Schutzmaßnahmen entlang der Bundesstraßen.

---

[1] Siehe dazu *Salzwedel,* Wege- und Verkehrsrecht, in v. Münch u. a. Besonderes Verwaltungsrecht, 8. Aufl. 1988, 714ff.; *Papier,* Recht d. öff. Sachen, 2. Aufl. 1984 u. zu den im Text folgenden Ausführungen *Stürner,* Privatrechtl. Gestaltungsformen bei der Verwaltung öffentl. Sachen, 1969.

[2] Siehe dazu auch die §§ 7, 8 des Bundesfernstraßengesetzes v. 6. 8. 1953 i. d. F. v. 8. 8. 1990 (BGBl. I 1714) und *Pappermann/Löhr* JuS 1980, 191, 355, 580, 731, 880; 1981, 117, 269 m. w. N.; *Peine* JZ 1984, 869.

[3] Siehe dazu *Maunz-Papier* Art. 14 GG Rn. 111ff.; *Salzwedel* aaO S. 638ff.; *Baur* BB 1963, 483; *Wolff/Bachof* § 58 III b u. c; *Nüßgens/Boujong* Rn. 98ff. (je m. w. N.).

Bezüglich der sich aus dem Straßenverkehr selbst ergebenden Einwirkungen (z. B. Lärm, Erschütterungen, Geruch) ist jetzt auf die §§ 38–43 BImSchG zu verweisen. Die Rechtsprechung (s. insbes. RGZ 159, 129) ging früher davon aus, daß wegen der öffentlich-rechtlichen Natur des Trägers des Verkehrs eine Abwehrklage nach § 1004 nicht möglich sei; es könne aber entsprechend § 26 GewO (jetzt § 14 BImSchG), § 75 Einl. ALR ein Aufopferungsanspruch gegeben sein, dies jedoch nur dann, wenn die Grenzen des § 906 überschritten seien (BGHZ 48, 46). Da aber auf die gewöhnliche Benutzung des störenden Grundstücks abzustellen sei, müsse der Straßenanlieger auch Steigerungen des Verkehrs (z. B. durch Verlegung des Verkehrs in eine bis dahin stille Wohnstraße) hinnehmen. Nunmehr sind die §§ 42, 43 BImSchG maßgebend; im Zusammenhang mit der neueren Rechtsprechung (BGHZ 49, 148 = *Baur*, E. Slg. Fall 15; BGHZ 64, 220; BGH NJW 1977, 894; BVerwG NJW 1976, 1760 u. 1765) läßt sich deutlich eine Rechtsgrundlage für verbesserten Lärmschutz feststellen; hingewiesen sei schließlich auf BGH NJW 1986, 1980 (= JZ 1986, 544 mit Anm. Papier) u. BGHZ 97, 361, wo ausführlich auf die verschiedenen Anspruchsgrundlagen bei Lärmbeeinträchtigungen eingegangen wird (s. auch oben § 25 IV 2f.).

b) im *Luftverkehrsgesetz* (i. d. F. v. 14. 1. 1981, BGBl. I 61), und zwar in § 1 („Freiheit des Luftraums" im Gegensatz zu § 905), in § 11 (Anwendung des § 14 BImSchG auf das Nachbarrecht) und in §§ 12–17, 18a (Baubeschränkungen in der Nähe von Flugplätzen).

Für Vermögensnachteile, die sich aus den Beschränkungen ergeben, ist eine Entschädigung zu leisten (§ 19); Schäden, die sich aus dem Betrieb eines Luftfahrzeugs ergeben, sind nach den Grundsätzen der Gefährdungshaftung zu ersetzen (§ 33); zur Entschädigung bei Fluglärm s. *Lorenz* Beil. 6/73 zu DB u. oben § 25 IV 2f.;

c) im *Telegraphenwegegesetz* v. 18. 12. 1899 (RGBl. 705) und im *Gesetz über Fernmeldeanlagen* i. d. F. v. 3. 7. 1989; hier geht es um die Duldung von Telegraphen- und Telephonlinien. Für sie sind in erster Linie öffentliche Verkehrswege zu benutzen; daneben können aber auch private Grundstücke in Anspruch genommen werden. Ähnliches gilt für gemeindliche Versorgungsleitungen nach § 41 BauGB.

d) Was die Beeinträchtigungen der Anlieger durch den *Eisenbahnverkehr* anlangt, so fehlt – von einigen nach Art. 125 EGBGB zugelassenen Landesgesetzen abgesehen – eine gesetzliche Regelung. § 14 BImSchG wird entsprechend angewendet: Der durch einen Eisenbahnbetrieb Beeinträchtigte kann also nicht auf Einstellung des Betriebs klagen, wohl aber auf schützende Maßnahmen und auf Schadensersatz (vgl. RG JW 1938, 2969).[1]

Für künftige Eisenbahnbauten gelten §§ 41, 50 BImSchG.

VI. Beschränkungen aus agrarpolitischen Gründen

Das landwirtschaftliche Grundeigentum ist mancherlei Beschränkungen unterworfen: so bedarf die Veräußerung landwirtschaftlicher Grundstücke (in gewisser Hinsicht auch die Verpachtung) staatlicher *Genehmigung*. Auf manchen Gebieten gelten *Anbaubeschränkungen* (zu deren Rechtsgültigkeit vgl. BGH LM Art. 14 GG Nr. 49; BVerwGE 5, 171). Ein Landaustausch *(Flurbereinigung)* kann erzwungen werden. Der Testierfreiheit des Eigentümers eines landwirtschaftlichen Betriebs sind Grenzen gesetzt. Alle diese Beschränkungen sind nur im Zusammenhang mit der Darstellung des landwirtschaftlichen Grundeigentums verständlich (s. unten § 27).

---

[1] Weitere Einzelheiten s. RGRK/*Augustin* § 906 Rn. 63.

VII. Eigentumsbeschränkungen durch Wirtschaftslenkung

Über dieses weite Gebiet[1] kann nur ein ganz bescheidener Überblick gegeben werden. Das Ausmaß der rechtlichen Bindung und Beschränkung hängt hier von der wirtschaftspolitischen Grundauffassung (freie – gelenkte Wirtschaft, Privatwirtschaft – öffentliche Wirtschaft), aber auch von den jeweiligen realen Gegebenheiten ab.

Im Krieg oder sonstigen Notzeiten wird z. B. auch eine liberale Wirtschaftsauffassung zur Planwirtschaft gezwungen[2] – Im Außenhandel mit einem staatswirtschaftlich organisierten Land gelten notwendig andere Grundsätze als mit einem auf privater Initiative aufgebautem Wirtschaftssystem.

Die in Betracht kommenden wirtschaftstheoretischen Erwägungen sind hier ebensowenig darzustellen wie die verfassungsrechtlichen Schranken einer solchen Wirtschaftslenkung.[3] Die in Betracht kommenden rechtlichen Maßnahmen betreffen meist bewegliche Sachen (z. B. Produktionslenkung, Ablieferungszwang, Ein- und Ausfuhrlenkung [Kontingentierung],[4] Preisvorschriften, Devisenbewirtschaftung). Für das hier zu erörternde *Grundeigentum* kommen als lenkende Maßnahmen in Betracht:

a) die zahlreichen Genehmigungspflichten im Landwirtschaftsrecht (s. unten § 27),

b) die Anbaupflichten und -beschränkungen (zu der eigentumsrechtlichen Problematik s. *Nüßgens-Boujong* Rn. 187 ff.).

c) die Anordnung von Betriebsstillegungen,

d) die Einräumung von gesetzlichen Vorkaufsrechten (s. z. B. oben II 3 c aa).

Die mit den einzelnen Maßnahmen verfolgten Zwecke sind recht verschieden: So soll etwa mit *Anbaupflichten* die Produktion im Interesse der Versorgung der Bevölkerung gesteigert werden, während durch Anbau*beschränkungen* das Preisniveau im privatwirtschaftlichen Interesse der Bauern beeinflußt werden soll. In unserem Zusammenhang mag genügen, einige technische Maßregeln der Wirtschaftslenkung für Grundeigentum kennengelernt zu haben.

---

[1] Siehe dazu besonders *Badura*, Wirtschaftsverwaltungsrecht, in v. Münch u. a., Bes. Verwaltungsrecht, 8. Aufl. 1988, 283 ff.; *Fikentscher*, Deutsch. Wirtsch.R. Bd. 2, 983; *Rink-Schwark*, Wirtschaftsrecht (6. Aufl. 1986) §§ 7 ff.; *Rittner* Wirtschaftsrecht, 2. Aufl. 1987, §§ 2, 3; E. R. *Huber*, Wirtschaftsverwaltungsrecht II (1954) §§ 81 ff.; *Scheuner* und *Schüle* in VVDStRL 11, 1 ff. und 75 ff.; *Ballerstedt*, Rechtsstaat und Wirtschaftslenkung, AöR 74, 129; *Isay*, Die juristische Technik der Wirtschaftslenkung, FS Schmidt-Rimpler, 1957, S. 403; *Steindorff*, Einführung in das Wirtschaftsrecht der Bundesrepublik Deutschland, 2. Aufl. 1985.
[2] Siehe Gesetz über die Sicherstellung von Leistungen auf dem Gebiet der gewerblichen Wirtschaft sowie des Geld- und Kapitalverkehrs v. 24. 8. 1965 (BGBl. I 920); ferner Schutzbaugesetz v. 9. 9. 1965 (BGBl. I 1232); Selbstschutzgesetz v. 9. 9. 1965 (BGBl. I 1240); Wassersicherstellungsgesetz v. 24. 8. 1965 (BGBl. I 1225).
[3] Siehe dazu die oben VII in Fn. 2 Genannten.
[4] Beispiele BGH NJW 1956, 458; BVerwG NJW 1958, 682.

VIII. Die Enteignung[1]

1. *Begriffliches*

Bereits in § 13 C I 4 hatten wir uns bei der Erörterung des Eigentumsschutzes mit dem Begriff der Enteignung befaßt und dabei zwischen einem formellen und einem materiellen Enteignungsbegriff unterschieden.

Der *formelle Enteignungsbegriff* – wie ihn nunmehr das BVerfG bei der Auslegung des Art. 14 III GG ausschließlich zugrunde legt (BVerfGE 52, 1, 17; 58, 300) – stellt ab auf den staatlichen Zugriff auf das Eigentum meist durch Einzelakt mit dem Ziel der Enteignung oder Belastung des Eigentums. Der *materielle Enteignungsbegriff* stellt ab auf eine zu einem Sonderopfer führenden Beeinträchtigung des Eigentums des Einzelnen durch die öffentliche Gewalt. Dieser Eigentumsbegriff war die Basis der Rspr. des BGH zum enteignenden und enteignungsgleichen Eingriff.

Die Schwierigkeiten, die sich aus diesen differenzierten Auffassungen ergeben, haben uns oben § 13 C I 4–6 beschäftigt.

Im Folgenden befassen wir uns mit der sog. *klassischen Enteignung,* die im wesentlichen mit der formellen Auffassung identisch ist; „klassisch" deshalb, weil sie in dieser Form schon seit langem gesetzlich vorgesehen ist.

Enteignung im klassischen Sinn ist die Entziehung des Grundeigentums durch Verwaltungsakt (ausnahmsweise durch Gesetz: sog. „Legalenteignung"; dazu BVerfGE 24, 367 = *Baur,* E. Slg. Fall 12; BVerfGE 58, 300 = NJW 1982, 745, 748) und dessen Übertragung auf einen anderen.

Enteignung ist auch die *teilweise* Entziehung des Eigentums, z. B. durch zwangsweise Begründung einer beschränkten persönlichen Dienstbarkeit zugunsten eines Versorgungsunternehmens, etwa eines Elektrizitätsunternehmens, das eine Fernleitung über fremde Grundstücke legt (BVerfGE 45, 297, 339; BVerfG NJW 1981, 1257; BGHZ 83, 61).

Besondere Formen der Enteignung sind die Flurbereinigung (Umlegung) und die Baulandumlegung. Die *Umlegung* will im landwirtschaftlichen Bereich *(Flurbereinigung)* die Grundstücke einer Markung zunächst „in einen Topf" einbringen und dann nach modernen betriebswirtschaftlichen Gesichtspunkten neu aufteilen (s. dazu unten § 27 I 2), der ähnliche Vorgang im städtischen Bereich *(Baulandumlegung)* soll zu einer vernünftigen Gestaltung eines Baugebiets führen (s. oben II 3d).

2. *Die Enteignung im klassischen Sinn*[2]

a) Ein *allgemeines* bundesrechtliches Enteignungsgesetz gibt es nicht. Wir kennen nur bundes- und landesrechtliche *Spezial*enteignungsgesetze und landesrechtliche *allgemeine* Enteignungsgesetze.

b) Bedeutsame Reichs- bzw. Bundesenteignungsgesetze sind z. B.[3] das Reichssiedlungsgesetz (Beschaffung von Land für die landwirtschaftliche Siedlung), die Enteignungsbestimmungen des BauGB (s. oben II 3c cc), das

---

[1] Siehe dazu die Angaben vor § 24 und zu § 13 C I; ferner besonders *Schulte,* Zur Dogmatik des Art. 14 GG, 1978; *Wolff/Bachof* § 62; E. R. *Huber,* Wirtschaftsverwaltungsrecht II (1954) §§ 68ff. m. w. N.; Hans *Huber,* Das Gemeinwohl als Voraussetzung der Enteignung, Z. f. Schweiz. Recht 84, 39; *Nüßgens/Boujong* Rn. 324ff.

[2] Dazu *Wolff/Bachof* § 62 m. w. N.; *Schmidt-Aßmann* JuS 1986, 833; *Maurer,* FS G. Dürig, 293.

[3] Aufzählung bei E. R. *Huber* aaO § 71 I 2.

Schutzbereichsgesetz v. 7. 12. 1956 BGBl. I 899 (Beschränkung der Grundstücksnutzung im Bereich militärischer Anlagen), schließlich das Gesetz über die Landbeschaffung für Aufgaben der Verteidigung v. 23. 1. 1957 (BGBl. I 134).

Eine Enteignung ist dann gerechtfertigt, „wenn eine öffentliche Aufgabe nicht mit den üblichen, von der Rechtsordnung zur Verfügung gestellten Mitteln verwirklicht werden kann" (BVerfG NJW 1981, 1257).[1] Interessant ist aber, daß manche der neueren Enteignungsgesetze die Enteignung auch *zugunsten Privater* vorsehen, so etwa das Reichssiedlungsgesetz und das BauGB. Art. 14 Abs. 3 Satz 1 GG sagt, daß „eine Enteignung nur zum Wohl der Allgemeinheit zulässig" ist; dieses Allgemeinwohl (Siedlung – Wohnungsbau!) führt hier zur Begünstigung von Privatpersonen (dazu *Graulich* JZ 1986, 269 u. *Nüßgens-Boujong* Rn. 356 ff.).

Enteignung zugunsten eines privaten Elektrizitätsunternehmens ist zulässig (s. BVerfGE 66, 248 u. JZ 1986, 280; auch zugunsten einer KFZ-Erprobungsstrecke? (s. BVerfG NJW 1987, 1251: sog. Boxbergentscheidung; dazu *Schmidt-Assmann* NJW 1987, 1587).

c) Die allgemeinen Enteignungsgesetze der Länder sind vielfach dem preuß. Enteignungsgesetz v. 11. 6. 1874 (GS S. 221) nachgebildet.[2] Danach beginnt das Enteignungsverfahren mit der Verleihung des Enteignungsrechts an den begünstigten Unternehmer (z. B. eine Stadt, ein Elektrizitätswerk u. s. w.). Daran schließt sich das Planfeststellungsverfahren vor dem Regierungspräsidenten an; die Planfeststellung kann mit der verwaltungsgerichtlichen Klage angefochten werden. Erst nach Feststellung der Entschädigung[3] – im Streitfall durch das ordentliche Gericht[4] – und deren Bezahlung erfolgt die Enteignungserklärung durch den Regierungspräsidenten. Damit geht das Eigentum kraft Staatsakts originär auf den Begünstigten über; die Eintragung im Grundbuch ist lediglich Grundbuchberichtigung. Der Beschluß enthält auch die Besitzeinweisung.

Dieses Verfahren ist sehr eigentumsfreundlich, aber auch sehr langwierig. Daher kennt die Gesetzgebung (vgl. etwa das Preuß. Ges. v. 29. 7. 1922, ferner § 113 BauGB) ein vereinfachtes Enteignungsverfahren, in dem meist Enteignung und Entschädigungsfeststellung in *einem* Verfahrensabschnitt zusammengefaßt sind und eine vorläufige Besitzeinweisung (also *vor* Beendigung des Verfahrens) ausgesprochen werden kann (vgl. etwa § 116 BauGB).

d) Wird der Zweck der Enteignung nicht verwirklicht, so kann sich aus Art. 14 GG ein *Rückerwerbsrecht des früheren Grundstückseigentümers* ergeben (BGH NJW 1982, 2184 u. § 102 BauGB [„Rückenteignung"]).

§ 26 a. Die Neuordnung des Eigentums in den neuen Bundesländern

I. Die Eigentumsverhältnisse in der ehemaligen DDR

Die Eigentumsfrage nimmt, das hatten die Machthaber in der ehemaligen DDR ganz richtig erkannt, eine Schlüsselstellung bei der Ausgestaltung einer Wirtschafts- und Gesellschaftsordnung ein[5]: „Das sozialistische Eigentum ist die ökonomische Grundlage der Entwicklung der sozialistischen Gesellschaft und aller Bürger. Es sichert die weitere Entwicklung des materiellen und kulturellen Lebensniveaus des Volkes auf der Grundlage eines hohen Entwicklungstempos der sozialistischen Produktion, der Erhöhung der Effektivität, des wirtschaftli-

---

[1] Dazu BGH NJW 1989, 216 = BGHZ 105, 94; *Breuer* DVBl. 1981, 971.

[2] Kommentar von *Meyer-Thiel-Frohberg* (5. Aufl. 1959).

[3] Zu den Entschädigungsgrundsätzen s. *Nüßgens/Boujong* Rn. 384 ff.

[4] Dazu *Nüßgens/Boujong* Rn. 401 ff.

[5] Hierzu als Literaturhinweis: *Horn,* Das Zivil- und Wirtschaftsrecht im neuen Bundesgebiet, 1991; *Heuer,* Grundzüge des Bodenrechts der DDR 1949 – 1990; *Kroeschell,* Die ländliche Eigentumsordnung in der DDR, FS Rittner, 1991, 323 f.; *Heling,* Invesitionsbedingungen und Eigentumsfragen in der ehemaligen DDR nach dem Staatsvertrag, 1990.

chen, technischen Fortschritts und des Wachstums der Arbeitsproduktivität" (§ 17 I des Zivilgesetzbuchs der füheren DDR – im folgenden ZGB genannt).

98% des Produktivvermögens der DDR standen als „Volkseigentum" zur Disposition des Regimes: „Die volkseigenen Betriebe, Kombinate, wirtschaftsleitenden Organe ... sind zur Durchführung der ihnen übertragenen staatlichen Aufgaben ... berechtigt, das ihnen vom sozialistischen Staat anvertraute Volkseigentum zu besitzen und zu nutzen. Zur Durchführung der staatlichen Pläne sind sie berechtigt, ... über das ihnen anvertraute Volkseigentum zu verfügen" (§ 19 I Satz 2 ZGB), sog. „Rechtsträgerschaft". 50% aller Grundstücke standen im Volkseigentum, weitere, vor allem landwirtschaftlich genutzte Flächen, im „sozialistischen Eigentum" sozialistischer Genossenschaften. Diese Vermögenswerte hatte sich das Regime durch willkürliche, entschädigungslose Enteignungen, durch Druck und Zwang beschafft[1].

1. In seiner Qualität unterschied sich das *sozialistische* Eigentum, insbesondere die bedeutendste Form des sozialistischen Eigentums, das *Volkseigentum,* grundlegend von dem den Bürgern verbliebenen *persönlichen* Eigentum. Das wird eindeutig formuliert in den (aufgehobenen) Bestimmungen des Zivilgesetzbuchs der DDR. „Das sozialistische Eigentum ist unantastbar. Es genießt den besonderen Schutz des sozialistischen Staats" (§ 20 I ZGB). „Der Erwerb und der Übergang von Sachen, die Grundlage der wirtschaftlichen Tätigkeit des Betriebs sind, aus dem sozialistischen Eigentum in das persönliche Eigentum ist unzulässig. Volkseigentum darf weder verpfändet, gepfändet noch belastet werden (§ 20 III ZGB). Das sozialistische Eigentum, seine Mehrung und sein Schutz, sind (aber auch) Grundlage für die Entwicklung des persönlichen Eigentums".

2. „Quelle des *persönlichen* Eigentums ist die für die Gesellschaft geleistete Arbeit". Es „dient der Befriedigung der materiellen und kulturellen Bedürfnisse der Bürger und ihrer Entwicklung zu sozialistischen Persönlichkeiten" (§ 22 II ZGB). „Zum persönlichen Eigentum gehören insbesondere die Arbeitseinkünfte und Ersparnisse, die Ausstattung der Wohnung und der Haushalte, Gegenstände des persönlichen Bedarfs, die für die Berufsausbildung, Weiterbildung und Freizeitgestaltung erworbenen Sachen sowie Grundstücke und Gebäude zur Befriedigung der Wohn- und Erholungsbedürfnisse des Bürgers und seiner Familie" (§ 23 I ZGB). Nach § 24 ZGB war der Bürger zum Besitz und zur Nutzung der zu seinem persönlichen Eigentum gehörenden Sachen befugt. Er war berechtigt, über die ihm gehörenden Sachen zu verfügen, insbesondere das Eigentum einem anderen zu übertragen.

3. Gegenständlich war der Begriff des Volkseigentums, wie auch der des persönlichen Eigentums, weiter als der des BGB (s. oben § 24 I 2). Er erfaßte nicht nur Sachen, sondern auch sonstige Vermögenswerte.

4. Mit der durch Beitritt der neuen Bundesländer zum Grundgesetz am 3. Oktober vollzogenen Wiedervereinigung mußte dieser normative und tatsächliche „Eigentumsbefund" den Anforderungen des Grundgesetzes entsprechend umgestaltet und an unsere Rechtsordnung angepaßt werden. Die sich hieraus ergeben-

---

[1] Vgl. hierzu den Überblick bei *Wasmuth,* BRAK-Mitt. 3/1991, 114f. und bei *Heling,* BB Beilage 21 zu Heft 16/1990; instruktiv *Kroeschell* für den aaO angegebenen Teilkomplex; Sachverhaltsdarstellung Bundesverfassungsgericht vom 23. 4. 1991, BB Beilage 10 zu Heft 13/1991, 3, 4 = NJW 1991, 349.

den Probleme können wir mit den Stichworten „inhaltliche Neugestaltung des
Eigentums, Überführung des ehemaligen Volkseigentums, Rückgabe von entzogenen Vermögenswerten und Investition" kennzeichnen.

II. Die inhaltliche Neugestaltung des Eigentums[1]

1. Die Grundsatzregelung ist einfach: Mit dem Beitritt enden Volkseigentum
und persönliches Eigentum als Rechtsinstitute. Es gibt nur noch einen Eigentumsbegriff (im Zivilrecht), den sachbezogenen Eigentumsbegriff des BGB
(Art. 233 § 2 EGBGB). Volkseigentum an Grundstücken wird ebenso Eigentum
des bürgerlichen Rechts wie das persönliche Eigentum.

2. Probleme ergeben sich jedoch dadurch, daß in einer Vielzahl von Fällen in
der DDR persönliches Eigentum an Gebäuden existierte, während das dazu gehörende Grundstück entweder im Volkseigentum oder aber im sozialistischen
Eigentum einer Genossenschaft stand. Der einheitliche Sachbegriff (vgl. § 94
BGB) war also zugunsten einer realen horizontalen Sachteilung an der Erdoberfläche aufgegeben.

a) Solche Konstellationen verdanken ihre Entstehung u. a. dem Umstand, daß
einmal bestehendes Volkseigentum an einem Grundstück nicht in persönliches
Eigentum überführt werden durfte, daß es die Machthaber in der DDR aber als
durchaus zweckmäßig ansahen, daß durch Mobilisierung der Privatinitiative
mehr Wohnraum in Form von Eigenheimen entstand; auch wurde es gerne
gesehen, wenn durch Bau von Wochenendhäusern, errichtet auf sozialistischem
Eigentum, „das Erholungsbedürfnis der Werktätigen befriedigt wurde". Das
ZGB sah daher vor, daß Bürgern dingliche Nutzungsrechte eingeräumt werden
konnten, welche diese berechtigten, auf einem volkseigenen Grundstück (§ 287
ZGB) oder auf einem von einer Genossenschaft genutzten Grundstück (§ 291
ZGB) ein Eigenheim zu errichten und persönlich zu nutzen (§§ 288 I, 292 I
ZGB). Die nach Maßgabe dieser Nutzungsrechte errichteten Gebäude wurden
persönliches Eigentum des Nutzungsberechtigten (§§ 288 IV, 292 III ZGB).

b) Dieses nach Maßgabe des ZGB erworbene Eigentum am Gebäude bleibt als
selbständiges, von den Eigentumsverhältnissen am Grundstück unabhängiges
Eigentum bürgerlichen Rechts fortbestehen. Abweichend von § 94 I BGB sind
solche Gebäude nicht wesentliche Bestandteile des Grundstücks, auf dem sie
gebaut sind (Art. 231 § 5 I Satz 1 EGBGB). Sie stehen im selbständigen Gebäudeeigentum einer Person, die in aller Regel nicht der Eigentümer des Grundstücks
ist. Dieses Eigentum kann selbständig nach Maßgabe der Vorschriften über
Grundstücke übertragen werden (Art. 233 § 4 I EGBGB). Es kann sogar nach
dem Beitritt neu begründet werden, sofern dies in Ausnutzung eines vor dem
Beitritt begründeten dinglichen Nutzungsrechts (s. oben II 2a) erfolgt (Art. 231
§ 5 I Satz 2 EGBGB).

Zu weiteren Einzelheiten siehe §§ 19 E II, § 21 c, § 22 VI.

---

[1] Hierzu MünchKomm Erg. Bd. i. d. 2. Aufl., Einigungsvertrag, *Holch,* Rn. 44 ff., *Säcker,* a. a. O.
Rn. 246 ff.; *v. Oefele,* Rn. 283 ff.; *Horn,* a. a. O., S. 160 f.; *v. Craushaar,* DtZ 1991, 359; *Brunner,* JuS
1991, 353 ff., 354.

Eigentum am Gebäude und Eigentum am Grundstück können also ganz unterschiedliche Wege gehen. Hierdurch werden Investitionen und auch Sanierungen in den neuen Bundesländern nicht unbeträchtlich erschwert werden. Man denke etwa an den Fall, daß ein Investor von einer Gemeinde ein ganzes Areal an Grundstücken erwirbt, die früher im Volkseigentum standen. Er kann sich nicht einmal darauf verlassen, daß das Grundbuch die auf dem Grundstück bestehenden Rechtsverhältnisse und damit auch das bestehende Gebäudeeigentum vollständig und richtig wiedergibt. Zwar war nach DDR-Recht die Eintragung der zum Gebäudeeigentum führenden Nutzungsrechte in das Grundbuch vorgeschrieben (Einzelheiten, § 15 VI, 4). Diese Eintragung unterblieb indessen häufig, und der nutzungsberechtigte Bürger konnte sie nicht beantragen. Da somit das Fehlen der Eintragung dem Gebäudeeigentümer nicht zugerechnet werden kann, setzen sich seine Interessen gegenüber denen des Erwerbers durch. Dessen guter Glaube an die Vollständigkeit des Grundbuchs wird daher nicht geschützt (Art. 233 § 4 II Satz 1 EGBGB). Er muß sich ganz auf die Auskünfte des Grundstückseigentümers und gegebenenfalls auf eigene Recherchen verlassen. (Siehe dazu oben § 23 VI).

III. Überführung des ehemaligen Volkseigentums

Es stellt sich die Frage, wer Inhaber der im ehemaligen Volkseigentum stehenden Vermögenswerte ist bzw. in Zukunft werden soll. Maßgebend sind hierfür die besonderen Vorschriften über die Abwicklung des Volkseigentums (Art. 233 § 2 II EGBGB). Dabei ist zu unterscheiden:

1. Ehemaliges Volkseigentum, das gem. § 19 ZGB volkseigenen Kombinaten, Betrieben, Einrichtungen zur Ausübung der ihnen übertragenen Befugnisse überlassen war; der Industrie- und Energieanlagenkomplex[1].

Diese als sog. Rechtsträger fungierenden Wirtschaftseinheiten sind spätestens zum 1. 7. 1990 durch das Gesetz zur Privatisierung und Reorganisation des volkseigenen Vermögens (TreuhandG)[2] in Kapitalgesellschaften (Aktiengesellschaften und GmbH's) umgewandelt worden. Gleichzeitig ging das von ihnen verwaltete Volkseigentum (das damals noch bestand) auf diese Gesellschaften über (§ 11 II TreuhandG). Die neu gegründeten Kapitalgesellschaften sind damit heute Eigentümer der Betriebsgrundstücke usf. Alleiniger Inhaber dieser Kapitalgesellschaften wurde die Treuhandanstalt (§ 1 IV TreuhandG). Sie wurde mithin zunächst als alleiniger Anteilsinhaber dieser Gesellschaften Inhaber fast des gesamten Produktionsvermögens der früheren DDR, das sie nunmehr u. a. durch Verkauf der Anteile zu privatisieren hat (§§ 1, 2 TreuhandG).

2. Ehemaliges Volkseigentum, das unmittelbar bestimmten Verwaltungsaufgaben dient (Schulen, Rathäuser, Regierungsgebäude, militärische Anlagen).

---

[1] Kurze Darstellung bei *Horn*, a. a. O., S. 186 f.; v. *Craushaar*, a. a. O., S. 360.
[2] v. 17. 6. 1990, fortgeltend gem. Art. 25 Einigungsvertrag.

Hier bleibt die öffentliche Hand Eigentümer[1]. Art. 21 Einigungsvertrag[2] regelt, welche Gebietskörperschaft Eigentümer wird: der Bund, das Land oder die Gemeinde. Die Regelung ist recht kompliziert und unübersichtlich.

a) Einfach ist noch die Grundregel: soweit solches ehemaliges Volkseigentum – im Einigungsvertrag als Verwaltungsvermögen bezeichnet – zu einem bestimmten Stichtag überwiegend für Verwaltungsaufgaben bestimmt war, welche nach der Kompetenzverteilung des Grundgesetzes von Ländern, Gemeinden, Gemeindeverbänden oder sonstigen Trägern öffentlicher Verwaltung wahrzunehmen sind, steht es für die konkrete Verwaltungsaufgabe dem zuständigen Träger der Verwaltung zu. Also z. B. Ministerien und Universitäten den Ländern, Rathäuser und Schulen den Gemeinden. Das sonstige Verwaltungsvermögen wird Eigentum des Bundes (Art. 21 I Satz 1, II Einigungsvertrag).

b) Durchbrochen wird diese Regelung (vgl. Art 21 III Einigungsvertrag):

aa) Durch Restitutionsverpflichtungen (hierzu unten IV 1).

bb) Durch die Zuweisung des früheren Reichsvermögens an den Bund (Art. 21 III letzter Halbs. Einigungsvertrag).

cc) Durch die Übertragung des gesamten sog. Stasi-Vermögens (Art. 21 I Satz 2, 22 I Satz 2 Einigungsvertrag) auf die Treuhandanstalt – dabei handelt es sich um einen beträchtlichen Komplex!

3. Ehemaliges Volkseigentum, das nicht zu den oben unter 1 und 2 aufgezeigten Bereichen gehört; hervorgehoben wird insbesondere das Vermögen an Grund und Boden und das Vermögen in der Land- und Forstwirtschaft: Dieses Wirtschaftsvermögen unterliegt grundsätzlich zunächst einer treuhänderischen Verwaltung des Bundes (Art. 22 Einigungsvertrag). Durch Bundesgesetz hat sodann eine Aufteilung dieses Vermögens zwischen Bund und den neuen Bundesländern im Verhältnis 1 : 1 zu erfolgen. Auch diese Regelung wird wiederum durch Ausnahmen durchbrochen:

a) Die wichtigste und umstrittenste ist die des sog. kommunalen Finanzvermögens. Gestützt auf das Kommunalvermögensgesetz[3] fordern die Gemeinden die Übertragung der zu diesem Komplex gehörenden Vermögenswerte. Dabei[4] geht es vor allem um (frühere) volkseigene Grundstücke, die in der Verfügungsbefugnis der Räte von Gemeinden, Städten und Kreisen nach § 19 ZGB standen und mit Wohnhäusern bebaut sind.

b) Auf die Gemeinden ist das für die Wohnungswirtschaft genutzte (frühere) Volkseigentum übergegangen, das in der Verfügungsbefugnis der früheren volkseigenen Betriebe der Wohnungswirtschaft stand (Art. 22 IV Einigungsvertrag).

c) Die nach Art. 22 I letzter Satz Einigungsvertrag zu restituierenden Vermögenswerte (s. dazu unter IV 1).

---

[1] Hierzu *Manfred Lange,* DtZ 1991, 329.

[2] Vertrag zwischen der Bundesrepublik Deutschland und der Deutschen Demokratischen Republik über die Herstellung der Einheit Deutschlands v. 31. 8. 1990, BGBl. II, 889.

[3] Nach Maßgabe des Gesetzes v. 6. 7. 1990, eingeschränkt aufrechterhalten durch Anl. II Kap. V Abschn. III Nr. 2 Einigungsvertrag; dazu *Horn* (Fn. 1), S. 193ff.

[4] *Manfred Lange,* DtZ 1991, 329, 335.

d) Die ehemaligen volkseigenen Güter, die volkseigenen Betriebe der Land- und Forstwirtschaft[1]: treuhänderisch verwaltet durch die Treuhandanstalt.

IV. Rückgabe entzogener Vermögenswerte

Sie betrifft die Frage, in welchen Fällen eine Rückgabe von Vermögenswerten zu erfolgen hat, welche die Machthaber der früheren DDR den Eigentümern entzogen hatten. Dabei ist zu unterscheiden:

1. Vermögenswerte der öffentlichen Hand, insbesondere Grund und Boden, welcher Gemeinden, Kreisen, Ländern entzogen und auf den Zentralstaat verlagert worden war. Hier findet eine vollständige Restitution an die früheren Rechtsinhaber bzw. deren Rechtsnachfolger statt (§§ 21 III, 22 I letzter Halbs. Einigungsvertrag)[2].

2. Das Vermögen der sog. Republikflüchtlinge[3]. Maßgebend ist das Gesetz zur Regelung offener Vermögensfragen vom 31. 8. 1990 (VermögensG). Es betrifft insbesondere die früher erfolgte entschädigungslose Enteignung und Überführung in Volkseigentum (§ 1a) und die Veräußerung durch staatliche Verwalter an Dritte (§ 1c): Die entzogenen Vermögenswerte sind auf Antrag der Berechtigten zurückzuübertragen (§ 3). Nicht erfaßt werden allerdings Enteignungen von Vermögenswerten auf besatzungsrechtlicher oder besatzungshoheitlicher Grundlage (§ 1 VIII Nr. 1 VermögensG; siehe dazu unten IV, 4).

3. Vermögen von Bürgern der ehemaligen DDR. Hier kommt eine Restitution in folgenden Fällen[4] in Betracht[5]:

a) Entzug von Betriebsvermögen (§ 1d VermögensG). Grundlage war ein Beschluß des Ministerrats der DDR vom 9. 7. 1972. Es geht insbesondere um den Entzug der zu diesem Zeitpunkt noch anzutreffenden privaten Beteiligungen an Unternehmen. Schon vorher war den Inhabern dieser Unternehmen eine staatliche Beteiligung aufgezwungen worden. Für die Rückübertragung gilt § 6 VermögensG.

b) Kalte Enteignung (§ 1 II VermögensG). Hier ging es um die häufigen Fälle, daß etwa ein Eigentümer eines Miethauses durch die staatliche Mietpreisbindung keine kostendeckende Miete mehr erzielen konnte, deshalb verschuldet wurde und sein Eigentum aufgeben mußte.

c) Unlautere Machenschaften (§ 1 III VermögensG) mit der Folge, daß der Vermögensgegenstand scheinbar freiwillig aufgegeben wurde.

---

[1] und nach Maßgabe des Gesetzes über die Übertragung des Eigentums und die Verpachtung volkseigener landwirtschaftlich genutzter Grundstücke (LandverwertungsG) v. 22. 7. 1990, aufrechterhalten gem. Anl. II Kap. VI B Abschn. II Nr. 1 Einigungsvertrag. Weitere Einzelheiten s. u. § 27 III, 4.
[2] Hierzu *Manfred Lange*, DtZ 1991, 329, 331 ff.
[3] Hierzu MünchKomm, *Säcker-Hummert*, Einigungsvertrag Rz. 1079 ff.; *Wasmuth*, BRAK-Mitt. 3/1991, 166 ff.
[4] Sie gilt, sofern die Voraussetzungen vorliegen, auch für die Fallgruppe 2.
[5] Zu dem Folgenden besonders *Horn*, a. a. O., S. 229 ff.; ferner MünchKomm, Einigungsvertrag, *Säcker-Hummert*, Rz. 1091 ff.; *Wasmuth*, a. a. O.

Nicht erfaßt werden also vom VermögensG Enteignungen, die in der Rechtsform einer klassischen Enteignung durchgeführt wurden, etwa der Entzug von Grundstückseigentum für Zwecke des Straßenbaus. Hierfür stand den Betroffenen eine nach unseren Maßstäben äußerst geringe Entschädigung zu, die häufig nicht einmal gezahlt wurde.

4. Enteignungen auf besatzungsrechtlicher Grundlage. Die Restitution ist in diesen Fällen ausgeschlossen (Gemeinsame Erklärung der Bundesrepublik Deutschland und der Deutschen Demokratischen Republik zur Regelung offener Vermögensfragen vom 15. 6. 1990, § 1 VIII a VermögensG). Es handelt sich um einen Komplex von Enteignungsmaßnahmen zwischen 1945 und 1948. Dabei ging es vor allem um die entschädigungslose Enteignung der Großgrundbesitzer über 100 ha und des Grundbesitzes von Kriegsverbrechern und führenden Nationalsozialisten. Rechtsschutz gegen diese Maßnahmen, insbesondere gegen die Einstufung als Kriegsverbrecher oder als führender Nationalsozialist, wurde den Betroffenen damals nicht gewährt.

Der generelle Ausschluß der Restitution in diesen Fällen ist schwer erträglich und wohl nur deshalb damit zu rechtfertigen, daß anderenfalls möglicherweise die Wiedervereinigung nicht zustande gekommen wäre. In einer bemerkenswerten Entscheidung vom 23. 4. 1991 hat das Bundesverfassungsgericht[1] in der Regelung keinen Verfassungsverstoß zu erblicken vermocht.

V. Restitution versus Investition

1. Entzogene Vermögenswerte sind grundsätzlich zurückzugewähren (§ 3 I VermögensG), Grundstücke sind zurückzuübereignen (§ 34 VermögensG), Rechte an Gesellschaften und dergleichen zurückzuübertragen (§ 6 II VermögensG). Nur ausnahmsweise tritt anstelle einer aus besonderen Gründen (§§ 4, 5 VermögensG) entfallenen Restitution ein Entschädigungsanspruch (§ 9 VermögensG).

Genannt werden die Fälle[2], daß jemand an dem entzogenen Vermögenswert in redlicher Weise Eigentum oder dingliche Nutzungsrechte erworben hat, z. B. A hat an einem dem E entzogenen, in Volkseigentum überführten Grundstück ein Nutzungsrecht gem. § 287 ZGB erworben und in Ausübung dieses Rechts ein Haus gebaut. Dieser Vorrang der Restitution vor Entschädigung hat sich hemmend auf die Investitionstätigkeit in den neuen Bundesländern ausgewirkt. Mit der Anmeldung eines Restitutionsanspruchs ist der Verfügungsberechtigte (etwa die Gemeinde oder die Treuhandanstalt, s. oben II) verpflichtet, den Abschluß dinglicher Rechtsgeschäfte ohne Zustimmung des Restitutionsberechtigten zu unterlassen, also etwa das Grundstück an einen Investor zu veräußern (§ 3 III VermögensG; zu den Details siehe § 16 VII).

2. Wegen dieser Regelung, so hat man geltend gemacht, gäbe es in den neuen Bundesländern für Investitionen praktisch keine Grundstücke mehr. Durch das Gesetz zur Beseitigung von Hemmnissen bei der Privatisierung von Unternehmen und zur Förderung von Investitionen vom 22. 3. 1991 (das sog. EnthemmungsG) sind deshalb sog. „Vorfahrtregelungen" zur Erleichterung von Investi-

---

[1] BB-Beilage 10 zu Heft 13/1991, 2 ff. = NJW 1991, 349 ff. = JZ 1992, 200 ff.; dazu kritisch *Maurer,* Die Eigentumsregelung im Einigungsvertrag, JZ 1992, 183 ff.
[2] MünchKomm/*Säcker-Hummert,* Einigungsvertrag, Rz. 1239.

tionen geschaffen worden[1]. Die wichtigste ist als § 3a in das VermögensG einge-fügt worden. Danach darf eine verfügungsberechtigte Gebietskörperschaft oder die Treuhand sich über eine vorliegende Anmeldung eines Anspruchs auf Resti-tution eines Grundstücks hinwegsetzen und das Grundstück an einen Investor veräußern und den Berechtigten auf einen Entschädigungsanspruch verweisen, wenn das Grundstück bestimmten investiven Zwecken dienen soll. Das sind: Sicherung oder Schaffung von Arbeitsplätzen durch Errichtung eines Betriebs oder eines Dienstleistungsunternehmens, Deckung eines erheblichen Wohnbe-darfs der Bevölkerung oder Schaffung der für solche Vorhaben erforderlichen Infrastrukturmaßnahmen.

B. Typisierte Sonderformen des Grundeigentums

Im Anschluß an die Darstellung des Eigentumsinhalts im Allgemeinen gilt es nunmehr, einige typische Sonderformen des Eigentums kennenzulernen, wobei wir uns freilich nicht sklavisch an den Begriff „Eigentum" halten, vielmehr auch jeweils verwandte Rechtsinstitute (z. B. neben dem Woh-nungseigentum auch das Erbbaurecht und das dingliche Wohnrecht) erörtern wollen.

§ 27. Das landwirtschaftliche Grundeigentum
(einschließlich Landpacht – Wasserrecht – Forstrecht – Jagd- und Fischereirecht)

Lit.-Hinweis: S. die Angaben im Text; ferner *Götz* u. a., Handwörterbuch des Agrarrechts, I 1981, II 1983; *Baur,* Grundstücksrecht (1948); „Studium Generale" 11 (1958), S. 507 und JZ 1962, 695; *Kreuzer* u. a., Agrarrecht in Europa, 1983; *Kroeschell,* Bodenordnung in der modernen Gesellschaft (1961); ders. Rechtsprobleme der bäuerlichen Hofübergabe, in Göttinger Festschrift für das OLG Celle (1961) S. 99; *ders., Landwirtschaftsrecht,* 2. Aufl. 1966; *ders., Deutsches Agrarrecht,* 1983; *ders., Der Wandel der Agrarstruktur in der Bundesrepublik Deutschland u. seine Auswirkungen auf das Agrarrecht,* in Recht in Ost u. West (Waseda-FS), 1988, 119); *Pikalo,* Land- u. forstwirtschaftl. Grundstücksverkehrs- u. Erbrecht im westlichen Europa (1961); *Wöhrmann,* Landwirtschaftsrecht, 2. Aufl. 1966; *Frohberg* u. a. (Herausg.), FS f. Pikalo, 1979. Hingewiesen sei auf die monatlich erschei-nende Zeitschrift *Agrarrecht,* 22. Jahrgang 1992 und die Zeitschrift *Recht der Landwirtschaft,* 44. Jahr-gang 1992.

Überblick

Für den landwirtschaftlich genutzten Grund und Boden haben sich im Laufe der Zeit Sonderregeln entwickelt, die den wesentlichen Bestandteil des Landwirtschaftsrechts (Agrarrechts) bilden. Die Anlässe, die zu einem Eingreifen des Gesetzgebers führten, waren recht verschieden: bald lagen sie in dem Zwang, die Ernährung der Bevölkerung sicherzustellen, dann in dem Bestreben, die landwirt-schaftlichen Betriebe durch gesetzgeberische Maßnahmen in ihrem Bestand zu erhalten und zu stüt-zen; dann wieder sollten neue landwirtschaftliche Betriebe auf Kosten des Großgrundbesitzes ge-schaffen werden. Entsprechend den verschiedenen Ansatzpunkten sind auch die das landwirtschaftli-che Grundeigentum betreffenden Gesetze keineswegs homogen, sie sind weder gesetzestechnisch noch inhaltlich aufeinander abgestimmt.

Eine Gliederung läßt sich vielleicht nach folgenden Gesichtspunkten treffen: Sicherung der land-wirtschaftlichen Produktionsgrundlagen (unten I), Sicherung des landwirtschaftlichen Betriebs (II), Neubildung landwirtschaftlicher Betriebe (III), Lenkung der landwirtschaftlichen Produktion und

---

[1] *Fieberg/Reichenbach,* NJW 1991, 1977f.; *Wasmuth,* BRAK-Mitt. 1991, 116, 123ff.

des Absatzes der landwirtschaftlichen Produkte (unten IV). Anhangsweise sollen dann ein kurzer Überblick über das Wasser- (V), Forst- (VI) und Jagdrecht (VII) gegeben werden.

Statistik: Gesamte Wirtschaftsfläche der Bundesrepublik nach der Vereinigung: ca. 36 Mill. ha. 1989 betrug die Wirtschaftsfläche der *alten Bundesländer* 24,86 Mill. ha mit einem Anteil von 54,3% (= 13,48 Mill. ha) an Landwirtschaft, 29,8% (= 7,4 Mill. ha) an Forstwirtschaft, 12,2% (= 3,04 Mill. ha) an Bauland und Verkehrsflächen. Anteil der Landwirtschaft an der gesamten erwerbstätigen Bevölkerung 3,75% (1950: noch 23%), Beitrag zum Gesamtsozialprodukt: ca. 2%! Zum Vergleich: Wirtschaftsfläche der *neuen Bundesländer* (Stand 1989) 10,83 Mill. ha., davon 60% (= 6,17 Mill. ha) Landwirtschaft, 27,5% (= 2,98 Mill. ha) Forstwirtschaft, 9,88% (= 1,07 Mill. ha) Bauland und Verkehrsflächen. Beitrag des in der Landwirtschaft tätigen Bevölkerungsanteils (10,8%) am Bruttosozialprodukt: 10%. Interessant die Eigentumsverhältnisse am Grund und Boden überhaupt: Eigentum von Privaten in den *alten Bundesländern* (1989): 65% (vor 1939: 75%!), der Rest ist im Eigentum der öffentlichen Hand (s. Statistisches Jahrbuch 1991, S. 157, 167).

I. Sicherung der landwirtschaftlichen Produktionsgrundlagen

1. *Das sog. Grundstückverkehrsrecht*[1]

Die Veräußerung und Verpachtung von Grundeigentum ist nach allgemeinem Recht frei, d. h. keinen staatlichen Einwirkungen unterworfen.[2] Auf dem Gebiet der Landwirtschaft führte diese Freiheit vielfach zu einer unwirtschaftlichen Zerstückelung des Grundeigentums („Güterzertrümmerung"), zu einer Abwanderung von landwirtschaftlichem Grund und Boden in die Hände von Nichtlandwirten (Gefahr der Grundstücksspekulation) und zu einer Verschuldung der Betriebe.

Diese Vorgänge beeinträchtigen die landwirtschaftliche Erzeugung. Seit 1918 wurde daher der landwirtschaftliche Grundstücksverkehr unter staatliche Kontrolle gebracht, die seitdem nicht wieder beseitigt worden ist.[3]

Gegenwärtige Rechtsgrundlage sind das Grundstückverkehrsgesetz v. 28. 7. 1961 (BGBl. I 1091, 1652, 2000) mit den dazugehörigen Ausführungsgesetzen der Länder (z. B. bad.-württ. AusfG v. 8. 5. 1989, GBl. 143) und das Landpachtverkehrsgesetz v. 8. 11. 1985 (BGBl. I 2075). Der wesentliche Inhalt dieser Regelung ist folgender:

a) *Genehmigungspflichtig* ist die *Veräußerung* (Kauf und Auflassung) landw. Grundeigentums.[4] Bis zur Erteilung der Genehmigung ist die Veräußerung schwebend unwirksam, bei Verweigerung der Genehmigung ex tunc nichtig. Die Genehmigung ist zu verweigern, wenn gewisse im Gesetz aufgeführte Versagungsgründe vorliegen; diese beziehen sich auf die Agrarstruktur („ungesunde Bodenverteilung"),[5] auf die Auswirkungen im Hinblick auf den landwirtschaftlichen *Betrieb* (der Vertrag darf nicht zu einer unwirtschaftlichen Betriebs- oder

---

[1] Siehe dazu die Kommentare von *Ehrenforth* (1965), *Lange* (2. Aufl. 1964), *Pikalo/Bendel* (1963); *Vorwerk-v. Spekkelsen* (1963), *Treutlein-Crusius* (1963) u. *Herminghausen* DNotZ 1962, 450, 522; 1963, 153, 200, 387, 464; *Baur* JZ 1962, 695; *Augustin* HWB d. AgrarR.s, I, 1981, 850 u. *Bendel* ebda 855; *Winkler* NuR 1987, 258 und 1988, 170 je m. w. N.

[2] Siehe dazu allerdings oben § 22 V.

[3] Darstellung der Entwicklung: *Baur,* Grundstücksrecht S. 101 ff.

[4] Gleichgestellt sind die Nießbrauchstellung und die Veräußerung eines Erbanteils an einen land- und forstwirtschaftlichen Nachlaß. – Zum Begriff „Veräußerung" s. BGHZ 87, 233; zum „landwirtschaftlichen Grundstück" (§ 1 GrdstVG) BGHZ 106, 251.

[5] Vgl. § 9 Abs. 1 Ziff. 1 GrdstVG. Beispiele: BGH NJW 1975, 2192; BGHZ 67, 330; 94, 292 und 112, 86.

Grundstückszersplitterung führen),[1] auf den *Vertragsinhalt* selbst (grobes Mißverhältnis zwischen dem Wert des Grundstücks und dem versprochenen Entgelt; Beispiel: BGHZ 50, 297).

Der Anlaß zu dieser Regelung war ursprünglich die Not der Kriegs- und Nachkriegszeit: die
Ernährungsgrundlage sollte also gesichert werden. Heute unter veränderten Umständen dient die
Regelung allgemeinen landwirtschaftspolitischen Gesichtspunkten (Verbesserung der Agrarstruktur – Erhaltung rationell zu bewirtschaftender Betriebe – Verhinderung eines „Ausverkaufs" der
Landwirtschaft). Das Bundesverfassungsgericht (BVerfGE 21, 73; 87; 92; 99; 102) läßt als ent-
scheidenden Gesichtspunkt nur die nachteilige Auswirkung des Rechtsgeschäfts *auf die Agrarstruktur* gelten (Beispiele: BGHZ 75, 81 u. 86). – Interessant BGHZ 94, 292 = NJW-RR 1986, 312:
konkurrierende Agrarstrukturverbesserungsmaßnahmen.
  Über die Genehmigung entscheidet meist zunächst die Landwirtschaftsbehörde; gegen ihre Entscheidung kann das *Landwirtschaftsgericht* (das ist das Amtsgericht, wobei zum Amtsrichter zwei
landwirtschaftliche Beisitzer hinzutreten) angerufen werden (s. dazu Gesetz über das gerichtliche
Verfahren in Landwirtschaftssachen v. 21. 7. 1953 [BGBl. I 667], geändert durch Ges. v. 8. 11.
1985 [BGBl. I 2065]).[2] Beispielsfälle: BGHZ 82, 292; BGH NJW 1982, 2251 u. BGHZ 94, 24
(zum Nachweis der Genehmigung gegenüber dem Grundbuchamt).
  b) Die Genehmigungspflicht für die *Belastung* eines landwirtschaftlichen Betriebs mit Grundpfandrechten ist durch Gesetz v. 19. 12. 1960 (BGBl. I 1015) aufgehoben worden.
  c) Ursprünglich war auch die *Verpachtung* eines landw. Grundstücks genehmigungspflichtig
(Art. VI KRG Nr. 45). Das Landpachtgesetz v. 25. 6. 1952 (BGBl. I 343) hatte lediglich eine Anzeigepflicht beibehalten, die der Landwirtschaftsbehörde die Möglichkeit gibt, den Vertrag zu „beanstanden". Auch das seit 1. 7. 1986 maßgebende Landpachtverkehrsgesetz hält an dieser Grundlage fest.[3]
  Die Beanstandungsgründe ähneln den oben a) bei der Genehmigung der Veräußerung genannten (Einzelheiten s. unten IV).
  Zu beachten ist, daß durch Ges. v. 8. 11. 1985 (BGBl. I 2065) ein *besonderer Abschnitt über die
Landpacht in das BGB* eingefügt wurde (§§ 585 bis 597; s. unten IV).
  d) In den *neuen Bundesländern* gilt das GrundstücksverkehrsG uneingeschränkt (Einigungsvertrag
Anl. I Kap. VI Sachgeb. B, Erläuterungen).

2. Flurbereinigung (Umlegung)

Während das Grundstücksverkehrsrecht im wesentlichen gefahrenabwehren-
de Tendenz hat, sucht die Flurbereinigung – als wesentlicher Teil einer der
Verbesserung der Agrarstruktur gewidmeten Agrarpolitik – die Produktionsgrundlagen durch positive Maßnahmen zu verbessern. Rechtsgrundlage ist das
Flurbereinigungsgesetz v. 14. 7. 1953 i. d. F. v. 16. 3. 1976 (BGBl. I 546).[4] Ihr
Ziel ist es, in Gebieten mit zersplittertem ländlichem Grundbesitz, namentlich
in Realteilungsgebieten, den Grundbesitz zunächst zusammenzulegen („in einen Topf zu werfen"), dann nach betriebswirtschaftlichen Gesichtspunkten

---

[1] Vgl. § 9 Abs. 1 Ziff. 2 GrdstVG; zur Verfassungsmäßigkeit dieser Bestimmung BVerfG NJW
1969, 1475.
[2] Kommentare von *Lange/Wulff* (1954 mit Nachtrag 1963), *Wöhrmann/Herminghausen* (1954),
Pritsch (1955); *Barnstedt/Steffen,* 4. Aufl. 1988.
[3] Kommentare von *Fassbender* u. a. (Landpachtrecht) 1988 und *Lange* (Landpachtrecht, landwirtschaftl. Pachtrecht d. BGB u. LandpachtverkehrsG) 1989; s. a. *Ebersbach,* Die Lenkung d. Landpacht-
verkehrs . . . in FS Pikalo, 1979 u. *Quadflieg* HWB d. AgrarR.s, I 1981, 631 m. w. N.
[4] Kommentare von *Lurz* (1955), *Seehusen/Schwede/Hegele* 5. Aufl. 1991, *Steuer* (2. Aufl. 1967). S.
ferner *Nüßgens/Boujong* Rn. 176 ff. und *Griese,* NuR 1985, 269. Zur Unternehmensflurbereinigung
BVerfG NJW 1987, 1251 (Boxberg) und BVerwG NVwZ 1990, 471; s. a. *Wehr,* BayVerwBl 1987,
356.

neu zu gestalten und damit lebensfähige, einer maschinellen Bearbeitung zugängliche Betriebsgrößen zu schaffen.

Es handelt sich also um einen Landaustausch der Eigentümer einer Markung, wobei angestrebt wird, daß jeder Teilnehmer Grundstücke gleichen Gesamtumfangs und gleicher Bodenqualität (Bonität) zurückerhält.

Das Verfahren wird durch einen Flurbereinigungsbeschluß der Flurbereinigungsbehörde eingeleitet. Damit werden die beteiligten Grundeigentümer zu einer „Teilnehmergemeinschaft" (einer Körperschaft des öffentlichen Rechts!) zusammengefaßt; sie bildet sozusagen das demokratische Organ im Flurbereinigungsverfahren.[1] Das Ergebnis des Flurbereinigungsverfahrens ist in einem Flurbereinigungsplan festzuhalten, mit dessen Rechtskraft die Änderung des Rechtszustandes eintritt.[2] Auf ihm beruht daher auch die Eigentumsänderung an den betroffenen Grundstücken, eine rechtsgeschäftliche Veräußerung findet nicht statt, das Grundbuch ist entsprechend dem Flurbereinigungsplan zu berichtigen.

Die Interessen der Inhaber beschränkter dinglicher Rechte (insbes. der Grundpfandgläubiger) werden durch eine Art von Surrogation (die Belastungen werden kraft Gesetzes auf die neuen Grundstücke übertragen) gesichert.

Versteht man unter Enteignung rein technisch den Entzug von Land durch Staatsakt und Übertragung auf einen anderen, so ist auch die Flurbereinigung Enteignung. Stellt man auf den Gesichtspunkt des Sonderopfers ab, so ist die Flurbereinigung nicht als Enteignung anzusehen, sofern Land in gleichem Wert zugesprochen wird (BVerwGE 1, 225; BGHZ 66, 173), wohl aber dann, wenn ein „Landabzug" zugunsten öffentlicher Einrichtungen vorgenommen wird (BVerwGE 3, 156) oder wenn ein Grundeigentümer wider seinen Willen in Geld abgefunden wird (BGHZ 27, 15; 31, 49).

In den *neuen Bundesländern* gilt das FlurbereinigungsG uneingeschränkt (Einigungsvertrag Anl. I Kap. VI Sachgeb. B, Erläuterungen).

II. Sicherung des landwirtschaftlichen Betriebs

1. Mit die größte Gefahr für die Erhaltung gesunder landwirtschaftlicher Betriebe ist die Zersplitterung im Erbgang, und zwar gleichgültig, ob sie „in natura" durch Aufteilung des Grundeigentums des Erblassers (Realteilung, praktiziert insbesondere in Südwestdeutschland) oder dem Werte nach erfolgt.

Hinterläßt E seine Kinder A, B und C, so wird der Betrieb sowohl dann gefährdet, wenn die zu ihm gehörigen Grundstücke unter A, B und C aufgeteilt werden, wie auch dann, wenn A zwar den Hof geschlossen übernimmt, B und C aber mit je ⅓ des vollen Werts abfinden muß.

Dieses Ergebnis sucht das *Anerbenrecht (Höferecht)* zu vermeiden. Es entspricht in weiten Teilen Deutschlands (und Österreichs) bäuerlicher Erbsitte und beruht auf dem Grundgedanken, daß der Hof mit dem Erbfall (oder einer durch Übergabevertrag vorweggenommenen Erbfolge) auf *einen* Erben (den Anerben, Hoferben) übergeht und die sonstigen Erben (die weichenden Erben) in Geld abgefunden werden.

Die wichtigste Regelung enthält die Höfeordnung v. 24. 4. 1947 für die (ehemals) britische Zone (Nordrhein-Westfalen, Schleswig-Holstein, Niedersachsen, Hamburg). Die HöfeO ist aber bundesrechtlich novelliert worden, und zwar durch Gesetz v. 29. 3. 1976 (BGBl. I 881; 1977 I 288).[3] Diese – novellierte – HöfeO i. d. F. v. 26. 7. 1976 (BGBl. I 1933) wird den folgenden Ausführungen zu Grunde gelegt.

---

[1] Mit freilich insgesamt recht dürftigen Rechten.

[2] Dazu *Susset,* D. Surrogationsgedanke im Flurbereinigungsrecht (Tüb. Diss. 1968).

[3] Dazu *Dressel* NJW 1976, 1244; *Faßbender* DNotZ 1976, 393 u. 1977, 388; *Quadflieg/Weirauch* FamRZ 1977, 228; *Faßbender/Hötzel/Pikalo,* HöfeO, 2. Aufl. 1989; *Scheyhing,* HöfeO, 1967; *Kreuzer,* Landwirtschaftserbrecht in Deutsche Beiträge z. VII. Intern. Kongreß f. Rechtsvergleichung 1967, 202 u. in HWB d. AgrarR.s, I 259; *Lüdtke-Handjery,* Hofübergabe als vertragliche und erbrechtliche Nachfolge, DNotZ 1985, 332; *Lange/Wulff/Lüdtke-Handjery,* HöfeO für die Länder Hamburg, Nie-

a) *Voraussetzungen* für die Hofeigenschaft sind: eine land- oder forstwirtschaftliche Besitzung, die von einer geeigneten Hofstelle aus bewirtschaftet wird – Alleineigentum (oder Miteigentum von Ehegatten) – ein sog. Wirtschaftswert (= Einheitswert abzüglich Wohnungswert) von mindestens 20 000 DM.

Liegen diese Voraussetzungen vor, so ist ein landwirtschaftlicher Betrieb kraft Gesetzes „Hof". Das Anerbenrecht ist aber insofern *fakultativ,* als der Eigentümer die Hofeigenschaft aufheben (dazu BGHZ 101, 57; *Otte* NJW 1988, 672) oder neu begründen kann. Dies geschieht durch Erklärung gegenüber dem Landwirtschaftsgericht. Die Eintragung bzw. Löschung des Hoferbenvermerkes erfolgt dann durch das Grundbuchamt auf Ersuchen des Landwirtschaftsgerichts, § 3 HöfeVfO i. d. F. v. 29. 3. 1976 (verfassungsgemäß, BVerfGE 76, 100). Die Hoferklärung muß alle Grundstücke erfassen, die Bestandteil des Hofes sind (BGHZ 106, 245). Die Hofeigenschaft entfällt kraft Gesetzes, wenn eine der Voraussetzungen (z. B. durch gewerbliche Nutzung) wegfällt (BGHZ 84, 65 u. 78).

b) Der Hofeigentümer kann den Hoferben durch Verfügung von Todes wegen (oder Übergabevertrag)[1] *frei bestimmen;* dieser muß aber in der Regel „wirtschaftsfähig" sein, d. h. den Betrieb selbständig leiten können.

Unter bestimmten Voraussetzungen genügte nach der Rspr. ein sog. *formloser Hofübergabevertrag* (hierzu BGHZ 12, 286; 23, 249; 73, 324, 329; 87, 237). Nachdem § 7 HöfeO n. F. die formlose Hofübergabe kodifiziert hat, bleibt die Rspr. für „Altfälle" von Bedeutung.

c) Hat der Hofeigentümer eine solche Bestimmung nicht getroffen, so gilt die *gesetzliche Hoferbenordnung.* Auch hier ist aber indirekt die Willensrichtung des Erblassers maßgebend, insofern in der ersten Hoferbenordnung zunächst der Miterbe berufen ist, dem der Erblasser zu seinen Lebzeiten die Bewirtschaftung des Hofes auf Dauer übertragen hat, in zweiter Linie der Miterbe, der durch Ausbildung oder Beschäftigung auf dem Hof zur Übernahme prädestiniert ist. Erst in dritter Linie gilt – je nach dem Brauch – Ältesten- oder Jüngstenrecht.

d) Der überlebende *Ehegatte* kann zum Hoferben bestimmt werden. Er ist kraft Gesetzes Hoferbe, wenn Hoferben der ersten Ordnung, also Kinder, nicht vorhanden sind oder wenn es sich um einen Ehegattenhof handelt und die Ehegatten nicht gemeinsam einen Hoferben bestimmt haben (Einzelheiten § 8 HöfeO; dazu BGHZ 98, 1).

Stets kann der überlebende Ehegatte den Altenteil (Wohnungsrecht, Lebensunterhalt und Pflege) beanspruchen.

e) Die *weichenden Erben,* also meist die Geschwister des Hoferben, sind auf einen in Geld zu zahlenden Abfindungsanspruch angewiesen.[2] Dessen Höhe kann durch den Erblasser bestimmt werden. Ist dies nicht der Fall, so ist für die gesetzliche Abfindung vom 1½fachen Betrag des steuerlichen Einheitswerts (also nicht des Verkehrswerts, nicht des Ertragswerts!) auszugehen. An diesem Betrag ist auch der Hoferbe beteiligt, wenn er Miterbe ist.

Beispiel: A und B sind Miterben des Hofeigentümers. A ist Hoferbe. Der 1½fache Einheitswert ist 60 000 DM. A hat an B 30 000 DM zu bezahlen. Zu beachten ist die doppelte Bevorzugung des

dersachsen, Nordrhein-Westfalen und Schleswig-Holstein, 9. Aufl. 1991; *Wöhrmann/Stöcker,* Landwirtschaftserbrecht, 5. Aufl. 1988; *Soergel/Stürner* vor § 873 II m. w. N.

[1] *Lüdtke-Handjery* DNotZ 1985, 332; dazu *Fassbender* DNotZ 1986, 67.

[2] Verfassungsgemäße Regelung: BVerfG NJW 1985, 1455; zur Berechnung BGH NJW-RR 86, 1014.

A: Der steuerliche Einheitswert ist erheblich niedriger als der Ertrags- und Verkehrswert – A ist an dem Betrag von 60 000 DM beteiligt; m. a. W. „er bekommt den Hof für 30 000 DM".
Zum Abfindungsergänzungsanspruch s. § 13 IV HöfeO u. BGHZ 94, 306 und NJW 1991, 2836.

2. Überblick über das Anerbenrecht in der Bundesrepublik Deutschland (im Einzelnen s. *Kreuzer,* HWB d. AgrarR.s I 259):

a) die unter 1 geschilderte Regelung gilt für Nordrhein-Westfalen, Schleswig-Holstein, Niedersachsen und Hamburg. Eine ähnliche Regelung gilt im Regierungsbezirk Württemberg-Hohenzollern des Landes Baden-Württemberg.

b) Fakultatives Anerbenrecht (nur durch Erklärung des Eigentümers und Eintragung in eine Höferolle oder Grundbuch begründet) gilt in den Ländern Bremen, Rheinland-Pfalz und in den Regierungsbezirken Nordwürttemberg und Nordbaden.

c) Kein Anerbengesetz haben Bayern, Saarland, Berlin.

3. Eine interessante Variante zum Anerbenrecht ist die *Hofzuweisung* (nach §§ 13–17 GrundstückverkehrsG): Ein Hof, der nicht dem Anerbenrecht untersteht und einer auf gesetzlicher (nicht testamentarischer, BGHZ 40, 60) Erbfolge beruhenden Erbengemeinschaft gehört, kann auf Antrag durch das Gericht *einem der Miterben zu Alleineigentum* gegen Abfindung der übrigen Miterben in Geld „zugewiesen" werden (dazu *Rötelmann* DNotZ 1964, 82).

Das Wiedererstarken des Anerbengedankens, die eben skizzierte Hofzuweisung, der Versuch, das Anerbenrecht mit Hilfe der Genehmigungspflicht nach dem Grundstücksverkehrsrecht auf kaltem Wege einzuführen (indem die Teilung des Hofes unter die Miterben nicht genehmigt wird; s. § 9 Abs. 3 GrundstückverkehrsG), all' dies weist auf die wachsende Erkenntnis hin, daß Hilfsmaßnahmen für die Landwirtschaft, insbesondere die Flurbereinigung, so lange nicht die volle Wirkung haben können, als die Gefahr besteht, daß die Höfe in jeder Generation geteilt oder mit hohen unproduktiven Abfindungsansprüchen belastet werden.

4. Eine starke Bindung des Grundvermögens enthielt früher das *Fideikommißrecht* (s. schon oben § 24 I a. E.).[1] Das Familienfideikommiß ist ein Sondervermögen – meist land- und forstwirtschaftliches, aber auch gewerblich genutztes Grundvermögen –, das auf Grund eines Stiftungsgeschäfts oder eines Familienvertrags unveräußerlich ist und nur im Mannesstamm der Familie vererbt wird. Das Vermögen sollte die wirtschaftliche Unabhängigkeit der Familie, einen gewissen Lebensstandard der Angehörigen (splendor familiae) sichern und sie für den öffentlichen Dienst freistellen. Die Beseitigung der Monarchie brachte verständlicherweise auch die Auflösung der Familienfideikommisse mit sich (Art. 153 WRV), jedoch ist ihre Abwicklung vielfach bis heute noch nicht abgeschlossen. Der Grund ist weniger in dem Beharrungsvermögen zu sehen als vielmehr darin, daß an diesen Vermögen zahlreiche nahe Verwandte und ehemalige Angestellte „hängen", die vor der endgültigen Übergang des Fideikommißvermögens in freies Eigentum gesichert werden müssen.

Die Gefahren und Nachteile, die mit dem Fideikommißgedanken für den Staatsaufbau verbunden waren, liegen auf der Hand. Will man ihm Gerechtigkeit widerfahren lassen, so muß man aber auch sagen, daß ein Staat aus einem *wirtschaftlich unabhängigen* Beamten- und Offiziersstand wesentliche Vorteile zieht. Manche Vorgänge äußerer und innerer Korruption hängen damit zusammen, daß eine solche Unabhängigkeit heute nicht mehr besteht.

5. Eine gewisse Verwandtschaft mit dem Höferecht weist das Recht der *Heimstätte*[2] (ReichsheimstättenG i. d. F. v. 25. 11. 1937, RGBl. I 1291) auf. Sie dient dem „Wohn- und Wirtschaftsbedürfnis kleiner Leute" *(Boehmer)* und faßt ein „Einfamilienhaus mit Nutzgarten" („Wohnheimstätte") oder ein kleineres landwirtschaftliches oder gärtnerisches Anwesen („Wirtschaftsheimstätte") zu einer rechtlichen Einheit, der Heimstätte, zusammen. Sie ist nur mit Zustimmung des „Ausgebers" der Heimstätte (Körperschaft des öff. Rechts oder gemeinnützige Unternehmung) teilbar, sowohl bei

---

[1] Siehe *Seelmann/Klässel,* Das Recht der Familienfideikommisse (1920); *Söllner,* FS Kaser, 1976, 657 (zur Rechtsgeschichte); *von Bar/Striewe,* Zschr. f. Neuere Rechtsgeschichte, 1981, 184 (Auflösung); *Baur* in FS Frank Vischer, 1983, 515 (= *Baur* Beitr. II 268: fideikommißähnliche Unternehmensbindungen).

[2] *Wormit/Ehrenforth,* Heimstättenrecht (4. Aufl. 1967); *Rusch,* Heimstättenrecht (2. Aufl. 1940); *Westphal* RPfleger 1981, 129 (Heimstättenerbrecht).

Veräußerung unter Lebenden wie im Erbfall. Belastungen sind nur innerhalb gewisser Verschuldungsgrenzen möglich. Dem „Ausgeber" bleibt ein gewisser Einfluß erhalten: im Falle der Veräußerung hat er ein Vorkaufsrecht, bei Schlecht- oder Fremdbewirtschaftung einen Heimfallanspruch (Beispiele: BGHZ 31, 77 u. 77, 7).

Der soziale Zweck – die Ansiedlung und Seßhaftmachung von Angehörigen der unteren und mittleren Einkommensschichten – ist augenscheinlich. Eine umfangreiche Verbreitung hat indes die Heimstätte in Deutschland nicht gefunden.

III. Die Neubildung landwirtschaftlicher Betriebe – Siedlung und Bodenreform[1]

1. Siedlung und Bodenreform haben den Zweck, neue landwirtschaftliche Besitzungen zu schaffen, oder bestehende, aber unzureichend mit Land dotierte landwirtschaftliche Betriebe durch Landzulagen in ihrer Leistungsfähigkeit zu heben. Dabei umfaßt das *Siedlungsrecht* die gesetzlichen Maßnahmen zur Beschaffung und Verteilung von landwirtschaftlichen Boden an landsuchende, geeignete Bewerber. Die *Bodenreform* will zu einer gleichmäßigen Verteilung des Grundeigentums – insbesondere durch Aufteilung oder Verminderung des Großgrundbesitzes – gelangen.

Hier wirken sich verschiedene Tendenzen unter den jeweiligen Verhältnissen verschieden stark aus: allgemein-politische (Zerschlagung des Großgrundbesitzes als einer wirtschaftlichen und politischen Macht), agrarpolitische (Hebung des mittleren Bauernstandes, Intensivierung der landw. Erzeugung: Veredlungswirtschaft statt Ackerbau), soziale (Hebung des Lebensstandards der Kleinbauern und Landarbeiter).

2. *Rechtsgrundlagen* sind das Reichssiedlungsgesetz v. 11. 8. 1919 (RGBl. 1429) i. d. F. v. 28. 7. 1961 (BGBl. III 2331-1), das Bundesvertriebenengesetz i. d. F. v. 3. 9. 1971 (BGBl. I 1565, 1807) und die nach 1945 erlassenen Bodenreformgesetze der deutschen Länder.[2]

Die klassischen *Grundlagen der Siedlung* enthält das Reichssiedlungsgesetz:

a) *Siedlungszweck* ist die Schaffung neuer bäuerlicher Betriebe oder die Hebung bestehender Kleinbetriebe auf die Größe einer selbständigen „Ackernahrung" (= Betriebsgröße, die im langjährigen Durchschnitt das Auskommen für eine mittlere bäuerliche Familie zu leisten vermag).

b) *Siedlungsträger* sind die Siedlungsunternehmungen. Das sind gemeinnützige Unternehmungen, die das für die Siedlung benötigte Land beschaffen, an die Siedler ausgeben, für die Finanzierung der Siedlerstellen sorgen und die Beratung der Siedler übernehmen.

c) Rechtsformen der *Landbeschaffung* sind der freihändige Kauf auf dem Grundstücksmarkt, Ausnützung des gesetzlichen Vorkaufsrechts (dazu BGHZ 94, 299), Enteignung von Moor- und Ödland, Enteignung des Großgrundbesitzes auf Grund der Bodenreformgesetze (sei es ganz: so in der ehemaligen DDR, sei es gestaffelt unter Belassung von Restbetrieben: so in den alten Ländern der Bundesrepublik Deutschland).[3]

Auch schlecht bewirtschaftete oder „auslaufende" Höfe (d. h. Höfe ohne Hoferben) und sog. „wüste" Höfe (das sind früher selbständige landw. Betriebe, deren Betriebsgebäude noch vorhanden sind, deren Land aber veräußert oder verpachtet ist) konnten der Ansiedlung (insbes. von Vertriebenen und Flüchtlingen) dienen (s. §§ 35 ff. Bundesvertriebenengesetz).

d) Rechtsformen der *Landzuteilung* sind Volleigentum, wobei jedoch das Siedlungsunternehmen ein Wiederkaufsrecht hat, wenn der Siedler gegen seine Pflichten verstößt (Beispiele: BGHZ 97, 238; 103, 175), Heimstätteneigentum und Pacht, diese meist als Vorläuferin einer späteren Übereignung.

---

[1] Dazu *Huber*, Wirtschaftsverwaltungsrecht II 1954, § 72; *Ehrenforth*, Reichssiedlungsgesetz und Grundstücksverkehrsgesetz (1965); *Haack*, ReichssiedlungsG (1935); *Münchow* HWB d. AgrarR.s, II 1982, 758; *Schiller*, Das Gesetz zur Beschaffung von Siedlungsland und zur Bodenreform (1947); *Seraphim*, Gegenwartsprobleme ländlicher Siedlung (1953). Speziell zur Bodenreform *v. Nell-Breuning* HWB d. AgrarR.s, I 379 u. *Schwede* ebda I 394, je m. w. N.

[2] Siehe dazu die Textsammlung von *Ehrenforth*, Wohn- und Siedlungsrecht (2. Aufl. 1962) und Kommentar zum Reichssiedlungsgesetz (1965); *Feuchthofen*, Das siedlungsrechtliche Vorkaufsrecht im System bodenrechtlicher Normierungen, BayVerwBl 1985, 394.

[3] Einzelheiten s. *Baur*, Grundstücksrecht S. 127 ff.

e) Das *Kleingartenrecht* ist nunmehr durch das BundeskleingartenG v. 28. 2. 1983 (BGBl. I 210) geregelt: vor allem Regelung der Kleingartenpacht im Sinne eines Schutzes des Kleingärtners (dazu BGHZ 108, 147; 101, 18 und *Landfermann* NJW 1983, 2670). Bedeutsam für ca. 650000 Kleingärtner (Größe: nicht größer als 400 qm; Laube nicht mehr als 24 qm und nicht zum dauernden Wohnen geeignet).

3. In den *alten Bundesländern* ist die Bodenreform im Sinne einer Enteignung des Großgrundbesitzes endgültig abgeschlossen. Ihre zu hoch gesteckten Ziele wurden keineswegs erreicht; vielmehr brachte die „angemessene Entschädigung" (Art. 14 III GG) eine erhebliche Belastung der Staatskasse mit sich. Auf Dauer verspricht das Flurbereinigungsverfahren größeren Erfolg.

In den *neuen Bundesländern* steht für entschädigungslose Enteignungen des Grundbesitzes durch die ehemalige DDR teilweise die Rückerstattung an: Enteignungen von Grundvermögen, aber auch staatliche Zwangsverwaltungen und unlauter begründete Miet- und Pachtverhältnisse werden auf der Grundlage des Gesetzes zur Regelung offener Vermögensfragen vom 23. 9. 1990 (BGBl. I 958) (Vermögensgesetz) aufgehoben[1]. Ausgeschlossen bleibt allerdings die Restitution der in den Jahren 1945–49 auf besatzungsrechtlicher bzw. besatzungshoheitlicher Grundlage[2] erfolgten zahlreichen Großenteignungen (Art. 143 GG i. V. mit Art. 43 Abs. 1 des Einigungsvertrages[3]; § 1 Abs. 8 a VermögensG); hier erwartet es bei Ausgleichszahlungen.

Interessant sind die in jüngster Zeit zunehmenden Bestrebungen, mehrere Betriebe in Form einer Gesellschaft[4] oder juristischen Person zu *gemeinschaftlicher Produktion* und „Vermarktung" der Erzeugnisse zusammenzufassen. Der Gesetzgeber fördert diese Entwicklung durch Beihilfen (Marktstrukturgesetz v. 16. 5. 1969, BGBl. I 423, i. d. F. v. 26. 9. 1990, BGBl. I 2134). So geht auch in den alten Bundesländern die Tendenz zum größeren Betrieb: die Zahl der *landwirtschaftlichen Betriebe* bis zu 10 ha hat hier von 1949 (rund 1,6 Millionen) bis 1989 auf rund 380000 abgenommen, die der größeren Betriebe (1949 rund 380000) lag 1989 bei 340000. Die *durchschnittliche Betriebsgröße* betrug 1949 7 ha, 1989 dagegen rund 18 ha. Im Jahre 1989 waren 390000 Betriebe im alten Bundesgebiet Vollerwerbsbetriebe mit einer durchschnittlichen Betriebsgröße von 29 ha, daneben 53000 Zuerwerbsbetriebe mit durchschnittlich 17,5 ha und 270000 Nebenerwerbsbetriebe mit einer Durchschnittsgröße von 6 ha. Die gesamte *landwirtschaftliche Nutzfläche der Bundesrepublik* beträgt heute über 18 Mill. ha. In den alten Bundesländern (Stand 1989: ca. 12 Mill. ha) hat sie zwischen 1949 und 1973 allein um 760000 ha abgenommen. Dort gibt es 7,2 Mill. ha Ackerland, 4,4 Mill. ha Grünland und je 0,1 Mill. ha Garten- und Obstland bzw. Rebland mit einem Anteil von insgesamt 38% an verpachteter Nutzfläche (zum Ganzen s. Statistisches Jahrbuch über Ernährung, Landwirtschaft und Forsten, 1990, S. 31, 75, 383).

4. *In den neuen Bundesländern* bewirtschafteten im Zeitpunkt des Beitritts wenige, größtenteils ehemals volkseigene oder genossenschaftliche Betriebe (Stand 1989: 4730) eine landwirtschaftliche Nutzfläche von 6,17 Mill. ha, davon 4,7 Mill. ha Acker- und 1,1 Mill. ha Grünland. Diese Bewirtschaftungsform – häufig im unfreiwilligen Verbund der landwirtschaftlichen Produktionsgenossenschaften (LPG) – hatte sich im Laufe der Zeit als nicht ausreichend leistungsfähig erwiesen und mißachtete z. T. auch die Regeln freiheitlicher Grundverfassung (Art. 2, 12, 14 GG). Noch in der Übergangsphase vor dem Beitritt der neuen Länder wurde deshalb im Landwirtschaftsanpassungsgesetz vom 29. 6. 1990 (GBl DDR I Nr. 42, S. 462) eine marktwirtschaftliche Umstrukturierung angestebt (hierzu *R. Schüler* AgrarR 1991, 34ff.; *Heuer,* Grundzüge des Bodenrechts der DDR, 1991, Rn. 18ff.). Nach der Einigung erhielt dieses Gesetz neue und vorläufig endgültige Gestalt (ÄnderungsG vom 3. 7. 1991, BGBl. I, 1410; Neubekanntmachung vom 3. 7. 1991, BGBl. I, 1418). Es verlangt die Überführung der seitherigen LPG und kooperativen Einrichtungen in Personengesellschaften, Genossenschaften oder Kapitalgesellschaften bis 31. 12. 1991 und ordnet sonst ihre Auflösung an (§ 69 LandwirtschaftsanpassungsG). Diese Überführung erfolgt bei einer LPG durch Teilung (§§ 4ff.) oder Formenwechsel (§§ 23ff., 39ff.). Einzelne Mitglieder können aus einer LPG unter Abfindung und Rücknahme

---

[1] Als DDR-Gesetz in Kraft seit 29. 9. 1990, ab 3. 10. 1990 partielles Bundesrecht (Anl. II, Kap. III, Sachgebiet B, Abschnitt I, Nr. 5 EinigungsV, BGBl. II 1990, 1159); vgl. die dazu ergangene Anmeldeverordnung v. 11. 7. 1990 i. d. F. v. 21. 8. 1990 (GBL DDR I 1260). Dazu *Fieberg/Reichenbach,* NJW 1991, 321; zur zivilrechtlichen Sicherung von Rückerstattungsansprüchen: *Kohler,* NJW 1991, 465; s. ferner §§ 15 VI 4, 16 VII.

[2] Zum weiteren Schicksal dieses landwirtschaftlichen Grundbesitzes *Krüger* DtZ 1991, 385ff.

[3] BVerfG NJW 1991, 349 und 1597 (kein Verstoß gegen Art. 79 Abs. 3 GG); dazu *Leisner,* NJW 1991, 1569 und *Papier* NJW 1991, 193.

[4] Dazu *Strom* JZ 1974, 568.

eingebrachter Flächen ausscheiden (§§ 43 ff.). Ein Bodenordnungsverfahren (§§ 53 ff.), das einer Flurbereinigung ähnelt (oben I 2), soll Eigentumsverhältnisse schaffen, die den neuen Wirtschaftseinheiten entsprechen. Der bestandskräftige Bodenordnungsplan ist Grundlage einer Grundbuchberichtigung (§ 61 Abs. 3). Gebäude- und Bodeneigentum sollen möglichst zusammengeführt werden (§ 64). Lit.: *Jeinsen* AgrarR 1991, 177 ff.; *G. Schmitt* AgrarR 1991, 205 ff. (Zukunftschancen von Genossenschaften); *Jürgens* DtZ 1991, 12 ff. (Beispiel einer übertragenden Teilung); *Schweizer* DtZ 1991, 279 ff. (Auswirkungen der Neufassung); *Steding* DtZ 1991, 393.

IV. Das Landpachtrecht

1. *Bisherige Regelung – Grundlagen der Neuregelung*

a) Die Pacht spielt in der Landwirtschaft eine erhebliche Rolle; rund 38% der landwirtschaftlichen Nutzfläche der alten Bundesländer sind verpachtet. Dabei handelt es sich um die Verpachtung einzelner Grundstücke (namentlich *Zupacht* zu bestehenden Betrieben) oder von ganzen landwirtschaftlichen Betrieben *(Betriebspacht)*.

Der Gesetzgeber hatte das Recht der Landpacht ursprünglich stiefmütterlich behandelt: Im BGB war das Pachtrecht insgesamt ein Anhängsel des Mietrechts (§ 581 II a. F.); für landwirtschaftliche Grundstücke galten einige wenige Sondervorschriften (§§ 582–591 a. F.). Zu dieser privatrechtlichen Regelung traten später Gesetze, die staatliche Einwirkungen auf den Inhalt der Landpachtverträge aus Gründen der Sicherung der Produktionsgrundlagen ermöglichen sollten (s. oben I 1 c).

b) Durch zwei Gesetze v. 8. 11. 1985 ist das Landpachtrecht mit Wirkung v. 1. 7. 1986 auf eine neue Grundlage gestellt worden;[1] dies sind:

das Gesetz zur Neuordnung des landwirtschaftlichen Pachtrechts. Durch Einfügung eines neuen Abschnitts III. Landpacht in das BGB (§§ 585–597) ist dieses Rechtsgebiet zivilrechtlich sozusagen „autonom" – ohne bloße Verweisung auf das Mietrecht – gestaltet worden; das Mietrecht des BGB ist also nur dort auf die Landpacht anwendbar, wo das Gesetz dies ausdrücklich sagt (z. B. in § 586 II für die Sach- und Rechtsmängelhaftung des Verpächters). Anwendbar bleiben aber die Bestimmungen über das allgemeine Pachtrecht (§ 585 II);

das zweite Gesetz ist das Landpachtverkehrsgesetz (LPachtVG): Gesetz über die Anzeige und Beanstandung von Landpachtverträgen. Wie schon dieser Titel sagt, ist der Sinn dieses Gesetzes die Schaffung von staatlichen Einwirkungsmöglichkeiten auf den Inhalt von Landpachtverträgen.

2. Das *zivilrechtliche Landpachtrecht*[2] regelt vor allem die Besonderheiten, die sich aus dem Charakter der Landpacht als eines auf Grund und Boden bezogenen Dauerschuldverhältnisses ergeben, also z. B. die Schriftform des Landpachtvertrags und die Möglichkeit gemeinsamer Beschreibung der Pachtsache bei Pachtbeginn – die Kündigungsschutzbestimmungen mit einem dem sozialen Mietschutz[3] entfernt vergleichbaren Inhalt (vgl. insbes. § 595) – die Maßnahmen zur Erhaltung und Verbesserung der Grundstücke samt Gebäuden usw. – die Tragung der Kosten hierfür. Wer sich diese Anliegen der gesetzlichen Regelung vor Augen hält, wird keine Schwierigkeiten haben, das Gesetz zu verstehen. Hingewiesen sei noch auf § 593, wo sich eine Bestimmung über den Fortfall oder eine wesentliche Änderung der Geschäftsgrundlage findet; wenn sich in einem solchen Fall die Vertragsparteien nicht einigen können, entscheidet das Landwirtschaftsgericht durch eine vertragsgestaltende Entscheidung.

---

[1] Vergl. den Überblick bei *Pikalo* NJW 1986, 1472; *Steffen* RdL 1986, 29 u. bei *Larenz,* Schuldrecht II 1 § 49 II; ferner die Kommentare von *Fassbender* u. a. (1988) und *Lange* (1989).

[2] dessen Inhalt hier nur angedeutet werden kann; ausführlicher *Pikalo, Steffen* und *Larenz* aaO.

[3] S. oben § 29 E 3 a.

3. Das *Landpachtverkehrsgesetz* verleiht dem öffentlichen Interesse durch die Möglichkeit behördlicher Beanstandung eines Landpachtvertrags Nachdruck. Die Beanstandungsgründe finden sich in § 4 des Gesetzes; sie ähneln den bei Übereignung eines landwirtschaftlichen Grundstücks geltenden (s. oben I 1a). Beispiel: BGHZ 101, 95 (Verpachtung an Schweizer Landwirt).

4. Die *gerichtliche Zuständigkeit* ist beim Landwirtschaftsgericht konzentriert (es ist besetzt mit einem Amtsrichter und zwei ehrenamtlichen Richtern) und beachtlich erweitert: Sie gilt jetzt ausschließlich für alle Landpachtstreitigkeiten (§ 1 I 1a, 4 und § 48 LwVG), also auch für rein zivilrechtliche Streitigkeiten, z. B. über die Höhe des Pachtzinses. Weitere Instanz ist das Oberlandesgericht.

5. In den *neuen Bundesländern* wird das Landpachtrecht des BGB gemäß Art. 232 § 3 EGBGB übergeleitet. Das Landpachtverkehrsgesetz gilt uneingeschränkt (Einigungsvertrag Anl. I Kap. VI Sachgeb. B Erläuterungen).

V. Anhang: Wasserrecht[1]

1. **Das Wasserrecht ist ein Grenzgebiet zwischen Privatrecht und öffentlichem Recht. Das wird verständlich, wenn man die Interessen überdenkt, die bei seiner Regelung zu berücksichtigen sind: es geht nicht nur um die Feststellung, ob etwa an einem Flußlauf, einem See usw. überhaupt privatrechtliches Eigentum möglich ist und welchen Inhalt es habe, sondern vor allem darum, welche Rechte den Anliegern zugestanden werden sollen (Gemeingebrauch? Sondernutzungsrechte?), in welchem Umfang die Interessen der Allgemeinheit an einem geregelten „Wasserhaushalt" zu berücksichtigen sind.**

Man braucht nur die Stichworte: Trinkwasser, industrielles Nutzwasser – Reinerhaltung der Gewässer einschließlich des Grundwassers – Abwasser zu nennen, um sich ein ungefähres Bild machen zu können, um welche wirtschaftlichen, technischen, finanziellen, aber auch rechtlichen Probleme es geht.

Das Wasserrecht ist *grundsätzlich Landesrecht*, die Gesetzgebungszuständigkeit des Bundes ist auf den Erlaß von Rahmenvorschriften beschränkt (Art. 75 Nr. 4 GG; s. aber auch Art. 74 Nr. 18 und 21 GG). Die früheren Reichswasserstraßen (vgl. Art. 97 WRV) sind Eigentum des Bundes und unterliegen seiner Verwaltung (Art. 89 GG); dazu BVerfG DÖV 1967, 563 u. *Salzwedel* DÖV 1968, 113. Trotz der beschränkten Gesetzgebungsbefugnis des Bundes ist das Bundesrecht im Vordringen; dazu zwingen die Verhältnisse.

Als Rechtsquellen kommen in Betracht:

a) *Bundesgesetz* über die vermögensrechtlichen Verhältnisse der *Bundeswasserstraßen* vom 21. 5. 1951 (BGBl. I 352), dazu *Sievers* DVBl. 1960, 457 und in Festschrift für Gieseke (1958) S. 259 und das *Bundeswasserstraßengesetz* v. 2. 4. 1968 (BGBl. II 173) i. d. F. v. 23. 8. 1990 (BGBl. I 1818); dazu Komm. von *Friesecke* 2. Aufl. 1981.

b) das *Wasserhaushaltsgesetz* des Bundes i. d. F. der Bek. v. 23. 9. 1986 (BGBl. I 1529). Es ist ein Rahmengesetz und muß durch *Landesrecht* ergänzt werden; ein solches Gesetz z. B. das *Wassergesetz* für Baden-Württemberg i. d. F. d. Bek. v. 1. 7. 1988 (GBl. 269); s. ferner Wassersicherstellungsgesetz v. 24. 8. 1965 (BGBl. I 1225);

c) das Gesetz über die Wasser- und Bodenverbände *(Wasserverbandgesetz)* vom 12. 2. 1991 (BGBl. I 405).[2]

Der Zug zum öffentlichen Recht ist unverkennbar. So spricht etwa § 5 des bad.-württ. WG vom „*öffentlichen Eigentum*" des Landes und der Gemeinde *am Bett* eines öffentlichen Gewässers, erklärt die

---

[1] Vgl. – namentlich zum älteren Recht – die ausführliche Darstellung bei *Wolff/Raiser* §§ 99–103 (mit Lit. Angaben). Zum neueren Recht: *Breuer,* Öffentl. u. priv. Wasserrecht, 2. Aufl. 1987; *Salzwedel,* Wasserrecht, in: *v. Münch* u. a. Bes. Verwaltungsrecht, 7. Aufl. 1985, 655; *ders.* NVwZ 1988, 493; *Seifert* HWB d. AgrarR.s II 1982, 1030; *Wolff/Bachof* §§ 55–59 (je m. w. N.); Kommentar zum WHG von *Gieseke/Wiedemann/Czychowski,* 5. Aufl. 1989; *Sieder/Zeitler/Dahme* Bd. I WHG, 2. Aufl. 1990; zum Einfluß des EG-Rechts *Breuer* WuV 1990, 79.

[2] *Lindemann* NVwZ 1991, 449.

Vorschriften des bürgerlichen Rechts über das Grundeigentum nur insoweit für anwendbar, als „nicht die aus der Zweckbestimmung der öffentlichen Gewässer und die aus dem Wasserrecht folgenden Beschränkungen entgegenstehen", und sagt schließlich lapidar: „Über öffentliches Eigentum kann durch Privatrechtsgeschäft nicht verfügt werden" (ein Satz, der übrigens in dieser allgemeinen Fassung keine Geltung beanspruchen kann!). Zu der Verfassungsmäßigkeit solcher Regelungen s. BVerfGE 24, 367 = *Baur*, E. Slg. Fall 12 (zum Hamburg. Deichordnungsgesetz).

2. § 1 des Wasserhaushaltsgesetzes *unterscheidet oberirdische Gewässer* und *Grundwasser* (dazu BGHZ 69, 1). Beide bezieht es in den Geltungsbereich des Gesetzes ein.

Das frühere Landesrecht (so vor allem das preußische) unterscheidet zwischen Wasserläufen und geschlossenen Gewässern (z. B. Seen ohne Abfluß). Die Wasserläufe werden in Ströme (Wasserläufe erster Ordnung), Flüsse (Wasserläufe zweiter Ordnung) und Bäche (Wasserläufe dritter Ordnung) eingeteilt. Das *Eigentum* an Wasserläufen erster Ordnung steht dem Staat zu (also dem Bund, soweit es sich um schiffbare Ströme handelt, vgl. BGHZ 47, 117; BGHZ 49, 68; 93, 113);[1] an Wasserläufen zweiter und dritter Ordnung besteht – wenn die Landesrechte ein solches Privateigentum überhaupt anerkennen – Privateigentum der Anlieger, getrennt durch die Mittellinie des Flusses. Ein Privateigentum an der „fließenden Welle" ist nicht denkbar (uralte, berühmte Streitfrage!), das „Eigentum" hat hier den Charakter eines Nutzungsrechts. Geschlossene Gewässer, Teiche, Seen (ohne oberirdischen Abfluß) stehen im Eigentum des Grundeigentümers.[2]

Das Bundeswasserstraßengesetz unterscheidet zwischen Binnenwasserstraßen und Seewasserstraßen. Dabei steht auch das Eigentum an Seewasserstraßen dem Bund zu; BGHZ 102, 1; 108, 110; 107, 343 (Anlandung).

Neuere Landesrechte (so das genannte bad.-württ. Wassergesetz) unterscheiden zwischen öffentlichen und privaten Gewässern. An dem Bett eines öffentlichen Gewässers erster Ordnung steht das Eigentum dem Land zu, während das Bett eines Gewässers zweiter Ordnung der Gemeinde gehört, in deren Gebiet der Wasserlauf sich befindet.

Zur *Grundwassernutzung* und insbes. zu der Frage einer Entschädigung bei dem Verbot der Ausnutzung des Grundstücks mit Rücksicht auf den Schutz des Grundwassers s. BGH NJW 1978, 2290; BVerfGE 58, 300; BGHZ 84, 230 u. oben § 24 I 4; ferner *Maunz-Papier* Art. 14 GG Rn. 371 a–c.

Für historisch interessierte „Spezialitätensucher" unter den Lesern: BGHZ 92, 326 (Anlandungen an einer Moselinsel); BayObLG NJW 1989, 2475 (Eigentum an Grundstück im bayerischen Teil des Bodensees).

3. *Wassernutzung:*[3]

a) *Nach früherem Recht* unterschied man zwischen:

aa) *Eigentümernutzung:* darunter fällt z. B. die Ableitung des Wassers für den eigenen Gebrauch, die Hebung des Wasserspiegels, die Einleitung von Abwässern; diese Rechte dürfen aber nur unter Berücksichtigung der Interessen der Unterlieger, Oberlieger und Gegenüberlieger ausgeübt werden;

bb) der *Gemeingebrauch:* darunter versteht man das jedermann zustehende Recht auf eine bestimmte Wassernutzung (Art. 16 des früheren württ. WasserG: „Waschen, Baden, Tränken, Schwemmen, Schöpfen . . . ." usw.);

cc) die kraft öffentlichen Rechts *verliehenen Wassernutzungsrechte*, z. B. zur Errichtung eines Kraftwerks, Einleitung größerer Mengen von Abwässern, Errichtung eines Hafens.

b) Dieser Rechtszustand hat sich durch das *Wasserhaushaltsgesetz* des Bundes geändert:

---

[1] Beispiel für Eigentumszuwachs durch dauernde Überflutung einer Bundeswasserstraße: BGHZ 110, 148 (Trave).

[2] Der Meeresgrund steht in niemandes Eigentum. Das Meeresufer steht im Eigentum des Landes. Es ist kein Eigentum im Sinne des BGB und kann nicht Grundlage einer actio negatoria sein (s. dazu im einzelnen BGHZ 44, 27). Zum sog. Küstengewässer s. §§ 1 Abs. 1 Nr. 1a; 3 Abs. 1 Nr. 4a; 32a, b WasserhaushaltsG.

[3] Dazu *Hundertmark*, Die Rechtsstellung der Sondernutzungsberechtigten im Wasserrecht, 1967, und *Wolff/Bachof* §§ 58, 59.

aa) Das Gesetz (§ 2) geht als Regel davon aus, daß *jede Benutzung* eines Gewässers (eines oberirdischen Gewässers wie des Grundwassers) der staatlichen *Erlaubnis* (§ 7) oder *Bewilligung* (§ 8 = bisherige Verleihung; zum Unterschied s. BVerwGE 41, 58) bedarf. Was das Gesetz als Benutzung ansieht, ist in § 3 gesagt (z. B. Entnehmen und Ableiten von Wasser, Einleitung von Stoffen in das Gewässer). Befahren mit Wasserfahrzeugen s. § 5 BundeswasserstraßenG.

Die Bewilligung verleiht einen öffentlich-rechtlichen Status, der aber mit dem Grundstück oder der Wasserbenutzungsanlage – für die er besteht – auf den Rechtsnachfolger übergeht (§ 8 Abs. 6).

bb) Einer Bewilligung oder Erlaubnis bedürfen *nicht*

α) der Gemeingebrauch[1] im bisherigen Umfang, der jedoch bezüglich des Einleitens von Abwasser beschränkt ist (§§ 23, 33),

β) der Eigentümer- (und Anlieger)gebrauch, jedoch mit sehr wesentlichen Beschränkungen (§ 24):

keine nachteiligen Veränderungen der Eigenschaft des Wassers – keine wesentliche Verminderung der Wasserführung usw.;

γ) alte, bereits bestehende Benutzungen (§§ 15–17), die jedoch – bei Gefahr der Verschweigung – in das *Wasserbuch* eingetragen werden müssen.

Das *Wasserbuch* soll nicht über Eigentumsverhältnisse, sondern im wesentlichen über die bestehenden Nutzungsrechte und Unterhaltungspflichten Auskunft geben (§ 37).

c) Besonderes Gewicht wird auf die *Reinhaltung der Gewässer*[2] (einschließlich des Grundwassers) gelegt: *Haftung bei Eindringen schädlicher Stoffe* (§ 22: Gefährdungshaftung!)[3] – Genehmigungspflicht für „pipe-lines" (§§ 19a–f) – Auflagen und dergl. bei Bewilligungen (§§ 34, 35) – Festsetzung von Wasserschutzgebieten, in denen ein nicht näher umschriebener weitgespannter behördlicher Einwirkungsbereich besteht (§ 19 Abs. 2).

Interessant ist die dort (§ 19 Abs. 3) zu findende Auswirkung der Junktimklausel (Art. 14 Abs. 3 Satz 2 GG):

„Stellt eine Anordnung nach Abs. 2 eine Enteignung dar, so ist dafür eine Entschädigung zu leisten." Man überläßt es also der Entscheidung des Zivilgerichts, ob eine in dem weiten Bereich des § 19 Abs. 2 erfolgende Maßnahme eine Enteignung ist. Kommt das Gericht zur Bejahung dieser Frage, so ist eine Entschädigung zu leisten (sog. salvatorische Entschädigungsklausel).[4]

4. Die *Wasser- und Bodenverbände* sollen – als Körperschaften des öffentlichen Rechts – auf genossenschaftlicher Grundlage die aus dem „Wasserhaushalt" eines bestimmten Gebiets sich ergebenden Aufgaben erfüllen (so z. B. die Rechtsgrundlagen s. oben 1). Sie übernehmen damit z. B. die Unterhaltung der Gewässer, den Betrieb von Bewässerungsanlagen, die Abwasserbeseitigung, die Bewirtschaftung von Grund- und Oberflächenwasser, aber auch die „Förderung der Zusammenarbeit zwischen Land- und Wasserwirtschaft", etc. (vgl. § 2 WVG).

Vorläufer dieser Zusammenschlüsse sind etwa die Deichgenossenschaften. Die Wasserverbände der großen Industriereviere übernehmen heute die Wasserversorgung und Abwasserregulierung weiter Gebiete (so z. B. der Ruhrverband, der Lippeverband, der Wupperverband). Es handelt sich nicht mehr um freiwillige Zusammenschlüsse, sondern um öffentlich-rechtliche Körperschaften zur Erfüllung eines bestimmten Verbandszwecks. Sie können durch Beschluß der Beteiligten oder von Amts

---

[1] Siehe *Salzwedel,* Zeitschrift f. Wasserrecht 1 (1962), 73; *Wolff/Bachof* § 58 II c.

[2] Rechtsgrundlagen s. *v. Münch/Breuer,* Bes. VerwR, S. 555/6.

[3] Dazu *Larenz* VersR 1963, 593; *Baur* JZ 1964, 354 (= *Baur,* Beitr. I 95); *Diederichsen* BB 1986, 1723 u. 1988, 917 (Haftung bei sog. Altlasten; z. B. stillgelegten Deponien); s. *Assmann,* Arb. z. RVergl. 138 (1988) 136. Beispiele aus der Rechtsprechung: BGHZ 47, 1 (Tankwagenunfall); BGHZ 57, 170 (Grundwasserverunreinigung); BGHZ 57, 257 (Schadenshaftung mehrerer); BGHZ 62, 351 (Kläranlage); BGH NJW 1986, 2312 (höhere Gewalt). BGHZ 99, 24, 27 u. 103, 129.

[4] S. dazu *Nüßgens/Boujong* Rn. 379 f.

wegen errichtet werden (§§ 7 Abs. 1, 10 WVG) und entstehen durch Bekanntmachung der aufsichtsbehördlich genehmigten Verbandssatzung. Die Mitgliedschaft kann, sofern zur Erfüllung der Verbandsaufgabe erforderlich, durch die Aufsichtsbehörde erzwungen werden (§§ 9, 22 WVG). Ohnehin stehen dieser weitreichende Kontrollrechte zu (§§ 72 ff. WVG: Informationsrechte, genehmigungspflichtige Rechtsgeschäfte etc.).

5. In den *neuen Bundesländern* gilt das WHG, im wesentlichen auch das BundeswasserstraßenG (Einigungsvertrag Anl. I Kap. XI Sachgeb. E Abschn. III 7).

VI. Anhang: Forstrecht[1]

10,38 Millionen ha von insgesamt 35,69 Millionen ha, also rund 29% der Wirtschaftsfläche der geeinten Bundesrepublik, entfallen auf die Forstwirtschaft (Statistisches Jahrbuch 1991, S. 167).

1. Das Eigentum an einem Wald ist *privatrechtliches Eigentum,* und zwar gleichgültig, ob Eigentümer der Staat oder eine sonstige Körperschaft des öffentlichen Rechts (Staatswald – Gemeindewald – Kirchenwald) oder eine Privatperson ist (Privatwald – Bauernwald). Es gelten demnach die allgemeinen Bestimmungen, also z. B. für die Übereignung die §§ 873, 925, für den Schutz des Eigentums die §§ 823, 985, 1004.

Die Beeinträchtigung eines Waldes durch chemische Abgase u. sonstige Einwirkungen richtet sich sonach nach § 906 BGB, § 14 BImSchG (siehe oben §§ 13 C I 4 u. § 25 IV: „Saurer Regen"!) und zusätzlichen Bestimmungen,[2] neuerdings sind insbesondere §§ 1, 6 UmwelthaftungsG mitzuerwägen (§ 18 UmwelthaftungsG), die allerdings für Waldschäden kaum eine substantielle Änderung der Haftungsvoraussetzungen bringen dürften[3].

Noch stärker als im Landwirtschaftsrecht kommt aber im Forstrecht das öffentliche Interesse an der Erhaltung ausreichend großer und gesunder Waldbestände zum Ausdruck (Einfluß des Waldes auf das Klima, die Bodenzusammensetzung [Erosion!], die Bodenfeuchtigkeit usw.).

Dieses öffentliche Interesse zeigt sich in einer Reihe von Eigentumsbeschränkungen, die den rechtsgeschäftlichen Verkehr mit Waldgrundstücken (2) und die Bewirtschaftung des Waldes betreffen (3).

Rechtsgrundlagen sind das BundeswaldG v. 2. 5. 1975 (BGBl. I 1037) und die Landeswaldgesetze.

Beispiel: Bad.-württ. Landeswaldgesetz i. d. F. v. 4. 4. 1985.

2. Wie bei landwirtschaftlichen Grundstücken bedarf auch die *Veräußerung* forstwirtschaftlicher Grundstücke der staatlichen Genehmigung.

Die Genehmigungspflicht soll die Zersplitterung der Grundstücke und die Veräußerung an nicht fachkundige Erwerber verhüten. Es gelten ähnliche Eigentumsbeschränkungen wie beim Verkehr mit landwirtschaftlichen Grundstücken (hierzu I 1 a mNw.; vor allem BVerfGE 21, 73 ff.).

Ähnliche Gesichtspunkte verfolgen die zahlreichen auf Grund von Sondergesetzen bestehenden *Vorkaufsrechte* zugunsten des Staates, aber auch der Gemeinden; doch spielen hier auch fiskalische Erwägungen – unzulässigerweise – eine Rolle.

3. Die *Bewirtschaftungsbestimmungen* enthalten die Regelung über die Größe des Holzeinschlags (kein Raubbau!), über den Zwang zum Abholzen kranker Bestände und die Pflicht zur Aufforstung.

Es handelt sich um Eigentumsbeschränkungen, die sich in §§ 9–12 BWaldG und in den landesrechtlichen Gesetzen finden.

---

[1] Dazu *Ebersbach,* HWB d. AgrarR.s, I, 1981, 668 m. w. N.; *Kalss,* Forstrecht, 1990; *Klose/Orf,* Forstrecht, 1982; *Röper* in Schrift. d. Vereins f. Sozialpolitik 140 (1984), 319.

[2] Die Bedeutung der Probleme, die sich hier ergeben, wird in BGHZ 102, 350 deutlich. Die Entscheidung wird dringend zur Lektüre empfohlen.

[3] Hierzu *Hager* NJW 1991, 134 ff., 135; s. a. § 25 V 4 b.

Mit der Sorge um eine ordnungsgemäße Bewirtschaftung der Wälder hängt auch der Gedanke, kleinere Waldparzellen zu größeren Betriebseinheiten zu vereinigen, zusammen. Dieser Tendenz kommen die Forstbetriebsverbände, Forstbetriebsgemeinschaften sowie forstwirtschaftliche Vereinigungen entgegen (§§ 15 ff. BWaldG); sie werden teils auf privatrechtlicher, teils auf öffentlichrechtlicher Grundlage errichtet.

Interessant ist, daß sich auf landesrechtlicher Grundlage noch zahlreiche Zusammenschlüsse erhalten haben, so etwa die Waldgenossenschaften (Art. 83 EGBGB[1]).

Auf eine zweckmäßige Bewirtschaftung wirken *mittelbar* auch diejenigen Bestimmungen des Privatrechts hin, die den Interessenkonflikt zwischen Eigentümern und Nutzungsberechtigten zu schlichten versuchen.

So wenn § 1038 für das Verhältnis zwischen Eigentümer und Nießbraucher und § 2123 für die Beziehungen zwischen Vor- und Nacherben einen *Wirtschaftsplan* vorsehen, sofern zu dem genützten Vermögen ein Wald gehört. Tendenz des Nutzungsberechtigten: möglichst viel aus dem Wald herauszuholen, Tendenz des Eigentümers (Nacherben): die Substanz zu erhalten. In diesem Zusammenhang sind auch die §§ 1039, 2133 verständlich: der Nießbraucher (Vorerbe) wird zwar Eigentümer auch der sog. Übermaßfrüchte, dies ergibt sich aus § 954; aber er ist verpflichtet, das Übermaß dem Eigentümer (Nacherben) zu ersetzen.

4. Der *Erhaltung des Waldes* dienen auch eine Reihe öffentlichrechtlicher Bestimmungen; sie befassen sich auch mit der Verhütung von Waldbränden; Einzelheiten finden sich in §§ 9–12 BWaldG und in den Waldgesetzen der Länder (z. B. §§ 78 ff. bad. württ. Landeswaldgesetz).

5. Vielfach ist das *Ausschließungsrecht des Eigentümers* nach §§ 903, 1004 *beschränkt,* und zwar

a) durch ausdrückliche gesetzliche Regelung (z. B. §§ 37–39 bad.-württ. LandeswaldG),

b) durch altrechtliche Waldgerechtigkeiten (z. B. über das Recht der Einwohner einer Gemeinde, eine bestimmte Menge Brennholz jährlich unentgeltlich zu schlagen),[2]

c) durch eine dem Gemeingebrauch ähnliche Befugnis eines jeden, den Wald zu betreten, auch Beeren und Pilze zu sammeln usw. (§ 14 BWaldG; § 40 bad.-württ. LandeswaldG). Interessanter Beispielsfall: BVerfGE 80, 137 ff. (Reiten im Walde als Gemeingebrauch, Reitverbot nach Landeswaldrecht).

6. Das BundeswaldG gilt auch in den *neuen Bundesländern* (Einigungsvertrag Anl. I Kap. VI Sachgeb. F, Erläuterungen).

VII. Anhang: Jagdrecht – Fischereirecht[3]

1. Zivilrechtlich gesehen geht es bei der Gestaltung des Jagdrechts um die Frage, wem das *Aneignungsrecht* an jagdbaren Tieren zustehen soll: jedermann? dem Grundeigentümer? einem davon verschiedenen Jagdberechtigten?

Diese Frage war zu allen Zeiten umstritten und umkämpft: Ursprünglich wohl Bestandteil des Grundeigentums wurde die Jagd schon frühzeitig als Recht des Königs in Anspruch genommen und von ihm an die Landesherren weiter verliehen. Der Schaden der Grundeigentümer durch die Ausübung der Jagd und durch das Wild selbst (Wildschaden) war eines der gravamina der Bauernschaft während des ganzen Mittelalters; erst die Revolutionsgesetzgebung um die Wende des 18. Jahrhunderts brachte die Beseitigung der Jagd auf fremdem Grund und Boden. Das Jagdrecht wurde wieder Bestandteil des Grundeigentums. Freilich mußte man bald erkennen, daß die damit verbundenen Kleinstjagden die Hege des Wildes beeinträchtigten. Es wurde daher – reichsrechtlich seit dem Reichsjagdgesetz vom 3. 7. 1934 – unterschieden zwischen *Jagdrecht,* das mit dem Grundeigentum verbunden ist, und dem *Jagdausübungsrecht,* das in Eigenjagdbezirken von einer gewissen Mindestgröße (75 ha) dem Eigentümer, sonst im gemeinschaftlichen Jagdbezirk nur der Jagdgenossenschaft als

---

[1] S. dazu *Dickel,* Forstzivilrecht (2. Aufl. 1917) S. 1026 ff.

[2] Siehe dazu *Dickel* aaO S. 717; *Westermann,* Forstnutzungsrechte (1942); *Mäding/Zwanzig,* Baum, Strauch und Wald im Recht, 1963.

[3] Zusammenfassende Darstellung des Jagdrechts s. *Mantel* HWB d. AgrarR.s I 1981, 962; zum Fischereirecht *Drees* u. *Rauschning* ebda 611 ff. Zur *Jagdwilderei Wessels* JA 1984, 221. S. a. *Schwab/Prütting* § 43. Kommentare zum Bundesjagdgesetz von *Mitschke/Schäfer* (4. Aufl. 1982) und *Lorz* (2. Aufl. 1991); *Bergmann,* Fischereirecht (1966).

der Vereinigung der Grundeigentümer zusteht; diese vergibt ihr Recht meist durch Jagdpacht an einen oder mehrere Pächter.

Gegenwärtig ist das Jagdrecht durch das *Bundesjagdgesetz* i. d. F. v. 29. 9. 1976 (BGBl. I 2849) als Rahmengesetz und durch landesrechtliche Jagdgesetze (z. B. bad. württ. Landesjagdgesetz i. d. F. v. 20. 12. 1978, GBl. 1979, 12, mit DVO.en. – S. ferner BundeswildschutzVO v. 25. 10. 1985, BGBl. I 2040) geregelt.

2. *Jagdrecht – Jagdausübungsrecht*

a) Das *Jagdrecht* als Aneignungsrecht erstreckt sich auf „wildlebende jagdbare Tiere" (§ 1 BJagdG).

Das Gesetz knüpft also an die §§ 958, 960 an, durchbricht aber den dort enthaltenen Grundsatz, daß das Aneignungsrecht an herrenlosen beweglichen Sachen (also auch an wilden, in Freiheit befindlichen Tieren) jedermann zusteht,[1] und zwar insofern, als das Aneignungsrecht an *jagdbaren Tieren* nur der Jagdberechtigte hat. Was jagdbare Tiere sind, sagt § 2 BJagdG.

Das Jagdrecht ist untrennbar mit dem Grundeigentum verbunden und kann nicht als beschränktes dingliches Recht begründet werden (§ 3 Abs. 1 BJagdG), wohl aber ist Verpachtung möglich (§§ 11 ff. BJagdG).

b) Vom Jagdrecht unterscheidet das Gesetz das *Jagdausübungsrecht*. Im Interesse einer geordneten Hege des Wildes darf der Grundeigentümer das Jagdrecht nur ausüben, wenn ihm eine zusammenhängende Grundfläche von mehr als 75 ha gehört (Eigenjagdbezirk: § 7 BJagdG), andernfalls handelt es sich um einen gemeinschaftlichen Jagdbezirk, in dem der Jagdgenossenschaft (Vereinigung der Grundeigentümer, § 9 BJagdG) die Ausübung des Jagdrechts zusteht (§ 8 Abs. 5 BJagdG).

Praktisch bedeutet dies also, daß der Grundeigentümer mit kleinerem Grundbesitz (als 75 ha) von seinem Jagdrecht nichts hat; er ist Mitglied der Jagdgenossenschaft und an den Erträgnissen der Jagd beteiligt. Sein „Jagdrecht" ist in Wahrheit eine volltönende Fiktion, eine „juristische Finesse" (*Hedemann*).

Die Jagdgenossenschaft nutzt die Jagd regelmäßig durch Verpachtung (§ 10 BJagdG). Für die *Jagdpacht* – sie kann auch Eigenjagdbezirke erfassen – stellt das Gesetz (§§ 11–14) Sonderbestimmungen auf, von denen hervorzuheben sind: der Grundsatz ungeteilter Verpachtung § 11 Abs. 1 (BGH NJW 1991, 3033), die Schriftform (§ 11 Abs. 4 Satz 1, Abs. 3), die Anzeige des Jagdpachtvertrags an die Behörde (§ 12)[2] und der Pachtschutz im Falle der Grundstücksveräußerung (§ 14).

3. Die zahlreichen *öffentlich-rechtlichen Beschränkungen der Jagdausübung* (z. B. Notwendigkeit eines Jagdscheins, §§ 15 ff., Jagdbeschränkungen bezüglich der Art zu jagen, § 19, bezüglich Ort und Zeit der Jagd, §§ 20 ff.) interessieren hier nicht (exemplarisch BGHZ 91, 243: Entschädigung des Eigentümers bei fehlerhaften Abschußplänen). Von zivilrechtlicher Bedeutung ist der Ausgleich des *Gegensatzes zwischen Grundeigentümer und Jagdausübungsberechtigten*. Dieser Gegensatz kann sich ergeben,

a) wenn der Jagdausübungsberechtigte fremde Grundstücke betreten muß, um die Jagd ausüben zu können,

b) wenn durch die Ausübung der Jagd oder durch das Wild Schaden an den Grundstücken und den Früchten entsteht; im ersten Fall spricht man von Jagdschaden (§ 33), im zweiten von Wildschaden (§§ 29–32). Hier statuiert das Gesetz eine vom Verschulden unabhängige Ersatzpflicht; sie trifft den Jagdausübungsberechtigten, also die Jagdgenossenschaft bzw. den Jagdpächter, bei Schäden, die den Anliegern von Eigenjagdbezirken erwachsen, den Eigentümer bzw. Pächter des Eigenjagdbezirks (§ 29 BJagdG). Beispielsfälle: BGHZ 62, 265 u. 297.

Für die Geltendmachung des Wild- oder Jagdschadens gelten besondere Vorschriften (§ 35 BJagdG: interessant das verwaltungsrechtliche Vorverfahren!).[3]

---

[1] S. unten § 53 f.

[2] Dies entspricht der Regelung im Landwirtschaftsrecht, s. oben I 1 c.

[3] Dazu *Bauer*, Das Verfahren in Wild- und Jagdschadenssachen, BayVerwBl. 1987, 267.

4. Das *Fischereirecht* hat Ähnlichkeit mit dem Jagdrecht, insofern es sich um das Aneignungsrecht an herrenlosen Fischen handelt; es hängt aber auch zusammen mit dem Wasserrecht, weil Fischereiberechtigter häufig der Eigentümer des Gewässers ist.[1]

Auf eine exakte Darstellung dieses Rechtsgebiets muß hier verzichtet werden. Es sollen nur einige Grundsätze dargestellt werden, die den Landesrechten gemeinsam sind (eine bundesrechtliche Regelung der Materie gibt es nicht); z. B. bad.württ. Fischereigesetz v. 14. 11. 1979, GBl. 466 und 1980, 36.

a) Das Fischereirecht ist das ausschließliche Recht auf Aneignung herrenloser Fische.

b) Das Recht auf Aneignung ist für die einzelnen Gewässerarten verschieden geregelt:

aa) Von einer Fischereiberechtigung kann man nur bei *Binnengewässern* sprechen: Sie steht dem Eigentümer des Gewässers zu, also bei Strömen dem Staat oder sonstiger Körperschaften des öff. Rechts, sonst den Anliegern. Verpachtung ist möglich. Findet sich auf kleiner Fläche eine große Zahl von Fischereiberechtigten (= Anliegern), so kann ein gemeinschaftlicher Fischereibezirk gebildet werden (vergleichbar dem gemeinschaftlichen Jagdbezirk).[2] Die Verwaltung dieses Bereichs obliegt regelmäßig der zuständigen Gemeinde (was auch im Jagdrecht möglich ist: vergl. § 9 Abs. 2 Satz 3 BJagdG).

bb) Die Fischerei *im offenen Meer* ist entsprechend allgemeinem Völkerrecht grundsätzlich frei (heute vielfach durch willkürliche oder vertraglich vereinbarte Ausdehnung der Grenzen der Hoheitsgewässer beeinträchtigt). Staatsvertragliche Regelungen (z. B. über Schonzeiten) finden sich in der Praxis in großer Zahl.

cc) Die *Küstenfischerei* (innerhalb der Hoheitsgewässer) steht kraft Gemeingebrauchs jedem deutschen Staatsangehörigen zu.

5. In den *neuen Bundesländern* gilt das BundesjagdG mit wenigen Modifikationen (Einigungsvertrag Anl. I Kap. VI Sachgeb. F Abschn. II 1 und III 1).

§ 28. Das „Unternehmenseigentum"

Lit.-Hinweis: *Angermann,* Zivilrechtliche Probleme beim Unternehmenskauf, 1987; *Ballerstedt,* Unternehmen u. Wirtschaftsverfassung, JZ 1951, 486; *ders.,* FS f. Schilling, 1973 u. FS f. Duden, 1977 (Was ist Unternehmensrecht?); *Beisel/Klumpp,* Der Unternehmenskauf, 1991; *Brecher,* Das Unternehmen als Rechtsgegenstand, 1955; *ders.* in FS für Schmidt-Rimpler, 1957, S. 181 ff.; *Bucher,* Deliktsrecht. Unternehmensschutz, 1971; *Fechner,* D. wirtschaftl. Unternehmen in der Rechtsordnung, 1942; *Fikentscher,* Das Unternehmen in der Rechtsordnung, in FS für Kronstein, 1967, 261; *ders.,* Deutsches Wirtschaftsrecht, 1983; *Flume,* FS Beitzke, 1979, 43 (Unternehmen u. jur. Person); *Gieseke,* Die rechtl. Bedeutung d. Unternehmens, FS f. Heymann, 1940, Bd. II S. 122 ff.; *v. Gierke/Sandrock,* Handels- und Wirtschaftsrecht I, 1975; *v. Gierke,* Handelsrecht, 8. Aufl. 1958 u. ZHR 111, 1; *Hadding* FS f. Bartholomeycik, 1973, 75, 82 u. ZGR 1982, 476; *Hellbach,* Öffentliches Interesse und Unternehmenseigentum, 1989; *Hubmann,* Das Recht am Unternehmen, ZHR 117, 41; *Isay,* Das Recht am Unternehmen, 1910; *Jacobi,* Betrieb u. Unternehmen als Rechtsbegriffe, 1926; *Koumantos,* Erwerberhaftung bei Unternehmensveräußerung, 1955; *Krause,* Unternehmen u. Unternehmung, 1954; *Oppikofer,* Das Unternehmensrecht, 1927; *Pieper,* Vertragsübernahme u. Vertragsbeitritt, 1963; *Pisko,* Das Unternehmen als Gegenstand des Rechtsverkehrs, 1907; *Raisch,* Unternehmensrecht (Bd. I 1973); *Th. Raiser,* Das Unternehmen als Organisation, 1969 u. ZHR 144 (1980) 203; *Rinck/Schwark,* WirtschaftsR, 6. Aufl. 1986; *Rittner,* Unternehmen u. freier Beruf als Rechtsbegriff, 1962; *ders.,* WirtschaftsR, 1979, § 7; *Scherner/Willoweit,* Vom Gewerbe zum Unternehmen, 1982; *K. Schmidt,* Handelsrecht, 3. Aufl. 1987; *Nörr/Scheyhing,* Sukzessionen, 1983, S. 317 ff., 368 ff.; *Siebert,* in FS für Giesecke, 1958, 59 ff.; *Steindorff,* Einführung in das Wirtschaftsrecht der Bundesrepublik Deutschland, 2. Aufl. 1985 S. 36 ff.; *Wollny,* Unternehmens- und Praxisübertragungen, 2. Aufl. 1990. – Zum konzernrechtlichen Unternehmensbegriff s. *Biedenkopf/Koppensteiner* in Kölner Komm. z. AktG § 15 Rn. 5 ff. m. Nw.; *Emmerich/Sonnenschein,* Konzernrecht, 3. Aufl. 1989, § 2; *H. P. Westermann,* FS f. Bosch, 1976, 1029 (Familienunternehmen).

---

[1] Beispiele: OLG Frankfurt NJW 1959, 2218 u. OLG Stuttgart OLGZ 1969, 477.

[2] Zur Verfassungsmäßigkeit der Übertragung aller Fischereirechte an fließenden Gewässern auf Fischereigenossenschaften durch §§ 21, 22 FischereiG Nordrh.-Westf. BVerfGE 70, 191; vgl. auch BVerfGE 71, 137 zur Fischereipacht.

I. Problemstellung

Das Unternehmen ist ein zentraler Begriff des Handels- und Wirtschaftsrechts; er hat – aus der Begriffswelt der Volkswirtschaft übernommen – heute seinen selbstverständlichen Platz in unserem täglichen Sprachgebrauch.

Man spricht von der Veräußerung oder Verpachtung eines Unternehmens, von der Verschmelzung mehrerer Unternehmen, vom „Kampf der mittelständischen Unternehmen gegen die Konzerne" u. a. m.

Dagegen wird der Begriff „Unternehmen" in unserer privatrechtlichen Gesetzgebung nur selten verwendet, so etwa in §§ 15 ff. AktG, ferner bei der Regelung der Rechtsverhältnisse der Handelsvertreter (§§ 84 ff. HGB) oder in § 151 Abs. 2 VVG; sonst spricht das Gesetz von „Handelsgeschäft" (§§ 22, 23, 25, 27 HGB), von „Erwerbsgeschäft" (§ 1822 Ziff. 3) oder schlicht von „Geschäft" (§ 134 Ziff. 1 KO). Diese Zurückhaltung gegenüber dem Begriff „Unternehmen" ist verständlich; denn seine exakte inhaltliche Bestimmung ist bis heute nicht geglückt.

Über die Entwicklung der Lehre unterrichten *v. Gierke* und *Hubmann* aaO. Die Lehre *v. Gierkes* unterscheidet *drei* selbständige *rechtliche* Ausstrahlungen der Wirtschaftseinheit Unternehmen: die Betriebstätigkeit als die subjektive Seite des Unternehmens, den *„Tätigkeitsbereich mit den ihm zugehörigen Sachen und Rechten einschließlich der Verbindlichkeiten"* und schließlich die personenrechtliche Betriebsgemeinschaft. In unserem Zusammenhang kommt nur der mit Sachen und Rechten verbundene Tätigkeitsbereich in Betracht; denn er ist Gegenstand des Rechtsverkehrs, während die Betriebstätigkeit wie die Betriebsgemeinschaft ihm entzogen sind.[1] Der den Unternehmenskern bildende Tätigkeitsbereich kann *zwingend* auf ein Grundstück radiziert sein, so in der Land- und Forstwirtschaft, während bei anderen Unternehmen die Verknüpfung des Tätigkeitsbereichs mit einem Grundstück zwar regelmäßig, aber doch nicht „nach der Natur der Sache" gegeben ist.[2] Im ersten Fall wird das Unternehmen an das rechtliche Schicksal des Grundstücks gebunden sein, während im zweiten Fall eine rechtliche Trennung möglich ist.[3]

Wie läßt sich nun die rechtlich relevante Erscheinung „Unternehmen" mit den sachenrechtlichen Begriffen fassen? Gibt es ein „Unternehmenseigentum", das dem Sacheigentum einzuordnen und wie dieses zu behandeln ist?

Diese Frage stellt sich um so dringender, als das Gesetz selbst von Erwerb des Handelsgeschäfts (§ 22 Abs. 1 HGB), von einem Nießbrauch an ihm (§ 22 Abs. 2 HGB), von Fortführung eines Handelsgeschäfts (§§ 25, 27 HGB) spricht, also zu erkennen gibt, daß ein einheitlicher Übergang des Unternehmens unter Lebenden und von Todes wegen möglich ist. Dabei macht die Vererbung des Unternehmens rechtlich am wenigsten Schwierigkeiten, da die Gesamtrechtsnachfolge (§ 1922) ein einheitliches Einrücken des Erben in die Position des Erblassers ermöglicht. Wie aber verträgt sich die Veräußerung, der Erwerb eines Unternehmens, die Nießbrauchsbestellung an ihm mit dem das Sachenrecht beherrschenden Grundsatz der Spezialität? Und wenn man das Prinzip der Spezialität auch hier bejaht, also die Auflassung der Grundstücke,

---

[1] Vgl. *v. Gierke* ZHR 111, 8 u. *v. Gierke-Sandrock* § 13 (auch gute Zusammenfassung der verschiedenen Auffassungen); *Raisch*, S. 78 ff., 102 ff.

[2] Immerhin ist die Verbindung von Unternehmen und Grundstück so häufig, daß es gerechtfertigt sein mag, das Unternehmenseigentum systematisch im Zusammenhang mit dem Grundeigentum zu besprechen.

[3] Ebenso im Ergebnis *v. Gierke* ZHR 111, 9.

die Übereignung der beweglichen Sachen, die Abtretung der Forderungen usw. fordert, auf welche Weise kann der in dieser Form nicht faßbare Unternehmenskern[1] übertragen werden?

So viele Fragen, so viele Zweifel! *v. Gierke*[2] sieht im Unternehmen ein „eigenartiges Sondervermögen", auf dessen sachenrechtlich nicht faßbaren Kern die Vorschriften über bewegliche Sachen entsprechend anzuwenden seien. *Krause*[3] faßt das Unternehmen als „erweitertes Eigentum", *v. Godin*[4] als „eigentumsähnliches Recht", *Raisch* und *K. Schmidt*[5] als „organische Wirtschaftseinheit" auf. Alle diese Bezeichnungen werden nur als Versuche gewertet werden können, eine allgemeine Anschauung vom Wesen des Unternehmens zu vermitteln; rechtliche Folgerungen können daraus nicht gezogen werden.

Um hier einigermaßen Klarheit zu gewinnen, müssen wir drei verschiedene Problembereiche auseinanderhalten: das Übertragungsproblem, das Haftungsproblem und das Schutzproblem; davon soll nun die Rede sein.

II. Das Übertragungsproblem

Daß das Unternehmen Gegenstand des Rechtsverkehrs sein kann, ist unzweifelhaft (vgl. etwa § 22 HGB). Für diese Übertragung aber bestehen keine Sondervorschriften, es gelten die allgemeinen Grundsätze des bürgerlichen Rechts, und zwar gleichgültig, ob es sich um Veräußerung, Verpfändung, Pfändung oder Nießbrauchsbestellung handelt. Dies bedeutet:

1. Das *schuldrechtliche Rechtsgeschäft* (z. B. der Kauf) kann sich auf das Unternehmen *insgesamt* beziehen;[6] der Grundsatz der Spezialität gilt hier nicht. Der Rechtsgedanke des § 314 (die Veräußerungsverpflichtung erstreckt sich im Zweifel auch auf das Zubehör) ist entsprechend heranzuziehen; dies bedeutet, daß der Veräußerer – neben der Übertragung der einzelnen Unternehmensgegenstände – verpflichtet ist, alle Rechtshandlungen vorzunehmen, die den Erwerber voll in die Unternehmerstellung einrücken lassen,[7] und alles zu unterlassen, was den Erwerber in seiner Unternehmertätigkeit beeinträchtigt (Wettbewerbsverbot!).[8]

2. Für den *sachenrechtlichen Übertragungsvorgang* gilt der Spezialitätsgrundsatz,[9] d. h. jeder Bestandteil des Unternehmens muß nach den für ihn geltenden Regeln

---

[1] Goodwill, Geschäftserfahrungen und -geheimnisse, der Kundenstamm usw.

[2] Handelsrecht S. 73.

[3] aaO S. 26.

[4] Nutzungsrecht an Unternehmen und Unternehmensbeteiligungen (1949) S. 13.

[5] aaO § 4 I 2.

[6] BGH NJW 1988, 1968. Vgl. zum Unternehmenskauf außer der schon angegebenen Literatur noch insbesondere: *Hölters*, Handbuch des Unternehmenskaufs, 1985; *Hommelhoff*, Der Unternehmenskauf als Gegenstand der Rechtsgestaltung, ZHR 150 (1986), 254; *H. P. Westermann*, EWiR 1991, 245.

[7] Vgl. *Hubmann* aaO S. 64; *Siebert* S. 63.

[8] Weitere Einzelheiten (z. B. Gewährleistung) vgl. *Jürgen F. Baur* BB 1979, 381; *Hommelhoff*, Die Sachmängelhaftung beim Unternehmenskauf, 1975; *Kantenwein*, Sachmängelgewährleistung beim Unternehmenskauf 1988; *Noll* WM 1985, 341; *K. Schmidt*, HandelsR, S. 126, 134 ff.; BGH NJW 1979, 33 (Fehlbestand an Ausrüstung); NJW 1991, 1223 (Aufklärung über Unzuverlässigkeit eines wichtigen Mitarbeiters).

[9] So die h. M. trotz ihrer verschiedenen Auffassungen zur Rechtsnatur des Unternehmens: vgl. nur *Westermann* § 3 II 1; *K. Schmidt*, HandelsR, § 6 I 1, S. 126.

übertragen (verpfändet, gepfändet, mit Nießbrauch belastet) werden, Grundstücke also z. B. durch Auflassung und Eintragung (§ 925), bewegliche Sachen durch Einigung und Übergabe (§ 929), Forderungen durch Abtretung (§§ 398 ff.),[1] Immaterialgüterrechte (Patente usw.) durch Einigung (vgl. § 413 BGB, § 15 I 2 PatentG).

a) Die Übertragungs- und Belastungsakte werden dadurch *erleichtert,* daß das Gesetz selbst an verschiedenen Stellen auf die wirtschaftliche Einheit eines auf ein Grundstück bezogenen Unternehmens Rücksicht nimmt, so etwa in § 926 (mit dem Eigentum am Grundstück geht im Zweifel auch das Eigentum am Zubehör über), in den §§ 1120 ff. (die Hypothekenhaftung ergreift das Grundstück mit Bestandteilen, Zubehör, Miet-, Pachtzins- und Versicherungsforderungen). Aber diese Erleichterungen dürfen über die Geltung des Prinzips, eben der Spezialität, nicht hinwegtäuschen.

b) Wie ist der sachenrechtlich nicht faßbare Unternehmens*kern* zu übertragen? Manche wenden hier § 929 entsprechend an (so etwa *v. Gierke-Sandrock,* Handelsrecht § 13 IV 2), wobei sie unter „Übergabe" die Einführung des Rechtsnachfolgers in den Tätigkeitsbereich verstehen, andere § 413 mit §§ 398, 402 (so z. B. *Hubmann* aaO S. 63). Das Ergebnis ist in beiden Fällen das gleiche: bloße Einigung kann etwa bei Geschäftsgeheimnissen, Kundenlisten, Werbungsunterlagen nicht genügen, es muß noch ein in den Tätigkeitsbereich einführender Akt hinzukommen.[2] Juristisch korrekt ist die Anwendung des § 413 mit §§ 398 ff., weil § 413 die Generalklausel für die Übertragung all der Rechte (einschließlich rechtlich relevanter Positionen) enthält, für die Sonderbestimmungen nicht bestehen.
Das Persönlichkeitsrecht selbst – der „intimste Kern des Unternehmens", wie er sich z. B. beim Einzelhandelsgeschäft in der Identität von Familien- und Geschäftsname verkörpert – kann freilich nicht übertragen werden (vgl. BGHZ 32, 103 mit 85, 221; ferner *Baur/Stürner* II, InsolvenzR, Rn. 13.2 ff.), wohl aber die von der Persönlichkeit geschaffenen Werte (die Geschäftsbeziehungen, die Werbemethoden, die Geschäftsgeheimnisse).

3. Der Übertragungsakt vereinfacht sich, wenn das Unternehmen in Form einer *juristischen Person* organisiert ist. Hier hat das Gesetz Verschmelzungsvorgänge und Vermögensübertragungen vorgesehen, die als Gesamtrechtsnachfolge ausgebildet sind (vgl. §§ 339 ff., 346 Abs. 3 AktG); individueller Übertragungsakte bedarf es daher nicht. Aber auch wo solche Sonderbestimmungen fehlen, kann mittelbar ein *einheitlicher* Unternehmensübergang erzielt werden, wenn die gesellschaftsrechtliche Beteiligung völlig wechselt, so z. B. wenn die Gesellschafter einer GmbH ihre sämtlichen Geschäftsanteile auf einen Erwerber übertragen oder wenn eine Aktiengesellschaft sämtliche Aktien einer anderen Gesellschaft erwirbt usw.

4. Bei der Veräußerung eines Unternehmens, Betriebs oder Betriebsteils tritt der Übernehmer kraft Gesetzes in die *Arbeitsverhältnisse* ein (§ 613a BGB n. F.; dazu *Belling/Collas,* NJW 1991, 1919; *Gaul* DB 1980, 927; *Heinze* DB 1980, 205; *Mohrbutter* KTS 1983, 3; *Quander,* Betriebsinhaberwechsel bei Gesamtrechtsnachfolge, 1990; *Seiter,* Betriebsinhaberwechsel, 1980; *ders.* DB 1980, 877; BAG NJW 1982, 1607; 1986, 453; zur Rspr. des BAG s. *Reuter* JuS 1986, 410; ferner *Drukarczyk/Rieger* KTS 1986, 209). Zur gesamtschuldnerischen Haftung des bisherigen Arbeitgebers s. § 613a Abs. 2 u. zum Widerspruch des Arbeitnehmers gegen den Vertragsübergang BAG NJW 1980, 1495 u. 1497. Nach der Meinung des BAG enthält die Vorschrift einen Bestandsschutz zugunsten der Arbeitsverhältnisse auch bei Veräußerung des Betriebs durch den Konkursverwalter (insbesondere BAG NJW 1980, 1124; 1982, 1607; 1984, 672 ff.; zum „Splitting" bei Lohnrückständen, Sozialplanforderungen und Versorgungsanwartschaften ausführlich *Baur/Stürner* II, InsolvenzR, Rn. 9.41 ff.).

---

[1] Für Verpfändung usw. gilt das Entsprechende (s. dazu besonders *Hubmann* aaO S. 69 ff.); beachte auch § 25 Abs. 1 Satz 2 HGB!
[2] *Hommelhoff* S. 259; *K. Schmidt,* HandelsR § 6 I 2.

III. Das Haftungsproblem

Es geht um die Frage, ob und in welchem Umfang der Erwerber eines Unternehmens in die Geschäftsverbindlichkeiten „eintritt".

Es wird hier nur ein knapper Hinweis gegeben; die Einzelheiten gehören in die Darstellungen des Handelsrechts.[1]

a) Sedes materiae ist § 25 HGB:[2] Die *Fortführung* des Unternehmens und der Firma durch den Erwerber[3] führt zu dessen Haftung für die Geschäftsverbindlichkeiten.

Den Rechtsgrund für diesen Schuldbeitritt sieht die Praxis in dem durch die Firmenfortführung begründeten Rechtsschein (BGHZ 18, 248, 250; 22, 234, 239) oder auch in der – in der Fortführung des Geschäfts unter der bisherigen Firma liegenden, an die Öffentlichkeit gerichteten – *Erklärung,* für die bisherigen Geschäftsschulden haften zu wollen, verbunden mit dem Erwerb der Grundlage für diese Schuldenhaftung, des Geschäftsvermögens. In anderen Entscheidungen wird auch die Verkehrsauffassung herangezogen, die die Firma als Trägerin der durch den Handelsbetrieb begründeten Rechte und Verbindlichkeiten ansehe (BGHZ 29, 1; BGH NJW 1982, 1647 u. 1986, 581).[4] Eine die Schuldenhaftung ausschließende Vereinbarung wirkt nur, wenn die Voraussetzungen des § 25 Abs. 2 HGB vorliegen (s. dazu BGHZ 29, 1).

Liegen die Voraussetzungen des § 25 Abs. 1 Satz 1 HGB vor, so haftet der Erwerber des Unternehmens *neben* dem Altunternehmer nicht nur mit dem übernommenen, sondern auch mit seinem sonstigen Vermögen.[5]

b) Führt der Erwerber die Firma *nicht* fort, so haftet der Erwerber für die bisherigen Geschäftsverbindlichkeiten nur aufgrund besonderer Tatbestände, nämlich

aa) wenn er sie übernommen hat (kumulative oder privative Schuldübernahme),

bb) wenn er die Übernahme der Verbindlichkeiten bekanntgemacht hat (§ 25 Abs. 3 HGB),

cc) wenn die Voraussetzungen des § 419 vorliegen, wenn also das übernommene Geschäftsvermögen das Gesamtvermögen des Veräußerers ausmachte (BGHZ 27, 257; 93, 135), wobei hier aber die Haftung auf das übernommene Vermögen beschränkt ist,[6] oder

dd) wenn es sich um Verbindlichkeiten handelt, die als Grundpfandlasten (Hypotheken – Grundschulden) auf den Geschäftsgrundstücken ruhen.

Der Satz, daß die Schulden eine Last des Vermögens darstellen und daher auf den Erwerber übergehen, gilt sonach bei der Veräußerung eines Unternehmens (als eines Sondervermögens) nur, wenn der Fortführungstatbestand einer der geschilderten besonderen Tatbestände vorliegt.

---

[1] S. *K. Schmidt,* HandelsR, § 8 und *v. Gierke-Sandrock* § 16 I 3 (je m. w. N.) u. zu § 419 Münch-Komm/*Möschel* 2. Aufl. 1985.

[2] S. auch § 28 HGB.

[3] Zur Haftung des Pächters s. BGH NJW 1984, 1186.

[4] Zu den verschiedenen Auffassungen s. *K. Schmidt,* HandelsR, § 8 I 2 a ff. (der selbst als Grundgedanken erachtet, daß die Rechtsverhältnisse dem jeweiligen Unternehmensträger zugewiesen seien; *ders.* NJW 1982, 1648).

[5] Dazu *K. Schmidt,* HandelsR, § 8 II 2. Nach der Auffassung des BGH sind die §§ 25 HGB, 419 BGB bei Veräußerungen durch einen KO-Verwalter nicht anwendbar, wohl aber bei Verkäufen durch einen Sequester (BGHZ 104, 151 = JZ 1988, 974 m. Anm. von *Gerhardt;* dazu *Baur/Stürner* II, InsolvenzR, Rn. 9.40).

[6] Art. 11 des Diskussionsentwurfes des Bundesjustizministeriums zur Insolvenzrechtsreform von 1989 sieht die Aufhebung des § 419 BGB vor. Zur Reform *Baur/Stürner* II, InsolvenzR, Rn. 4.41 m. w. N.; zu den haftungsrechtlichen Konsequenzen *K. Schmidt* ZIP 1989, 1025 und *Canaris* ZIP 1989, 1161.

IV. Das Schutzproblem[1]

Die Entwicklung des Unternehmens zu einem dem Eigentum angeglichenen Vermögensrecht ist hier am weitesten fortgeschritten. Die Praxis hat mit ihrer Rechtsprechung zum Schutz des Rechts „am eingerichteten und ausgeübten Gewerbebetrieb"[2] das Unternehmen als „sonstiges Recht" im Sinne des § 823 anerkannt und damit die Schutztatbestände des Namens- und Firmenschutzes (§ 12 BGB, § 37 II HGB, § 16 UWG) und der §§ 824, 826 BGB, 1 UWG weit hinter sich gelassen. Dabei ergreift der Schutz nicht nur Eingriffe und Störungen, die sich gegen den Bestand des Unternehmens richten, sondern auch solche, die die Ausstrahlungen des Unternehmens, den „gewerblichen Tätigkeitskreis", betreffen.[3] Er umfaßt nicht nur bereits eingetretene Schädigungen des Unternehmens, sondern ermöglicht auf dem Weg über die sog. vorbeugende Unterlassungsklage[4] auch den Schutz gegen künftige *drohende* Beeinträchtigungen und die Beseitigung bereits *eingetretener,* aber in ihren Auswirkungen noch fortdauernder Störungen. Geschützt ist das Unternehmen auch gegen enteignende Eingriffe (s. § 13 C I 3).

Vergegenwärtigt man sich den Schutz, den das Eigentum in § 1004 und § 823 gefunden hat, so ist die Parallelität augenscheinlich. Es fehlt eigentlich nur noch ein dem § 985 entsprechender „globaler" Herausgabeanspruch.

Es ist hier nicht der Ort, diese Rechtsentwicklung kritisch zu würdigen.[5] Es sei nur darauf hingewiesen, daß schon der Schutz des *Sach*eigentums in manchen Fällen zu einem befriedigenden Rechtsschutz führen kann; so etwa dann, wenn gewerbliche Beeinträchtigungen mit den Mitteln des Nachbarrechts bekämpft werden können. Denn gerade hier kann *nicht* das Sacheigentum *als solches,* sondern eben nur das *einem bestimmten Zweck dienende* Eigentum geschützt werden.

Beispiel: E betreibt auf seinem Grundstück eine Fremdenpension. Der mit ihm verfeindete Nachbar N – der nicht zur Konkurrenz gehört – vertreibt die Gäste des E, indem er zu früher Stunde seine Hunde mit entsprechendem Gekläff im Garten herumtollen läßt. Hier ist der unmittelbare Schutz des § 1004 gegeben.

Es bleiben also die Fälle übrig, die zwischen den Handlungen „zu Zwecken des Wettbewerbs" (§ 1 UWG) und dem Eingriff in das Sacheigentum liegen. Diese Lücke füllt die Lehre vom Recht am eingerichteten und ausgeübten Gewerbebetrieb oder – wie man kürzer sagen könnte – vom Recht am Unternehmen aus. Zu den einzelnen Fallgruppen s. *v. Gierke/Sandrock* § 15 II 4; *K. Schmidt,* HandelsR, § 7 V 4; *Larenz* II § 72 III b; *Medicus,* Bürgerl. R Rn. 611 ff. (m. w. N.) u. die Übersicht 5 oben am Ende von § 10.

Zur verfassungsrechtlichen Würdigung der Eingriffe in das Unternehmenseigentum durch die *Mitbestimmungsgesetze* s. BVerfGE 50, 287, 339.

---

[1] Siehe dazu u. a. *Buchner* und *Hubmann* aaO; *K. Schmidt,* HandelsR, § 7 V 4; *v. Gierke/Sandrock* § 15; *Larenz* II § 72; MünchKomm/*Mertens* § 823 Rn. 484 ff.

[2] Zur Entwicklung dieser Rechtsprechung s. statt aller *Larenz* aaO u. *Fikentscher* § 103 II (m. w. N.) und BGHZ 86, 152, 156; ferner *Stürner,* Gutachten 58. DJT 1990, S. A 84 f. m. Nw.

[3] Siehe dazu besonders BGHZ 3, 270 (gewerbeschädigende Werturteile); 8, 142 (gewerbeschädigende Tatsachenbehauptungen); 24, 200 (Boykottaufrufe); 29, 65 und 41, 123 (Unterbrechung der Stromzufuhr); BAG NJW 1989, 61 (Betriebsblockade).

[4] Siehe dazu *Larenz* II § 76; *Baur* JZ 1966, 381 (= *Baur* Beitr. II 146) u. oben § 12 I 4; *Steindorff* JZ 1960, 583; *Zeuner* JZ 1961, 41, 45.

[5] Siehe dazu *Larenz* und *Hubmann* aaO; *K. Schmidt,* HandelsR, § 7 V 2.

§ 29. „Die Wohnung": Das Wohnungseigentum – Das Erbbaurecht – Das dingliche Wohnrecht – Die Wohnungsmiete

A. Überblick

§ 94 BGB schließt eine horizontale Teilung von Gebäuden dem Eigentum nach aus. Dies bedeutet, daß im „eigenen Heim" nur wohnen kann, wer die finanziellen Mittel für den Kauf eines Grundstücks *und* für den Bau (oder Erwerb) eines Hauses aufbringen kann. Da dies immer nur einem Bruchteil der Bevölkerung möglich sein wird, müßte die überwiegende Mehrheit in fremden Häusern zur Miete wohnen. Dieser auch aus sozialen Gründen nicht befriedigende Zustand („Eigentumsstreuung") bedarf einer Auflockerung. Der Gesetzgeber hat sich daher immer wieder bemüht, die Tendenz zum Eigenheim zu fördern, freilich in recht verschiedenen Rechtsformen:

1. Die Rechtsformen des Wohnungseigentums (s. unten B) und des Erbbaurechts (C) wollen auch den finanziell schwächeren Kreisen den Erwerb von Eigentum an der Wohnung ermöglichen: Mit dem *Wohnungseigentum* schafft das Gesetz echtes Eigentum an einer abgeschlossenen Wohnung. Das *Erbbaurecht* gibt dem Berechtigten die Möglichkeit, auf fremdem Grund und Boden ein eigenes Haus zu errichten. In beiden Fällen wird also das Prinzip des § 94 (superficies solo cedit) durchbrochen.

2. Andere Rechtsformen verzichten auf die Schaffung von Eigentum; aber sie suchen die Rechtsstellung des Wohnungsinhabers zu stärken, sie zu „verdinglichen"; hierher gehören die verschiedenen Formen des dinglichen Wohnrechts (unten D), aber auch die Wohnungsmiete; ihre Tendenz zum dinglichen Recht, die sich vor allem in der neueren Gesetzgebung zeigt, haben wir schon (oben § 6 II 1) kennengelernt; sie bedarf jetzt noch einer Verdeutlichung (unten E).

Alle hier darzustellenden Rechtsformen werden häufig mit dem Stichwort *„Soziales Wohnrecht"* bezeichnet; in der Tat ist fast bei allen von ihnen der Gedanke, gesündere soziale Verhältnisse in der „Wohnungswirtschaft" zu erreichen, maßgebend gewesen.

3. Ohne Rücksicht auf die rechtliche Qualifikation als Eigentum, Miete etc. standen auf 1000 Einwohner zur Verfügung: 1939 280 Wohnungen; bezogen auf das Gebiet der *alten Bundesländer* 1979 398 und 1986 447 Wohnungen. Dort betrug die durchschnittliche Wohnfläche einer Wohnung 1968 71 m² und 1988 88 m², die Wohnfläche je Kopf der Bevölkerung 1978 30 m² und 1988 35 m². Rund 90% aller Wohnungen stehen im Eigentum von Privaten, je 5% gehören Wohnungsunternehmen aller Art und der öffentlichen Hand (Stand: Gebäudezählung 1987).

In den *neuen Bundesländern* standen 1989 1000 Einwohner 427 Wohnungen zur Verfügung – in allerdings sehr unterschiedlichem baulichen Zustand! Die Eigentumsverhältnisse sind hier nach dem Beitritt noch im Fluß; der Einigungsvertrag (Art. 22 Abs. 4) sieht den Übergang volkseigener Wohnungen auf die Kommunen vor, die sie in die marktwirtschaftliche Wohnungswirtschaft überführen und Bildung individuellen Eigentums beschleunigt fördern sollen. Weitere Angaben unten § 36 I 4g. Quellen der statistischen Angaben: Stat. Jahrbücher 1990, 221, 652; 1991, 246.

B. Das Wohnungseigentum[1]

I. Begriff und Anwendungsbereich

1. Die Rechtsfigur des Wohnungseigentums (WE) soll das Bedürfnis nach einer vermögensrechtlichen Beteiligung eines Wohnungsinhabers an einem Gebäude befriedigen, die sich als echtes Eigentum darstellt. Grob gesagt: Der Wohnungsinhaber soll durch Kauf seiner Wohnung zu deren Eigentümer werden. Eine solche Möglichkeit war in zahlreichen ausländischen Rechten – vor allem im Anschluß an die Regelung des Art. 664 Code civil – längst gegeben;[2] sie bestand bis 1900 nach Landesrecht in der Form des *Stockwerkseigentums* auch in Deutschland; erst § 93 BGB i. V. m. Art. 182 EGBGB verbot die Neubildung von Stockwerkseigentum. Der Grund lag in dogmatischen Erwägungen, aber auch in der Erfahrungstatsache, daß die im Stockwerkseigentum stehenden Häuser als „Streithäuser" galten. Erst nach dem zweiten Weltkrieg wurden die Bestrebungen nach Einführung eines Wohnungseigentums intensiviert: die Wohnungsnot verlange den Einsatz auch kleiner Kapitalien (die Rechtsform der Miete mit Baukostenzuschuß biete dem Mieter nicht genügend Sicherheit), eine breite Streuung von Eigentum an den Wohnungen habe günstige soziale Auswirkungen (nicht von ungefähr wird zur gleichen Zeit der Gedanke der Partnerschaft des Arbeitnehmers am Unternehmen erwogen!), die zum Wohnungsbau beigesteuerten staatlichen Mittel flössen nicht in die Taschen einiger weniger, vor allem der Wohnungsbaugesellschaften, nicht zuletzt werde damit der zumal in Städten knappe Grund und Boden günstig ausgenützt.

Diesen Erwägungen ist der Gesetzgeber in dem Gesetz über das Wohnungseigentum und Dauerwohnrecht (WEG) v. 15. 3. 1951 (BGBl. I 175)[3] gefolgt; es schafft das *Wohnungseigentum;* die gleiche Rechtsfigur wird bei nicht zu Wohnzwecken dienenden, also vor allem gewerblich genutzten Räumen *Teileigentum* genannt.

Das WE erfreut sich zunehmender Beliebtheit: Die Zahl der Eigentumswohnungen wird z. Zt. auf ca. 10 Millionen geschätzt. Interessant ist die Beobachtung, daß die Grundstückseigentümer ihre bisher vermieteten Wohnungen zu Eigentumswohnungen umgestalten und veräußern (die Rendite ist bei Vermietung infolge des Mieterschutzes zu gering). Dabei schützt der Staat die Stellung der Mieter öffentlich geförderter Wohnungen durch Mitteilungs- und Unterrichtungspflichten (§ 2a WohnungsbindungsG) und – wichtig – ein *Vorkaufsrecht* des Mieters (§ 2b WohnungsbindungsG); ferner ist der Kündigungsschutz des Mieters in solchen Fällen verbessert (§ 564b Abs. 2 Nr. 2 und 3). Interessant ist weiter, daß die „Eigentümerquote" (= Einzeleigentum + Wohnungseigentum) 1987 in den alten Bundesländern 39% aller Wohnungen betrug (Stat. Jahrbuch 1991, S. 249).

2. Bei der Gestaltung der Rechtsform des WE.s geht es um drei Fragenbereiche:

a) Wie soll das *Eigentum am Grund und Boden* und all den Teilen des Gebäudes gestaltet werden, die nicht im Alleineigentum eines Wohnungseigentümers (WE.er) stehen können (z. B. an der das Gebäude tragenden Stahlkonstruktion)?

b) Soll die Berechtigung an der *Wohnung* echtes Eigentum sein?

c) Wie sollen die Rechtsbeziehungen der WE.er untereinander geregelt werden?

---

[1] **Lit.-Hinweis:** Kommentare von *Bärmann/Pick/Merle,* 6. Aufl. 1987; *Bärmann/Pick,* 12. Aufl. 1990; *Henkes/Niederführ/Schulze,* 1990; *Sauren,* 1989; *Weitnauer,* 7. Aufl. 1988; *Soergel/Stürner,* Bd. 6, 12. Aufl. 1990, WEG; MünchKomm/*Röll,* Bd. 4, 2. Aufl. 1986, WEG. Ferner: *Bärmann* NJW 1989, 1057 (zur Theorie des WE.srechts); *ders.,* WE, 1991; *Bärmann/Seuß,* Praxis des WE.s, 3. Aufl. 1980; *Börner,* Das WE und der Sachbegriff des Bürgerlichen Rechts, in FS f. Dölle, 1963, I 201; *Eugen Huber,* Teilung des Eigentums nach schweiz. Privatrecht, in Abh. z. schweiz. Recht, Heft 58 S. 1 ff.; *Liver,* Das Miteigentum als Grundlage des Stockwerkeigentums, in: Gedächtnisschrift f. Marxer (1963); *Merle,* Das WE im System d. bürgerl. Rechts, 1979; *Paulick,* Zur Dogmatik des WE.s, AcP 152, 420; *Röll* DNotZ 1982, 334 (Reformfragen); *Friedrich,* Das Stockwerkeigentum (schweiz. Recht), 1965.

[2] Dazu *Wietek,* Wohnungseigentum in Frankreich, 1976; *Liver* aaO; zum Stockwerkseigentum ausführlich und mit vielen Nachweisen *Thümmel* JZ 1980, 125 u. BW NotZ 1980, 97; 1984, 5.

[3] Geändert und ergänzt durch Gesetze v. 26. 7. 1957, 30. 5., 30. 7. 1973, 17. 12. 1990.

Das Gesetz hat diese Fragen wie folgt beantwortet:

a) *Wohnungseigentum* ist die Verbindung des Miteigentums (nach Bruchteilen, nicht Gesamthandseigentum) am gemeinschaftlichen Grundstück mit dem Sondereigentum an der Wohnung (§ 1 Abs. 2, 3 WEG).[1]

Im *Miteigentum* stehen also vor allem der Grund und Boden (§ 1 Abs. 5 WEG) und alle „tragenden“ Teile des Gebäudes sowie die gemeinschaftlichen Einrichtungen (§ 5 Abs. 2 WEG).

Im *Sondereigentum* steht die Wohnung mit ihren Bestandteilen, soweit diese nicht das Gebäude tragen (also z. B. Boden, Decke, Wände, soweit es sich nicht um tragende Wände handelt).[2]

Daraus ergibt sich, daß *wirtschaftlich* bedeutungsvoll meist der Miteigentumsanteil ist; daher ist auch *rechtlich* das Sondereigentum (an der Wohnung) untrennbar mit dem Miteigentumsanteil am gemeinschaftlichen Eigentum verbunden (§ 6 Abs. 1 WEG); Rechte, die am Miteigentum bestehen, erstrecken sich auch auf das Sondereigentum (§ 6 Abs. 2), das Sondereigentum an der Wohnung kann aufgehoben werden, ohne daß dadurch das Miteigentum entfällt (§ 4 WEG). Auch rechtlich ist daher das Miteigentum beherrschend, das Sondereigentum ist ein „Anhängsel“ des Miteigentums (ebenso BGHZ 49, 250 [= *Baur,* E.Slg. Fall 40]; s. ferner BGHZ 50, 56). Andere (z. B. *Börner,* FS Dölle, S. 201 ff.) sehen das Sondereigentum als „die Hauptsache an, der als wesentlicher Bestandteil ein Miteigentumsanteil zugeordnet“ ist. Dies mag eine mögliche Alternative sein, die der Gesetzgeber hätte wählen können, aber eben nicht gewählt hat (vgl. § 3 Abs. 1, §§ 6, 7 Abs. 1, § 8 WEG; ausführlich *Soergel/Stürner* § 1 WEG Rn. 2–2b).

b) Das WE ist *echtes Eigentum* (§ 903) mit der Konsequenz der Ansprüche aus §§ 823, 985, 1004 bei Eigentumsbeeinträchtigung, wobei freilich diese Rechte im Verhältnis der WE.er untereinander durch §§ 14, 15 WEG beschränkt sind. Als echtes Eigentum ist das WE *frei verkäuflich und veräußerlich* (in der Form der § 313 – §§ 873, 925: § 4 WEG).

Jedoch kann – entgegen § 137 – ein Veräußerungsverbot „mit dinglicher Wirkung“ vereinbart und im Grundbuch eingetragen werden (§ 12 WEG). Grund: Schutz der übrigen WE.er vor dem Eindringen unerwünschter Erwerber.[3]

Das WE ist *belastbar,* ist Gegenstand der *Zwangsvollstreckung,* kann *vermietet* oder verpachtet *werden* (§ 13 Abs. 1 WEG) und geht im Erbgang auf den oder die Erben über.

Hierzu ist im einzelnen zu bemerken:

aa) Die *Belastung* ist wie bei einem normalen Miteigentumsanteil an einem Grundstück möglich (vgl. z. B. §§ 1095, 1114). Was insbesondere den wichtigen Fall der Belastung mit Grundpfandrechten angeht, so kann *jedes* WE – z. B. für ein dem WE.er individuell gewährtes oder allen WE.ern zur Verfügung gestelltes, aber auf die einzelnen WE.er aufgeteiltes Darlehen – belastet werden (wünschenswert, da jeder WE.er dann nur das Risiko für sich selber trägt!), aber auch das Grundstück insgesamt durch Verfügung aller WE.er; dann entsteht ein Gesamtgrundpfandrecht an den einzelnen Miteigentumsanteilen (§ 1132: für den Kreditgeber günstig, für die WE.er gefährlich). Wichtig ist, daß die WE.er bei gemeinschaftlicher Errichtung einer WE.-Anlage nur anteilmäßig haften; dagegen grundsätzlich als Gesamtschuldner für Verbindlichkeiten, die sich aus der Verwaltung der Wohnanlage ergeben (BGHZ 67, 235; 75, 26; 76, 90).

bb) Die *Zwangsvollstreckung* erfolgt wie die in Grundstücke, also durch Zwangsversteigerung, Zwangsverwaltung, Eintragung einer Zwangshypothek (§§ 864 ff. ZPO).

---

[1] Str., s. dazu *Merle,* Das WE im System des bürgerl. Rechts, 1979; *Weitnauer* in FS Seuss, 1987.

[2] *Weitnauer* § 5 Rn. 2 ff.; *Soergel/Stürner* § 5 WEG Rn. 3; Beispiel: BGH NJW 1979, 2391: Zentrales Heizwerk nicht SE.

[3] Die Zustimmung darf nur aus wichtigem Grund verweigert werden (§ 12 Abs. 2 Satz 1 WEG); darüber entscheidet im Streitfall das Gericht nach § 43 Abs. 1 Ziff. 1 WEG. Beispielsfälle: BGHZ 37, 203 u. 49, 250 [= *Baur,* E.Slg. Fall 40]; BGH NJW 1991, 1613 (Zustimmung bei Erstveräußerung durch teilenden Eigentümer).

c) Die *Rechtsbeziehungen der Wohnungseigentümer untereinander* sind – wie sich aus der Natur der Sache ergibt – intensiver als beim gewöhnlichen Miteigentum nach Bruchteilen.

Auch bei diesem hat ja das Gesetz – obwohl es an der Fiktion festhält, daß die Miteigentümer nach Bruchteilen isoliert nebeneinander stehen und durch keine persönlichen oder vertraglichen Beziehungen verbunden zu sein brauchen – nicht darauf verzichten können, einen gewissen Mindestbestand von Normen, die die Gemeinschaft der Miteigentümer angehen, zu regeln (Gebrauchsrecht: §§ 743 Abs. 2, 1010; Verwaltung des gemeinschaftlichen Gegenstandes: §§ 744–746, 1010).

Demgegenüber spricht das WEG in der Überschrift des zweiten Abschnitts (vor §§ 10 ff.) von der *„Gemeinschaft der Wohnungseigentümer"* und macht dadurch schon deutlich, daß diese Gemeinschaft mehr ist als eine bloße Vereinigung der Miteigentümer; sie trägt körperschaftliche Züge;[1] Organe dieser Gemeinschaft sind die *Wohnungseigentümerversammlung* (§§ 23 ff. WEG)[2] und der – stets notwendige (§ 20 Abs. 2 WEG) – *Verwalter* (§§ 26–28 WEG).[3] Ihnen obliegt die Verwaltung des gemeinschaftlichen Eigentums (§ 20 WEG), wobei das erstgenannte Organ im wesentlichen beschließende, der Verwalter ausführende und die Gemeinschaft nach außen repräsentierende Funktion hat.

Von der Verwaltung des gemeinschaftlichen Eigentums ist die des *Sondereigentums* zu unterscheiden: hier ist jeder WE.er – weil eben Eigentümer – grundsätzlich frei. Dabei kann freilich nicht außer Acht bleiben, daß auch die Nutzung des Sondereigentums die anderen WE.er tangieren kann (die Badewanne rinnt; der WE.er läßt sie nicht reparieren). Daraus erklärt sich einmal der Pflichtenkatalog des § 14 WEG, zum anderen die Möglichkeit, die gegenseitigen Rechte und Pflichten festzulegen (§§ 15, 21 Abs. 5 WEG), und zwar – was wichtig ist – sowohl bezüglich des gemeinschaftlichen Eigentums wie des Sondereigentums.
Dazu kennt das WEG zwei verschiedene Instrumente: soweit es um die ordnungsmäßige Verwaltung und die „laufenden Geschäfte" geht, entscheidet die Mehrheit der Wohnungseigentümer durch *Beschluß* (§ 15 Abs. 2 WEG), z.B. Schließen der Fenster bei Frost, Musizierzeiten in üblichem Rahmen etc. Grundlegendere Nutzungsregelungen müssen aber durch Vereinbarung bzw. *Teilungserklärung* (unten II 1 b) in der sog. *Gemeinschaftsordnung* zum Inhalt des Sondereigentums gemacht werden (§ 15 Abs. 1 WEG), z.B. Regelungen über gewerbliche Nutzungsverbote etc.; dabei können auch *Sondernutzungsrechte* einzelner am gemeinschaftlichen Eigentum begründet werden, z.B. KfZ-Stellplätze (BGHZ 73, 145 ff.; ausführlich *Soergel/Stürner* § 15 WEG Rn. 3–6). Die Gemeinschaftsordnung ist ins Grundbuch einzutragen, soll sie gegenüber Rechtsnachfolgern wirken (§ 10 Abs. 2 WEG). Sie ist in der Praxis die „Verfassung" der Eigentümergemeinschaft und enthält oft *alle* wesentlichen Regeln (Grundcharakter der Wohnlage, Verwaltung des Gemeinschaftseigentums, Zustimmung zur Vermietung, Verhältnis zum Verwalter, Wohngeld, Stimmrecht, „Geldstrafen" bei Zuwiderhandlung etc.). Interessantes neueres Beispiel: BGH NJW 1991, 2637 (keine Festlegung von Verzugszinsen für verspätete Wohngeldzahlung durch Mehrheitsbeschluß).
Die Abgrenzung der Befugnisse zwischen der Gemeinschaft und dem einzelnen Wohnungseigentümer fällt besonders schwer bei *Werkmängeln*. Mängelrechte, die nur das Sondereigentum betreffen,

---

[1] Str. s. *Bärmann,* Die Wohnungseigentümer-Gemeinschaft, 1986 u. NJW 1989, 1057, 1060; *Weitnauer* in FS Seuss, 1987; *Soergel/Stürner* § 1 WEG Rn. 2 b. – Zum „werdenden Wohnungseigentümer" (Stadium zwischen Kauf-Inbesitznahme u. der späteren Eintragung im Grundbuch) s. *Röll* NJW 1989, 1070 u. BGHZ 106, 113; 107, 285; ausführlich *Soergel/Stürner* § 10 WEG Rn. 2–5 m. Nw.

[2] Die Versammlung entscheidet durch Mehrheitsbeschluß (§ 25 WEG). Stimmenthaltungen zählen nicht, s. BGHZ 106, 179. Die Vertretung durch Dritte bei der Stimmabgabe kann auf bestimmte Personen beschränkt werden, Beispiel: BGHZ 99, 90.

[3] Siehe dazu *Krebs,* Theorie u. Praxis der Verwaltung von Wohnungseigentum (Tüb. Diss. 1975); zur Geltendmachung von Ansprüchen gegen den Verwalter durch Gemeinschaftsbeschluß BGHZ 106, 222 (hierzu *Ehmann* JZ 1991, 222) und NJW 1992, 182. Juristische Personen und Personengesellschaften können Verwalter nach dem WEG sein, nicht aber eine Gesellschaft bürgerlichen Rechts oder mehrere natürliche Personen; s. *Soergel/Stürner* § 26 WEG Rn. 3 und BGHZ 107, 268.

kann jeder Eigentümer alleine verfolgen. Mängelrechte am Gemeinschaftseigentum kann der einzelne Eigentümer nur verfolgen, soweit er Wandlung, Schadensersatz auf der Basis der Nichtabwicklung oder Nachbesserung verlangt; über Minderung oder den „kleinen" Schadensersatzanspruch muß grundsätzlich die Gemeinschaft aller Eigentümer beschließen, es sei denn, der Mangel ist nicht behebbar (zuletzt zum ganzen BGHZ 110, 258 ff.; NJW 1991, 2480 m. Nw.). Eine sehr filigran verteilte Zuständigkeit!

Der Nutzungsbefugnis des einzelnen Miteigentümers entspricht die *Kostentragungspflicht* (§ 16 Abs. 2 WEG). Für jedes Jahr errichtet der Verwalter eine Abrechnung, über welche die Wohnungseigentümer mehrheitlich beschließen (§ 28 Abs. 3 und 5 WEG); sie stellt den Betrag fällig (BGHZ 104, 197, 199 f.). Die Beitreibung ist Sache der Gemeinschaft bzw. des durch sie ermächtigten oder bevollmächtigten Verwalters oder Einzeleigentümers (BGHZ 111, 148 m. Nw.). Der Wirtschaftsplan bestimmt in Gestalt des Wohngeldes eine laufende Zahlung als Vorschuß auf die Kosten und zur Bildung von Rücklagen (§ 21, 28 WEG); auch über ihn beschließt die Mehrheit der Eigentümer.

Das Gesetz erachtet ein *verträgliches Zusammenleben* der WE.er für so wichtig, daß es die Möglichkeit schafft, einen seine Pflichten schwer verletzenden WE.er zur Veräußerung seines WE.s zu zwingen (§§ 18, 19 WEG – dem Recht zur sofortigen Kündigung eines Gesellschaftsverhältnisses aus wichtigem Grunde oder der Ausschlußklage, §§ 140, 142 HGB, vergleichbar). – Zur Anspruchsgrundlage bei Störung eines Wohnungseigentümers durch den anderen s. OLG Frankfurt MDR 1982, 151; *Soergel/Stürner* § 14 WEG Rn. 6.

II. Entstehung – Übertragung – Aufhebung des Wohnungseigentums

1. Das WE *entsteht*

a) durch Vertrag mehrerer Miteigentümer und Eintragung im Grundbuch (§§ 3, 4 WEG; Form: §§ 313, 925).

Der Vertrag[1] kann – was praktisch bedeutsam ist – schon vor Errichtung des Gebäudes („... oder zu errichtenden Gebäudes ...") und selbst bei bestehendem öffentlichrechtlichem Bauverbot[2] geschlossen und im Grundbuch vollzogen werden (§§ 3 Abs. 1, 7 Abs. 4 WEG; s. *Soergel/Stürner* § 3 Rn. 5 WEG);[3]

b) durch *Teilung* seitens des Eigentümers unter gleichzeitiger Bestellung von Sondereigentum (§ 8 WEG), sog. *Vorratsteilung*.[4]

Der Eigentümer kann also entgegen der sonstigen gesetzlichen Regelung sein Volleigentum aufspalten und die einzelnen Miteigentumsanteile (= hier Wohnungseigentumsanteile) in seiner Hand behalten.[5]

Grund: *Einmal* sollen die Wohnungsbauunternehmungen die Möglichkeit haben, die einzelnen Wohnungen je nach Nachfrage zu veräußern. *Zum anderen* kann der Eigentümer *vor* Veräußerung des WE.s die Abgrenzung zwischen gemeinschaftlichem und Sondereigentum vornehmen und das Verhältnis der späteren WE.er untereinander in der Gemeinschaftsordnung (oben I 2c) regeln (§ 8 Abs. 2 mit §§ 5 Abs. 3 und 4, 10 Abs. 2, 20 ff. WEG).[6] Dies ist einfacher, als wenn eine vertragliche

---

[1] Zur Behandlung von Gründungsmängeln s. *Soergel/Stürner* § 3 WEG Rn. 9–12 und BGHZ 109, 179 (hierzu *Zimmermann* DNotZ 1991, 153).

[2] BGHZ 110, 36 = NJW 1990, 1111.

[3] Zu weiteren Gestaltungsmöglichkeiten s. BGHZ 86, 393 (dazu *Stürner/Weber* JZ 1983, 616 u. *Moritz* JZ 1985, 216).

[4] *Soergel/Stürner* § 8 Rn. 2 WEG; zur Teilung von Wohnungseigentum BGHZ 49, 250 = *Baur* E. Slg. Fall 40.

[5] Die Abgeschlossenheitsbescheinigung nach § 3 Abs. 2 WEG (dazu *Soergel/Stürner* § 3 WEG Rn. 33) kann auch aus bauordnungsrechtlichen Gründen versagt werden (hierzu BVerwG NJW 1990, 848 und BVerfG NJW 1990, 825). Es ist aber problematisch, an Altbauten dabei „Neubauanforderungen" zu stellen (hierzu BGH NJW 1991, 1611). Sie gelten jedenfalls nicht in den neuen Bundesländern bis 31. 12. 1996 (*Schmidt-Räntsch* DtZ 1991, 173); iü ist die Entscheidung des gemeinsamen Senats der obersten Gerichtshöfe abzuwarten.

[6] Dazu *Peter Ulmer*, FS f. Weitnauer, 1980, 205.

Einigung zwischen vielen Parteien herbeigeführt oder später die WE.er darüber beschließen müßten. Eine Verpflichtung zur Veräußerung der so gebildeten Wohnungseigentumsanteile besteht nicht: der Eigentümer kann daher auf diese Weise auch die spätere Auseinandersetzung seiner Erben (in Ergänzung einer letztwilligen Teilungsanordnung) vorbereiten.

Daß das Grundstück schon vor Begründung des WE.s mit einem Grundpfandrecht belastet ist, hindert die Entstehung des WE.s nicht; auch ist die Zustimmung des Grundpfandgläubigers nicht erforderlich. In beiden Fällen (§ 3 wie § 8 WEG) entsteht ein Gesamtgrundpfandrecht (§§ 1132, 1192; so mit Recht BayObLG NJW 1958, 2116 u. DNotZ 1974, 78; *Soergel/Stürner* § 8 Rn. 10 WEG m. w. N.).

2. Das Wohnungseigentum – nicht das Sondereigentum an der Wohnung allein (§ 6 Abs. 1 WEG) – ist frei *veräußerlich* (s. aber oben I 2b).[1] Da es sich um Eigentum an einem Grundstück handelt, sind die Formvorschriften des § 313 (für das schuldrechtliche Erwerbs- und Veräußerungsgeschäft), der §§ 873, 925 (für die Übereignung) zu beachten (§ 4 WEG).

Auch eine *Belastung* des Wohnungseigentums mit beschränkten dinglichen Rechten (insbes. mit Grundpfandrechten, Vormerkungen, Vorkaufsrechten, Dauerwohnrechten) ist möglich.

Zur Darstellung der Rechtsverhältnisse des Wohnungseigentums wird ein *Wohnungsgrundbuch* angelegt (§ 7 WEG), in das das Wohnungseigentum und die Lasten und Beschränkungen eingetragen werden (s. § 15 III 3b).

3. Im Gegensatz zu § 749 ist die *Aufhebung* der Wohnungseigentümergemeinschaft nur durch übereinstimmende Vereinbarung *aller* WE.er (in der Form des § 4 WEG) möglich. Folge ist, daß entweder schlichte Miteigentümerstellung der bisherigen WE.er übrig bleibt oder daß nach §§ 752 ff. auch die Bruchteilsgemeinschaft auseinandergesetzt wird.

Zu beachten ist, daß die Vereinigung mehrerer Wohnungseigentumsanteile in *einer* Hand nicht zu deren Aufhebung führt; sie bleiben rechtlich getrennt und können später durch Veräußerung wieder „aktiviert" werden.

III. Verfahrensrechtliches

Interessant ist, daß das Gesetz für Streitigkeiten der Wohnungseigentümer untereinander das Verfahren der freiwilligen Gerichtsbarkeit gewählt hat (§§ 43 ff. WEG). Dem liegt der Gedanke zugrunde, daß dieses Verfahren rascher, billiger und unter tätiger Mitwirkung des Richters (Amtsermittlungsgrundsatz: § 12 FGG) zu einem Ausgleich der Interessen (§ 44 WEG) und zu einer – u. U. gestaltenden – Entscheidung führen kann.

So gehört z. B. auch ein Schadensersatzanspruch in das Verfahren der freiw. Gerichtsbarkeit, sofern er sich gegen einen anderen WE.er (oder den Verwalter) richtet (BGHZ 59, 58; NJW-RR 1991, 907 für Delikt). Dem ordentlichen Prozeß im Verfahren der ZPO bleiben neben den aus Aufhebung der Gemeinschaft und Entziehung des Wohnungseigentums resultierenden Streitigkeiten (§§ 43 Abs. 1 Nr. 1, 17, 18, 19 WEG) alle Verfahren, die nicht dem Katalog der § 43 Abs. 1 Nr. 1–4 WEG unterfallen, z. B. Streitigkeiten aus schuldrechtlich vereinbartem Konkurrenzverbot zwischen einzelnen Wohnungseigentümern (BGH BB 1986, 1676) oder Streitigkeiten mit ausgeschiedenen Wohnungseigentümern (BGHZ 106, 34).

IV. Wohnungseigentum in den neuen Bundesländern

In den neuen Bundesländern kann seit dem 3. 10. 1990 Wohnungseigentum begründet werden. Das Gebäudeeigentum alten DDR-Rechts besteht fort (Art. 233 § 4 EGBGB), wobei die für Grundstückseigentum geltenden Vorschriften des BGB Anwendung finden (s. noch §§ 15 VI 3 und 4, 19 E, 21 C, 22 VI).

---

[1] Zur Haftung des Erwerbers von WE für rückständige Lasten und Kosten s. die gleichnamige Schrift von *Bärmann,* 1985 u. BGHZ 95, 118; 99, 358; 104, 197; 107, 285.

C. Das Erbbaurecht

I. Begriff und Anwendungsbereich

1. Das Erbbaurecht – seit 1919 geregelt in der ErbbaurechtsVO vom 15. 1. 1919 (RGBl. I 72, 122[1]) – ist „das veräußerliche und vererbliche Recht, auf oder unter der Erdoberfläche des – belasteten – Grundstücks ein Bauwerk zu haben" (§ 1 Abs. 1 ErbbauRV; beachte aber § 1 Abs. 2!).

Vom Grundeigentümer aus gesehen ist das Erbbaurecht ein beschränktes dingliches Recht, das auf seinem Grundstück lastet. Dieses beschränkte dingliche Recht wird aber seinerseits wie ein Grundstück behandelt (§ 11 ErbbauRV): es erhält ein eigenes Grundbuchblatt (Erbbaugrundbuch), es kann wie ein Grundstück belastet werden (z. B. mit Grundpfandrechten, Erbbauhypothek) und wird wie Grundeigentum geschützt (z. B. §§ 985 ff., 1004). Insbesondere aber wird das in Ausübung des Erbbaurechts errichtete oder schon bestehende Gebäude wesentlicher Bestandteil des Erbbaurechts, nicht des Grundeigentums (§ 12 ErbbauRV).

2. In dieser rechtlichen Eigenart liegt der *Anwendungsbereich* des Erbbaurechts beschlossen: neben der Heimstätte (s. oben § 27 II 5) ist es in der Praxis eine Rechtsform des städtischen Wohnungsbaus, der städtischen Siedlung: Der Eigentümer des Grund und Bodens (häufig die öffentliche Hand) gibt dem Baulustigen einen Bauplatz in Erbbaurecht;[2] dies bedeutet für den Erbbauberechtigten, daß er sich den Kaufpreis für das Grundstück sparen kann, dafür allerdings dem Eigentümer eine meist in wiederkehrenden Leistungen bestehende Vergütung, den *Erbbauzins* (§ 9 ErbbauRV), zu leisten hat. Da das Erbbaurecht seinerseits belastbar ist und das zu errichtende Haus als wesentlichen Bestandteil in sich aufnimmt, kann sich der Baulustige auch wie ein Eigentümer die zur Finanzierung des Baus erforderlichen Fremdmittel beschaffen.

Freilich darf man die Vorteile des Erbbaurechts nicht allein vom Erbbauberechtigten her sehen.[3] Der Grundeigentümer verzichtet zwar zunächst auf den vollen Gegenwert des Grundstücks, den er beim Verkauf erhielte. Aber einmal bleibt er Eigentümer des Bodens, ihm wächst der Bodenwert zu, zum anderen erhält er das im Endergebnis meist den Kaufpreis übersteigenden Erbbauzins. Dazu kommt, daß das Erbbaurecht meist nach einer gewissen Zeit (66, 70, 99 Jahre) erlischt; das Bauwerk fällt dann dem Grundeigentümer gegen eine Entschädigung zu, die nicht dessen vollen Wert auszumachen braucht (§ 27 ErbbauRV). So kann die Belastung des Eigentums mit einem Erbbaurecht – die übrigens nur zur ersten Rangstelle erfolgen kann (§ 10 ErbbauRV; dazu BGHZ 51, 50) – auch für den Grundeigentümer durchaus lukrativ sein; insbes. dann, wenn der Eigentümer nach dem Vertrag das Recht hat, vom Erbbauberechtigten den Kauf des Grundstücks nach einer gewissen Zeit zu verlangen (sog. Kaufzwangklausel).[4]

Der *Erbbauzins* „muß nach Zeit und Höhe für die ganze Erbbauzeit im voraus bestimmt sein" (§ 9 Abs. 2 Satz 1 ErbbauRV); meist werden Prozentsätze des Grundstückswerts vereinbart, die zwischen 4–7% liegen. Übermäßigen Steigerungen des Erbbauzinses kraft Vereinbarung – namentlich wegen

---

[1] Geändert u. ergänzt durch Gesetze v. 30. 5. 1973, 30. 7. 1973, 8. 1. 1974, 29. 3. 1983 u. 8. 6. 1988. – Lit.: *Ingenstau*, 6. Aufl. 1987; *Knothe*, 1987; *Linde/Richter*, 1987; *von Oefele/Winkler*, Hdb. des ... 1987; *Räfle*, 1986; *Finger* BlGWB 1983, 221 (Anwendungsbereich).

[2] Auch an Bauerwartungsland, nicht aber bei dauerndem Bauverbot (BGHZ 101, 143).

[3] S. dazu *Stahlhake*, Vorschläge zur Neuordnung des Erbbaurechts (2. Aufl. 1962).

[4] Grundsätzlich zulässig! Zu ihren Grenzen (§§ 138, 242 BGB; §§ 3, 9 AGBG) BGHZ 75, 15; NJW 1989, 2129; 1991, 2141; *Demmer* NJW 1983, 1636).

starker Erhöhung des Grundstückswerts – tritt § 9a ErbbauRV entgegen (dazu z. B. BGHZ 75, 279; 87, 198; BGH NJW-RR 1989, 138). – Überblick über die Möglichkeiten der Wertsicherung des Erbbauzinses geben Mitt. der Bundesbank DNotZ 1982, 329; *Soergel/Stürner* § 9 ErbbauVO Rn. 15–18; BGHZ 81, 135; BGH NJW 1982, 2381; *Dürkes* BB 1980, 1609 und über die Auswirkungen einer solchen Wertsicherung *Götz* DNotZ 1980, 3. – Dingliche Sicherung des Erbbauzinses ist durch Eintragung einer Reallast auf dem Erbbaurecht möglich (BGHZ 81, 358, 361); der Anspruch auf eine Reallast, die dem später erhöhten Zins entspricht, ist vormerkungsfähig (BGH NJW-RR 1987, 75, 76), die Dynamisierung der Erbbaureallast selbst ist nicht zulässig (BGHZ 61, 209, 211; 111, 324, 328; s. a. § 35 I 2).

Eine *Anpassung* des Erbbauzinses an den „Geldwertschwund" gewährt die Rechtsprechung auch ohne entsprechende Vereinbarung nach den Grundsätzen des Wegfalls der Geschäftsgrundlage (hierzu *Soergel/Stürner* § 9 ErbbauVO Rn. 8; BGHZ 91, 32; 94, 257; 96, 371; 97, 171: Grenze eines noch tragbaren Geldwertschwundes: ca $\frac{3}{5}$!).

Zu bemerken bleibt, daß der Anwendungsbereich *nicht* auf die Errichtung von Wohnhäusern beschränkt ist. Zulässig ist die Bestellung mit dem Inhalt, „Gebäude aller Art in Übereinstimmung mit dem Bebauungsplan" errichten zu dürfen (BGHZ 101, 143, 146), so daß z. B. Gemeinden, die Interesse an der Ansiedlung von Industrie haben, häufig auch Industriegelände im Erbbaurecht ausgeben.

II. Begründung, Übertragung, Belastung und Aufhebung des Erbbaurechts

1. Der schuldrechtliche, der *Bestellung* oder dem Erwerb zugrundeliegende Vertrag bedarf der Form des § 313 (§ 11 Abs. 2 ErbbauRV), die Bestellung selbst erfordert – formlose –[1] Einigung und Eintragung (§ 11 Abs. 1 ErbbauRV mit § 873 BGB).[2]

Das Erbbaurecht kann – im Gegensatz zu § 925 Abs. 2 – als befristetes (so in der Regel) und als aufschiebend bedingtes Recht bestellt werden, nicht aber – im Interesse des Erbbauberechtigten und seiner Gläubiger – als auflösend bedingtes (§ 1 Abs. 4 ErbbauRV; BGH BB 1961, 430).[3]

Freilich bietet § 2 ErbbauRV die Möglichkeit, dem Eigentümer einen gewissen bestimmenden Einfluß auf die Ausübung des Erbbaurechts einzuräumen; die durch Vereinbarung übernommenen Verpflichtungen (z. B. das Haus stets tadellos instandzuhalten) sind Inhalt des Erbbaurechts, wenn sie im Grundbuch zum Ausdruck kommen (sei es auch nur durch Bezugnahme, § 874).[4] Besonders bedeutsam ist der *Heimfallanspruch* des Eigentümers nach §§ 2 Nr. 4, 3, 4 ErbbauRV; dadurch kann ein Druck auf den Erbbauberechtigten ausgeübt werden, auch sonstige Pflichten peinlich korrekt zu erfüllen.

Der Heimfallanspruch gibt einen Anspruch auf Rückübertragung des Erbbaurechts an den Eigentümer gegen Entschädigung (§ 32 ErbbauRV).[5] Der Eigentümer erwirbt das Erbbaurecht, die Belastungen des Erbbaurechts bleiben in der Regel bestehen (§ 33 ErbbauRV).

Das Erbbaurecht kann der Eigentümer auch für sich selbst bestellen (*Eigentümererbbaurecht*, BGH NJW 1982, 2381). Auch ein *Untererbbaurecht* (= Erbbaurecht am Erbbaurecht) ist zulässig (BGHZ 62, 179). Zum *Gesamterbbaurecht* s. BGH NJW 1976, 519; BayObLG DNotZ 1985, 375; Köln RPfleger 1988, 355.

2. Das Erbbaurecht ist nach § 873 (§ 313 BGB – § 20 GBO) *übertragbar.*

Das Erfordernis der Zustimmung des Eigentümers kann als Inhalt des Erbbaurechts vereinbart werden, § 5 Abs. 1 ErbbauRV. Die Zustimmung kann – ähnlich wie bei § 12 Abs. 2 WEG – nicht beliebig verweigert werden, sondern ist ersetzbar (§ 7 ErbbauRV). Beispiele: BGHZ 33, 76; 100, 107.

---

[1] Siehe aber § 29 Abs. 1 GBO!

[2] Zur Bezeichnung des „Bauwerks" in der Einigung und Eintragung s. BGHZ 47, 190 = *Baur,* E. Slg. Fall 41; BGHZ 101, 143.

[3] Zum Verhältnis von Kausalgeschäft und dingl. Bestellung des Erbbaurechts s. BGHZ 96, 371 u. 385; *Wufka* DNotZ 1985, 651.

[4] Die als Inhalt des Erbbaurechts zulässigen Vereinbarungen sind in §§ 2, 5, 27 Abs. 1 S. 2, 32 Abs. 1 S. 2 ErbbauRV abschließend aufgezählt, s. BGHZ 109, 230, 233.

[5] Zum Anspruch auf *Heimfallvergütung* und seiner Entstehung BGHZ 111, 154.

3. Das Erbbaurecht ist wie ein Grundstück *belastbar;* in Betracht kommt vor allem die Belastung mit Grundpfandrechten, doch sind auch andere Belastungen möglich, aber nur *im Rahmen der Befugnisse des Erbbauberechtigten.*

Daher kann z. B. zu Lasten eines Erbbaurechts, das ein *Wohn*gebäude zum Gegenstand hat, nicht eine Dienstbarkeit eingetragen werden, die dem Inhaber das Recht gibt, eine *Tank*stelle auf dem Grundstück zu errichten (BayObLG MDR 1958, 691).

Manche Kreditinstitute dürfen nach Gesetz oder Satzung Darlehen nur gegen *mündelsichere Grundpfandrechte* (= erstrangige, innerhalb einer Beleihungsgrenze liegende Hypotheken oder Grundschulden) gewähren. Da beim Erbbaurecht das Grundstück nicht in die Haftung für das Grundpfandrecht einbezogen ist, macht die Feststellung der Mündelsicherheit Schwierigkeiten; diesen Bedenken hilft die in §§ 18–21 ErbbauRV vorgesehene Regelung ab.

Um dem Eigentümer des Grundstücks einen gewissen Einfluß auf das Geschäftsgebaren des Erbbauberechtigten einzuräumen, kann als Inhalt des Erbbaurechts auch vereinbart werden, daß die Belastung mit Grundpfandrechten der Zustimmung des Eigentümers bedarf (§ 5 Abs. 2 ErbbauRV). Beispielsfälle: BGH NJW 1963, 36 und BGHZ 98, 362.

4. Das Erbbaurecht *erlischt* – abgesehen von dem wohl nicht gerade häufigen Fall der Aufhebung[1] durch den Berechtigten (§ 875 BGB, § 26 ErbbauRV) – durch Ablauf der vereinbarten Zeit.

Hier hat der Erbbauberechtigte kein Recht, das Gebäude wegzunehmen (§ 34 ErbbauRV), wohl aber einen *Entschädigungsanspruch,* über den die Parteien schon von vornherein Bestimmungen treffen können (§ 27 Abs. 1 Satz 2 ErbbauRV). Das Gesetz gibt einen Anhaltspunkt über die Höhe der Entschädigung nur, wenn „das Erbbaurecht zur Befriedigung des Wohnbedürfnisses minderbemittelter Bevölkerungskreise bestellt ist“ (§ 27 Abs. 2 ErbbauRV). In allen anderen Fällen, wo Gesetz und Parteivereinbarung schweigen, muß der Eigentümer dem Erbbauberechtigten den vollen Gebäudewert ersetzen. Zu beachten ist die Möglichkeit der Erneuerung des Erbbaurechts (§§ 31, 27 Abs. 3 ErbbauRV). Zu bemerken ist ferner, daß das Erbbaurecht *nicht erlischt:* bei Vereinigung mit dem Eigentum (§ 889), insbesondere nach Ausübung des Heimfallanspruchs (§§ 32, 33 ErbbauRV), bei Untergang des Bauwerks (z. B. durch Brand), § 13 ErbbauRV, und durch Zwangsversteigerung des Grundstücks (§ 25 ErbbauRV: Das Erbbaurecht soll durch das rechtliche Schicksal des Grundstücks nicht beeinträchtigt werden!).

5. In den *neuen Bundesländern* können seit dem 3. 10. 1990 wieder Erbbaurechte begründet werden; zu „altrechtlichen“ Erbbaurechten § 15 VI 3; zum Gebäudeeigentum §§ 15 VI 3 und 4, 19 E, 21 C, 22 VI).

D. Das Wohnrecht

I. Arten des Wohnrechts – Anwendungsbereich

Daß der Inhaber einer Wohnung eine möglichst gesicherte, auf die Dauer angelegte Rechtsstellung haben will, ist verständlich. Nicht überall ist das Wohnungseigentum, das dieser Tendenz entgegenkommt, sinnvoll. Vielfach genügt ein dingliches Nutzungsrecht, um dem Wohnungsinhaber eine von der Person des ursprünglichen Kontrahenten unabhängige – eben dingliche – Rechtsstellung zu verschaffen.

Das Bestreben nach einer solchen „Verdinglichung“ ist vor allem dort lebendig und auch gerechtfertigt, wo der Wohnungsinhaber nach Übergabe seines Betriebs an seinen Nachfolger seinen Lebensabend sichern will (Wohnungsrecht als Bestandteil des sog. Altenteils) oder wo er durch eigene Leistungen die Erstellung des Gebäudes erst ermöglicht hat (Baukostenzuschuß!).

---

[1] Beispielsfall: BayObLG DNotZ 1985, 372.

Das Gesetz stellt verschiedene Arten von Wohnrechten zur Verfügung; die Berechtigung dieser Häufung muß bezweifelt werden.

1. Das *Wohnungsrecht des BGB* ist eine beschränkte persönliche Dienstbarkeit, die ihrem Inhaber das Recht gibt, „ein Gebäude oder einen Teil eines Gebäudes unter Ausschluß des Eigentümers als Wohnung zu benützen" (§ 1093); s. unten II.

Soll nur ein *dingliches Mitbenutzungsrecht* (ohne Ausschluß des Eigentümers) vereinbart werden, so handelt es sich um eine beschr. pers. Dienstbarkeit nach § 1090 (BayObLG RPfleger 1981, 353).
Als beschränkte persönliche Dienstbarkeit ist das Wohnungsrecht des BGB weder vererblich noch übertragbar (§ 1092 Abs. 1); auch eine Vermietung kann nur mit Zustimmung des Eigentümers erfolgen (§ 1092 Abs. 1 Satz 2). Im Rahmen des Altenteils ist diese zeitliche und persönliche Beschränkung durchaus sinnvoll. Anders aber dort, wo das Wohnungsrecht gewissermaßen die Gegenleistung für die Überlassung eines Kapitals darstellt (Baukostenzuschuß). Hier ist die Unübertragbarkeit und Nichtvermietbarkeit ein nicht gerechtfertigter Mangel.

2. Daher hat das Wohnungseigentumsgesetz (§§ 31–42) ein sog. *Dauerwohnrecht,* das an nicht zu Wohnzwecken dienenden Räumen *Dauernutzungsrecht* genannt wird (§ 31 Abs. 2 WEG), geschaffen. Wie das Wohnungsrecht des BGB ist es ein auf eine Wohnung bezogenes dingliches Nutzungsrecht, unterscheidet sich von ihm aber dadurch, daß es *veräußerlich und vererblich* ist und zu jeder sachgemäßen Nutzung, insbesondere zur Vermietung und Verpachtung, berechtigt (§ 31 Abs. 1 Satz 1 WEG: „. . . oder in anderer Weise zu nutzen . . ."); s. unten III.

Grundlage des Dauerwohnrechts kann auch das Wohnungseigentum oder ein Erbbaurecht sein.
Beispiel: Der Erbbauberechtigte ER bestellt dem M, der ihm einen erheblichen Baukostenzuschuß gegeben hat, an einer Wohnung seines Hauses ein Dauerwohnrecht.
Dieses Dauerwohnrecht als Belastung des Erbbaurechts ist *zu unterscheiden* vom *Wohnungserbbaurecht* (§ 30 WEG): Dieses entspricht dem Wohnungseigentum; nur mit dem Unterschied, daß den Wohnungserbbauberechtigten das Erbbaurecht (nicht das Grundeigentum!) nach Bruchteilen zusteht.

Die Funktion des Wohnungserbbaurechts mag folgendes *Beispiel* zeigen:
Die Stadt E hat der Wohnbaugenossenschaft W.eGmbH ein Grundstück zur Errichtung eines 11stöckigen Wohnhauses zu Erbbaurecht überlassen (damit spart die Genossenschaft den Kaufpreis des Grundstücks). Durch Teilung (§ 30 Abs. 2 WEG) spaltet die W. das Erbbaurecht entsprechend der Zahl der Wohnungen in 11 Wohnungserbbaurechte zu je 1/11 Mitberechtigung am Erbbaurecht und Sondereigentum an der Wohnung auf. Die Wohnungserbbaurechte veräußert sie dann an die Interessenten. Interessantes Rechtsprechungsbeispiel: BayObLG Rpfleger 1989, 503 (Wohnungserbbaurecht an Gesamterbbaurecht mit Veräußerungsbeschränkung).
Beispiel für eine Verbindung von Dauerwohnrecht und Dauernutzungsrecht s. BayObLG DNotZ 1960, 596.

II. Das Wohnungsrecht des § 1093 BGB – Überblick

1. Wir erinnern uns, daß es sich hier um das als Dienstbarkeit angesehene beschränkte dingliche Recht handelt, unter Ausschluß des Eigentümers ein Gebäude oder einen Teil eines Gebäudes (Wohnung, auch nur *ein* Zimmer) zu benutzen (§ 1093); oben I 1.
Wird der Eigentümer von der Mitbenutzung nicht ausgeschlossen, so handelt es sich um eine gewöhnliche beschränkte persönliche Dienstbarkeit nach § 1090. Wohnungsrecht und Mitbewohnungsrecht können auch kumuliert sein; so wenn der „Altenteiler" das ausschließliche Wohnungsrecht an zwei Zimmern und das Mitbenutzungsrecht an einem weiteren Zimmer hat.
2. Als *Dienstbarkeit* ist das Wohnungsrecht nicht veräußerlich, nicht vererblich (§§ 1090 Abs. 2, 1061) und nur mit Zustimmung des Eigentümers der Nutzung nach übertragbar (§ 1092 Abs. 1, § 1093 Abs. 2; dazu BGHZ 84, 36: Aufnahme eines „nichtehelichen Partners"; dazu kritisch *Stürner* FamRZ

1982, 775 u. *Eckhart* FamRZ 1982, 763). Die Bestellung eines Wohnungsrechts kann unter § 1365 fallen (BGH NJW 1990, 112).

Dem Inhalt nach hat das Wohnungsrecht große Ähnlichkeit mit dem Nießbrauch; denn das Schwergewicht liegt auch hier auf einer den Eigentümer ausschließenden Nutzung (BGHZ 46, 253, 259; 59, 51; dazu *Baur* JZ 1972, 630). Daher sind eine Reihe von Vorschriften aus dem Nießbrauchsrecht in § 1093 Abs. 1 Satz 2 für entsprechend anwendbar erklärt worden:

Wichtig sind vor allem die §§ 1036 Abs. 1 (dingliches Recht zum Besitz), 1041 (Erhaltung der Wohnung auf Kosten des Wohnungsberechtigten, soweit es sich um die gewöhnliche Unterhaltung handelt; dazu BayObLG Rpfleger 1980, 385 u. DNotZ 1981, 124), § 1050 (keine Ersatzpflicht des Wohnungsberechtigten für übliche Veränderungen oder Verschlechterungen). Nicht aber ist § 1047 entsprechend anwendbar: keine Lastentragung (s. BayObLG NJW-RR 1989, 14).

3. Das Wohnungsrecht *erlischt* – außer durch Aufhebung (§ 875) und Ablauf einer etwa vereinbarten Zeit oder Eintritt einer auflösenden Bedingung (BayObLG RPfleger 1983, 61) – mit dem Tod des Berechtigten; wenn es zugunsten von Ehegatten bestellt ist, mit dem Tod des zuletzt Versterbenden.

Streitig ist die Rechtslage, wenn das mit dem Wohnrecht belastete Gebäude zerstört wird. Diese nach dem Krieg bedeutsame Frage wurde überwiegend (BGHZ 7, 268; 8, 58) dahin beantwortet, daß das Wohnungsrecht mit der völligen Zerstörung des Gebäudes erlischt und der Eigentümer auch nicht verpflichtet ist, das Gebäude wieder aufzubauen oder das Wohnungsrecht an dem wieder errichteten Haus erneut einzuräumen (unbefriedigend!; anders für den Nießbrauch BGH MDR 1964, 493 u. für eine Grunddienstbarkeit [Kellerrecht] BayObLG MDR 1968, 324).

4. Kein dingliches Wohnrecht gab die inzwischen wieder abgeschaffte sog. *Wohnbesitzwohnung*.[1] Es handelte sich vielmehr um ein schuldrechtliches Dauerwohnrecht an einer bestimmten Wohnung, das vom Eigentümer nur ausnahmsweise gekündigt werden konnte. Es war „übertragbar", freilich nur mit Zustimmung des Eigentümers (= Bauträgers). Über die Berechtigung war ein Wohnbesitzbrief auszustellen.

Schuldrechtlichen Charakter hat auch die *unentgeltliche Überlassung einer Wohnung* (ohne Eintragung im Grundbuch): BGHZ 82, 354 u. BGH NJW 1985, 1355.

III. Das Dauerwohnrecht nach dem Wohnungseigentumsgesetz

1. Wir erinnern uns, daß dieses durch §§ 31–42 WEG geschaffene Rechtsinstitut sich vom Wohnungsrecht des BGB vor allem dadurch unterscheidet, daß es ohne Zustimmung des Eigentümers veräußerlich, vererblich und miet- oder pachtweise verwertbar ist (oben I 2).

2. Die Einzelheiten des *Gebrauchs* – die beim Wohnungsrecht des BGB durch Verweisung auf das Nießbrauchsrecht geregelt sind – werden hier einer dinglich wirkenden Vereinbarung der Beteiligten überlassen (§ 33 Abs. 4 WEG), deren Abschluß mittelbar durch das Grundbuchamt erzwungen wird (§ 32 Abs. 3 WEG).

Ein Einfluß des Eigentümers auf das Dauerwohnrecht kann hier – wie beim Wohnungseigentum – dadurch gesichert werden, daß sich der Eigentümer die Zustimmung bei Veräußerung (§ 35 WEG) und einen Heimfallanspruch z. B. bei nicht sachgemäßer Nutzung der Wohnung vorbehält (§ 36 WEG).

Interessant also, daß bei allen neuen, sozialen Erwägungen entsprungenen Rechtsformen (Erbbaurecht, Heimstätte, Wohnungseigentum, Dauerwohnrecht) die Möglichkeit eines Rechtsverlusts (Heimfall, Entziehung des Rechts) gegeben ist, wenn der Berechtigte von seinem Recht einen unsachgemäßen Gebrauch macht. Man kann hier geradezu von einer privatrechtlichen Ausgestaltung des Gedankens: „Eigentum verpflichtet" sprechen.

3. Bemerkenswert ist § 38 WEG, der für den Fall der Veräußerung des Dauerwohnrechts *oder* des Grundstücks eine – dem Rechtsgedanken des § 571 entsprechende – Rechtsnachfolge auch dann vorsieht, wenn es sich nicht um dinglich wirkende Vereinbarungen handelt. Hat sich also etwa der Dauerwohnberechtigte zu einer monatlichen Vergütung von 200.– DM verpflichtet, so ist diese Abrede auch für die Rechtsnachfolger der ursprünglichen Vertragspartner maßgebend.

---

[1] §§ 12a, 62a ff. II WoBauG i. d. F. v. 30. 7. 1980 (BGBl. I 1086) wurden durch Art. 1 Nr. 3 des WoVereinfG 1985 v. 11. 7. 1985 (BGBl. I 1277) aufgehoben, da sich das Rechtsinstitut in der Praxis nicht durchgesetzt hatte (so die amtliche Begründung der Bundesregierung, Drs. 10/2913 S. 12); zum Wohnbesitz *Pick* NJW 1976, 1049.

4. Anders als das Erbbaurecht muß das Dauerwohnrecht nicht an erster Rangstelle bestellt werden. Daraus ergibt sich die Gefahr, daß es im Falle einer *Zwangsversteigerung* – insbes. als nachrangiges Recht – erlischt. Dem will § 39 WEG durch eine entsprechende Vereinbarung vorbeugen, die allerdings der Zustimmung der vor- und gleichrangig Berechtigten bedarf.

Freilich ist die Wirksamkeit einer Vereinbarung, daß das Dauerwohnrecht auch im Falle der Zwangsversteigerung bestehen bleiben solle, gewissermaßen vom Wohlverhalten des Wohnberechtigten abhängig, vgl. § 39 Abs. 3 WEG!

5. Wird ein Grundstück nicht vermietet, sondern mit Dauerwohnrechten belastet, so könnte dies für die *Grundpfandgläubiger* nachteilig sein, da ihnen *Mietzins*forderungen nach § 1123 haften würden. § 40 WEG unterwirft daher das für das Dauerwohnrecht geschuldete Entgelt einer ähnlichen Haftung.

6. Das Dauerwohnrecht *erlischt* mit Ablauf der vereinbarten Zeit oder durch Aufhebung (§ 875), dagegen – anders als das Wohnungsrecht nach § 1093 BGB – *nicht* mit dem Tode des Berechtigten und – anders als bei der Miete – nicht durch Kündigung. Auch eine sog. außerordentliche Kündigung ist nicht vorgesehen; ihre Wirkung kann durch einen vereinbarten Heimfallanspruch erreicht werden (§ 36 WEG).

E. Die Wohnungsmiete

In einem Lehrbuch des „Sachenrechts" wird man eine vollständige Darstellung des Mietrechts nicht erwarten.[1] Es kann sich also hier nur darum handeln, die – privat- und öffentlich-rechtlichen – Bestimmungen aufzuzeigen, die mehr und mehr dem Mietrecht eine Tendenz zur Verdinglichung gegeben haben.[2] Diese Tendenz ist uns schon an verschiedenen anderen Stellen aufgefallen (s. oben § 2 I 1a bb und § 6 II 1), bedarf aber hier einer – knappen – zusammenfassenden Darstellung. „Das Problem", um das es geht, „läuft" – wie *Dulckeit* aaO S. 10 treffend sagt – „auf die Frage hinaus, ob es im System des geltenden Vermögensrechts Forderungsrechte gibt, die zwar eindeutig als solche bestimmt sind, dennoch aber schon Züge eines dinglichen Rechts an sich tragen."

1. Der Abschluß des Mietvertrags begründet ein schuldrechtliches Verhältnis zwischen Vermieter und Mieter. Die Rechte und Pflichten bestehen nur zwischen diesen beiden, sie sind nicht verdinglicht. Das Mietrecht hat auch keine Außenwirkung. Die Miete ist – auch wenn sie langfristig vereinbart ist – nicht im Grundbuch eintragbar, es gibt keinen redlichen Erwerb des Mietrechts von dem zu Unrecht als Eigentümer im Grundbuch eingetragenen Vermieter.

Ist so die Miete vom Gesetz zweifellos als obligatorisches Recht gewollt, so trägt sie bei näherem Zusehen doch unverkennbar dingliche Züge, insbesondere wenn sie durch den unmittelbaren Sachbesitz verfestigt ist: Sie zeigt quasi-dinglichen, absoluten Charakter in ihrem Schutz gegen solche Dritte, die den Mieter in seiner Rechtsstellung beeinträchtigen (2). Sie erweist ihre Standfestigkeit aber auch gegenüber dem Vermieter und dessen Rechtsnachfolgern (3).

2. a) Der Mieter als Besitzer (Teilbesitzer) des Grundstücks genießt die *Besitzschutzrechte* der §§ 859 ff. Wir haben die Besitzentziehungsklage des § 861 und die Besitzstörungsklage des § 862 als „Abbreviaturen" der dem Eigentümer zustehenden Ansprüche (§ 985, § 1004) kennengelernt, mußten freilich auch erken-

---

[1] Siehe dazu die Lehrbücher des Schuldrechts: *Emmerich/Sonnenschein,* Miete, 5. Aufl. 1989; *Gitter,* Gebrauchsüberlassungsverträge, 1988; *Köhler,* Handbuch der Wohnraummiete, 3. Aufl. 1988; *Schmidt-Futterer/Blank,* Wohnraumschutzgesetze, 6. Aufl. 1988; *Sternel,* Mietrecht, 3. Aufl. 1988.

[2] Dazu besonders *Dulckeit,* Die Verdinglichung obligatorischer Rechte (1951) S. 11 ff., 20 ff.; *Canaris* (zum selben Thema), FS Flume, I, 1978, 372 und *Löning,* Die Grundstücksmiete als dingliches Recht (1930) u. oben §§ 3 II 4; 6 II 1.

nen, daß diese Klagen sich nur gegen den richten, der verbotene Eigenmacht begangen hat oder begeht; demgegenüber ist die rei vindicatio – im Rahmen des oben § 11 I 2, 3 Gesagten – jedem unrechtmäßigen Besitzer gegenüber gegeben.

Immerhin ist der bei der Grundstücksmiete meist in Betracht kommende Schutz des § 862 (Besitzstörungsklage) annähernd (s. §§ 862 Abs. 2, 864) so umfassend wie der Schutz des Eigentums nach § 1004, wobei dieser Besitzschutz ohnehin in entsprechender Anwendung der §§ 904 ff. näher auszugestalten ist (s. oben § 9).

Zu beachten ist, daß § 1007 – der die Tendenz zur Verdinglichung besonders deutlich zeigt – nur auf den *Fahrnis*besitz anwendbar ist (s. aber BGHZ 7, 208!).

b) Gegen *schuldhafte Eingriffe* in seine Besitz- und Nutzungssphäre wird der Grundstücksmieter, dem der unmittelbare Besitz übergeben ist, nach § 823 Abs. 1 und § 823 Abs. 2 (mit § 858) geschützt, freilich nicht als Mieter, sondern – folgt man der h. L. – als Besitzer, weil der rechtmäßige Besitz als „sonstiges Recht" im Sinne des § 823 Abs. 1 anzuerkennen sei (oben § 9 V 1).

Beispiel: M hat ein Gartenrestaurant gemietet. Sein ihm nicht wohlgesinnter Nachbar N vertreibt die Gäste durch den Lärm einer Kreissäge. Hier kann M – wenn der Lärm über den Rahmen des § 906 hinausgeht – nach § 862 auf Unterlassung, nach § 823 auf Schadensersatz klagen. Beide Klagen sind auch dann gegeben, wenn N sein Vermieter ist; M kann sich freilich dann *auch* auf Vertragsverletzung berufen.

3. Die Verstärkung der Rechtsstellung des Mieters *gegenüber dem Vermieter und seinen Rechtsnachfolgern* entspringt einer ausgesprochen sozialen Erwägung; man kann geradezu von einem dem Mieter eingeräumten Bestandsschutz sprechen.[1]

a) Als ein Dauerschuldverhältnis ist die Miete regelmäßig durch jede der Vertragsparteien *kündbar*. Die Kündigung ist eine ordentliche, wenn sie unter Einhaltung der im Gesetz oder Vertrag vorgesehenen Kündigungsfristen erfolgt (§§ 564 Abs. 2, 565), sie ist eine außerordentliche, wenn wegen eines wichtigen Grundes die ordentlichen Kündigungsfristen nicht eingehalten zu werden brauchen (z. B. §§ 542, 553, 554).

Diese Regelung beruht auf dem Gedanken, daß sich auch auf dem Wohnungsmarkt Angebot und Nachfrage regelmäßig etwa die Waage halten werden, der exmittierte Mieter also rasch wieder anderswo Unterkunft finden könne.
Diese Voraussetzungen treffen in Deutschland schon lange nicht mehr zu, die Gründe liegen auf der Hand: Kapitalmangel zur Zeit der ersten Inflation, Konkurrenz der Rüstungsbauten nach 1933, Kriegszerstörungen mit Fluchtbewegungen und danach starker Bevölkerungszuwachs aus den osteuropäischen Ländern („Spätaussiedler"), heute teilweise eingebürgerte „Gastarbeiter", Asylbewerber etc. Der Staat mußte daher ein *Mieterschutzrecht* schaffen, das jetzt im wesentlichen aus einem Kündigungs- und Mietpreisschutz besteht. Die nach dem 2. Weltkrieg eingeführte Wohnraumbewirtschaftung konnte durch Gesetz v. 23. 6. 1966 (AbbauG, BGBl. I 389) schrittweise abgeschafft werden.
In unserem Zusammenhang interessiert vor allem der *Kündigungsschutz*. Er ist nunmehr in das BGB übernommen, also Dauerrecht geworden. Wesentlich ist, daß die Kündigungsbefugnis des Vermieters entsprechend dem Gedanken eines sozialen Mietrechts eingeschränkt ist. In neuerer Zeit versucht das BVerfG einen angemessenen Ausgleich zwischen sozialem Mieterschutz und Vermieterinteressen (Art. 14 I GG) zu schaffen. Es wird zwischen der ordentlichen und außerordentlichen Kündigung unterschieden:

---

[1] *F. Baur,* Jur. Jahrbuch 8, 25; *Genius,* Der Bestandsschutz des Mietverhältnisses in seiner historischen Entwicklung bis zu den Naturrechtskodifikationen, 1972; *Honsell,* Privatautonomie u. Wohnungsmiete, AcP 186 (1986), 114 (kritisch gegenüber d. Mieterschutz); *Sonnenschein* NJW 1982, 1249; *Wolter,* Mietrechtl. Bestandsschutz, 1984; zur verfassungsrechtl. Beurteilung des Mieterschutzes s. *Henschel* NJW 1989, 937.

aa) Eine *ordentliche Kündigung* ist grundsätzlich nur möglich (§ 564b), wenn der Vermieter ein *berechtigtes Interesse* an der Beendigung des Mietverhältnisses hat (z. B. schuldhafte Vertragsverletzung durch den Mieter, Eigenbedarf des Vermieters, Verhinderung einer wirtschaftlichen Verwertung des Grundstücks[1]). In Fällen der (häufigen) Eigenbedarfskündigung ist das Vermieterinteresse grundsätzlich ausreichender Kündigungsgrund (BVerfGE 68, 361); die Kündigung darf eingeschränkt darauf überprüft werden, ob die Eigenbedarfsgründe „vernünftig und nachvollziehbar" sind (BVerfG NJW 1989, 970; 3007; 1990, 3259; 1991, 2273; BGHZ 103, 91)[2]. Die Interessen der Vermieter genießen keinen grundsätzlichen Vorrang (BVerfG NJW 1988, 1075). Neuerdings schränkt § 564b Abs. 2, 4, 7 (geändert durch Gesetz v. 17. 5. 1990, BGBl. I 926, und v. 20. 7. 1990, BGBl. I 1456) den Mieterschutz einerseits ein, z. B. bei öffentlichrechtlich zweckbestimmtem Wohnraum oder Umbau von Nebenräumen zu Wohnungen; andererseits wird der Mieterschutz bei Verwandlung von Mietwohnungen in Eigentumswohnungen verstärkt (s. § 29 B I 1). Auch die Verlängerung der Kündigungsfristen nach § 565 wahrt den Bestandsschutz der Mieter. So ist zwar innerhalb der ersten 5 Jahre nach Überlassung des Wohnraums eine Kündigung bis zum dritten Werktag eines Kalendermonats für den Ablauf des übernächsten Monats zulässig. Nach dem Ablauf von fünf, acht und zehn Jahren nach Überlassung des Wohnraums verlängert sich aber die Kündigungsfrist um jeweils drei Monate, so daß nach zehnjähriger Mietzeit praktisch eine Kündigungsfrist von einem Jahr besteht (§ 565 Abs. 2 Satz 1 und 2; Ausnahme § 565 Abs. 3).[3] Die Verlängerung der Kündigungsfrist gilt sowohl für den Vermieter wie für den Mieter!

Einen weiteren Schutz zugunsten des Mieters enthalten die §§ 556a–c mit ihrem Fortsetzungsanspruch, der zusätzlich zum Kündigungsschutz nachrangig greift. Will der Vermieter das Mietverhältnis durch ordentliche Kündigung auflösen, so kann der Mieter der Kündigung widersprechen und vom Vermieter die Fortsetzung des Mietverhältnisses verlangen, wenn die Beendigung des Mietverhältnisses für den Mieter oder seine Familie eine Härte bedeuten würde, die auch unter voller Würdigung der berechtigten Interessen des Vermieters nicht zu rechtfertigen ist (§ 556a Abs. 1; sog. Sozialklausel), wenn also etwa dem Mieter wegen einer Krankheit ein Umzug zur Zeit nicht zuzumuten ist.[4] Im Interesse klarer Rechtsverhältnisse bedarf die Erklärung des Mieters der Schriftform (§ 556a Abs. 5); sie muß dem Vermieter einige Zeit vor Beendigung des Mietverhältnisses zugehen (§ 556a Abs. 6).

Das Widerspruchsrecht steht dem Mieter nicht zu, wenn er selbst kündigt oder Anlaß zu einer außerordentlichen Kündigung gegeben hat (§ 556a Abs. 4). § 556a Abs. 8 (geändert durch Ges. v. 17. 5. 1990, BGBl. I 926) schließt das Widerspruchsrecht auch in den Fällen des neugefaßten § 564b Abs. 7 Nr. 1, 2, 4 und 5 aus.

bb) Auch bei der *außerordentlichen Kündigung* ist der Mieter geschützt: Gemäß § 554b darf der Vermieter das Mietverhältnis nur aus einem der im Gesetz genannten Gründe fristlos kündigen. Als gesetzlich normierte „wichtige Gründe" kommen in Betracht: der vertragswidrige Gebrauch der Mietsache (§ 553), Zahlungsverzug des Mieters (§ 554)[5] sowie sonstige schuldhafte Pflichtverletzungen, die eine Fortsetzung des Mietverhältnisses unzumutbar machen (§ 554a).

cc) *Mieterhöhung* ist kein Kündigungsgrund (§ 1 MHG), vielmehr hat der Vermieter unter bestimmten Voraussetzungen Anspruch auf Mieterhöhung (höhere ortsübliche Vergleichsmiete, bauliche Änderungen, erhöhte Betriebskosten, vereinbarte „Staffelmiete" etc., s. §§ 2ff. MHG). Es ist interessant festzuhalten, daß auch hier das BVerfG die Fachgerichte von einer vermieterfeindlichen Praxis abbringen mußte (BVerfGE 79, 80 m. Nw.: keine übertriebenen Anforderungen an die Substantiierung von Mieterhöhungsverlangen).

---

[1] BVerfG NJW 1989, 972; 1991, 3270; 1992, 105.

[2] Zur „fremdnützigen Eigenbedarfskündigung" s. BVerfG NJW 1988, 2233; 1991, 157, 158; zum Kündigungsschutz gegenüber dem Hauptvermieter bei gewerblicher Zwischenmiete: BVerfG NJW 1991, 2272; BGH NJW 1991, 1815.

[3] S. a. § 566 S. 2, 2. Hs.: einjähriger Kündigungsausschluß bei formlosen Mietverträgen, dazu BGHZ 99, 54.

[4] Die §§ 721, 794a ZPO gewähren dem Mieter zusätzlich Räumungsfristen im Vollstreckungsverfahren; ähnlich § 765a ZPO (BVerfG NJW 1991, 3207). Schutz gegen einstweilige Verfügungen bietet § 940a ZPO, der die zwangsweise Räumung von Wohnraum nur bei verbotener Eigenmacht zuläßt.

[5] Dazu BVerfGE 80, 48: Räumungsanspruch auch ohne vorausgehende Zahlungsklage.

b) Schon das BGB sah sich dem Problem gegenüber, wie die Rechtsstellung des Mieters zu gestalten sei, wenn der Vermieter *sein Grundstück veräußert.* Sieht man in der Miete nur ein schuldrechtliches Band zwischen Vermieter und Mieter, so könnte der Erwerber des Grundstücks vom Mieter Herausgabe verlangen, der Mieter wäre auf einen Regreßanspruch gegen den Vermieter beschränkt (§ 541). Das Gesetz hätte sich – wie in § 986 Abs. 2 bei beweglichen Sachen – damit begnügen können, dem Mieter die Geltendmachung seines Besitzrechts auch gegenüber dem Grundstückserwerber zu gestatten. Dieser Weg wurde nicht gewählt; vielmehr bestimmt § 571, daß der Erwerber in das bestehende Mietverhältnis eintritt („Kauf bricht nicht Miete!"),[1] wobei freilich die Besitzlage auch hier insofern eine Rolle spielt, als das Grundstück (die Wohnung) dem Mieter schon überlassen sein muß (§ 571 Abs. 1; BGHZ 65, 137).

Dieser Vorgang ist in verschiedener Hinsicht interessant:

aa) Es handelt sich um einen Fall der sog. Vertragsübernahme, hier vom Gesetzgeber verordnet (dazu *Nörr,* Sukzessionen, 246 ff., 266 ff.)! Zu bemerken ist, daß nach nunmehriger Rechtsprechung des BGH (BGHZ 95, 88; 96, 302, 307) eine *vereinbarte* Vertragsübernahme allgemein für zulässig angesehen wird!

bb) Der bisherige Vermieter rückt in die Position eines Bürgen ein (§ 571 Abs. 2); er hat gewissermaßen dafür zu haften, daß er durch die Veräußerung des Grundstücks dem Mieter einen neuen Vermieter aufgezwungen hat.

cc) § 571 gilt ohne Rücksicht darauf, ob der Erwerber von dem Bestand des Mietverhältnisses wußte oder nicht. Wäre die Miete ein beschränktes dingliches Recht und daher im Grundbuch eintragbar, könnte sich der Erwerber auf das Schweigen des Grundbuchs verlassen (§ 892). Die Besitzverhältnisse treten hier an die Stelle des Grundbuchs (daher die Überlassung in § 571 Abs. 1: Nicht das Grundbuch, sondern der Besitz am Grundstück öffnet dem Erwerber die Augen!). Interessante Beispielsfälle: BGHZ 49, 350: Der Erwerber des Grundstücks haftet für Ersatzansprüche wegen Schäden der Mietsache, auch wenn diese schon gegen den Rechtsvorgänger begründet waren; er haftet aber nicht für Verwendungsersatzansprüche (BGH NJW 1965, 1225; dazu kritisch *Picker* NJW 1982, 8); er hat andererseits auch nicht früher entstandene Schadensersatzansprüche gegen den Mieter (BGH NJW 1989, 451).

Zum Verhältnis zwischen Auflassungsvormerkung und § 571 s. oben § 20 IV 1 d.

c) Eine ähnliche Regelung wie in § 571 für den Fall der rechtsgeschäftlichen Veräußerung treffen §§ 57, 57 a–d ZVG *für die Zwangsversteigerung.*

Freilich gibt § 57a ZVG dem Ersteher das Recht, trotz Übergangs des Mietvertrags das Mietverhältnis mit gesetzlicher Kündigungsfrist zu kündigen; damit soll verhütet werden, daß den Interessenten von vornherein die Lust vergeht, mitzubieten. Andererseits gelten auch hier die Kündigungsschutzbestimmungen des § 556a und § 564b BGB (BGHZ 84, 90, 100; str.; *Witthinrich* RPfleger 1987, 98), was die Kündigungsmöglichkeit des Erstehers erheblich einschränkt! Ferner begründet § 57c ZVG eine Einschränkung des Kündigungsrechts, wenn der Mieter selbst finanziell zur Einrichtung der Wohnung beigetragen hat (Baukostenzuschuß).[2] Interessanter Beispielsfall: BGH NJW 1982, 221 (Darlehensrückerstattung).

d) Eine den § 571 BGB, § 57 ZVG entsprechende Regelung gilt, wenn der Vermieter in *Konkurs* fällt, und zwar sowohl gegenüber dem Konkursverwalter (§ 21 Abs. 1–3 KO), wie gegenüber einem anderen, der das Grundstück vom Konkursverwalter erworben hat (§ 21 Abs. 4 KO).[3]

---

[1] Nicht aber der gewerbliche Zwischenmieter in das Untermietverhältnis, BGHZ 107, 315.

[2] Siehe dazu unten § 39 V 3 b u. *Baur/Stürner,* ZVR, Rn. 630.

[3] Siehe dazu *Baur/Stürner* II, InsolvenzR, Rn. 9.58.

e) Eine Vertragsübernahme *auf seiten des Mieters* sieht § 569a vor: Der überlebende Ehegatte des Mieters bzw. der nichteheliche Lebensgefährte[1] tritt mit dessen Tod automatisch in das Mietverhältnis mit allen Rechten und Pflichten ein (§ 569a Abs. 1 S. 1). Will er das Mietverhältnis nicht übernehmen, so muß er dies dem Vermieter erklären (§ 569a Abs. 1 S. 2); der Eintritt in das Mietverhältnis gilt dann als nicht erfolgt. § 569a (s. auch § 569b) ist sonach ein weiterer Schritt auf dem Weg, das Mietverhältnis von der Bindung an die ursprünglichen Vertragspartner zu lösen, es somit zu verdinglichen.

4. *Insgesamt* läßt sich sagen, daß die Miete einem beschränkten dinglichen Nutzungsrecht stark angenähert ist. Den absoluten Schutz nach außen besorgen die §§ 861, 862 und 823, den Schutz gegenüber einem Erwerber die § 571 BGB, § 57 ZVG, § 21 KO. Die eigentliche Schwäche der Miete liegt in dem Verhältnis zum Vermieter (freilich heute erheblich gemildert durch den Kündigungsschutz) und in dem Ausschluß der §§ 892, 893 (kein Erwerb des Miet„rechts" vom Nichtberechtigten!).

5. Die *unentgeltliche* Gebrauchsüberlassung einer Wohnung ist Leihe (BGHZ 82, 354 u. BGH NJW 1985, 1355).

6. Recht der Wohnraummiete in den *neuen Bundesländern.*[2]
Seit 3. 10. 1990 gilt grundsätzlich das Kündigungsrecht des BGB (Art. 232 § 2 Abs. 1 EGBGB); Art. 232 § 2 EGBGB schafft jedoch einen Übergang von einer staatlich gelenkten Privilegierung der Mieter in der ehemaligen DDR[3] zu einem Ausgleich von Mieter- und Vermieterinteressen unter Geltung des BGB. So sind bis zum 31. 12. 1992 Eigenbedarfskündigungen nur ausnahmsweise und in Härtefällen möglich (Art. 232 § 2 Abs. 3 EGBGB), Kündigungen von Einliegerwohnungen (§ 564b Abs. 4) nur eingeschränkt (Art. 232 § 2 Abs. 4 EGBGB); der Kündigungsgrund der unwirtschaftlichen Verwertung (§ 564b Abs. 2 Nr. 3) bleibt nach Art. 232 § 2 Abs. 2 EGBGB bis auf weiteres ausgeschlossen (vgl. LG Berlin DtZ 1991, 247). Der Mietpreisschutz für nach dem 3. 10. 1990 neu errichteten und nichtpreisgebundenen Wohnraum richtet sich allein nach dem Gesetz zur Regelung der Miethöhe (vgl. § 11 MHG i. d. F. v. 31. 8. 1990, BGBl. II 889, 1126). Sonstige am 3. 10. 1990 bestehende Mietverhältnisse unterfallen der Preisbindung (PreisVO v. 25. 6. 1990, GBl DDR I 472, i. V. mit der 1. GrundMV v. 17. 6. 1991, dazu *Schultz,* DtZ 1991, 286; *Sternel,* MDR 1991, 381), die allmählich abgebaut wird (s. § 11 Abs. 2, 3 MHG). Die anstehende Rückgabe zwangsenteigneten Eigentums nach dem Gesetz zur Regelung offener Vermögenfragen steht teilweise wohnungswirtschaftlichen Maßnahmen (langfristige Vermietung, Modernisierung etc.) entgegen; § 3a VermögensG versucht diesen Konflikt abzumildern (hierzu DtZ 1991, 405 f.).

---

[1] BVerfG NJW 1990, 1593: verfassungskonforme Analogie.

[2] Literatur: *Beuermann,* Miete in Ost und West nach dem Einigungsvertrag, 1991; *Göhring,* DtZ 1990, 317; *Harke,* WuM 1991, 1; *Schultz,* ZMR 1990, 44; *ders.* DtZ 1991, 285; *Sternel,* MDR 1991, 289; 381.

[3] Vgl. §§ 94 Abs. 1 , 97 Abs. 1 ZGB DDR: Recht auf Wohnraum unter staatlicher Lenkung und Mietpreisbindung (§ 103 ZGB), sowie auf grobe Vertragsverstöße des Mieters und Eigenbedarf beschränkte Kündigungsmöglichkeiten des Vermieters (§§ 121, 122 ZGB).

§ 30. Das Bergwerkseigentum[1]

I. Überblick

1. Wollte man den § 905 auch auf die im Boden liegenden Mineralien anwenden, so wäre nur der Grundeigentümer zu ihrem Abbau befugt. Indessen sind hier andere Mittel und Kenntnisse erforderlich als zur normalen Eigentumsnutzung; an eine Überlassung des Abbaurechts an den Eigentümer ist daher nicht zu denken.

Die Verhältnisse liegen ähnlich wie beim Jagdrecht; hier würde die Freigabe der Jagd an jeden Eigentümer das Ende der Jagd bedeuten. Wie wir sahen, wird daher die Jagdausübung vom Grundeigentum getrennt. Ähnlich im Bergrecht: Neben den Grundeigentümer tritt der *Bergwerkseigentümer* als Inhaber eines *grundstücksgleichen Nutzungs-(Aneignungs-)rechts*.

Die *geschichtliche Entwicklung* des Bergrechts nimmt ihren Ausgang von einem *staatlichen (königlichen) Bergregal,* das nicht nur das Recht zum Eigenbau, sondern vor allem die Beleihung von Unternehmern mit dem Recht der Erzgewinnung in sich schloß. Die Regalität wurde mit Beginn der Neuzeit mehr und mehr zurückgedrängt zugunsten der *Bergbaufreiheit,* wie sie dann in klassischer Weise im preuß. Berggesetz vom 24. 6. 1865 zum Ausdruck kam: Jeder ist zum Schürfen befugt und hat im Falle des Erfolgs das Recht auf Verleihung des Bergwerkseigentums; der Staat zieht sich auf ein Aufsichtsrecht (die sog. Berghoheit) zurück.

Der Beginn des 20. Jahrhunderts brachte eine *rückläufige Entwicklung;* der Staat hob die Bergbaufreiheit für Kohle und Salze, später auch für Öl, zu seinen Gunsten auf. Diese Entwicklung setzt sich fort im Sinne einer Ausdehnung der staatlichen Bergbauhoheit auf den größten Teil der abbauwürdigen Bodenschätze, freilich nicht im Sinne der Sozialisierung (vergl. Art. 156 WRV, Art. 15 GG).

Das Bergrecht war lange Zeit Landesrecht; nunmehr ist es bundeseinheitlich geregelt im Bundesberggesetz v. 13. 8. 1980 (BGBl. I 1310; zuletzt geändert durch Gesetz v. 12. 2. 1990, BGBl. I 215).

3. Im folgenden können nur einige kurze Hinweise auf die sachenrechtlich bedeutsamen Besonderheiten des Bergrechts gegeben werden.

II. Bergbauberechtigungen („Bergwerkseigentum")

1. Das Bergrecht geht von dem Grundsatz aus, daß sich das Grundeigentum nicht auf die sog. *bergfreien Bodenschätze* erstreckt; unter „bergfrei" sind die unter der Geltung des Bergrechts zu gewinnenden Bodenschätze zu verstehen. Es gilt freilich nicht (mehr) der Grundsatz, daß jeder berechtigt ist, solche bergfreie Bodenschätze aufzusuchen und zu gewinnen. Vielmehr bedarf jeder, der solche Bodenschätze aufsuchen will, der *Erlaubnis;* wer sie aufsuchen *und* gewinnen will, bedarf der *Bewilligung* oder der Verleihung des Bergwerkseigentums (Konzessionssystem). Erlaubnis und Bewilligung werden für ein bestimmtes *Feld* erteilt. Erlaubnis, Bewilligung und Verleihung sind gebundene Verwaltungsakte: wenn keine Versagungsgründe (§§ 11–13 BBergG) vorliegen, muß der Verwaltungsakt ergehen.

Im Eigentum des Grundeigentümers stehen lediglich die *grundeigenen Bodenschätze;* sie sind in § 13 IV des Gesetzes aufgeführt (z. B. Kaolin; Sand und Kies sind keine Bodenschätze – vergl. die Begriffsbestimmung in § 3 BBergG –, gehören also ohne weiteres dem Grundeigentümer und können von ihm ausgebeutet werden, wobei dann freilich meist andere Gebote und Verbote – z. B. des Naturschutzes – zu beachten sind!).

2. Bewilligung und Verleihung verschaffen dem Bergbauberechtigten nicht das Eigentum am Grundstück, sondern ein eigentumsähnliches *Aneignungsrecht* im Umfang der Bewilligung oder Verleihung *unter Ausschluß des Grundeigentümers.* Dieser hat eine entsprechende Duldungspflicht. Der

---

[1] S. d. Darstellungen bei *Wolff/Raiser* §§ 95–98 (mit umf. Angaben zur früheren Lit.); *Reuß/ Grotefend/Dapprich,* D. Allg. Berggesetz (11. Aufl. 1959); *Ebel/Weller,* Allg. Berggesetz (1963) mit Nachtrag (1969); *Westermann,* Freiheit des Unternehmers u. Grundeigentümers, 1973 u. Zeitschr. für Bergrecht 1975, 84; *Ströter* BB 1979, 1477 (Substanzausbeutungsverträge); *Zeiler,* FS f. Weitnauer, 1980, 229 (Bergschadensrecht). – Zum neuen Bergrecht s. *Schulte* NJW 1981, 88; *Dapprich/Römermann,* Bundesberggesetz, 1984; *Karpen* AöR 106, 15 u. JZ 1984, 297 ff.; *Kühne* JuS 1988, 433; *Piens/ Schulte/Graf Vitzthum,* BundesbergG, 1983.

Konflikt zwischen Grundeigentümer und Bergbauberechtigten löst sich, wenn der Grundeigentümer dem Bergbauberechtigten durch Vertrag das Eigentum am Grundstück (bzw. ein entsprechendes Nutzungsrecht, z. B. Nießbrauch) überläßt. Kommt eine solche Vereinbarung nicht zustande, kann der Bergbauberechtigte eine zwangsweise *Grundabtretung* verlangen (§§ 77 ff. BBergG).[1] Es handelt sich um eine Enteignung, die hier auch zugunsten eines privaten Unternehmers erfolgen kann, wenn sie dem Wohl der Allgemeinheit dient. Die Grundabtretung ist auf die Einräumung eines Nutzungsrechts gerichtet (§ 81 I BBergG), auf Übertragung des Eigentums dann, wenn das Grundstück bebaut ist oder der Eigentümer selbst die Entziehung des (Voll)eigentums verlangt (§§ 81 II, 82 BBergG). Selbstverständlich ist für die Grundabtretung eine Entschädigung zu leisten.

Interessante *Beispielsfälle:* BVerfG NJW 1991, 1807 (landesrechtliches Vorkaufsrecht des Grundstückseigentümers gegenüber erwerbenden Bergbauunternehmen nach Stillegung des Bergbaus fällt unter Art. 14 GG); BGHZ 110, 17 (unterirdische behälterlose Speicherung als bergrechtliche Regelungsmaterie); BVerwG JZ 1990, 133 m. Anm. *Kühne* (Verhältnismäßigkeit der Beeinträchtigung des Grundeigentümers); weiterer „Altfall" in BGHZ 19, 209 ff.

III. Bergschaden

Den bergbauberechtigten Unternehmer trifft eine *Gefährdungshaftung*,[2] wenn beim Bergbaubetrieb ein Mensch getötet oder verletzt oder eine Sache beschädigt wird (§§ 114 ff. BBergG). Diese Regelung kommt auch dem Grundeigentümer, den Nutzungsberechtigten, Familienangehörigen usw. zugute. Das Gesetz sucht verständlicherweise Bergschäden vorzubeugen, so wenn die Behörde dem Unternehmer bestimmte Auflagen zu machen hat, andererseits der Bauherr eines später möglicherweise gefährdeten Bauwerks zu vorbeugenden Maßnahmen (z. B. einer bestimmten Stahlkonstruktion) verpflichtet wird (§§ 110 ff. BBergG), für deren Kosten wieder der bergbauberechtigte Unternehmer aufzukommen hat.

IV. Berechtsamsbuch

Erlaubnisse, Bewilligungen und Bergwerkseigentum werden in ein *Berechtsamsbuch* und – gewissermaßen als Kataster – in eine Berechtsamskarte eingetragen. Eine Parallele zum Grundbuch besteht nur insoweit, als jedem, der ein berechtigtes Interesse hat, Einsicht zu gewähren ist (§§ 75 f. BBergG).

V. Bergrecht der neuen Bundesländer

In den neuen Bundesländern trat das BundesbergG am 3. 10. 1990 zwar in Kraft, jedoch sieht der Einigungsvertrag (Anl. I Kap. V SachGeb. D Abschn. III 1) Übergangsregelungen vor, die der Anpassung des alten Rechtszustands dienen, wie er durch das BergG der DDR vom 12. 5. 1969 (GBl. I Nr. 5, S. 29) geschaffen war.

§ 31. Das Schiffseigentum

Lit.-Hinweis: *Abraham,* Das Seerecht, 4. Aufl. 1974; *Prüssmann/Rabe,* Seehandelsrecht, 2. Aufl. 1983; *Schaps/Abraham,* Das Seerecht in der Bundesrepublik Deutschland I u. II, 4. Aufl. 1978; *Soergel/Winter,* Komment. zum SchiffsRG, Bd. 6, 1990.

---

[1] Das Verfahren läßt auch vorbereitende Bodenuntersuchungen zu. Beispiel: BVerfGE 77, 130 und 80, 360 („Schloß Cappenberg").

[2] Nicht aus Aufopferung, weil Anspruchsberechtigte auch andere als der Grundeigentümer sein können.

I. Überblick

1. Das Schiff ist ein Beförderungsmittel und daher eine bewegliche Sache. So gesehen bestünde kein Anlaß für eine rechtliche Sonderbehandlung. Andererseits gleicht der Schiffs*bau* in vielem einem Hausbau – auch in finanzieller Hinsicht –, das Schiff ist vielen für längere oder kürzere Zeit ein Heim. *Diese* Betrachtungsweise hat mehr und mehr auch die Gesetzgebung beeinflußt und zu einer – wenn auch nicht völligen – Gleichstellung von Grundstücken und Schiffen geführt. Den Abschluß dieser Entwicklung bringt das Gesetz über Rechte an eingetragenen Schiffen und Schiffsbauwerken (SchiffsRG v. 15. 11. 1940, RGBl. I 1499).[1]

2. Folgende dem Liegenschaftsrecht eigene Grundsätze gelten auch für die rechtliche Behandlung von Schiffen:

a) *Registrierung:* Schiffe und Rechte an Schiffen werden in Register eingetragen, die dem Grundbuch vergleichbar sind: Seeschiffsregister – Binnenschiffsregister – Schiffsbauwerkeregister.
Der Eintragungs*zwang* besteht für See- und Binnenschiffe von einer gewissen Größe ab, während Schiffsbauwerke immer nur auf Antrag eingetragen werden.

b) *Numerus clausus* der beschränkten dinglichen Rechte: Die Zahl der an Schiffen und Schiffsbauwerken möglichen Rechte ist geringer als im Grundstücksrecht. Möglich sind nur: Eigentum, Schiffshypothek (nur in der Form der Sicherungshypothek) und Nießbrauch (§§ 8, 9 SchiffsRG).
Möglich ist auch die Eintragung einer *Vormerkung,* so daß z. B. auch ein schuldrechtliches Vorkaufsrecht verdinglicht werden kann (§§ 10–14, 22 SchiffsRG), während ein echtes dingliches Vorkaufsrecht nicht möglich ist.

c) *Publizitätsgrundsatz:* Der Inhalt der Schiffsregister hat – entsprechend § 891 – die positive und negative *Vermutung* der Richtigkeit und Vollständigkeit für sich (§ 15 SchiffsRG).
Entsprechend §§ 892, 893 wird der redliche Erwerber in seinem *Vertrauen auf den Inhalt* des Schiffsregisters geschützt (§§ 16, 17 SchiffsRG).
Ist das Register unrichtig, so hat der davon Betroffene einen *Berichtigungsanspruch* (§ 18 SchiffsRG – vergleichbar § 894), der durch einen *Widerspruch* einstweilen gesichert werden kann (§ 21 SchiffsRG).

II. Das Schiffseigentum

1. Das Eigentum an einem Schiffs*bauwerk* richtet sich zunächst nach allgemeinen sachenrechtlichen Grundsätzen (§§ 947, 950). Die Übereignung eines Schiffsbauwerks erfolgt nach §§ 929 ff. Sobald jedoch eine Schiffsbauhypothek an dem Schiffsbauwerk bestellt ist (das setzt die Eintragung im Schiffsbauwerkeregister voraus), ist zum Eigentumsübergang Einigung und Eintragung erforderlich (§§ 78, 3 SchiffsRG).

2. Wenn man von dem Grundsatz möglichst naher Angleichung des Schiffssachenrechts an das Liegenschaftsrecht ausgeht, so sollte man meinen, daß dieses Prinzip bei der *Übereignung* von Schiffen streng durchgeführt wird. Dies ist aber gerade *nicht* der Fall:

a) Die Übereignung eines in das *See*schiffsregister eingetragenen *Schiffes* erfordert *nur* die Einigung, nicht die Eintragung (wie §§ 873, 925), nicht die Besitzübergabe (wie § 929), § 2 Abs. 1 SchiffsRG.
Selbstverständlich ist die Eintragung möglich und wegen der Publizitätsvorschriften (§§ 15–17 SchiffsRG) ratsam, aber sie ist nur Registerberichtigung.
Zweck dieser – das Eintragungs- wie das Traditionsprinzip durchbrechenden! – Regelung ist es, die Veräußerung eines Seeschiffes zu vereinfachen.
Das bloße Einigungsprinzip gilt auch für solche Seeschiffe, die nicht im Schiffsregister eingetragen sind (§ 929 a).

b) Dagegen folgt die Übereignung eines im Register eingetragenen *Binnenschiffes* liegenschaftsrechtlichen Grundsätzen, fordert also Einigung und Eintragung (§ 3 Abs. 1 SchiffsRG).
Ist das Binnenschiff nicht eingetragen, so erfolgt die Übereignung nach §§ 929–931.

---

[1] Nebst SchiffsregisterO i. d. F. v. 26. 5. 1951, geändert durch G. v. 4. 7. 1980, und Schiffsregister DVO v. 24. 11. 1980 (dazu *Hornung* Rpfleger 1981, 271).

c) Interessant ist, daß in *beiden Fällen* (a u. b) der öffentliche Glaube an die Richtigkeit und Vollständigkeit des Registers Platz greift, also auch dann, wenn der Erwerb – wie im Fall a – nur auf der Einigung beruht und zu keiner Eintragung im Register geführt hat.[1]

Beispiel: E hat den im Seeschiffsregister eingetragenen Frachter „Elise" an K verkauft und übereignet (§ 2 Abs. 1 SchiffsRG). K versäumt die – berichtigende – Eintragung im Seeschiffsregister. Ein Prokurist des E – der von der Transaktion nichts wußte – veräußert das Schiff nochmals an D. Dieser wird Eigentümer, da E noch im Register als Eigentümer eingetragen ist, – dies selbst dann, wenn D gar keinen Einblick in das Register genommen hatte.

III. Die Schiffshypothek

1. An Schiffen und Schiffsbauwerken (auch Schwimmdocks), die im Register eingetragen sind, kann eine *Schiffshypothek* bestellt werden (§§ 8, 24ff. SchiffsRG). Es handelt sich um ein der Hypothek des BGB nachgebildetes *Registerpfandrecht*.
Der Formenreichtum des BGB (Verkehrshypothek – Sicherungshypothek – Grundschuld usw.) ist nicht übernommen: Das Gesetz begnügt sich mit einer streng an die Forderung geknüpften (akzessorischen) *Sicherungshypothek* (§ 8 Abs. 1 S. 3 SchiffsRG), die nur als *Buchhypothek* (also nicht durch Ausstellung eines Hypothekenbriefs) begründet werden kann.

2. Die Einzelheiten der Regelung sind weithin dem Hypothekenrecht des BGB entnommen. Wesentlich ist nur der Unterschied, daß das SchiffsRG die Eigentümergrundschuld der §§ 1163, 1168, 1177 ersetzt hat durch die Befugnis des Eigentümers, die erloschene Hypothek bis zu ihrer Löschung im Register durch eine neue Hypothek zu ersetzen (§§ 57, 64 SchiffsRG).

3. Die *Zwangsvollstreckung aus der Hypothek* erfolgt nach liegenschaftsrechtlichen Grundsätzen; als Vollstreckungsart kommt die *Zwangsversteigerung* in Betracht (§§ 870a, 864 ZPO). Geldforderungstitel werden durch Eintragung einer Schiffszwangshypothek oder durch Zwangsversteigerung vollstreckt (§§ 870a, 866 Abs. 2, 3, 867 ZPO).

IV. Schiffseigentum in den neuen Bundesländern

Das SchiffsregisterG gilt seit 3. 10. 1990, wobei Einigungsvertrag Anl. I Kap. III Sachgeb. B Abschn. III 10 für den Übergang auf Art. 233 §§ 1–3 EGBGB verweist. Die Übergangsregelung für die Schiffsregisterordnung trifft Anl. I Kap. III Sachgeb. B Abschn. III 6.

---

[1] BGHZ 112, 4: Der Gutglaubenserwerb eingetragener Schiffe richtet sich *ausschließlich* nach §§ 15, 16 SchiffsRG; §§ 932ff. BGB, 366 Abs. 1 HGB sind unanwendbar!

4. Kapitel. Nutzungsrechte an Grundstücken

§ 32. Der Nießbrauch

Lit.-Hinweis: *Frick,* Der Nießbrauch unter bürgerlich- u. steuerrechtl. Gesichtspunkten (Hohenheimer Diss. 1973); *Jansen/Jansen,* Der Nießbrauch im Zivil- und Steuerrecht, 4. Aufl. 1985; *Liver,* Die Servitut in der Eigentumsordnung und Eigentumslehre der deutschen, französischen und italienischen Rechtsgeschichte, Z. f. Schweiz. Recht 85 (1966), 297; *Nußbaum,* Das Nießbrauchsrecht des BGB (1919); *Petzoldt,* Grundstücksübertragung unter Nießbrauchsvorbehalt, 4. Aufl. 1986; *Pikalo,* Der Nießbrauch im Landwirtschaftsrecht, DNotZ 1971, 389; *Reiff,* Die Dogmatik der Schenkung unter Nießbrauchsvorbehalt, 1989; *Rohlff,* Nießbraucher und Vorerbe als Testamentsvollstrecker, DNotZ 1971, 518; *Schöner,* Zur Abgrenzung von Dienstbarkeit und Nießbrauch, DNotZ 1982, 416; *Wüst,* Die Interessengemeinschaft, ein Ordnungsprinzip des Privatrechts (1958), S. 145 ff. Weitere Lit.-Angaben im Text. Umfassende Lit.-Angaben bei MünchKomm/*Petzoldt* vor § 1030 und *Soergel/Stürner* Vor § 1030.

I. Grundlagen – Anwendungsbereich

1. *Begriff:* Der Nießbrauch ist das unveräußerliche und unvererbliche Recht, die Nutzungen einer Sache zu ziehen (§§ 1030, 1059, 1061).

Die Charakteristika dieses beschränkten dinglichen Rechts sind also das umfassende Nutzungsrecht – die Beschränkung auf die Person des Inhabers. Beide Kennzeichen stehen in einem inneren Zusammenhang: *weil* der Eigentümer in seinem Nutzungs- und Besitzrecht depossediert ist, soll nur der, dem er den Nießbrauch bewilligt hat, nicht ein Rechtsnachfolger als „Partner" in Betracht kommen. Freilich kann *schuldrechtlich* die Ausübung des Nießbrauchs einem anderen überlassen werden (§ 1059 S. 2).

Der Nießbrauch ist *nicht auf Grundstücke beschränkt,* sondern auch an beweglichen Sachen (§ 1030), ja sogar an einem Recht (§ 1068) möglich, sofern es übertragbar ist (§ 1069 Abs. 2).

Beispiel: G hat den Grundstückseigentümern E_1, E_2 und E_3 Darlehen zu 8% Zins gegen hypothekarische Sicherheit gegeben. G kann seiner Frau F den Nießbrauch an diesen hypothekarisch gesicherten Forderungen bestellen. Dies bedeutet, daß die Zinsansprüche der Frau zustehen.

Wenn vor § 1085 vom „*Nießbrauch an einem Vermögen*" die Rede ist, so bedeutet das nicht, daß damit der Spezialitätsgrundsatz aufgegeben sei; vielmehr sagt § 1085 ausdrücklich, daß auch in diesem Fall der Nießbrauch an jedem Vermögensstück gesondert bestellt werden muß (was in der Praxis vielfach nicht beachtet wird!).

2. Die *Bestellung* des Nießbrauchs ist eine teilweise – weil die Nutzungsbefugnis erfassende – Übertragung des Vollrechts. Daher gelten für die Begründung des Nießbrauchs an Grundstücken die §§ 873 ff., an beweglichen Sachen die §§ 929–936 (§ 1032), an Rechten die für die Übertragung des Rechts geltenden Vorschriften (§ 1069 Abs. 1).

In dem obigen Beispiel sind also zur Bestellung des Nießbrauchs an den Hypotheken – unterstellt, daß es sich um Briefhypotheken handelt – erforderlich: die Einigung der Parteien über die Nießbrauchsbestellung, wobei die Erklärung des Hypothekars der Schriftform bedarf oder die Eintragung im Grundbuch erfolgen muß, und Übergabe der Hypothekenbriefe (§ 1069 Abs. 1 mit § 1154).

In der Praxis nicht selten ist – bei einkunftsträchtigen Gegenständen aus steuerlichen Gründen (unten 4) – die Nießbrauchsbestellung durch Eltern an ihre *minderjährigen Kinder* oder die „Schenkung unter Nießbrauchsvorbehalt". Die Nießbrauchsbestellung zugunsten geschäftsunfähiger oder beschränkt geschäftsfähiger Kinder bringt zumindest bei Grundstücken den Rechtsnachteil des gesetzlichen Pflichtverhältnisses (unten III) mit sich (§§ 107; 1629, 1795 Abs. 2, 181, 107) und kann deshalb wirksam ohne Ergänzungspfleger *nicht* erfolgen (zuletzt BFH NJW-RR 1990, 1035 m. Nw.; *Soergel/Stürner* § 1030 Rn. 2a; offen BGH LM § 107 BGB Nr. 7), auch nicht als Vollzug der bloß vorteilhaften Schenkung als Grundgeschäft (hierzu BGHZ 78, 28, 33 ff.). Hingegen können die Eltern den minderjährigen Kindern gemäß § 107 bzw. §§ 1629, 1795 Abs. 2, 181, 107 den nießbrauchsbelasteten Gegenstand schenken und übereignen, weil die dingliche Belastung kein Rechtsnachteil i. S. d. § 107 ist (*Soergel/Stürner* § 1030 Rn. 2 b m. Nw.); dasselbe gilt bei Gleichzeitigkeit von Erwerb und Belastung, nicht aber bei Verpflichtung zur *späteren* Nießbrauchbestellung (§ 286 Abs. 1!; zum Ganzen noch *Medicus*, Bürgerl. R., Rn. 172; BayObLGZ 1979, 49, 54 f.).

3. Der Nießbrauch findet sich in der Praxis in zwei Formen:

a) als sog. *Versorgungsnießbrauch,* eingeräumt zu Lebzeiten oder nach dem Tode des Eigentümers.

Der Erblasser setzt z. B. seine beiden Söhne als Erben ein, vermacht aber seiner Frau den Nießbrauch am Nachlaß (dieser muß dann von den beiden Miterben an jedem einzelnen Nachlaßgegenstand bestellt werden). Diese Form ähnelt der Vorerbschaft (§§ 2100 ff.). Der Unterschied besteht darin, daß der *Vorerbe* zwar Eigentümer des ganzen Nachlasses wird, aber in seiner Verfügung und Verwaltung über den Stamm des Vermögens beschränkt ist (§§ 2112 ff.), so daß ihm im Ergebnis nur das Nutzungsrecht bleibt, während der *Nießbraucher* nicht zur Verfügung über das Vermögen berechtigt ist *(kein „Dispositionsnießbrauch"!),* sondern von vornherein auf die Nutzungen beschränkt ist, ein Beispiel für die Gleichwertigkeit zweier gesetzlicher Regelungen desselben Lebenstatbestandes! Die Bevorzugung des Nießbrauchsvermächtnisses gegenüber der Vorerbschaft hatte lange Zeit erbschaftssteuerliche Gründe (unten 4).[1]

b) als *Sicherungsnießbrauch* dann, wenn sich der Gläubiger eines Grundpfandrechts *auch* den Nießbrauch bestellen läßt, um auf diese Weise *sofort* (und nicht erst nach der Beschlagnahme) in den Genuß der Nutzungen (z. B. der Mieteinnahmen) des Grundstücks zu kommen.

Damit erhält der Gläubiger praktisch ein Nutzpfandrecht (Antichrese), das bei den Grundpfandrechten nicht in das BGB aufgenommen worden ist; darin liegt auch das Bedenkliche dieser – von der Praxis zugelassenen (RGZ 67, 378) – Form des Nießbrauchs.

c) Ein *Eigentümernießbrauch* ist nach überwiegender Auffassung an Grundstücken zulässig (vgl. *von Lübtow* NJW 1962, 275 m. w. N.; *Weitnauer* DNotZ 1958, 352 u. 1964, 716; *Soergel/Stürner* § 1030 Rn. 3).

4. Die Nießbrauchbestellung war und ist in der Praxis oft *steuerlich* motiviert. Ihre erbschaftssteuerersparende Wirkung (*Soergel/Stürner* Vor § 1030 Rn. 36) ist in neuerer Zeit allerdings stark beschnitten. Einkommensteuerlich eignet sich der Nießbrauch zur Verlagerung des Einkommens aus Nutzungen auf den einkommensschwächeren Nießbraucher (z. B. Kinder), wobei indessen nach neuerer Praxis Werbungskosten nur den Einkünften des Nießbrauchers absetzbar bleiben. Bestellen die einkommensstarken Eltern den Kindern am Mietgrundstück den Nießbrauch, so sind zwar die Einkünfte bei den Kindern mit niedrigerem Steuersatz zu versteuern, jedoch sind Gebäudeausgaben bzw. -abschreibungen ebenfalls nur bei den Kindern absetzbar (kein sog. „Bruttonießbrauch"). Die Bedeutung dinglichen Nießbrauchs ist auch dadurch beeinträchtigt, daß *schuldrechtliche* Nutzungsrechte zum gleichen steuerlichen Effekt führen (ausführlich *Soergel/Stürner,* Vor § 1030 Rn. 25 ff.; *Brandis* JuS 1989, 784; *Petzoldt* DNotZ 1984, 294; 1985, 66).

5. Das Gesetz behandelt im wesentlichen zwei Fragenkomplexe: einmal die dingliche Rechtsstellung des Nießbrauchers (s. unten II) und ferner das Verhältnis zwischen Nießbraucher und Eigentümer, das als gesetzliches Schuldverhältnis ausgestaltet ist (s. unten III). Die Grundlinien – nicht die Einzelheiten – dieser Regelung sollen im folgenden dargestellt werden.

---

[1] S. a. § 61 I mit umfassenden Literaturnachweisen zum Nießbrauch an Unternehmen und Unternehmensanteilen.

II. Die Rechtsstellung des Nießbrauchers

1. a) Der wesentliche Gehalt des Nießbrauchs ist das *Nutzungsrecht* des Nießbrauchers (§§ 1030 Abs. 1, 1068 Abs. 2); dieses Recht erstreckt sich gleichermaßen auf die *Sachfrüchte,*

sie werden *mit der Trennung* sein Eigentum, und zwar auch dann, wenn er nicht Besitzer der
Sache ist (§ 954) oder wenn es sich um sog. Übermaßfrüchte handelt, die er dann im Innenverhältnis dem Eigentümer zu ersetzen hat (§ 1039, s. dazu das Beispiel oben § 3 I 3c cc und unten § 53e),

wie auf die *Rechtsfrüchte,* z. B. auf die Mietzinsen, gleichgültig ob das Haus bei
Nießbrauchsbestellung schon vermietet war oder erst später durch den Nießbraucher vermietet wird.

Im ersten Fall gehen die Ansprüche auf die Mietzinsen mit der Bestellung des Nießbrauchs auf
den Nießbraucher über, ohne daß es einer Abtretung der Mietzinsansprüche durch den Eigentümer
bedürfte. Freilich ist eine solche Abtretung oder Pfändung auch nicht ausgeschlossen, was wegen
§ 1124 Abs. 2 bedeutsam sein kann (s. dazu unten § 39 V 3c und *Wolff-Raiser* § 116 Anm. 4).

b) Der Nießbrauch kann nicht auf einzelne Nutzungen beschränkt werden (hier nur Pacht, evtl.
auch beschränkte persönliche Dienstbarkeit möglich! Beispiel: BayObLG 1980, 17). Wohl aber können aus dem Gesamtbereich der Nutzungen einzelne ausgespart werden (§ 1030 Abs. 2); diese Beschränkung hat dann dingliche Wirkung. Ob eine Dienstbarkeit (§§ 1018, 1090) oder ein Nießbrauch gegeben ist, entscheidet sich danach, inwieweit wesentliche Nutzungsbefugnisse beim Eigentümer verbleiben: Dienstbarkeit, falls der Schwerpunkt der Nutzungsmöglichkeit beim Eigentümer liegt, eingeschränkter Nießbrauch, falls der Schwerpunkt beim Nießbraucher liegt („materielle
Abgrenzung": *Soergel/Stürner* § 1018 Rn. 12; a. A. *Schöner* DNotZ 1982, 416ff.; s. a. § 33 II 7).

Beispiel: Hat der Erblasser, der ein Mietshaus mit großem Garten hinterläßt, seinen Sohn S zum
Alleinerben eingesetzt, so ist es durchaus möglich, daß er seiner Witwe den Nießbrauch an dem
Grundstück, aber unter Ausschluß der Gartennutzung vermacht. Die Wirkung der Anordnung, daß
sich der Nießbrauch auf die 2000 DM monatlich übersteigenden Mieteinnahmen *nicht* erstrecke
oder nur auf einen Bruchteil der Einnahmen („Quotennießbrauch"), ist zweifelhaft: eine Mindermeinung leugnet die dingliche Wirkung, die Anordnung *verpflichte* lediglich die Witwe als Nießbraucherin, eine höhere Nutzung (als 2000 DM) an den Erben herauszuzahlen; die wohl h. M. läßt
den Quotennießbrauch mit dinglicher Wirkung zu – allerdings mit reichlich komplizierten Rechtsfolgen (*Soergel/Stürner* § 1030 Rn. 10 m. Nw.).

In der Nutzung liegt keine Berechtigung zur Verfügung über die Substanz
(wohl aber über die Früchte!); es gibt also *keinen Dispositionsnießbrauch.*

Wenn die Verfügungsbefugnis dem Nießbraucher rechtsgeschäftlich eingeräumt ist (so BGH
NJW 1982, 31, 32), so liegt darin keine dingliche Ausgestaltung des Nießbrauchs, sondern eine –
zulässige – schuldrechtliche Vereinbarung zwischen Nießbraucher und Eigentümer.
Eine Ausnahme davon macht auch § 1048 für das Inventar eines Grundstücks, weil hier eine
Weggabe der Zubehörstücke und ihr Ersatz durch andere dem normalen Gang der Dinge entspricht
(s. auch § 1074).
Weil sich der Nießbrauch auf das Grundstück als solches und nicht auf ein Gebäude bezieht,
besteht er nach Zerstörung und Wiederaufbau eines Gebäudes auch am Neubau fort (BGH MDR
1964, 493).

2. Damit der Nießbraucher sein Nutzungsrecht ausüben kann, spricht ihm
§ 1036 Abs. 1 ein Recht zum Besitz zu.

3. Der *Schutz* des Nießbrauchs entspricht dem des Eigentums (§ 1065 mit
§§ 985, 1004, ferner §§ 823, 812, 816); daneben kommen die Bestimmungen
über den Besitzschutz (§§ 858ff.) in Betracht.

Beispiel: Diebe haben sich auf dem Grundstück, an dem N der Nießbrauch zusteht, breit gemacht
und sind eben dabei, die geernteten Früchte abzutransportieren: N ist Eigentümer der Früchte

(§ 954), also ist § 985 unmittelbar anwendbar. Herausgabe des Grundstücks kann N nach § 1065 mit § 985 fordern.

4. Der Nießbrauch ist *unveräußerlich* (§ 1059)[1] und *unvererblich* (§ 1061); lediglich der Ausübung nach, also schuldrechtlich kann er einem anderen überlassen werden (§ 1059 S. 2).

Der Grund für diese Regelung liegt darin, daß der Nießbrauch den Eigentümer von der Nutzung – dem hauptsächlichen Inhalt des Eigentums – ausschließt, er also nicht durch Veräußerung oder Vererbung soll „verewigt" werden können. Eine Überlassung schuldrechtlicher Art ist aber zulässig (§ 1059 S. 2); die Überlassungsbefugnis kann durch Vereinbarung und Eintragung ausgeschlossen werden (BGHZ 95, 99). Von der schuldrechtlichen Nießbrauchsüberlassung ist die bloße Vermietung oder Verpachtung zu unterscheiden; die Vermietung durch den Nießbraucher ist Eigenausübung des Nießbrauchs, der Nießbrauchsausübende ist bei Vermietung in eigenem Namen nicht untervermietender Hauptmieter, sondern gewöhnlicher Vermieter (BGHZ 109, 111, 115).

Umstritten sind die Pfändungsmöglichkeiten:

a) Sicher Entgeltansprüche bei Ausübungsüberlassung.

b) Nach BGHZ 62, 133 auch der Nießbrauch selbst (krit. *Soergel/Stürner* § 1059 Rn. 9 und 9 a; *Baur/ Stürner,* ZVR, Rn. 391; s. a. § 60 I 3 Fn. 2).

c) Nach BGHZ 95, 99 hindert – folgerichtig – der vereinbarte Ausschluß der Gebrauchsüberlassung die Pfändung nicht.

III. Das gesetzliche Schuldverhältnis zwischen Eigentümer und Nießbraucher

Der Nießbrauch ist oft auf lange Zeitspannen – beim Versorgungsnießbrauch etwa bis zum Tode oder der Wiederverheiratung des Versorgenden – bestellt. Der Grundstückseigentümer kann – z. B. durch Erbgang oder Veräußerung des Grundstücks – wechseln, so daß die schuldrechtlichen Vereinbarungen zwischen Besteller und Nießbraucher nicht mehr wirken. Wenn nun etwa die Frage zu beantworten ist: Wer hat die notwendigen Reparaturen zu tragen? Wer muß die Grundsteuer bezahlen? so muß das Gesetz eine Antwort bereit halten.

Das Gesetz geht dabei von einem zwischen dem Eigentümer und dem Nießbraucher bestehenden, von ihm (dem Gesetz) mit Inhalt erfüllten, *gesetzlichen Schuldverhältnis* aus, das durch Parteivereinbarung modifiziert werden kann (BGHZ 95, 99, 100 m. Nw.); diese bedarf aber – um gegen Rechtsnachfolger des Eigentümers wirksam zu sein – der Eintragung im Grundbuch (§ 873).

Der *Hauptinhalt* dieses gesetzlichen Schuldverhältnisses ist folgender:

1. Der Nießbraucher hat die Pflicht, die wirtschaftliche Bestimmung der Sache zu *erhalten,* ordnungsgemäß zu wirtschaften (§§ 1036 Abs. 2, 1041) und die Sache zu versichern (§§ 1045, 1046). Daraus ergibt sich das Verbot, die Sache wesentlich umzugestalten (§ 1037).

Es geht um die *Erhaltung der Substanz der Sache* oder – wie das Gesetz (§ 1041 S. 1) sagt – „um die Erhaltung der Sache in ihrem wirtschaftlichen Bestand"! Daher z. B. die Pflicht zur Wiederaufforstung nach Kahlschlag, selbst wenn dieser vom Eigentümer gestattet worden war (BayObLG Rpfleger 1977, 407 str.).

2. Der Nießbraucher trägt die gewöhnlichen öffentlichen und privatrechtlichen Lasten (§ 1047).

Grund: Diese werden, auch wenn der Eigentümer nutzungsberechtigt ist, regelmäßig aus den Nutzungen gedeckt. Der Nießbraucher hat daher z. B. die Grundsteuer und die Hypothekenzinsen zu

---

[1] Vgl. aber die Durchbrechungen dieses Grundsatzes in §§ 1059 a–e (dazu BGHZ 50, 307, 310).

tragen, auch wenn nach außen nach wie vor der Eigentümer Schuldner ist (beachte den Wortlaut des § 1047: „. . . . dem Eigentümer gegenüber . . . .“!).[1]

3. Ein sorgloser oder gewissenloser Nießbraucher – aber auch ein solcher, der möglichst viel aus der Sache „herauswirtschaften" will –, kann die vermögensrechtliche Stellung des Eigentümers erheblich gefährden. Dem sucht das Gesetz durch den Anspruch des Eigentümers auf Sicherheitsleistung (§ 1051), auf Unterlassung ordnungswidrigen Gebrauchs (§ 1053), ja durch gerichtliche Sequestration (= Übertragung der Nießbrauchsausübung an einen gerichtlich bestellten Verwalter, §§ 1052, 1054) vorzubeugen. Bei *schuldhafter* Verschlechterung oder Vernichtung der Sache haftet der Nießbraucher auf Schadensersatz (aus schuldhafter Verletzung des gesetzlichen Schuldverhältnisses und aus § 823 Abs. 1). Jedoch fällt hierunter nicht eine normale Verschlechterung durch Abnutzung (§ 1050).

Andererseits kann der Nießbraucher *Ersatz solcher Verwendungen* verlangen, die über die „gewöhnliche Unterhaltung" hinausgehen, freilich nur dann, wenn entweder eine – im Grundbuch eintragbare – Vereinbarung vorliegt (BayObLG DNotZ 1986, 151) oder die Voraussetzungen der Geschäftsführung ohne Auftrag gegeben sind (§ 1049).

Beispiel: Weist das Dach des Hauses, an dem der Nießbrauch bestellt ist, einige schadhafte Ziegel auf, so muß sie der Nießbraucher auf seine Kosten ersetzen lassen. Muß es insgesamt neu gedeckt werden, so ist das Sache des Eigentümers, wobei der Nießbraucher den Eigentümer nicht zu dieser Maßnahme zwingen kann! (anders § 536 bei der Miete und Pacht, § 581 Abs. 2!). Läßt der Nießbraucher das Dach auf seine Kosten decken, so kann er vom Eigentümer nur Ersatz fordern, wenn die Voraussetzungen der §§ 683, 684 S. 2 mit § 670 vorliegen.

4. Nach *Beendigung des Nießbrauchs* muß der Nießbraucher (bzw. sein Erbe) das Grundstück dem Eigentümer zurückgeben (§ 1055). Handelt es sich um ein landwirtschaftliches Grundstück, so treffen ihn außerdem weithin die gleichen Pflichten wie einen Pächter, der nach Ablauf der Pachtzeit das Pachtgrundstück an den Verpächter zurückgibt (§ 1055 Abs. 2 mit §§ 596 ff.).

5. *Mietverhältnisse*, die der Nießbraucher begründet hat, gehen bei Beendigung des Nießbrauchs auf den Eigentümer über (§ 1056) mit gesetzlicher Kündigungsfrist. Falls §§ 1056, 571 ff. nicht greifen, weil die Miträume nicht übergeben waren, besteht aber die mietvertragliche Haftung des Nießbrauchers und seiner Erben fort (interessantes Beispiel: BGHZ 109, 111 ff.).

IV. Nießbrauch in den neuen Bundesländern

In den neuen Bundesländern gibt es den neu ab dem 3. 10. 1990 bestellten Nießbrauch an Grundstücken und Gebäudeeigentum und altrechtlichen Nießbrauch aus der Zeit vor Geltung des ZGB. Das Mitbenutzungsrecht nach §§ 321 f. ZGB entspricht eher der Dienstbarkeit als dem Nießbrauch (s. a. §§ 15 VI 3 und 4).

§ 33. Die Grunddienstbarkeit

Neuere Lit.: *Prütting* GS f. Dietrich Schultz, 1988, 287 (Wettbewerbsdienstbarkeiten); *Walter/ Maier* NJW 1988, 377 (Sicherung von Bezugs- und Abnahmepflichten), je m. w. N. (auch zur Geschichte des Instituts); *Amann* DNotZ 1986, 578 (Sicherungsdienstbarkeit); *ders.* DNotZ 1989, 531 ff. (Leistungspflichten und Leistungsansprüche aus Dienstbarkeiten).

---

[1] Dazu BayObLG Rpfleger 1988, 523.

I. Grundlagen – Anwendungsbereich

1. Neben dem Nießbrauch als umfassendem dinglichem Nutzungsrecht kennt das Gesetz die Grunddienstbarkeit (§§ 1018–1029) und die beschränkte persönliche Dienstbarkeit (§§ 1090–1093). Beiden gemeinsam ist, daß der Berechtigte das belastete Grundstück „in einzelnen Beziehungen" (§ 1018) nutzen darf, also nicht insgesamt wie beim Nießbrauch. Sie unterscheiden sich dadurch, daß die Grunddienstbarkeit *dem jeweiligen Eigentümer eines Grundstücks* (man nennt es das „herrschende Grundstück"!) zusteht, während die beschränkte persönliche Dienstbarkeit einer *bestimmten* Person zukommt[1] und – wie der Nießbrauch – unveräußerlich und unvererblich ist.

Ein Wort zum Begriff Dienstbarkeit: Das Gesetz faßt darunter die Grunddienstbarkeit, den Nießbrauch und die b. p. Dienstbarkeit. Der Begriff will wörtlich verstanden werden: Das belastete Grundstück ist einem anderen oder einer bestimmten Person „dienstbar" (Übersetzung des lat. servitus). Das deutsche Recht sah die Befugnis vom Standpunkt des Berechtigten und sprach von Gerechtigkeit; sie kam in viel mannigfaltigerer Form vor, als dies heute erlaubt ist; die Beschränkung auf bestimmte Typen der Dienstbarkeiten erklärt sich aus dem Bestreben des Gesetzgebers, zu mannigfache, drückende Belastung des Grundeigentums auszuschließen (Agrarreform! Beseitigung der Hand- und Spanndienste!).

Ein der Grunddienstbarkeit ähnliches öffentlich-rechtliches Institut ist die *Baulast*. Ihre gesetzgeberische Regelung fällt in Landeskompetenz (BVerwG NJW 1991, 713 ff.). Sie bezweckt die Sicherstellung bauplanungsrechtlicher Erfordernisse unabhängig von etwaigem Eigentümerwechsel (hierzu BVerwG NJW 1991, 713 ff.; OVG Hamburg NJW 1987, 915; *Lohre* NJW 1987, 877; *Hilgers* NJW 1988, 1366). Grundsätzlich gibt die Baulast keinen privatrechtlichen Nutzungsanspruch (BGHZ 88, 97, 99; 94, 160, 164; offen BGHZ 79, 201, 207 ff.); ausnahmsweise kann es aber gegen Treu und Glauben verstoßen, wenn der Eigentümer seine Rechte baulastwidrig geltend macht (BGHZ 79, 201, 210). Der Eigentümer eines dienenden Grundstücks, das mit einer bebauungssichernden Grunddienstbarkeit belastet ist, soll hingegen gemäß §§ 242, 1018 ff. verpflichtet sein, eine Baulast zur Förderung des Bauvorhabens zu übernehmen (BGHZ 106, 348 ff.; DNotZ 1991, 250), falls sich die Behörde zur Planungssicherung nicht mit einer Dienstbarkeit zufrieden gibt (hierzu BVerwG NJW 1991, 713, 714). Teilweise wird die Bestellung einer Baulast ähnlich wie eine privatrechtliche Verfügung behandelt (VG Schleswig-Holstein DNotZ 1986, 95: § 2113 BGB; zur Baulast nach Vormerkung s. § 20 IV 1 g)[2].

Als gesetzliche Sonderformen der Grunddienstbarkeit kann man das *Notwegrecht* (§§ 917 f.) oder landesrechtliche Notleitungsrechte (z. B. § 7 e BWNachbarrechtsG) begreifen (hierzu § 25 III 3). Teilweise gelten hier §§ 1018 ff. entsprechend (für § 1020 S. 1: BGH NJW 1991, 176, 178).

2. Will man sich eine Vorstellung über den Anwendungsbereich der Grunddienstbarkeit machen, so genügt es zunächst, die Stichworte „Wegerecht", „Überfahrtsrecht", „Wasserleitungsrecht" zu nennen.

Wer das Wasser für sein Haus durch eine Leitung bezieht, die über ein fremdes Grundstück geführt werden muß, kann sich *nicht* damit begnügen, den *gegenwärtigen* Eigentümer des fremden Grundstücks um Gestattung zu bitten; denn dessen Rechtsnachfolger wäre an eine solche Zusage nicht gebunden, wie sich umgekehrt der Rechtsnachfolger des Wasserbeziehers nicht auf die Abmachung berufen könnte. Es bedarf also eines Rechts, das „auf beiden Seiten" *subjektiv und objektiv – dinglich* ist, eben der Grunddienstbarkeit. Sie ist dann „ewig" (s. unten II 5a).

Der Anwendungsbereich läßt sich wie folgt umschreiben: *Eine Gruppe* der Dienstbarkeiten hat eine echte, gewissermaßen äußerlich sichtbare Nutzung des

---

[1] Keine „Umwandlung" einer beschränkten persönlichen Dienstbarkeit in eine Grunddienstbarkeit; notwendig ist eine Neubestellung; hierzu und zum gutgläubigen Erwerb OLG Hamm Rpfleger 1989, 448.

[2] Zur Baulast in der Zwangsversteigerung *Drischler* Rpfleger 1986, 289.

anderen Grundstücks im Auge; darunter fällt ein Wegerecht ebenso wie etwa ein Kies- oder Wassergewinnungsrecht. Eine *andere,* äußerlich nicht in Erscheinung tretende *Gruppe* beinhaltet eine individuelle Gestaltung des Nachbarrechts (der Eigentümer des belasteten Grundstücks darf z. B. eine bestimmte Gebäudehöhe nicht überschreiten, vgl. dazu oben § 25 IV 1 c), eine *dritte* immer bedeutsamer werdende *Gruppe* will schließlich Wettbewerbsfragen mit Hilfe der Grunddienstbarkeit regeln.

Der Eigentümer eines Warenhauses vereinbart mit seinen Nachbarn – meist gegen Entgelt – eine Grunddienstbarkeit des Inhalts, daß auf deren belasteten Grundstücken niemals ein Warenhaus errichtet wird.

Wie wir sehen werden, ist gerade die Zulässigkeit *dieser* Gruppe von Grunddienstbarkeiten besonders zweifelhaft; denn die Grunddienstbarkeit hat zur unabdingbaren Voraussetzung, daß sie gewissermaßen *dem herrschenden Grundstück selbst,* nicht den jeweiligen individuellen Eigentümern mit ihren verschiedenen Bedürfnissen *von Nutzen* ist (§ 1019: praedio utilis).

II. Der Inhalt der Grunddienstbarkeit[1]

Das BGB verzichtet darauf, bestimmte Arten von Grunddienstbarkeiten (Wegerecht, Wasserleitungsrecht usw.) festzulegen; es begnügt sich damit, den zulässigen Inhalt *allgemein* zu umschreiben und eine zu Lasten des Eigentümers gehende Ausuferung dadurch auszuschließen, daß die Nutzung auf bestimmte *einzelne* Nutzungsmöglichkeiten beschränkt (§ 1018), dem herrschenden Grundstück als solchem vorteilhaft sein (§ 1019) und schließlich schonend ausgeübt werden muß (§ 1020).

Die Grunddienstbarkeit kann folgenden Inhalt haben:

1. Der Eigentümer des herrschenden Grundstücks darf das dienende Grundstück „in einzelnen Beziehungen benutzen" (§ 1018 1. Fallgruppe).

Dabei ist es gleichgültig, ob es sich um eine einzelne Sachnutzung oder um einen Gebrauchsvorteil handelt. Hierunter fallen etwa das Recht, auf dem anderen Grundstück Steine zu brechen (OLG Stuttgart Die Justiz 1964, 285), ihm Holz zu entnehmen, eine Quelle zu fassen und abzuleiten[2], oder die schon wiederholt genannten Wege-, Wasserleitungs-, Kanalisationsleitungsdienstbarkeiten. Die Verpflichtung des Eigentümers des dienenden Grundstücks besteht hier in einem Dulden (pati).

2. Der Belastete darf auf seinem Grundstück bestimmte Handlungen *nicht vornehmen* (non facere), die er sonst nach § 903 vornehmen dürfte (§ 1018 2. Fallgruppe).

Er darf z. B. sein Grundstück überhaupt nicht oder nicht mit einer Fabrik bebauen (OLG Celle NJW 1958, 1096; BayObLG JZ 1965, 645) oder: das von ihm errichtete Gebäude darf 15 m Firsthöhe nicht überschreiten (Aussicht; dazu BGH DB 1967, 726) oder wechselseitige Grunddienstbarkeiten zweier Nachbarn, daß bestimmte Teile der beiderseitigen Grundstücke nicht bebaut werden dürfen: „totales Bauverbot" (OLG Neustadt NJW 1958, 635) oder daß die Grundstücke nur in einer bestimmten Bebauungsart bebaut werden dürfen („Landhausstil" – „beschränktes Bauverbot": BGH JZ 1967, 322) oder ein Wohnungseigentümer darf zugunsten des benachbarten Wohnungseigentümers ein bestimmtes Fenster nie öffnen (BGHZ 107, 289ff.: Wohnungseigentum als herrschendes und dienendes „Grundstück"; hierzu *Amann* DNotZ 1990, 498) oder ein Grundstück darf nur zu *Fremden-*

---

[1] Dazu *Hub,* Der Inhalt von Dienstbarkeiten (Tüb. Diss. 1966); *Prütting* u. *Walter/Maier* aaO m. w. N. – Die Abgrenzung von Grunddienstbarkeit und Nießbrauch ist unten II 7 und § 32 II 1 b behandelt.

[2] Beispiel: BayObLG DNotZ 1960, 308; BGH DNotZ 1989, 562ff.

verkehrszwecken genutzt werden (BayObLG NJW 1985, 2485 und NJW 1982, 1054) oder nur vom bäuerlichen Altenteiler (BayObLG Rpfleger 1989, 401 ff. m. Anm. *Quack:* „Austragsdienstbarkeit" als Sonderfall eines „Wohnbesetzungsrechts"[1]). Dienstbarkeiten dieser und ähnlicher Art können den öffentlich-rechtlichen Bebauungsplan privatrechtlich ergänzen (dazu BGH NJW 1984, 924; BGHZ 90, 181; *Quack* Rpfleger 1979, 281; *Baur* FS Mühl 1981, 71). – Zu den Wettbewerbsbeschränkungen s. unten 4.

Beschränkungen, die sich schon aus dem Gesetz ergeben, können Gegenstand einer Grunddienstbarkeit sein, wenn ihre Geltung oder ihr Umfang zweifelhaft sind (OLG Celle NJW 1958, 1096).

3. Der Belastete darf gegen den Eigentümer des herrschenden Grundstücks Rechte *nicht ausüben,* die ihm an sich nach § 903 mit § 1004 zustünden (§ 1018 3. Fallgruppe).

Er darf z. B. nicht auf Unterlassung klagen, obwohl von dem herrschenden Grundstück aus Rauch und Ruß in einem Maße zugeführt werden, das über die in § 906 enthaltene Duldungspflicht hinausgeht. Wie das Beispiel zeigt, handelt es sich also um vertraglich festgelegtes, dingliches Nachbarrecht. Ein – neu errichteter – Industriebetrieb sichert sich z. B. gegen Unterlassungsklagen (oder Schadensersatzklagen, § 14 BImSchG) seiner Nachbarn dadurch, daß er sich – meist gegen Abfindung – entsprechende Grunddienstbarkeiten auf deren Grundstücken eintragen läßt. – Ein Nachbar verzichtet in einer Grunddienstbarkeit auf sämtliche Rechte – auch Schadensersatzansprüche – aus „Baumwurf" vom Nachbargrundstück (BayObLG DNotZ 1991, 253). Weiteres Beispiel: LG Bad Kreuznach Rpfleger 1989, 448 (Duldung der Einwirkungen aus Eisenbahnbetrieb).

4. In allen Fällen (1–3) ist erforderlich, daß die Belastung, „für die Benutzung des Grundstücks des Berechtigten Vorteil bietet" (praedio utilis), § 1019.[2]

Die Vorschrift soll eine möglichst exakte, dauernde Fixierung des Inhalts der Grunddienstbarkeit ermöglichen; sie will aber auch den Belasteten vor – mit den jeweiligen Eigentumsverhältnissen am herrschenden Grundstück – variierenden Bedürfnissen sichern.

Der Vorteil für das herrschende Grundstück braucht nicht vermögenswerter Art zu sein; es genügen auch ideelle, ästhetische Interessen (Schutz der Aussicht! der Ruhe!); BGH DNotZ 1968, 28.

Auf den individuellen Nutzen eines bestimmten Eigentümers kann nicht abgestellt werden; soll dies geschehen, so kann nur eine b. p. Dienstbarkeit eingetragen werden. Die Grunddienstbarkeit muß also dem Grundstück, *so wie es gestaltet ist,* nützen.

Unter diesem Gesichtspunkt sind auch als Grunddienstbarkeit eingetragene *Wettbewerbsverbote* zu beurteilen: Ist auf einem Grundstück ein Warenhaus errichtet, so kann auf den Nachbargrundstücken ein Verbot der Errichtung von Warenhäusern eingetragen werden, nicht aber eine entsprechende Grunddienstbarkeit dann, wenn das herrschende Grundstück ein Wohngrundstück ist und der Eigentümer in einem Stockwerk eine Wirtschaftsprüferpraxis betreibt (vgl. OLG München NJW 1957, 1765; BGH DNotZ 1956, 40); im letztgenannten Fall kommt nur eine b. p. Dienstbarkeit in Betracht, weil bei ihr auf den individuellen Nutzen für den Berechtigten abgestellt werden kann (s. aber BGH NJW 1983, 115). Moderne Formen von *Wettbewerbsverboten, Vertriebsbindungen* u. ä., die durch Grunddienstbarkeiten oder b. p. Dienstbarkeiten dinglich gesichert werden sollen, sind: Bierbezugsdienstbarkeiten – Tankstellendienstbarkeiten[3] – Fernwärmedienstbarkeiten. Das Interesse der Lieferer an solchen Dienstbarkeiten ergibt sich daraus, daß sie die Abnahme ihrer Produkte auf Dauer sichern wollen. Rechtliche Schwierigkeiten, die einer solchen Tendenz im Wege stehen können: Die Dienstbarkeit kann grundsätzlich nicht auf ein Tun des belasteten Eigentümers gerichtet sein (§ 1018; hierzu unten 6). Ein Bündel von Verboten kann aber ein bestimmtes Tun des Eigentümers erzwingen. Wo liegt hier die Grenze? Die Dienstbarkeit muß die *tatsächliche* Benutzung des belasteten Grundstücks beschränken,

---

[1] Hierzu noch § 34 I 3 und ausführlich *Soergel/Stürner* § 1090 Rn. 12 ff.

[2] Dazu *Hinderling,* Ausgew. Schriften, 1982, 237.

[3] Siehe dazu *Joost* NJW 1981, 308 m. w. N. Umfassende Hinweise auf alle Fallgruppen in Münch-Komm/*Falckenberg* § 1018 Rn. 25 ff.; *Soergel/Stürner* § 1018 Rn. 15 ff., 25 ff.

nicht aber die rechtliche Verfügungsfreiheit des Eigentümers. Wie läßt sich beides für alle Fälle abgrenzen? Diese Schwierigkeiten spiegeln sich in der Rechtsprechung wider:

a) Zulässiger Inhalt der Dienstbarkeit: das dem Eigentümer auferlegte *Verbot,* auf dem belasteten Grundstück eine Gaststätte oder Tankstelle zu betreiben oder bestimmte Erzeugnisse (Bier usw.) zu lagern oder zu vertreiben (BGHZ 29, 244, 249; 74, 293, 296; NJW 1988, 2362; 1988, 2364; DNotZ 1990, 169). – Nicht zulässig das Verbot, auf dem belasteten Grundstück andere Erzeugnisse als die des Dienstbarkeitsberechtigten zu vertreiben (BGHZ 29, 244 = *Baur* E. Slg. Fall 42; 74, 293, 296).

b) Zulässiger Inhalt: das alleinige *Recht* des Dienstbarkeitsberechtigten, auf dem belasteten Grundstück eine Gaststätte oder Tankstelle zu betreiben (BGHZ 29, 244, 246; 35, 378; BGH NJW 1980, 179; 1985, 2474).

c) Zulässiger Inhalt im Bereich der *Fernwärmedienstbarkeit:* Das Verbot von Anlagen zur Wärmeherstellung (BGH WM 1984, 820; OLG Düsseldorf Rpfleger 1979, 304; BayObLG Rpfleger 1989, 230) – Nicht zulässig das Verbot der Energieversorgung mit allen Energiequellen außer Erdgas (BayObLG Rpfleger 1980, 279 m. Nw.; zur Fernwärmereallast § 35 I 2).

Die Rechtsprechung gestattet also das dingliche Totalverbot oder das dingliche Totalgebot, nicht aber die dingliche Selektion und Festlegung auf eine einzige Handlungsvariante. Hinter dieser Konstruktion steht der Gedanke der *Sicherungsdienstbarkeit*[1]: das Mehr an dinglicher Rechtsmacht wird durch eine *schuldrechtliche* Vereinbarung gebunden, die dann dem Eigentümer schuldrechtlich den Verkauf bestimmter Waren in Gaststätten oder Tankstellen oder den Betrieb bestimmter Wärmeherstellungsanlagen erlaubt, nämlich den Umsatz der Lieferungen des Inhabers der Dienstbarkeit zu seinen Konditionen. Dieser schuldrechtliche Vertrag unterliegt der Kontrolle gemäß § 138 Abs. 1 BGB mit seiner Zeitschranke von 15–20 Jahren und Teilnichtigkeit bei Zeitüberschreitung (§ 139)[2]; er ist weiter Gegenstand kartellrechtlicher Kontrolle nach §§ 18, 34 GWB (dazu BGH NJW 1988, 2364, 2365) und nach Art. 85 EWGV (dazu EuGH NJW 1991, 2204 [LS] = EuZW 1991, 376; *Jehle* EuZW 1991, 372; *Ebenroth/Rapp* JZ 1991, 962ff.). Nach den Grundsätzen des Abstraktionsprinzips (§ 5 IV 3 m. Nw.) erfaßt diese Kontrolle aber im Regelfall nicht das dingliche Geschäft, so daß sich die Sittenwidrigkeit nur in Ausnahmefällen (Bedingung, Geschäftseinheit) auf die dingliche Bestellung der Grunddienstbarkeit erstreckt (BGH NJW 1988, 2362 und 2364; DNotZ 1990, 169 m. Nw.), ein Grundbuchberichtigungsanspruch nicht gegeben ist (§ 894), sondern allenfalls ein schuldrechtlicher Anspruch auf Löschung oder befristete Bestellung; die kartellrechtliche Kontrolle kann der Grunddienstbarkeit selbst nur insoweit gelten, als gerade ihr Sicherungseffekt den Wettbewerb nachhaltig beeinflußt, was regelmäßig nicht der Fall sein wird (so wohl BGH NJW 1988, 2364, 2365; *Soergel/ Stürner* § 1018 Rn. 30b; a. A. z. B. *MünchKomm/Joost* 1090 Rn. 20 m. Nw.).

Trotz kritischer Stimmen muß die Würdigung der jüngeren Rspr. positiv ausfallen (a. A. *Schwab/ Prütting* § 77 VII 3; *MünchKomm/Joost* § 1090 Rn. 9–20). Sie knüpft an die Tradition abstrakter dinglicher Sicherheiten an und hält den Streit um die Wirksamkeit einzelner Gestaltungen vom dinglichen Recht fern, was angesichts schwer voraussehbarer Entwicklungen vor allem des EG-Wettbewerbsrechts richtig scheint. Das Totalgebot oder Totalverbot begründet zwar mittelbaren Handlungszwang im gewerblichen Bereich, es führt aber nicht zur unübersichtlichen Verdinglichung einzelner gewerblicher Aktivitäten, sondern wahrt die für den Grundstücksverkehr notwendige Typizität.

5. Mit der gesetzlichen Anordnung, daß die Grunddienstbarkeit ihrem Inhalt, aber auch ihrem Maß nach (§ 1019 S. 2) dem herrschenden Grundstück nützlich sein muß, hängt die weitere Frage zusammen, wie *Änderungen der tatsächlichen Verhältnisse* bei dem herrschenden und bei dem dienenden Grundstück zu beurteilen sind.

Beispiele: Als das Wegerecht bestellt wurde, unterhielt der Eigentümer des herrschenden Grundstücks ein Fuhrgeschäft mit 6 Pferden. Heute hat sein Enkel 5 Lastzüge. Oder: Im eben genannten Beispiel unterhielt der Eigentümer des belasteten Grundstücks eine kleine Kutscherkneipe, sein Enkel ist Eigentümer eines Hotels garni!
Beispiel aus der Rechtsprechung: BGHZ 92, 351.

---

[1] Hierzu insbesondere BGHZ 74, 293, 296; NJW 1985, 2474; 1988, 2362; DNotZ 1990, 169; *Prütting,* GS Schulz, S. 287ff.; *Walter/Maier* NJW 1988, 377.
[2] Ausführlich BGH NJW 1988, 2362 m. Nw.

Hier gelten folgende *Grundsätze:*

a) Die Grunddienstbarkeit ist *„ewig";* eine Änderung der tatsächlichen Verhältnisse auf dem herrschenden oder belasteten Grundstück beeinträchtigt sie also *in ihrem Bestand* nicht, sofern sie überhaupt ihrem festgelegten Inhalt nach noch ausgeübt werden kann.

Im obigen *Beispiel* kann sich der Belastete nicht gegen den Fuhrbetrieb wenden, weil er jetzt ein Hotel garni betreibe und seine Gäste belästigt werden. Der Belastete könnte dagegen *Löschung* der – materiellrechtlich bereits untergegangenen – Grunddienstbarkeit verlangen, wenn statt des Fuhrbetriebs auf dem herrschenden Grundstück nun ein Kino errichtet ist, das nach dieser Seite gar keinen Ausgang hat; denn dann wäre der Vorteil für das herrschende Grundstück auf Dauer entfallen (s. unten III 2 u. BGH NJW 1984, 2157).

b) Von der eben beantworteten Frage ist die andere zu unterscheiden, ob sich der Eigentümer des dienenden Grundstücks Erschwerungen gefallen lassen muß, die sich aus einer Änderung der tatsächlichen Verhältnisse auf dem herrschenden Grundstück ergeben.

So in unserem Beispiel: Die Benutzung des Weges durch Lastzüge?

Diese Frage ist grundsätzlich zu bejahen; es kommt für den Umfang der Dienstbarkeit auf das *jeweilige* Bedürfnis des Berechtigten an, nicht auf die Lage zur Zeit der Bestellung der Dienstbarkeit (BGH NJW 1960, 673). Freilich braucht eine Benutzung, die sich aus einer *willkürlichen* oder *völlig unvorhersehbaren* Veränderung der Verhältnisse auf dem herrschenden Grundstück ergibt, nicht hingenommen zu werden (BGHZ 44, 171 [= *Baur,* E. Slg. Fall 43]; 106, 350; BGH LM § 1018 BGB Nr. 23; DNotZ 1989, 562, 564).

Der Belastete muß also den Fuhrbetrieb mit den Lastzügen hinnehmen; denn das auf dem herrschenden Grundstück betriebene Gewerbe ist dem Typ nach dasselbe geblieben. Dagegen hätte der Belastete den Verkehr einer auf dem herrschenden Grundstück errichteten Großgarage nicht zu dulden (sehr weitgehend OLG Karlsruhe NJW-RR 1990, 663).

Zu beachten ist, daß im Grundbuch oder der Eintragungsbewilligung enthaltene ausdrückliche Beschränkungen (z. B. „Fahrrecht mit Pferdefuhrwerken") stets maßgebend bleiben. Eine nicht in das Grundbuch eingetragene Änderung des Inhalts oder Umfangs der Grunddienstbarkeit hat nur schuldrechtliche Bedeutung (BGH NJW 1963, 1247; NJW-RR 1991, 457, 458).

c) Stets muß die Dienstbarkeit möglichst *schonend ausgeübt* werden (§ 1020 S. 1); daher kann der Belastete bei Änderung der Verhältnisse u. U. die Verlegung der Dienstbarkeit fordern (§ 1023).

In unserem Beispielsfall kann der Belastete (= Eigentümer des Hotels garni) die Verlegung des Weges auf die andere Seite des Hauses fordern, wenn dadurch seine Gäste weniger gestört werden und die Ausfahrt für den Berechtigten ebenso geeignet ist. Eine Quelldienstbarkeit kann sich in ein Förderungsrecht am Brunnen verwandeln, wenn der Eigentümer des dienenden Grundstücks die Quelle zum Brunnen fassen will (BGH DNotZ 1989, 562, 564).

§ 1020 begründet ein *gesetzliches Schuldverhältnis* zwischen dem Dienstbarkeitsberechtigten und dem Eigentümer (BGHZ 95, 144; 106, 350). Überschreitet der Berechtigte (oder sein Pächter usw., § 278) schuldhaft seine Befugnisse, so haftet er dem Eigentümer auf Schadensersatz (BGHZ 95, 144). Der belastete Eigentümer kann aber auch nach § 1004 BGB gegen den Dienstbarkeitsberechtigten vorgehen (BGH JZ 1965, 361).

d) Über den Fall der Teilung des herrschenden oder dienenden Grundstücks s. §§ 1025, 1026.

6. Wie sich aus der Inhaltsfixierung des § 1018 ergibt (s. schon oben 4), kann die Grunddienstbarkeit *nicht auf ein Tun* des *Belasteten* gerichtet sein (die Hand- und Spanndienste früherer Zeiten schreckten!), servitus in faciendo consistere nequit!

Lediglich gewisse, auf ein Tun gerichtete Nebenpflichten können dem Belasteten vertraglich auferlegt werden (§ 1021) oder obliegen ihm kraft Gesetzes (§ 1022).

Beispiele:

Der Eigentümer des herrschenden Grundstücks kann die Verkehrssicherungspflicht am dienenden Grundstück übernehmen (§ 1021), an dem zu seinen Gunsten ein Wegerecht besteht (BayObLG DNotZ 1991, 257; zum Ganzen *Amann* DNotZ 1989, 531ff.).

Ist einem Wasserwerk durch Grunddienstbarkeit erlaubt, auf den benachbarten Grundstücken Quellen zu fassen und abzuleiten, so hat das Wasserwerk die erforderlichen Anlagen selbst zu unterhalten (§ 1020 S. 2; sehr weitgehende Auslegung dieser Unterhaltspflicht durch OLG Köln NJW-RR 1990, 1165). Es kann aber vereinbart werden, daß dies die Nachbarn tun; durch Eintragung wird diese Pflicht verdinglicht (§ 1021). Sollen die Nachbarn verpflichtet werden, falls erforderlich, jeweils die Brunnen zu vertiefen, so muß dies in einer *Reallast* festgelegt werden.[1]

Soll umgekehrt der Eigentümer des *herrschenden* Grundstücks zu einem regelmäßigen Entgelt verpflichtet werden, so kann dies nur in Form einer Reallast (§ 1105) oder einer Rentenschuld – die aber im Gegensatz zur Reallast (§ 1105 Abs. 2!) nicht subjektiv-dinglich bestellt werden kann – geschehen.

7. Wenn eine Nutzungsmöglichkeit das Grundstück voll ausschöpft und dem Eigentümer keine sinnvolle Nutzungsmöglichkeit bleibt, so ist ein *Nießbrauch* zu bestellen (hierzu schon § 32 II 1b m. Nw.). *Beispiel:* Flächendeckende Bitumenmischanlage auf einem Grundstück (BayObLG DNotZ 1991, 254). Allerdings wird das Grundbuchamt die Abgrenzung kaum vornehmen können, weil ein solcher Sachverhalt selten feststeht; die Eintragung der beantragten Grunddienstbarkeit darf dann nicht abgelehnt werden (BayObLG DNotZ 1991, 254 m. Nw.; s. a. § 16 IV 3 zur grundbuchrichterlichen Prüfungspflicht). Weitere Abgrenzungsbeispiele: BayObLG DNotZ 1982, 438; KG Rpfleger 1991, 411.

III. Bestellen und Erlöschen der Grunddienstbarkeit

1. a) Die Grunddienstbarkeit *entsteht* durch Einigung und Eintragung auf dem Blatt des belasteten Grundstücks; Eintragung im Grundbuch des herrschenden Grundstücks ist möglich (§ 9 GBO), aber nicht notwendig und auch für § 892 bedeutungslos.[2] Die Grunddienstbarkeit ist Bestandteil des herrschenden Grundstücks und geht mit diesem auf einen Rechtsnachfolger über (§ 96), gleichgültig ob sie bei dem herrschenden Grundstück vermerkt ist oder nicht.

Berechtigt ist also der jeweilige Eigentümer des herrschenden Grundstücks (subjektiv-dingliches Recht). Möglich ist auch, eine Grunddienstbarkeit zugunsten der Eigentümer mehrerer Grundstücke in der Weise zu bestellen, daß die jeweiligen Eigentümer Gesamtberechtigte (§ 428) sind (BayObLG NJW 1966, 56; *Herget* NJW 1966, 1060; s. auch BGHZ 46, 253 u. BGH Rpfleger 1980, 464); ähnlich zugunsten von Miteigentümern oder Wohnungseigentümern (BayObLG Rpfleger 1983, 434; OLG Stuttgart NJW-RR 1990, 659).

Die Grunddienstbarkeit kann auch dann bestellt werden, wenn herrschendes und belastetes Grundstück demselben Eigentümer gehören (sog. *Eigentümergrunddienstbarkeit*).[3] Entgegen dem gemeinrechtlichen Satz: „Nemini res sua servit" nimmt dies die – seit RGZ 142, 234 – h. M. in Analogie zu § 1196 an (BGHZ 41, 209). Ihr kommt bei der Parzellierung von Grundstücken durch Siedlungsgesellschaften usw. erhebliche Bedeutung zu: Gebäudehöhe, Bauform, Dachneigung, Umzäunung und

---

[1] *Amann* DNotZ 1982, 396.

[2] Beispiel: BayObLGZ 1987, 101 (dazu *Lüke* JuS 1988, 524 u. *K. Schmidt* JuS 1988, 153); s. a. § 23 II 2c.

[3] *Schmidt-Rimpler,* Die Eigentümerdienstbarkeit (1911).

dgl. können zu Lasten und zugunsten eines jeden Grundstücks zuvor ein für allemal dinglich festgelegt werden (Beispiel: BGH MDR 1971, 657).

Auch eine Belastung des herrschenden Grundstücks erstreckt sich auf die Grunddienstbarkeit (etwa ein Nießbrauch, eine Hypothek). In der Überlassung des herrschenden Grundstücks an einen anderen (z. B. durch Miete oder Pacht) liegt auch die Gestattung der Ausübung der Dienstbarkeit. Das Wegerecht können also auch die Mieter ausüben, sofern dies nicht seinem festgelegten Inhalt widerspricht (vgl. BGH NJW 1967, 246).

Bedeutsam und zahlreich sind die sog. altrechtlichen, d. h. die bei Anlegung des Grundbuchs schon vorhandenen Grunddienstbarkeiten (vgl. Art. 184, 187 EGBGB). Beispiele: BGHZ 104, 139 = NJW 1988, 2037; BayObLG DNotZ 1990, 106; OLG Düsseldorf DNotZ 1990, 109 (s. a. § 23 II 2c zum gutgläubigen Erwerb).

Der Grunddienstbarkeit liegt regelmäßig ein *Kausalgeschäft* zugrunde: die Grunddienstbarkeit kann dann durch Parteivereinbarung vom Bestand dieses Kausalverhältnisses abhängig gemacht werden (BGH NJW 1974, 2123 u. *K. Schmidt* JuS 1989, 667; aber: BayObLG Rpfleger 1985, 488: „genügend bestimmt"; zum Ausnahmecharakter ferner oben II 4 m. Nw.).

b) In der *Eintragung* muß der Inhalt der Grunddienstbarkeit kurz, aber ausreichend bestimmt (BayObLG Rpfleger 1982, 60; 1984, 12; DNotZ 1986, 622; 1989, 568; 1991, 258) bezeichnet werden („Wegerecht"), im übrigen kann auf die Eintragungsbewilligung Bezug genommen werden (BGHZ 35, 378; 59, 11; BGH NJW 1981, 1781: Bezugnahme auf eine der Eintragungsbewilligung beigefügte Karte, wenn der belastete Grundstücksteil noch nicht als selbständiges Grundstück im Grundbuch eingetragen ist).

Zur Auslegung des *Umfangs* einer Dienstbarkeit s. BGH NJW 1976, 417; 1982, 1039; NJW-RR 1991, 457; BGHZ 90, 181 (Belastung mit einem Leitungsrecht, dessen Ausübung aber auf einen realen Teil des Grundstücks beschränkt ist); s. a. § 16 III 4b m. Nw.

2. Die Grunddienstbarkeit *erlischt* durch rechtsgeschäftliche Aufhebung (§§ 875, 876), ferner – trotz Eintragung (§ 902)! – wenn eine die Ausübung des Rechts beeinträchtigende Anlage 30 Jahre bestanden hat (§ 1028):

Der Belastete hat den Weg überbaut – der Weg ist von der Stadt aufgekauft und zum öffentlichen Weg erklärt worden; die Wirklichkeit ist hier stärker als das Grundbuch! (§ 1028 Abs. 2).

Schließlich erlischt die Grunddienstbarkeit durch dauernden Wegfall des Vorteils für das herrschende Grundstück.

Siehe oben das Beispiel II 5 a. Daß etwa der auf dem herrschenden Grundstück eingerichtete Gewerbebetrieb zerstört und *zeitweise* nicht benutzt werden kann, ändert an dem Bestand der Grunddienstbarkeit nichts (BGH DNotZ 1956, 40; NJW-RR 1991, 457). Andererseits ist der Eigentümer des *dienenden* Grundstücks nicht zu einem Wiederaufbau verpflichtet, um dadurch die weitere Ausübung der Dienstbarkeit zu ermöglichen (BGH NJW 1980, 179; BayObLG Rpfleger 1988, 246; auch oben § 29 D II 3).

IV. Der Schutz der Dienstbarkeit

1. Der Berechtigte hat bei Beeinträchtigung seines Nutzungsrechts die actio negatoria wie ein Grundstückseigentümer (§ 1027). Dabei ist es gleichgültig, ob sein Recht von dem Belasteten selbst oder irgendeinem Dritten gestört wird. Bei schuldhafter Beeinträchtigung ergibt sich eine Schadensersatzpflicht aus § 823 oder aus dem gesetzlichen Schuldverhältnis zwischen Belastetem und Berechtigtem (oben II 5 c).

Beispiel: D hat auf dem Nachbargrundstück des E ein ausschließliches Kiesausbeutungsrecht. Heimlich führt E selbst (oder X oder X mit E) Kies ab. Hier kann D auf Unterlassung (§ 1027) und auf Schadensersatz klagen.

2. § 1029 enthält den Fall eines *Rechtsbesitzes*.[1] Die Vorschriften über den Besitzschutz werden hier für entsprechend anwendbar erklärt.

Beispiel: D hat in dem obigen Beispiel sein Grundstück samt dem Kiesgewinnungsrecht an P verpachtet. Hier genießt in den Beeinträchtigungsfällen *auch* P Schutz, und zwar Besitzschutz. Dies sagt § 1029 ausdrücklich, engt freilich den Besitzschutz dadurch ein, daß P die Grunddienstbarkeit im Jahr vor der Beeinträchtigung mindestens einmal ausgeübt haben muß.

Kommt dem P – wie in unserem Beispiel – Mitbesitz am belasteten Grundstück zu, so greifen die §§ 858 ff. unmittelbar und ohne die genannte „Ausübungsvoraussetzung" des § 1029 ein (so mit Recht *Heck* aaO).

V. Dienstbarkeiten in den neuen Bundesländern

Dienstbarkeiten nach dem Recht des BGB können in den neuen Bundesländern als neubestellte Rechte (ab 3. 10. 1990) oder als altrechtliche Dienstbarkeiten vor Geltung des ZGB vorkommen. Das ZGB kannte „schuldrechtliche" Mitbenutzungsrechte (§ 321 ZGB) und als eintragbare Mitbenutzungsrechte in erster Linie Wege- oder Überfahrtsrechte (§ 322 ZGB). Weil die Eintragung nicht konstitutiv war, fehlt sie vielfach, so daß der Gesetzgeber für eine Übergangszeit den gutgläubigen lastenfreien Erwerb aufgehoben bzw. für ausgleichspflichtig erklärt hat (Art. 233 § 5 Abs. 1 und 2 EGBGB). Alle Mitbenutzungsrechte sind nunmehr eintragungsfähig (Art. 233 § 5 Abs. 3 EGBGB). Eingetragene Mitbenutzungsrechte sind gemäß § 322 Abs. 2 ZGB ähnlich verdinglicht wie Grunddienstbarkeiten des BGB. Für bestehende Mitbenutzungsrechte gilt das ZGB fort (Art. 233 § 3 i. V. m. § 5 Abs. 1 EGBGB). Die nachträgliche Eintragung „schuldrechtlicher Mitbenutzungsrechte i. S. v. § 321 ZGB führt aber ohne Zustimmung des Eigentümers nicht zur Verdinglichung gemäß § 322 Abs. 2 ZGB zugunsten des Rechtsnachfolgers des Berechtigten. Vgl. § 15 VI 3 und 4 (Grundbuch); § 17 E (Rang); § 19 E (schwebende Neubegründungsverfahren, Inhaltsänderung, Aufhebung etc.); § 23 VI (gutgläubiger Erwerb); § 34 IV (b. p. Dienstbarkeit).

§ 34. Die beschränkte persönliche Dienstbarkeit

I. Begriff und Anwendungsbereich

1. Die beschränkte persönliche Dienstbarkeit steht in der Mitte zwischen Grunddienstbarkeit und Nießbrauch: Mit der erstgenannten hat sie den *Inhalt* gemeinsam: Nutzung in einzelnen Beziehungen, mit dem Nießbrauch die *Bindung an* eine *bestimmte Person:* sie ist unveräußerlich und unvererblich (§§ 1090, 1092).

Im Gesetz wird daher bezüglich des Inhalts der b. p. Dienstbarkeit auf das Recht der Grunddienstbarkeit verwiesen (§ 1090).

Die b. p. Dienstbarkeit kann zugunsten einer jur. Person bestellt und damit ebenfalls „ewig" werden (so läßt sich praktisch das gleiche Ergebnis erzielen wie bei der Grunddienstbarkeit, zumal § 1092 Abs. 2 mit §§ 1059a und 1059d bei der Fusion jur. Personen und dgl. Erleichterungen schafft).

Eine b. p. Dienstbarkeit zugunsten mehrerer Gesamtberechtigter (§ 428) ist möglich (s. BGHZ 46, 253), ebenso als Gesamtbelastung an mehreren Grundstücken (BayObLG DNotZ 1991, 254).

Die Dienstbarkeit kann auch öffentlichen Interessen dienen (BGH Rpfleger 1983, 478 und NJW 1984, 924; *Baur,* FS Mühl, 1981, 71; s. a. § 33 II 2).

2. Die b. p. Dienstbarkeit kann den gleichen Inhalt haben wie die Grunddienstbarkeit, nur daß die Notwendigkeit des sog. „Grundstücksvorteils" („praedio utilis", § 1019) entfällt. Das bedeutet im einzelnen:

---

[1] Siehe dazu besonders *Heck* § 16; ferner § 7 B II 1 b.

a) Wie die Grunddienstbarkeit kann die b. p. Dienstbarkeit gerichtet sein:

aa) auf *einzelne* Nutzungen (z. B. Wasserleitungs- und Wassergewinnungs-recht, Kiesabbau, Errichtung einer Tankstelle: BGHZ 35, 378; Holznutzungs-recht – Abgrenzung zum Nießbrauch: BayObLG Rpfleger 1981, 439);

„*Einzelne* Nutzungen" des Dienstbarkeitsberechtigten: also kein Freizeitzentrum unter Ausschluß jeglicher Nutzung durch den Eigentümer (OLG Köln Rpfleger 1982, 61; ebenso BayObLG Rpfleger 1986, 255). Verbleibt dem Eigentümer keine Nutzungsmöglichkeit, ist ein Nießbrauch zu bestellen (hierzu BayObLG DNotZ 1991, 254; ferner §§ 32 II 1 b, 33 II 7).

bb) auf die Nichtvornahme einzelner Handlungen auf dem belasteten Grund-stück (z. B. Verbot des Errichtens eines Hochhauses; s. a. § 33 II 2);

cc) auf den Ausschluß von Eigentümerbefugnissen auf dem belasteten Grund-stück (z. B. Duldung übermäßiger Immissionen, die vom Grundstück des Be-rechtigten ausgehen, Duldung von Bergschäden; s. a. § 33 II 3).

b) Da der Satz, die Dienstbarkeit müsse praedio utilis sein, nicht gelten kann, könnte man meinen, daß die b. p. Dienstbarkeit irgendeinem *persönlichen* Interes-se des Berechtigten dienen müsse. Indessen hat das Gesetz eine solche Vorausset-zung *nicht* aufgestellt; es genügt daher jedes eigene *oder* fremde schutzwürdige Interesse, das nicht einmal vermögenswerter Art zu sein braucht (BGHZ 41, 209; BGH NJW 1985, 1025). Nur im Zweifel richtet sich der Umfang der b. p. Dienstbarkeit nach dem persönlichen Bedarf des Berechtigten (§ 1091).

Beispiel: X – Inhaber der Strumpffabrik X AG – stiftet 1 Million DM zur Errichtung eines Alters-heimes. Die beschenkte Stadt A läßt auf seine Veranlassung zugunsten der X AG eine b. p. Dienstbar-keit des Inhalts eintragen, daß eine Aufnahme von anderen Personen als Bürgern der Stadt A verbo-ten ist (vgl. RGZ 111, 384, 392). – Ist die Ausübung der Dienstbarkeit objektiv und dauernd unmög-lich, so ist die Bestellung unwirksam (BGH NJW 1985, 1025).

3. *Anwendungsbereich*

Da die b. p. Dienstbarkeit den gleichen Inhalt haben kann wie eine Grund-dienstbarkeit, deckt sich ihr Anwendungsbereich annähernd mit dem der Grund-dienstbarkeit (BGHZ 41, 209). Wegen des Wegfalls des „Grundstücksvorteils" ist er jedoch weiter gespannt. So kommen in Betracht:

Nutzungsrechte, und zwar sowohl Ausbeutungsrechte wie Leitungsrechte aller Art,

etwa die Errichtung und Duldung von Hochspannungsleitungen und -masten, Ölleitungen (man denke an die großen „pipe-lines"),[1] Wasserleitungen großen und kleinen Ausmaßes;[2]

Unterlassen gewisser Handlungen auf dem belasteten Grundstück,

so kann z. B. eine Siedlungsgesellschaft vor Parzellierung und Verkauf des Geländes zu ihren Gunsten b. p. Dienstbarkeiten des Inhalts eintragen lassen, daß die Grundstücke nur in einem gewis-sen Stil, nicht in anderen bebaut werden dürfen (s. BGHZ 41, 209), daß Umgrenzungen (Zäune)

---

[1] S. *Bullinger,* Die Mineralölfernleitungen (1962); *Westermann,* Aktuelles und werdendes Recht der Mineralölfernleitungen (1964); *Kindermann,* Rechtsprobleme beim Bau und Betrieb von Erdölfernlei-tungen (1965).
[2] Gewisse Versorgungsleitungen sind schon *kraft Gesetzes* zu dulden, ohne daß es der Bestellung einer Dienstbarkeit bedürfte (s. dazu *Kimminich* NJW 1983, 2785). Viele Energieversorgungsunter-nehmen nehmen in ihre AGB Duldungspflichten für Versorgungsleitungen von Nachbarn etc. auf.

zwischen den einzelnen Grundstücken nicht errichtet werden dürfen, daß eine Überlassung einer Wohnung an andere Personen als die vom Berechtigten Vorgeschlagenen nicht erfolgen darf (*Wohnungsbesetzungsrecht:* KG NJW 1954, 1245; OLG Stuttgart MDR 1956, 679; RGZ 111, 384, 396; ablehnend: OLG Düsseldorf NJW 1961, 176; für einen „Knebelungsfall" BayObLG Rpfleger 1982, 273; s. a. § 33 II 2 u. ausführlich *Soergel/Stürner* § 1090 Rn. 12 ff.), daß es dem Eigentümer untersagt ist, sein Grundstück zu anderen Zwecken als zum Betrieb einer Werkstatt für Behinderte zu benutzen (BayObLG Rpfleger 1986, 10); ferner fallen hierunter *Wettbewerbsverbote* und *Fernwärmedienstbarkeiten* (s. hierzu schon oben § 33 II 4),

schließlich der *Ausschluß von Rechten,* die sich aus dem Eigentum an dem belasteten Grundstück ergeben würden.

Wie bei der Grunddienstbarkeit kommt hier insbesondere eine individuelle Regelung des Nachbarrechts in Betracht. So kann in dem obigen Beispiel die Siedlungsgesellschaft zu ihren Gunsten eine b. p. Dienstbarkeit eintragen lassen, wonach gewerbliche Unternehmungen auf den später zu verkaufenden Grundstücken nicht betrieben werden dürfen (BGH NJW 1984, 924; s. a. § 33 II 2 und 3).

4. Wie die Grunddienstbarkeit kann die b. p. Dienstbarkeit *nicht auf ein Handeln* des Eigentümers des belasteten Grundstücks *gerichtet* sein. Jedoch besteht auch hier die Möglichkeit, daß der Belastete verpflichtet wird, eine auf seinem Grundstück errichtete Anlage zu unterhalten (s. dazu oben § 33 II 6).

So kann mit einem Wasserleitungsrecht (zugunsten eines Wasserwerks) die Pflicht für die Eigentümer der belasteten Grundstücke verbunden sein, die auf ihren Grundstücken verlegten, dem Wasserwerk gehörenden Leitungen zu unterhalten, sie im Falle der Unbrauchbarkeit also auf ihre Kosten zu erneuern.

II. Anwendbare Vorschriften

Für die Entstehung, den Untergang und den Schutz der b. p. Dienstbarkeit gelten die Vorschriften über die Grunddienstbarkeit entsprechend. Da jedoch auf einen *bestimmten* Berechtigten abgestellt wird, ist sie *unübertragbar* und *unvererblich* (§§ 1092, 1090 Abs. 2 mit § 1061; Beispielsfälle: BGH NJW 1963, 2319 und 1964, 2296).

Es kann jedoch vereinbart werden, daß die Ausübung der b. p. Dienstbarkeit einem anderen überlassen wird; die Überlassung der Ausübung durch den Dienstbarkeitsberechtigten erfolgt durch schuldrechtlichen Vertrag (vgl. § 32 II 4).
So kann z. B. bei Bestellung der b. p. Dienstbarkeit oder später gestattet werden, daß ein Kiesausbeutungsrecht auch durch einen Pächter des Kieswerks ausgeübt werden kann. Anders als beim Nießbrauch versteht sich aber ein solches Recht zur Ausübungsgestattung nicht von selbst, sondern muß ausdrücklich eingeräumt werden.
Die *Nichtvererblichkeit* macht in der Praxis dann Schwierigkeiten, wenn Berechtigter eine natürliche Person ist, die in Ausübung der b. p. Dienstbarkeit große Aufwendungen gemacht, z. B. eine Kiesgewinnungsanlage errichtet hat. Daher wird in der Praxis vielfach – neben der b. p. Dienstbarkeit – ein schuldrechtlicher Anspruch auf künftige Bestellung einer b. p. Dienstbarkeit zugunsten des Gesamt- oder Einzelrechtsnachfolgers des jetzigen Dienstbarkeitsberechtigten begründet; dieser Anspruch kann dann durch eine Vormerkung gesichert werden (Beispielsfall: BGHZ 28, 99). Bei *juristischen Personen* helfen §§ 1092 Abs. 2, 1059 a (s. oben I 1).
Zur *Eigentümerdienstbarkeit* s. oben § 33 III 1 a; BGHZ 41, 209; *Weitnauer* DNotZ 1964, 716.

III. Ein *Sonderfall* einer b. p. Dienstbarkeit ist das dingliche *Wohnungsrecht;* hierzu wird auf das oben § 29 D Gesagte verwiesen.

IV. Beschränkte persönliche Dienstbarkeit in den neuen Bundesländern

Beschränkte persönliche Dienstbarkeiten im Sinne des BGB gibt es in den neuen Bundesländern nur unter neuem Recht (seit 3. 10. 1990) oder als altrechtliche Dienstbarkeiten vor Geltung des ZGB. § 321 ZGB kannte die *schuldrechtliche* persönliche Dienstbarkeit. Die Eintragung, wie sie Art. 233 § 5 Abs. 3 EGBGB nunmehr gestattet (s. § 33 IV), führt i. d. R. *nicht* zur Verdinglichung gemäß § 322 Abs. 2 ZGB, es sei denn, der Eigentümer stimmt zu. Es entstehen also durch die Eintragung Mitbenutzungsrechte, die der b. p. Dienstbarkeit ähneln, nicht der Grunddienstbarkeit (vgl. § 33 IV).

§ 35. Die Reallast[1]

I. Begriff und Anwendungsbereich

1. Nach § 1105 ist für die Reallast kennzeichnend, daß an den Berechtigten (dieses beschränkten dinglichen Rechts) *„wiederkehrende Leistungen* aus dem Grundstück zu entrichten sind".

Ein Bild von diesem Rechtsinstitut verschafft der hauptsächliche Anwendungsfall, das sog. *Altenteilsrecht* (Leibgeding, Auszug, Leibzucht): Der Bauer, der den Hof an seinen Nachfolger übergibt, läßt sich ein Altenteilsrecht einräumen, das – um gegen einen Rechtsnachfolger zu wirken – „verdinglicht" werden muß. Das Altenteil enthält üblicherweise ein Wohnrecht (zu verdinglichen als b. p. Dienstbarkeit nach § 1093), die Lieferung von Naturalien entsprechend den Bedürfnissen des Altenteilers und der Produktion des Hofes („zu Martini eine Gans"!), die Zahlung einer monatlichen Versorgungsrente und „die Pflege in kranken Tagen." Die Natural-, Geld- und Dienstleistungen können durch die Reallast gesichert, verdinglicht werden. Beispielsfälle: BGH NJW 1962, 2249; 1981, 2568; 1990, 3018, 3019 (ausführlich zum Altenteilsvertrag *Soergel/Stürner* § 1105 Rn. 26–28). Das Altenteilsrecht ist aber durch vielfältige *landesrechtliche* Besonderheiten geprägt, die starke Abweichungen von Bundesrecht zur Folge haben können. Besondere Vorsicht ist deshalb geboten! (eindrucksvoll der Haftungsfall BGH NJW 1991, 2759).

a) Charakteristisch ist also für die Reallast, daß an den Berechtigten wiederkehrende Leistungen „aus dem Grundstück" zu entrichten sind. Anders als bei der Rentenschuld (§ 1199) brauchen diese nicht in Geld zu bestehen, sondern können auch Sach- oder Dienstleistungen sein, sie müssen auch *nicht regelmäßig* wiederkehren. Im Gegensatz zu den Dienstbarkeiten (Nießbrauch, Grunddienstbarkeit, b. p. Dienstbarkeit) führt die Reallast nicht zu einer Nutzungseinwirkung des Berechtigten auf das belastete Grundstück, es bleibt vielmehr dem Belasteten überlassen, wie er die Leistungen, die er zu erbringen hat, aus dem Grundstück herauswirtschaftet.

Will E dem K ein Kieslieferungsrecht gewähren, so kann er ihm – wie wir wissen – eine *b.p. Dienstbarkeit* bestellen; dies hat zur Folge, daß K *auf dem Grundstück des E* den Kies auf seine – des K – Kosten abbauen kann. Bewilligt E dem K eine Reallast, so bedeutet dies, daß E den Kies auf seine Kosten gewinnen muß (K auf dem Grundstück des E also nichts zu suchen hat!) und an K zu liefern hat.

b) Der Ausdruck *„aus dem Grundstück"* könnte zu der Annahme verleiten, als müßte es sich um Leistungen handeln, die das Grundstück produziert. Aber daß diese Worte nicht so verstanden werden können, zeigt schon der Hinweis auf die Leistung von Diensten.

---

[1] Zur Frage der Rechtsnatur (Einordnung) der Reallast s. insbes. *Heck* § 109; *von Lübtow,* FS für Lehmann (I 1956) S. 352 ff.; ferner BayObLG MDR 1960, 50 (= *Baur,* E. Slg. Fall 45); BGH JZ 1978, 348, 349.

Wenn E der Gemeinde G eine Reallast des Inhalts bestellt hat, daß er (oder seine Rechtsnachfolger) für die Reinigung der Wasserabzugsgräben, die entlang des angrenzenden Feldwegs verlaufen, zu sorgen hat, so können diese Dienste nicht „aus dem Grundstück entrichtet" werden.

Gemeint ist, daß der Berechtigte die Zwangsvollstreckung in das Grundstück betreiben kann, wenn der Eigentümer des belasteten Grundstücks die Leistungen nicht erbringt (vgl. § 1107 mit § 1147!).

c) Aus dem Gesagten ergibt sich schon, daß die Reallast eine eigenartige Mittelstellung zwischen den Nutzungsrechten und den Sicherungsrechten an Grundstücken einnimmt: Sie kann dem Schwerpunkt nach Nutzungsrecht sein, wenn es sich um Leistungen handelt, die das Grundstück hervorbringt. Ist dies nicht der Fall – so insbesondere bei Reallasten, die auf Geld gerichtet sind –, so überwiegt von vornherein der Sicherungszweck.[1]

2. Der *Anwendungsbereich* der Reallast war bis zu der im Anfang des vorigen Jahrhunderts einsetzenden Ablösungsgesetzgebung umfassend. Sie diente vor allem der dinglichen Radizierung von Sach- und Dienstleistungspflichten mannigfachen Inhalts; man braucht sich nur die Begriffe: „Zehnten", „Fronden", „Hand- und Spanndienste", im städtischen Bereich den Begriff „Rentenkauf" zu vergegenwärtigen, um eine gewisse Vorstellung über die vielfachen Formen der Grundabhängigkeit zu gewinnen. Die Bauernbefreiung brachte eine Ablösung dieser Gerechtigkeiten; sie standen der persönlichen Entfaltung und der wirtschaftlichen Entwicklung des Bauernstandes im Wege.

Das BGB hat dennoch die Reallasten in den Kreis der zulässigen beschränkten dinglichen Rechte aufgenommen, jedoch dem Landesrecht die Möglichkeit gelassen, die Begründung von Reallasten zu untersagen oder zu beschränken oder den zulässigen Umfang und Inhalt näher zu umgrenzen (Art. 113–115 EGBGB).[2]

Gegenwärtig ist der Anwendungsbereich der Reallast beschränkt; sie findet sich – wie schon erwähnt – in bäuerlichen Verhältnissen als wesentlicher Teil des *Altenteilrechts*,[3] ferner zur Sicherung von wiederkehrenden Geldleistungen, häufig in Verbindung mit Wertsicherungsklauseln (BGHZ 111, 324 m. Nw.: *Rentenreallast*).[4] Schließlich hat sie sich auch den technischen Bereich in Form der sog. *Industriereallast (Heck)* erobert.[5]

Beispiele: K erwirbt von V ein Grundstück gegen Bezahlung von 5000 DM und Versprechen einer lebenslänglichen Leibrente von monatlich 250 DM. Zu deren Sicherung bestellt K dem V eine Reallast (BGH NJW 1972, 814). –

Aluminiumwerke sind besonders „stromintensiv". Daher läßt sich R vor Errichtung eines solchen Werkes auf dem Grundstück des Elektrizitätswerkes E eine Reallast des Inhalts eintragen, daß täglich eine gewisse Mindestmenge von Strom geliefert werden muß.

Zugunsten des Fernwärmeunternehmens F wird folgende *Fernwärmereallast* eingetragen: „Der jeweilige Eigentümer des Grundstücks hat Wärme oder Energie zur Wärmeerzeugung für Raumheizung, Klimatisierung, Bereitung von Brauchwasser nur aus der Fernheizungsanlage zu beziehen, es sei denn, daß es sich um Energiequellen handelt, die ihrer Natur nach lediglich zur kurzfristigen Wärmeerzeugung bestimmt sind" (OLG Celle JZ 1979, 268; ablehnend *Joost* JZ 1979, 467, 468; zustimmend *Soergel/Stürner* § 1105 Rn. 24 m. Nw.). Die Praxis wird allerdings die Fernwärmedienst-

---

[1] So mit Recht *Wieacker,* Bodenrecht S. 234.

[2] Zusammenstellung bei MünchKomm/*Joost* § 1105 Rn. 49; Beispielsfall: OLG Düsseldorf Rpfleger 1986, 366 m. krit. Anm. *Meyer-Stolte.*

[3] Beispiel aus BayObLG DNotZ 1985, 41: „Kost, Wohnung, Heizung, ärztl. Versorgung, Taschengeld", aber auch: „Kosten der standesgemäßen Beerdigung, Grabstein, Grabpflege" (ähnlich Hamm Rpfleger 1988, 247), oder: „Gewährung von Kost, Wartung und Pflege auf Lebenszeit in gesunden und kranken Tagen" (BGH NJW 1990, 3018, 3019).

[4] Siehe dazu *Soergel/Stürner* § 1105 Rn. 13, 14; BGHZ 22, 54, 58 (Beamtenpension); OLG Frankfurt Rpfleger 1988, 247; OLG Oldenburg Rpfleger 1991, 450 (Unbestimmtheit der „Anpassung gemäß § 323 ZPO"). Hingegen ist die *Erbbauzinsreallast* wegen § 9 Abs. 2 S. 1 ErbbauRV nicht selbst dynamisierbar (BGHZ 111, 324, 328); hier kann nur der schuldrechtliche Anspruch auf Anpassung der Reallast vorgemerkt werden (BGHZ 61, 209, 211; s. a. § 29 C I 2).

[5] Siehe auch *Franz Beyerle,* Ertragsbeteiligung als dingliches Recht, JZ 1955, 257.

barkeit (§ 33 II 4c) oft vorziehen wegen landesrechtlicher Barrieren (Ablösungsrechte, inhaltliche Beschränkungen etc.).

II. Entstehung und Untergang der Reallast

1. Die Reallast *entsteht* durch Einigung und Eintragung. Sie kann begründet werden:

a) *als vererbliches und übertragbares Recht;* dies gilt, wenn sich eine andere Vereinbarung aus dem Grundbuch nicht ergibt (BayObLG DNotZ 1989, 567);

b) als *nicht vererbliches und nicht übertragbares,* also an die Person des Berechtigten gebundenes *Recht* (vgl. § 1111 Abs. 2);

c) als *subjektiv-dingliches Recht* (§§ 1105 Abs. 2, 1110), das nur mit dem Eigentum am herrschenden Grundstück übertragbar ist. Beispiel: BayObLG Rpfleger 1990, 507 (subjektiv-dingliche Erbbauzinsreallast).

Wie die Grunddienstbarkeit kann auch die Reallast als *Eigentümerreallast* begründet werden. So kann etwa in dem Beispielsfall oben § 34 I 3 die Siedlungsgesellschaft durch Reallasten vor dem Verkauf der Grundstücke die Reinigung der Gehwege innerhalb der Siedlung ein für alle Mal regeln.[1]

2. Zu beachten ist:

a) Der Bestellung der Reallast liegt eine causa zugrunde (z.B. Kauf, Übergabevertrag, Schenkung). Fehlt sie oder fällt sie weg, so kann Aufhebung der Reallast aus ungerechtfertigter Bereicherung verlangt werden. Dient sie der Sicherung einer Forderung, so ist § 1163 nicht entsprechend anwendbar (str.).

b) Eine nicht subjektiv-dingliche, auch nicht an die Person des Berechtigten gebundene Reallast kann nach § 873 auf einen anderen *übertragen* werden. Davon zu unterscheiden ist die Übertragung der fällig gewordenen Einzelleistung; deren Abtretung erfolgt nach §§ 398ff. (§ 1107 mit § 1159). Davon ist weiter der Fall zu unterscheiden, daß die Reallast für A, gleichzeitig aber für die Zeit nach dem Tode des A für B bestellt wird (OLG Köln OLGZ 1966, 231).

3. Für das *Erlöschen* der Reallast (s. § 875) gilt die Besonderheit, daß landesrechtlich eine – jederzeit zulässige – *Ablösung* vorgesehen sein kann.

III. Die Haftung für die Reallast[2]

1. Die hier vom Gesetz verordnete Regelung wirkt zunächst verwirrend, weil man folgende Tatbestände zu unterscheiden hat:

a) die Reallast als solche,

b) den aus der Reallast fließenden Anspruch auf die einzelne Leistung,

c) etwaige aus dem zugrunde liegenden Schuldverhältnis sich ergebende Ansprüche.

Beispiel: In einem Altenteilsvertrag hat sich der Hofübernehmer S verpflichtet, an seinen Vater V monatlich 1000 DM zu zahlen. Eine entsprechende Reallast wurde eingetragen. Hier fließt aus der Reallast – gleichgültig, wer Eigentümer des belasteten Grundstücks ist – ein dingliches Verwertungsrecht (§ 1107) und ein gegen den Eigentümer gerichteter persönlicher Anspruch auf Zahlung von 1000 DM monatlich (§ 1108 Abs. 1). Unabhängig davon erwächst aus dem Übergabevertrag ein schuldrechtlicher Anspruch auf Zahlung von 1000 DM, der aber nur gegen den Sohn, nicht gegen einen Erwerber des Hofes geltend gemacht werden könnte.

2. Die Haftung des Grundstücks für die *Reallast als Ganzes* („Stammrecht") kommt nur bei einer vertraglich oder gesetzlich vorgesehenen Ablösung oder im Falle der Zwangsversteigerung in Betracht (§ 92 ZVG).

Schutz der Reallast bei Beeinträchtigungen des Gesamtrechts nach § 1107 mit § 1134!

---

[1] Zu der Frage, ob eine Reallast zugunsten eines Dritten bestellt werden kann, s. BGH DB 1965, 660 und oben § 5 II 2.

[2] Dazu *Drischler* KTS 1971, 145.

3. Für den *einzelnen* aus der Reallast fließenden *Anspruch* haftet

a) *einmal* das *Grundstück,* und zwar nach den für Hypothekenzinsen geltenden Regeln (§ 1107). Im obigen Beispiel kann V also Zwangsversteigerung und Zwangsverwaltung in das Grundstück und in die nach §§ 1120 ff. mithaftenden Gegenstände betreiben; Einzelheiten s. unten § 40. Interessantes *Beispiel:* BayObLG NJW-RR 1991, 407 (Erlöschen des Stammrechts bei Vollstreckung des Einzelanspruchs, §§ 44 I, 12 ZVG – Vorrang des Stammrechts als eingetragener dinglicher Inhalt).

b) *ferner* aber nach § 1108 auch der jeweilige Eigentümer *persönlich* für die während der Dauer seines Eigentums fällig werdenden Leistungen.[1] V kann sonach auch in das übrige Vermögen des S, etwa in ein Bankkonto vollstrecken, und zwar auch dann, wenn S den Hof inzwischen an K verkauft hat, sofern nur die geltend gemachten Raten während der Eigentumszeit des S fällig geworden sind. Gegen K kann V im Wege der Grundstücksvollstreckung auch die vor dem Erwerb liegenden Ansprüche vollstrecken!

4. Für Ansprüche aus dem *schuldrechtlichen Grundgeschäft* haftet nur der Vertragsgegner, nicht ein Erwerber des Grundstücks, es sei denn, er habe die Verbindlichkeiten übernommen.

Beispiel: K verkauft an B sein Grundstück und läßt sich bei der Auflassung und Eintragung des B eine Reallast bestellen, die den monatlichen Rentenanspruch über 2500 DM sichern soll („Kauf auf Rentenbasis"). B verkauft und veräußert an F, der die Rentenschuld des B übernimmt (§§ 414, 415), was aber K nicht genehmigt. Als F in wirtschaftliche Nöte kommt, ersteigert E das Grundstück, wobei die Reallast des K ins geringste Gebot fällt und bestehen bleibt (§§ 44 Abs. 1, 52 Abs. 1, 91 Abs. 1 ZVG). K beansprucht den zahlungsfähigen E (§ 1108), der bezahlt. E will bei B Regreß nehmen. § 426 Abs. 1 und §§ 1108, 426 Abs. 2 S. 1 lassen dies zu. Denn B war noch Schuldner der Kaufpreisrente, die F nicht wirksam übernommen hatte; B und E waren also Gesamtschuldner, die im Innenverhältnis grundsätzlich anteilig hafteten. B muß sich bei F aus dem Kaufvertrag erholen (§ 415 Abs. 3 S. 2). Zum Ganzen BGH NJW 1991, 2899; BGHZ 58, 191.

IV. Reallast in den neuen Bundesländern

In den neuen Bundesländern gibt es altrechtliche Reallasten aus der Zeit vor dem ZGB (s. § 15 VI 4) und Reallasten, die nach dem 3. 10. 1990 bestellt worden sind. Die Mitbenutzungsrechte gemäß §§ 321, 322 ZGB (s. §§ 33 IV, 34 IV) ähneln den Dienstbarkeiten und haben mit der Reallast letztlich nichts gemein.

---

[1] Daher kein Erwerb von belasteten Grundstücken durch Minderjährige nach § 107 (statt vieler MünchKomm/*Gitter* § 107 Rn. 11; *Stürner* AcP 173, 402, 430).

5. Kapitel. Sicherungsrechte an Grundstücken

A. Die Grundpfandrechte

§ 36. Funktion und Einteilung der Grundpfandrechte

Lit.-Hinweis: *Adams,* Ökonomische Analyse der Sicherungsrechte, 1980; F. *Baur* JA 1987, 166 (Entwicklungstendenzen); *Bucholz,* RabelsZ 50 (1986) 97; *Asch,* Das deutsche Hypothekengeschäft, 1932; *Blomeyer,* Karl, Hypotheken u. Grundschulden, 2. Aufl. 1990; *Bülow,* R. d. Kreditsicherheiten, 2. Aufl. 1988; *Falter,* D. Praxis d. Kreditgeschäfts, 12. Aufl. 1987; *Gaberdiel,* Kreditsicherung durch Grundschulden, 4. Aufl. 1985; *Gerhardt,* Immobiliarsachenrecht, 2. Aufl. 1989; *Klinckhammer/Rancke* JuS 1973, 665 (Hauptprobleme des Hypothekenrechts); *Kollhosser* JA 1979, 61 (Grundbegriffe und Formularpraktiken); *Laux,* Zwischenfinanzierung von Bausparverträgen, 5. Aufl. 1980; v. *Lübtow,* Die Struktur der Pfandrechte und Reallasten, FS H. Lehmann (1956) I S. 328; *Medicus,* Die Akzessorietät im Zivilrecht, JuS 1971, 497; *Nußbaum,* Lehrbuch des deutschen Hypothekenwesens (2. Aufl. 1921); *Petereit,* D. Kreditsicherung aus dem unbeweglichen Vermögen, 1978; *Reinicke/Tiedtke,* Gesamtschuld u. Schuldsicherung, 2. Aufl. 1988; *Reithmann* NJW 1977, 661 (Grundpfandrechte in der Rechtswirklichkeit) u. DNotZ 1982, 67 (Grundpfandrechte heute); *Rimmelspacher,* Kreditsicherungsrecht, 2. Aufl. 1987; *Schaarschmidt,* Die Sparkassenkredite, 7. Aufl. 1985; *Schapp,* Zum Wesen des Grundpfandrechts, Freundesgabe Söllner, 1990, S. 477 ff.; *Scholz/Lwowski,* D. Recht d. Kreditsicherung, 6. Aufl. 1986; *Schwerdtner* Jura 1986, 259, 376 (Grundprobleme); *Steffan* u. a., Handbuch des Realkredits (1963); *Weber,* Sicherungsgeschäfte, 3. Aufl. 1986 (m. weiteren Lit.-Nachweisen); *Dorndorf,* Kreditsicherungsrecht u. Wirtschaftsordnung, 1986; *Rastätter* DNotZ 1987, 459 (bankübliche Sicherung durch Grundpfandrechte); *Westermann,* Die Grundpfandrechte, Jura 1979, 281. – Rechtsprechungsberichte: *Pikart* WM 1960, 594; 1965, 1230; 1973, 830; *Räfle* WM 1983, 806.

Über das *Recht der Kreditsicherheiten in europäischen Ländern* unterrichtet eine von *Hadding* u. *Schneider* herausgegebene Schriftenreihe: Bd. 11 Bundesrepublik Deutschland, 1976; Bd. 16 Frankreich, 1978; Bd. 18 Belgien, 1979; Bd. 24 England, 1980; Bd. 38 Schweiz, 1983; Bd. 37 USA – Bewegliche Sachen, 1983; Bd. 44 Immobiliensicherheiten, 1985; Bd. 47 Forderungsabtretung, 1986. – Über „Hypotheken auf Unternehmen" in Schweden und Finnland s. *Wenckstern* AÖR 52 (1988) 663.

I. Wirtschaftliche Bedeutung

1. Das BGB kennt den Begriff „Grundpfandrecht" nicht. Er hat sich gebildet als zusammenfassende vereinfachende Bezeichnung für die im Gesetz entwickelten Rechtsinstitute der Hypothek, Grundschuld und Rentenschuld. Diesen beschränkten dinglichen Rechten ist gemeinsam, daß der Berechtigte eine Geldforderung im Falle ihrer Nichterfüllung aus dem belasteten Grundstück im Wege der Zwangsvollstreckung beitreiben kann. Ihre Eigenart ergibt sich schon aus dem Wortlaut der §§ 1113, 1191, 1199, wo es – insoweit übereinstimmend – heißt, daß „eine bestimmte Geldsumme aus dem Grundstück zu zahlen ist". Diese Formulierung kann nicht wörtlich genommen werden; denn „aus dem Grundstück" kann nicht bezahlt werden. Gemeint ist, daß die Substanz oder (und) die Nutzungen des Grundstücks notfalls zwangsweise zugunsten des Berechtigten verwertet werden, und zwar die Substanz im Wege der Zwangsversteigerung, die Nutzungen im Wege der Zwangsverwaltung.

Nun könnte man sagen, dies sei doch nichts Besonderes. Denn jeder Gläubiger habe das Recht, im Falle der Nichtbefriedigung seiner Forderung in das gesamte Vermögen seines Schuldners, also auch in dessen Grundstücke und ihre Nutzungen, die Zwangsvollstreckung zu betreiben, der Grundpfandberechtigte genieße also keine Sonderstellung. Die Eigenart des Pfandrechts, und damit auch des Grundpfandrechts, liegt aber darin, daß sein Inhaber den persönlichen, also nicht dinglich gesicherten Gläubigern vorgeht, die verpfändete Sache gewissermaßen für ihn „reserviert" ist, und zwar gleichgültig, wer Eigentümer des belasteten Grundstücks ist.

Zur näheren Illustration ist etwa auf die in § 10 Abs. 1 Nr. 4 (dinglich Berechtigte) und Nr. 5 (persönliche Gläubiger) ZVG enthaltene Rangordnung oder auf § 47 KO (Recht der Pfandberechtigten auf abgesonderte Befriedigung) zu verweisen.

Aus dieser Vorzugsstellung der Grundpfandberechtigten ergibt sich die wirtschaftliche Bedeutung der Grundpfandrechte: sie dienen dem Sicherungsbedürfnis der Gläubiger in besonderer Weise, indem ihnen die Verwertungsbefugnis an einem oder mehreren Grundstücken eingeräumt ist; der Kredit, den sie gewähren, wird daher als *Grundkredit* bezeichnet.

Die Bedeutung des Grundpfandrechts wird augenscheinlich, wenn man bedenkt, daß in den alten Bundesländern gegenwärtig Grundpfandrechte in Höhe von ca. 740 Milliarden DM eingetragen sind (s. a. Stat. Jahrbuch 1991, S. 351).

2. Das Sicherungsbedürfnis der Gläubiger ist verständlich; sie begnügen sich meist nicht mit der persönlichen Haftung des Schuldners oder eines von ihm „gestellten" Bürgen (hier spricht man von *Personalkredit*), sondern verlangen, weil sie die Konkurrenz anderer Gläubiger fürchten, eine auf einen ganz bestimmten Gegenstand bezogene Vorzugsstellung *(Realkredit)*;[1] diese Sache wird ihnen verpfändet, dient ihrer Sicherheit. In Betracht kommen:

a) bewegliche Sachen; hier stellt das Gesetz die Rechtsfigur des *Pfandrechts an beweglichen Sachen* (§§ 1204 ff.) zur Verfügung. Für dieses ist charakteristisch, daß der Eigentümer die Sache dem Gläubiger übergeben muß (§ 1205), lästig für den Eigentümer, weil er mit dem Besitz auch die Nutzungsbefugnis verliert. Das Pfandrecht an beweglichen Sachen ist daher – wie wir sehen werden – weithin durch die Sicherungsübereignung abgelöst worden;

b) *Rechte,* soweit sie übertragbar sind; Rechtsfigur ist das *Pfandrecht an Rechten* (§§ 1273 ff.);

S verpfändet z. B. eine ihm gegen D zustehende Forderung an seinen Gläubiger G mit der Folge, daß G diese Forderung für sich verwerten kann (vgl. §§ 1281, 1282). Freilich wird in der Praxis auch dieses Rechtsinstitut durch die Vollabtretung der Forderung *(Sicherungszession)* ersetzt, weil zur Verpfändung die Anzeige an den Schuldner (D) gehören würde (§ 1280); niemand aber offenbart gerne seine Leistungsschwäche.

---

[1] Es ist darauf hinzuweisen, daß die Terminologie leider nicht ganz einheitlich ist: In der Praxis wird als *Realkredit* regelmäßig nur der durch *Grund*pfandrechte gesicherte Kredit bezeichnet, häufig sogar nur der *langfristige* Grundkredit, für den die Anlage eines bestimmten Kapitals durch Beleihung eines Grundstücks kennzeichnend ist. Für einen solchen Anlagekredit ist dann die „Bonität" des Grundstücks und seine Ertragsfähigkeit ausschlaggebend, während die Person des persönlichen Schuldners in den Hintergrund tritt (BGHZ 17, 89, 94: „... echter Realkredit, d. h. ein Kredit, für den der Wert des belasteten Grundstückes, nicht aber derjenige des sonstigen Schuldnervermögens oder die persönliche Kreditwürdigkeit des Schuldners entscheidend ist"). Dagegen werden *kurz- und mittelfristige* Kredite (z. B. Kontokorrent- und Warenkredite) *auch* dann als Personalkredite bezeichnet, wenn sie durch Grundpfandrechte gesichert werden! Ob aus dieser Verschiedenheit von „Anlagekredit" und „Sicherungskredit" rechtliche Folgerungen gezogen werden können (so bezüglich des Akzessorietätsgrundsatzes), muß schon von der Tatsachenwertung her zweifelhaft sein. Denn auch für den Anlagekreditgeber ist die Person des Schuldners nicht gleichgültig (nur wer die Mühen einer Grundstückszwangsvollstreckung nicht kennt, kann dies leugnen), umgekehrt legt auch der Personalkreditgeber Wert auf die Bonität des ihm gegebenen Grundpfandrechts.

c) *Grundstücke;* auf sie bezieht sich das Grundpfandrecht; gesetzlich zugelassene Typen der Grundpfandrechte sind die Hypothek, die Grundschuld und die Rentenschuld. Sie sind – wie zu zeigen sein wird – in ihrer dogmatischen Ausgestaltung verschieden, in ihrer wirtschaftlichen Bedeutung und Verwendbarkeit besteht – jedenfalls zwischen Hypothek und Grundschuld – kein Unterschied. Ihre in den Augen des Kreditverkehrs hervorragende Sicherungsqualität beruht auf folgenden Umständen:

aa) Grundstücke und die mit ihnen als wesentliche Bestandteile verbundenen, also in die Haftung einbezogenen Gebäude haben sich nach der Erfahrung als wertbeständig erwiesen. Zwar unterliegen auch sie gewissen Wertschwankungen, die durch die allgemeine wirtschaftliche Lage (z. B. Konjunkturschwankungen) und durch Angebot und Nachfrage auf dem Grundstücksmarkt bestimmt werden. Aber einmal halten sich diese Schwankungen meist in gewissen Grenzen, zum anderen bleiben die Grundpfandrechte auch bei Sinken der Grundstückspreise voll gesichert, wenn der Durchschnittswert des Grundstücks nicht voll mit Grundpfandrechten „ausgeschöpft" ist.

Schon hier wird der wirtschaftliche Unterschied zwischen *erster Hypothek* auf der einen und *zweiter* und *dritter* Hypothek auf der anderen Seite deutlich: die *erste Hypothek* wird seitens des Darlehensgebers nur in einer solchen Höhe als ausreichendes Sicherungsmittel anerkannt, wie sie nach allen Erfahrungen auch unter ungünstigsten Bedingungen bei einem Zwangsverkauf des Grundstücks durch den Kaufpreis noch gedeckt wird. Ist also z. B. der Verkaufswert eines bebauten Grundstücks zur Zeit 100 000 DM, so kann ein Gläubiger, dessen Darlehen in Höhe von 40 000 DM durch die erste Hypothek gesichert ist, mit seiner vollen Befriedigung rechnen, auch wenn infolge schlechter wirtschaftlicher Verhältnisse der Verkehrswert bis zum Augenblick der Zwangsversteigerung erheblich gesunken ist. Diese gleiche Sicherheit haben der *zweite und dritte Hypothekar* nicht, ihre Stellung ist vielmehr mit einem Risiko verknüpft, dem Risiko des ganzen oder teilweisen Ausfalls in der Zwangsversteigerung. Dieses Risiko muß der Schuldner bezahlen in Gestalt eines erhöhten Zinsfußes, der gewissermaßen auch eine Risikoprämie enthält. Macht die Gewährung von Darlehen mit zweit- oder drittrangiger Sicherheit überhaupt oder doch nur zu solchen zu annehmbaren Bedingungen Schwierigkeiten, so greifen vielfach die Selbsthilfe der Bauherrn (Bausparkassen; s. unten 4 d) oder die Hilfe des Staates (Förderung des Wohnungsbaus) ein: zweite oder dritte Hypotheken werden dann zu billigem Zinsfuß ausgegeben, das im Rang liegende Risiko wird auf viele Schultern (der Genossen bei den Bausparkassen) oder auf die Allgemeinheit (bei den Staatsdarlehen) abgewälzt.

bb) Der Vorteil der Grundpfandrechte liegt weiter in der durch das Grundbuch gewährleisteten *Publizität.* Wer bereit ist, gegen Bestellung eines Grundpfandrechts ein Darlehen zu gewähren, kann sich über die Eigentumsverhältnisse, die schon bestehenden Belastungen, jederzeit im Grundbuch informieren. Dessen Inhalt wird meist der wahren Rechtslage entsprechen; aber selbst wenn dies nicht der Fall ist, so wird doch der Gläubiger in seinem Glauben an den Grundbuchinhalt geschützt (§§ 892, 893). Zu der grundbuchlichen Publizität tritt die tatsächliche: der künftige Hypothekar kann sich an Ort und Stelle über den Zustand des Grundstücks und der Gebäude unterrichten; mit wesentlichen Veränderungen ist im allgemeinen für die Zukunft nicht zu rechnen, zumal Versicherungsforderungen (etwa aus der Gebäudebrandversicherung) in die Haftung für das Grundpfandrecht einbezogen sind (§§ 1127–1130).

Diese Vorteile sind bei den anderen Sicherungsmitteln nicht oder doch nicht in dem gleichen Maße gegeben. So ist es z. B. nicht einfach, die Vermögensverhältnisse eines *Bürgen* einigermaßen zuverlässig zu eruieren; keinerlei Gewähr ist aber dafür gegeben, daß günstige Vermögensverhältnisse sich auch in Zukunft nicht ändern. Ähnliches gilt für die *Verpfändung* und *Sicherungsabtretung von Forderungen;* ob der Drittschuldner zahlungsfähig *ist* und zahlungsfähig *bleibt,* ist eine mit Sicherheit nicht zu beantwortende Frage. Die *Verpfändung beweglicher Sachen* hat zwar den Vorteil, daß die Pfandsache in den Besitz des Gläubigers übergeht, aber auch hier droht der Wertverlust (der sich nur bei ganz bestimmten Gegenständen, wie Gold, Schmuck u. dgl. vermeiden läßt). Bei der *Sicherungsübereignung* schließlich hat der Gläubiger (Sicherungsnehmer) keine Bestandskontrolle, ja er hat nicht einmal die Gewißheit, daß ihm überhaupt Sicherungseigentum übertragen worden ist; denn sein guter Glaube an das Eigentum des Sicherungsgebers nützt ihm nichts (§ 933!).

Das Grundpfandrecht ist also das Sicherungsmittel, welches das Sicherungsbedürfnis des Gläubigers am vollkommensten befriedigt. Es nimmt daher nicht wunder, daß es am meisten geschätzt wird und am weitesten verbreitet ist. Ist eine Forderung durch ein erststelliges Grundpfandrecht gesichert, so wird dies in der Wirtschaft als ein Höchstmaß an Bonität angesehen.

Gelegentlich ersetzt das Grundpfandrecht auch den Eigentumserwerb: K kann das Grundstück des V nicht erwerben (z. B. weil ein Gesetz im Wege steht). K läßt sich Grundpfandrechte an dem Grundstück in solcher Höhe bestellen, daß er „praktisch Eigentümer" ist (*Blomeyer* aaO S. 11).

Der Blick für die wirtschaftliche Bedeutung weitet sich, wenn man die typischen Verschuldungsgründe (3), die typischen Geldgeber (4), die Bewertung der Grundpfandrechte auf dem Kapitalmarkt (5) betrachtet.

3. *Die typischen Verschuldungsgründe*

Die Grundpfandrechte dienen zur Sicherung von Forderungen mannigfacher Art; der Gesetzgeber macht keine Beschränkungen, verlangt im allgemeinen nur, daß die Forderung auf eine Geldsumme gerichtet ist (vgl. § 1113). Immerhin können wir gewisse typische Verschuldungsgründe feststellen.

Sie ließen sich bei einem repräsentativen Querschnitt durch die Eintragungen in Abteilung III der Grundbücher gewinnen. Dabei ist freilich zu beachten, daß eine solche Einteilung oberflächlich ist, weil sie nicht von einem einheitlichen Bezugspunkt ausgehen kann: sie berücksichtigt einmal die Verwendung der kreditierten Gelder (z. B. produktive Kredite), dann wieder den Entstehungsgrund der gesicherten Forderung (z. B. Kaufpreisresthypothek). Auch wird nicht beachtet, daß in einem Fall das Interesse des Gläubigers an einer langjährigen Geldanlage zu einem bestimmten Zinsfuß *(Anlagekredit),* im anderen Fall das Interesse des Schuldners an einer langfristigen Kreditgewährung überwiegen kann, wobei sich diese Interessen im Laufe der Zeit in ihrem Gewicht verschieben können.

Beispiel: E möchte eine Fabrik errichten. Er findet als Geldgeber die Hypothekenbank G. Gewährt nun G dem E ein Darlehen von 5 Millionen DM zu 6% gegen erststellige Sicherheit für beide Teile auf 10 Jahre unkündbar, so mag das Anlageinteresse der G und das Kreditinteresse des E bei Abschluß des Darlehensvertrags gleich hoch sein. Sinkt im Verlauf der Kreditzeit der Zinssatz für erststellige Sicherheiten auf 5½%, so läge es im Interesse des E, das Darlehen zu kündigen und durch ein niederverzinsliches auszutauschen (dazu unten 6 b).

Unter Beachtung dieser Präliminarien kann man folgende typische Verschuldungsgründe unterscheiden:

a) *Produktive,* durch Grundpfandrechte gesicherte *Kredite.* Hier ist charakteristisch, daß der Kredit zur Erhöhung oder Erhaltung des Grundstückswerts oder zur Errichtung, Modernisierung, Verbesserung des mit dem Grundstück verbundenen Betriebs dienen soll. Eine Sonderform dieser Hypothek ist die *Baugeldhypothek.* Wird der Kredit nicht schon durch den vorhandenen Grundstückswert gedeckt, so hat der Darlehensgeber alles Interesse, die Verwendung des Kredits für den vereinbarten Zweck zu überwachen: das Darlehen wird daher in Raten entsprechend dem Fortschreiten des Baues ausbezahlt.

In dem obigen *Beispiel* läßt sich zwar G die Hypothek schon in voller Höhe bestellen, gibt aber das Darlehen nur in Teilbeträgen, wenn ihr jeweils der Stand des Baues durch eine Bescheinigung des Architekten (der Baubehörde) nachgewiesen ist. In manchen Fällen wartet der Kreditgeber, bis der Bau vollendet ist; in der Zwischenzeit gibt ein anderer einen *Zwischenkredit* (andere Fälle des Zwischenkredits wollen die Zeit bis zur endgültigen Darlehenszusage oder bis zur Eintragung des Grundpfandrechts im Grundbuch überbrücken).

Beziehen sich Produktivkredite im allgemeinen auf eine Verbesserung oder Vermehrung des Anlagevermögens (Gebäude, Maschinen), so sichert die *Kontokorrenthypothek* (Kontokorrentgrundschuld) meist einen Kredit, der dem Umlaufvermögen (Beschaffung von Waren, Bezahlung der Arbeitskräfte) dient: Der Gläubiger – regelmäßig eine Bank – räumt dem Schuldner einen „Kredit in laufender Rechnung" (Kontokorrentkredit) bis zu einer bestimmten Höhe ein; der Schuldner kann also sein Konto bei der Bank bis zu diesem Betrag überziehen. Das Gesetz stellt zur Sicherung solcher, u. U. täglich der Höhe nach schwankender Kredite als besondere Rechtsform die *Höchstbetragshypothek* zur Verfügung (§ 1190); sie wird freilich in der modernen Bankpraxis mehr und mehr durch die Grundschuld verdrängt.

Für *alle* Formen der Produktivkredite ist kennzeichnend, daß sie *nicht* dem Konsum, also der Lebenshaltung des Schuldners dienen sollen. Freilich läßt sich die Verwendung des Kredits zu werbenden Zwecken – von dem Fall der Baugelder abgesehen – nur schwer kontrollieren. Vielfach suchen die Gläubiger die Einhaltung des Kreditzwecks dadurch zu erreichen, daß sie sich für den Fall eines vertragswidrigen Gebrauchs des Darlehens ein *außerordentliches Kündigungsrecht* ausbedingen (einen *gesetzlich* normierten Fall einer sofortigen Geltendmachung der Hypothek enthält § 1133 S. 2).

Freilich ist zu beachten, daß ein Darlehen von vorneherein zu Zwecken gegeben werden kann, die mit dem Grundstück, ja auch mit der Person des Eigentümers nichts zu tun haben. So wenn der Eigentümer mit dem von ihm bestellten Grundpfandrecht ein Darlehen sichert, das einem anderen gewährt wird; der Eigentümer erlangt damit eine einem Bürgen vergleichbare Stellung, nur daß er anders als der Bürge nicht mit seinem ganzen Vermögen, sondern nur mit dem Grundstück haftet.

Die eben gewonnene Erkenntnis ist auch für die rechtliche Behandlung der Grundpfandrechte von erheblicher Bedeutung, insofern man *zwei Fälle* zu trennen hat: *im ersten Fall* ist der Eigentümer *auch* der Schuldner der persönlichen Forderung (z. B. des Darlehens):

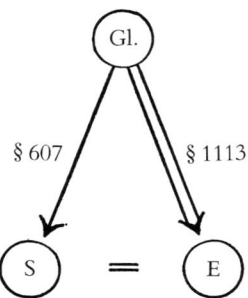

Im zweiten Fall sind Eigentümer und Schuldner verschiedene Personen, so wenn E zugunsten des Gl. eine Hypothek bewilligt, die ein Darlehen sichern soll, das Gl. dem Sohn S des E gewährt:

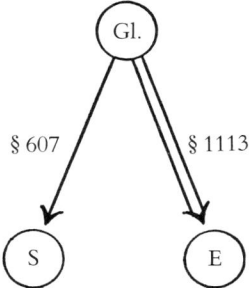

Es liegt auf der Hand, daß sich im zweiten Fall besondere Probleme ergeben, z. B.: Wann ist E berechtigt (verpflichtet), die „Hypothek abzulösen"? Wem steht die Hypothek nach ihrer Ablösung (= Bezahlung) durch E zu?

Dies soll hier zunächst nur angemerkt werden; die Darstellung dieser Divergenzfälle erfolgt später.

b) Eine weitere typische Verschuldungsform ist die *Kaufgeldhypothek* (Restkaufpreishypothek): Beim Verkauf eines Grundstücks wird vereinbart, daß der Verkäufer den Kaufpreis ganz oder teilweise stundet, der Käufer aber zur Sicherung dieser Forderung des Verkäufers ein Grundpfandrecht (Hypothek oder Grundschuld) bestellt.

Dieser Vorgang hat in seiner wirtschaftlichen Bedeutung große Ähnlichkeit mit dem Eigentumsvorbehalt, der – wie wir wissen – wegen § 925 Abs. 2 bei Grundstücken nicht möglich ist: der Verkäufer läßt den Käufer mit seinem (des Verkäufers) Kapital (nämlich der gestundeten Kaufpreisforderung) „wirtschaften", während er selbst in Form des Zinses eine Rente zieht. Wird freilich für die Kaufgeldhypothek eine erststellige Sicherheit gefordert, so wird dem Käufer der Weg versperrt, gegen eine erste Hypothek einen Produktivkredit (z. B. ein Baudarlehen) aufzunehmen. Vielfach wird daher angestrebt, daß der Verkäufer auf die zweite Rangstelle zurücktritt (rechtlich in der Form des Rangvorbehalts, der Bestellung einer – später zu verwertenden – Eigentümergrundschuld oder des Rangrücktritts). Die Erkenntnis, daß dieses Vorhaben meist – wegen des Sicherungsbedürfnisses des Verkäufers – nicht gelingt, hat zur Schaffung des Erbbaurechts geführt: hier braucht der Bauherr Geld für den Erwerb des Grundstücks zunächst überhaupt nicht aufzuwenden, er bezahlt nur einen Erbbauzins (s. oben § 29 C).

c) Eine dritte typische Form sind schließlich die *Erbteilungs-* oder *Abfindungshypotheken;* sie werden im Gefolge einer Erbauseinandersetzung bestellt, wenn ein Miterbe das ererbte Unternehmen (den landwirtschaftlichen Betrieb) übernimmt und die anderen Miterben in Geld abfindet. Da er vielfach nicht in der Lage sein wird, diese Beträge bar zu begleichen, bestellt er zur Sicherung der gegen ihn gerichteten Forderungen Hypotheken (Grundschulden). Diese Handhabung erleichtert zwar die Auseinandersetzung unter den Miterben, ist aber wirtschaftlich bedenklich, weil die Verschuldung unproduktiv ist: dem Unternehmen werden keine neuen Werte zugeführt, es findet vielmehr ein Aderlaß an wirtschaftlicher Kraft statt.

Das Ergebnis ist wirtschaftlich das gleiche, wenn der Übernehmer die Erben mit Mitteln abfindet, die ihm ein Geldgeber (z. B. eine Bank) zu diesem Zweck gegen Grundpfandsicherung zur Verfügung gestellt hat.

d) In neuerer Zeit werden von den Kreditinstituten sog. „Allzweckhypotheken" oder „persönliche Hypothekendarlehen" angeboten. Sie bieten rechtlich nichts Besonderes; gemeint ist damit nur, daß das durch ein Grundpfandrecht gesicherte Darlehen vom Darlehensnehmer zu jedem beliebigen Zweck verwendet werden kann.

4. Die „typischen Geldgeber"

a) Der *private Grundpfandkredit* tritt neben dem Institutskredit (s. b–d) an Bedeutung zurück. Privatpersonen, die Geld gegen Grundpfandsicherung ausleihen wollen, bedienen sich mehr und mehr der Vermittlung der Banken, um damit das Risiko auf breitere Schultern abzuwälzen. Zu dieser Entwicklung hat nicht zuletzt ein – häufig übersteigerter – *Schuldnerschutz* beigetragen,[1] der die Durchführung der Zwangsversteigerung erheblich erschwert. So sind private Grundpfandkredite heute die Ausnahme.

Eine gewisse – allerdings immer geringere – Bedeutung hat auch heute noch die finanzielle Beteiligung der künftigen Mieter eines zu errichtenden Hauses an den Baukosten *(Baukostenzuschüsse)*. Wird sie als „abwohnbare" (d. h. später auf die Miete angerechnete) Vorauszahlung gewährt, so unterbleibt eine dingliche Sicherung dieser Zuschüsse in der Regel, weil der für hypothekarische Belastungen zur Verfügung stehende „Raum" (= Grundstückswert) schon für die Sicherung der anderen Geldgeber (Banken, Bausparkassen, öffentliche Hand) ausgenutzt ist. Die Gefahr für die Mieter besteht sonach darin, daß sie auf schuldrechtliche Ansprüche gegen den kontrahierenden Grundeigentümer beschränkt sind. Der Rechtsprechung oblag daher die Aufgabe, die Mieter bei Zwangsversteigerung oder freihändiger Veräußerung nicht schutzlos zu stellen (vgl. unten § 39 V 3b).

b) Von den Anstaltskreditgebern stehen – vielleicht nicht dem Umfang der gewährten Kredite nach, wohl aber in der Zielsetzung der Bankgeschäfte – die *Hypothekenbanken* und *Pfandbriefanstalten* an der Spitze. Für sie ist folgendes Geschäftsgebaren charakteristisch: Die finanziellen Mittel, die sie zur Gewährung der Darlehen benötigen, beschaffen sie sich durch die Ausgabe und den Verkauf von Schuldverschreibungen auf den Inhaber *(Pfandbriefen,* HypothekenbankG v. 13. 7. 1899 i. d. F. v. 19. 12. 1990, BGBl. I 2898).[2] Der Gesamtbetrag der im Umlauf befindlichen Pfandbriefe entspricht dann im Grundsatz dem Gesamtbetrag der gewährten Grundpfandkredite (§ 6 HypothekenbankG).[3] Die Gesamtheit der Hypotheken und Grundschulden haftet für die Sicherheit der Pfandbriefe. Der *Geldgeber* hat also die Vorteile der Sicherheit (durch die mittelbare Grundstückshaftung, §§ 34a, 35),[4] der jederzeitigen Verwertbarkeit der Pfandbriefe (durch Verkauf an der Börse) und der garantierten Zinseinnahme. Für den *Kreditnehmer* wirkt es sich günstig aus, daß die Hypothekenbanken (Aktiengesellschaften) in ihrem Geschäftsgebaren einer besonderen behördlichen Aufsicht unterliegen.

Der Pfandbrief (s. dazu PfandbriefG i. d. F. v. 8. 5. 1963 BGBl. I 309 u. v. 11. 3. 1974 BGBl. I 669) gilt also mit Recht als eine besonders sichere, der Spekulation kaum zugängliche Kapitalanlage; er ist mündelsicher, d. h. Mündelgeld darf in Pfandbriefen angelegt werden (§ 1807).

---

[1] Siehe dazu *Baur/Stürner,* ZVR, Rn. 606, 620, 801 ff.; *Rosenberg/Gaul/Schilken* § 43 IV 2c.
[2] Vorher geändert durch Gesetze vom 11. 3. 1974 BGBl. I 671 u. 8. 6. 1988 BGBl. I 710. – S. dazu *Fleischmann/Bellinger/Kerl,* HypothekenbankG, 3. Aufl. 1979; *Fehl,* Systematik des Rechts der Allg. Geschäftsbedingungen, 1979, 174 ff.; *Pleyer/Bellinger,* D. Recht d. Hypothekenbanken in Europa, 1981. – 1987: 22 private Hypothekenbanken; *Pleyer* NJW 1989, 69 ff.
[3] So werden z. B. im Geschäftsbericht einer Hypothekenbank für 1986 ausgewiesen: „Bestand der Hyp.-Darlehen 26,2 Milliarden" – „Pfandbriefumlauf 25,3 Milliarden".
[4] Zum Privileg im Konkurs *Baur/Stürner* II, InsolvenzR, Rn. 36.7.

Anfänger verwechseln häufig Hypothekenbrief und Pfandbrief. Beide haben nichts miteinander zu tun: der *Hypothekenbrief* ist eine Urkunde, in welcher die Hypothek für den Gläubiger „verbrieft" ist; er soll die leichte Zirkulation (Abtretbarkeit) ermöglichen. Der *Pfandbrief* (s. unten Anhang 5) ist eine nach §§ 793 ff. zu beurteilende Schuldverschreibung auf den Inhaber, in dem die Hypothekenbank dem Inhaber eine bestimmte Geldsumme zu schulden bekennt: der *Hypothekenbrief* (s. unten Anhang 3) befindet sich also im Besitz des Hypothekengläubigers (hier also der Hypothekenbank), der *Pfandbrief* ist in Händen des privaten Geldgebers. –

Eine ähnliche Stellung wie die Hypothekenbanken haben gewisse öffentlich-rechtliche Kreditanstalten, so die *„Landschaften"* als Institute ländlichen, die *„Stadtschaften"* als Institute städtischen Realkredits. –

Der *Umlauf an Pfandbriefen* betrug 1989 rund 140 Milliarden DM. – Bestand der Hypothekenkredite der Hypothekenbanken (nur Bodenkreditinstitute) 1989: ca. 360 Milliarden DM.

c) Wie die Hypothekenbanken so stehen auch die *Sparkassen* unter öffentlicher Aufsicht. Auch sie dürfen in der Regel nur gegen erststellige Sicherheit Grundkredit geben. Die Mittel beschaffen sie sich nicht durch Pfandbriefe, sondern aus den Guthaben der Sparer. Für deren Einlagen haftet die öffentlich-rechtliche Körperschaft (Stadt, Kreis), die Trägerin der Sparkasse ist.

d) In der Beleihung von Wohnbauten – mehr und mehr aber auch von Geschäftsbauten – haben die *Bausparkassen* besondere Bedeutung. Ihr Hauptbetätigungsfeld ist „die zweite Hypothek". Durch gemeinschaftlichen Einsatz aller Bausparer (Gedanke der genossenschaftlichen Selbsthilfe!) soll jeweils einer Gruppe von ihnen eine zweite Hypothek zu erträglichen Zins- und Amortisationsbedingungen gewährt werden können. Das Risiko, das in der Beleihung der zweiten Hypothek liegt, wird auf die Schultern aller Bausparer verteilt.

Die Rechtsverhältnisse der Bausparkassen – insbesondere die zulässigen Geschäfte, der notwendige Inhalt der Bausparverträge, die Sicherung der Bausparmittel und die – recht intensive – Staatsaufsicht – sind in dem Gesetz über Bausparkassen v. 15. 2. 1991 (BGBl. I 454 – Neufassung) geregelt.[1]

Rechtlich sind die Bausparkassen als Aktiengesellschaften oder öffentlich-rechtliche Anstalten organisiert.

Zu bemerken ist, daß die Bausparkassen nicht auf zweitstellige Kreditgewährung beschränkt sind, wenn darin auch ihr hauptsächliches Aufgabengebiet liegt; sie sind also nicht gehindert, auch Darlehen gegen erststellige Sicherheit zu gewähren.

Im Jahre 1989 waren durch die Bausparkassen rund 95 Milliarden DM zur Verfügung gestellt. Der Bestand an Bausparverträgen betrug 1988 ca. 600 Milliarden DM (vgl. Stat. Jahrbuch 1991, S. 352).

e) Am Grundkreditverkehr nehmen weiter auch alle übrigen Kreditinstitute teil. Hier sind etwa zu nennen die *sog. Geschäftsbanken:* sie sind satzungsgemäß nicht auf den Bereich der ersten Hypothek beschränkt, ihr Aufgabengebiet ist vor allem der Großkredit für Industrie und Handel;[2] ferner die landwirtschaftlichen und mittelständischen *Genossenschaften* und *Genossenschaftsbanken,* deren ursprüngliches Arbeitsfeld die Kreditgewährung an den bäuerlichen und gewerblichen Mittelstand ist; schließlich die *Versicherungen* aller Art (einschließlich der Sozialversicherung), die einen Teil ihres Deckungsfonds in Hypotheken anlegen.

f) Zu beachten ist, daß der Kreditnehmer oft nicht 100% des Darlehens ausbezahlt erhält, sondern einen Abzug von z. B. 5% (Damnum) hinnehmen muß. Der Kreditgeber gibt damit seine Finanzierungskosten weiter (*Blomeyer* aaO S. 18).

---

[1] Vgl. zur Förderung des Bausparens das WohnungsbauprämienG v. 27. 3. 1991 (BGBl. I 826).

[2] Im Jahre 1989 waren ca. 130 Milliarden DM Grundpfandkredite durch Geschäftsbanken zur Verfügung gestellt.

g) Seit Ende des ersten, vor allem aber des zweiten Weltkriegs betätigt sich auch der *Staat* (Gemeinden, Kreise) als Grundkreditgeber. Im *Wohnungsbau* übernimmt die öffentliche Hand die Rolle eines „Lückenbüßers", d. h. sie beleiht zweite und vor allem dritte Hypotheken, für die sich wegen des damit verbundenen Risikos sonstige Geldgeber nicht mehr finden ließen, oder begnügt sich mit einer dinglichen Sicherheit, die außerhalb der sonst üblichen Beleihungsgrenze liegt; gefördert wird der sog. soziale Wohnungsbau, d. h. der Bau solcher Häuser und Wohnungen, die nach ihrem Aufwand und den geforderten Mieten den Kräften der sozial schwächeren Bevölkerungskreise entsprechen. Neben dem privaten Wohnungsbau finanziert die öffentliche Hand landwirtschaftliche und gewerbliche *Investitionen* (in der Nachkriegszeit vor allem der Vertriebenen und Flüchtlinge) sowie landwirtschaftliche und städtische Siedlungen.

Technisch werden die Kredite meist unter Einschaltung öffentlich-rechtlicher Kreditinstitute (z. B. der sog. Landeskreditanstalten) abgewickelt. Als *Kreditnehmer* kommen nicht nur Privatpersonen, sondern auch *Wohnungsbaugesellschaften* und *-genossenschaften* in Betracht. Um zu verhindern, daß sich in der Hand privater Genossenschaften und Gesellschaften privates Eigentum konzentriert, das mit öffentlichen Mitteln gefördert worden ist, strebt der Gesetzgeber mit Erfolg die „Weiterleitung" des Wohnungseigentums als Einzeleigentum an den Endverbraucher an,[1] z. B. in Form des Kaufeigenheims (§§ 54 ff. II. WoBauG i. d. F. v. 14. 8. 1990, BGBl. I 1731).
In den Jahren 1945 bis 1987 wurden in der Bundesrepublik Deutschland ca. 17,5 Millionen Wohnungen gebaut.[2] Von insgesamt rund 26,5 Millionen bestehenden Wohnungen (Stand 1987) werden in den alten Bundesländern noch 5,1 Millionen mit Mitteln des sozialen Wohnungsbaus gefördert (1950: 50% aller in diesem Jahr fertiggestellten Neubauwohnungen; 1970 ca. 25% und 1987 noch 16%). Der gesamte Kapitalaufwand für den Wohnungsbau der frühen und späten Nachkriegszeit (1945–1969) betrug in den alten Bundesländern 250 Milliarden DM, wobei rund 64 Milliarden DM aus öffentlichen Mitteln stammten. An Wohngeldbeihilfen für einkommensschwache Mieter wurden 1986 ca. 3,3 Milliarden DM an ca. 2 Millionen Haushalte ausbezahlt. Daraus ergibt sich, daß die Leistungen der öffentlichen Hand einen erheblichen Anteil an der Gesamtfinanzierung des Wohnungsbaus ausmachen, ein Beispiel für eine praktische Durchführung des Gedankens der *Sozialstaatlichkeit* (vgl. Art. 20 Abs. 1 GG), die allerdings in jedem Jahrzehnt erneuter Anpassung an die Bedürfnisse des Marktes bedarf. Die gegenwärtige Wohnungsbaupolitik strebt wieder eine Steigerung staatlicher Förderung an (Zahlennachweise zur Wohnungsförderung: Stat. Jahrbuch 1991, S. 245).
h) Zu beachten ist weiter, daß dem Schuldner-Eigentümer eine *Finanzierung aus einer Hand* eingeräumt werden kann. Er hat es dann in haftungsrechtlicher Beziehung nur mit *einem* Gläubiger zu tun, so wenn zur Darlehenssicherung einer Sparkasse und einer Bausparkasse nur *eine* Grundschuld (zugunsten der Sparkasse) bestellt wird, die aber der Höhe nach beide Kredite deckt. Bezüglich der Sicherung des Bausparkassenkredits ist die Sparkasse dann Treuhänderin.[3]

5. Der „Wert" der Hypothek

Wichtiger als die dogmatisch bedeutsame Unterscheidung zwischen Hypothek und Grundschuld (s. unten II, III) ist für das Wirtschaftsleben der Rang; der Wert

---

[1] Während 1967 auf rund 1500 Baugenossenschaften bzw. Baugesellschaften ca. 900 000 Wohnungen entfielen, waren es 1986 noch 330 000 Wohnungen, die ca. 1200 Trägern gehörten; hierzu Wohnungswirtschaftliches Jahrbuch 1987/1988, S. 44 ff.
[2] In der Bundesrepublik wurden 1945–1968 ca. 11 Millionen, 1969–1987 ca. 6,5 Millionen Wohnungen fertiggestellt; in der damaligen DDR von 1970 bis 1989 ca. 1 Million. In den neuen Bundesländern bestanden 1989 ca. 7 Millionen Wohnungen; zu den ca. 26,5 Millionen Wohnungen des alten Bundesgebiets (Stand 1987) kommen gegenwärtig jährlich ca. 250 000 – 300 000 neue Wohnungen hinzu. Zahlennachweise: Stat. Jahrbuch 1990, S. 217, 653.
[3] *Gaberdiel* aaO S. 94; *Falter* aaO S. 183.

einer Hypothek bestimmt sich nach dem Maß an Sicherheit, mit welchem der Grundpfandinhaber einen Ausfall in der Zwangsversteigerung nicht zu befürchten braucht. Um diese Sicherheit auszudrücken, werden verschiedene Ausdrücke gebraucht, wie „Verschuldungsgrenze", „Beleihungsgrenze", „erste Hypothek", „erststellige Sicherheit", „mündelsicherer Grundkredit" usw.[1]

Diese Begriffe bedürfen einer Klärung:

a) Die *Verschuldungsgrenze* bedeutet den Prozentsatz des Grundstückswerts,[2] bis zu welchem der Eigentümer sein Grundstück belasten darf; es handelt sich also um den Schutz des Eigentümers = Schuldners. Eine allgemeine Verschuldungsgrenze besteht nicht; doch ist das Landesrecht in Art. 117 Abs. 1 EGBGB ermächtigt, eine solche Grenze festzulegen.

b) *Die Beleihungsgrenze* sieht das gleiche Problem vom Gläubiger aus. Eine solche Grenze ist z. B. in § 11 Abs. 2 Hypothekenbankgesetz festgelegt: die – erststellige – Beleihung darf „die ersten drei Fünftel des Wertes des Grundstücks nicht übersteigen". Ähnliche Grundsätze finden sich z. B. in den Sparkassengesetzen und -satzungen, also überall dort, wo ein Darlehen nur gegen erststellige Sicherheit gewährt werden darf.[3]

Es liegt auf der Hand, daß die Wertermittlung erhebliche Schwierigkeiten macht: soll der Herstellungswert (Bau- und Bodenwert), der augenblickliche Verkaufswert oder schließlich der Ertragswert zugrunde gelegt werden? § 12 Hypothekenbankgesetz spricht z. B. vom Verkaufswert, der bei der Beleihung durch Hypothekenbanken nicht überschritten werden dürfe, und fährt fort: „Bei der Feststellung dieses Wertes sind nur die dauernden Eigenschaften des Grundstücks und der Ertrag zu berücksichtigen, welchen das Grundstück bei ordnungsmäßiger Wirtschaft *jedem* Besitzer *nachhaltig* (also auf die Dauer!) gewähren kann." Der Gesetzgeber hat in §§ 192ff. BauGB und in der VO über Grundsätze für die Ermittlung des Verkehrswertes von Grundstücken i. d. F. v. 6. 12. 1988 (BGBl. I 2209), ferner für landwirtschaftliche Grundstücke in dem Bodenschätzungsgesetz v. 16. 10. 1934 (RGBl. I 1050) und der VO über die Bewertung bebauter Grundstücke v. 10. 11. 1934 Richtlinien aufgestellt.

Als *Faustregel* kann man sich merken, daß die Beleihungsgrenze – abgesehen von Staats- und Arbeitgeberdarlehen – etwa bei höchstens 75% des geschätzten Verkehrswertes liegt. Von einer *„erstrangigen"* und damit mündelsicheren Hypothek (= „sicheren Hypothek" im Sinne des § 1807 Abs. 1 Nr. 1)[4] kann man im allgemeinen nur sprechen, wenn sie innerhalb von ½–⅔ des Grundstückswerts liegt.

---

[1] S. zu diesen Begriffen und ihrer praktischen Bedeutung *Steffan/Rückardt* aaO S. 441 ff.

[2] Zur Ermittlung des Verkehrswerts s. VO über Grundsätze f. d. Ermittlung d. Verkehrswerts von Grundstücken i. d. F. v. 15. 8. 1972; *Just/Brückner,* Wertermittlung von Grundstücken, 5. Aufl. 1977; *Rösler/Langer/Simon,* Schätzung u. Ermittlung von Grundstückswerten, 6. Aufl. 1990; *Roos/Brachmann,* Ermittlung des Bauwerts von Gebäuden u. des Verkehrswerts von Grundstücken, 21. Aufl. 1973; *Steffan/Rückardt* aaO.

[3] S. z. B. die Beleihungsgrundsätze für die öffentlich-rechtlichen Sparkassen v. 4. 9. 1969 (MinBl. Nordrhein-Westfalen 1969 S. 1606).

[4] Vgl. dazu § 1807 Abs. 2 und die landesrechtl. Ausführungsbestimmungen dazu (*Palandt/Diederichsen* § 1807 Anm. 2 Ziff. 1), z. B. § 45 BaWüAGBGB: ½ des Verkehrswertes.

6. Die typischen Rückzahlungsmodalitäten

Ob ein Grundpfandrecht zu einem bestimmten Zeitpunkt oder nach Kündigung oder in Raten befriedigt werden muß, ist nicht nur für die individuelle wirtschaftliche Situation des Berechtigten und des Belasteten von Bedeutung, sondern kann auch gesamtwirtschaftliche Auswirkungen haben. Wird etwa ein hoher Prozentsatz der Grundpfandrechte als Kündigungshypothek (-grundschuld) bestellt, so kann bei zurückgehender Konjunktur eine massierte Kündigung von Grundpfandrechten zu einer Häufung von Zwangsversteigerungen führen mit der Folge, daß die Zahl der Interessenten geringer ist als das Angebot. Dies kann dann einen weiteren Verfall der Grundstückspreise und eine Gefährdung der zweiten und dritten Hypotheken bewirken.

Die Rückzahlungsmodalitäten unterliegen grundsätzlich der Vereinbarung zwischen Gläubiger und Eigentümer. Allerdings schafft das Verbraucherkreditgesetz 1991 (VerbrKG) einen zwingenden Rahmen zum Schutze des Kreditnehmers (§ 18 VerbrKG), der auch für grundpfandrechtlich gesicherte Darlehen gilt, sofern sie nicht die gewerbliche oder berufliche Tätigkeit des Kreditnehmers finanzieren (§ 1 Abs. 1 VerbrKG). Dieser gesetzliche Rahmen bezweckt in erster Linie die *Transparenz* der Kreditbedingungen und sanktioniert die Verletzung des Transparenzgebotes mit einem gesetzlichen Vertragsinhalt, der den Darlehensnehmer begünstigt (§§ 3 Abs. 2 Nr. 2, 4 Abs. 1 S. 2 Nr. 1, 6 VerbrKG).

Im einzelnen gilt folgendes (*Bülow* NJW 1991, 129 ff.; *Reinking/Nießen* ZIP 1991, 79 ff.): Der Kreditgeber muß im *schriftlichen* Vertrag den Nettokreditbetrag, den Gesamtbetrag aller Teilzahlungen, die Art und Weise der Rückzahlung, den Zinssatz mit *allen* Kosten und Vermittlungskosten, den effektiven Jahreszins, die Versicherungskosten und zu bestellende Sicherheiten angeben (§ 4 Abs. 1 S. 2 Nr. 1 VerbrKG). Ein Vertrag, der diese Anforderungen nicht erfüllt, ist nichtig (§ 6 Abs. 1 VerbrKG). Nach Darlehensempfang wird er indessen wirksam auf der Basis gesetzlicher Vertragsbedingungen (§ 6 Abs. 2 VerbrKG): gesetzlicher Zinssatz bei Verstößen gegen Zinsklarheit, Fortfall nicht angegebener Kosten, Neuberechnung der Teilzahlungen auf der Basis ermäßigter Zinsen und fortgefallener Kosten. Bei Falschangaben zum effektiven Jahreszins gilt der niedrigere Zinssatz (§ 6 Abs. 3 VerbrKG). Sicherheiten können ohne vorherige Angabe im Vertrag nur bei Großkrediten über 100 000 DM verlangt werden (§ 6 Abs. 2 S. 5 VerbrKG).

Im Rahmen dieser gesetzlichen Vorgaben kann man anhand der Rückzahlungsmodalitäten folgende Arten von Hypotheken (Grundschulden) unterscheiden:

a) *Die Hypothek mit fixem Fälligkeitsdatum = Fälligkeitshypothek:* Ein hypothekarisch gesichertes Darlehen wird z. B. fest auf 10 Jahre gegeben. Hier richten sich Gläubiger wie Schuldner auf den festgesetzten Zeitpunkt ein. Eine ordentliche Kündigung ist dann ausgeschlossen, doch werden meist außerordentliche Kündigungsgründe (z. B. bei Nichtbezahlung der Zinsen) vereinbart.

b) Die *Kündigungshypothek:* Die Fälligkeit des Grundpfandkapitals hängt hier von einer Kündigung ab, die durch den Gläubiger oder durch den belasteten Grundstückseigentümer erfolgen muß. Die Kündigungsfrist wird vereinbart.

Die Unterscheidung zwischen Fälligkeitshypothek und Kündigungshypothek ist uneingeschränkt allerdings nur auf der Gläubigerseite möglich. Denn der Gesetzgeber hat in § 609a BGB[1] zwingende

---

[1] Eingefügt durch Art. 5 des Ges. v. 25. 7. 1986 (BGBl. I 1169, 1172); geändert durch Art. 2 des Ges. vom 17. 12. 1990 (BGBl. I, 2840). Bisheriger § 247 ist gestrichen; bleibt aber maßgebend für vor dem 1. 1. 1987 geschlossene „Altverträge".

Vorschriften geschaffen, die dem *Schuldner* die Lösung vom Darlehensvertrag erlauben. Er soll vor unbilliger Bindung geschützt sein. Darlehen mit *veränderlichem* Zinssatz kann der Schuldner jederzeit unter Einhaltung einer Kündigungsfrist von 3 Monaten kündigen (Abs. 2). Darlehen mit *festem* Zinssatz können vom Schuldner gekündigt werden:

aa) wenn die Zinsbindung früher endet als die Vertragsdauer (Grund: wenn der Gläubiger nicht mehr an die Zinsvereinbarung gebunden ist, soll auch der Schuldner sich einen günstigeren Kredit suchen können): Abs. 1 Nr. 1;

bb) wenn es sich um ein grundpfandlich nicht gesichertes „Verbraucherdarlehen" handelt (Abs. 1 Nr. 2);

cc) Festzinsdarlehen können vom Schuldner nach 10 Jahren gekündigt werden (Abs. 1 Nr. 3).

Stets muß der Schuldner das Darlehen binnen zwei Wochen nach Kündigung zurückzahlen, soll die Kündigung wirksam bleiben (§ 609a Abs. 3; Zweck: keine niedrigeren Verzugszinsen des säumigen Darlehensschuldners! – BGH NJW 1988, 1967, 1971)[1].

Die *außerordentliche Kündigung* durch den Darlehensgeber entspricht bei Vertragsverletzungen oft vertraglicher Vereinbarung, muß aber in AGB Billigkeitsgrenzen beachten (s. § 40 II 1a).

Die Kündigungshypothek ist für den Eigentümer gefährlich, da er bei einer Kündigung durch den Gläubiger – ohne damit zu rechnen – binnen kurzer Frist das Kapital aufzubringen hat, häufig zu einem Zeitpunkt, wo der Kapitalmarkt nicht „flüssig" ist.

Diese Gefahr vermeiden die *Tilgungshypotheken,* bei denen man Amortisationshypothek (unten c) und Abzahlungshypothek (unten d) unterscheidet. Ihnen ist der Gedanke gemeinsam, daß der Eigentümer die Kapitaltilgung in Raten, also möglichst aus den Nutzungen des Grundstücks bestreiten soll.

c) *Die Amortisationshypothek:* Für sie ist kennzeichnend, daß der Schuldner gleichbleibende Jahresleistungen (Annuitäten) zu erbringen hat, die sich aus Zins und Tilgungsleistung (Amortisation) zusammensetzen, und daß der Gläubiger bei pünktlicher Erbringung dieser Annuitäten nicht kündigen kann. Mit fortschreitender Zeit vermindert sich der in der Annuität steckende Zinsbetrag und wächst die Amortisation (BGHZ 67, 291).

Hierzu die Begriffsbestimmung in § 96 Nr. 1 des Lastenausgleichsgesetzes: „... wenn die Verbindlichkeit durch gleichbleibende Leistungen in der Weise zu verzinsen und zu tilgen ist, daß die bei fortschreitender Kapitaltilgung ersparten Zinsen der Tilgung zuwachsen sollen."

Die Tilgungshypothek hat *für den Schuldner* den Vorzug, daß er bei pünktlicher Entrichtung der Raten vor plötzlicher Fälligkeit des Kapitals gesichert ist. *Für den Gläubiger* besteht der Vorteil, daß er feste Tilgungspläne aufstellen und mit dem regelmäßigen Eingang bestimmter Kapitalteile rechnen kann.

Daher ist z. B. für die auf landwirtschaftlichen Grundstücken lastenden Hypotheken der Hypothekenbanken bestimmt, daß sie „zur Hälfte aus Amortisationshypotheken bestehen" müssen, „bei denen der jährliche Tilgungsbetrag des Schuldners nicht weniger als ¼% des Hypothekenkapitals beträgt" (§ 6 Abs. 2 HypothekenbankG).

Beispiel: Ist für eine Hypothek von 100000 DM ein Zinssatz von 6% und eine jährliche Tilgung von 4% vereinbart, so sind monatlich ca. 833 DM (das sind jährlich 10000 DM) zu zahlen. Da durch die Amortisation das zu verzinsende Kapital immer geringer wird, also ein jeweils höherer Betrag für die Amortisation zur Verfügung steht, ist die Hypothek in 15,8 Jahren getilgt (nicht erst in 25 Jahren!).

---

[1] Zum Ganzen *Kollhosser/Schweitzer* JA 1987, 345; *Häuser/Welter* NJW 1987, 17; *Hopt/Mülbert* WM 1990, Sonderbeilage 3.

In den AGB der Banken war vielfach die Klausel enthalten, daß die Zinsen jeweils nach dem Stand des Kapitals am *Jahresende* (des vorangegangenen Tilgungsjahres, also ohne Berücksichtigung der während des Jahres erbrachten Teilleistungen auf das Kapital) berechnet werden. Der BGH (BGHZ 106, 42; 112, 115)[1] hat solche Klauseln wegen Verstoßes gegen § 9 AGBG (Transparenzgebot) für unwirksam erklärt, vor allem wenn der Schuldner diese ihn benachteiligende Regelung nicht klar erkennen könne (dazu *Köndgen* NJW 1989, 943; *Reifner* NJW 1989, 952; *Taupitz* JuS 1989, 520; *Metz* NJW 1991, 668 m.Nw.; zuletzt BGH NJW 1992, 179 und 180).[2]

Rechtlich bereiten – wie wir sehen werden – die Tilgungshypotheken dann Schwierigkeiten, wenn während der Tilgungszeit das Eigentum am Grundstück wechselt; hier entstehen nämlich Wertbeteiligungen (Eigentümergrundschulden) der verschiedenen Eigentümer in Höhe der von jedem geleisteten Amortisationen. Dieser Tatbestand macht vor allem bei der endgültigen Löschung der Hypothek Schwierigkeiten (s. unten V 6b). Sie sucht die sog. *Tilgungsfondhypothek* zu vermeiden: Hier werden die geleisteten Amortisationen in einem Tilgungsfond angespeichert; er wird erst, wenn er die volle Höhe des Kapitals erreicht hat, mit der Forderung verrechnet, so daß dann nur *eine* Eigentümergrundschuld für den letzten Grundeigentümer entsteht.

d) Die *Abzahlungshypothek:* Sie unterscheidet sich von der Amortisationshypothek dadurch, daß zwar die jährliche Tilgung in der Höhe gleich bleibt, der Zinsbetrag aber mit fortschreitender Tilgung geringer wird. Dadurch verändert sich die jährliche Annuität.

Beispiel: E erhält von der Sparkasse G eine Baugeldhypothek von 20000 DM, verzinslich zu 6%. Wird vereinbart, daß Verzinsung und Tilgung in *einem* Betrag von jährlich 2400 DM zu leisten sind, so ist der Zins- und Tilgungsbetrag im ersten Jahr gleich hoch: je 1200 DM; im zweiten Jahr beträgt der Zins 6% von 18800 DM = 1128 DM, die Amortisation 1272 DM. Es handelt sich also um eine Tilgungshypothek (oben c).

Ist vereinbart, daß die Hypothek mit jährlich 1200 DM zu tilgen ist, so beträgt die Annuität im ersten Jahr 2400 DM, im zweiten Jahr 1200 + 1128 = 2328 DM. Hier haben wir es also mit einer Abzahlungshypothek zu tun.

II. Skizze der dogmatischen Grundlagen des Grundpfandrechts

1. *Hypothek – Grundschuld*

Der Zugang zum Verständnis des Grundpfandrechts wird erschwert durch die dogmatischen *Unterschiede zwischen der Hypothek und Grundschuld*. Während die Praxis des Wirtschaftslebens diese Unterschiede im wesentlichen ignoriert, also beide Sicherungsrechte als gleichwertig behandelt (allerdings ist ein starker Trend zur Grundschuld als dem einfacheren Sicherungsmittel zu erkennen), ist die rechtliche Ausgestaltung der beiden Grundpfandrechte sehr verschieden. Der *Hauptunterschied* besteht in der verschieden intensiven Verknüpfung der zu sichernden Forderung mit dem Pfandrecht: bei der Hypothek ist diese Verbindung streng durchgeführt; für Entstehung und Bestand der Hypothek als dinglichen Rechts ist die Existenz der zu sichernden Forderung unabdingbare gesetzliche Voraussetzung, die Hypothek erscheint gewissermaßen als untrennbares „An-

---

[1] Zu ähnlichen Gestaltungen OLG Karlsruhe NJW 1991, 362; KG NJW-RR 1990, 544; s.a. BGH NJW 1989, 582 (keine verzögerte Wertstellung); mäßigend BGH NJW 1991, 2559, 2560.

[2] Die Grenzen der Schadenspauschalierung durch Zinserhöhung bei Rückzahlungsverzug behandeln BGH NJW-RR 1989, 41; BGHZ 112, 352, die abstrakte Schadensberechnung bei fehlender Pauschalierung in AGB BGHZ 104, 337, 344; ZIP 1991, 1479ff. (5% über Diskontsatz entspr. § 11 Abs. 1 VerbrKrG; s.a. Anhang 5 Ziff. II 7.1.). Bei Nichtabnahme des Darlehens einer Hypothekenbank hält die Rechtsprechung eine Schadenspauschale von 3% noch für angemessen (§§ 9, 11 Nr. 5a AGBG; BGH NJW 1990, 981). Die Kündigung eines Darlehens zur sofortigen Rückzahlung in AGB bedarf besonderer qualifizierter Voraussetzungen (BGH NJW 1991, 2559, 2562; s.a. § 40 II 1a).

hängsel" der Forderung, sie ist akzessorisch (vgl. § 1153). Auch die *Grundschuld* dient nach der Regel des Lebens der Sicherung einer Forderung; aber deren Bestand ist nach der gesetzlichen Regelung für die Grundschuld nicht „begriffs-", „lebens-"notwendig; die Grundschuld ist also *nicht akzessorisch*.

Die Konsequenzen des Unterschieds machen – wie wir sehen werden – der Rechtspraxis (nicht nur dem Anfänger!) große Schwierigkeiten. Daher die Tendenz der Rechtsprechung, die *Sicherungsgrundschuld* in manchen Beziehungen wieder der Hypothek anzunähern! (s. unten § 45).

Auch das Gesetz anerkennt – bei aller Schärfe des dogmatischen Unterschieds – mittelbar die wirtschaftliche *Zweckgleichheit* der beiden Institute, und zwar durch die Art der *gesetzlichen Regelung:* Das Gesetz regelt in den §§ 1113–1190 ausführlich die Hypothek und sagt dann in § 1192, daß auf die Grundschuld die Vorschriften über die Hypothek entsprechende Anwendung finden, „soweit sich nicht daraus ein anderes ergibt, daß die Grundschuld nicht eine Forderung voraussetzt".

In einem Stadium der gesetzgeberischen Vorarbeiten zum Grundpfandrecht des BGB war der umgekehrte Weg gewählt und die Grundschuld in ausführlicher Regelung vorangestellt worden!

Man fragt sich unwillkürlich, warum der Gesetzgeber nicht sich und der Rechtspraxis die Arbeit dadurch vereinfacht hat, daß er ein *einheitliches Grundpfandrecht* – die Hypothek *oder* die Grundschuld – geschaffen hat. Die Antwort liegt in dem Respekt des – damaligen – Gesetzgebers vor dem geschichtlich Gewordenen und den örtlich verschiedenen Kreditgewohnheiten: in einigen Teilen Deutschlands war die Hypothek, in anderen die Grundschuld das eingeführte Grundpfandrecht. Diese Gewohnheiten wollte man nicht unterdrücken.

2. Gemeinsame Pfandrechtsgrundsätze

Trotz der Unterschiede zwischen Grundschuld (Rentenschuld) und Hypothek gelten doch allgemein gewisse Grundsätze, die für die Regelung des Grundpfandrechts schlechthin leitend sind:

a) Hypothek, Grund- und Rentenschuld charakterisieren sich als *dingliches Verwertungsrecht:* Sein Inhaber ist berechtigt, „wegen einer bestimmten Geldsumme" das belastete Grundstück im Wege der Zwangsvollstreckung (Zwangsversteigerung und [oder] Zwangsverwaltung) zu verwerten; der Eigentümer hat zu seinen Gunsten aus seinem Vollrecht die Verwertungsbefugnis „abgespalten". Dieses Verwertungsrecht ist

aa) zunächst *nur* latent, *potentiell;* erst mit der sog. Pfandreife (= Fälligkeit) wird es *aktuell:* der Berechtigte kann jetzt an Stelle des Eigentümers und unter Zuhilfenahme der Machtmittel des Gerichts das Grundstück als Pfandobjekt verwerten;

bb) *seinem Umfang nach genau fixiert;* §§ 1113, 1191, 1199 drücken dies mit den Worten „eine *bestimmte* Geldsumme" aus. Unzulässig sind also Grundpfandrechte, bei denen der Haftungsumfang unbestimmt ist, der künftigen Fixierung durch den Gläubiger oder einen Dritten überlassen wird.

Eine gewisse Ausnahme von diesem Grundsatz ist die Höchstbetragshypothek; sie dient – wie wir bereits wissen – der Sicherung eines Kontokorrents, dessen Eigenart eben der wechselnde Saldo (Aktiv- oder Passivsaldo) ist;

cc) *seinem Gegenstand nach genau bestimmt:* §§ 1113, 1191, 1199 bezeichnen als Pfandobjekt „ein Grundstück", wobei in den Haftungsverband auch die wesentlichen und nicht wesentlichen Bestandteile, das Zubehör und gewisse sich aus der Nutzung (Miete – Pacht) ergebende oder die Substanz des Grundstücks ersetzende Forderungen (Versicherungsforderungen) einbezogen werden. Das Grundstück ist also *in seiner wirtschaftlichen Einheit* dem Zugriff des Grundpfandgläubigers unterworfen (vgl. § 1120 mit §§ 94, 1123 Abs. 1, 1126, 1127).

Aus dem Satz, daß ein Grundstück Pfandobjekt sein muß, folgt, daß Pfandrechte am gesamten Vermögen oder an Vermögensinbegriffen (sog. Generalhypotheken) nicht zugelassen sind. Es gilt also das Prinzip der *Spezialität* (s. dazu schon oben § 4 III).

Eine gewisse Nuancierung stellt die *Gesamthypothek* dar; hier bezieht sich das Grundpfandrecht nicht auf *ein,* sondern auf *mehrere* Grundstücke desselben oder verschiedener Eigentümer (§ 1132). Der Zweck dieses Instituts ist leicht verständlich: Will E – Eigentümer der Grundstücke a, b und c mit je einem Wert von 10 000 DM – seinem Gläubiger G für eine Forderung von 15 000 DM eine Hypothek bestellen, so wäre es denkbar, daß die Forderung in drei Teile zu je 5000 DM aufgespalten und jedes Grundstück in dieser Höhe belastet wird. Für den Gläubiger ist es aber günstiger, *jedes* Grundstück in *voller* Höhe (also mit 15 000 DM) zu belasten; denn es könnte sich im Laufe der Zeit zeigen, daß das Grundstück a (z. B. als Baugrundstück) im Wert erheblich steigt, während die Grundstücke b und c im Werte sinken. Diesem Interesse des Gläubigers kommt das Institut der Gesamthypothek (Gesamtgrundschuld) entgegen. –

Die Auffassung, daß Hypothek, Grundschuld und Rentenschuld *dingliche Verwertungsrechte* seien, ist heute durchaus herrschend.[1] Freilich scheint der Wortlaut der §§ 1113, 1191, 1199: „aus dem Grundstück zu zahlen ist" auf eine andere Auffassung hinzuweisen, nämlich darauf, daß der Eigentümer die Zahlung der Geldsumme – wenn auch „aus dem Grundstück" – schulde. In der Tat wurde früher die Auffassung vertreten, daß der Eigentümer die Zahlung der Geldsumme *schulde,* aber nur mit dem Grundstück *hafte (Theorie der Realobligation)* oder daß zwar die Haftung mit dem Grundstück das primäre sei, dieser Haftung aber auch eine – nicht erzwingbare – persönliche Schuld des Eigentümers entspreche *(Theorie der dinglichen Schuld).*

b) Das Grundpfandrecht lastet auf dem Grundstück, gleichgültig wer Eigentümer des Grundstücks ist (ob noch der Eigentümer z. Zt. der Bestellung des Grundpfandrechts oder ein Rechtsnachfolger). Daher ist es sehr mißverständlich, wenn in der Praxis gesagt wird, „der Käufer K eines Grundstücks habe die auf dem Grundstück lastende Hypothek unter Anrechnung auf den Kaufpreis übernommen": Die Hypothek kann und braucht K nicht zu „übernehmen", denn sie belastet das Grundstück auch nach dem Eigentumswechsel. Gemeint ist, daß K die *persönliche Schuld* unter Anrechnung auf den Kaufpreis übernimmt, und zwar so, daß der Verkäufer V künftig nicht mehr schuldet (sog. privative, befreiende Schuldübernahme). Um dieses Ziel zu erreichen, muß der Gläubiger G mitwirken; daraus erklären sich die §§ 414–416 BGB; denn dem G kann es nicht gleichgültig sein, ob persönlicher Schuldner V oder künftig K ist.[2] Mißlingt die Mitwirkung des G, so ist K intern dem V gegenüber verpflichtet, die (persönliche) Schuld des V durch Leistung an G zu tilgen (s. auch § 415 Abs. 3 S. 2), sog. Erfüllungsübernahme.[3] Bis zu dieser Leistung bleibt V persönlicher Schuldner (über die weiteren Folgen s. § 37 II 2 b, § 38 IX 2, § 45 IV 4).

c) Wie für die anderen beschränkten dinglichen Rechte gilt auch für Grundpfandrechte der Grundsatz der *Publizität* (s. oben § 4 II). Sie bedürfen also zu

---

[1] Zum Theorienstreit s. *Eichler* I S. 20 ff.; *Westermann/Eickmann* § 110; *Wolff/Raiser* § 131 und besonders *von Lübtow.* Die Struktur der Pfandrechte und Reallasten, in FS Heinrich Lehmann (I 1956) S. 328 ff. *E. Wolf* § 11 A S. 431 ff. Vgl. auch *Münch,* Vollstreckbare Urkunde und prozessualer Anspruch (1989), S. 110 ff.: materielle Sachhaftung bei prozessualem Leistungsanspruch!

[2] Daraus ergibt sich, daß bei einer *kumulativen* Schuldübernahme eine Zustimmung des G nicht nötig ist. Denn ihm kann es ja nur recht sein, wenn er künftig zwei Schuldner (V und K) hat.

[3] Dazu *Gernhuber,* Erfüllung § 22.

ihrer Entstehung der Eintragung im Grundbuch. „Heimliche" Grundpfandrechte (pignora tacita) kennt unser Recht nur ausnahmsweise in den Fällen der § 1287 S. 2 BGB und § 848 Abs. 2 S. 2 ZPO.

Allerdings bedeutet dies nicht, daß die *nach der Entstehung* sich vollziehende Weiterentwicklung des Grundpfandrechts stets korrekt aus dem Grundbuch hervorgehen müsse. Wie wir sehen werden, kennt unser Recht *einmal* die Abtretung eines Grundpfandrechts (nämlich des sog. Briefgrundpfandrechts) außerhalb des Grundbuchs (durch Briefübergabe und schriftliche Abtretungserklärung, § 1154), *zum anderen* führt die automatisch eintretende Eigentümergrundschuld häufig zu einer Unrichtigkeit des Grundbuchs.

d) Auch für die Grundpfandrechte sind die allgemeinen Grundsätze über den Rang der Rechte – der auf der *Priorität* aufbaut – maßgebend (s. oben § 17 A II). Es gibt also keine *Pfandrechtsprivilegien*.

Läßt sich z. B. ein Bauunternehmer, der ein Haus errichtet hat, erst an zweiter Stelle eine Hypothek eintragen, so kann er einen besseren Rang nicht damit begründen, daß *er* das Wertobjekt geschaffen habe, während die vom ersten Hypothekar gegebenen Mittel mit dessen Wissen etwa für den Geschäftsbetrieb des Eigentümers verwendet worden seien. Es zeigt sich also auch hier die formale Natur der Rangordnung, die sich nur nach der Priorität, nicht nach irgendwelchen Wertprinzipien richtet (solche kommen erst in gewissem Umfang in der Zwangsversteigerung zum Zuge, insofern Lohn- und Steuerforderungen bevorzugt noch vor den dinglichen Gläubigern befriedigt werden müssen, vgl. § 10 Nr. 2, 3 ZVG).

III. Einteilung der Grundpfandrechte nach dem Grad der Akzessorietät[1]

S. die Übersicht 18 am Ende von § 36.

Die Verknüpfung von Grundpfandrecht und Forderung bedarf nunmehr genauerer Darlegung; sie ist – wie wir bereits wissen – für den Unterschied zwischen Hypothek und Grundschuld entscheidend.

1. Um sich den Grundsatz der *Akzessorietät* zu verdeutlichen, geht man am besten von der Bürgschaft aus: wenn sich der Bürge B für eine Schuld des S dem G gegenüber verbürgt, so ist es naheliegend, daß B nur bürgen will, wenn die Hauptforderung besteht, und nur solange, als diese nicht erloschen ist (§§ 765, 767). Das Bürgeninteresse fordert also die Abhängigkeit der Bürgenhaftung von dem Bestand der Hauptforderung. Andererseits verlangt aber das Gläubigerinteresse, daß mit der Abtretung der Hauptforderung auch die Rechte aus der Bürgschaft auf den Zessionar übergehen; denn der „Wert" der Hauptforderung wäre beeinträchtigt, wenn die Bürgschaft in diesem Falle erlöschen würde; daher bestimmt § 401, daß mit der Forderung auch die Rechte aus einer Bürgschaft übergehen; dies gilt für den rechtsgeschäftlichen wie für den gesetzlichen Forderungsübergang (§ 412).

Die gleiche Situation besteht bei der *Hypothek,* und zwar gleichgültig, ob sie zur Sicherung einer eigenen oder – wie bei der Bürgschaft – einer fremden Schuld bestellt ist: die Hypothek *entsteht* nur, wenn die zu sichernde Forderung entstanden ist; sie *besteht* als Hypothek nur so lange, als die Forderung besteht. *Mit der Abtretung* der Forderung geht auch die Hypothek auf den neuen Gläubiger über (§ 1153 Abs. 1). Forderung und Hypothek sind *untrennbar:* keine kann ohne die andere übertragen werden (§ 1153 Abs. 2). Die Hypothek ist sozusagen ein „An-

---

[1] Zur Akzessorietät *Gernhuber,* Bürgerl. R., § 26.

hängsel" der Forderung.[1] Dies bringt das Gesetz schon gleich zu Beginn in § 1113 mit den Worten „wegen einer ihm zustehenden Forderung" zum Ausdruck.

Um die Akzessorietät der Hypothek zu mildern bzw. im Ergebnis zu beseitigen, wird in der Praxis nicht selten die Hypothek nicht für die Darlehensforderung – die in ihrem Bestand und Umfang wechseln kann –, sondern für die Forderung aus einem entsprechenden abstrakten Schuldversprechen (§§ 780, 781) bestellt, wobei allerdings sehr zweifelhaft ist, ob darin nicht ein Verstoß gegen §§ 3, 9 Abs. 2 Nr. 1, 11 Nr. 15 AGBG liegt; die h. M. wird dies eher verneinen, obgleich diese Frage bisher nur für die Kombination von Grundschuld und abstraktem Anerkenntnis vom BGH entschieden ist (BGHZ 99, 274, 282 ff.; ausführlich § 40 IV 5). Anders liegt der Fall auch nach h. M. wohl dann, wenn die Hypothek mit abstraktem Schuldversprechen die Forderungen des Gläubigers gegen einen Dritten sichert, also Eigentümer und Schuldner der gesicherten Forderung nicht identisch sind (vgl. BGH NJW 1991, 1677 = JZ 1991, 874 m. Anm. v. *Eickmann*).

2. Diese Akzessorietät gilt für die *Grundschuld nicht.* Hier hat das Gesetz einen Grundpfandtyp geschaffen, der in seinem Entstehen und Bestehen von einer zu sichernden Forderung unabhängig ist, selbst wenn – wie dies der Regel des Lebens entspricht – auch die Grundschuld faktisch eine Sicherungsfunktion hat. Die Grundschuld kann auch ohne die Forderung, diese ohne jene abgetreten werden; § 1153 gilt also nicht.

Das Gesetz bringt die Nichtakzessorietät der Grundschuld in § 1192 Abs. 1 deutlich zum Ausdruck: „..., daß die Grundschuld nicht eine Forderung voraussetzt."

Beispiel: E hat dem G zur Sicherung eines beabsichtigten Darlehens eine Grundschuld bestellt, G ist bereits als Berechtigter im Grundbuch eingetragen. Wider Erwarten kommt schon der Darlehensvertrag nicht zustande. Dennoch ist G Grundschuldinhaber geworden; E hat nur einen schuldrechtlichen Bereicherungsanspruch gegen G auf Rückabtretung oder Aufhebung der Grundschuld (§ 812). Hat G die Grundschuld an D abgetreten, so hat D vom Berechtigten erworben. Nur in dem Ausnahmefall, daß er die Grundschuld unentgeltlich erworben hat, richtet sich der Bereicherungsanspruch auch gegen ihn (§ 822). Im übrigen ist E auf seine Ansprüche gegen G angewiesen.
Wie ist die Rechtslage, wenn D wußte, daß ihm G eine rechtsgrundlos bestellte Grundschuld abgetreten hat? Kann ihm E diese Kenntnis entgegenhalten? Antwort: Hätte G selbst die Grundschuld klageweise geltend gemacht, so hätte E die Einrede der ungerechtfertigten Bereicherung erheben können. Diese Einrede wirkt auch dem Rechtsnachfolger D gegenüber, wenn er sie kannte oder wenn sie aus dem Grundbuch hervorging (§ 1157 mit § 1192). E kann dann von D verlangen, daß er auf die Grundschuld verzichte (§ 1192 mit § 1169).

Gefährlich wird die Situation, wenn G die Grundschuld an D und die – bestehende – gesicherte Forderung an X abtritt:

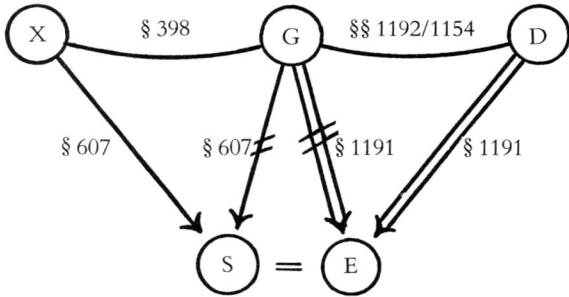

[1] Allgemein zum Grundsatz der Akzessorietät *Medicus* JuS 1971, 497 u. als Beispiel BGH BB 1978, 931.

362

Muß E dann doppelt leisten oder korrekter ausgedrückt: schuldet er dem X den Darlehensbetrag *und* muß er die Zwangsvollstreckung aus der Grundschuld durch D dulden? Die Frage ist wie folgt zu beantworten: Dem D gegenüber ist E machtlos, sofern D nicht die Sicherungsabrede und den Verstoß des G gegen diese Abrede kannte (§§ 1192, 1157; s. unten § 45 III 1 c cc, 2). Aus der Sicherungsabrede ergibt sich aber, daß E die Darlehensschuld nur Zug um Zug gegen die Löschungsbewilligung bezüglich der Grundschuld zu bezahlen braucht. Diese Einrede kann er auch dem X entgegenhalten (§ 404; Einzelheiten s. unten § 45 III 2).

3. Wollte man *bei der Hypothek* den Grundsatz der Akzessorietät streng durchführen, so würde dies eine erhebliche Beschränkung ihrer Verkehrsfähigkeit („Umlauffähigkeit") bedeuten: der Erwerber einer hypothekarisch gesicherten Forderung müßte sich stets überzeugen, ob diese Forderung entstanden ist und noch besteht. Die Berufung auf den öffentlichen Glauben des Grundbuchs würde ihm *insoweit* nichts helfen: der Grundbuchstand würde zwar bezüglich der Hypothek als dingliches Recht zu seinen Gunsten sprechen, nicht aber bezüglich der Forderung, deren Anhängsel die Hypothek nach der Vorstellung des Gesetzes doch lediglich ist. Um diese Beeinträchtigung der Verkehrsfähigkeit zu vermeiden, ordnet § 1138 für den Regelfall – nämlich für die sog. *Verkehrshypothek* – an, daß die Vorschriften über den öffentlichen Glauben des Grundbuchs „für die Hypothek auch in Ansehung der Forderung gelten". Dies bedeutet: Soweit die Forderung als Essentiale der Hypothek vorhanden sein muß (damit auch die Hypothek besteht), beziehen sich die Grundsätze über den öffentlichen Glauben auch auf sie.

Mittelbar kommt damit zum Ausdruck, daß der Gesetzgeber sich der Auffassung des Verkehrs fügt, wonach nämlich der Erwerb „der *Hypothek*" (*nicht:* der hypothekarisch gesicherten *Forderung!*) als das Wesentliche angesehen wird. Das „Akzessorietätsdogma" (*Heck*) wird damit hinsichtlich der Übertragung des Rechts seines starr zwingenden Charakters entkleidet und den Bedürfnissen des Rechtsverkehrs angepaßt.

Beispiel: G hat dem E ein hypothekarisch gesichertes Darlehen in Höhe von 20 000 DM gegeben. E zahlt das Darlehen an G kurz vor dessen Tod zurück. Die Löschung der Hypothek im Grundbuch unterbleibt. Der Alleinerbe A des G tritt – in Unkenntnis der Rückzahlung – „die Hypothek" an D ab. Hier ist D *nicht* Gläubiger der Darlehensforderung geworden (denn diese war durch Erfüllung untergegangen, einen gutgläubigen Erwerb von Forderungen gibt es nicht), wohl aber Berechtigter der Hypothek (§ 1138 mit § 892). Macht er die Hypothek gegen E geltend, so spricht die Vermutung des § 891 (mit § 1138) für sein Recht. Freilich kann er nur die dingliche Klage (= Klage auf Duldung der Zwangsvollstreckung in das belastete Grundstück) erheben, *nicht* die persönliche Schuldklage (mit der Möglichkeit der Zwangsvollstreckung in das *gesamte* Vermögen des E).

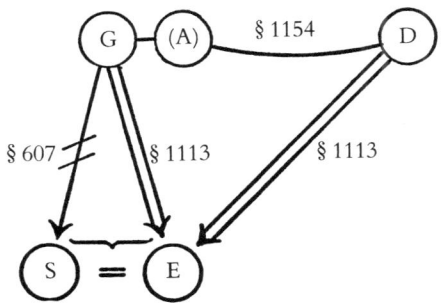

4. Diese – der Regel entsprechende – Form der Hypothek wird anschaulich als *Verkehrshypothek* bezeichnet: sie ist durch die Lockerung der Akzessorietät so ausgestaltet, daß sie im rechtsgeschäftlichen Verkehr leicht zirkulieren kann.

Die Beteiligten haben es aber in der Hand, den Akzessorietätsgrundsatz streng durchzuführen, indem sie die Geltung der „Gutglaubensvorschriften" für die Forderung ganz ausschließen; § 1184 Abs. 1 drückt dies so aus, daß „das Recht des Gläubigers aus der Hypothek sich *nur* nach der Forderung bestimmt und der Gläubiger sich zum Beweise der Forderung nicht auf die Eintragung berufen kann". Das Gesetz (§ 1184 Abs. 1) bezeichnet diese Ausnahmeform der Hypothek als *Sicherungshypothek.* Diese Begriffswahl ist nicht glücklich; denn auch die Verkehrshypothek dient der Sicherung einer Forderung; charakteristisch ist eben der Ausschluß der Vorschriften über den öffentlichen Glauben für die Forderung, die starre Durchführung des Akzessorietätsgrundsatzes.

Auch die Sicherungshypothek ist *abtretbar,* also dem rechtsgeschäftlichen Verkehr zugänglich; aber der Erwerber kann die Hypothek *nur* erwerben, wenn die zu sichernde Forderung besteht. Ist dies nicht der Fall, so hilft ihm die Berufung auf das Grundbuch nichts.

In dem oben 3 a. E. gebrachten Beispiel erwirbt also D – wenn es sich um eine Sicherungshypothek handelte – weder die Forderung noch die Hypothek.

Freilich sind auch bei der Sicherungshypothek die Vorschriften über den gutgläubigen Erwerb nicht ganz ausgeschlossen. Sie greifen ein, wenn die Hypothek *als dingliches Recht* mit einem Mangel behaftet ist, die Forderung aber existiert:

Besteht in dem oben 3 a. E. gewählten Beispiel die Darlehensforderung G – E noch, ist aber die Hypothekenbestellung – z. B. wegen mangelnder Einigung – nichtig, so erwirbt D auch bei der Sicherungshypothek Forderung und Hypothek, weil er sich bezüglich der Hypothek auf den Grundbuchstand berufen kann:

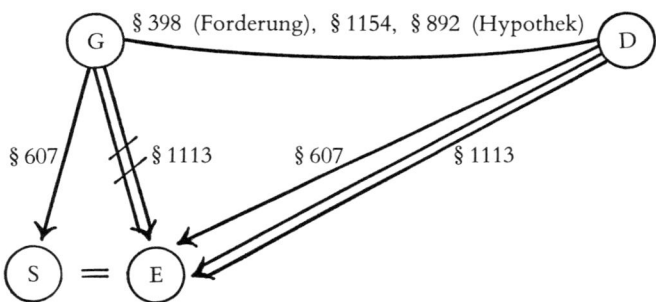

5. Wir beobachten sonach bezüglich der Durchführung des Akzessorietätsgrundsatzes eine *Staffelung der Grundpfandrechte:*

Grundschuld: überhaupt nicht akzessorisch.

Verkehrshypothek: akzessorisch, aber mit Durchbrechung zugunsten eines auf den Bestand der Forderung vertrauenden Erwerbers.

Sicherungshypothek: streng akzessorisch, ohne Gutglaubensschutz bezüglich der Forderung.

Vom *Gläubigerinteresse* aus gesehen ist die Grundschuld die „bequemste" Sicherungsform, der Gläubiger kann sie – im Grundsatz – verwerten ohne Rücksicht auf die gesicherte Forderung,

vom *Schuldnerinteresse* aus gesehen ist die Sicherungshypothek die „sicherste" Form der Belastung; denn der Schuldner kann der Zwangsvollstreckung in sein Grundstück nur unterworfen werden, wenn auch die zu sichernde Forderung besteht, wenn er also in Wahrheit (noch) schuldet.

IV. Einteilung der Grundpfandrechte nach dem Grad der Zirkulationsfähigkeit

1. Die Grundpfandrechte sind beschränkte dingliche Grundstücksrechte. Für diese gilt die Regel, daß sie durch Einigung und Eintragung übertragen werden können (§ 873). Daher kennt auch unser Gesetz einen Grundpfandrechtstyp, der auf diese Weise übertragen wird (§ 1154 Abs. 3); da der Grundbucheintrag hier das in die Augen fallende Zirkulationsmoment ist, sind die geläufigen Bezeichnungen: *Buchhypothek, Buchgrundschuld, Buchrentenschuld*. Das Gesetz spricht in umständlicher Ausdrucksweise von einer Hypothek (Grundschuld), bei der die „Erteilung des Hypothekenbriefs ausgeschlossen ist" (§ 1154 Abs. 3). Die Ausschließung des Briefs bedarf der Einigung der Beteiligten und der Eintragung im Grundbuch (§ 1116 Abs. 2).

2. Das Gesetz will für den Regelfall eine leichte Zirkulation des Grundpfandrechts ermöglichen, sein Inhaber soll es jederzeit durch möglichst einfache Weiterübertragung „zu Geld machen können". Daher stellt das Gesetz als weiteren Grundpfandrechtstyp die *Briefhypothek, Briefgrundschuld, Briefrentenschuld* zur Verfügung. Und zwar betrachtet es diese Form als die Regel, wie sich aus § 1116 Abs. 1, § 1154 Abs. 1 ergibt. *Das Grundpfandrecht ist also im Zweifel Briefpfandrecht.*

Der *Ausschluß* des Briefes, nicht seine Erteilung muß im Grundbuch eingetragen werden.

Der hauptsächliche Vorteil des Briefrechts ist die *leichte Möglichkeit der Übertragung;* sie kann – wie man sagt – außerhalb des Grundbuchs erfolgen: Zur Abtretung der Hypothek sind Einigung, schriftliche Abtretungserklärung *und* Briefübergabe erforderlich, aber auch genügend (§ 1154 Abs. 1).

Die schriftliche Abtretungserklärung – nicht die Einigung und die Briefübergabe! – kann zwar durch Eintragung der Abtretung im Grundbuch ersetzt werden (§ 1154 Abs. 2); aber dieser „Rückfall" in das Grundbuchsystem entspricht nicht der Praxis des Grundkredits.

Die *Zirkulation* des Briefrechts außerhalb des Grundbuchs erleichtert den Rechtsverkehr außerordentlich, bringt aber natürlich auch Sonderprobleme mit sich, weil der Erwerber sich jetzt nicht mehr auf den Inhalt des *Grundbuchs* verlassen kann (§§ 892, 893, 1138); vielmehr muß der Brief bezüglich der Gutglaubensvorschriften in eine Relation zum Grundbuch gebracht werden; dies versuchen die §§ 1140, 1155 (s. unten § 38 V).

Schon damit wird deutlich, daß die leichtere Zirkulation der Grundpfandrechte mit einer gewissen *Entwertung des Grundbuchs* und mit einer *Anonymität des Berechtigten* erkauft wird: Aus dem Grundbuch ist zwar ersichtlich, *daß* das Grundstück mit einem Grundpfandrecht belastet ist und in welcher ursprünglichen Höhe, aber *nicht, wer* Inhaber des Rechts ist; dies *kann* noch der im Grundbuch als erster Berechtigte Eingetragene sein, aber auch ein ganz anderer.

Beispiele: Bestellt E dem G eine Briefhypothek, so sind zur *Begründung* der Hypothek – neben der Entstehung der Forderung – Einigung und *Eintragung,* ferner noch die Briefübergabe erforderlich, §§ 873, 1117 (s. unten § 37 III). Ob und wie lange G Gläubiger der Hypothek ist, läßt sich *aus dem Grundbuch* nicht feststellen. Daher muß sich auch G und jeder seiner Rechtsnachfolger dem E gegenüber durch den Brief legitimieren, wenn er seine Rechte aus der Hypothek geltend macht und der Eigentümer die Legitimation fordert (§ 1160). –

E möchte für sein Unternehmen einen größeren Bankkredit aufnehmen. Da er noch nicht weiß, welche Bank ihm diesen Kredit einräumen wird, da er weiter vermeiden will, daß „die Konkurrenz erfährt, an wen er verschuldet ist", läßt er für sich selbst eine Eigentümerbriefgrundschuld (§ 1196) eintragen. Hat er den Geldgeber G gefunden, so tritt er an ihn die Grundschuld durch Einigung, Übergabe des Briefs und schriftliche Abtretungserklärung ab; dadurch wird die Eigentümergrundschuld außerhalb des Grundbuchs zur Fremdgrundschuld des G.

Das Briefpfandrecht hat den weiteren Vorteil, daß es eine Auszahlung der Darlehensvaluta Zug um Zug gegen Aushändigung des Briefs ermöglicht. Dadurch wird vermieden, daß der Eigentümer mit der Bestellung der Hypothek vorleisten muß, ohne die Sicherheit zu haben, daß ihm das Darlehen ausbezahlt wird; eine Sicherung des Eigentümers, wie sie § 1139 bei den Buchpfandrechten vorsieht, erübrigt sich.

3. Wie wir sahen, ist die *Sicherungshypothek* nicht auf eine leichte Zirkulation abgestimmt. Die strenge Akzessorietät, die ihr eigen ist, schließt die Abtretung zwar nicht aus, erschwert sie aber, weil der Erwerber stets – um sicher zu gehen – den Bestand der Forderung nachprüfen muß. Die Sicherungshypothek kann daher nur als *Buchhypothek* begründet werden (§ 1185 Abs. 1).

4. Schon das „normale" Briefpfandrecht erleichtert die Zirkulationsfähigkeit erheblich. Diese kann bei der Grundschuld noch dadurch gesteigert werden, daß „der Grundschuldbrief auf den Inhaber ausgestellt wird" (§ 1195 Abs. 1). Die damit entstandene *Inhaberbriefgrundschuld* wird als Inhaberpapier behandelt; dies bedeutet, daß die Grundschuld dem Eigentum am Inhaberpapier folgt. Da Inhaberpapiere durch Einigung und Übergabe nach §§ 929 ff. übereignet werden, ist damit eine völlige Mobilisierung des Grundkredits erreicht.

Eine ähnliche Wirkung kann – groteskerweise – dadurch erreicht werden, daß für eine Schuldverschreibung auf den Inhaber oder ein Orderpapier (wie den Wechsel) eine Sicherungshypothek bestellt wird (sog. *Papierhypothek*); hier folgt die Rechtszuständigkeit ganz wertpapierrechtlichen Grundsätzen, d. h. der Eigentümer der Schuldverschreibung oder der aus dem Orderpapier Berechtigte ist auch Inhaber der Hypothek (§ 1187 S. 3).

Diese Form des Grundpfandrechts eignet sich vor allem für die Sicherung von Anleihen (Emissionen). Um sie zu erleichtern, sehen die §§ 1188, 1189 eine Bestellung ohne Angabe des Gläubigers (!) und die Einsetzung eines Vertreters der jeweiligen Gläubiger vor.

5. Die Variationsbreite der Grundpfandrechtstypen ist also außerordentlich groß; ja man kann ruhig sagen, daß sie viel größer ist als das praktische Bedürfnis. Konstruktionsfreude und das Bestreben, möglichst alle überkommenen Grundpfandrechtsformen beizubehalten, haben zu diesem Ergebnis geführt.

Um einen klaren Überblick zu behalten, muß man sich stets vergegenwärtigen, daß sich zwei Einteilungskriterien überschneiden: das Akzessorietätsprinzip und die Zirkulationsfähigkeit. Geht man von dem erstgenannten Unterscheidungsmoment aus, so ergeben sich folgende *Variationsmöglichkeiten:*

a) die *Grundschuld* (Rentenschuld) kann sein:

  Buchgrundschuld

  Briefgrundschuld

  Inhaberbriefgrundschuld;

b) die *Verkehrshypothek* kann sein:

Buchhypothek

Briefhypothek;

c) die *Sicherungshypothek* kann *nur* als Buchhypothek begründet werden; als Wertpapierhypothek ist sie freilich ähnlich wie die Inhaberbriefgrundschuld „mobilisiert".

Die Mannigfaltigkeit wird noch dadurch verwirrender, daß die eine Rechtsform – durch Einigung und Eintragung – in die andere *umgewandelt* werden kann, so die Buchhypothek in eine Briefhypothek und umgekehrt (§ 1116 Abs. 3 mit Abs. 2), ebenso die Buchgrundschuld in eine Briefgrundschuld und umgekehrt. Es kann aber auch eine Hypothek in eine Grundschuld, eine Grundschuld in eine Hypothek verwandelt werden (§ 1198). Um die Mannigfaltigkeit voll zu machen, läßt sich auch eine Sicherungshypothek in eine gewöhnliche Hypothek und umgekehrt verwandeln (§ 1186).

Beispiel: War ein Darlehen ursprünglich durch eine Briefgrundschuld gesichert, so können E und G vereinbaren, daß die Briefgrundschuld in eine Sicherungshypothek umgewandelt wird. Dies bedarf der Einigung und Eintragung im Grundbuch. Die Parteien können dann später auch vereinbaren, daß die zunächst gesicherte Darlehens*forderung* I gegen eine andere Darlehensforderung II *ausgewechselt* wird (§ 1180)!

V. Einteilung der Grundpfandrechte nach der Person des Gläubigers

Hier stellt sich das *Problem der Rechte an eigener Sache,* auf das wir schon oben § 3 II 2d kurz hingewiesen hatten.

1. Es entspricht der Lebenserfahrung, daß der Eigentümer meist das Grundpfandrecht zugunsten eines anderen, nämlich seines Gläubigers, bestellt. Die Grundpfandrechte sind also in der Regel *Fremdgrundpfandrechte* (Fremdhypothek, Fremdgrundschuld).

Dieser Normalfall entband den Gesetzgeber aber nicht von der Verpflichtung, auch die Ausnahmefälle zu bedenken, vor allem also den Fall, daß der Eigentümer – Schuldner das Grundpfandrecht tilgt, weiter die Tatbestände, in denen bei der Hypothek die zu sichernde Forderung von vornherein nicht entstanden ist. Hier boten sich zwei extreme Möglichkeiten: *entweder* jedem Grundpfandrecht von vornherein eine feste, sozusagen reservierte Rangstelle („Wertstelle" – „Wertparzelle") zuzuweisen mit der Folge, daß bei Wegfall des Fremdgrundpfandrechts die nunmehr offene Rangstelle dem Eigentümer zusteht, *oder* in jedem Fall das Erlöschen des Rechts und das Aufrücken der Nachberechtigten zu statuieren.

Das BGB hat einen Mittelweg gewählt, der freilich im Ergebnis dem der festen Rangstelle sehr nahekommt: In einer Reihe von Fällen, wo *von vornherein* ein Fremdgrundpfandrecht nicht oder noch nicht zur Entstehung kommen kann (z. B. wenn bei der Hypothek die zu sichernde Forderung fehlt) oder wo es *später* – z. B. durch Tilgung seitens des Eigentümers – wegfällt, steht das Pfandrecht dem Eigentümer zu (*Eigentümergrundpfandrecht:* Eigentümerhypothek – Eigentümergrundschuld).

2. Dem Grundsatz der festen Rangstelle wie dem Institut des Eigentümergrundpfandrechts liegt der uns schon häufig begegnete Gedanke der *verschiedenen Bewertung der Rangstellen* zugrunde: die erste Hypothek ist sicherer, daher auch im

Zinssatz billiger als die zweite und dritte Hypothek. Tilgt nun der Eigentümer die erste Hypothek, so würde die Durchführung des Prinzips der beweglichen Rangordnung bedeuten, daß die zweite und dritte Hypothek aufrücken; sie würden also dann den Vorteil einer sicheren Rangstelle mit dem als Risikoprämie gedachten hohen Zinsfuß verbinden. Das war nach der Auffassung der ursprünglichen Autoren des BGB keine gerechte Lösung; daher sagt das Gesetz, daß „der Eigentümer die Hypothek erwirbt" (§ 1163 Abs. 1 S. 2). Freilich ermöglicht der gesetzliche Löschungsanspruch (§ 1179a), wie er durch jüngere Reformen geschaffen und von der Praxis durch regelmäßige Löschungsvormerkungen veranlaßt worden ist,[1] dann doch diese „ungerechte" Lösung.

Der enge Zusammenhang des Eigentümergrundpfandrechts mit dem *Grundsatz der Akzessorietät* ist schon angedeutet; wie wir wissen, kann eine Hypothek ohne Forderung nicht existieren. Was soll aber geschehen, wenn die zu sichernde Forderung von vornherein nicht besteht oder noch nicht besteht oder später wieder erlischt? Den Ausweg sah das Gesetz im Institut des Eigentümergrundpfandrechts: bis zum Entstehen der Forderung oder nach deren Erlöschen ist der Eigentümer Inhaber des Grundpfandrechts (§ 1163 Abs. 1), das freilich – weil eben die Forderung fehlt – nicht als Eigentümer*hypothek,* sondern als Eigentümer*grundschuld bezeichnet* werden muß (§ 1177).

3. *Terminologisches:*

a) Das Eigentümergrundpfandrecht ist *Eigentümerhypothek,* wenn dem Pfandrecht noch eine Forderung zugrundeliegt, *Eigentümergrundschuld,* wenn dies nicht der Fall ist.

Beispiele: E hat zugunsten des G für dessen Forderung gegen S eine Hypothek bestellt. Als S das Darlehen an G nicht zurückzahlt, leistet E. Damit geht die Forderung des G gegen S auf ihn über (§ 1143 Abs. 1 S. 1), mit der Forderung auch die Hypothek (§§ 412, 401). Sie ist Eigentümerhypothek, weil sie nunmehr der Sicherung der Forderung des E gegen S dient! E könnte etwa Forderung und Hypothek an X abtreten.
Zahlt S das Darlehen zurück, so erlischt die Forderung; die Hypothek geht auf E über[2] (§ 1163 Abs. 1 S. 2), sie ist jetzt Eigentümergrundschuld (§ 1177 Abs. 1).

b) Die Eigentümergrundschuld kann *vorläufig*

E hat dem G eine Hypothek bestellt, das Darlehen ist aber *noch* nicht ausbezahlt

oder *endgültig* sein:

E hat das Darlehen zurückbezahlt.

c) Von einer *ursprünglichen* Eigentümergrundschuld spricht man, wenn sie von vornherein besteht:

der Eigentümer hat z. B. für sich selbst eine Grundschuld bestellt,

von einer *nachträglichen* dann, wenn *zunächst* ein Fremdgrundpfandrecht gegeben war:

Das hypothekarisch gesicherte Darlehen ist zurückbezahlt worden.

---

[1] S. oben §§ 17 A II 2b; 20 I 2 und ausführlich unten § 46 IV!
[2] Sofern nicht der Ausnahmetatbestand des § 1164 zutrifft.

d) Ist die Eigentümergrundschuld aus dem Grundbuch ersichtlich, so ist sie eine *offene:*

So wenn der Eigentümer für sich selbst eine Grundschuld bestellt hat oder wenn eine auf ihn – nach Rückzahlung des gesicherten Darlehens – automatisch übergegangene Hypothek auch im Grundbuch als Eigentümergrundschuld eingetragen wird (Grundbuchberichtigung!, §§ 22 GBO, 894 BGB).

Läßt sich die Eigentümergrundschuld aus dem Grundbuch nicht erkennen, so spricht man von einer *verdeckten* Eigentümergrundschuld.

So im letzten Beispiel *bis* zur Grundbuchberichtigung!

Die Einteilungskriterien entstammen so verschiedenen Bezirken, daß Überschneidungen leicht möglich sind:

Bestellt E dem G eine Hypothek für ein erst zu gewährendes Darlehen, so handelt es sich in Wahrheit bis zur Auszahlung der Darlehensvaluta um eine vorläufige, ursprüngliche, verdeckte Eigentümergrundschuld.

4. Die Konstruktion des Grundpfandrechts, so wie das BGB sie nun einmal gewählt hat, fordert von uns ein eingehendes Studium des Eigentümergrundpfandrechts; wir können dieses – dem Verständnis nur schwer zugängliche – Rechtsinstitut nicht einfach links liegen lassen im Vertrauen darauf, daß es uns nie oder doch nur selten begegnen werde. Denn auch die Beschäftigung mit den einfachsten Fragen des Hypothekenrechts setzt die Kenntnis der Grundbegriffe dieses Rechtsinstituts voraus.

Zur Illustration einige *Beispiele:* E hat sein Grundstück mit drei Hypotheken belastet, mit der des G_1 in Höhe von 10 000 DM, mit der des G_2 in Höhe von 20 000 DM, mit der des G_3 in Höhe von 15 000 DM. Nach 5 Jahren hat er bei jeder Hypothek ein Drittel abbezahlt, also in dieser Höhe Eigentümergrundschulden erworben. Wie ist zu verfahren, wenn E einen neuen Geldgeber Gx findet, der bereit ist, sämtliche Hypotheken „abzulösen" und *ein* Darlehen gegen *eine* Hypothek zu einem einheitlichen Zinsfuß zu gewähren? Auch wenn die Hypotheken von G_1–G_3 noch unverändert im Grundbuch eingetragen sind, ist doch offensichtlich mit deren Abtretung durch G_1–G_3 an Gx allein nicht gedient, weil sie ja schon zum Teil auf E als Eigentümergrundschulden übergegangen waren! –

In dem eben gebrachten Beispiel möchte ein Gläubiger des E die durch teilweise Rückzahlung entstandenen, aber im Grundbuch noch nicht ausgewiesenen Eigentümergrundschulden des E pfänden lassen. Kann er dieses Ziel erreichen? Wie muß er dabei verfahren?

Der Zugang zu den Grundsätzen des Eigentümerpfandrechts wird erleichtert, wenn man die *einzelnen Fälle seiner Anwendung* studiert:

a) Der einfachste Fall ist der, daß der Eigentümer für sich selbst *eine Eigentümergrundschuld bestellt* (§ 1196). Es handelt sich um eine rechtsgeschäftliche, ursprüngliche, offene Eigentümergrundschuld.

Zweck: Befriedigung eines späteren Kreditbedürfnisses an bevorzugter Rangstelle durch Abtretung der Eigentümergrundschuld, die dadurch zur Fremdgrundschuld oder – wenn sie umgewandelt wird – zur Fremdhypothek wird (BGH NJW 1968, 1674; *Jauernig* § 1198 Anm. 2d).

b) Weitere Fälle lassen sich unter dem Stichwort: *„Entstehungsschwierigkeiten"* bei Begründung eines Fremdgrundpfandrechts zusammenfassen; hierher gehören:

aa) Fehlen der Forderung, § 1163 Abs. 1 S. 1.

bb) Nicht erfolgte Briefübergabe, § 1163 Abs. 2.

Beide Male ist der Typ der vorläufigen, ursprünglichen, verdeckten Eigentümergrundschuld gegeben.

Freilich kann aus der vorläufigen auch eine endgültige Eigentümergrundschuld werden, so z. B. wenn die Darlehensverhandlungen scheitern oder der Brief endgültig nicht übergeben wird.

cc) Zweifelhaft ist, ob § 1163 Abs. 1 S. 1. Abs. 2 *entsprechend* anwendbar ist, wenn der Entstehungsmangel dem *dinglichen* Rechtsgeschäft anhaftet; so z. B. wenn der Ehemann für eine Darlehensforderung seiner Ehefrau gegen ihn eine Hypothek eintragen läßt, ohne ihr etwas davon zu sagen. Hier ist die zu sichernde Forderung vorhanden, aber es mangelt an einer wirksamen dinglichen Einigung. Die Auffassungen sind sehr geteilt;[1] gegen die h. M., die die Entstehung einer Eigentümergrundschuld verneint, spricht, daß ein Aufrücken der Nachhypothekare hier ebenso ungerechtfertigt ist wie bei Fehlen der Forderung. Zuzustimmen ist nach wie vor *Wolff/Raiser* (§ 145 I 3), die eine gültige Willenserklärung des Eigentümers genügen lassen; denn auch § 1196 begnügt sich mit einem einseitigen Rechtsgeschäft des Eigentümers; daß das Grundpfandrecht im Grundbuch nicht als Eigentümergrundschuld bezeichnet ist, kann nicht ausschlaggebend sein.

c) Eine andere Gruppe von Fällen kann unter der Bezeichnung „*Tilgung*" und „*Verzicht*" zusammengefaßt werden; so

aa) das *Erlöschen der gesicherten Forderung,* gleichgültig aus welchem Rechtsgrund (§ 1163 Abs. 1 S. 2);

z. B. der Schuldner (= Eigentümer) zahlt das gesicherte Darlehen zurück oder rechnet wirksam mit einer Gegenforderung auf;

bb) *Ablösung des Grundpfandrechts* durch den vom Schuldner verschiedenen Eigentümer (§§ 1142, 1143, 1153); hier erwirbt der Eigentümer mit der Forderung eine Eigentümer*hypothek* (§ 1177 Abs. 2);

cc) *Verzicht* des Hypothekars auf die Hypothek (§ 1168). Er bedarf einer Verzichtserklärung und der Eintragung im Grundbuch.

Der *Verzicht* auf die Hypothek läßt den Bestand der Forderung unberührt; wird nur die Forderung *erlassen,* so entsteht eine Eigentümergrundschuld nach § 1163 Abs. 1 S. 2. Von Verzicht und Erlaß ist die *Aufhebung* der Hypothek (nach §§ 875, 1183) zu unterscheiden: Sie führt – anders als Verzicht und Erlaß – *nicht* zu einer Eigentümergrundschuld, sondern zum Untergang der Hypothek. Da hinter einer jeden Hypothek potentiell eine Eigentümergrundschuld steckt, verlangt § 1183 zur *Aufhebung* der Hypothek die Zustimmung des Eigentümers.

d) Für eine letzte Gruppe von Fällen mag schließlich das Stichwort „*Konsolidation*" gewählt werden:
Vereinigung von Hypothek und Eigentum in einer Person (§ 889 mit § 1177).

Beispiel: E hat für eine Schuld des S an G eine Hypothek bestellt. Später veräußerte er das Grundstück an G: Eigentümerhypothek, die nunmehr die Forderung des Eigentümers G gegen S sichert.
Bei einer Vereinigung von Gläubiger- und Schuldnerstellung entsteht die Eigentümergrundschuld nach § 1163 Abs. 1 S. 2.

5. Von den Fällen, in denen ein Tilgungstatbestand zum Eigentümergrundpfandrecht führt, sind die *Erlöschenstatbestände* zu unterscheiden.

a) Einen von ihnen, den Fall der rechtsgeschäftlichen *Aufhebung* (§ 875) haben wir soeben kennengelernt. Sie bedarf auch der Zustimmung des Eigentümers

---

[1] Siehe zum Stand der Meinungen MünchKomm/*Eickmann* § 1196 Rn. 3–5 (m. w. N.); *Westermann/Eickmann* § 135 I 4; *Gursky,* SachenR, Fälle und Lösungen, Fall 14 sub II 4 m. Nw.; *Jauernig* § 1113 Anm. 5 a bb; *Soergel/Konzen* § 1113 Rn. 4; *Kiefner* FS Hübner 1984, 521.

(§ 1183), der damit gewissermaßen auf seine „hinter der Hypothek liegende" Eigentümergrundschuld verzichtet.

Der grundbuchrechtliche Ausdruck des Rechtsgedankens des § 1183 findet sich in § 27 GBO: der Eigentümer muß jeder Löschung eines Grundpfandrechts zustimmen. –
Mit Hilfe der sog. *Löschungsvormerkung* und des gesetzlichen *Löschungsanspruchs* erreichen nachstehende Gläubiger für den Fall, daß das ihnen vorgehende Recht Eigentümergrundschuld wird, ihr Aufrücken, indem sie – wer auch immer Eigentümer sei – die Löschung des Eigentümergrundpfandrechts erzwingen (s. oben § 17 A II 2 b; 20 I 2 und im einzelnen unten § 46 IV).

b) Wird der Gläubiger aus dem Grundstück, also durch Zwangsvollstreckung befriedigt, so erlischt die Hypothek (§ 1181).

Der Vorschrift liegt der Gedanke zugrunde, daß mit der zwangsweisen Befriedigung des einen Gläubigers aus dem Grundstück – z. B. durch Vollstreckung in das Zubehör oder Zwangsverwaltung – der Wert des Grundstücks vermindert ist, also aller Anlaß besteht, daß die nachfolgenden Gläubiger aufrücken. Dabei ist freilich zu beachten, daß bei einer *Zwangsversteigerung* des Grundstücks durch den Zuschlag auch die dem betreibenden Gläubiger nachfolgenden Rechte erlöschen (§ 52 Abs. 1 S. 2 ZVG).
Beispiele: Belastung eines landwirtschaftlichen Grundstücks: Hypothek für A 10000 DM, für B 15000 DM, für C 12000 DM. Verwertet A auf Grund eines dinglichen Titels die Ernte des Grundstücks im Wege der Mobiliarzwangsvollstreckung und wird er befriedigt, so rücken B und C auf (§ 1181).
Betreibt B die Zwangsversteigerung, so fällt die Hypothek des A in das sog. geringste Gebot, bleibt also bestehen (§ 52 Abs. 1 S. 1 mit § 44 ZVG). Werden bei der Versteigerung 12000 DM erlöst, so erlischt die Hypothek des B in dieser Höhe nach § 1181, der Rest von 3000 DM und die Hypothek des C erlöschen nach § 52 Abs. 1 S. 2 ZVG. Der Erwerber D erwirbt also ein mit der Hypothek des A belastetes Grundstück (der bar zu entrichtende „Kauf"preis ist daher auch entsprechend niedriger!), die Hypotheken des B und C sind erloschen (ausführlich *Baur/Stürner*, ZVR, Rn. 609 ff.).

6. Einige Worte zur *Rechtsnatur* des Eigentümergrundpfandrechts und zu seiner *Bedeutung für den Eigentümer:*

a) Sedes materiae ist § 1177: Danach gelten für die Eigentümer*grundschuld* wie für die Eigentümer*hypothek* die Vorschriften, die auf eine vom Eigentümer rechtsgeschäftlich bestellte Grundschuld anwendbar sind. Dies bedeutet, daß das Eigentümergrundpfandrecht *wie ein Fremdgrundpfandrecht* zu behandeln ist, mit zwei Ausnahmen:

aa) der Eigentümer kann als Inhaber des Eigentümergrundpfandrechts nicht selbst die Zwangsvollstreckung in sein Grundstück betreiben (§ 1197 Abs. 1).

Grund: Er könnte die nachfolgenden Gläubiger schädigen, indem er die Zwangsversteigerung zu einer Zeit betreibt, in der ein alle Hypothekare befriedigendes Gebot nicht zu erwarten ist, und dann das Grundstück selbst ersteigert; die Rechte der nachfolgenden Gläubiger erlöschen nach § 52 Abs. 1 S. 2 ZVG, ohne daß sie aus dem Erlös befriedigt zu sein brauchen. Die praktische Bedeutung dieser Vorschrift ist wegen § 1179a inzwischen beschränkt.

bb) Zinsen gebühren dem Eigentümer grundsätzlich nicht (§ 1197 Abs. 2).

Im übrigen kann auch der Inhaber eines automatisch entstandenen Eigentümergrundpfandrechts über sein Recht *frei verfügen,* das Recht ist Gegenstand der Pfändung u. s. w.

Beispiele: E (= S) hat das ihm von G gewährte und durch eine Buchhypothek gesicherte Darlehen zurückbezahlt; G hat ihm darüber eine öffentlich beglaubigte Quittung ausgestellt. Damit kann E dem Grundbuchamt nachweisen (§ 29 GBO), daß die Hypothek auf ihn als Eigentümergrundschuld übergegangen ist, das Grundbuch also berichtigt werden muß (§ 22 Abs. 1 S. 1 GBO). Ist die Berichtigung durchgeführt, so kann er die Grundschuld an einen neuen Gläubiger Gn abtreten und zwar in der Form des § 1154 Abs. 3 mit § 873. Um diesen umständlichen Weg zu vermeiden, wird die Zwischeneintragung des E (§ 39 Abs. 1 GBO) in der Praxis für überflüssig gehalten, E kann also an Gn abtreten, ohne zuvor als Inhaber der Eigentümergrundschuld eingetragen zu sein.[1]

Ist auch der Weg gangbar, daß der noch im Grundbuch – wenn auch zu Unrecht – eingetragene G die Hypothek (in Wahrheit: Eigentümergrundschuld) unmittelbar im Einverständnis des E an Gn abtritt? *Materiellrechtlich* handelt es sich um die Verfügung eines Nichtberechtigten (G), die aber mit Zustimmung des Berechtigten (E) wirksam ist (§ 185). *Grundbuchrechtlich* ist G als voreingetragener „Berechtigter" noch zur Verfügung, also zur Abtretung an Gn befugt (dazu § 16 III 5b). –

Gn kann die dem E zustehende Eigentümergrundschuld auch pfänden, was technisch Schwierigkeiten macht, wenn E – wie meist – noch nicht als Inhaber der Eigentümergrundschuld im Grundbuch eingetragen ist (hierzu § 46 I 5). Fraglich ist im Hinblick auf § 1197, ob aus der *gepfändeten* Eigentümergrundschuld die Zwangsvollstreckung betrieben werden kann. Die jetzt h. M. bejaht diese Möglichkeit, mit Recht (s. u. a. BGHZ 103, 30, 36ff. = NJW 1988, 1026; *Baur/Stürner,* ZVR, Rn. 555; Fälle, Fall 10; MünchKomm/*Eickmann* § 1197 Rn. 8; s. a. § 46 I 4).

b) Das Eigentümergrundpfandrecht steht dem zu, der *im Augenblick der Vollendung des Entstehungstatbestandes* Eigentümer des Grundstücks ist. Es bleibt diesem auch, wenn er später das Grundstück *veräußert,* und wird dann automatisch Fremdgrundpfandrecht.

Die entstandene Eigentümergrundschuld ist also *nicht* – wie viele „Neulinge" meinen – subjektiv dinglich in dem Sinne, daß sie *dem jeweiligen Eigentümer* zustehe, auch wenn sie nicht ausdrücklich abgetreten werde!

Verwirklicht sich – wie bei der Tilgungshypothek – der Entstehungstatbestand in Raten und wechselt der Eigentümer während der Tilgungszeit mehrfach, so steht jedem der mehreren Eigentümer ein Eigentümergrundpfandrecht in Höhe der jeweils geleisteten Raten zu (s. schon oben I 6c).

Beispiel: Hat E das durch 1. Hypothek gesicherte Darlehen von 20000 DM jährlich mit 2000 DM zu tilgen, leistet er selbst 4000 DM, ein Käufer K₁ weitere 6000 DM und schließlich der Erwerber K₂ den Rest von 10000 DM, so verteilen sich die Eigentümergrundschulden auf E, K₁ und K₂, wobei die des E und K₁ durch den Eigentumswechsel zu Fremdgrundschulden geworden sind. Hier ergeben sich drei Fragen:

(1) Können E und K₁ ihre Fremdgrundschulden gegen K₂ geltend machen? Diese Frage ist zu verneinen, und zwar weil dem regelmäßig der Inhalt und Sinn des Kaufvertrags entgegenstehen wird: E hat von K₁, K₁ von K₂ den erzielbaren Marktwert unter Anrechnung der *Resthypothek* auf den Kaufpreis erhalten; mehr soll ihnen nicht zustehen, auch nicht die auf sie übergegangenen, jetzt zu Fremdgrundschulden gewordenen Eigentümergrundschulden. Dies bedeutet, daß K₂ Aufhebung der Fremdgrundschulden fordern kann, von K₁ nach §§ 434, 439 Abs. 2 und von E nach Abtretung des Anspruchs K₁ gegen E durch K₁ an K₂ auf Grund des Kaufvertrags (§§ 434, 439 Abs. 2, 440 Abs. 1, 325 Abs. 1 S. 3, 323 Abs. 2, 281).

(2) Kann K₂ nach Zahlung der Restschuld die Löschung der *gesamten* Hypothek erwirken oder muß er die Zustimmung von E und K₁ beibringen? Sicher ist, daß E und K₁ diese Zustimmung ausdrücklich – sei es schon im Kaufvertrag, sei es später – erklären können (§ 185). Auch kann die im Kaufvertrag erklärte „Übertragung" der schon entstandenen Eigentümergrundschuld auf den Erwerber in eine solche Ermächtigung nach § 185 umgedeutet werden.[2] Wie aber wenn in beiden Übertragungsfällen an die spätere Löschung der Hypothek nicht gedacht wurde? Hier bleibt *materiellrechtlich* nichts anderes übrig, als die Zustimmung von E und K₁ beizubringen, zu deren Abgabe sie auf Grund des Kaufvertrags verpflichtet sind. *Grundbuchrechtlich* genügen die Quittung des G, wenn sich aus ihr ergibt, daß K₂ *voll* bezahlt hat, und die Zustimmung des K₂ nach § 27 GBO; denn der Grundbuchrichter darf sich darauf verlassen, daß G noch in vollem Umfang Hypothekar war; § 891 (mit § 1138)

---

[1] BGH Rpfleger 1968, 277; KG Rpfleger 1975, 136; *Horber/Demharter* § 39 Anm. 9. Daß sich aus solcher „Verkürzung" Mißhelligkeiten ergeben können, zeigt BGH NJW 1986, 1687 (dazu *Foerste* JuS 1988, 261): dort war die Voreintragung allerdings ausdrücklich beantragt und vom GBA nicht vollzogen!

[2] Siehe *Kaps* DR 1941, 412.

gilt auch für ihn. Anders dann, wenn sich aus der Quittung ergibt, daß auch E und K_1 Zahlungen geleistet haben; hier muß der Grundbuchrichter auch die Zustimmung von E und K_1 fordern (vgl. hierzu noch § 1179 b und unten § 46 IV 2d).

(3) Wie ist das Rangverhältnis der Grundpfandrechte der drei beteiligten Eigentümer? Die Antwort gibt § 1176: es geht also die Eigentümergrundschuld des K_2 der Fremdgrundschuld des K_1 und des E, die Fremdgrundschuld des K_1 der Fremdgrundschuld des E vor!

c) Die Rechtsnatur des Eigentümerpfandrechts ist lebhaft umstritten.[1] Die verschiedenen hier vertretenen Auffassungen darzustellen, wäre fruchtlos; denn mehr als eine gewisse Umschreibung des wesentlichen Inhalts dieses Rechts vermag keine Theorie zu bieten. Mit der h. M. ist es als selbständiges beschränktes dingliches Recht an eigener Sache zu begreifen. Betrachtet man das einem anderen eingeräumte Grundpfandrecht als eine Abspaltung aus der Verwertungsbefugnis des Eigentümers, so kommt diese Verwertungsbefugnis nunmehr dem Eigentümer selbst zu, wobei freilich § 1197 Abs. 1 seine Initiative im Interesse der anderen Grundpfandgläubiger beschränkt.

VI. Einteilung der Grundpfandrechte nach der Zahl der haftenden Grundstücke

1. In der Regel wird für *eine* Forderung *eine* Hypothek an *einem* Grundstück begründet; infolge des engen Zusammenhangs zwischen Forderung und Hypothek ist es nicht möglich, für *eine* Forderung *mehrere* Hypotheken zu bestellen.

Beispiel: Hat E dem G an dem Grundstück a eine dritte Hypothek bestellt und bietet sich jetzt die Möglichkeit, dem G für dieselbe Forderung ein erstrangiges Grundpfandrecht an dem Grundstück b einzuräumen, so kann dies keine selbständige Hypothek sein (wohl aber eine Grundschuld), RGZ 131, 16, 20; 132, 138.

2. Zulässig ist es aber, den Betrag der Forderung auf mehrere Hypotheken aufzuteilen oder aber eine *Gesamthypothek* zu bestellen. Nach der Legaldefinition des § 1132 ist die Gesamthypothek „eine Hypothek für *eine* Forderung an *mehreren* Grundstücken". Dabei ist es gleichgültig, ob die belasteten Grundstücke einem oder mehreren Eigentümern gehören.

Die Gesamthypothek kommt vor allem dann in Betracht, wenn die Forderung so hoch ist, daß eine Hypothek an *einem* Grundstück nicht ausreicht und sich eine Verteilung auf mehrere Hypotheken an mehreren Grundstücken nicht empfiehlt (vgl. das Beispiel oben II 2a cc). Der Hauptanwendungsbereich liegt daher in den Realteilungsgebieten, d.h. in Gebieten, wo herkömmlich das Grundvermögen im Erbgang unter die Miterben aufgeteilt wird.

Der Gesamthypothekar hat umfassende *Befugnisse. Heck*[2] bezeichnet ihn mit Recht als „hypothekarischen Pascha": Zwar steht ihm der Haftungsbetrag nur *einmal* zu; aber in diesem Rahmen kann er nach seinem Gutdünken

entweder alle Grundstücke verwerten

oder eines von ihnen

oder mehrere, aber nicht alle,

oder eines von ihnen zu einem Teil des Haftungsbetrages (§ 1132 Abs. 1). Er kann auch den zu sichernden Betrag nachträglich auf die einzelnen Grundstücke verteilen (§ 1132 Abs. 2; Einzelheiten s. unten § 43).

---

[1] Einen Überblick über die verschiedenen Meinungen geben *Wolff/Raiser* § 147; wie hier *Westermann/Eickmann* § 135 III.

[2] § 94 I 4.

VII. Grundpfandrechte in den neuen Bundesländern

Seit dem 3. 10. 1990 können in den neuen Bundesländern die Grundpfandrechte des BGB bestellt werden. Aus der Zeit vor Geltung des ZGB existieren in den Grundbüchern u. U. noch altrechtliche Grundpfandrechte nach dem BGB (§ 15 VI 3).[1]

§§ 452 ff. ZGB kannten nur die Hypothek als Sicherungshypothek, die an Grundstücken oder Gebäudeeigentum (§ 15 VI 3) bestellt werden konnte. Die gesicherte Forderung mußte sich gegen den Eigentümer des belasteten Grundstücks richten und im Zusammenhang mit dem Grundstückseigentum stehen, sofern es sich nicht um Forderungen von Banken, volkseigenen Betrieben etc. handelte. Der schriftliche Bestellungsvertrag zwischen Eigentümer und Gläubiger bedurfte der Beglaubigung und staatlicher Genehmigung, falls nicht ein Kreditinstitut Gläubiger war. Die Hypothek entstand mit der Eintragung, ihr Rang hing vom Zeitpunkt des Entstehens ab (vgl. § 17 E). Die Hypothek war streng akzessorisch in ihrem Umfang und im Falle der Abtretung. Sie erlosch mit der Forderung, das ZGB kannte also *keine Eigentümergrundschuld*. Der Haftungsumfang ähnelte dem Recht des BGB: Zubehör, Mietzinsen, Versicherungen. Die Haftungsverwirklichung erfolgte durch Grundstücksvollstreckung aufgrund eines gerichtlichen Titels oder einer notariellen, vollstreckbaren Erklärung des Schuldners. Möglich war eine Gesamthypothek auf mehreren Grundstücken. Eine Sonderform der Sicherungshypothek war die *Aufbauhypothek* (§§ 456–458 ZGB). Sie sicherte Bankkredite für Baumaßnahmen und war kraft Gesetzes *vorrangig* gegenüber anderen Hypotheken. Kurz vor der Einigung ist noch die Höchstbetragshypothek nach dem Vorbild des § 1190 BGB als § 454a ZGB eingefügt worden. Einen gutgläubigen Erwerb der eingetragenen Hypothek ohne Forderung kannte das ZGB nicht (zum gutgläubigen Erwerb allgemein §§ 15 VI 4; 23 VI).

Für am 3. 10. 1990 bereits bestehende ZGB-Grundpfandrechte gilt das Recht des ZGB fort (Art. 233 § 3 Abs. 1 EGBGB; hierzu § 19 E III); rechtskräftige Titel zur Vollstreckung wirken grundsätzlich ebenfalls fort (EinigungsV Anl. I Kap. III Sachgeb. A Abschn. III Nr. 5i), für neue Titel gilt die ZPO. Der Fortgang am 3. 10. 1990 schwebender Eintragungsverfahren, die Übertragung von ZGB-Hypotheken und ihre Aufhebung sind an anderer Stelle erörtert (§ 19 E). Wichtig ist, daß auch nach dem 3. 10. 1990 Zahlungen auf ZGB-Hypotheken zum Erlöschen führen (Art. 233 § 3 Abs. 1 EGBGB, § 454 Abs. 2 ZGB) und das Grundbuch entsprechend zu berichtigen ist; gutgläubiger Erwerb kann aber nicht stattfinden (Art. 233 § 6 Abs. 1 EGBGB, § 1185 Abs. 2 BGB).

Die *Neubestellung von Grundpfandrechten* in den neuen Bundesländern ist mehrfach erschwert: teilweise „verstecktes" Gebäudeeigentum und „verstecktes" Nutzungsrechte mit Ausschluß bzw. Beschränkung gutgläubigen Erwerbs (Art. 233 §§ 4, 5 EGBGB; hierzu §§ 15 VI 4, 23 VI); Teilblockade des Grundbuchs wegen Rückerstattungsanträgen nach dem VermögensG (§§ 15 VI 4, 16 VII); unklare Eigentumszuordnung wegen der Entflechtung „volkseigenen" Vermögens (§ 15 VI 4); Überlastung der Grundbuchämter durch Antragsflut (§ 16 VII); unübersichtliche dingliche Rechtslage und Grundbuchführung nach mehrfachem Rechtswechsel (§ 15 VI 3). Lit.: *Weimar,* Probleme der Kreditsicherung an Grund und Boden in den neuen Bundesländern, DtZ 1991, 50 ff.

VIII. Grundpfandrechte und EG

Die einzelnen Staaten der EG kennen überwiegend nur akzessorische Grundpfandrechte. In den romanischen Ländern stehen die Grundpfandrechte in Konkurrenz zu gesetzlichen Vorzugsrechten, die auch Grundstücke erfassen können und den Gläubigern bestimmter Forderungen privilegierte Befriedigung verschaffen. Teilweise gibt es neben den Grundpfandrechten Sicherungsrechte an Unternehmen, z. B. die floating charge in England oder das nantissement du fond de commerce in Frankreich, mit sehr unterschiedlichem Verhältnis zur Grundstückshaftung. Die Verschiedenheit der Grundpfandrechte und ihrer Sicherungswirkung erschwert die Finanzierung und Refinanzierung über die Grenze und kann im ungünstigsten Fall die Freiheit des Kapitalverkehrs beeinträchtigen und Wettbewerbsnachteile für Bankunternehmen einzelner Länder zur Folge haben. Die harmonisierenden Abhilfevorschläge sind unterschiedlich: z. B. einheitliches Grundpfandrecht nach dem Vorbild der deutschen Grundschuld („Segré-Bericht" 1966) oder wahlweise neben den nationalen Grundpfandrechten eine „Eurohypothek" nach dem Modell des schweizerischen Schuldbriefes (Kombination aus novierendem bzw. abstraktem Schuldversprechen und Grundschuld) – so nunmehr die

---

[1] Ausführlich zur Überleitung vom BGB zum ZGB *Heuer,* Grundzüge des Bodenrechts der DDR, 1991, Rn. 137 ff.; ferner Art. 233 § 6 Abs. 2 EGBGB.

Kommission des lateinischen Notariats für EG-Angelegenheiten 1987. Eine Einheitlichkeit mit nur einem Grundpfandrecht für alle Länder wäre eher verhängnisvoll, weil sie den Wettbewerb der Rechtsordnungen um das bessere Recht abschaffen und die Lebendigkeit gewachsener, gleichwertiger Vielfalt zerstören würde. Dem Gedanken einer zusätzlichen Sicherungsform könnte man eher nähertreten, weil ihre Akzeptanz dem Markt überlassen bliebe. Man sollte die Störung des grenzüberschreitenden Kapitalverkehrs durch verschiedene nationale Sicherungsformen auch nicht überbewerten. Nicht wünschenswert wäre die grenzüberschreitende Sicherung mit Sicherungsformen fremden Rechts, weil dann die Verwirrung perfekt wäre. Interessant ist die Tendenz der Vereinheitlichungsvorschläge zur besonders verkehrsfähigen und vielseitig verwendbaren abstrakten Sicherheit, die allerdings vielfach eher Bank- als Verbraucherinteressen zu berücksichtigen scheint. Ein europäischer Teilsieg des Abstraktionsprinzips, das vielleicht doch oft die leistungsfähigere und beweglichere juristische Konstruktion bereithält als die zunächst einfacher wirkenden Einheitsmodelle? Lit.: *Stöcker,* Die Eurohypothek, Diss. Würzburg 1992; *ders.* in: Der langfristige Kredit 1991, 537ff. (Zusammenfassung); *M. Wolf* WM 1990, 1941ff.; ferner die Literaturangaben am Anfang des Kapitels.

Übersicht 18

Einteilung der Grundpfandrechte

nach der *Akzessorietät*	nach der *Zirkulationsfähigkeit*	nach der *Person des Gläubigers*	nach der *Zahl* der haftenden Grundstücke
1. Hypothek: akzessorisch § 1113 a) streng: Sicherungshypothek § 1184 b) abgeschwächt: Verkehrshypothek § 1138 2. Grundschuld: nicht akzessorisch § 1192 (*aber* Sonderform: Sicherungsgrundschuld: gewisse Verbindung von Forderung und Grundschuld durch Sicherungsabrede)	1. Briefgrundpfandrechte a) Briefhypothek §§ 1116 I, 1154 I b) Briefgrundschuld § 1192 mit §§ 1116 I, 1154 I 2. Buchgrundpfandrechte a) Buchhypothek § 1116 II, § 1154 III b) Buchgrundschuld: § 1192 mit § 1116 II, § 1154 III	1. Fremdgrundpfandrechte a) FremdH. b) Fremdgrundschuld 2. Eigentümergrundpfandrechte a) kraft Rechtsgeschäfts: Eigentümergrundschuld: § 1196 b) kraft Gesetzes: aa) Fehlen der Forderung bei der H.: § 1163 I 1 bb) Erlöschen der Forderung bei der H.: § 1163 I 2 cc) keine Briefübergabe bei H. oder Grundschuld: § 1163 II dd) Verzicht auf H. oder Grundschuld: § 1168 ee) Vereinigung von H. oder Grundschuld mit dem Eigentum: § 889	1. Einzelgrundpfandrecht a) EinzelH.: H. für *eine* Forderung an *einem* Grundstück b) Einzelgrundschuld: Grundschuld an *einem* Grundstück 2. Gesamtgrundpfandrecht: a) GesamtH.: H. für *eine* Forderung an *mehreren* Grundstücken: § 1132 b) Gesamtgrundschuld: Grundschuld an *mehreren* Grundstücken

IX. Überblick über den Gang der Darstellung

Es entspricht der gesetzlichen Regelung, im folgenden zunächst die Hypothek, dann die Grundschuld zu erörtern. Bei der Hypothek behandeln wir zunächst die Regelform: die Verkehrshypothek, dann erst die Sicherungshypothek und weitere Sonderformen der Hypothek.

Der Zugang zum Hypothekenrecht wird leichter, wenn wir uns bei der Darstellung der Verkehrshypothek an den typischen zeitlichen Ablauf eines hypothekarisch gesicherten Kredits halten, also zunächst die Begründung der Verkehrshypothek erörtern (§ 37), dann ihre Übertragung (§ 38), und uns dann den mit der freiwilligen und unfreiwilligen Tilgung der Hypothek zusammenhängenden Fragen zuwenden, nämlich dem Umfang der Hypothekenhaftung (§ 39), der Haftungsverwirklichung (§ 40) und dem Erlöschen der Hypothek (§ 41).

B. Die Hypothek

§ 37. Die Begründung der Verkehrshypothek

Die Hypothek ist ein beschränktes dingliches Recht, ein Verwertungsrecht. Ihre Eigenart – dadurch unterscheidet sie sich von der Grundschuld – liegt in der besonderen rechtlichen Beziehung zu der gesicherten Forderung, in der Akzessorietät (s. oben § 36 II). Daraus folgt, daß wir bei der Begründung der Hypothek nicht nur – wie etwa bei einer Grunddienstbarkeit – auf den *dinglichen* Bestellungsakt (III), sondern auch auf die zu sichernde Forderung (II) achten müssen. Zuvor ist zu prüfen, welche Vermögensbestandteile mit einer Hypothek belastet werden können (I).

I. Belastungsobjekt

Aus § 1113 („ein Grundstück") und § 1114 ergibt sich, daß nur Grundstücke, grundstücksgleiche Rechte (z. B. Erbbaurecht, vgl. § 11 ErbbauRV) und ideelle Miteigentumsanteile (also nicht Gesamthandsanteile!) mit einer Hypothek belastet werden können.

Beispiel: Ein Wohngrundstück steht im Eigentum der Erbengemeinschaft A, B, C. Benötigt A Geld, so kann er *nicht* seinen Gesamthandsanteil mit einer Hypothek belasten. Setzen die Miterben die Erbengemeinschaft derart auseinander, daß jeder von ihnen Miteigentümer zu ⅓ wird,[1] so kann A nunmehr an seinem Miteigentumsbruchteil eine Hypothek bestellen. Nicht aber kann der Alleineigentümer sein Grundstück nur zu einem „ideellen Teil" mit einer Hypothek belasten (Frankfurt NJW-RR 1988, 463, 464)!

Will die Erbengemeinschaft ein hypothekarisch gesichertes Darlehen aufnehmen, so müssen *alle* Miterben die Hypothek bestellen (§ 2040). Ergibt sich dieselbe Notwendigkeit, nachdem die Erbengemeinschaft schon im Wege der Auseinandersetzung in eine Bruchteilsgemeinschaft umgewandelt worden ist, so entsteht aus einer durch alle Bruchteilseigentümer gemeinschaftlich vorgenommenen Belastung eine Gesamthypothek an den einzelnen Bruchteilen (RGZ 146, 363 = *Baur,* E. Slg. Fall 39). Einzelheiten s. unten § 43 I 3.

Bei der Rückabwicklung eines nichtigen Grundstückskaufvertrages nach Bereicherungsrecht schuldet der Käufer, der das Grundstück zwischenzeitlich belastet hat, nicht Beseitigung der Belastung, sondern Wertausgleich (§ 818 Abs. 2), u. U. Zug um Zug gegen Übernahme der gesicherten Schuld (hierzu BGH NJW 1991, 917 = JZ 1991, 871 m. Anm. *Reuter;* dazu ferner *Canaris* NJW 1991, 2513).

---

[1] Dazu ist Auflassung und Eintragung erforderlich (s. a. § 19 A I 2).

II. Die zu sichernde Forderung

Aus §§ 1113, 1115 lassen sich die Anforderungen entnehmen, die das Gesetz an die zu sichernde Forderung stellt: sie muß auf Geld gerichtet sein, und zwar auf eine bestimmte Geldsumme, kann aber auch künftig oder bedingt sein (§ 1113 Abs. 2).

Im einzelnen ist dazu zu sagen:

1. Die *Forderung braucht nicht schuldrechtlicher Natur zu sein.* Es können Forderungen aus jedem Rechtsgrund, sofern sie nur auf Geld gerichtet sind oder in eine Geldforderung übergehen können (also bedingte Geldforderungen sind),[1] durch eine Hypothek gesichert werden:

So z. B. der Anspruch auf Ausgleich des Zugewinns nach Beendigung des gesetzlichen Güterstands der Zugewinngemeinschaft, etwa durch Scheidung (§ 1363 Abs. 2 S. 2; dagegen ist es nicht möglich, einen etwaigen künftigen Ausgleichsanspruch schon bei Bestehen der Ehe zu sichern, und zwar schon deshalb nicht, weil gar nicht feststeht, welcher Ehegatte letztlich einen Zugewinnausgleichsanspruch hat). Ferner kann z. B. gesichert werden der Anspruch aus einem auf Geld gerichteten Vermächtnis.

Für die *Sicherung öffentlich-rechtlicher Geldforderungen* gilt folgendes:

a) Öffentliche Grundstückslasten i. S. von § 10 Abs. 1 Nr. 3 ZVG sind bevorzugt gesichert, da sie ohnehin auf dem Grundstück lasten. Sie haben den Rang vor den „normalen" Grundpfandgläubigern der Rangklasse 4 (§ 10 Abs. 1 Nr. 4). Die Eintragung einer Sicherungshypothek ist also nur für solche öffentlich-rechtliche Ansprüche zulässig, die nicht unter § 10 Abs. 1 Nr. 3 ZVG fallen oder die nach Ablauf der in § 10 Abs. 1 Nr. 3 bestimmten Frist nicht mehr gesichert sein werden (hier Eintragung einer bedingten Sicherungshypothek, s. § 322 Abs. 5 AO).

b) Während die Finanzbehörden bei der Zwangsvollstreckung wegen Steuerforderungen *in das bewegliche Vermögen* selbst Vollstreckungsbehörden sind (§§ 249 ff. AO), erfolgt die Zwangsvollstreckung wegen Steuerforderungen *in das unbewegliche Vermögen* nach dem für die zivilgerichtliche Immobiliarvollstreckung maßgebenden §§ 864–871 ZPO und dem ZVG. Antragsteller ist die Finanzbehörde (§ 322 AO).

Für ein- und dieselbe Forderung können *nicht* mehrere selbständige Hypotheken an einem oder mehreren Grundstücken bestellt werden (*Verbot der Doppelsicherung!* Anwendungsbereich der Gesamthypothek: s. oben § 36 VI).

Zulässig ist aber, daß für eine Forderung neben der Hypothek auch eine Grundschuld bestellt wird oder daß ein Bürge haftet oder daß für den Ausfall, den ein Hypothekar künftig in der Zwangsversteigerung erleidet, eine sog. *Ausfall-Hypothek* als Höchstbetragshypothek an einem anderen Grundstück bestellt wird (RGZ 122, 327).

2. Die Forderung muß *bestimmt* sein, und zwar nach Gläubiger (a), Schuldner (b) und Gegenstand (c); Gegenstand muß die Leistung einer bestimmten Geldsumme sein.

a) Der *Inhaber* der Hypothek muß bestimmt und mit dem Gläubiger der Forderung identisch sein; genauer gesagt: Wer Berechtigter der Hypothek ist, richtet sich nach der Gläubigerstellung an der Forderung, beide Positionen können nicht auseinanderfallen (§ 1153).

Weiß der Eigentümer noch nicht, wer ihm ein Darlehen gewähren wird, so kann er keine Hypothek, sondern nur eine Eigentümergrundschuld bestellen (§ 1196: s. oben § 36 V 4a), die er dann durch Abtretung – evt. unter Umwandlung in eine Hypothek – verwerten kann.

---

[1] S. dazu BayObLG NJW 1967, 1373.

Wer Gläubiger der Forderung und damit auch der Hypothek ist, muß sich bei der Bestellung der Hypothek aus dem Grundbuch ergeben (§ 1115 Abs. 1).

Beruht die Forderung auf einem *Vertrag zugunsten Dritter,* so kann der Begünstigte als Gläubiger eingetragen werden (BayObLG DNotZ 1958, 639 = *Baur,* E. Slg. Fall 47), also etwa eine Schwester des Hofübernehmers, zu deren Gunsten der Hofübernehmer dem Hofübergeber eine Abfindung versprochen hat, aber auch – entgegen der Meinung des BayObLG – der Hofübergeber als Versprechensempfänger (vgl. oben § 5 II 2 und *Hieber* DNotZ 1958, 631).

Gläubiger können auch Gesamtgläubiger sein (BGHZ 29, 363; BGH NJW 1975, 445).

b) Der *Schuldner* der Forderung und der Eigentümer des Grundstücks brauchen nicht identisch zu sein: Es kann sich jemand (E) von vornherein für die Schuld eines anderen (S) mit seinem Grundstück „verbürgen". Solche Divergenzfälle können auch später eintreten.

Beispiele (s. die grafische Darstellung unten):

(1) E bestellt zur Sicherung einer Forderung des G gegen seinen Sohn S eine Hypothek an seinem Grundstück; hier könnte man von einem *ursprünglichen Divergenzfall* sprechen.

(2) S hat für seine eigene Verbindlichkeit dem G an seinem Grundstück eine Hypothek über 10000 DM bestellt. Später verkauft er das Grundstück „unter Anrechnung der Hypothek auf den Kaufpreis" an E, G genehmigt aber die Schuldübernahme nicht (vgl. § 416!). Dies bedeutet, daß S persönlicher Schuldner bleibt, während E mit dem Grundstück haftet *(nachträglicher Divergenzfall).*

Hier wird sofort das Regreßproblem deutlich:

Löst der *Eigentümer* (E) die Hypothek ab, so gehen nach § 1143 (mit § 1153) Forderung und Hypothek auf ihn über (Eigentümerhypothek! s. oben § 36 V 3a). Dies entspricht aber nur im Beispiel (1) den Parteiabmachungen. Denn in Beispiel (2) sollte im Innenverhältnis gerade E die Hypothek ablösen, da ja der Kaufpreis entsprechend geringer bemessen war; § 1143 ist daher gemäß Abs. 1 S. 2 i. V. m. § 774 Abs. 1 S. 3 *nicht* anwendbar. Es bleibt bei der Regel des § 1163, E erwirbt die Hypothek als Eigentümergrundschuld (§ 1177).

Zahlt der *persönliche Schuldner* (S) die Schuld zurück, so erwirbt im Beispielsfall (1) E eine Eigentümergrundschuld, im Beispielsfall (2) geht die Hypothek auf S über, weil er vom Eigentümer E auf Grund des Kaufvertrags Ausgleich verlangen kann (§ 1164). Die Hypothek sichert nunmehr den Ersatzanspruch des S gegen E; es findet also neben dem Hypothekenübergang (§ 1164) eine Forderungsauswechslung kraft Gesetzes statt.

c) Die Forderung muß auf Leistung einer *bestimmten Geldsumme* gerichtet sein. Ansprüche auf Sach- und Dienstleistungen können also ebensowenig die Grundlage einer Hypothek bilden wie Forderungen auf unbestimmte Geldleistungen (Ausnahme: Höchstbetragshypothek). Unter „Geld" ist nur inländisches Geld zu verstehen, die Eintragung hat in der inländischen Währung zu erfolgen (§ 28 S. 2 GBO). Zur Eintragung des Zinssatzes s. unten III 2b.

Diese Beschränkungen machen der Praxis nach verschiedenen Richtungen Schwierigkeiten:

aa) Gibt eine Ölgesellschaft z. B. einem Tankstelleninhaber ein Darlehen, so wird sie wenig Verständnis haben, wenn dieser kurz darauf Erzeugnisse der Konkurrenz verkauft. Die Verpflichtung, nur Benzin einer bestimmten Marke zu verkaufen, kann zwar nicht durch ein Grundpfandrecht gesichert werden (zur Dienstbarkeit s. oben § 33 II 4); aber es kann vereinbart werden, daß Darlehen und Hypothek sofort fällig werden, wenn dieser Abrede zuwidergehandelt wird.

bb) „*Wertbeständige Hypotheken*", also z. B. solche, die auf eine bestimmte Menge Goldes oder auf eine ausländische Währung lauten oder den Geldwert zu einem bestimmten Sachwert in Beziehung setzen („10000 DM, mindestens den Marktwert von 250 dz Weizen") könnten schon *währungsrechtlich* (§ 3 Währungsgesetz) nur mit Genehmigung der Bundesbank begründet werden.[1] *Materiell- und*

---

[1] Beispielsfall: BGH NJW 1960, 523. – Genehmigungsgrundsätze der Bundesbank i. d. F. v. 9. 6. 1978 BAnz 1978 Nr. 109; s. *Fricke* Jura 1987, 591; *von Maydell,* Geldschuld und Geldwert (1974) S. 372ff.; *Immenga/Schwintowski* NJW 1983, 2841; *Kollhosser,* Wertsicherungsklauseln, 1985; *K. Schmidt,* Geldrecht, 1983.

grundbuchrechtlich stehen aber meist der Bestimmtheitsgrundsatz und die Notwendigkeit, einen inländischen Geldbetrag als Leistungsgegenstand zu bezeichnen, entgegen (Einzelheiten vgl. *Dürkes,* Wertsicherungsklauseln, 9. Aufl. 1982 u. *Kollhosser* aaO).

cc) Um den Schwierigkeiten bezüglich der Bestimmtheit zu entgehen, gibt der Schuldner in der Praxis häufig ein abstraktes Schuldversprechen in Höhe des zugesagten Kreditvolumens ab, das dann durch die Hypothek gesichert wird (s. § 36 III 1; § 40 IV 5 a. E.).

Schaubild zur Divergenz zwischen Schuldner und Eigentümer
(Beispiele oben II 2 b)

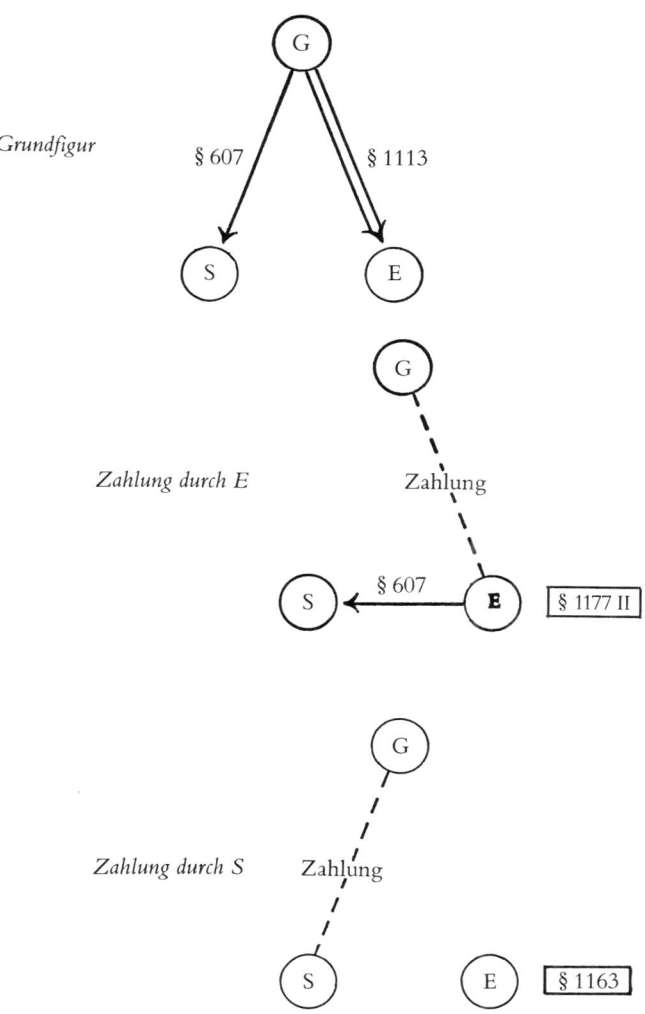

3. Die Forderung kann auch *künftig* oder *bedingt* sein (§ 1113 Abs. 2).

Damit kommt das Gesetz den Bedürfnissen des Rechtsverkehrs entgegen; denn meist wird die Forderung – zumal bei Buchhypotheken – erst nach Bestellung der Hypothek entstehen, der Eigentümer muß also vorleisten.

Hypotheken für bedingte Forderungen kommen etwa in Betracht, wenn eine Leistung (z. B. Werkleistung) oder ein Unterlassen (Wettbewerbsverbot!) durch eine Vertragsstrafe, diese durch eine Hypothek gesichert wird.

Die Einigung der Beteiligten muß sich aber stets auf eine *bestimmte* Forderung beziehen (*Westermann* JZ 1962, 302); entgegen BGHZ 36, 84 (= *Baur,* E. Slg. Fall 46) ist es daher z. B. nicht angängig, die zur Sicherung einer nicht bestehenden Forderung „aus Bauleistungen" bestellte Hypothek später zur Sicherung einer Darlehensforderung zu verwenden (zum Sonderfall der bereicherungsrechtlichen Rückabwicklung unten V 2). Wohl aber kann ein Dritter, z. B. der Zessionar der bisher noch nicht valutierten Hypothek, die Valuta (das Darlehen) ausbezahlen.[1]

Solange die Forderung noch nicht entstanden ist, der Zeitpunkt oder die aufschiebende Bedingung noch nicht eingetreten sind, steht die Hypothek dem Eigentümer als Eigentümergrundschuld nach § 1163 Abs. 1 S. 1 zu. Das gleiche gilt von dem Augenblick an, in dem die auflösende Bedingung eintritt (§ 1163 Abs. 1 S. 2).

§ 1113 Abs. 2 bedeutet also nicht, daß die für eine künftige oder aufschiebend bedingte Forderung bestellte Hypothek schon Hypothek, also Fremdgrundpfandrecht ist! Die Bestimmung des § 1113 Abs. 2 ist vielmehr in erster Linie grundbuchrechtlicher Natur, sie läßt die materiellrechtliche Regelung des § 1163 unberührt.

Von der unbedingten Hypothek für eine bedingte Forderung ist die *bedingte Hypothek* zu unterscheiden; ist letztere gewollt, so kommt eine Eigentümergrundschuld nicht in Betracht (s. dazu RGZ 122, 327).

III. Der dingliche Bestellungsakt – Die Briefhypothek

Lesen Sie zunächst § 36 IV.

1. Zur Erleichterung der Zirkulationsfähigkeit hat das Gesetz die Briefhypothek geschaffen; sie ist sogar – wie sich aus der Formulierung des § 1116 ergibt – die Regel, die Buchhypothek ist die Ausnahme.

Die Regelform bedeutet für den Begründungsakt, daß neben die Einigung und Eintragung als normale Voraussetzungen für die Entstehung eines beschränkten dinglichen Rechts (§ 873) die Briefübergabe treten muß (§ 1117). Diese Erschwerung bringt freilich gleichzeitig den Vorteil mit sich, daß der Brief Zug um Zug gegen Aushändigung der Darlehensvaluta übergeben werden kann; vorher entsteht die Hypothek nicht, der eingetragene – künftige – Hypothekar kann auch vor diesem Zeitpunkt nicht über die Hypothek verfügen, da zur Abtretung einer Briefhypothek stets die Briefübergabe erforderlich ist (§ 1154).

Natürlich stellt sich sofort die Frage: Wie ist die Rechtslage, wenn der *eine* Teil des Begründungsakts (Einigung und Eintragung) bereits vorliegt, der *andere* Teil (die Briefübergabe) aber noch fehlt? Das Gesetz sieht hierin einen weiteren Fall der Eigentümergrundschuld (§ 1163 Abs. 2), und zwar einer ursprünglichen, vorläufigen, verdeckten Eigentümergrundschuld (s. oben § 36 V 3).

---

[1] Dazu *Lempenau,* Direkterwerb oder Durchgangserwerb bei Übertragung künftiger Rechte, 1968, S. 47 f.

Bei Begründung einer Hypothek kann sich also aus verschiedenen Gründen eine Eigentümergrundschuld ergeben, *einmal* wenn die Forderung noch nicht entstanden ist (§ 1163 Abs. 1 S. 1), *zum anderen* wenn der Brief noch nicht übergeben ist (§ 1163 Abs. 2), schließlich dann, wenn die dingliche Einigung nicht vorliegt, aber wenigstens ein gültiger Bestellungsakt des Eigentümers gegeben ist (vgl. zu dieser Streitfrage § 36 V 4b cc).

2. Einigung und Eintragung

a) Hier sind die §§ 873 ff. anwendbar. Besonderheiten[1] gelten nur bezüglich der Frage, wie die Hypothek im Grundbuch selbst zu *kennzeichnen* ist und inwieweit zur näheren Bezeichnung auf die Grundakten Bezug genommen werden kann. Hier enthält § 874 die allgemeine Regel, § 1115 bringt für die Hypothek eine Klarstellung insofern, als stets im Grundbuch selbst eingetragen werden müssen:

der Gläubiger[2]
der Geldbetrag der Forderung
der Zinssatz
der Geldbetrag etwaiger anderer Nebenleistungen.[3]

Im übrigen kann auf die Eintragungsbewilligung Bezug genommen werden (§ 874), und zwar auch zur Bezeichnung der Forderung (§ 1115 Abs. 1 2. HS.); dies geschieht durch die Angabe des Schuldgrundes und des Schuldners, sofern dieser vom Eigentümer verschieden ist.

Zweck des § 1115 ist es insbesondere, das *Höchstmaß* der Belastung aus dem Grundbuchvermerk selbst ersichtlich zu machen. Soweit das geschehen ist, kann zur näheren Bestimmung aller anderen Einzelheiten als dieses Höchstmaßes, also z. B. der Nebenleistungen auf die Eintragungsbewilligung Bezug genommen werden (BGHZ 47, 41, 44). Dagegen ist es nicht möglich, durch die Bezugnahme Ansprüche zu sichern, die nicht auf Geld gerichtet sind und auch nicht in eine Geldforderung übergehen können (BayObLG NJW 1967, 1373).
In dem amtlichen Muster lautet der Eintrag z. B.:
„Fünftausend Deutsche Mark Darlehen mit 4 vom Hundert jährlich verzinslich für den Gastwirt Gerhard Schneider in Berlin. Unter Bezugnahme auf die Eintragungsbewilligung vom . . . eingetragen am . . .".
In der Eintragungsbewilligung sind meist die zahlreichen Vereinbarungen über den Zahlungsmodus und die Kündigungsgründe (ordentliche und außerordentliche) enthalten. In BGHZ 21, 34 ist der BGH mit Recht der Unsitte entgegengetreten, auf *alle* schuldrechtlichen Vereinbarungen Bezug zu nehmen, auch wenn sie weder zum Inhalt des dinglichen Rechts gehören noch Kündigungsgründe darstellen. Solche Bezugnahmen gelten dann nicht als Inhalt des Grundbuchs.
b) Der Praxis macht die Eintragung des *Zinssatzes* Schwierigkeiten; denn seine Höhe läßt sich nur schwer für die ganze Laufzeit des Darlehens fixieren; sie hängt von der allgemeinen Lage am Kapitalmarkt ab. Namentlich Kreditinstitute legen daher Wert darauf, einen Rahmen zu haben, innerhalb dessen sie den Zins den jeweiligen Verhältnissen entsprechend festlegen können. Schuldrechtliche Abmachungen dieser Art sind sicher zulässig, aber können sie – angesichts des Bestimmtheitsgrundsatzes – auch verdinglicht werden? Die Rechtsprechung ist hier der Kreditpraxis entgegengekommen, indem sie einen *gleitenden Zinssatz* (z. B. 1% über Bundesbankdiskontsatz) zuläßt, sofern ein Höchstzinssatz (z. B. 12%) angegeben wird, oder auch die Angabe eines *Zinsrahmens* (7–10%) für ausreichend hält, sofern in der Eintragungsbewilligung die Gesichtspunkte angegeben werden, nach denen der Gläubiger den Zins erhöhen kann oder ermäßigen muß (BGHZ 35, 22; 111, 324, 327; BGH NJW

---

[1] Zur Frage einer Hypothekenbestellung zugunsten eines Dritten s. oben II 2 a und § 5 II 2.
[2] Interessante Sonderfälle: BayObLG NJW-RR 1988, 980 (keine Firma statt Gläubigername); OLG Hamm Rpfleger 1989, 17 (Rechtsinhaber, nicht Konkursverwalter oder Nachlaßverwalter).
[3] Zur Eintragung anderer Nebenleistungen ausführlich *Böttcher* Rpfleger 1980, 81 ff.

1975, 1315; BayObLG NJW 1975, 1365).[1] Zinserhöhungsklauseln zur Schadenspauschalierung insbesondere bei Verzug müssen der Kontrolle der §§ 11 Nr. 5, 9 AGBG standhalten (BGH NJW-RR 1989, 41; BGHZ 112, 352; BGH NJW 1983, 1542; s. a. § 36 I 6 c). Unwirksame Klauseln machen das Grundbuch insoweit u. U. unrichtig (§§ 1163, 1178). Dasselbe gilt, falls die schuldrechtliche Vereinbarung nach § 6 VerbrKrG nichtig und nur auf der Basis gesetzlicher Zinsen geheilt ist (s. § 36 I 6).[2]

3. Briefübergabe

a) Nach Eintragung der Hypothek „erteilt" das Grundbuchamt den Hypothekenbrief, d. h. es fertigt ihn an und übergibt ihn – wenn keine andere Anweisung vorliegt – dem Eigentümer (§ 60 GBO). Dieser übergibt ihn dann dem Gläubiger; erst damit entsteht die Hypothek.

So das Wunschbild des Gesetzgebers! Die Praxis freilich sieht ganz anders aus (s. unten d).

Der *Inhalt des Hypothekenbriefs* (s. das Muster in Anhang 3 und 3a am Ende des Buches) ist in den §§ 56, 57 GBO vorgeschrieben und durch das Gesetz v. 22. 6. 1977 (BGBl. I 998) gegenüber früher wesentlich vereinfacht worden: Kurz gesagt *muß* er alle wesentlichen Angaben über die Hypothek enthalten (§ 56 GBO); dagegen enthält er nicht mehr eine „Kurzfassung" des Grundbuchinhalts, sondern nur noch die Nummer des Grundbuchblatts, die Nummer des zu belastenden Grundstücks sowie den Inhalt der die Hypothek betreffenden Eintragungen (hierzu BayObLG Rpfleger 1980, 429), also nicht die sonstigen beschränkten dinglichen Rechte, nicht die Löschungsvormerkungen (§ 57 GBO n. F.). Der Erwerber einer Hypothek tut also gut daran, sich eine Fotokopie des Grundbuchinhalts zu beschaffen! Spätere Veränderungen, die die Hypothek betreffen, sind aber nach wie vor auf dem Brief zu vermerken (§§ 62, 63 GBO, z. B. ein nachträglicher Rangrücktritt, *Gaberdiel* Rpfleger 1980, 89; a. A. *Horber/Demharter* § 62 Bem. 2 m. Nw.). Mit dem Hypothekenbrief wird – falls vorhanden – eine Schuldurkunde verbunden (§ 58 GBO; OLG Düsseldorf NJW 1961, 2263); obwohl nur Ordnungsvorschrift, führt sie doch zu einer Unterrichtung des Erwerbers der Hypothek über den Schuldgrund und sichert damit den Eigentümer im Rahmen des § 1138, so etwa dann, wenn sich eine gegen die Forderung bestehende Einwendung aus der Schuldurkunde ergibt und dadurch dem Gläubiger bekannt wird.

b) Der dem Gesetz vorschwebende Regelfall ist die *Übergabe* des Briefs durch den Eigentümer an den Gläubiger (§ 1117 Abs. 1 S. 1). „Eigentümer" ist auch der bloße „Bucheigentümer", wenn der Hypothekar im Augenblick der Briefübergabe noch redlich ist.

c) Der körperlichen Übergabe werden nach § 1117 Abs. 1 S. 2 *gleichgestellt:*
Die Übergabe kurzer Hand (brevi manu traditio), § 929 S. 2,
die Vereinbarung eines Besitzkonstituts (§ 930),
die Abtretung des Herausgabeanspruchs (§ 931).

d) Praktisch am bedeutsamsten ist der Ersatz der Übergabe durch die sog. *Aushändigungsabrede* (§ 1117 Abs. 2): Gläubiger und Eigentümer vereinbaren, daß der Gläubiger berechtigt sein soll, sich den Brief vom Grundbuchamt aushändigen zu lassen. *Schon* mit dieser Vereinbarung, *nicht* erst mit der Fertigstellung des Briefs oder mit dessen Aushändigung durch das Grundbuchamt an den Gläubiger, entsteht die Hypothek für den Gläubiger, sofern nur die Hypothek im Grundbuch eingetragen ist und die Forderung existiert.

Die Aushändigungsabrede ist in der Kreditpraxis die Regel: sie wird vom Gläubiger und Schuldner bei Abschluß des Kreditvertrags vereinbart (Form nicht erforderlich!); im Eintragungsantrag weist

---

[1] Zu den Zinsberechnungsklauseln s. *Baums* WM 1987 Sonderbeil. zu Nr. 15. Zum Parallelproblem bei der eingetragenen Vollstreckungsunterwerfung (§ 800 ZPO) ausführlich BGHZ 88, 62 = NJW 1983, 2262; *Stürner/Münch* JZ 1987, 178, 181; s. a. § 40 IV 5.
[2] Zur Prüfungspflicht des Grundbuchrichters s. § 16 VI 3.

der Eigentümer das Grundbuchamt in öffentlich-beglaubigter Form an, den Brief dem Gläubiger auszuhändigen (§ 60 Abs. 2 GBO; dazu *Wörbelauer* DNotZ 1965, 518, 522; *Westermann/Eickmann* § 112 II 4 d; Anhang 4 Ziff. III).

Beispiel: E hat dem G eine Hypothek bewilligt, eine Aushändigungsabrede ist zwischen E und G nicht getroffen, E hat aber in dem – formularmäßigen – Eintragungsantrag das Grundbuchamt angewiesen, den Brief dem G auszuhändigen. Dies geschieht. Hier erwirbt G die Hypothek erst mit der Aushändigung des Briefs durch das Grundbuchamt, das als Bevollmächtigter oder Bote des Eigentümers bei der Übergabe nach § 1117 Abs. 1 S. 1 anzusehen ist (Der Fall des § 1117 Abs. 2 liegt also nicht vor!).

Liegt umgekehrt eine Aushändigungsabrede vor, fehlt aber die Anweisung an das Grundbuchamt, den Brief dem G auszuhändigen, so entsteht doch die Hypothek zugunsten des G mit ihrer Eintragung. G ist Eigentümer auch des Briefs (§ 952), selbst wenn das Grundbuchamt ihn dem E übersandt hat. G kann als Eigentümer von E den Brief herausverlangen (§ 985, daneben Anspruch aus der der Hypothekenbestellung zugrundeliegenden schuldrechtlichen Verpflichtung). Die Aushändigungsvereinbarung kann die Anweisung an das Grundbuchamt stillschweigend enthalten (*Horber/Demharter* § 60 Anm. 3 a), was allerdings die Einhaltung der Form gemäß §§ 60 Abs. 2, 29 Abs. 1 S. 1 GBO voraussetzt.

e) Den Übergabesurrogaten kommt – abgesehen von der Hypothekenbestellung – auch deshalb besondere Bedeutung zu, weil sie nach § 1154 Abs. 1 S. 1 2. HS. auch auf die Abtretung der Hypothek anwendbar sind (s. unten § 38 II 2).

f) Hinzuweisen ist schließlich noch auf die in § 1117 Abs. 3 enthaltene Vermutung der Übergabe, wenn der Gläubiger im Besitz des Briefes ist.

Die Vermutung bezieht sich nur auf die Übergabe, nicht schlechthin darauf, daß dem Gläubiger auch die Hypothek zusteht; diese Vermutung ergibt sich aus § 1138 (mit § 891) und bei einer schon abgetretenen Briefhypothek aus § 1155 – Beispiel: BayObLG DNotZ 1974, 93.

IV. Der dingliche Bestellungsakt – Die Buchhypothek

Lesen Sie zunächst § 36 IV.

1. Die sog. Buchhypothek ist nach der Vorstellung des Gesetzgebers die Ausnahme (vgl. die Formulierung des § 1116). Neben der Einigung und Eintragung nach § 873 setzt ihre Entstehung die Einigung der Parteien über den Ausschluß des Briefs und die Eintragung des Briefausschlusses im Grundbuch voraus (§ 1116 Abs. 2). Gebräuchliche *Formeln:* „Hypothek ohne Brief", „brieflos", „Die Erteilung eines Briefs ist ausgeschlossen".

Divergenzfälle sind hier denkbar, wenn auch nicht gerade häufig: so etwa wenn die Parteien eine Briefhypothek vereinbart hatten, aber ein Briefausschluß eingetragen wurde oder umgekehrt. Da die Briefhypothek nach dem Gesetz die Regel bildet, ist im Zweifel das Entstehen eines Briefpfandrechts anzunehmen, das freilich bis zur Ausstellung des Briefs Eigentümergrundschuld ist.
So ist in unserem ersten Beispielsfall (Briefhypothek vereinbart, Buchhypothek eingetragen) keine Buchhypothek entstanden (es fehlt die Einigung über den Briefausschluß), es liegt ein Fall des § 1163 Abs. 2 vor.
Hatten die Parteien eine Buchhypothek vereinbart, ist aber der Ausschluß des Briefs nicht eingetragen und ein Brief erteilt worden, so wird eine hilfsweise Einigung der Parteien auf die Briefhypothek anzunehmen sein (§ 140).

2. Die Buchhypothek kann in eine Briefhypothek *umgewandelt* werden (§ 1116 Abs. 3) und umgekehrt. In beiden Fällen handelt es sich um eine Inhaltsänderung; Einigung und Eintragung der Änderung (bei Umwandlung in eine Briefhypothek auch die Übergabe des Hypothekenbriefs) sind also erforderlich (§ 1116 Abs. 2, 3).

V. Besondere Sachlagen bei der Hypothekenbestellung

1. *Die Sicherung eines Zwischenkredits*[1]

Mitunter sagt ein Gläubiger dem Eigentümer eine Baugeldhypothek fest zu, er will aber die Darlehensvaluta erst mit Fertigstellung des Baues auszahlen. Hier springt häufig ein anderer Geldgeber durch Gewährung eines Zwischenkredits ein. Die Möglichkeiten, ihn zu sichern, sind verschiedenartig:[2]

a) Der Eigentümer bestellt dem Zwischenkreditgeber die Hypothek und tritt ihm den Anspruch auf Auszahlung der Darlehensvaluta gegen den Geber des endgültigen Kredits ab. Nach Vollendung des Baus zediert der Zwischenkreditgeber die Hypothek an den Gläubiger gegen Auszahlung der Valuta. Schuldner und dinglich Belasteter ist der Eigentümer.

b) Der Eigentümer bestellt zugunsten des endgültigen Gläubigers eine Briefhypothek, die vor Aushändigung des Briefs und Gewährung des Kredits ihm als – vorläufige, auflösend bedingte – Eigentümergrundschuld zusteht. Sie tritt er unter Übergabe des Briefs und schriftlicher Abtretungserklärung an den Zwischenkreditgeber ab, der dadurch eine auflösend bedingte Fremdgrundschuld erlangt (BGHZ 53, 60). Regelmäßig läßt sich der Zwischenkreditgeber auch hier den Anspruch auf Auszahlung der Darlehensvaluta abtreten. Mit Übergabe des Briefs an den endgültigen Gläubiger und Auszahlung der Valuta verwandelt sich die Grundschuld von selbst in eine Fremdhypothek zugunsten des endgültigen Gläubigers (s. unten § 46 III 1 b und c).

Schwierigkeiten bereitet die Briefübergabe, wenn ein Teil des Darlehens bereits ausgezahlt ist und ein Zwischenkredit deshalb nur hinsichtlich des Rests gegeben werden soll. Die Bildung eines Teilbriefs (§ 61 GBO) unterbleibt regelmäßig (s. *Abel* NJW 1966, 2044). Andererseits will aber sowohl der endgültige Gläubiger als auch der Zwischenkreditgeber Eigenbesitz am ungeteilten Brief erlangen. Dies ist möglich durch die Einräumung von Mitbesitz. Mitbesitz ist auch auf verschiedenen Besitzstufen zulässig, so daß der endgültige Gläubiger als unmittelbarer Mitbesitzer dem Zwischenkreditgeber mittelbar Mitbesitz am Brief vermitteln kann (*Baur* NJW 1967, 22; *Rahn*, Sparkasse, 1965, 328; ablehnend BGHZ 85, 263 = *Baur* E.Slg. Fall 46a und die wohl h.M.; s. *K. Schmidt* JuS 1983, 308; s.a. § 7 D II 1b). Dann bleibt wohl nur die treuhänderische Verwahrung durch einen Dritten, der dem endgültigen Gläubiger und dem Zwischenkreditgläubiger den Besitz vermittelt.

c) Häufig bezeichnen Bausparkassen eine Darlehensgewährung an Bausparer *vor* der endgültigen Zuteilung (Auszahlung des Bauspardarlehens zu den günstigen Bedingungen) als „Zwischenkredit". Er hat mit der hier erörterten Form des Zwischenkredits nichts zu tun; denn er wird sofort von dem endgültigen Kreditgeber (der Bausparkasse) gegeben und durch Grundpfandrecht gesichert.

2. *Nichtige Forderung*

a) Nicht selten wird die Darlehensvaluta ausbezahlt, aber die Forderung erweist sich als nichtig, so etwa weil der Darlehensvertrag wegen Dissenses nichtig oder wegen eines Willensmangels wirksam angefochten wird. Hier entsteht „wenigstens" eine Eigentümergrundschuld, und zwar auch dann, wenn auch die

---

[1] Siehe dazu *Boehmer*, ZAkDR 1940, 173 u. 240; *Kollhosser* JA 1979, 176, 179f.; MünchKomm/ *Eickmann* § 1163 Rn. 44ff.; *Rimmelspacher* JuS 1971, 14; *Westermann/Eickmann* § 112 A I 4; *Robrecht* DB 1969, 868 (Kreditsicherung durch bloße Briefübergabe?); *Walberer* DNotZ 1956, 229, jeweils m.w.N.; ferner RGZ 153, 167; BGHZ 36, 84.
[2] S. dazu auch unten § 46 III 1 b.

Einigung nichtig war, sofern nur ein gültiger Bestellungsakt des Eigentümers vorlag.[1] Zweifelhaft ist, ob – bei *nichtigem* Darlehensvertrag – die Hypothek den Bereicherungsanspruch des Darlehensgebers sichert, also nicht Eigentümergrundschuld (so die wohl noch überwiegende Meinung), sondern Fremdhypothek ist (so *Heck*).[2] Man wird *Heck* folgen können, da der Bereicherungsanspruch gewissermaßen den Ersatz für die nicht entstandene Darlehensforderung darstellt (so auch BGH NJW 1968, 1134 [= *Baur*, E. Slg. Fall 53] für das Pfandrecht an beweglichen Sachen). Ebenso ist zu entscheiden, wenn der Eigentümer jemandem eine Hypothek „schenkt"; hier soll nach RGZ 88, 366 und der h. M. die Schenkung nicht durch die Bestellung der Hypothek im Sinne des § 518 geheilt sein, so daß mangels gültiger Forderung keine Hypothek, sondern eine Eigentümergrundschuld entstanden ist; diese Lösung überzeugt nicht, da bei Bestellung einer Grundschuld anders zu entscheiden wäre (*Heck* § 84 II 3) und vom Sinn des § 518 her keine unterschiedliche Behandlung gerechtfertigt ist.[3]

b) Zu dem in der Praxis – verständlicherweise – nicht allzu häufigen, in der Literatur aber immer wieder als Paradefall aufgezäumten *Bordellkauf* s. RGZ 68, 101 und *Heck* § 84 IV (Daß der Verkäufer hier Eigentum verliert und seine Restkaufpreishypothek als Eigentümergrundschuld des Erwerbers deklariert sieht, sollte unser Mitgefühl nicht erwecken: wer sich seine Finger beschmutzt, darf nicht erwarten, daß ihm das Recht bei Abwicklung seiner Geschäfte noch behilflich ist. Im übrigen: Geschäfte der Unter- und Halbwelt pflegen immer gegen bar getätigt zu werden; so bleiben Unwerturteile meist platonisch!). – Beim *Wucherdarlehen* ist auch die Hypothekenbestellung unwirksam (§ 138 Abs. 2; hierzu § 5 IV 3 a); jedoch ist eine Eigentümergrundschuld entstanden, falls ein gültiger Bestellungsakt des Eigentümers vorliegt (hierzu §§ 36 V 4 b, cc; 37 III 1; *Gerhardt*, Immobiliarsachenrecht, § 8, 4).

3. Schuldnermehrheit – Gläubigermehrheit

a) Schuldner und Eigentümer brauchen nicht identisch zu sein (s. oben II 2 b). Es ist auch möglich, daß der Eigentümer und eine andere Person Gesamtschuldner der Forderung sind, für die eine Hypothek bestellt wird; so z. B. wenn eine bürgerlich-rechtliche Gesellschaft bestehend aus A und B Geld benötigt und A an *seinem* Grundstück eine Hypothek bestellt.

b) Gläubiger der Forderung und Inhaber der Hypothek muß ein- und dieselbe Person sein. Zur Sicherung *mehrerer* Gläubiger durch *eine* Hypothek s. oben II 2 a a. E.

4. *Unterwerfung unter die sofortige Zwangsvollstreckung*

Der Hypothekar bedarf, um aus der Hypothek in das Grundstück vollstrecken zu können, eines sog. *dinglichen Titels*. In ihm wird ausgesprochen, daß der Eigentümer verpflichtet ist, die Zwangsvollstreckung des Gläubigers in das belastete Grundstück in bestimmter Höhe zu dulden. Die nachträgliche Erwirkung eines solchen Titels – meist also eines Urteils – macht Schwierigkeiten und

---

[1] Hierzu §§ 36 V 4 b, cc; 37 III 1; s. auch BGHZ 36, 84, 88.

[2] *Heck* § 84 II 4; w. Nw. bei *Rimmelspacher* § 10 Rn. 711 ff.

[3] Ablehnend *Westermann/Eickmann* § 112 A II 3, die aber u. E. bei der Heilung den konstruktiven Aspekt überbetonen.

Kosten. Daher verlangt der Gläubiger regelmäßig schon bei der Hypothekenbestellung, daß der Schuldner sich in einer notariellen Urkunde der sofortigen Zwangsvollstreckung in das Grundstück unterwirft (§ 794 Abs. 1 Ziff. 5 ZPO). Diese Unterwerfung wirkt, wenn sie im Grundbuch eingetragen ist, auch gegen die Rechtsnachfolge im Eigentum (§ 800 ZPO). Formel: „Der jeweilige Eigentümer ist der sofortigen Zwangsvollstreckung unterworfen" (Einzelheiten unten § 40 IV 5).

Zum Umfang der Beurkundung s. BGHZ 73, 157.

§ 38. Die Übertragung der Verkehrshypothek

Lesen Sie zunächst oben § 36 IV.

I. Allgemeine Grundsätze

1. Die dem einzelnen zustehenden Rechte sind – von den höchstpersönlichen abgesehen – übertragbar, und zwar in der Regel – wie die Forderung – durch formlosen Vertrag (§ 413 mit § 398).[1] So erachtet es der Gesetzgeber auch als ganz selbstverständlich, daß die Hypothek – die Verkehrs- wie die Sicherungshypothek – abtretbar ist. Ja, er hat – um die Zirkulationsfähigkeit zu steigern – in der Form der Verkehrshypothek ein Grundpfandrecht geschaffen, das *dem Erwerber* weitgehende Sicherheit bietet (s. dazu schon oben § 36 III 3).

Der *Anwendungsbereich* der Hypothekenabtretung ist in der Praxis freilich nicht sehr groß; die Bankinstitute aller Art (einschließlich der Bausparkassen) pflegen ihre Hypotheken nicht abzutreten, sondern in ihrem Portefeuille zu belassen.[2] So kommen praktisch nur Hypothekenabtretungen durch private Geldgeber vor, die eine Hypothek durch Verkauf zu Geld machen, sofern sie es nicht vorziehen, sie an ihren Kreditgeber nur zu verpfänden.

2. Die Vorschriften über die Abtretung der Hypothek wirken kompliziert, weil sie durch das Akzessorietätsdogma (*Heck;* s. dazu schon oben § 36 III, IV) verdunkelt werden: Nach der Terminologie des Gesetzes wird *nicht* die Hypothek, sondern *die Forderung* abgetreten (vgl. § 1154 Abs. 1 Satz 1). Mit der Forderung geht dann die Hypothek auf den neuen Gläubiger über (§ 1153 Abs. 1: *Heck* nennt das sehr anschaulich: „Mitlaufgebot"!), die Forderung kann nicht ohne die Hypothek, diese nicht ohne jene abgetreten werden (§ 1153 Abs. 2).

Übertragen wird also nach der Terminologie des Gesetzes die Forderung, die Hypothek ist lediglich ein Anhängsel der Forderung.

Nun entspricht diese Einstellung des Gesetzgebers keineswegs der des Lebens: in aller Regel ist für den Kreditverkehr nicht die Forderung das entscheidende, sondern die Hypothek als dingliches Sicherungsrecht. Dies zeigt sich schon daran, daß man schlechthin von einer ersten oder zweiten Hypothek spricht und damit den Grad der Sicherheit des Grundpfandrechts bezeichnet. Ob es sich sonst um einen kreditfähigen Schuldner handelt, mag bei Begründung des Kreditverhältnisses eine Rolle spielen; ausschlaggebend ist dieser Gesichtspunkt nicht;

---

[1] Zum Ausschluß der Abtretbarkeit s. oben § 4 IV (m. w. N.) u. OLG Stuttgart OLGZ 1965, 96.
[2] Es sei denn, daß sie ausnahmsweise ihre Hypotheken zur Refinanzierung benötigen.

denn abgesehen davon, daß eine allgemeine Kreditwürdigkeit u. U. rasch ihrer Grundlagen beraubt werden kann! – für den Gläubiger ist die Möglichkeit des Zugriffs auf das Grundstück letztlich maßgebend.

Dieser Grundeinstellung entsprechend spricht daher auch niemand etwa von der Abtretung einer „hypothekarisch gesicherten Forderung", sondern alle Welt nennt das Kind beim Namen: „Übertragung der Hypothek", „Pfändung der Hypothek", „Tilgung der Hypothek" usw.

Das Gesetz konnte an dieser Lebenswirklichkeit nicht vorbeigehen; auch in der von ihm getroffenen Regelung hat sich die Hypothek – das dingliche Recht – stärker erwiesen als die Forderung; das Gesetz enthält Konzessionen, die sich nach folgenden Richtungen auswirken:

a) *Form:* Während die Abtretung einer Forderung keiner Form bedarf (§ 398), muß die hypothekarisch gesicherte Forderung in der *grundbuchrechtlichen Form* abgetreten werden, wobei zwischen Buchhypothek und Briefhypothek ein erheblicher Unterschied besteht (unten II, III).

b) Beim *Erwerb vom Nichtberechtigten* stehen sich die §§ 398, 404 (kein gutgläubiger Erwerb einer nicht existierenden Forderung!) und §§ 892, 893 (gutgläubiger Erwerb eines nicht bestehenden, aber eingetragenen dinglichen Rechts!) diametral gegenüber. Auch bei der Entscheidung dieser Diskrepanz hat der Gesetzgeber kapituliert, wie § 1138 zeigt (s. unten IV), wobei Brief- und Buchhypothek wieder verschiedene Züge aufweisen (V).

c) *Legitimation:* Wer Gläubiger einer Forderung zu sein behauptet, muß dies im Fall des Bestreitens beweisen. Dem angeblichen Inhaber eines dinglichen Rechts hilft § 891. Diese Bestimmung gilt im Hypothekenrecht auch für die Forderung (§ 1138); s. unten VI.

d) *Einwendungen:* Nach § 404 kann der Schuldner dem neuen Gläubiger alle die Einwendungen entgegensetzen, die er dem Zedenten gegenüber hatte. Auch dieser Satz bedarf einer Korrektur, um den Wert der Hypothek als dinglichen Rechts nicht zu mindern (§§ 1156, 1157); s. unten VI, VII.

II. Form: Die Übertragung der Briefhypothek

1. Die Briefhypothek ist – wie wir wissen – die Regelform; die Hypothek wird hier – grob gesprochen – im Brief verkörpert. Das muß sich auch auf die Form der Abtretung auswirken:

Stets sind *erforderlich formlose Einigung* über den Übergang der Hypothek (korrekt gesagt: über den Übergang der Forderung, s. den Wortlaut des § 1154 Abs. 1) und *Übergabe des* Hypotheken*briefs.*

Dazu muß kommen:
entweder Eintragung der Abtretung im Grundbuch,
oder „Erteilung der Abtretungserklärung" (nicht auch der Annahmeerklärung des Zessionars!) „in schriftlicher Form" (§ 1154 Abs. 1, 2).

Daß Einigung und Briefübergabe notwendig sind, leuchtet ohne weiteres ein; das erste Erfordernis entspricht dem Einigungsprinzip, das zweite dem Charakter der Hypothek als Briefrecht. Daß hierzu entweder der Bucheintrag oder die schriftliche Abtretungserklärung treten muß, ergibt sich aus dem Bestreben, die Abtretungsvorgänge dokumentarisch festzuhalten; man kann jederzeit aus dem Grundbuch oder (und) den Abtretungserklärungen die zeitliche Reihenfolge der Gläubiger rekonstruieren. Die Schriftlichkeit der Erklärung muß grundsätzlich die Erklärung der Abtretung, die Bezeichnung der Forderung, des Zedenten und des Zessionars umfassen (BGH ZIP 1991, 1483, 1484). Diese Dokumentation wird freilich bei den sog. *Blankozessionen* nicht erreicht; hier wird nicht – wie es dem Gesetz entspräche – der Name des Zessionars in der Abtretungsurkunde angegeben, sondern offengelassen. Die Abtretung ist aber erst mit der Ausfüllung des Blanketts wirksam; in der Übergabe des Blanketts liegt regelmäßig eine Ermächtigung hierzu (RGZ 81, 257; BGHZ 22, 128 = DNotZ 1957, 649 m. Anm. *Baumgärtel*; *Dölle* in Festschrift für *Martin Wolff* (1952) S. 23 ff.; *Westermann/Eickmann* § 120 II 1).

Die Verfügungsbefugnis des bisherigen Hypothekars muß noch in dem Augenblick gegeben sein, wo sich der Rechtserwerb vollzieht (Beispiel: OLG Frankfurt RPfleger 1968, 355).

2. *Die Briefübergabe:* Das Gesetz verweist in § 1154 Abs. 1 Satz 1 2. Halbsatz auf § 1117, fordert also die Verschaffung des unmittelbaren Besitzes am Brief durch den bisherigen Gläubiger an den Zessionar, läßt aber auch die Übergabesurrogate genügen (s. oben § 37 III 3).

Beispiel: Dem G steht an dem Grundstück des E eine Briefhypothek über 100 000 DM zu. Er will an D einen *Teil* dieser Hypothek in Höhe von 50 000 DM abtreten und hat zu diesem Zweck den Hypothekenbrief beim Grundbuchamt eingereicht mit dem Antrag, einen *Teilhypothekenbrief* gemäß § 1152 BGB, § 61 GBO herzustellen. Hier wird – wenn Einigung und schriftliche Abtretungserklärung vorliegen – D schon in dem Augenblick der sog. Aushändigungsabrede (§ 1117 Abs. 2; s. oben § 37 III 3 d) Hypothekar. Die nachträgliche Übergabe des Teilbriefs durch G oder das Grundbuchamt ist für die Abtretung der Teilhypothek bedeutungslos (weitere Beispielsfälle: OLG Köln NJW 1957, 104; BGH FamRZ 1965, 490; s. ferner *v. Prittwitz* und *Gaffron* NJW 1957, 85). Mit der Teilabtretung „außerhalb des Grundbuchs" (§ 36 IV 2) ist eine Rangbestimmung zwischen den Teilrechten möglich, die der Zustimmung des Eigentümers nicht bedarf (§ 1151); der Rang entsteht ohne Grundbucheintragung (entgegen § 880 Abs. 2!) durch rangbestimmende Abtretungsvereinbarung (§ 1154 Abs. 1), die Eintragung im Grundbuch erfolgt wie die Eintragung der Abtretung selbst im Wege der Berichtigung (§ 894; sa OLG Düsseldorf WM 1991, 1612 m. Nw., ferner Muster Anhang 3a).

Häufig wird ein Teilbrief jedoch nicht gebildet. Die Abtretung der Teilhypothek kann dann durch Übergabe des ganzen ungeteilten Briefs (bzw. durch ein entsprechendes Übergabesurrogat) oder durch Einräumung von Mitbesitz am Brief erfolgen (s. *Rahn* Sparkasse 1965, 328; *Abel* NJW 1966, 2044; dazu *Baur* NJW 1967, 22; a. A. BGHZ 85, 263, wo ungleichstufiger Mitbesitz als Surrogat abgelehnt wird; s. oben § 37 V 1 b).

3. Bei der *Abtretungserklärung* des Zedenten begnügt sich das Gesetz mit der Schriftform (§ 1154 Abs. 1 Satz 1). Eine volle Legitimation erreicht der Zessionar aber nur, wenn die Abtretungserklärung *öffentlich beglaubigt* ist (vgl. § 1155, § 1160 Abs. 1 2. Halbsatz, § 1161). Daher gibt § 1154 Abs. 1 S. 2 dem neuen Gläubiger das Recht, die öffentliche Beglaubigung der Abtretungserklärung zu fordern (Beispiel: BGH NJW 1972, 44).

Es wäre sonach einfacher und klarer gewesen, das Gesetz hätte von vornherein öffentliche Beglaubigung gefordert. Denn die Notwendigkeit, daß der Gläubiger sich als solcher legitimieren kann, zwingt doch in aller Regel zur öffentlichen Beglaubigung der Abtretung.

III. Form: Die Übertragung der Buchhypothek

1. Sie macht keinerlei Schwierigkeiten, weil hier reines Liegenschaftsrecht anwendbar ist; notwendig sind also *Einigung* und *Eintragung* (§ 1154 Abs. 3).

2. Zu beachten ist, daß die Abtretung *rückständiger* Ansprüche auf Zinsen oder anderer Nebenleistungen keiner Form bedarf (§ 1159).

IIIa. Form – Anhang: Die Belastung der Hypothek

Die Hypothek ist ein Vermögenswert, der nicht nur durch Vollabtretung, sondern auch durch Belastung realisiert werden kann, ja, die im Wege der Zwangsvollstreckung erzwungene Belastung ist in der Praxis mindestens ebenso wichtig wie die rechtsgeschäftliche Übertragung des Rechts.

1. Als *rechtsgeschäftliche* Belastungsformen kommen nur Nießbrauch und Pfandrecht in Betracht (§§ 1068, 1273). Da Nießbrauch- und Pfandrechtsbestellung als eine – der Substanz nach – teilweise Abtretung des Rechts angesehen werden, gelten auch die für die Übertragung der Hypothek maßgeblichen Vorschriften entsprechend für die Belastung (§§ 1069, 1080, §§ 1274, 1291). So wird also z. B. die Briefhypothek durch Einigung über die Verpfändung, Briefübergabe, schriftliche Verpfändungserklärung *oder* Eintragung der Verpfändung im Grundbuch verpfändet. In der Praxis tritt freilich auch hier an die Stelle der Verpfändung die Sicherungsabtretung der Hypothek.

2. Die *Pfändung* der Hypothek im Wege der Zwangsvollstreckung mit dem Ziel der Begründung eines Pfändungspfandrechts fordert[1]

a) bei der *Briefhypothek* den Pfändungsbeschluß des Vollstreckungsgerichts (er ersetzt gewissermaßen die freiwillige Einigung über die Verpfändung und die schriftliche Verpfändungserklärung!) *und* die *Übergabe des Hypothekenbriefs* an den Gläubiger (§ 830 Abs. 1 Satz 1 ZPO). Gibt der Schuldner (also der Hypothekar) den Brief nicht freiwillig heraus, so wird er ihm vom Gerichtsvollzieher auf Grund des Pfändungsbeschlusses weggenommen.

b) bei der *Buchhypothek* den Pfändungsbeschluß *und* die *Eintragung* der Pfändung *im Grundbuch* (§ 830 Abs. 1 Satz 3 ZPO). Auch eine Vorpfändung (§ 845 ZPO) ist zulässig und im Grundbuch eintragbar (OLG Celle Nds.Rpfl. 1958, 93).[2]
Zur *Verwertung* der gepfändeten Hypothek ist noch ein gerichtlicher *Überweisungsbeschluß* erforderlich (§§ 835, 837 ZPO).

IV. Der Erwerb vom Nichtberechtigten

Lesen Sie zunächst oben § 36 III 3.

1. Mit § 1138 will das Gesetz das Akzessorietätsdogma halten, andererseits aber doch dem Grundsatz des redlichen Erwerbs auch hier zur Geltung verhelfen. Daher wird die Gutglaubenswirkung auch auf die Forderung ausgedehnt, aber eben nur insoweit als ihr Bestand erforderlich ist, um die Hypothek zu tragen. Der Zessionar erwirbt also zwar eine Hypothek, aber nicht die persönliche Forderung schlechthin. Dies wirkt sich praktisch dahin aus, daß der redliche Erwerber gegen den Eigentümer (= Schuldner) zwar die Hypothekenklage, *nicht* aber die persönliche Schuldklage mit dem Ziele der Zwangsvollstreckung in das *ganze* Vermögen mit Erfolg erheben kann.

§ 1138 greift nur ein bei mangelnder Forderung (und gewissen gegen die Forderung gerichteten Einreden, s. unten VII), dagegen kommen die §§ 891–899 *unmittelbar* zur Anwendung, wenn der Mangel auf sachenrechtlichem Gebiet liegt. Daraus ergibt sich auch, daß § 1138 *neben* §§ 891 ff. anwendbar sein kann, nämlich dann, wenn Forderung *und* dingliches Recht nicht in Ordnung sind.

Beispiele: (a) E hat von G ein zunächst ungesichertes Darlehen erhalten, später aber auf dessen Drängen eine Buchhypothek bestellt. In diesem Augenblick war er aber bereits geschäftsunfähig. Hier ist G nicht Hypothekar geworden. Tritt er aber die Hypothek an den redlichen D ab, so erwirbt dieser die Forderung (weil diese ja dem G zustand) und die Hypothek (§ 892). *Stichwort: Mangel des dinglichen Rechts.*

---

[1] Einzelheiten s. *Baur/Stürner*, ZVR, Rn. 524 ff., sowie unten X u. § 62 C.
[2] Nach wohl h.M. ist die Vorpfändung allerdings ohne Übergabe des Briefes oder Eintragung unwirksam; die Eintragung ist Berichtigung (statt aller *Thomas/Putzo* § 845 Anm. 3 d; *Baumbach/Hartmann* § 845 Anm. 4 m. Nw.).

(b) E hat dem G eine Buchhypothek für ein noch auszuzahlendes Darlehen über 10 000 DM eingeräumt. Ohne das Darlehen gewährt zu haben, tritt G die Hypothek an den redlichen D ab. Hier ist das dingliche Geschäft in Ordnung, aber in Wahrheit stand dem G gar keine Hypothek zu, es handelte sich vielmehr um eine Eigentümergrundschuld (§ 1163 Abs. 1 Satz 1). Dennoch erwirbt D die Hypothek (§ 1138 mit § 892), die Forderung aber nur als „Grundlage" der Hypothek. D erwirbt eine forderungslose Hypothek, nicht eine Grundschuld, wie manche meinen (s. *Wolff/Raiser* § 137 II 3). *Stichwort: Mangel der Forderung.* Würde D Klage erheben mit den Anträgen,

(1) „E zu verurteilen, 10 000 DM an D zu zahlen,

(2) wegen des Betrags von 10 000 DM die Zwangsvollstreckung in das Grundstück zu dulden",

so würde er mit dem ersten Antrag abgewiesen, dem zweiten würde stattgegeben. D muß sich also auf die Zwangsversteigerung oder (und) Zwangsverwaltung des Grundstücks beschränken, in das übrige Vermögen des E könnte er nicht vollstrecken.

Hätte sich – was der Regel der Kreditpraxis entspricht – E bereits wegen der persönlichen Forderung *und* der Hypothek der sofortigen Zwangsvollstreckung unterworfen, so könnte D als Rechtsnachfolger des G diesen Titel verwenden (§ 795 mit §§ 727, 799 ZPO). E könnte aber bezüglich des die persönliche Forderung betreffenden Titels mit Erfolg die Vollstreckungsgegenklage erheben, weil das Darlehen nicht ausbezahlt worden sei (§ 795 mit §§ 767, 797 Abs. 4 ZPO), nicht aber gegen den dinglichen Titel.

(c) Kombiniert man in den beiden obigen Beispielen den Mangel der Forderung mit dem dinglichen Mangel, so wird D dennoch Hypothekar: hinsichtlich des fehlenden dinglichen Rechts „hilft" § 892 unmittelbar, hinsichtlich der mangelnden Forderung mittelbar (durch die Verweisung in § 1138). *Stichwort: Mangel des dinglichen Rechts und der Forderung.*

(d) Gleich zu behandeln ist der Fall, daß Forderung und Hypothek einem anderen zustehen als dem Eingetragenen:

G hat seine Buchhypothek an Z käuflich abgetreten, Z ist als Hypothekar eingetragen worden. Z tritt die Hypothek sofort an D ab. Später ficht G die Abtretung von Forderung und Hypothek dem Z gegenüber wirksam wegen arglistiger Täuschung (§ 123) an mit der Folge, daß die Zession von Anfang an nichtig ist; dennoch erwirbt der redliche D die Hypothek (§ 892 mit § 142 Abs. 2 – § 1138 mit § 892 und § 142 Abs. 2). Die persönliche Forderung bleibt *nicht* bei G zurück, sondern ist von D erworben worden.[1]

Zur Leistung an den eingetragenen Scheingläubiger s. unten § 38 IX 4.

2. § 1138 verweist nicht nur auf die §§ 892, 893, sondern auch auf die Vorschriften über die Grundbuchberichtigung (§§ 894–898) und den Widerspruch (§ 899). Dies bedeutet:

a) Der Berichtigungsanspruch kann sich auch auf Unrichtigkeiten beziehen, die die Forderung oder die gegen sie bestehenden Einreden betreffen;

b) ein hinsichtlich der Forderung eingetragener Widerspruch verhindert den redlichen Erwerb der Hypothek.

Bei *Darlehensbuchhypotheken* erleichtert § 1139 die Eintragung eines Widerspruchs bei Nichtauszahlung des Darlehens und stattet einen binnen eines Monats seit Eintragung der Hypothek beantragten und eingetragenen Widerspruch mit rückwirkender Kraft auf den Zeitpunkt des Hypothekeneintrags aus.

Grund: Im Gegensatz zur Briefhypothek ist bei der Buchhypothek keine Zug-um-Zug Leistung möglich, der Eigentümer-Schuldner wird also durch einen unlauteren Hypothekar sehr gefährdet. Daher: keine Buchhypothek innerhalb des ersten Monats nach ihrer Eintragung erwerben!

Beachte: Die Besonderheiten des § 1139 sind auf die *Nichtauszahlung* des Darlehens beschränkt;

---

[1] Str. s. *Gernhuber* Bürgerl R, S. 255; *Reinicke,* Gutgl. Erwerb, S. 117, 122; *Jahr* JuS 1963, 356 u. *Gursky,* Sachenrecht, S. 76 m. w. N.

in anderen Fällen gelten die normalen Regeln des § 899, insbesondere also auch keine Rückwirkung des Eintrags des Widerspruchs.

V. Der Erwerb vom Nichtberechtigten – Besonderheiten bei der Brief-hypothek

Lesen Sie zunächst § 36 IV 2.

1. Der Hypothekenbrief erleichtert die Zirkulationsfähigkeit der Hypothek, insofern er einen Rechtserwerb außerhalb des Grundbuchs ermöglicht. Andererseits ergeben sich Schwierigkeiten, wenn es um den redlichen Erwerb der Hypothek geht. Denn die §§ 892, 893 wie der auf sie verweisende § 1138 gehen vom *Grundbuch*stand aus; bei der Übertragung der Briefhypothek braucht aber das Grundbuch nicht in Anspruch genommen zu werden. *Erstes Problem* ist also: Darf sich der Erwerber einer Briefhypothek auf den bloßen Briefbesitz des Zedenten in Verbindung mit den Abtretungserklärungen verlassen (unten 2)? *Zweites Problem ist dies:* Wie ist die Rechtslage, wenn Buch und Brief differieren (unten 3)?

2. Das erste Problem sucht § 1155[1] zu lösen (beachte seine Stellung unmittelbar hinter der Regelung der Hypothekenabtretung!). Er besagt, daß ein Briefbesitzer, der durch eine auf einen eingetragenen Gläubiger zurückführende Reihe öffentlich beglaubigter Abtretungserklärungen ausgewiesen wird, bezüglich der Gutglaubensvorschriften (§§ 891 ff. – § 1138) ebenso behandelt wird, als wäre er im Grundbuch eingetragen. Diese „Kette" im Zusammenhang mit dem Briefbesitz ersetzt sonach den Bucheintrag.

Wir bemängelten schon oben II 3, daß das Gesetz (§ 1154) zur Abtretung die *schriftliche* Abtretungserklärung – neben der Briefübergabe – genügen läßt, zur Gutglaubenswirkung aber *öffentlich beglaubigte* Abtretungserklärungen fordert.

Beispiele: (a) G hat seine Briefhypothek an D, D an X, X an Y abgetreten und zwar jeweils in öffentlich beglaubigter (oder beurkundeter) Form. War D geisteskrank (§§ 104 Nr. 2, 105 Abs. 1), so war sowohl die Einigung G–D wie die zwischen D und X nichtig. Weder D noch X sind also Hypothekar geworden. Y hat also mit dem Nichtberechtigten kontrahiert; da aber X durch eine Kette öffentlich beglaubigter Abtretungserklärungen ausgewiesen war, hat Y – Redlichkeit vorausgesetzt – die Hypothek erworben. Dies gilt auch dann, wenn X dem Y nur eine *schriftliche* Abtretungserklärung erteilt hat; denn es kommt nur darauf an, daß *der Veräußerer X* durch eine öffentlich beglaubigte „Kette" ausgewiesen war.

An dem Ergebnis ändert sich auch nichts, wenn die Abtretung G–D im Grundbuch eingetragen war; denn auch dann führt die Reihe auf einen im Grundbuch eingetragenen Gläubiger zurück.

Wie ist die Rechtslage, wenn eine der öffentlich beglaubigten Abtretungserklärungen *gefälscht* war, wenn also z. B. ein Angestellter des – geschäftsfähigen – D unter Fälschung der Unterschrift seines Chefs die Hypothek öffentlich beglaubigt (also auch unter Täuschung der beglaubigenden Stelle) abgetreten hat? Diese Frage ist lebhaft umstritten; RGZ 85, 58 und 86, 262[2] lassen eine äußerlich einwandfreie, wenn auch gefälschte öffentlich beglaubigte Abtretungserklärung genügen, während *Heck* (S. 400), *Wolff/Raiser* (§ 142 Anm. 17) – mit Recht – den Tatbestand des § 1155 verneinen. Der Meinung des Reichsgerichts kann nicht gefolgt werden, weil § 1155 eben *echte* Abtretungserklärungen voraussetzt (so Braunschweig OLGZ 1983, 220 ff.; *Jauernig* § 1155 Anm. 2 b, aa).

(b) In dem obigen Beispiel hat E (= S) die Schuld an Y zurückbezahlt; mit Recht: denn Y war ja nach § 1155 mit § 892 vollberechtigter Hypothekar geworden. Wenn wir jetzt unterstellen, daß die Abtretung X–Y wegen Geschäftsunfähigkeit des X nichtig war, so kann E doch an Y leisten; denn es

---

[1] Siehe dazu *von Moltke* AcP 142, 257 ff.

[2] u. die h. M. s. MünchKomm/*Eickmann* § 1155 Rn. 12 (m. w. N.) u. *Westermann/Eickmann* § 122 IV 2 b.

greift jetzt § 1155 mit § 893 Platz. Um den Schutz des § 1155 für sich zu haben, kann der von Y in Anspruch genommene E nicht nur die Vorlage des Briefes, sondern auch die der Reihe öffentlich beglaubigter Abtretungen fordern (§ 1160), u. U. ein für Y sehr unangenehmes Verlangen, weil er ja – sofern die Abtretungen nicht auf dem Brief öffentlich beglaubigt sind – nur die Abtretungserklärung des X an ihn (Y) in Händen hat, nicht die vorangehenden. Kann er sie nicht beschaffen, so bleibt ihm nichts anderes übrig als seine Eintragung im Grundbuch zu erwirken. In der Praxis verzichtet freilich E meist von vornherein auf sein Recht aus § 1160!

(c) Wie ist weiter die Rechtslage, wenn ein bösgläubiger Nichthypothekar (N) an einen gutgläubigen D zediert und dann die Hypothek sich von diesem wieder abtreten läßt (sog. Rückerwerb des Nichtberechtigten vom Berechtigten). Auf die Redlichkeit des N beim Rückerwerb kann es nicht ankommen, weil er vom Berechtigten D erwirbt. Dennoch darf dieser Umweg nicht zu einem Erwerb des N führen; mit dem Rückerwerb durch N wird vielmehr der wahre Gläubiger G wieder Hypothekar, es wird also der frühere Zustand wieder hergestellt (s. § 23 III 3 d, aa; zu Differenzierungen s. unten § 52 IV 2).

(d) Zu dem nicht allzu häufigen Fall, daß die „Kette" *unterbrochen* ist, z. B. durch einen Erbfall, ist zu bemerken, daß es darauf ankommt, ob der die Unterbrechung auslösende Vorgang, also z. B. der Erbfall, materiell das Recht übertragen hätte (sofern es beim Erblasser bestanden hätte), also der weiter Verfügende wirklich Erbe war (s. dazu MünchKomm/*Eickmann* § 1155 Rn. 9; enger *Jauernig* § 1155 Bem. 2b, ee m. Nw.).

Einer öffentlich beglaubigten Abtretungserklärung *stehen* nach § 1155 Satz 2 *gleich:* ein im Wege der Zwangsvollstreckung erfolgter gerichtlicher Überweisungsbeschluß (§ 835 Abs. 2 ZPO: er erfolgt im Anschluß an oder gleichzeitig mit dem Pfändungsbeschluß, s. oben III a 2) und im Falle eines gesetzlichen Übergangs das öffentlich beglaubigte Anerkenntnis des bisherigen Hypothekars:

G hat seine Hypothek öffentlich beglaubigt an D, dieser ebenso an X abgetreten. Die Abtretung D– X war nichtig. Leistet E an X, so wird er nach § 1155 mit § 893 frei und erwirbt die Eigentümergrundschuld. Tritt er sie an Y ab, so erwirbt dieser vom Berechtigten, er braucht sich also gar nicht auf § 1155 mit § 892 zu berufen. Wohl aber kommt § 1155 Satz 2 (öffentlich beglaubigtes Anerkenntnis des gesetzlichen Übergangs) für die Vermutungswirkung des § 891 in Betracht.

3. Das zweite Problem *(Differenz zwischen Buch und Brief)* löst § 1140. Er besagt, daß eine sich aus dem Brief ergebende Unrichtigkeit die Berufung auf die §§ 892, 893 (nicht aber auf § 891!) ausschließt. Was soll dies bedeuten? Das Gesetz hätte an sich die Möglichkeit, nur auf den Brief *oder* nur auf den Grundbuchstand abzustellen. Es wählt keine dieser Möglichkeiten, sondern trifft folgende Regelung: Maßgebend ist auch beim Erwerb einer Briefhypothek der Grundbuchstand; *der Brief genießt also für sich keinen öffentlichen Glauben* (nur im Zusammenhang mit öffentlich beglaubigten Abtretungserklärungen wird der Briefbesitzer in das Grundbuch „projiziert", § 1155). *Aber der Brief ist geeignet, den Grundbuchstand zu diskreditieren,* insofern eine aus dem Brief sich ergebende Unrichtigkeit den öffentlichen Glauben ausschließt; die gleiche Wirkung hat ein auf dem Brief vermerkter Widerspruch (§ 1140, § 1157 Satz 2). *Buch und Brief müssen also übereinstimmen,* um einen redlichen Erwerb zu ermöglichen. Dabei ist wesentlich, daß auch einem privatschriftlichen Vermerk (z. B. über eine Teilzahlung) die Wirkung des § 1140 zukommt.

§ 1140 zwingt daher einen sorgfältigen Erwerber, der in eigenem Interesse sichergehen will, sowohl das Grundbuch wie den Brief einzusehen, und zwar das Grundbuch deshalb, weil der Brief allein keinen öffentlichen Glauben genießt, den Brief, weil ein Eintrag auf ihm den öffentlichen Glauben vernichtet. Auch dies ist wieder eine Erschwerung des Rechtsverkehrs, den das Institut der Briefhypothek doch gerade fördern will!

Beispiele: (a) E hat dem G eine Briefhypothek über 10000 DM bestellt. Auf dem Brief hat G eine Teilzahlung von 4000 DM quittiert, im Grundbuch ist noch die ursprüngliche Schuldsumme eingetragen. Tritt G die Hypothek an D ab, so kann sie dieser nur in Höhe von 6000 DM erwerben. Das Gleiche gilt, wenn *von Anfang an* im Grundbuch richtig 6000 DM, auf dem Brief 10000 DM eingetragen waren; hier entscheidet der Stand des Grundbuchs, der Brief genießt keinen öffentlichen Glauben.

Wer also als Schuldner auf eine Briefhypothek Teilzahlungen leistet, muß Wert darauf legen, daß sie auf dem Brief vermerkt werden.

(b) G hat seine Hypothek an D abgetreten. Die schriftliche Abtretungserklärung ist auf dem Brief vermerkt. Tritt G – der sich von D den Brief hat „für kurze Zeit" zurückgeben lassen – die Hypothek an X ab, so wird dieser nicht Hypothekar.

§ 1140 bezieht sich auch auf die Einreden des § 1157 (§ 1157 Satz 2). Ergibt sich eine Einrede allerdings nur aus der mit dem Hypothekenbrief verbundenen Schulddurkunde (§ 58 GBO), so wirkt sie dem Erwerber gegenüber nur, wenn dieser davon Kenntnis genommen hat.

In der Darlehensurkunde ist z. B. vereinbart, daß die Hypothek 5 Jahre unkündbar sein soll; dies ergibt sich aber weder aus dem Grundbuch noch aus dem Brief. Die Einrede wirkt daher einem Erwerber gegenüber nur, wenn sie ihm bekannt ist (§ 1157 Satz 2); denn § 1140 kann nicht eingreifen. Freilich wird der Beweis des ersten Anscheins in einem solchen Fall gegen den Erwerber sprechen (s. oben § 37 III 3a).

§ 1140 zeigt, wie wichtig es ist, daß Buch und Brief stets möglichst übereinstimmen; das Grundbuchrecht sucht dieses Ergebnis in den §§ 41 (Vorlage des Briefs bei Eintragungen, die eine Briefhypothek betreffen), 62 (spätere Bucheintragungen, die die Hypothek betreffen, sind auf dem Brief zu vermerken), 68 GBO (Übertragung der Vermerke von dem alten auf einen neuen Brief) zu erreichen.

VI. Die Legitimation des Gläubigers

1. Wer Gläubiger einer Hypothek ist, ergibt sich aus dem materiellen Recht; es ist dies derjenige, in dessen Person das Hypothekenrecht wirksam begründet worden ist oder an den es rechtsgeschäftlich abgetreten oder kraft Gesetzes übergegangen ist. Diesen Entstehungs- oder Übertragungstatbestand hat zu beweisen, wer behauptet, Hypothekar zu sein. Von diesem Regelsatz müssen wir ausgehen, wenn wir uns jetzt daran erinnern, daß die Hypothek ein im Grundbuch ausgewiesenes und – bei der Briefhypothek – in einem Brief verkörpertes Recht ist. Es wird also zu prüfen sein, ob diese Tatsache die beweisrechtliche Stellung des Gläubigers erleichtert, ob und in welchem Umfang für ihn die schon oft erörterte Vermutungswirkung des Grundbuchs gilt (s. unten 3).

Wir müssen uns ferner darüber im klaren sein, daß es auch für den Schuldner wichtig ist, zu wissen, *wer* sein Gläubiger ist. Dies bereitet dann keine Schwierigkeiten, wenn ein Gläubigerwechsel nicht stattgefunden hat. Wie ist aber die Situation des Schuldners, wenn die Forderung abgetreten wurde, ohne daß er davon erfahren hat? Soll hier § 407 gelten mit der Folge, daß der Schuldner an den früheren Gläubiger mit befreiender Wirkung leisten kann, oder muß der Schuldner – in seinem Interesse – vor der Leistung das Grundbuch einsehen oder (und) sich den Brief vorlegen lassen? Wird er m. a. W. nur frei, wenn er an den durch Bucheintrag und Brief Ausgewiesenen leistet? (unten 4).

Schließlich müssen wir uns daran erinnern, daß Forderung und Hypothek zwar eng miteinander verbunden sind, daß beide aber doch verschiedene Rechtserscheinungen sind. So liegt auch – wie wir wissen – in der Geltendmachung der Forderung nicht die der Hypothek und umgekehrt. Wie wirkt sich dieses „Nebeneinander" von Forderung und Hypothek für die Legitimation des Gläubigers aus? (unten 2).

2. Macht der Gläubiger die *persönliche Forderung* geltend, so gelten in vollem Umfang die Grundsätze des Schuldrechts. Der Gläubiger muß also z. B. nachweisen, daß in seiner Person die Forderung entstanden ist oder daß sie an ihn wirksam abgetreten ist. Der Schuldner muß – um befreit zu werden –, an den wirklichen Gläubiger leisten, sofern nicht zu seinen Gunsten die §§ 406 ff. eingreifen. Der Gläubiger kann sich nicht auf die Eintragung im Grundbuch oder den Briefbesitz berufen; ebensowenig kann der Schuldner bei Leistung an einen Nichtgläubiger dartun, er habe sich auf den Grundbuchstand oder auf die Briefvorlage verlassen. Diese Grundsätze gelten unabhängig davon, ob der Gläubiger *nur* die Forderung oder gleichzeitig *auch* die Hypothek geltend macht; es kann daher durchaus sein, daß der Gläubiger mit der einen Klage Erfolg hat, mit der anderen abgewiesen wird.

Unverständlich wirkt daher zunächst § 1161; er besagt, daß der Gläubiger einer Briefhypothek auf Verlangen des Schuldners den Brief auch dann vorlegen muß, wenn er die persönliche Forderung geltend macht. Der Sinn dieser Vorschrift wird deutlich, wenn man sich vergegenwärtigt, daß der Schuldner-Eigentümer vor der *Gefahr der Doppelleistung* bewahrt werden muß; daher muß sich der Gläubiger, auch wenn er *nicht* die Hypothek, sondern die Forderung geltend macht, „hypothekarisch ausweisen"; daher kann der Schuldner bei Befriedigung des Gläubigers die Aushändigung des Hypothekenbriefs und die zur Berichtigung des Grundbuchs erforderlichen Papiere verlangen (§ 1167 mit § 1144).

3. Macht der Gläubiger die *Hypothek* geltend, so muß er sich auch in der für dingliche Rechte vorgesehenen Form legitimieren:

a) Bei der *Buchhypothek* wird der Hypothekar durch seine Eintragung im Grundbuch legitimiert (§ 891; § 1138). Behauptet der Eigentümer, dem „Hypothekar" stehe trotz des Grundbuchstands die Hypothek nicht zu, so trifft ihn die Beweislast.

b) Handelt es sich um eine *Briefhypothek,* so kann der Schuldner-Eigentümer fordern, daß der Hypothekar den Brief und – sofern er nicht als Gläubiger im Grundbuch eingetragen ist – die ihn legitimierende Kette nach § 1155 vorlegt (§ 1160). Damit soll sichergestellt werden, daß der Schuldner nur an den zu leisten *braucht,* an den er auch mit befreiender Wirkung leisten *kann.*

Beispiel: G hat seine ihm gegen E zustehende Briefhypothek an X, dieser an Y, dieser an Z abgetreten. Die Abtretung ist unter Briefübergabe jeweils privatschriftlich erfolgt. Z will die Hypothek gegen E geltend machen. Auf Verlangen des E muß er den Brief vorlegen; dies allein genügt nicht. Da er im Grundbuch nicht eingetragen ist, bleibt ihm nichts anderes übrig, als nachträglich öffentlich beglaubigte Abtretungserklärungen von G, X und Y beizubringen. Gelingt ihm das nicht, so muß er von G Berichtigung des Grundbuchs fordern; dann erst ist er dem § 1160 entsprechend ausgewiesen!

Das gleiche gilt – wie wir wissen – nach § 1161, wenn Z nicht die Hypothek, sondern die durch sie gesicherte persönliche Forderung geltend macht.

Im Sicherungsvertrag kann die Legitimation des Gläubigers erleichtert werden (s. Anhang IV am Ende des Buches). Der Verzicht auf das Vorlegungsrecht ist mit dinglicher Wirkung möglich und eintragungsfähig (Frankfurt DNotZ 1977, 112).

4. Es bleibt die Beantwortung der Frage, an wen der Schuldner *mit befreiender Wirkung* leisten kann. Unproblematisch ist selbstredend der Fall der *Leistung an den Gläubiger*.

Und doch scheint auch dies mitunter Schwierigkeiten zu machen, wie mir die Antwort auf folgenden im mündlichen Examen gestellten *Fall* gezeigt hat: G tritt seine Briefhypothek schriftlich unter Briefübergabe an Z ab. Der Schuldner-Eigentümer E leistet an G, weil er von der Abtretung nichts erfahren hat. Später wird die Hypothekenabtretung wegen arglistiger Täuschung wirksam angefochten. Hier wäre es falsch, etwa § 407 heranzuziehen oder gar auf § 1138 mit § 893 und § 142 Abs. 2 hinzuweisen. Die Antwort ist einfach: E hat an den Berechtigten (G) geleistet; G ist durch die Anfechtung mit rückwirkender Kraft (§ 142 Abs. 1) Berechtigter geworden.

Zu erörtern sind sonach nur die Fälle der *Leistung an den Nichtberechtigten*. Hier stehen sich für den Fall der Abtretung zwei Normenkomplexe diametral gegenüber: in § 407 wird die Leistung des Schuldners an den Zedenten, in § 408 die an den zweiten Zessionar als wirksam anerkannt, in § 406 schließlich wird dem Schuldner die einmal gegebene Aufrechnungslage auch für die Zeit nach der Abtretung „konserviert". Anders die Regelung in § 893 (§ 1155 mit § 893): der Schuldner kann an einen Nichtberechtigten mit befreiender Wirkung nur leisten, wenn dieser – bei der Buchhypothek – im Grundbuch eingetragen, bei der Briefhypothek durch Briefbesitz und „Kette" (bzw. Bucheintrag) legitimiert ist. Wie ist diese Diskrepanz zwischen „historischer Legitimation" und „hypothekarischer Legitimation" (*Heck*) zu lösen?

§ 1156 gibt die Antwort zugunsten der hypothekarischen Legitimation: „in Ansehung der Hypothek" werden die §§ 406–408 für unanwendbar erklärt, für die Geltendmachung der persönlichen Forderung bleiben sie also nach wie vor maßgebend. Daraus ergibt sich, daß Schuldklage und Hypothekenklage im Prozeß ein verschiedenes Schicksal haben können:

G – im Grundbuch eingetragener Inhaber einer Briefhypothek – hat sich folgendes Schurkenstückchen ausgedacht: Er kündigt die Hypothek dem E gegenüber unter Vorlage des Hypothekenbriefs (§ 1160). Dann tritt er die Hypothek an Z wirksam ab. E leistet an G im Vertrauen auf dessen bisherige Gläubigerstellung, ohne sich gleichzeitig den Hypothekenbrief aushändigen zu lassen (§ 1144, ebenso § 1167 für den Fall, daß Schuldner und Eigentümer nicht identisch sind). Hier kann sich E nicht auf § 407 berufen, sondern muß an Z nochmals – auf Grund der Hypothek – leisten. Erhebt Z die Schuldklage neben der Hypothekenklage, so wird er mit der erstgenannten Klage abgewiesen (weil § 407 insoweit Platz greift), dagegen hat er mit der dinglichen Klage Erfolg.
Und nun noch ein etwas realistischerer Fall: G hat – wie im vorigen Beispiel – die Briefhypothek dem E gegenüber gekündigt. Kurze Zeit darauf pfändet ein Gläubiger Z des G die Hypothek, und zwar durch Pfändungsbeschluß und Wegnahme des Hypothekenbriefs (§ 830 ZPO). Der Überweisungsbeschluß wird dem Z ausgehändigt (§ 837 ZPO). Eine Zustellung beider Beschlüsse an E unterbleibt versehentlich, sie ist bei der Pfändung einer Hypothek auch nicht Wirksamkeitsvoraussetzung (*Stein/Jonas/Münzberg* § 830 ZPO Rn. 8; *Baur/Stürner,* ZVR, Rn. 525). Leistet E an G, weil er von der Pfändung durch Z nichts erfahren hat (der Pfändungsbeschluß ist ihm z. B. durch sog. Ersatzzustellung – §§ 181 ff. ZPO – zugestellt worden), so könnte er sich auf § 407 berufen, wenn es sich um die Pfändung und Überweisung einer nicht durch eine Verkehrshypothek gesicherten Forderung gehandelt hätte (RGZ 87, 412, 415). Hier aber handelt es sich um eine Verkehrshypothek, bei ihr wird § 407 durch § 1156 ausgeschlossen. E muß daher nochmals an Z leisten. (Er hätte sich also bei der Zahlung an G den Brief vorlegen lassen sollen; dann wäre dessen mangelnde Legitimation zutage getreten!)

VII. Die Einreden und Einwendungen des Eigentümers

Die Verteidigung des Schuldners-Eigentümers gegen die Hypothek gehört systematisch in den Bereich der Geltendmachung der Haftungsverwirklichung. Aber schon hier muß ein Überblick gewonnen werden; denn unwillkürlich fragt man sich bei der Darstellung der Übertragung der Hypothek: Welche Rechte kann der Schuldner-Eigentümer dem neuen Hypothekengläubiger entgegensetzen? (2). Dazu muß man sich aber vergegenwärtigen, welche Einreden und Einwendungen im Verhältnis: ursprünglicher Gläubiger-Schuldner(Eigentümer) in Betracht kommen (1).

1. Die *Einwendungen und Einreden im Verhältnis zwischen ursprünglichem Gläubiger und Eigentümer* bei Geltendmachung der Hypothek – nur davon ist die Rede, nicht von der Geltendmachung der persönlichen Forderung! – können verschiedener Art sein:

a) Sie können den Bestand oder den Fortbestand des dinglichen Rechts in der Person des Gläubigers betreffen. So wenn der Eigentümer geltend macht, die Hypothekenbestellung sei unwirksam oder die Hypothek stehe wegen Fehlens oder Wegfalls der zu sichernden Forderung ihm als dem Eigentümer zu (§ 1163) oder die Hypothek sei auf einen anderen übergegangen (§§ 1143, 1150, 1164). Nennen wir sie *bestandsvernichtende* (oder -verändernde) *Einwendungen*.

b) Sind Eigentümer und Schuldner verschiedene Personen, so kann der Eigentümer auch die Einreden (im Sinne von Leistungsverweigerungsrechten) erheben, die dem persönlichen Schuldner zustehen. Dies besagt § 1137; er spricht bewußt nicht von Einwendungen, da diese schon unter die Tatbestandsgruppe a) fallen. Diese Art von Einreden, die sich aus der bürgenähnlichen Stellung des Eigentümers ergeben (vgl. § 768!), können als *schuldnerbestimmte Einreden* bezeichnet werden.

Hierunter fallen etwa die Einrede der Stundung, des Zurückbehaltungsrechts, des nichterfüllten Vertrags. Gewisse an sich hierunter fallende Einreden des Schuldners kann der Eigentümer nicht geltend machen, so die Einrede der Verjährung (§ 223), der beschränkten Erbenhaftung (§ 1137 Abs. 1 Satz 2), die Herabsetzung der Forderung durch Zwangsvergleich (§ 193 KO) oder Vergleich (§ 82 Abs. 2 VerglO). Verständlich, denn nach dem Sinn der Hypothekensicherung soll diese gerade in solchen Fällen aktuell werden!

c) Aus der bürgenähnlichen Stellung des Eigentümers ergibt sich weiter, daß der Eigentümer seine „Leistung" (= Duldung der Haftungsverwirklichung) verweigern kann, solange der Schuldner anfechten oder der Gläubiger aufrechnen könnte (§ 1137 Abs. 1 Satz 1 mit § 770). Nicht gerade schön, aber doch wohl einprägsam können wir diese Einreden als *Einreden aus Gestaltungsrechten* (des Schuldners) bezeichnen.[1]

---

[1] Bei allen Einwendungen und Einreden des Eigentümers stellt sich die Frage, ob sie noch geltend gemacht werden können, wenn der Schuldner mit ihnen im Prozeß unterlegen und rechtskräftig verurteilt ist. Die Rechtskraft des Urteils gegen den persönlichen Schuldner hindert den nichtidentischen Eigentümer nicht, sich auf die Gegenrechte erneut zu berufen; der Fall liegt gleich wie beim Bürgen (hierzu BGHZ 76, 222, 229 ff.; NJW 1987, 2076, 2077). Soweit das OLG Frankfurt NJW-RR

d) Schließlich können sich Einreden aus dem Verhältnis zwischen dem Hypothekar und dem vom Schuldner verschiedenen Eigentümer ergeben; so etwa wenn der Gläubiger dem Eigentümer (nicht dem Schuldner!) zugesagt hatte, die Hypothek während einer gewissen Zeit nicht geltend zu machen oder zuerst Befriedigung aus der persönlichen Forderung, dann erst aus der Hypothek zu suchen oder – für die sog. Sicherungsgrundschuld wichtig – die Grundschuld zur Sicherung einer bestimmten Forderung zu verwenden und nicht an einen anderen abzutreten. Kennwort: *eigentümerbezogene Einreden.*

2. Wie ist nun *die Stellung des Eigentümers gegenüber dem Erwerber der Hypothek?*
Bei der *Abtretung der Forderung* geht das Gesetz von der Regel aus, daß die Position des Schuldners durch die Abtretung nicht verschlechtert werden darf; der Schuldner kann sich gegen die Abtretung nicht wehren, er darf daher durch sie auch nicht beeinträchtigt werden. Auf dieser Erwägung beruht § 404, wonach der Einwendungsstatus des Schuldners durch die Abtretung nicht verändert wird.

An sich wäre es korrekt, diese Regel in vollem Umfang auch auf die Stellung des Eigentümers bei *Abtretung der Hypothek* anzuwenden. Denn das Gesetz sieht – wie wir längst wissen – in der Hypothekenabtretung eine Forderungsabtretung, woraus sich ohne weiteres die Anwendung des § 404 ergäbe. Andererseits kann aber auch in diesem Zusammenhang nicht daran vorbeigegangen werden, daß die Hypothek ein im Grundbuch ausgewiesenes dingliches Recht ist, das im Interesse des redlichen Rechtsverkehrs an der Gutglaubensregel teilnehmen muß. Anders ausgedrückt: es würde den Hypothekenmarkt lahmlegen, wenn der Erwerber einer Verkehrshypothek sich alle die Einwendungen und Einreden entgegenhalten lassen müßte, die im Verhältnis Zedent – Schuldner (Eigentümer) begründet waren. Aus diesem Gedanken heraus kommt das Gesetz auch hier zu einem Kompromiß:

a) Im *Grundsatz* bleibt es bei der Regel des § 404; der Eigentümer kann also gegenüber der Hypothekenklage des Zessionars alle die oben 1 genannten Einwendungen und Einreden geltend machen, soweit sie zur Zeit der Abtretung schon begründet waren. Für die eigentümerbezogenen Einreden (oben 1 d) glaubte der Gesetzgeber diesen Grundsatz in § 1157 Satz 1 noch ausdrücklich wiederholen zu müssen.

b) Im Verkehrsinteresse gilt jedoch diese Regel nur, wenn die Einwendung oder Einrede entweder aus dem Grundbuch oder aus dem Brief zu ersehen *oder* dem Erwerber bekannt war.

Diese *Durchbrechung* der Regel ist leider im Gesetz an verschiedenen Stellen enthalten: sie ergibt sich bezüglich der bestandsvernichtenden Einwendungen (oben 1 a) unmittelbar aus § 892 hinsichtlich der Hypothek und aus § 1138 bei fehlender Forderung, hinsichtlich der schuldnerbestimmten Einreden (oben 1 b) aus § 1138, ebenso bezüglich der Einreden aus Gestaltungsrechten (oben 1 c), während die gleiche Gutglaubensregel bei den eigentümerbezogenen Einreden (oben 1 d) in § 1157 Satz 2 enthalten ist.

1988, 206, 207 für §§ 1137 Abs. 1 S. 1, 770 eine abweichende Auffassung vertritt, kann ihm nicht gefolgt werden. Sa § 42 III 2.

397

Zu beachten ist, daß in allen Fällen der Abtretung einer Briefhypothek § 1140 von Bedeutung ist: eine auf dem Brief vermerkte Einrede oder Einwendung schließt den „einwendungsfreien" Erwerb aus.

Beispiele: (1) G hat dem S ein Darlehen von 50000 DM zur Begründung eines Einzelhandelsgeschäfts gegeben; der Vater E des S hat dafür eine Briefhypothek zum ersten Rang bestellt. Als das Darlehen fällig wurde, gelingt es dem S, bei G eine „Prolongation um zwei weitere Jahre" zu erwirken. Auf diese Stundung könnte sich auch E berufen, wenn G vor Ablauf dieser Zeit die Hypothekenklage erhebt (§ 1137), und zwar auch dann noch, wenn S auf die Einrede der Stundung verzichten sollte (§ 1137 Abs. 2).

War es nicht dem S, sondern dem E gelungen, dem G die Prolongation abzutrotzen, so wirkt diese Abrede nur im Verhältnis G–E, so daß G die persönliche Schuldklage gegen S erheben könnte (es sei denn, daß die Abrede auch zugunsten des S getroffen sein sollte).

Tritt G die Briefhypothek an Z ab, so erwirbt dieser der Hypothek einredefrei, wenn ihm die Stundung nicht bekannt war, sie sich auch nicht aus dem Grundbuch oder Brief ergab (was etwa dann der Fall wäre, wenn G die Prolongation auf dem Brief vermerkt hätte).

Aus dem eben Gesagten ergibt sich übrigens auch ein Rückschluß auf die *Eintragungsfähigkeit* solcher Einreden: Entgegen der Faustregel, daß nur dingliche Rechte, relative Verfügungsbeschränkungen, Vormerkungen und Widersprüche eintragbar seien (s. oben § 15 IV 2), können auch Einreden eingetragen (oder auf sie Bezug genommen) werden, selbst wenn sie auf schuldrechtlichen Abmachungen beruhen.[1] Der Grundbuchbeamte könnte sich daher in unserem Beispielsfall nicht dagegen sträuben, die Stundungsabrede im Grundbuch einzutragen und zwar gleichgültig, ob sie zwischen G und S oder zwischen G und E getroffen worden war.

(2) E hat ein Grundstück an K verkauft. Da die Realisierung des Auflassungsanspruchs aus hier nicht interessierenden Gründen zweifelhaft war, hat E dem K eine Briefhypothek über 50000 DM bestellt zur Sicherung eines angeblichen Darlehensanspruchs in dieser Höhe; in Wirklichkeit sollte damit mittelbar der Auflassungsanspruch gesichert werden. Später trat K die Hypothek an G ab, der sie jetzt gegen E geltend macht. E wendet ein:

a) die Hypothekenbestellung sei nur zum Schein erfolgt. Hier handelt es sich um eine bestandsvernichtende Einwendung, die E dem G nur mit Erfolg entgegenhalten kann, wenn dieser sie kannte oder sie aus dem Grundbuch oder Brief zu ersehen war (§ 892, § 1140). Beides war nicht der Fall; die Einwendung entfällt also schon aus diesem Grunde (sie wäre im übrigen auch unbegründet, weil es den Parteien mit der Hypothekenbestellung ernst war; sie haben nur zu einem ungeeigneten Mittel gegriffen!);

b) die Hypothek sei nie valutiert gewesen, in Wahrheit bestehe also eine Eigentümergrundschuld. Auch hier handelt es sich – wegen § 1163 Abs. 1 Satz 1 – um eine bestandsvernichtende Einwendung; denn es wird gesagt, daß in Wahrheit eine Eigentümergrundschuld vorliege). Dieser Einwand ist dem G gegenüber aber nur unter den gleichen Voraussetzungen wie oben a) wirksam (§ 1138 mit § 892, § 1140).

c) Schließlich legt E dar, der Gutglaubensschutz nach §§ 892, 1138, 1140 könne zugunsten des G nicht Platz greifen, weil die Abtretung K an G nur *fiduziarisch, zu treuen Händen* erfolgt sei. In einem solchen Fall müsse es aber bei der Regel bleiben, daß der Eigentümer alle die Einwendungen und Einreden dem Treunehmer (= Zessionar G) entgegenhalten könne, die gegenüber dem Treugeber (= Zedent K) begründet waren, also auch die Einwendung des Scheingeschäfts (a) und der Nichtvalutierung (b). Was ist von dieser Rechtsauffassung zu halten? Man wird unterscheiden müssen:[2] Handelt es sich lediglich um eine im Interesse des K erfolgte, also von G aus gesehen fremdnützige treuhänderische Übertragung der Hypothek, m. a. W. der Wirkung nach lediglich um eine Inkassozession, so ist der Standpunkt des E richtig. Anders wenn eine eigennützige, im Interesse des G erfolgte Abtretung vorgelegen hätte (etwa um eine Forderung des G gegen K zu sichern). Die Tatsache gewisser treuhänderischer Bindungen im Verhältnis G zu K würde die volle Anwendung der Regeln über die Hypothekenabtretung und den Schutz des redlichen Erwerbers nicht ausschließen (so auch OLG Hamburg MDR 1953, 171, an dessen Entscheidung unser Beispiel angelehnt ist; s. ferner *Heck* § 97 IV).

---

[1] Dieser Gesichtspunkt ist in BGHZ 21, 34 – der sich mit der Eintragungsfähigkeit schuldrechtlicher Abmachungen befaßt – nicht gesehen.

[2] Zur Treuhand s. oben § 3 II 1 d) bb).

Entwickeln wir den Fall noch etwas weiter: Nehmen wir an, E berufe sich schließlich noch darauf, daß ihm gegen K ein Schadensersatzanspruch aus § 826 BGB zustehe; mit dieser Schadensersatzforderung rechne er dem G gegenüber auf (§ 406). Diese Aufrechnung ist jedoch, wie sich aus § 1156 Satz 1 ergibt, unzulässig.

VIII. Die Abtretung von Zinsen[1] und Nebenleistungen

Hier hat das Gesetz in §§ 1158, 1159 einige Sonderbestimmungen entwickelt, die nicht leicht verständlich sind. Sie beruhen im wesentlichen auf der Erwägung, daß üblicherweise der Eigentümer (= Schuldner) nicht jedes Mal das Grundbuch einsieht oder sich den Hypothekenbrief vorlegen läßt, wenn er die fälligen Zinsen bezahlt. Er soll sich daher auf die „historische Legitimation" verlassen können, wenn er die fälligen Zinsen an den zahlt, den er als Gläubiger in Erinnerung hat, wenn ihm also von einer Abtretung nichts bekannt ist.

Daraus ergibt sich die für jeden Zessionar einer Hypothek *praktisch wichtige Regel*, daß er die Abtretung an ihn sofort dem Eigentümer mitteilt. Nur so kann er verhindern, daß die Zinsen nach wie vor wirksam an den Zedenten bezahlt werden.

Im einzelnen sind drei Fragenbereiche zu unterscheiden: Sind Zinsen ohne die Hypothek abtretbar und in welchem Umfang? (1). In welcher Form erfolgt die Abtretung? (2). Wie ist das Rechtsverhältnis zwischen Zessionar und Eigentümer gestaltet? (3).

1. *Die Abtretbarkeit des Zins- und Nebenleistungsanspruchs*

a) Sicher ist, daß die *Hypothek mit Zinsen* abgetreten werden kann, doch ist im Interesse der Rechtsklarheit anzugeben, von welchem Zeitpunkt an der Zinsanspruch auf den Zessionar übergehen soll (KGJ 51, 285).

b) Zulässig ist aber nach der – nicht unbestrittenen – Rechtsprechung (RGZ 74, 78; 86, 218) auch, daß das *Zinsrecht ohne die Hypothek* und umgekehrt die *Hypothek ohne das Zinsrecht* abgetreten wird. Im Ergebnis hat der Zinsgläubiger dann eine nießbraucherähnliche Stellung, jedoch mit dem Unterschied, daß der Kapitalgläubiger die Hypothek einseitig ohne Zustimmung des Zinsgläubigers – anders als nach § 1071 – aufheben und damit auch das Zinsrecht beenden kann (KG JW 1938, 2406).

Beispiel: G hat dem E ein hypothekarisch gesichertes Darlehen in Höhe von 100000 DM zu 5% verzinslich gewährt. „Um seiner Frau ein eigenes regelmäßiges Einkommen zu geben," tritt G ihr das Zinsrecht ab. Wird die Ehe zwischen G und F geschieden, so wird diese Abtretung nicht von selbst hinfällig, es sei denn, sie sei ausdrücklich oder stillschweigend nur für die Dauer der Ehe vereinbart gewesen. G ist aber durch die Abtretung des Zinsrechts nicht gehindert, die Hypothek zu kündigen, das Kapital einzuziehen und dem E eine löschungsfähige Quittung zu erteilen.

Hat ein Gläubiger X des G die Hypothek gepfändet, so ist die Abtretung des Zinsrechts auch ihm gegenüber wirksam, sofern die Abtretung nicht nach dem Anfechtungsgesetz angefochten werden kann. X kann aber – nach Überweisung der Hypothek zur Einziehung – die Hypothek kündigen, das Kapital einziehen und dadurch den Zinslauf beenden (s. unten X 3).

2. *Die Form der Abtretung*

a) Die Abtretung der Hypothek mit Zinsen oder von *künftig fällig* werdenden Zinsbeträgen oder des ganzen Zinsrechts erfolgt nach dem Recht der Hypothekenabtretung, also nach § 1154.

b) *Rückständige* Zinsen dagegen werden durch formlosen Vertrag nach § 398 abgetreten; dies besagt § 1159 ausdrücklich, wobei die die rückständigen Zinsen sichernde Hypothek insoweit nach

---

[1] S. dazu Ulrich *Schwab*, Das Recht der Hypothekenzinsen und der sonstigen Nebenleistungen einer Hypothek (Tüb. Diss. 1968); *Bauch* Rpfleger 1985, 466; *Amann* DNotZ 1982, 396.

§ 401 mit übergeht(!); dieser Übergang kann durch Vereinbarung der Beteiligten ausgeschlossen werden (§ 401 ist dispositiven Rechts – die zwingende Vorschrift des § 1153 ist durch § 1159 ausgeschlossen).

3. Die Stellung des Eigentümers gegenüber dem neuen Gläubiger

a) Bezüglich der *künftig fällig werdenden Zinsbeträge* stellt § 1158 für das laufende und folgende Kalendervierteljahr auf die Kenntnis des Eigentümers von der Abtretung ab. Dies mag ein *Beispiel* erhellen:

Hat E den Zins jeweils zum Ersten eines Vierteljahres zu bezahlen und tritt G die Hypothek mit Zins am 15. 6. mit Wirkung vom 1. 7. an X ab, erfährt aber E erst am 30. 7. von der Abtretung, so kann er sich dem X gegenüber darauf berufen, daß er die am 1. 7. fällige Zinsrate wirksam an G geleistet habe (§ 1158 Satz 1 mit § 407). Auch gegen die am 1. 10. fällige Zinsrate kann er mit einer Forderung, die gegen G begründet war, aufrechnen (§ 1158 2. Halbsatz mit § 406). Für spätere Zinsraten gelten dann §§ 1138, 1140.

b) Bei der Abtretung *rückständiger Zinsen* gilt in vollem Umfang Abtretungsrecht, also die §§ 398ff. (§ 1159). Der Zessionar kann sich für das Bestehen des Zinsrechts nicht auf § 892 berufen (§ 1159 Abs. 2).

IX. Der Übergang der Hypothek kraft Gesetzes

Bei unseren bisherigen Erörterungen war nur von der Übertragung der Verkehrshypothek *kraft Rechtsgeschäfts* die Rede. Nun sind uns aber schon häufig Tatbestände begegnet, wo ein Übergang des Grundpfandrechts *kraft Gesetzes* erfolgte. Hierauf ist im folgenden einzugehen, wobei wir einen Überblick über die Fälle gesetzlichen Hypothekenübergangs geben und dabei jeweils die rechtliche Wirkung dieser Übertragungsvorgänge erörtern.

Eine systematische Gliederung dieser Tatbestände ist schwierig; sie hängen teils mit dem Akzessorietätsdogma zusammen (so der Übergang auf den Eigentümer als Eigentümergrundschuld bei Erlöschen der Forderung, § 1163 Abs. 1 Satz 2), teils mit dem Ausgleichsgedanken bei Tilgung der Hypothek durch den nicht „letztlich Belasteten" (so wenn der vom Schuldner verschiedene Eigentümer „die Hypothek ablöst", § 1143). Am besten hält man sich an die rein formale Kategorie, auf wen die Hypothek kraft Gesetzes übergegangen ist, ob auf den Eigentümer, den Schuldner oder auf einen Dritten.

1. Übergang auf den Eigentümer

Hierzu gehören die Fälle

a) des *Erlöschens der Forderung* (§ 1163 Abs. 1 Satz 2); Wirkung: Eigentümergrundschuld (§ 1177; s. oben § 36 V);

b) des *Verzichts des Gläubigers* auf die Hypothek; Wirkung: Eigentümergrundschuld (§§ 1168, 1177);

Der Verzicht ist dem Grundbuchamt oder dem Eigentümer gegenüber zu erklären und im Grundbuch einzutragen (§ 1168 Abs. 2 S. 1). Wirkung: Eigentümergrundschuld (§ 1177) – die persönliche Forderung des Gläubigers gegen den Schuldner bleibt bestehen. Ein Anspruch auf Verzicht steht dem Eigentümer zu, wenn der Geltendmachung der Hypothek eine peremptorische Einrede entgegensteht (§ 1169). Vom Verzicht sind *zu unterscheiden:*

aa) der *Erlaß der Forderung* mit der Wirkung des § 1163 Abs. 1 Satz 2,

bb) die *Aufhebung der Hypothek* nach §§ 875, 1183 mit der Wirkung, daß das dingliche Recht erlischt, also auch nicht als Eigentümergrundschuld fortbesteht (daher das Zustimmungserfordernis des Eigentümers nach § 1183!), s. auch § 36 V 4c, cc; § 41 II,

cc) die *Löschungsbewilligung* des Gläubigers nach Tilgung der Forderung; sie hat nur grundbuchrechtliche Bedeutung[1], da materiellrechtlich die Hypothek bereits auf den Eigentümer (§ 1163 Abs. 1 Satz 2), den Schuldner (§ 1164) oder einen Dritten übergegangen ist; die Zustimmung dieser Personen ist daher zur Löschung des Grundpfandrechts erforderlich (KG OLGZ 1965, 92).

Man wird sich fragen, wann denn ein *Verzicht* des Gläubigers auf das Grundpfandrecht trotz Bestehenbleibens der Forderung in Betracht kommt, der Gläubiger also seine dingliche Sicherung aufgibt. Dies kann etwa der Fall sein, wenn der Gläubiger anderweit gesichert wird und daher „das Grundstück freigibt" (Beispiel: BGH NJW 1984, 169).

Dem Verzicht steht gleich, wenn jemand die Verbindlichkeit des Schuldners übernimmt, ohne daß der Eigentümer der *Schuldübernahme* zustimmt (§ 418 Abs. 1 Satz 2, 3). *Beispiel:* E hat zur Sicherung der Forderung des G gegen S₁ eine Hypothek an seinem Grundstück eintragen lassen. Später übernimmt S₂ die Schuld mit Zustimmung des G. Hat E in die Schuldübernahme nicht eingewilligt, so verliert G die Hypothek, sie wird zur Eigentümergrundschuld;

c) des Übergangs der Forderung mit Hypothek auf den Eigentümer, wenn der vom Schuldner verschiedene Eigentümer den Gläubiger befriedigt *(Divergenzfall! Ablösungsrecht des Eigentümers!).* Wirkung: Eigentümerhypothek (§§ 1143, 1177 Abs. 2); s. § 37 II 2b; § 40 IV;

d) der *Vereinigung* des Eigentums mit der Hypothek in einer Person (§ 889 mit § 1177 Abs. 1).

Beispiel: G hat dem E ein hypothekarisch gesichertes Darlehen gegeben. Da E nicht mehr in der Lage ist, Zins und Amortisation aufzubringen, vereinbart er mit G, daß er ihm das Eigentum an dem belasteten Grundstück überträgt. Mit der Übereignung entsteht eine Eigentümer*hypothek,* die die noch bestehende Darlehensforderung des G gegen E sichert. Aber in der geschilderten Vereinbarung liegt auch die Verpflichtung des G, dem E die Schuld zu erlassen. Geschieht dies, so entsteht eine Eigentümer*grundschuld.*

2. *Übergang auf den Schuldner*

Auch hier handelt es sich um einen Divergenzfall: Befriedigt der vom Eigentümer verschiedene Schuldner den Gläubiger, so tut er regelmäßig nur seine Pflicht. Die Forderung erlischt, die Hypothek geht als Eigentümergrundschuld auf den Eigentümer über (§§ 1163 Abs. 1 Satz 2, 1177). Anders liegt der Fall dann, wenn im Innenverhältnis zwischen Eigentümer und Schuldner jener zur Tilgung der Forderung verpflichtet war, dieser Pflicht aber nicht nachkam, so daß der Schuldner einspringen mußte. Daher sagt § 1164, daß die Hypothek insoweit auf den Schuldner übergeht, als er vom Eigentümer Ersatz verlangen kann. Die Hypothek sichert jetzt den Ersatzanspruch des Schuldners gegen den Eigentümer, es handelt sich also gleichzeitig um eine Forderungsauswechslung kraft Gesetzes (RGZ 81, 71; 129, 27, 30).

Beispiel: Der persönliche Schuldner eines Darlehens und Eigentümer des Grundstücks S hat das Grundstück an E verkauft und übereignet, wobei E die Darlehensschuld unter Anrechnung auf den Kaufpreis übernahm.[2] Der Gläubiger G hat die Schuldübernahme nicht genehmigt (§§ 415, 416), weil ihm „E ein unsicherer Kantonist zu sein" schien. Als das Darlehen fällig ist, hält sich G an S. Diesem bleibt nichts anderes übrig, als zu zahlen. Die Hypothek geht aber nach § 1164 auf S über und sichert jetzt den Ersatzanspruch des S gegen E, der auf Grund des Kaufvertrags in Verbindung mit § 415 Abs. 3 besteht (s. oben § 36 II 2b; zum Parallelfall bei der Sicherung durch eine Grundschuld s. unten § 45 IV 1b, bb und 4).

Aus § 1164 erklärt sich auch die Schuldnerschutzbestimmung des § 1165: Würde G dem Käufer E gegenüber auf die Hypothek verzichten, weil ihm S sicher genug ist, so würde er damit den künftigen

---

[1] S. dazu BGHZ 77, 7.
[2] Siehe dazu auch BGH MDR 1961, 586.

Hypothekenübergang an S vereiteln. Daher erlischt in einem solchen Verzichtsfall auch die persönliche Forderung (Vorsicht für Gläubiger!).[1]

Aus dem gleichen Gesichtspunkt wird auch die Benachrichtigungspflicht des Gläubigers im Falle der Zwangsversteigerung (§ 1166) verständlich.

3. *Übergang auf Dritte*

a) Hier kommen zunächst alle die Fälle in Betracht, wo *auf Grund einer Ausgleichspflicht* bei Tilgung einer Schuld die Forderung auf den Tilgenden kraft Gesetzes ganz oder teilweise übergeht und mit ihr nach § 1153 auch die Hypothek. Hierher gehören etwa der Ausgleich unter Gesamtschuldnern (§ 426) oder der Forderungsübergang auf den Bürgen nach § 774.

Beispiel: Hat sich B für die auch hypothekarisch gesicherte Darlehensschuld des E verbürgt und befriedigt er den Gläubiger, so geht die Forderung mit der Hypothek auf ihn über. Er wird als Bürge Darlehensgläubiger und Hypothekar des E.

Wie ist die Rechtslage, wenn für eine Schuld des S E eine Hypothek und B eine Bürgschaft übernommen hat? Hier würden nach *Leistung des E* nach §§ 1143, 1153 Forderung und Hypothek, aber auch nach §§ 412, 401 die Bürgschaftsforderung auf E übergehen, umgekehrt würde bei *Leistung des B* dieser Gläubiger der Forderung *und* Hypothekar (§§ 774, 412, 401). Es würde also ein Wettlauf von B und E stattfinden mit dem Ziel, als erster die Darlehensforderung zu tilgen! Die Lösung dieser Frage ist sehr umstritten (vgl. etwa *Pawlowski* JZ 1974, 124; *Finger* BB 1974, 1416; *Schlechtriem* FS v. Caemmerer, 1978, 1013; *Bayer/Wandt* JuS 1987, 271; ZIP 1989, 1047; *Bülow* GS f. Schultz 1987, 49; *Reinicke/Tiedtke,* Gesamtschuld und Schuldsicherung, 2. Aufl. 1988 S. 258; *Schaubacher* AcP 191, 87 ff.); meist wird entsprechend § 426 Abs. 1 Satz 1, § 774 Abs. 2 ein hälftiger Ausgleich als gerechte Lösung empfunden (so auch BGHZ 108, 179 = NJW 1989, 2530 beim Zusammenfallen von Bürgschaft und Grundschuld):[2]

Der Filmregisseur S hat ein Filmunternehmen gegründet. Für einen Betriebskredit der Bank G an ihn bestellt E eine Hypothek an seinem Grundstück. Außerdem übernimmt das Land B die Bürgschaft. Ist S nicht in der Lage, den Kredit zurückzuzahlen, so kann G den Bürgen in Anspruch nehmen *oder* das Grundstück aus der Hypothek vollstrecken (Zwangsversteigerung, Zwangsverwaltung). Im Innenverhältnis soll nach der h. M. ein hälftiger Ausgleich erfolgen, sofern nicht ausdrücklich andere Vereinbarungen vorliegen. Die Lösung der h. M. befriedigt nicht; im allgemeinen entspricht es dem vermutlichen Parteiwillen, den Bürgen erst in letzter Linie zu belasten; dies würde bedeuten, daß auf B die Hypothek, nicht aber auf E die Bürgschaftsforderung übergeht. Leider entkräftet die vom BGH zugelassene formularmäßige Abbedingung des § 776 (BGHZ 108, 179, 183) dieses Argument häufig.

Zu bemerken ist, daß in Fällen der oben geschilderten Art die öffentliche Hand meist nur die *Ausfallbürgschaft* übernimmt; dies bedeutet, daß der Bürge nur auf den Ausfall in Anspruch genommen werden kann, den der Gläubiger nach Inanspruchnahme des Schuldners *und* nach Realisierung der sonst bestehenden Sicherheiten, also auch der Hypothek erleidet (RG HRR 1930 Nr. 212); der Gläubiger wird also regelmäßig die Zwangsversteigerung oder Zwangsverwaltung betreiben müssen, bevor er sich an den Ausfallbürgen halten kann.

b) Neben den Fällen der Ausgleichspflicht kommen weiter die Tatbestände der *Ablösung* durch Dritte in Betracht: Bekanntlich kann auch ein anderer als der Schuldner dessen Leistung an den Gläubiger erbringen, es sei denn, daß Gläubiger *und* Schuldner widersprechen (§ 267). Dieses Widerspruchsrecht entfällt, der Dritte erhält also *ein Recht* zur Ablösung, wenn seine Rechts- oder Besitzerstellung durch die vom Gläubiger betriebene Zwangsvollstreckung gefährdet wird (§ 268). Macht er von seinem Ablösungsrecht Gebrauch, so geht die Forderung

---

[1] Zum sog. „Regreßbehinderungsverbot" s. BGHZ 52, 59; BGH NJW 1974, 1083; *Wacke* NJW 1969, 1850 u. AcP 170, 42.

[2] Zur Rechtslage bei Sicherung durch Grundschuld u. Bürgschaft s. unten § 45 IV 3.

des Gläubigers auf ihn über (§ 268 Abs. 3). Dieses Ablösungsrecht wird bei Belastung des Grundstücks mit einer Hypothek in § 1150 zeitlich vorverlegt: zu seiner Entstehung ist nicht das „Betreiben der Zwangsvollstreckung" notwendig (so § 268), es genügt vielmehr, „wenn der Gläubiger Befriedigung aus dem Grundstück verlangt".

Beispiel: Der Mieter M einer modernen Fünfzimmerwohnung hat beim Einzug einen erheblichen verlorenen Baukostenzuschuß an den Eigentümer E bezahlt. Als E in finanzielle Bedrängnis kommt, kündigt der 2. Hypothekar G Darlehen und Hypothek zur Rückzahlung. Käme es zur Zwangsversteigerung, so bestünde die Gefahr, daß dem M die Wohnung gekündigt würde, er also den Besitz verlöre (§ 57a ZVG; daran ändert auch § 57c Abs. 1 Nr. 2 ZVG nichts, weil – wie wir annehmen wollen – der Zuschuß bereits als „durch die Mietdauer getilgt anzusehen" war, § 57c Abs. 2 ZVG). M hat daher das Recht, den G zu befriedigen (§§ 268, 1150). Dessen Forderung geht dann samt Hypothek auf M über (§ 268 Abs. 3 Satz 1 mit § 1153). G muß dem M den Hypothekenbrief übergeben und in öffentlich beglaubigter Erklärung die Umschreibung der Hypothek auf M bewilligen (§ 1150 mit § 1144).

4. Abschließend soll noch auf die Frage des *gutgläubigen Erwerbs* beim *gesetzlichen* Hypothekenübergang eingegangen werden. Man kann sich nicht damit begnügen festzustellen, daß die Vorschriften über den Erwerb vom Nichtberechtigten nur im rechtsgeschäftlichen Verkehr Anwendung finden: Zwar erfolgt der Übergang des Grundpfandrechts kraft Gesetzes, zu beachten ist aber, daß der Vorgang, der zu diesem Übergang führt, rechtsgeschäftlicher Natur sein kann:

Der ablösungsberechtigte Mieter M (§ 1150, s. oben Beispiel 3b) leistet an den zu Unrecht durch Bucheintrag und Briefbesitz ausgewiesenen G. Sicher ist, daß der Leistungsvorgang unter § 893 fällt, so daß der Eigentümer E durch die Leistung des M an G frei wird. Aber was geschieht mit der Hypothek? Geht sie (mit der Forderung?) auf M über? oder als Eigentümergrundschuld auf E?

Die Schwierigkeiten rühren daher, daß sich das Gesetz bei der „Bewirkung der Leistung" an einen Nichtberechtigten im Sinne des § 893 *im allgemeinen* mit der Erlöschenswirkung begnügt, während bei den Grundpfandrechten mit dem Erfüllungstatbestand ein Rechtsübergang (auf den Eigentümer, den Schuldner, einen Dritten) verknüpft ist. Um zu sinnvollen Ergebnissen zu kommen, wird man auch diesen Rechtsübergang in den Erwerb vom Nichtberechtigten einbeziehen müssen. Dies führt zu folgender Regel:

Überall dort, wo der Voraussetzungstatbestand des gesetzlichen Rechtsübergangs unter den Schutz des Erwerbs vom Nichtberechtigten fällt, tritt auch der als Folge daran geknüpfte gesetzliche Rechtsübergang ein.[1]

Dafür einige *Beispielsfälle:*

Grundfall: G hat dem S ein Darlehen gegeben, für das E eine Buchhypothek an seinem Grundstück bestellt hat. G tritt Forderung mit Hypothek in *nichtiger* Abtretung an X ab, der als Hypothekar im Grundbuch eingetragen wird.

1. Variante: S leistet an X, also an den Scheingläubiger. Da es sich um die Befriedigung der Darlehensforderung handelt und ein Schutz des Schuldners bei Zahlung an den Nichtberechtigten nicht besteht (von den §§ 406ff. abgesehen), erlischt die Forderung nicht, die Hypothek geht also nicht nach §§ 1163 Abs. 1 Satz 2, 1177 auf E über noch – im Falle eines Regreßanspruchs des S gegen E – nach § 1164 auf S.

---

[1] Dies beachtet BGH NJW 1986, 1487 nicht; ausführlich zu dem gesamten Problemkreis *Reinicke/Tiedtke* WM 1986, 813; *Rimmelspacher* WM 1986, 809; *Canaris* NJW 1986, 1488; *Medicus,* Bürgerl. R., Rn. 547; s. a. § 23 III 3a.

2. *Variante:* E leistet an X. Hier fällt der Ablösungstatbestand unter §§ 893, 1138. E erwirbt daher Forderung (?) und Hypothek (§ 1143; str. s. *Tiedtke,* Gutgl. Erwerb, I 2e). Wäre E auch persönlicher Schuldner gewesen, so hätte er jedenfalls die Hypothek nach §§ 893, 1138 erworben, und zwar als Eigentümergrundschuld; wohl auch die Forderung (str. *Tiedtke* a. a. O.).

3. *Variante:* Der Mieter M des mit der Hypothek belasteten Grundstücks löst nach § 1150 die Hypothek ab. Ablösungstatbestand, der unter §§ 893, 1138 fällt! M erwirbt Forderung (?) und Hypothek (§§ 268 Abs. 3, 1153).

4. *Variante:* Der Bürge B, der sich für das Darlehen verbürgt hat, wird von X in Anspruch genommen. B erfüllt seine Bürgschaftsverbindlichkeit an einen Nichtberechtigten; er wird nicht frei – kein „Gutglaubensschutz"! Daher auch kein Übergang von Forderung und Hypothek auf B.

Unbefriedigend ist die hier getroffene Lösung bei der 1. Variante: denn wäre S mit E identisch und würde S = E den X befriedigen, so könnte er sich auf §§ 893, 1138 berufen, da er dann im Zweifel „die Hypothek tilgen will". Ihm fällt dann die Hypothek als Eigentümergrundschuld zu. Soll die Rechtslage anders sein, wenn E und S verschiedene Personen sind und S leistet? Indessen wird eben *jetzt* die Trennung von Forderung und Hypothek auf der Seite der Verpflichteten deutlich. Für S versagt der Gutglaubensschutz. –

Voraussetzung des gesetzlichen Übergangs ist im übrigen, daß der Übergangstatbestand gegeben ist. Löst also ein Scheineigentümer, der sich für den Eigentümer hält, die Hypothek ab, so erwirbt der wahre, nicht der Scheineigentümer die Eigentümergrundschuld. Die §§ 892, 893 können hier nicht angewendet werden.[1]

X. Anhang: Verpfändung, Pfändung der Hypothek – Nießbrauchsbestellung

Die Hypothek in der Hand des Gläubigers ist ein u. U. beachtlicher Vermögenswert, daher als *Sicherungs- und Verwertungsobjekt* von Interesse für die Gläubiger des Hypothekars und Gegenstand der Verpfändung und Pfändung, als *Nutzungsobjekt* Gegenstand des Nießbrauchs. Allen drei Fällen ist gemeinsam, daß eine Teilabspaltung (Teilabtretung) der Befugnisse des Hypothekars stattfindet. Daher finden die Regeln über die Abtretung entsprechende Anwendung (§§ 1069, 1274), wobei bei der Pfändung die rechtsgeschäftliche Verpfändungserklärung durch Staatsakt (Pfändungs- und Überweisungsbeschluß) ersetzt wird (s. oben III a).

Der Nießbrauch an einer Hypothek kommt in der Praxis selten vor, er wird – wenn ein Bedürfnis besteht – durch die Abtretung des Zinsrechts (s. oben VIII 1 b) ersetzt. An die Stelle der Verpfändung der Forderung tritt im Rechtsleben ihre Sicherungsabtretung. Praktische Bedeutung hat die Pfändung der Hypothek.

Dementsprechend werden hier Nießbrauch und Verpfändung der Hypothek nur in knappen Strichen aufgezeichnet.

1. *Der Nießbrauch an der Hypothek* ist rechtlich Nießbrauch an der – hypothekarisch gesicherten – Forderung. Die Bestellung erfolgt in der Form, die für die Übertragung der Hypothek gilt, also z. B. bei der Buchhypothek durch Einigung und Eintragung, wobei die Einigung auf die Nießbrauchsbestellung gerichtet ist (§ 1069).

Dem Nießbraucher stehen die Hypothekenzinsen zu eigenem Recht zu (§ 1068 Abs. 2 mit § 1030 Abs. 1). Das Kapital dagegen unterliegt der gemeinschaftlichen Verfügung von Gläubiger und Nießbraucher (§§ 1077–1079); s. auch unten § 61.

---

[1] Im Ergebnis ebenso *Wolff/Raiser* § 140 Anm. 16; a. A. *Heck* § 44 II 4; *Westermann/Eickmann* § 119 III 3 u. § 122 V 4.

2. Die Verpfändung der Hypothek (s. dazu unten § 62 B).

Auch sie folgt den Regeln über die Hypothekenabtretung, jedoch mit der Besonderheit, daß bei der Briefhypothek die Übergabe des Briefes nicht durch Besitzkonstitut ersetzt werden kann (§ 1274 Abs. 1 S. 2, der auf die §§ 1205, 1206 verweist; dort aber ist die Sachverpfändung durch Besitzkonstitut ausgeschlossen). Dagegen bedarf es keiner Anzeige der Verpfändung an den Eigentümer (= Schuldner), § 1280. Für den *Inhalt* des Pfandrechts gelten die §§ 1279–1291. Hervorzuheben ist, daß der Pfandgläubiger nach der Pfandreife (= meist Fälligkeit seiner eigenen Forderung) die Hypothek „einziehen", also geltend machen kann (§§ 1283, 1282).

Beispiel: E hat dem G eine Briefhypothek zur Sicherung einer Schuld des S bestellt und dabei vereinbart, daß die Hypothek nicht an einen Dritten abgetreten werden soll (§ 399). Dessen ungeachtet „verpfändet" G die Hypothek an seine Bank Pf. zur Sicherung eines Kontokorrentkredits und zwar in der Form, daß er den Hypothekenbrief bei dem Notar N mit der Weisung hinterlegt, den Brief nur an die Bank Pf. und G gemeinsam herauszugeben, und der Pf. schriftlich mitteilt, er habe den Brief mit der geschilderten Weisung bei N hinterlegt. Als G den Kontokorrentkredit nicht fristgemäß abdecken kann, kündigt Pf. die Hypothek dem E gegenüber und droht Zwangsversteigerung an.

a) E wendet ein, die Hypothek sei der Form nach nicht wirksam verpfändet. Da es sich um eine Briefhypothek handelt, mußte die Form des § 1154 mit § 1274 eingehalten werden: „Die Erteilung der Verpfändungserklärung in schriftlicher Form" kann in der Mitteilung über die Briefhinterlegung gesehen werden. Die Übergabe des Hypothekenbriefs ist durch den Abschluß des „Pfandhaltervertrags" mit dem Notar ersetzt (§ 1274 Abs. 1 Satz 2 mit § 1206 2. Alternative). Anzeige der Verpfändung an E oder S (entsprechend § 1280) war hier bei der Briefhypothek nicht erforderlich. Sie ist also wirksam verpfändet worden.

b) E wendet weiter ein, er habe mit G die Nichtabtretbarkeit der Hypothek vereinbart. Dies müsse auch Pf. gegen sich gelten lassen: Entgegen § 137 ist eine solche Abrede bei der Forderung (§ 399) und auch bei der Hypothek wirksam. Hier ist sie nur zwischen G und E vereinbart und begründet eine Einrede i. S. des § 1157 Satz 1[1]. Einem Zessionar und damit auch einem Pfandgläubiger gegenüber wirkt sie nur, wenn sie aus dem Grundbuch ersichtlich oder dem Pfandgläubiger bekannt war (§ 1157 Satz 2).

Von der Verpfändung einer Hypothek ist deren *Sicherungsabtretung* zu unterscheiden; ihre Wirksamkeit ist von der Rechtsprechung anerkannt (vgl. etwa RGZ 59, 190; 76, 345, 347). Sie macht den Zessionar dem Schuldner (= Eigentümer) gegenüber zum vollberechtigten Rechtsinhaber; dies bedeutet vor allem, daß der Schuldner (= Eigentümer) die gegen den Zedenten begründeten Einwendungen nicht schon deshalb auch gegenüber dem Zessionar geltend machen kann, weil diesem die Hypothek nur sicherungshalber übertragen sei; denn die Besonderheiten der Sicherungsabrede zwischen früherem Hypothekengläubiger und dem jetzigen wirken sich im Verhältnis zum Schuldner – Eigentümer nicht aus (s. oben VII 2 Beispiel 2 c).

3. Die Pfändung der Hypothek[2]

Auch diese Regelung wird verständlich, wenn man sich vergegenwärtigt, daß die Pfändung eine zwangsweise „Teilabtretung" ist, daß ferner zur Pfändung die Überweisung hinzutreten muß mit dem Ziel, dem Pfändungspfandgläubiger die Einziehung des Rechts zu ermöglichen.

---

[1] RGZ 91, 218, 225; 135, 357, 364; *Soergel/Stürner* § 1157 Rz. 2 und oben § 4 IV.
[2] Wegen der Einzelheiten muß auf die Lehrbücher des *Zwangsvollstreckungsrechts* verwiesen werden; *Baur/Stürner,* ZVR, Rn. 524 ff.; *Brox/Walker* Rn. 672 ff.; ferner unten § 62 C und *Tempel* JuS 1967, 75, 117, 167, 215.

a) Die *Pfändung* der *Buchhypothek* setzt den *Pfändungsbeschluß* nach § 829 Abs. 1 ZPO und die *Eintragung* im Grundbuch voraus (§ 830 Abs. 1 Satz 3 ZPO; vgl. § 1154 Abs. 3 BGB!),[1] die Pfändung einer *Briefhypothek* den Pfändungsbeschluß und die *Übergabe des Briefs* (oder die Wegnahme des Briefs durch den Gerichtsvollzieher), § 830 Abs. 1 Satz 1 und 2 ZPO; vgl. § 1154 Abs. 1 BGB!

Die Zustellung an den Drittschuldner (= Eigentümer) ist anders als bei der Pfändung nicht hypothekarisch gesicherter Forderungen (§ 829 Abs. 2 und 3 ZPO) nicht Wirksamkeitsvoraussetzung, aber für das Verhältnis zwischen Eigentümer und Pfändungspfandgläubiger nicht bedeutungslos, wie sich aus § 830 Abs. 2 ZPO ergibt (s. dazu oben das letzte Beispiel vor VII; ferner OLG Düsseldorf NJW 1961, 1266; *Tempel* JuS 1967, 117).

b) Soll der Pfändungspfandgläubiger zur Verwertung der gepfändeten Hypothek befugt sein, so muß zu dem Pfändungsbeschluß ein *Überweisungsbeschluß* hinzutreten (§ 835 ZPO).

Praktisch kommt nur die Überweisung zur Einziehung, nicht die an Zahlungs Statt in Betracht, weil hier der Pfändungspfandgläubiger das Risiko der Bonität der Hypothek übernehmen würde (vgl. § 835 Abs. 2 ZPO!).

Die Überweisung ist perfekt mit der Aushändigung des Überweisungsbeschlusses an den Pfändungspfandgläubiger (§ 837 Abs. 1 ZPO). Damit erlangt der Pfändungspfandgläubiger die Befugnis, Forderung und Hypothek geltend zu machen. Er erhält also eine Einziehungsermächtigung, während die Hypothek ihrer Substanz nach – wenn auch durch die Pfändung beschlagnahmt und mit dem Pfändungspfandrecht belastet – im Vermögen des Hypothekars bleibt (BGH NJW 1957, 1438). Daraus ergibt sich auch, daß der Eigentümer gegen den Pfändungspfandgläubiger alle Einwendungen und Einreden geltend machen kann, die gegenüber dem Hypothekar begründet waren (§ 804 ZPO mit § 1275 BGB). Beachte aber § 1156!

Beispiele:

(1) S. zunächst das letzte Beispiel oben vor VII.

(2) Pf. hat dem G eine komplette Wohnungseinrichtung zum Preis von 50 000 DM geliefert. Als es ans Zahlen geht, stellt sich heraus, daß G nur ein bescheidenes Einkommen hat, daß ihm aber aus der Erbauseinandersetzung mit seinem Bruder E an dessen Hof eine hypothekarisch gesicherte Auseinandersetzungsforderung von 60 000 DM zusteht. Da G die Hypothek nicht freiwillig abtritt, erwirkt Pf. beim Amtsgericht als Vollstreckungsgericht auf der Grundlage eines Urteils als Vollstreckungstitel einen Pfändungs- und Überweisungsbeschluß. Der Brief wird dem G vom Gerichtsvollzieher weggenommen (§ 830 Abs. 1 Satz 2 ZPO). Damit hat Pf. ein Pfandrecht an der Hypothek erlangt, und zwar nur in Höhe von 50 000 DM,[2] sofern der Pfändungsbeschluß nichts anderes angeordnet hat.[3] Nur in dieser Höhe ist Pf. auch zur Geltendmachung der Hypothek befugt (vgl. § 1282 Abs. 1 Satz 2), d. h. Pf. kann jetzt den E (als persönlichen Schuldner) auf Zahlung und (als dinglichen Schuldner) auf Duldung der Zwangsvollstreckung in Anspruch nehmen (daß er einen dinglichen Titel – z. B. ein Urteil – gegen E erwirkt, so kann er die Zwangsversteigerung und Zwangsverwaltung betreiben, § 866 Abs. 2 ZPO). In dem Urteilsverfahren kann E aber z. B. einwenden, daß in dem Erbauseinandersetzungsvertrag mit G eine 5jährige Stundung vereinbart worden sei. Diese Einrede kann E auch

---

[1] Zur Grundbuchberichtigung bei Mitübergang des Pfändungspfandrechtes (§§ 401, 1250) nach Abtretung der zu vollstreckenden Forderung OLG München NJW-RR 1988, 981.

[2] Str. s. BGH NJW 1986, 978; *Baumbach/Lauterbach,* ZPO, 49. Aufl. 1991, § 829 Anm. 4 B; St.J.-*Münzberg* § 829 Rn. 74; *Jauernig,* Zwangsvollstreckungs- und Konkursrecht, 19. Aufl. 1990, § 19 V 4; *Baur/Stürner,* ZVR, Rn. 507.

[3] Was in Betracht kommen kann, wenn die Bonität der Hypothek zweifelhaft ist, z. B. weil sie nicht an erster Stelle steht.

dem Pf. entgegenhalten (§ 1157 Satz 1; § 1157 Satz 2 ist nicht anwendbar, weil kein rechtsgeschäftlicher Übertragungsvorgang gegeben ist!).

Hatte sich E bereits in dem Auseinandersetzungsvertrag der Zwangsvollstreckung aus der Hypothek in notarieller Urkunde unterworfen, so kann Pf. eine Umschreibung der Vollstreckungsklausel auf sich als Rechtsnachfolger des G verlangen (§ 727 ZPO: der Begriff der Rechtsnachfolge ist hier weit auszulegen; es macht also nichts aus, daß Pf. streng genommen nur ein Pfändungspfandrecht an der Hypothek und eine Einziehungsermächtigung erlangt hat). Da dieser einfache Weg gangbar ist, würde für eine Klage des Pf. auf Duldung der Zwangsvollstreckung in das Grundstück das Rechtsschutzinteresse fehlen; die Klage müßte als unzulässig abgewiesen werden.

c) Bedeutsam ist die zwangsweise Verwertung *(Pfändung)* der Eigentümergrundschuld; auf sie kann erst im Zusammenhang mit der Darstellung der Eigentümergrundschuld eingegangen werden (s. unten § 46 I 5 u. III 1 b).

§ 39. Der Umfang der Hypothekenhaftung[1]

I. Allgemeine Grundsätze

1. „Die Hypothek lastet auf dem Grundstück." Damit ist gesagt, daß der Hypothekar in erster Linie auf das Grundstück zugreifen, es durch Zwangsversteigerung oder (und) Zwangsverwaltung verwerten darf. Daß auch die wesentlichen Bestandteile (das Haus, die noch nicht vom Grundstück getrennte Ernte) mit einbezogen sind, erachtet das Gesetz als ganz selbstverständlich (vgl. §§ 93, 94).

Aber darüber hinaus wäre die Verwertbarkeit des Grundstücks sehr beeinträchtigt, wenn es zugunsten des Hypothekars nicht als *wirtschaftliche Einheit* aufgefaßt würde, also nicht auch diejenigen Gegenstände von der Hypothekenhaftung ergriffen würden, die zur Bewirtschaftung des Grundstücks erforderlich sind oder die sich aus der Nutzung des Grundstücks ergeben.

Beispiel: Für eine Baumwollspinnerei, die zwangsversteigert wird, läßt sich wohl kaum ein Liebhaber finden, wenn alle Spinnereimaschinen entfernt, die Kraftanlage des Werks beseitigt, die Transportmittel veräußert sind.

Das Gesetz sieht daher zugunsten des Hypothekars das belastete Grundstück als eine wirtschaftliche Einheit an. Die Hypothekenhaftung erfaßt daher

das *Grundstück,*

die wesentlichen und nicht wesentlichen *Bestandteile* einschließlich der Erzeugnisse, und zwar auch nach der Trennung (§ 1120; s. auch § 1126!),

das *Zubehör* (§ 1120),

die *Miet- und Pachtzinsforderungen* (§ 1123 Abs. 1),

schließlich die *Versicherungsforderungen* aus der Versicherung von Gegenständen, die der Hypothekenhaftung unterliegen (§ 1127 Abs. 1); sie sind gewissermaßen das Surrogat des ursprünglichen Bereichs der Hypothekenhaftung.

2. Die dem Hypothekar eröffnete Zugriffsmöglichkeit ist also umfassend. Sie könnte die wirtschaftliche Bewegungsfreiheit des Eigentümers lahmlegen, wenn sie bedeuten würde, daß der Eigentümer zu jeder Veränderung des Haftungsobjekts der Zustimmung des Hypothekars bedürfte,

---

[1] Hierzu *Plander* JuS 1975, 345.

etwa der Eigentümer eines landwirtschaftlichen Betriebs der Genehmigung des Hypothekars zum Verkauf der Ernte („Erzeugnis"!) oder eines nicht mehr brauchbaren Schleppers („Zubehör"!).

So ist indes die Hypothekenhaftung nicht angelegt; vielmehr bleibt der Eigentümer „Herr im Hause", er kann Erzeugnisse und Zubehör veräußern, seine Mietzinsforderungen abtreten u. s. w. Diese von der Hypothekenhaftung erfaßten Gegenstände werden dadurch „von der Haftung frei" (vgl. den Wortlaut von §§ 1121, 1123 Abs. 2). Die Haftung war also *nur potentiell,* der Hypothekengläubiger hatte die Möglichkeit, sie zu realisieren; tat er es nicht, so entfällt die Haftung der aus dem Haftungsverband entfernten Gegenstände.[1]

Die Lage ändert sich in dem Augenblick, in dem der Hypothekar die Haftung des Grundstücks (samt den mithaftenden Gegenständen) realisiert, in dem aus der potentiellen Haftung also eine *aktuelle* wird (§ 1147). Dieser Zugriff oder – wie das Gesetz sagt – die *Beschlagnahme* erfolgt regelmäßig durch Zwangsversteigerung und (oder) Zwangsverwaltung, wobei freilich der Zugriffsumfang bei jeder der beiden Zwangsvollstreckungsarten verschieden ist.

Dies ergibt sich schon aus dem mit ihnen verfolgten Ziel: Die *Zwangsversteigerung* soll zur Verwertung der Substanz des Grundstücks führen, während die *Zwangsverwaltung* die Nutzungen des Grundstücks dem Gläubiger zuführen soll. Man kann also mit der Zwangsversteigerung etwa nicht die Mietzinsen des belasteten Hauses erfassen, mit der Zwangsverwaltung nicht das Zubehör. Häufig wird daher von *beiden* Zugriffsarten Gebrauch gemacht.

Die Beschlagnahme wirkt sich auf die *Verfügungsbefugnis* des Eigentümers aus: Die Beschlagnahme durch Anordnung der *Zwangsversteigerung* hat die Wirkung eines relativen Veräußerungsverbots i. S. der §§ 136, 135 BGB (§ 23 Abs. 1 Satz 1 ZVG). Der Eigentümer kann also noch über das Grundstück und die von der Beschlagnahme erfaßten Gegenstände verfügen, aber diese Verfügung ist dem Hypothekengläubiger und dem Ersteher des Grundstücks gegenüber unwirksam (Erweiterung der Verfügungsbefugnis in § 23 Abs. 1 Satz 2 ZVG!).

Die Beschlagnahme durch Anordnung der *Zwangsverwaltung* nimmt dem Eigentümer die Verwaltung und Benutzung (§ 148 ZVG). Diese Befugnisse gehen auf den Zwangsverwalter über.

Man hat daher im konkreten Fall stets folgende Fragen zu prüfen:

1. Wird der Gegenstand von der Hypothekenhaftung erfaßt?

2. Ist er von der Haftung für die Hypothek frei geworden?

3. Wie ist die Rechtslage nach der Beschlagnahme?

Einige *Beispiele,* die die Bedeutung dieses Fragenbereichs dartun sollen:

(a) Auf dem Landgut des E lastet eine Hypothek des G. Die reiche Ernte des Jahres ruht in den Scheuern, sie ist bereits an das Lagerhaus K verkauft und – nach § 930 – übereignet; K hat auch den Kaufpreis schon zum größten Teil bezahlt, als auf Antrag des G die Zwangsversteigerung und Zwangsverwaltung angeordnet wird. Wird davon auch die Ernte ergriffen?

(b) Das „Rentenhaus" des E ist mit Hilfe eines hypothekarisch gesicherten Darlehens des G erbaut worden. Der Mieter M hat einen Baukostenzuschuß von 6000 DM geleistet, der in Höhe von monatlich 50 DM auf die Miete angerechnet wird, also 10 Jahre „läuft". Wenn auf Antrag des G die

---

[1] „Enthaftungsvereinbarungen" zwischen Hypothekar und Eigentümer haben keine dingliche Wirkung (RGZ 125, 362, 365); sie wirken also sicher nicht gegenüber einem Rechtsnachfolger des *Hypothekars.* Dagegen wird sich ein Rechtsnachfolger *im Eigentum* darauf berufen können, wenn der frühere Eigentümer ihm seine Rechte aus der Vereinbarung abgetreten hatte.

Zwangsversteigerung des Hauses angeordnet wird, ist dann die Vereinbarung über die Anrechnung des Baukostenzuschusses auf die Miete auch dem G und vor allem einem Erwerber K des Grundstücks gegenüber wirksam?

3. Noch ein Wort zum *Begriff der „Beschlagnahme":*[1] Wir sagten schon, daß darunter die Anordnung der Zwangsversteigerung (§ 20 ZVG) und die der Zwangsverwaltung (§ 148 ZVG) zu verstehen ist, wobei der Umfang der Beschlagnahme in jedem Fall verschieden ist:

a) Die *Zwangsversteigerung* erfaßt das Grundstück und die nach §§ 1120ff. mithaftenden und *noch nicht freigewordenen* Gegenstände (§ 20 Abs. 1 und 2 ZVG), jedoch *nicht* die Miet- und Pachtzinsforderungen und nicht die landwirtschaftlichen Erzeugnisse, soweit sie schon getrennt und nicht Zubehör des Grundstücks sind (§ 21 ZVG). Diese Ausnahme erklärt sich einfach daraus, daß es sich hier um die Nutzungen des Grundstücks handelt; auf sie muß mit der Zwangsverwaltung zugegriffen werden (§ 148 ZVG).

b) Demnach umfaßt die *Zwangsverwaltung* die Nutzungen des Grundstücks, also die natürlichen Früchte (die Ernte, gleichgültig, ob schon vom Grundstück getrennt oder nicht) und die Rechtsfrüchte, also insbesondere die Miet- und Pachtzinsforderungen (§ 148 ZVG).

Ist das Grundstück *verpachtet,* so bleiben die natürlichen Früchte (die Ernte) dem Pächter (§§ 21 Abs. 3, 148 Abs. 1 Satz 1 ZVG). Dem Hypothekar haftet dann als Ausgleich die Pachtzinsforderung, auf die er durch Zwangsverwaltung zugreifen kann.

Diese Darlegungen lassen schon das *Verhältnis zwischen* den haftungsrechtlichen Bestimmungen des *BGB und dem ZVG* ahnen:

Das *BGB* bestimmt den Haftungsrahmen („für was" wird gehaftet?) und den Haftungsumfang („was" haftet der Hypothek?).

Das *ZVG* sagt, wie die Haftung realisiert werden kann. Dabei wird dann bezüglich des Umfangs des Zwangszugriffs (= der Beschlagnahme) auf die Bestimmung des Haftungsumfangs durch das BGB verwiesen (§ 20 Abs. 2 ZVG, § 146 mit § 20 Abs. 2 ZVG), freilich auch eine der Besonderheit des jeweiligen Zwangszugriffs Rechnung tragende Sonderregelung eingebaut (vgl. insbes. §§ 21, 148 ZVG).

Diese vom BGB zum ZVG reichende Kette wird noch dadurch verlängert, daß bei der Bestimmung des Umfangs der Zwangsversteigerung (§ 55 ZVG) und des Umfangs des Zuschlags (§ 90 Abs. 2 ZVG) auf den Umfang der Beschlagnahme und damit auf den Haftungsumfang zurückgegriffen wird. Wollen Sie also etwa feststellen, ob ein zum Hof gehöriger, aber zur Zeit der Versteigerung in Reparatur befindlicher Ackerschlepper Eigentum des Ersteigerers K geworden ist, so führt Sie § 90 Abs. 2 ZVG auf § 55 Abs. 1 ZVG, dieser auf § 20 Abs. 2 ZVG, dieser auf §§ 1120ff. BGB. Diese Bestimmungen sagen Ihnen dann, daß eine vorübergehende Entfernung eines Zubehörstücks den Haftungszusammenhang nicht löst (vgl. § 1122 Abs. 1), so daß K durch den Zuschlag Eigentümer auch des Traktors geworden ist. Interessanter Beispielsfall: BGHZ 58, 309.

c) „Beschlagnahme" ist schließlich auch die *Zwangsvollstreckung* in einen einzelnen mithaftenden Gegenstand, sofern sie aus der Hypothek, also auf Grund des dinglichen Titels durch den Hypothekar erfolgt; in Betracht kommt etwa die

---

[1] Ausführlich *Baur/Stürner,* ZVR, Rn. 601ff., 635; *Brox/Walker* Rn. 858ff., 1004 *Rosenberg/Gaul/Schilken* §§ 62 I 3; 68 II 2.

Pfändung der Ernte durch den Gerichtsvollzieher (§§ 808 ff. ZPO) oder der Mietzinsforderungen durch das Vollstreckungsgericht (§§ 828 ff. ZPO).[1]

4. Zu beachten ist, daß der Umfang des Haftungsverbands immer nur für die bestimmte zu realisierende Hypothek entschieden werden kann. Zubehör haftet also z. B. nicht deshalb für eine Hypothek, weil es einmal zum Haftungsbestand einer anderen Hypothek gehört hat.

5. Im folgenden wird die Haftung der einzelnen zum Haftungsverband gehörigen Gegenstände erörtert, und zwar jeweils die potentielle Haftung, das Freiwerden des Gegenstands (z. B. durch Veräußerung und Entfernung), die Aktualisierung der Haftung durch Beschlagnahme und die Wirkung dieser Beschlagnahme.

II. Die Haftung des Grundstücks

Der Hypothek haftet das belastete Grundstück, und zwar so, wie es in das Grundbuch aufgenommen ist (Grundstück im Rechtssinn, s. oben § 15 III 1). Der Eigentümer ist nicht gehindert, über das Grundstück zu verfügen, denn die Hypothek wird dadurch nicht beeinträchtigt. Er kann auch einen Teil des Grundstücks *abschreiben* lassen (§ 2 Abs. 3 GBO); die Hypothek bleibt an dem abgeschriebenen Grundstücksteil bestehen, sofern nicht der Hypothekar den abgeschriebenen Teil freigibt, d. h. die Hypothek insoweit nach § 875 aufhebt. Sie ist nunmehr an beiden Grundstücken Gesamthypothek.

Wird das belastete Grundstück mit einem anderen *vereinigt,* so bleiben die Grundpfandrechte an den Einzelgrundstücken bestehen. Wird es einem anderen *zugeschrieben,* so gilt das gleiche, nur greifen die Lasten des Hauptgrundstücks auf das zugeschriebene Grundstück über (Einzelheiten s. oben § 15 III 2 und Anhang 3).

Beispiel: Das 20 a große, mit einem Geschäftshaus bebaute Grundstück des E ist mit einer ersten Hypothek zugunsten des G belastet. K – der Nachbar des E – bittet diesen, ihm einen schmalen Streifen von insgesamt 80 qm zur Errichtung eines Restaurants käuflich zu überlassen. E – der sich davon günstige Auswirkungen auf sein Geschäft verspricht – stimmt zu; er verkauft und übereignet den Geländestreifen an K. Dieser muß vom Grundstück des E abgeschrieben und dem des K entweder zugeschrieben oder (hier kaum anzunehmen) als selbständiges Grundstück eingetragen und evtl. mit dem des K vereinigt werden. In allen Fällen bleibt die Hypothek des G bestehen, sofern G sie nicht aufhebt (das abgeschriebene Grundstück „freigibt", „aus der Pfandhaft entläßt") oder die zuständige Behörde nicht nach Art. 120 EGBGB (in Verbindung mit Landesrecht; z. B. §§ 22 ff. BaWüAGBGB) ein sog. *Unschädlichkeitszeugnis* (= Bescheinigung, daß die Hypothek des G durch die lastenfreie Abschreibung der Fläche nicht beeinträchtigt wird) ausstellt.

Wird die verkaufte Fläche dem Grundstück des K *zugeschrieben,* so dehnt sich eine auf diesem Grundstück lastende Hypothek auf die zugeschriebene Fläche aus; sie hat aber Rang hinter der Hypothek des G (§ 1131). Die Hypothek des G ist auf die verkaufte Fläche von Amts wegen mitzuübertragen (§ 48 Abs. 1 Satz 2 GBO).

III. Die Haftung der Bestandteile einschließlich der Erzeugnisse

1. Für die Hypothek haften auch die wesentlichen und nichtwesentlichen Bestandteile einschließlich der Erzeugnisse des Grundstücks (§§ 1120, 94).
Nicht jedoch Scheinbestandteile! (s. § 95 und oben § 3 I 2 c cc).

Also z. B. nicht eine Garage, die der Pächter des Grundstücks für die Dauer seiner Pachtzeit errichtet hat (s. oben § 3 I 2 c, aa, γ).
Nicht wesentliche Bestandteile haften nur, wenn sie dem Grundstückseigentümer gehören.

---

[1] Vgl. RGZ 81, 146; 103, 137.

§ 1120 (1. Fallgruppe) hält diese Haftung auch aufrecht, wenn die Bestandteile bzw. Erzeugnisse vom Grundstück *getrennt* werden, es sei denn, daß sie mit der Trennung in das Eigentum eines anderen als des Eigentümers oder des Eigenbesitzers des Grundstücks fallen.

Diese Regelung ist im Prinzip leicht verständlich: Erntet der Eigentümer die Erzeugnisse, so soll dadurch die Sicherheit der Hypothek nicht beeinträchtigt werden. Daher die Haftungserstreckung als Grundsatz. Hat er aber das Grundstück verpachtet und dem Pächter den unmittelbaren Besitz eingeräumt oder besteht an dem Grundstück ein Nießbrauch, so werden die Früchte mit der Trennung Eigentum des Pächters (§ 956) bzw. des Nießbrauchers (§ 954). Damit entfällt die bis zur Trennung gegebene Haftung für die Hypothek. Dies ist für die *Pacht* auch völlig einleuchtend: denn dem Hypothekar haften ja die Pachtzinsforderungen (§ 1123 Abs. 1), sozusagen als Surrogat für die Haftung der Früchte. Daher ist es auch gleichgültig, ob das Grundstück vor oder nach der Bestellung mit der Hypothek verpachtet wurde.
Zweifelhafter ist die Regelung beim *Nießbrauch,* insbesondere wenn er der Hypothek im Rang nachgeht. Durch den Nießbrauch werden die Früchte mit der Trennung dem Hypothekar entzogen, ohne daß – wie bei der Pacht – eine Gegenleistung dem Haftungsverband der Hypothek zuflösse. Daher nimmt ein Teil der Literatur an, daß die Regelung des § 1120 für den rangschlechteren Nießbraucher nicht gelte. Jedoch zu Unrecht; denn der Hypothekar kann das Fruchtziehungsrecht des rangschlechteren Nießbrauchers durch die Anordnung der Zwangsverwaltung unterbinden (s. zu dieser Streitfrage MünchKomm/*Eickmann* § 1120 Rn. 23 ff. m. w. N.).

2. Wie kann der Hypothekar die potentielle Haftung der Bestandteile aktualisieren, m. a. W. wie kann er sie *beschlagnahmen?*

Die *Zwangsversteigerung* erfaßt nur die Substanz des Grundstücks, also auch die Bestandteile, nicht aber die getrennten land- und forstwirtschaftlichen Erzeugnisse, es sei denn, daß sie Zubehör sind (§ 21 Abs. 1 ZVG). Um auch sie zu beschlagnahmen, muß die *Zwangsverwaltung* angeordnet werden (§ 148 Abs. 1 mit § 21 Abs. 1 ZVG). Getrennte Bestandteile jeder Art können auch im Wege der *Mobiliarzwangsvollstreckung,* also durch Pfändung seitens des Gerichtsvollziehers auf Grund des dinglichen Titels, beschlagnahmt werden[1], es sei denn, daß sie Zubehör geworden sind (§ 865 Abs. 2 ZPO).

3. Wie wir schon sahen, soll die Verfügungsbefugnis des Eigentümers über die mithaftenden Gegenstände nicht beschränkt sein, sofern nicht rechtzeitig eine Beschlagnahme erfolgt; m. a. W. unter gewissen Voraussetzungen *werden* Bestandteile und Erzeugnisse *von der Haftung* für die Hypothek *frei.* Diesen Vorgang regeln die §§ 1121, 1122. Sie sind nicht leicht verständlich und machen dem Anfänger erfahrungsgemäß Schwierigkeiten. Diese werden behoben, wenn man sich folgendes vergegenwärtigt: Das Ausscheiden aus dem Haftungsverband knüpft an die Beendigung der *wirtschaftlichen* Zugehörigkeit des haftenden Gegenstandes zum Grundstück an. Nach der Auffassung des Lebens endet aber diese Zugehörigkeit *mit der Veräußerung und Entfernung* (vom Grundstück) oder auch *mit der Entfernung allein,* sofern sie dauernd sein soll. Damit sind auch die hauptsächlichen „Freiwerdungstatbestände" erfaßt, nur daß bei der bloßen Entfernung das Gesetz noch eine Sicherung zugunsten des Hypothekars einbaut: die Erzeugnisse müssen innerhalb der Grenzen einer ordnungsmäßigen Wirtschaft vom Grundstück getrennt worden sein (§ 1122 Abs. 1), damit soll ein „kaltes Abtrennen" zum Nachteil des Hypothekars vermieden werden.

---

[1] Zur „Hypothekenverbandshaftung im Konkurs" s. *Baur/Stürner* II, InsolvenzR, Rn. 15.1 ff.

a) *„Glatte" Fälle des Freiwerdens* sind also:
Veräußerung und Entfernung (vor einer Beschlagnahme), § 1121 Abs. 1,
dauernde Entfernung getrennter Bestandteile und Erzeugnisse (vor einer Beschlagnahme) im Rahmen ordnungsgemäßer Wirtschaft, § 1122 Abs. 1.

Beispiele: E hat die Ernte seines Landguts an K übereignet; sie ist von K abtransportiert worden. Der Hypothekar G kann nicht mehr auf sie zugreifen (§ 1121 Abs. 1).
E hat die Getreideernte im Silo des Lagerhauses L eingelagert, hat sie aber noch nicht veräußert. Dennoch ist die Ernte freigeworden (§ 1122 Abs. 1).

b) Schwierigkeiten machen die Fälle, wo sich *zwischen* Veräußerung und Entfernung die Beschlagnahme schiebt oder wo die Beschlagnahme *vor* Veräußerung und Entfernung erfolgt, der Erwerber aber gutgläubig war, d. h. von der Beschlagnahme nichts wußte.

Hier ist zu beachten, daß die Beschlagnahme ein relatives Veräußerungsverbot i. S. der §§ 135, 136 darstellt oder – im Falle der Mobiliarvollstreckung – ein Pfändungspfandrecht des Hypothekars herbeiführt. Es kommt also in beiden Fällen auf die Redlichkeit des Erwerbers an (§§ 136, 135 Abs. 2, 936).

Die Redlichkeit wird hier freilich durch verschiedene, im Interesse des Hypothekengläubigers getroffene Fiktionen beeinträchtigt; die Beschlagnahme gilt nämlich als bekannt

aa) bei Kenntnis des Antrags auf Zwangsversteigerung oder Zwangsverwaltung (§ 23 Abs. 2 Satz 1, § 146 ZVG),

bb) bei Eintragung des Zwangsversteigerungs- bzw. Zwangsverwaltungsvermerks im Grundbuch (§ 23 Abs. 2 Satz 2, § 146 ZVG).

Beispiele: Über das Grundstück des E ist auf Antrag des Hypothekars G Zwangsversteigerung und Zwangsverwaltung angeordnet. E verkauft heimlich 50 Zentner Obst an den gutgläubigen K, der das Obst sofort mitnimmt. Hier hilft dem K seine Redlichkeit dann nichts mehr, wenn der Zwangsverwaltungsvermerk bereits im Grundbuch eingetragen war.
Hatte K das Obst gekauft, bezahlt und übereignet erhalten, hatte er es aber noch nicht abtransportiert, als die Beschlagnahme erfolgte, so nützt es dem K nichts, daß er keine Ahnung von der hypothekarischen Belastung des Grundstücks hatte (§ 1121 Abs. 2 Satz 1). Transportiert er aber das Obst ab, ohne von der Beschlagnahme zu wissen, so wird es pfandfrei (§ 1121 Abs. 2 Satz 2). Dies gilt freilich wiederum nicht, wenn der Zwangsverwaltungsvermerk (s. § 148 Abs. 1 S. 2 ZVG!) im Grundbuch eingetragen war.
Weitere sehr interessante Beispielsfälle: RGZ 143, 33 und 241.

IV. Die Haftung des Zubehörs[1]

1. Die Haftung des Zubehörs folgt aus dem Gedanken, daß dem Hypothekar der Zugriff auf die mit dem Grundstück als Kern gebildete wirtschaftliche Einheit offen stehen soll.[2] Daher bezieht § 1120, 2. Fallgruppe, das Zubehör in die Hypothekenhaftung ein, freilich nur dann, wenn es dem Eigentümer gehört.[3]

---

[1] Dazu *Kollhosser* JA 1984, 196 (m. w. N.).
[2] S. a. § 22 IV.
[3] Falls es dem Grundstückseigentümer *nicht* gehört, muß sich der Eigentümer des Zubehörstückes gegen die Zwangsversteigerung bzw. Zwangsverwaltung allerdings wehren (§§ 55 Abs. 2, 37 Nr. 5 ZVG, 771 ZPO), weil sonst der Zuschlag bzw. die Zwangsverwaltung das fremde Zubehörstück erfaßt; interessanter Beispielsfall: BGH NJW 1986, 59 ff.

Dabei ist es gleichgültig, ob eine Sache schon bei Bestellung der Hypothek dem Grundstückseigentümer gehörendes Zubehör ist oder dies erst später wird.

Fallen *unter Eigentumsvorbehalt* gekaufte Zubehörstücke erst dann unter die Hypothekenhaftung, wenn der Kaufpreis voll bezahlt ist und damit das Eigentum auf den Käufer (= Grundstückseigentümer) übergegangen ist? Sehr zweifelhaft! Es kommt darauf an, ob man schon das *Anwartschaftsrecht* des Käufers in die Hypothekenhaftung einbezieht, insofern sich also über den Wortlaut des § 1120 hinwegsetzt (s. dazu G. *Reinicke*, Gesetzl. Pfandrechte und Hypotheken am Anwartschaftsrecht aus bedingter Übereignung, 1941, und unten § 59). Die praktische Bedeutung der Frage soll folgendes *Beispiel* erläutern:

Fabrikant E hat sich für in seiner Fabrik vorzunehmende Hebearbeiten von V einen fahrbaren Kran zum Preis von 150 000 DM unter Eigentumsvorbehalt gekauft. Das Fabrikgrundstück des E ist mit einer Hypothek zugunsten der Bank G belastet. Als der Kran bis auf 5000 DM bezahlt ist, übereignet E das Anwartschaftsrecht aus der bedingten Übereignung nach § 930 an einen Gläubiger X. Als E in Konkurs fällt, beanspruchen sowohl G wie X den Kran für sich, und zwar G als Hypothekar, X als Anwartschaftsberechtigter; jeder von ihnen ist bereit, die restlichen 5000 DM an V zu bezahlen.

Die Lösung des Falles ist kompliziert, weil sich zwei Fragenbereiche überkreuzen:

a) Erlangt X als Erwerber des Anwartschaftsrechts mit der Restzahlung Eigentum unmittelbar von V oder nur „auf dem Umweg über E", der eine juristische Sekunde Eigentum erlangt hätte?

Bei Bejahung der 2. Alternative wäre der Kran in den Haftungsverband der Hypothek einbezogen worden. Nun tendierten aber Rechtsprechung und Literatur (s. dazu BGHZ 20, 88 m. w. N.) dahin, einen unmittelbaren Eigentumsübergang von V an X anzunehmen, das Durchgangseigentum des E also abzulehnen (Einzelheiten unten § 59 V 2a).

b) Es kommt also jetzt darauf an, ob schon das Anwartschaftsrecht am Grundstückszubehör in den Haftungsbereich der Hypothek fällt. Bei Bejahung dieser Frage würde X mit Bezahlung des Restkaufpreises (gleichgültig durch wen) zwar Eigentum an dem Kran erwerben, aber eben belastet mit der Hypothek. Nur wenn die Voraussetzungen des „Freiwerdens" vorliegen (s. unten 3), würde die Zugehörigkeit zum Haftungsverband der Hypothek entfallen.

Entgegen dem Wortlaut des § 1120 ist der Fall im Sinne der 2. Alternative (b) zu lösen: Das Anwartschaftsrecht aus bedingter Übereignung ist ein Vermögensrecht des Käufers, das in vieler Hinsicht dem Eigentum gleich steht und gleich behandelt wird (s. unten § 59). Es muß daher auch in die Hypothekenhaftung (wie übrigens auch in die Haftung für die gesetzlichen Pfandrechte, etwa des Vermieters) einbezogen werden (BGHZ 35, 85 = *Baur*, E. Slg. Fall 48; BGH NJW 1965, 1475 u. NJW 1970, 2212, 2215; BGHZ 92, 280; *Medicus*, Bürgerl. R., Rn. 484; *Möschel* BB 1970, 237; *Reinicke/Tiedtke* [oben § 36 I] S. 187f.; str.).

2. Die *Beschlagnahme* des Zubehörs erfolgt durch Anordnung der Zwangsversteigerung (§ 20 Abs. 2 ZVG) oder (und) Zwangsverwaltung (§ 146 ZVG), dagegen nicht durch Mobiliarzwangsvollstreckung, da § 865 Abs. 2 Satz 1 ZPO diese Vollstreckungsart bei Grundstückszubehör ausgeschlossen hat, und zwar gleichgültig, ob die Pfändung durch den dinglichen oder einen persönlichen Gläubiger erfolgt, gleichgültig ob das Grundstück belastet oder unbelastet ist; eine gegen § 865 Abs. 2 Satz 1 ZPO verstoßende Pfändung ist nach älterer Rechtsprechung schlechthin nichtig (RGZ 59, 87, 91; 135, 197, 206; OLG München MDR 1957, 428); richtig: es entsteht bei wirksamer Verstrickung kein Pfändungspfandrecht.[1]

3. Das *Ausscheiden des Zubehörs aus dem Haftungsverband* („Freiwerden") richtet sich nach ähnlichen Grundsätzen wie bei den Bestandteilen und Erzeugnissen (s. oben III 3):

a) *Vor der Beschlagnahme* erlischt die Haftung des Zubehörs durch Aufhebung der Zubehöreigenschaft im Rahmen einer ordnungsmäßigen Wirtschaft (§ 1122 Abs. 2) oder durch Veräußerung und Entfernung (§ 1121 Abs. 1).

---

[1] Siehe *Baur/Stürner*, Fälle, Fall 15; *Baur/Stürner*, ZVR, Rn. 442; *Brox/Walker* Rn. 229; *Rosenberg/ Gaul/Schilken* § 49 II 6e; *Bruns/Peters* § 28 IV 1; *Jauernig* § 22 II 3.

Beispiele: Zu § 1122 Abs. 2: Der Eigentümer hat einen alten, nicht mehr benötigten und nicht mehr benutzten Schlepper zum Verkauf ausgeschrieben; weitere Beispiele: BGHZ 56, 298 u. 60, 267.

Zu § 1121 Abs. 1: Der Eigentümer hat den einzigen Traktor an K verkauft u. übereignet. Dieser hat ihn vom Hof entfernt. Beispiele: BGHZ 60, 267, 270; BGH NJW 1979, 2514; dazu *Plander* JuS 1981, 565.

Endet die Haftung des Anwartschaftsrechts am Grundstückszubehör durch eine das Anwartschaftsrecht aufhebende Vereinbarung des Vorbehaltsverkäufers mit dem Vorbehaltskäufer? BGHZ 92, 280: ja. U. E.: nein. S. dazu *Wilhelm* NJW 1987, 1785 m. w. N.; *Westermann/Eickmann* § 114 II 2 u. näher unten § 59 V 2d letzter Absatz vor 3.

b) *Nach der Beschlagnahme* ist eine Enthaftung wieder nur bei Redlichkeit des Erwerbers nach § 135 Abs. 2 mit § 136 möglich (beachte aber § 23 Abs. 2 ZVG):

E hat den ihm gehörigen fahrbaren Fabrikkran zur Sicherheit an X übereignet (§ 930). Dadurch ist der Kran von der Hypothekenhaftung nicht frei geworden. X kann sich auch nicht darauf berufen, daß er von der Hypothek des G an dem Grundstück des E nichts gewußt habe (§ 1121 Abs. 2 Satz 1). Der Kran wird aber frei, wenn er durch X vom Grundstück entfernt wird, bevor die Beschlagnahme erfolgt. Wird Zwangsversteigerung oder Zwangsverwaltung angeordnet und dann erst der Kran entfernt, so kommt es auf die Gutgläubigkeit des X bezüglich der Beschlagnahme an (§ 1121 Abs. 2 Satz 2; beachte aber § 23 Abs. 2 ZVG!). Erfolgen Sicherungsübereignung *und* Entfernung erst, nachdem die Beschlagnahme schon erfolgt war, so ist § 135 Abs. 2 mit §§ 136, 1121 Abs. 2 S. 2 anzuwenden (beachte aber auch hier § 23 Abs. 2 ZVG!).

Weiterer guter Beispielsfall: *v. Olshausen* JuS 1990, 816.

Das Ausscheiden aus dem Haftungsverband ist von der Frage zu unterscheiden, ob Schadensersatzansprüche des Hypothekars bestehen (dazu § 40 III 1).

V. Die Haftung der Miet- und Pachtzinsforderungen

1. Auch hier ist das Grundprinzip wieder sehr einfach: Nach § 1123 Abs. 1 erstreckt sich die Hypothek auch auf die Miet- und Pachtzinsforderungen. Damit sollen dem Hypothekar auch die Rechtsfrüchte des Grundstücks nutzbar gemacht werden.

So einfach der Grundsatz ist, so kompliziert sind die Einzelheiten, die insbes. mit dem Freiwerden zusammenhängen. Denn diese Frage ist ja hier auch für den Drittschuldner (= den Mieter oder Pächter) von entscheidender Bedeutung.

2. Die *Beschlagnahme* erfolgt

a) durch Anordnung der Zwangsverwaltung (§ 148 Abs. 1 Satz 1 ZVG), *nicht* durch Zwangsversteigerung (§ 21 Abs. 2 ZVG),

b) durch Mobiliarzwangsvollstreckung, nämlich durch Pfändung der Miet- und Pachtzinsansprüche auf Grund des dinglichen Titels durch einen Pfändungsbeschluß des Vollstreckungsgerichts (§ 829 ZPO).

3. *„Freiwerden"*

Auch hier kann der Mietzins nicht ewig potentiell durch die Hypothek belastet sein. Wenn etwa der Vermieter den für den laufenden Monat fälligen Mietzins einzieht, so kann der Hypothekar nicht dartun, diese Zahlung sei ihm gegenüber unwirksam. Aber so einfach liegen die Tatbestände häufig nicht. Wie ist etwa die Rechtslage, wenn der Mieter den monatlich zu bezahlenden Mietzins für 6 Monate schuldig geblieben ist und jetzt die Zwangsverwaltung angeordnet wird?

Oder dann, wenn der Mieter den Mietzins für 2 Jahre vorausbezahlt hat und es nun zur Zwangsverwaltung kommt? Oder wenn er einen – vor allem bis Mitte der sechziger Jahre aktuell – „abwohnbaren" Baukostenzuschuß geleistet hat?

Im einzelnen muß man folgende Fälle unterscheiden:

a) *Fällige* Miet- und Pachtzinsforderungen werden mit dem Ablauf eines Jahres nach dem Eintritt der Fälligkeit frei (§ 1123 Abs. 2 Satz 1). Für den Fall, daß Vorauszahlung vereinbart ist, enthält § 1123 Abs. 2 Satz 2 eine Einschränkung dieser Regel.

Beispiel: Ist der Mieter den monatlich vorauszahlbaren Mietzins für 14 Monate schuldig geblieben und wird jetzt Zwangsverwaltung angeordnet, so fallen die Mietzinsrückstände für 12 Monate in die Zwangsverwaltung, die übrigen stehen dem Vermieter zu (was nicht ausschließt, daß sie der Gläubiger auf Grund eines *persönlichen* Schuldtitels pfändet!).

War der Mietzins am 1. 1. 1990 für 2 Jahre voraus zu zahlen, hat der Mieter aber am 1. 3. 1991 noch keinen Pfennig geleistet und wird an diesem Tag die Zwangsverwaltung angeordnet, so ist nicht etwa die ganze Mietzinsforderung frei geworden, weil sie schon am 1. 1. 1990 fällig war und seither schon ein Jahr vergangen ist. Hier fällt der Mietzins für die Zeit ab 1. 4. 1991 in die Zwangsverwaltung (§ 1123 Abs. 2 Satz 2).

b) Praktisch bedeutsamer ist die Frage, wie sich die *Verfügung* des Eigentümers über den Mietzinsanspruch dem Hypothekar gegenüber auswirkt. Solche Verfügungen sind insbes. die Einziehung des Mietzinses und die Abtretung der Mietzinsansprüche an Dritte.[1] Den Interessenkonflikt zwischen Hypothekar, Eigentümer (= Vermieter) und Mieter sucht das Gesetz auf folgende Weise zu entscheiden:

Regel ist, daß Verfügungen des Eigentümers über den Mietzins – sei es durch Einziehung, sei es durch Abtretung (Pfändung, Verpfändung), sei es durch Aufrechnung – dem Hypothekar gegenüber wirksam sind, sofern sie vor der Beschlagnahme erfolgen (§ 1124 Abs. 1, § 1125).[2]

Beispielsfall: BGH NJW-RR 1989, 200.

Diese Regel wird jedoch in § 1124 Abs. 2 zugunsten des Hypothekars entscheidend *durchbrochen:* Erfolgt die Beschlagnahme, so ist die Verfügung (z. B. Einziehung, Abtretung) nur hinsichtlich des laufenden Kalendermonats wirksam, bei Beschlagnahme nach dem 15. eines Monats auch hinsichtlich des nächsten Monats.

Diese Durchbrechung beruht auf dem Gedanken, daß der Hypothekar durch *Vorausverfügungen* des Vermieters (= Eigentümers) nicht beeinträchtigt sein soll, wenn er die Beschlagnahme erwirkt.

Beispiel: E hat sein Wohnhaus (oder ein Stockwerk) an M vermietet. Nach dem Vertrag ist der Mietzins monatlich im voraus zu entrichten. E tritt den Mietzinsanspruch zur Abgeltung eines Darlehens für die Zeit v. 1. 1. 1990–31. 8. 1990 an X ab. Erwirkt der Hypothekengläubiger G am 20. 5. 1990 die Beschlagnahme (durch Zwangsverwaltung oder Pfändung der Mietzinsforderungen auf Grund des dinglichen Titels), so ist die Vorausverfügung dem G gegenüber mit Wirkung v. 1. 7.

---

[1] Zur Aufrechnung durch den Mieter mit einer geleisteten „Mietkaution" s. BGH Rpfleger 1979, 53.

[2] Für die Zeit *nach* der Beschlagnahme gelten die §§ 135, 136 – ohne die Möglichkeit des redlichen (beschlagnahmefreien) Erwerbs (§ 135 Abs. 2)!

1990 an unwirksam, m. a. W. der Mieter M muß den Mietzins von diesem Zeitpunkt ab an den Zwangsverwalter bzw. an G als Pfändungspfandgläubiger bezahlen.

Hätte M den Mietzins am 1. 1. 1990 ohne vertragliche Verpflichtung bis zum 31. 8. an E vorausbezahlt, so müßte er die Miete für Juli und August nochmals an G bezahlen.

Diese grundsätzliche Regelung wird dann problematisch, wenn es sich um *Vorausverfügungen* handelt, die *dem Mietvertrag entsprechend* gemacht worden sind, insbesondere also dann, wenn der Mieter sich verpflichtet hatte, den Mietzins für eine lange Zeit ganz oder teilweise im voraus zu entrichten, und diese Verpflichtung auch erfüllt hatte. Wirtschaftlich ermöglicht er dadurch häufig dem Eigentümer die Errichtung, Renovierung der vermieteten Räume, er ist an der Finanzierung des Mietobjekts mitbeteiligt.

Beispiel: Fehlen dem Vermieter und Eigentümer E zur Finanzierung seines Mietwohnhauses 120 000 DM, so kann er mit den Mietern A, B, C eine *Baukostenzuschuß* von je 40 000 DM vereinbaren, und zwar derart, daß auf die Miete von monatlich 800 DM monatlich 400 DM angerechnet werden. Diese Form der Restfinanzierung war bis vor etwa 25 Jahren sehr verbreitet, spielt aber heute keine wesentliche Rolle mehr.

Angenommen, über das Grundstück des E wird Zwangsversteigerung und Zwangsverwaltung angeordnet (oder es wird der Konkurs eröffnet, § 21 Abs. 2 KO, oder das Grundstück wird freihändig veräußert), ist die Absprache über die Verrechnung des Baukostenzuschusses dem Zwangsverwalter, dem Ersteher des Grundstücks in der Zwangsversteigerung (§ 57b ZVG), dem Konkursverwalter, dem rechtsgeschäftlichen Erwerber des Grundstücks gegenüber wirksam?

Die Rechtsprechung des Reichsgerichts (vgl. statt aller RGZ 144, 194) hat eine Vorausverfügung i. S. des § 1124 Abs. 2 verneint oder m. a. W. die Wirksamkeit der Vorausverfügung dem Hypothekengläubiger (Zwangsverwalter, Konkursverwalter, Erwerber) gegenüber bejaht, wenn die Vorauszahlung schon vor der Beschlagnahme im Mietvertrag vereinbart worden und tatsächlich geleistet worden war.

Der BGH hat diese Rechtsprechung des RG für die *Baukostenzuschüsse*[1] übernommen, allerdings unter Betonung eines wirtschaftlichen und sozialen Gesichtspunkts: der Mieter habe durch den Baukostenzuschuß zum Bau des Hauses in gleicher Weise wie der Hypothekar beigetragen. Dadurch sei der dem Hypothekar haftende Sachwert erhöht worden. Die Mietvorauszahlung sei also auch ihm gegenüber wirksam (BGHZ 6, 202 für den Fall des Konkurses; BGHZ 15, 296 für den Fall des Erwerbs in der Zwangsversteigerung und bei späterer Vereinbarung als im Mietvertrag; ebenso BGHZ 16, 31). In NJW 1959, 380 hat der BGH seine Rechtsprechung erneut bestätigt, aber deutlich darauf Gewicht gelegt, daß der als Baukostenzuschuß (Mietvorauszahlung) bezahlte Betrag tatsächlich, wenn auch nur mittelbar zum Aufbau verwendet worden sei, was im Streitfall der Mieter zu beweisen habe. Auch müsse der Baukostenzuschuß stets im Hinblick auf einen bestehenden oder erst abzuschließenden Mietvertrag geleistet werden. Die zunächst auf Grund eines anderen Rechtsverhältnisses erbrachte und zum Bau verwendete Leistung genüge nicht (BGH NJW 1967, 555).

Diese Rechtsprechung hat Zustimmung, aber auch Ablehnung erfahren. U. E. ist nicht der „Werterhöhungsgedanke" ausschlaggebend, sondern die sozial schwächere Stellung des Mieters dann, wenn er sich bei Wohnungsmangel zur Leistung von Baukostenzuschüssen gezwungen sah. Das Gesetz hat an verschiedenen Stellen (z. B. § 57c ZVG, § 557a BGB: Rückerstattung verlorener Baukostenzuschüsse nach Beendigung des Mietverhältnisses[2]) partielle Regelungen getroffen, deren Grundgedanke die Rechtsprechung des BGH[3] trägt.

c) Eine weiter sich aus § 1124 ergebende Frage betrifft die *Nießbrauchsbestellung.* Teilweise bestellt der Eigentümer einem Hypothekar den Nießbrauch (*Sicherungsnießbrauch,* s. oben § 32 I 3b), um ihm die Miet- oder Pachtzinsen als Frucht des Rechts zuzuwenden. Wenn dieser Nießbrauch einem *nachrangigen* Gläubiger bestellt wird, so könnte dieser im Falle der Beschlagnahme der Mietzinsforderungen durch den vorrangigen Gläubiger doch den Mietzins für den laufenden Monat (u. U. auch

---

[1] Siehe dazu die zusammenfassende Darstellung von *Cranz* JR 1960, 124; *Wunner* NJW 1966, 2285; *Frotz* AcP 164, 309.

[2] Dazu eingehend *Frotz* AcP 164, 309; BGHZ 53, 35.

[3] Vgl. weiter BGH NJW 1959, 872; BGHZ 29, 289; 37, 346; *Schuster* MDR 1960, 181 (m. w. N.).

noch für den folgenden) für sich behalten, *wenn* die Nießbrauchsbestellung eine Verfügung über den Mietzins darstellt (§ 1124 Abs. 2). Das RG (RGZ 68, 10, 13; 101, 5) hat die Frage mit Recht verneint: die Nießbrauchsbestellung ist eine Verfügung über das Grundstück, nicht über die Mietzinsansprüche. Der Rang des Nießbrauchs ergibt sich aus dem materiellen Liegenschaftsrecht; den Interessen des nachrangigen Nießbrauchers ist dadurch Genüge getan, daß er den Mietzins vor der Beschlagnahme mit Wirkung gegenüber dem Hypothekar einziehen kann (§ 1124 Abs. 1).

d) Ähnlich wie die Haftung der Mietzinsansprüche behandelt das Gesetz die Haftung eines Rechts auf wiederkehrende Leistungen, das mit dem Eigentum am Grundstück verbunden ist (§ 1126). Hauptfall ist die Haftung einer subjektiv-dinglichen Reallast.

4. Die haftungsrechtliche Zuweisung der Miet- und Pachtzinsforderungen an den Hypothekengläubiger bereitet neuerdings Schwierigkeiten, wo die entgeltliche Gebrauchsüberlassung gegen *Kapitalerhaltungsregeln des Gesellschaftsrechts* verstößt und deshalb insbesondere im Insolvenzfalle keinen Bestand haben kann. Die Frage ist vor allem in Fällen der Betriebsaufspaltung von Bedeutung.

Beispiel (nach BGHZ 109, 55, 66): Die X GmbH mit ihren Gesellschaftern A, B und C „mietet" ein Betriebsgrundstück bei Gesellschafter A. In Wirklichkeit hat diese Gebrauchsüberlassung „Kapitalersatzfunktion": ein ordentlicher Kaufmann hätte Kapital zugeführt und nicht Grundvermögen mietweise überlassen. Die Mietzinsansprüche dürfen deshalb nicht befriedigt werden, wenn sie aus Mitteln zu bezahlen sind, die zur Deckung des Stammkapitals notwendig sind (§ 32a GmbHG, §§ 37 Abs. 1, 32a KO oder § 31 GmbHG; hierzu *Baur/Stürner* II, InsolvenzR, Rn. 34.38 ff., 34.44). Der BGH geht davon aus, daß die nicht beitreibbaren Mietzinsansprüche gar nicht erst entstehen und deshalb auch nicht hypothekarischer Haftung unterfallen. Hätte sich also die Bank H am Grundstück des A eine Hypothek bestellen lassen, so könnte diese Hypothek die Mietzinsforderungen nicht im Umfange der §§ 1123, 1124 erfassen (krit. *Uhlenbruck,* FS Heinsius, 1991, S. 841 ff., 846; *Lauer* WM 1990, 1693, 1694; *Brandes,* in Priester/Timm, Abschied von der Betriebsaufspaltung, 1990, S. 44 ff.). Die Rechtsprechung des BGH hat die Logik für sich und wägt die Interessen der Grundpfandgläubiger und der übrigen Gläubiger bei Betriebsaufspaltungen zutreffend ab; der Kreditgeber ist nicht überfordert, wenn er in solchen Fällen vom Wert seiner Hypothek Abstriche zu machen hat.

VI. Die Haftung der Versicherungsforderungen[1]

1. Forderungen aus der Versicherung des Gebäudes und der sonstigen für die Hypothek haftenden Gegenstände stellen in gewissem Sinn Surrogate für diese Gegenstände dar. Es ist daher nur konsequent, wenn § 1127 Abs. 1 sagt, daß diese Versicherungsforderungen in den Haftungsrahmen der Hypothek einbezogen werden.

Sedes materiae sind die §§ 1127–1130. Sie werden für die Feuerversicherung von Gebäuden ergänzt durch die §§ 99–107 c VVG. Auf die Einzelheiten dieser Regelung wird hier nicht eingegangen. Es genügt, die Grundsätze darzustellen; Beispiel: BGH NJW 1981, 1671.

a) Aus dem Gesetz ergibt sich keine allgemeine Verpflichtung des Eigentümers gegenüber dem Hypothekar,[2] das Gebäude und die mithaftenden Gegenstände zu versichern; wohl aber wird dies regelmäßig in den Beleihungsbedingungen der Kreditinstitute gefordert; Nichterfüllung berechtigt zu außerordentlicher Kündigung (s. Anhang 5 Ziff. II 6.1.2 und Anhang 4a Ziff. III 2). Die neuere Rechtsprechung geht auch davon aus, daß sich aus § 1134 Abs. 2 S. 2 eine Feuerversicherungspflicht dann ergibt, wenn bei Gebäudebrand der Grundstückswert das Grundpfandrecht nicht mehr decken würde (BGHZ 105, 230, 237).

Bei der Gebäudeversicherung kann der Hypothekar seine Hypothek dem Versicherer anmelden. Dies bedeutet dann, daß die Verletzung von Verpflichtungen des Versicherungsnehmers (z. B. die Nichtzahlung der Prämie) keine für den Hypothekengläubiger nachteiligen Rechtsfolgen auslöst (vgl. §§ 102, 103 VVG).

b) Für den praktisch wichtigsten Fall der Gebäudeversicherung gibt § 1128 dem Hypothekar schon vor der Beschlagnahme eine pfandgläubigerähnliche Stellung: Vor der Fälligkeit der Hypothek kann der Versicherer nur an den Hypothekar und den Versicherten gemeinschaftlich leisten (§ 1128 Abs. 3 mit § 1281), nach der Fälligkeit der Hypothek an den Hypothekar allein; jedoch macht § 1128 Abs. 1,

---

[1] Lit.-Hinweis: *Schorling,* Hypothekengläubiger und Feuerversicherung, ZHR 112, 12.
[2] Wohl aber in manchen Ländern dem Staat gegenüber (das Gebäude unterliegt ipso iure einer staatlichen Gebäudeversicherung).

2 davon aus praktischen Gründen Ausnahmen; denn der Hypothekar legt ja meist Wert darauf, daß das Gebäude durch den Versicherten wieder hergestellt wird. Mit der Wiederherstellung scheidet die Versicherungsforderung aus dem Haftungsverband der Hypothek aus (§ 1127 Abs. 2).

Häufig ist in den Versicherungsbedingungen gesagt, daß die Versicherungssumme nur zur Wiederherstellung des versicherten Gegenstandes bezahlt werden muß (§§ 97, 98 VVG). Eine solche Bestimmung ist auch gegenüber dem Hypothekengläubiger wirksam (§ 1130); dieser hat dem Versicherer gegenüber einen Anspruch, daß so verfahren werde (§ 99 VVG).

2. Die *Beschlagnahme* (der Versicherungsforderung) erfolgt durch Anordnung der Zwangsversteigerung (s. aber § 21 Abs. 1 ZVG), Zwangsverwaltung und durch Mobiliarzwangsvollstreckung auf Grund des dinglichen Titels.

3. Die Versicherungsforderung wird *frei* durch Wiederherstellung des versicherten Gegenstandes (§ 1127 Abs. 2); im übrigen gilt für die Gebäudeversicherung § 1128, für die sonstigen Arten der Schadensversicherung § 1129, der auf die Regelung bei den Miet- und Pachtzinsforderungen verweist.

4. Der Käufer, der durch vorrangige *Auflassungsvormerkung* gesichert ist, kann *vor* dem nachrangigen Grundpfandrechtsgläubiger auf die Versicherungsforderung zugreifen (§§ 883, 281) und hat folgerichtig einen Bereicherungsanspruch (§ 812 Abs. 1 S. 1, 2. Alt.) gegen den Grundpfandrechtsgläubiger, der die Versicherungsforderung gemäß §§ 1127 Abs. 1, 1128 Abs. 3 eingezogen hat (BGHZ 99, 385 ff.; hierzu schon § 20 IV 1 d). Eine *analoge Anwendung* der §§ 1127 ff. auf Schadensersatzansprüche wegen Beschädigung des Grundstücks scheidet hingegen aus (BGHZ 107, 255 ff.; dazu *K. Schmidt* JuS 1989, 935). Der dingliche Gläubiger muß gegebenenfalls Ansprüche aus §§ 823 Abs. 2, 1134 ff. verfolgen (hierzu § 40 III 1).

§ 40. Die Verwirklichung der Hypothekenhaftung

I. Allgemeine Grundsätze

Wie jede andere Forderung muß auch der „Anspruch" aus der Hypothek *fällig* sein, will der Hypothekengläubiger ihn gegen den Eigentümer geltend machen. Man spricht dann von *Pfandreife* (das Pfand-Grundstück ist reif zur Verwertung). Wann diese Pfandreife eintritt, soll unten II dargelegt werden.

Offensichtlich ist die Stellung des Hypothekars vor der Pfandreife eine andere als die nach der Pfandreife: *vor der Pfandreife* kommt es nur darauf an, eine Gefährdung des Hypothekars etwa durch eine Verschlechterung des Haftungsobjekts auszuschließen (III), *nach der Pfandreife* kann der Hypothekar die Hypothek geltend machen, sie notfalls auch zwangsweise realisieren (IV).

S. die Übersicht 19 am Ende von § 40.

II. Die Fälligkeit der Hypothek – Die Pfandreife

1. Regelmäßig wird die Fälligkeit der Hypothekenforderung und damit auch der Hypothek (Akzessorietät!) zwischen dem Gläubiger und dem Eigentümer *vereinbart*. Dabei kommen in der Praxis folgende Möglichkeiten in Betracht:[1]

a) Das hypothekarisch gesicherte Darlehen wird auf eine bestimmte Reihe von Jahren fest gegeben, die Fälligkeit tritt also *zu einem bestimmten Zeitpunkt* ein. Vor diesem Zeitpunkt kann der Gläubiger Forderung und Hypothek nicht geltend machen; wenn es sich um ein Anlagedarlehen handelt, kann auch der Schuldner entgegen § 271 Abs. 2 das Darlehen nur unter den Voraussetzungen des § 609 a kündigen (s. oben § 36 I 6 b).

---

[1] Siehe dazu schon oben § 36 I 6.

Jedoch ist auch bei einer solchen Festschreibung meist vereinbart, daß der Gläubiger mit der Wirkung sofortiger Fälligkeit kündigen kann (sog. *außerordentliche Kündigung*), wenn bestimmte Voraussetzungen eintreten, der Schuldner insbesondere gewisse übernommene Verpflichtungen nicht erfüllt.

Als solche außerordentlichen Kündigungsgründe werden z. B. vereinbart:[1]
Unpünktliche Zinszahlung (bei der Amortisationshypothek auch unpünktliche Zahlung der Tilgungsraten),[2]
Nichtversicherung des Gebäudes oder der mithaftenden Gegenstände,[3]
Eröffnung des Konkurs- oder Vergleichsverfahrens über das Vermögen des Schuldners oder des Eigentümers,
Anordnung der Zwangsversteigerung oder Zwangsverwaltung über das Grundstück,
Abtretung, Pfändung oder Verpfändung der Miet- und Pachtzinsforderungen,
Veräußerung des Grundstücks ohne Zustimmung des Gläubigers (dem Schuldner kann aber *nicht* wirksam auferlegt werden, das Grundstück nicht zu veräußern, § 1136).[4]
Zu beachten ist aber, daß bei einer Verkehrshypothek der Rechtsnachfolger des Eigentümers solche außerordentlichen Kündigungsgründe nur dann gegen sich gelten lassen muß, wenn sie sich aus dem Grundbuch (Bezugnahme auf die Eintragungsbewilligung zulässig) ergeben oder ihm bei Erwerb des Grundstücks bekannt waren.[5]

Auch wenn eine bestimmte Laufzeit der Hypothek vereinbart ist, kann die Fälligkeit zusätzlich von einer Kündigung durch den Gläubiger abhängen. Dies bedeutet, daß die Kündigung erst nach Ablauf der festgesetzten Zeit möglich ist:

„Das Darlehen ist bis 30. 4. 1992 unkündbar; es kann vom 1. 5. 1992 an mit dreimonatiger Frist zum Quartalsende gekündigt werden."
Für eine Kündigung durch den Schuldner ist wieder § 609 a zu beachten.

b) Die Fälligkeit kann nach dem Vertrag der Beteiligten von einer *Kündigung* abhängen. Dabei kann vereinbart sein, daß mit der Kündigung Darlehen und Hypothek sofort oder nach Ablauf der Kündigungsfrist fällig werden. Neben dieser ordentlichen Kündigung kann auch hier eine außerordentliche Kündigung vorgesehen sein, so wenn der Schuldner seinen Verpflichtungen nicht nachkommt (s. oben a).

c) Die Kündigung kann für beide Teile vereinbart werden, möglich ist aber auch, daß nur der Gläubiger kündigen muß, wenn er die Hypothek geltend machen will, während der Schuldner Darlehen und Hypothek jederzeit tilgen kann.

Aus dem Akzessorietätsgrundsatz würde sich ergeben, daß mit der Kündigung der persönlichen Forderung (z. B. des Darlehens) stets auch die Hypothek fällig wird. Das würde zu Schwierigkeiten führen, wenn Schuldner und Eigentümer nicht identisch sind. § 1141 bestimmt daher, daß die Kündigung, um auch zur Fälligkeit der Hypothek zu führen, vom Gläubiger dem Eigentümer (oder von

---

[1] S. Anhang 5 am Ende des Buches.
[2] Die Rechtsprechung neigt allerdings zu Recht dazu, bei AGB qualifizierte Kündigungsvoraussetzungen zu verlangen, wie sie sich aus gesetzlichen Vorbildern ergeben: §§ 554 Abs. 2 Nr. 1 BGB; 12 Abs. 1 VerbrKrG (vorher § 4 Abs. 2 AbzG); 39 Abs. 1 S. 2 VVG; hierzu BGHZ 95, 362, 371 ff.; 96, 182, 191; 101, 380, 390; NJW 1991, 2559, 2562 (Vorfälligkeitsklausel einer Bausparkasse).
[3] Auch als AGB unbedenklich: arg ex BGHZ 105, 230, 237.
[4] Entgegen BGHZ 76, 371 sehr bedenklich! Näheres unter III 2.
[5] So schon *Planck/Strecker* § 1115 Erl. 5 c; § 1141 Erl. 4. Daraus ergibt sich das heikle Problem grundbuchrichterlicher Prüfungspflicht; hierzu § 16 VI 3.

diesem dem Gläubiger) erklärt werden muß. Es soll damit verhindert werden, daß der Eigentümer durch eine im Verhältnis Gläubiger – persönlicher Schuldner ausgesprochene Kündigung überrascht wird.

Zu beachten ist, daß bei der Briefhypothek der Hypothekenbrief bei der Kündigung auf Verlangen vorgelegt werden muß (§ 1160; s. oben § 38 VI 3 b); zur Legitimation des Buchhypothekars s. §§ 891, 1138 (oben § 38 VI 3 a) und zur Legitimation des Eigentümers als Empfängers der Kündigung § 1141 Abs. 1 S. 2.

2. Ist – was kaum je vorkommen wird – über die Fälligkeit der Hypothekenforderung *keine Vereinbarung* getroffen, so bleibt es bei der Regel des § 271 Abs. 1 (sofortige Fälligkeit), die aber – wichtig! – für Darlehensforderungen durch die in § 609 statuierte Notwendigkeit der Kündigung durchbrochen wird (s. dazu auch § 609a).

III. Rechte des Gläubigers vor der Pfandreife

1. Vor der Pfandreife kann es nur darauf ankommen, dem Hypothekengläubiger die Sicherheit zu erhalten. Es muß also eine Wertminderung des Grundstücks durch seine Verschlechterung vermieden werden. Dies bezwecken die §§ 1133–1135; dabei hat § 1133 eine *schon eingetretene,* § 1134 eine *drohende* Verschlechterung im Auge. In beiden Fällen ist es gleichgültig, ob der Eigentümer für den schlechten Zustand des Grundstücks verantwortlich ist oder nicht. Liegt Verschulden vor, so kann auch *Schadensersatz* nach § 823 Abs. 1 und 2 (mit §§ 1133–1135 als Schutzgesetzen) gefordert werden.

a) Der Eigentümer und Dritte sind bei Verstößen gegen §§ 1133, 1134 dem Hypothekengläubiger zum *Schadensersatz* verpflichtet. Er richtet sich auf Geldzahlung, falls die Verschlechterung des Grundstücks (RGZ 73, 333, 338; BGHZ 65, 211; 105, 230, 242) zu Ausfällen bei der Zwangsverwertung führt (z. B. wertmindernde Umbauarbeiten). Auch die Verschlechterung oder Entfernung von *Zubehörstücken* außerhalb der Regeln ordnungsmäßiger Wirtschaft kann die Ersatzpflicht auslösen (§ 1135); dabei ist zu beachten, daß Enthaftung nach §§ 1120 ff. (hierzu § 39 IV) nicht stets die Schadensersatzpflicht ausschließt, die sich selbständig beurteilt (BGH NJW 1991, 695, 696; NJW 1989, 2123 und hierzu *K. Schmidt* JuS 1989, 935; NJW 1983, 746, 747). Ein Sonderfall der „Entfernung" oder „Verschlechterung" des Zubehörs ist die einverständliche Aufhebung des Anwartschaftsrechtes am Grundstückseigentümer durch ihn und den Vorbehaltskäufer (BGHZ 92, 280, 292; hierzu schon § 39 IV 3 a; ferner § 59 V 2 b), die nach umstrittener Auffassung des BGH zur Enthaftung führt und als Maßnahme „vernünftiger Abwicklung des Kaufvertrages" rechtmäßig sein kann. Soweit Naturalrestitution möglich ist, kann bei entfernten Zubehörstücken auch eine *Rückschaffungspflicht* bestehen (RG Gruch 55, 664, 678; *v. Olshausen* JuS 1990, 816, 819 ff.).

b) Als *vorbeugender Rechtsschutz* kommt neben der Unterlassungsklage (§ 1134 Abs. 1) der Antrag auf gerichtliche Anordnung einer Abwehrmaßregel in Betracht, z. B. der Antrag auf Anordnung des Abschlusses einer Feuerversicherung (BGHZ 105, 230, 242); Vollstreckung durch Ersatzvornahme gemäß § 887 ZPO.

c) Neue Aktualität könnten die Vorschriften der §§ 1133, 1134 erlangen, soweit die *umweltrechtliche Zustandshaftung* den Wert des umweltbelasteten Grundstücks verändert und seine Verkäuflichkeit beeinträchtigt (insbesondere Lagerung gefährlicher Stoffe entgegen §§ 26 Abs. 2, 34 Abs. 2 WHG oder §§ 2 Abs. 2, 4 Abs. 2, 11 AbfallG). Die kreditierende Bank kann über §§ 1133, 1134 umweltgefährdende Grundstücksbelastungen verhindern und auf diese Weise Produktionsprozesse auf Grundstücken beeinflussen. Dies gebietet das eigene Interesse am Erhalt voller Sicherheit, zumal im Konkurs öffentlichrechtliche Pflichten zur Beseitigung akuter Störungstatbestände privilegiert zu befriedigen sind (*Stürner,* FS Merz, 1992; *K. Schmidt* BB 1991, 1273 ff. gegen BayVGH KTS 1983, 462 ff.; BVerwG NJW 1984, 2427 und VGH Baden-Württemberg ZIP 1991, 393 ff.) und die kreditierende Bank folglich auf quotale Befriedigung der ausgefallenen Forderung noch weniger als sonst vertrauen kann. Die Befugnisse des Kreditgebers werden allerdings nicht ausreichen, um ihn bei Nichtwahrnehmung zum haftenden öffentlichrechtlichen Störer werden zu lassen; eine solche Störerhaftung wird man nur annehmen können, wenn die kreditierende Bank wegen ihres Einflusses auf die

Unternehmensführung unternehmergleiche Funktion hat (zum U. S.-amerikanischen Vorbild *Janke/ Weinreich* RIW 1991, 281ff.). Die Regelung umweltfreundlicher Produktion in den AGB des Kreditvertrages läge im Interesse der Bankkreditgeber, könnte allerdings bei der öffentlichrechtlichen Störerhaftung „schlafende Hunde wecken"!

2. Die §§ 1133–1135 sind im Verhältnis zum Eigentümer überwiegend „akademischer Natur". In der Rechtswirklichkeit wird der Schuldner-Eigentümer durch die Darlehensbedingungen fest an die Kandare genommen; ein Verstoß gegen solche Bestimmungen berechtigt den Gläubiger grundsätzlich zur sofortigen Kündigung (s. oben II 1a).

Eine gewisse Gefahr bedeutet für den Gläubiger immer der Eigentumswechsel; denn es ist möglich, daß der neue Eigentümer nicht so sorgfältig wirtschaftet wie der alte; daher ist die Neigung des Gläubigers, die Veräußerung oder weitere Belastung vertraglich zu unterbinden, verständlich. Dem tritt aber § 1136 entgegen, der im Gegensatz zu § 137 die *Verpflichtung*, das Grundstück nicht zu veräußern oder zu belasten, für nichtig erklärt. Mit dem Verbot solcher Vereinbarungen sucht das Gesetz die wirtschaftliche Bewegungsfreiheit des Eigentümers zu erhalten.[1]

Wenn die Praxis (KGJ 42, 280; BayObLG DNotZ 1981, 128) es aber für zulässig hält, daß an die Veräußerung oder weitere Belastung die sofortige Kündbarkeit der Hypothek geknüpft wird (s. oben II 1a), so macht sie das in § 1136 ausgesprochene Verbot illusorisch. U. E. sind derartige Kündigungsklauseln nichtig, weil sie eine Umgehung des § 1136 darstellen (a. A. BGHZ 76, 371; dazu *Löwe* BB 1980, 1241; MünchKomm/*Eickmann* § 1136 Rn. 5 nimmt Verstoß gegen § 9 AGBG an).

IV. Die Rechte des Gläubigers nach der Pfandreife – Die Realisierung der Hypothekenhaftung

1. Ist die Hypothekenforderung fällig, so wird in aller Regel der Schuldner-Eigentümer freiwillig leisten mit der Folge, daß die Hypothek als Eigentümergrundschuld auf ihn übergeht (§ 1163 Abs. 1 Satz 2 mit § 1177 Abs. 1).

Sind persönlicher Schuldner und Eigentümer nicht identisch, so sind – wie wir bereits mehrfach erörtert haben – zwei solche Divergenzfälle denkbar:

a) *Der Eigentümer löst die Hypothek ab.* Dazu ist er berechtigt, wenn die Pfandreife eingetreten ist oder der Schuldner leisten darf (§ 1142).[2]

Die Ablösung hat die Wirkung, daß Forderung mit Hypothek auf den Eigentümer übergeht (§§ 1143 Abs. 1 S. 1, 1153). Dies gilt freilich dann nicht, wenn im Innenverhältnis zwischen Eigentümer und Schuldner jener der endgültig Belastete sein sollte, so etwa dann, wenn der Eigentümer das Grundstück vom Schuldner gekauft hat und die Hypothek auf den Kaufpreis angerechnet worden war (RGZ 80, 317, 319).

Beispiel: S hat das mit einer Darlehensbriefhypothek in Höhe von 150000 DM zugunsten des G belastete Haus für 350000 DM unter Anrechnung der Hypothek auf den Kaufpreis an K verkauft. G hat die Schuldübernahme nicht genehmigt, S ist also persönlicher Schuldner geblieben (§§ 415 Abs. 2, 416 Abs. 1 S. 2). Wenn K als nunmehriger Eigentümer bei Fälligkeit den G befriedigt, so tut

---

[1] Dazu BGH MDR 1966, 756; *Lopau* BlGBW 1979, 101; allgemein *Timm* JZ 1989, 13.

[2] Das Ablösungsrecht ist *unabdingbarer* gesetzlicher Inhalt des Grundpfandrechtes; es berechtigt aber nur zu *voller* Ablösung (§ 266), nicht zu Teilleistungen (BGHZ 108, 372, 378f.; zust. *Jauernig* § 1142 Bem. 1a).

er in seinem Verhältnis zu S nur, was er tun mußte (§ 415 Abs. 3 S. 2). Die Forderung des G (mit Hypothek) geht also nicht auf ihn über, § 1143 Abs. 1 Satz 1 ist nicht anwendbar, wohl aber §§ 1163, 1177.[1]

b) *Der Schuldner, der nicht Eigentümer ist, tilgt die Forderung.* Damit erfüllt er regelmäßig als letztlich Belasteter nur seine Pflicht. Es entsteht daher eine Eigentümergrundschuld. Die Hypothek geht nach § 1164 jedoch auf den Schuldner über, wenn er vom Eigentümer Regreß verlangen kann.

So in unserem obigen *Beispiel* dann, wenn S den G befriedigt hätte! S. schon oben § 38 IX 2.

2. Leistet der Eigentümer, so kann er die *Aushändigung des Hypothekenbriefs* und „der sonstigen Urkunden verlangen, die zur Berichtigung des Grundbuchs oder zur Löschung der Hypothek erforderlich sind" (§ 1144; vgl. auch § 1167).

Solche Urkunden sind:

a) Die *Berichtigungsbewilligung:* Ist die Forderung mit Hypothek nach §§ 1143, 1153 auf den – mit dem Schuldner nicht identischen – Eigentümer übergegangen oder liegt der Fall der Eigentümergrundschuld nach § 1163 Abs. 1 Satz 2 vor, so bewilligt der Gläubiger die Berichtigung des Grundbuchs durch Eintragung des Eigentümers als Inhabers der Eigentümerhypothek bzw. Eigentümergrundschuld (s. auch oben § 16 III 5 b).
Bei der Briefhypothek kann der Eigentümer statt dessen das *öffentlich beglaubigte Anerkenntnis* des Gläubigers fordern, daß die Hypothek kraft Gesetzes auf ihn übergegangen ist (§ 1155 S. 2); einer Berichtigung des Grundbuchs bedarf es dann nicht.

b) Statt der Berichtigungsbewilligung kann der Eigentümer nach § 1144 die *Löschungsbewilligung* fordern; dies wird er z. B. dann tun, wenn der Eigentümer den nachfolgenden Gläubigern zur Löschung der auf ihn übergegangenen Hypothek verpflichtet ist (Regelfall! die nachfolgenden Gläubiger wollen aufrücken – Löschungsanspruch bzw. *Löschungsvormerkung!* s. unten § 41 II 2, 46 IV). Der Eigentümer muß dann auch seinerseits der Löschung des Rechts zustimmen (§ 875, § 27 GBO), er hebt damit die ihm zustehende Eigentümergrundschuld auf (KG OLGZ 1965, 92).
Der Gläubiger hat gegenüber dem Anspruch auf Löschungsbewilligung kein Zurückbehaltungsrecht wegen anderer persönlicher Ansprüche, weil anderenfalls das Grundpfandrecht zur Sicherung weiterer Ansprüche des Gläubigers dienen würde, für die es gerade nicht bestellt war (BGHZ 71, 19, 22; erweiternd auf § 894 für den Fall nichtiger Grundpfandrechtsbestellung nunmehr BGH NJW 1988, 3260, 3261; s. a. § 18 C III 2 b).

c) Häufig begnügt sich der Eigentümer mit einer in öffentlich beglaubigter Form erteilten *löschungsfähigen Quittung;* d. h. einer Quittung, die zur Löschung des Rechts führt. Aus ihr muß sich aber ergeben, *wer* geleistet hat (Schuldner-Eigentümer-Bürge), ob der Eigentümer mit dem Schuldner identisch ist und wann geleistet worden ist; denn es könnte, wenn z. B. der Schuldner die löschungsfähige Quittung vorlegt, sein, daß die Forderung mit Hypothek auf den Eigentümer oder den Bürgen übergegangen ist, weil einer dieser beiden und nicht der Schuldner geleistet hat; es müßte dann der Eigentümer bzw. der Bürge das Recht aufheben und die Löschung bewilligen, damit das Grundpfandrecht gelöscht werden kann (Beispiel: KG NJW 1973, 56; dazu *Bähr* JuS 1973, 384).
Text einer löschungsfähigen Quittung[2]: „... Ich bekenne hiermit, wegen der vorbezeichneten Hypothek von dem Grundstückseigentümer befriedigt zu sein, erkenne den kraft Gesetzes erfolgten Übergang der Hypothek auf den Eigentümer an und bewillige die Löschung der Hypothek im Grundbuch."

3. Leistet der Eigentümer nicht freiwillig, so bedarf der Gläubiger eines Vollstreckungstitels. Denn er kann sich *nur im Wege der Zwangsvollstreckung* „aus dem Grundstück befriedigen" (§ 1147). Jede Art privater Vollstreckung ist ausgeschlossen; so sagt § 1149, daß vor der Pfandreife weder eine Verfallklausel noch

---

[1] Andere nehmen nur eine Einwendung auf Grund des Kaufvertrags gegen die mit der Hypothek übergegangene Forderung an.
[2] *Scholz/Lwowski* S. 563.

das Recht zur Veräußerung des Grundstücks auf andere Weise als im Wege der Zwangsvollstreckung ausbedungen werden kann (Schuldnerschutz!). Zu jeder Zwangsvollstreckung ist aber ein Vollstreckungstitel erforderlich.

Will der Gläubiger aus der Hypothek vollstrecken, also sein dingliches Verwertungsrecht am Grundstück ausüben, so bedarf er eines sog. *dinglichen Titels*. Darin wird ihm die Befugnis zur Realisierung seines dinglichen Rechts attestiert.

Wie wir schon wiederholt erörterten, ist also die Klage „aus der gesicherten Forderung" von der Klage „aus der Hypothek" zu unterscheiden. Es kann durchaus sein, daß die Forderungsklage begründet ist, die dingliche Klage dagegen nicht, z. B. weil die Hypothek als dingliches Recht nicht wirksam begründet worden ist oder weil der Gläubiger die Hypothek gestundet hat usw.

Gewiß kann auch ein Gläubiger, der nicht durch ein Grundpfandrecht gesichert ist, die Zwangsvollstreckung in das Grundstück betreiben, also Zwangsversteigerung und Zwangsverwaltung auf Grund des persönlichen Schuldtitels erwirken. Aber er rangiert dann hinter allen Grundpfandberechtigten (vgl. § 10 Abs. 1 Nr. 4 und 5 ZVG).

Der Eigentümer ist *als solcher* nicht zu einer Leistung verpflichtet; er hat lediglich die Ausübung des Verwertungsrechts durch den Gläubiger zu dulden, hinzunehmen. Daher lautet der gegen den Eigentümer gerichtete Vollstreckungstitel *nicht* auf Leistung der Geldsumme, sondern auf „Duldung der Zwangsvollstreckung wegen der in der Hypothek genannten Geldsumme aus dem Grundstück" oder auch darauf, daß „der Gläubiger sich wegen der Geldsumme aus dem Grundstück befriedigen darf".[1]

Als Vollstreckungstitel kommen rechtskräftige oder vorläufig vollstreckbare *Urteile* (§ 704 Abs. 1 ZPO) und die in § 794 ZPO genannten Titel in Betracht. Praktisch wichtig sind Urteile (unten 4) und vollstreckbare Urkunden (unten 5).

4. *Das Urteil als Vollstreckungstitel*

a) *Richtiger Kläger* ist der Gläubiger der Hypothek. Er muß sich bei der Briefhypothek durch den Besitz des Briefes und die Eintragung im Grundbuch (bzw. die in § 1155 vorgesehene „Kette"), bei der Buchhypothek durch den Grundbucheintrag legitimieren (§ 891; s. oben § 38 VI 3).

b) *Richtiger Beklagter* ist der Eigentümer des Grundstücks. Um dem Gläubiger die Rechtsverfolgung zu erleichtern, gilt zu seinen Gunsten als Eigentümer der im Grundbuch als solcher eingetragene (§ 1148), wobei es auf den guten Glauben des Klägers nicht ankommt. Der wahre Eigentümer kann aber nach Erlaß des Vollstreckungstitels seine Einwendungen gegen die Hypothek mit der Interventionsklage nach § 771 ZPO vorbringen (§ 1148 S. 2).

Aus einem die materielle Rechtslage nicht richtig wiedergebenden Grundbuch können sich Schwierigkeiten ergeben: Hat z. B. E als Junggeselle auf sein Grundstück einen hypothekarisch gesicherten Kredit von G aufgenommen und hat er bei seiner Verheiratung mit F Gütergemeinschaft vereinbart, so ist das Grundstück nunmehr kraft Gesetzes eheliches Gesamtgut (§ 1416). Die Berichtigung des Grundbuchs ist unterblieben. Will G in das Grundstück vollstrecken, so bedarf er nach § 17 ZVG eines Titels, der sich gegen den im Grundbuch als Eigentümer eingetragenen richtet; er kann deshalb E verklagen, selbst wenn ihm bekannt ist, daß das Grundstück nunmehr E *und* F zur gesamten Hand gehört (§ 1148 S. 1). Er kann aber auch E und F als die wahren Eigentümer auf Duldung der

---

[1] So der Formulierungsvorschlag von *Wolff/Raiser* § 139 I.

Zwangsvollstreckung in Anspruch nehmen,[1] muß dann aber auf Grund dieses Titels nach §§ 14, 22 GBO die Berichtigung des Grundbuchs erwirken, um damit die Übereinstimmung von „Grundbucheigentümer" und Zwangsvollstreckungsschuldner i. S. des § 17 ZVG herzustellen.

Hatte G vor der Eheschließung des E schon einen Titel gegen diesen erwirkt, sind danach E und F als Eigentümer eingetragen worden, so kann G die Umschreibung des Titels gegen E und F als Rechtsnachfolger des E gemäß § 727 ZPO erwirken.

c) Über die *Einreden und Einwendungen,* die der Eigentümer gegen die Hypothekenklage geltend machen kann, haben wir uns schon oben § 38 VII 1 eingehend unterhalten. Wir erinnern uns, daß es sich um Einwendungen und Einreden des Eigentümers selbst wie um solche des vom Eigentümer verschiedenen Schuldners handeln kann, wobei sich die letztgenannten aus der bürgenähnlichen Stellung des Eigentümers ergeben.

d) *Prozessuales:* Die *sachliche Zuständigkeit* (ist in erster Instanz das Amtsgericht oder das Landgericht zuständig?) richtet sich nach der Höhe des geltend gemachten Anspruchs (Grenze z. Zt. 6000 DM; vgl. § 23 Nr. 1 GVG).[2] Die *örtliche Zuständigkeit* (welches *konkrete* Amts- oder Landgericht ist im konkreten Fall zur Entscheidung berufen?) ist in § 24 ZPO als ausschließliche Zuständigkeit geregelt: Zuständig ist „das Gericht der belegenen Sache".

In diesem Gerichtsstand *kann* gleichzeitig auch die „Schuldklage" (so die Formulierung des § 25 ZPO) erhoben werden. Werden beide Klagen erhoben,

z. B. „der Beklagte wird verurteilt,

(1) an den Kläger 20000 DM zu bezahlen (Schuldklage),

(2) aus der im Grundbuch von Trienach Band 5 Bl. 110, 3. Abtlg. laufende Nr. 1 eingetragenen Hypothek in Höhe von 20000 DM die Zwangsvollstreckung zu dulden" (dingliche Klage),

so handelt es sich um eine *objektive Klagenhäufung.*[3] Jeder der beiden Ansprüche kann trotz dieser Verbindung ein verschiedenes prozessuales Schicksal haben. So kann die Schuldklage Erfolg haben, während die dingliche Klage als unbegründet abgewiesen wird (z. B. weil die Hypothek als dingliches Recht nicht wirksam bestellt worden war).

Sind Schuldner und Eigentümer verschiedene Personen, so sind sie sog. *einfache Streitgenossen* i. S. der §§ 59–61 ZPO, wenn sie gemeinsam verklagt werden;[4] § 25 ZPO ist dann aber nicht anwendbar; d. h. der persönliche Schuldner kann im dinglichen Gerichtsstand nur verklagt werden, wenn er dort seinen Wohnsitz hat (§ 13 ZPO) oder aus anderen Gründen (vgl. z. B. § 29 ZPO) vor diesem Gericht in Anspruch genommen werden kann. Möglich bleibt u. U. die Bestimmung des zuständigen Gerichts nach § 36 Ziff. 3, 4 ZPO.

---

[1] Um im Falle der Verwaltung des Gesamtguts durch die beiden Ehegatten der Ehefrau den Einwand abzuschneiden (§ 771 ZPO), es handle sich nicht um eine Gesamtverbindlichkeit (vgl. § 740 ZPO; *Baur* FamRZ 1958, 253, 258).

[2] Wertgrenze mit Wirkung vom 1. 4. 1991; Art. 2 Rechtspflegevereinfachungsgesetz v. 17. 12. 1990 (BGBl. I 2847).

[3] Dazu *Baur/Grunsky,* ZPrR, Rn. 120.

[4] Dazu *Baur/Grunsky,* ZPrR, Rn. 122.

5. *Die vollstreckbare Urkunde als Vollstreckungstitel und ihre kautelarjuristische Gestaltung*

Lesen Sie zunächst oben § 37 V 4.

a) Es ist augenscheinlich, daß die vollstreckbare Urkunde[1] für den Gläubiger vorteilhaft ist: in ihr unterwirft sich der Eigentümer bereits bei Bestellung der Hypothek (also in einem Augenblick, in dem er „weich ist", weil er Geld braucht!) der Zwangsvollstreckung in das Grundstück (§ 794 Abs. 1 Ziff. 5 ZPO).[2] Wird die Unterwerfungsklausel auf Grund einer entsprechenden Erklärung des Eigentümers in das Grundbuch eingetragen, so wirkt sie gegen jeden Eigentümer des Grundstücks (§ 800 ZPO).[3] Der Gläubiger braucht nach h. M. lediglich die Fälligkeit der Hypothek nachzuweisen (§§ 726, 751 ZPO) und erhält dann von dem Gericht oder Notar eine vollstreckbare, d. h. mit der Vollstreckungsklausel versehene Ausfertigung der Urkunde. Diese muß dem Eigentümer zugestellt werden (§ 795 mit § 750 Abs. 2 ZPO; beachte die Wartefrist des § 798 ZPO!). Die gerichtliche Rechtsverteidigung ist dann der Initiative des Schuldners überlassen; will er etwa geltend machen, die zu sichernde Forderung sei durch Bezahlung erloschen oder die Hypothek sei nicht wirksam begründet oder der Gläubiger habe ihm die Hypothek gestundet, so muß er gegen den Titel mit der *Vollstreckungsgegenklage* nach § 767 ZPO (mit § 795 und § 797 Abs. 4 ZPO) vorgehen; d. h. *er* muß Klage erheben und danach trachten, ein Urteil zu erwirken, das die Zwangsvollstreckung aus der Urkunde für unzulässig erklärt. Dabei trägt im Rahmen der Vollstreckungsgegenklage der Gläubiger die Beweislast für anspruchsbegründende Tatsachen (z. B. Entstehen der Darlehensschuld durch Auszahlung), der Schuldner die Beweislast für Einwendungen und Einreden (z. B. Zahlung, Stundung, vorläufige Eigentümergrundschuld, etc.). Die prozessuale Rollenvertauschung, wie sie Folge der Vollstreckungsgegenklage ist, ändert nichts an den allgemeingültigen Grundsätzen der Beweislastverteilung[4].

Zu unterscheiden ist die *dingliche* Unterwerfungsklausel (wegen der Hypothek in das Grundstück) und die *persönliche* Unterwerfungsklausel (wegen der Forderung in das gesamte Vermögen). *Beispiel:* BGH NJW 1981, 2756.

Die Vollsteckungsunterwerfung muß einem *bestimmten* Zahlungsanspruch gelten. Die h. M. verneint deshalb die Möglichkeit einer Unterwerfung gemäß § 800 ZPO für Höchstbetragshypotheken mit ihrem veränderlichen Forderungsstand (§ 1190; hierzu § 42 III). Zulässig ist aber die Unterwerfung unter einen feststehenden Teil(zins)betrag unterhalb der Höchstbetragsgrenze[5], wie überhaupt

---

[1] Siehe dazu *Baur/Stürner*, ZVR, Rn. 229 ff. u. *Baur*, FS f. Demelius (1973) S. 315 ff.; *Wolfsteiner*, D. vollstr. Urkunde, 1978; *Münch*, Vollstreckbare Urkunde und prozessualer Anspruch, 1989 (hierzu *Wolfsteiner* DNotZ 1990, 605 ff.; *Münzberg* ZZP 104 [1991], 227 ff.); *Wolfsteiner* DNotZ 1990, 531 ff.; weitere Lit. im Text.

[2] Das muß freilich nicht immer so sein: In der Praxis beobachtet man, daß Geldgeber nicht selten auf die vollstreckbare Urkunde verzichten.

[3] Es gibt aber keinen „gutgläubigen Erwerb" sofortiger Vollstreckbarkeit! Hierzu BGHZ 108, 372, 375 und § 23 II 1.

[4] A. A. BGH NJW 1981, 2756; NJW 1991, 1617, 1618; wie hier *Wolfsteiner* NJW 1982, 2851; *Münch* NJW 1991, 795; *Baur/Stürner*, ZVR, Rn. 236 m. Nw.

[5] Hierzu BGHZ 88, 62 ff.; BayObLG NJW-RR 1989, 1467; BGHZ 108, 372, 377. Die h. M. setzt sich diesen Schwierigkeiten allerdings nur aus, weil sie den prozessualen Anspruch der Urkunde nicht vom materiellrechtlichen Anspruch trennt: nur der prozessuale Anspruch muß bestimmt sein, nicht

generell auch ein bestimmter Teilbetrag eines Grundpfandrechts unterwerfungsfähig ist[1]. Die Praxis vermeidet die Schwierigkeiten der „Bestimmtheit" oft durch Zwischenschaltung eines bestimmten abstrakten Anerkenntnisses (§§ 780, 781), das dann seinerseits durch die Hypothek gesichert ist, oder durch Vereinbarung einer forderungsunabhängigen Grundschuld. Da wertbeständige Hypotheken praktisch selten sind (s. § 37 II 2 c) und beim gleitenden Zinssatz (s. § 37 III 2 b) i. d. R. ein fester Unterwerfungsteilbetrag gewählt wird, stellt sich im Bereich grundpfandrechtlicher Vollstreckungs- unterwerfung das Problem „wertbeständiger" Unterwerfung weniger[2].

Die vielfachen Möglichkeiten, die sich mit der vollstreckbaren Urkunde verwirklichen lassen, möge folgendes *Beispiel* andeuten:

Eigentümerin eines Grundstücks ist die Erbengemeinschaft A B C; A lebt in Deutschland, B und C in Übersee. Um eine Erweiterung des Gebäudes vorzunehmen, muß ein Darlehen aufgenommen werden. Da der Darlehensgeber noch nicht feststeht, bestellt A eine Eigentümerbriefgrundschuld nach § 1196 und unterwirft die Erbengemeinschaft und jeden Rechtsnachfolger im Eigentum der sofortigen Zwangsvollstreckung aus der Urkunde. Die Genehmigung von B und C wurde vorbehal- ten. Als diese in beglaubigter Form erteilt wird, trägt der Grundbuchbeamte die Hypothek mit Unterwerfungsklausel ein. A tritt nun „namens und mit Vollmacht" der Erbengemeinschaft die Eigentümergrundschuld unter Umwandlung in eine Hypothek (§ 1198) an den Geldgeber G ab.

Der Erweiterungsbau übersteigt bald die finanzielle Kraft der Erbengemeinschaft. Daher veräußert sie das Grundstück an E. In dem Kaufvertrag wird vereinbart, daß die Erbengemeinschaft die Darle- hensschuld an G tilgt und die Hypothek löschen läßt; dies geschieht nicht. G hält sich nunmehr an E.

E macht geltend:

(1) Die Unterwerfungserklärung sei unwirksam; denn A sei Vertreter ohne Vertretungsmacht gewesen; die Unterwerfung sei eine einseitige Willenserklärung, die nach § 180 Satz 1 durch einen Vertreter ohne Vertretungsmacht wirksam nicht abgegeben werden könne. Diesen Einwand, der die Gültigkeit der Unterwerfung betrifft, muß E durch Klage nach § 732 ZPO (BGHZ 22, 54, 56) geltend machen. Er wird freilich keinen Erfolg damit haben, da § 180 Satz 1 BGB auf die *prozessuale* Unterwerfungserklärung als Prozeßhandlung nicht anwendbar ist (RGZ 146, 308; s. a. BGH NJW 1985, 2423 und *Baur/Stürner,* ZVR, Rn. 233).

(2) Die Unterwerfungsklausel sei weiter deshalb unwirksam, weil ein Gläubiger des Grundpfand- rechts noch gar nicht vorhanden gewesen sei. Dieser Einwand ist wieder nach § 732 ZPO geltend zu machen; er zieht aber nicht, weil die Unterwerfungserklärung nicht einen Grundpfandgläubiger als Adressaten voraussetzt (BGHZ 64, 316, 319; NJW 1976, 567).[3]

(3) G habe ihm – dem E – erklärt, er werde – bevor er aus der Hypothek gegen ihn vorgehe – die Zwangsvollstreckung in das Vermögen der Miterben betreiben; die Hypothek sei auch noch gar nicht fällig. Damit macht E eine ihm als Eigentümer gegen die Hypothek zustehende Einrede geltend. Er muß dies im Wege der Vollstreckungsgegenklage tun (§ 767 ZPO), also seinerseits die Initiative ergreifen, um die Zwangsvollstreckung aus dem Titel zu verhindern. Denn G brauchte, um eine vollstreckbare Ausfertigung der Urkunde zu erhalten, nur das Entstehen der Hypothek und – nach h. M. – deren Fälligkeit nachzuweisen; will E ein Gegenrecht (hier: Einrede der Stundung) dartun, so muß er aktiv werden (zu beachten ist, daß § 797 Abs. 4 ZPO „die beschränkende Vorschrift des § 767

---

der materiellrechtliche Anspruch; hierzu *Baur/Stürner,* ZVR, Rn. 232; ausführlich *Münch,* Vollstreck- bare Urkunde, S. 287 ff. m. Nw.

[1] BGHZ 108, 372 ff. („zuletzt zu zahlender Teilbetrag" einer Grundschuld).

[2] Offen BGH FamRZ 1989, 267 ff. m. Nw.; für Dynamisierung *Stürner/Münch* JZ 1987, 178 ff., 181 f.; *Baur/Stürner,* ZVR, Rn. 232; *Rosenberg/Gaul/Schilken* § 10 II 2 a, bb, S. 84 ff. Das Parallelpro- blem stellt sich bei Rentenreallasten mit Wertsicherungsklausel (§ 35 I 2). Ältere Fundstellen: BGHZ 22, 54; *Pohlmann* NJW 1973, 199; *Mes* NJW 1973, 875.

[3] Die h. M. hält auch sonst die Möglichkeit einer Unterwerfungserklärung großzügig offen. So kann der *künftige* Eigentümer eine Unterwerfungserklärung abgeben, die er dann mit seiner Eintra- gung als Eigentümer genehmigt (§ 185 Abs. 2), so daß es ausreicht, wenn er zum Zeitpunkt der Eintragung der Unterwerfungserklärung eingetragen ist (BGHZ 108, 372, 376; s. a. *Baur/Stürner,* ZVR, Rn. 233). Auch die *künftige,* aber bestimmte Forderung ist unterwerfungsfähig (BGHZ 88, 62 ff., 65); falls man den selbständigen prozessualen Anspruch als Gegenstand der Unterwerfung betrachtet (*Münch,* Vollstreckbare Urkunde, S. 276 ff.), ist dies nur konsequent (*Baur/Stürner,* ZVR, Rn. 232).

Abs. 2 ZPO" ausschließt. Dies bedeutet, daß gegen die vollstreckbare Urkunde im Wege der Vollstreckungsgegenklage auch solche Angriffe vorgetragen werden können, die schon zur Zeit der Errichtung der Urkunde möglich gewesen wären. Es kann also z. B. dargetan werden, der Eigentümer sei bei der Hypothekenbestellung arglistig getäuscht worden und habe daher angefochten oder das ganze Rechtsgeschäft sei wegen Verstoßes gegen die guten Sitten nichtig).

b) Die formularmäßige Ausgestaltung der Vertragsurkunde, die eine Vollstreckungsunterwerfung enthält, ist ein kautelarjuristisches Kunstwerk. Sie wirft allerdings vielfältige Fragen der *Kontrolle unter dem AGBG* auf, die noch nicht alle befriedigend geklärt sind.

Die typische Gestaltung im Zusammenhang mit einer hypothekarisch gesicherten Zahlungsforderung (meist Kreditforderung einer Bank) kann folgende Elemente enthalten: Vollstreckungsunterwerfung unter die hypothekarische Haftung (§§ 794 Abs. 1 Nr. 5, 800 ZPO; §§ 1113, 1147); Vollstreckungsunterwerfung unter die kausale Zahlungsforderung (z. B. § 607) oder – als Variante – Vollstreckungsunterwerfung unter ein abstraktes Schuldanerkenntnis (§§ 780, 781), das zusätzlich zur kausalen Forderung geschaffen wird und ebenfalls volle persönliche Haftung auslöst und damit die Vollstreckung in das gesamte Vermögen ermöglicht (§ 794 Abs. 1 Nr. 5 ZPO); abstraktes Schuldversprechen – *nicht* kausale Forderung – als hypothekarisch gesicherte Forderung mit doppelter Vollstreckungsunterwerfung, wobei dann eine Sicherungsabrede das abstrakte Schuldversprechen mit einer oder mehreren kausalen Forderungen verknüpft; Verzicht auf Nachweis der Fälligkeit im Verfahren um die Klauselerteilung nach Vollstreckungsunterwerfung (§§ 797, 795, 726 Abs. 1 ZPO).
Die Rechtsprechung zur Zulässigkeit solcher Gestaltungen gilt ganz überwiegend der parallelen Konstruktion bei der Grundschuld (Sicherung der kausalen Forderung[en] durch Grundschuld, abstraktes Anerkenntnis, Vollstreckungsunterwerfungen, Verzicht auf Fälligkeitsnachweis; hierzu § 45 II 1b), jedoch lassen sich ihre Grundprinzipien weithin auf die Rechtslage bei hypothekarischer Sicherung übertragen. Der BGH hält das *abstrakte Schuldversprechen,* dessen Hauptfunktion in der Beweislastumkehr gegenüber dem Fall der Berufung auf kausale Forderungen besteht, für unbedenklich, soweit das bankmäßige Sicherungsinteresse den Gebrauch dieses gesetzlichen Instituts erheischt; es liegt dann also kein Verstoß gegen § 3 AGBG (Überraschungsklausel), § 11 Nr. 15 AGBG (unzulässige Beweislastumkehr) oder § 9 AGBG vor (BGHZ 99, 274, 284f. gegen *Stürner* JZ 1977, 638, 639; *Baur/Stürner,* ZVR, Rn. 233). Auch die *Vollstreckungsunterwerfung* in Bankkreditformularen ist vom BGH akzeptiert, weil die ZPO kein Leitbild kenne, nach welchem grundsätzlich das Erkenntnisverfahren dem Vollstreckungsverfahren vorausgehen müsse (§ 9 Abs. 2 Nr. 1 AGBG); die Rechte des Schuldners sind nach Ansicht des BGH durch §§ 767, 769 und Schadensersatzpflichten der Bank[1] ausreichend gesichert (BGHZ 99, 274, 282ff. gegen *Stürner* JZ 1977, 431, 432, 639f.; *Baur/Stürner,* ZVR, Rn. 233). Obwohl die Auffassung des BGH nicht überzeugt – viele Banken verzichten von sich aus auf diese Ballung von Sicherungmitteln bei erstrangigen Grundpfandrechten, das HypothekenbankG hält zur Sicherung der Kreditgeber das bloße erstrangige Grundpfandrecht für ausreichend, „Bank" ist eben hinsichtlich der Seriosität druchaus nicht gleich „Bank" –, dürfte der Streit der Rechtsgeschichte angehören (bestätigend nunmehr BGH NJW 1986, 1677; 2559, 2560f.). Nicht endgültig entschieden ist bisher, ob auch *andere* Kreditgeber (z. B. der Verkäufer für den Restkaufpreis etc.) gleiche formularmäßige Sicherung beanspruchen können; man würde dem BGH wenigstens hier mehr Vorsicht wünschen. Der BGH hat inzwischen – u. E. etwas spät – den Pflock dort eingeschlagen, wo bei Sicherung von Ansprüchen gegen den Schuldner, der mit dem Eigentümer *nicht* identisch ist, das abstrakte Schuldversprechen mit Unterwerfung *formularmäßig* die persönliche Mithaftung des Eigentümers auslöst (BGH NJW 1991, 1677 = JZ 1991, 874 m. Anm. *Eickmann*) – wenigstens für den Fall der einheitlichen Urkunde (krit. zu dieser Beschränkung *Stürner* DNotZ 1992, Nr. 2)[2].
Die Vereinbarkeit der *„abstrakten Hypothek"* (Hypothek für abstraktes Schuldversprechen, das eine oder mehrere Forderungen sichert, doppelte Unterwerfung) mit §§ 3, 9 Abs. 2 Nr. 1 AGBG ist

---

[1] Nach h. M. ist allerdings § 717 ZPO auf rechtswidrige Vollstreckung aus vollstreckbaren Urkunden nicht anwendbar: BGH WM 1977, 657; a. A. *Baur/Stürner,* ZVR, Rn. 218 m. Nw.
[2] Weitere Literaturauswahl zum Problemkreis: *Kümpel* WM 1978, 746; *Kollhosser* JA 1979, 263; *Fehl,* Systematik des Rechts der AGB, 1979, 202ff.; *Reinicke/Tiedtke* (oben § 36 I) S. 165 f.; *Rastätter* DNotZ 1988, 462; *Eickmann* ZIP 1989, 137ff.; *Rainer* WM 1988, 1657ff.; *Bülow,* Recht der Kreditsicherheiten, 2. Aufl. 1988, Rn. 459ff.; *Bräunert* NJW 1991, 805ff.

bisher nicht abschließend entschieden (bejahend OLG Stuttgart NJW 1979, 222 f.). Sicher kann sie nicht zur Sicherung von Forderungen gegen den Schuldner dienen, der mit dem persönlich haftenden Eigentümer nicht identisch ist (arg. BGH NJW 1991, 1677). Besondere Bedenken könnten sich aber allgemein weiter daraus ergeben, daß mit dieser Konstruktion die Akzessorietät der Hypothek völlig unterlaufen wird, und zwar in einer selbst für viele Juristen überraschenden und undurchschaubaren Form.

Der *„Verzicht auf den Nachweis der Fälligkeit"* von Grundpfandrecht oder Forderung im Klauselerteilungsverfahren für die vollstreckbare Urkunde ist u. E. mit § 11 Nr. 15 AGBG vereinbar. Die Vollstreckungsunterwerfung gilt dem prozessualen Anspruch (*Münch,* Vollstreckbare Urkunde, 1989; *Baur/Stürner,* ZVR, Rn. 232) und ist grundsätzlich unbedingt. Die Verzichtklausel stellt entweder klar, daß gar keine Bedingung – auch nicht stillschweigend – gegeben ist, oder sie verändert die Beweislast nur vorläufig für das Klauselerteilungsverfahren und läßt für eine Vollstreckungsgegenklage die Beweislage offen (*Baur/Stürner,* ZVR, Rn. 261; *Münch,* Vollstreckbare Urkunde, S. 240; *ders.* NJW 1991, 795, 801)[1].

6. Sonstige Vollstreckungstitel

Als solche kommen noch in Betracht: Der gerichtliche Vergleich (§ 794 Abs. 1 Ziff. 1 ZPO) und für vollstreckbar erklärte Schiedssprüche und schiedsrichterliche Vergleiche (§ 794 Abs. 1 Ziff. 4a ZPO), neuerdings auch der anwaltliche Vergleich (§§ 794 Abs. 1 Nr. 4a, 1044b ZPO). Dagegen genügt nicht ein Titel wegen der persönlichen Forderung, um die Zwangsvollstreckung „aus" der Hypothek, also mit deren Rang, zu betreiben.

V. Die Zwangsvollstreckung in das Grundstück

Hat der Gläubiger einen dinglichen Vollstreckungstitel erlangt, so kann er die Zwangsvollstreckung in das Grundstück betreiben. Die verschiedenen Zwangsvollstreckungsarten (Zwangsversteigerung, Zwangsverwaltung) haben wir bereits oben § 39 I 3 bei Erörterung des Begriffs der Beschlagnahme behandelt.

Eine bedeutsame Rolle spielen die gesetzlichen Schuldnerschutzbestimmungen, deren Bedeutung und Neukodifikation durch die Rechtsprechung des BVerfG wesentlich mitgeprägt ist (*Baur/Stürner,* ZVR, Rn. 606 m. Nw.). Hingewiesen sei auf § 114a ZVG, der häufig übersehen wird (s. BGHZ 99, 110). –

Ergänzend ist noch zu bemerken:

1. Die in §§ 866–868 ZPO genannte weitere Form der Grundstückszwangsvollstreckung, nämlich die „Eintragung einer Sicherungshypothek für die Forderung" (sog. Zwangshypothek) hat für den Hypothekengläubiger meist keine Bedeutung, da er schon über ein Grundpfandrecht verfügt; außerdem können wegen einer Forderung nicht zwei Hypotheken an demselben Grundstück begründet werden, die zusätzliche Zwangshypothek ist allenfalls an weiteren Grundstücken denkbar (z. B. BayObLG Rpfleger 1991, 53 m. Nw.). Die Zwangshypothek ist regelmäßig von Interesse für persönliche Gläubiger, die auf diese Weise ein dingliches Recht am Grundstück erwerben und sich einen Rang für die künftige Vollstreckung sichern wollen.

Voraussetzungen: Vollstreckungstitel über Geldforderung (mindestens 500 DM; bei Eintragung auf mehreren Grundstücken Verteilung nötig, § 867 II ZPO) – Vollstreckungsklausel (§ 725 ZPO; nicht in dem praktisch wichtigen Fall des Vollstreckungsbescheids, § 796 ZPO) – Zustellung des Titels (§ 750 ZPO)[2]. Zwischenverfügung nach § 15 GBO hier besonders wichtig! (s. oben § 16 VI 4).

---

[1] Zum Problemkreis ferner *Rastätter* NJW 1991, 392 ff. m. Nw.; zuletzt OLG Hamm NJW-RR 1991, 1151, 1152 m. Nw.

[2] Einzelheiten zur Zwangshypothek s. *Baur/Stürner,* ZVR, § 36, Rn. 643 ff.; *Rosenberg/Gaul/Schilken* § 69; *Brox/Walker* § 33; *Jauernig* § 23; ferner noch § 42 I 3.

2. Wie wir wissen, kann *in die mithaftenden Gegenstände* – ausgenommen das Zubehör (§ 865 Abs. 2 ZPO) – auch im Wege der Mobiliarzwangsvollstreckung (also durch Pfändung seitens des Gerichtsvollziehers oder des Vollstreckungsgerichts) vollstreckt werden. Erfolgt eine solche Zwangsvollstreckung auf Grund eines dinglichen Titels, so enthält sie eine Beschlagnahme im Sinne der §§ 1121 ff. (s. dazu oben § 39 I 3, III, IV, V).

Übersicht 19
Die Realisierung der Hypotheken-(Grundschuld-)haftung

I. *Voraussetzung der Realisierung*	II. *Arten der Vollstreckung*	III. *Umfang der Hypothekenhaftung*
Vorliegen eines *„dinglichen"* Titels (z. B. Urteil, Vollstreckungsbescheid, vollstreckbarer Urkunde), der die Zwangsvollstreckung aus der Hypothek (Grundschuld) in das belastete Grundstück gestattet, wenn die Hypothek (Grundschuld) fällig geworden ist (sog. Pfandreife) Davon zu unterscheiden der *„persönliche"* Schuldtitel, der zur Zwangsvollstreckung in das gesamte Vermögen berechtigt, aber kein Rangvorrecht gibt.	1. Zwangsversteigerung (Verwertung der Substanz) 2. Zwangsverwaltung (Verwertung der Nutzungen des Grundstücks) Regelung zu 1 u. 2 a) §§ 864 ff., § 869 ZPO b) ZVG 3. Mobiliarzwangsvollstreckung in die mithaftenden Gegenstände (Getrennte Bestandteile und Erzeugnisse [III 1] sowie in Forderungen [III 3, 4], nicht aber in Zubehör [III 2], § 865 II 1 ZPO	1. *Grundstück* mit allen *Bestandteilen* und *Erzeugnissen; aber:* freie Verfügungsbefugnis des Eigentümers bis zur „Beschlagnahme" durch Zwangsversteigerung (oder nach II 3): §§ 1120–1122. Faustregel: Was *vor* der Beschlagnahme vom Grundstück getrennt, veräußert und entfernt worden ist, ist von der Hypothekenhaftung frei geworden. Grundgedanke: Eigentümer bleibt freier Herr auf seinem Grundstück, bis es „ernst wird" (Beschlagnahme!) 2. Das dem Eigentümer gehörige *Zubehör* des Grundstücks §§ 1120–1122. Faustregel wie oben 1, aber „Beschlagnahme" *auch* durch Anordnung der Zwangsverwaltung. 3. Die *Miet- und Pachtzinsforderungen* (§ 1123 Abs. 1). Beschlagnahme durch Zwangs*verwaltung* und nach II 3. Verfügungsbefugnis des Eigentümers bis zur „Beschlagnahme", aber Vorausverfügungen (also über die Zeit nach der Beschlagnahme hinaus) nur in beschränktem Umfang (§ 1124) möglich. Problem der Mietvorauszahlungen! 4. Die *Versicherungsforderungen* (z. B. Feuerversicherung) § 1127 (Surrogationsgedanke!)

§ 41. Das Erlöschen der Hypothek

I. Allgemeine Grundsätze

§ 362 sagt: „Das Schuldverhältnis erlischt, wenn die geschuldete Leistung an den Gläubiger bewirkt wird". Dieser Satz läßt sich in dieser Allgemeinheit auf die Befriedigung des Hypothekengläubigers *nicht* übertragen: denn – wie wir längst wissen – bringt in aller Regel der Tatbestand der Befriedigung des Gläubigers *kein Erlöschen* der Hypothek, sondern deren Übergang auf einen anderen

sei es den Eigentümer (§ 1163 Abs. 1 Satz 2, § 1143),
sei es den Schuldner (§ 1164),
sei es einen Dritten (§ 1150 mit § 268)

mit sich. Daneben gilt der grundstücksrechtliche Satz, daß das beschränkte dingliche Recht bei einer Vereinigung mit dem Eigentum in einer Person nicht untergeht (§ 889).

Es bleiben sonach nur wenige Erlöschenstatbestände übrig: vor allem die rechtsgeschäftliche Aufhebung (unten II), die Befriedigung aus dem Grundstück (III) und der Zuschlag (IV).

II. Die rechtsgeschäftliche Aufhebung

1. Sie erfolgt nach § 875 durch Aufhebungserklärung des Berechtigten und – wegen der „latenten" Eigentümergrundschuld – durch Zustimmung des Eigentümers, die dem Grundpfandgläubiger oder dem Grundbuchamt gegenüber zu erklären ist (§ 1183, s. auch § 27 GBO).

2. Die Aufhebung kann auch durch den Eigentümer selbst erfolgen, wenn ihm das Grundpfandrecht zusteht (§ 875). Er kann zu einer solchen Aufhebung den nachstehenden oder gleichrangigen Grundpfandgläubigern, aber auch anderen Inhabern beschränkter dinglicher Rechte (z. B. einem Nießbraucher) gegenüber verpflichtet sein, und zwar im Grundpfandbereich durch das Bestehen des *gesetzlichen* Löschungsanspruchs (§ 1179a), im übrigen durch einen *vereinbarten* und durch Löschungsvormerkung gesicherten Löschungsanspruch (z. B. des Nießbrauchers), § 1179 n. F. (s. oben § 17 A II 2b, § 20 I 2 u. ausführlich unten § 46 IV). Damit hat sich der nachrangige oder gleichrangige, durch den gesetzlichen Löschungsanspruch oder die bewilligte Löschungsvormerkung geschützte Berechtigte das Aufrücken seines Rechts für den Fall des Zusammentreffens von Eigentum und Hypothek in einer Person gesichert, und zwar gleichgültig, wer in diesem Zeitpunkt Eigentümer des Grundstücks ist. Es spielt auch keine Rolle, ob das nachrangige geschützte Grundpfandrecht inzwischen den Inhaber gewechselt hat.

Im Fall des *Gleichrangs* besteht der Vorteil darin, daß der Berechtigte einen lästigen, bisher gleichberechtigten Konkurrenten (in der Zwangsversteigerung oder Zwangsverwaltung) ausschaltet.

3. Von der Aufhebung ist der *Verzicht* auf die Hypothek zu unterscheiden: Er führt nicht zur Beseitigung des dinglichen Rechts, sondern läßt die Hypothek auf den Eigentümer als Eigentümergrundschuld übergehen (s. oben § 38 IX 1b).

III. Das Erlöschen der Hypothek durch Befriedigung aus dem Grundstück

Wird der Gläubiger *durch Zwangsvollstreckung* aus dem Grundstück oder aus den mithaftenden Gegenständen befriedigt, so erlischt die Hypothek (§ 1181 Abs. 1, 3); verständlich, der Gläubiger hat sich nun aus der Substanz oder aus den Nutzungen des Grundstücks oder aus beiden befriedigt. Es ist auch durchaus angebracht, daß Nachhypothekare – sofern ihre Hypotheken nicht erloschen sind[1] – aufrücken; denn der Gesamtwert des Grundstücks ist jetzt ohnehin vermindert.

IV. Erlöschen durch Zuschlag

Das Zwangsversteigerungsrecht baut auf dem sog. *Übernahmeprinzip* auf; d. h. die dem betreibenden Gläubiger vorgehenden Rechte sollen durch die Zwangsversteigerung nicht berührt werden; sie werden in das geringste Gebot aufgenommen (§ 44 Abs. 1 ZVG) und vom Erwerber des Grundstücks übernommen.

Dagegen erlöschen das Grundpfandrecht des betreibenden Gläubigers und die ihm nachfolgenden Rechte mit dem Zuschlag in der Zwangsversteigerung (§ 52 Abs. 1 Satz 2, § 91 Abs. 1 ZVG). Sie haben also nur die Chance, aus dem Versteigerungserlös befriedigt zu werden.[2]

Diese Regelung wird leicht verständlich, wenn man an die Stelle des Zwangsverkaufs einen freiwilligen Verkauf setzt, der durch den Befriedigung verlangenden Hypothekengläubiger vorgenommen wird: Dieser Gläubiger würde darauf sehen, daß die ihm vorgehenden Rechte vom Käufer unter Anrechnung auf den Kaufpreis übernommen werden. Denn ihre Rechte kann er als Nachhypothekar nicht beeinträchtigen, auch wird es dem Käufer lieb sein, wenn er in dieser Höhe den Kaufpreis nicht bar bezahlen muß. Der betreibende Gläubiger wird aber Wert darauf legen, einen so hohen Barpreis herauszuschlagen, daß er sich aus dem Erlös befriedigen kann. Gelingt ihm das nicht, dann wird er das Grundstück lieber selbst kaufen, weil er dann die Chance einer künftigen Wertsteigerung für sich hat. Aus diesem Grunde ersteigern nicht selten Hypothekare das belastete Grundstück in der Zwangsversteigerung.[3]
Rechtstatsachen: Nach Mitteilung der Hypothekenbanken ist das Unvermögen zur Zinszahlung – der hauptsächliche Grund für die Zwangsversteigerung von Familienwohnhäusern – zu einem hohen Prozentsatz auf Ehescheidungen und Arbeitslosigkeit zurückzuführen.

§ 42. Die Sicherungshypothek
(einschließlich Höchstbetrags- und Papierhypothek)

Lesen Sie zunächst § 36 III 4.

I. Allgemeine Grundsätze – Anwendungsbereich

1. Bei der *Verkehrshypothek* als der Regelform der Hypothek ist der Grundsatz strenger Akzessorietät im Interesse des redlichen Verkehrs durchbrochen: Der Gutglaubensschutz bezieht sich – grob gezeichnet – auch auf die Forderung: sie

---

[1] So im Falle der Zwangsversteigerung (s. IV).
[2] Hierzu der interessante Beispielsfall BGHZ 108, 237, 239 f.
[3] Einzelheiten zur Zwangsversteigerung s. *Baur/Stürner*, ZVR, §§ 33, 34; *Eickmann*, Zwangsversteigerungs- und Zwangsverwaltungsrecht, 1991, §§ 8–25.

wird insoweit als bestehend fingiert, als sie der Hypothek – kraft des Akzessorie-tätsdogmas – als Unterlage dienen muß (§ 1138).

Anders bei der *Sicherungshypothek:* nach dem Willen des Gesetzes (§§ 1184, 1185) ist sie streng akzessorisch; § 1184 Abs. 1 sagt, daß sich bei der Sicherungs-hypothek „das Recht des Gläubigers aus der Hypothek *nur* nach der Forderung bestimmt und der Gläubiger sich zum Beweise der Forderung nicht auf die Eintragung berufen kann". Damit wird vor allem § 1138 ausgeschlossen und das Akzessorietätsprinzip wiederhergestellt.

Die vom Gesetz (§ 1184 Abs. 1) befohlene Bezeichnung „Sicherungshypothek" ist nicht glücklich. Denn auch die Verkehrshypothek dient der Sicherung einer Forderung; auch bei ihr kann die Hypo-thek als solche nur entstehen und bestehen, wenn die Forderung besteht. Nur zugunsten eines redlichen Erwerbers, der sich auf das Grundbuch (Brief und „Kette", § 1155) verläßt, wird eben der Bestand der Forderung kraft § 1138 fingiert. Man hätte also für die Sicherungshypothek einen ande-ren, sie besser kennzeichnenden Begriff finden müssen, etwa „streng angelehnte Hypothek" o. ä.

2. Die Sicherungshypothek ist nicht für eine häufige und rasche Zirkulation vorgesehen. Zwar kann auch sie abgetreten werden; aber der Zessionar erwirbt eben die Hypothek nur dann, wenn auch die zu sichernde Forderung besteht. Ob das der Fall ist, kann der Erwerber nur sehr schwer nachprüfen. Die Sicherungs-hypothek ist also im wirtschaftlichen Verkehr kein besonders attraktives Objekt. Der Gesetzgeber konnte sich mit der schwerfälligen Zirkulation durch Buchein-trag begnügen: die Sicherungshypothek kann daher *nur Buchhypothek* sein (§ 1185 Abs. 1); um den rechtsgeschäftlichen Verkehr zu warnen, muß sie im Grundbuch *als Sicherungshypothek bezeichnet* sein (§ 1184 Abs. 2).

Hier kann sich der – nicht gerade häufige – Fall ergeben, daß die Einigung der Parteien über die Art der Hypothek (Verkehrs- oder Sicherungshypothek) mit der vom Grundbuchamt getroffenen Eintra-gung nicht übereinstimmt (z. B. der Grundbuchbeamte vergißt die Bezeichnung: „Sicherungshypo-thek"); s. dazu oben § 37 IV 1.

3. Die Sicherungshypothek als *rechtsgeschäftlich begründete Hypothek* ist im Rechtsleben verhältnismäßig selten; dies leuchtet ein, weil meist der Hypothekar als Darlehnsgeber den Typ der Hypothek bestimmt; ihm ist aber die Sicherungs-hypothek als schwer übertragbares Grundpfandrecht nicht genehm. Etwas häufi-ger ist sie in der Sonderform der Höchstbetragshypothek (s. unten III) und der sog. „Papierhypothek" (s. unten IV).

Das Gesetz hat aber die Sicherungshypothek auch als ein Mittel *zwangsweiser Sicherung* vorgesehen; so ist sie – wie wir bereits wissen – eine Art der Zwangs-vollstreckung in Grundstücke: der Inhaber eines gegen den Eigentümer gerichte-ten vollstreckbaren Titels kann die Eintragung einer *Zwangshypothek*[1] beantragen (§§ 866–868 ZPO), wer einen Arrestbefehl erwirkt hat, die Eintragung einer *Arresthypothek* (§ 932 ZPO).[2]

Ein ähnlicher Fall ist die Eintragung einer Sicherungshypothek auf Antrag des Finanzamts auf dem Grundstück eines *Steuerschuldners* (§ 322 AO). Dagegen handelt es sich bei der sog. *Bauhandwerkerhy-*

---

[1] Dazu *Schanz*, Die Zwangshypothek (1933); *Nicklisch*, Wesen und Wirkung der Arresthypothek, AcP 169, 124; *Habermaier*, Die Zwangshypotheken der ZPO, 1989, s. a. § 40 V 1.
[2] Interessanter Beispielfall: *Baur/Stürner*, Fälle, Fall 24.

pothek[1] des § 648 um eine rechtsgeschäftlich bestellte Sicherungshypothek, auf die der Bauunternehmer aber einen Anspruch hat (wenig praktisch! die Baugrundstücke sind meist schon bis unter das Dach belastet, ehe der Bauhandwerker zum Zuge kommt); Beispielsfälle: BGHZ 102, 95; 91, 139 ff. (keine ersatzlose Abbedingung in AGB!); BGH NJW 1974, 1761.

Schließlich entsteht die Sicherungshypothek *kraft Gesetzes* als Surrogat eines – rechtsgeschäftlichen oder durch Pfändung erlangten – Pfandrechts an einer Forderung auf Übereignung eines Grundstücks (§ 1287 Satz 2 BGB, § 848 Abs. 2 Satz 2, 3 ZPO). Auch diese Form der Sicherungshypothek ist nicht gerade häufig; denn für einen Gläubiger ist die auf Übereignung eines Grundstücks gerichtete Forderung seines Schuldners nur von Interesse, wenn der Schuldner den Gegenwert bereits bezahlt hat oder keinen Gegenwert zu leisten braucht (z. B. bei einem Vermächtnis) oder wenn der Wert des Grundstücks sehr viel höher ist als die (noch nicht erbrachte) Gegenleistung.[2]

Ein Überblick über den *Anwendungsbereich* der Sicherungshypothek ergibt sonach, daß sie praktisch nur als Höchstbetragshypothek, als Zwangshypothek und als Arresthypothek (auch für öffentlich-rechtliche Forderungen) zu finden ist.

II. Besonderheiten der Sicherungshypothek

1. Vorweg ist zu bemerken, daß auch für die Sicherungshypothek die für die Verkehrshypothek dargestellten Regeln gelten, sofern sich eben nicht aus der Eigenart der Sicherungshypothek etwas anderes ergibt. So gelten etwa für die Entstehung § 873 mit §§ 1113–1115, für den Übergang der Hypothek auf den Eigentümer (als Eigentümergrundschuld oder Eigentümerhypothek) die §§ 1143, 1163, 1168, für die Übertragung der Hypothek § 1154 Abs. 3 usw.

Vorweg ist weiter zu bemerken, daß die Einschränkung des redlichen Erwerbs sich nur auf die Forderung bezieht, nicht etwa auf die Hypothek als dingliches Recht.

Hat z. B. E seinem Gläubiger G für ein früher rechtsgültig gegebenes Darlehen eine Sicherungshypothek an seinem Grundstück bestellt, war diese Bestellung aber aus irgendeinem Grunde nichtig und tritt G die Hypothek an den redlichen Z ab, so erwirbt dieser die Forderung (weil sie wirklich bestand!) *und* die Hypothek (nach § 892).

2. Die Besonderheiten der Sicherungshypothek wirken sich zunächst auf die *Beweislast* aus: Der Hypothekar kann sich – will er die Hypothek geltend machen – nicht zum Nachweis der Forderung auf die Eintragung im Grundbuch berufen. Es gilt also nicht § 1138 mit § 891 (§ 1185 Abs. 2).[3]

Wohl aber ist § 891 anwendbar, wenn der dingliche Bestand der Hypothek – also etwa die Gültigkeit der Bestellung – umstritten ist.

Für den *Erwerber* der Hypothek spricht nicht der Stand des Grundbuchs, wenn die Forderung nicht besteht; es gilt also nicht § 1138 mit § 892. § 892 ist aber – wie oben ausgeführt – anwendbar, wenn die Forderung besteht, die Bestellung der Sicherungshypothek aber nichtig ist und nunmehr die Forderung abgetreten wird; der Zessionar erwirbt Forderung und Hypothek.

Behauptet der Eigentümer, er oder der nicht identische Schuldner habe die Sicherungshypothek *getilgt,* so trägt er die Beweislast (BGH NJW 1986, 53, 54).[4]

---

[1] Literatur: *Fehl* BB 1987, 2038; *Schlechtriem,* FS Korbion, 1986, S. 359; *Motzke,* Die Bauhandwerkersicherungshypothek, 1981; *Siegburg,* Die Bauwerksicherungshypothek, 1989; *Kohler* KTS 1989, 45 ff.

[2] Beispiel: OLG München RdL 1960, 178; zum Ganzen *Baur/Stürner,* ZVR, Rn. 536 f.; zur Pfändung der Anwartschaft des Auflassungsempfängers s. § 19 B I 2c, d.

[3] Hierzu BGH NJW 1986, 53, 54. Gegenüber dem Erwerber eines mit einer rechtsgeschäftlich bestellten Sicherungshypothek belasteten Grundstücks ist dieser Beweis auch zu erbringen, falls der Veräußerer aus der *persönlichen* Forderung schon rechtskräftig verurteilt war (BGH NJW 1960, 1348, str.; a. A. OLG Frankfurt NJW-RR 1988, 206); anders bei der Zwangshypothek, falls ein Dritter nach Eintragung Eigentum erwirbt (BGH NJW 1988, 828, 829).

[4] Die rechtskräftige Verurteilung des *persönlichen* Schuldners hindert nach h. M. den personenverschiedenen Eigentümer nicht an der Berufung auf eine Einwendung oder Einrede (a. A. für Einreden aus § 770 OLG Frankfurt NJW-RR 1988, 206, 207). Hingegen kann bei der Zwangshypothek der neue Eigentümer nur die Einwendungen geltend machen, die dem Schuldner noch offenstehen, § 767 Abs. 2 ZPO (BGH NJW 1988, 828, 829). S. a. § 38 VII 1.

Weiter kann der Schuldner-Eigentümer dem Zessionar alle *Einreden* aus dem persönlichen Schuld-verhältnis entgegenhalten, die dem Zedenten gegenüber begründet waren. Anwendbar ist also nicht § 1138, sondern § 1137.

Dagegen bleibt § 1157 (Einreden des Eigentümers gegen die Hypothek) anwendbar. Hat also etwa G dem Eigentümer E die Hypothek auf 3 Jahre gestundet, so braucht sich ein Erwerber der Hypothek, der davon nichts wußte, die Einrede nur entgegenhalten zu lassen, wenn sie im Grundbuch eingetragen war (§ 1157 Satz 2).

3. § 1185 Abs. 2 schließt ausdrücklich auch den § 1139 aus. Dies ist ganz verständlich, weil der Eigentümer jedem Zedenten gegenüber geltend machen kann, der Darlehensbetrag sei noch nicht ausbezahlt.

Auch die §§ 894–899 sind bezüglich der Forderung nicht anwendbar (§ 1185 Abs. 2 mit § 1138). Ist also die gesicherte Forderung nicht entstanden oder besteht sie nicht mehr, so kann und braucht z. B. kein Widerspruch eingetragen zu werden, um den redlichen Erwerb der Hypothek zu verhindern (Beispielsfall: KG HRR 1937 Nr. 110).

Mit der *Kündigung* der Forderung wird auch die Hypothek fällig, selbst wenn der vom Schuldner verschiedene Eigentümer davon nichts erfährt; § 1141 wird durch § 1185 Abs. 2 ausgeschlossen.

4. *Bei Abtretung der Forderung* gilt für den Schuldner-Eigentümer die „historische Legitimation" (*Heck*), nicht die grundbuchliche; § 1185 Abs. 2 erklärt den § 1156 für nicht anwendbar. Hat also der Schuldner-Eigentümer nach der ihm nicht bekanntgewordenen Abtretung der Hypothek noch an den Zedenten geleistet, so ist diese Leistung dem Zessionar gegenüber wirksam (§ 407), die Hypothek wird zur Eigentümergrundschuld.

Fraglich ist, ob § 893 anwendbar ist, wenn der Eigentümer oder ein ablösungsberechtigter Dritter an einen im Grundbuch eingetragenen Hypothekar leistet, diesem aber nicht die Forderung zusteht. Diese Frage wird mit Recht verneint:

E hat für eine Darlehensverbindlichkeit des S zugunsten des G an seinem Grundstück eine Sicherungshypothek bestellt. Später hat G die Hypothek an Z abgetreten. Angenommen die Abtretung war wegen Gesetzesverstoßes nichtig. Löst E die Hypothek durch Zahlung der Hypothekensumme an Z ab, so kann er sich nicht auf § 893 berufen, weil sich die Legitimation des Gläubigers ausschließlich nach der Forderung richtet, er erwirbt daher auch nicht nach § 1143 Forderung und Hypothek. Er ist nach wie vor dem G verhaftet; ihm bleibt ein Kondiktionsanspruch gegen Z.

III. Die Höchstbetragshypothek

1. *Begriff und Anwendungsbereich*

a) Verkehrs- wie Sicherungshypothek können für eine künftige Forderung bestellt werden (§ 1113 Abs. 2); aber auch dann muß die zu sichernde Forderung (Darlehensforderung, Werklohnforderung usw.) und ihre Höhe eingetragen sein. Es gibt aber zahlreiche Rechtsbeziehungen, wo weder die konkrete zu sichernde Forderung noch deren Höhe sich schon von vornherein fixieren lassen, aber doch jetzt schon ein Bedürfnis nach Sicherung der Forderungen aus der Geschäftsverbindung vorhanden ist.

Man denke an den Kontokorrentkredit oder Diskontkredit (der Kunde darf Wechsel bis zu einer bestimmten Höhe zum Diskont vorlegen), den eine Bank ihrem Kunden einräumt, oder an einen Warenkredit, den ein Großhändler dem Detaillisten gewährt. Seltener ist der Fall, daß jemand, dem ein Vermögen zur Verwaltung anvertraut ist, etwaige künftige Schadensersatzansprüche aus schlechter Geschäftsführung durch Höchstbetragshypothek sichert („Kautionshypothek"). Schließlich kann auch ein Bedürfnis bestehen, Forderungen *aus verschiedenen Rechtsgründen*, die aus den geschäftlichen Beziehungen sich ergeben können, schon jetzt durch ein Grundpfandrecht zu sichern.

Zur Befriedigung dieser Bedürfnisse stellt das Gesetz in § 1190 die Höchstbetragshypothek zur Verfügung. Nach der Legaldefinition des § 1190 ist die Höchstbetragshypothek eine Sicherungshypothek, bei der nur der Höchstbetrag, bis zu dem das Grundstück haften soll, bestimmt, im übrigen (aber) die Feststellung der Forderung vorbehalten wird.[1] Nur der Höchstbetrag muß im Grundbuch angegeben werden (§ 1190 Abs. 1 Satz 2); dagegen ist es nicht nötig, den Schuldgrund exakt zu bezeichnen. Formel etwa:

„Sicherungshypothek zum Höchstbetrag von 50 000 DM für Gustav Gläubiger in Stuttgart. Unter Bezugnahme auf die Eintragungsbewilligung v. 1. 10. 1991 eingetragen am 20. 10. 1991".

---

[1] Andere Bezeichnungen: „Höchsthypothek" – „Maximalhypothek".

Die Eintragungsbewilligung könnte lauten:
„Ich Erwin Eigentümer stehe mit Gustav Gläubiger in Kreditverkehr. Zur Sicherung jedweder Forderung des Gläubigers, die sich aus diesem Kreditverhältnis schon ergeben hat oder noch ergeben wird, bewillige und beantrage ich die Eintragung einer Höchstbetragshypothek in Höhe von 50 000 DM auf meinem Grundstück . . ."
Die Praktikabilität der Höchstbetragshypothek wird noch dadurch erweitert, daß mit ihr auch die Forderungen des Gläubigers gegen mehrere Schuldner gesichert werden können (vgl. RGZ 126, 272).

b) Trotz dieses weiten Entgegenkommens des Gesetzes gegenüber den Bedürfnissen der Wirtschaft hat sich die Höchstbetragshypothek keinen großen Anwendungsbereich sichern können. Sie hat entscheidende *Mängel;* die hauptsächlichen sind: Nach § 1190 Abs. 2 werden die Zinsen in den Höchstbetrag eingerechnet; der Gläubiger muß also bei der Kreditgewährung stets die schon aufgelaufenen und die künftigen Zinsen überschlägig berechnen, darf also in seinem Interesse den Kreditplafond nicht bis zur vollen Höhe ausschöpfen lassen. Entscheidend ist aber, daß sich der Eigentümer wegen der Höchstbetragshypothek nach umstrittener, aber h. M. nicht ohne weiteres der sofortigen Zwangsvollstreckung unterwerfen kann, da es an „einer *bestimmten* Geldsumme" mangelt (vgl. § 794 Abs. 1 Ziff. 5 ZPO); zulässig ist nur die Unterwerfung unter einen ziffernmäßig bestimmten Teil der Forderung.[1] Die Höchstbetragshypothek wird daher mehr und mehr durch drei andere Institute verdrängt:

aa) durch die *Grundschuld;* für sie gilt der Grundsatz der Akzessorietät nicht. Die beiden eben aufgezeigten Mängel der Höchstbetragshypothek bestehen bei ihr nicht. Will der Eigentümer den Kreditgeber nicht offenbaren, so läßt er für sich eine Eigentümergrundschuld als Briefgrundschuld eintragen, die er dann „außerhalb des Grundbuchs" nach Bedarf an seinen Gläubiger abtreten oder verpfänden kann (vgl. unten §§ 44, 45);

bb) durch die sog. *verdeckte Höchstbetragshypothek.* Hier handelt es sich um eine Verkehrshypothek, die aber nach den Parteivereinbarungen *intern* wie eine Höchstbetragshypothek behandelt werden, also nur das festgestellte endgültige Guthaben des Gläubigers sichern soll (s. dazu RGZ 60, 243; 152, 213, 219; über die Bedenken gegen diese Form – wegen des nicht abdingbaren § 1163! – s. *Westermann/Eickmann* § 127 I 3 m. Nw.).

cc) durch die sog. *abstrakte Hypothek.* Hier handelt es sich um eine (Brief)Hypothek, die ein abstraktes Schuldversprechen sichert, das seinerseits Sicherheit für wechselnde kausale Forderungen leisten soll (s. a. §§ 40 IV 5; 36 III 1).

2. Die Besonderheiten der Höchstbetragshypothek

a) Die Höchstbetragshypothek ist kraft Gesetzes *Sicherungshypothek,* auch wenn sie – entgegen § 1184 Abs. 2 – im Grundbuch nicht als Sicherungshypothek bezeichnet ist (§ 1190 Abs. 3). Es gelten daher für sie alle die Regeln, die wir oben I und II für die Sicherungshypothek entwickelt haben: z. B. nur Buchhypothek – kein Erstrecken des Redlichkeitsschutzes auf die Forderung.
Als Hypothek unterliegt die Höchstbetragshypothek auch den allgemein für die Hypothek geltenden Vorschriften, sofern nicht ihre Charakterisierung als Sicherungshypothek und als Unterfall dieser Hypothekenart – als Höchstbetragshypothek – zu Abweichungen zwingen.
So sind etwa für die *Begründung* der Hypothek erforderlich: Einigung der Parteien über die Entstehung des Rechts, Eintragung im Grundbuch (wobei aber der Schuldgrund nur „sehr allgemein" bezeichnet zu werden braucht, s. oben 1a), Entstehen der Forderung.

b) Die wesentliche Eigenart der Höchstbetragshypothek ist die, daß nur der Höchstbetrag der Haftung bestimmt ist, die jeweilige konkrete Haftung aber *Schwankungen* unterworfen ist.
Man denke an einen durch Höchstbetragshypothek gesicherten Kontokorrentkredit; er weist in der Regel einen täglich verschiedenen Stand auf.
Indes gilt auch für die Höchstbetragshypothek die Regel des § 1163: Nur soweit die jeweilige Forderung des Gläubigers reicht, ist die Höchstbetragshypothek wirkliche Hypothek, Fremdhypothek; in dem darüber hinausgehenden Teil ist sie *Eigentümergrundschuld* (RGZ 120, 110; 125, 133, 136).
Freilich ist diese Eigentümergrundschuld auflösend durch die weitere Ausfüllung des Haftungsrahmens bedingt. Der Eigentümer kann auch nicht Berichtigung des Grundbuchs durch seine Eintragung als Inhaber der Eigentümergrundschuld fordern (weil diesem Verlangen seine Verpflichtung

---

[1] BGHZ 88, 62, 65; 108, 372, 377; BayObLG NJW-RR 1989, 1467; hierzu *Hornung* NJW 1991, 1649 u. *Münch* DNotZ 1990, 596 – s. a. § 40 IV 5.

aus der Sicherungsabrede entgegenstünde), er kann über diese nicht verfügen (weil er nicht als Inhaber der Eigentümergrundschuld im Grundbuch eingetragen ist), sie kann nicht gepfändet werden (RGZ 120, 110).

Diese stets mögliche Bestandsveränderung (zwischen Hypothek und Eigentümergrundschuld) endet in dem Augenblick, da die Forderung „festgestellt" wird (§ 1190 Abs. 1 Satz 1). Mit diesem Zeitpunkt wird der Stand der Höchstbetragshypothek als dem Gläubiger zustehende Fremdhypothek wie als Eigentümergrundschuld endgültig fixiert.

Die Feststellung wird regelmäßig durch Vertrag zwischen Gläubiger und Schuldner (z. B. bei Beendigung des Kreditverhältnisses) erfolgen, im Streitfall durch Urteil. Ein zwischen den Parteien des Schuldverhältnisses ergangenes Urteil wirkt aber keine Rechtskraft gegen den vom Schuldner verschiedenen Eigentümer; er ist also nicht gehindert, in dem gegen ihn gerichteten „Duldungsprozeß" darzutun, daß die Forderung des Gläubigers im Vorprozeß unrichtig festgestellt worden sei (was übrigens jeder auf Duldung der Zwangsvollstreckung in Anspruch genommene, vom Schuldner verschiedene Eigentümer tun kann; es handelt sich also nicht um eine Besonderheit der Höchstbetragshypothek; s. §§ 38 VII 1; 42 II 2).

c) Eine weitere Besonderheit gilt für die *Abtretung* der Forderung: Entgegen der Regel des § 1153 gestattet § 1190 Abs. 4, daß die Forderung *auch ohne* die Hypothek formlos nach §§ 398ff. übertragen wird. Eine solche Forderung scheidet dann aus dem Haftungsrahmen aus, der bisher zu ihrer Sicherung dienende Teil der Höchstbetragshypothek wird Eigentümergrundschuld.

d) Die Höchstbetragshypothek ist auch bezüglich des geschützten Forderungskreises manipulierbar: Die Forderungen können nach § 1180 ausgewechselt werden. Auch kann die Höchstbetragshypothek durch Einigung und Eintragung in eine gewöhnliche Sicherungshypothek oder in eine Verkehrshypothek oder in eine Grundschuld umgewandelt werden (§§ 1186, 1198).

Auch hier erweist sich die Höchstbetragshypothek als recht unhandlich, wie das folgende an RGZ 125, 133, 140 angelehnte *Beispiel* zeigen mag: Der Bankier G hat dem E einen Kredit in laufender Rechnung in Höhe von 100 000 DM eingeräumt und zur Sicherung von E eine Höchstbetragshypothek in dieser Höhe bewilligt erhalten. Als der Kredit mit 60 000 DM in Anspruch genommen ist, tritt G „das ganze Kreditverhältnis mit E" und die volle Höchstbetragshypothek an Z ab. Die Meinung des Z, daß jetzt der volle Kreditrahmen durch die Höchstbetragshypothek für ihn gesichert sei, ist irrig: „Die Abtretung hat ... zur Folge, daß der nicht valutierte Teil (der Höchstbetragshypothek) nach wie vor zur Sicherung für künftige Forderungen des *alten* Gläubigers aus seiner Geschäftsverbindung mit dem Schuldner dient" (RG aaO). Z kann nur dann die Höchstbetragshypothek in voller Höhe für sich ausnützen, wenn nach § 1180 der Forderungskreis ausgewechselt und gleichzeitig Z als neuer Gläubiger eingeführt wird.

IV. Die Wertpapierhypothek

Lesen Sie zunächst § 36 IV 4.

1. *Begriff und Anwendungsbereich*

Größere Industrieunternehmungen beschaffen sich vielfach nötiges Kapital durch Begebung einer Anleihe,[1] d. h. sie geben mit staatlicher Genehmigung (§ 795) Schuldverschreibungen auf den Inhaber aus (§ 793). Dies sind ihrer rechtlichen Natur nach Inhaberpapiere, der jeweilige Eigentümer ist Gläubiger der in dem Papier verbrieften Forderung. Die Sicherung solcher Forderungen durch „gewöhnliche" Hypotheken wäre schwierig; denn einmal ist die Person des Gläubigers namentlich nicht feststellbar, zum anderen wäre bei Bestellung einer Briefhypothek der Konflikt zwischen Hypothekenbrief und der Inhaberschuldverschreibung unausweichlich. Andererseits besteht auch hier ein Bedürfnis nach grundpfandrechtlicher Sicherung. Denn abgesehen davon, daß die staatliche Genehmigung einer solchen Emission mehr der Kapitallenkung als der Sicherung der Öffentlichkeit vor finanziell fragwürdigen Anleiheschuldnern dient,[2] auch wenn der letztgenannte Gesichtspunkt im

---

[1] Bei Kapitalgesellschaften käme auch eine Erhöhung des Kapitals in Betracht. Davon wird jedoch in der Praxis vielfach aus mannigfachen Gründen (Gläubiger von Inhaberschuldverschreibungen können wieder abgeschüttelt werden. Aktionäre nicht – Verschiebung der bisherigen Mehrheitsverhältnisse usw.) kein Gebrauch gemacht.

[2] S. dazu *Bettermann*, Verfassungswidriger Emissionsstop, BB 1969, 699.

Vordergrund stünde, so könnte doch keine staatliche Genehmigung die Fortdauer einer gesunden Finanzlage beim Anleiheschuldner garantieren.

Dieses Sicherungsbedürfnis befriedigt die sog. Wertpapierhypothek (§§ 1187–1189). Das Gesetz läßt als Rechtsform für die Sicherung einer Forderung aus einer Schuldverschreibung auf den Inhaber (und einem Orderpapier: Wechsel, Scheck, die Papiere des § 363 HGB)[1] *nur die Sicherungshypothek* zu (§ 1187 Satz 1 und 2).

2. *Besonderheiten der Wertpapierhypothek*

Sie lassen sich wie folgt skizzieren: Zur *Bestellung* genügt bei der Schuldverschreibung auf den Inhaber die einseitige Erklärung des Eigentümers gegenüber dem Grundbuchamt (§ 1188 Abs. 1). – Die Übertragung erfolgt nach Wertpapierrecht; mit der Übereignung der Schuldverschreibung auf den Inhaber geht das Gläubigerrecht und *damit* auch die Hypothek (§ 1153) auf den Erwerber des Papiers über[2] (§ 1187 Satz 3). – Die Rechte der Gläubiger können durch einen im Grundbuch eingetragenen *Vertreter*[3] wahrgenommen werden (§ 1189).

Diese Eigenarten sind leicht verständlich:

a) Bei der Inhaberschuldverschreibung stehen die Gläubiger nicht fest, sie können daher im Grundbuch auch nicht angegeben werden, es sei denn, daß erster Nehmer eine Bank ist, die die Anleihe in complexu übernimmt (hier: §§ 1113, 1187 – „Emissionshaus"). Daher die Möglichkeit der Bestellung der Hypothek durch einseitige Erklärung des Eigentümers gegenüber dem Grundbuchamt (§ 1188). Über die Form der Eintragung s. § 50 GBO.

Formel:[4] „500 000 DM Sicherungshypothek mit 4% jährlich seit dem 1. 1. 1991 verzinslich zur Sicherung der von X-Aktiengesellschaft ausgegebenen 1000 Stück Teilschuldverschreibungen auf den Inhaber zu je 500 DM Reihe A Nr. 1–1000. Unter Bezugnahme auf die Eintragungsbewilligung v. 20. 12. 1990 eingetragen am . . ."

b) Inhaberschuldverschreibungen wie Orderpapiere sollen rasch zirkulieren können; diese Tendenz darf durch die Hypothek nicht beeinträchtigt werden. Daher ist hier die Akzessorietät der Hypothek in aller Reinheit verwirklicht: Mit der Forderung geht die Hypothek über, die Forderung aber wird nach Wertpapierrecht übertragen. Die Forderung trägt also hier gewissermaßen die Hypothek unsichtbar auf dem Rücken.

Beispiel: Eine dem G gehörige, durch Sicherungshypothek gesicherte, von der E. AG ausgegebene Schuldverschreibung auf den Inhaber ist von dem Angestellten D des G unterschlagen worden. Als die Schuldverschreibung zur Tilgung ausgelost ist, legt D die Schuldverschreibung zur Einlösung vor. E leistet an D. Er wird dadurch von seiner Verbindlichkeit frei; die Hypothek wird Eigentümergrundschuld (§ 793 Abs. 1 Satz 2 mit § 1163 Abs. 1 Satz 2). Hätte D die Schuldverschreibung an den redlichen X verkauft, so wäre dieser Eigentümer der Obligation, Gläubiger und Hypothekar geworden, auch wenn man in der „Unterschlagung" ein Abhandenkommen sieht (§§ 935 Abs. 2, 932, 793 Abs. 1 Satz 1 mit § 1187 Satz 3).

c) Namentlich bei Inhaberschuldverschreibungen sind die Gläubiger dem Schuldner-Eigentümer nicht bekannt. Es kann daher für die jeweiligen Gläubiger ein Vertreter bestellt werden, der im Namen der Gläubiger – also als Vertreter nach §§ 164 ff. – die Hypothek geltend machen und die in der Bestellung genannten Verfügungsgeschäfte vornehmen kann; er wird im Grundbuch eingetragen:

In dem obigen Beispiel b ist die X-Bank AG schon vor der Emission in den Emissionsbedingungen als Vertreter i. S. des § 1189 bestellt und im Grundbuch eingetragen worden. Die Hypothek wurde zum ersten Rang bestellt. Als die E. AG eine neue Anleihe begeben will, soll auch diese erstrangig gesichert werden. Die in der Bestellungsurkunde hierzu bevollmächtigte X-Bank AG räumt der neuen Hypothek den Gleichrang ein.

Schon dieses Beispiel zeigt, daß der Vertreter nach § 1189 in erster Linie im Interesse des Eigentümers geschaffen ist, um ihm die Verhandlungen mit den ihm unbekannten Gläubigern zu ersparen. Das Reichsgericht nennt ihn *„Grundbuchvertreter"* (RGZ 90, 211, 213 unten). Davon zu unterscheiden

---

[1] Sicherung dieser Papiere durch eine Wertpapierhypothek kommt praktisch nicht vor.
[2] Entsprechend bei den Orderpapieren mit Indossament und Übergabe.
[3] Siehe *Hägele* KTS 1960, 145; *Westermann/Eickmann* § 128 IV.
[4] Entnommen *Horber/Demharter,* GBO, 19. Aufl. 1991, § 50 Bem. 5; s. a. *Böhringer* BWNotZ 1988, 25.

ist der „*Gläubigervertreter*" nach dem Gesetz über die gemeinsamen Rechte der Besitzer von Schuldverschreibungen v. 4. 12. 1899; er kann mit dem Grundbuchvertreter nach § 1189 identisch sein.

3. In der Rechtspraxis ist die Wertpapierhypothek regelmäßig abgelöst durch eine *Grundschuld*, die der Eigentümer (meist Anleiheschuldner) zugunsten eines Treuhänders als Sicherung der Anleihe bestellt. Treuhänder ist meist das die Emission vermittelnde Bankhaus. Dieses ist zwar rechtlich Inhaber der Grundschuld, darf sie aber im Innenverhältnis zu den Gläubigern nur in deren Interesse ausüben.

§ 43. Die Gesamthypothek

Lesen Sie zunächst § 36 VI.

I. Begriff und Anwendungsbereich

1. Die Eigenart der Gesamthypothek besteht darin, daß für *ein- und dieselbe Forderung* an *mehreren* Grundstücken *eine* Hypothek bestellt wird, und zwar derart, daß jedes dieser mehreren Grundstücke für die ganze Forderung haftet (§ 1132 Abs. 1 Satz 1). Dabei ist es gleichgültig, ob die Grundstücke einem oder mehreren Eigentümern gehören, ob der Schuldner gleichzeitig Eigentümer ist oder nicht.

Die Gesamthypothek kommt somit dem Sicherungsbedürfnis des Gläubigers in besonderer, ja übertriebener Weise entgegen: Besteht das Grundvermögen des Schuldners aus mehreren Grundstücken, so bestünde an sich die Möglichkeit, die Forderung und damit die hypothekarische Sicherung auf die einzelnen Grundstücke aufzuteilen; damit würde freilich der Gläubiger das Risiko der Wertminderung eines der Grundstücke tragen. Wird ihm eine Gesamthypothek bestellt, so wird ihm in aller Regel jedes Risiko abgenommen: denn die etwaige Wertminderung eines Grundstücks wird durch die Wertreserven oder gar die Werterhöhung eines anderen Grundstücks ausgeglichen. Da der Gläubiger – wie ein „hypothekarischer Pascha" (*Heck*) – über den Grundstücken thront, wird er kaum je einen Verlust erleiden.

Beispiel: E nimmt von G ein Darlehen von 200 000 DM auf und bestellt eine Gesamthypothek in dieser Höhe an den ihm gehörigen Grundstücken a (= ländliches Wohnhaus, Wert 180 000 DM), b (= Garten, Baugrundstück, Wert 140 000 DM), c (= Wald, Wert 50 000 DM). Angenommen das Wohnhaus ginge durch einen von der Versicherung nicht erfaßten Zufall zugrunde (z. B. Erdbeben außerhalb Baden-Württembergs) und hätte nur mehr einen Wert von 40 000 DM, so wäre G doch noch voll gedeckt (Hätte er dagegen seine Forderung auf die einzelnen Grundstücke aufgeteilt, so wäre jetzt der auf das Wohngrundstück entfallene Teil teilweise ungesichert, d. h. bei einer Zwangsversteigerung fiele G mit dem großen Teil seiner Forderung aus).

2. So angenehm also die Gesamthypothek für den Gläubiger ist, so unangenehm ist sie für den Eigentümer (bzw. die mehreren Eigentümer), so gefährlich für die nachrangigen Gläubiger. Denn der Gläubiger kann „nach seinem Belieben" (so sagt § 1132 Abs. 1 Satz 2 wörtlich) die Befriedigung aus jedem der Grundstücke ganz oder zu einem Teil suchen.[1] Er kann auch zuvor schon den Betrag der Forderung auf die einzelnen Grundstücke verteilen (§ 1132 Abs. 2 Satz 1).

---

[1] Hierzu BGH NJW 1986, 1487, 1488; anders bei abweichender Vereinbarung zwischen Gläubiger und Eigentümer, für die bei Zession § 1157 gilt (BGH NJW 1986, 1487, 1488); hierzu unten II 4c.

Man braucht nicht viel Phantasie zu haben, um sich den Zug der Büßer vorstellen zu können, der zum Gläubiger pilgert, sobald die Hypothekenhaftung realisiert werden soll: da sind einmal die verschiedenen Eigentümer der mit der Gesamthypothek belasteten Grundstücke, zum anderen die Nachhypothekare; alle bitten sie um Gnade nach dem schwäbischen Hausspruch: „Heiliger St. Florian, verschon' mein Haus, zünd' andre an". Daß der eine oder andere u. U. dieser Bitte mit einer besonderen Opfergabe Nachdruck verleihen wird, läßt sich nicht ausschließen.

Folgendes in Anlehnung an eine Entscheidung des OLG Köln (KTS 1958, 155; ähnlich BGH DB 1976, 866) gebildete *Beispiel* mag zeigen, daß diese Konsequenzen des Wahlrechts des Gläubigers nicht der Phantasie des Lehrbuchverfassers entspringen: G hat als Inhaber einer Gesamthypothek von 40 000 DM auf den Grundstücken des A, B und C die Zwangsversteigerung betrieben. Die Grundstücke sind versteigert und dem K zugeschlagen worden. Auf das Grundstück des A entfiel ein Erlösanteil von 40 000 DM, auf die des B und C je von 20 000 DM. *Nach dem Zuschlag* (!) übt G sein Wahlrecht nach § 1132 Abs. 1 Satz 2 (in Verb. mit § 122 ZVG) derart aus,[1] daß er nur das Grundstück des A in Anspruch nimmt. Dies bedeutet, daß der auf das Grundstück des A entfallende Erlös ganz zur Befriedigung des G verbraucht wird, während B und C die auf ihre Grundstücke entfallenden Erlösanteile behalten. A trägt also die volle „Last" der Gesamthypothek, während B und C „fein heraus sind". Da – wie wir sehen werden – die Gesamthypothek „regreßlos" ist, also eine dem § 426 Abs. 1 Satz 1 entsprechende Regelung fehlt, kann A *auf Grund der Gesamthypothek* von B und C keinen Ausgleich fordern.[2]

Ergänzen wir das Beispiel dahin, daß hinter der Gesamthypothek des G auf jedem der Grundstücke eine zweite Hypothek zugunsten des GA, des GB, des GC lastete, so bedeutet unser Ergebnis, daß die Hypothek des GA erlischt, die der GB und GC sich am Versteigerungserlös fortsetzen (§§ 37 Nr. 5, 52 Abs. 1 Satz 2, 92 ZVG). Daraus ergibt sich schon, daß es leichtsinnig sein kann, hinter einer Gesamthypothek mit einer Einzelhypothek zu rangieren. Als nachstellige Hypothek ist oft nur wieder eine Gesamthypothek vertretbar, weil sich dann diese auf den von der Zwangsversteigerung nicht berührten Grundstücken (bzw. dem auf sie entfallenden Erlösanteil) entsprechend ausdehnen könnte.

3. Trotz dieser Nachteile und Gefahren läßt sich die Gesamthypothek in der Praxis nicht vermeiden, und zwar vor allem überall dort nicht, wo der Grundbesitz zersplittert ist. Denn will der Eigentümer zahlreicher kleinerer Grundstücke (man denke an die Gebiete landwirtschaftlichen Streubesitzes) ein größeres Darlehen aufnehmen, so wird der Gläubiger auf einer Sicherung dieses Darlehens durch eine Hypothek auf allen Grundstücken, eben eine Gesamthypothek, beharren.

Die rechtsgeschäftliche Bestellung einer Gesamthypothek erfordert für jedes Grundstück eine besondere Einigung und Eintragung. Die Hypothek am einzelnen Grundstück entsteht regelmäßig schon mit der Eintragung auf dem Grundbuchblatt des Grundstücks.[3] Die Parteien können jedoch eine abweichende Vereinbarung treffen (dazu Anhang 4 Ziff. II).

Auch dann entsteht eine Gesamthypothek, wenn ein mit einer Einzelhypothek belastetes Grundstück nachträglich geteilt wird oder wenn eine zunächst nur an einem Grundstück bestehende Hypothek auf ein anderes Grundstück ausgedehnt wird, dieses also mithaften soll.[4]

---

[1] Hierzu BGHZ 46, 246; DB 1976, 866; *Böttcher*, ZVG, 1991, § 122 Bem. 1e.

[2] Die h. M. verneint im Regelfall die Ausgleichspflicht und knüpft sie an besondere Vereinbarung; BGH NJW 1976, 2132, 2133; 2340, 2341; statt vieler MünchKomm/*Eickmann* § 1173 Rn. 9; a. A. *Ehmann*, Gesamtschuld, 1972, S. 325 ff.; *Weitnauer* DNotZ 1974, 82, 85; s. a. unter II 2b.

[3] Anders die h. M.: Entstehung des Gesamtgrundpfandrechts mit der letzten Eintragung, über Rechtsentstehung, im übrigen entscheidet § 139; so z. B. MünchKomm/*Eickmann* § 1132 Rn. 14; *Jauernig* § 1132 Bem. 4a; OLG München DNotZ 1966, 371.

[4] Zu der Frage, ob die Zustimmung des ersten Eigentümers zu der Mitbelastung erforderlich ist, wenn das zweite Grundstück einem anderen gehört, s. *Klingenstein* BWNotZ 1959, 323; *Rahn* BWNotZ 1960, 33. Zur „Nachverpfändung" allgemein H.-P. *Westermann* NJW 1970, 1023; Münch-

Schließlich entsteht eine Gesamthypothek auch dann, wenn ein Grundstück mehreren Miteigentümern nach Bruchteilen gehört und eine Hypothek an mehreren oder allen Miteigentumsanteilen für dieselbe Forderung begründet wird.

Dabei ist es gleichgültig, ob jeder Eigentümer die Hypothek an seinem Anteil für die ganze Forderung oder alle Miteigentümer gemeinschaftlich an dem Grundstück bestellen (RGZ 146, 363 = *Baur, E. Slg.* Fall 39; BGH NJW 1961, 1352; 1986, 1487, 1488; BGHZ 40, 115, 120; 103, 72, 80; 106, 19, 22) oder schließlich, ob das zunächst im Alleineigentum stehende Grundstück an mehrere Miteigentümer (nach Bruchteilen oder mehrere Wohnungseigentümer) veräußert wird (BGH NJW 1976, 2132, 2133; 2340, 2341).

(Sie verstehen jetzt wohl die oben § 29 B I 2 b aa erörterte Gefahr für die Wohnungseigentümer, die dann besteht, wenn der Darlehensbetrag *nicht* auf die einzelnen Wohnungseigentümer aufgeteilt wird und jeder von ihnen für diesen Teilbetrag eine Hypothek an seinem Wohnungseigentum bestellt, sondern der Darlehensgeber verlangt, daß die Wohnungseigentümer *für den Gesamtbetrag* das Grundstück oder *jedes* Wohnungseigentum belasten; in diesen beiden Fällen entsteht eine Gesamthypothek!)

4. Die wesentliche Besonderheit der Gesamthypothek besteht in der Haftung mehrerer Grundstücke für dieselbe Forderung, sie liegt also in der *Mehrheit der Haftungsobjekte*. Davon und von den sich hieraus ergebenden Besonderheiten abgesehen gilt normales Grundpfandrecht: Was die Akzessorietät anlangt, kann das Gesamtgrundpfandrecht also Gesamtgrundschuld, Gesamtverkehrs- und Gesamtsicherungshypothek sein. Hinsichtlich der Form der Zirkulation kann die Gesamtgrundschuld und Gesamtverkehrshypothek Brief- oder Buchrecht sein, die Gesamtsicherungshypothek nur Buchrecht.

Zu bemerken ist, daß eine *Gesamtzwangshypothek* nicht möglich ist (vgl. § 867 Abs. 2 ZPO; BGH BB 1961, 654; OLG Düsseldorf Rpfleger 1990, 60), wohl aber eine Gesamtsicherungshypothek gemäß §§ 128, 130 ZVG (OLG Düsseldorf Rpfleger 1989, 339). – Zu beachten ist weiter, daß der Typ der Gesamthypothek einheitlich sein muß; eine Gesamthypothek kann also z.B. nicht teils Verkehrs-, teils Sicherungshypothek sein. Nicht nötig ist aber, daß die Gesamthypothek auf allen belasteten Grundstücken den gleichen Rang hat (BGHZ 80, 119, 124).

5. *Grundbuchrechtlich* ist § 48 GBO zu beachten. Nach dem amtlichen Muster lautet der Eintrag bei einer Höchstbetragsgesamthypothek (als Sicherungshypothek):

„Sicherungshypothek zum Höchstbetrage von 5000 Deutsche Mark für die Offene Handelsgesellschaft Jonas und Co in Berlin. Das Grundstück Band 1 Blatt 9 haftet mit . . ."

Zu beachten ist, daß dieser *Mithaftvermerk* nur deklaratorische Bedeutung hat: haften zwei oder mehrere Grundstücke für ein- und dieselbe Forderung, so *ist* diese Belastung eine Gesamthypothek, wegen § 892 ist die Eintragung des Mithaftvermerks aber bedeutsam.

II. Die Besonderheiten der Gesamthypothek

Die besonderen Rechte *des Gläubigers* haben wir schon wiederholt skizziert.

Die eigentlichen Schwierigkeiten bei der Gesamthypothek liegen im Tilgungs-[1] und Regreßproblem.[2] Damit befassen sich die §§ 1143 Abs. 2, 1172– 1176, 1181 Abs. 2 und 1182. Um hier einigermaßen Klarheit zu gewinnen, empfiehlt es sich, von dem einfachen Fall, daß alle belasteten Grundstücke demselben Eigentümer gehören (1), zu dem schwierigeren Tatbestand verschiedenen Eigentums (2) und

---

Komm/*Eickmann* § 1132 Rn. 15 ff.; *Ertl* DNotZ 1990, 684 ff.; neueres Beispiel für „verdeckte" Nachverpfändung OLG Frankfurt DNotZ 1990, 741 ff.; s. a. § 15 III 2.

[1] Im weitesten Sinne des § 1163 verstanden!

[2] Dazu Peter *Bülow* GS f. Schultz 1987, S. 49 ff.; *Hartmaier,* Ausgleichsfragen bei mehrfacher Sicherung einer Forderung (Tüb. Diss. 1963); *Finger* BB 1974, 1416; *Reinicke/Tiedtke* (oben § 36 I) S. 192 ff.; *Schlechtriem* FS v. Caemmerer, 1978, 1013.

dem weiteren Fall der Zahlung durch den mit dem (den) Eigentümer(n) nicht identisch Schuldner (3) voranzuschreiten. Dabei sind die Fälle der freiwilligen Tilgung jeweils von der zwangsweisen Tilgung durch Zwangsvollstreckung zu unterscheiden:

1. *Alle belasteten Grundstücke gehören demselben Eigentümer*

a) Liegt eine der Voraussetzungen des § 1163 vor (z. B. der Schuldner – Eigentümer hat das gesicherte Darlehen zurückbezahlt), so erwirbt der Eigentümer die Gesamthypothek als Gesamteigentümergrundschuld (§§ 1163, 1177 Abs. 1).

b) Befriedigt sich der Gläubiger durch Zwangsvollstreckung in ein Grundstück oder in einen mithaftenden Gegenstand, so erlischt die Hypothek nicht nur an dem Grundstück, in das der Hypothekar die Zwangsvollstreckung betrieben hat, sondern auch an allen übrigen (§ 1181 Abs. 2).

Das bedeutet für Nachhypothekare, daß die auf dem versteigerten Grundstück nachfolgende Hypothek erlischt (§ 52 Abs. 1 Satz 2 ZVG), während die nachrangigen Hypotheken an den übrigen Grundstücken aufrücken.

2. *Die belasteten Grundstücke gehören verschiedenen Eigentümern*

a) Ist die zu sichernde Forderung nicht entstanden (§ 1163 Abs. 1 Satz 1) oder befriedigen alle Eigentümer gemeinsam den Hypothekar (§ 1163 Abs. 1 Satz 2) oder ist der Hypothekenbrief noch nicht übergeben (§ 1163 Abs. 2) oder verzichtet der Hypothekar auf die Hypothek an allen Grundstücken, so steht die Hypothek allen Eigentümern der belasteten Grundstücke gemeinschaftlich zu (§ 1172 Abs. 1, § 1175 Abs. 1 Satz 1, 1. Halbsatz), und zwar als Gesamteigentümergrundschuld. Gedanke: Hier hat keiner der Eigentümer eine *besondere* Leistung erbracht, es ist nur recht und billig, daß die Hypothek allen zufällt. Jeder der Eigentümer kann aber Aufteilung dieser Gesamteigentümergrundschuld verlangen (§ 1172 Abs. 2, § 1175 Abs. 1 Satz 1, 2. Halbsatz).

Streitig ist, ob diese gemeinschaftliche Eigentümergrundschuld den Eigentümern zur gesamten Hand zusteht (so daß sie vor Aufteilung nur gemeinschaftlich über sie verfügen können)[1] oder ob es sich um eine Gemeinschaft nach Bruchteilen handelt[2] (mit der Wirkung, daß jeder Eigentümer über seinen Anteil frei verfügen kann). Die letztgenannte Auffassung verdient den Vorzug, weil ein gesamthandartiges Gemeinschaftsverhältnis und das dafür charakteristische Sondervermögen zwischen den verschiedenen Eigentümern fehlen.[3]

b) Anders ist die Lage, wenn *einer* der Eigentümer den Gläubiger befriedigt. Dann geht auf alle Fälle die Hypothek an *seinem* Grundstück auf ihn als Eigentümergrundschuld bzw. Eigentümerhypothek über (§ 1173 Abs. 1 Satz 1, 1. Halbsatz: er erhält den „Preis" für seine Leistung).

---

[1] So z. B. *Wolff/Raiser* § 148 VII 1 b m. w. N.; OLG Frankfurt DNotZ 1961, 411.
[2] So die Praxis RG JW 1938, 3236; KG JFG 16, 345, 348 = *Baur,* E. Slg. Fall 51; *Westermann/Eickmann* § 125 V 2 (m. w. N.).
[3] So *Westermann/Eickmann* § 125 V 2; *Reinicke/Tiedtke* (oben § 36 I) S. 192 f. u. BGH Rpfleger 1986, 58.

Im übrigen ist zu unterscheiden:

aa) Kann der leistende Eigentümer – so der Regelfall – keinen Ausgleich von den übrigen Eigentümern fordern, so erlischt die Hypothek an deren Grundstükken (§ 1173 Abs. 1 Satz 1, 2. Halbsatz).[1] Gedanke: diese Eigentümer haben zur Befriedigung des Gläubigers nichts beigetragen, ihnen braucht daher auch die Hypothek nicht als Eigentümergrundschuld anzufallen.

Bei der *Gesamtgrundschuld* tritt dieselbe Rechtsfolge ein, falls auf die *Grundschuld* bezahlt ist. Ist hingegen auf die *Forderung* bezahlt, so bleibt die Gesamtgrundschuld bestehen, den Eigentümern stehen u. U. Einreden aus der Sicherungsvereinbarung zu, die einen Verzichtsanspruch gewähren (§§ 1192 Abs. 1, 1169; ausführlich BGH NJW 1976, 2132, 2133; 2340, 2341).

bb) Kann der leistende Eigentümer von einem (oder mehreren) Eigentümer(n) intern Ausgleich fordern (z. B. nach § 426, wenn die Eigentümer Gesamtschuldner sind), so geht die Hypothek in Höhe dieses Ersatzanspruchs auf ihn über; sie sichert jetzt in dieser Höhe den Ersatzanspruch und ist zusammen mit der Hypothek an seinem eigenen Grundstück Gesamthypothek (§ 1173 Abs. 2).[2]

Beispiel: E_1 hat sein Grundstück zugunsten des G mit einer Hypothek von 200000 DM belastet. E_1 veräußert die Hälfte seines Grundstücks an E_2, wobei vereinbart wird, daß im Innenverhältnis jeder der beiden in gleicher Höhe für die – nunmehrige – Gesamthypothek „haften" solle. Fordert G Befriedigung und zahlt E_1 in voller Höhe, so erwirbt er gegen E_2 einen Ausgleichsanspruch in Höhe von 100000 DM. Dies bedeutet nun hypothekenrechtlich: In Höhe des den E_1 selbst treffenden Teils von 100000 DM geht die Hypothek des G auf E_1 als Eigentümergrundschuld über. In Höhe des Ersatzanspruchs von 100000 DM geht die Gesamthypothek als solche auf E_1 über und sichert nunmehr diesen Anspruch.[3] E_1 kann also z. B. die Eigentümergrundschuld an X abtreten mit der Wirkung, daß sie nun Fremdgrundschuld ist, die Gesamthypothek an Y.

c) Betreibt der Gläubiger die Zwangsvollstreckung, so gilt die oben 1 b erörterte Regel, daß die Gesamthypothek an allen mit der Gesamthypothek belasteten Grundstücken erlischt (§ 1181 Abs. 1 u. 2). Davon gilt dann eine Ausnahme, wenn der Eigentümer des Grundstücks, aus dem der Gläubiger befriedigt wurde, von dem Eigentümer des anderen Grundstücks Ausgleich verlangen kann: dann erlischt zwar die Hypothek am eigenen Grundstück, die an dem fremden Grundstück geht aber auf den Ersatzberechtigten über (§ 1182 Satz 1). Dieser übergegangenen Hypothek gehen indes alle gleich- oder nachstehenden Rechte vor (§ 1182 Satz 2 a. E.).

Beispiel: Für eine Darlehensschuld des E_1 ist an den Grundstücken des E_1 und des E_2 eine Hypothek in Höhe von 50000 DM bestellt worden; zwischen E_1 und E_2 wurde vereinbart, daß „E_2 keinen Schaden haben solle". G betreibt die Zwangsversteigerung in das Grundstück des E_2 und wird durch Zuschlag des Grundstücks an X befriedigt. Hier geht die Hypothek des G an dem Grundstück des E_1 auf E_2 über und zwar als Einzelhypothek, da sie an dem Grundstück des E_2 erloschen ist. Bestünde an dem Grundstück des E_1 eine bisher zweitrangige Zwangshypothek zugunsten des Finanzamts, so würde diese Hypothek jetzt an die 1. Stelle „rutschen", während die bisher erstrangige Gesamthypothek als auf den E_2 übergegangen nunmehr an 2. Stelle steht. (Hätte E_2 den G freiwillig befriedigt, so wäre nach § 1173 Abs. 2 die Gesamthypothek mit dem ursprünglichen ersten Rang auf ihn übergegangen.)

---

[1] BGH NJW 1976, 2132, 2133; 2340, 2341.
[2] Ebenso *Reinicke/Tiedtke* S. 197f.
[3] Str. s. *Planck/Strecker* § 1173 Bem. 4 b β m. w. N.; *Soergel/Konzen* § 1173 Rn. 6; *Westermann/Eickmann* § 125 V 4.

3. *Der vom Eigentümer verschiedene Schuldner hat geleistet*

a) Hier bleibt es bei der Regel des § 1172 (§ 1163), daß die Gesamthypothek auf die Eigentümer (den Eigentümer) der belasteten Grundstücke übergeht.

b) Entsprechend § 1164 gilt aber eine *Ausnahme* dann, wenn der Schuldner von allen anderen oder einem beteiligten Eigentümer(n) intern Ausgleich fordern kann. Im ersten Fall steht die Gesamthypothek dem ersatzberechtigten Schuldner zu (§ 1164), im zweiten Fall geht die Hypothek an dem Grundstück des ersatzverpflichteten Eigentümers auf den leistenden Schuldner über, an den übrigen Grundstücken erlischt sie (§ 1174 Abs. 1).

Beispiel: Wie oben 2c, nur mit der „Fortsetzung", daß E_1 (= Darlehensschuldner) sein Grundstück an Ex verkauft hatte, wobei die „Hypothek auf den Kaufpreis angerechnet" wurde. G hatte aber die Schuldübernahme nicht genehmigt, so daß ihm gegenüber immer noch E_1 (= S) Schuldner war. Am Fälligkeitstag muß E_1 (= S) zahlen. Da er einen Regreßanspruch gegen Ex hat, geht die Gesamthypothek an dessen Grundstück auf ihn über (§ 1174 Abs. 1); sie sichert nunmehr den Ersatzanspruch des E_1 gegen Ex; die Hypothek an dem Grundstück des E_2 erlischt (§ 1174 Abs. 1 a. E.).

Wollen wir zur Wiederholung noch die übrigen, denkbaren Modalitäten durchsprechen:

aa) Angenommen Ex – der Käufer des Grundstücks – hätte bezahlt: Er hätte dann die Hypothek an seinem Grundstück erworben, die Hypothek an dem Grundstück des E_2 wäre erloschen (§ 1173 Abs. 1).

bb) Gesetzt den Fall, E_2 hätte geleistet. Hier hätte E_2 an seinem Grundstück nach § 1173 Abs. 1 Satz 1 die Gesamthypothek erworben, die an dem Grundstück des Ex fällt ihm nach § 1173 Abs. 2 zu, weil E_2 von E_1 als dem Rechtsvorgänger des Ex Ausgleich verlangen konnte.

4. *Sonstige Fälle*

Die Gesamthypothek gibt noch viele Variationsmöglichkeiten; folgende seien noch hervorgehoben:

a) Es ist nicht selten, daß der Hypothekar einen der Eigentümer „aus der Pfandhaft entläßt", also auf die Hypothek an dessen Grundstück *verzichtet*. Nach der Regel des § 1168 müßte dann die Gesamthypothek an dem Grundstück dieses Eigentümers als Eigentümergrundschuld auf ihn übergehen; § 1175 Abs. 1 Satz 2 läßt aber die Gesamthypothek an diesem einzelnen Grundstück erlöschen, ohne daß der Eigentümer zuzustimmen braucht. Nur wenn der Gläubiger auf die Gesamthypothek an allen Grundstücken verzichtet, wird sie zur Gesamteigentümergrundschuld (§ 1175 Abs. 1 Satz 1):

In unserem Standardbeispiel haften für die Darlehensforderung des G sowohl der Schuldner E_1 wie E_2 (den intern „kein Schaden treffen soll"). Hinter der Gesamthypothek rangiert an dem Grundstück des E_1 der Gläubiger H mit einer zweiten Hypothek. H überredet den G, auf die Hypothek an dem Grundstück des E_1 zu verzichten. Dies würde bedeuten, daß die Gesamthypothek an dem Grundstück des E_1 erlischt, H also sein Ziel erreicht, indem er aufrückt! Die Gesamthypothek des G an dem Grundstück des E_2 bliebe als Einzelhypothek bestehen. Dieses unbillige Ergebnis verhindert aber § 1165 in entsprechender Anwendung. Zwar ist E_2 nicht gleichzeitig persönlicher Schuldner,[1] aber durch den Verzicht verhindert der G die Sicherung des Ausgleichsanspruchs nach § 1173 Abs. 2, falls E_2 leisten muß. Der Einwand, daß das freie Wahlrecht des G nicht beeinträchtigt werden dürfe,[2] greift nicht durch: Man braucht dieses ohnehin recht zur Korruption verleitende Wahlrecht nicht noch zu verstärken.

b) Die Sicherung durch Gesamthypothek kann u. U. dem Gläubiger nicht genügen, er fordert noch die Übernahme einer *Bürgschaft*. Leistet der Bürge, so geht die Forderung mit Gesamthypothek auf ihn über (§§ 774, 1153).

---

[1] In einem solchen Fall ist die Anwendung des § 1165 zweifelsfrei (RGZ 89, 77).
[2] BGHZ 52, 93, mit krit. Anm. v. *Wacke* NJW 1969, 1850; *Westermann/Eickmann* § 125 V 7. Wie oben *Reinicke/Tiedtke* (oben § 36 I) S. 199f.; offen *Jauernig* § 1173 Anm. 3b.

Möglich ist aber auch, daß einer der Eigentümer der mit der Gesamthypothek belasteten Grundstücke sich gleichzeitig für die Schuld verbürgt. Leistet er, so konkurrieren §§ 774, 1153 mit § 1173; denn der Leistende ist gleichzeitig Bürge und Eigentümer. Hier wird der Forderungsübergang nach § 774 (§ 1153) den Vorzug verdienen (so mit Recht *Westermann/Eickmann* § 125 V 4).

c) Schließlich noch eine letzte Frage: wie wirken sich Abmachungen aus, die zwischen dem Gläubiger und *einem* der mit der Gesamthypothek belasteten Grundstückseigentümer, z. B. über die Geltendmachung der Hypothek, getroffen werden?

G sichert z. B. dem E_2 zu, daß er gegen ihn erst nach Ablauf von 2 Jahren vorgehen werde (oder daß er die Hypothek überhaupt erst nach diesem Zeitraum geltend machen werde).

Hier gilt zunächst die Regel, daß *dingliche,* die Gesamthypothek betreffende *Rechtsänderungen* nur *einheitlich,* also für die gesamte Gesamthypothek getroffen werden können. Daher kann z. B. „der Gläubiger nicht die Hypothek in Ansehung eines Grundstücks übertragen, in Ansehung des anderen für sich behalten; er kann sie ebensowenig an verschiedene Personen abtreten" (RGZ 63, 74, 75).

Umstritten[1] ist die Frage, ob bezüglich der einzelnen Grundstücke verschiedene Fälligkeitsbedingungen mit dinglicher Wirkung vereinbart werden können. Sicher zulässig sind *schuldrechtliche* Abmachungen zwischen dem Hypothekar und *einem* der Eigentümer; sie geben diesem dann eine Einrede gegen die Geltendmachung der Hypothek i. S. des § 1157 (BGH NJW 1986, 1487, 1488; s. a. BayObLG NJW 1956, 143).

In dem obigen *Beispiel* kann also E_2 bei einem Vorgehen von G gegen ihn einredeweise die Stundungsabrede geltend machen; einem Rechtsnachfolger des G gegenüber wirkt sie aber nur, wenn sie diesem bekannt war oder sich aus dem Grundbuch ergab (§ 1157 Satz 2: also doch verschiedenartige Eintragungen bei den verschiedenen Grundstücken!).

Hat G mit E_2 vereinbart, daß er die Gesamthypothek „überhaupt erst" nach zwei Jahren solle geltend machen dürfen, so liegt auch darin – mangels Eintragung – keine Inhaltsänderung der Gesamthypothek (selbst wenn man eine Einigung zugunsten Dritter – nämlich der übrigen Grundstückseigentümer – zuließe). Aber gegen eine *schuldrechtliche* Wirkung der Stundungsabrede zugunsten auch der anderen Eigentümer ist nichts einzuwenden.

C. Die Grundschuld

§ 44. Hypothek und Grundschuld – Gemeinsames und Unterschiede

Lit.-Hinweis: S. zunächst die Lit.-Hinweise vor § 36. Ferner *Blomeyer,* Karl, Eigentümerpfandrecht und Grundpfandbestellungsrecht des Eigentümers, DRWiss. 1941, 110 und 218; *Boehmer* ZAkDR 1940, 173, 241 (betr. Sicherung des Zwischenkredits); *Buchholz,* Abstraktionsprinzip u. Immobiliarrecht. Zur Geschichte der Auflassung und der Grundschuld, 1978; *Dempewolf* NJW 1957, 1257 u. 1959, 556 (zum Rückübertragungsanspruch); ders., Der Rückübertragungsanspruch bei Sicherungsgrundschulden (1958); *Felgentraeger,* Hypothek u. Grundschuld, in FS f. Gierke (1950) S. 140; *Huber,* Die Sicherungsgrundschuld, 1965; *Klee,* Eigentümergrundschuld oder Fremdgrundschuld, NJW 1951, 579; *Kommans,* Die Sicherungsgrundschuld (1939); *Kowalski,* Die Grundschuld im modernen Grundbuchverkehr (1932); *Küchler,* Die Sicherungsgrundschuld (1939); *Polzin,* Die praktische Anwendung der Grundschuld, AcP 134, 219; *Hj. Weber* § 13 (mit umfassenden Lit. Angaben); *Wörbelauer,* NJW 1958, 1705 u. 1513 (zur Eigentümergrundschuld). Weitere Literatur vor § 45 u. § 46 und im Text.

S. Übersicht 20 am Ende von § 45.

---

[1] Vgl. *Staudinger/Scheriübl* § 1132 Rn. 17; *Soergel/Konzen* § 1132 Rn. 9.

I. Begriff und Anwendungsbereich

Lesen Sie zunächst oben § 36 III 1 und 2.

Der wesentliche Unterschied zwischen Hypothek und Grundschuld liegt im Bereich der Akzessorietät: Das Gesetz hat die Hypothek als akzessorisches, die Grundschuld als nicht akzessorisches Recht ausgestaltet. Zwar ist – wie wir wissen – auch bei der Hypothek die Akzessorietät verschieden stark ausgebaut: ganz streng bei der Sicherungshypothek, gelockert – im Interesse des redlichen Verkehrs – bei der Verkehrshypothek. Aber auch bei dieser gilt der Grundsatz, daß die Hypothek nur zur Sicherung einer – entstandenen und noch bestehenden – Forderung dienen kann und daß die Hypothek untrennbar mit dieser Forderung verbunden ist. Anders die Grundschuld: sie setzt eine durch sie gesicherte Forderung nicht voraus. Auch wenn – wie meist in der Praxis – die Grundschuld der Sicherung einer Forderung dient, führt diese Sicherungsfunktion in der Regel nicht zu grundpfandrechtlichen Konsequenzen.

§ 1192 bringt diesen Unterschied mit aller Deutlichkeit zum Ausdruck; er sagt, daß auf die Grundschuld das Recht der Hypothek entsprechende Anwendung findet, *„soweit* sich nicht daraus ein anderes ergibt, daß die Grundschuld *nicht eine Forderung voraussetzt"*.

Diese Forderungsunabhängigkeit der Grundschuld gilt es mit Nachdruck festzuhalten: Bei der Erörterung der speziellen Probleme der Sicherungsgrundschuld (unten § 45) werden wir zwar feststellen, daß die Sicherungsgrundschuld vor allem durch die Rechtspraxis in einigen Beziehungen der Hypothek angenähert worden ist, aber diese Annäherung darf doch den grundsätzlichen Unterschied nicht verwischen.

Beispiel: E hat der G-Bank zur Sicherung eines erwarteten Kredits eine Grundschuld bestellt. Einem nachrangigen 2. Hypothekar H gegenüber ist E zur Löschung der Grundschuld verpflichtet, sobald sie sich mit dem Eigentum in einer Person vereinigt (gesetzlicher Löschungsanspruch nach § 1179a). Wider Erwarten ist der Kredit nicht ausbezahlt worden, G weigert sich auch aus triftigen Gründen, dies in Zukunft zu tun. Daraufhin hat E den Anspruch auf Rückübertragung der Grundschuld an einen anderen Gläubiger X abgetreten, der jetzt diesen Anspruch gegen G geltend macht. H hält die Abtretung ihm gegenüber für unwirksam, weil er durch den Löschungsanspruch gesichert sei.
Bei Lösung dieses Falls muß man sich zunächst darüber im klaren sein, daß die Grundschuld wirksam begründet ist, obwohl die zu sichernde Forderung nicht entstanden ist, und zwar als Fremdgrundschuld der G; § 1163 Abs. 1 Satz 1 ist also nicht anwendbar. Da sonach die Voraussetzung des § 1179a (Vereinigung der Hypothek mit dem Eigentümer in einer Person) nicht vorliegt, kann auch der Löschungsanspruch seine Wirkung nicht entfalten. Dem E stand ein *schuldrechtlicher* Rückabtretungsanspruch gegen G zu, sei es auf Grund des nicht erfüllten Sicherungsvertrags, sei es auf Grund ungerechtfertigter Bereicherung (s. dazu unten § 45 II 2). Hätte sich H gegen eine Verwertung dieses Rückabtretungsanspruchs durch E sichern wollen, so hätte er sich diesen künftigen Anspruch abtreten lassen können (s. unten § 46 IV 4a).
Dieses bewußt etwas kompliziert gewählte Beispiel sollte zunächst nur dartun, daß der grundsätzliche Unterschied zwischen Grundschuld und Hypothek nicht lediglich akademische Bedeutung hat, sondern sich praktisch auswirkt.
Ähnliche Beispiele aus der Praxis: BGH NJW 1985, 800; OLG Hamm NJW-RR 1990, 272.

2. Das BGB hat zwei Typen von Grundpfandrechten geschaffen, weil sich beide Formen historisch entwickelt hatten und in der Rechtspraxis benutzt wurden. Dieser – landschaftlich verschiedenen – Übung wollte man keine Gewalt antun.

Welchen Anwendungsbereich haben beide Institute heute? Auch heute ist die landschaftliche Verschiedenheit nicht ohne Bedeutung, mehr und mehr hat sich aber das Gewicht nach der Art des Kreditgeschäfts geändert. Kurz- und mittelfristige Kredite der Kreditinstitute werden heute durchweg durch Grundschulden, und zwar in der Form der Briefgrundschuld gesichert. Namentlich ist – wie wir schon früher festgestellt haben – die Höchstbetragshypothek fast vollständig durch die Grundschuld abgelöst worden. Dagegen bedient sich der langfristige Kredit (Anlagekredit) noch der Verkehrshypothek. Freilich ist auch hier die Grundschuld stark im Vordringen, weil man in ihrer Nichtakzessorietät entscheidende Vorteile sieht; ob zu Recht oder Unrecht, mag zunächst dahingestellt bleiben.

Heute sind von allen rechtsgeschäftlich bestellten Grundpfandrechten ca. 19% Hypotheken, ca. 81% Grundschulden.[1]

Die „isolierte" Grundschuld – im Gegensatz zur der Sicherung einer Forderung dienenden Grundschuld (der sog. Sicherungsgrundschuld) – ist freilich selten. Sie kommt etwa vor, wenn der Eigentümer sich mit Zustimmung des Gläubigers nicht dem Zugriff in sein ganzes Vermögen, sondern eben nur dem in sein Grundstück unterwerfen will oder wenn der Eigentümer jemandem einen Wertanteil an seinem Grundstück zuwenden will, ohne daß eine Forderung besteht, die gesichert werden könnte; so etwa wenn der Vater seiner Tochter als Ausstattung eine Grundschuld an dem ihm gehörigen Grundstück schenkt. Forderungslos ist natürlich auch die rechtsgeschäftlich bestellte Eigentümergrundschuld (§ 1196), nur wird sie in dem Augenblick zur Sicherungsgrundschuld, wo der Eigentümer sie sicherungshalber an seinen Gläubiger abtritt. Ist sie in der Form der Briefgrundschuld bestellt und wird sie sodann außerhalb des Grundbuchs durch Briefübergabe und schriftliche Abtretungserklärung abgetreten, so erscheint der Gläubiger im Grundbuch nicht, er kann also – insbesondere vor der „Konkurrenz" – geheimgehalten werden.

3. Im folgenden werden zunächst die für die Grundschuld geltenden Regeln dargestellt (II–VII), anschließend die Besonderheiten der sog. Sicherungsgrundschuld (§ 45), letztlich die Eigenart des Eigentümergrundpfandrechts (§ 46).

II. Die Entstehung der Grundschuld

1. Sie setzt Einigung und Eintragung (§ 873), bei der Briefgrundschuld außerdem die Übergabe des Grundschuldbriefs (§ 1117) voraus, dagegen *nicht* die Entstehung der Forderung, dies auch dann nicht, wenn die Grundschuld der Sicherung einer Forderung dienen soll. Die Grundschuld ist also Fremdgrundschuld, gleichgültig ob die Forderung noch nicht entstanden ist oder überhaupt nicht mehr entstehen wird.[2] Im letztgenannten Fall hat der Eigentümer lediglich einen Anspruch auf Rückgewähr der Grundschuld, und zwar aus der Rückabwicklung des Sicherungsvertrags. Ist die Sicherungsabrede nichtig, so beruht der Anspruch auf ungerechtfertigter Bereicherung.[3]

---

[1] *Adams,* Ökonomische Analyse der Sicherungsrechte, 1980, S. 11.
[2] Hierzu deutlich BGH NJW 1981, 1505.
[3] Zu dieser Unterscheidung ausführlich § 45 II 2a und b.

Ist der Brief noch nicht übergeben, so ist die Grundschuld nach § 1163 Abs. 2 (vorläufige, verdeckte) Eigentümergrundschuld; denn § 1163 Abs. 2 hat mit dem Akzessorietätsgrundsatz nichts zu tun (RGZ 77, 106, 108).

2. Die Grundschuld kann als Brief- oder als Buchgrundschuld, als Einzel- oder Gesamtgrundschuld bestellt werden. Auch ist die Umwandlung der Brief- in eine Buchgrundschuld und umgekehrt möglich (§ 1192 mit § 1116 Abs. 2 S. 2 – § 1116 Abs. 3); ebenso ist die Umwandlung der Grundschuld in eine Hypothek und umgekehrt durch Inhaltsänderung (§ 877) jederzeit möglich (§ 1198; Beispielsfall: BGH NJW 1968, 1674). Regelform ist auch hier die Briefgrundschuld; die Buchgrundschuld bedarf der Einigung über den Briefausschluß und der Eintragung des Briefausschlusses (§ 1116 mit § 1192).

Im Grundbuch müssen Gläubiger, Geldbetrag der Grundschuld und Zinssatz angegeben werden (§ 1115); eine zu sichernde Forderung darf hier – selbst wenn es sich um eine Sicherungsgrundschuld handelt – nicht vermerkt werden; geschieht es, so ist dies ohne Wirkung.[1]

Hier wird ein mit der Grundschuld verbundener Vorteil gewissermaßen grundbuchrechtlich sichtbar: die Hypothek ist auf eine bestimmte Forderung festgelegt. Ist die Forderung – z.B. durch Rückzahlung – erloschen, so kann nicht beliebig eine andere neue Forderung an ihre Stelle gesetzt werden; denn mit dem Erlöschen der Forderung war eine Eigentümergrundschuld entstanden (§ 1163 Abs. 1 Satz 2), die bereits Gegenstand des Zugriffs Dritter sein oder in den Bereich eines Löschungsanspruchs (bzw. einer Löschungsvormerkung, s. unten § 46 IV) fallen konnte. Ganz anders bei der Grundschuld: hier kann die zu sichernde Forderung beliebig ausgewechselt werden, das eine Kreditverhältnis durch das eines ganz anderen Schuldners ersetzt werden[2] usw. Die Grundschuld ist so ein leicht manipulierbares Sicherungsmittel. Darin liegt für leichtfertige Eigentümer freilich auch eine Gefahr: denn der Eigentümer kann die Grundschulden an seine Gläubiger austeilen wie der Fürst die Goldstücke an die Menge. Der „Kater" kommt hinterher! –
Eintragungsmuster (Briefgrundschuld):
„Zehntausend Deutsche Mark Grundschuld mit 12% jährlich verzinslich für den Rentner Herbert Müller in Berlin. Unter Bezugnahme auf die Eintragungsbewilligung vom . . ."

III. Die **Übertragung**[3] der Grundschuld erfolgt nach Hypothekenrecht (§§ 1154, 1155; dazu oben § 38), nur daß § 1153 (Untrennbarkeit von Forderung und Hypothek) ausgeschlossen ist. Gesicherte Forderung und Grundschuld können also an verschiedene Personen abgetreten werden (vgl. das Beispiel oben § 36 III 2 am Ende). Die darin für den Schuldner-Eigentümer liegende Gefahr wird dadurch etwas gemildert, daß er dem Zessionar der *Forderung* entgegenhalten kann, er brauche nur gegen Aushändigung der Löschungspapiere zu zahlen, während er dem neuen *Grundschuldinhaber* die Sicherungsabrede nur entgegenhalten kann, wenn dieser sie kannte oder wenn sie aus dem Grundbuch ersichtlich war (Einzelheiten unten § 45 III).

---

[1] Hierzu § 45 II 2c.

[2] Die Praxis sucht gelegentlich dies zu verhindern, und zwar durch die zwischen dem Grundschuldgläubiger und einem nachfolgenden Grundpfandgläubiger getroffene Vereinbarung, die Grundschuld „nur einmal zu valutieren", d.h. nur zur Sicherung *einer* bestimmten Darlehnsforderung zu verwenden; diese Vereinbarung hat nur schuldrechtliche Wirkung (s. dazu *Kolbenschlag* DNotZ 1966, 475).

[3] Zur Nichtabtretbarkeit der Grundschuld kraft Parteivereinbarung s. oben § 4 IV.

IV. Haftungsumfang und **Haftungsverwirklichung** richten sich nach den für die Hypothek geltenden Vorschriften (also Haftungsumfang: §§ 1120–1130; Haftungsverwirklichung auf dinglichen Vollstreckungstitel hin durch Zwangsversteigerung,[1] Zwangsverwaltung und Mobiliarzwangsvollstreckung in die mithaftenden Gegenstände). Die dinglichen Titel sind dieselben wie bei der Hypothek, insbesondere kommt also auch die vollstreckbare Urkunde in Betracht (s. oben §§ 39, 40).

V. Einer Erörterung bedarf die **Legitimation** des Grundschuldgläubigers bei Geltendmachung der Grundschuld (1) und die *Verteidigung* des Eigentümers gegen die Grundschuld (2, 3).

1. Was die *Legitimation* des Gläubigers anlangt, so bestehen keine wesentlichen Unterschiede zur Verkehrshypothek: Bei der Buchgrundschuld kann sich der Grundschuldinhaber auf die Eintragung im Grundbuch (§ 891), bei der Briefgrundschuld auf den Brief im Zusammenhang mit der Eintragung im Grundbuch bzw. einer Kette öffentlich beglaubigter Abtretungserklärungen berufen (§ 1155). Der Unterschied zur Verkehrshypothek ist nur folgender: bei der Verkehrshypothek bezieht sich die legitimierende Kraft des Grundbucheintrags usw. auch auf die Forderung, soweit diese die Basis der Hypothek bildet, bei der Grundschuld nur auf das dingliche Recht.

2. Bei der *Verteidigung des Eigentümers* kommen an Einreden und Einwendungen in Betracht:

a) solche, die sich gegen die Existenz des dinglichen Rechts oder gegen die Rechtszuständigkeit in der Person des die Grundschuld Geltendmachenden richten; wir haben sie bei der Hypothek bestandsvernichtende oder bestandsverändernde Einwendungen genannt (s. oben § 38 VII 1 a).

Auch gegen die Klage aus der Grundschuld kann also – selbstverständlich – eingewendet werden, die Grundschuld sei nicht wirksam begründet worden oder erloschen oder sie sei an einen anderen abgetreten oder sie sei durch Verzicht entsprechend § 1168 zur Eigentümergrundschuld geworden;

b) solche, die sich aus dem Rechtsverhältnis zwischen Eigentümer und Gläubiger ergeben („eigentümerbezogene Einreden", s. oben § 38 VII 1 d). Hier kommen insbesondere die Einreden aus dem Sicherungsvertrag in Betracht, wenn es sich um eine Sicherungsgrundschuld handelt.

Hierauf soll unten § 45 näher eingegangen werden. Nur kurz zur vorläufigen Information: Der Eigentümer kann z. B. einwenden, der Sicherungsvertrag sei nichtig, daher stehe ihm ein Anspruch auf Rückübertragung der Grundschuld zu, er habe also die Einrede der ungerechtfertigten Bereicherung, oder er – der Eigentümer – habe die gesicherte Darlehensschuld schon ratenweise getilgt, aus dem Sicherungsvertrag ergebe sich jetzt die Pflicht des Gläubigers zur Rückübertragung der Grundschuld auf ihn usw.

c) *§ 1137 ist nicht anwendbar;* der Eigentümer kann also nicht die Einreden des Schuldners gegen den Grundschuldgläubiger geltend machen.

Möglich ist aber, daß dem Eigentümer selbst Einreden aus dem Sicherungsvertrag zustehen (s. unten § 45 IV 1).

---

[1] Ausführlich speziell zur Sicherungsgrundschuld *Geißler* JuS 1990, 284 ff.

3. *Die Rechtsstellung des Zessionars der Grundschuld*

a) Auch hier ist von dem in § 404 enthaltenen, in § 1157 S. 1 für die Hypothek besonders geprägten Grundgedanken auszugehen, daß nämlich die Position des Eigentümers durch eine Zession des Rechts nicht beeinträchtigt werden soll. Aber schon bei der Verkehrshypothek haben wir entscheidende Durchbrechungen dieser Regel festgestellt (§ 38 VII 2b); sie ergaben sich bezüglich der bestandsvernichtenden Einwendungen aus § 892 mit § 1138, bezüglich der schuldnerbestimmten Einreden aus § 1138 und hinsichtlich der eigentümerbezogenen Einreden aus § 1157 Satz 2. Ähnlich ist die Rechtslage bei der Grundschuld, nur mit dem Unterschied, daß § 1138 hier keinen Anwendungsbereich hat.

Der Eigentümer kann sich also z. B. dem Zessionar der Grundschuld gegenüber nicht darauf berufen, die Grundschuld sei nicht wirksam entstanden, wenn dieser sie im Vertrauen auf das Grundbuch erworben hat (§ 892).

Besonderheiten ergeben sich auch hier wieder bei der Sicherungsgrundschuld (s. unten § 45). Hier sei andeutungsweise nur vermerkt, daß auf Einreden aus dem Sicherungsvertrag § 1157 Anwendung findet; dies bedeutet, daß sie der Erwerber dann gegen sich gelten lassen muß, wenn er sie kannte oder wenn sie sich aus dem Grundbuch oder Brief ergaben (§ 1157 Satz 2 mit § 1140).

b) Nur einer knappen Erörterung bedarf die Frage, an wen der Eigentümer bei Zession der Grundschuld leisten darf. Schon bei der Verkehrshypothek hatten wir festgestellt (s. oben § 38 VI 4), daß die bei Abtretung einer Forderung geltende „historische Legitimation" (*Heck*) der §§ 406 bis 408 in § 1156 zugunsten der hypothekarischen ausgeschlossen ist. Dasselbe gilt für die Grundschuld. Der Eigentümer kann also mit befreiender Wirkung leisten: an den wahren Berechtigten, gleichgültig ob er ausreichend legitimiert ist oder nicht, an den Nichtberechtigten, wenn er durch Grundbuch (bzw. Brief + „Kette", § 1155) ausgewiesen ist, *nicht* aber an den Zedenten der Grundschuld, auch wenn er von der Zession keine Kenntnis erhalten hatte; er kann sich also nicht zu seinen Gunsten auf § 407 berufen.[1]

Auch hier ergeben sich Besonderheiten bei der Sicherungsgrundschuld, insbesondere dann, wenn Forderung und Grundschuld verschiedene Wege gehen.

VI. Die Tilgung der Grundschuld

Sie kann durch den Eigentümer (1) oder einen Dritten (2) erfolgen.

1. Tilgt der *Eigentümer* die Grundschuld, so entspräche es dem Zweck des § 1163 Abs. 1 Satz 2, die Grundschuld auf den Eigentümer als Eigentümergrundschuld übergehen zu lassen, also dem Eigentümer nicht lediglich einen schuldrechtlichen Anspruch auf Rückübertragung der Grundschuld zu geben. Einer einheitlichen Lösung des Tilgungsproblems bei der Hypothek und bei der Grundschuld stehen auch keine gewichtigen dogmatischen Bedenken entgegen. So ist man sich auch über das Ergebnis: die Entstehung einer Eigentümergrundschuld einig. Nur die Begründungen sind recht verschieden.

Die einen wollen § 1163 Abs. 1 Satz 2 entsprechend heranziehen, andere (z. B. RGZ 78, 60, 68; BGH NJW 1986, 2108, 2111) die §§ 1142, 1143 (die das Ablösungsrecht des vom Schuldner verschie-

---

[1] Hierzu BGH NJW 1976, 2213.

denen Eigentümers betreffen!), wieder andere (z. B. *Wolff/Raiser* § 156 Anm. 11) die §§ 1168, 1170, 1171. U. E. ist der Meinung des RG und des BGH der Vorzug zu geben; ebenso jetzt *Westermann/Eickmann* § 133 III. Der Eigentümer ist bei der Tilgung nicht zu Teilleistungen berechtigt (BGHZ 108, 372, 379; hierzu § 40 IV 1 a).

Problematisch wird die Tilgungsleistung dann, wenn bei der Sicherungsgrundschuld der Eigentümer mit dem persönlichen Schuldner identisch ist: Leistet er „auf" die Grundschuld, dann wäre nach dem eben Gesagten das Ergebnis eine Eigentümergrundschuld, leistet er „auf" die Forderung, so hätte er nur einen schuldrechtlichen Anspruch aus dem Sicherungsvertrag auf Rückübertragung der Grundschuld. Wie aber läßt sich feststellen, ob der Eigentümer-Schuldner die Grundschuld oder die Forderung tilgen wollte?

Auch dieses Problem sei hier zunächst nur angedeutet, weil es bei der Sicherungsgrundschuld aktuell wird. Dort ist auch die Frage zu erörtern, was bei Verschiedenheit von Eigentümer und Schuldner aus der persönlichen Forderung wird, wenn der Eigentümer die Grundschuld tilgt.

2. Für den Fall der *Ablösung* der Grundschuld *durch Dritte* gilt § 1150 mit § 268. Steht dem Ablösenden ein Ablösungsrecht zu, so geht die Grundschuld auf ihn über.[1]

3. Von der Tilgung der Grundschuld sind wie bei der Hypothek folgende Fälle zu unterscheiden:

a) der *Verzicht* auf die Grundschuld; hier ist hinsichtlich der Voraussetzung und Wirkung § 1168 anzuwenden; der Eigentümer erwirbt die Grundschuld (BGHZ 108, 237, 246). Dem Verzicht steht bei der Sicherungsgrundschuld der Fall des § 418 Abs. 1 S. 2 gleich;[2]

b) die *Aufhebung* der Grundschuld; sie bestimmt sich nach §§ 875, 876, bedarf der Zustimmung des Eigentümers (§ 1183, s. auch § 27 GBO) und führt zum Untergang des Rechts;

c) die *Befriedigung* des Grundschuldinhabers durch Zwangsvollstreckung in das Grundstück oder in die mithaftenden Gegenstände. Hier erlischt die Grundschuld (§ 1181).

VII. Anhang: Pfändung und Verpfändung der Grundschuld

1. Auf die *Zwangsvollstreckung* in eine Grundschuld finden nach § 857 Abs. 6 ZPO die Vorschriften über die Pfändung der Hypothek entsprechende Anwendung. Es gilt also das oben § 38 X 3 Gesagte.[3]

Besonderheiten gelten für die Pfändung einer Eigentümergrundschuld; darauf soll erst unten § 46 I 5 bei der Behandlung der Eigentümergrundschuld eingegangen werden.

---

[1] Hierzu BGHZ 104, 26, 29; 108, 372, 379; NJW 1986, 1487 (dazu noch § 38 IX 4); der Parallelfall bei der Hpyothek ist unter § 38 IX 3 behandelt. Zahlt ein *nicht* ablösungsberechtigter Dritter auf die Grundschuld, so entsteht eine Eigentümergrundschuld (Saarbrücken OLGZ 1967, 102; *Coester* NJW 1984, 2548, 2550; offen BGH NJW 1983, 2502, 2503; für Erlöschen MünchKomm/*Eickmann* § 1191 Rn. 129).
[2] BGH BB 1966, 601 = WM 1966, 577, 579. Nach Abtretung des Rückgewähranspruchs (§§ 45 II 2b, V; 46 IV 4a) durch den Sicherungsgeber an einen Dritten bleibt die Zustimmung des Eigentümers maßgeblich, nicht die des Zessionars (BGH NJW 1992, 110; str, aA *Scholz* NJW 1966, 1739).
[3] Dazu ferner *Stöber* BB 1964, 1457; *Huber* BB 1965, 609 und OLG Saarbrücken OLGZ 1967, 102.

2. Nach § 1291 gelten für die *Verpfändung* einer Grundschuld die Vorschriften über das Pfandrecht an einer Forderung. Auch in der Verpfändung der Grundschuld wird also eine „Teilabtretung" gesehen. Dies bedeutet etwa, daß für den Verpfändungsakt die Vorschriften über die Abtretung gelten (§ 1274; Einzelheiten oben § 38 X 2).

Beispiel: BGHZ 60, 174.

§ 45. Die Sicherungsgrundschuld

Lit.-Hinweis: Siehe oben vor § 36 u. § 44; ferner *Gaberdiel,* Kreditsicherung d. Grundschulden, 5. Aufl. 1991; *Clemente,* Die Sicherungsgrundschuld, 2. Aufl. 1991; *ders.,* Die Sicherungsabrede der Sicherungsgrundschuld, ZIP 1990, 969; *Eickmann,* Aktuelle Fragen der Sicherungsgrundschuld, ZIP 1989, 137; *Rahn,* Verkehrshypothek und Sicherungsgrundschuld, BWNotZ 1959, 265; *Jäckle* JZ 1982, 50; *Jestädt* GS f. Schultz, 1987, 149 (vor allem zum Rückgewähranspruch); *Kollhosser,* Neue Probleme bei der Abtretung und Verpfändung von Grundschulden, JA 1979, 232; *Lamb* JA 1987, 1; *Lopau* NJW 1972, 2253 und JuS 1976, 315; 553; *Matschl* NJW 1962, 2132; *Petri,* Die Grundschuld als Sicherungsmittel f. Bankkredite (1975); *Reinicke/Tiedtke,* Gesamtschuld u. Schuldsicherung, 2. Aufl. 1988, 225; *Reithmann* NJW 1977, 661 u. DNotZ 1982, 67, 70; *Scholz,* Der sicherungsrechtliche Rückgewähranspruch als Mittel der Kreditsicherung, FS Möhring, 1965, S. 419 ff.; *Seckelmann,* Die Grundschuld als Sicherungsmittel (1963); *Serick,* Eigentumsvorbehalt und Sicherungsübereignung, Bd. II, 1966, § 28; *Tiedtke,* Die Sicherungsgrundschuld, Jura 1980, 407; *ders.,* Zur weiten Sicherungsabrede bei Bestellung der Grundschuld durch eine Personengesellschaft oder den persönlich haftenden Gesellschafter, NJW 1991, 3241; Hj. *Weber,* Der Rückübertragungsanspruch bei der nicht valutierten Grundschuld, AcP 169, 237; *Wilhelm,* Sicherungsgrundschuld und Einreden gegen Dritterwerber, JZ 1980, 625.

S. Übersicht 20 am Ende.

I. Begriff und Anwendungsbereich

1. Mit dem Begriff „Sicherungsgrundschuld" soll eine Grundschuld bezeichnet werden, die zur Sicherung einer Forderung bestellt worden ist. Das Gesetz kennt diesen Begriff nicht; mit gutem Grunde, denn nach seiner Vorstellung (§ 1192) sollte ja für die Grundschuld gerade ihre Forderungsunabhängigkeit charakteristisch sein. So will der Begriff zunächst nur sagen, daß in der Praxis auch die Grundschuld – genau wie die Hypothek – der Sicherung einer Forderung dient. Mit der Zeit hat der Begriff aber auch eine rechtlich-substantielle Bedeutung erfahren, insofern aus der lebenstatsächlichen Verknüpfung von Grundschuld und Forderung rechtliche Folgerungen gezogen wurden; sie laufen im Ergebnis auf eine Annäherung von Verkehrshypothek und Sicherungsgrundschuld hinaus.

Am weitesten in dieser Richtung geht *Heck* (SachenR, § 100). Von der Theorie der „Zweckgemeinschaft" ausgehend, plädiert er für eine der Gesamtschuld ähnliche Verknüpfung von „Schuld" und „Haftung". Dies führt dazu, daß sich rechtliche Vorgänge in dem Bereich der Forderung unmittelbar auf den der Grundschuld auswirken und umgekehrt. Bei Divergenzfällen soll sich das Innenverhältnis nach § 426 richten, Ergebnisse, die sich dann dem Recht der Hypothek sehr annähern.

Die Theorie der Zweckgemeinschaft wird zwar meist abgelehnt, aber in vielen Zweifelsfragen kommt – wie wir sehen werden – die h. M. zu den gleichen Ergebnissen wie die *Heck*'sche Konzeption.

Von der einen wie der anderen Auffassung aus ist jedoch die Bezeichnung *„Sicherungsgrundschuld"* unglücklich. Denn sie erinnert unwillkürlich an die Sicherungshypothek und erweckt damit die Vorstellung, als hätte man es hier mit einer Rechtsform der Grundschuld zu tun, die – wie die Sicherungs*hypothek* – durch eine besonders enge Verknüpfung von Grundpfandrecht und Forderung ausgezeichnet ist. Davon kann indes keine Rede sein. Mit diesem Vorbehalt wird der nun einmal eingebürgerte Begriff auch in den folgenden Darlegungen verwendet.

2. Die Sicherungsgrundschuld wird in mannigfaltiger Ausgestaltung im Kreditgeschäft verwendet. Ihr Hauptanwendungsbereich ist die Sicherung des kurz- und mittelfristigen Kredits. In neuerer Zeit ist sie jedoch auch beim langfristigen Anlagekredit im Vordringen.

Ohne damit Vollständigkeit zu erreichen, können folgende Anwendungsfälle angeführt werden:

a) Sicherung eines Kreditverhältnisses zwischen *Bank* und Kunden, dem ein gewisser „Kreditplafond", eine „Kreditlinie" eingeräumt ist. Die Ausnützung des Kredits im einzelnen schwankt, die Grundschuld wird in Höhe des eingeräumten Kredits bestellt. Dabei wird die Grundschuld meist verzinslich bewilligt; Kapital und Zinsen sichern aber *insgesamt* den jeweiligen Darlehensbetrag einschließlich der Zinsen und Kosten (etwa der Rechtsverfolgung). Es ist also durchaus möglich, daß der in Anspruch genommene Kredit anders verzinslich ist als die Grundschuld, ja daß der Kreditzins entsprechend den Verhältnissen am Kapitalmarkt in seiner Höhe wechselt, während der Grundschuldzins unverändert bleibt.

In dieser Form hat die Grundschuld die Höchstbetragshypothek in der Praxis ersetzt (hierzu § 42 III 1 b; neueres Beispiel: BGH NJW 1991, 1286).

Der Eigentümer kann mit der Grundschuld auch die Forderung des Gläubigers gegen einen Dritten (persönlichen Schuldner) sichern, der Gläubiger muß bei formularmäßiger Gestaltung allerdings die Grenzen der Vorhersehbarkeit beachten (ausführlich II 1 b m. Nw.).

b) Sicherung eines vom Lieferanten an den ständigen Abnehmer eingeräumten sog. *Warenkredits.* Hier wird meist vereinbart, daß die Grundschuld nicht nur die Kaufpreisforderungen sichern soll, sondern auch alle anderen sich aus den Geschäftsbeziehungen ergebenden Ansprüche, z. B. aus Verzugsschaden, Schadensersatz wegen Nichterfüllung usw.

c) Sicherung eines langfristigen *Anlagekredits.* Hier decken sich meist die Höhe der Grundschuld mit der Höhe des gewährten Darlehens, die Annäherung an die Verkehrshypothek ist besonders augenscheinlich. Dabei kann vereinbart werden, daß Darlehen und Grundschuld nach einer bestimmten Zeit oder nach Kündigung in voller Höhe fällig werden. Möglich ist aber auch, daß das Darlehen in laufenden Raten amortisiert wird; die Grundschuld übernimmt dann die Funktion der Tilgungshypothek.

d) Als sog. *Treuhandgrundschuld* dient die Sicherungsgrundschuld der Sicherung von Forderungen mehrerer Gläubiger gegen den Schuldner (z. B. mehrere Banken geben einem Schuldner Kredit: Konsortialkredit); die Grundschuld wird zugunsten eines Treuhänders bestellt. In dieser Form hat die Sicherungsgrundschuld in der Praxis auch die Hypothek zur Sicherung der Forderungen aus Inhaberschuldverschreibungen (§§ 1187–1189) verdrängt.[1]

II. Grundschuld und Sicherungsabrede (Zweckerklärung)

S. die Übersicht 20 am Ende von § 45.

1. Die Grundschuld ist – wie wir wissen – anders als die Hypothek nicht von dem Entstehen und dem Fortbestehen einer Forderung abhängig. Dennoch läßt sich nicht leugnen, daß auch die Grundschuld einem bestimmten „Zweck", meist einem „Sicherungszweck" dient. In der Praxis ist sie in aller Regel in Erfüllung eines Kreditvertrags (z. B. Darlehensvertrag, Kaufvertrag) bestellt. Diese Zweckbestimmung wird üblicherweise in einer „Zweckerklärung" (Sicherungsabrede – Sicherungsklausel) niedergelegt.[2] Dadurch wird die Grundschuld zwar nicht zu einem akzessorischen Grundpfandrecht, aber die Geltendmachung des dinglichen Rechts wird doch dem Gläubiger erschwert, weil er als eigennütziger *Treuhänder* einer schuldrechtlichen Bindung seiner weitergehenden dinglichen Rechtsmacht unterliegt (BGH NJW 1989, 1732, 1733), wie dies ähnlich bei Si-

---

[1] *Huber* aaO S. 68 ff.; s. a. § 42 IV 3.
[2] S. Anhang 4a (nach § 62).

cherungsübereignung oder Sicherungsabtretung vorkommt (§§ 57 IV, 58 I 1b). In der Sicherungsabrede wird auch klargestellt, welche Einreden und Einwendungen für den Schuldner in Betracht kommen. Hier spielt § 1157 bei Erwerb der Grundschuld durch einen neuen Rechtsträger eine besondere Rolle (s. unten 2b und III). Man kann sagen: die Zweckerklärung macht zwar aus der Grundschuld kein akzessorisches Grundpfandrecht, führt aber doch zu einer gewissen Verknüpfung von „Kreditvertrag" – „Zweckerklärung" – „Sicherungsklausel" und Grundschuld.

Die Unbestimmtheit, wie sie in der Formulierung: „gewisse Verknüpfung" zum Ausdruck kommt, veranlaßt eine Fülle, ja „Überfülle" von Entscheidungen und Äußerungen im Schrifttum.[1] Dabei spielen folgende Punkte eine Rolle: „Akzessorietät bzw. Nichtakzessorietät" – Bestimmung des zulässigen inhaltlichen und personellen Umfangs der Zweckerklärung – Fragen der Anwendbarkeit des AGBG – Wirkungen eines Sicherungsvertrags – Folgerungen aus der Unwirksamkeit des Sicherungsvertrags.

Die Sicherungsvereinbarung (SV) kann – rechtspraktisch eher selten – in einem *individuellen* Vertrag zwischen dem Grundschuldgläubiger und dem Eigentümer vereinbart werden, auch auf der Basis einseitig vorformulierter Klauseln des Kreditgebers („ausgehandelt"[2]). Üblich ist indessen die Vereinbarung in *formularmäßig* festgelegten Klauseln. Diese müssen aber den Bestimmungen des AGBG standhalten. In Betracht kommen insbes. § 2 (deutliche Einbeziehung), § 3 (inhaltlich außergewöhnliche Klauseln), § 5 (Auslegungszweifel zu Lasten des Verwenders), § 9 (Benachteiligung gegen Treu und Glauben), § 11 Ziff. 15 (Veränderung der Beweislast).[3]

Unter Geltung des AGBG ist zweifelhaft:

a) ob formularmäßig alle *künftigen* Forderungen des Gläubigers gegen den *Besteller* wirksam in den Haftungsbereich einbezogen werden können. Der BGH (BGHZ 101, 29 m. w. N.) bejaht diese Frage. Zulässig ist auch die formularmäßige Sicherung einer *fremden* Schuld, aber nicht soweit die Grundschuld der Sicherung *aller künftigen* Forderungen des Gläubigers gegen den mit dem Eigentümer nicht identischen Kreditnehmer dienen soll und der Anlaß des Sicherungsgeschäftes eine solche weitergehende Klausel nicht nahelegt oder rechtfertigt[4]. Es ist Sache des Kreditgebers, gegebenenfalls darzutun und zu beweisen, daß dem Eigentümer die weitergehende Sicherungsabrede aufgrund besonderer Hinweise oder Umstände geläufig oder transparent war. Die sehr kasuistische Rechtsprechung ist im Einzelfall nur schwer vorhersehbar[5]!

b) ob ein *abstraktes Schuldversprechen* (§§ 780, 781) zusätzlich zur kausalen Darlehensforderung formularmäßig wirksam abgegeben werden kann und damit verbunden die *doppelte Vollstreckungsunterwerfung* auf Duldung der Vollstreckung aus der Grundschuld in das Grundstück (§§ 794 Abs. 1 Nr. 5, 800 ZPO) und auf Vollstreckung aus dem Schuldanerkenntnis in das gesamte Vermögen (§ 794 Abs. 1 Nr. 5 ZPO). Im Rahmen hypothekarischer Haftung ist auf diese Fragen bereits ausführlich eingegangen (s. § 40 IV 5b). Die Rechtsprechung hält diese Konstruktion für zulässig, sofern der Schuldner mit dem Eigentümer identisch ist (BGHZ 99, 274, 284ff.) und bankmäßige Sicherungsbedürfnisse gegen Schuldnerinteressen abzuwägen sind. Hingegen ist die formularmäßige persönliche

---

[1] Auswahl s. die oben vor I Genannten; ferner *Buchholz* AcP 187, 107; *Clemente* NJW 1988, 408; *Gernhuber* Bürgerl. Recht, § 26; MünchKomm/*Eickmann* § 1191 Rn. 13f.; *Puplick,* Rechtsprobleme der Sicherungsvereinbarungen bei Grundschulden, 1988; *Schwerdtner* Jura 1986, 259, 370; *Rastätter* DNotZ 1988, 465, je m. w. N.

[2] § 1 Abs. 2 AGBG.

[3] Beschränkung des Anwendungsbereichs des AGBG bei Kaufleuten (§ 24).

[4] BGHZ 83, 56; 98, 256; 99, 203; 100, 82; 101, 29; 102, 152, 158; 106, 19, 22ff.; 109, 197ff.; NJW 1990, 392, 393; 1991, 1286, 1287; 1991, 3141, 3142; *Tiedtke* NJW 1991, 3241 (gesellschaftsrechtliche Verknüpfungen).

[5] Während normalerweise der Eigentümer, der sich auf die Sicherungsabrede beruft, dartun und beweisen muß, daß die gesicherte Forderung noch nicht fällig oder nicht entstanden oder erfüllt ist (BGHZ 109, 197, 204; NJW 1986, 53, 54; KTS 1991, 461, 464), ist bei zulässiger Einbeziehung *künftiger* Forderungen der Gläubiger für Umfang und Höhe darlegungs- und beweisbelastet (BGH NJW 1991, 1286, 1287; NJW-RR 1986, 1459); darin liegt ein gewisser Schutz des Eigentümers.

Haftung des Eigentümers, der vom Schuldner verschieden ist, zumindest nicht über ein Schuldanerkenntnis mit Unterwerfungsklausel in der Grundschuldbestellungsurkunde wirksam herbeizuführen (BGH NJW 1991, 1677; kritisch zu diesem formalen Ansatz *Stürner* DNotZ 1992, 97 ff.). Wegen der näheren Begründung und weiterer Einzelfragen (insbesondere formularmäßiger Verzicht auf Fälligkeitsnachweis bei der Klauselerteilung für die Unterwerfung) kann ebenso wie wegen der Kritik auf die Ausführungen zur hypothekarischen Sicherung verwiesen werden (§ 40 IV 5 b m. Nw.).

Abstraktes Schuldversprechen und Grundschuld stehen als Sicherungsmittel nebeneinander, wobei das Schuldanerkenntnis die Sicherheit der Grundschuld verstärken soll (BGH NJW 1990, 392, 393). Soweit die Grundschuld bei der Vollstreckung teilweise ausfällt, kann der Gläubiger auf jeden Fall für diesen ausgefallenen Betrag aus dem Schuldversprechen mit Vollstreckungsunterwerfung weitervollstrecken (BGH NJW 1991, 286; NJW-RR 1987, 59; ZIP 1992, 104 bei fehlender Eintragung der Grundschuld). Eine andere Frage ist, ob der Gläubiger das Schuldanerkenntnis kumulativ zur Grundschuld verwerten kann, wenn diese voll befriedigt ist, um es als Sicherheit für weitergehende kausale Forderungen einzulösen. Der BGH hebt für die Zuordnung zu Recht auf das Gesamtbild ab (BGHZ 99, 272, 280 f.; NJW 1988, 707, 708). Er gestattet vor allem dann keine Weitervollstreckung aus der Unterwerfung in das Anerkenntnis, wenn das Anerkenntnis für den Grundschuldbetrag in einer Grundschuldbestellungsurkunde abgegeben war; anders bei „additiver" Zuordnung beider Sicherheiten. In Formularverträgen müßte allerdings § 5 AGBG im Zweifel zur Entscheidung *gegen* die Kumulation führen.

2. Die Grundschuld kann ohne wirksame Sicherungsabrede bestellt sein oder die gesicherte Forderung kann fehlen oder untergehen. Beide Fälle sind sorgsam zu trennen.

a) Zuerst ist zu prüfen, welche Wirkung das Fehlen[1] oder der spätere Wegfall der *Sicherungsabrede* hat, wobei zunächst zur Vereinfachung Identität von Schuldner und Eigentümer unterstellt sein soll[2]. Der Schuldner-Eigentümer hat dann wegen der rechtsgrundlos bestellten Sicherheit einen Anspruch aus ungerechtfertigter Bereicherung (§ 812 Abs. 1 S. 1, 1. Var. oder Abs. 1 S. 2, 1. Var.), der nach Wahl des Eigentümers auf Rückübertragung der Grundschuld, auf Verzicht oder auf Aufhebung gerichtet ist (BGHZ 108, 237, 242 f.; NJW 1985, 800). Macht der Grundschuldinhaber die Grundschuld geltend, so kann ihm die Einrede der ungerechtfertigten Bereicherung entgegengehalten werden.

Der bereicherungsrechtliche Anspruch des Eigentümers auf Rückübertragung wird durch Abtretung der Grundschuld an ihn nach § 1154 erfüllt. Mit vollzogener Abtretung erwirbt der Eigentümer die Grundschuld. Wählt der Eigentümer als Anspruchsinhalt den Verzicht (§§ 1169, 1168), so geht die Grundschuld mit der Verzichtserklärung und ihrer Eintragung auf den Eigentümer über; dessen Eintragung im Grundbuch ist dann nur Grundbuchberichtigung. Die Aufhebung erfolgt gegebenenfalls nach §§ 875, 1183.

b) Ist die Sicherungsabrede zwar wirksam, besteht aber die *zu sichernde Forderung* von vornherein nicht oder kommt sie nicht zur Entstehung (Nichtvalutierung), so findet nicht, wie manche meinen, das Recht der Bereicherung Anwendung[3], sondern Vertragsrecht. Ob man §§ 320 ff. anwenden will (Einrede des § 320 gegen die Grundschuld, Rückgewähranspruch nach Rücktritt aus §§ 346 S. 1, 326)[4] oder – wohl besser – einen aus der treuhänderischen Abrede

---

[1] Hiervon ist zu unterscheiden die Nichtigkeit der (dinglichen) Grundschuldbestellung (z. B. wegen Wuchers), BGH NJW 1982, 2767: Grundbuchberichtigungsanspruch!

[2] Zum Divergenzfall unten IV.

[3] Z. B. *Westermann/Eickmann* § 131 III 4; zur Sicherungsabrede als Rechtsgrund der Grundschuldbestellung BGH NJW 1989, 1732, 1733 l. Sp.

[4] So wohl BGH BB 1967, 1144 = WM 1967, 955; dazu insbesondere *Jäckle* JZ 1982, 50.

folgenden vertraglichen Rückgewähranspruch annimmt, ist eine mehr konstruktive Frage mit kaum praktischer Auswirkung. Weithin Einigkeit besteht heute darin, daß die *Erfüllung der gesicherten Forderung(en)* oder die Beendigung des Kreditverhältnisses einen vertraglichen Rückgewähranspruch auslösen[1]. Der Rückgewähranspruch kann der Grundschuld einredeweise entgegengehalten werden[2]. Jedenfalls entsteht bei gestörtem Sicherungsverhältnis oder gestörtem bzw. beendeten Kreditverhältnis niemals „automatisch" eine Eigentümergrundschuld, weil § 1163 Abs. 1 S. 1 *nicht* anwendbar ist.

Beispiel: Die Bank G hat dem E einen Kredit von 100000 DM in laufender Rechnung eingeräumt. E hat in dieser Höhe der G eine Grundschuld bestellt. Sie steht der G auch dann zu, wenn der Kredit überhaupt noch nicht in Anspruch genommen ist; wenn er zwar voll gewährt war, aber von E teilweise zurückbezahlt ist; wenn die Bank sich weigert, dem E weiterhin Kredit zu gewähren und sie das Kreditverhältnis wirksam gekündigt hat. Im letztgenannten Fall steht dem E ein vertraglicher Anspruch auf Rückgewähr der Grundschuld zu (BGH NJW 1989, 1732, 1733 1. Sp.). Im zweiten Fall entsteht ein aktueller Anspruch auf teilweise Rückgewähr, wenn durch Rückzahlung eines Teils der Forderung endgültig eine Übersicherung eingetreten ist (BGH NJW 1984, 169, 171; NJW-RR 1990, 455; 1990, 588, 589), wobei im Zweifel der teilweise Fortfall des Sicherungszwecks anzunehmen und nur in Ausnahmefällen von einer vertraglich gewollten Übersicherung auszugehen ist (BGH NJW-RR 1990, 455)[3]. Im ersten Falle existiert ein aktueller Rückgewähranspruch nur, wenn die Nichtentstehung der Forderung endgültig feststeht.

Der vertragliche Anspruch auf Rückgewähr geht *inhaltlich* wie der bereicherungsrechtliche Anspruch (oben a) nach Wahl des Eigentümers (§ 262) auf Rückübertragung der Grundschuld (§ 1154), auf Verzicht (§ 1169, 1168) oder auf Aufhebung (§§ 875, 1183; zum Ganzen BGH NJW 1985, 800, 801; Hamm NJW-RR 1990, 272, 273). Der Anspruch auf Rückgewähr *entsteht* nach h. M. schon mit Abschluß des Sicherungsvertrages, und zwar aufschiebend bedingt durch den Fortfall des Sicherungszwecks, z. B. durch die Tilgung der gesicherten Forderung (BGH NJW 1982, 2768, 2769; 1985, 800; ZIP 1986, 900; BGHZ 106, 375, 378; NJW 1989, 1732, 1733; 1991, 1821). Er kann daher auch schon vor Bedingungseintritt verwertet, also abgetreten, verpfändet und gepfändet werden (dazu unten V 1), was die Interessen nachrangiger Gläubiger beeinträchtigt, die auf Löschung (§ 1179a) hoffen (hierzu § 46 IV 4). Hat der Sicherungsnehmer (die Bank) nach Tilgung des Kredits die Grundschuld formgerecht (§ 1154) an den Sicherungsgeber (Eigentümer) zurückabgetreten und soll später die Grundschuld für einen neuen Kredit verwendet werden, so genügt nicht, daß der Sicherungsgeber den Brief und die damalige Rückabtretungserklärung der Bank zurückgibt; es bedarf einer Abtretung in der Form des § 1154. Haben Bruchteilseigentümer eine Grundschuld bestellt, so steht ihnen der Rückgewähranspruch gemeinschaftlich (§§ 741ff., 747 S. 2) zu (BGHZ 103, 72, 79; NJW-RR 1990, 1202).

Die *inhaltliche Gestaltung* des Rückgewähranspruches unterliegt grundsätzlich der Vertragsfreiheit. Bei – regelmäßig üblicher – *formularmäßiger* Gestaltung sind aber die Grenzen des § 9 AGBG zu beachten; der Ausschluß der Rückübertragung ohne jede Beschränkung kann den Sicherungsgeber grob unbillig benachteiligen.

Beispiel (nach BGHZ 106, 375ff.): Eigentümer E belastet sein Grundstück mit einer erstrangigen Grundschuld für G 1 über 50000 DM und einer zweitrangigen Grundschuld für G 2 über 100000 DM. G 1 schließt für den Fall der Darlehenstilgung in seinen AGB Rückübertragung aus und beschränkt den Rückgewähranspruch generell auf Verzicht oder Aufhebung. Als das Darlehen G 1 getilgt ist, die Grundschuld aber unverändert für G 1 fortbesteht, betreibt G 2 die Zwangsversteigerung. Beim Zuschlag an A fällt die Grundschuld G 1 ins geringste Gebot und bleibt bestehen (§§ 44 Abs. 1, 52 Abs. 1 ZVG); der Wert der fortbestehenden Belastung wird beim Bargebot des A berücksichtigt (§ 49 Abs. 1 ZVG). Der Rückgewähranspruch in Gestalt des Verzichts oder der Aufhebung würde A entlasten und E unberücksichtigt lassen, obwohl er die Darlehensschuld getilgt und für das

---

[1] BGH NJW 1989, 1732, 1733 1. Sp.; 1982, 2768, 2769; NJW-RR 1989, 173, 175 1. Sp.; auch *Westermann/Eickmann* § 133 II 2.

[2] BGH NJW-RR 1987, 1291.

[3] Aufgabe der Rechtsprechung wäre ähnlich wie im Recht der Mobiliarsicherheiten (§ 59 I 5) die Erarbeitung von Übersicherungsgrenzen, deren Überschreiten den Rückgewähranspruch auslöst.

Grundstück wegen der Belastung weniger erlöst hatte. E muß deshalb die Übertragung der Grundschuld an sich verlangen können, um bei A die Grundschuld geltend machen zu können.

c) Die Rechte („Einreden") des Eigentümers aus dem Sicherungsvertrag bzw. aus ungerechtfertigter Bereicherung ergeben sich aus den schuldrechtlichen Beziehungen zwischen Grundschuldinhaber und Eigentümer. Aber sie richten sich „gegen die Grundschuld" (so der Wortlaut des § 1157 Satz 1!). Sie können also – trotz ihrer schuldrechtlichen Herkunft – auch einem Zessionar der Grundschuld entgegengehalten werden, vorausgesetzt, daß sie sich aus dem Grundbuch oder Brief ergeben oder dem Zessionar bekannt sind (§ 1157 Satz 2; Einzelheiten unten III).

Dies führt dazu, daß solche Einreden auch im Grundbuch eingetragen oder auf dem Brief vermerkt werden können[1]. Denn § 1157 Satz 2 gibt insoweit den Grundbuchberichtigungsanspruch und den Widerspruch, obwohl das Grundbuch nicht unrichtig, sondern die eingetragene Grundschuld einredebehaftet ist.

In dem obigen 1. *Beispiel* unter b fürchtet E nach Kündigung des Kreditverhältnisses durch G, daß diese die – nicht mehr valutierte – Grundschuld an einen Dritten abtritt. Er erwirkt im Wege der einstweiligen Verfügung die Eintragung eines Widerspruchs (§ 1157 Satz 2 mit § 899), obwohl streng genommen die Vormerkung zur Sicherung des Rückgewähranspruchs der konsequente Rechtsbehelf wäre[2]; indes wird die Wahl des einen oder des anderen Rechtsbehelfs möglich sein. Allerdings setzt der Widerspruch die konkrete, „aktuelle" Einrede voraus, während zur Vormerkung der künftige Rückgewähranspruch genügt! Denn zu beachten bleibt, daß die Sicherungsabrede als solche nicht im Grundbuch eingetragen, die Grundschuld auch nicht als „Sicherungsgrundschuld" im Grundbuch bezeichnet werden kann (BGH NJW 1986, 53, 54; *Erman/Räfle* § 1191 Rn. 7; *Palandt/Bassenge* § 1191 Rn. 13; str. a. A. z. B. *Wilhelm* JZ 1980, 625; MünchKomm/*Eickmann* § 1191 Rn. 41); dies würde die Grundschuld als akzessorisches Recht kennzeichnen, das sie nicht ist. Eintragbar sind nur die sich aus dem Sicherungsvertrag ergebenden Einreden (§ 1157), also die konkret entstandenen Einreden und nicht das einredebegründende Rechtsverhältnis selbst (*Huber*, Sicherungsgrundschuld, S. 140; *Serick* aaO § 28 III m. Nw.; *Staudinger/Scherübl* § 1191 Rn. 9).

3. Vielfach wird versucht, die Grundschuld in ihrer Entstehung enger an die Forderung anzulehnen, also auf Umwegen doch zu einer der Hypothek angenäherten Regelung zu kommen.

a) Den Versuch, dies mit der Annahme einer Geschäftseinheit nach § 139 zu erreichen, hat schon RGZ 145, 155 mit Recht abgelehnt[3]. Auch ist es nicht möglich, die Verwertungsbefugnis des Grundschuldinhabers *dinglich* auf die Höhe des Bestands der Forderung zu begrenzen (KG JW 1932, 1759).

b) Dagegen wird es teilweise für zulässig erachtet, das Entstehen, die Gültigkeit oder das Erlöschen der gesicherten Forderung ausdrücklich zur Bedingung des Entstehens oder Bestehens der Grundschuld zu machen.

---

[1] So *Palandt/Bassenge* § 1191 Rn. 25; *Erman/Räfle* § 1191 Rn. 20; MünchKomm/*Eickmann* § 1191 Rn. 53; a. A. OLG Köln OLGZ 1969, 419 (dagegen *Huber* BB 1970, 1233 und *Lopau* JuS 1972, 502). Das OLG Köln will den Mangel der Eintragungsfähigkeit durch die Eintragung eines vereinbarten Abtretungsverbotes ausgleichen; dieser Weg ist zwar gangbar (s. § 4 IV), aber wegen fehlender Bereitschaft des Kreditgebers kaum praktikabel (*Lopau* aaO).

[2] Zur Vormerkungsfähigkeit des – aufschiebend bedingten oder künftigen – Rückgewähranspruches OLG Hamm NJW-RR 1990, 273; *Erman/Räfle* § 1191 Rn. 32; *Palandt/Bassenge* § 1191 Rn. 25; MünchKomm/*Eickmann* § 1191 Rn. 93. Die Eintragung bedarf der Bewilligung des Grundschuldinhabers, also des Gläubigers der Fremdgrundschuld, wohingegen für die Vormerkung eines künftigen Anspruchs die Bewilligung des Eigentümers genügt, solange noch eine Eigentümergrundschuld besteht. S. a. §§ 20 II 2 und 46 IV 4a.

[3] S. a. § 5 IV 3c.

Abgesehen davon, daß ein Gläubiger sich kaum je auf eine solche Bedingung einlassen wird, besteht gegen diese Lösung das Bedenken, daß hier – entgegen dem Gesetz (§ 1192) – doch eine dinglich wirkende Abhängigkeit der Grundschuld von der zu sichernden Forderung begründet wird (vgl. dazu MünchKomm/*Eickmann* § 1191 Rn. 19 m. w. N.).

Halten wir nochmals als *Ergebnis* fest: Das Fehlen oder Unwirksamkeit der Sicherungsabrede oder der gesicherten Forderung ändert an dem Entstehen und Fortbestehen der Grundschuld nichts; § 1163 Abs. 1 Satz 1 ist nicht anwendbar.

4. Tilgung der Forderung und Tilgung der Grundschuld lösen verschiedene Rechtsfolgen aus.

a) Wenn der Schuldner-Eigentümer die *Grundschuld* tilgt, so entsteht eine Eigentümergrundschuld (§ 44 VI 1 m. Nw.). Tilgt hingegen der Schuldner-Eigentümer die Forderung, so bleibt nach den vorherigen Überlegungen (oben II 2b) die Grundschuld bestehen, es aktualisiert sich nur der Rückgewähranspruch (Rückübertragung, Verzicht, Aufhebung) aus der Sicherungsabrede.

b) Wenn der Schuldner-Eigentümer leistet, so mag also oft unklar sein, ob er die Forderung oder die Grundschuld tilgt. Die damit verbundene Unklarheit über die Rechtsfolge einer Zahlung ist mißlich. Es ist deshalb besonders wichtig, brauchbare Richtlinien dafür zu finden, wann der Schuldner-Eigentümer „auf" die Grundschuld[1], wann er „auf" die Forderung leistet.

Die Meinungen gehen hier auseinander. Die h. M. läßt im allgemeinen den Willen des Zahlenden entscheiden; möglich sei, daß danach Forderung *und* Grundschuld getilgt werden sollten (dazu *Seibert* JuS 1984, 526). – Von der materiellen Wirkung der Tilgung ist die prozessuale Frage der *Beweislast* zu unterscheiden. Die Beweislast für die Leistung auf die Forderung trägt der Schuldner (§ 362). Beruft sich der Eigentümer auf seine Leistung auf die Grundschuld, gilt dasselbe. Macht er gegen die Grundschuld den Fortfall des Sicherungszwecks wegen Erfüllung der ursprünglich gesicherten Forderung geltend, ist er beweisbelastet (BGHZ 109, 197, 204; NJW 1986, 53, 54); anders, wenn der Grundschuldinhaber offene, später entstandene Forderungen behauptet (oben II 1a).

aa) In erster Linie entscheidet die *vertragliche Vereinbarung* der Beteiligten, die das Bestimmungsrecht des Zahlenden (§ 366 Abs. 1) bindend beseitigt[2]. Fehlt eine Vereinbarung, ist die ausdrückliche oder schlüssige *Leistungsbestimmung* des Zahlenden ausschlaggebend (§ 366 Abs. 1)[3].

So wird in den Beleihungsbedingungen der Banken meist ausdrücklich Zahlung auf die Forderung vereinbart: „Alle Zahlungen werden ausschließlich auf die durch die Grundschuld gesicherten Forderungen geleistet; eine Verrechnung auf Zinsen und Kapital der Grundschuld erfolgt nur, wenn hierzu eine besondere schriftliche Vereinbarung getroffen worden ist". Freilich mag die Vereinbarung individualvertraglich stillschweigend abbedungen sein, wenn der Eigentümer und Schuldner später „auf die Grundschuld" leistet und der Gläubiger nicht widerspricht (hierzu BGH MDR 1971, 120). Die Vereinbarung betrifft auch nicht den Fall der drohenden Vollstreckung aus der Grundschuld (BGH NJW 1986, 2108; NJW-RR 1987, 1350), die den Eigentümer stets zur Leistung auf die Grund-

---

[1] Zur Tilgung der Grundschuld durch einen Dritten s. § 44 VI 2 m. Nw.

[2] So nunmehr allgemein BGHZ 91, 375, 379; *Jauernig/Stürner* § 366 Anm. 1e; a. A. grundsätzlich *Gernhuber,* Erfüllung, § 7 I 5: schuldrechtliche Bindung des Schuldners bei fortbestehendem Bestimmungsrecht. Die abweichende Rechtsprechung zum Verhältnis Forderungs- und Grundschuldtilgung, die dem Zahlenden trotz vertraglicher Vereinbarung ein abweichendes Bestimmungsrecht belassen hat (BGH NJW 1976, 2132, 2133; MDR 1971, 120), erscheint vor diesem zutreffenden allgemeinen Grundansatz nicht haltbar. Möglich ist auch eine nachträgliche Tilgungsvereinbarung (BGH NJW 1969, 2237).

[3] Hierzu BGH NJW 1976, 2340, 2341; 1987, 838, 839; 1983, 2502, 2503; NJW-RR 1989, 1036, 1037.

schuld berechtigt. Einzelrechtsnachfolger auf der Gläubiger- oder Schuldnerseite sind an die Tilgungsvereinbarung nicht gebunden (str., s. OLG Bamberg Rpfleger 1963, 199).

Soweit zulässigerweise auf die Grundschuld geleistet wird, ist beim Schuldner-Eigentümer der *Wille zur Doppeltilgung* anzunehmen, so daß eine Eigentümergrundschuld entsteht und die Forderung erlischt[1].

Hingegen bleibt ohne besondere Doppeltilgungsbestimmung die Forderung grundsätzlich bestehen, falls der vom Schuldner verschiedene Eigentümer leistet! (hierzu BGHZ 105, 154, 157; 80, 228, 230; NJW 1980, 2198; 1987, 838, 839; NJW-RR 1990, 813, 814; NJW 1991, 1821; ausführlich unten IV 3 und 4)[2].

bb) Fehlt eine vertragliche Vereinbarung oder ein besonderer Wille des Leistenden oder lassen sich diese Umstände nicht feststellen, so sind nach der Interessenlage folgende Fälle zu unterscheiden:

α) Im Rahmen eines noch *andauernden Kreditvertrags* geleistete Zahlungen des Schuldners auf sein Konto berühren den Bestand der Grundschuld nicht. Denn in solchen Fällen liegt in dem Nichtentstehen der Eigentümergrundschuld der von den Parteien ausgenützte Vorteil der Grundschuld gegenüber der Hypothek.[3]

Auch wenn das Kreditverhältnis mit einer Schlußzahlung beendet wird, wird diese in der Regel auf die Forderung geleistet. Denn es kann schwerlich als Parteiwille unterstellt werden, daß die vor Beendigung erbrachten Leistungen rechtlich eine andere Wirkung haben sollten als die Schlußzahlung.

β) Wird ein *langfristiger Anlage*kredit in *einer* Summe getilgt, so will der Schuldner-Eigentümer in aller Regel auf Forderung *und* Grundschuld leisten, es entsteht eine Eigentümergrundschuld.[4]

Beispiel: E = S hat zu einem Erweiterungsbau seiner Fabrik von G eine Million DM auf 6 Jahre gegen erststellige Grundschuld erhalten. Wenn E nach Ablauf dieser Zeit an G leistet, so soll *auch* die Grundschuld unmittelbar getilgt werden.
Beachte im übrigen für die *Fälligkeit* der Grundschuld § 1193! § 1142 kann auf die Grundschuld also nicht unmittelbar angewandt werden.[5] Doch ist die vertragliche Verknüpfung mit der Fälligkeit der Forderung entsprechend § 1142 Abs. 1 möglich; diese Verknüpfung kann durch Bezugnahme auf die Eintragungsbewilligung zum Grundschuldinhalt gemacht werden. Häufig wird auch die Grundschuld sofort fällig gestellt.

γ) Zweifelhaft bleiben letztlich die Fälle, wo zwar ein langfristiger Anlagekredit vorliegt, der Schuldner aber zu periodischen Zahlungen verpflichtet ist, also ein der Tilgungshypothek entsprechendes Gebilde vorliegt. Hier wird im Zweifel eine Anrechnung der Amortisationszahlungen nur *auf die Forderung* gewollt sein.[6]

Denn mit der Grundschuld wollen die Parteien gerade die Nachteile der Amortisations*hypothek* (bei Wechsel des Eigentümers während der Laufzeit des Darlehens verschiedene Eigentümergrundschulden, die bei Eigentumswechsel jeweils zu Fremdgrundschulden werden – Schwierigkeiten bei der Löschung oder bei der Verwertung des Grundpfandrechts für eine neue Kreditgewährung) vermeiden.

5. Der *Rückgewähranspruch* des Schuldner-Eigentümers besteht auch im Falle der *Zwangsversteigerung* fort. Er richtet sich bei Erlöschen der Grundschuld auf Ausfol-

---

[1] BGH NJW 1980, 2198; 1987, 838, 839 r. Sp.; BGHZ 80, 228, 230; 105, 154, 157.
[2] Zum ganzen Problemkreis *D. Reinicke* WM 1987, 485.
[3] So auch BGH NJW 1983, 2502 unter II 2b bb.
[4] So BGH BB 1969, 698; DNotZ 1981, 389.
[5] Vgl. *Räbel* NJW 1953, 1247, 1248.
[6] Wie hier OLG Hamm NJW-RR 1990, 272, 273; a. A. *Rimmelspacher* § 12 Rn. 800 ff.: Zahlung auf Forderung *und* Grundschuld.

ge des Erlöses und entsprechende Berücksichtigung im Teilungsplan (§ 114 ZVG),[1] bei Fortbestehen i. d. R. auf Rückübertragung.

Beispiele: Das Grundstück des E ist mit einer Grundschuld des G über 100 000 DM belastet, die nur noch mit 50 000 DM durch ein Darlehen an E valutiert ist. Der vorrangige Hypothekar H betreibt die Zwangsversteigerung, Z erhält den Zuschlag. Der Erlös deckt die Hypothek des H, es verbleiben 70 000 DM, die an Stelle des Grundstücks für die Grundschuld haften (Surrogationsprinzip, vgl. § 92 Abs. 1 ZVG; *Baur/Stürner,* ZVR, Rn. 624). Der Sicherungsvertrag verpflichtet G als Treuhänder des E zur vollen Wahrung der Rechte aus der Grundschuld im Versteigerungsverfahren, falls nicht – wie oft in AGB – anderes vereinbart ist. Erhält G 70 000 DM, so kann E den „Übererlös" von 20 000 DM von G herausverlangen. E kann aber auch schon im Verteilungsverfahren seinen Anspruch geltend machen (BGH NJW 1975, 800; 1977, 247, 248; 1981, 1505, 1506; 1986, 2108, 2111; BGHZ 108, 237, 247/248; Rpfleger 1991, 381, 382).

Wenn die vorrangige Grundschuld des G nicht mehr voll valutiert ist und der nachrangige Hypothekar H die Zwangsversteigerung betreibt (hierzu BGH NJW-RR 1989, 173 ff.), so bleibt die Grundschuld des G bestehen (§§ 44 Abs. 1, 52 Abs. 1 ZVG), Z zahlt entsprechend weniger (§ 49 ZVG), was letztlich E wirtschaftlich belastet. Der Rückgewähranspruch des E gegen G bleibt bestehen (BGH NJW-RR 1990, 1202 m. Nw.). Löst Z die Grundschuld des G voll ab – worum G nach der Sicherungsabrede mangels abweichender Vereinbarung besorgt sein muß –, so kann E auch in diesem Falle den „Übererlös" von 50 000 DM aufgrund des Rückgewähranspruchs herausverlangen.

Streitig ist, ob der Grundschuldinhaber auch um die zu seiner Sicherung nicht notwendigen *Zinsen* der Grundschuld in der Zwangsversteigerung treuhänderisch besorgt sein muß. Sorgt er für ihre Berücksichtigung, erfaßt der Rückgewähranspruch ihre Auskehrung (BGH NJW 1981, 1505 ff.). Eine Verpflichtung des Grundschuldinhabers besteht insoweit indessen nicht, weil bei vorausgegangener Rückgewähr § 1197 Abs. 2 dem Eigentümer Zinsen ebenfalls nicht zustehen würde (OLG München NJW 1980, 1051 m. Anm. *Vollkommer;* str., s. a. *Eckelt* WM 1980, 454; *Stöber* ZIP 1980, 976). Meist findet sich eine den Grundschuldgläubiger befreiende Formularklausel (s. a. Anhang 5 Ziff. II, 8.4).

III. Abtretung von Forderung und Grundschuld

Bei der Hypothek sind Forderung und Grundpfandrecht untrennbar miteinander verbunden (§ 1153). Dieser Satz gilt für die Grundschuld nicht (§ 1192). Es gilt auch nicht die Regel des § 401, wonach „Pfandrechte" mit der Forderung übergehen; denn § 401 beschränkt sich bewußt auf die Nennung der *Hypothek,* weil die Grundschuld eben nicht mit der Forderung „mitlaufen" soll. Es ist also durchaus möglich, daß Forderung und Grundschuld verschiedene Wege gehen.

Eine Trennung von Forderung und Grundschuld führt zu Komplikationen und ist daher unerwünscht. Ziff. 21 Abs. 3 S. 2 der AGB der Banken bestimmt: „Grund- und Rentenschulden wird die Bank freihändig ... nur zusammen mit der gesicherten Forderung verkaufen und nur in einer im Verhältnis zu ihr angemessenen Höhe" (dazu BGH NJW 1982, 2768).

1. a) Forderung und Grundschuld können *gemeinsam* abgetreten werden. Die Abtretung der *Forderung* richtet sich nach §§ 398 ff., die Abtretung der *Grundschuld* nach § 1192 mit §§ 1154 ff.

Bleiben Forderung und Grundschuld auch künftig in einer Hand, so wird die Rechtsstellung des Schuldner-Eigentümers durch die Abtretung nicht wesentlich berührt. Denn die Einwendungen und Einreden, die er dem Zedenten gegenüber aus dem Sicherungsverhältnis hatte, wirken nach § 404 (bezüglich der Forderung) und im Rahmen des § 1157 (bezüglich der Grundschuld) auch gegen-

---

[1] Teilw. str., s. *Böttcher,* ZVG, § 114 Bem. 16 c m. Nw.

über dem Zessionar.[1] Der Zessionar tritt zwar nicht in die Sicherungsabrede mit dem ursprünglichen Grundschuldinhaber und Zedenten ein, so daß nach Erfüllung der Forderung ein vertraglicher Rückgewähranspruch nicht besteht; jedoch folgt ein solcher Anspruch nach Erledigung des Sicherungszwecks aus §§ 1192, 1169.[2]

Zif. 21 Abs. 2 AGB-Banken gestattet die Verwertung von Forderungen und Grundschulden, die der Bank als Sicherheit haften, schon vor Verwertungsreife, falls die Erhaltung der Sicherheit gefährdet ist. Sie kann also dann die Grundschuld mit Forderung (Zif. 21 Abs. 3 AGB-Banken) schon vor Verwertungsreife abtreten.

b) Anders ist die Rechtslage, wenn der bisherige Gläubiger *nur die Grundschuld* abtritt. Dabei muß zuvor die Frage geprüft werden, wann er dies dem Schuldner-Eigentümer gegenüber tun *darf* (daß er es *kann,* ergibt sich aus seiner Stellung als Inhaber der Grundschuld!), wann er also die Grundschuld durch Abtretung verwerten darf, ohne gleichzeitig die Forderung mitzuübertragen. Die Beantwortung dieser Frage ergibt sich aus dem Sicherungsvertrag; im allgemeinen wird anzunehmen sein, daß die Verwertung durch Abtretung mit der Fälligkeit der gesicherten Forderung im Innenverhältnis Gläubiger-Eigentümer (= Schuldner) zulässig wird. Vorher widerspricht sie, wenn nichts anderes vereinbart ist, dem Sicherungsvertrag.[3]

Das Verwertungsverbot vor Verwertungsreife ist allerdings im Regelfall als schuldrechtliche Bindung dinglicher Rechtsmacht zu deuten (hierzu BGH NJW 1982, 2768, 2769), nicht als dinglich wirkendes Abtretungverbot (§ 399), das grundsätzlich auch denkbar wäre (s. § 4 IV a. E.), aber der Eintragung bedürfte. Der Verstoß gegen die Bindung der Sicherungsabrede begründet Schadensersatzpflichten aus positiver Vertragsverletzung, z. B. bei Doppelinanspruchnahme als Folge isolierter Abtretung (BGH NJW 1982, 2768, 2769; NJW-RR 1987, 139, 141 r. Sp.). Bei Verwertung durch Abtretung nach Verwertungsreife handelt der Sicherungsnehmer vertragsmäßig: die gesicherte Forderung erlischt in Höhe des erzielten Erlöses (BGH NJW 1982, 2768, 2769 r. Sp.; WM 1989, 488), der Rückgewähranspruch des Eigentümers geht unter (BGH NJW 1979, 717) und kann dem Sicherungsnehmer auch bei Rückerwerb der verwerteten Grundschuld nicht mehr entgegengehalten werden. Bei der Verwertung muß der Sicherungsnehmer die Interessen des Eigentümers an möglichst günstiger Verwertung wahren, will er Schadensersatzpflichten vermeiden.
Von der Frage der Verwertungsvoraussetzungen der Grundschuld ist die andere zu unterscheiden, ob sich der Gläubiger nur oder in erster Linie aus der Grundschuld befriedigen muß oder ob er sofort aus der persönlichen Forderung in das ganze Vermögen vollstrecken darf, ob m. a. W. mit Fälligkeit der Forderung die Grundschuld *als erfüllungshalber* hingegeben gilt. Die Bejahung dieser Frage hätte zur Folge, daß in der Tat der Gläubiger *zunächst* die Zwangsvollstreckung aus der Grundschuld versuchen müßte, bevor er gegen den Schuldner aus der persönlichen Forderung vorgeht. Eine solche vorgängige Verwertungs*pflicht* bezüglich der Grundschuld entspricht in aller Regel nicht dem Parteiwillen, schon wegen der Komplikationen, die mit einer Zwangsversteigerung verbunden sind.[4]

c) Tritt der bisherige Gläubiger die Grundschuld „isoliert" an einen Erwerber ab, so hat der Inhalt des Sicherungsvertrags für das Verhältnis des Eigentümers (= Schuldners) zum Zessionar keine unmittelbare Bedeutung. Freilich gilt dieser

---

[1] Bezüglich der Grundschuld freilich mit der Einschränkung, daß sie dem Zessionar bekannt oder im Grundbuch eingetragen waren: BGHZ 103, 72, 81 f.; *Derleder* JuS 1971, 90, 93.
[2] Hierzu BGH NJW 1985, 800, 801; s. a. BGHZ 108, 237, 243: anders bei vertraglicher Schuldübernahme des Rückgewähranspruches.
[3] Vgl. BGH NJW 1979, 717; NJW-RR 1987, 139, 141 1. Sp.
[4] Ausführlich *Kowalski* aaO S. 26; ganz h. M.

Satz nur sehr cum grano salis. Denn jetzt kommt die schon vorher erörterte (unter II 2) eigenartige Funktion des § 1157 zum Durchbruch: die – zur Zeit der Abtretung schon bestehenden[1] – Einreden des Schuldners (= Eigentümers) aus dem mit dem Zedenten geschlossenen Sicherungsvertrag waren in diesem Verhältnis *auch* gegen die Grundschuld gerichtet. Sie wirken also als „eigentümerbestimmte" Einreden auch gegen den Zessionar, sofern sie sich aus dem Grundbuch (Brief) ergeben oder dem Zessionar bekannt sind (§ 1157 Satz 2).

Zunächst ein einfaches *Beispiel:* Der Gläubiger G hatte sich seinem Schuldner E gegenüber verpflichtet, die Grundschuld erst zu verwerten, wenn seit Kündigung der Forderung 3 Monate vergangen sind. Entgegen dieser Abrede tritt G die Grundschuld sofort an Z ab, der sie gegen E geltend macht. Hier kann E die Einrede der Stundung auch dem Z entgegenhalten, wenn Z die Abmachung kannte oder sie sich aus dem Grundbuch ergab[2] (daher auch die Zulässigkeit der Eintragung eines Widerspruchs s. oben II 2).

Zweifelhaft und umstritten[3] ist die Frage, ob sich aus der *Kenntnis des Zessionars,* es habe sich bei der ihm abgetretenen Grundschuld bisher um eine *Sicherungsgrundschuld* gehandelt, Folgerungen für die Schlechtgläubigkeit ergeben, ob daraus insbesondere eine Informationspflicht folgt, ob weiter der Zessionar sich wegen der Kenntnis des Sicherungscharakters der Grundschuld *spätere* Zahlungen des Schuldners an den Zedenten entgegenhalten lassen muß.

Vorweg ist mit der Rechtsprechung und h. M.[4] zu betonen, daß der Zessionar einer Grundschuld nicht schlechter gestellt werden darf als der Erwerber einer Verkehrshypothek, der durch §§ 1138, 1156 in seinem Vertrauen auf das Grundbuch geschützt wird.[5] Daraus ergibt sich:

aa) Es besteht *keine Informationspflicht* des Zessionars darüber, ob die bisher gesicherte Forderung voll bestanden hat, ob der Zedent nach dem Sicherungsvertrag schon zur Verwertung der Grundschuld berechtigt war, ob der Eigentümer die Rückübertragung der Grundschuld verlangen konnte (deutlich BGHZ 103, 72, 82: positive Kenntnis; es reicht nicht, daß der Erwerber „mit Einreden aus dem Sicherungsvertrag hätte rechnen müssen").

bb) Auch wenn der Zessionar den bisherigen Sicherungscharakter der Grundschuld kannte, sind ihm gegenüber *spätere Zahlungen* des Schuldners (= Eigentümers) an den Zedenten bedeutungslos. Es bleibt dabei, daß die Leistung nur an den Grundschuldinhaber erfolgen kann. Denn die Einrede aus dem Sicherungsvertrag muß im Zeitpunkt der Grundschuldabtretung schon bestehen; ihre spätere Aktualisierung aufgrund der schon bestehenden Sicherungsabrede reicht nicht aus (BGHZ 85, 388; DB 1976, 1619; NJW-RR 1987, 139, 140; *Westermann/Eickmann* § 132 III 2c).

cc) Kannte der Zessionar den Sicherungscharakter der Grundschuld *und* die Tatsache der Nicht-valutierung[6] oder einen bereits bestehenden Rückübertragungsanspruch oder ergab sich dies aus dem Grundbuch (Brief), so wirken die daraus sich ergebenden Einreden auch ihm gegenüber (§ 1157 Satz 2). Erforderlich sind Kenntnis des Sicherungszwecks und des einredebegründenden Tatbestandes (BGHZ 103, 72, 82). Die Einrede der ungerechtfertigten Bereicherung gegen den Zessionar kommt in Betracht, wenn der Grundschuldbestellung kein Sicherungsvertrag zugrunde lag und der Zessionar die Grundschuld unentgeltlich erworben hat (§ 822; so BGHZ 108, 237, 243).

---

[1] BGHZ 85, 388 (dazu kritisch *Wilhelm* NJW 1983, 2917) = *Baur* E.Slg. Fall 52b; BGH NJW-RR 1987, 139, 140.

[2] Verabredungen zwischen G und Z haben keinerlei Auswirkungen auf das Verhältnis G zu E (BGH NJW 1974, 185).

[3] Siehe dazu besonders: *Buchholz* AcP 187, 107, 128; *Küchler* aaO S. 94ff., 100ff.; *Rahn* aaO S. 270ff.; *Huber* aaO S. 141ff. u. BB 1970, 1233; *Lopau* NJW 1972, 2253; *Baden* JuS 1977, 75; *Reinicke/ Tiedtke* (oben § 36 I) S. 215ff.; *Tiedtke,* Gutgl. Erwerb S. 144ff.

[4] Hierzu BGHZ 59, 1, 2f.; 103, 72, 82; *Huber* aaO S. 135; *Staudinger/Scherübl* § 1157 Rn. 13; *Westermann/Eickmann* § 132 III 2.

[5] Gegen diese Argumentation *Lopau* aaO. Stark zum Eigentümerschutz tendierend *Wilhelm* JZ 1980, 625.

[6] *Reinicke/Tiedtke* aaO S. 215 wollen § 1157 keinesfalls anwenden, wenn die Grundschuld nicht valutiert ist „aber noch valutiert werden kann" (woher weiß man das?).

Beispiel: Eine kleinere Privatbank G hat dem E einen Kredit in laufender Rechnung in Höhe von 100000 DM zur Verfügung gestellt, und zwar gegen Bestellung einer Grundschuld in dieser Höhe. Um selbst Kredit zu erhalten, tritt sie die Grundschuld an Z – eine in Kreditsachen erfahrene Bank – ab; in diesem Zeitpunkt war die Grundschuld nur in Höhe von 50000 DM valutiert. Später fällt G in Konkurs; Z macht die Grundschuld in voller Höhe geltend. Mit Recht! Zwar ist anzunehmen, daß Z als in Kreditsachen erfahrene Bank den Sicherungscharakter der Grundschuld kannte. Das brauchte sie aber nicht zu veranlassen, sich zu erkundigen, ob die Grundschuld in voller Höhe valutiert war und ob sie nach dem zugrunde liegenden Vertrag (G–E) schon verwertet werden konnte. Denn dazu wäre sie auch beim Erwerb einer Verkehrshypothek nicht verpflichtet gewesen. Auch wenn das Kreditverhältnis G–E bereits beendigt gewesen wäre, E also einen Rückübertragungsanspruch gegen G gehabt hätte, wäre Z Inhaberin der Grundschuld geworden, freilich einredebelastet (§ 1157), wenn sie den Rückübertragungsanspruch gekannt oder dieser sich aus dem Grundbuch ergeben hätte (s. BGHZ 59, 1; 103, 72, 82).[1]

Ein redlicher einredefreier Erwerb soll nicht in Betracht kommen, wenn die Zession kraft Gesetzes erfolgt ist, z. B. nach § 1150 (BGH NJW 1986, 1487; in dieser Allgemeinheit nicht richtig; s. oben § 38 IX 4).

2. Die Trennung von Forderung und Grundschuld kann sich – wie eben – daraus ergeben, daß der bisherige Gläubiger nur die Grundschuld abtritt. Sie kann aber auch in der Weise zustande kommen, daß der Gläubiger die *Forderung an eine andere Person zediert*. In beiden Fällen ist die Situation des Eigentümers nicht so hoffnungslos, wie sie zunächst zu sein scheint. Denn *dem Gläubiger der Forderung gegenüber* – auch dem Zessionar (§ 404) – kann der Schuldner alle Einwendungen und Einreden aus dem Sicherungsvertrag entgegenhalten. Er kann – auf Zahlung in Anspruch genommen – verlangen, daß ihm Zug um Zug die für die Umschreibung bzw. Löschung der Grundschuld erforderlichen Urkunden ausgehändigt werden[2] (Rückgewähranspruch: § 273); dazu ist der Gläubiger nicht in der Lage, wenn die Grundschuld an einen anderen abgetreten ist. Zwar ist § 1144 nicht unmittelbar anwendbar; aber der gleiche Rechtsgedanke ergibt sich aus der Sicherungsabrede.

Bei isolierter Abtretung der Forderung geht zwar die Grundschuld als abstraktes Sicherungsrecht nicht kraft Gesetzes auf den Zessionar über (Unanwendbarkeit des § 401). Aus dem der Abtretung zugrundeliegenden Schuldverhältnis kann sich aber ein *Anspruch auf Mitübertragung* der dinglichen Sicherheit ergeben (*Jauernig/Stürner* § 401 Anm. 3a); dies gilt auch in Fällen gesetzlichen Forderungs-übergangs, z. B. gemäß §§ 774, 426 (BGHZ 92, 374, 378; 88, 228, 232; hierzu noch unter IV 3). Die Divergenz auf der Gläubigerseite kann also nicht stets durch isolierte Forderungsabtretung willkürlich herbeigeführt werden.

Dem *Zessionar der Grundschuld gegenüber* bestimmt sich die Rechtsstellung des Eigentümers nach § 1157; dies bedeutet, daß die Abreden aus dem Sicherungs-vertrag auch ihm entgegengehalten werden können, wenn er sie kannte oder sie sich aus dem Grundbuch ergaben (hierzu oben III 1c). Selbst wenn der Eigentü-mer nach Trennung von Forderung und Grundschuld sonach aus der Grund-schuld in Anspruch genommen wird, ist er doch vor einer Gefahr der Doppelin-anspruchnahme gesichert. Die Einrede des endgültigen Fortfalls des Sicherungs-

---

[1] BGHZ 66, 165, 172 verzichtet auf die Kenntnis des Einredetatbestandes für den Sonderfall, daß eine Forderung aus Verbraucherkreditgeschäft (damals: Abzahlungsgeschäft) mit Grundschuld gesi-chert und der Zessionar am Geschäft wirtschaftlich beteiligt war. Der Gedanke verminderten Schut-zes „nahestehender" Personen erscheint verallgemeinerungsfähig (*Westermann/Eickmann* § 132 III 2b), wenngleich er einmal mehr dem Sachenrecht Klarheit nimmt.

[2] BGH NJW 1982, 2768, 2769; 1987, 838, 839; 1991, 1821.

zwecks gibt dem Eigentümer gegen den Zessionar der Grundschuld zudem den Rückgewähranspruch aus § 1169[1].

Vergegenwärtigen wir uns das eben (1 am Ende) gebrachte *Beispiel:* Ist E von Z in Anspruch genommen, so kann der Konkursverwalter der G den Kredit von 50000 DM nicht gegen E geltend machen. Zwar ist mit der Zahlung des E an Z (auf die Grundschuld) nicht auch die Forderung der G gegen E aus Darlehen erloschen; aber die Klage des Konkursverwalters der G scheitert schon an dem formalen Grunde, daß er die Löschungspapiere für die Grundschuld nicht aushändigen kann (§§ 273, 404: Rückgewähranspruch). Abgesehen davon kann E mit seiner Schadensersatzforderung aus Verletzung des Sicherungsvertrags (er hat im Ergebnis 100000 DM [an Z] zahlen müssen, obwohl er nur 50000 DM Kredit erhalten hat) aufrechnen (§ 55 KO).

IV. Divergenzfälle „auf der Passivseite"

1. Für den Fall, daß Eigentümer und Schuldner nicht identisch sind, sind – wie wir wissen – im Recht der Hypothek ausreichende Bestimmungen getroffen. Sie betreffen etwa die Kündigung (§ 1141), das Ablösungsrecht (§ 1142, § 1144), den Übergang der Forderung mit Hypothek bei Tilgung der Hypothek durch den Eigentümer (§§ 1143, 1153), den Übergang der Hypothek auf den leistenden Schuldner, sofern er vom Eigentümer Regreß verlangen kann (§ 1164). Alle diese Situationen können sich auch bei der Sicherungsgrundschuld ergeben, ohne daß das Gesetz irgendeine Regelung getroffen hätte.

a) Verhältnismäßig einfach ist die Situation dann, wenn der *Eigentümer Partei des Sicherungsvertrags* ist; dann stehen die Rechte und Einreden, die sich aus dieser Abrede ergeben, auch dem Eigentümer zu.

Beispiel: G hat dem S einen Kredit in laufender Rechnung gegeben; in der Sicherungsabrede hat sich E zur Bestellung einer Grundschuld zur Sicherung dieses Kredits verpflichtet. Ist das Kreditverhältnis beendet, so steht dem E der Rückübertragungsanspruch gegen G zu (hierzu BGH NJW 1989, 1732, 1733 l. Sp.). Er kann dies dem G auch einredeweise entgegenhalten. Aus dem Sicherungsvertrag zwischen E und G soll keine Verpflichtung des G folgen, anderweitige Sicherheiten des S zu erhalten bzw. nicht freizugeben (BGH NJW-RR 1987, 1291, 1292 – zweifelhaft! Argument aus § 1165?).

b) Wie aber ist die Rechtslage, wenn der *Eigentümer nicht Partei des Sicherungsvertrags* ist?

Hier sind zwei typische Entstehungstatbestände zu unterscheiden. Der Schuldner kann dem Gläubiger eine ihm zustehende oder von ihm zu beschaffende Fremdgrundschuld am Grundstück eines Dritten abtreten (BGHZ 88, 228, 230/231) oder neu bestellen lassen (primäre Divergenz von Sicherungsvertragsparteien und Grundschuldparteien). Oder aber der Eigentümer des belasteten Grundstücks, der ursprünglich Partei der Sicherungsabrede war, veräußert das Grundstück bei Fortbestehen der Grundschuld an einen Dritten (sekundäre Divergenz von Sicherungsvertragsparteien und Grundschuldparteien).

aa) Wenn der Schuldner die Grundschuld an einem fremden Grundstück als Sicherheit gibt und mit dem Forderungsgläubiger eine entsprechende Sicherungsvereinbarung abschließt, so steht bei Fortfall des Sicherungszweckes dem Schuldner der Rückgewähranspruch zu. Die abredewidrige Verwertung kann er mit einem Unterlassungsanspruch unterbinden, ebenso besteht ein vertraglicher Schadensersatzanspruch.

---

[1] Hierzu BGH NJW 1985, 800, 801; BGHZ 108, 237, 243 und oben III 1 a im rechtsähnlichen Fall.

Beispiel (nach BGH NJW 1989, 1732ff.): G gibt S ein Darlehen. Zur Sicherheit tritt S seine Fremdgrundschuld am Grundstück des E ab (§ 1154). Mit Erfüllung der Darlehensschuld kann S Zug um Zug (§ 273) Rückabtretung der Grundschuld verlangen (BGH NJW 1991, 1821). G darf auf die Grundschuld ohne Mitwirkung des S weder verzichten noch darf er in ihre Löschung einwilligen. Ein abredewidriger Verzicht bzw. die abredewidrige Löschung sind dinglich wirksam, verpflichten aber zum Schadensersatz.

Der Eigentümer E hat im Beispielsfall keinen vertraglichen Rückgewähranspruch gegen G und keine Einrede gegen die Grundschuld aus einer – nicht existenten – Sicherungsabrede mit G. Eine andere Frage ist, ob sich G als Zessionar nicht die Einrede aus der Sicherungsvereinbarung des E mit dem Zedenten S entgegenhalten lassen muß (§ 1157 S. 2) und ob aus dieser Einrede nicht ein gesetzlicher Verzichtsanspruch resultiert (hierzu oben III m. Nw.).

bb) Wenn der Schuldner-Eigentümer oder der Eigentümer, der mit dem Gläubiger eine Sicherungsabrede hat, das belastete Grundstück veräußert, so kann der neue Eigentümer Rechte aus der Sicherungsvereinbarung nur geltend machen, wenn er in die Sicherungsabrede rechtsgeschäftlich eingetreten oder doch wenigstens der Rückgewähranspruch aus der Sicherungsabrede an ihn abgetreten ist[1].

Beispiel: Der Schuldner-Eigentümer E veräußert sein Grundstück an K, das mit einer kreditsichernden Grundschuld zugunsten des G belastet ist. Hat K die Grundschuld ohne Anrechnung auf den Kaufpreis übernommen, weil E dem K erklärt hatte, sie sei infolge der Beendigung des Kreditverhältnisses „löschungsreif", so hat K den Rückübertragungsanspruch nur, wenn er ihm von E abgetreten wurde. Ohne Abtretung ist nach wie vor E Gläubiger des Rückgewähranspruchs und kann ihn alleine geltend machen (s. a. BGHZ 104, 26, 30; 106, 375, 378). K bleibt dann nichts anderes übrig, als sich im Innenverhältnis an E als Verkäufer zu halten (§§ 434, 439 Abs. 2, 440 Abs. 1, 325 Abs. 3, 323 Abs. 2, 281).

Wurde die Grundschuld auf den Kaufpreis angerechnet, so bedeutet das nichts anderes, als daß K bis zur Höhe der Grundschuldsumme für die weitere Kreditaufnahme durch E haften soll und nach Beendigung des Kreditverhältnisses dem E gegenüber verpflichtet ist, den Kredit an G abzudecken. In der kaufvertraglichen Übernahme der Grundschuld unter Anrechnung auf den Kaufpreis liegt i. d. R. die stillschweigende Abtretung des Rückgewähranspruchs gegen G (BGH NJW 1991, 1821, 1822; 1983, 2502). S. a. § 38 IX 2 zum Parallelfall bei der Hypothek.

2. Wann *muß* und wann *kann* der vom Schuldner verschiedene Eigentümer leisten?

a) Die Fälligkeit der Grundschuld richtet sich nach den bei Bestellung des dinglichen Rechts getroffenen, in das Grundbuch aufgenommenen Vereinbarungen; fehlen solche, so gilt § 1193.

Die Fälligkeit der Grundschuld hängt also nicht von der Forderung ab; u. E. besteht aber kein Bedenken, durch eine eingetragene Vereinbarung die Fälligkeit der Grundschuld an die der persönlichen Forderung zu knüpfen[2]. Regelmäßig wird *sofortige* Fälligkeit vereinbart und eingetragen.

b) Nach § 1142 Abs. 1 ist der Eigentümer zur Leistung an den Gläubiger berechtigt, wenn der persönliche Schuldner zur Leistung berechtigt ist. Diese Vorschrift ist nicht anwendbar. Denn da der Schuldner nach § 271 Abs. 2 im Zweifel stets zur Leistung berechtigt ist, so würde dies bedeuten, daß auch der Eigentümer stets die Grundschuld tilgen könnte. Ein Befriedigungsrecht hat der

---

[1] So BGH NJW 1990, 576 (insoweit in BGHZ 109, 197 nicht abgedruckt); 1986, 2108, 2109 (Eintritt in die Sicherungsvereinbarung); 1983, 2502, 2503.
[2] A. A. *Huber* aaO S. 140; *Soergel/Konzen* § 1191 Rn. 2 und die wohl h. M.

Eigentümer erst, wenn die Grundschuld fällig geworden (s. oben a) oder das Sicherungsverhältnis zwischen Gläubiger und Schuldner beendet ist.

Zu der interessanten Frage, ob nicht der Eigentümer von sich aus nach einer gewissen Zeit eine Beendigung des Sicherungsvertrags herbeiführen kann (kann man ihm zumuten, ad infinitum für den dem Schuldner gewährten Kredit zu haften?), s. *Räbel* NJW 1953, 1248.

3. Leistung durch den Eigentümer[1]

Zahlt der vom Schuldner verschiedene Eigentümer, so leistet er „auf" die *Grundschuld,* er erwirbt diese als Eigentümergrundschuld (s. oben § 44 VI 1, § 45 II 4b). Die persönliche Forderung bleibt bestehen[2]. Anders als in § 1143 vorgesehen, geht aber die gesicherte Forderung nicht kraft Gesetzes auf ihn über, weil diese Vorschrift Akzessorietät voraussetzt; auch § 426 Abs. 2 ist nicht analog anwendbar, weil Schuldner und Eigentümer nicht „gleichstufig" haften[3]. Wohl aber gesteht die h. M. dem Eigentümer einen *Anspruch* gegen den Gläubiger auf Abtretung der gesicherten Forderung zu, teilweise nur bei bestehendem Rückgriffsrecht im Innenverhältnis, teilweise ohne Rücksicht auf ein Rückgriffsrecht[4].

Sehr weit geht RGZ 150, 371, 374 mit interessanter Begründung: „Ihrer wirtschaftlichen Natur nach stehen Sicherungsabtretung einer Eigentümergrundschuld und Bestellung einer Hypothek für die persönliche Schuld einander so nahe, daß der Schuldner aus der Grundschuld, der den Gläubiger befriedigt, ein Recht darauf hat, durch Abtretung der Forderung gegen den persönlichen Schuldner ebenso gestellt zu werden wie der in der gleichen Lage befindliche Hypothekenschuldner". Das KG verknüpft den Anspruch auf Abtretung mit dem Rückgriffsrecht des Eigentümers gegen den Schuldner (KG NJW 1961, 414). Der BGH hat die Frage des Anspruchs auf Abtretung bisher offengelassen (BGHZ 88, 228, 231; 105, 154, 158; 108, 179, 184)[5]. Soweit der Schuldner gegen eine doppelte Liquidation des Gläubigers nicht als Sicherungsgeber die Sicherungsabrede einwenden kann (oben IV 1 b, aa), läßt der BGH die *Arglisteinrede* (§ 242) greifen (BGHZ 105, 154, 158), um Doppelzahlung zu vermeiden. Ein Anspruch auf Abtretung der persönlichen Forderung steht dem Eigentümer natürlich dann nicht zu, wenn er im Innenverhältnis zum Schuldner zur Leistung verpflichtet war (vgl. für den entsprechenden Fall bei der Hypothek oben § 40 IV).

Geht mit der Abtretung der Forderung des Gläubigers gegen den Schuldner an den Eigentümer auch eine *zusätzlich gestellte Bürgschaft* auf den Eigentümer über? Der BGH hat die Frage der Zuordnung von Bürgschaft und Grundschuld im Sinne gleichgeordneter Haftung entschieden, falls eine Vereinbarung fehlt (BGHZ 108, 179, 182 ff.; NJW 1982, 2308; s. a. § 38 IX 3).

Beispiel: Die Bank G gibt dem S ein Darlehen über 70 000 DM. Dieses Darlehen sichert B mit einer Bürgschaft, E mit einer Grundschuld an seinem Grundstück. Wenn E bei Eintritt des Sicherungsfalles zuerst beansprucht wird, so bleibt ohne Abtretung der gesicherten Forderung die Tilgung alleine „an ihm hängen". Falls zuerst der Bürge B beansprucht würde, ginge mit der gesicherten Hauptforderung (§ 774 Abs. 1) die Grundschuld *nicht* auf ihn über (fehlende Akzessorietät gemäß § 401!); anders nur, falls ein Anspruch auf Abtretung der Grundschuld bestünde (BGHZ 92, 374, 378; hierzu oben III 2) und die Abtretung auch vollzogen würde. Die sichernde Haftung träfe sonach nach Zufall den Sicherungsgeber, der zuerst beansprucht wird – gerade umgekehrt wie beim Zusammenfallen von Bürgschaft und Hypothek, wo der zuerst beanspruchte Sicherungsgeber wegen des Mitübergangs der akzessorischen Sicherheiten den anderen Teil endgültig belasten könnte (hierzu BGHZ 108, 179, 184/185; ausführlich § 38 IX 3 m. Nw.), also „den letzten die Hunde beißen". Der BGH hat sich für

---

[1] Zur Leistung durch einen Dritten s. § 44 VI 2 m. Nw.

[2] BGHZ 80, 228, 230 = *Baur,* E. Slg. Fall 52 c; 105, 154, 157; NJW 1980, 2198; 1987, 838, 839; 1991, 1821; NJW-RR 1990, 813, 814; ganz h. M.; s. a. § 45 II 4b a. E.

[3] BGHZ 105, 154, 157/158 (dazu *Oehler* JuS 1989, 604; *Tiedtke* JZ 1988, 1006); 108, 179, 184, 187; s. a. zu § 426 Abs. 2 noch § 45 I 1 m. Nw.

[4] *Westermann/Eickmann* § 133 III und V; *Palandt/Bassenge* § 1191 Rn. 33; *Erman/Räfle* § 1191 Rn. 44.

[5] BGH NJW 1982, 2308 betraf den Fall vereinbarter Abtretung.

die Teilung der sichernden Haftung nach dem Rechtsgedanken des § 426 Abs. 1 in beiden Fällen entschieden, so daß mit oder ohne Anspruch des Eigentümers auf Abtretung des gesicherten Anspruchs immer nur ein Anspruch gegen den Bürgen auf *anteiligen* Ausgleich entsteht. Nur bei abweichender Vereinbarung zwischen Bürge und Gläubiger führt der Mitübergang der Bürgschaft nach Forderungsabtretung (§ 401) zur endgültigen Haftung des Bürgen (so BGH NJW 1982, 2308; s. a. BGHZ 108, 179, 183). Vieles spricht allerdings entgegen der h. M. für den grundsätzlichen Vorrang der dinglichen Haftung und die Subsidiarität der Bürgenhaftung (hierzu § 38 IX 3). Nachdem der BGH indessen den formularmäßigen Ausschluß des § 776 zuläßt (zuletzt BGHZ 108, 179, 183) und deshalb die gesetzliche Stufung der Sicherheiten meist abbedungen ist, verliert dieses Argument an Gewicht.

4. *Zahlung durch den Schuldner*

Leistet der vom Eigentümer verschiedene Schuldner, so erlischt nur die gesicherte Forderung. Der Grundschuldinhaber ist aber auf Grund des Sicherungsvertrags zur Rückübertragung der Grundschuld verpflichtet, und zwar an den Schuldner dann, wenn dieser – etwa als früherer Eigentümer – Partei des Sicherungsvertrags ist.[1] Ist dies nicht der Fall, so steht der Rückübertragungsanspruch dem Eigentümer zu.[2] Er kann aber auf Grund des Innenverhältnisses verpflichtet sein, diesen Anspruch dem Schuldner abzutreten; damit wird praktisch ein dem § 1164 entsprechendes Ergebnis erzielt.[3]

Beispiele: Hat S (= E) das belastete Grundstück an K veräußert und war dabei vereinbart worden, daß K den von G gewährten Kredit – unter Anrechnung auf den Kaufpreis – abdeckt, hat aber G den S in Anspruch genommen, so kann S von G die Abtretung der Grundschuld an sich auf Grund des Sicherungsvertrags verlangen (falls nicht K in den Sicherungsvertrag eingetreten und der Rückgewähranspruch an ihn abgetreten ist – hierzu oben IV 1 b, bb).

E hat dem G eine Grundschuld bestellt. Als Darlehensnehmer tritt S auf, wobei zwischen E und S vereinbart wird, daß das Darlehen dem E zugute kommen und dieser auch zur Rückzahlung an G verpflichtet sein soll. Muß S an G zahlen, so kann S von E die Abtretung des Rückübertragungsanspruchs fordern. Einen „Direktanspruch" des S gegen G auf Übertragung der Grundschuld (*Dieckmann* a. a. O.) verneint die h. M. Hat G die Grundschuld bereits an E übertragen, so richtet sich der Anspruch des S gegen E auf Übertragung der Grundschuld.

Ein *Sonderfall* ist gegeben, wenn der vom Schuldner S verschiedene Eigentümer E des belasteten Grundstücks gleichzeitig Gesamtschuldner der Forderung ist und der Gläubiger G den persönlichen Schuldner S beansprucht (BGHZ 88, 228 f.; hierzu *Reinicke/Tiedtke* NJW 1981, 2145). Soweit hier S gegenüber E gemäß § 426 ausgleichsberechtigt ist und die Forderung des G gegen E auf ihn übergeht, besteht ein Anspruch des S gegen G auf Abtretung der sichernden Grundschuld (hierzu schon oben III 2).

---

[1] Ausführlich oben IV 1 b.

[2] Oben IV 1 a.

[3] Hierzu *Planck/Strecker* § 1192, 6 g; *Küchler* aaO S. 53 ff.; *Palandt/Bassenge* § 1191 Rn. 34; weitergehend will *Dieckmann*, Freundesgabe Söllner, 1990, S. 24 ff., 32 ff., dem Schuldner direkt gegen den Gläubiger einen Abtretungsanspruch gewähren.

V. Sondertatbestände des Rückgewähranspruchs

1. *Die Verwertung des Rückgewähranspruchs*[1]

a) Der Rückgewähranspruch[2] nach Erledigung des von den Parteien vereinbarten Sicherungszwecks[3] kann durch den Eigentümer verwertet werden, sei es durch Abtretung oder durch Verpfändung. Bedeutsam ist auch die Pfändung durch einen bisher dinglich nicht gesicherten Gläubiger. Gegen eine solche Verwertung bestehen keine Bedenken; dabei erfolgt die formlose[4] Abtretung nach §§ 398 ff., die Verpfändung nach §§ 1273 ff., die Pfändung und Überweisung nach § 857 ZPO.[5] Mit der Verpfändung und Pfändung (+ Überweisung) ist der Pfandgläubiger berechtigt, die Übertragung der Grundschuld auf den Eigentümer zu verlangen, er selbst erhält ein sog. Ersatzpfandrecht an der Eigentümergrundschuld entsprechend § 1287.[6]

Beispiel: Pf. – ein Gläubiger des E – weiß, daß der G-Bank eine Sicherungsgrundschuld an dem Grundstück des E zusteht. Er weiß auch, daß E seine Schulden an die G-Bank getilgt hat. Er läßt auf Grund eines Vollstreckungstitels den Rückübertragungsanspruch des E gegen G pfänden und sich zur Einziehung überweisen (Beschluß des Amtsgerichts als Vollstreckungsgericht – Zustellung des Beschlusses an G als Drittschuldner und E als Schuldner, § 857 ZPO mit §§ 829, 835 ZPO). Auf Grund dieser Stellung kann Pf. an Stelle des E den Rückübertragungsanspruch geltend machen (§§ 1279, 1282). E erwirbt dann die Grundschuld als Eigentümergrundschuld, Pf. ein Pfandrecht an dieser Eigentümergrundschuld[7]. Falls allerdings G den Rückgewähranspruch nicht durch Rückübertragung gemäß § 1282 erfüllt, sondern einfach verzichtet oder aufhebt, entsteht kein Ersatzpfandrecht (so BGHZ 108, 237, 247 – zweifelhaft bei Verzicht!), der Pfandgläubiger Pf hat dann nur einen Schadensersatzanspruch gegen G (§ 280).

Genauso wie sich der Rückgewähranspruch nach Zwangsversteigerung an einen Ersteher Z auf die fortbestehende Grundschuld des G oder bei Erlöschen auf den Erlös erstrecken würde (hierzu oben II 5), blieben auch die Rechte des Pfandgläubigers Pf nach Versteigerung gewahrt: das Pfandrecht entstünde dann analog § 1287 an der von G auf E übertragenen Fremdgrundschuld, falls die Grundschuld des G bestehen geblieben wäre; bei Erlöschen könnte Pf als Pfandgläubiger des Rückgewähranspruchs auf den Versteigerungserlös zugreifen, soweit dieser Erlös auf die erloschene Grundschuld entfiele (hierzu BGHZ 108, 237, 247 f.; BGH NJW 1987, 1026, 1027; Rpfleger 1991, 381, 382 mit dem Sonderfall der gewillkürten Prozeßstandschaft des Grundschuldgläubigers zugunsten des Pfändungsgläubigers).

b) Fraglich ist, ob ein Rückgewähranspruch schon *vor Beendigung des Kreditverhältnisses* übertragen oder sonst verwertet werden kann. Diese Frage ist zu bejahen. Zwar handelt es sich hier erst um einen zukünftigen[8] Anspruch, der aber schon hinreichend gekennzeichnet ist.

---

[1] Dazu *Dempewolf* und *Hoche* aaO; *Rimmelspacher* Rn. 836 ff.; *Huber* aaO S. 190 ff., 201 ff.; *Scholz,* Der sicherungsrechtliche Rückgewährsanspruch, in Festschrift f. Möhring, 1965, S. 419 ff.; *Weber* AcP 169, 237; *Westermann/Eickmann* § 133 II 2.

[2] Er beinhaltet den Anspruch des Eigentümers auf Rückübertragung *oder* (nach seiner Wahl) auf Verzicht auf die Grundschuld *oder* auf ihre Aufhebung (ausführlich oben II 2a und b).

[3] Also verschieden je nachdem, ob nur *eine* bestimmte Forderung oder alle gegenwärtigen und künftigen Forderungen aus einem Kreditverhältnis gesichert sein sollen (s. dazu BGH NJW 1986, 2108 und allgemein oben II 1a).

[4] BGH Rpfleger 1991, 381.

[5] BGH NJW 1975, 980; BGHZ 108, 237, 245; *Baur/Stürner,* ZVR, Rn. 556.

[6] Hierzu BGHZ 108, 237, 246 m. Nw.; *Hoche* NJW 1959, 413, 414; *Schneider* JW 1938, 1630; *Dempewolf* NJW 1959, 556; *Huber* aaO S. 206 ff.; *Serick* III S. 246 ff.

[7] Dazu § 46 I 4; zur Verwertung BGH MDR 1961, 675; *Dempewolf* NJW 1959, 556.

[8] In der Rspr. auch als aufschiebend bedingt bezeichnet: BGH NJW 1977, 247; andererseits BGH NJW 1985, 800; s. zum ganzen Fragenkreis oben II 2b m. Nw. und *Huber* aaO S. 182 ff.; *Serick* III

Die Problemlage ist ähnlich der bei der künftigen Eigentümergrundschuld im Falle einer Hypothek (s. unten § 46 III 2). Es handelt sich um einen künftigen Vermögenswert, der jetzt schon einem anderen zugewendet oder von ihm in Beschlag genommen wird. Schwierigkeiten entstehen dann, wenn sich mehrere Gläubiger des Eigentümers um diesen künftigen Vermögenszuwachs ihres Schuldners streiten:

Beispiel (in Anlehnung an BGH DNotZ 1958, 383):[1]
E hat dem G zur Sicherung eines Kredits eine Grundschuld bestellt. Am 21. 5. trat E seinen nach Abdeckung des Kredits entstehenden Rückübertragungsanspruch an X ab. Am 17. 7. desselben Jahres hat Pf. – ein Gläubiger des E – denselben Rückübertragungsanspruch gepfändet und sich zur Einziehung überweisen lassen. Im Anschluß an das RG nimmt der BGH[2] an, daß der bedingte Rückübertragungsanspruch (richtig: der künftige Rückübertragungsanspruch) mit seiner Abtretung an X schon aus dem Vermögen des E ausgeschieden sei; damit aber sei die zeitlich spätere Pfändung dieses Anspruchs durch Pf. „ins Leere gegangen", der Anspruch stehe unbelastet durch ein Pfandrecht des Pf. dem X als Zessionar zu. – Wäre das Grundstück des E zwangsversteigert oder durch den Konkursverwalter des E freihändig veräußert worden, so würde sich der Rückübertragungsanspruch des X auf einen entsprechenden Teil des Erlöses erstrecken (zuletzt BGHZ 108, 237, 247/248; Rpfleger 1991, 381, 382; ausführlich oben II 5).

c) Der Rückübertragungsanspruch geht *nicht automatisch* auf den Erwerber des Grundstücks über; doch wird eine Abtretung gewollt sein, wenn der Erwerber die durch die Grundschuld gesicherte persönliche Schuld übernimmt (hierzu BGH NJW 1991, 1821, 1822; 1990, 576; 1986, 2108, 2109; 1983, 2502; s. oben IV 1b, bb m. Nw.)[3]. Soweit ein nachrangige Grundpfandgläubiger abgetreten ist, geht er nicht etwa als „Nebenrecht" (§ 401) mit der Abtretung des nachrangigen Grundpfandrechtes mit über, sondern bedarf gesonderter rechtsgeschäftlicher Abtretung (BGHZ 104, 26, 29/30).

d) Ist für den Rückgewähranspruch eine *Vormerkung* bewilligt und eingetragen (OLG Hamm NJW-RR 1990, 273; oben II 2c), so geht die Vormerkung mit dem abgetretenen Anspruch auf den Zessionar über (§ 401; s. a. § 20 V 1).

e) Der *Ausschluß der Abtretbarkeit* bzw. ein Zustimmungsvorbehalt des Grundschuldgläubigers sind grundsätzlich individualvertraglich möglich (§ 399). In AGB bzw. Formularklauseln dürfte ein Verstoß gegen § 9 AGBG vorliegen, falls die Abtretungsbeschränkung den Eigentümer als Sicherungsgeber an der weiteren Beleihung seines Grundstücks hindert, weil er nachrangigen Gläubigern nicht die zusätzliche Sicherheit des Rückgewähranspruches verschaffen kann, der die Löschung des vorrangigen Rechts sicherstellt (§ 1179a; hierzu § 46 IV 4a). Anders liegt der Fall, wenn der Schuldner der gesicherten Forderung eine Fremdgrundschuld zur Sicherheit überträgt: hier überwiegt das Interesse der Bank an der Klarheit über den Gläubiger des Rückübertragungsanspruchs das Interesse des Schuldners an freier Abtretbarkeit (BGHZ 110, 241ff. m. Nw.).

f) Von der geschilderten Verwertung des Rückübertragungsanspruchs ist zu unterscheiden die vom Grundschuldgläubiger einem Dritten zugesagte – und durch Vormerkung gesicherte – Abtretung der Grundschuld im Falle ihrer Nichtmehrvalutierung (BayObLG RPfleger 1983, 267). –

2. Löschungsvormerkung und Rückübertragungsanspruch

Es leuchtet ein, daß nachrangige (oder auch gleichrangige) Grundpfandgläubiger es verhindern wollen, daß der Rückübertragungsanspruch an einen anderen abgetreten wird und ihnen damit ein Aufrücken im Rang unmöglich gemacht wird. Es ergibt sich die Frage, inwieweit der abgetretene Rückgewähranspruch und eine zu ihren Gunsten eingetragene Löschungsvormerkung oder ein Löschungsanspruch ineinandergreifen. Diese Frage kann erst beantwortet werden, wenn wir uns mit diesen Instituten näher befaßt haben (s. unten § 46 IV 4a).

S. 246ff.; *Gerhardt* ZIP 1980, 165, 168; *Reinicke/Tiedtke*, Gesamtschuld . . . S. 223f. Die Abtretung des künftigen Rückgewähranspruchs spielt vor allem auch zur Sicherung nachrangiger Grundpfandrechtsgläubiger eine Rolle: BGHZ 104, 26/27; 110, 108, 109; ausführlicher unten 2 und § 46 IV 4a.

[1] Weitere Fälle des „Mehrfachzugriffs" auf den Rückgewähranspruch: BGH NJW 1985, 800 (hierzu *K. Schmidt* JuS 1985, 314); BGH Rpfleger 1986, 312; BGHZ 104, 26, 29 (hierzu *K. Schmidt* JuS 1988, 906).

[2] RGZ 143, 113, 117; BGH DNotZ 1958, 383; NJW 1985, 800; BGHZ 104, 26, 29.

[3] Zur Schuldübernahme nach Abtretung des Rückgewähranspruchs an einen Dritten s BGH NJW 1992, 110 und § 44 VI 3a.

Übersicht 20

Hypothek und Sicherungsgrundschuld

Tatbestand	Hypothek	Grundschuld
I. Entstehungsmängel	1. Einwendungen gegen *dingl. Einigung* gem. §§ 1113, 873 (z. B. § 123): persönl. Forderung ohne Hypothek 2. Einwendungen gegen *Forderung;* Eigentümergrundschuld, §§ 1163 I, 1177 I	1. Einwendungen gegen *dingl. Einigung* gem. §§ 1191, 873: persönl. Forderung ohne Grundschuld 2. Einwendungen gegen Grundverhältnis a) Fehlen der Forderung: vertragl. Rückgewähranspruch b) Fehlen einer Sicherungsvereinbarung: § 812 I Merke: keine durch Existenz der Forderung auflösend bedingte Grundschuld (arg. § 1192 I)
II. Tilgung	1. durch den Schuldner – Eigentümer: §§ 1163 I 2, 362 I, 1177 I; 2. durch den Schuldner: §§ 1163 I 2, 362 I, 1177 I; ausnahmsweise § 1164 3. durch den Eigentümer: §§ 1143, 1177 II	1. durch Schuldner – Eigentümer: a) der Forderung; Erlöschen der Forderung, § 362 I; vertragl. Rückgewähranspruch b) der Grundschuld: Eigentümergrundschuld (§ 1143); Erlöschen auch der Forderung. Merkregel: Tilgung nach Vereinbarung (z. T. str.) oder Parteiwille (§ 366 I); Forderung bei periodischen Zahlungen; Forderung und Grundschuld bei Volltilgung 2. durch Schuldner (und Nichteigentümer): Zahlung auf Forderung; vertragl. Rückgewährsanspruch des Schuldners oder des Eigentümers als Partei des Sicherungsvertrages 3. durch Eigentümer: auf Grundschuld; Eigentümergrundschuld und Anspruch auf Abtretung der Forderung (str.)
III. Abtretung	1. Abtretung der Forderung unter Formpflicht (§ 1154) 2. Akzessorietät, §§ 1153, 401	1. Abtretung von Forderung und Grundschuld a) Forderung, §§ 398 ff. Formfreiheit b) Grundschuld, §§ 1192, 1154, Formpflicht Merke: *Keine* Akzessorietät 2. Abtretung *nur* der Forderung: u. U. Anspruch gegen Zedenten auf Abtretung *auch* der Grundschuld 3. Abtretung *nur* der Grundschuld: entspricht der Sicherungsabrede ab Fälligkeit (Verwertung)
IV. Gutgläubiger Erwerb	1. Kein gutgläubiger Erwerb der nicht existierenden Forderung (§§ 398 ff.; Ausnahme: § 405) 2. Bei existierender Forderung gutgläubiger Erwerb der Hypothek trotz dinglichen Begründungsfehlers: § 892 3. Gutgläubiger Erwerb der Hypothek (ohne Forderung!) bei fehlender Forderung (§§ 1138, 892) Sicherung: Widerspruch, §§ 899, 894	1. Kein gutgläubiger Erwerb der Forderung 2. Gutgläubiger Erwerb der Grundschuld gem. § 892
V. Fortbestand von Einwendungen und Einreden	1. *Einwendungen* gegen Hypothek fallen unter IV 2, gegen die Forderung unter VI 3 2. *Einreden* gegen die Forderung (z. B. Stundung): §§ 1138, 1137, 892 3. *Einreden* gegen die Hypothek: §§ 1157, 892 (z. B. Stundung)	1. Einwendungen und Einreden gegen die Forderung: § 404 2. Einwendungen gegen die Grundschuld (z. B. dingl. Bestellungsfehler): § 892 3. Einwendungen gegen die Forderung: Verstoß gegen Sicherungsabrede kann dem Zessionar entgegengehalten werden, §§ 1157, 892 Sicherung: Vormerkung des künftigen Rückübertragungsanspruchs; Widerspruch (Eintragung der konkret entstandenen Einrede)

3. *Im Konkurs des Kreditgebers* gibt der Rückgewähranspruch dem Sicherungsgeber bzw. Treugeber ein Recht auf Aussonderung der Grundschuld. Entsprechend ist bei einer Pfändung § 771 ZPO anwendbar (Einzelheiten s. *Rimmelspacher* § 12 Rn. 843; ferner *Baur/Stürner*, ZVR, Rn. 776; II, InsolvenzR, Rn. 14.24).

§ 46. Die Eigentümergrundschuld

(Das Grundpfandrecht des Eigentümers)

Lit.-Hinweis: S. zunächst Lit.-Hinweis vor § 36, § 44 u. § 45; ferner *Hirsch*, Übertragung der Rechtsausübung, 1910 I S. 445; *Lorenz*, Weitere Fragen zur konkursrechtl. Problematik der Eigentümergrundschuld, KTS 1962, 28; *Oberneck*, Die Eigentümerhypothek im Lichte der Praxis, Gruchot 47, 306; *Sottung*, Die Pfändung der Eigentümergrundschuld, 1957; *Zawar* NJW 1976, 1823 (zur Rspr.).
Lesen Sie zunächst oben § 36 V.

I. Begriff und Anwendungsbereich

1. Wir haben uns schon oben § 36 V recht eingehend mit dem Eigentümergrundpfandrecht auseinandergesetzt und dort auch die Hauptanwendungsfälle erörtert. Dies war damals notwendig, um einen Eindruck von dem Unterschied zwischen Fremdgrundpfandrecht und Eigentümergrundpfandrecht zu vermitteln. So wird es jetzt nur noch notwendig sein, nach einem kurzen wiederholenden Überblick (2–5) die vom Eigentümer bestellte Eigentümergrundschuld darzustellen (II) und dann die Fragen zu erörtern, die mit der Verfügung über die vorläufige und künftige Eigentümergrundschuld zusammenhängen (III). Schließlich sind noch einige besondere Probleme der Löschungsvormerkung und des Löschungsanspruchs zu erörtern (IV).

2. Wir hatten uns oben § 36 V 3 um eine möglichst klare Terminologie bemüht: Das Eigentümergrundpfandrecht ist *Eigentümerhypothek,* wenn dem dem Eigentümer zustehenden Grundpfandrecht noch eine gegen einen anderen gerichtete Forderung zugrundeliegt (Typ: § 1143), *Eigentümergrundschuld,* wenn dies nicht der Fall ist (Typ: § 1163). Die Eigentümergrundschuld ist *vorläufig* (z. B. § 1163 Abs. 2) oder *endgültig* (z. B. § 1163 Abs. 1 Satz 2), sie ist *ursprünglich* (z. B. § 1196) oder *nachträglich* (z. B. § 1163 Abs. 1 Satz 2), sie ist *verdeckt* (z. B. § 1163) oder *offen* (z. B. § 1196).
Man kann auch noch eine andere Einteilung wählen[1] und unterscheiden zwischen den Fällen eines *abgeleiteten* – nämlich aus einem bisherigen Fremdgrundpfandrecht hervorgegangenen – *Eigentümergrundpfandrechts* und den Fällen einer *ursprünglich offenen* (§ 1196) und *ursprünglich verdeckten* (z. B. § 1163 Abs. 1 Satz 1, Abs. 2) Eigentümergrundschuld.
Wir erinnern uns auch, daß wir die *materiellen Entstehungsgründe* zu katalogisieren versucht hatten; wir sprachen von dem Fall der rechtsgeschäftlichen Bestellung (§ 1196), der Begründung unter den Stichworten „Entstehungsschwierigkeiten" (Fehlen der Forderung, Mangel der Briefübergabe), „Tilgung" (Erlöschen der gesicherten Forderung, Ablösung, Verzicht) und schließlich „Konsolidation" (Vereinigung von Hypothek und Eigentum in einer Person nach § 889).
Nun gilt es – der Vollständigkeit halber – noch einige weitere, freilich nicht sehr häufige Fälle anzuschließen:
a) Dem Verzicht des Gläubigers auf die Hypothek (§ 1168) steht es gleich, wenn der Gläubiger einer durch Hypothek gesicherten Forderung einer *Schuldübernahme* zustimmt, der Grundeigentümer aber mit dem Wechsel des Schuldners nicht einverstanden ist (§ 418 Abs. 1 Satz 2, 3).

Beispiel: E hat für eine Schuld des S dem G eine Hypothek bewilligt. Später wird die Schuld des S durch Ü übernommen. G ist damit einverstanden, nicht aber E. Ergebnis: Eigentümergrundschuld (§ 418 mit § 1168). Grund: Man kann dem E nicht zumuten, für einen neuen Schuldner Ü zu haften, dessen Qualitäten er ja nicht kennt. Daraus ergibt sich auch, daß § 418 nur für die befreiende,

---

[1] *Blomeyer* aaO S. 116.

privative Schuldübernahme gilt, nicht für die Schuldmitübernahme (= kumulative Schuldübernahme); hier haftet E für die Schuld des S weiter, aber auch nur für diese[1].

b) *Unbekannte Hypothekengläubiger* können im Wege des sog. Aufgebotsverfahrens mit ihren Rechten ausgeschlossen werden (§§ 1170, 1171). Geschieht dies, so erwirbt der Eigentümer die Hypothek (§§ 1170 Abs. 2, 1171 Abs. 2 mit § 1163 Abs. 1 Satz 2).

c) Wir haben schon wiederholt das Rechtsinstitut der *Zwangshypothek* (§§ 866 ff. ZPO) und der *Arresthypothek* (§ 932 ZPO) kennengelernt. Hier kann es sein, daß der Vollstreckungstitel, auf Grund dessen die Hypothek eingetragen wurde, später aufgehoben oder doch seine Vollstreckbarkeit beseitigt wird. Nach §§ 868, 932 Abs. 2 ZPO erwirbt dann der Eigentümer die Hypothek als Eigentümer*hypothek*, wenn trotz des Wegfalls des Titels oder seiner Vollstreckbarkeit die Forderung weiterbesteht, und als Eigentümer*grundschuld*, wenn die Forderung nicht bestanden hat oder weggefallen ist (§ 1163).

3. Überblickt man alle Fälle einer Eigentümergrundschuld, so kann man sie vielleicht unter den Stichworten „Rangaufspeicherung" und „automatische Rangrückgewähr" zusammenfassen: Der Eigentümer kann für sich selbst (§ 1196), er kann für andere den Rang aufspeichern. Hat das Fremdgrundpfandrecht seine Schuldigkeit getan, so will das Gesetz in aller Regel kein Aufrücken der Nachberechtigten, es gewährt vielmehr automatisch den Rang an den Eigentümer zurück,[2] und zwar an den Eigentümer im Augenblick des automatischen (= gesetzlich angeordneten) Übergangs. Das Eigentümergrundpfandrecht erwirbt also nicht derjenige, der zwar zur Zeit der Bestellung des Grundpfandrechts Eigentümer war, später aber das Eigentum an einen anderen übertragen hatte (s. oben § 36 V 6 b). Das Eigentümergrundpfandrecht ist auch nicht „Zubehör" des Eigentums in dem Sinne, daß es mit dem Eigentum weiterwandert, es wird vielmehr bei Veräußerung des Eigentums Fremdgrundpfandrecht (s. oben § 36 V 6 b).

4. Der Inhaber des Eigentümergrundpfandrechts hält ein Stück seines Eigentums in seinen Händen (vgl. oben § 36 V 6 c). Er kann darüber verfügen (z. B. durch Übertragung und Verpfändung),[3] es kann durch seine Gläubiger im Wege der Pfändung beschlagnahmt und verwertet werden.

Daß diese „Verwertung" bei den künftigen und vorläufigen Eigentümergrundschulden nicht ganz einfach ist, werden wir unten III sehen.

Auf dieses Grundpfandrecht des Eigentümers (gleichgültig, ob es Eigentümerhypothek oder Eigentümergrundschuld ist, ob es schon als solches aus dem Grundbuch ersichtlich ist oder ob noch das Fremdgrundpfandrecht eingetragen ist), findet das Recht der Grundschuld Anwendung (§ 1177). Freilich wird die *Rechtsstellung des Eigentümers* durch § 1197 beschränkt: er kann *weder* von sich aus

---

[1] Zum Parallelfall bei der Grundschuld s. § 44 VI 3 a.

[2] Hierher gehört auch die von K. *Blomeyer* aaO S. 128 mitgeteilte Beobachtung, daß sich der Eigentümer, auf den die Hypothek als Eigentümergrundschuld übergegangen ist, zwar vom bisherigen Hypothekar die Berichtigungspapiere aushändigen läßt, die Berichtigung bzw. Löschung aber auf lange Zeit unterläßt. Er behält damit einen nach außen nicht ersichtlichen Vermögenswert in der Hand. Es kommt auch vor, daß er einem neuen Gläubiger diese Papiere samt der erforderlichen Abtretungserklärung übergibt, ohne daß sich dieser im Grundbuch eintragen läßt.

[3] Beispiele oben § 36 V 6 a bb.

die Zwangsvollstreckung betreiben[1] *noch* Zinsen in Anspruch nehmen. Grund: Er soll durch eine Zwangsversteigerung nicht das Erlöschen der nachrangigen Grundpfandrechte erreichen können (§ 52 Abs. 1 Satz 2 ZVG);[2] als Nutzungsberechtigter müßte er in der Regel die Zinsen aus dem Ertrag seines Grundstücks „an sich selbst zahlen".[3] Diese Beschränkungen fallen indessen bei einer Verwandlung in eine Fremdgrundschuld wieder fort, wobei der Anlaß der Verwandlung letztlich gleich ist.

Beispiele: Dem E steht an seinem Grundstück eine zu 8% verzinsliche (aus einer Hypothek hervorgegangene) Eigentümergrundschuld zu. Wenn ein Gläubiger Pf. des E. die Eigentümergrundschuld pfändet und sich zur Einziehung überweisen läßt, so ist fraglich, ob die Vollstreckungsschranke des § 1197 Abs. 1 auch für ihn gilt.[4] § 1197 Abs. 1 hindert die Zwangsvollstreckung in das Grundstück durch Pf. nach allg. Meinung sicher nicht, wenn Pf. sich die Eigentümergrundschuld *an Zahlungs Statt* überweisen läßt (§§ 835, 837 ZPO – §§ 1291, 1282 Abs. 1 Satz 3 BGB); dann wird er – weil es sich um eine „Abtretung" handelt – Fremdgrundpfandgläubiger. Er trägt dann allerdings auch das Risiko der Verwertung dieses Pfandrechts. Aber nach der hier vertretenen Auffassung greift § 1197 auch dann noch, wenn die Überweisung an Pf. *zahlungshalber* erfolgt (BGHZ 103, 30, 37 u. *Jestädt* GS f. Schultz, 1987, 163).
Der Eigentümer E hat bei der Bank B ein Darlehen über 50000 DM genommen, das mit 5% zu verzinsen ist und vierteljährlich gekündigt werden darf. E tilgt das Darlehen planmäßig, die erstrangige Tilgungshypothek für das Darlehen auf dem Grundstück des E wird zur „versteckten" Eigentümergrundschuld (§§ 1163 Abs. 1 S. 2, 1177 Abs. 1). Wenn nunmehr das Grundstück auf Betreiben des ungesicherten Gläubigers G zwangsversteigert wird, so fällt die Eigentümergrundschuld des E in das geringste Gebot und bleibt bestehen (§§ 44 Abs. 1, 52 Abs. 1 ZVG); hat der Ersteigerer Z für 150000 DM ersteigert, liegt das Bargebot bei 100000 DM (§ 49 ZVG). Mit dem Eigentumswechsel durch Zuschlag (§ 90 ZVG) wird die Eigentümergrundschuld zur Fremdgrundschuld mit E als Gläubiger und Z als belastetem Eigentümer (oben I 3). Für die Zinsen und die Fälligkeit gelten die früheren Darlehensbedingungen (§ 1177 Abs. 1 S. 2; BGHZ 67, 291; 71, 206); Z muß diese Belastung bei seinem Gebot einkalkulieren.

5. Das oben gebrachte, erste Beispiel legt die Frage nahe, wie denn eine Eigentümergrundschuld *gepfändet* werden kann, insbesondere dann, wenn sie im Grundbuch noch gar nicht als solche erscheint:

Pf. erfährt, daß sein im übrigen bis „über den Schornstein hinaus" verschuldeter Kunde E die Hypothek des G an seinem Grundstück in Höhe von 20000 DM schon ganz (oder zur Hälfte) zurückbezahlt hat. Pf. möchte auf diesen Vermögenswert zugreifen, im Grundbuch ist aber noch G als Inhaber der Hypothek eingetragen.

Die Pfändung erfolgt durch *Pfändungsbeschluß* entsprechend § 857 Abs. 1, 2 mit § 829 ZPO; dieser Beschluß muß dem Schuldner (= Eigentümer) zugestellt werden. Die Eintragung der Pfändung im Grundbuch oder die Wegnahme des Briefs sind nur erforderlich, um einen redlichen (unbelasteten) Erwerb Dritter auszuschließen.

---

[1] Dies hindert aber nicht die Vollstreckungsunterwerfung und ihre Eintragung nach § 800 ZPO, da sie nach Abtretung der Eigentümergrundschuld Bedeutung erlangen kann (vgl. auch BGHZ 64, 316, 319; BGH NJW 1976, 567 und oben § 40 IV 5a (2)).
[2] Hierzu grundlegend BGHZ 64, 316, 319: „Selbstbetrieb mit dem Zweck der Ausschaltung nachrangiger Gläubiger".
[3] Dazu BayObLG Rpfleger 1979, 100, 101 unter Hinweis auf die Motive; ausführlich zu § 1197 Abs. 2 nunmehr *Bayer* AcP 189, 470ff.
[4] S. dazu eingehend *Baur/Stürner*, Fälle, Fall 10; *Baur/Stürner*, ZVR, Rn. 555 u. oben § 36 V 6a bb).

Entgegen der hier vertretenen Auffassung wendet die h. M.[1] auf die Pfändung einer Eigentümergrundschuld das Recht der Pfändung der Hypothek (also § 857 Abs. 6 mit § 830 ZPO) an. Das erschwert die Pfändung, weil zu ihrer Wirksamkeit dann die Übergabe oder Wegnahme des Hypothekenbriefs (§ 830 Abs. 1 Satz 1 ZPO) oder – bei der Buchhypothek – die Eintragung im Grundbuch (§ 830 Abs. 1 Satz 3 ZPO) erforderlich ist (s. oben § 38 X 3). Das ist schwierig, wenn – wie meist – im Grundbuch noch der Hypothekar als Berechtigter eingetragen ist. Daher müssen dann auch der dem Eigentümer zustehende Berichtigungsanspruch und der Anspruch auf Herausgabe des Briefs gepfändet und zur Einziehung überwiesen werden. Bei Teileigentümergrundschulden sind die daraus entstehenden Schwierigkeiten fast unüberwindbar (vgl. RGZ 59, 313, 318); die für die h. M. vorgebrachten Gründe halten sich im wesentlichen an den Wortlaut des § 857 Abs. 6 ZPO, indem argumentiert wird, auch die Eigentümergrundschuld sei eben eine „Grundschuld" (dagegen *Baur/Stürner*, ZVR, Rn. 552 ff.; *Rosenberg/Gaul/Schilken* § 58 III 1 b).

6. Zu bemerken ist, daß die Verwertung der Eigentümergrundschuld vielfach an der *Löschungsvormerkung* bzw. dem *Löschungsanspruch* scheitert. Damit wird für nachrangige Gläubiger ihr Aufrücken für den Fall der Vereinigung von Eigentum und Grundpfandrecht gesichert (s. oben §§ 17 A II 2 b, 20 I, 2 und vor allem unten IV).

II. Die vom Eigentümer bestellte Grundschuld

1. Mit dem Zweck dieses Rechtsinstituts haben wir uns schon wiederholt befaßt: es dient in gleichem Maße der Vorbereitung künftiger Kreditaufnahme durch den Eigentümer (Rangwahrung) wie – bei Begründung als Briefeigentümergrundschuld – dem Geheimhaltungsinteresse des Eigentümers.[2]

Nach § 1196 Abs. 2 ist zur Bestellung eine diesen Willen kundgebende, materiellrechtliche Erklärung des Eigentümers gegenüber dem Grundbuchamt und die Eintragung im Grundbuch notwendig.

Grundbuchrechtlich sind die Eintragungsbewilligung des – voreingetragenen – Eigentümers in öffentlich beglaubigter oder beurkundeter Form (§§ 19, 29 GBO) und der Eintragungsantrag erforderlich. Demgegenüber setzt die materiellrechtliche Erklärung keine Form voraus, sie kann in der Eintragungsbewilligung enthalten sein. Ist die Bestellungserklärung nichtig oder wird sie angefochten, so ist das Grundbuch unrichtig.

Nach § 1196 Abs. 2 2. Halbsatz findet auch § 878 Anwendung; dies bedeutet: Hat der Eigentümer die Bestellungserklärung dem Grundbuchamt gegenüber abgegeben und den Eintragungsantrag gestellt, so entsteht mit der Eintragung die Eigentümergrundschuld, auch wenn der Eigentümer vor der Eintragung in der Verfügung beschränkt worden ist.

Entgegen § 1117 entsteht die *Brief*eigentümergrundschuld schon mit der Verlautbarung im Grundbuch, nicht erst mit der Ausstellung des Briefs; § 1163 Abs. 2 hat hier also – verständlicherweise – keinen Anwendungsbereich.

Mit der Bestellung der Eigentümergrundschuld kann der Eigentümer auch die Abgabe eines Angebots zum abstrakten Schuldversprechen zugunsten eines künftigen Fremdgrundschuldgläubigers verbinden (§ 780).[3]

2. Nach Bestellung der Eigentümergrundschuld hat der Eigentümer weitgespannte Verwertungsmöglichkeiten: er kann sein Recht *als Grundschuld* an einen anderen – meist seinen Gläubiger – *abtreten* mit der Folge, daß eine Sicherungs-

---

[1] Siehe BGH NJW 1961, 601; BGHZ 58, 298 (dahingestellt gelassen in BGH NJW 1979, 2045) und die Nachweise bei *Baur/Stürner*, ZVR, Rn. 552 ff. und *Baur/Stürner*, Fälle, Fall 10; *Brox/Walker* Rn. 737 ff.; *Tempel* JuS 1967, 215, 268; s. aber OLG Hamburg Rpfleger 1976, 371.

[2] Siehe dazu auch *Eickmann*, NJW 1981, 545; *Polzin* AcP 134, 233. – Zur gleichzeitigen Vollstreckungsunterwerfung s. BGHZ 64, 316, 319; NJW 1976, 567 und ausführlich § 40 IV 5 a (2).

[3] Hierzu BGH NJW 1976, 567; 1991, 228, 229. Auch die Vollstreckungsunterwerfung unter das Anerkenntnis als künftige Forderung kann sofort abgegeben werden! Zur kautelarjuristischen Gestaltung ausführlich §§ 40 IV 5; 45 II 1 b.

grundschuld in dem oben § 45 besprochenen Sinne entstehen kann,[1] oder an ihn verpfänden. Er kann ferner das Recht unter *Umwandlung in eine Hypothek* einem seiner Gläubiger abtreten (Beispiel: BGH NJW 1968, 1674), wobei – sofern es sich um ein Buchrecht handelt – auch die Form der Sicherungshypothek möglich ist. *Nicht* zulässig – weil im Gesetz nicht vorgesehen – ist aber die Umwandlung der Eigentümergrundschuld in eine *Eigentümerhypothek;* § 1198 ist insoweit nicht anwendbar.

III. Die vorläufige und die künftige Eigentümergrundschuld

Das Eigentümergrundpfandrecht ist ein Vermögenswert in der Hand des Eigentümers. So ist es kein Wunder, daß in der Praxis die Tendenz besteht, eine Verfügung des Eigentümers auch über die vorläufige oder künftige Eigentümergrundschuld zu ermöglichen, sei es in der Form freiwilliger Abtretung oder Verpfändung, sei es durch aufgezwungene Verfügung im Wege der Pfändung:

1. *Die Verfügung über die vorläufige Eigentümergrundschuld*[2]

a) Eine vorläufige Eigentümergrundschuld *entsteht,* wenn die Hypothek für eine künftige oder bedingte Forderung bestellt wird (§ 1113 Abs. 2) oder die zu sichernde Forderung noch nicht entstanden (§ 1163 Abs. 1 Satz 1) oder der Brief noch nicht übergeben ist (§ 1163 Abs. 2). Hier steht dem Eigentümer eine auflösend bedingte Eigentümergrundschuld, dem „Hypothekar" ein Anwartschaftsrecht zu, das mit voller Erfüllung des Entstehungstatbestandes sich automatisch in eine Hypothek verwandelt.

b) *Sicher* ist, daß dieses künftige Vollrecht des Hypothekars durch zwischenzeitliche Verfügung des Eigentümers nicht beeinträchtigt werden kann (Rechtsgedanke des § 161). *Zweifelhaft,* aber zu bejahen ist die Frage, ob der Eigentümer über sein vorläufiges Recht verfügen kann: Zwar kann der Eigentümer über die *Buch*eigentümergrundschuld wegen der Ordnungsvorschrift des § 39 GBO (Grundsatz der Voreintragung) „technisch" nicht verfügen (denn der Hypothekar ist ja schon als Berechtigter im Grundbuch eingetragen!),[3] anders aber bei dem Briefrecht.

Die Möglichkeit der Abtretung einer vorläufigen Eigentümergrundschuld verwendet die Praxis zur Sicherung sog. *Zwischenkredite;* davon war schon oben § 37 V 1 die Rede. Die Einzelheiten soll folgendes *Beispiel* zeigen:
E hat von der Bank G einen Kredit zum Neubau seines Hauses in Höhe von 50 000 DM zugesagt erhalten und ihr auch bereits eine erste Hypothek (als Briefrecht) bestellt. Die Bank darf nach ihrer Satzung das Darlehen erst ausbezahlen, wenn das Haus im Rohbau fertig gestellt ist. Daher sucht E einen Zwischenkreditgeber und findet ihn in der Person des Zw. Diesem tritt er seine – vorläufige –

---

[1] Die Praxis gestattet die rechtsgeschäftliche Abtretung der Eigentümergrundschuld mit rückwirkendem Zinsbeginn, der vor der Abtretung liegt (hierzu BayObLG NJW-RR 1987, 1418; Celle Rpfleger 1989, 323); ähnlich der BGH für den Fall, daß die Verzinslichkeit nach rückwirkend vereinbart und eingetragen wird (BGH NJW 1986, 314), wobei dann aber § 1119 zu beachten ist! § 1197 Abs. 2 schützt also nicht die nachrangigen Gläubiger gegen spätere Zinsberechnung!
[2] Siehe dazu MünchKomm/*Eickmann* § 1163 Rn. 44 ff. m w. N.; *Reinicke/Tiedtke* S. 230 ff.
[3] Siehe aber RGZ 120, 110 für den Fall, daß unter Verstoß gegen § 39 GBO eine Eintragung erfolgt ist; ferner BayObLG Rpfleger 1970, 24; OLG Hamm DNotZ 1982, 257.

Eigentümergrundschuld schriftlich unter Übergabe des Hypothekenbriefs und gleichzeitig auch den Anspruch auf Auszahlung des Darlehens gegen G ab. Befindet sich der Brief bereits in der Hand des G, so kann die Übergabe durch Abtretung des Herausgabeanspruchs (§ 985) nach § 1154 Abs. 1 Satz 1, 2. Halbs. mit §§ 1117 Abs. 1 Satz 2, 931 ersetzt werden; denn bis zur Vollvalutierung durch G ist E noch Eigentümer des Briefs, § 952.[1] Zw. ist sonach Inhaber einer auflösend bedingten Fremdgrundschuld und des „Auszahlungsanspruchs" gegen G; er kann den Zwischenkredit an E geben. Ist der Rohbau beendet, so zahlt G den Kreditbetrag an Zw. als Zessionar des E aus (wobei Zw. ihm Zug um Zug den Hypothekenbrief übergibt, falls G ihn nicht ohnehin schon in Händen hat); damit erfüllt G sein Darlehensversprechen, die durch die Hypothek zu sichernde Forderung entsteht, die auflösende Bedingung tritt ein, die Rechtsstellung des Zw. als Inhaber der vorläufigen Fremdgrundschuld endet automatisch.

An dem Ergebnis würde sich auch dann nichts ändern, wenn E das Grundstück nach Empfang des Zwischenkredits an E₁ veräußert hätte. Zwar wäre die Eigentümergrundschuld – hätte E sie nicht an Zw. abgetreten – mit dem Eigentumswechsel zu einer vorläufigen Fremdgrundschuld geworden; aber auch diese wäre auflösend bedingt gewesen (durch die Auszahlung der Darlehensvaluta seitens des G), RGZ 153, 167. Durch die Abtretung an Zw. hat sich daran nichts geändert.

Zur Rechtslage bei teilweiser Valutierung und bei *Buch*grundpfandrechten s. oben § 37 V 1.

c) Soll – wie heute in der Regel – der endgültige Kredit durch eine Grundschuld gesichert werden und wird eine *Zwischenfinanzierung* nötig, so kommen folgende Möglichkeiten in Betracht:

aa) Die Grundschuld wird für Zw. eingetragen; sie sichert den Zwischenkredit. Mit Auszahlung der Darlehensvaluta durch G an Zw. tritt Zw. die Grundschuld an G ab (entspricht dem Vorgang oben § 37 V 1 a bei Bestellung einer Hypothek).

bb) E bestellt die Grundschuld sofort für G. E, G und Zw. vereinbaren, daß G für die Zeit der Zwischenfinanzierung die Grundschuld treuhänderisch für Zw. hält und den Darlehensbetrag später unmittelbar an Zw. bezahlt (s. *Kollhosser* JA 1979, 176, 180). –

Was für die *Abtretung* der vorläufigen Eigentümergrundschuld gilt, ist auch für die *Verpfändung und Pfändung*[2] zu sagen: das Anwartschaftsrecht des „Hypothekars" kann durch das Pfandrecht eines Gläubigers an der vorläufigen Eigentümergrundschuld nicht beeinträchtigt werden, wie aus § 161 Abs. 1 Satz 2 zu entnehmen ist.

Ist sonach auch eine Pfändung zulässig, so wird freilich der Gläubiger des E auf Grund des Pfändungsbeschlusses seine Eintragung im Grundbuch nicht erreichen können (§ 39 GBO!); auch wird ihm die Briefwegnahme nicht gelingen, da der Brief sich meist schon bei dem Hypothekar befindet. Aber abgesehen davon, daß nach der hier vertretenen Auffassung (s. oben I 5) zur Pfändung der Eigentümergrundschuld schon der Pfändungsbeschluß genügt, kann auch nach h. M. der Pfändungsbeschluß dann von Bedeutung werden, wenn sich später herausstellt, daß die Darlehensvaluta endgültig nicht ausbezahlt wird, die eingetragene Hypothek *endgültig* Eigentümergrundschuld ist.[3]

Der als „Hypothekar" Eingetragene, aber in Wahrheit nur Anwartschaftsberechtigte wird durch die Verfügung über die vorl. Eigentümergrundschuld seitens des Eigentümers nicht gehindert, unter gleichzeitiger Abtretung der künftigen Forderung über seine Rechtsstellung zu verfügen, und zwar in der Form des § 1154. Der Zessionar erwirbt dann die Hypothek in dem Augenblick, in dem die Darlehnsvaluta an den Eigentümer ausbezahlt wird, wobei es gleichgültig ist, ob diese Auszahlung durch den Zedenten oder durch den Zessionar erfolgt (s. oben § 37 II 3).

---

[1] Siehe dazu BGHZ 53, 60 (diese Form der Zwischenfinanzierung soll – als Abtretung eines künftigen Rechts – sogar möglich sein, wenn G noch nicht im Grundbuch eingetragen ist); *Boehmer* ZAkDR 1940, 173 und 242.

[2] S. dazu *Baur/Stürner,* ZVR, Rn. 552ff.

[3] Siehe dazu *Tempel* JuS 1967, 217. Weitere Nachweise oben § 37 V 1 u. § 46 I 5.

Hat der Zedent das Recht der Wahrheit zuwider als schon valutiertes Vollrecht veräußert, so erhält der Zessionar – seine Redlichkeit vorausgesetzt – eine forderungslose Hypothek schon im Augenblick der Abtretung (§ 1138). Damit erlischt auch das Recht dessen, an den der Eigentümer die vorläufige Eigentümergrundschuld abgetreten hatte. Zwar ist die Darlehensvaluta nicht ausbezahlt worden, die auflösende Bedingung also nicht eingetreten, aber § 1138 bringt zugunsten des redlichen Verkehrs dieselbe Wirkung hervor.

2. Die Verfügung über die künftige Eigentümergrundschuld

Hinter jeder Hypothek steht latent eine Eigentümergrundschuld; dies war eine Feststellung, die wir schon häufig getroffen haben. Die Sicherungsgrundschuld kann durch Rückübertragung ebenfalls zur Eigentümergrundschuld werden. Es fragt sich, ob diese künftige Eigentümergrundschuld – wie sie etwa bei Erlöschen der hypothekarisch gesicherten Forderung, bei Tilgung der Grundschuld durch den Eigentümer, bei Verzicht auf die Grundschuld oder Rückübertragung *künftig* entstehen kann – schon Gegenstand einer Verfügung (Abtretung, Verpfändung, Pfändung) sein kann.

Um Mißverständnissen vorzubeugen: hier geht es nicht um eine bereits entstandene, aber im Grundbuch noch nicht als solche ausgewiesene Eigentümergrundschuld. Eine solche ist – wie wir wissen (s. oben I 4, 5) – jeglicher Verfügung durch den Eigentümer zugänglich; Schwierigkeiten können sich nur aus grundbuchtechnischen Gründen (Voreintragung! Briefvorlage!) ergeben.

Die Zulässigkeit einer Verfügung über künftige Eigentümergrundschulden wird heute allgemein im Anschluß an RGZ 145, 343, 353 verneint;[1] die Begründung schwankt: die einen verweisen auf grundbuchrechtliche Schwierigkeiten, andere auf die Gefährdung der Übersichtlichkeit und Klarheit des Grundbuchs (so das RG aaO), andere schließlich meinen, die Anwartschaft auf die künftige Eigentümergrundschuld sei bei der Hypothek Bestandteil des Eigentums und könne von diesem nicht getrennt werden (so *Wolff/Raiser* § 146 III 1 c).

Von den hier wiedergegebenen Begründungen überzeugt nur die erstgenannte: einer Verfügung über die künftige Eigentümergrundschuld stehen in der Tat unüberwindbare *technische* Schwierigkeiten entgegen: bei einem Buchgrundpfandrecht müßte die Abtretung im Grundbuch eingetragen werden (§ 1154 Abs. 3), bei einem Briefgrundpfandrecht der Brief übergeben werden (§ 1154 Abs. 1, 2). Dagegen stünden einer *Pfändung* nach der hier vertretenen Meinung diese Hindernisse nicht im Wege, da zur Beschlagnahme i. S. eines Veräußerungsverbots Eintragung bzw. Briefwegnahme nicht erforderlich sind; nur die den redlichen Erwerb nach §§ 135 Abs. 2, 136 verhindernde Eintragung kann nicht vollzogen werden.
Die Unverfügbarkeit der künftigen Eigentümergrundschuld hat nach h. M. zur Folge, daß ein Anspruch auf Übertragung der künftigen Eigentümergrundschuld ebenfalls nicht vormerkungsfähig sein soll (OLG Hamm NJW-RR 1990, 272), soweit die Eigentümergrundschuld aus der Hypothek entsteht. Hingegen hält man die Vormerkung des Rückgewähranspruchs bei der Fremdgrundschuld für zulässig (OLG Hamm NJW-RR 1990, 272, 273; s. a. §§ 20 II 2; 45 II 2c; 46 IV 4a). Darin liegt zwar ein gewisser Widerspruch. Soweit man aber grundbuchrechtliche Schwierigkeiten wie bei der Verfügung über die künftige Eigentümergrundschuld für ausschlaggebend hält, erscheint die Differenzierung sachgerecht: der Schuldner des Rückgewähranspruchs bei der Grundschuld steht im Grundbuch, der Schuldner des Rückgewähranspruchs der künftigen Eigentümergrundschuld nicht. Allerdings sprechen die frühere Löschungsvormerkung und § 1179 n. F. auch hier für mehr Großzügigkeit, weil eine entsprechende Löschungsvormerkung eintragbar war und – eingeschränkt – noch heute ist!

---

[1] BGHZ 53, 60, 64; *Palandt/Bassenge* § 1163 Rn. 17 m. Nw.

IV. Die Löschungsvormerkung – Der Löschungsanspruch[1]

Über den Inhalt und Zweck dieser Institute haben wir uns schon wiederholt unterhalten (s. oben § 17 A II 2 b, § 20 I 2, § 41 II 2).

Die durch das Gesetz v. 22. 6. 1977 (BGBl. I 998) neugestaltete Rechtslage bietet dem Verständnis erhebliche Schwierigkeiten. Diese lassen sich nur dadurch beheben, daß man zunächst den früheren Rechtszustand und seine Entwicklung darstellt.

1. a) Nachrangige (aber auch gleichrangige) Berechtigte haben ein verständliches Interesse an einer Verbesserung ihrer Rechtsstellung in dem Fall, daß ein vorgehendes (oder konkurrierendes gleichrangiges) Recht auf den Eigentümer übergeht, was z. B. dann der Fall ist, wenn eine Hypothek durch Tilgung zur Eigentümergrundschuld wird (§ 1163) oder die Fremdgrundschuld durch Übertragung auf den Eigentümer übergeht (Rückgewähranspruch aus der Sicherungsabrede). Daher haben sie schon früher regelmäßig mit dem Eigentümer bei der Bestellung ihres Rechts *vereinbart,* daß der Eigentümer verpflichtet sein soll, das vorgehende (oder gleichrangige) Recht zu löschen (richtiger: aufzuheben), wenn sich dieses Recht mit dem Eigentum in einer Person vereinigt. Der sich aus dieser Vereinbarung ergebende Anspruch wurde regelmäßig durch eine im Grundbuch einzutragende Vormerkung: die sog. Löschungsvormerkung gesichert. Nach Voraussetzungen und Wirkungen waren für diese Löschungsvormerkung die §§ 883 ff. maßgebend, mit der Besonderheit, daß sich der Löschungsanspruch auf ein erst künftig dem Eigentümer zufallendes Recht beziehen konnte (§ 1179 a. F.).

Im Grundpfandbereich wurde die Eintragung solcher Löschungsvormerkungen zur Regel: insbesondere nachrangige Grundpfandgläubiger sicherten sich dadurch ihr künftiges Aufrücken. Diese Praxis hatte unerfreuliche Auswirkungen, vor allem in grundbuchtechnischer Hinsicht: Das Grundbuch wurde durch die Vielzahl der Löschungsvormerkungen (jährlich ca. 1 Million) unübersichtlich – die Notwendigkeit, die Löschungsvormerkung auf dem Grundpfandbrief des betroffenen Rechts zu vermerken, machte erhebliche Schwierigkeiten.

b) War im Grundpfandbereich die Eintragung von Löschungsvormerkungen ohnehin die Regel geworden, so lag es nahe, jedem Gläubiger eines nachstehenden (oder gleichrangigen) Grundpfandrechts einen *gesetzlichen,* nicht eintragungspflichtigen Löschungsanspruch als Inhalt seines Grundpfandrechts zuzubilligen. M. a. W. die bisherige Praxis wurde nunmehr zur gesetzlichen Regel, aber mit dem wesentlichen Unterschied, daß die Eintragung im Grundbuch und der Vermerk auf dem Brief entfallen. Dies ist der Sinn des § 1179 a.

Nun war aber zu beachten, daß auch andere Berechtigte (z. B. Nießbraucher) ein Interesse an der Löschung eines künftig auf den Eigentümer übergehenden

---

[1] **Lit.-Hinweis:** *Hadding/Welter* JR 1980, 89; *Jerschke* DNotZ 1977, 708; *Kissel* NJW 1977, 1760; *Kollhosser* JA 1979, 61, 176, 232; *Mohrbutter* KTS 1978, 17; *Schapp* JuS 1979, 544; *Stöber* RPfleger 1977, 399, 425; *Soergel/Konzen* Bem. zu §§ 1179 ff.; *Teichmann,* Wegfall der Eigentümergrundschuld oder Löschungsanspruch als gesetzlicher Inhalt der Hypothek, 1968; *H. Westermann,* Vorschläge zur Reform des Hypotheken- und Grundbuchrechts, 1972; FS Sontis 1977, 253; *ders.,* Der Anspruch auf Löschung eines Grundpfandrechts nach § 1179 a BGB als dinglicher Anspruch, FS Hauß 1978, 395; *Westermann/Eickmann* § 124 III; *Zagst,* Das Recht der Löschungsvormerkung und seine Reform, 1973; *Weirich* Jura 1980, 127.

Rechts haben können. Hier beließ es die neue Regelung (§ 1179 n. F.) beim bisherigen Rechtszustand, d. h. bei der vom Eigentümer bewilligten Löschungsvormerkung zur Sicherung des vereinbarten Löschungsanspruchs.

Schließlich bleibt zu beachten, daß die Neuregelung am 1. 1. 1978 in Kraft getreten ist. Vorher begründete Löschungsvormerkungen „leben nach altem Recht weiter", und zugunsten vorher begründeter nachrangiger Altrechte können weiterhin Löschungsvormerkungen alten Rechts eingetragen werden (BGHZ 80, 119, 122). Hingegen besteht zugunsten später eingetragener begünstigter Rechte der gesetzliche Löschungsanspruch, auch wenn die betroffenen vorrangigen Rechte Altrechte sind (BGHZ 80, 119 ff.; 99, 363 ff.). Diese Übergangsregelung ist verfassungsmäßig (ausführlich BGHZ 99, 363 ff.; 370 ff.; hierzu *K. Schmidt* JuS 1988, 154).

c) Die *Wirkung* des gesetzlichen Löschungsanspruchs ist dieselbe wie die einer bewilligten Vormerkung (§ 1179 a Abs. 1 S. 3), also *Sicherungswirkung:* relative Unwirksamkeit einer Verfügung, durch die der Löschungsanspruch vereitelt oder beeinträchtigt würde (§ 883 Abs. 2 S. 1 u. 2),[1] *Rangwirkung:* Rangänderungen, die das zu löschende Recht betreffen, sind dem Löschungsgläubiger gegenüber unwirksam, *Vollwirkung:* auch der Konkursverwalter ist dem Löschungsgläubiger gegenüber zur Löschung verpflichtet (s. oben § 20 IV).

Im Folgenden werden zunächst die Besonderheiten des gesetzlichen Löschungsanspruchs (2), dann die der bewilligten Löschungsvormerkung (3) und schließlich einige Spezialfragen (4) erörtert.

2. Der *gesetzliche Löschungsanspruch*

a) Der Löschungsanspruch ist *Inhalt des Grundpfandrechts* (Hypothek, Grund- oder Rentenschuld), steht also dem jeweiligen Gläubiger gegen den Eigentümer als Inhaber einer gleich- oder vorrangigen Eigentümergrundschuld zu (BGHZ 93, 363, 370). Er ist ein gegenwärtiger Anspruch, wenn zur Zeit der Eintragung des „begünstigten" Rechts der Vereinigungsfall bereits eingetreten ist, er ist ein künftiger Anspruch, wenn die Vereinigung erst später eintritt (§ 1179 a Abs. 1 S. 1). Als Vereinigungsfälle gelten nicht die vorläufige Eigentümergrundschuld wegen „Nochnichtentstehens" der Forderung (§ 1179 a Abs. 2 S. 1 mit § 1163 Abs. 1 S. 1) und wegen „Nochnichtübergabe" des Briefes (§ 1179 a Abs. 2) – einleuchtend, weil ja hier in der Regel nur eine vorübergehende Vereinigung stattgefunden hat –, ferner nicht die rechtsgeschäftlich bestellte Eigentümergrundschuld (§ 1196 Abs. 3) – ebenfalls einleuchtend, weil der Eigentümer sie ja später durch Abtretung zu Kreditzwecken verwerten will.[2]

Hat freilich eine solche Abtretung an einen Kreditgeber stattgefunden und ist später die Grundschuld an den Eigentümer – z. B. nach Tilgung des Kredits – zurückgefallen, so wird damit der Löschungsanspruch ausgelöst (BGHZ 99, 363, 367 f.; § 1196 Abs. 3).[3] Dies führt zu Schwierigkeiten, da ein Kreditgeber, dem eine Eigentümerbriefgrundschuld abgetreten werden soll, nicht sicher sein kann, ob sie schon einmal abgetreten war oder nicht, also mit dem Löschungsanspruch belastet ist oder nicht. Daraus folgt eine Entwertung der früheren Vorteile der Eigentümerbriefgrundschuld (s. dazu und zur Bedeutung dieser Regelung für die Zwischenfinanzierung *Kollhosser* JA 1979, 179 f. u. 232; *Hadding/Welter* JR 1980, 89, 91).

---

[1] Beispielsfall: BGHZ 99, 363, 367 (Abtretung der Eigentümergrundschuld).

[2] Hierzu BGHZ 108, 237, 241; 99, 363, 367 f.

[3] Nach wohl richtiger Meinung unabhängig davon, ob die abgetretene Grundschuld auch valutiert war (OLG Celle Rpfleger 1986, 398 ff.)! Offen BGHZ 99, 363, 368.

b) Zur Löschung (= Aufhebung) *verpflichtet* ist der Eigentümer, aber nur bezüglich der während seines Eigentums bestehenden Vereinigungen (§ 1179a Abs. 1 S. 1 u. 2).

Beispiele: Hypothek des H_1 an dem Grundstück des E_1 zur Sicherung eines diesem gewährten Darlehens von 10000 DM. „Hinter" H_1 wird eine Hypothek für H_2 eingetragen.

(1) E_1 bezahlt das Darlehen an H_1 zurück. Schuldner des Löschungsanspruchs des H_2 ist E_1.

(2) E_1 veräußert das Grundstück an E_2, nachdem er 6000 DM an H_1 zurückbezahlt hatte. Den Rest bezahlt dann E_2 an H_1 zurück. Bezüglich der 6000 DM ist E_1 nunmehr Inhaber einer Fremdgrundschuld, aber der Vereinigungsfall war während seines Eigentums eingetreten, E_1 ist daher zur Löschung der Fremdgrundschuld verpflichtet. In Höhe von 4000 DM ist E_2 Inhaber einer Eigentümergrundschuld, die er zu löschen hat. Hatte E_1 nach Rückzahlung der 6000 DM das Eigentum *und* die entstandene Eigentümergrundschuld auf E_2 übertragen, so hat H_2 die Wahl, ob er den Löschungsanspruch gegen E_1 oder gegen E_2 geltend machen will (so die h. M. im Hinblick auf den Wortlaut des § 1179a Abs. 1 S. 2: „... wegen der zur Zeit seines Eigentums *bestehenden* Vereinigungen"; s. *Westermann*, FS Hauß, 1978, S. 395, 405 f.; *Palandt/Bassenge* § 1179, 2b).

(3) E_2 zahlt das gesamte Darlehen zurück. Er allein ist als Inhaber der Eigentümergrundschuld (§ 1163 Abs. 1 S. 2) zu deren Löschung verpflichtet.

c) Der gesetzliche Löschungsanspruch kann beim begünstigten Recht durch Vereinbarung ganz oder für einen bestimmten Vereinigungsfall *ausgeschlossen* werden; dies bedarf der Eintragung im Grundbuch (§ 1179a Abs. 5).

Damit soll vor allem eine nochmalige Valutierung eines getilgten Grundpfandrechts ermöglicht werden (dazu *Kollhosser* JA 1979, 232; s. a. BGHZ 93, 363, 372/373). Der Ausschluß kann auch einseitig durch den Eigentümer (= Grundschuldbesteller) erfolgen (OLG Düsseldorf NJW 1988, 1798 m. Nw.). Bei einer Gesamthypothek ist er gegenständlich beschränkt möglich (BGHZ 80, 119, 125).

d) § 1179b betrifft den Löschungsanspruch zugunsten des eingetragenen Gläubigers des zu löschenden Rechts selbst.

Der Sinn dieser Vorschrift ist zunächst schwer verständlich, da es sich hier weder um ein Aufrücken im Rang noch um die Ausschaltung eines Konkurrenten handelt. Die Vorschrift bringt eine Verfahrenserleichterung zugunsten des Kreditinstituts, die ihm vor allem bei Amortisationsgrundpfandrechten die Nachprüfung ersparen soll, wer Inhaber der (teilweise ehemaligen?) Eigentümergrundschuld ist, ob sie etwa außerhalb des Grundbuchs auf einen anderen übergegangen ist usw. Denn die Ausstellung einer Berichtigungs- oder Löschungsbewilligung an den falschen Inhaber kann schadensersatzpflichtig machen (zum „ratenweisen" Anfall der Eigentümergrundschuld § 36 V 6b). Das Institut kann dann eine sog. abstrakte Löschungsbewilligung ausstellen u. selbst von dem derzeitigen Eigentümer Zustimmung zur Löschung verlangen (s. dazu *Jerschke* aaO S. 721 f. m. w. N.; *Kollhosser* JA 1979, 178 f.; *Westermann/Eickmann* § 124 III 3 l; zum kautelarjuristischen Vorläufer dieser Regelung BGH NJW 1980, 228).

3. Die *bewilligte Löschungsvormerkung*

a) Nach früherem Recht konnte die Vereinbarung auf Löschung eines beschränkten dinglichen Rechts im Falle der Vereinigung mit dem Eigentum von dem Eigentümer mit jedem Dritten getroffen und durch im Grundbuch eingetragene Löschungsvormerkung gesichert werden.

Nach § 1179 n. F. ist nunmehr der Anwendungsbereich dieser bewilligten Löschungsvormerkung beschränkt. *Berechtigter* kann nämlich nur sein:

aa) der Inhaber eines beschränkten dinglichen Rechts mit Ausnahme eines Grundpfandrechts (zu dessen gesetzlichem Inhalt ja der Löschungsanspruch gehört);

Beispiel: N, zu dessen Gunsten ein Nießbrauch eingetragen werden soll, vereinbart mit E die Löschungsverpflichtung für den Fall, daß die vorrangige Hypothek des H zur Eigentümergrundschuld wird. Weitere Beispiele: BayObLG DNotZ 1980, 483; NJW 1981, 2582; KG DNotZ 1980, 487.

bb) der Inhaber eines Anspruchs auf Einräumung eines solchen Grundstücksrechts oder auf Übertragung des Eigentums am Grundstück.

Beispiel: V hat an K ein Grundstück verkauft, das bereits mit einer Hypothek des H belastet ist, und in dem Kaufvertrag zugesagt, daß er die Hypothek löschen lassen werde, wenn das Darlehen an H zurückgezahlt sei. Die dann eingetragene Löschungsvormerkung verhindert, daß V nach Erwerb der Hypothek als Eigentümergrundschuld diese an einen Dritten D abtritt oder daß sie von einem Gläubiger Gl. des V gepfändet wird usw. V ist dann zur Löschung verpflichtet; D bzw. Gl. müssen zustimmen (§ 888).

4. Spezialfragen

a) Besonderer Erörterung bedarf das Verhältnis von *Löschungsanspruch und Rückübertragungsanspruch bei der Grundschuld.* Bei der Grundschuld entsteht der den Löschungsanspruch auslösende Vereinigungsfall, wenn der Eigentümer auf die Grundschuld leistet,[1] wenn er auf sie verzichtet[2] (BGHZ 108, 237, 240) oder wenn der auf Grund der Sicherungsvereinbarung oder aus ungerechtfertigter Bereicherung sich ergebende Rückübertragungsanspruch bereits zu einer Rückabtretung der Grundschuld an den Eigentümer geführt hat[3] (BGHZ 99, 363, 366). Der Löschungsanspruch kann aber nicht verhindern, daß der Eigentümer den Rückübertragungsanspruch an einen Dritten abtritt oder daß ein Gläubiger des Eigentümers diesen pfändet.[4] Will sich der Inhaber des Löschungsanspruchs auch gegen solche Eventualitäten sichern, so bleibt nichts anderes übrig, als daß er sich den – künftigen – Rückübertragungsanspruch durch den Eigentümer abtreten[5] und durch eine vom Grundschuldgläubiger zu bewilligende Vormerkung sichern läßt (OLG Hamm NJW-RR 1990, 272)[6]. Solche Abtretungen an nachrangige Grundschuldgläubiger dienen aber im Zweifel nur der Rangverbesserung (Verstärkung der Sicherheit), nicht der Erweiterung des Kreditrahmens (für AGB BGHZ 110, 108ff.)[7].

Beispiele: Das Grundstück des E ist mit der Grundschuld des G_1 über 100000 DM und der Grundschuld des G_2 über 200000 DM belastet. Beide Grundschulden sichern ein Darlehen. Wenn E das Darlehen des G_1 zurückzahlt, so entsteht ein Rückübertragungsanspruch, dessen Erfüllung eine Eigentümergrundschuld entstehen läßt, so daß dann zugunsten des G_2 § 1179a greifen könnte. Falls aber E den Rückgewähranspruch an den neuen Gläubiger G_3 überträgt oder die Grundschuld „umvalutiert", ist G_2 wehrlos. Er muß sich deshalb den künftigen, genau definierten Rückgewähranspruch abtreten lassen und seinen Anspruch vormerken (§ 883), wozu die Bewilligung des G_1 erforderlich ist; dann ist jede Verfügung des G_1 unwirksam – auch jede Vollstreckungsmaßnahme –, welche die Ansprüche des G_2 vereitelt. Bei Grundschulden greift also der Vereinfachungseffekt des § 1179a nur sehr eingeschränkt!

---

[1] Hierzu oben §§ 44 VI 1; 45 II 4a und b; 45 IV 3.

[2] Hierzu §§ 44 VI 3a; 45 II 2.

[3] Hierzu § 45 II 2 und IV 1.

[4] Ausführlich § 45 V 1b m. Nw.

[5] Zur Abtretbarkeit § 45 V 1a und b; zum Ausschluß der Abtretbarkeit in AGB § 45 V 1e.

[6] Hierzu §§ 20 II 2; 45 II 2c; s. a. KG Rpfleger 1976, 128; *Zagst* aaO S. 137f.

[7] Zum formularmäßigen Ausschluß der Abtretbarkeit oben § 45 V 1e und BGHZ 110, 241ff. m. Nw.

Das Grundstück des E ist mit Grundschulden für G_1 über 50 000 DM, G_2 über 70 000 DM und G_3 über 100 000 DM belastet. G_2 läßt sich den Rückgewähranspruch des E gegen G_1 abtreten. G_3 vereinbart die Abtretung der Rückgewähransprüche bezüglich aller vorrangiger Grundschulden; sollten diese Ansprüche bereits abgetreten sein, wird der Anspruch des E auf Rückabtretung dieser Rückgewähransprüche abgetreten. Wenn G_1 erfüllt und G_2 die Grundschulden des G_1 auf sich übertragen läßt und neu valutiert, so ist G_3 nicht ausreichend geschützt. Der an G_3 abgetretene Anspruch des E gegen G_2 hat eine Neuvalutierung der Grundschuld G_1 nicht ausgeschlossen. Der Rückgewähranspruch schützt *nicht* die Interessen nachrangiger Gläubiger (BGHZ 108, 237, 244). Die Abtretung des Anspruchs E–G_2 auf Rückabtretung der Rückgewähransprüche E–G_1 hätte nur für den Fall gegriffen, daß E die Schuld bei G_2 erfüllt hätte, ehe die Schuld E–G_1 getilgt war; auch dieser Rückabtretungsanspruch hindert G_2 nicht an der vollen Ausnutzung seiner Position (Beispiel abgewandelt und vereinfacht nach BGHZ 104, 26 ff.). Die kautelarjuristische Bewältigung des Aufrückens nachrangiger Grundschuldgläubiger ist also nicht ohne Probleme!

Das Grundstück des E ist mit einer Grundschuld für G_1 über 50 000 DM und für G_2 über 100 000 DM belastet. E tritt G_2 den Rückgewähranspruch gegen G_1 ab, der Anspruch wird vorgemerkt. Später überträgt G_2 die Grundschuld auf die Bank B. Sie wird nicht „automatisch" Gläubigerin des Rückgewähranspruchs, weil § 401 hier nicht gilt; B hätte sich also den Rückgewähranspruch gesondert abtreten lassen müssen (hierzu § 45 V 1 c; BGHZ 104, 26, 29/30).

Wenn im vorhergehenden Beispiel G_2 den Rückgewähranspruch geltend macht, so kann er sich über 100 000 DM erstrangig befriedigen. Er kann nicht etwa Sicherheiten über 150 000 DM ausnützen, um weitere Forderungen gegen E abzudecken. Dem steht die Sicherungsabrede mit E entgegen. Etwas anderes kann nur gelten, wenn sich dies aus der Formularklausel ausdrücklich und klar ergibt (§ 5 AGBG) oder ein Individualvertrag vorliegt (BGHZ 110, 108 ff.)[1].

b) Wie wir bereits wissen (s. oben 1) hat der Löschungsanspruch dieselben Wirkungen wie eine auf Bewilligung hin eingetragene Löschungsvormerkung. Die damit verbundene Vollwirkung (s. oben § 20 IV 2) bedeutet, daß der Inhaber des Löschungsanspruchs diesen auch noch in der *Zwangsversteigerung* durchsetzen kann. Nach Zuschlag und Erlöschen des vorrangigen Rechts geht der Löschungsanspruch dahin, daß der bisherige Eigentümer den auf die Eigentümergrundschuld entfallenden Betrag dem Löschungsberechtigten insoweit überläßt, als er diesem zustehen würde, wenn die Eigentümergrundschuld schon vor dem Zuschlag gelöscht worden wäre (BGHZ 108, 237, 240; 99, 363, 365; *Soergel/Konzen* § 1179a Rn. 18; *Eickmann*, Zwangsversteigerungs- und ZwangsverwaltungsR, 1991, § 21 III). Der vollstreckungsrechtlichen Reichweite des § 1179a entspricht die vollstreckungsrechtliche Wirkung des *Rückgewähranspruchs* bei Grundschulden: soweit an den nachrangigen Grundschuldgläubiger abgetreten ist, gilt – wie dargestellt – der Anspruch nicht dem auf die rückzuübertragende Grundschuld entfallenden Erlös (s. a. § 45 II 5), sondern der besserrangigen Berücksichtigung wie im Erlöschensfalle („Aufrücken").

c) Zum Löschungsanspruch im Falle des *Rangrücktritts* eines Grundpfandrechts s. § 1179a Abs. 4; *Stöber* RPfleger 1978, 604; *Kollhosser* JA 1979, 176, 181; OLG Celle DNotZ 1978, 628.

§ 47. Die Inhabergrundschuld – Die Rentenschuld

Beide Rechtsinstitute haben miteinander gemein, daß sie Unterarten der Grundschuld sind – und in der Rechtspraxis kaum vorkommen. Aus beiden Gründen haben wir sie uns für den Schluß aufgespart.

I. Die Inhabergrundschuld

Nach § 1195 kann bei einer Briefgrundschuld der Brief auf den Inhaber ausgestellt werden. Damit soll eine Zirkulation des Briefs als Inhaberpapier – also durch Einigung und Übergabe – ermöglicht werden (§ 1195 Satz 1 mit §§ 793 ff. mit §§ 929 ff.).

Die Rechtsform der Inhabergrundschuld sollte der Kapitalbeschaffung durch Industriewerke usw. dienen. Sie ist so wenig wie die Wertpapierhypothek (s. oben § 42 IV) besonders praktisch geworden, weil die einem Treuhänder bestellte Grundschuld demselben Bedürfnis besser gerecht wird. Immer-

---

[1] S. die Formularpraxis Anhang 4 Ziff. VI und Anhang 4a Ziff. III 8 am Ende des Buches.

hin ist interessant, daß die beiden Rechtsinstitute, die *praktisch* vertauschbar verwendet werden können, *dogmatisch* an den beiden entgegengesetzten Flügeln des Grundpfandrechts zu finden sind: Die
Wertpapierhypothek hat ihre Position auf dem äußersten rechten Flügel strenggläubiger Akzessorietät (die Hypothek ist hier ein Anhängsel der als Inhaberpapier beliebig zirkulierbaren Forderung),
während die Inhabergrundschuld den modernistischen linken Flügel völliger Nichtakzessorietät ziert;
das eine Mal zirkuliert die Forderung als Inhaberpapier (Orderpapier) mit der Hypothek auf dem
Rücken, das andere Mal das zum Inhaberrecht gewordene Grundpfandrecht.

II. Die Rentenschuld

1. *Begriff und Anwendungsbereich*

Nach § 1199 Abs. 1 ist die Rentenschuld eine Grundschuld, durch die das Grundstück mit einer
Rente, d. i. einer in regelmäßig wiederkehrenden Terminen zu zahlenden bestimmten Geldsumme,
belastet ist. Der Gläubiger hat also nur Anspruch auf diese Rente, die notfalls im Wege der Zwangsvollstreckung aus dem Grundstück beigetrieben werden kann. Demgegenüber hat der Eigentümer
das Recht, die Rentenschuld durch Zahlung einer Ablösungssumme zu tilgen (§ 1201 Abs. 1). Damit
soll eine „ewige" Belastung des Grundeigentums mit einer Rente verhindert werden; die Ablösungssumme muß daher von vornherein festgelegt und im Grundbuch angegeben werden (§ 1199 Abs. 2).
Der Anwendungsbereich der Rentenschuld ist gering; sie wird in der Praxis durch die Tilgungshypothek und die Reallast (s. oben § 35) verdrängt; diese ist besonders deshalb vorteilhafter, weil bei ihr
der Eigentümer für die jeweils fälligen Leistungen auch persönlich haftet (§ 1108). Der Reallastbe-
rechtigte braucht also nicht stets die Zwangsvollstreckung *in das Grundstück* zu betreiben, wenn eine
Leistung nicht freiwillig erbracht wird, sondern er kann in das sonstige Vermögen des Eigentümers
vollstrecken; dies ist bei der Rentenschuld nicht möglich.

2. *Hinweise auf Einzelheiten*

a) *Form:* Die Rentenschuld kann als Buch-, Brief-, Inhaberbriefrentenschuld begründet werden,
die Reallast nur als Buchrecht, das aber im Gegensatz zur Rentenschuld subjektiv dinglich begründet
werden kann (§ 1110). Die Rentenschuld kann in ein anderes Grundpfandrecht umgewandelt werden
(§ 1203), die Reallast nicht.

b) *Inhalt:* Die Rentenschuld ist auf eine *regelmäßig* wiederkehrende *Geld*leistung gerichtet, die
Reallast auf regelmäßig oder unregelmäßig wiederkehrende Geld-, Natural- oder Dienstleistungen.
Trotz der Unterschiede entspricht die Geldrentenreallast ihrer Funktion nach der Rentenschuld.

c) *Haftung:* Bei der Rentenschuld haftet der Eigentümer nur „mit" dem Grundstück (d. h. er muß
die Zwangsvollstreckung in das Grundstück dulden), während bei der Reallast der Eigentümer für
die während seiner Eigentumszeit fällig werdenden Leistungen auch persönlich haftet, § 1108.

d) *Ablösung:* Bei der Rentenschuld muß stets eine Ablösungssumme festgelegt sein, bei der Reallast
nur dann, wenn dies landesrechtlich vorgeschrieben ist. Wird die Rentenschuld abgelöst, so geht sie
auf den Eigentümer über (§ 1200 Abs. 2), während die Reallast erlischt.

Beispielsfall: BGH NJW 1980, 2198f.

6. Kapitel. Moderne Mischformen von Gebrauchsüberlassung und Kreditsicherung. Das Leasing

§ 48. Leasing – Immobilienleasing

Lit.-Hinweis s. *Martinek,* Moderne Vertragstypen, Bd. I: Leasing und Factoring, 1991 und die in Kap. II genannte Literatur; *Larenz,* Schuldrecht II § 63 II. Ferner *Canaris* NJW 1982, 305; *Emmerich* JuS 1990, 1; *Gerhardt* JZ 1986, 737, 741; *Gitter,* Gebrauchsüberlassungsverträge, 1988; *Reinicke/ Tiedtke,* KaufR, 3. Aufl. 1987, 321 ff.; *Sannwald,* Der Finanzierungsleasingvertrag . . ., 1982; *Sonnenberger* NJW 1983, 2217; *Walz* WM 1985, Beil. 10; *Strunz* BankR 1988, 413 (steuerlich-wirtschaftlich); *Goll* Jura, 1986, 175 (aktuelle Probleme); *Lieb* DB 1988, 946 (Finanzierungsleasing); *ders.* WM 1991, 1533 (Finanzierungsleasing u. VerbraucherkreditG); *Gerhardt,* FS für Schwab, 1990, 139 (Leasing und Konkursverfahren); *Meincke,* AcP 190, 358 (Steuervorteile des Finanzierungsleasings).

I. Wirtschaftliche Bedeutung, Begriff und Arten

1. Das Leasing stammt aus der amerikanischen Wirtschafts- und Rechtspraxis und hat in letzter Zeit auch hierzulande erhebliche Bedeutung erlangt. „Lease" heißt: den Gebrauch überlassen, vermieten, verpachten, aber auch mieten, pachten. Auf den ersten Blick handelt es sich also schlicht um einen Miet- oder Pachtvertrag. Das ist in der Tat der Ausgangspunkt: Benötigt z. B. jemand für sein Unternehmen oder „privat" auf längere Zeit einen PKW, so kann er ihn beim Hersteller oder Händler kaufen. Reichen seine finanziellen Mittel nicht aus, so kann er bei einem Kreditinstitut einen Kredit aufnehmen oder den PKW beim Händler auf Abzahlung kaufen; er muß dann allerdings in der Regel eine Sicherheit leisten, sei es daß er der Bank den PKW zur Sicherheit übereignet, sei es daß ihm der Verkäufer den PKW nur unter Eigentumsvorbehalt liefert. Er kann aber auch einen ganz anderen Weg gehen: Er mietet sich den Wagen bei einem Mietwagenunternehmen; dies wird er vor allem dann tun, wenn er den PKW nur auf beschränkte Zeit braucht. Er hat den Vorteil, daß er den Kaufpreis nicht aufzubringen braucht, also „flüssig" bleibt und seine Eigenkapitalbasis stärkt, dazuhin – wenn er den Wagen für seinen Beruf oder sein Gewerbe benötigt – den Mietzins als Betriebsaufwendung steuerlich absetzen kann.[1] Freilich wird der Mietzins, den er zu bezahlen hat, nicht gerade niedrig sein; denn der Vermieter muß ja den Kaufpreis, den er bezahlt hat, wieder „hereinbringen"; außerdem muß er dem Mieter den Wagen stets gebrauchsfähig zur Verfügung halten und trägt die Gefahr einer Zerstörung oder eines Diebstahls. Schließlich will er auch etwas verdienen.

2. Damit haben wir wesentliche Gesichtspunkte für das Verständnis des Leasinggeschäfts schon kennengelernt: Es handelt sich um die *Vermietung*[2] einer Sache vom Leasinggeber (Lg.) an den Leasingnehmer (Ln.) meist auf die Dauer

---

[1] Hier ist allerdings § 39 Abs. 2 Nr. 1 AO zu beachten (dazu Graf *von Westphalen* BB 1988, 1829).

[2] Dies ist zwar umstritten (vgl. die Nachweise bei *Martinek* a. a. O., S. 65 ff.; *Larenz* aaO u. *Reinikke/Tiedtke* S. 323 ff.; hier auch über die verschiedenen Arten des Leasing; *Walter,* Kaufrecht, 1987, S. 13), entspricht aber der st. Rspr. des BGH: BGHZ 68, 118, 123; 81, 298; 96, 103, 106; 97, 135, 139.

der regelmäßigen Gebrauchszeit, wobei der Lg. zwar stets den Gebrauch zu
überlassen hat, aber nach dem Vertrag nicht für Mängel haftet, auch nicht für
Reparaturen, und nicht die Gefahr des Untergangs usw. trägt. Nach der Rspr.
des BGH[1] muß jedoch dann vereinbart werden, daß der Lg. seine etwaigen
Mängelgewähransprüche gegen den Hersteller abtritt (BGHZ 94, 44; BGH NJW
1988, 198) und daß der Ln. das Recht hat, den PKW nach Ablauf der Mietzeit
zum Restbuchwert übereignet zu erhalten.

Leasingverträge mit Verbrauchern unterliegen nunmehr den Schutzvorschriften des Verbraucherkreditgesetzes (siehe dazu *Martinek* a.a.O. S. 109ff.; *Lieb* WM 1991, 1533 zur Frage des Einwen-
dungsdurchgriffs [§ 9 VerbrKrG] auch auf Leasingverträge; ferner *Slama* WM 1991, 569; *Zahn* DB
1991, 81). Die bisher umstrittene Frage, wann ein Leasingvertrag den Schutzvorschriften des Abzah-
lungsgesetzes unterliegt, ist damit überholt. Sie betrifft nur noch Altfälle.

Das Leasinggut erscheint in der Bilanz des Lg.s auf der Aktivseite in Höhe der
Anschaffungs- oder Herstellungskosten und wird nach der erfahrungsgemäßen
Nutzungsdauer abgeschrieben. Beim Ln. erscheint die Leasingrate als Aufwand
in der Gewinn- und Verlustrechnung, nicht dagegen die gesamte Leasingver-
bindlichkeit auf der Passivseite der Bilanz.[2]

3. Ist Gegenstand des Leasings eine unbewegliche Sache, so spricht man von
Immobilienleasing, bei beweglichen Sachen von Mobilienleasing. Obwohl der
Leasingvertrag seinem Typ nach als Mietvertrag dem Schuldrecht angehört,
besteht doch bei beiden Arten ein enger Zusammenhang mit dem Sachenrecht,
und zwar einmal, weil die sonst übliche Eigentumsverschaffung auf der Grundlage eines Kaufvertrags abgelöst wird durch eine schuldrechtliche Gebrauchsüberlassung, zum anderen weil damit die sonst nötige Kreditsicherung durch ein
Grundpfandrecht oder den Eigentumsvorbehalt oder die Sicherungsübereignung
entfällt, wobei aber – und das ist der dritte Zusammenhang mit dem Sachenrecht
– die eben genannten Kreditsicherungsmittel gewissermaßen zur Hintertür wieder hereinkommen können, und zwar dann, wenn der Lg. sich „refinanzieren"
muß, also Kredit braucht, um die an den Ln. „verleaste" Sache überhaupt erwerben oder herstellen zu können. Solche Kredite erhält der Lg. aber nur dann, wenn
er Sicherheiten bieten kann. Dazu dient dann in der Regel gerade das Eigentum
an der Sache, die er dem Ln. zum Gebrauch überlassen hatte!

Unter II behandeln wir das Immobilienleasing. Die Ausführungen zum Mobilienleasing finden Sie
in § 56 IV.
Investitionen durch Leasing für Ende 1987 auf 110 Milliarden DM geschätzt. Abgeschlossene
Leasingverträge: Im Jahre 1986 allein: 23 Milliarden DM, im Jahre 1988 ca. 31 Milliarden DM, davon
ca. 3 Milliarden DM Immobilienleasing.

II. Das Immobilienleasing

1. Wie unsere bisherigen Überlegungen zu den Grundpfandrechten gezeigt
haben, geht das Gesetz von der Vorstellung aus, daß sich ein Baulustiger die

---

[1] Übersicht b. Graf *von Westphalen* Beil. 3 zu BB Heft 12/1986 u. *Reinicke/Tiedtke* aaO S. 329ff.;
BGHZ 81, 298, 305.
[2] Zu der im einzelnen komplizierten steuerlichen Regelung s. *Paulus* in „Leasing", Beil. 8 zu Heft
14/1984 des Betriebsberaters u. zur Bilanzierung BFH BB 1984, 1985.

nötigen Fremdmittel zum Erwerb des Grundstücks und (oder) zum Bau des Gebäudes durch Kredite beschafft, die er durch Bestellung eines Grundpfandrechts sichert. Mit dieser Vorstellung bricht das Immobilienleasing: Der Lg. erwirbt das Grundstück und baut auf seine Kosten das Gebäude, das er dann langfristig an den Ln. „verleast".

In der Praxis handelt es sich meist um gewerblich genutzte Grundstücke mit den zugehörigen maschinellen und sonstigen Einrichtungen. Die Werte, um die es hier geht, können sehr hoch sein; so wenn etwa ein Kernkraftwerk (Gundremmingen – Blöcke B und C) auf „Leasingbasis" errichtet wurde! – In der Praxis beobachtet man auch folgende Lösung: Ist der Ln. bereits Eigentümer des Grundstücks, so könnte der Lg. darauf kein Gebäude errichten, das in sein Eigentum fiele (wesentlicher Bestandteil!). Deshalb bestellt der Ln. dem Lg. ein Erbbaurecht; das vom Lg. errichtete Gebäude wird wesentlicher Bestandteil des Erbbaurechts (§ 12 ErbbauVO). Das Erbbaurecht wird durch Grundpfandrechte zur Sicherung der Refinanzierungsmittel belastet (s. § 29 C I, II 3).

Ist ein Gebäude „verleast", so kann zweifelhaft werden, wie sich das Vermieterpfandrecht des Lg.s verhält zu einem Sicherungseigentum einer Bank, an die der Ln. sein im Gebäude befindliches Warenlager übereignet hat (s. dazu H. *Weber/Raunter* NJW 1988, 1571).

2. Wir sagten schon, daß die „normalen" Sicherungsmittel gewissermaßen durch die Hintertüre wieder hereinkommen: Der Lg. sichert die Kredite, die er aufnehmen muß, einmal durch Grundpfandrechte zugunsten des Kreditgebers (meist einer Bank) und ferner durch eine im voraus erfolgte Sicherungsabtretung der Mietzinsforderung gegen den Ln.

Wenn wir uns daran erinnern, daß die Haftung für das Grundpfandrecht nicht nur das Grundstück, sondern auch die Bestandteile und das Zubehör erfaßt und in gewissem Umfang auch die Miet- und Pachtzinsforderungen (s. oben § 39), so wird verständlich, daß sich hier „im Ernstfall" erhebliche Kollisionen zwischen Lg., Ln. (= Mieter!), kreditierender Bank und Lieferanten (etwa der Maschinen) ergeben können!

3. Ein weiterer Bezug zum Sachenrecht entsteht, wenn sich der Ln. vom Lg. das Recht einräumen läßt, nach Ablauf der vertraglichen Nutzungsdauer (oder bei Eintritt eines anderen Umstandes) das Eigentum an dem Grundstück zu erwerben, und dieser künftige Anspruch durch eine Vormerkung gesichert wurde (s. dazu § 20 II 2, § 21 B VI).

In der Praxis beobachtet man auch den umgekehrten Fall, daß sich der Ln. verpflichtet, das Grundstück unter bestimmten Voraussetzungen zu erwerben. In beiden Fällen ist die Form des § 313 zu beachten.

Fahrnisrecht[1]

1. Kapitel. Rechte an beweglichen Sachen

§ 49. Arten und Bedeutung der Rechte an beweglichen Sachen

I. Immobiliar- und Mobiliarsachenrecht

Grund und Boden sind die Grundlage eines jeden menschlichen Daseins,[2] mit seiner Hilfe lassen sich die Urbedürfnisse des Menschen: Wohnung, Nahrung und Bekleidung befriedigen. Weil jedermann um diesen Zusammenhang weiß oder ihn doch ahnt, ist die Einstellung der meisten Menschen zum Grundeigentum eine ganz andere als die zu beweglichen Sachen; man kann vielleicht in einem Schlagwort sagen: Mag man in seinem Verhältnis zu seinem beweglichen Vermögen noch so „modernistisch" sein, die Beziehung zum Grundstück ist meist konservativ! Wirtschaftlich gesehen: im Vergleich zum Markt der Produktions- und Verbrauchsgüter spielt der Grundstücksmarkt eine unbedeutende Rolle. All' das muß sich auch auf die rechtliche Regelung auswirken: Die Grundstücke und ihre Eigentümer werden sorgsam aufgezeichnet, Rechtsänderungen an ihnen bedürfen besonderer Formen, das Grundeigentum genießt besonderen Schutz. Die Nutzung der Grundstücke führt zu Interessengegensätzen mit den Nachbarn, mit den öffentlichen Gemeinwesen. Daher mußte der Gesetzgeber das Grundeigentum auch inhaltlich gestalten, im Verhältnis mehrerer Grundeigentümer untereinander wie in dem zur öffentlichen Hand.

Anders bei den beweglichen Sachen. Schon ihre Funktion ist wechselnd, manipulierbar: das Buch in der Buchhandlung hat offenbar eine andere Funktion als in der Hand des Lesers oder in den Regalen eines Lesesaals. Der Lastzug eines Speditionsunternehmens ist offenbar anders zu beurteilen als das Auto des Herrenfahrers, die Spinnereimaschine schließlich anders als die Rohbaumwolle oder die fertigen Tischtücher. Wie immer man auch diese verschiedenen Funktionen, ja den Funktionswechsel bezeichnen mag (Produktions- und Konsumgüter; Anlage- und Umlaufvermögen usw.), sicher ist, daß das Recht dieser Mannigfaltigkeit *nicht* nachgehen kann. Es muß sich mit der Statuierung *technischer* Regeln begnügen, die im wesentlichen den Güter*umlauf* und den Güter*schutz* betreffen. Von einer inhaltlichen Gestaltung des Eigentums an beweglichen Sachen (etwa entsprechend dem typischen Verwendungszweck) muß es absehen. Diese Art des Eigentums widerstrebt jedem irgendwie gearteten Ordnungsdenken.

Freilich bestätigen auch hier Ausnahmen die Regel: Hauptfälle der Bestandteils- und Zubehöreigenschaft sind die Einfügung einer beweglichen Sache in den Verband eines Grundstücks – bei Kauf

---

[1] Der heute nicht mehr gebräuchliche Ausdruck „Fahrnis" bedeutet „bewegliche Sachen".
[2] Siehe dazu schon oben § 2 II.

(§ 314), Übereignung (§ 926) und Verpfändung (§§ 1120 ff.) von Grundstücken wird auf die Verbindung von beweglichen Sachen mit dem Grundstück zur Erfüllung bestimmter Zwecke Rücksicht genommen. Aber dies sind doch nur sehr schwache Ansätze einer materialen Regelung, im allgemeinen muß sich der Gesetzgeber mit der Festlegung eines Mindestbestandes formaler, von der jeweiligen Funktion der beweglichen Sache unabhängiger Regeln begnügen.

II. Die zugelassenen Typen im Mobiliarsachenrecht

1. Auch im Recht der beweglichen Sachen gilt der „numerus clausus der zugelassenen Sachenrechte", ist also die inhaltliche Gestaltungsfreiheit der Vertragspartner eingeschränkt. Freilich dient hier diese Typenbeschränkung nicht dem Schutz des Eigentümers vor übermäßigen Beschränkungen seines Eigentums, sondern ausschließlich dem Verkehrsinteresse an klar abgegrenzten, genormten Sachenrechtstypen. Die Auswahl ist im Vergleich zum Liegenschaftsrecht geringer: das Gesetz kennt als beschränkte dingliche Rechte an beweglichen Sachen nur

ein Nutzungsrecht, den Nießbrauch,
ein Sicherungsrecht, das Pfandrecht.

a) Der *Nießbrauch* an *einzelnen* beweglichen Sachen kommt in der Praxis kaum vor, allenfalls in der Form des Nießbrauchs an Inhaberpapieren (wobei es sich streng genommen um einen Nießbrauch an der in dem Papier verbrieften Forderung handelt). Häufiger ist der Nießbrauch an einem *Vermögen*, zu dem bewegliche Sachen gehören (s. unten § 61).

b) Das *Pfandrecht* an beweglichen Sachen verwirklicht die Sicherungs- und Verwertungsfunktion des Eigentums. Es ist als Besitzpfandrecht ausgestaltet, nimmt damit also dem Eigentümer praktisch auch die Nutzungsmöglichkeit. Gerade deshalb ist es heute durch das Sicherungseigentum verdrängt.

2. Die Rechtspraxis hat diesen numerus clausus gesprengt, und zwar nach zwei Richtungen:

a) An die Stelle der Verpfändung beweglicher Sachen ist regelmäßig die *Sicherungsübereignung* getreten: Der Gläubiger wird mittels Übereignung durch Besitzkonstitut (§ 930) Eigentümer der Sache, der Schuldner behält unmittelbaren Besitz und Nutzung. Indes ist dieses Eigentum des Gläubigers „latent", es entfaltet seine Wirkung erst, wenn der Schuldner nicht leistet oder wenn andere Gläubiger auf die übereignete Sache im Wege der Zwangsvollstreckung oder des Konkurses zugreifen. Es liegt auf der Hand, daß sich aus dieser bloßen Sicherungsfunktion des Eigentums besondere Probleme ergeben, die sowohl das Verhältnis zwischen Sicherungsnehmer (= Gläubiger) und Sicherungsgeber (= Schuldner) wie auch die Beziehungen zwischen Sicherungsnehmer und Dritten betreffen.

Zum *ersten* Problemkreis gehört etwa die Frage, wann der Gläubiger die ihm zur Sicherheit übereignete Sache verwerten darf, und in welcher Form; zum *zweiten* die Frage, ob dem Gläubiger bei Pfändung der Sache durch Dritte die Drittwiderspruchsklage nach § 771 ZPO oder nur ein Recht auf vorzugsweise Befriedigung nach § 805 ZPO zusteht; Einzelheiten s. unten § 57.

b) Besondere Bedeutung erlangt im Mobiliarsachenrecht das *Anwartschaftsrecht*, hier in der Form der Rechtsstellung des Käufers, der die Kaufsache unter Eigentumsvorbehalt, also unter der aufschiebenden Bedingung voller Zahlung des Kaufpreises übereignet erhalten hat. Schon oben § 3 II 3 hatten wir festgestellt, daß sich hier vor allem drei Problemgruppen ergeben,

das Übertragungsproblem (kann der Käufer das Anwartschaftsrecht auf einen Dritten übertragen? in welcher Form? mit welcher Wirkung?),

das Pfändungsproblem (kann ein Gläubiger des Käufers das Anwartschaftsrecht pfänden? in welcher Form?),

schließlich das Schutzproblem (wie wird der Käufer bei Eingriffen Dritter
geschützt?).

Einzelheiten s. unten § 59.

c) Mit der Sicherungsübereignung und dem Anwartschaftsrecht aus bedingter Übereignung sind
Probleme angesprochen, die Wissenschaft und Praxis besonders beschäftigen. Trotz aller dogmatischen Verschiedenheiten haben sie einen gemeinsamen Ausgangspunkt: In ihnen offenbart sich das
Bestreben, Sicherungsfunktion und Nutzungsfunktion des Eigentümers so sinnvoll aufzuspalten, daß
die eine durch die andere möglichst wenig beeinträchtigt wird:

Beim *Eigentumsvorbehalt* ermöglicht der Verkäufer dem Käufer die sofortige Nutzung (wie wenn
dieser schon Eigentümer wäre), „behält sich" aber selbst bis zur Erfüllung seines Kaufpreisanspruchs
„das Eigentum vor".

Die *Sicherungsübereignung* beläßt dem Schuldner Besitz und Nutzung, verschafft aber dem Gläubiger die Stellung des Eigentümers, um seine Forderung gegen den Schuldner zu sichern.

Die ähnliche Interessenlage gestattet es, die beiden Rechtsinstitute in unmittelbarem Zusammenhang zu erörtern (s. unten §§ 57, 59).

III. Der Gang der Darstellung

Wir folgen der bei der Erörterung der Grundstücksrechte gewählten Gliederung und besprechen
zunächst das Eigentum an der Fahrnis (§ 50), anschließend die Erwerbsarten, und zwar sowohl den
rechtsgeschäftlichen wie den gesetzlichen Erwerb, den Erwerb des Eigentums vom Berechtigten wie
den vom Nichtberechtigten (§§ 51–53h). In einem dritten Kapitel folgt die Darstellung des Nießbrauchs als des einzigen Nutzungsrechts an einer beweglichen Sache (§ 54), in einem vierten Kapitel
schließlich die Erörterung der Sicherungsrechte an der Fahrnis, die uns vom Pfandrecht als Legalordnung (§ 55) zur Sicherungsübereignung (§ 57) und zum Eigentumsvorbehalt (§ 59) führt.

2. Kapitel. Das Eigentum an der Fahrnis

§ 50. Inhalt, Beschränkungen und Formen des Fahrniseigentums

Lesen Sie zunächst oben §§ 24, 26.

I. Der Inhalt des Fahrniseigentums

Die oben § 24 zu § 903 BGB und Art. 14 GG entwickelten Grundsätze gelten auch für das Fahrniseigentum. So wirkt etwa die in Art. 14 GG enthaltene Instituts- und individuelle Rechtsstellungsgarantie auch zugunsten des Eigentums an beweglichen Sachen, der in Art. 14 Abs. 2 GG normierte Bindungsgehalt erfaßt auch das Fahrniseigentum,[1] ebenso der in Art. 14 Abs. 3 enthaltene Schutz gegen Enteignungen.

Indessen werden diese Grundsätze beim Fahrniseigentum viel weniger aktuell und sichtbar als beim Eigentum an Grundstücken. Hierfür gibt es verschiedene Gründe:

1. Beim Fahrniseigentum ist die Möglichkeit von Konflikten mit dem Interesse anderer und dem der Allgemeinheit geringer als beim Grundeigentum; dessen Ausstrahlungen sind so stark, daß – wie wir wissen – mit der Inhaltsbestimmung schon (fast naturgemäß) auch Bindungen und Beschränkungen zugunsten der Nachbarn wie der Allgemeinheit gegeben sind. Demgegenüber wirkt sich der Gebrauch des Eigentums an beweglichen Sachen mehr – um ein Schlagwort zu gebrauchen – in der „Intimsphäre" des Eigentümers aus, die Interessen anderer oder aller werden durch seine Nutzung nicht oder nicht wesentlich berührt. Wo dies doch der Fall ist, zeigt sich der Interessenkonflikt nicht in aller Deutlichkeit, es ist daher auch viel schwieriger, ihn zu lösen.

Dafür einige *Beispiele:* Wie der Landwirt die von ihm geernteten Kartoffeln verwertet, ob er sie verkauft, an seine Schweine verfüttert oder zu Sprit brennt, kann der Allgemeinheit meist gleichgültig sein. Die Situation ändert sich erst in Notzeiten, wo u. U. ihre Verwertung als menschliche Nahrung gesichert werden muß.

Was ein Fabrikant herstellt, wie er seine Produkte vertreibt und an wen, ist vom Standpunkt der Öffentlichkeit aus ohne Interesse. Sein wirtschaftliches Verhalten wird erst dann rechtlich relevant, wenn er in unzulässiger Weise die Interessensphären anderer tangiert (etwa: unlauterer Wettbewerb!) oder wenn gerade seine Erzeugnisse für die Versorgung der Allgemeinheit benötigt werden.

Die Beispiele zeigen, daß Gebrauch und Nutzung beweglicher Sachen im allgemeinen weder die Interessen anderer noch die der organisierten Gemeinschaft berühren. Interessenkonflikte sind selten. Wo sie auftreten, muß der Gesetzgeber sie durch ein Einwirken *auf das Verhalten* des Eigentümers zu lösen suchen. Nur in Fällen akuter oder chronischer Notlagen wird der Staat das Fahrniseigentum mit Beschlag belegen. Die Intensität des Zugriffs kann dann sehr verschieden

---

[1] Die für die Eigentumsbeschränkung beim Grundeigentum entwickelten Grundsätze (s. oben § 24) gelten auch für das Fahrniseigentum (BGH NJW 1965, 1080, 1082; ebenso BVerfGE 20, 351: Tötung tollwutverdächtiger Hunde, freilich mit den sofort zu erörternden Besonderheiten [1, 2]).

sein, sie reicht von der Enteignung über den Entzug der Nutzung zu der zwangsweisen Regelung von Produktion und Verteilung („Bewirtschaftung").

Dieser Ausnahmezustand ist in einer *Planwirtschaft* der normale. Hier unterliegt der Wirtschaftsab-
lauf staatlicher Normierung; die Beschränkungen des Eigentums – sofern man überhaupt noch von
Eigentum sprechen kann – liegen auf der Hand.

2. Bewegliche Sachen sind in aller Regel fungibel: die eine Sache kann durch
eine gleichartige ersetzt werden. Daß der Staat zur Erfüllung seiner öffentlichen
Aufgaben gerade die eine konkrete Sache *dieses* Eigentümers benötigt, wird selten sein. Es genügt daher, wenn dem Gemeinwesen *die Mittel* zur Verfügung
stehen, um den notwendigen Bestand an beweglichen Sachen *durch Kauf* zu
erwerben. M. a. W. das Mittel zur Beschaffung eines öffentlichen Mobiliarver-
mögens ist *nicht* die Enteignung, sondern die Steuer!

Wird eine Straße vom Staat in eigener Regie gebaut und benötigt die Behörde dazu ein ganz
bestimmtes Grundstück, so bleibt letzten Endes nur die Enteignung. Niemand aber wird daran
denken, die zum Bau der Straße nötigen Maschinen einem privaten Bauunternehmer im Wege der
Enteignung wegzunehmen; sie werden eben vom Staat mit Hilfe der ihm zur Verfügung stehenden
Mittel aus öffentlichen Abgaben gekauft.

Aus all' dem folgt, daß der Staat das Mobiliarvermögen seiner Bürger regelmäßig nur mittelbar – als Bestandteil des Gesamtvermögens – durch Steuern und
sonstige Abgaben in Anspruch nimmt. Damit wird eine generalisierende, alle
treffende Wirkung erzielt, das Odium des Einzeleingriffs, Sonderopfers, das für
die Enteignung kennzeichnend ist, entfällt.

Mittelbar können freilich auch die Steuern zu einer Eigentums- und Vermögensumschichtung
führen. So kann eine sog. „Erdrosselungssteuer"[1] praktisch den Effekt einer Enteignung haben;
Beispiel ist etwa eine hohe Erbschaftssteuer, die die Eigentümer zur Weggabe wertvoller Vermögens-
stücke zwingt (England!).

3. Im folgenden werden daher nur wenige Eigentumsbeschränkungen bei beweglichen Sachen zu
erörtern sein. Als Typ der Enteignung im technischen Sinne werden die nach dem Bundesleistungsgesetz möglichen Maßnahmen dargestellt (II 1), daran anschließend einige Beschränkungen, die sich
aus dem Gesichtspunkt der Wirtschaftslenkung ergeben (II 2).

II. Beschränkungen und Entzug des Fahrniseigentums[2]

1. *Die Inanspruchnahme nach dem Bundesleistungsgesetz*

a) Nach § 2 BLG können bewegliche Sachen zum Gebrauch oder zur Nutzung, aber auch zu
Eigentum „angefordert" werden. Voraussetzung ist, daß die Inanspruchnahme durch das öffentliche
Interesse gefordert wird, wobei einer der in § 1 BLG angeführten Tatbestände gegeben sein muß.
Voraussetzung ist weiter, daß der Bedarf nicht auf andere Weise oder nicht rechtzeitig oder nur mit
unverhältnismäßigen Mitteln gedeckt werden kann. Die Inanspruchnahme ist also stets gegenüber
der Beschaffung mit privatrechtlichen Mitteln subsidiär (§ 3 BLG). Auch wo diese Voraussetzungen
vorliegen, sind „die Interessen der Allgemeinheit und der Beteiligten gerecht abzuwägen" (§ 3 Abs. 3
Satz 1 BLG). Produktions- und Handelsbetriebe dürfen nicht angefordert werden (also keine Sozialisierung auf kaltem Wege! § 3 Abs. 5 BLG). Der Lebensbedarf des Betroffenen darf nicht beeinträchtigt werden (§ 3 Abs. 6 Satz 2 BLG).

---

[1] Vgl. z. B. BVerwG NJW 1958, 960.
[2] Die im Rahmen des Strafprozesses möglichen Beschränkungen des Eigentums sind hier nicht
darzustellen (vgl. etwa *Roxin*, Strafverfahrensrecht, 22. Aufl. 1991, § 68; *Peters*, Strafprozeß, 4. Aufl.
1985, §§ 14 II 10, 31 IV; *Eser*, Die strafrechtlichen Sanktionen gegen das Eigentum (1969).

Die Inanspruchnahme beschränkt sich nicht auf bewegliche Sachen; sie erfaßt auch Grundstücke; nur können diese *auf Grund des Bundesleistungsgesetzes nicht enteignet* werden; die Anforderung hat sich also hier auf Gebrauch und sonstige Nutzung zu beschränken.

Interessant ist, daß bei beweglichen wie unbeweglichen Sachen auch die *Unterlassung* des Gebrauchs, bei Grundstücken die Duldung von Einwirkungen gefordert werden kann (§ 2 Abs. 1 Nr. 5 u. 7 BLG):

In der Nähe einer militärischen Radarstation kann also z. B. die Verwendung einer privaten Funkstation verboten werden.

b) Die Inanspruchnahme erfolgt in einem in den §§ 35 ff. BLG geregelten Verwaltungsverfahren, dessen Kern ein schriftlich erlassener, zugestellter Leistungsbescheid ist (§§ 36, 37 BLG); dieser Leistungsbescheid kann vor den Verwaltungsgerichten angefochten werden (§ 40 VwGO). Auf Grund des Leistungsbescheides geht das Eigentum „originär" an den Leistungsempfänger über (Einzelheiten vgl. § 13 BLG).

Interessant ist die Kombination von öffentlich-rechtlichem Erwerbsvorgang und dem Leistungsakt des Pflichtigen, auf den nach §§ 17, 18 BLG in verschiedener Hinsicht die Vorschriften des bürgerlichen Rechts Anwendung finden, so etwa dann, wenn der Leistungspflichtige nicht oder schlecht erfüllt (vgl. § 17 Abs. 2 BLG).

c) § 20 BLG statuiert die *Entschädigungspflicht*. Die Nutzungs- und Gebrauchsentschädigung richtet sich nach dem Entgelt, das für vergleichbare Leistungen im Wirtschaftsverkehr üblich ist, die Entschädigung für die Eigentumsentziehung nach dem gemeinen Wert. Auch darüber hinausgehende Vermögensnachteile sind im Rahmen der Wiederbeschaffungskosten zu ersetzen (§ 21 BLG).

2. *Beschränkung aus dem Gesichtspunkt der Wirtschaftslenkung*

Über dieses weite Gebiet haben wir schon oben in § 26 VII und – speziell für den landwirtschaftlichen Bereich – in § 27 IV gesprochen; hierauf wird verwiesen.

Die bewegliche Sachen betreffenden wirtschaftslenkenden Maßnahmen sind mehr und mehr abgebaut worden; auch preisrechtliche Vorschriften bestehen – abgesehen von solchen für gewisse landwirtschaftliche Produkte – kaum mehr. Aber mit dem Gesetz über die Sicherstellung von Leistungen auf dem Gebiet der gewerblichen Wirtschaft v. 22. 12. 1959 (BGBl. I 785) sind Blankettnormen geschaffen, die in Notzeiten eine gelenkte Wirtschaft und die damit verbundenen Eigentumsbeschränkungen ermöglichen. –

Auf einen anderen Zusammenhang muß noch hingewiesen werden: Die staatliche Wirtschaftslenkung und Preisbildung sind weithin verschwunden; vielfach sind an ihre Stelle aber Maßnahmen der in Kartellen, Konzernen usw. organisierten Wirtschaft getreten, die häufig den gleichen Effekt haben (Wer eine Zahnpasta zum Festpreis von 4 DM, das Benzin zum „Festpreis" von 1.20 DM kauft, für den ist es gleichgültig, ob die staatliche Behörde, ein Preiskartell, der Monopolist oder der Hersteller des Markenartikels diesen Festpreis vorgeschrieben hat!). Freilich sind bei der „Wirtschaftslenkung durch die Wirtschaft" ganz andere Motive maßgebend. Verständlicherweise sucht der Staat Einfluß zu nehmen; gesetzliche Grundlage ist insbes. das sog. Kartellgesetz (Gesetz gegen Wettbewerbsbeschränkungen) i. d. F. v. 20. 2. 1990 (BGBl. I 235). –

Aufmerksam gemacht sei schließlich auf die Beschränkungen des Eigentums, die sich aus den zur Verwirklichung der Europäischen Wirtschaftsgemeinschaft geschlossenen und durch Gesetz innerstaatlich für verbindlich erklärten Verträgen ergeben.[1]

III. Formen des Fahrniseigentums

Lesen Sie zunächst § 3 II 1b. Lit.-Hinweis: *Gerhardt,* Mobiliarsachenrecht (Besitz – Eigentum – Pfandrecht) 2. Aufl. 1986.

Wie das Eigentum an Grundstücken kann auch das Fahrniseigentum Alleineigentum, Gesamthandseigentum oder Miteigentum nach Bruchteilen sein. Wir

---

[1] S. dazu *Steindorff,* Einführung in das Wirtschaftsrecht der Bundesrepublik Deutschland, 2. Aufl. 1985, S. 27 ff.; *Rinck/Schwark,* Wirtschaftsrecht, 6. Aufl. 1986, §§ 7 ff.; *Rittner,* Wirtschaftsrecht, 2. Aufl. 1987, S. 54 ff.; *Schweitzer/Hummer,* Europarecht, 3. Aufl. 1990; *Oppermann,* Europarecht, 1991, S. 6.

erinnern uns, daß für das Gesamthandseigentum die Zugehörigkeit einer Sache zum Vermögen einer Gesamthandsgemeinschaft charakteristisch ist, während beim Miteigentum nach Bruchteilen jedem der mehreren Eigentümer ein ideeller Anteil an der Sache zusteht, der selbst rechtlich wieder als Eigentum behandelt wird, faktisch aber eine Wert- und Gebrauchsbeteiligung an der gemeinsamen Sache darstellt. Die oben § 3 II 1 b entwickelten Grundsätze gelten auch für das Miteigentum nach Bruchteilen an einer beweglichen Sache. Auf folgende Besonderheiten sei hingewiesen:

1. Das Miteigentum nach Bruchteilen an der Fahrnis beruht selten auf Rechtsgeschäft, häufiger auf Gesetz:

a) Die Eigenart der Fahrnis schließt Miteigentum und Mitgebrauch ohne gemeinsame Zweckbindung regelmäßig aus. Ist aber die Erreichung eines gemeinsamen Zwecks vereinbart, so liegt eine Gesellschaft des bürgerlichen Rechts (u. U. auch des Handelsrechts) vor; die zur Zweckverwirklichung beschafften beweglichen Sachen stehen dann im Gesamthandseigentum, nicht in schlichtem Miteigentum.

Beispiele: Die Studenten A, B und C beschließen eine gemeinsame Griechenlandfahrt und kaufen zu diesem Zweck einen gebrauchten Kraftwagen Baujahr 1979. Er soll nach Beendigung der Fahrt wieder veräußert werden. Hier handelt es sich um eine Gesellschaft des bürgerlichen Rechts (Gelegenheitsgesellschaft),[1] der Kraftwagen steht in Gesamthandseigentum. –
A – Kraftfahrer – und B – bisher kaufmännischer Angestellter – wollen gemeinsam ein Fuhrunternehmen betreiben. Sie kaufen einen Lastzug, mit dem sie hauptsächlich Moniereisen vom Ruhrgebiet nach Süddeutschland befördern: offene Handelsgesellschaft (§ 105 Abs. 1 HGB mit § 1 Abs. 2 Nr. 5 HGB), auch wenn A und B keinen auf die Errichtung einer OHG abzielenden Gesellschaftsvertrag geschlossen haben. – Gesamthandseigentum am Lastzug, auch wenn dieser das einzige Vermögensstück der Gesellschaft darstellt.

Man fragt sich unwillkürlich, ob denn überhaupt durch Vertrag begründetes Miteigentum nach Bruchteilen an einer beweglichen Sache denkbar ist, da doch regelmäßig irgendeine Zweckbindung vorliegen wird. In der Tat ist die Abgrenzung von schlichter Rechtsgemeinschaft und Gesellschaft beim gemeinschaftlichen Erwerb schwierig. Als Anhaltspunkt für eine Unterscheidung wird die Gebrauchsregelung gelten können: ist der Gebrauch unter die Gemeinschafter aufgeteilt und beschränkt sich die Gemeinsamkeit des Zwecks auf das „Halten" der gemeinschaftlichen Sache, so liegt eine schlichte Rechtsgemeinschaft (also Miteigentum nach Bruchteilen) vor:

Die in Bürogemeinschaft stehenden Rechtsanwälte A und B (jeder von ihnen betreibt seine Praxis allein, nur das Büro ist gemeinsam) kaufen gemeinsam die Entscheidungen des Reichsgerichts in Zivilsachen, wobei jeder die Hälfte des Kaufpreises beisteuert. Ergebnis: Miteigentum zur Hälfte.

b) Miteigentum nach Bruchteilen *kraft Gesetzes* entsteht durch Verbindung und Vermischung beweglicher Sachen verschiedener Eigentümer, also in den Fällen der §§ 947, 948.

Auf Einzelheiten ist unten § 53a einzugehen. Hier zunächst zum Verständnis nur ein Beispiel: Die Getreidegroßhandlungen A und B lagern ihr Getreide im Silo der Mühle C ein. Wenn A 25 to, B 50 to einlagert, so ist A am Gesamtbestand Miteigentümer zu 1/3, B zu 2/3. C ist lediglich Verwahrer (Lagerhalter, § 416 HGB) und unmittelbarer Besitzer. Ist er berechtigt, auf Anweisung des A und des

---

[1] Siehe *Larenz* II § 60 I a.

B Getreide an Dritte abzugeben, so verfügt er namens des A *und* des B über die Gesamtsache (s. auch § 419 HGB). –

Ein praktisch besonders wichtiger Fall der Entstehung von Miteigentum ist die *Sammelverwahrung von Wertpapieren* nach §§ 5 ff. DepotG: Wertpapiere, die einer Bank zur Verwahrung übergeben sind, werden regelmäßig nicht gesondert verwahrt (Streifbanddepot), sondern gemeinsam mit gleichen Wertpapieren anderer Kunden (Vorteile bei der Verwaltung der Wertpapiere, z. B. Einzug der Zinsen und Dividenden). Häufig erfolgt diese Sammelverwahrung nicht bei der Bank selbst, sondern bei einer Wertpapiersammelbank (Girosammeldepot; Begriffsbestimmung: § 1 Abs. 3 DepotG). Jeder Kunde erwirbt Miteigentum an den verwahrten Wertpapieren derselben Art und zwar bestimmt sich der Bruchteil nach dem Nennbetrag seines Wertpapiers. Über die Miteigentumsanteile kann die Geschäftsbank (für ihre eigenen Kunden) durch sog. Effektenschecks verfügen (Effektengiroverkehr).[1]

2. § 1010 besagt, daß bei Miteigentum *an Grundstücken* Verwaltungs- und Benutzungsregelungen, die die gemeinschaftliche Sache betreffen, gegen Sonderrechtsnachfolger nur wirken, wenn sie im Grundbuch eingetragen sind. Eine entsprechende Regelung ist *bei beweglichen Sachen* natürlich nicht möglich. So sehen wir das eigenartige Ergebnis, daß *schuldrechtliche* Vereinbarungen der Miteigentümer (ja, eine mit Stimmenmehrheit getroffene Verwaltungs- und Benutzungsordnung) dem Sonderrechtsnachfolger gegenüber wirksam sind (§ 746), also dingliche Wirkung haben (Sukzessionsschutz). Dabei ist es gleichgültig, ob der Rechtsnachfolger ins Bild gesetzt war oder nicht; § 936 ist also weder unmittelbar noch mittelbar anwendbar (obwohl die h. M. in der Beschränkung „eine echte Belastung des Miteigentumsanteils" sieht).[2]

Hätten in unserem obigen Beispiel die beiden Anwälte A und B vereinbart, daß die Auseinandersetzung des Miteigentums an der Entscheidungssammlung bis zum Tod (oder der Berufsaufgabe) beider Parteien ausgeschlossen sein soll, so wirkt diese Abrede auch gegenüber dem K, an den B seine Praxis verkauft hat (§ 751 Satz 1), nicht jedoch gegenüber einem Gläubiger des B, der dessen Miteigentumsanteil gepfändet und sich zur Einziehung hat überweisen lassen (§ 751 Satz 2), ebenso nicht gegenüber einem Vertragspfandgläubiger (§ 1258 Abs. 2 Satz 2 2. Halbsatz).

3. Hingewiesen sei schließlich noch auf die Besonderheiten, die sich aus der Beteiligung an einer *Kapitalanlagegesellschaft* (Investmentgesellschaft) ergeben.[3] Das von der Kapitalanlagegesellschaft mit Mitteln der Einleger beschaffte Sondervermögen steht entweder im treuhänderischen Eigentum der Gesellschaft oder *im Miteigentum* der Anteilsinhaber (§ 6 Abs. 1 Satz 2 d. Ges.). Im letzten Fall kann die Aufhebung der Gemeinschaft nicht verlangt werden, auch nicht durch einen Pfandgläubiger (§ 10 Abs. 1). Die „Ansprüche" der „Anteilsinhaber" werden aber in Anteilsscheinen verbrieft, die Order- oder Inhaberpapiere sein können (§ 17 Abs. 1). Mit der Übertragung des Anteilsscheins geht der Miteigentumsanteil an dem Sondervermögen über (§ 17 Abs. 3); dieser Anteil ist auch pfändbar und verpfändbar (§ 17 Abs. 3 S. 2).[4]

---

[1] Dazu grundsätzlich *Zöllner*, D. Zurückdrängung des Verkörperungselements bei den Wertpapieren, in FS f. Raiser (1974) S. 249; Nachweise s. unten 53 a III 3 b; *Walz*, KritV 1986, 136, 160. – Nach *Zöllner*, WPR § 1 III 2; § 26 V 5 wird in der Praxis der Effektenscheck mehr und mehr durch sog. „Lieferlisten" der Geschäftsbanken ersetzt.

[2] Vgl. *Wolff/Raiser*, § 88 I 1; *Heck* § 71, 4 (besonders zu § 1010).

[3] Gesetz v. 16. 4. 1957 (BGBl. I 378) i. d. F. v. 14. 1. 1970. Lit. bei *Zöllner*, WPR, § 30 u. *Canaris*, Bankvertragsrecht, Anm. 1094 ff.

[4] Einzelheiten s. *Zöllner* u. *Canaris* aaO.

§ 51. Der Erwerb des Eigentums vom Berechtigten

Lit.-Hinweis: *M. Bauer* FS f. Bosch (1976), 1 (Publizitätsfunktion des Besitzes bei Fahrnisübereignung); *Brandt,* Eigentumserwerb und Austauschgeschäft (1940); von *Caemmerer,* Rechtsvergleichung und Reform der Eigentumsübertragung, RabelsZ 12, 675; *ders.,* Übereignung durch Anweisung zur Übergabe, JZ 1963, 586; *Gottheiner, Z.* Eigentumsübergang beim Kauf bewegl. Sachen, RabelsZ 18, 350; *Gursky* JZ 1991, 497 (Würdigung der neueren höchstrichterlichen Rechtsprechung); *Hinderling,* Die Bedeutung d. Besitzübertragung für den Rechtserwerb im Mobiliarsachenrecht, Zschr. f. SchweizR 111 (1970), 159; *Hübner,* Der Rechtsverlust im Mobiliarsachenrecht (1955); *Kohler,* Vertrag und Übergabe, Arch. BürgR 18, 1; *Krause,* Das Einigungsprinzip und die Neugestaltung des Sachenrechts, AcP 145, 312; *Kupisch,* Durchgangserwerb oder Direkterwerb, JZ 1976, 417; von *Lübtow,* Das Geschäft „für den es angeht" u. sog. „antezipierte Besitzkonstitut", ZHR 112, 227; *Martinek,* Traditionsprinzip und Geheißerwerb, AcP 188, 573; *Nolte,* Zur Reform der Eigentumsübertragung (1941); *Picker* AcP 188, 511 (dazu oben § 4 I 2 Anm. 1); *Schmitz* JuS 1975, 451 u. 572, 717; 1976, 169; *Süß,* Das Traditionsprinzip – Ein Atavismus des Sachenrechts, in FS f. Martin Wolff (1952) S. 141; *Wacke,* D. Besitzkonstitut als Übergabesurrogat in Rechtsgeschichte und Rechtsdogmatik, 1974; *Schlechtriem* in Deutsche Beiträge zum X. Intern. Kongreß f. Rechtsvergleichung in Budapest, 1978, 44; *Wiese* FS f. Herschel 1982 S. 283 (zum Eigentum an Briefen). Weitere Lit. im Text.

I. Grundgedanken

S. die Übersicht 21 am Ende von § 52.

1. Das Prinzip, nach dem der Gesetzgeber des BGB die Übereignung beweglicher Sachen geregelt hat, kommt in § 929 Satz 1 deutlich zum Ausdruck: Gefordert werden ein reales Moment, nämlich die Übergabe der Sache durch den Eigentümer an den Erwerber, *und* ein rechtsgeschäftliches Moment: Eigentümer und Erwerber müssen darüber einig sein, daß das Eigentum übergehen soll.[1] Damit bringt das Gesetz zwei Grundsätze zum Ausdruck:

a) Den Übereignungseffekt bringt nicht schon – was durchaus denkbar wäre und auch in anderen Rechtskreisen geltendes Recht ist – das schuldrechtliche Grundgeschäft (z. B. der Kauf) mit sich, sondern ein davon unabhängiges dingliches Veräußerungsgeschäft; m. a. W. das Gesetz bekennt sich zum Trennungsprinzip (s. dazu oben § 5 IV).[2]

b) Es genügt zur Übereignung nicht schon eine Einigung von Veräußerer und Erwerber über den Eigentumsübergang, vielmehr muß dazu die Besitzverschaffung[3]

Beide Fragenbereiche müssen auseinandergehalten werden, wenngleich mannigfache Kombinationen denkbar sind und in anderen Rechtsordnungen auch vorkommen:

aa) *Erste Kombination:* Mit dem Kaufvertrag geht auch das Eigentum über: sog. *reines Vertragsprinzip* (also: weder Trennungsprinzip noch Notwendigkeit einer Tradition!); so im französischen Recht (Art. 711, 1138 Abs. 2, 1583 cc).[4]

---

[1] Der Einigungswille kann sich auch aus den Umständen ergeben, vgl. den instruktiven Fall BGH NJW 1990, 1913 mit Anmerkung von *Karsten Schmidt* JuS 1990, 846 zum Eigentumserwerb durch Aushändigung von Geldscheinen.

[2] S. dazu bes. *Larenz* II § 39 II.

[3] Hier von „Vollziehungsmoment" zu sprechen – wie das vielfach geschieht – ist nicht ratsam: Die Besitzübergabe ist nicht Vollzug der Einigung.

[4] Art. 711: „La propriété des biens s'acquiert et se transmet par l'effet des obligations" (dazu *Ferid/Sonnenberger,* D. franz. Zivilrecht, Bd. 2, 2. Aufl. 1986, § 2, 3 B 109 ff.).

bb) *Zweite Kombination:* Zum schuldrechtlichen Grundgeschäft, das gleichzeitig den Eigentums-übergang bewirkt, muß noch die Übergabe der Sache hinzutreten (also: kein Trennungsprinzip, aber Traditionsprinzip); so die Regelung im preuß. ALR.[1]

cc) *Dritte Kombination:* Neben dem Grundgeschäft ist die dingliche Einigung notwendig, nicht aber die Übergabe der Sache (also: Trennungsprinzip, aber keine Übergabe); so das geltende deutsche Recht für die Übertragung aller Rechte, für die keine Sonderbestimmungen bestehen, § 413 mit §§ 398 ff.

dd) *Vierte Kombination:* Schuldrechtliches und dingliches Geschäft sind zu trennen – zur dinglichen Einigung muß die Übergabe (Eintragung) hinzutreten, um das Eigentum zu übertragen (also Tren-nungsprinzip *und* Traditionsprinzip); so das geltende deutsche Recht für die Übereignung[2] bewegli-cher Sachen.

2. An dem Trennungsprinzip – also der Trennung von schuldrechtlichem und dinglichem Geschäft – und damit verbunden an dem Abstraktionsprinzip – der gegenseitigen rechtlichen Unabhängigkeit der beiden Geschäfte – hält das Gesetz unerbittlich fest; dagegen ist das Traditionsprinzip erheblich durchbrochen:

a) Ist der Erwerber bereits im Besitz der Sache, so genügt die bloße Einigung über den Eigentumsübergang: sog. *Übereignung kurzer Hand* (brevi manu tradi-tio): § 929 Satz 2.

V hat an K ein Fernsehgerät vermietet; „mit dem Essen kommt der Appetit": K beschließt, es zu kaufen (womit V übrigens von vornherein gerechnet hatte!). Hier eine Übergabe zu verlangen, wäre offenbar zu viel des Guten. Es genügt die bloße Einigung (die übrigens auch bedingt sein kann, wenn K das Gerät unter Eigentumsvorbehalt auf Abzahlung kauft).

b) Will der bisherige Eigentümer den Besitz der Sache behalten, so kann an die Stelle der Übergabe die Vereinbarung eines Besitzmittlungsverhältnisses treten: sog. Übereignung durch *Besitzkonstitut* (constitutum possessorium): § 930.

Hauptfälle sind die Sicherungsübereignung: S übereignet eine Maschine, die er gar nicht entbehren kann, an seinen Gläubiger G (verpfänden kann er sie ihm nicht, denn dazu müßte er ihm die Maschine realiter übergeben: § 1205 – *reines* Traditionsprinzip –).

c) Ist die zu übereignende Sache im Besitz eines Dritten, so kann an die Stelle der Übergabe die Abtretung des Herausgabeanspruchs treten: Übereignung durch *Abtretung des Herausgabeanspruchs:* § 931.

V hat seine Schreibmaschine an M vermietet. Er veräußert sie an K (der an der Fortsetzung des Mietverhältnisses interessiert ist). Es genügt, daß V den Herausgabeanspruch abtritt und sich mit K über den Eigentumsübergang einigt.

Es gibt noch zahlreiche andere Durchbrechungen des Traditionsprinzips, auf die wir nach und nach zu sprechen kommen werden. Schon die eben angeführten berechtigten aber zu zwei Fragen:

aa) Sind die Durchbrechungen so gewichtig, daß sie Zweifel an der Geltung des Traditionsprinzips in unserer Rechtsordnung rechtfertigen?

bb) Empfiehlt es sich, in einer künftigen Gesetzgebung am Abstraktionsgrundsatz und am Tradi-tionsgrundsatz festzuhalten?

Beide Fragen werden nicht immer säuberlich auseinandergehalten. Die erste Frage betrifft die Auslegung des geltenden Rechts, die zweite zwingt zur Erörterung rechtspolitischer Fragen.

Zu aa) *Heck*[3] – der diese Frage am klarsten gesehen hat – meint, das Gesetz beruhe zwar auf der Tradition*smaxime,* kenne aber nicht den Tradition*szwang.* Er will damit sagen, die Besitzänderung entspreche zwar dem Regelfall; wenn die Parteien sich aber mit der *bloßen* Einigung begnügen, so stehe dem kein gesetzliches Hindernis im Wege!

---

[1] Dies auch der rechtspolitische Vorschlag von *Larenz* II/1 § 39 II d.
[2] Auch für die Bestellung beschränkter dinglicher Rechte an beweglichen Sachen.
[3] § 56.

Dem kann nicht zugestimmt werden: Für das geltende Recht hat es dabei zu bleiben, daß zur Eigentumsübertragung einer der Tatbestände der §§ 929 bis 931 vorliegen muß.[1] Bloße Einigung über den Eigentumsübergang genügt daher nur bei der Übereignung kurzer Hand (§ 929 Satz 2), in allen übrigen Fällen muß zu der Einigung die Übergabe oder ein sog. Übergabesurrogat hinzutreten, um die Übereignung zu bewirken.[2]

Zu bb) Zu der *rechtspolitischen* Frage der Beibehaltung oder Aufgabe des Abstraktions- und Traditionsgrundsatzes § 5 IV 1 sowie unten VIII.

3. *Gang der Darstellung:* Wir wollen zunächst einige für die Einigung geltende Grundsätze wiederholen (II), uns dann dem Normalfall der Übereignung durch Einigung und Übergabe zuwenden (III) und dann die Sonderfälle der §§ 929 Satz 2 bis 931 erörtern (IV–VI). Abschließend wollen wir uns dann einige rechtspolitische Fragen vorlegen (VII).

II. Die Einigung

Hier handelt es sich im wesentlichen um eine auf die Übereignung beweglicher Sachen zugeschnittene Verdeutlichung der schon oben § 5 gegebenen Darstellung.

1. Die Einigung i. S. der §§ 929 ff. ist ein dem Sachenrecht zugehöriges Rechtsgeschäft und Bestandteil des Übereignungstatbestandes. Die Vorschriften des Allgemeinen Teils finden auch auf die Einigung Anwendung, so etwa die Bestimmungen über die Rechts- und Geschäftsfähigkeit, über Rechtsgeschäfte und Verträge, über Bedingung, Stellvertretung, Einwilligung und Genehmigung.

Im einzelnen:

a) Die Einigung ist *formlos* gültig. Sie kann schon in dem Abschluß des Grundgeschäfts liegen, wenn sie rechtlich auch von ihm zu trennen ist, so namentlich bei den Hand- und Barkäufen des täglichen Lebens. Erfolgt die Übergabe erst einige Zeit nach Abschluß des Grundgeschäfts, so wird es *im allgemeinen* dem Willen der Parteien entsprechen, daß auch die Einigung erst bei der Übergabe erklärt wird; dies kann dann auch stillschweigend geschehen.

Beispiel: K hat bei V eine Schreibmaschine ausgesucht, gekauft und bar bezahlt. Hier liegt im Kauf auch die Einigung über den Eigentumsübergang, auch wenn V die Maschine durch seinen Lieferwagen dem K erst später ins Haus bringt.

Hat K die Maschine käuflich bei dem Versandgeschäft V bestellt und V diese Bestellung bestätigt (womit der Kaufvertrag abgeschlossen ist), so liegt die Einigung erst in der Zusendung der Maschine und ihrer billigenden Annahme durch K (RGZ 102, 38, 40).

b) Die Einigung muß sich auf *bestimmte* Sachen beziehen (Spezialitätsgrundsatz; s. oben § 4 III). Sachgesamtheiten („Warenlager") müssen in ihrem Bestand bestimmbar sein (was vor allem bei der Übereignung eines Teils eines Gesamtbestandes bedeutsam ist, BGH JZ 1988, 471).

Das Problem der Bestimmtheit des Gegenstandes der Übereignung spielt bei der Sicherungsübereignung eine besondere Rolle und soll dort näher erörtert werden (s. unten § 57 III 2 b).

c) Daß *bedingte Übereignungen* (im Gegensatz zu § 925 Abs. 2!) zulässig sind, ergibt sich aus § 455: Eigentumsvorbehalt. Hier liegt der Übereignungs*tatbestand* abgeschlossen vor, aber das Eigentum geht erst mit Eintritt der *aufschiebenden* Bedingung (der Zahlung des Kaufpreises) über; Einzelheiten s. unten § 59.

---

[1] Ebenso *Larenz* II § 39 II d.
[2] Vgl. freilich Ausnahmetatbestände wie unten V 4 b u. VI 1 b.

Die Einigung kann einverständlich im Wege der Bedingung auch von der Billigung der übereigneten Ware durch den Käufer abhängig gemacht werden.

Ein Beispielsfall der *auflösend* bedingten Übereignung kann – je nach der Parteiabrede – bei der Sicherungsübereignung vorliegen, dann nämlich, wenn mit Rückzahlung des gesicherten Darlehens das Eigentum automatisch an den Schuldner (= Sicherungsgeber) zurückfallen soll.

d) *Stellvertretung* ist sicher bei der Einigungserklärung möglich; sicher auch dann, wenn die Übergabe durch rechtsgeschäftliche Erklärungen (§§ 930, 931) ersetzt wird;[1] dagegen *nicht*, wenn es sich um die Übertragung des unmittelbaren Besitzes nach § 854 Abs. 1 handelt; doch kann hier der gleiche Effekt erzielt werden, wenn der Stellvertreter Besitzdiener des Erwerbers ist (§ 855) oder ein Besitzkonstitut vorliegt (Einzelheiten s. schon oben § 8 II und unten bei den einzelnen Übereignungstatbeständen).

2. Lebhaft umstritten ist die Frage, ob bereits *die Einigung* als solche *bindend,* also nicht widerruflich ist. Wir haben uns mit diesem Fragenkreis schon oben § 5 III auseinandergesetzt.

Zur Wiederholung ein *Beispiel:* E hat kurz vor seinem Tode ein wertvolles Bild unter seinem Wert an K verkauft und mit ihm vereinbart, daß er es sich jederzeit abholen könne. Hier liegen Kaufvertrag und Einigung bereits vor, die Übergabe ist noch nicht erfolgt. Stirbt E, so wird die Wirksamkeit seiner Einigungserklärung dadurch nicht beeinträchtigt (§ 130 Abs. 2). Übergeben die Erben (oder eine Hausangestellte auf Weisung der Erben oder auch noch des Erblassers) das Bild, so ist K Eigentümer geworden. Die Erben können sich aber vor der Übergabe von der Einigung – dem anderen Vertragsteil erkennbar – lossagen; denn sie ist für sie ebensowenig bindend, wie sie es für den Erblasser war (BGH NJW 1978, 696). Daß die Einigung frei widerruflich ist, mag verblüffen; aber ihr fehlt eben jedes schuldrechtliche Moment.

Sie bleibt auch dann widerruflich, wenn die Erben des E durch den Widerruf ihrer Verpflichtung aus dem Kaufvertrag zuwiderhandeln u. daher später u. U. wieder zur Abgabe der Einigungserklärung verurteilt werden (§ 894 ZPO). Die Gegenmeinung[2] beachtet § 873 Abs. 2 nicht, der eben den Fall einer bindenden Einigung als *Ausnahmefall* behandelt.

III. Einigung und Übergabe als Normalfall der Übereignung (§ 929 S. 1)

1. Mit Recht geht das Gesetz in § 929 Satz 1 als Normalfall des Übereignungstatbestandes von der Übergabe der Sache durch den Eigentümer an den Erwerber aus. Diese Art des Übereignungsvorgangs entspricht dem durchschnittlichen Lebenstatbestand.

Jedoch zeigt schon die Erfahrungstatsache, daß bei vielen Übereignungen irgendwelche „Mittelspersonen" (Besitzdiener, Besitzmittler) tätig werden, daß das Tatbestandserfordernis der Übergabe der Sache *durch* den Eigentümer *an* den Erwerber nicht wörtlich verstanden zu werden braucht. Man wird das Traditionsprinzip also nicht übersteigern dürfen und mehr auf den Grundgedanken des § 929 Satz 1 achten müssen. Offenbar kommt es entscheidend darauf an:

a) daß die „Eigentümerseite"[3] den unmittelbaren Besitz aufgibt,

b) daß die „Erwerberseite"[3] ihn erhält und

---

[1] Auch bei der Übertragung des Besitzes nach § 854 Abs. 2.
[2] *Heck* § 55, 7; *Westermann/H. P. Westermann* I § 38, 4.
[3] Man erlaube zunächst diesen ungenauen Ausdruck!

c) daß dieser Erwerb auf Veranlassung des Eigentümers erfolgt ist.

2. Die *Aufgabe des Besitzes* durch die „Eigentümerseite" kann so erfolgen, daß der Eigentümer selbst den Besitz überträgt (Normalfall), daß er seinen Besitzdiener oder auch den unmittelbaren Besitzer (seinen Besitzmittler) anweist, die Sache dem Erwerber zu übergeben.

Beispiele: V übergibt das gekaufte Buch dem K. –
V weist seinen Angestellten A an, das telefonisch gekaufte Buch dem K zu überbringen (dabei können auch mehrere Besitzdiener des V hintereinander tätig werden: so wenn V die telefonische Bestellung seinem Filialleiter A 1 weitergibt und dieser den Angestellten A 2 mit der Überbringung betraut). –
V weist den M, dem er das Buch ausgeliehen hatte, an, es dem K auszuhändigen. (Davon ist die Übereignung durch Abtretung des Herausgabeanspruchs nach § 931 zu unterscheiden, so wenn M weiterhin im unmittelbaren Besitz des Buches bleiben, K jetzt aber schon Eigentümer werden soll.)

Als ausreichende Besitzaufgabe ist es auch anzusehen, wenn der bisherige Eigentümer seinen *Besitzdiener* zum unmittelbaren Besitzer macht oder wenn er umgekehrt künftig Besitzdiener des Erwerbers sein will. Hier vollzieht sich die Übergabe durch eine Aufhebung bzw. Begründung des in § 855 geforderten Abhängigkeitsverhältnisses.[1]

Beispiele: GH überläßt seinem reisenden Angestellten R den von diesem bisher benützten Firmenwagen zu Eigentum. –
R – der bisher seinen Kraftwagen auf den Werbereisen benutzt hat – veräußert ihn an seinen „Chef" GH, fährt ihn aber weiter „im Auftrag der Firma".

Eine Aufgabe des Besitzes durch den bisherigen Eigentümer liegt schließlich auch in folgenden Fällen vor:
Der bisherige Eigentümer weist seinen Besitzdiener an, künftig den Weisungen des Erwerbers zu folgen.

V hat sein Geschäft (Vertrieb von Waren durch Reisevertreter[2]) an K verkauft. Er setzt die Reisevertreter davon in Kenntnis und bittet sie, künftig die Anweisungen des K auszuführen. Damit sind auch die von den Reisevertretern benützten Firmenkraftwagen übergeben!

Der bisherige Eigentümer beauftragt seinen Besitzmittler, mit dem Erwerber ein Besitzmittlungsverhältnis zu vereinbaren; der Besitzmittler kommt diesem Auftrag nach (RGZ 103, 151; BGH NJW 1959, 1536, 1539 II; BGHZ 92, 280, 288).

Beispiel (in Anlehnung an RGZ 103, 151): V hat 50 Kisten Ölsardinen bei L eingelagert. Er veräußert sie an K, setzt L davon in Kenntnis und weist ihn an, „das weitere mit K zu vereinbaren". K schließt mit L einen Lagervertrag ab. Damit ist die Übergabe i. S. des § 929 Satz 1 vollzogen (beachte: es handelt sich hier nicht um eine Übereignung nach § 931; denn es wird nicht der Herausgabeanspruch aus dem Vertragsverhältnis V-L abgetreten, sondern ein neuer Lagervertrag zwischen K und L begründet!).

Schließlich genügt es sogar, wenn der unmittelbare Besitzer, der dem Eigentümer *nicht* den mittelbaren Besitz vermittelt, doch auf Geheiß des Eigentümers dem Erwerber die Sache übergibt[3] oder dem Erwerber künftig den Besitz vermittelt (sog. *Geheißerwerb*).

---

[1] Nicht durch bloße „Einigung", wie *Süß* aaO S. 151, 152 und *MünchKomm/Quack* § 929 Rn. 158 meinen; wie hier *Westermann/H. P. Westermann* I § 40 III 2 m. N.

[2] Richtig: Reisende Angestellte.

[3] So die h. M.; BGH NJW 1979, 2037; 1973, 141; BGHZ 36, 56, 60; s. *von Caemmerer* JZ 1963, 586; *Martinek* AcP 188, 573 (oben § 4 I 2 Anm. 1).

E hat ein großes Wäschepaket bereitgestellt, das er dem Jugendsozialwerk e. V. geschenkt hatte und das von diesem abgeholt werden sollte. D stiehlt dieses Paket. E teilt den Sachverhalt in der Presse mit und bittet den D, „den guten Zweck nicht zu vereiteln". D übersendet das Paket durch die Post an das Jugendsozialwerk.

3. *Der Erwerb des Besitzes* kann liegen in der Erlangung der unmittelbaren Sachherrschaft[1] durch den Erwerber (Normalfall) oder durch den Besitzdiener oder Besitzmittler des Erwerbers.

Beispiele: V übergibt das gekaufte Buch an K. –
K läßt das telefonisch bei V gekaufte Buch durch seinen Angestellten A bei V abholen. –
V (Buchhandlung) übergibt das von K (Leihbibliothek) gekaufte Buch auf dessen Weisung an M, der es sich schon von K geliehen hatte.

Weitere Fälle – die sich schon aus unseren Erörterungen zu 1 und 2 ergeben – sind der Besitzerwerb durch den Besitzdiener, der zum unmittelbaren Besitzer wird:

Der Reiseangestellte R erwirbt den Firmenkraftwagen käuflich,

ferner der Besitzerwerb durch Übertritt des Besitzdieners oder Besitzmittlers in die Herrschaftssphäre des Erwerbers:

Geschäftsverkauf durch V an K und Mitteilung davon an die Reisevertreter. –
Abschluß eines Lagervertrags durch den Lagerhalter mit dem Erwerber auf Veranlassung des Veräußerers.

Zweifelhaft[2] ist die Rechtslage, wenn die Übergabe auf Weisung des Erwerbers an eine Person erfolgt, die dem Erwerber nicht den mittelbaren Besitz vermittelt, so in dem nicht seltenen Fall des Geheißerwerbs: der Erwerber weist den Veräußerer an, die Sache sofort an den Abkäufer des Erwerbers (also an einen Dritten) zu übergeben. Hat damit der Erwerber Besitz erlangt?

Beispiel: K hat bei V eine Maschine fest gekauft und bereits bezahlt. Nach einigen Tagen weist K den V an, die Maschine an D, dem er sie weiterverkauft hat, zu übersenden. V kommt dieser Weisung nach. Man kann nicht sagen, daß sich hier die Übereignung unmittelbar im Verhältnis V-D vollzieht. Denn einmal kann es sein, daß V gar nicht weiß, ob D Käufer, Mieter, Verwahrer u. s. w. der Maschine ist. Zum anderen kann K ein Interesse daran haben, an D unter Eigentumsvorbehalt zu liefern (weil er z. B. an ihn auf Abzahlung verkauft hat). Man muß also schon getrennte Übereignungsvorgänge V – K und K – D annehmen. K kann aber Eigentum nur erworben haben, wenn die Übergabe der Sache von V an D (der nicht notwendig Besitzmittler des K wird) auch ihm – dem K – zugerechnet werden kann. Dies wird bejaht, obwohl K den Besitz in keiner Form erhält. Den damit verbundenen Widerspruch zum Traditionsprinzip kann man nur dann beseitigen, wenn man die Einräumung der Weisungsbefugnis bezüglich der Sache durch V an K als Vereinbarung eines Besitzmittlungsverhältnisses ansieht (kritisch dazu *Tiedtke* JZ 1989, 179. S. auch BGHZ 36, 56; *von Caemmerer* JZ 1963, 586; *Wadle* JZ 1974, 689; zusammenfassend zum sog. „Streckengeschäft" s. *Padeck,* Jura 1987, 460).
Weitere Beispielsfälle für den *Geheißerwerb:*[3] BGH NJW 1986, 1166; 1974, 1132 u. 1982, 2371 (Kettenhandel-Streckengeschäft; s. die plastische Darstellung durch *Karsten Schmidt* JuS 1982, 858 u. *Martinek* AcP 188, 615).

4. Der Erwerber muß den Besitz *auf Veranlassung des bisherigen Eigentümers* erlangt haben. Dieser Besitzübertragungswille des einen Partners ist aber eben-

---

[1] Siehe dazu oben § 7 B II 2.
[2] Siehe dazu *MünchKomm/Quack* § 929 Rn. 146; und *Staudinger/Wiegand* § 929 Rn. 50–54; *Martinek* AcP 188, 573 m. w. N.; *Wolf* § 5 A IV c 2 S. 221 f.; *Wieling* JZ 1977, 291, 294 und Sachenrecht § 9 VIII; zur Rechtsprechung *Gursky* JZ 1991, 496, 498.
[3] S. hierzu *Flume,* FS E. Wolf, 1985, 61; *Medicus,* BürgerlR Rn. 563 ff.; *v. Olshausen* JZ 1975, 29; *Picker* NJW 1974, 1790.

sowenig rechtsgeschäftlicher Natur wie der Besitzerwerbswille des anderen (s. dazu oben § 7 B II 2).

Der Besitzübergang ist jedoch dann rechtsgeschäftlicher Natur, wenn er nach § 854 Abs. 2, also durch bloße Einigung, erfolgt (Paradebeispiel: Übertragung des Besitzes am Holz im Walde; s. oben § 7 B II 2 c u. BGH NJW 1979, 714). Hier wird also das Eigentum durch zwei Einigungen übertragen, die Einigung über den Eigentumsübergang und die über die Besitzübertragung. Beide können in eins zusammenfallen, sind aber auch getrennt denkbar:

Bei einer Holzauktion im Grunewald erhält K von dem Waldeigentümer V den „Zuschlag" (= Abschluß des Kaufvertrags), gegen Bezahlung des Kaufpreises wird ihm der „Holzzettel" ausgehändigt (= Einigung) und dann am Ende der Auktion die „Abfuhrgenehmigung" (= Übergabe nach § 854 Abs. 2) erteilt.

5. Die vielen Modalitäten der Übergabe sind verwirrend; erfahrungsgemäß belasten sie das Gedächtnis in unfruchtbarer Weise. Man muß sich daher immer wieder das Grundprinzip vergegenwärtigen: Besitzaufgabe des bisherigen Eigentümers und seiner „Trabanten" – Besitzerwerb auf der Erwerberseite, und zwar auf Veranlassung des Eigentümers. In RGZ 137, 23, 25 (= *Baur,* E. Slg. Fall 19) drückte das RG dies so aus: „Es muß eine Übertragung des Besitzes, d. h. der tatsächlichen Gewalt, stattfinden; der Veräußerer darf also *nicht* mehr *den geringsten Rest eines Besitzes* (im Sinne der tatsächlichen Gewalt) in der Hand behalten (1. Voraussetzung), und der Erwerber muß in vollem Umfang den Besitz ergreifen (2. Voraussetzung). Dazu muß der Wille des Veräußerers kommen, daß der Erwerber den Besitz ergreife, weil sonst verbotene Eigenmacht vorliegen würde" (3. Voraussetzung).

IV. Übereignung „kurzer Hand" nach § 929 Satz 2

1. Wenn der Erwerber schon im Besitz der Sache ist, genügt die Einigung über den Eigentumsübergang; hier hat der Vereinfachungseffekt das Traditionsprinzip besiegt oder – wie *Süß* aaO S. 151 sagt – „der Fremdbesitz wird zum Eigenbesitz" (ergänze: zu der Änderung ist der Besitzer auf Grund der Einigung befugt). Dabei ist es gleichgültig, ob der Erwerber unmittelbarer oder mittelbarer Besitzer ist, ob er bisher dem Veräußerer den mittelbaren Besitz vermittelt hat, von wem er den Besitz erlangt hat.

Beispiele: V veräußert die bisher an K vermietete Sache an K (Wäre K Besitzdiener des V, so fiele die Übereignung unter § 929 Satz 1; s. oben III 2, 3). –
V veräußert die an K vermietete Schreibmaschine – die dieser dem L geliehen hatte – an K (der also nur mittelbarer Besitzer ist) *oder* an L. –
Dem V ist eine Schreibmaschine gestohlen worden. Später stellt es sich heraus, daß sie vom „Schreibmaschinenverleih" K erworben war,[1] der sie an M vermietet hatte (also kein Besitzmittlungsverhältnis V – K!). Gegen Zahlung eines „Abstandes" ist V einverstanden, daß K die Maschine behält.

2. Auch eine *antezipierte Einigung* ist ausreichend, wenn die Einigung zur Zeit der Besitzerlangung nicht widerrufen ist.[2]

Beispiel: V hat sein Buch dem K geliehen; K kann es nicht mehr finden; er weiß nicht, ob er es „verlegt" oder verliehen hat oder ob es ihm gestohlen worden ist. Dem K ist die Angelegenheit peinlich: er ersetzt dem V den Wert des Buches und vereinbart mit ihm, daß er es behalten darf, wenn er es wieder „findet" (hatte er es noch in Besitz: Übereignung nach § 929 Satz 2; hatte er es verloren: antezipierte Übereignung nach § 929 Satz 2; war es ihm gestohlen: Übereignung nach § 931!).

---

[1] Kein *Eigentumserwerb:* § 935!
[2] *Staudinger/Wiegand* § 929 Rn. 119; *Westermann/H. P. Westermann* I § 40 IV.

V. Übereignung durch Besitzkonstitut nach § 930

Lesen Sie zunächst § 7 B III.

Diesem Übergabesurrogat kommt vor allem bei der Sicherungsübereignung (unten § 57) praktische Bedeutung zu; aus den mannigfachen Äußerungen des Sicherungsstrebens ergeben sich auch die zu erörternden Komplikationen. Es empfiehlt sich daher, zunächst den Grundtatbestand möglichst einfach darzustellen und dann erst die verwickelten Sonderformen zu behandeln.

1. *Der Grundtatbestand*

Wie § 929 Satz 2 entspringt auch § 930 dem *Vereinfachungsprinzip:* Will der bisherige Eigentümer den unmittelbaren Besitz an der Sache noch eine Zeitlang behalten, sie aber doch jetzt schon veräußern (z. B. weil er Geld braucht), so würde die Anwendung des § 929 Satz 1 dazu nötigen, daß er die Sache dem Erwerber übergibt; damit würde er ihm das Eigentum verschaffen. Der Erwerber könnte sie dann an den bisherigen Eigentümer vermieten, müßte diesem also wieder die Sache aushändigen. Hier ist es viel einfacher, daß der Veräußerer die Sache behält und mit dem Erwerber den seiner künftigen Rechtsstellung entsprechenden Vertrag abschließt; damit wird er zum Fremdbesitzer, der Erwerber wird mittelbarer Eigenbesitzer und Eigentümer. Nach außen wird diese Änderung in der Besitzerstellung freilich ebensowenig sichtbar wie bei der Übereignung kurzer Hand. Die Entsprechung ist augenscheinlich: im Falle des § 929 Satz 2 wird der Erwerber als bisheriger Fremdbesitzer zum Eigenbesitzer, bei der Übereignung nach § 930 der Veräußerer als bisheriger Eigenbesitzer zum Fremdbesitzer. Läßt man einmal alle Sondertatbestände außer Ansatz, so geht es in beiden Fällen um die unmittelbare Sachnutzung: Bei § 929 Satz 2 will der bisherige Sachnutzer Eigentümer werden, bei § 930 der bisherige Eigentümer Sachnutzer bleiben!

Der Grundtatbestand des § 930 ist sonach einfach: Will der bisherige Eigentümer im Besitz der Sache bleiben, so muß er mit dem Erwerber – neben der Einigung – ein Besitzmittlungsverhältnis im Sinne des § 868 vereinbaren.

Da § 868 neben Nießbrauch, Pfandrecht, Pacht, Miete und Verwahrung auch „ähnliche Verhältnisse" als Besitzmittlungsverhältnisse bezeichnet, hatten wir uns oben § 7 B III 1 b um die charakteristischen Kennzeichen eines solchen „ähnlichen" Verhältnisses bemüht, nämlich: unmittelbarer oder mittelbarer Fremdbesitz[1] – Besitzrechtsableitung – zeitlich beschränkter Fremdbesitz – Herausgabeanspruch. Diese Charakteristika gilt es festzuhalten, wenn nunmehr die zahlreichen Zweifelsfälle zu erörtern sind. Sie können mit folgenden Schlagworten beschrieben werden: konkretes oder auch abstraktes Konstitut? Rechtsgültiges Konstitut? Kraft Gesetzes bestehendes Besitzmittlungsverhältnis? Konstitut durch Insichgeschäft? Antezipiertes Konstitut?

---

[1] Daher genügt es auch im Falle des § 930, daß der Veräußerer mittelbarer Besitzer ist und dem Erwerber einen „höherstufigen" mittelbaren Besitz verschafft.
Beispielsfall RG LZ 1920, 235; V hat seinen Kraftwagen dem Gl. verpfändet und dann dem K unter Abschluß eines Leihvertrags übereignet. Gl. ist unmittelbarer Pfandbesitzer, V mittelbarer Leihbesitzer (1. Stufe), K mittelbarer Eigenbesitzer 2. Stufe. Eine Übereignung nach § 931 kommt hier nicht in Betracht, weil V nach „Auslösung" des Autos es wieder – nunmehr als unmittelbarer Fremdbesitzer – benützen sollte!

2. Konkretes oder auch abstraktes Konstitut?

§ 868 verlangt die Vereinbarung eines *bestimmten* Besitzmittlungsverhältnisses. Diesem Erfordernis kann auch in der Praxis ohne weiteres genügt werden, wenn die Position, die der Veräußerer bezüglich der Sache künftig haben soll, sich in einem bestimmten Nutzungs- oder Sicherungstyp (z. B. als Nießbraucher oder Pfandgläubiger) festlegen läßt. Anders aber ist die Lage bei der Sicherungsübereignung, wo der Sicherungsgeber die Sache nach wie vor „wie ein Eigentümer" nutzen will und das Eigentum des Erwerbers erst zum Vorschein kommen soll, wenn es „ernst wird", wenn also der Sicherungsgeber seinen Verpflichtungen nicht nachkommt, insbes. in Konkurs fällt oder die Sache von anderen Gläubigern gepfändet wird. Muß auch hier ein konkretes Besitzmittlungsverhältnis vereinbart werden oder genügt die Erklärung, daß der Sicherungsgeber die Sache künftig für den Erwerber besitzen wolle (abstraktes Konstitut)? Die wohl überwiegende Meinung fordert auch hier ein konkretes Konstitut u. läßt die Sicherungsabrede allein nicht genügen.[1]

Diesem Erfordernis wird formularmäßig durch Vereinbarung einer Leihe oder Verwahrung genügt. Darin könnte man eine Farce sehen, weil den Parteien an der Vereinbarung eines solchen Rechtsverhältnisses gar nichts liegt. Immerhin kann darin die Übernahme gewisser Sorgfaltspflichten durch den Sicherungsgeber bezüglich des Sicherungsgutes (er muß die übereignete Maschine pfleglich behandeln, sie versichern usw.) gesehen werden. Darauf kommt es entscheidend an.[2] Ergeben sich solche Pflichten aus den Parteivereinbarungen, insbes. aus dem Sicherungsvertrag, so ist das ein ausreichend konkretisiertes Konstitut, auch wenn ein bestimmtes Rechtsverhältnis (Leihe usw.) nicht vereinbart wurde.

3. Rechtsgültiges Konstitut?

Mit der Frage, ob das Besitzmittlungsverhältnis rechtsgültig sein muß, haben wir uns schon oben § 7 B III 1 b dd befaßt. Wir sagten, daß es genügt, wenn – bei nichtigem Vertragsverhältnis – irgendein Herausgabeanspruch besteht *und* der Veräußerer den Erwerber als Oberbesitzer anerkennt. In der Regel wird der Nichtigkeitsgrund allerdings auch die Einigung erfaßt haben, so daß die Übereignung aus diesem Grunde nichtig ist:

Wenn z. B. der geschäftsunfähige S seine Briefmarkensammlung dem Gläubiger G zur Sicherheit übereignet hat, indem er als Besitzmittlungsverhältnis Leihe vereinbarte, so hat G mittelbaren Besitz nicht erlangt; denn ihm steht gegen S keinerlei Herausgabeanspruch zu (weder aus Vertrag noch aus § 985 noch aus § 812). Außerdem ist auch die Einigung nichtig. Das Eigentum an der Sammlung ist daher auch nicht auf G übergegangen.

4. Kraft Gesetzes bestehendes Besitzmittlungsverhältnis?

a) Wie wir wissen (s. § 7 B III 1 c u. d, 2), können „ähnliche Verhältnisse" i. S. des § 868 auch unmittelbar auf Gesetz beruhen; hierunter fallen etwa das Verhältnis zwischen Eltern und Kind bezüglich des Kindesvermögens, zwischen Testa-

---

[1] Vgl. RGZ 49, 170; 54, 396; BGH NJW 1953, 217 (= *Baur*, E. Slg. Fall 23); s. auch BGH NJW 1979, 2308; OLG Düsseldorf NJW 1967, 730 m. w. N.
[2] Ebenso *Westermann/H. P. Westermann* I § 41 II 2b; noch weitergehend *Staudinger/Wiegand* § 929 Rn. 21; *Wieling*, Sachenrecht § 9 III 2 b aa.

mentsvollstrecker und Erben, zwischen Konkursverwalter und Gemeinschuldner.[1]

Die Frage ist nun, ob schon das Entstehen eines solchen Besitzmittlungsverhältnisses kraft Gesetzes als ausreichende Grundlage für eine Übereignung nach § 930 angesehen werden kann. Der Wortlaut des § 930 scheint eine Verneinung der Frage zu fordern; er darf indessen nicht über Gebühr strapaziert werden. Denn entscheidend ist, daß eine Rechtslage besteht, aus der heraus der Besitzmittler (Veräußerer) den Oberbesitz des Erwerbers künftig anerkennt.[2]

Beispiel: In einer Familie ist es Tradition, daß der „Silberkasten", der seit Generationen „Familieneigentum" ist, von den Eltern der ältesten Tochter zum 16. Geburtstag geschenkt wird. Die Einigung als nur vorteilhaftes Rechtsgeschäft kann die Tochter abschließen (§ 107). Aber als Bestandteil des Kindesvermögens untersteht auch dieses Vermögensstück künftig der elterlichen Verwaltung; die Eltern sind also unmittelbare Fremdbesitzer (Verwaltungsbesitzer), die Tochter ist mittelbare Eigenbesitzerin. Die Eltern wissen auch ganz genau, daß sie den Silberkasten der Tochter mit Erreichen der Volljährigkeit herausgeben müssen. Dies genügt, um den Tatbestand des § 930 zu erfüllen (so auch jetzt BGH NJW 1989, 2542)[3].

Bei kraft Gesetzes entstehenden Besitzmittlungsverhältnissen reicht also die bloße Einigung aus, um den Eigentumsübergang nach § 930 zu bewirken.

b) Ähnlich kompliziert sind *Übereignungsvorgänge zwischen Ehegatten.* In dem Güterstand der Zugewinngemeinschaft, der gesetzlicher Güterstand ist, und dem Güterstand der Gütertrennung wird man Mitbesitz der Ehegatten an den zum gemeinsamen Gebrauch bestimmten Sachen, insbes. dem Hausrat annehmen müssen, Alleinbesitz dagegen an den Sachen, die zum persönlichen Gebrauch bestimmt sind (s. oben § 7 D II 1 c). Im letztgenannten Fall kann sich also eine Übereignung nach § 929 Satz 1 oder 2 vollziehen:

Der Ehemann schenkt z. B. seiner Frau die ihm gehörige Goetheausgabe; die Frau stellt sie in ihren Bücherschrank (§ 929 Satz 1). Oder: die Ausgabe stand bisher schon im Bücherschrank der Frau; sie soll nunmehr der Frau zu Eigentum gehören (§ 929 Satz 2).

Wie aber, wenn sich an den Besitzverhältnissen überhaupt nichts ändert?

Der Mann schenkt der Frau einen wertvollen Teppich, der im gemeinsamen Wohnzimmer liegt, oder er übereignet ihr den Teppich zur Sicherheit für die Rückzahlung eines Darlehens, das ihm die Frau aus ihrem Vermögen gegeben hat, oder als Ausgleich für Arbeitsleistungen, die die Frau im Geschäft des Mannes erbracht hat. Eine Übereignung nach § 929 Satz 1 kommt nicht in Betracht, weil der Mann als Veräußerer ja im Mitbesitz bleibt, also seinen Besitz nicht aufgibt. Versuche, hier einen mittelbaren Besitz der Frau nach § 868 zu begründen, also die Übereignung nach § 930 zu beurteilen,[4] wirken reichlich gezwungen. Hier ist vielmehr einer der Tatbestände gegeben, wo man sich mit der *bloßen Einigung* der Ehegatten über den Eigentumsübergang begnügen muß.[5]

Die Besorgnis, daß *dadurch* Manipulationen zuungunsten der Gläubiger Tür und Tor geöffnet werden, ist nicht begründet. Denn einmal sprechen zugunsten der Gläubiger die Eigentumsvermutung des § 1362 und vollstreckungsrechtlich die Vorschrift des § 739 ZPO, zum anderen bleibt den Gläubigern der Nachweis offen, die Übereignung zwischen den Ehegatten sei zum Zwecke der Benachteiligung der Gläubiger erfolgt (§§ 1 ff. AnfG; §§ 29 ff. KO).

---

[1] Zur Besitzlage im Konkurs s. *Karsten Schmidt* KTS 1984, 345, 387.

[2] Ähnlich RGZ 108, 122; ablehnend RGZ 126, 21, 25.

[3] Zu den mannigfachen Problemen, die bei den Schenkungen der Eltern an ihre minderjährigen Kinder entstehen, vgl. die gleichnamige Schrift von *von Lübtow* (1949) u. *Stürner* AcP 173, 402.

[4] So aber BGHZ 73, 253 (= *Baur,* E. Slg. Fall 19 a); s. zum gesamten Bereich *Walter,* Eigentumserwerb in der Ehe, 1981 u. JZ 1981, 601.

[5] *Staudinger/Wiegand* § 930 Rn. 27; *Westermann/H. P. Westermann* I § 41 II 3.

Beispiel: G hat einen Vollstreckungstitel über 2000 DM gegen den Ehemann M erwirkt. Der Gerichtsvollzieher pfändet den in der ehelichen Wohnung liegenden Teppich. Dazu ist der Gerichtsvollzieher nach § 739 ZPO befugt; für ihn genügt es festzustellen, daß sich der Teppich im Besitz eines der Ehegatten oder im Mitbesitz beider befindet (§ 739 ZPO mit § 1362 BGB). Behauptet die Ehefrau F im Interventionsprozeß (§ 771 ZPO) gegen den Gläubiger G, sie sei Alleineigentümerin des Teppichs, so muß sie ihren Eigentums*erwerb* beweisen (BGH NJW 1976, 238). Gelingt ihr der Nachweis, daß M ihr den Teppich zu Weihnachten geschenkt hat, so bleibt dem G die Einrede, die Schenkung sei zum Zwecke der Gläubigerbenachteiligung erfolgt (vgl. insbes. § 3 Abs. 1 Ziff. 4 AnfG). Trotz ihres Eigentums muß dann F die Zwangsvollstreckung des G hinnehmen.[1]

In diesem Zusammenhang ein Hinweis auf zwei weitere Fragenkreise:

(1) Für den Güterstand der Zugewinngemeinschaft bestimmt § 1370, daß Haushaltsgegenstände, die an Stelle von nicht mehr vorhandenen oder wertlos gewordenen Gegenständen angeschafft werden, in das Eigentum des Ehegatten fallen, dem die ersetzten Gegenstände gehört hatten. Hier handelt es sich um eine Surrogation, wobei es nicht darauf ankommt, mit wessen Mitteln die Gegenstände beschafft wurden und an wen der Veräußerer Eigentum übertragen hat:

Die von der Ehefrau in die Ehe eingebrachte Tischwäsche ist nach einiger Zeit brüchig geworden. Der Ehemann kauft Ersatz. Auch wenn *ihm* übereignet wird, so erwirbt die Ehefrau das Eigentum nach § 1370 (Beispielsfälle: OLG Nürnberg FamRZ 1964, 297; BayObLG FamRZ 1970, 31).

Wie ist die Rechtslage an Hausrat, der während der Ehe angeschafft wird, aber keinen bisherigen Haushaltsgegenstand ersetzt?

Beispiel: An Stelle des noch voll brauchbaren „Spatzenbretts" (= Vorrichtung zur Herstellung des schwäbischen Nationalgerichts) tritt die glas- und chromfunkelnde Küchenmaschine. Wem gehört sie? Soll es darauf ankommen, wer sie bezahlt hat? Wie läßt sich das im Streitfall sicher nachweisen? Soll sie dem gehören, dem sie übereignet wurde?
Anstelle entsetzlicher Konstruktionen wird man auch hier letztlich[2] auf den Willen der beiden Ehegatten abzustellen haben, ohne Rücksicht darauf, wer den Gegenstand zunächst vom Veräußerer zu Eigentum übertragen erhalten hat. Im Zweifel ist Miteigentum beider Ehegatten anzunehmen,[3] wenn es sich um gemeinschaftlich zu benützende oder zum gemeinschaftlichen Haushalt gehörende Dinge handelt, sonst Alleineigentum des Ehegatten, der die Sache in Gebrauch hat.
In unserem Beispiel ist also darauf abzustellen, wer nach den Abmachungen der Ehegatten Eigentümer der Maschine werden sollte. Läßt sich eine solche Vereinbarung nicht feststellen, so ist Miteigentum beider Ehegatten anzunehmen.
Handelt es sich um Erwerb im Rahmen eines Schlüsselgewaltsgeschäfts nach § 1357, so nimmt die h. M. Miteigentum nach Bruchteilen beider Ehegatten an, sofern nicht § 1370 eingreift (s. *Baur*, FS Beitzke, 1979, 111; *Käppler* AcP 179, 146; *Mikat* FamRZ 1981, 1128; *Pawlowski*, Die bürgerl. Ehe als Organisation, 1983, 18; *Wacke* NJW 1979, 2585/91 u. FamRZ 1980, 13; *Walter*, Eigentumserwerb in der Ehe, 1981, 10 ff. u. JZ 1981, 601; differenzierend nunmehr BGH NJW 1991, 2283).

(2) Während das Surrogationsprinzip des § 1370 den Vermögensstatus eines jeden Ehegatten – freilich nur in bescheidener Weise – aufrecht erhalten will, läßt

---

[1] Vgl. zu dieser Regelung eingehend *Baur* FamRZ 1958, 253 und *Baur/Stürner* ZVR Rn. 582 ff.; *Gernhuber*, Familienrecht, § 22 II; *Reinicke*, DB 1965, 961; *Soergel/Lange* Rn. zu § 1362. – Es wird auch angenommen, daß § 1362 BGB, § 739 ZPO verfassungswidrig seien (*Brox* FamRZ 1981, 1125 m. w. N.), u. a. mit dem Argument, es sei kein sachlicher Grund dafür vorhanden, Ehegatten in vollstreckungsrechtlicher Hinsicht schlechter zu stellen als Personen in nichtehelicher Lebensgemeinschaft. Aber diese Überlegung könnte dazu führen, auch auf solche Gemeinschaften § 1362 BGB und § 739 ZPO anzuwenden (so z. B. MünchKomm/*Wacke* § 1362 Rz. 11).

[2] S. dazu *Dörr* NJW 1989, 810.

[3] Und zwar Miteigentum nach Bruchteilen, nicht Gesamthandseigentum, wie das OLG München NJW 1972, 542 annimmt (man kann nicht auf kaltem Wege eine – partielle – Gütergemeinschaft begründen!).

sich das Gesetz in §§ 1365–1369 den *Schutz der Familienhabe* angelegen sein. Daher bedarf ein Ehegatte, der im Güterstand der Zugewinngemeinschaft über sein Vermögen im ganzen verfügen will, zu dem Verpflichtungs- und Verfügungsgeschäft der Zustimmung des anderen Ehegatten (§§ 1365–1368; s. oben § 22 III 3).[1] Das gleiche gilt für Verpflichtungs- und Verfügungsgeschäfte über *Gegenstände des ehelichen Haushalts* (§ 1369). Fehlt diese Zustimmung endgültig, so sind Verfügungs- und Verpflichtungsgeschäft unwirksam. Dem Erwerber hilft es nichts, daß er redlich war, gleichgültig ob er gar nicht wußte, daß sein Vertragspartner verheiratet war, oder ob er an die Zustimmung des anderen Ehegatten glaubte.

Die – vom Standpunkt des Verkehrsinteresses aus gesehen recht merkwürdigen – Konsequenzen[2] dieser Regelung mag folgendes *Beispiel* deutlich machen:

E, der mit seiner Frau F im gesetzlichen Güterstand der Zugewinngemeinschaft lebt, veräußert in bedrängter finanzieller Situation das ihm gehörige Radiogerät an K zum Kaufpreise von 500 DM. Als F – die einige Zeit verreist war – von der Veräußerung erfährt, verweigert sie ihrem Manne gegenüber die Zustimmung; damit sind Kauf und Übereignung unwirksam (§ 1369 Abs. 3 mit § 1366 Abs. 4). Sowohl F wie E sind berechtigt, das Radiogerät von K herauszuverlangen (§ 1368 – § 985), ohne daß diesem ein Zurückbehaltungsrecht wegen seines Rückforderungsanspruchs aus § 812 (bezahlter Kaufpreis!) zustünde (str. s. *Soergel/Lange* Rn. 14 zu § 1368; *Beitzke/Lüderitz,* FamR, § 14 II, je m. w. N.[3]). An diesem Ergebnis würde sich nichts ändern, wenn E dem K auf Frage gesagt hätte, er sei nicht verheiratet oder lebe mit seiner Frau in Gütertrennung (str., s. *Beitzke/Lüderitz* § 14 II 2 m. w. N.). Eine Zustimmung der F ist aber nicht erforderlich, wenn E im Rahmen des § 1357 gehandelt hat; denn dann ist auch die F zur Erfüllung verpflichtet.

Hat das Radiogerät nicht dem E, sondern der F (oder dem E *und* der F) gehört, so ist § 1369 seinem Wortlaut nach anwendbar („dem gehörende"); nach dem Sinn dieser Bestimmung ist es aber geboten, sie entsprechend heranzuziehen (ebenso OLG Köln MDR 1968, 586; str.). War das Gerät im Mitbesitz beider Ehegatten, so greift § 935 (kein gutgläubiger Erwerb bei abhandengekommenen Sachen!) Platz. Dies ist bedeutsam für den Fall, daß K das Gerät bereits an D weiter veräußert hat. Denn das Fehlen der Zustimmung des anderen Ehegatten verhindert zwar den Eigentumserwerb des K, nicht aber den des redlichen D; demgegenüber wirkt sich der Makel des Abhandenkommens nach § 935 auch gegen andere, nachfolgende Erwerber aus (Beispielsfall: BayObLG FamRZ 1965, 331; dazu *Gernhuber* § 35 I 8).

(3) *Hausrat nach Ehescheidung:* Alleineigentum eines Ehegatten kann notfalls nach § 985 herausverlangt werden, sofern nicht familiengerichtliche Zuteilung an den anderen Ehegatten nach § 9 HausratsVO erfolgt (konstitutiver Eigentumserwerb im Verfahren der freiwilligen Gerichtsbarkeit!). *Im Miteigentum* der Ehegatten stehender Hausrat wird auf Antrag durch den Familienrichter nach § 8 HausratsVO verteilt[4] (konstitutiv). S. auch §§ 621 Abs. 1 Nr. 7, 621a ZPO. – Regelung *bei Getrenntleben:* § 1361a BGB mit § 18a HausratsVO (*Vogel* FamRZ 1981, 839 m. w. N.).

Nach diesem Exkurs nun zurück zur Übereignung durch Besitzkonstitut!

[1] Wobei § 1365 auch dann eingreift, wenn der das ganze Vermögen darstellende Gegenstand nicht ein Grundstück ist (wie oben § 22 III), sondern ein anderer Vermögensgegenstand (z. B. ein Aktienpaket); s. zur Stellung des „gutgläubigen" Vertragspartners *Reinicke,* Gutgl. Erwerb S. 184 ff. m. w. N.

[2] Siehe die Lehrbücher des Familienrechts von *Gernhuber,* § 35 III und *Beitzke/Lüderitz* § 14 II sowie *Medicus* Rn. 541; *Pawlowski,* Die bürgerl. Ehe als Organisation, 1983, 32; *Tiedtke* JZ 1984, 1018.

[3] Zu den schwierigen prozessualen Fragen, die sich hier ergeben, s. *Baur* FamRZ 1958, 253, 256 und 1962, 508, 510; *Fenge* FS Wahl, 1973, 475; *Rimmelspacher* aaO (vor § 9) S. 158 ff.

[4] Zur Geschichte dieser VO *Schubert* JZ 1983, 939.

5. Konstitut durch Insichgeschäft?

Schon oben § 7 B III 1 b bb hatten wir festgestellt, daß ein Besitzmittlungsverhältnis auch auf dem Wege des § 181 durch Insichgeschäft begründet werden kann, wenn der Vertreter dazu befugt ist oder damit nur eine Verbindlichkeit dem Vertretenen gegenüber erfüllt.

Diese Konstruktion wird – neben dem antezipierten Konstitut (unten 6) und dem „Geschäft wen es angeht" (unten VII 3) – häufig in den Fällen der Geschäftsbesorgung für andere, der mittelbaren Stellvertretung gewählt, um einen alsbaldigen Eigentumsübergang auf den „Hintermann" zu erzielen (vgl. das Beispiel oben § 7 B III 1 b bb).[1]

Hauptfall ist die Einkaufskommission; der Kommissionär wird – als mittelbarer Stellvertreter – zunächst Eigentümer der gekauften Sache; er überträgt aber das Eigentum durch Insichgeschäft auf den Kommittenten, wodurch er nur eine ihm obliegende Verpflichtung erfüllt (§ 384 Abs. 2 2. Halbsatz HGB). Freilich muß dieser Übereignungswille äußerlich in Erscheinung treten, z. B. dadurch daß der Kommissionär die gekaufte Sache mit dem Namen des Kommittenten versieht oder – gesetzlich geregelter Sonderfall beim Kauf von Wertpapieren – das Stückeverzeichnis an ihn absendet (vgl. § 18 DepotG). Damit macht der Kommissionär das Insichgeschäft äußerlich sichtbar.[2]

6. Antezipiertes[3] Konstitut?

Hauptanwendungsfall dieser Rechtsfigur ist die Sicherungsübereignung von Warenlagern mit wechselndem Bestand.

Beispiel: S hat dem G (= seiner Bank) sein in bestimmten Räumen untergebrachtes Warenlager zur Sicherheit für einen eingeräumten Kontokorrentkredit übereignet. Weder dem S noch dem G wäre damit gedient, wenn dieses Warenlager nun „einfriert". S muß verkaufen, damit er seine Schuld nach und nach abdecken kann; dazu hat ihn G auch ermächtigt (§ 185), sofern der Verkauf „im normalen Geschäftsgang" erfolgt. Beide Parteien wollen aber, daß die „neu auf Lager gekommenen Gegenstände" als Sicherheit dienen. Eine gesetzliche Surrogation,[4] die zweckmäßig wäre, ist nicht vorgesehen.

Für solche Fälle wurde die Übereignung durch vorweggenommenes Konstitut entwickelt.

Dabei sind zweierlei antezipiert:

a) die Einigung; wir wissen, daß sie vor der Übergabe liegen kann und bestehen bleibt, wenn sie nicht widerrufen wird (s. oben II 2);

---

[1] Dazu besonders *MünchKomm/Thiele* § 164 Rn. 145 ff. (m. w. N.).

[2] *Westermann/H. P. Westermann* I § 43 IV; *Staudinger/Wiegand* § 930 Rn. 34. – Zum Eigentumserwerb von Effekten (z. B. Aktien) durch Vermittlung einer Bank s. *Canaris,* Bankvertragsrecht, 1975, Anm. 865 ff.; *Wolter,* Effektenkommission u. Eigentumserwerb, 1979; *Zöllner,* WPR § 29 II.

[3] Didaktisch besser und dem heutigen Sprachempfinden wohl angemessener als die Bezeichnung: antizipiertes Konstitut. Denn bei „anti" denkt man heute meist an eine Gegnerschaft o. dgl.; damit hat dieses Rechtsinstitut nichts zu tun. Im übrigen ist – dies an die Adresse der Sprachkritiker – „antezipiert" historisch ebensogut begründet wie „antizipiert"; denn es gab im antiken Latein neben *anticipare* auch die Form *antecapere,* s. den Thesaurus linguae Latinae u. die anderen lat. Wörterbücher.

[4] Vgl. z. B. §§ 1370, 2019, 2041.

b) die Vereinbarung des Besitzmittlungsverhältnisses: die Parteien sind sich jetzt schon darüber einig, daß der Sicherungsgeber die von ihm neu erworbenen Gegenstände für den Sicherungsnehmer verwahren soll.

Diese Rechtsfigur wird heute allgemein für zulässig gehalten. Streitig und zweifelhaft ist nur, ob eine Kenntlichmachung dieses Vorgangs (etwa durch Übersendung von Rechnungsdurchschlägen über die neu angeschafften Waren an den Sicherungsnehmer) erforderlich ist.

Das RG (vgl. etwa RGZ 73, 415, 418; 140, 223, 231) hatte eine „nach außen erkennbare Ausführungshandlung" gefordert (ähnlich BGHZ 21, 52; BGH MDR 1958, 509) und dies damit begründet, daß „an dem Erfordernis der Erkennbarkeit des Eigentumsübergangs grundsätzlich festzuhalten" sei (RGZ 140, 231).

Die Begründung, daß der Eigentumsübergang nach außen erkennbar sein müsse, kann nicht überzeugen. Denn es ist gerade die Eigenart der Surrogattatbestände der §§ 929 Satz 2 bis 931, daß sie nach außen *nicht* sichtbar werden, sondern sich durch Vereinbarungen der Parteien vollziehen. Ein „Erkennbarmachen" kann daher nur durch den Bestimmtheitsgrundsatz gefordert werden; es muß feststehen, welche künftig vom Sicherungsgeber erworbenen Gegenstände von der antezipierten Übereignung erfaßt werden.[1]

Davon ist die weitere Frage zu unterscheiden, ob der Sicherungsgeber (S) noch in dem Augenblick, wo er den unmittelbaren Besitz an der Ware von dem Lieferanten erhält, den Willen haben muß, Besitzmittler des Erwerbers zu sein. Die h. M. (vgl. *Staudinger/Wiegand* § 930 Rn. 33) bejaht diese Frage, wohl zu Recht, weil die Konstruktion des Besitzmittlungsverhältnisses auf den Willen des Besitzmittlers abstellt (gegen die h. M. *Lempenau,* Direkterwerb oder Durchgangserwerb bei Übertragung künftiger Rechte 1968, S. 53 ff.).

Der Erwerb des Sicherungsnehmers – wir nehmen diesen Hauptanwendungsfall des antezipierten Konstituts stellvertretend für alle – vollzieht sich auf dem Weg über den Erwerb des Sicherungsgebers; dieser ist – wenn auch nur eine „logische Sekunde" lang – Eigentümer geworden. Dies kann dazu führen, daß die zur Sicherheit übereignete Sache mit einem Pfandrecht belastet in das Eigentum des Sicherungsnehmers gelangt:

S hat sein „gegenwärtiges und künftiges" Warenlager, das sich in bestimmten Räumen befindet, seinem Gläubiger G zur Sicherheit übereignet. Nach einem halben Jahr ist der ursprüngliche Bestand des Warenlagers völlig ausgewechselt. Ist das im Eigentum des G stehende Lager mit einem Vermieterpfandrecht zugunsten des Hauseigentümers E belastet, wenn S mit seinen Mietzinsraten in Verzug ist? Die Frage ist zu bejahen: denn *zunächst* war S Eigentümer geworden.

7. „Varia"

Unter diesem Stichwort sollen einige Gruppen von Sonderfällen des § 930 besprochen werden, die in der Praxis nicht selten sind:

a) *Die ausgesuchte Ware.* Darunter sollen die Fälle verstanden werden, daß jemand eine Ware beim Verkäufer bereits ausgesucht, fest gekauft und u. U. sogar schon bar bezahlt hat, daß sie aber aus irgendwelchen Gründen

„Dekorationsstück" – „zu groß, um gleich mitgenommen zu werden" – „wird durch unseren Monteur bei Ihnen angebracht"

---

[1] Ähnlich im Ergebnis jetzt die h. M. S. die Nachweise bei *MünchKomm/Quack* § 930 Rz. 36; *Serick* II § 20; *Staudinger/Wiegand* § 930 Rn. 32; *Westermann/H. P. Westermann* I § 41 III 2.

zunächst noch beim Verkäufer bleibt. Ist der Käufer schon Eigentümer geworden?

Die Frage hat praktische Bedeutung: Man denke nur, daß ein Gläubiger des Verkäufers diese Ware
pfändet oder der Verkäufer in Konkurs fällt oder der Lieferant des Verkäufers von seinem Eigentumsvorbehalt Gebrauch machen will.

Eine für alle Fälle gültige Antwort läßt sich nicht geben; es kommt auf die
Umstände und Vereinbarungen des Einzelfalls an. Gewisse Anhaltspunkte lassen
sich jedoch geben:

aa) Beim *Spezieskauf* liegt in der Regel eine Übereignung nach § 930 vor, wenn
der Erwerber eine Ware ausgesucht, gekauft und bereits bezahlt hat; denn hier
hat der Käufer ein schutzwürdiges Interesse daran, sofort Eigentümer zu werden.[1] Das in § 930 geforderte Besitzmittlungsverhältnis liegt in der Übernahme
der Verwahrungs- oder Beförderungspflicht durch den Verkäufer.

Wie wirkt sich dieser Eigentumserwerb auf den Übergang der sog. Preisgefahr nach §§ 446, 447
aus? Man könnte sagen, der Verkäufer habe zwar nicht übergeben, aber doch schon voll übereignet,
also alle seine Pflichten aus dem Kaufvertrag erfüllt, es gelte jetzt der Satz: casum sentit dominus!
Larenz[2] will dies dann annehmen, wenn der Käufer auch die wirtschaftliche Nutzung der Sache
erhalten hat. Indessen werden die Verwahrung für den Käufer und die Beförderung zum Käufer in
der Regel noch Nebenpflichten des Kaufvertrags, dieser also vorher noch nicht voll erfüllt sein, so
daß es auf die körperliche Übergabe an den Käufer (§ 446) bzw. an die Transportperson (§ 447)
ankommt. Das Ergebnis, daß der Käufer bereits Eigentümer ist, die Preisgefahr aber noch beim
Verkäufer liegt, ist auch interessegemäß, da der Regelung des § 446 der Gefahrbeherrschungsgedanke
zugrunde liegt.[3]

bb) Beim *Gattungskauf* kann eine Übereignung erst nach Konkretisierung der
für den Käufer bestimmten Stücke erfolgen; daher wird in der Regel § 929 Satz 1
anzuwenden sein. Ein Besitzkonstitut nach § 930 wird nur ausnahmsweise gegeben sein:

K hat bei V – einer Maschinenfabrik – 5 Motoren eines bestimmten Typs gekauft. V teilt nach
einiger Zeit dem K – der Wiederverkäufer ist – mit, daß 5 Motoren bestimmter Nummern „auf Abruf
bereit stünden" und bittet gleichzeitig um Bezahlung. K bestätigt das Schreiben und überweist den
Kaufpreis. Hier wird eine Übereignung nach § 930 vorliegen; das Besitzmittlungsverhältnis liegt in
der Verwahrungspflicht bis zum Abruf.

b) *Der „nachträgliche Eigentumsvorbehalt".* Der Eigentumsvorbehalt bedeutet,
daß das Eigentum unter der aufschiebenden Bedingung vollständiger Bezahlung
des Kaufpreises übertragen wird (§ 455). Ist die Sache bereits unbedingt übereignet, so bedeutet nach der Auffassung der Rechtsprechung ein „nachträglicher
(vereinbarter) Eigentumsvorbehalt" eine Rückübereignung der Sache an den
Verkäufer nach § 930 und eine sich daran anschließende bedingte Übereignung
an den Käufer nach § 929 Satz 2. Dabei hält die Rechtsprechung die Vereinbarung der Parteien, daß der Käufer in Zukunft als Vorbehaltskäufer besitzen solle,
nicht ausreichend für ein Besitzmittlungsverhältnis nach § 930 mit § 868 (BGH
NJW 1953, 217 [= *Baur*, E. Slg. Fall 23], unter Bezugnahme auf RGZ 49, 170; 54,
396; in BGHZ 42, 53, 58 offen gelassen).

---

[1] *Heck* § 57 V.
[2] II 1 § 42 II a.
[3] Die Sonderregelung für Grundstücke in § 446 Abs. 2 zwingt m. E. nicht zu einer anderen Lösung.

Die Literatur[1] lehnt mit Recht diese die Parteiabmachung ignorierende Lösung ab. Es steht in der Tat nichts im Wege, daß die Parteien nachträglich denselben Rechtszustand, wie er bei vorherigem Eigentumsvorbehalt bestünde, vereinbaren. Selbstverständlich können Rechte Dritter, die in der Zwischenzeit schon begründet worden waren, durch die Rückübereignung nicht beeinträchtigt werden.

Auch der BGH (BGHZ 98, 160 [dazu *Henckel* JZ 1987, 359]) hält eine Bestätigung des Käufers, es sei unter Eigentumsvorbehalt geliefert worden, für wirksam (sog. Bestätigungs- oder Feststellungsvertrag); dazu schon *Baur* FS Bötticher 1969, 1 = *Beiträge* I 151.

Vom nachträglichen Eigentumsvorbehalt ist der Fall zu unterscheiden, daß im Kaufvertrag von einer Lieferung unter Eigentumsvorbehalt nicht die Rede war, der Verkäufer aber *bei der Lieferung* den Eigentumsvorbehalt deutlich zum Ausdruck bringt. Damit liegt eine Einigung über einen unbedingten Eigentumsübergang nicht vor, der Käufer erwirbt – wenn er den auf bedingte Übereignung gerichteten Antrag des Verkäufers annimmt – aufschiebend bedingtes Eigentum (Anwartschaft); wenn er den auf bedingte Übereignung gerichteten Antrag nicht annimmt, überhaupt kein Eigentum, also nicht einmal die Anwartschaft (BGH NJW 1953, 217 [= *Baur*, E. Slg. Fall 23] mit Anm. *Raiser*). Daß der Verkäufer bei der zweiten Alternative seiner im Kaufvertrag enthaltenen Verpflichtung zuwiderhandelt, ändert an der sachenrechtlichen Beurteilung des Vorgangs nichts. Der Käufer mag auf unbedingte Übereignung klagen, wenn er sich mit der Stellung eines Anwartschaftsberechtigten nicht zufrieden gibt (Einzelheiten unten § 59 II 1).

VI. Übereignung durch Abtretung des Herausgabeanspruchs nach § 931[2]

1. Auch § 931, der als weiteres Übergabesurrogat die Abtretung des „Anspruchs auf Herausgabe der Sache" einführt, entspricht dem *Vereinfachungsprinzip:* wenn ein Dritter die Sache in Besitz hat, soll er sie nicht dem Veräußerer zurückgeben müssen,[3] damit sie dieser dem Erwerber übergeben kann, der sie dann dem Dritten wieder aushändigt.

Ferner gibt § 931 dem Veräußerer die Möglichkeit, die Sache zu übereignen, auch wenn er dem Erwerber nicht den unmittelbaren Besitz verschaffen kann.

Offenbar umfaßt § 931 – ohne daß dies in seinem Wortlaut zum Ausdruck käme – zwei Tatbestandsgruppen,
einmal die, daß der Veräußerer (z. B. der Vermieter) mittelbarer Besitzer ist,
zum anderen die, daß nur ein Herausgabeanspruch nach § 985, aber kein Besitzmittlungsverhältnis besteht (Eigentümer – Dieb).
Daraus ergibt sich die Frage, welcher Anspruch nun eigentlich abgetreten wird: der Anspruch aus § 985 in beiden Fällen oder im ersten Fall der Anspruch aus dem Besitzmittlungsverhältnis? Die Beantwortung der Frage ist streitig;[4] um Klarheit zu gewinnen, müssen beide Tatbestandsgruppen getrennt erörtert werden:

a) Ist der *Veräußerer mittelbarer Besitzer,* so kann nach § 870 der mittelbare Besitz durch Abtretung des Herausgabeanspruchs, der sich aus dem Besitzmittlungsverhältnis ergibt, aber noch nicht fällig zu sein braucht, auf den Erwerber über-

---

[1] Vgl. *Raiser* NJW 1953, 217; *Serick* I S. 93 f.; *Gursky* S. 42 ff. m. w. N.; *Deneke* JuS 1988, 965.
[2] Siehe dazu *Neumeyer* in Festschrift f. Lange (1970) S. 305 ff.
[3] Wozu er u. U. gar nicht verpflichtet wäre, z. B. wenn er die Sache auf bestimmte Zeit gemietet hat.
[4] *Staudinger/Wiegand* § 930 Rn. 13 ff.

tragen werden. Die Abtretung *dieses* Anspruchs in Verbindung mit der Einigung führt auch die Übereignung i. S. des § 931 herbei.[1] Gemeint ist weder die Abtretung des Anspruchs aus § 985 noch die kumulierte Abtretung der Ansprüche aus § 985 *und* aus dem Besitzmittlungsverhältnis.[2] BGH NJW 1959, 1538: „Nach dem Sinn des § 931 BGB kann im Fall eines Besitzmittlungsverhältnisses die Abtretung des Herausgabeanspruchs zum Zwecke der Eigentumsübertragung nichts anderes bedeuten als die nach § 870 BGB für die Besitzübertragung erforderliche Abtretung des Herausgabeanspruchs ...., des schuldrechtlichen Herausgabeanspruchs" auf Grund des Besitzmittlungsverhältnisses.

Mit der so vorgenommenen Übereignung steht dann dem Erwerber auch der Anspruch aus § 985 zu.

b) Ist der Veräußerer *nicht mittelbarer Besitzer*,[3] so kann nur die Abtretung des Herausgabeanspruchs mit dem Eigentum in Betracht kommen. Hier aber ergeben sich zwei Bedenken:

aa) ein *praktisches:* Wie soll die Übereignung erfolgen, wenn niemand die Sache in Besitz hat? (sie ist verloren und von niemandem gefunden);

bb) ein *rechtslogisches:* Wenn der Eigentümer nicht mittelbarer Besitzer ist, dann hat doch das ihm verbliebene Eigentum im wesentlichen keinen anderen Inhalt als eben den Eigentumsherausgabeanspruch. Wenn er sich also über den Eigentumsübergang geeinigt hat, dann liegt darin denknotwendig auch die Abtretung des Herausgabeanspruchs.[4] In diesem Fall genügt also *bloße Einigung,* um dem Erwerber das Eigentum zu übertragen.[5]

2. Die Abtretung des Herausgabeanspruchs kann auch stillschweigend erfolgen, sie wird häufig mit der Einigung zusammenfallen.[6] Eine Mitteilung der Abtretung an den unmittelbaren Besitzer ist nicht erforderlich; denn es sind die §§ 398 ff. anwendbar, die eine solche Mitteilung nicht fordern:

V hat sein Radiogerät bei R in Reparatur. Er übereignet es nach §§ 931, 870 an K. Damit ist K Eigentümer und gleichzeitig mittelbarer Besitzer geworden. Freilich ist dadurch weder das Zurückbehaltungsrecht des R (§§ 404, 273) noch dessen Unternehmerpfandrecht berührt worden (§ 936 Abs. 3); *die Rechtsstellung des unmittelbaren Besitzers wird also durch die Veräußerung nach § 931 nicht beeinträchtigt* (s. auch § 986 Abs. 2).

Hat R das Gerät nach der Reparatur an *V* herausgegeben (weil er von der Übereignung an K nichts wußte), so hat er damit auch dem K gegenüber wirksam erfüllt (§ 407; daher hätte sich eine Mitteilung der Übereignung an R empfohlen!). K kann aber von V die Herausgabe des Geräts verlangen, und zwar sowohl auf Grund des Kaufvertrags („Nachwirkungen"!) wie aus § 816 Abs. 2.

Zur Ergänzung: Das Werkunternehmerpfandrecht des R ist durch die Ablieferung an V untergegangen (§ 647 mit § 1257 und § 1253). R kann sich wegen der Reparaturkosten nur an V halten, denn nur mit diesem hat er den Werkvertrag abgeschlossen. R ist auch nicht berechtigt, die Repa-

---

[1] BGH in NJW 1959, 1536 u. die h. M.; s. auch *Soergel/Mühl* § 931 Rn. 4 m. w. N.

[2] So RGZ 52, 385, 394; *Oertmann* AcP 113, 78, 90.

[3] Was auch der Fall ist, wenn das Besitzmittlungsverhältnis nichtig ist.

[4] So mit Recht *Westermann/H. P. Westermann* I § 42 II 4 b; *Staudinger/Wiegand* § 931 Rn. 14; im Ergebnis ebenso *Soergel/Mühl* § 931 Rn. 4; *Wolff/Raiser* § 67 II 2; ferner *E. Wolf* § 5 A VII c 4 S. 227.

[5] Das gilt auch für den Fall der Übereignung besitzloser Sachen (z. B. eines gesunkenen Schiffes). Dazu *Westermann/H. P. Westermann* § 42 II 3 und *Staudinger/Wiegand* § 431 Rn. 17.

[6] Hierzu *Soergel/Mühl* § 931 Rn. 7.

raturkosten als Aufwendungsersatz (§ 1001) von *K* zu verlangen; denn im Verhältnis *K – R* hat es an der Vindikationslage gefehlt; *R* war rechtmäßiger Besitzer (vgl. zu diesem Fragenkreis *Raiser* JZ 1958, 681; *Schönfeld* JZ 1959, 301 und oben § 11 A II 5, 6 und C IV).

Auch die Abtretung eines *künftigen Herausgabeanspruchs* aus dem Besitzmittlungsverhältnis genügt (s. RGRK/*Pikart* § 931 Rn. 31), ebenso eines *bedingten,* wobei zu beachten ist, daß die Rechtsstellung des Erwerbers von der Bedingung abhängt und die „Bedingungsfreiheit" auch nicht redlich erworben werden kann (etwa in entsprechender Anwendung des § 936!).

3. *Sonderfälle*

a) Liegt *mehrstufiger mittelbarer* Besitz vor (V hat seine Sache an M 1, dieser an M 2 vermietet), so tritt der Veräußerer (V) seinen aus dem Besitzmittlungsverhältnis sich ergebenden Anspruch gegen den nächststufigen Besitzer (M 1) ab.

b) Vielfach besteht zwischen dem Weg des § 930 und dem des § 931 eine Wahlmöglichkeit; der Veräußerer als mittelbarer Besitzer begründet zugunsten des Erwerbers einen mittelbaren Besitz nächster Stufe (§ 930) *oder* tritt ihm den Anspruch nach § 870 ab.

Beispiel: V hat eine Schreibmaschine an M vermietet; will er sie an K veräußern, so kann zu dessen Gunsten ein weiteres Besitzmittlungsverhältnis (V–K) begründet *oder* der Herausgabeanspruch gegen M abgetreten werden. Das erste wird gewollt sein, wenn V nicht endgültig aus den die Maschine betreffenden Rechtsbeziehungen ausscheiden soll (so im Fall der Sicherungsübereignung an K), dagegen wird § 931 in Betracht kommen, wenn V die Maschine endgültig veräußert. (Im übrigen käme hier – wie wir wissen, s. oben III 2, 3 – auch eine Übereignung nach § 929 Satz 1 in Betracht, wenn M auf Veranlassung des V mit K einen Mietvertrag abschließt!).

c) *Traditionspapiere:*[1] Im Handelsrecht ist es in gewissen Fällen möglich, Waren in einem Traditionspapier zu verkörpern. Dies sind Orderpapiere, durch deren Übergabe in Verbindung mit einem Indossament die körperliche Übergabe der Ware ersetzt wird; die dingliche Einigung muß dazu kommen. Hierher gehören der Orderlagerschein (§ 424 HGB), der Ladeschein (§ 450 mit §§ 444 ff. HGB) und das Konnossement (§ 647 mit §§ 642 ff. HGB). Neben der Möglichkeit der *Tradition* haben diese Papiere auch den Vorteil der *Legitimation* des Erwerbers, die bei Übereignung nach § 931 nicht gegeben ist.

Beispiel: V in Heilbronn hat an K in Düsseldorf 150 to Salz verkauft. Er verlädt es auf den Kahn des selbständigen Rheinschiffers F, der einen Orderladeschein (auch Binnenkonossement genannt) ausstellt. Diesen mit seinem Indossament versehenen Ladeschein übersendet V dem K. Dies hat „dieselbe Wirkung wie die Übergabe des Gutes" (§ 450 HGB). Kommt die Einigung über den Eigentumsübergang hinzu, so wird K Eigentümer (§ 929 Satz 1). Er kann die Ware, während sie „noch schwimmt", an D weiterveräußern. D ist dann auch „zum Empfang des Gutes" legitimiert (§ 447 HGB). Der Inhalt des Ladescheins ist maßgebend für das Rechtsverhältnis zwischen D und F (§ 446 HGB). Es gilt also die typisch *wertpapierrechtliche Einredebeschränkung;* insbes. braucht sich D Einreden aus der Person seines Vormanns K – entgegen § 404 BGB – nicht entgegenhalten zu lassen (Weiterer Beispielsfall: BGHZ 36, 329).

Die Ausstellung eines der genannten Traditionspapiere hindert aber nicht die Übereignung des in dem Papier verkörperten Guts nach § 929 Satz 1 und nach § 931, wobei freilich im Falle des § 931 das Traditionspapier übergeben werden muß (so BGHZ 49, 160).

Zu beachten ist, daß weder das *Frachtbriefdoppel*[2] noch der *Lieferschein*[2] noch der *Kraftfahrzeugbrief*[3] Traditionspapiere sind: Auf dem Frachtbriefdoppel wird die Annahme des Frachtguts durch die Eisenbahn bestätigt; es handelt sich also um eine Beweisurkunde (§ 61 Abs. 4 u. 5 EisenbahnverkehrsO). In der Übergabe des Doppels an den Erwerber wird aber regelmäßig die Abtretung nach § 931 liegen. Dies gilt nach der Rechtsprechung (RGZ 102, 96) namentlich dann, wenn der Kaufvertrag mit der Klausel: „Netto Kasse gegen Frachtbriefduplikat" geschlossen wurde; denn in einem

---

[1] Siehe dazu *Serick* in Festschrift für Schmidt (1959) S. 315 ff.; *Zöllner,* WPR § 25 IV; *Karsten Schmidt,* Handelsrecht, § 23 III; *Westermann/H. P. Westermann* I Anhang zu § 42; *Hager* WM 1980, 666; *Tiedtke* WM 1979, 1142/6 (Lagerschein u. gutgl. Erwerb); BGH NJW 1979, 2037.

[2] RGZ 103, 151, 153; BGH NJW 1971, 1608 („Durchhandeln" einer Ware mit Hilfe von Lieferscheinen).

[3] BGH NJW 1970, 653 u. 1978, 1854.

solchen Fall ist die Zugumzugleistung (Geld gegen Eigentumsverschaffung nach § 931) augenscheinlich.

VII. Sonderfälle (Übereignung durch und an Stellvertreter – Geschäft wen es angeht)

1. *Unmittelbare Stellvertretung*

Mit den Besonderheiten, die sich bei der Übereignung durch und an Stellvertreter ergeben, haben wir uns wiederholt beschäftigt; es genügt jetzt, die Ergebnisse noch einmal zusammenzufassen:

a) Bei der *Einigung* ist die Stellvertretung unproblematisch; hier finden – es handelt sich ja bei der Einigung um einen Vertrag – die §§ 164ff. unmittelbare Anwendung.

b) Auch bei der Übergabe ist Stellvertretung möglich, *wenn* sie in einem Rechtsgeschäft besteht (§ 854 Abs. 2!) oder durch ein Rechtsgeschäft ersetzt wird (§ 930, § 931).

c) Bedeutet – wie im Regelfall des § 929 Satz 1 – Übergabe körperliche Verschaffung des unmittelbaren Besitzes an der zu veräußernden Sache, so ist Stellvertretung im rechtstechnischen Sinn nicht denkbar, weil sich die §§ 164ff. nur auf Willenserklärungen beziehen. Jedoch kann praktisch der *Effekt* einer unmittelbar den Veräußerer bzw. den Erwerber berührenden Besitzveränderung erzielt werden, wenn der Stellvertreter auf der Veräußerer- oder Erwerberseite als Besitzdiener oder als Besitzmittler auftritt.

Beispiele:
(1) In der Buchhandlung des V verkauft dessen Angestellter A (§ 56 HGB!) dem K ein Buch gegen Barzahlung (Stellvertretung auf der Veräußererseite durch Besitzdiener).
(2) Der selbständige Handelsvertreter H verkauft Waren des V in dessen Namen an K (Stellvertretung auf der Veräußererseite durch Besitzmittler).
(3) In dem obigen Beispiel (1) kauft ein Angestellter D des K in dessen Namen das Buch (Stellvertretung auf der Erwerberseite durch Besitzdiener).
(4) Nehmen wir an, daß D nicht Angestellter ist, sondern ein guter Bekannter des K, der das Buch im Namen des K bei V kauft, um es gleich selbst zu lesen: Stellvertretung auf der Erwerberseite durch Besitzmittler (Leihe).
(5) V beauftragt seinen Angestellten A, in seinem – des V – Namen seinen gebrauchten PKW gegen bar zu verkaufen. A verkauft und übereignet den Wagen an K, aber nicht gegen bar, sondern gegen Übernahme von Wechseln („Drei-Monatsakzepten"). Er versäumt auch, den Wagen nur unter Eigentumsvorbehalt zu verkaufen. Ein Gläubiger G des K läßt den Wagen pfänden. V „tobt"! Rechtslage?
A war Bevollmächtigter und Besitzdiener des V; die Vollmacht war aber auf einen Verkauf gegen bar beschränkt. Daher ist der von A namens des V geschlossene Kaufvertrag schwebend unwirksam und nach Verweigerung der Genehmigung („tobt"!) unwirksam (§ 177). Die Beschränkung der Vollmacht kann sich aber nicht auf die Übereignung beziehen, denn diese hat keinen „schuldrechtlichen Gehalt". Auch § 139 (Geschäftseinheit!) ist nicht anwendbar (Abstraktionsgrundsatz!). A hat den PKW als Besitzdiener des V auf dessen Weisung an K übergeben; daß A die Weisung des V nicht korrekt befolgt hat, ändert daran nichts. K ist also Eigentümer geworden, wenn auch rechtsgrundloser. Die Interventionsklage des V wäre unbegründet.
(Beachte, daß in dem einfach gelagerten Fall zahlreiche Rechtsprobleme stecken, die die gewählte Lösung nicht über jeden Zweifel erhaben erscheinen lassen: Auswirkung der Vollmachtsbeschrän-

kung auch auf die Übereignung? – Geschäftseinheit? – unkorrekter Weisungsvollzug des Besitzdieners? – Anspruch auf Rückübereignung nach § 812 als Grundlage für eine Interventionsklage?).

2. Mittelbare Stellvertretung

a) *Auf der Veräußererseite:* Hier vollzieht der mittelbare Stellvertreter die Einigung in eigenem Namen, aber mit Ermächtigung des Eigentümers (§ 185), die Besitzübergabe als dessen Besitzdiener oder Besitzmittler:

V ermächtigt seinen Angestellten A (Besitzdiener) oder den Inhaber eines Kunsthauses H (Besitzmittler), ein wertvolles Bild in eigenem Namen auf einer Gemäldeauktion zu veräußern.

b) *Auf der Erwerberseite:* Der mittelbare Stellvertreter erwirbt selbst Eigentum an der „für" den Geschäftsherrn erworbenen Sache. Wie wir wissen, besteht aber ein berechtigtes Interesse des Geschäftsherrn, das Eigentum sofort übertragen zu erhalten, sei es durch Insichkonstitut nach §§ 181, 930 (s. oben V 5), sei es durch antizipierte Einigung und antizipiertes Besitzkonstitut nach § 930 (s. oben V 6).

3. Übereignung an den, den es angeht[1]

Fraglich ist, ob in den eben behandelten Fällen der mittelbaren Stellvertretung auf der Erwerberseite der Geschäftsherr („Hintermann") dann sofort unmittelbar – also ohne Durchgangseigentum des Vertreters – Eigentum erwirbt, wenn der Vertreter für den erwerbsbereiten Hintermann erwerben will und dem Veräußerer die Person des Erwerbers gleichgültig ist.

Zur Einführung ein *Beispiel* (in Anlehnung an RGZ 100, 190): Der Bräutigam K hat im Auftrag seiner Braut B mit deren Geld bei V Möbel für die künftige eheliche Wohnung gekauft. Er ist dabei nicht als Stellvertreter nach außen hervorgetreten. Es läßt sich auch nicht feststellen, daß er vorher oder nachher die Möbel (durch antizipiertes oder Insichkonstitut) an B übereignet hat.
Hier ist sicher, daß der *Kaufvertrag* zwischen V und K zustandegekommen ist. Ist die B Eigentümerin geworden?

Die Möglichkeit einer „Übereignung wen es angeht" wird heute fast allgemein bejaht, besonders bei den Kaufgeschäften des täglichen Lebens (so RGZ 100, 190, 192), wenn sie gegen Barzahlung abgewickelt werden. Hier ist es in der Tat dem Veräußerer in aller Regel gleichgültig, an wen er übereignet, ob an den ihm gegenüber als Geschäftspartner Auftretenden oder an den, den nach den internen Beziehungen zwischen dem Beauftragten und dem Auftraggeber die Lasten und Vorteile des Geschäfts treffen sollen. Eine Durchbrechung des in § 164 Abs. 2 enthaltenen Grundsatzes ist sonach gerechtfertigt.

So etwa RGZ 100, 190, 192. Freilich vermischt diese Rechtsprechung häufig das „Geschäft wen es angeht" mit den Voraussetzungen des antizipierten und Insichkonstituts (s. z. B. RGZ 99, 208, 209; 140, 223, 229).

Man kann also feststellen: Der Wille des nicht erkennbar in fremdem Namen handelnden Beauftragten, für den Geschäftsherrn zu erwerben, verschafft diesem unmittelbar Eigentum, wenn dem Veräußerer die Person des Erwerbers gleichgültig ist (und der Erwerber den Besitz erlangt, wozu es schon genügt, daß der

---

[1] Siehe dazu *Rümelin* AcP 93, 199 ff.; *von Lübtow* ZHR 112, 227 ff.; weitere Nachweise bei *Larenz,* AT, § 30 II b; *Westermann/H. P. Westermann* § 43 IV 3.

Mittelsmann Besitzdiener oder Besitzmittler des Erwerbers ist; Einzelheiten hierzu s. oben § 51 III 3).

Zu beachten ist, daß diese Grundsätze für das schuldrechtliche Geschäft nicht gelten; denn hier hat der Verkäufer ein Interesse daran, den aus dem Kaufvertrag Berechtigten und Verpflichteten zu kennen.

Eine Ausnahme von diesem Grundsatz und eine Hinwendung zum *schuldrechtlichen* Geschäft wen es angeht, findet sich in der Entscheidung des BGH in NJW 1955, 587, 590. Doch muß schon der exzeptionelle Sachverhalt (Prozeß der Volkswagensparer!) vor einer Verallgemeinerung dieser Entscheidung warnen.

VIII. Rechtspolitischer Ausblick[1]

Nachdem wir uns durch die gegenwärtige gesetzliche Regelung hindurchgearbeitet haben, soll nochmals der Frage nachgegangen werden, ob bei einer *künftigen* Neuregelung des Sachenrechts an dem Abstraktionsgrundsatz und dem Traditionsprinzip festzuhalten ist. Diese Frage soll hier nur für das Recht der beweglichen Sachen beantwortet werden.

1. Das *Abstraktionsprinzip*: Was soll mit ihm erreicht werden? Ihm liegt der Gedanke der Sicherheit und Leichtigkeit des Geschäftsverkehrs zugrunde. Wenn A an B und B an C veräußert hat, so soll der Eigentumserwerb des C nicht durch etwaige Mängel in den persönlichen schuldrechtlichen Beziehungen zwischen A und B in Frage gestellt werden. Was schuldrechtlich zwischen A und B vereinbart wurde, interessiert C nicht.

Dieses Prinzip hat sicher den großen Vorzug der Rechtsklarheit, aber auch den wesentlichen Nachteil der Lebensfremdheit. Das „Trennungsprinzip" (Trennung von schuldrechtlichem und dinglichem Geschäft) und das Abstraktionsprinzip (gegenseitige Unabhängigkeit dieser Rechtsgeschäfte) haben sich im Handel und Wandel nie durchgesetzt, sie gelten als Reservat lebensuntauglicher Jurisprudenz. Nun wäre ein solcher Vorwurf zu ertragen, wenn gewichtige Gründe ihre Beibehaltung forderten. Die Interessen des Rechtsverkehrs werden durch die Möglichkeit des redlichen Erwerbs ausreichend geschützt. Auch wenn Kauf und Übereignung zu einem Rechtsgeschäft zusammengezogen werden, braucht den Dritterwerber C die Gültigkeit dieses Geschäfts (zwischen A und B) nicht zu kümmern. Anders freilich steht es – worauf *Flume* II § 12 III 3 mit Recht hinweist – mit den Interessen eines Gläubigers des Erwerbers (B); es ginge nicht an, die Wirksamkeit der Vollstreckung von der Gültigkeit des Kausalgeschäfts abhängig zu machen. So handelt es sich hier um eine recht komplexe Frage, die de lege ferenda nicht mit einem unbedenklichen Ja oder Nein beantwortet werden kann.

2. Bei der Frage nach der Beibehaltung des *Traditionsprinzips* geht es offenbar um die Publizität des Erwerbsvorgangs. Die Argumentation, daß schon im geltenden Recht der Traditionszwang von der Regel zur Ausnahme geworden sei (§§ 929 Satz 2, 930, 931; § 854 Abs. 2), genügt nicht; denn man könnte der Auffassung sein, daß künftig die Notwendigkeit eines realen Vollzugsaktes wieder stärker betont werden müßte.[2] In der Tat wäre eine bessere Kenntlichmachung des Erwerbsvorgangs nach außen wünschenswert. Aber die gesetzgeberische Verwirklichung eines solchen Wunsches scheitert einmal an der Kompliziertheit der Erwerbsvorgänge in der Wirtschaft, zum anderen an eingebürgerten Instituten wie dem der Sicherungsübereignung.

Wenn an Erwerbsvorgängen auf beiden Seiten mehrere selbständige oder unselbständige Personen beteiligt sind, so macht es – wie wir wissen – nach geltendem Recht erhebliche Schwierigkeiten, den für die Übereignung maßgebenden Übergabeakt festzustellen; er wird vielfach nach außen gar nicht sichtbar. Bei der Sicherungsübereignung schließlich treten Eigentumsverschiebungen ein, ohne daß selbst den Beteiligten Nahestehende davon wissen. Der Schluß vom Besitz auf das Eigentum ist heute noch weniger gerechtfertigt denn je. So wird denn auch im praktischen Leben die Übergabe allenfalls als Indiz für eine erfolgte Übereignung und – bei der Gattungsschuld – für eine vorgenommene Konkretisierung angesehen. Das Schwergewicht liegt aber im Vertragsschluß, der Kauf *und* Eigentumsübergang enthält, unbedingt bei Barzahlung, bedingt bei Kreditkäufen. Es ist angebracht, daß eine künftige Neuordnung an dieser Gestaltung der Rechtstatsachen nicht vorbeigeht.

---

[1] Dazu schon § 5 IV 1 und besonders *Larenz* II § 39 II; *Westermann/H. P. Westermann* I § 4 III; *Wieling*, Sachenrecht, § 1 III 1 d und die Literatur oben § 51; a. A. insbes. *Wacke*.

[2] Vgl. dazu *Larenz* II/1 § 39 II d.

§ 52. Der Erwerb vom Nichtberechtigten

Lit.-Hinweis: S. die vor § 51 genannten Darstellungen. Ferner: *Boehmer,* Grundlagen der Bürgerlichen Rechtsordnung, II 2, 1952, § 23; *Canaris,* D. Vertrauenshaftung im deutschen Privatrecht, 1971; *Derleder* JuS 1979, 477; *Deutsch* JZ 1978, 385; *Frotz,* Gutgläubiger Mobiliarerwerb und Rechtsscheinprinzip, in FS f. Kastner, 1972, S. 131; *Giehl,* Der gutgläubige Mobiliarerwerb – Dogmatik und Rechtswirklichkeit, AcP 161, 357; *Hager,* Verkehrsschutz durch gutgläubigen Erwerb, 1990; *Hübner,* Der Rechtsverlust im Mobiliarsachenrecht, 1955; *Koller* JZ 1972, 646 (gutgl. Erwerb bei Miteigentumsanteilen; dazu ferner *Tiedtke,* Gutgl. Erwerb S. 55 ff.); *von Lübtow,* Hand wahre Hand, im FS d. Berliner jur. Fakultät zum 41. DJT, 1955, S. 120 ff.; *Michalski* AcP 181, 384; *Müller,* Horst, Gedanken zum Schutz des guten Glaubens in rechtsvergl. Sicht, ZSchr. f. RVergl. 4 (1963), 2; *Müller,* Wulf, Heimlicher Gutglaubenserwerb, AcP 137, 86; *Olzen* Jura 1990, 505 (zur Geschichte des gutgläubigen Erwerbs); *Picker* AcP 188, 511 (Mittelb. Besitz, Nebenbesitz u. Eigentumsvermutung in ihrer Bedeutung für den Gutglaubenserwerb); *Roussos* Jura 1987, 403; *Rebe* AcP 173, 186 (zu § 935); *Siehr,* D. gutgl. Erwerb beweg l. Sachen, ZVglRWiss 80 (1981), 273 (rechtsvergleichend); *Söllner* FS Coing, 1982, II, 363; *Tiedtke,* Gutgl. Erwerb, S. 1 ff.; *Urbanczyk,* Erlanger FS für Schwab 1990, 23; *Wellspacher,* Das Vertrauen auf äußere Tatbestände, 1906; *Westermann,* Die Grundlagen des Gutglaubensschutzes, JuS 1963, 1; *Wiegand* JuS 1974, 201 u. 545; 1978, 145; *Wilburg,* FS Baltl, 1978, 557; *Zweigert,* Konrad, Rechtsvergleichend-Kritisches zum gutgl. Mobiliarerwerb, in RabelsZ 23, 1 (Zw. gibt einen besonders anschaulichen, auch für den Anfänger gut lesbaren Überblick über die Regelung im ausländischen Recht).

I. Grundgedanken

Das Verständnis für die Regelung, wonach der gutgläubige Erwerber vom Nichteigentümer Eigentum erwerben kann, macht erfahrungsgemäß erhebliche Schwierigkeiten. Denn für eine unbefangene, natürliche Betrachtung würde der Satz, daß niemand „mehr an Recht auf den anderen übertragen kann, als er selbst hat" (nemo plus iuris ad alium transferre potest quam ipse habet),[1] eine stärkere Überzeugungskraft haben als die Gutglaubensregel. Diese mag im Grundstücksrecht einleuchten, weil dort ein ausgefeiltes Grundbuchsystem dafür sorgt, daß in aller Regel die wahre Rechtslage mit dem Grundbuchstand übereinstimmt; wo dies nicht der Fall ist, hat der Rechtsträger stets die Möglichkeit, diese Übereinstimmung zu erzwingen (Grundbuchberichtigung). So hat der Schutz des Vertrauens auf den Grundbuchstand eine innere Rechtfertigung.

Anders ist die Lage im Mobiliarsachenrecht; hier ist es eine Erfahrungstatsache, daß Eigentum und unmittelbarer Besitz häufig auseinanderfallen:

E vermietet seine Schreibmaschine an M, leiht sein Buch an L aus, gibt seine Uhr dem R zur Reparatur, verkauft sein Rundfunkgerät an K unter Eigentumsvorbehalt.

Es mag angehen, den Besitz mit der Eigentumsvermutung auszustatten (§ 1006); denn damit ist nur eine Beweisregel aufgestellt, die das materielle Recht unangetastet läßt. Die Einstellung des Gesetzes aber, daß der Erwerber vom Nichtberechtigten Eigentum erwerben könne, sofern nur eine sein Vertrauen rechtfertigende Besitzlage gegeben sei, erscheint gewagt.

Bevor wir uns um eine Rechtfertigung dieser Regelung bemühen (2), ist es am Platze, eine knappe Darstellung der Materie zu geben (1), wobei zunächst auf alle Einzelheiten verzichtet wird. S. die Übersicht 21 am Ende von § 52 und *Gernhuber* Bürgerl. R., § 8 (allg. zum Rechtsschein).

1. Die gesetzliche Regelung

a) In BGHZ 10, 81 ist ihr Grundprinzip plastisch umschrieben: „Voraussetzung für den gutgläubigen Erwerb des Eigentums an einer beweglichen Sache ist neben dem guten Glauben der auf dem Besitz beruhende Rechtsschein."

Voraussetzungen des Erwerbs vom Nichtberechtigten sind also neben der Einigung

---

[1] Dig. 50. 17. 54.

aa) *eine bestimmte Besitzlage* als Trägerin des Rechtsscheins. Sie muß so beschaffen sein, daß der Erwerber in dem Veräußerer mit Fug den Eigentümer sehen kann. Diese Voraussetzung sieht das Gesetz als gegeben an, wenn der Veräußerer die Sache dem Erwerber übergibt (§ 932 Abs. 1 Satz 1 mit § 929 Satz 1) oder schon vor der Veräußerung übergeben hat (§ 932 Abs. 1 Satz 2 mit § 929 Satz 2), ferner dann, wenn der Veräußerer dem Erwerber den mittelbaren Besitz an der Sache abtritt (§ 934 1. Fall). Es fällt auf, daß die Veräußerung durch Besitzkonstitut (§ 930) und durch Abtretung des Herausgabeanspruchs (ohne Verschaffung des mittelbaren Besitzes) ausgespart sind; hier läßt das Gesetz einen redlichen Erwerb nur zu, wenn „dem Erwerber die Sache von dem Veräußerer übergeben wird" (§ 933) oder „wenn er den Besitz der Sache von dem Dritten erlangt" (Abtretung des bloßen Herausgabeanspruchs: § 934 2. Fall). Daraus ergibt sich, daß eine rechtfertigende Besitzlage *beim Veräußerer* allein nicht genügt (denn diese wäre auch beim Erwerb durch Besitzkonstitut gegeben), sondern daß der Erwerber eine bestimmte Form des Besitzes *erlangt* haben muß. Welche dies ist, scheint schwer allgemein feststellbar zu sein; denn bei Übereignung durch Besitzkonstitut z.B. genügt Erwerb des mittelbaren Besitzes nicht (§ 933), wohl aber bei Veräußerung durch Abtretung des mittelbaren Besitzes (§ 934 1. Fall)! Immerhin läßt sich sagen: Der Erwerber muß Besitz erlangen,[1] und zwar eine solche Form des Besitzes, daß sie jeden irgendwie gearteten Besitz des Veräußerers ausschließt[2] (ebenso BGHZ 56, 123, 129).

bb) *Zweite Voraussetzung* ist der gute Glaube des Erwerbers; vgl. die Legaldefinition in § 932 Abs. 2. Kenntnis und grobfahrlässige Unkenntnis der Nichtberechtigung des Veräußerers schließen also den Erwerb aus (beachte den Unterschied zu § 892!). Dabei wird, wie sich aus der Fassung des § 932 Abs. 1 Satz 1 („es sei denn, daß ...") ergibt, die Redlichkeit vermutet (Beweisregel).

b) Liegen diese Voraussetzungen vor *und* handelt es sich um rechtsgeschäftlichen Erwerb, so erlangt der Erwerber Eigentum, und zwar unbelastetes Eigentum (§ 936). Dabei ist es gleichgültig, ob er entgeltlich oder unentgeltlich erworben hat (s. aber § 816 Abs. 1 Satz 2: Ausgleich durch Anspruch aus ungerechtfertigter Bereicherung!).

c) Diese Grundregel gilt jedoch dann nicht, „wenn die Sache gestohlen worden, verloren gegangen oder sonst abhandengekommen ist" (§ 935 Abs. 1). Unfreiwilliger Besitzverlust des Eigentümers verhindert also den redlichen Erwerb! Jedoch wird diese Ausnahme wieder durch eine „Unterausnahme" durchbrochen, die Grundregel also wiederhergestellt: Unfreiwilliger Besitzverlust schadet nicht, wenn er sich auf Geld oder Inhaberpapiere bezog oder auch auf andere Sachen, wenn diese „im Wege öffentlicher Versteigerung veräußert werden" (§ 935 Abs. 2).

---

[1] Daraus erklärt sich § 934 2. Fall!
[2] Damit wird der Unterschied zwischen § 933 und 934 1. Fall verständlich.

Zum Abschluß dieser Einführung einige *Beispiele:*

(1) E hat seine vor kurzem gekaufte Armbanduhr dem R zu einer Garantiereparatur gebracht. R verwechselt sie mit einer fabrikneuen Uhr und veräußert sie an K. K ist – Redlichkeit vorausgesetzt – Eigentümer geworden.

(2) Der Gehilfe G des R „unterschlägt" die Uhr. Sie ist – weil G nur Besitzdiener ist – damit abhandengekommen (Einzelheiten s. unten V 2 a bb). K, dem G die Uhr verkauft, ist nicht Eigentümer geworden.

(3) Dasselbe Beispiel wie (2), nur daß G die Uhr ins Leihhaus L bringt, also verpfändet. L hat kein Pfandrecht erworben (§ 1207 mit § 935 Abs. 1). Wenn aber L – nachdem das Pfand „verfallen" ist, weil G das Darlehen nicht zurückbezahlt hat – die Uhr öffentlich versteigert (§ 1235 Abs. 1), so wird der Ersteigerer K Eigentümer (§ 1244; beachte, daß § 935 in § 1244 nicht erwähnt ist!).

2. Wie steht es um die *Rechtfertigung dieses Prinzips?*[1] Was veranlaßt unsere Rechtsordnung, die Interessen des Erwerbers gegenüber denen des Eigentümers zu bevorzugen? Bedeutet das Prinzip des redlichen Erwerbs nicht faktisch eine „Enteignung" des Eigentümers? Wenn man aber schon dem Erwerber den Vorzug gibt, warum nicht auch dann, wenn der Besitzverlust des Eigentümers unfreiwillig war?

Eine voll befriedigende Antwort auf diese Fragen ist bisher nicht gelungen. Man kann sich nicht einfach mit einem Rückzug auf die Rechtsgeschichte begnügen und sagen, es handle sich um nichts anderes als um eine Fortsetzung des deutschrechtlichen „Hand wahre Hand"-Grundsatzes („Wo Du Deinen Glauben gelassen hast, mußt Du ihn suchen"). Denn abgesehen davon, daß dieser historische Anknüpfungspunkt zweifelhaft ist,[2] liegt allein in der Zitierung der Geschichte keine Rechtfertigung der Gegenwart. Auch der daran anknüpfende Veranlassungsgedanke (verwandt der Gedanke der Gefahrtragung) befriedigt nicht; er vermag zwar die in §§ 932 ff. gegebene Einzelregelung zu erklären,

Gutgläubiger Erwerb nur dort, wo der Eigentümer die rechtfertigende Besitzlage veranlaßt hat, nicht dort, wo der Besitzverlust unfreiwillig war (aber mit der Unterausnahme für Geld usw.!),

gibt aber keine Begründung dafür, warum nun die Eigentümerinteressen hintangesetzt sind. Denn darin, daß man sein Eigentum besten Glaubens aus der Hand gibt, liegt doch kein Verschulden gegen sich selbst, das den Rechtsverlust rechtfertigte.[3]

Heck[4] und ihm folgend *Wolff/Raiser*[5] und *Zweigert*[6] stellen auf das *allgemeine* Interesse an der *Sicherheit und Leichtigkeit des Verkehrs ab,* also auf das Verkehrsinteresse. Dieses Interesse gebe einen zureichenden Grund für die Schwächung des Eigentums ab, die eben in der für jeden gegebenen Gefahr bestehe, das Eigentum an freiwillig weggegebenen Sachen zu verlieren. Diese Begründung leuchtet ein. Faßt man den Gedanken noch etwas schärfer, so sind für die Rechtfertigung zwei Erwägungen ausschlaggebend:

---

[1] Siehe dazu bes. *von Lübtow, Hübner, Zweigert* aaO; *Gernhuber* BürgerlR. § 8 I.
[2] Dazu *Zweigert* aaO S. 11; *Heck* § 58 I.
[3] So mit Recht *Zweigert* aaO S. 13.
[4] § 58 I 1.
[5] § 68 II 1.
[6] aaO S. 14.

a) Einmal die Einsicht, daß es dem Erwerber einer beweglichen Sache in aller Regel ohne Einblick in den Lebensbereich des Veräußerers unmöglich ist, festzustellen, ob dieser Eigentümer ist oder nicht.

Wenn mir jemand (V) Briefmarken verkauft, so ist es mir nicht zumutbar, ja meist unmöglich nachzuprüfen, ob V seinerseits die Marken gekauft und schon bezahlt hat oder ob sie ihm unter Eigentumsvorbehalt geliefert sind oder ob er nur eine Verkaufskommission hat oder ob sie ihm gar nur zur Schätzung überlassen sind. Wollte man anders entscheiden, so würden in der Tat Handel und Wandel gelähmt sein, ganz abgesehen von den detektivischen Fähigkeiten, die man vom Käufer erwarten müßte. Ja, um sicher zu gehen, müßte der Käufer auch frühere Erwerbsvorgänge nachprüfen, bis er feststellen kann, daß bei einem der Rechtsvorgänger die Voraussetzungen der Ersitzung gegeben sind (s. unten § 53h I 1).

b) Die andere Erwägung ist die, daß der Eigentümer immerhin die Zuverlässigkeit dessen, dem er die Sache anvertraut, eher abschätzen kann als der Erwerber.

M. a. W.: Nur eine Kumulierung des Gedankens der Sicherheit des rechtsgeschäftlichen Verkehrs mit dem Vertrauensgedanken vermag eine einigermaßen zufriedenstellende Rechtfertigung des Redlichkeitsprinzips abzugeben.

3. Überblick über die Darstellung

Wir gehen vom Regelfall der §§ 932–934ff. aus und erörtern zunächst die den redlichen Erwerb rechtfertigende Besitzlage bei den einzelnen Übereignungsvorgängen (II), dann den Begriff des „guten Glaubens" (III) und die Stellung des redlichen Erwerbers (IV). Anschließend ist der Ausnahmetatbestand der abhandengekommenen Sache zu erörtern (V). Darauf folgt die Darstellung des lastenfreien Erwerbs (VI).

II. Die rechtfertigende Besitzlage – Die Übereignungstatbestände

Für den Veräußerer muß der Rechtsschein des Besitzes sprechen; diese – gängige – Bemerkung bedeutet freilich nicht allzuviel. Denn das Gesetz sagt nicht allgemein, wann eine Besitzlage diese rechtfertigende Kraft hat, sondern gibt seine Meinung für jeden der einzelnen Übereignungstatbestände kund. So bleibt auch uns nichts anderes übrig, als dieser Methode zu folgen.

1. Übereignung durch Einigung und Übergabe (§ 929 S. 1)

a) Übergibt der Veräußerer die fremde Sache dem Erwerber, so erwirbt dieser – Gutgläubigkeit vorausgesetzt – Eigentum (§ 932 Abs. 1 Satz 1 mit § 929 Satz 1).[1]

Als Formen der Übergabe kommen alle diejenigen in Betracht, die wir oben § 51 III erörtert hatten: also z. B. auch Übergabe *durch* den Besitzdiener oder den Besitzmittler des Veräußerers, sofern die Übergabe auf Geheiß des Veräußerers erfolgt ist – Übergabe *an* den Besitzdiener und Besitzmittler des Erwerbers.

---

[1] Zum gutgläubigen Erwerb von Miteigentumsanteilen s. *Koller* JZ 1972, 646; *Tiedtke,* Gutgl. Erwerb S. 55ff.

Beispiele:

(1) NE[1] an K und weist seinen Angestellten A (oder den Lagerhalter L) an, die Sache dem K (oder dessen Angestellten) zu übergeben.

(2) NE weist in dem obigen Beispiel den Lagerhalter L an, mit K einen neuen Lagervertrag abzuschließen; dem kommt L nach. Damit ist K Eigentümer geworden (Die Begründung mittelbaren Besitzes des K durch Vertrag mit dem bisherigen Besitzmittler des NE wird als Übergabe gewertet: BGH NJW 1959, 1536, 1539). –

(3) Fraglich ist, ob gutgläubiger Erwerb auch dann eintritt, wenn der Veräußerer *nicht* mittelbarer Besitzer ist, der unmittelbare Besitzer aber doch auf sein Geheiß die Sache dem Erwerber übergibt (sog. *Geheißerwerb*).[2]
In dem vom OLG München in NJW 1957, 875 entschiedenen Fall lieferte E drei unter Eigentumsvorbehalt an NE verkaufte Maschinen auf Geheiß des NE – der also noch nicht Eigentümer war – unmittelbar an K. Dieser hielt NE für den Eigentümer. Hier hatte der Veräußerer NE weder unmittelbaren noch mittelbaren Besitz. Im Anschluß an *Wolff/Raiser* § 69 II 2a ist redlicher Erwerb des K zu bejahen. Auch wenn E nicht Besitzmittler des NE ist, so muß es genügen, wenn der unmittelbare Besitzer (E) dem – wirklich vorliegenden – Geheiß des Veräußerers zur Besitzübergabe nachkommt (str. s. auch BGHZ 36, 56, 60; NJW 1979, 203 u. 1973, 141 und die oben § 51 III 3 a. E. Genannten).
Eigenartig ist die Fallgestaltung in BGH NJW 1974, 1132: M verkauft in eigenem Namen Hemden des E an K; K hat den Kaufpreis an M gezahlt. E hat die Hemden an K geliefert, weil er annahm, M habe in seinem – des E – Namen den Kaufvertrag abgeschlossen. Der BGH verneint den Eigentumsübergang an K nach § 929 S. 1, weil K den M als Übereigner ansah, bejaht aber Eigentumserwerb des K nach § 932 Abs. 1 S. 1, weil K davon ausgehen durfte, daß E auf Geheiß des Verkäufers M geliefert habe. Der Eigentümer E also als *vermeintliche* „Geheißperson" des Nichteigentümers M! s. dazu die berechtigte Kritik von *Weitnauer* NJW 1974, 1729, 1732 u. *Picker* NJW 1974, 1790; s. ferner *Martinek* AcP 188, 627 m. w. N.; *Soergel/Mühl* § 932 Rn. 6; *Jauernig* § 932 II 2; dem BGH aber zustimmend *Staudinger/Wiegand* § 932 Rn. 24; *Westermann/Gursky* I § 47 I 1 a.

(4) Davon ist der Fall zu unterscheiden, daß der Erwerber weiß, daß der Veräußerer nicht Eigentümer ist, daß er aber einen der Veräußerung zustimmenden Dritten für den Eigentümer hält:
NE hat eine Sache an M vermietet. M veräußert die Sache an K. Dieser weiß, daß M Nichteigentümer ist, hält aber den der Veräußerung zustimmenden NE für den Eigentümer.
Nach BGHZ 10, 81 ist hier eine ausreichende Besitzlage gegeben, weil NE als zustimmender Nichteigentümer im mittelbaren Besitz der Sache war. Dagegen würde es nicht genügen, wenn in Wahrheit ein solches Besitzmittlungsverhältnis nicht bestand, der Erwerber aber irrtümlich ein solches annahm.

b) Wie im Falle des Erwerbs vom Berechtigten (s. oben § 51 III 5) ist auch hier notwendig, daß der Veräußerer „nicht mehr den geringsten Rest eines Besitzes" zurückbehält.

Beispiel: Der Juwelier NE veräußert den in einem Stahlfach unter seinem Alleinverschluß befindlichen Schmuck dadurch an den redlichen K, daß er ihm den Schlüssel übergibt, sich aber das Recht vorbehält, mit Hilfe eines zweiten Schlüssels einzelne Schmuckstücke zur Umarbeitung zu entnehmen. K ist nicht Eigentümer geworden.

c) Der gute Glaube des Erwerbers muß in dem Augenblick gegeben sein, in dem der volle Erwerbstatbestand – Einigung und Übergabe – vorliegt; war die Übereignung bedingt (Eigentumsvorbehalt!), so braucht die Redlichkeit nicht mehr bei Bedingungseintritt vorzuliegen (BGHZ 10, 69, 72; 30, 374, 377).

---

[1] „NE" = Nichteigentümer.
[2] Hierzu besonders *Westermann/Gursky* I § 47 I 1; *Martinek* AcP 188, 573, 622 ff.

2. Übereignung „kurzer Hand" (§ 929 S. 2)

Hier ist erforderlich, daß der Erwerber den Besitz von dem Veräußerer erlangt hat *und* im Augenblick der Einigung noch gutgläubig ist (§ 932 Abs. 1 Satz 2).

Beispiel:

(1) NE veräußert die bisher an K vermietete Sache an diesen.

(2) Daß K *noch* unmittelbarer Besitzer ist, ist nicht erforderlich; so wenn im vorigen Beispiel K die Sache dem L geliehen hatte oder die Sache verloren hatte.

Regel ist, daß Veräußerer, früherer Besitzer (von dem der Erwerber den Besitz erlangt hat) und vermeintlicher Eigentümer ein- und dieselbe Person ist (BGH LM § 932 Nr. 6):

NE hat 10 Pferde an V vermietet, der zwei von diesen dem K leiht. Später veräußert V die Pferde an K mit Zustimmung des NE. K weiß, daß V Nichteigentümer ist, hält aber den NE für den Eigentümer. Hier sind zwar Veräußerer und vermeintlicher Eigentümer verschiedene Personen; dennoch ist K Eigentümer geworden, da er seinen Besitz von dem vermeintlichen Eigentümer ableitet.

BGHZ 56, 123: D hat an Sch einen Bagger unter Eigentumsvorbehalt geliefert. Sch hat die Anwartschaft hieraus an den Bekl. sicherungshalber übertragen. Später hat die Kl. – eine Finanzierungsbank – den Kaufpreis an D bezahlt, sich von D den Bagger mit Zustimmung des Sch (den die Kl. nach Zahlung des Kaufpreises für den Eigentümer hielt) übertragen lassen, nachdem sie zuvor mit Sch einen Sicherungsvertrag geschlossen hatte.

Mit Zahlung des Kaufpreises durch die Kl. war der Bekl. als Inhaber der Anwartschaft Eigentümer geworden. Die Kl. konnte sonach nur nach §§ 932 ff. Eigentum erwerben. Da die Kl. durch den Sicherungsvertrag mit Sch bereits mittelbare Besitzerin war, kommt § 932 Abs. 1 S. 2 in Betracht. Daß die Kl. wußte, daß D nicht Eigentümer war, stört nicht, da sie den zustimmenden Sch für den Eigentümer hielt (s. oben 1 a [4]). Der Eigentumserwerb scheidet aber aus, weil die „Veräußererseite" (nämlich Sch) den unmittelbaren Besitz behält (dazu *Wieser* JuS 1972, 567 u. *Wacke* JuS 1973, 683).

3. Übereignung durch Besitzkonstitut (§ 930)

a) Übereignung durch Besitzkonstitut seitens des Nichteigentümers führt *nicht* zum Eigentumserwerb. Der Erwerber kann erst dann Eigentümer werden, wenn ihm die Sache von dem Veräußerer übergeben wird *und* er in diesem Augenblick noch gutgläubig ist (§ 933).

Das Gesetz hält also die Vereinbarung des Besitzkonstituts hier für bedeutungslos, behandelt den Fall also wie den einer antezipierten Einigung mit später nachfolgender Besitzübergabe (§ 929 Satz 1).

Man fragt sich unwillkürlich nach der Rechtfertigung für die Zurückstellung dieser Besitzart;[1] denn der Rechtsscheingedanke scheint doch auch hier durchzugreifen: der Erwerber verläßt sich wie in den anderen Übereignungsfällen auf den Besitz des Veräußerers; der Unterschied liegt nur darin, daß er diesen Besitz beim Veräußerer beläßt und sich mit dem mittelbaren Besitz begnügt. Die Begründung, daß er damit eben dem Veräußerer ebensoviel Vertrauen schenke wie der Eigentümer, überzeugt nicht. Auch die Erwägung *Boehmers*, daß heimliche Transaktionen und Schiebungen verhindert werden sollen, ist als Rechtfertigung nicht ausreichend, wenngleich damit ein erwünschtes *Ergebnis* der Regelung richtig gekennzeichnet wird. In Wahrheit folgt das Gesetz mit dieser Regelung dem den §§ 932 ff. zugrundeliegenden Gedanken, daß die Besitzlage des *Erwerbers* so sein müsse, daß sie jede Art von Besitz des Veräußerers ausschließt. Der durch den Besitz des Veräußerers verursachte Rechtsschein muß also zum Alleinbesitz des Erwerbers im Verhältnis zum Veräußerer führen. M. a. W. das Erwerbsinteresse muß durch eine Festigung der Besitzlage des Erwerbers verstärkt sein, um zum Rechtserwerb zu führen.

---

[1] Siehe dazu besonders *Picker* aaO; *Heck* § 59, 4; *Boehmer,* aaO; *Wacke* aaO.

b) Unter „Übergabe" i. S. des § 933 ist die Verschaffung des unmittelbaren Besitzes an den Erwerber i. S. des § 929 S. 1 zu verstehen (dazu oben § 51 III).

Nach BGHZ 67, 207 genügt einseitige Wegnahme auch dann nicht, wenn der Veräußerer bereits bei der Veräußerung den Erwerber zur Wegnahme ermächtigt hatte; dazu mit Recht kritisch *Damrau* JuS 1978, 519; *Staudinger/Wiegand* § 933 Rn. 21, 22.

Auf der Veräußerer- und der Erwerberseite können Hilfspersonen (Besitzdiener-Besitzmittler) tätig sein, sofern nur die Übergabe auf das Veräußerungsgeschäft zurückzuführen ist *und* die „Veräußererseite" „nicht mehr den geringsten Rest eines Besitzes in der Hand behält" (RGZ 137, 23, 25 = *Baur,* E. Slg. Fall 19; BGH NJW 1959, 2206 u. 1979, 714; JZ 1978, 104/5).

Beispiele: NE hat eine Maschine an K veräußert, sich aber unter Vereinbarung eines Mietverhältnisses vorbehalten, die Maschine „bis zum Eintreffen eines Ersatzes" weiter zu benutzen. Später übergibt NE die Maschine einem Angestellten des K (Besitzdiener)[1] oder auf Weisung des K an M, an den K sie vermietet hatte.[2] War K zu diesem Zeitpunkt noch redlich, so hat er Eigentum erhalten.
NE hat eine Baumaschine des E an Gl. zur Sicherheit unter Vereinbarung eines Besitzmittlungsverhältnisses übereignet. Später hat NE die Maschine dem B übergeben, der weder Besitzdiener noch Besitzmittler des Gl. war. Gl. hat kein Eigentum erworben, auch wenn er nachträglich mit der Benutzung der Maschine durch B einverstanden war (in Anlehnung an BGH JZ 1978, 104; dazu *Deutsch* JZ 1978, 385).

c) Das Hauptanwendungsgebiet des § 933 liegt auf dem Gebiet der Sicherungsübereignung, insbesondere bei Entscheidung des Interessenkonflikts zwischen Sicherungsübereignung und Eigentumsvorbehalt:

S hat sein in bestimmten Räumen befindliches Warenlager an G zur Sicherheit übereignet. Einige der darin befindlichen Waren standen noch unter dem Eigentumsvorbehalt des E. An ihnen hat G – ungeachtet seiner Redlichkeit – kein Eigentum erworben.

Aus § 933 ergibt sich der Satz: *Der Eigentumsvorbehalt geht der Sicherungsübereignung vor.* Wird allerdings der Sicherungsgeber später Eigentümer – z. B. weil er an E den Kaufpreis für die unter Eigentumsvorbehalt gelieferten Sachen bezahlt hat –, so wird dann auch der Sicherungsnehmer Eigentümer (§ 185 Abs. 2 2. Fall).

Fraglich ist, ob die nach § 933 nicht zum Erfolg führende „Übereignung" der noch unter Eigentumsvorbehalt stehenden Sachen in eine Übertragung der dem Vorbehaltskäufer (= Sicherungsgeber) zustehenden Anwartschaft umgedeutet werden kann. Daß die Anwartschaft aus bedingter Übereignung an den Sicherungsgeber übertragen werden kann – und zwar in den Formen der Übertragung des Eigentums, also auch nach § 930 –, ist sicher (BGHZ 10, 69, 72; 28, 16, 21). Sicher ist weiter, daß hierzu eine Zustimmung oder Benachrichtigung des Vorbehaltsverkäufers nicht erforderlich ist und daß bei Bedingungseintritt das volle Eigentum vom Verkäufer auf den Erwerber des Anwartschaftsrechts übergeht, ohne daß der Vorbehaltskäufer „dazwischen" sog. Durchgangseigentum erwor-

---

[1] Freilich darf die Besitzübergabe nicht nur symbolisch erfolgen: OLG München NJW 1970, 667 (kurze Probefahrt durch einen Angestellten des Erwerbers); OLG Frankfurt BB 1976, 573 (Anbringung von Schildern).
[2] Dieses Beispiel macht deutlich, daß auch der Erwerb des mittelbaren Besitzes (den M dem K vermittelt) genügt, sofern nur keinerlei Besitz beim Veräußerer zurückbleibt! (BGH NJW 1978, 696 unter Hinweis auf BGH NJW 1959, 1536).

ben hat (BGHZ 20, 88, 100 = *Baur*, E. Slg. Fall 24; 28, 16, 22). Zweifelhaft bleibt aber die Frage, ob in der – zunächst wirkungslosen – „Übereignung" der noch unter Eigentumsvorbehalt stehenden Sachen eine Übertragung des Anwartschaftsrechts gesehen werden kann (Umdeutung, § 140).

Beispiel (in Anlehnung an BGH LM § 929 BGB Nr. 11a): S – Inhaber einer Geflügelfarm – hat den jeweiligen Bestand an Geflügel samt den „Zugängen" seinem Gläubiger G zur Sicherung übereignet. Die Küken bezog S von V, der sie unter Eigentumsvorbehalt lieferte. S fällt in Konkurs. G behauptet, ihm stehe als Sicherungseigentümer auch an den noch unter Eigentumsvorbehalt stehenden Hühnern ein Absonderungsrecht zu, sobald der restliche Kaufpreis bezahlt sei.
Eigentum hat G an den noch dem V gehörigen Hühnern zunächst sicher nicht erworben (§ 933). Auch hat – was möglich gewesen wäre – S nicht das Anwartschaftsrecht (dessen Inhaber er ja war) nach § 930 auf G übertragen. Aber in der mißlungenen Eigentumsübertragung steckt als mindestens gewollt die Übertragung der Anwartschaft; „denn die Anwartschaft ist ein dem Eigentum wesensgleiches Recht, sie ist nicht etwas anderes, sondern ein Weniger, so daß der Erwerber, dem der Veräußerer das Volleigentum deshalb nicht übertragen kann, weil noch ein Eigentumsvorbehalt besteht, wenigstens die Anwartschaft auf das Eigentum erhält" (BGH aaO).[1]
Häufig wird versucht, die für den Sicherungsnehmer sich aus § 933 ergebenden Gefahren dadurch zu umgehen, daß man eine Übereignung nach § 929 Satz 1 (und damit nach § 932 Abs. 1 Satz 1!) zu erzielen sucht: Der Schuldner übergibt das Warenlager einem Angestellten (= Besitzdiener!) oder „Treuhänder" (= Besitzmittler) des Gläubigers; ihm bleibt aber gestattet, den Bestand des Warenlagers auszuwechseln. Dieser Umgehungsversuch wird meist schon an der mangelnden Redlichkeit der Mittelsperson scheitern,[2] abgesehen davon ist zweifelhaft, ob dem Schuldner nicht ein „Restbesitz" bleibt.[3]

4. Übereignung durch Abtretung des Herausgabeanspruchs (§ 931)

a) Recht zweifelhaft wird die Rechtfertigungskraft des Besitzes bei der Übereignung durch Abtretung des Herausgabeanspruchs. Wir wissen (s. oben § 51 VI 1), daß hier zwei Fälle zu unterscheiden sind, *einmal* der, daß der Veräußerer mittelbarer Besitzer ist und den Anspruch aus dem Besitzmittlungsverhältnis an den Erwerber abtritt, der dadurch mittelbarer Besitzer wird, *zum anderen* der, daß der Veräußerer nur einen – wirklichen oder vermeintlichen – Herausgabeanspruch ohne Besitzmittlungsverhältnis abtritt.

§ 934 gesteht dem mittelbaren Besitz die Rechtsscheinwirkung zu (1. Alternative); fehlt mittelbarer Besitz, so wird der Erwerber nur Eigentümer, „wenn er den Besitz der Sache von dem Dritten erlangt" *und* zu diesem Zeitpunkt noch redlich ist (2. Alternative).

An dieser Regelung verblüfft, daß das Gesetz *hier* dem mittelbaren Besitz die den redlichen Erwerb rechtfertigende Kraft zugesteht, während es diese in § 933 versagt; das führt zu recht sonderbaren Ergebnissen:[4]
NE hat die ihm nicht gehörige Maschine an K nach § 930 veräußert. K ist nicht Eigentümer geworden.
Hat NE die Maschine an M vermietet und sie dann nach § 931 an K übereignet, so ist K Eigentümer geworden (§ 934 1. Alternative). Hätte NE dagegen die Maschine durch Vereinbarung eines

---

[1] Weitere Ausführungen zum Anwartschaftsrecht aus § 455 s. unten § 59 V. – Im übrigen würde § 185 Abs. 2 (2. Tatbestandsgruppe) dem G nichts helfen, weil inzwischen Konkurs eröffnet wurde (§ 15 KO; s. *Baur/Stürner* II InsolvR Rz. 8.12 ff. m. w. N.).
[2] So mit Recht *Boehmer* aaO S. 32; s. auch oben § 8 II 3.
[3] So *Westermann/Gursky* I § 48 I 1.
[4] Siehe dazu vor allem *Boehmer* aaO S. 32 ff.; Rechtfertigung des „Wertungswiderspruchs" zwischen § 933 u. § 934 1. Alternative durch *Michalski* AcP 181, 384, 420 ff. (im Ergebnis überzeugend).

weiteren Besitzkonstituts übereignet (M unmittelbarer Besitzer, NE mittelbarer Besitzer 1. Stufe, K mittelbarer Besitzer zweiter Stufe), so hätte K das Eigentum nicht erlangt!

Diese willkürlich erscheinende Regelung ist immer wieder angegriffen worden. Man wird sie als vom Gesetz gewollt hinnehmen müssen (dazu BGHZ 50, 45, 51 = *Baur,* E.Slg. Fall 20), wobei wir wieder einmal als unterscheidendes Kennzeichen festhalten können, daß es dem Gesetz entscheidend auf den völligen Besitzverlust des Veräußerers ankommt: dies ist bei § 934 1. Alternative der Fall, nicht dagegen bei § 933!

b) 1. *Alternative: der nichtberechtigte Veräußerer ist mittelbarer Besitzer*

Hier wird der Erwerber mit der Abtretung des Herausgabeanspruchs Eigentümer, sofern er redlich ist. Der Herausgabeanspruch ist der sich aus dem Besitzmittlungsverhältnis ergebende;[1] er muß wirklich gegeben, nicht bloß behauptet sein.

Zweifelhaft ist folgender Fall (vgl. BGH NJW 1959, 1536): NE hat einen ihm nicht gehörigen Baukran zur Sicherheit nach § 930 dem G übereignet; G ist nicht Eigentümer geworden (§ 933). Nun überträgt G – der auch Geld braucht – das Sicherungseigentum an seinen Geldgeber D, indem er den Herausgabeanspruch gegen NE abtritt. D ist dann Eigentümer geworden, wenn ein Herausgabeanspruch G gegen NE bestand. Dies wird verneint,[2] weil die mißglückte Übereignung NE – G auch die Unwirksamkeit des Besitzmittlungsverhältnisses nach sich gezogen habe. Dieser Schluß ist nicht zwingend; denn die Parteien hatten ein legitimes Interesse an einer Verwahrungspflicht des NE bis zum Zeitpunkt einer evtl. Übergabe, die dann zum Eigentumserwerb des G geführt hätte (§ 933). Auch war G im Verhältnis zu NE schuldrechtlich zur Verwertung befugt.

Zweifelhaft (weil der BGH sich nicht mit dem Problem des Nebenbesitzes [s. unten c bb] auseinandersetzt) auch BGHZ 50, 45 (= *Baur,* E.Slg. Fall 20): Kl. hat eine Fräsmaschine unter Eigentumsvorbehalt an H geliefert. H hat die Maschine an C zur Sicherheit nach § 930 übereignet, wobei er sich dem C gegenüber als Eigentümer ausgab. C hat kein Eigentum erworben (§ 933). C tritt seine Rechte nach § 931 an die Bekl. ab, die nach Meinung des BGH nach § 934 Eigentümerin wird (Besprechung des Falls: Hermann *Lange* JuS 1969, 162; *Medicus* Rn. 559–561 u. Anm. bei *Baur* E.Slg. Fall 20).

c) 2. *Alternative: der nichtberechtigte Veräußerer ist nicht mittelbarer Besitzer*

Hier genügt die Abtretung des angeblichen oder wirklichen Herausgabeanspruchs nicht; der Erwerber muß Besitz erlangen, wobei auch mittelbarer Besitz genügt (BGH DB 1969, 436; NJW 1978, 696), und zwar muß ihm der Besitz auf Grund des Veräußerungsgeschäfts verschafft sein.

Vgl. das *Beispiel* oben § 7 B III 1 b dd. Verblüffend ist auch hier wieder, daß die Verschaffung des mittelbaren Besitzes durch den dritten Besitzer genügen soll, was nicht ausreicht, wenn der Veräußerer selbst den mittelbaren Besitz nach § 930 dem Erwerber übertragen würde (§ 933!). Zur Begründung dieser Gesetzeslage kann man nur wieder betonen, daß es dem Gesetz eben nicht nur auf die rechtfertigende Besitzlage beim Veräußerer, sondern auch darauf ankommt, daß beim Veräußerer „nicht der geringste Rest eines Besitzes zurückbleibe".

Damit hängt die weitere Frage zusammen, wie sich der redliche Erwerb gestaltet, wenn der Besitzmittler die Richtung seines Besitzwillens ändert (aa) oder seine Funktionen für zwei mittelbare Besitzer ausübt oder auszuüben scheint (bb):

aa) Der mittelbare Besitzer verliert trotz Fortbestehen des ihn stützenden Rechtsverhältnisses den Besitz, wenn der Besitzmittler seine „Besitzergesin-

---

[1] BGH NJW 1959, 1536; 1979, 2037: zwar mittelbarer Besitz gegeben, aber Namenslagerschein mit besonderer Vereinbarung ausgestellt (dazu kritisch *Karsten Schmidt,* Handelsrecht, S. 532).

[2] Z. B. von *Wolff/Raiser* § 69 II 2 d; unentschieden gelassen in BGH NJW 1959, 1538; anders BGHZ 50, 45, 48 f. = *Baur,* E. Slg. Fall 20.

nung" ändert und zu erkennen gibt, daß er nunmehr für einen anderen besitzen will. Dann ist auch ein Eigentumserwerb dieses anderen nach § 934 2. Alternative möglich.

Beispiel: E hat seine Uhr dem R zur Reparatur gegeben. Er verliert den Reparaturschein, den NE findet. NE veräußert die Uhr unter Übergabe des Scheins an den redlichen K. Damit ist K noch nicht Eigentümer geworden (§ 934 2. Alternative). Wenn K aber von R bestätigt erhält, daß dieser ihm die Uhr gegen Übergabe des Scheins und Zahlung der Kosten herausgeben werde, so hat er jetzt durch den Erwerb des mittelbaren Besitzes Eigentum erworben, selbst wenn R etwa gegen die sich aus dem Werkvertrag dem E gegenüber bestehenden Sorgfaltspflichten verstoßen haben sollte.

bb) Fraglich ist die Lösung dann, wenn die Besitzbeziehung des bisherigen mittelbaren Besitzers noch nicht gelöst ist, sondern neben der des „neuen" mittelbaren Besitzers andauert (*Problem des „Nebenbesitzes"*; s. dazu auch oben § 7 B III 3 b).[1]

Beispiel (in Anlehnung an RGZ 135, 75 u. 138, 265): V veräußert an NE unter Eigentumsvorbehalt einen Posten Zucker, lagert ihn aber „der Sicherheit halber" bei dem Lagerhalter L ein; dieser stellte dem V Lagerscheine aus. NE übereignete unter Abtretung seiner angeblichen Herausgabeansprüche gegen L diesen Zucker an K. L stellte auch diesem Lagerscheine aus, lieferte aber nach wie vor auf Anweisung des V Zucker an die Abnehmer des NE aus.
Das RG bejaht den Eigentumserwerb des K, indem es betont, daß durch die Begründung des neuen Besitzmittlungsverhältnisses (L–K) das bisherige Besitzmittlungsverhältnis (L–V) zerstört worden sei; ebenso BGH NJW 1979, 2037. Demgegenüber betonen *Wolff/Raiser* (§ 69 Anm. 22) und *Westermann* (in der Vorauflage § 48 III, anders jetzt aber *Westermann/Gursky* § 48 II), daß hier mittelbarer Nebenbesitz (des V und K) vorliege; dies bedeute, daß V noch eine besitzrechtliche Position behalten hat und daher ebenso schutzwürdig sei wie K; dessen Eigentumserwerb wird also verneint.
U. E. ist zu unterscheiden:
α) Unproblematisch ist der Fall, daß der Besitzmittler erkennbar die besitzrechtliche Beziehung zu dem bisherigen mittelbaren Besitzer endgültig löst; hier erlischt dessen mittelbarer Besitz (oben aa).
β) Schwierigkeiten entstehen dann, wenn der Besitzmittler (L) neben dem neuen mittelbaren Besitzer (K) nach wie vor den bisherigen mittelbaren Besitzer (V) als solchen anerkennt, also – bewußt oder unbewußt – ein Doppelspiel treibt. Ist damit das Besitzmittlungsverhältnis L–V beendet und ein redlicher Erwerb des K nach § 934 2. Alternative möglich? (ja: RG aaO). Verneint man diese Frage, so ergibt sich die weitere: Soll es zum Eigentumserwerb des K nach § 934 2. Alternative genügen, daß er jedenfalls *auch* mittelbaren Besitz erhält oder hindert der bestehenbleibende mittelbare Besitz des V den Eigentumserwerb des K? Die Lösung des Reichsgerichts scheitert daran, daß L nach wie vor auch den Weisungen des V folgt. Bestehen sonach zwei Besitzmittlungsverhältnisse (des V *und* des K), so sind in der Tat V und K gleich schutzwürdig; der Eigentumserwerb des K ist also zu verneinen. Eigentum hätte K nur erwerben können, wenn er den unmittelbaren Besitz erlangt oder L seine Besitzbeziehung zu V abgebrochen hätte.[2]
Eigentumserwerb wäre in unserem Fall auch ausgeschlossen, wenn K seinerseits den Zucker unter Abtretung seines Herausgabeanspruchs nach § 870 an D veräußert hätte; hier läge zwar der Fall der 1. Alternative des § 934 vor; aber der noch bestehende mittelbare Besitz des V würde den Eigentumserwerb des D verhindern.
5. Aus der Fassung der §§ 932–934 ergibt sich, daß ein Erwerb *kraft Gesetzes* oder *im Wege der Zwangsvollstreckung* (Ausnahme: § 898 ZPO) oder bei *Abschluß eines schuldrechtlichen Geschäfts* nicht zum redlichen Erwerb nach §§ 932 ff. führen kann; ferner auch dann nicht, wenn es sich zwar um einen rechtsgeschäftlichen Erwerbsvorgang handelt, in Wahrheit aber für den Rechtsscheingedanken

---

[1] Dazu *Michalski* AcP 181, 384, 398 ff.; *Medicus* FS Hübner 1984, 611; *Picker* AcP 188, 513, 533 ff. (kritische, diese Lösung ablehnende Darstellung); *Tiedtke* WM 1979, 1143, 1981, 1097 u. Gutgl. Erwerb S. 36; *Roussos* Jura 1987, 403.

[2] Zur gesamten Problematik jetzt besonders *Picker* aaO, der die Schwächen der Nebenbesitzlösung erkannt hat, dessen eigener Vorschlag aus „der vermutungsbegründenden Sachbeziehung der Gegner" freilich auch erhebliche Zweifel erweckt.

mangels eines „Verkehrsgeschäfts" kein Raum ist (vgl. oben § 23 III 3d; MünchKomm/*Quack* § 932 Rn. 24 ff.; *Tiedtke,* Gutgl. Erwerb, S. 6 ff.).

III. Der „Gute Glaube"

1. *Grundregel*

a) Erwerb vom Nichtberechtigten ist nur kraft Rechtsgeschäfts und nur bei Redlichkeit des Erwerbers möglich. Anders als im Grundstücksrecht (§ 892) umfaßt die Unredlichkeit hier Kenntnis *und* grob fahrlässige Unkenntnis des Nichteigentums des Veräußerers. Der Eigentümer, der den Rechtserwerb angreift, hat die Unredlichkeit zu beweisen (§ 932 Abs. 1 Satz 1: „es sei denn, daß . . .").

Ob der Erwerber redlich oder unredlich war, läßt sich nur im konkreten Fall unter Würdigung aller Umstände entscheiden. Dabei ist *prozessual* folgendes zu beachten:

aa) Vorsatz und grobe Fahrlässigkeit sind Rechtsbegriffe. Ob sie im konkreten Fall vom Richter richtig verstanden worden sind, kann auch in der Revisionsinstanz nachgeprüft werden.

bb) Dagegen ist die Frage, ob der Erwerber vorsätzlich oder grobfahrlässig gehandelt hat, der Entscheidung des Tatrichters überlassen und in der Revisionsinstanz nur beschränkt nachprüfbar (BGHZ 10, 14, 16; BGH NJW 1981, 226; *Baur/Grunsky* Rn. 224).

cc) Kann der Richter auf Grund einer Beweisaufnahme und bei Würdigung aller tatsächlichen Umstände sich keine feste Überzeugung von der Redlichkeit oder Unredlichkeit des Erwerbers bilden, so greift die Beweislastregel ein (sog. materielle Beweislast). Er hat dann zuungunsten dessen zu entscheiden, den der redliche Erwerb verneint hat. Die Beweislastverteilung bedeutet aber nicht, daß er nur die Beweisanträge des Beweisbelasteten zu berücksichtigen hätte.

Beispiel: NE hat sich bei der „Mietwagenzentrale E" einen PKW auf 14 Tage gemietet. Er veräußert den Wagen an K. Landgericht und Oberlandesgericht haben dies als „grobfahrlässige Unkenntnis" bezeichnet, weil K nicht die Übergabe des Kraftfahrzeugbriefes gefordert habe (der bei E lag!). Sind sie dabei von dem richtigen Begriff der groben Fahrlässigkeit ausgegangen, so kann die Subsumtion der tatsächlichen Umstände unter diesen Begriff nicht vom Revisionsgericht (BGH) nachgeprüft werden.

Hatte NE einen gefälschten Kraftfahrzeugbrief an K übergeben, so wird es bedeutsam sein, ob K infolge grober Fahrlässigkeit diese Fälschung nicht erkannt hat. Zur Klärung dieser Frage kann und muß das Gericht die von K wie von E angebotenen Beweismittel (Zeugen usw.) verwerten. Läßt sich der Sachverhalt nicht restlos aufklären, so hat es im Urteil von der Redlichkeit des K auszugehen.

dd) Zur „Unredlichkeit" im Falle der *Anfechtbarkeit wegen eines Willensmangels* s. § 142 Abs. 2 u. dazu BGH NJW 1988, 482.

b) *Grobfahrlässig* ist nach der gängigen Formel der Erwerber, wenn er „die erforderliche Sorgfalt nach den gesamten Umständen in ungewöhnlich grobem Maße verletzt und dasjenige unbeachtet gelassen hat, was im gegebenen Fall jedem hätte einleuchten müssen" (BGHZ 10, 14, 16 = *Baur,* E. Slg. Fall 21). Zweifelhaft kann im konkreten Fall der Umfang der Nachprüfungs- und Informationspflicht sein.

Dabei kommt es auf die Person des Erwerbers (versierter Geschäftsmann oder harmloser Zeitgenosse), die des Veräußerers (vertrauenerweckender, geachteter Bürger – lichtscheues Subjekt) ebenso an wie auf die Art des Geschäfts (Verkehrsgeschäft des täglichen Lebens – Kreditgeschäft) und allgemein bekannte Erfahrungsregeln (s. dazu etwa RGZ 143, 14; 147, 321; BGHZ 10, 69, 74; BGH LM § 932 BGB Nr. 12; BGH NJW 1961, 777: Zur Frage des Rechtsirrtums; BGH JZ 1978, 400: Bösgläubigkeit der Hausbank, die die desolaten finanziellen Verhältnisse des Sicherungsgebers kennt; BGH NJW 1982, 38 u. 1981, 1271: Schlechtgläubigkeit des Testamentsvollstreckers als „Insiders").

Bei hochwertigen Investitions- oder Konsumgütern ist mit einem EV des Vorlieferanten zu rechnen. Die Veräußerung ist dem Händler indessen innerhalb des normalen Geschäftsgangs gestattet (§ 185). Wer also in einem gut bekannten Rundfunkgeschäft ein Radio kauft, braucht sich um einen EV nicht zu kümmern. Anders ist die Situation aber in Fällen, in denen die Ware zur Kreditsicherung (BGH LM § 365 HGB Nr. 1) oder unter dem Einkaufspreis (BGH LM § 455 BGB Nr. 23) erworben wird. Hier darf sich der Erwerber nach Lage des Falles nicht mit der Versicherung des Verkäufers begnügen, die Ware sei bezahlt, sondern muß je nach Lage der Dinge weitere Nachforschungen anstellen und Nachweise verlangen (*Soergel/Mühl* § 932 Rn. 15). Beim Erwerb einer Partie von Blusen, die aus Stoffen des Lieferanten hergestellt worden sind, ist stets mit einem verlängerten Eigentumsvorbehalt des Stofflieferanten zu rechnen. Schließt der Erwerber in seinen AGB die Abtretung der Kaufpreisforderung des Veräußerers an den Lieferanten aus, so nimmt er in Kauf, einen verlängerten Eigentumsvorbehalt des Lieferanten zu vereiteln (§ 399 BGB). Erkundigt er sich nicht nach den Eigentumsverhältnissen, so handelt er grob fahrlässig (BGHZ 77, 274 = *Baur* E. Slg Fall 26 a). Den Bauherrn aber, der den Einbau von unter verlängertem EV gelieferten Waren durch den Bauunternehmer duldet, soll nach BGH DB 1991, 159 keine Erkundigungspflicht treffen. Er haftet nicht einmal für „leichte Fahrlässigkeit" auf Schadensersatz nach § 823.

Wer eine Ware sich sicherungsübereignen läßt, braucht sich nicht zu erkundigen, ob sie etwa schon anderweit sicherungsübereignet ist (BGH JZ 1970, 187 u. 1972, 27). Die sich somit ergebende Differenzierung zwischen Sicherungsübereignung und Eigentumsvorbehalt ist aber zweifelhaft (*Staudinger/Wiegand* § 932 Rn. 64).

Wer ein Kraftfahrzeug ohne Übergabe des Kraftfahrzeugbriefs erwirbt, handelt in aller Regel grob fahrlässig (BGHZ 10, 69, 74; 30, 374, 380; 68, 323, 325; BGH JZ 1965, 219; BGH NJW 1970, 653 u. 1981, 227).[1] – Besondere Fallgestaltung OLG Düsseldorf NJW 1985, 2484 (dazu *Mittenzwei* NJW 1986, 2472).

War der Erwerber nur *leicht* fahrlässig, so ist er nicht aus dem Gesichtspunkt der unerlaubten Handlung (§ 823 Abs. 1) zur Rückübereignung an den früheren Eigentümer verpflichtet. Zwar sind auch rechtliche Einwirkungen „Verletzungen des Eigentums" i. S. des § 823 Abs. 1; aber die Anwendung dieser Bestimmung in Fällen *leichter* Fahrlässigkeit würde die in § 932 Abs. 2 vorgesehene Beschränkung auf Vorsatz und *grobe* Fahrlässigkeit illusorisch machen (BGH JZ 1956, 490 und BGHZ 37, 363, 368).

c) Der Erwerber muß im *Augenblick* der letzten Erwerbshandlung redlich sein; dagegen braucht bei aufschiebend bedingter Übereignung Redlichkeit im Zeitpunkt des Bedingungseintritts nicht mehr gegeben zu sein (BGHZ 10, 69, 73).

d) Die Redlichkeit führt nur dann zu einem Rechtserwerb, wenn sie sich auf das mangelnde Eigentum des Veräußerers bezieht, *nicht* aber dann, wenn sie die Geschäftsfähigkeit oder Verfügungsbefugnis des Veräußerers betrifft. Jedoch macht zum letztgenannten Punkt § 366 HGB eine Ausnahme, wenn ein Kaufmann im Betriebe seines Handelsgewerbes eine ihm nicht gehörige Sache unbefugt veräußert.[2]

Beispiele: E hat seinen Photoapparat dem NE geliehen. Dieser veräußert ihn an K, dem er vorschwindelt, er sei zwar nicht Eigentümer, aber E habe ihm erlaubt, den Apparat bei günstiger Gelegenheit zu veräußern: kein Erwerb des K.

Anders dann, wenn E den Apparat dem Photohändler NE zur Reparatur gegeben und dieser ihn veräußert hat: Erwerb des K. War der Apparat dem E gestohlen worden, so tritt jedoch auch hier kein Eigentumserwerb des K ein; denn § 935 ist auch im Rahmen des § 366 HGB anzuwenden.

---

[1] Dazu *Schlechtriem* NJW 1970, 2088.

[2] Dazu BGH NJW 1975, 735 u. ausführlich *Karsten Schmidt*, Handelsrecht, § 22; *Bülow* AcP 186, 576; *Bosch* JuS 1988, 439.

Gleichgültig ist es, ob im Falle des § 366 HGB der veräußernde Kaufmann an seine Verfügungsbefugnis glaubt oder deren Nichtbestehen kennt, gleichgültig auch, ob eine dem Kaufmann erteilte
Verfügungsbefugnis wirkungslos war (z. B. weil sie ihm vom Nichteigentümer erteilt war).

Läßt sich im Prozeß nicht feststellen, ob der Erwerber den veräußernden Kaufmann für den
Eigentümer gehalten oder ihn nur für verfügungsbefugt angesehen hat, so kann das Gericht den
Erwerb auf Grund beider Bestimmungen bejahen (vgl. BGH NJW 1959, 1080).

Halten wir fest: § 932 bezieht sich nur auf den guten Glauben an das Eigentum,
nicht auf die Geschäftsfähigkeit, nicht auf die Verfügungsbefugnis (Ausnahme
§ 366 HGB).[1]

Davon zu unterscheiden sind die Fälle, daß der Veräußerer zwar Eigentümer
ist, aber *in der Verfügung* durch das Gesetz oder eine gerichtliche Anordnung
(relatives Veräußerungsverbot) beschränkt ist. Auch hier wird meist der gute
Glaube des Erwerbers an das Fehlen der Verfügungsbeschränkung geschützt
(vgl. §§ 135 Abs. 2, 136; 2113 Abs. 3), nicht jedoch im Falle der Konkurseröffnung (Umkehrschluß aus § 7 Abs. 1 2. Halbsatz KO) und nicht in den Fällen der
§§ 1365, 1369 (absolute Veräußerungsverbote!).

Man hat also folgende Fälle zu unterscheiden, die für den Neuling im Sachenrecht zusammenge-
stellt werden sollen:

Der Veräußerer ist Eigentümer	Eigentumserwerb nach §§ 929 ff.
Der Veräußerer ist nicht Eigentümer, aber zur Verfügung befugt	Eigentumserwerb nach § 185 (bzw. § 6 Abs. 2 KO, § 2205 Satz 2 BGB usw).
Der Veräußerer ist nicht Eigentümer, geriert sich aber als solcher	Eigentumserwerb nach §§ 932–934
Der Veräußerer ist nicht Eigentümer und nicht verfügungsbefugt, geriert sich aber als verfügungsbefugt	Ausnahmsweise Eigentumserwerb nach § 366 HGB mit §§ 929 ff. BGB.
Der Veräußerer ist Eigentümer, aber in der Verfügung beschränkt	Eigentumserwerb ohne relative Unwirksamkeit in den gesetzlich geregelten Fällen (z. B. §§ 135 Abs. 2, 136).

2. Erwerb durch Stellvertreter

Zu prüfen bleibt, wer beim *Eigentumserwerb durch Stellvertreter* (s. dazu oben
§ 51 VII) gutgläubig sein muß, der Vertreter oder der Vertretene. Die Antwort
gibt § 166: Entscheidend kommt es auf die Person des Vertreters an (§ 166
Abs. 1). Nur wo ein Bevollmächtigter nach bestimmten Weisungen des Voll-
machtgebers gehandelt hat, müssen beide redlich sein (§ 166 Abs. 2).

Beispiele: Der Betreuer B des unter Betreuung mit Einwilligungsvorbehalt gestellten K kauft zur
Geldanlage von NE Wertpapiere. War B redlich, so erwirbt K selbst dann Eigentum, wenn er das
Nichteigentum des NE kannte, ja selbst dann, wenn er den B auf den Erwerb von NE hingewiesen
hatte (§ 166 Abs. 2 bezieht sich nur auf die Vollmacht!). –
Der redliche K erwirbt durch seinen redlichen Bevollmächtigten V von NE eine Maschine, die er
an seinen Angestellten A (Besitzdiener) oder den Mieter der Maschine M (Besitzmittler) übergeben
läßt. Es schadet nicht, daß A oder M bösgläubig waren, denn es kommt nur auf die Stellvertretung *bei
der Einigung* an (RGZ 137, 23, 27 f. = *Baur*, E.Slg. Fall 19). –

§ 166 ist entsprechend anwendbar in Fällen der gesetzlichen Surrogation
(§§ 1370, 1646) und bei der „Übereignung wen es angeht".

---

[1] Über den Ausschluß der Redlichkeit bei Bankiers s. § 367 HGB:

Kaufen die Eltern mit Mitteln der minderjährigen Tochter vom Nichtberechtigten eine Schreibmaschine, so wird die Tochter Eigentümerin, wenn *beide* Elternteile (Gesamtvertretung!) redlich waren.

IV. Die Stellung des redlichen Erwerbers

1. Liegen die Voraussetzungen der §§ 932–934 vor und ist die Sache auch nicht abhandengekommen (§ 935), so erwirbt der Redliche volles Eigentum. Dabei ist es gleichgültig, ob er entgeltlich oder unentgeltlich erworben hat; jedoch steht bei unentgeltlichem Erwerb dem Eigentümer ein Kondiktionsanspruch nach § 816 Abs. 1 Satz 2 zu; er ist auf die Rückübereignung der Sache gerichtet.

Beispiel: NE hat bei L eingelagertes, dem E gehöriges Getreide an G durch Abtretung des Herausgabeanspruchs als Sicherheit für ein ihm gewährtes Darlehen übereignet. G hat Eigentum erworben (§§ 931, 934 1. Alternative). E hat gegen NE – abgesehen vielleicht von Ansprüchen aus Vertragsverletzung oder unerlaubter Handlung – einen Anspruch aus § 816 Abs. 1 Satz 1. Steht dem E ein Anspruch gegen G aus § 816 Abs. 1 S. 2 zu? Die Beantwortung dieser Frage hängt offensichtlich davon ab, ob G „unentgeltlich" einen rechtlichen Vorteil erlangt hat (§ 816 Abs. 1 Satz 2), verneinendenfalls, ob der dem NE gewährte Kredit das „Erlangte" i. S. von § 816 Abs. 1 S. 1 ist.
Sicher liegt § 816 Abs. 1 Satz 2 nicht vor. Denn wie man auch immer das Verhältnis zwischen Darlehen und Sicherungsübereignung beurteilen mag, jedenfalls hat G das Getreide nicht unentgeltlich, also ohne Gegenleistung erlangt. Problematischer ist die Beurteilung des Anspruchs aus § 816 Abs. 1 Satz 1 gegen NE. Kann man sagen, NE habe „durch" die Sicherungsübereignung des Getreides die Darlehenssumme erlangt? M. E. nein. Durch die Sicherungsübereignung hat NE nur den in der Nutzung des Darlehens liegenden Vorteil „erlangt"; *den* muß er herausgeben.[1]

2. Das letztgenannte Beispiel führt uns zu dem Problem des sog. *Rückerwerbs des Nichtberechtigten.*

Nehmen wir an, NE hätte seine Darlehensschuld an G zurückbezahlt, fällt nun das Eigentum an NE zurück, der damit zum Eigentümer würde, oder an E?

Als Ausgangspunkt ist festzuhalten, daß der redliche Erwerber Eigentum erworben hat, daß er also als Berechtigter verfügt, wenn er das Eigentum weiter überträgt, daß ein Dritter also vom Berechtigten erwirbt und Eigentümer wird, selbst wenn er wußte, daß der Veräußerer vom Nichtberechtigten erworben hatte, daß schließlich auch der ursprüngliche „Nichtberechtigte" Eigentum erlangt, wenn er die Sache von dem redlichen Erwerber zurückerwirbt.
Gerade der letztgenannte Satz muß aber – schon das Rechtsgefühl fordert dies – Einschränkungen unterliegen,[2]
a) und zwar einmal dann, wenn der Rückerwerb sich nur als Rückabwicklung des Rechtsverhältnisses zwischen dem Nichteigentümer und dem „Redlichen" darstellt, gleichgültig ob diese Rückabwicklung auf Rücktritt, Wandlung, ungerechtfertigter Bereicherung beruht:

NE hat eine dem E gehörige Maschine an den redlichen K veräußert. Dieser wandelt wegen eines Sachmangels. Mit Vollzug der Wandlung wird E Eigentümer, nicht NE!

---

[1] Siehe zu diesem Problemkreis *von Caemmerer,* Bereicherungsausgleich bei Verpfändung fremder Sachen, in Festschrift für *Lewald* (1953) S. 433 ff.; *Krawielicki* DogmJb. 81, 257.

[2] Siehe dazu *Krapp,* Der Rückerwerb des Nichtberechtigten (Mainzer Diss. 1955); *Nüssgens,* Der Rückerwerb des Nichtberechtigten (1939); *Gernhuber* JuS 1988, 363; *Wiegand* JuS 1971, 62; *Lopau* JuS 1971, 233; weitere Nachweise bei *Gursky* S. 58 ff.

War die Verfügung des NE ohne rechtlichen Grund erfolgt und setzt NE den Kondiktionsanspruch durch, so fällt das Eigentum an E;[1]

b) ferner dann, wenn der Eigentumserwerb des K von vornherein nur „vorläufig" sein sollte; so wenn der Nichteigentümer die fremde Sache seinem – redlichen – Gläubiger nach §§ 929, 931 zur Sicherheit übereignet hatte. Mit der Tilgung des Darlehens fällt das Eigentum an der Sache an den ursprünglichen Eigentümer zurück, und zwar gleichgültig, ob man die Sicherungsübereignung von vornherein als – durch die Rückzahlung des Darlehens – auflösend bedingt ansieht oder ob man dem Sicherungsgeber nur einen schuldrechtlichen Rückübereignungsanspruch zugesteht;

c) schließlich dann, wenn der bösgläubige Nichteigentümer zugunsten des Redlichen nur verfügt hatte, um durch den Rückerwerb das Eigentum zu erhalten.

Aber auch mit diesen Einschränkungen bleiben genug Zweifel, wie etwa folgender Fall zeigt:
E war dem Geschäft des NE als stiller Teilhaber beigetreten und hatte diesem als Einlage 10 Aktien übereignet. Später hatte er bemerkt, daß er bei Eintritt in das Geschäft einem nach § 119 Abs. 2 erheblichen Irrtum unterlegen war, und hatte auch die Übereignung wirksam angefochten. Bevor er einen Titel auf Herausgabe erwirken und den Gerichtsvollzieher mit der Wegnahme beauftragen konnte, hatte NE die Aktien seinem Gläubiger G an Erfüllungs statt übereignet. G ist ungeachtet der Anfechtung – Redlichkeit hinsichtlich der Anfechtbarkeit vorausgesetzt – Eigentümer geworden (§ 932 mit § 142 Abs. 2). G veräußert die Aktien weiter. Dem NE ist die Sache später peinlich geworden, es gelingt ihm, *diese* 10 Aktien (oder 10 Aktien derselben AG) auf dem Markt zu erwerben. Bevor er sie dem E zurückgeben kann, pfändet sie einer seiner Gläubiger. Obwohl diese Aktien nach Ansicht des NE Surrogat der von E hingegebenen sein sollten, wird ein Rückfall des Eigentums an E nicht möglich sein.

3. Unser Recht kennt auch *keinen Lösungsanspruch,*[2] weder – zugunsten des ursprünglichen Eigentümers – beim Erwerb nach §§ 932–934, noch – zugunsten des Erwerbers – bei abhandengekommenen Sachen (§ 935).

Beispiele: E hat wertvollen, alten Familienschmuck dem NE zur „Auffrischung" gebracht. NE veräußert den Schmuck an K. E wäre bereit, dem K den bezahlten Kaufpreis, ja den Wert des Schmuckes zu ersetzen, wenn dieser ihm den Schmuck zurückgibt. *Erzwingen* kann er einen solchen Vorschlag nicht.
War der Schmuck dem E gestohlen worden, so kann er ihn von dem redlichen K herausverlangen (§ 935), ohne daß dieser den Ersatz des bezahlten Kaufpreises von E beanspruchen könnte.

V. Abhandengekommene Sachen

1. *Grundgedanke*

§ 935 Abs. 1 schließt den Erwerb bei unfreiwilligem Verlust des unmittelbaren Besitzes durch den Eigentümer oder seinen Besitzmittler aus. Die Tatsache, daß der Eigentümer seine Sache nicht weggegeben hat, läßt sein Erhaltungsinteresse schutzwürdiger erscheinen als das Erwerbsinteresse. Jedoch muß das Eigentümerinteresse hinter den Bedürfnissen des Rechtsverkehrs zurücktreten, wenn

---

[1] Zu der Frage, ob dieser Anspruch nicht dem NE, sondern dem E zusteht, s. BGHZ 37, 363, 367; *Larenz* II § 69 IV c; *von Caemmerer,* Festschrift f. *Boehmer* (1954) S. 145ff.; *Grunsky* JZ 1962, 207; *Schlosser* JuS 1963, 141; *Wiethölter* JZ 1963, 286.
[2] Wohl aber das Schweizer Recht! BGHZ 100, 321 (dazu *Hohloch* JuS 1988, 157).

Geld oder Inhaberpapiere abhandengekommen sind oder die Sache im Wege öffentlicher Versteigerung veräußert worden ist (§ 935 Abs. 2).

2. „*Abhandenkommen*"

Das Gesetz bringt zunächst zwei konkrete Beispiele des Abhandenkommens: „gestohlen worden – verlorengegangen." Eine Analyse dieser beiden Begriffe bringt das Ergebnis, daß es auf zwei Momente ankommt, auf den Verlust des *unmittelbaren* Besitzes und auf die *Unfreiwilligkeit* dieses Verlustes. Abhandengekommen ist eine Sache also dann, wenn sie „dem unmittelbaren Besitzer *ohne* seinen Willen aus dem Besitz gekommen" ist.[1]

a) *Der Besitzverlust.* aa) Entscheidend ist der Verlust des unmittelbaren Besitzes (auch des unmittelbaren *Mit*besitzes) durch den Eigentümer oder den Besitzmittler (§ 935 Abs. 1 Satz 2). Ist der Eigentümer mittelbarer Besitzer und gibt der Besitzmittler den Besitz auf, so ist die Sache nicht abhandengekommen.

Beispiele: Das Fahrrad des E wird gestohlen. –
E hat sein Fahrrad seinem Freund F geliehen. Diesem wird das Rad entwendet.
Hat dagegen F das Rad an K veräußert, so erwirbt dieser Eigentum (§ 932). Daß E dadurch seinen mittelbaren Besitz verloren hat, ist bedeutungslos.
Fraglich ist die Anwendung des § 935, wenn die Sache dem unmittelbaren Besitzer abhandenkommt, der dem Eigentümer keinen mittelbaren Besitz vermittelt:
E hat sein Rad dem R zur Reparatur gegeben. R hat es veruntreut und an den Hehler H (der also – weil bösgläubig – kein Eigentum erwarb) veräußert. Dort wird es gestohlen. Der Dieb verkauft das Rad an den redlichen K.
Die h. M.[2] bejaht den redlichen Erwerb, wohl zu Unrecht. Zwar spricht für sie der Wortlaut des § 935 Abs. 1 Satz 2, aber er ist angesichts der Tendenz des Gesetzes, bei unfreiwilligem Besitzverlust redlichen Erwerb auszuschließen, zu eng. Die Möglichkeit redlichen Erwerbs ist also zu verneinen.[3]

bb) Eine weitere praktisch bedeutsame Streitfrage ist mit der Stellung des Besitzdieners verbunden: Ist die Sache abhandengekommen, wenn *der Besitzdiener* sie veruntreut, sie also ohne den Willen des Besitzers für sich verwendet oder an andere weggibt?
Die h. M.[4] bejaht diese Frage, während andere[5] die Möglichkeit redlichen Erwerbs zugestehen, wenn der Besitzdiener *nach außen* eine dem Besitzmittler vergleichbare Stellung hatte. Der h. M. ist zu folgen; darauf, ob der Rechtsverkehr jemanden nach dem äußeren Anschein für einen unmittelbaren Besitzer halten kann, stellt das Gesetz bei der Ermittlung der wahren Besitzlage nirgends ab.

Beispiele: Der Verkäufer NE in einem Radiofachgeschäft des E hat einen kleinen Taschenempfänger mit nach Hause genommen, ihn zunächst selbst benützt, dann aber an den redlichen K veräußert. K ist nicht Eigentümer geworden.

---

[1] So die nicht gerade schöne, aber treffende und inzwischen klassisch gewordene Formulierung von Martin *Wolff* in *Wolff/Raiser* § 69 I 1.
[2] OLG Düsseldorf JZ 1951, 269; *Raiser*, ebenda; *Heck* S. 255; *Staudinger/Wiegand* § 935 Rn. 6; *Westermann/Gursky* I § 49 I 5.
[3] Ebenso Martin *Wolff* in der 9. Aufl. seines Lehrbuchs (§ 69 I 2); *Westermann* § 49 I 5 in der 5. Aufl.
[4] Vgl. etwa RGZ 71, 248, 252; 106, 4, 6 = *Baur*, E. Slg. Fall 22; *Westermann/Gursky* I § 49 I 6 m. w. N.
[5] Z. B. *Soergel/Mühl* § 935 Rn. 2; *Schmelzeisen* AcP 136, 149; *Westermann* § 49 I 6 in der Vorauflage; *Staudinger/Wiegand* § 935 Rn. 14.

Das Ergebnis ist nicht anders, wenn NE unselbständiger Reisevertreter des E war und das Vorführgerät an K veräußert.

Anders ist die Rechtslage dann, wenn die Sondervorschriften der §§ 54–56 HGB Platz greifen, wenn also NE in unserem ersten Beispiel das Gerät im Laden des E an K weisungswidrig veräußerte. Hier hat K Eigentum auf Grund *gesetzlicher* Veräußerungs*vollmacht* erworben.

Zweifelhaft ist schließlich noch der Fall, daß der Besitzdiener zwar vom Geschäftsherrn mit der Übergabe der Sache betraut ist, dabei aber – bewußt oder unbewußt – weisungswidrig handelt: der Reise„vertreter" NE muß seine Geschäfte in eigenem Namen abschließen, ist aber nicht Eigentümer der Waren, muß sich auch in jeder Hinsicht den Direktiven des E fügen. Er hat die Weisung, nur gegen Barzahlung zu übereignen. Dennoch übereignet er dem K die Ware, obwohl dieser in Raten zahlt. M. E. wird die generelle Befugnis zur Besitzübergabe nicht durch unkorrekten Vollzug im Einzelfall aufgehoben.[1] K ist daher – Redlichkeit vorausgesetzt – Eigentümer geworden (s. auch das Beispiel (5) oben § 51 VII 1).

§ 935 ist dagegen nicht anwendbar, wenn das Organ einer juristischen Person oder einer OHG (KG) den Besitz außerhalb seiner Geschäftsführungs- und Vertretungsbefugnis weggibt; denn das Organ übt die tatsächliche Sachherrschaft für die juristische Person aus (s. oben § 7 C I a. E., D II 1 b).

cc) Der unmittelbare Besitz des Erblassers geht nach § 857 auf den *Erben* über, auch wenn dieser die tatsächliche Gewalt an der Sache noch nicht ausübt, ja nicht ausüben kann. Veräußert also jemand eine zum Nachlaß gehörige Sache, so ist sie abhanden gekommen, wenn der Erbe unmittelbarer Besitzer nach § 857 geworden ist. Ein Eigentumserwerb ist nur möglich, wenn dem Veräußerer als Scheinerben ein Erbschein ausgestellt war (§ 2366):

Der Erblasser E hat in einem Testament von 1977 seinen Sohn S als Alleinerben eingesetzt. Als er 1980 stirbt, veräußert S – ohne sich einen Erbschein ausstellen zu lassen – eine wertvolle Sammlung alter Kupferstiche an K. 1982 wird ein Testament von 1979 gefunden, in dem E – weil er sich mit S überworfen hatte – den Neffen N zum Alleinerben beruft. Damit ist das Testament 1977 widerrufen (§ 2258). N ist von Anfang an Eigentümer des gesamten Nachlasses und unmittelbarer Besitzer auch der Sammlung geworden. K ist nicht Eigentümer geworden, weil die Sache dem N abhandengekommen ist (§§ 857, 935).[2] Dabei ist es gleichgültig, ob S als Erbe aufgetreten ist oder nicht. Hätte S andererseits einen Erbschein ausgestellt erhalten, so hätte K Eigentum an der Sammlung erworben, gleichgültig, ob S als Erbe auftrat oder nicht und ob er im ersten Fall dem K den Erbschein vorlegte (a. A. *Parodi* AcP 185, 365).

b) *Das Willensmoment.* Der Besitzverlust muß unfreiwillig sein, die Sache muß *ohne* (nicht notwendig: gegen) den Willen des unmittelbaren Besitzers aus dem Besitz gekommen sein. Wenn es sich auch hier um einen sog. „tatsächlichen", also nicht „rechtsgeschäftlichen" Willen handelt, so werden mit dieser Feststellung doch erhebliche Zweifel, die vor allem den Einfluß der Geschäftsunfähigkeit (aa), der Willensmängel (bb) und hoheitlicher Maßnahmen (cc) betreffen, nicht ausgeräumt.

aa) Meist wird gesagt, Besitzweggabe durch *Geschäftsunfähige*, nicht aber durch Geschäftsbeschränkte begründe Abhandenkommen. Dies mag als *Faustregel* angehen, sagt aber auch nicht mehr. Es kommt entscheidend auf die Fähigkeit an, sich über die Bedeutung der Besitzweggabe ein zutreffendes Bild machen zu können.[3]

---

[1] § 185 Abs. 1 ist nicht anwendbar, da NE den Rahmen der Ermächtigung überschreitet.

[2] Zu der Frage, ob Verfügungen des vorläufigen Erben (nach Erbfall, vor der Ausschlagung) ebenso zu behandeln sind, s. *Kipp/Coing* § 90 Anm. 8; *Lange/Kuchinke* § 5 III 4; *Bartholomeyczik/ Schlüter* § 31 V 3; *MünchKomm/Leipold* § 1953 Rn. 4 (je m. w. N.).

[3] S. zu dieser Frage insbesondere *Hübner* S. 116; *Flume* II § 13, 11 d; *Soergel/Mühl* § 935 Rn. 2; *Westermann/Gursky* § 49 I 3.

Abhandenkommen: Ein 5jähriges Kind „schenkt" einem Fremden das Kinderfahrrad – Ein Geisteskranker veräußert einen wertvollen Familienschmuck.

Nichtabhandenkommen: Eine unter Betreuung mit Einwilligungsvorbehalt gestellte Person verschenkt ihre Brieftasche ohne die Einwilligung des Betreuers. – Ein 17jähriger schenkt seiner Braut einen ihm von seinen Eltern leihweise überlassenen Ring (beachte: *hier* geht es nur um die Frage: abhandengekommen oder nicht, dagegen *nicht* darum, ob die Übereignung gültig war!).

bb) Sehr umstritten ist der Einfluß der *Willensmängel*. Sicher ist, daß es – abgesehen vom Fall des § 854 Abs. 2 – auf die Anfechtung und ihre Wirkung nicht ankommen kann, denn die Besitzweggabe ist keine Willenserklärung und kann ihr auch nicht gleichgesetzt werden. Wenn der BGH aber in BGHZ 4, 10, 34 ff. ein Abhandenkommen nur bei unwiderstehlicher physischer Gewalt oder einem gleichstehenden seelischen Zwang annimmt, so kann dem nicht gefolgt werden; denn abgesehen davon, daß – wie der BGH selbst sagt – „die Grenzen zwischen Wegnahme und erpreßter Übergabe nicht immer leicht zu ziehen sind", ist mit *Heck*[1] bei Weggabe *unter Drohung* stets Abhandenkommen anzunehmen; wenn – wie § 123 dies fordert – der unmittelbare Besitzer widerrechtlich durch die Drohung zur Besitzaufgabe gezwungen wurde, so ist (im Gegensatz zum Irrtum und zu der arglistigen Täuschung) dem Besitzer die Zwangslage bewußt; eine *freie* Willensbestimmung liegt daher nicht vor.

Es muß gleichgültig sein, ob der Eigentümer mit vorgehaltener Pistole oder durch die Drohung, sein Haus anzuzünden oder ihn wegen einer Straftat anzuzeigen, zur Weggabe seines wertvollen Schmucks veranlaßt wurde.

cc) Zweifelhaft ist auch der Einfluß *staatlicher Hoheitsakte*. Hier hat man zu unterscheiden:

α) Ist der staatliche Hoheitsakt *rechtmäßig*, so liegt kein Abhandenkommen vor, gleichgültig ob der Betroffene die Sache weggegeben hat oder ob sie ihm weggenommen wurde:
Der Gerichtsvollzieher pfändet auf Grund eines Urteils die dem Schuldner gehörige Sache, veräußert sie dann an K und behält den Erlös für sich.
Die Verwaltungsbehörde nimmt auf Grund des Bundesleistungsgesetzes dem Eigentümer den Kraftwagen „zur Nutzung" weg. Veräußert sie ihn an K, so wird dieser Eigentümer. Unterschlägt aber ein Angestellter der Behörde den Wagen und verkauft ihn an K, so versagt der Schutz des § 932, weil der Wagen der Behörde abhandengekommen ist. Daß sie dem Eigentümer u. U. keinen mittelbaren Besitz vermittelte, ändert daran nichts (s. oben 2a aa).
β) Ist der hoheitliche Akt *gesetzwidrig* und daher vor den Verwaltungsgerichten *anfechtbar*, so ist er doch bis zu seiner Aufhebung wie ein gültiger Verwaltungsakt zu respektieren. Die Besitzbegründung auf Grund eines solchen Verwaltungsakts ist daher zunächst rechtmäßig, ein Abhandenkommen scheidet aus.[2]
γ) Ist der Verwaltungsakt dagegen *nichtig* – wobei freilich sehr zweifelhaft ist, wann dies der Fall ist[3] – so liegt Abhandenkommen vor; dabei ist es gleichgültig, ob die Behörde auf Grund eines solchen Verwaltungsakts die Sache wegnimmt oder der unmittelbare Besitzer sie ihr übergibt:
Der mit gewerberechtlichen Fragen befaßte Angestellte NE eines Landratsamts beschafft sich ein Formular für die Beschlagnahme eines PKW nach dem Bundesleistungsgesetz, fälscht die Unterschrift des Landrats und benützt in einem unbewachten Augenblick den Dienststempel. Er begibt sich aufs Dorf zu dem Landwirt E, „beschlagnahmt" dessen PKW und veräußert ihn an K. Hier ist der Verwaltungsakt nichtig, gleichgültig, ob man auf die Evidenz der zur Nichtigkeit führenden Umstände oder auf deren Gewicht (besondere Schwere der Gesetzesverstöße) abstellt.

---

[1] § 60, 5; ihm folgend *Westermann/Gursky* § 49 I 3.

[2] Sehr umstritten, vgl. statt aller BGHZ 4, 10 ff. u. *Palandt/Bassenge* § 935 Rn. 3 m. w. N.

[3] Vgl. dazu *Wolff/Bachof* § 51 III; *Maurer* § 10 Rn. 31 ff.; BGHZ 21, 294; *Haueisen* DVBl. 1960, 913 m. w. N.

Der PKW ist abhandengekommen; dabei kann es keinen Unterschied machen, ob NE den Kraftwagen wegnimmt oder E ihn herausgibt.[1]

dd) Grundsätzlich ist auf den Willen des unmittelbaren Besitzers abzustellen. Ist der Eigentümer aber mit der Wegnahme der Sache bei dem unmittelbaren Besitzer einverstanden oder nimmt er sie selbst vor, so ist die Sache nur dem Besitzer, nicht aber – was selbstverständlich ist – dem Eigentümer abhandengekommen. Diese Unterscheidung kann von Bedeutung sein, wenn dem Besitzer ein beschränktes dingliches Recht zum Besitz zusteht;[2] dies bleibt dann auch einem redlichen Erwerber gegenüber bestehen:

E hat seinem Gläubiger G Schmuck verpfändet. Später nimmt X auf Veranlassung des E oder E selbst dem G den Schmuck heimlich weg und veräußert ihn an K, der von den Vorgängen nichts wußte. Hier ist K zwar Eigentümer geworden, aber das Pfandrecht des G ist nicht untergegangen (s. unten VI).

3. Das *Abhandenkommen verhindert* einen redlichen Erwerb, und zwar haftet dieser Makel der Sache *dauernd* an, so daß auch spätere Erwerber kein Eigentum erhalten, es sei denn die Voraussetzungen der Ersitzung lägen vor oder die Sache sei im Wege öffentlicher Versteigerung veräußert worden (Beispiel: OLG München NJW 1987, 1830).

Im originären Eigentumserwerb an abhandengekommenen Sachen liegt heute die Bedeutung des Instituts der Ersitzung (s. § 53h I 2).

4. *Unterausnahme: Geld – Inhaberpapiere – Versteigerungserwerb*

a) In diesen Fällen (§ 935 Abs. 2) kehrt das Gesetz zu den allgemeinen Regeln über den redlichen Erwerb zurück. Von dem Makel des Abhandenkommens wird also abgesehen. Redlichkeit des Erwerbers und einer der in §§ 932–934 genannten Übereignungstatbestände müssen aber gegeben sein.

Dies übersieht der Anfänger nur zu gern! Es ist also keineswegs so, daß man an gestohlenem Geld usw. „schlechthin" Eigentum erwerben könne.
Wie die Erfahrung zeigt, ist es auch nicht überflüssig zu betonen, daß § 935 Abs. 2 nichts mit dem Erwerb von *Falschgeld* zu tun hat: Wer Falschgeld erwirbt, wird dessen Eigentümer. Da es aber nicht Geld ist, kommen ihm dessen Eigenschaften ungeachtet aller Redlichkeit nicht zu. Dagegen spielt es bei „echtem" Geld keine Rolle, ob es schon rechtmäßig in den Verkehr gelangt war oder etwa in den Kellern der Bundesbank gestohlen und dann an Redliche übereignet worden ist (*Prost* JZ 1969, 786; *Mann* JZ 1970, 212 [unter Hinweis auf § 794]; *Fögen*, Geld- und Währungsrecht, 1969, S. 22 [einschränkend]). S. ferner H. *Ebel* JZ 1983, 175.

b) Unter „*Geld*" ist in- und ausländisches Geld zu verstehen. *Inhaberpapiere* sind Inhaberschuldverschreibungen (§§ 793 ff.), Inhaberaktien (§ 10 AktG), Inhaberinvestmentanteilscheine, Inhabermarken (§ 807), *nicht* aber Orderpapiere (vgl. aber § 365 HGB, Art. 16 II WG, Art. 21 ScheckG), *nicht* Legitimationspapiere nach § 808.

---

[1] A. A. *Westermann* § 49 I 4 in der Vorauflage; wie hier jetzt *Westermann/Gursky* I § 49 I 4.
[2] Wozu im Sinne des § 936 auch das Anwartschaftsrecht des Käufers unter Eigentumsvorbehalt gehört (s. unten § 59 V 5 b bb).

Beispiele: E verliert seine Fahrkarte (§ 807); der Finder NE veräußert sie an K. K wird Eigentümer. NE stiehlt das Sparbuch des E (§ 808) und veräußert es an K. Hier wird K schon deshalb nicht Eigentümer, weil das Eigentum am Sparbuch mit der Gläubigerstellung untrennbar verbunden ist (§ 952). Davon zu unterscheiden ist die Frage, ob die Sparkasse an K wirksam bezahlen kann; sie ist zu bejahen (§ 808).[1] K muß aber den abgehobenen Betrag an E herausgeben (§ 816 Abs. 2).

E ist Inhaber eines blanko-indossierten (also den Indossatar nicht nennenden) Wechsels (Art. 13 Abs. 2 WG). Dieser wird ihm gestohlen. NE veräußert ihn an den redlichen K. Dieser wird Eigentümer des Papiers und Gläubiger der Forderung aus dem Wechsel (Art. 16 Abs. 2 WG).

c) *„Versteigerung".* Auch hier ist manche Gelegenheit zu Mißverständnissen gegeben: Mit dem Begriff „öffentliche Versteigerung" verweist das Gesetz auf die Legaldefinition in § 383 Abs. 3, meint also nur eine Versteigerung im Rahmen des bürgerlichen Rechts. Daraus ergibt sich:

aa) Bei der öffentlichen Versteigerung nach § 383 Abs. 3 handelt es sich um einen rechtsgeschäftlichen Erwerb, der Ersteigerer muß redlich sein.

bb) Wird die öffentliche Versteigerung im Rahmen einer Zwangsvollstreckung, also nach den Bestimmungen der ZPO (§§ 814 ff. ZPO) vorgenommen, so erwirbt der Ersteigerer originär durch staatlichen Hoheitsakt; auf seine Redlichkeit kommt es nicht an (RGZ 156, 395, 398).[2]

Beispiele (sie zeigen, welch' mannigfache Versteigerungsarten hier in Betracht kommen können):[3]

(1) NE hat einen dem E gestohlenen Wagen Orangen an D verkauft. Als D die Annahme verweigert, läßt NE die Orangen nach § 383 (mit § 372 Satz 1 mit § 373 Abs. 2 HGB) versteigern. K – der von der Herkunft der Orangen nichts ahnt – erhält den Zuschlag. Er wird Eigentümer (§ 935 Abs. 2).

(2) Bei gleichem Ausgangssachverhalt sind die Orangen bei NE von dessen Gläubiger G gepfändet worden. In der Versteigerung durch den Gerichtsvollzieher (§ 817 ZPO) erwirbt K die Orangen: Eigentumserwerb ohne Rücksicht auf seine Redlichkeit.

(3) NE hat eine dem E gestohlene Perlenkette an seinen Gläubiger G verpfändet. G hat kein Pfandrecht erworben (§ 1207 mit § 935). Läßt G die Kette versteigern, so wird der Ersteigerer K Eigentümer, aber nicht nach § 935 Abs. 2, sondern nach § 1244; denn G versteigert nicht als angeblicher Eigentümer, sondern als angeblicher Pfandgläubiger. K muß bezüglich dieses Pfandrechts redlich sein.

(4) In dem Postamt NE wurde ein Stockschirm gefunden. Die Post läßt ihn als „Fundsache" gemäß §§ 979–982 versteigern. Der Ersteigerer K *kann* gar nicht redlich sein; denn er weiß, daß es sich um eine verlorene Sache handelt; er braucht es aber nicht zu sein. Denn hier liegt in der durch das Gesetz erlaubten Versteigerung die gesetzliche Ermächtigung zur Verfügung. –

In diesem Zusammenhang noch ein Wort zum *redlichen Erwerb nach § 898 ZPO:* Ist der Verkäufer[4] (Nichteigentümer) zur Übereignung einer beweglichen Sache rechtskräftig verurteilt und nimmt sie der Gerichtsvollzieher weg, um sie dem Käufer zu übergeben (§ 897 ZPO), so wird der Käufer Eigentümer, wenn er redlich ist; denn Urteil und Wegnahme durch den Gerichtsvollzieher ersetzen hier die rechtsgeschäftliche Einigungserklärung und den Übergabeakt des Verkäufers. Der Käufer, nicht der Gerichtsvollzieher, muß redlich sein (RGZ 90, 192, 198).

---

[1] Anders bei Kenntnis der Bank von der Nichtberechtigung (s. *Zöllner* WPR, § 28 III 2 a). S. ferner unten § 53 d I 2.

[2] Einzelheiten vgl. *Baur/Stürner* ZVR Rn. 469 ff.

[3] Zur freiwilligen Versteigerung (Auktion, z. B. von Gemälden) s. *v. Hoyningen-Huene* NJW 1973, 1473. Auch hier ist gutgläubiger Erwerb an abhandengekommenen Sachen möglich, BGH NJW 1990, 899.

[4] Oder sonst jemand, gegen den ein Anspruch auf Übereignung besteht.

VI. Der lastenfreie Erwerb

1. *Grundgedanke*

§ 936 ermöglicht den lastenfreien Erwerb einer beweglichen Sache. Dem redlichen Erwerber wäre in aller Regel wenig gedient, wenn ihm zwar das Eigentum an der Sache zufallen würde, wenn sie ihm aber durch den Inhaber eines beschränkten dinglichen Rechts wieder entzogen werden könnte. Als solche beschränkte dingliche Rechte kommen – bei beweglichen Sachen – Nießbrauch und Pfandrecht in Betracht.

E hat seine Uhr seinem Gläubiger G verpfändet. G gibt sie dem R zur Reparatur. R veräußert sie an den redlichen K. Durch die Übergabe an R ist das Pfandrecht des G nicht erloschen (§ 1253). K hat aber lastenfreies Eigentum erworben. Wäre das Pfandrecht des G bestehen geblieben, so müßte K die Uhr dem G zur Verwertung des Pfandes herausgeben (§ 1227 mit § 985).

Nach § 936 ist der Erwerb lastenfrei unter folgenden *Voraussetzungen*:

a) Der Erwerber muß *Eigentum* erlangen, wobei es gleichgültig ist, ob er vom Eigentümer oder vom Nichteigentümer auf Grund der §§ 932ff. Eigentum erwirbt.

Im obigen Beispiel erwirbt K das Eigentum nach § 932, die Lastenfreiheit nach § 936. Wäre die Sache abhandengekommen, so würde der Eigentumserwerb an § 935 scheitern, dann käme aber auch kein *lastenfreier* Erwerb in Betracht. Denn § 936 Abs. 1 Satz 1 sagt: „. . . mit dem Erwerb des Eigentums".

b) Der Erwerber muß *dieselbe Besitzposition* erhalten wie beim Erwerb von Nichtberechtigten nach §§ 932–934 (§ 936 Abs. 1 Satz 2, 3), und zwar auch dann, wenn das Eigentum vom Berechtigten abgeleitet wird.

Beispiel (Vermieterpfandrecht): E wohnt bei V zur Miete. Er ist seit Monaten den Mietzins schuldig. Er verkauft und übereignet die ihm gehörige Standuhr an K, vereinbart aber mit ihm, daß er sie noch 3 Monate behalten darf. Hier hat K sofort Eigentum erlangt (§ 930), lastenfreies aber erst, wenn ihm die Standuhr von E übergeben wird und er dann noch redlich ist (§ 936 Abs. 1 Satz 3 mit § 933).

c) Der Erwerber muß bezüglich der Lastenfreiheit gutgläubig sein (§ 936 Abs. 2). Unredlich ist er, wenn er die dingliche Belastung kannte oder infolge grober Fahrlässigkeit nicht kannte. Prozessual wird Redlichkeit zunächst vermutet; die Widerlegung dieser Vermutung kann sich aus den Umständen ergeben. Nicht angebracht ist es aber – wie dies RG JW 1907, 672 und JW 1937, 613 u. die wohl h. M. tun – Bösgläubigkeit anzunehmen, wenn jemand bei einem Mieter in dessen Wohnung eine Sache erwirbt; der Skeptizismus, daß alle Mieter schlechte Zahler seien, ist unbegründet. Die Gegenmeinung muß dann ganz auf die Voraussetzungen des § 560 abstellen.

Über den Ausschluß der Redlichkeit bei Bankiers s. § 367 HGB!

d) Die Sache darf dem Inhaber des dinglichen Rechts nicht abhandengekommen sein (entsprechende Anwendung des § 935!).

§ 935 spielt hier also eine doppelte Rolle: Ist die Sache dem Eigentümer abhandengekommen, so ist kein Eigentumserwerb möglich, damit auch kein lastenfreier Erwerb (oben a). – Ist sie zwar nicht dem Eigentümer, wohl aber dem Inhaber des beschränkten dinglichen Rechts abhandengekommen, so erhält der Erwerber zwar Eigentum, aber kein lastenfreies:
E hat seinen Kraftwagen bei R zur Reparatur gegeben. Da er die Rechnung nicht bezahlen kann und befürchtet, daß R sein Werkunternehmerpfandrecht geltend macht (§ 647), holt er den Kraftwa-

gen heimlich weg und veräußert ihn an K. Dieser wird Eigentümer, das Pfandrecht des R bleibt aber bestehen.

e) Das beschränkte dingliche Recht erlischt nicht, wenn die Veräußerung nach § 931 erfolgt und der Inhaber des dinglichen Rechts die Sache besitzt; hier weist der Rechtsschein dieses Besitzes den Erwerber auf die Möglichkeit des Vorhandenseins eines beschränkten dinglichen Rechts hin (§ 936 Abs. 3).

Beispiele: E mußte bei Auszug aus der Wohnung seine Schreibmaschine dem Vermieter V zurücklassen, weil er den Mietzins noch nicht bezahlt hatte. Veräußert er die Maschine nach § 931 an K, so bleibt doch das Vermieterpfandrecht des V bestehen. Das gleiche gilt, wenn E seinen bei R in Reparatur befindlichen Kraftwagen an K verkauft und nach § 931 übereignet.[1]

2. *Besondere Fälle*

a) § 366 HGB (guter Glaube an die Verfügungsbefugnis) ist auch hier anwendbar (§ 366 Abs. 2 HGB).

b) § 936 erfaßt – neben dem Nießbrauch – Pfandrechte aller Art, das vertragliche wie das gesetzliche und das Pfändungspfandrecht.[2]

Übersicht 21

Eigentumserwerb bei beweglichen Sachen

Erwerbsart: Einigung (E.) + Übergabe	E. + brevi manu traditio:	E. + Besitzkonstitut	E. + Abtretung des Herausgabeanspruchs
I. Erwerb vom Berechtigten	ja (§ 929 S. 1)	ja (§ 929 S. 2)	ja (§ 930)	ja (§ 931)
II. 1. Erwerb vom Nichtberechtigten	ja (§ 932 I)	ja (§ 932 I)	nein (§ 933) (erst später mit Besitzerlangung)	nein (§ 934) es sei denn: a) Abtretung des Anspruchs nach § 868 oder b) später mit Besitzerlangung
2. Erwerb vom Nichtberechtigten bei Abhandenkommen usw. a) bew. Sachen (mit Ausnahme von b)	nein	nein	nein	nein
b) Geld, Inhaberpapiere (§ 935 II)	ja (wie II 1)	ja (wie II 1)	nein (wie II 1)	nein (wie II 1)

---

[1] Zu der Frage, ob § 936 Abs. 3 auch auf den besitzenden *Eigentümer* anzuwenden ist, s. *Westermann/Gursky* § 50, 3. – Zur Stellung des Anwartschaftsberechtigten s. § 59 V 5b cc.

[2] A. M. *Lüke* JZ 1955, 484, 486f.; s. dazu *Gaul* FamRZ 1964, 165, 167 u. unten § 55 D III 1.

Beispiel: G hat für eine ihm zustehende Forderung durch den Gerichtsvollzieher bei S einen Musik-
schrank gepfändet; der Gerichtsvollzieher beläßt das Pfandstück nach Anbringung einer Siegelmarke
bei S (§ 808 Abs. 2 Satz 2 ZPO). S entfernt die Siegelmarke (Verstrickungsbruch, § 136 StGB) und
veräußert den Schrank an den redlichen K. Dieser erwirbt unbelastetes Eigentum (RGZ 161, 109,
119, 120).

c) Gehört die veräußerte Sache in den Haftungsbereich eines Grundpfandrechts,
so gelten die Sondervorschriften der §§ 1120–1122 (s. dazu oben § 39 III 3).

§ 53. Andere als rechtsgeschäftliche Eigentumserwerbsgründe

Überblick

Der unter dem Stichwort „originärer" oder „ursprünglicher" Eigentumserwerb zusammengefaßten Tatbestandsgruppe ist nur ein negatives Moment gemeinsam, nämlich das, daß der Erwerb des Eigentums hier *nicht* auf dem rechtsgeschäftlichen Willen von Rechtsvorgänger und Rechtsnachfolger beruht, sondern unmittelbar auf Gesetz. Die Gründe aber, die den Gesetzgeber veranlaßt
haben, hier ohne Rücksicht auf den Willen der Beteiligten einen Eigentumserwerb zu dekretieren, sind mannigfach, eine gemeinsame Grundlinie läßt sich
nicht feststellen.

I. Einen ersten gesetzlichen Erwerbstatbestand könnte man mit dem Stichwort
„Untrennbarkeit" versehen. Hierunter fallen die Verbindung (§§ 946, 947) und
Vermischung (§ 948). Für sie ist charakteristisch, daß das Eigentum des einen in
dem Eigentum des anderen oder in dem Miteigentum beider aufgeht, weil eine
Feststellung des Gegenstandes des bisherigen Eigentums überhaupt nicht mehr
möglich ist.

E lagert 5 to Weizen in dem Silo des M ein, in dem sich bereits 100 to anderer Eigentümer befinden.

oder

weil eine Trennung vielleicht noch möglich, aber wirtschaftlich sinnlos wäre
und daher vom Gesetz inhibiert wird:

Abbruch eines Hauses, um das Eigentum an den Mauersteinen wieder zu realisieren!

Es geht also m. a. W. hier darum, die Konsequenzen aus der Bestandteilseigenschaft einer Sache zu ziehen (s. unten § 53 a).

Freilich muß der Rechtsverlust, den der eine hier erleidet, irgendwie ausgeglichen werden. Dieser Ausgleich kann sachenrechtlich erfolgen, indem Miteigentum der bisherigen Eigentümer an der gemeinschaftlichen Sache (Sachbestand)
angeordnet wird; er kann auf vertraglicher Vereinbarung, schließlich aber auch
auf ungerechtfertigter Bereicherung beruhen (s. unten § 53 c).

II. Verwandt mit dem eben erörterten Tatbestand ist der der *Verarbeitung*
(§ 950). Nur geht es hier nicht um den Interessenkonflikt mehrerer Sacheigentümer, sondern um den Konflikt des Sacheigentümers mit den Interessen dessen,

der durch seine *Arbeitsleistung* (im weitesten Sinne verstanden) die Sache umgestaltet, „verarbeitet" hat. Soll hier der Sacheigentümer oder der Verarbeiter den Vorzug haben? Diese Frage soll unten § 53 b beantwortet werden.

Der Schreiner verarbeitet fremdes Holz und fremde Beschläge zu einem neuen Schreibtisch. – Der Maler skizziert auf der Speisekarte des Restaurants die markanten Gesichter der Honoratiorenrunde am Nebentisch.

Wenn das Gesetz in § 950 den Verarbeiter sachenrechtlich bevorzugt, so kann das auch hier nicht bedeuten, daß die Interessen des Stoffeigentümers entschädigungslos unter den Tisch fallen. Hier muß ein Ausgleich gewährt werden, dessen Grundlage wieder Vertrags- oder Kondiktionsrecht sein kann (s. unten § 53 c).

III. In gewissem Zusammenhang mit dem Problem der Sachverbindung steht die Verbindung einer Sache mit einem Recht, insbesondere einem Forderungsrecht. Stichwort: Eigentum an Schuldurkunden (unten § 53 d).

IV. Ein den bisherigen Tatbeständen entgegengesetztes Problem ergibt sich aus der *Sachtrennung:*

„Der Apfel ist ab" – Wem soll er gehören?

Die Antwort scheint leicht zu sein: dem Eigentümer der Muttersache. Aber so einfach ist das Problem nicht immer zu lösen. Denn häufig ist die Sachnutzung vom Sacheigentum getrennt, so etwa, wenn der Eigentümer das Grundstück verpachtet oder an ihm einen Nießbrauch bestellt hat. Soll das Eigentum an der Frucht dem Sacheigentümer oder dem Nutzungsberechtigten zufallen, ja vielleicht sogar einem Besitzer, der sich gutgläubig für den Eigentümer hält, ohne es zu sein? Diese Fragen sollen unten § 53 e erörtert werden (vgl. §§ 953–957).

V. Die bisherigen Gruppen wiesen unter den Stichworten: „Sachverbindung" – „Sachverarbeitung" – „Sachtrennung" noch eine gewisse Verwandtschaft auf. Sie verbindet nichts mit einer nächsten Gruppe, die unter dem Stichwort *„Aneignungsrecht"* steht: Gewisse Sachen sind von Natur herrenlos, z. B. Tiere in freier Wildbahn, oder sind durch den Eigentümer herrenlos geworden (Dereliktion, Aufgabe: § 959). Wer darf sich solche herrenlosen Sachen aneignen? Jeder? (§ 958) oder nur bestimmte Aneignungsberechtigte? (z. B. Jagdberechtigte). Darüber unten § 53 f.

VI. Eine gewisse Ähnlichkeit damit hat der *Eigentumserwerb des Finders.* Zwar ist die verlorene Sache nicht herrenlos, auch darf der Finder sie nicht behalten, sondern muß sie abliefern. Aber wenn der Verlierer sich verschweigt, dann erwirbt der Finder – quasi als Aneignungsberechtigter – das Eigentum (§§ 973 ff.; unten § 53 g).

VII. Beim Eigentumserwerb des Finders spielt der Gedanke der Belohnung für die geleistete Eigentumshilfe eine Rolle; ein wenig kommt aber doch auch hier schon der *Beharrungsgedanke* zum Durchbruch. Dieser tritt nun bei der *Ersitzung* (§§ 937–945) ganz in den Vordergrund: Wer über lange Jahre hinweg sich redlich für den Eigentümer gehalten hat, soll es auch von Gesetzes wegen werden (unten § 53 h).

Übersicht 22
Originäre Eigentumserwerbsgründe (nicht vollständige Übersicht)

	Grundstücks-verbindung (§ 946)	Fahrnis-verbindung (§ 947)	Vermischung (§ 948)	Verarbeitung (§ 950)	Fruchterwerb (§§ 953–957)
ratio:	Unmöglich-keit oder Un-wirtschaftlich-keit der Tren-nung	dito	dito	Höherbewer-tung der Her-stellerleistung	Notwendigkeit, Eigentum an Nutzungen ei-ner Sache zu be-stimmen. Aus-schlaggebend: Nutzungsnähe
Tatbestand:	Verbindung beweglicher Sachen mit Grundstück	Verbindung beweglicher Sachen mitein-ander	Vermischung beweglicher Sachen	Verarbeitung zu neuer Sache	Trennung des Erzeugnisses von der „Mut-tersache"
primäre Rechtsfolge:	Eigentumser-werb des Grundeigentü-mers (§ 946)	a) Miteigen-tum der mehreren bisherigen Alleineigen-tümer oder b) Alleineigen-tum des Ei-gentümers der Haupt-sache (§ 947)	a) Miteigen-tum der mehreren bisherigen Alleineigen-tümer oder b) Alleineigen-tum des Ei-gentümers des Haupt-bestandes (§ 948)	Eigentum des Herstellers (§ 950), sofern der Hersteller nicht „für" ei-nen anderen (z. B. den Vor-behaltsverkäu-fer bei verlän-gertem EV) herstellt	Eigentumser-werb des a) obligatorisch Nutzungsbe-rechtigten (§ 956) b) dinglich Nut-zungsberech-tigten (§ 954) c) Eigentümers der Muttersa-che (§ 953)
sekundäre Rechtsfolge:	Kondiktion § 951 = Aus-gleich für den Rechtsverlust, den der bishe-rige Eigentü-mer der be-weglichen Sa-che erleidet, durch Geld. § 951 ist Rechtsgrund-verweisung, verweist also auf § 812	dito	dito	dito	–

§ 53a. Verbindung und Vermischung

Lit.-Hinweis: S. § 3 I 1 Anm. 1; ferner Martin *Wolff*, D. Bau auf fremdem Boden, 1900; *Wieling* JZ 1985, 5 ff.

Lesen Sie zunächst § 3 I 2c aa.

Für die hier zu behandelnden Tatbestände ist – wie wir wissen – die *Untrennbar-keit* kennzeichnend. Im einzelnen sind folgende Fallgruppen zu unterscheiden:

1. Verbindung einer beweglichen Sache mit einem Grundstück (Stichwort: *„Grundstücksverbindung"*, § 946, s. unten I).

2. Verbindung einer beweglichen Sache mit einer anderen beweglichen Sache (Stichwort: *„Fahrnisverbindung"*, § 947, s. unten II).

3. Vermischung (von Flüssigkeiten) und Vermengung (fester beweglicher Sachen) (Stichwort: *„Vermischung"*, § 948, s. unten III).

I. „Grundstücksverbindung"

1. Die Verbindung einer beweglichen Sache mit einem Grundstück als dessen wesentlicher Bestandteil führt zu einem Verlust des Eigentums und der beschränkten dinglichen Rechte an ihr (§§ 946, 949).

Mit dem Begriff „wesentlicher Bestandteil" verweist das Gesetz auf die §§ 93 bis 96. Nur wenn eine bewegliche Sache im Sinne dieser Bestimmungen zum wesentlichen Bestandteil wird, tritt der originäre Rechtserwerb des Grundstückseigentümers und damit der Rechtsverlust des Fahrniseigentümers ein. Wenn auch in der Regelung als ganzer der Gedanke steckt, die wirtschaftliche Einheit des Grundstücks auch rechtlich zu sichern, so gilt dieser Grundsatz doch nicht ausnahmslos, sondern nur in der im Gesetz normierten Einzelausgestaltung (s. oben § 3 I 2c).

Wenn der Nießbraucher auf dem Grundstück ein Gebäude errichtet, so wird damit zwar eine wirtschaftliche Einheit erstellt; dennoch wird das Haus nicht wesentlicher Bestandteil des Grundstücks (§ 95 Abs. 1 Satz 2); es bleibt „bewegliche Sache", muß daher z. B. nach §§ 929 ff. übereignet werden.

Das gleiche gilt, wenn der Mieter oder Pächter zu einem vorübergehenden Zweck – also etwa für die Dauer seiner Mietzeit – auf dem ihm überlassenen Grundstück ein Haus errichtet (§ 95 Abs. 1 Satz 1) oder in ein dem Eigentümer gehörendes Haus ihm gehörige Sachen mit der gleichen Zweckrichtung einfügt.

Beispiel (in Anlehnung an BGHZ 23, 57): P baute auf dem Grundstück des E als Pächter ein Holzhaus. Nach Ablauf der Pachtzeit zog er aus, seine Familie blieb aber dort wohnen. K erwarb das Grundstück von E zu Eigentum und ist nun der Meinung, er sei auch Eigentümer des Holzhauses geworden.

Das Haus stand zunächst im Eigentum des P; denn es war nach dessen erkennbarem Willen nur für die Dauer seiner Pachtzeit errichtet (§ 95 Abs. 1 Satz 1). Fraglich ist, ob das Haus in dem Zeitpunkt wesentlicher Bestandteil des Grundstücks geworden ist, in dem das Pachtverhältnis P–E endete. Bejaht man diese Frage, so wäre E Eigentümer auch des Holzhauses geworden und hätte das Eigentum an ihm zusammen mit dem Grundstück auf K übertragen. Indessen meint der BGH, daß der sich auf § 95 Abs. 1 Satz 1 gründende Ausschluß der Bestandteilseigenschaft nicht mit dem ursprünglichen Zweck der Verbindung (hier: mit dem Pachtverhältnis) ende. P sei vielmehr Eigentümer geblieben. Er hätte das Eigentum nach § 929 auf E übertragen müssen, wenn dieser Eigentümer hätte werden sollen. (Im übrigen könnte sich K auch nicht auf § 892 berufen, denn § 892 besagt nichts darüber, ob ein sich äußerlich als wesentlicher Bestandteil darstellendes Gebäude auch wirklich wesentlicher Bestandteil ist!)

Weitere Beispiele s. BGHZ 8, 1; BGH LM § 95 BGB Nr. 5 u. *Soergel/Mühl* § 946 Rn. 6.

2. Für den Eigentumserwerb des Grundstückseigentümers ist es gleichgültig, wer die Verbindung vorgenommen hat, mit wessen Mitteln, gleichgültig auch, ob der Handelnde redlich war oder nicht oder mit welcher Willensrichtung er tätig geworden ist. Auch ein übereinstimmender Wille der Beteiligten vermag die Rechtsfolgen der §§ 946, 949 nicht auszuschließen; diese sind also zwingenden Rechts.

Durch die Presse ging eine Meldung, daß ein Bauarbeiter sich auf seinem Grundstück ein Haus *völlig* aus gestohlenem Material errichtet hat. Dieser „tüchtige" Mann ist Eigentümer des Hauses geworden. Im übrigen: wenn es in der Pressemeldung weiter hieß: die Geschädigten gingen nun daran, das Haus wieder „abzumontieren", also z. B. das Dach abzudecken usw., so taten sie Unrecht. Sie haben zwar selbstverständlich einen Anspruch auf Schadensersatz (§§ 823, 249, 251), sind aber nicht mehr Eigentümer der Sachen und haben auch kein Selbsthilferecht.[1] Sie können auch solche – unter Eigentumsvorbehalt gelieferten – Sachen, die noch nicht eingebaut sind, nicht eigenmächtig wegholen.[2]

Die zwingende Natur der §§ 946, 949 ist natürlich vor allem den Baustofflieferanten und den Bauhandwerkern ein Dorn im Auge; denn sie verhindert die Fortdauer eines Eigentumsvorbehalts auch dort, wo technisch eine Trennung der unter Eigentumsvorbehalt gelieferten Sache leicht möglich wäre (z. B. das Waschbecken wird abmontiert, das Dach abgedeckt, der Fahrstuhl ausgebaut). Der Eigentumsvorbehalt erlischt mit dem Einbau bzw. der Einfügung. Die Bauhandwerkerhypothek des § 648 hilft wenig, da sie meist erst zum Zuge kommt, wenn das Grundstück schon mit den Baugeldhypotheken „bis über den Schornstein belastet ist". Für Baustofflieferanten gilt § 648 überhaupt nicht. Sie können sich u. U. dadurch sichern, daß sie sich einen Teil der Forderungen des Bauunternehmers gegen den Bauherrn abtreten lassen (vgl. BGHZ 26, 178), was aber dann versagt, wenn diese Forderungen zuvor schon an andere (z. B. die Bank des Unternehmers) abgetreten sind.[3]

3. *Sonderbestimmungen* gelten für das *Erbbaurecht* (das Gebäude ist wesentlicher Bestandteil des Erbbaurechts, nicht des Grundstücks, s. oben § 29 C) und die Rechtsverhältnisse beim *Überbau* (beim erlaubten Überbau ist der über die Grenze gebaute Gebäudeteil wesentlicher Bestandteil des Grundstücks, von dem aus der Überbau erfolgte, s. oben § 25 III 2).

II. „Fahrnisverbindung"

1. Werden bewegliche Sachen zu einer einheitlichen Sache verbunden *und* sind sie nunmehr deren wesentliche Bestandteile, so läßt sich zunächst sagen, daß die bisherigen Sacheigentümer ihr Eigentum verlieren (§ 93).

Wer aber Eigentümer der neuen einheitlichen Sache wird, kann nicht mit derselben entschiedenen Klarheit gesagt werden:

a) Ist eine der mehreren Sachen als *Hauptsache* anzusehen, so erwirbt ihr Eigentümer das Alleineigentum an der ganzen Sache (§ 947 Abs. 2).

Bestanden an seinem Eigentum beschränkte dingliche Rechte, so erstrecken sie sich nun auf die einheitliche Sache (§ 949 Satz 3), während die beschränkten dinglichen Rechte, die an den übrigen Sachen begründet waren, erlöschen (§ 949 Satz 1).

b) Kommt keiner dieser Sachen die Eigenschaft als Hauptsache zu, so entsteht *Miteigentum* der bisherigen Sacheigentümer (§ 947 Abs. 1 1. Halbsatz). Die Höhe der Miteigentumsanteile bestimmt sich nach dem Wertverhältnis, das die Sachen zur Zeit der Verbindung hatten (§ 947 Abs. 1 2. Halbsatz).

Beschränkte dingliche Rechte, die an den bisher selbständigen Sachen bestanden, setzen sich an dem Miteigentumsanteil fort (§ 949 Satz 2).

2. Diese – trockene – Darstellung der Rechtslage läßt nicht die Problematik ahnen, die in ihr steckt. Dabei geht es praktisch wieder um die Fortdauer bzw. den Untergang der Sicherungsrechte, insbes. des Eigentumsvorbehalts:

---

[1] Auch Wegnahmerechte nach § 951 Abs. 2 Satz 2 können nur *gerichtlich* verwirklicht werden (§ 258 Satz 2).

[2] S. dazu *Pieper*, Besitzrecht und Schadensersatz bei der eigenmächtigen Wegnahme von Sicherungsgut, in Festschrift zum 150jährigen Bestehen des OLG Zweibrücken (1969) S. 231 ff.

[3] Das Gesetz über die Sicherung von Bauforderungen vom 1. 6. 1909 (RGBl. 449) hat keine praktische Bedeutung erlangt.

E hat dem Motorradfabrikanten F Motoren unter Eigentumsvorbehalt geliefert; F baut sie in die Motorräder ein. Er fällt in Konkurs. 200 Motorräder sind noch auf Lager. E möchte die Motoren als sein Eigentum aussondern.

Die rechtlichen Schwierigkeiten stecken offensichtlich einmal in dem Begriff „wesentliche Bestandteile einer einheitlichen Sache", ferner – wenn man diese Voraussetzung im konkreten Fall bejaht – in dem Begriff der „Hauptsache".

Die Vorbehaltsverkäufer werden in erster Linie darum kämpfen, daß schon das Merkmal „wesentliche Bestandteile einer einheitlichen Sache" verneint wird. Denn dann behalten sie ihr Eigentum (wenn man einmal von der Problematik des § 950 absieht). Ist jedoch dieses Merkmal zu bejahen, dann wird der Kampf um den Begriff „Hauptsache" fortgesetzt; denn beenden sie ihn siegreich, dann sind sie wenigstens Miteigentümer!

Die Entscheidung dieser Fragen fällt häufig besonders deshalb schwer, weil die moderne Serienfabrikation die beliebige Auswechslung der Teile der Gesamtsache ermöglicht, weil ferner die Fixierung einer Sache als Hauptsache nicht immer leicht ist.

Ist der Motor eines Kraftwagens dessen wesentlicher Bestandteil, wo er doch binnen kurzem durch einen anderen ersetzt werden kann? Der Reifen eines Kraftwagens?
Was ist bei einem Kraftwagen die „Hauptsache"? der Motor? das Fahrgestell?

Die Rechtsprechung ist uneinheitlich;[1] die Tendenz geht jedoch dahin, schon die Eigenschaft als wesentlicher Bestandteil zu verneinen oder doch von der Feststellung einer Hauptsache (i. S. des § 947 Abs. 2) abzusehen, damit also Miteigentum der Zulieferer zu bejahen:

a) Dabei kommt der Rechtsprechung ihre Auffassung zuhilfe, daß man sich starr an den Wortlaut des § 93 zu halten hat, daß es also nicht auf das Schicksal der Gesamtsache nach einer Trennung ankommt, sondern nur auf die in Frage stehende (bisherige) Einzelsache.

So wurde schon die Eigenschaft als wesentlicher Bestandteil verneint bei dem serienmäßigen Motor eines Kraftfahrzeugs (BGHZ 18, 226; 61, 80), bejaht aber bei dem Motor eines ins Schiffsregister eingetragenen Schiffes (BGHZ 26, 225; Grund: Gleichstellung des Schiffs mit dem Grundstück; dann aber § 94 Abs. 2!).[2]

b) Ob eine von den mehreren verbundenen Sachen überhaupt als Hauptsache anzusehen ist und welche, darüber entscheidet die Verkehrsauffassung. Dabei kommt es nach der Rechtsprechung darauf an, ob die übrigen Bestandteile fehlen könnten, ohne daß das Wesen der Sache dadurch beeinträchtigt würde (BGHZ 20, 159, 163 [= *Baur*, E. Slg. Fall 28] unter Hinweis auf OGHZ 2, 389; 3, 348).

Eine nicht unbedenkliche Formulierung, die für die Beurteilung einer Sache als „Nebensache" praktisch nur dann Raum läßt, wenn es um schmückendes Beiwerk und dgl. handelt! So hat der BGH aaO das Aluminiumgehäuse eines medizinisch-technischen Apparats nicht als Nebensache behandelt. Diese Rechtsprechung zeigt deutlich das Bestreben, möglichst den Untergang des Eigentums zu verneinen und Miteigentum anzunehmen.

3. Auf das *Miteigentum* an der gemeinschaftlichen Sache finden die §§ 1008, 1009 Abs. 1, 1011 und die Vorschriften über die Gemeinschaft (§§ 741–758) Anwendung.

---

[1] Siehe die Zusammenstellung bei *Soergel/Mühl* § 93 Rn. 8 ff. u. *Soergel/Mühl* § 947 Rn. 3, 4; *Serick*, Verbindungsklauseln als Kreditsicherungsmittel, BB 1973, 1405.
[2] Dazu *Graue* BB 1959, 1282.

So kann jeder Miteigentümer jederzeit die Aufhebung der Gemeinschaft verlangen (§ 749); sie muß hier durch Verkauf erfolgen (§ 753).

Die Entstehung des Miteigentums wird nicht dadurch ausgeschlossen, daß sich das Wertverhältnis der Anteile nicht mehr sicher feststellen läßt (BGH MDR 1958, 687). Im Zweifel sind dann die Anteile gleich (§ 742).[1]

III. Vermischung – Vermengung

1. Die Vorschriften über die „Fahrnisverbindung" finden entsprechende Anwendung auf die Vermischung (von Flüssigkeiten) oder die Vermengung (von festen beweglichen Sachen). Voraussetzung ist, daß die verschiedenen Eigentümern gehörigen Sachen überhaupt nicht oder nur mit unverhältnismäßigen Kosten getrennt werden können (§ 948).

E wirft versehentlich 1 DM in die Kassette des A, in der sich bereits 99 Ein-DM-Stücke befinden; untrennbar: denn das dem E gehörige Stück läßt sich nicht mehr feststellen.

E liefert unter Eigentumsvorbehalt an K Stahlstangen, der sie zusammen mit eigenen lagert. Eine Materialprüfung würde vermutlich eine Trennung ermöglichen: unverhältnismäßige Kosten.

2. Ergebnis der Verweisung auf § 947 ist, daß

a) Miteigentum der mehreren Sacheigentümer entsteht, sofern nicht

b) ein „Bestand" als Hauptsache anzusehen ist.

Ist bei gleichartigen Sachen eine Sache dann als „Hauptsache" anzusehen, wenn sie zahlenmäßig das Übergewicht hat[2] oder kommt auch dann Miteigentum in Betracht?[3] Erwirbt also in unserem obigen Beispiel A Alleineigentum an sämtlichen 1-DM Stücken oder entsteht Miteigentum zwischen E und A im Verhältnis 1 zu 99? Ein sachliches Bedürfnis zur Bevorzugung des mengenmäßigen Übergewichts besteht nicht, § 947 Abs. 2 kommt also hier nicht zur Anwendung. –

Bei der *Geldvermengung* ergibt sich eine weitere Schwierigkeit: Entsteht Miteigentum mehrerer an dem Gesamtbestand, so müßte ein Teilungsvertrag abgeschlossen werden (§§ 749, 752), erst dann könnte jeder Miteigentümer wieder über „sein" Geld verfügen. Das ist umständlich; *Heck* (§ 62, 3) gibt daher jedem Miteigentümer ein einseitiges Sonderungsrecht.[4] E darf also in unserem Beispiel die 1 DM eigenmächtig der Kasse entnehmen.

3. *Sonderfälle*, die besonders gesetzlich geregelt sind, sind das *Sammellagergeschäft* und die *Sammelverwahrung*.

a) Für die *Sammellagerung* von Waren (Getreide, Kohle u. dgl.) ist sedes materiae § 419 HGB. Diese Bestimmung enthält zunächst ein Verbot der Vermischung: der Lagerhalter ist dazu nur befugt, wenn ihm dies ausdrücklich gestattet ist. Liegt eine solche Gestattung vor, so wird doch im Regelfall der Lagerhalter nicht Eigentümer (es entsteht vielmehr nach §§ 947, 948 Miteigentum der Einlagerer), er ist aber befugt, die Auseinandersetzung unter den Miteigentümern selbständig durchzuführen, indem er jedem von ihnen den ihm gebührenden Anteil aushändigt.

Eine Ergänzung des § 419 HGB findet sich in der VO über Orderlagerscheine vom 16. 12. 1931. Interessant ist der in § 32 dieser VO geregelte Fall einer „Gefahrengemeinschaft": der Lagerhalter ist nämlich berechtigt, einen Prozentsatz für Gewichtsverlust bei der Auslieferung der Ware an die einzelnen Einlagerer abzuziehen.

b) Für die *Sammelverwahrung von Wertpapieren* gelten die §§ 5 ff. DepotG (dazu schon oben § 50 III 1b). Auch hier ist Sammelverwahrung nur mit Ermächtigung des Hinterlegers zulässig (§ 5 DepotG). Interessant ist, daß Miteigentum der Hinterleger am Gesamtbestand gleichartiger verwahrter Wertpapiere nicht erst mit der Vermengung, sondern schon mit dem Eingang der Papiere beim Sammelverwahrer entsteht (§ 6 DepotG). Auch hier findet sich wieder ein Fall gesetzlich geregelter

---

[1] A. A. BGH aaO; wie oben *Weitnauer* FS Baur, 1981, 709; ferner *Reinicke/Tiedtke,* KaufR 269 ff. u. unten § 59 VI 2a. E.

[2] *Medicus* JuS 1983, 896.

[3] S. *Palandt/Bassenge* § 948 Rn. 3.

[4] Ihm folgen *Westermann/Gursky* § 52 III c und *Wolff/Raiser* § 72 Anm. 22; *Soergel/Mühl* § 948 Rn. 3.

Gefahrengemeinschaft (vgl. § 7 Abs. 2 DepotG und § 17 der „Geschäftsbedingungen der Deutschen Kassenvereine" (= Wertpapiersammelbanken) vom August 1957, Fassung Januar 1964).[1]

§ 53 b. Die Verarbeitung

Lit.-Hinweis: *von Caemmerer,* Verlängerter Eigentumsvorbehalt und BGH, JZ 1953, 97; *Emge,* Das Problem der Neuheit, AcP 114, 23; *O. Fischer,* Das Problem der Identität und Neuheit in Breslauer Festgabe für Jhering, 1892, S. 46; *Flume,* Der verlängerte und erweiterte Eigentumsvorbehalt, NJW 1950, 841; *Hofmann,* Verarbeitungsklausel und § 950 BGB, NJW 1962, 1798; *Laufke,* Zum Eigentumserwerb nach § 950 BGB, in FS für *Hueck,* 1959, S. 69 ff.; H. D. *Müller,* Wie verhält sich der § 950 BGB zu dem Satz, daß jeder Arbeiter Eigentümer des Arbeitsprodukts werden soll? (1930) – dazu *Sinzheimer* JW 1932, 2597; *Rothkegel,* D. Eigentumserwerb bei Verarbeitung, 1974; *Säcker* JR 1966, 51 (Begriff des Herstellers); *Schulz,* System der Rechte auf den Eingriffserwerb, AcP 105, 372; *Serick* IV/1 S. 115 ff.; *Wadle* JuS 1982, 470; *Wagner* AcP 184, 14 (Teilbarkeit der Herstellereigenschaft?); *Zeuner,* Die fremdwirkende Verarbeitung als Zurechnungsproblem, JZ 1955, 195.

I. Grundgedanken

1. Wie kaum eine andere Vorschrift des BGB hat § 950 Anlaß zu Kontroversen und Mißdeutungen gegeben. Grund dafür war und ist, daß man seine Auslegung sowohl sozialpolitischen wie wirtschaftspolitischen Interessen dienstbar machen zu können glaubte; *sozialpolitischen,* insofern man in dieser Vorschrift eine Handhabe in der Auseinandersetzung zwischen Kapital und Arbeit sah (Entscheidung zugunsten der Arbeit), *wirtschaftspolitischen,* weil man – übrigens seit alters her – die Begünstigung des Verarbeiters zu Lasten des Stoffeigentümers als verfehlt erachtet und daher darauf gedrängt, die Entscheidung des Gesetzgebers zu annullieren. Dabei treten die Interessen des Herstellers häufig in den Hintergrund. Der Kampf spielt sich häufig zwischen den Lieferanten des „Stoffes" und den Gläubigern des Herstellers ab; diese haben sich nämlich die „neue Sache", also das Produkt des Herstellers, zur Sicherung eines Kredits übereignen lassen, den sie dem Hersteller gewährt haben; dies kann ein Lieferantenkredit oder ein Bankkredit sein. Schon *Heck*[2] hat mit Recht bemerkt: „Der Eigentumserwerb durch Spezifikation ist in der Regel für die Gläubiger des Erwerbenden wichtiger als für ihn selbst"!

Zur Einführung ein *Beispiel:*

Der Schreinermeister H, der 10 Gesellen und Hilfsarbeiter beschäftigt, stellt Wohnzimmer her. Die Materialien werden ihm unter Eigentumsvorbehalt geliefert und zwar erhält er das Holz von dem Sägewerk S, die Fourniere von F, die Beschläge von B. Als er in Konkurs fällt, sind noch 10 Wohnzimmer auf Lager. Der Konkursverwalter nimmt sie nach § 950 für die Masse in Anspruch, während sich die Lieferanten S, F und B darauf berufen, daß ein verlängerter Eigentumsvorbehalt vereinbart gewesen sei; in ihren „Allgemeinen Lieferungsbedingungen" – die H akzeptiert habe – heiße es nämlich, daß H die Möbelstücke „für den Lieferanten" herstelle. Diese Vereinbarung müsse dem § 950 vorgehen. 1. Problem: Ist § 950 disponibel? Wenn ja, wer ist nun Eigentümer der Wohnzimmer? (2. Problem).

---

[1] Abgedruckt bei *Schütz* S. 103 ff. S. zur Sammelverwahrung *Zöllner,* Wertpapierrecht, 14. Aufl. 1987, § 1 III; *Canaris,* Bankvertragsrecht, 3. Aufl. 1988 Rn. 2080 ff.; *Hueck/Canaris,* Recht d. Wertpapiere, 12. Aufl. 1986, § 1 III 1; *Meyer-Cording,* Wertpapierrecht, 2. Aufl. 1989, A VII, S. 35 ff.; H. P. *Westermann* RabelsZ 49 (1985), 214. – Zur sog. Sammelurkunde s. *Pleyer* FS Werner, 1984, 639.

[2] § 62, 4.

2. Sicher ist – und auch heute kaum mehr bezweifelt –, daß § 950 *keine sozial-politische Entscheidung* getroffen hat, also nichts darüber aussagt, ob und in welcher Form die Arbeiter an dem Ertrag ihrer Arbeit zu beteiligen sind. Abgesehen davon, daß eine solche Stellungnahme dem Gesetzgeber des Jahres 1900 völlig fern lag, würde § 950 auch keine Regelung enthalten, die eine rechtspraktische Lösung dieses Interessenkonfliktes ermöglichte.

§ 950 will also nur den Interessenkonflikt zwischen Stoffeigentümer und Verarbeiter (Hersteller) entscheiden, und zwar zugunsten des Verarbeiters. Wenn man darin eine Anerkennung der Höherwertigkeit der „Arbeit" gegenüber dem verarbeiteten Stoff sieht, so ist das nur bedingt richtig: denn einmal kommt es nicht auf die Leistung dessen an, der die neue Sache tatsächlich produziert hat (den oder die Arbeiter), sondern auf die Leistung des Herstellers, wir würden heute sagen: des Unternehmers. In ihr steckt aber in aller Regel nicht nur manuelle und geistige Arbeit mehrerer (einschließlich der Organisationsleistung des Herstellers), sondern vor allem auch der Einsatz von *Kapital.* Auch dieser wird also mit der Wertentscheidung des § 950 honoriert. Ferner: Es ist möglich, daß auch in dem „Stoff" bereits Arbeit steckt; so, wenn Halbfertigfabrikate geliefert werden, die der Hersteller dann veredelt. Hier liegt dann der Interessenkonflikt zwischen zwei – vom Standpunkt der Arbeit her gesehen – gleichwertigen Parteien. Dennoch spricht das Gesetz dem Veredler das Eigentum zu.

So hat man insgesamt den Eindruck, daß das Gesetz den „gordischen Knoten" durchhauen wollte und dem Hersteller – teils in Anerkennung der Arbeitsleistung, teils weil hier eben eine „andere", „neue" Sache in den Rechtsverkehr tritt – den Vorzug gegeben und damit den sonst geltenden Grundsatz durchbrochen hat, daß eine stoffliche Veränderung der Sache das Eigentum nicht berührt.

3. Damit ist freilich noch nichts darüber ausgesagt, ob § 950 unabdingbar, zwingenden Rechts ist, ob es also unmöglich ist, „für einen anderen herzustellen" oder ob – wie *Flume* aaO will – die Bestimmung im konkreten Fall ihren Anwendungsbereich dann verliert, wenn der vom Gesetzgeber entschiedene Interessenkonflikt nicht besteht, weil ihn die Parteien durch eine entsprechende Vereinbarung gelöst haben. *Flume* hat recht, wenn er sagt, daß man sich bei Beantwortung dieser Frage von allzu doktrinären Erwägungen fernhalten müsse. Aber der Gesetzgeber selbst gibt hier Rätsel auf: Die Stellung des § 950 – zwischen Verbindung, Vermischung einerseits, dem Eigentum an Schuldurkunden andererseits, lauter Vorschriften, deren zwingender, zuordnender Charakter außer Frage steht – deutet darauf hin, daß auch hier ein originärer Eigentumserwerb zwingend geregelt werden sollte. Andererseits wurde bei den gesetzgeberischen Vorarbeiten zu § 950 diskutiert, ob man einen Zusatz einfügen solle, daß auch *der* Eigentümer werde, der „herstellen läßt", ob man also die Fremdwirkung der Spezifikation im Gesetz verankern solle. Dieser Zusatz wurde als „selbstverständlich" unterlassen.[1] Nun könnte man sich über die Gesetzesmaterialien hinwegsetzen, wenn sie nicht im Gesetz selbst mittelbaren Ausdruck gefunden hätten: in § 651 verpflichtet das Gesetz nämlich beim Werk*lieferungs*vertrag (der Unternehmer

---

[1] Protokolle III 239 ff.

stellt den Stoff) den Unternehmer zur Übereignung der hergestellten Sache an den Besteller. Eine solche Verpflichtung fehlt beim Werkvertrag (der Besteller liefert den Stoff); damit wird aber anerkannt, daß § 950 beim Werkvertrag nicht gilt, m. a. W. der vereinbarte Vertragstyp stärker ist als die originären Eigentumserwerb dekretierende Vorschrift des § 950.

Daraus kann man m. E. nur folgenden *Schluß* ziehen: § 950 enthält zwar einen originären Eigentumserwerbsgrund, vertragliche Abmachungen zwischen dem Lieferanten des Stoffes und dem Hersteller gehen aber vor.[1]

Die wohl h. M. in der Literatur[2] geht von der grundsätzlichen Zuordnung des Arbeitsergebnisses zum Hersteller aus, kommt aber dann zu ähnlichen Ergebnissen, indem sie entweder in gewissem Rahmen eine „Fremdwirkung" der Spezifikation oder eine Übereignung der neuen Sache durch antezipiertes Besitzkonstitut an den Stofflieferanten zuläßt (verlängerter Eigentumsvorbehalt). Die Rechtsprechung ist nicht einheitlich, behilft sich aber meist mit einer weitherzigen Auffassung des Begriffs „Hersteller" (vgl. z. B. BGHZ 14, 114, 117; 20, 159 = *Baur,* E.Slg. Fall 28; MünchKomm/ *Quack* § 950 Rn. 22 ff.).

4. § 950 setzt voraus, daß durch die Verarbeitung eine neue bewegliche Sache hergestellt wird und daß der Wert der Verarbeitung nicht erheblich geringer ist als der Wert des Stoffes.

Diese Tatbestandsmerkmale gilt es jetzt zu erörtern. – Bemerkt sei, daß es eine dem § 950 entsprechende Vorschrift bei der „Verarbeitung" von *Grundstücken* nicht gibt: Wer auf einem nahezu wertlosen fremden Grundstück ein exzellentes Haus errichtet oder aus Ödland blühende Gärten macht, wird *dadurch* nicht Eigentümer des Grund und Bodens.

II. Voraussetzungen

1. Zum Eigentumserwerb nach § 950 ist zunächst erforderlich, daß durch Verarbeitung oder Umbildung (a) eines Stoffes eine neue Sache (b) hergestellt wird. Mit beiden Voraussetzungen verweist das Gesetz auf die Verkehrsauffassung.

a) Die Begriffe „Verarbeitung" – „Umbildung" deuten schon nach dem Sprachgebrauch auf eine Arbeitsleistung, die auf eine *Veränderung* des bearbeiteten Stoffes gerichtet ist.

Darin liegt der Unterschied zu bloßen Reparaturen oder zur Erhaltung einer Sache (vgl. OGHZ 3, 348).

Die Verarbeitung wird meist eine manuelle und eine mehr oder minder intensive geistige Leistung voraussetzen. Es genügt aber auch eine im wesentlichen geistige Arbeit:

So wenn ein Chemiker durch ein bestimmtes Verfahren *ohne erhebliche körperliche Arbeit* aus einem oder mehreren Stoffen eine neue Sache herstellt.

Daß die Verarbeitung *keine rechtsgeschäftliche Tätigkeit,* sondern ein sog. Realakt ist, braucht wohl kaum betont zu werden. Daher kommt es weder auf die Ge-

---

[1] Ebenso im Ergebnis *Flume* aaO; *Soergel/Mühl* § 950 Rz. 3; *Reinicke/Tiedtke,* KaufR 271 f.; *Palandt/ Bassenge* § 950, Rn. 7.

[2] *Westermann/Gursky* § 53 III 2 (ihm folgend *Medicus* Rn. 517 ff.: es komme darauf an, ob die Verarbeitung typischerweise fremdbestimmt sei); E. *Wolf* § 4 G III e S. 198; *Bülow* Rn. 637 ff.; *Brecher* in Festschrift f. Lange (1970) S. 123, 157; *Rimmelspacher* § 4 171; *Wadle* JuS 1982, 477; *Walter,* KaufR § 10 V 2 b.

schäftsfähigkeit des Verarbeitenden an noch auf die Willensrichtung, mit der er verarbeitet, noch auf seine Redlichkeit, wenn er fremden, z. B. gestohlenen Stoff verwendet. Auch Stellvertretung ist nicht denkbar. Daher sind auch die Versuche, in entsprechender Anwendung der §§ 164 ff. oder durch eine nach dem Willen des Herstellers „fremdbestimmte" Spezifikation den Eigentumserwerb bei einem anderen als dem Hersteller eintreten zu lassen, zum Scheitern verurteilt.

Der Dieb, der aus gestohlenem Silber wertvolles Geschirr herstellt, wird dessen Eigentümer.
Wer als Verarbeiter mit einem anderen vereinbart, daß diesem das Eigentum an der neuen Sache zustehen soll, handelt nicht als dessen Vertreter, auch nicht – entsprechend § 868 – als dessen Besitzmittler. Sein Wille, ihn zum Eigentümer zu machen, ist nicht entscheidend; es kommt daher auch nicht darauf an, ob er diesen Willen im Verlauf der Arbeit ändert. Eigentümer wird der andere, weil die vertragliche Vereinbarung dem § 950 vorgeht. Diese Bestimmung enthält nur eine „Ersatzzuordnung" (s. oben I).

Kraft gesetzlicher Fiktion gelten als Verarbeitung auch die in § 950 Abs. 1 Satz 2 genannten Tätigkeiten.

Unser Karikaturist, der auf einer Speisekarte die Honoratiorenrunde am Nebentisch mit dem Zeichenstift festhält, wird Eigentümer des Bildes.

b) Die verarbeitete Sache muß *neu* sein.[1] Wir stellten schon fest, daß dieses Ergebnis der Arbeit der entscheidende Ansatzpunkt für die gesetzgeberische Wertung war. Auch hier ist die Verkehrsauffassung maßgebend. Dabei wird häufig die Bezeichnung des Produkts mit einem anderen Namen einen Hinweis geben.

Stoff + Futter + Knöpfe = Anzug. – Holz + Furniere + Beschläge = Schrank. – Brennwein + Weindestillat = Weinbrand (BGHZ 56, 88; dazu *Medicus* Rn. 520).
Ein frisch lackiertes Auto mag „wie neu" sein, aber es *ist* nicht neu.
Ein „Jungkalb" wird durch Mästung zwar ein „Mastkalb", ist aber keine „neue Sache" (BGH NJW 1978, 697).

2. Wertverhältnis

Der Hersteller erwirbt kein Eigentum, „wenn der Wert der Verarbeitung erheblich geringer ist als der Wert des Stoffes", und zwar des Stoffes, so wie ihn der Bearbeiter vorfindet.[2]

Benutzt also der Hersteller ein Halbfertigfabrikat, so ist dessen Wert Ausgangspunkt der Wertberechnung, nicht der Wert des dazu benutzten Rohprodukts:
Z. B. Tierhaut – *Rohleder* – Schuhe. Stahl – *Kurbelwellen* – Maschine.

Das Wertverhältnis wird ermittelt, indem man vom Wert der neuen Sache den Wert des Stoffes (oder der Stoffe) abzieht; das Ergebnis ist der Wert der Verarbeitung (BGHZ 56, 88).

Auch hier können sich erhebliche Schwierigkeiten ergeben; denn in unserer arbeitsteiligen Wirtschaft ist es nicht selten, daß Zulieferer sämtliche Teile einer neuen Maschine unter Eigentumsvorbehalt liefern; die Leistung des Herstellers besteht in der mehr oder weniger schöpferischen Art des Zusammenbaus und der dabei anfallenden manuellen Arbeit. Da es für das Wertverhältnis nicht auf den tatsächlichen Verkaufspreis des Produkts, sondern auf seinen objektiven – notfalls durch Sachver-

---

[1] Siehe dazu *Hofmann* NJW 1961, 1246.
[2] So mit Recht *Westermann/Gursky* § 53 II 4; *Wolff/Raiser* § 73 Anm. 7.

ständige festzustellenden – Wert ankommt, würde der Hersteller nicht Eigentümer werden, wenn seine Leistung wertmäßig erheblich geringer ist als der Wert der unter Eigentumsvorbehalt gelieferten Stücke. Auch wenn die Zulieferer keinen verlängerten Eigentumsvorbehalt vereinbart haben, so würden dennoch *sie,* nicht der Hersteller Eigentümer der Maschine werden (§ 947). Das ist aber nicht gewollt. Denn dadurch, daß die Zulieferer von dem verlängerten Eigentumsvorbehalt abgesehen haben, haben sie deutlich zu erkennen gegeben, daß der Hersteller Eigentümer des Produkts werden soll. Von der hier vertretenen Auffassung aus muß auch insoweit die vertragliche Abmachung den in § 950 an den Eigentumserwerb gestellten Anforderungen vorgehen.

III. Der Eigentumserwerb

1. Liegen die Voraussetzungen des § 950 vor, so wird der Hersteller Eigentümer der neuen Sache. Das Eigentum des Stofflieferanten erlischt, ebenso die an dem Stoff etwa bestehenden dinglichen Rechte (§ 950 Abs. 2). Der Ausgleich für den Rechtsverlust des Stoffeigentümers ergibt sich entweder aus den vertraglichen Vereinbarungen der Beteiligten oder aus ungerechtfertigter Bereicherung (§ 951 s. unten § 53 c).

Wer *„Hersteller"* ist, bestimmt sich nach dem Sprachgebrauch und der Verkehrsanschauung. Sie bezeichnen als Hersteller *nicht* denjenigen, der die manuelle oder sonstige Arbeit an der neuen Sache geleistet hat, sondern den Inhaber des Betriebs, aus dem die neue Sache hervorgegangen ist. Um zu dieser Feststellung zu gelangen, braucht man nicht das Problem der „fremdwirkenden Spezifikation" zu lösen, man braucht auch nicht eine Parallele zu der Besitzdienerschaft des § 855 zu ziehen, wie dies vielfach geschieht. Denn Sprachgebrauch wie Verkehrsanschauung sehen eben als Hersteller weder den Arbeiter noch den Erfinder, dessen Erfindung die Herstellung des Produkts ermöglicht, noch den leitenden Angestellten, dessen organisatorische Fähigkeit sich in der Gestaltung des Arbeitsgangs auswirkt, sondern den Eigentümer des Unternehmens, des Betriebs an.[1]

In diesem Ergebnis ist man sich einig, die Begründungen freilich differieren.[2] Verfehlt ist es jedenfalls, auf den Willen des Betriebsangehörigen abzustellen oder zur Begründung anzuführen, dieser habe eben durch den Arbeitsvertrag seine eigene Rechtssphäre eingeschränkt. Auf all' das kommt es nicht an. § 950 ist weder eine soziale Tat des Gesetzgebers zugunsten des Arbeitnehmers noch Ausdruck einer „Knechtung" der Arbeiter. Vielmehr will die Vorschrift sine ira et studio nur den Interessenkonflikt zwischen Stoffeigentümer und Hersteller entscheiden, ohne für die „Herstellerseite" dazu Stellung zu nehmen, ob es gerecht ist, dem Unternehmer den Ertrag fremder Arbeitsleistung zuzusprechen. Daß dies so sein *müsse,* war für den Gesetzgeber des Jahres 1900 ohne jeden Zweifel.

Eine andere Frage ist, ob dieser damals selbstverständliche Ausgangspunkt auch für uns heute noch so selbstverständlich ist, ob also nicht den Arbeitnehmern ein Anteil am Unternehmensertrag zukommen soll. Dieses viel diskutierte Problem – nicht zu verwechseln mit der sozialen und wirtschaftlichen Mitbestimmung der Arbeitnehmer – kann aber jedenfalls *nicht sachenrechtlich* am einzelnen Arbeitsprodukt gelöst werden. Daran denkt auch niemand. In Betracht kommt allenfalls eine Beteiligung am Unternehmen als solchem (z. B. Arbeitnehmeraktien) oder am Unternehmensgewinn (Gewinnbeteiligung).

Da es auf die Willensrichtung des Arbeitnehmers bei Herstellung des Produkts nicht ankommt, wird er auch nicht Eigentümer der Sachen, die er heimlich im Betrieb für sich anfertigt. Nimmt er das Material mit nach Hause, so ist er Hersteller und wird Eigentümer, obwohl er das Material gestohlen

---

[1] Anders sind die Verhältnisse in der Universität: Nicht die Universität, sondern der forschende Hochschullehrer erwirbt Eigentum an dem Forschungsmaterial (BGHZ 112, 243).
[2] Siehe die Nachweise bei *Soergel/Mühl* § 950 Rz. 7; *Laufke* aaO.

hat, also nach § 823 (mit § 992) zu Schadensersatz verpflichtet ist. Sein Arbeitgeber kann aber aus diesem Gesichtspunkt nicht die Herausgabe der hergestellten Sache verlangen, sondern nur Ersatz des Materials in Geld (§ 251).

2. „Hersteller" beim Werkvertrag

a) Für den *Werkvertrag* ist charakteristisch, daß der Unternehmer aus dem Stoff des Bestellers eine neue Sache anfertigt:

> Der Schneider fertigt aus dem vom Kunden gebrachten Stoff einen neuen Anzug. – Der Zimmermann schneidet aus dem vom Bauherrn gelieferten Holz das Gebälk des Hauses.

Wer soll nun hier Eigentümer der neu hergestellten Sache sein, der Besteller oder der Werkunternehmer? Man ist sich vollkommen darüber einig, daß dies nur der Besteller sein könne; denn es bestehe keinerlei Anlaß, dem Werkunternehmer das Eigentum zuzusprechen, der ohnehin durch ein gesetzliches Pfandrecht nach § 647 geschützt sei (eine Vorschrift im übrigen, die gerade von dem Eigentumserwerb des Bestellers ausgeht!). Man urteilt also vom erwünschten Ergebnis her, die Begründungen sind freilich recht verschieden. Auf die Verkehrsauffassung über den Begriff „Hersteller" abzustellen, wie dies der BGH (BGHZ 14, 114, 117; 20, 159, 163 [= *Baur*, E.Slg. Fall 28]) tut, geht nicht an; denn nach der Verkehrsauffassung ist der Werkunternehmer Hersteller, auch wenn er fremden Stoff verarbeitet hat. Wir haben oben gerade am Beispiel des Werkvertrags die These entwickelt, daß eine *vertragliche* Regelung des Interessenkonflikts Stoffeigentümer – Hersteller der gesetzlichen Regelung in § 950 vorgeht. Bei der Regelung des Typs „Werkvertrag" geht das Gesetz davon aus, daß der Besteller Eigentümer der angefertigten neuen Sache ist, sein Stoffeigentum sich also im Eigentum an dem Werkstück fortsetzt.

> Diese Auffassung scheint freilich zu versagen, wenn der vereinbarte Werkvertrag nichtig ist, so z. B. wenn ein Geschäftsunfähiger aus seinem Stoff einen Anzug anfertigen läßt. Der Besteller wäre also gerade dann nicht geschützt, wenn er besonders schutzwürdig ist. Aber dieses Ergebnis ist überall dort festzustellen, wo ein Nichtgeschäftsfähiger sich oder seine Vermögenswerte einem anderen vertraglich anvertraut; das hat gerade dazu geführt, die Rechtsfigur der faktischen Verträge zu entwickeln. So kann man es auch hier genügen lassen, wenn der Geschäftsunfähige „die Einsicht in die sozialtypische Bedeutung des Verhaltens" hat![1]

b) Auch beim *Werklieferungsvertrag* mag der Unternehmer den Willen haben, „für" den Besteller die neue Sache anzufertigen. Aber dieser Wille ist in aller Regel nicht Gegenstand der vertraglichen Vereinbarungen. Dies macht schon § 651 deutlich, wenn er den Unternehmer verpflichtet, die hergestellte Sache dem Besteller zu übereignen. In der Tat besteht auch kein Anlaß für eine Vereinbarung der Parteien, dem Unternehmer, der selbst den Stoff zur Verfügung stellt, das Eigentum an dem Ergebnis seiner Arbeit zu versagen.

> Doch kann auch hier im Einzelfall etwas anderes vereinbart sein, so etwa dann, wenn der Besteller den Preis des Werkstücks schon zuvor voll bezahlt hat. Hier ist davon auszugehen, daß schon der Stoff an den Besteller übereignet wird (§ 930) und ferner § 950 durch die Parteivereinbarungen ausgeschlossen ist. Das Werkstück steht also stets im Eigentum des Bestellers.

---

[1] *Larenz*, AT § 28 II.

3. *Der verlängerte Eigentumsvorbehalt*[1]

Die Praxis hat die Abrede des Vorbehaltsverkäufers mit dem Vorbehaltskäufer für zulässig erklärt, daß der Hersteller (= Vorbehaltskäufer) „für den Vorbehaltsverkäufer" die neue Sache anfertigt, dessen vorbehaltenes Eigentum sich also am Werkstück fortsetzt. Die Begründungen sind freilich – je nach dem Ausgangspunkt – sehr verschieden; man beruft sich auf einen weiteren Begriff des Herstellers (so der BGH) oder auf den Willen des Verarbeitenden (so die ältere Literatur) oder auf eine entsprechende Anwendung des § 868 *(Zeuner)* oder sieht in der Abrede ein antezipiertes Besitzkonstitut.[2]

Der Unterschied der Auffassungen wirkt sich bei der Entscheidung der Frage aus, ob der Hersteller Durchgangseigentum erwirbt: nein bei den beiden erstgenannten Meinungen, ja bei den zuletzt genannten.

Von der hier entwickelten Auffassung aus ist mit *Flume* (aaO) der Vorrang der vertraglichen Lösung des Interessenkonflikts vor dessen gesetzlicher Entscheidung auch für die Behandlung dieser Frage maßgebend. Daraus ergibt sich:

a) Hat nur *ein* Stofflieferant sich das Eigentum verlängert vorbehalten, so wird er entsprechend § 947 Miteigentümer der hergestellten Sache, und zwar im Verhältnis des Wertes seiner Stofflieferung zum Wert des Endprodukts.[3]

b) Besteht ein verlängerter Eigentumsvorbehalt *mehrerer* Stofflieferanten, so erwerben sie Miteigentum entsprechend dem Wertverhältnis ihrer Stofflieferungen.[4] Denn nachdem § 950 durch die vertragliche Abmachung ausgeschaltet ist, kommt § 947 zum Zug. Ist eine der Sachen als Hauptsache anzusehen, so wird deren Eigentümer auch Eigentümer des Endprodukts (§ 947 Abs. 2).

Es soll nicht verschwiegen werden, daß in dieser Lösung – ebenso im übrigen auch bei den anderen Lösungsversuchen[5] – eine weitere Problematik steckt: Die Übereignung unter Eigentumsvorbehalt führt dazu, daß der Käufer ein Anwartschaftsrecht erhält, dessen wirtschaftliches Gewicht der Höhe der bereits geleisteten Zahlungen entspricht. Die Frage ist, ob auch nach Herstellung des Produkts das Eigentum (Miteigentum) des (der) Stofflieferanten durch die Vollzahlung des Kaufpreises auflösend bedingt ist, ob also m. a. W. der Käufer sein Anwartschaftsrecht, das er vor der Verarbeitung sicher hatte, auch an der neuen Sache behält. Man wird diese Frage im Ergebnis mit *Flume* aaO bejahen, darf

---

[1] Dazu unten im Zusammenhang § 59.

[2] S. dazu *Serick* IV 1 S. 115 ff. (m. w. N.) u. ZIP 1982, 507.

[3] Ebenso *Serick* I S. 107 f., 447 f.; s. auch BGHZ 46, 117. Der Verarbeiter ist also als Miteigentümer beteiligt. S. zu den bei a) u. b) denkbaren Fallgestaltungen bes. *Wagner* AcP 184, 14.

[4] Ebenso *Flume* aaO; s. zu den einzelnen hier denkbaren Fallgestaltungen *Serick* IV 1 S. 230 ff.; ferner BGH BB 1972, 197 u. BGHZ 46, 117. Zulässig ist auch hier eine Vereinbarung, daß der Verarbeiter als Miteigentümer beteiligt ist; zulässig ist weiter die Vereinbarung eines Miteigentumsanteils, der sich aus dem Verhältnis der Summe des Rohstoff- und Verarbeitungswerts zum Wert anderer Stofflieferungen ergibt, so daß einem Lieferanten ein um den Verarbeitungswert höherer Miteigentumsanteil zuwächst. Bedenken hinsichtlich der Bestimmbarkeit äußert der BGH (aaO S. 121), soweit der Berechnung des Miteigentumsanteils die Lohn- und Betriebskosten zugrunde gelegt werden. Diese Bedenken überzeugen aber zumindest hinsichtlich der Lohnkosten nicht, weil diese durch einen sachkundigen Dritten in gleicher Weise wie die Rohstoffkosten berechnet werden können (dazu *Scholz/Lwowski* S. 681 ff.).

[5] Eine ähnliche Problematik werden wir unter § 59 VI beim Zusammentreffen von verlängertem Eigentumsvorbehalt (der Warenlieferanten) und der Globalzession (zugunsten der Banken) kennen lernen.

freilich über die sich hier ergebenden konstruktiven Schwierigkeiten[1] nicht im unklaren sein (so z. B. dann, wenn einer der mehreren Stofflieferanten [= Miteigentümer des Endprodukts] schon befriedigt ist, die anderen nicht).

§ 53 c. Schuldrechtlicher Ausgleich bei sachenrechtlichem Rechtsverlust

Lit.-Hinweis: *Baur/Wolf,* Bereicherungsansprüche bei irrtümlicher Leistung auf fremde Schuld – Das Wegnahmerecht des Nichtbesitzers, JuS 1966, 393; *Beuthien/Weber,* Unger. Bereicherung u. Aufwendungsersatz, 1976, 65 ff.; *Berg,* Bereicherung durch Leistung und in sonstiger Weise in den Fällen des § 951 Abs. 1 BGB, AcP 160, 505; *von Caemmerer,* Bereicherung u. unerl. Handlung, in FS für Rabel, I 1954, S. 333 ff.; *Canaris,* D. Bereicherungsausgleich im Dreipersonenverhältnis, FS Larenz 1973, 799; *Götz,* D. Vergütungsanspruch gem. § 951 I 1 BGB, 1975; *Hadding,* FS Mühl, 1981, 225, 260; *U. Huber,* Bereicherungsansprüche bei Bau auf fremdem Boden, JuS 1970, 342, 515; *Jakobs,* Eingriffserwerb und Vermögensverschiebung, 1964; *Klauser,* Aufwendungsersatz bei Neubauten . . ., NJW 1965, 513; *Koppensteiner/Kramer,* Ungerechtfertigte Bereicherung, 2. Aufl. 1988; *Kupisch,* Gesetzespositivismus im Bereicherungsrecht, 1978; *Larenz* FS v. Caemmerer, 1978, 209; *Loewenheim,* Bereicherungsrecht, 1989; *Lorenz* JZ 1968, 51 (Durchgriff bei Doppelmangel); *von Lübtow,* Beiträge zur Lehre von der condictio nach römischem und geltendem Recht, 1952; *Mauser,* Die Voraussetzungen des Vergütungsanspruchs gemäß § 951 Abs. 1 BGB, Tüb. Diss. 1965; *MünchKomm/Quack* vor § 951 (umfassende Literaturangaben); *Reuter/Martinek,* Unger. Ber., 1983, §§ 8, 10; *Rothoeft* AcP 163, 215; *Scheyhing,* Zum Bereicherungsanspruch nach § 951 BGB, JZ 1956, 14; *ders.,* Leistungskondiktion und Bereicherung „in sonstiger Weise", AcP 157, 371, 381; *Sturm,* Zum Bereicherungsanspruch nach § 951 Abs. 1 Satz 1 BGB, JZ 1956, 361; *Thielmann* AcP 187, 23 (Subsidiaritätsdogma im Bereicherungsrecht); *Weitnauer* FS v. Caemmerer, 1978, 254, 290 u. DB 1984, 2496; *Wieling* JZ 1985, 511; *Wilburg,* Die Lehre von der ungerechtfertigten Bereicherung nach österreichischem und deutschem Recht, 1934; *Manfred Wolf,* Die Verwendungsersatzansprüche des Besitzers im Anspruchssystem, AcP 166, 188, 199; *Zeiss,* Leistungsverhältnis und Insolvenzrisiko bei irrtümlicher Tilgung fremder Schulden, AcP 165, 332.

I. Grundgedanken

1. In den Fällen der „Grundstücksverbindung" (§ 946), der „Fahrnisverbindung" und „Vermischung" (§§ 947, 948) sowie der „Verarbeitung" (§ 950) tritt ein Rechtsverlust desjenigen ein, dessen Eigentum in dem des anderen aufgeht. Dieser Rechtsverlust ist in einigen Fallgruppen in der *Unmöglichkeit* begründet, die früheren Eigentumsverhältnisse wiederherzustellen (z. B. in den Fällen der Vermischung), in anderen Fällen wäre eine solche Trennung zwar möglich, aber aus dem Gesichtspunkt der Erhaltung der einmal geschaffenen wirtschaftlichen Einheit *untunlich.*

Das Opfer des Eigentumsverlustes soll freilich entschädigt werden. Denn wenn das Gesetz den Untergang des Eigentums des einen in dem Eigentum des anderen statuiert, so will es die geschaffene *wirtschaftliche* Einheit auch *sachenrechtlich* einheitlich behandeln, aber nicht diesen auf Kosten jenes entschädigungslos bereichert lassen. An die Stelle des – verloren gegangenen – Eigentums tritt ein Anspruch aus ungerechtfertigter Bereicherung; § 951 sagt dies recht anschaulich: der „Rechtsverlust" wird „in Geld vergütet". Das Eigentum als dingliches Recht

---

[1] Siehe dazu auch *Soergel/Mühl* § 950 Rz. 10; *Laufke* aaO S. 77 ff. (dort auch zu der Rechtslage, wenn nur ein Teil der Zulieferer unter verlängertem Eigentumsvorbehalt geliefert hat); *Serick* IV/1 S. 159 f.

wirkt nunmehr in dem rein schuldrechtlichen Bereicherungsanspruch fort („Rechtsfortwirkungsanspruch": *Wilburg*).

Man kann eine Parallele zu dem öffentlich-rechtlichen Aufopferungsanspruch ziehen: dessen Gegenstand ist ein Ausgleichsanspruch gegen den Begünstigten, weil der Aufopfernde im Interesse des öffentlichen Wohls einen Eingriff in seine persönliche Sphäre oder sein Vermögen dulden mußte, der die jedem zugemutete Opfergrenze überschritt. In den §§ 946–950 ordnet der Gesetzgeber einen Rechtsverlust im allgemeinen Interesse an der einheitlichen rechtlichen Behandlung neu entstandener wirtschaftlicher Einheiten an. Auch hier besteht kein Anlaß, dieses Opfer entschädigungslos zu fordern.

Tritt so an die Stelle des Eigentums der Bereicherungsanspruch (auf Geldersatz), so darf diese scheinbar befriedigende Lösung nicht darüber hinwegtäuschen, daß der schuldrechtliche Anspruch kein vollwertiges Surrogat des Eigentums ist. Dies wird sofort augenscheinlich, wenn der Bereicherte in Vermögensverfall gerät; das verlorengegangene Eigentum repräsentiert sich dann u. U. noch in einer minimalen Konkursquote (während der Eigentümer hätte aussondern können, § 43 KO!). Daraus ergibt sich die Tendenz des Gesetzes wie der Rechtspraxis, schon den Eigentumsverlust nach Möglichkeit zu begrenzen; erinnert sei daran, daß bei der Grundstücksverbindung in den Fällen des § 95 die Eigenschaft als wesentlicher Bestandteil trotz fester Verbindung negiert wird (der Bau des Nießbrauchers, des Mieters), daß bei der Fahrnisverbindung, der Vermischung und Vermengung in erster Linie Miteigentum der bisherigen Sacheigentümer entsteht, daß schließlich bei der Verarbeitung mit mannigfacher aber doch zu einem einheitlichen Ergebnis führender Begründung eine „Fremdwirkung" zugelassen wird. In diesen Fällen wird zwar u. U. das Objekt des Eigentums oder dessen rechtliche Form verändert:

an die Stelle des gelieferten Rohmaterials tritt die neue Sache (§ 950) – aus Alleineigentum wird Miteigentum (§ 947 Abs. 1),

das bisherige Eigentum setzt sich aber doch wieder in Eigentum fort, für einen bereicherungsrechtlichen Ausgleich ist kein Raum.

2. Eine unbefangene Lektüre des § 951 scheint zunächst keine Schwierigkeiten zu entdecken: Wer nach §§ 946–950 einen Rechtsverlust erleidet, soll einen bereicherungsrechtlichen Ausgleich in Geld fordern können. Aber hier setzen schon die Zweifel ein: Soll § 951 einen selbständigen Bereicherungstatbestand schaffen und nur bezüglich des Inhalts des Bereicherungsanspruchs auf das allgemeine Kondiktionsrecht verweisen (Rechts*folgen*verweisung)? Oder ist in § 951 das *gesamte* Bereicherungsrecht gemeint, so daß auch die in § 812 normierten Voraussetzungen der ungerechtfertigten Bereicherung – insbesondere die Rechtsgrundlosigkeit – vorliegen müssen (Gesamtverweisung, Rechts*grund*verweisung)?[1]

Die Rechts*grund*verweisung bedeutet eine Verweisung auf das *gesamte* Bereicherungsrecht (nach Voraussetzungen und Wirkungen). In der Regel handelt es sich um einen Fall der Bereicherung „in sonstiger Weise",[2] die – wenn auch nicht ganz zutreffend – meist als Eingriffskondiktion (zum Unterschied von der Leistungskondiktion) bezeichnet wird. Ihr Ansatzpunkt ist hier die Fortwirkung des Eigentums in dem Bereicherungsanspruch; „unrechtmäßig ist die Bereicherung deshalb, weil sie der in dem Eigentum liegenden Güterzuweisung widerspricht" („Bereicherung aus fremdem Gut": *von Caemmerer*). Anders als die Leistungskondiktion – für die die Rückabwicklung einer zwar gewollten, aber fehlgeschlagenen, weil der causa entbehrenden Güterverschiebung kennzeichnend ist – be-

---

[1] So im Anschluß an *v. Caemmerer* und *Wilburg* die h. M. (vgl. etwa BGHZ 40, 272 [= *Baur*, E.Slg. Fall 29]; 41, 157, 159; 55, 176; *Soergel/Mühl* § 951 Rn. 1). Zu der abweichenden Auffassung von *Imlau* (NJW 1964, 1999) s. *Baur/Wolf* JuS 1966, 393.

[2] § 812 Abs. 1 Satz 1 2. Fallgruppe.

zweckt also die Eingriffskondiktion einen Ausgleich bei Inanspruchnahme fremden Guts. Die Verwandtschaft mit dem deliktischen, schuldhaften Eingriff in eine fremde Vermögenssphäre nach §§ 823 ff. ist nicht zu übersehen. Es ist daher nicht von ungefähr, daß in § 951 Abs. 2 gerade auch auf das Deliktsrecht hingewiesen und betont wird, daß sein Anwendungsbereich durch § 951 nicht beschränkt werde.

Der Eingriff in fremdes Vermögen findet – grob skizziert – eine *dreifache Ahndung,* wobei die Voraussetzungen und Wirkungen sich stetig steigern:

a) *Eingriffskondiktion* bei schuldlosem Eingriff in eine fremde Vermögenssphäre, der zu einem der Güterzuweisung widersprechenden Ergebnis führt.[1]
Folge: Herausgabe des Erlangten (§§ 812, 816), Vergütung des Wertes (§ 951 mit § 818 Abs. 2).

b) *Deliktischer Anspruch* bei schuldhaft-rechtswidrigem Einbruch in fremdes Vermögen. *Folge:* voller Schadensausgleich (also nicht nur Wertersatz wie bei a).

c) Anspruch aus sog. *Geschäftsanmaßung* (unechter Geschäftsführung ohne Auftrag, § 687 Abs. 2) bei wissentlich unbefugtem Eingriff in fremde Rechte. *Folge:* Herausgabe des erzielten Gewinns.[2]

Beispiele: Der „Motorradfan" M bastelt aus mehreren Einzelteilen auf dem Schrottplatz des E *ohne jedes Verschulden* einen „schnellen Renner": § 950–§ 951 Abs. 1 – § 818 Abs. 2: Ersatz des Wertes der Einzelteile.
Handelte M *fahrlässig,* so hat er dem E auch einen über den Wert der Einzelteile hinausgehenden, adäquat verursachten Schaden zu ersetzen: § 950–§ 951 Abs. 2 – § 823 – §§ 249 ff.
Wußte M, daß er fremde Einzelteile verarbeitet, so hat er das Motorrad an E herauszugeben: § 950–§ 687 Abs. 2–§ 681 Satz 2–§ 667, kann freilich dann den Wert seiner Arbeitsleistungen von E ersetzt verlangen: § 687 Abs. 2 Satz 2 mit § 684 Satz 1.

II. Der Bereicherungsanspruch

1. *Gläubiger* des Bereicherungsanspruchs ist, wer durch die Verbindung usw. einen Rechtsverlust erlitten hat, also regelmäßig *der Eigentümer* (u. U. aber auch der Inhaber eines untergegangenen beschränkten dinglichen Rechts); *Schuldner* des Anspruchs ist derjenige, zu dessen Gunsten die Rechtsänderung eingetreten ist, also z. B. im Fall der Grundstücksverbindung der Eigentümer des Grundstücks, im Falle der Verarbeitung der Hersteller. Rechtsverlust auf der einen, Rechts„gewinn" auf der anderen Seite müssen ohne rechtlichen Grund erfolgt sein. § 951 ist daher nicht anwendbar, wenn die beiden Beteiligten durch ein vertragliches Band verbunden sind, das den verlierenden Teil zur Preisgabe seines Eigentums verpflichtet hat.[3]

2. Diese so einfach erscheinende Rechtslage wird dann verwickelt, wenn an dem zu der Rechtsänderung führenden Vorgang mehrere beteiligt sind.

---

[1] Wie jeder Versuch einer überschauenden Darstellung so hat auch dieser einige Ungenauigkeiten im Gefolge: vgl. insbes. zur Typenlehre der Eingriffskondiktion *von Caemmerer* aaO, ferner *Esser* II § 104; *Fikentscher* § 99 IV; *Gernhuber,* Bürgerl. R, § 45; *Mestmäcker* JZ 1958, 521; *Steindorff* AcP 158, 431, 456 ff.; *Medicus* Rn. 703 ff.; *Weitnauer* aaO; weitere Lit. oben zu § 13 B II. – Zu beachten ist, daß die Eingriffskondiktion auch in Betracht kommt, wenn der Eigentümer irrtümlich eigenes Material für das fremde Grundstück verwendet; sie setzt also *nicht* notwendig *rechtswidriges* Eingreifen voraus (s. *von Caemmerer* aaO S. 352; zu weiteren Fällen s. *Manfred Wolf* AcP 166, 188, 201; *Medicus* aaO).

[2] Siehe dazu *von Caemmerer* aaO S. 359; *Frank* JuS 1981, 102.

[3] Oder wenn der Anspruch aus § 951 vertraglich abbedungen war (BGH NJW 1959, 2163 u. NJW 1967, 1223).

Beispiel (in Anlehnung an BGHZ 56, 228, 239 u. BGH NJW 1954, 793): E – eine Baumaterialien-
großhandlung – hat Baumaterial unter Eigentumsvorbehalt an den Bauunternehmer U geliefert, der
damit ein Gebäude auf dem Grundstück der Bekl. B errichtet hat. U ist in Konkurs gefallen. Die Kl.
E will sich nach § 951 an die Bekl. B halten.

a) Der Rechtsverlust, den der Baumaterialienhändler hier erleidet, findet seinen
rechtlichen Grund in dem Vertragsverhältnis zwischen ihm und dem Bauunternehmer. Er ist auch dem Grundstückseigentümer gegenüber nicht rechtsgrundlos erfolgt, da der Bauunternehmer von dem Händler ermächtigt war, die Baumaterialien einzubauen. Eine Versionsklage – einen Durchgriff über die vertraglich Beteiligten hinaus – kennt unser Recht im allgemeinen nicht.

Ebenso ist die Interessenlage, wenn jemand sein Eigentum kraft vertraglicher
Verpflichtung, die einem anderen gegenüber besteht, selbst preisgibt, so z. B.
wenn ein Installateur auf Grund eines mit einem Bauunternehmer geschlossenen
Vertrags sein eigenes Material in ein fremdes Grundstück einbaut (Beispiel: BGH
LM § 812 BGB Nr. 14).

Das Ergebnis ist nicht anders, wenn man die Rechtsgedanken der §§ 985, 986 zur Auslegung des
§ 951 heranzieht (§ 951 als Rechtsfortwirkung der mit dem Eigentumsverlust untergegangenen rei
vindicatio!): Da U dem E gegenüber sowohl zum Besitz als auch zur Weiterveräußerung der Materialien an B berechtigt war, wäre auch B rechtmäßiger Besitzer geworden und als solcher keinem
Herausgabeanspruch des E ausgesetzt gewesen; dann kann dem E aber auch kein Bereicherungsanspruch gegen B aus § 951 zustehen.

Einigkeit besteht also über die *erste Regel:* Der Anspruch aus § 951 ist nicht
gegeben, wenn der „Gewinn" des B seine Rechtfertigung in den gültigen Ver-
tragsverhältnissen E–U und U–B findet.

War das Vertragsverhältnis E–U wirksam, U aber zur Weiterveräußerung bzw. zum Einbau nicht
oder nur unter einer Bedingung ermächtigt, so sind nur Ansprüche aus dem Vertragsverhältnis E
gegen U gegeben, nicht aber ein Anspruch des E aus ungerechtfertigter Bereicherung gegen B.[1]

b) Zweifelhaft und sehr umstritten ist dagegen die Rechtslage, wenn eines der
beiden Vertragsverhältnisse unwirksam ist.

aa) *Unwirksamkeit des Vertrags E–U.* Die h. M.[2] ist der Auffassung, daß die
Eingriffskondiktion subsidiär der Leistungskondiktion sei. Sie kommt daher zu
dem Ergebnis, daß hier nur eine Leistungskondiktion des E gegen U, dagegen
kein Durchgriff nach § 951 des E gegen B in Betracht komme. Die Rückabwicklung muß also im Verhältnis zwischen Baumaterialienhändler und Bauunternehmer erfolgen.

Zweite Regel sonach: Ist das Vertragsverhältnis zwischen dem das Eigentum
verlierenden Partner (E) und dem den Einbau vornehmenden Partner (U) unwirksam, so kann sich jener (E) nur an diesen (U), nicht an den Dritten (B)
halten.

Das Ergebnis ist im Normalfall nicht anders, wenn man wieder die §§ 985, 986 entsprechend
anwendet: Zwar hätte E dann vor dem Einbau einen Vindikationsanspruch gegen B gehabt, aber nur
sofern B das Baumaterial nicht redlich nach §§ 932 ff. erworben hätte.

---

[1] Sehr str. s. *Medicus* Rn. 729 m. w. N.
[2] BGHZ 40, 272 = *Baur*, E. Slg. Fall 29 (dazu *Baur/Wolf* JuS 1966, 393); 36, 30 (dazu *Berg* JuS 1964,
137); *von Caemmerer* aaO S. 373; *Koppensteiner/Kramer*, Unger. Bereicherung, 1975, § 11; *Loewenheim*
S. 59 ff.; *Soergel/Mühl* § 951 Rn. 3, 4; vgl. ferner *Scheyhing* aaO.

Wäre freilich ein solcher Eigentumserwerb – wegen § 935 – nicht möglich gewesen, so bleibt dem E die Eingriffskondiktion gegen B; so wenn U das dem E gestohlene Material in das Grundstück des B eingebaut hat; denn *vor* dem Einbau hätte E gegen B nach § 985 vorgehen können; B hätte sich weder auf redlichen Erwerb noch auf den mit U geschlossenen gültigen Vertrag berufen können (vgl. zu den kontroversen Auffassungen *Medicus* Rn. 729; ferner *Weitnauer* DNotZ 1968, 706, 707; *Denck* JuS 1981, 9, 10).

Weiteres Beispiel (in Anlehnung an BGHZ 56, 131):
Der Kl. ist Leder gestohlen worden, das von dem – redlichen – Bekl. gekauft und an Kunden weiterverkauft wurde, wo es verarbeitet wurde. Hier hätte die Kl. das Leder vor der Verarbeitung nach § 985 herausverlangen können; nach der Verarbeitung hat sie einen Anspruch auf Wertersatz nach §§ 951, 812 gegen die Kunden des Bekl. Sie kann aber auch nach § 816 den Erlös aus dem Verkauf der Lederwaren vom Bekl. beanspruchen; die Genehmigung wird nach Meinung des BGH nicht dadurch ausgeschlossen, daß die Kunden des Bekl. schon nach § 950 Eigentum erworben hatten. (Parallelfälle: BGHZ 47, 128; 55, 176). Im übrigen kann der Bekl. nicht den Kaufpreis abziehen, den er an die Lieferanten des Leders bezahlt hat; das hätte er auch der rei vindicatio gegenüber nicht einwenden können (BGHZ 55, 176: „Jungbullenfall").

bb) *Unwirksamkeit des Vertrags U–B.* Hier ist nach den Grundsätzen über die Leistungskondiktion ein Bereicherungsanspruch U gegen B gegeben;[1] die h. M. wendet unrichtigerweise § 951 an, kommt aber zum selben Ergebnis.[2]

Ein Durchgriff E gegen B ließe sich nur erwägen, wenn man den Rechtsgedanken der §§ 985, 986 anwenden wollte. Aber auch dann stünde dem E gegen B nur ein Anspruch auf Rückgabe an U zu (§ 986 Abs. 1 Satz 2), und auch dieser Anspruch könnte durch den redlichen Erwerb des B nach §§ 932 ff. ausgeschlossen sein. Freilich darf B auch dann seinen „Erwerb" letztlich nicht behalten, weil das Kausalverhältnis zwischen U und B unwirksam ist. Aber die h. M.[3] gibt den Kondiktionsanspruch nur dem U, nicht dem E,[4] so daß das Ergebnis praktisch dasselbe ist wie das oben vertretene.

Dritte Regel sonach: Ist das Vertragsverhältnis zwischen dem den Eigentumsverlust herbeiführenden Teil (U) und dem das Eigentum gewinnenden Teil (B) unwirksam, so besteht nur ein Bereicherungsanspruch des U gegen B, nicht ein solcher des E gegen B.

cc) *Unwirksamkeit beider Verträge.* Hier ist nach überwiegender Meinung ein Bereicherungsanspruch von E gegen B gegeben.[5]

c) Wie ist die Rechtslage, wenn der verlierende Teil (E) *irrig* meint, er sei dem gewinnenden Teil (B) kraft Vertrags zur Leistung verpflichtet, während in Wahrheit nur Vertragsbeziehungen zwischen ihm (E) und dem Unternehmer (U), sowie zwischen diesem (U) und dem Auftraggeber (B) bestehen?
Beispiel (in Anlehnung an BGHZ 40, 272 [= *Baur,* E.Slg. Fall 29]; s. auch 36, 30): B beauftragt U mit dem Einbau von Heizkörpern. U bestellt diese bei E. E, der annimmt, es sei ein Vertrag mit B zustande gekommen, liefert die Heizkörper auf die Baustelle. U baut sie ein. E verlangt nunmehr von

---

[1] *Wolff/Raiser* § 74 I 2 und die Nachweise bei *Berg* AcP 160, 505, 511 f.; ferner BGH LM § 812 BGB Nr. 14.

[2] RGZ 130, 310, 312.

[3] So *Schlosser* JuS 1963, 141 und *Wiethölter* JZ 1963, 286 jeweils m. w. N.

[4] So *Grunsky* JZ 1962, 207; *Rothoeft* AcP 163, 215, 246 ff.

[5] Es handelt sich um die Fälle des sog. Doppelmangels. Der unmittelbare Bereicherungsanspruch des E gegen B ist jedoch problematisch, weil auf diese Weise der Schutz des Vertrauens des B, nur mit seinem Leistungsgegner U abrechnen zu müssen, vernachlässigt wird. Dieser Vertrauensschutz ist vom BGH in den Fällen irrtümlicher Leistung (s. unten c) zu Recht in den Vordergrund gestellt worden. Er muß in den Fällen des Doppelmangels gleichfalls beachtet werden. Deshalb ist richtigerweise ein Bereicherungsanspruch zwischen E und U einerseits und zwischen U und B andererseits gegeben (*Baur/Wolf* JuS 1966, 396 Anm. 33; *Koppensteiner/Kramer,* Unger. Bereicherung, § 6 II; *Esser/Weyers* § 48 III 3 c; *Medicus* Rn. 670; *Reuter/Martinek* § 8 II, jeweils m. w. N.; dieser Auffassung neigt auch der BGH in BGHZ 48, 70 zu [dazu *Lorenz* JZ 1968, 51; H. P. *Westermann* JuS 1968, 17]).

B Bezahlung des Kaufpreises oder doch zumindest eine Vergütung in Höhe des Wertes der Heizkörper.

Hier könnte man an eine Leistungskondiktion E gegen B denken.[1] Die überwiegende Meinung[2] versagt jedoch mit Recht einen solchen Anspruch; denn B ist in seinem Vertrauen darauf zu schützen, daß es sich um eine Leistung seines Vertragspartners U gehandelt hat.

III. Der Inhalt des Bereicherungsanspruchs

1. Zum Inhalt des Bereicherungsanspruchs sagt § 951 Abs. 1

a) *positiv,* daß er auf eine Vergütung in Geld gerichtet ist,

b) *negativ,* daß die Wiederherstellung des früheren Zustandes nicht verlangt werden kann.

Das Gesetz will damit die einmal geschaffene wirtschaftliche Einheit erhalten; jedoch räumt es in verschiedenen Fällen ein Wegnahmerecht ein und gibt damit den von ihm selbst betonten Grundsatz wieder auf (s. unten IV).

2. a) Der *Vergütungsanspruch* in Geld ist auf *Wertersatz* gerichtet (§ 818 Abs. 2 mit § 951 Abs. 1 Satz 1). Es wird also nicht der dem Entreicherten erwachsene Schaden ersetzt. Andererseits kann dessen Verlust geringer sein als die Bereicherung des anderen. Maßgebend ist also immer die beim Bereicherten eingetretene objektive Vermögensvermehrung.[3]

Beispiele:

(1) U nimmt die dem E gehörigen Dachziegel – ohne jedes Verschulden – zum Bau seines Hauses. Wenn sich der eigene Bau des E durch das Fehlen der Ziegel verzögert, so kann er doch den dadurch entstandenen Schaden nicht erstattet verlangen (Schaden geht über die Bereicherung des U hinaus).

(2) Haben die Dachziegel für E keinen Wert gehabt (sie waren bei dem Bau übrig geblieben), so kann E doch von U deren Wert beanspruchen (BGHZ 17, 236: Bereicherung ist höher als die Entreicherung).[3]

Maßgebend ist die Vermögensvermehrung im Augenblick des Eigentumsverlusts, also z. B. bei Vollendung des Bauwerks (BGHZ 10, 171; BGH LM § 951 Nr. 9; BGH NJW 1954, 265; 1962, 2293). Nutzungen aus dem Bauwerk können nicht beansprucht werden (BGH NJW 1961, 452; s. aber auch BGHZ 37, 356 u. 64, 322).

b) Fraglich ist, ob der Bereicherte den Betrag absetzen kann, den er selbst für die Leistung hatte aufwenden müssen. Dies ist hier ebenso zu verneinen wie im Falle des § 816 (BGHZ 9, 333; 55, 176; RGZ 106, 4 [= *Baur,* E.Slg. Fall 22]).

Hat B Material, das D dem E gestohlen hatte, für seinen Bau verwendet und geht E nach § 951 gegen B vor, so kann B nicht einwenden, daß er das Material dem Dieb D bezahlt habe.

---

[1] So *Weitnauer* DNotZ 1968, 706, 707.

[2] BGHZ 40, 272, 278 m. w. N. [= *Baur,* E.Slg. Fall 29]; vgl. weiter *Serick* IV/1 II 2; *Baur/Wolf* JuS 1966, 393; *von Caemmerer* in Festschrift für Dölle I, 1963, S. 135, 158f.; *Soergel/Mühl* § 951 Rn. 12; *Flume* JZ 1962, 281 gewährt einen Anspruch gegen B mit dem Schutz aus § 818 Abs. 3 BGB, der den Bedürfnissen des B jedoch nicht gerecht wird.

[3] Auch hier manches str. (s. *Larenz* FS *v. Caemmerer,* 1978, 210; *Koppensteiner/Kramer,* Unger. Bereicherung, 1975, S. 121ff., 126ff. (namentlich zum Gebrauch u. Verbrauch fremder Sachen); *Reuter/Martinek* § 15 II m. w. N.

c) Wie ist die Rechtslage, wenn dem „gewinnenden" Teil die Bereicherung aufgezwungen war?[1]

Beispiel (in Anlehnung an BGHZ 23, 61; weiteres Beispiel BGH NJW 1959, 2163): P hat von E ein landwirtschaftliches Grundstück gepachtet. Trotz der Vereinbarung im Pachtvertrag, daß massive Gebäude nur mit Genehmigung des E errichtet werden dürfen, hat P ein massives Haus errichtet und zwar nicht nur zu einem vorübergehenden Zweck (§ 95 Abs. 1 S. 1!). Nach Beendigung des Pachtverhältnisses verlangt P Wertersatz nach § 951, 812.

Der BGH hat § 1001 Satz 2 entsprechend angewandt; der Grundeigentümer könne den Bereicherungsanspruch des Erstellers dadurch abwehren, daß er dem Ersteller das Bauwerk zum Abbruch zur Verfügung stelle, und zwar jedenfalls dann, „wenn ihm ein Bauwerk aufgedrängt werden soll, das er nur unter Aufwendung erheblicher Kosten zu einem Ertragswert umgestalten kann". Andere[2] geben dem Bereicherten eine Einrede nach § 1004, weil ihm ein Beseitigungsanspruch zustehe.[3] Ferner wird versucht, dem Eigentümer dadurch zu helfen, daß die Höhe des Bereicherungsanspruchs von dem für ihn realisierbaren Wert abhängig gemacht wird, wobei ein subjektiver Maßstab anzulegen sei.[4]

Man wird zu unterscheiden haben:

aa) *Ist die Beseitigung erfolgt,* so ist die Bereicherung (§ 818 Abs. 3) und damit auch der Vergütungsanspruch nach § 951 BGB entfallen.

bb) *Vor der Beseitigung* ist die Geltendmachung des Vergütungsanspruchs rechtsmißbräuchlich, wenn der Eigentümer die Beseitigung verlangt (BGH NJW 1965, 816) und verlangen kann, sei es kraft Vertrags (positive Vertragsverletzung in Verbindung mit § 249 BGB, wie im obigen Beispiel), sei es nach § 1004. Denn der „verlierende Teil" kann keine Vergütung für ein Werk verlangen, zu dessen Beseitigung er verpflichtet und auch aufgefordert ist.

cc) Besteht ausnahmsweise eine Beseitigungspflicht nicht – wie in dem in BGHZ 41, 157 [= *Baur*, E.Slg. Fall 34] entschiedenen Fall –, so kann gleichwohl ein Vergütungsanspruch nach § 951 nicht gegeben sein. Denn die Fälle der aufgedrängten Bereicherung lassen sich als eine Einmischung in den Rechtskreis des Eigentümers gegen dessen Willen kennzeichnen. Aus § 996 BGB sowie aus den Vorschriften über die Geschäftsführung ohne Auftrag i. V. m. § 670 BGB läßt sich der allgemeine Gedanke entnehmen, daß die Verpflichtung zum Wertersatz entfällt, *wenn* diese Einmischung unbefugt und unter Verstoß gegen die erforderliche Sorgfalt erfolgt.[5]

Liegen diese Voraussetzungen nicht vor, ist also ein Bereicherungsanspruch gegeben, so ist der Eigentümer als Schuldner des Vergütungsanspruchs dadurch zu schützen, daß der Umfang des Anspruchs auf den dem Eigentümer zugeflossenen und verbleibenden wirtschaftlichen Nutzen des Werks (z. B. des Gebäudes)

---

[1] Vgl. zur aufgedrängten Bereicherung: *Soergel/Mühl* § 951 Rn. 12; *Koppensteiner/Kramer,* Unger. Bereicherung 1975, S. 171; *Feiler,* Aufgedrängte Bereicherung bei den Verwendungen des Mieters und Pächters, 1968; *Loewenheim* S. 100 ff.; *Schindler* AcP 165, 499; *Manfred Wolf* JZ 1966, 467; *Koller* DB 1974, 2385, 2458; *Larenz* aaO; *Medicus* Rn. 899, 952; *Reuter/Martinek* § 15 III 2.

[2] S. zum ganzen Problemkreis auch *von Caemmerer* aaO S. 366.

[3] Siehe dazu *Baur* AcP 160, 465, 492 m. w. N.

[4] Dazu *Reuter/Martinek* § 15 III 2; *Klauser* NJW 1958, 47; 1965, 513, 516.

[5] *Manfred Wolf* JZ 1966, 467; s. auch BGHZ 39, 186, 189 u. *Koppensteiner/Kramer* S. 171 ff. m. w. N.

beschränkt wird.[1] Oberste Grenze des Vergütungsanspruchs ist stets der Wert der Aufwendungen, die der verlierende Teil gehabt hat.[2]

Von diesem Problem ist das andere, sofort zu erörternde zu unterscheiden, ob der Ersteller ein Wegnahmerecht hat.

IV. Das Wegnahmerecht[3]

1. § 951 Abs. 1 Satz 2 schließt einen Anspruch des Entreicherten auf Wiederherstellung des früheren Zustands im Interesse der Erhaltung der geschaffenen wirtschaftlichen und rechtlichen Einheit aus. Ein solcher Grundsatz wird nicht überall rein durchgeführt. In zahlreichen Fällen gibt vielmehr das Gesetz dem zeitweilig Nutzungsberechtigten das Recht, „eine Einrichtung, mit der die Sache er versehen hat, wegzunehmen", so in § 547a dem Mieter (Pächter, § 581 Abs. 2), in § 601 Abs. 2 Satz 2 dem Entleiher, in § 1049 Abs. 2 dem Nießbraucher, in § 1093 Abs. 1 Satz 2 mit § 1049 Abs. 2 dem Wohnungsberechtigten, in § 1216 Satz 2 dem Pfandgläubiger, in § 2125 Abs. 2 dem Vorerben. Der gedankliche Zusammenhang, in dem dieses Wegnahmerecht steht, ist folgender: Wenn der zeitweilig Nutzungsberechtigte Verwendungen auf die Sache gemacht hat, so mußte das Gesetz Bestimmungen darüber treffen, ob sein Vertragspartner (z. B. der Vermieter) diese Verwendungen zu ersetzen hat. Hier sagt das Gesetz z. B. in § 547 Abs. 1 Satz 1, daß notwendige Verwendungen zu ersetzen sind, an anderer Stelle (z. B. in § 1049 Abs. 1) verweist es auf die Bestimmungen über die Geschäftsführung ohne Auftrag. Auf alle Fälle sollte aber eine „Einrichtung", mit der die Sache versehen worden war, weggenommen werden können.

Beispiele: Der Mieter hat – ohne daß vertragliche Bestimmungen darüber bestanden – die Wohnung modernisiert und u. a. einen elektrischen Boiler im Bad eingebaut. Er kann diesen Boiler wieder wegnehmen, gleich ob darin eine notwendige Verwendung zu erblicken war (§ 547 Abs. 1), gleich ob der Boiler wesentlicher Bestandteil geworden ist oder nicht. Er hat dann freilich das Badezimmer auf seine Kosten „in den vorigen Stand zu setzen" (§ 258 Satz 1). War die Wohnung schon an den Vermieter zurückgegeben, so hat der Mieter einen Anspruch auf Gestattung der Wegnahme (§ 258 Satz 2). Weiteres Beispiel BGHZ 81, 146.

Unter „Einrichtung" wird man eine noch körperlich faßbare Verwendung zu verstehen haben, die der Hauptsache untergeordnet ist. Einrichtungen sind also z. B. Waschbecken, Badewannen, auch Ziersträucher im Garten u. dgl., nicht Tapeten, auch nicht ein auf dem Grundstück errichtetes Gebäude (dazu BGHZ 101, 37, 41).

§ 951 Abs. 2 Satz 1 läßt das Wegnahmerecht bestehen. Der Entreicherte kann statt des Vergütungsanspruchs das Wegnahmerecht geltend machen. Erst mit dessen tatsächlicher Ausübung erlischt der Vergütungsanspruch (BGH NJW 1954, 265).

2. Das *Verwendungsproblem* hat uns auch bei der Erörterung des *Eigentümer-Besitzerverhältnisses* beschäftigt (§ 11 C IV). Hier gewährt § 997 dem Besitzer ein „Abtrennungs- und Aneignungsrecht", wenn er mit der Sache des Eigentümers

---

[1] Die Wertberechnung richtet sich regelmäßig nach dem Ertragswert (vgl. etwa BGHZ 10, 171, 180; *Soergel/Mühl* § 951 Rn. 16). Der Verkaufswert, der bei objektiver Berechnung kaum vom Ertragswert abweichen wird, ist nur maßgeblich, wenn der Verkauf vor Zahlung des Bereicherungsausgleich erfolgt ist.

[2] S. dazu *Koppensteiner/Kramer* S. 174ff. m. w. N.

[3] Dazu *Wieling* JZ 1985, 511, 515; *Reuter/Martinek* § 12 II.

eine andere Sache als wesentlichen Bestandteil verbunden hatte. Auch diese Form des Wegnahmerechts wie überhaupt die Bestimmungen über den Ersatz von Verwendungen (§§ 994 ff.) bleiben bestehen (§ 951 Abs. 2 Satz 1).

Freilich ist zu beachten, daß sich das Wegnahmerecht nach § 997 von dem eben erörterten der zeitweilig Nutzungsberechtigten in 3 Punkten unterscheidet:

a) Der Anwendungsbereich des § 997 ist beschränkt auf den unrechtmäßigen *Eigen*besitzer, gilt also *nicht* für den rechtmäßigen Fremdbesitzer, und für den unrechtmäßigen Fremdbesitzer nur, wenn der Vertragstyp, auf dessen Grundlage er zu besitzen glaubt, ein solches Wegnahmerecht kennt (s. oben § 11 C IV 2).

b) Ein Recht zur Wegnahme nach § 997 ist auch dann gegeben, wenn es sich nicht um eine „Einrichtung" handelt.

c) Das Wegnahmerecht ist ausgeschlossen in den Fällen des § 997 Abs. 2

Beispiel: Der redliche vermeintliche Erbe S–E hat das zum Nachlaß gehörige Haus bewohnt. Er hat die Zimmer neu tapezieren lassen (was dringend notwendig war), Doppelfenster angebracht und den Badeofen durch einen Boiler ersetzt. Nach 5 Jahren muß er das Haus an den wahren Erben herausgeben. Ersatz für die Tapeten kann er nicht beanspruchen (§ 994 Abs. 1 Satz 2), die Doppelfenster kann er nicht wegnehmen, weil sie für ihn wertlos sind (§ 997 Abs. 2), wohl aber für sie Geldersatz nach § 996 beanspruchen, den Boiler kann er wegnehmen, sofern ihm nicht der wahre Erbe den Zeitwert ersetzt (§ 997 Abs. 2).

3. Schließlich schafft § 951 Abs. 2 Satz 2 noch ein eigenständiges Wegnahmerecht: In den Fällen der „Grundstücksverbindung" und „Fahrnisverbindung" kann die „verbundene" Sache weggenommen werden, auch wenn der „Entreicherte" nicht Besitzer der Hauptsache war.[1] Auch hier ist dann aber § 997, insbesondere dessen Abs. 2 anwendbar, so daß die Wegnahme durch Anbieten des Wertersatzes verhindert werden kann.

Ferner ist zu beachten, daß das Wegnahmerecht des Dritten entfällt, wenn er auch keinen Vergütungsanspruch nach § 951 Abs. 1 geltend machen könnte.

In unserem letzten Beispiel kann sich also der Installateur (der den Badeofen ersetzt hat) nur an S–E halten, nicht an den wahren Erben, er kann daher diesem auch nicht den Boiler wegnehmen. Anders wenn der Installateur einen gestohlenen Boiler angebracht hätte. Hier könnte der frühere Eigentümer des Boilers das Wegnahmerecht ausüben.[2]

4. Gemeinsam ist allen Wegnahmerechten, daß sie *nur schuldrechtliche Ansprüche* darstellen. Sie gewähren daher auch kein Aussonderungsrecht im Konkurs des Eigentümers.

---

[1] Anderer Ansicht ist der BGH in BGHZ 40, 272, 280 [= *Baur,* E.Slg. Fall 29]. Er will auch das Wegnahmerecht aus § 951 Abs. 2 Satz 2 nur dem Besitzer zugestehen, gegenüber § 997 BGB freilich mit der Erweiterung, daß die Verbindung nicht nur vom Besitzer, sondern auch von einem Dritten vorgenommen sein könne. Dem steht jedoch der Sinn und Zweck des § 997 entgegen, der die „expropriierende Wirkung" der §§ 946 ff. durch Gewährung eines Wegnahmerechts ausgleichen soll (Motive III 414). Das Wegnahmerecht aus § 997 ist deshalb ein „Rechtsfortwirkungsrecht". Die Beschränkung auf den Besitzer hat demgegenüber nur zufällige, aus dem systematischen Zusammenhang (Eigentümer-Besitzer!) zu erklärende Bedeutung, die im Rahmen des § 951 Abs. 2 Satz 2 entfällt. Als „Rechtsfortwirkungsrecht" steht deshalb das Wegnahmerecht aus § 951 Abs. 2 Satz 2 ebenso wie der „Rechtsfortwirkungsanspruch" aus § 951 Abs. 1 Satz 1 jedem zu, der „einen Rechtsverlust erleidet". § 951 Abs. 1 Satz 2 steht dem nicht entgegen, wie der BGH meint. Diese Bestimmung schließt den *Anspruch* auf Wiederherstellung des früheren Zustandes aus. Dabei bleibt es trotz des Wegnahmerechts, das lediglich ein Gestaltungsrecht verbunden mit einem Duldungsanspruch (§ 258 Satz 2) gewährt. Im Hinblick auf die Tragung der Wegnahmekosten (§ 258 Satz 1) kommt dem erhebliche Bedeutung zu (s. zum Ganzen noch *Baur/Wolf* JuS 1966, 398 f.; *Soergel/Mühl* § 951 Rn. 22).

[2] Im einzelnen vieles streitig: Vgl. z. B. *Soergel/Mühl* § 951 Rn. 22; *Reuter/Martinek* § 12, ii, je m. w. N.

§ 53 d. Eigentum an Schuldurkunden

Lit.-Hinweis: *Zöllner,* Die Zurückdrängung des Verkörperungselements bei den Wertpapieren, in FS für Raiser (1974) S. 249 (m. w. N.); *Meier-Hayoz,* Abschied vom Wertpapier? in Zschrft. d. Bern. Jur. Vereins 1986, 385 u. die Grundrisse zum Wertpapierrecht oben § 53a III 3b.

I. Grundgedanken

1. Die Tatbestände der „Grundstücksverbindung" (§ 946) und der „Fahrnisverbindung" (§§ 947, 948) berücksichtigen nur die Verbindung mehrerer Sachen zu einer wirtschaftlichen Einheit, die sie auch rechtlich sichern wollen. Die gleiche Interessenlage kann auch bei der Verbindung einer Sache mit einem Recht gegeben sein, und zwar überall dort, wo eine Urkunde (Sache) in irgend einer Form einem Recht zugeordnet ist, sei es, daß das Recht in der Urkunde selbst verbrieft ist (wie etwa bei den Inhaberpapieren), sei es daß die Urkunde nur für Beweiszwecke errichtet ist (wie ein Schuldschein), sei es schließlich, daß sie auch Legitimationszwecken dient (wie z. B. ein Sparbuch). Hier wäre es nicht angängig, das in der Urkunde zum Ausdruck kommende Recht und das Sacheigentum an der Urkunde auseinanderfallen zu lassen. Die Urkunde ist doch irgendwie nur ein „Anhängsel", ein wesentlicher Bestandteil (wenn auch nicht im technischen Sinne) des Rechts. Diesen Gedanken bringt § 952 zum Ausdruck, wenn er das Eigentum an Schuldurkunden und Urkunden „über andere Rechte, kraft deren eine Leistung gefordert werden kann", dem Gläubiger der Forderung oder – allgemein gesprochen – dem Inhaber des Rechts zuspricht, und zwar sowohl für den Augenblick der Ausstellung der Urkunde, wie bei jeder späteren Übertragung des Rechts: der Rechtsinhaber ist stets Eigentümer der Urkunde.

2. Freilich muß § 952 – um voll verstanden werden zu können – in dem weiteren Zusammenhang des Wertpapierrechts gesehen werden:[1] Das Gesetz kennt Wertpapierformen, bei denen das Recht derart in dem Papier verkörpert ist, daß zur Übertragung des Rechts ein sachenrechtlicher Vorgang notwendig, aber auch ausreichend ist. Dies gilt für *Inhaberpapiere* (z. B. Schuldverschreibungen auf den Inhaber, Inhaberaktien) wie für *Orderpapiere* (z. B. Wechsel, Scheck):[2] bei jenen ist zur Übertragung des Rechts Einigung und Übergabe des Papiers nach §§ 929 ff., bei diesen Einigung, Indossament und Übergabe erforderlich. Der Zusammenhalt zwischen Recht und Papier wird hier also schon durch die sachenrechtliche Übertragungsform sichergestellt. Man sagt: „Das Recht aus dem Papier folgt dem Recht am Papier".[3]

Für alle anderen Wertpapiere (also die Rektapapiere) und die Schuldurkunden bleibt es bei der Regel des § 952; man faßt sie in dem Satz zusammen: „Das Recht am Papier folgt dem Recht aus dem Papier".

---

[1] Dazu *Zöllner* WPR § 3 m. w. N.

[2] „Scheckkarten", „Kreditkarten" sind keine Schecks, sondern wohl Legitimationspapiere (s. *Reifner* NJW 1987, 630; *Weller,* D. Kreditkartenverfahren, 1986).

[3] Zu den Veränderungen, die sich aus der Sammelverwahrung vieler Wertpapiere ergeben, s. *Pleyer,* Eigentumsrechtl. Probleme bei Effektengiroverkehr, 1985; *Hueck/Canaris* § 1 III; *Zöllner* § 1 III; *Zöllner* in FS Raiser (1974) 249; ferner oben § 53a III 3.

§ 952 ist also die *Grundregel,* die für die Übertragung von Inhaber- und Orderpapieren geltenden Bestimmungen enthalten einen Ausnahmetatbestand. Daraus folgt, daß § 952 auch auf Inhaber- und Orderpapiere insoweit anwendbar ist, als der Ausnahmetatbestand nicht reicht: wird also z. B. eine Wechselforderung nicht durch Einigung, Indossament und Übergabe, sondern nach §§ 398 ff. durch Abtretung übertragen, was zulässig ist, so bestimmt sich das Eigentum an der Wechselurkunde nach § 952. Das gleiche gilt, wenn ein protestierter Wechsel nach Art. 20 Abs. 1 Satz 2 WG übertragen wird. Hier tritt also § 952 gewissermaßen als „Lückenbüßer" wieder in Funktion.

Noch ein Wort zu den *Rektapapieren:* auch für sie ist charakteristisch, daß das Recht in dem Papier verkörpert ist, so daß zur Entstehung des Rechts die Ausstellung des Papiers und – meist – auch zur Übertragung des Rechts die Übergabe des Papiers erforderlich ist. Aber im Gegensatz zu den Inhaber- und Orderpapieren *fehlt der Umlaufzweck;* daher ist Inhaber des Rechts der in ihm benannte Gläubiger. Das Nichtabheben auf den Umlauf des Papiers (und damit des Rechts) schließt freilich eine Einzelrechtsnachfolge nicht aus; aber sie erfolgt nicht nach sachenrechtlichen Grundsätzen. Beispiel eines Rektapapiers ist der Hypothekenbrief: zur Entstehung der Briefhypothek – wie zu ihrer Abtretung – ist die Übergabe des Hypothekenbriefs notwendig (§§ 1117, 1154). Aber damit allein ist der Briefbesitzer noch nicht Hypothekar geworden (vgl. § 873–§ 1154). Erst wenn die weiteren Voraussetzungen für die Hypothekenbegründung oder -abtretung vorliegen, wird der Hypothekar auch Eigentümer des Briefs, und zwar nach § 952.

Vielfach werden zu den Rektapapieren insgesamt auch die sog. qualifizierten Legitimationspapiere des § 808 gerechnet, also z. B. die Sparbücher.[1] Aber dies ist mindestens mißverständlich: denn hier besteht das Recht (z. B. die Forderung gegen die Sparkasse) auch ohne das Papier. Dieses dient nur dem Ausweis des Gläubigers und gibt dem Schuldner die Möglichkeit, an den Papierinhaber mit befreiender Wirkung zu leisten. Das Eigentum am Papier richtet sich nach der Gläubigerstellung; wie für die Rektapapiere gilt also auch für die Legitimationspapiere § 952.

II. Der Anwendungsbereich des § 952

§ 952 gilt für Schuldscheine jeder Art, gleichgültig ob sie nur – wie in der Regel – Beweiszwecken dienen oder konstitutive Wirkung äußern, wie etwa Schuldversprechen. In § 952 Abs. 2 ist der Anwendungsbereich erweitert auf Urkunden über Rechte jeder Art, kraft deren eine Leistung gefordert werden kann, wobei die Grundpfandrechte besonders genannt werden. Die in § 952 Abs. 2 gewählte Formulierung darf nicht zu der Annahme verleiten, daß nur Urkunden über schuld- und sachenrechtliche Ansprüche gemeint seien. Vielmehr fallen darunter auch Urkunden über Mitgliedschaftsrechte (z. B. der GmbH-Anteilschein), über sachenrechtliche Rechtsverhältnisse (z. B. der Pfandschein, der Kraftfahrzeugbrief, BGH NJW 1964, 1413 = *Baur,* E. Slg. Fall 30; BGH NJW 1978, 1854; *Schlechtriem* NJW 1970, 2088). Dagegen ist § 952 auf gerichtliche und notarielle Urkunden, die keinen Anspruch verbriefen, nicht anwendbar.

Ebensowenig auf das Eigentum an anderen „Akten" (z. B. einer Behörde, eines Unternehmens). Wem gehören z. B. die Akten des Betriebsrats eines Unternehmens?).

III. Rechtsfolgen

1. § 952 statuiert die sachenrechtliche Verbindung von Gläubigerstellung und Papiereigentum. Dabei ist es gleichgültig, wer das Papier in Besitz hat.

---

[1] Dazu *Zöllner* WPR, § 28, insbes. II; § 2 II 2 c u. d; *Richardi* WPR 1987, § 10. Postsparbücher sind wie Sparbücher zu behandeln: BGH NJW 1986, 2104.

Beispiele:

(1) G hat seine Forderung gegen die Sparkasse S an Z'ar nach § 398 abgetreten. Damit ist Z'ar auch Eigentümer des Sparkassenbuchs geworden, auch wenn es noch im Besitz des G oder der S oder eines Dritten ist, und kann es vindizieren (BGH MDR 1972, 775; BB 1972, 1343).

(2) In längeren Verhandlungen hat S schließlich anerkannt, dem G 10000 DM zu schulden. Das Schuldanerkenntnis ist Eigentum des G, auch wenn es sich noch in den Händen des Rechtsanwalts X befindet, der seinen Inhalt formuliert hat.

2. Eigentümer wird der Gläubiger (= Rechtsinhaber) mit der *Entstehung* seines Rechts und der Ausstellung der Urkunde, also bei künftigen und aufschiebend bedingten oder befristeten Rechten erst mit Eintritt des künftigen Ereignisses, sofern nicht eine Übereignung der Urkunde schon zuvor nach §§ 929 ff. erfolgt ist.

Zu beachten ist, daß es *nicht* auf die *Fälligkeit* des Rechts ankommt; der Gläubiger, dessen Darlehensforderung erst nach 5 Jahren fällig wird, ist doch jetzt schon Inhaber der zur Sicherung bestellten Hypothek und damit Eigentümer des Hypothekenbriefs!

Schwierigkeiten können sich ergeben, wenn auf der Gläubigerseite *mehrere Personen beteiligt* sind:

a) Eine solche Situation ergibt sich häufig bei Anlage eines Sparguthabens, Giro- oder Wertpapierkontos auf den Namen eines Dritten. Hier kann schon zweifelhaft sein, wer Gläubiger der Forderung gegen die Bank ist, ob der Einzahlende oder der als Kontoinhaber Bezeichnete.[1] Ist ein Vertrag zugunsten des Dritten gewollt, so ist der Dritte Gläubiger der Forderung (§ 328), damit auch Eigentümer des Sparbuchs, selbst wenn dem Versprechensempfänger nach § 335 das Recht zusteht, die Leistung an den Dritten zu fordern.

b) Steht das in der Urkunde verkörperte Recht mehreren gemeinschaftlich zu, so steht die Urkunde im gemeinschaftlichen Eigentum, und zwar richtet sich die Form dieses Eigentums nach der Art der gemeinschaftlichen Berechtigung an der Forderung.

Beispiele:

(1) War G Inhaber eines Sparguthabens bei der Bank S und ist er von seinen Kindern K_1 und K_2 beerbt worden, so sind sie auch Gesamthandseigentümer des Sparbuchs.

(2) Hat G sein Sparguthaben an D verpfändet, wobei die besondere Form der §§ 1279, 1280 zu beachten ist (Übergabe des Sparbuchs also weder erforderlich noch genügend),[2] so bleibt G Eigentümer des Sparbuchs, D erlangt kraft Gesetzes ein Pfandrecht an ihm (§ 952 Abs. 1 Satz 2).

(3) Sind G_1 und G_2 bei einem von S verschuldeten Unfall zu Schaden gekommen und verspricht S in einem Schuldschein an beide zusammen 1000 DM zu zahlen, so sind sie Gesamtgläubiger (§ 428) und Miteigentümer je zur Hälfte des Schuldscheins.

3. Mit dem *Übergang* des in der Urkunde verkörperten Rechts geht auch das Eigentum an ihr auf den neuen Rechtsträger über, wobei es wieder gleichgültig ist, wo sich die Urkunde befindet, gleichgültig auch, ob der Rechtsübergang auf Rechtsgeschäft oder auf Gesetz beruht.

---

[1] Vgl. dazu *Canaris* NJW 1973, 825; BGHZ 21, 148; BGH DB 1965, 1590; BGH NJW 1967, 101; OLG Frankfurt NJW 1986, 64 u. OLG Koblenz NJW 1989, 2545.

[2] In der „Verpfändung" des Sparbuchs ohne Anzeige an die Bank nach § 1280 wird im Zweifel eine Sicherungsabtretung zu sehen sein (s. aber RGZ 51, 83!).

Beispiele:

(1) S hat seinem Gläubiger G einen Schuldschein ausgestellt, B hat sich für die Verbindlichkeit verbürgt. Leistet B, so geht die Forderung des G gegen S auf ihn über (§ 774 Abs. 1 Satz 1); damit wird B auch Eigentümer des Schuldscheins.

(2) Steht dem G eine Briefhypothek von 10 000 DM an dem Grundstück seines Schuldners S zu und zahlt dieser das Darlehen in Höhe von 5000 DM zurück, so erwirbt S mit der Eigentümergrundschuld in dieser Höhe auch hälftiges Miteigentum am Brief (RGZ 59, 313, 318; 69, 36, 40), wobei freilich § 1145 zu beachten ist.

4. Das letzte Beispiel leitet zu der Frage über, ob § 952 auch anwendbar ist, wenn der Schuldner die in der Urkunde verbriefte Forderung *getilgt* hat, ob er also damit auch Eigentümer der Schuldurkunde wird. Sicher ist, daß er einen schuldrechtlichen Rückgabeanspruch nach § 371 hat, fraglich und streitig, ob er automatisch Eigentümer des Papiers geworden ist. Diese Frage ist zu bejahen, da § 952 auf den Erlöschenstatbestand entsprechend anwendbar ist.

§ 53 e. Der Fruchterwerb

Lit.-Hinweis: *Raape,* Aneignungsüberlassung, DogmJ 74, 179 und AcP 136, 210; *Schnorr von Carolsfeld,* Soziale Ausgestaltung des Erwerbs von Erzeugnissen, AcP 145, 27.

I. Grundlagen und Abgrenzungsfragen

1. Bisher hatten wir uns mit Rechtsfragen befaßt, die sich aus der Sach*verbindung* ergeben. Die Eigentumsproblematik stellt sich aber auch bei der Sach*trennung,* nämlich dann, wenn Erzeugnisse oder sonstige (bisher) wesentliche Bestandteile von der „Muttersache" getrennt werden, also ihr eigenes Leben beginnen. Wer soll ihr Eigentümer sein? Diese Frage ist leicht zu beantworten, wenn die Muttersache vom Eigentümer selbst bewirtschaftet wird: natürlich – so wird man sagen – wird dieser Eigentümer. Aber so einfach sind die Verhältnisse nicht immer gelagert. Das Recht kennt mannigfache Nutzungsverhältnisse an fremder Sache, dingliche (z. B. den Nießbrauch), schuldrechtliche (z. B. die Pacht). Das Gesetz mußte aber auch an die – freilich nicht allzu häufigen – Fälle denken, in denen jemand nur glaubt, Eigentümer oder Nutzungsberechtigter zu sein, ohne daß ihm diese Rechtsstellung wirklich zukommt.

Alle diese Sachlagen behandelt das Gesetz in den §§ 953–957. Dabei arbeitet es technisch mit einer Art „Schachtelprinzip", das dem Anfänger Schwierigkeiten macht: es geht von dem Grundtatbestand aus, daß der Eigentümer die Sache selbst nutzt (§ 953). Ihm geht aber ein dinglich Nutzungsberechtigter vor (§ 954), verständlich, weil der Eigentümer sich seines Nutzungsrechts begeben hat. Den Vorrang vor dem Eigentümer und dem Nutzungsberechtigten haben der redliche Eigenbesitzer und der redliche Fremdbesitzer, der in Ausübung eines vermeintlichen dinglichen Nutzungsrechts besitzt (§ 955). Vor allen Genannten rangiert der schuldrechtliche Aneignungsberechtigte (also z. B. der Pächter), § 956, auch wenn er sein Recht redlich von einem Nichtberechtigten herleitet (§ 957).

Man muß also eigentlich im konkreten Fall das Gesetz „von hinten herein lesen": wenn etwa ein obligatorisch Aneignungsberechtigter die Sache in Besitz hat, so wird er Eigentümer der Früchte (§ 956), ein dinglich Nutzungsberechtigter oder der Eigentümer der Muttersache scheiden dann für den Fruchterwerb von vornherein aus! Technisch bringt das Gesetz die Abstufung durch die Ausdrücke „soweit nicht . . ." – „unbeschadet" zum Ausdruck.

2. Die §§ 953 ff. klären *nur die Eigentumsfrage* an den von der Muttersache getrennten Erzeugnissen, sie sagen *nichts darüber,*

a) ob der Erwerber der Früchte sie auch behalten darf, ob sie ihm – in der Diktion des Gesetzes gesprochen – auch *„gebühren"*. Diese Frage beantwortet sich nach den Vereinbarungen der Parteien oder – mangels einer solchen Abmachung – nach dem Vertragstyp, den die Parteien gewählt haben, letztlich nach § 101.

Beispiel: Daß der am 1. 10. abziehende Pächter Eigentümer der Getreideernte geworden ist, ist unzweifelhaft. Darf er sie auch ganz mitnehmen? Antwort: bei Fehlen einer anderweitigen Vereinbarung s. §§ 591, 594 (weitere Bestimmungen dieser Art z. B. §§ 1039, 2133, 987, 988, 990);

b) ob der Erwerber der Früchte durch die Fruchtziehung gegen seine vertraglichen Verpflichtungen verstoßen hat und u. U. – obwohl er Eigentümer der Früchte geworden ist – schadensersatzpflichtig wird.

Schlägt der Nießbraucher eines Waldes mehr Holz, als einer ordnungsmäßigen Wirtschaft entspricht, so wird er zwar Eigentümer des Holzes; der Einschlag gebührt ihm aber nicht, „soweit er den Regeln einer ordnungsmäßigen Wirtschaft zuwider erfolgt ist" (§ 1039); er ist dem Eigentümer schadensersatzpflichtig, wenn er schuldhaft gegen seine Pflichten als Nießbraucher verstoßen hat (§ 1039 Abs. 1 Satz 2: . . . „unbeschadet seiner Verantwortlichkeit für ein Verschulden").

3. Die Erzeugnisse „und sonstigen Bestandteile" müssen nach der Trennung *Sachen* sein. §§ 953ff. erfassen also solche Früchte nicht, die keine Sacheigenschaft haben.

Also z. B. nicht die Zinsen einer Darlehensforderung (unmittelbare Rechtsfrucht: § 99 Abs. 2) oder den Pachtzins bei Verpachtung eines Grundstücks (mittelbare Sachfrucht: § 99 Abs. 3; s. oben § 3 I 3).

Wer hier fruchtziehungsberechtigt ist, bestimmt sich nach der Quelle, aus der diese Früchte entspringen.

Dies ist etwa bei Darlehenszinsen der Darlehensgläubiger, bei Pachtzinsen der Verpächter. Ist aber an dem Recht ein Nießbrauch bestellt, so stehen dem Nießbraucher die mittelbaren Sach- und Rechtsfrüchte zu, auch wenn das Rechtsverhältnis (z. B. der Pachtvertrag) vor Beginn des Nießbrauchs geschlossen war (§§ 1068, 1030, 577, 571).

4. Für die Anwendung der §§ 953ff. ist es gleichgültig, ob die Muttersache ein Grundstück oder eine bewegliche Sache ist.

Nach ihnen bestimmt sich also z. B. auch das Eigentum an den Jungtieren einer Schafherde, die ihr Eigentümer dem N zum Nießbrauch gegeben hat!

5. Das Gesetz spricht von „Erzeugnissen" und „sonstigen Bestandteilen". Was Erzeugnis einer Sache ist, richtet sich nach der Verkehrsauffassung, ohne daß es auf eine naturwissenschaftliche Definition ankäme. So ist der gefällte Obstbaum Erzeugnis des Grundstücks, obwohl man ihn naturwissenschaftlich gesehen kaum als dessen natürliche Frucht ansehen könnte.

Unter Bestandteilen sind zunächst die (bisher) wesentlichen Bestandteile zu verstehen. Nicht wesentliche Bestandteile werden von der Regelung nur getroffen, wenn sie zuvor schon dem Eigentümer der Muttersache gehörten. Scheinbestandteile (§ 95) werden überhaupt nicht erfaßt.

Pachtet jemand ein Grundstück auf 10 Jahre, um eine Baumschule zu errichten, so gehören die Jungbäume im Boden, aber auch nach der Trennung stets dem Pächter (§ 95 Abs. 1 Satz 1).

II. Der Fruchterwerb des Eigentümers

Diesen Normalfall regelt § 953: Eigentümer der getrennten Erzeugnisse und Bestandteile wird *mit der Trennung* der Eigentümer der Muttersache, gleichgültig, wer die Erzeugnisse getrennt hat, gleichgültig auch, ob der Eigentümer die Muttersache besitzt (sofern nicht ein sonstiger Nutzungsberechtigter vorgeht!), gleichgültig schließlich, wem das Verdienst an dem Erzeugnis zukommt (es gilt also das Trennungsprinzip, nicht das Produktionsprinzip!).

Dem Eigentümer des Obstgrundstücks gehören die Äpfel, auch wenn sie ein Dieb bricht – auch dann, wenn der Nachbar die Bäume versehentlich auf dem fremden Grundstück gepflanzt hat.

Zu beachten ist, daß *Pfandrechte,* die an der Muttersache bestehen, sich auch an den getrennten Erzeugnissen fortsetzen (vgl. § 1120, § 1212), jedoch meist mit der Möglichkeit des „Freiwerdens" (vgl. §§ 1121, 1122).

III. Der Fruchterwerb des dinglich Nutzungsberechtigten

1. Hat der Eigentümer ein *dingliches* Nutzungsrecht abgespalten, so steht damit auch das Fruchterwerbsrecht dem Nutzungsberechtigten zu. *Diesem,* nicht dem Eigentümer, fällt das Eigentum an den Erzeugnissen *mit der Trennung* zu (§ 954), wobei es wiederum gleichgültig ist, wer die Trennung vornimmt.

Der Umfang des Fruchterwerbs bestimmt sich nach dem Inhalt des eingeräumten Nutzungsrechts. Als solche Rechte kommen vor allem in Betracht der Nießbrauch an Sachen (§§ 1030 ff.), das Nutzpfandrecht an beweglichen Sachen (§ 1213), das Erbbaurecht, Grunddienstbarkeiten und beschränkte persönliche Dienstbarkeiten, soweit sie Nutzungsrechte enthalten (vgl. oben § 33 II 1; § 34 I 2).

Beispiel: Hat E zugunsten des D an seinem Grundstück ein Kiesausbeutungsrecht als beschränkte persönliche Dienstbarkeit begründet, so wird D Eigentümer des gewonnenen Kieses, auch wenn nicht er selbst, sondern ein Dritter (oder der Eigentümer) unberechtigt Kies entnommen hat.

2. Ist die Muttersache mit einem *Pfandrecht* belastet (z. B. mit einer Hypothek), so stellt sich die Frage, ob das Erzeugnis von der Pfandhaftung erfaßt wird. Bei Grundpfandrechten hat sich § 1120 (durch den „Soweit-Satz") für eine Verneinung der Frage entschieden, auch wenn das Nutzungsrecht rangschlechter ist als das Grundpfandrecht (s. oben § 39 III). Anders beim Pfandrecht an beweglichen Sachen: § 1212 sagt, daß das Pfandrecht sich auch auf die Erzeugnisse erstreckt; das bedeutet aber nur, daß ein *rangbesseres* Pfandrecht einem rangschlechteren Nießbrauch vorgeht.

IV. Der Fruchterwerb der redlichen Eigen- und Nutzungsbesitzer

1. Anwendungsbereich

§ 955 statuiert den Fruchterwerb dessen, der die Muttersache redlich im Eigenbesitz hat oder redlich in Ausübung eines nicht bestehenden Nutzungsrechts besitzt. Die hauptsächlichen Anwendungsfälle sind die der mißlungenen Eigentumsübertragung oder der nichtgeglückten Nutzungsrechtsbestellung:

V hat sein Grundstück an K verkauft und aufgelassen; K ist im Grundbuch als Eigentümer eingetragen worden. Das Rechtsgeschäft war – wie sich später herausstellt – nichtig, weil V wegen Verschwendung unter Betreuung mit Einwilligungsvorbehalt gestellt war und sein Betreuer die Transaktion nicht genehmigt hat (§§ 1896, 1903).

B hat seinen Hof seinem Neffen übergeben, sich selbst aber den Nießbrauch an einer Obstwiese vorbehalten. Die Bestellung des Nießbrauchs war – wie wir unterstellen – wegen Dissenses nichtig.

Hier hatte das Gesetz zu regeln, ob der vermeintliche Eigentümer bzw. Nießbraucher Eigentümer der Früchte wird. Davon ist wieder die Frage zu unterscheiden, ob er auch die von ihm gezogenen Früchte behalten darf oder sie dem Eigentümer herausgeben muß; die Antwort hierauf findet sich in den Bestimmungen über die Rückabwicklung der Rechtsbeziehungen, z. B. in den §§ 987 ff.

Beispiel: Hat V in dem obigen ersten Beispiel das Grundstück dem K geschenkt, so wird K – seine Redlichkeit vorausgesetzt – zwar nach § 955 Eigentümer der Früchte, muß sie aber nach § 988 – weil unentgeltlicher Eigenbesitzer – an V (bzw. seinen Betreuer) „herausgeben", d. h. übereignen.

War K unredlich, so wird nicht er, sondern V Eigentümer der Früchte (§ 953). Da er sie aber in Besitz hat, muß er sie dem V (bzw. seinem Betreuer) herausgeben, d. h. den Besitz übertragen (§ 985).

Vorweg ist schließlich zu bemerken, daß sich das Fruchtziehungsrecht nach § 955 *nur auf Früchte der Sache* im Sinne des § 99 Abs. 1 bezieht, nicht dagegen auf sonstige wesentliche Bestandteile.

K kann also die Obsternte des Grundstücks zu Eigentum erwerben, auch die Steine eines auf dem Grundstück befindlichen Steinbruchs, nicht dagegen das Abbruchmaterial eines Hauses.

2. *Voraussetzungen des Fruchterwerbs* sind Redlichkeit und Eigenbesitz bzw. Nutzungsbesitz.

a) Redlich ist der Besitzer, wenn er seine Nichtberechtigung (mangelndes Eigentum bzw. mangelndes dingliches Nutzungsrecht) weder kannte noch infolge grober Fahrlässigkeit nicht kannte (§ 932 Abs. 2). Maßgebender Zeitpunkt ist der Besitzerwerb; spätere grobe Fahrlässigkeit schadet nicht; nur nachfolgende positive Kenntnis des „Rechtsmangels" hindert den Eigentumserwerb (§ 955 Abs. 1 Satz 2). Die Beweislast für die Bösgläubigkeit liegt bei dem, der den Rechtserwerb angreift.

In unserem „Verschwenderbeispiel" macht es also nichts aus, wenn K nachträglich Bedenken hat, ob V wirklich voll geschäftsfähig war. Nur wenn er erfährt, daß V unter Betreuung mit Einwilligungsvorbehalt gestellt ist und sein Betreuer die Übereignung des Grundstücks nicht genehmigt hat, wird der Fruchterwerb ausgeschlossen.

Anders als in §§ 932 ff. bezieht sich die Redlichkeit nicht auf das Eigentum dessen, der die Sache – vermeintlich wirksam – veräußert oder an ihr ein Nutzungsrecht bestellt hat. § 955 verlangt nur redliches Vertrauen auf die *eigene* Rechtsstellung des Fruchterwerbers. Denn es geht ja hier nicht darum, ob das Eigentum (Nutzungsrecht) an der Substanz (dem Grundstück) erworben wurde.

In unseren Beispielen hat weder K noch B Eigentum bzw. Nießbrauch erworben. Veräußert allerdings K das Grundstück weiter an D, so wird dieser nach § 892 dessen Eigentümer; sein Fruchterwerb richtet sich dann nach § 953!

b) Der Fruchterwerber muß die Muttersache im Eigen*besitz* bzw. Nutzungs*besitz* haben, und zwar im Augenblick der Trennung. Es genügt auch mittelbarer Eigenbesitz, es sei denn, daß der Besitzmittler selbst fruchtziehungsberechtigt ist.[1] Nach § 955 Abs. 3 schadet kurzzeitiger, unfreiwilliger Besitzverlust nicht.

Bei der Lektüre des § 955 ist zu beachten, daß das Gesetz zunächst nur auf den Eigenbesitz abstellt (§ 955 Abs. 1 Satz 1). Ist der Eigenbesitzer nicht zum Eigenbesitz berechtigt oder ein anderer kraft dinglichen Rechts fruchtziehungsberechtigt, so kann sich der Eigenbesitzer doch auf seine Redlichkeit berufen (§ 955 Abs. 1 S. 2).

3. Ist der Eigenbesitzer oder Nutzungsbesitzer redlich, liegen also die eben erörterten Voraussetzungen vor, so erwirbt er das Eigentum an den Sachfrüchten mit der Trennung, wobei es wieder nichts ausmacht, wer die Trennung vorgenommen hat.

Zu beachten ist, daß § 955 auch dem Eigentümer oder dem Nutzungsberechtigten selbst zugute kommen kann, jenem, wenn er ein fremdes Nutzungsrecht schuldlos oder leicht fahrlässig nicht kennt, diesem, wenn er von einem ihm vorgehenden Nutzungsrecht nichts ahnt oder die Grenzen seines dinglichen Nutzungsrechts redlich überschreitet:

Während einer längeren Abwesenheit des E hat sein Bevollmächtigter V dem D ein Kiesausbeutungsrecht in Form einer beschränkten persönlichen Dienstbarkeit bestellt. D – ein Bauunternehmer – macht aber z. Zt. davon keinen Gebrauch. Als E zurückkehrt, beutet er die Kiesgrube aus. § 955 greift Platz.

Entsprechendes gilt, wenn dem D als dem Ausbeuter der Kiesgrube ein Nießbrauch des N vorgeht (freilich ist hier angesichts des Grundbuchs Redlichkeit nur schwer vorstellbar).

4. Viele Gedanken hat man sich darüber gemacht, ob § 935 entsprechend angewandt werden kann:[2]

Der Landstreicher D stiehlt ein Huhn des E, veräußert es nach einer Stunde als „Rassehuhn" an den redlichen K, bei dem es sofort wacker Eier legt.

Wie schon das Beispiel zeigt, kommt dem Problem keine überragende Bedeutung zu. Mit der

---

[1] *Wolff/Raiser,* § 77 III 2.
[2] Vgl. *Westermann/Gursky,* § 57 II 3 c u. *Medicus* Rn. 603.

h. M. ist der Eigentumserwerb *von Bestandteilen* der gestohlenen Sache *zu verneinen,* der *Frucht-*werb *zu bejahen,* und zwar auch dann, wenn die Frucht in nuce schon im Augenblick des Diebstahls vorhanden war:

K erwirbt also das Eigentum an allen Eiern, die das Huhn bei ihm legt.

V. Der Fruchterwerb kraft obligatorischer Aneignungsgestattung

1. *Der Grundtatbestand*

Nutzung durch den Eigentümer und den schuldrechtlich dazu Berechtigten (z. B. den Pächter) sind im Leben die häufigsten Fälle der Sachnutzung. Das Gesetz mußte sich daher des Fruchterwerbs des obligatorisch Berechtigten besonders annehmen. Dies geschieht in § 956 mit der sog. *Aneignungsgestattung*: Das Gesetz wählt den allgemeinen Ausdruck „Gestattung" und will damit sagen, daß es sich um die – nicht zu einem dinglichen Recht führende – Überlassung des Fruchtziehungsrechts durch einen dazu Befugten handelt, sei es durch den Eigentümer (§ 953) oder den dinglich Nutzungsberechtigten (§ 954) oder den redlichen Eigen- oder Nutzungsbesitzer (§ 955), sei es schließlich durch jemanden, der selbst nur durch eine Aneignungsgestattung fruchtziehungsberechtigt ist:

Der Eigentümer (Nießbraucher, redliche Eigenbesitzer) verpachtet ein Grundstück an P. P verpachtet es weiter („unter") an X.

Die Gestattung selbst ist nicht mit dem schuldrechtlichen Vertrag, auf dem sie beruht, identisch; dieser Vertrag ist lediglich die causa, auf der die Gestattung beruht. § 581 Abs. 1 Satz 1 bringt diesen Sachverhalt für die Pacht ganz anschaulich zum Ausdruck, wenn er den Verpächter verpflichtet, „dem Pächter ... den Genuß der Früchte ... zu gewähren". Dieses „Gewähren" ist nichts anderes als die Aneignungsgestattung des § 956 Abs. 1 Satz 1.

Dem Leben entsprechend unterscheidet § 956 zwei Tatbestände:

a) In dem *einen Fall* ist dem Berechtigten der Besitz an der Muttersache oder an den zur Trennung bestimmten Erzeugnissen (zu diesem zweiten Fall s. unten 3a aa) überlassen. Hier erwirbt er das Eigentum an den Erzeugnissen bereits *mit der Trennung,* wird also insoweit einem dinglichen Nutzungsberechtigten gleichgestellt.

Der Pächter des Landguts erwirbt alle Erzeugnisse des Guts mit der Trennung, gleich wodurch und von wem diese herbeigeführt wurde.

Ist eine fruchttragende bewegliche Sache unter Eigentumsvorbehalt geliefert, so liegt darin eine Aneignungsgestattung an den Vorbehaltskäufer.

b) Bei der *zweiten Fallgruppe* ist dem Berechtigten der Besitz an der Muttersache nicht eingeräumt, sei es daß dies von vornherein nicht der Fall war, sei es daß er den – zunächst überlassenen – Besitz später wieder verloren hat.[1] Hier erwirbt er das Eigentum erst mit der Besitzergreifung.

Der Eigentümer E eines Obstbaumgrundstücks hat einem Bauern B „den Gras- und Obstertrag" verpachtet. Das Eigentum am Gras erwirbt B mit dem Abmähen, das an der Obsternte mit dem Pflücken. Äpfel, die der Wind geschüttelt hat, fallen zunächst in das Eigentum des E, der Pächter B ist aber berechtigt, sie sich anzueignen, was durch Besitzergreifung geschieht.

Die Rechtslage ist ebenso, wenn B sich während einer längeren Abwesenheit des E eigenmächtig in den Besitz des Grundstücks gesetzt hat; dann ist er zwar im Besitz der Muttersache, aber dieser war ihm nicht „überlassen".

Kennzeichnend für die *erste Fallgruppe* (a) ist also – neben der stets erforderlichen Aneignungsgestattung – die Ableitung des Besitzes vom Gestattenden *und* die Fortdauer des Besitzes. Die *zweite*

---

[1] Kurzfristige Unterbrechung schadet nicht (§§ 955 Abs. 3, 940 Abs. 2 entsprechend).

Fallgruppe (b) ist durch entsprechende negative Merkmale gekennzeichnet: entweder fehlt es an der Besitzüberlassung oder an der Fortdauer des Besitzes.

2. *Die Aneignungsgestattung*

a) Die rechtliche Einordnung der Aneignungsgestattung macht Schwierigkeiten; diese beruhen auf verschiedenen Eigenarten dieses Vorgangs:

aa) Einmal wird dem durch die Gestattung Begünstigten, ohne daß ihm ein dingliches Recht an der Muttersache zustände, doch ein zum Eigentum an den getrennten Früchten führendes Erwerbsrecht eingeräumt; der Gestattende ist nicht lediglich verpflichtet, ihm die getrennten Früchte zu übereignen, er konzediert ihm vielmehr ein Fruchtziehungsrecht.

bb) Zum anderen handelt es sich hier um einen „gestreckten Erwerbstatbestand": Zu der Gestattung muß die Trennung der Früchte bzw. die Besitzergreifung an ihnen hinzukommen.

Solche gestreckten Erwerbsvorgänge sind uns nichts Neues: man denke an das zeitliche Aufeinanderfolgen von Einigung (Auflassung) und Eintragung (§ 873), von Einigung und Übergabe (§ 929), an die Abtretung künftiger Forderungen. Wie in diesen Fällen, so ergibt sich auch hier die Frage, welche Auswirkung ein zwischen Gestattung und Trennung liegender Verlust der Verfügungsbefugnis und der Rechtszuständigkeit hat.

cc) § 956 spricht davon, daß der Eigentümer einem anderen die Aneignung gestattet. Bedeutet dies, daß es sich um ein einseitiges Verfügungsgeschäft des Gestattenden oder um eine vertragliche, der Übereignung beweglicher Sachen vergleichbare Übereinkunft handelt?

Diese Zweifel haben zu einem heftigen Theorienstreit geführt: Die überwiegende Meinung[1] vertritt die sog. *Übertragungstheorie:* sie sieht in § 956 nur einen gesetzlich besonders geregelten Fall einer Übereignung künftiger Sachen. Die Einigungsofferte liegt in der Gestattung, die Annahme in der Fortsetzung des Besitzes an der Muttersache durch den Begünstigten bis zur Trennung (1. Fallgruppe) bzw. in der Besitzergreifung an der Frucht (2. Fallgruppe). Demgegenüber meint die *Aneignungstheorie*[2] (auch Erwerbs- oder Anwartschaftstheorie genannt), daß durch die Gestattung als einseitiges Rechtsgeschäft dem durch sie Begünstigten ein dingliches Aneignungsrecht oder Erwerbsrecht eingeräumt werde.

Entsprechend der in diesem Lehrbuch verfolgten Methode, zweifelhafte Rechtsfragen nicht aus dem Bekenntnis zu einer bestimmten Theorie zu lösen (vorbildlich dazu BGHZ 27, 360), sehen wir davon ab, die eine oder andere Auffassung für richtig zu erklären; wir wollen uns einmal ohne einen solchen Anhalt durch das Gestrüpp der Zweifelsfragen hindurchschlagen! Nur so viel läßt sich vielleicht vorneweg sagen: die Aneignungstheorie wirkt weniger gekünstelt als die Übertragungstheorie; denn letztere muß rein tatsächliche Vorgänge wie Besitz bzw. Besitzergreifung als Rechtsgeschäfte behandeln, was auf nichts anderes als auf eine Fiktion hinausläuft.

b) Sicher ist, daß die Gestattung eine *empfangsbedürftige Willenserklärung* des Gestattenden ist; sie kann also z. B. wegen Gesetzesverstoßes nichtig, wegen Willensmangels anfechtbar sein usw. Auch § 130 Abs. 2 ist anwendbar.

Stirbt der Gestattende nach Abgabe der Erklärung, aber vor Zugang an den Empfänger, so wird doch die Gestattung wirksam. Ob sie durch die Erben widerrufen werden kann, richtet sich nach § 956 Abs. 1 Satz 2 (s. unten c cc). Ohne Einfluß auf den Fruchterwerb ist es, wenn der Fruchtziehungsberechtigte nach Empfang der

---

[1] Vgl. etwa RGZ 78, 35; *Heck,* § 63, 5; *Zitelmann* DogmJ 70, 1 ff., 35, 40 u. a.
[2] *Wolff/Raiser,* § 77 Anm. 26; *Westermann/Gursky,* § 57 III 2 b. Weitere Nachweise bei *Soergel/Mühl* § 956 Rn. 2.

Gestattungserklärung geschäftsunfähig oder in der Geschäftsfähigkeit beschränkt wird: Er wird dennoch Eigentümer der Früchte (zu einem anderen Ergebnis kommt die Übertragungstheorie; aber ich sehe auch nicht *einen* Gesichtspunkt, der hier gegen den Eigentumserwerb des in seiner Geschäftsfähigkeit Beeinträchtigten spräche!).

c) Sicher ist weiter, daß die Aneignungsgestattung *Verfügung* ist.

Doch ist mit dieser Feststellung nicht allzuviel gewonnen. Es bleiben folgende Fragen zu beantworten: worüber wird verfügt? (s. aa). Wer ist zur Verfügung berechtigt? (bb). Ist der Verfügende oder sein Rechtsnachfolger an die Verfügung gebunden? (cc).

aa) Gehen wir von dem Normalfall aus, daß der Eigentümer einem anderen die Fruchtziehung gestattet, so liegt darin eine Abspaltung des im Eigentum liegenden Fruchtziehungsrechts, also eine Teilverfügung über das Eigentum. Dasselbe gilt mutatis mutandis bei der Gestattung durch einen dinglich Nutzungsberechtigten. Schwieriger ist die Erklärung dort, wo die Gestattung durch den redlichen Eigen- bzw. Nutzungsbesitzer erfolgt (§ 955) oder durch den, der selbst kraft Gestattung (§ 956) fruchtziehungsberechtigt ist; hier steht dem Gestattenden *nur* das Fruchtziehungsrecht zu; über dieses verfügt er durch die Aneignungsgestattung.

Diese Verfügung ist – wie alle anderen Verfügungen – abstrakt, von dem Vorhandensein und der Gültigkeit des Grundgeschäfts (z. B. Pacht, Leihe) unabhängig. Fehlt ein solches, so greift bis zum Widerruf durch den Gestattenden (§ 956 Abs. 1 Satz 2) Kondiktionsrecht ein, für die nach dem Widerruf gezogenen Früchte ist § 985 anwendbar.

bb) Aus dem eben Gesagten ergibt sich auch, *wer zur Gestattung berechtigt ist:* der Eigentümer (§ 953), der dinglich Nutzungsberechtigte (§ 954), der redliche Eigen- bzw. Nutzungsbesitzer (§ 955), der nach § 956 Aneignungsberechtigte selbst (§ 956 Abs. 2); dabei ist entsprechend dem „Schachtelprinzip" die Reihenfolge der Berechtigung umgekehrt wie die eben gebrachte Aufzählung.

Fraglich bleibt, *wann* die *Rechtszuständigkeit* und *Verfügungsbefugnis* vorliegen muß, ob im Augenblick der Gestattung oder auch noch im Augenblick der Trennung der Früchte bzw. der Besitzergreifung.
E hat sein Landgut an P verpachtet. Später veräußert er es an K oder er fällt in Konkurs (vgl. den interessanten Beispielsfall BGHZ 27, 360 [= *Baur*, E.Slg. Fall 1]; dazu *Medicus* JuS 1967, 385, 389; *Lempenau* aaO (oben § 3 II 3) S. 97 ff. u. *Denck* JZ 1981, 331.
Die Meinungen gehen hier weit auseinander, und zwar auch innerhalb der beiden Theorien: so vertreten etwa *Wolff/Raiser* und *Westermann*, die beide die Aneignungstheorie für richtig halten, verschiedene Auffassungen: *Westermann*[1] hält den Zeitpunkt der Gestattung für entscheidend, während *Wolff/Raiser* auf die Trennung bzw. Besitzergreifung abstellen.[2]
Mit BGHZ 27, 360, 366 (= *Baur*, E.Slg. Fall 1) ist davon auszugehen, daß *regelmäßig* die Rechtszuständigkeit und Verfügungsbefugnis in dem Augenblick gegeben sein muß, in dem die Verfügung wirksam werden soll. Dies ist eine allgemeine Regel, die freilich gelegentlich durch Ausnahmen durchbrochen wird (vgl. § 878 BGB, § 15 Satz 2 KO). Der Gestattende überläßt mit der Aneignungsgestattung sein Fruchtziehungsrecht. Dieses Recht ist keine konstante Größe. Ob es besteht und noch besteht, zeigt sich erst in dem Augenblick, wo es realisiert werden kann, also mit der Trennung bzw. Besitzergreifung der Früchte. Auch bei der Gestattung des Fruchterwerbs (gestreckter Erwerbstatbestand) kommt es also für die Frage der Rechtszuständigkeit und der Verfügungsmacht auf den Augenblick der Fruchtziehung an.

---

[1] § 57 III 2c, in der Vorauflage.
[2] § 77 IV 4.

Ist der Gestattende nach der Gestattung in Konkurs gefallen oder ist sein Recht beschlagnahmt oder hat er gar sein Recht (z. B. Nießbrauch, Pacht) verloren, so wirken sich diese Verfügungsbeschränkung oder der Rechtsverlust auch auf den Fruchterwerb des durch die Gestattung Begünstigten aus (ebenso im Ergebnis die h. M.; vgl. statt aller BGHZ 27, 360, wo mit Recht ausgeführt ist, daß auch die Rechtsfigur des Anwartschaftsrechts hier zu keinem anderen Ergebnis führt).

Davon ist freilich die sofort (cc) zu erörternde Frage zu unterscheiden, ob ein Rechtsnachfolger des Gestattenden an die Gestattung gebunden ist, ob also der Wechsel in der Rechtszuständigkeit[1] *ausnahmsweise* für den Fruchterwerb des Begünstigten bedeutungslos ist.

cc) Die Gestattung ist *widerruflich;* ähnlich wie die Einigung enthält sie kein schuldrechtliches Element. Der Widerruf ist auch dann wirksam, wenn der Widerrufende damit einer vertraglichen Verpflichtung zuwiderhandelt. Dies kann zu einer Klage auf Gestattung oder zu einem Schadensersatzanspruch führen.

Eine Gemeinde hat den Obstertrag eines ihr gehörenden Grundstücks auf 10 Jahre an P verpachtet. Nach 5 Jahren kündigt sie den Pachtvertrag, weil sie das Grundstück für Bebauungszwecke benötigt. Die Kündigung des Pachtvertrags ist unwirksam, wirksam aber der darin liegende Widerruf der Gestattung. Ergebnis: Schadensersatzpflicht der Gemeinde.

Die Aneignungsgestattung ist jedoch dann *unwiderruflich,* wenn der Eigentümer zur Gestattung verpflichtet ist *und* der Begünstigte die ihm überlassene Sache besitzt (§ 956 Abs. 1 Satz 2). Besitz und schuldrechtliche Berechtigung haben dann die Position des Begünstigten so gefestigt, daß sie ihm nicht mehr einseitig entzogen werden kann (Anwartschaftsrecht).

Aus dieser Entscheidung des Gesetzgebers muß auch die Frage beantwortet werden, ob auch ein Nachfolger in der Rechtszuständigkeit (z. B. der Erwerber des Grundstücks) oder in der Verfügungsmacht (z. B. der Konkursverwalter) an die Aneignungsgestattung gebunden ist, ob m. a. W. dieser Wechsel sich auf das Fruchtziehungsrecht auswirkt oder nicht. Die Bindung ist zu bejahen, wenn die Verpflichtung zur Gestattung auch den Rechtsnachfolger trifft *und* der Begünstigte im Besitz der Sache ist.

Gebunden ist daher sicher der Erbe, da auf ihn die Gestattungsverpflichtung übergeht; ebenso der Erwerber des verpachteten Grundstücks, weil er nach §§ 581, 571 in das Pachtverhältnis eintritt; in gleicher Weise der Konkursverwalter aber nur im Falle des § 21 KO oder wenn er nach § 17 KO die Vertragserfüllung gewählt hat; schließlich jeder andere Rechtsnachfolger, wenn er die Verpflichtungen aus dem der Gestattung zugrunde liegenden Vertragsverhältnis durch Schuldübernahme übernommen hatte oder die Gestattung genehmigt (§ 185; RGZ 78, 35).

In allen anderen Fällen ist die Bindung zu verneinen.[2]

Beispiel: E hat dem K auf Grund eines Abholzungsvertrags gestattet, ein bestimmtes Waldstück abzuholzen. Bevor dies geschehen ist, veräußert E den Wald an D. Dieser ist an die Gestattung nicht gebunden, auch wenn man annimmt, daß dem K der (Teil-)Besitz an den abzuholzenden Bäumen eingeräumt war; denn die Gestattungsverpflichtung ist nicht auf D übergegangen. Auch § 986 Abs. 2 ist nicht entsprechend anwendbar.[3]

3. Der Fruchterwerb

a) Hat der hierzu Berechtigte die Aneignung gestattet, so erwirbt der Begünstigte das Eigentum an den „Erzeugnissen und sonstigen Bestandteilen der Sache". Dabei macht es – wie wir bereits wissen – einen Unterschied, ob dem durch die Aneignungsgestattung Berechtigten der Besitz an der Muttersache überlassen ist oder nicht; im ersten Fall erwirbt er die Früchte mit der Trennung, im zweiten Fall mit der Besitzergreifung an den Erzeugnissen. Die Überlassung des Besitzes an der Muttersache erfolgt nach § 854, also durch Übergabe seitens des Gestattenden (Abs. 1) oder durch bloße Einigung im Falle des § 854 Abs. 2; in beiden

---

[1] Im Konkursfall in der Verfügungsbefugnis.

[2] A. A. E. *Wolf* § 4 J III c 3 gg S. 213.

[3] Manches str. s. *Palandt/Bassenge* § 956 Rn. 2; *Soergel/Mühl* § 956 Rn. 4; vor allem *Medicus* JuS 1967, 385, 389.

Fällen ist erforderlich, daß „kein Stück" des unmittelbaren Besitzes bei dem Gestattenden verbleibt (BGHZ 27, 360 = *Baur*, E.Slg. Fall 1).

Zweifelhaft ist die Antwort auf folgende Fragen:

aa) Genügt die Einräumung des unmittelbaren *Teilbesitzes* an den zu trennenden Erzeugnissen? E hat dem K Holz auf dem Stamm verkauft, Einschlag und Abfuhr gestattet. Hier wird K erst mit der Besitzergreifung an den gefällten Stämmen Eigentümer.

Wie aber ist die Rechtslage, wenn die zu fällenden Stämme im Einverständnis des E schon mit dem Namenszeichen des K versehen waren? Hierin wird man eine Einräumung des sog. unmittelbaren Teilbesitzes sehen dürfen mit dem Ergebnis, daß K Eigentümer der Stämme mit der Trennung wird, gleichgültig von wem diese Trennung vorgenommen wurde (RGZ 108, 269, 271 f.).

bb) Genügt auch *mittelbarer Besitz* des Aneignungsberechtigten? Sicher dann nicht, wenn der unmittelbare Besitzer ein dem mittelbaren Besitzer vorgehendes Fruchterwerbrecht innehat, so wenn der Nießbraucher die Sache an einen Pächter verpachtet hat. Aber auch wenn dies nicht der Fall ist, genügt mittelbarer Besitz dann nicht zur Bejahung der ersten Alternative des § 956 Abs. 1 Satz 1, wenn der Gestattende unmittelbarer Besitzer bleibt.

Beispiel (in Anlehnung an BGHZ 27, 360 [= *Baur*, E.Slg. Fall 1]): P hat seinem Gläubiger G die Aberntung verschiedener von ihm gepachteter Felder gestattet. Selbst wenn man G als mittelbarer Besitzer der Felder ansieht, kann doch sein mittelbarer Besitz nicht dem unmittelbaren gleichgestellt werden, da P als Gestattender in unmittelbarem Besitz bleibt. BGHZ 27, 360, 363 verweist hier mit Recht auf die Parallele zu § 929 Satz 1, wo – wie wir wissen – der Veräußerer jede Spur unmittelbaren Besitzes verlieren muß. G wird also Eigentümer der Ernte dieser Felder erst mit der Besitzergreifung.

b) *Umfang* und Art des Fruchterwerbs richten sich nach dem Inhalt der Gestattung. Diese wird meist der schuldrechtlichen Verpflichtung des Gestattenden entsprechen. So hat der Verpächter nach § 581 den Genuß der Früchte zu gewähren, „soweit sie nach den Regeln einer ordnungsmäßigen Wirtschaft als Ertrag anzusehen sind".

Gehört zu einem verpachteten Landgut ein Wald, so wird der Pächter nicht Eigentümer eines vertragswidrigen Kahlschlags. Eigentümer ist der Verpächter geworden, der das Holz nach § 985 herausverlangen und daneben Schadensersatz fordern kann.

c) Zum Schluß ein *Beispiel*, das zeigen soll, wie stark die „Gemengelage" verschiedener „Fruchtanwärter" sein kann:

E hat sein Landgut an P verpachtet. E ist stark verschuldet. Einer seiner Gläubiger läßt einen großen Weizenschlag einige Wochen vor der Ernte pfänden. Die Pfändung von „Früchten auf dem Halm" ist zulässig (§ 810 ZPO). Auch ist E Eigentümer des Weizens vor der Trennung. Dennoch ist die Pfändung nicht zulässig, da E das Grundstück mit Früchten nicht in Besitz hat (§ 808 ZPO) und ferner die Früchte mit der Trennung in das Eigentum nicht des E, sondern des P fallen. P kann sowohl die Erinnerung nach § 766 ZPO einlegen wie Widerspruchsklage nach § 771 ZPO erheben.[1]

Pfändete ein Gläubiger des P die Früchte, so kann E – obwohl er Eigentümer des Grundstücks ist – nicht nach § 771 ZPO vorgehen. Denn mit der Trennung wird P Eigentümer, E kann die Gestattung auch nicht widerrufen. Es bleibt ihm nur – wegen seines Verpächterpfandrechts (das sich nach § 592 S. 1 auch auf die noch nicht getrennten Früchte erstreckt; *Erman/Schopp* § 592 Rn. 3) – die Klage auf vorzugsweise Befriedigung nach § 805 ZPO, wenn P mit der Bezahlung des Pachtzinses im Rückstand ist.[2]

VI. Sonderfall: Aneignungsgestattung durch Nichtberechtigte

1. Der Fruchterwerb durch Aneignungsgestattung setzt – wie wir wissen – voraus, daß der Gestattende selbst fruchtziehungsberechtigt ist, also Eigentümer, Nießbraucher, redlicher Eigen- oder Nutzungsbesitzer ist. Wie ist aber die Rechtslage, wenn der Gestattende zur Gestattung gar nicht berechtigt *ist,* der Begünstigte ihn aber gutgläubig für berechtigt *hält?* Die Antwort hierauf gibt § 957: Der Begünstigte wird Eigentümer der Früchte, wenn er

---

[1] Ebenso im Ergebnis *Palandt/Bassenge* § 956 Rn. 3.
[2] Vgl. *Baur/Stürner* ZVR Rn. 796 ff.

a) im Falle der Überlassung des Besitzes an der Muttersache[1] in diesem Zeitpunkt gutgläubig war und auch bis zur Trennung den Rechtsmangel nicht erfährt,

b) im Falle des Nichtbesitzes an der Muttersache bei der Besitzergreifung hinsichtlich der Gestattungsberechtigung in gutem Glauben ist.

Das Gesetz sagt nichts darüber, ob der gute Glaube in dem *Besitz* des Verfügenden seine Rechtfertigung finden muß. Dies wird allgemein bejaht, wobei man sich auf die Konstruktion des Rechtsscheingedankens beruft (vgl. etwa § 932). Ergebnis ist, daß ein Nichtberechtigter, der weder Besitz an der Muttersache noch Teilbesitz an den Erzeugnissen hat, dem Redlichen kein Aneignungsrecht verschaffen kann (RGZ 108, 269).

Zieht man einen Vergleich mit dem redlichen Nutzungsbesitzer (§ 955), so ist der Unterschied freilich frappierend: dieser braucht nur bezüglich des von ihm ausgeübten Nutzungsrechts redlich zu sein, gleichgültig ob er sein vermeintliches Recht von einem Besitzer der Muttersache ableitet oder nicht! Die Diskrepanz ist wohl nur damit zu erklären, daß mit § 955 in erster Linie die Fälle der fehlgeschlagenen Eigentums- bzw. Nutzungsrechtsübertragung getroffen werden sollten, hier also der „Verfügende" regelmäßig auch der Rechtsinhaber ist.

2. Wie oben (IV 4) im Bereich des § 955 stellt sich auch hier die Frage der entsprechenden Anwendbarkeit des § 935. Sie ist wie dort zu beantworten.

§ 53 f. Die Aneignung herrenloser Sachen

I. Anwendungsbereich

§ 958 sagt, daß Eigentum erwirbt, wer eine herrenlose bewegliche Sache in Eigenbesitz nimmt. Der Anwendungsbereich dieser Vorschrift ist gering: die Güter dieser Erde sind verteilt,[2] „in festen Händen" – wo der Mensch noch Lebensraum für herrenlose Sachen, insbesondere das Wild läßt, hat er das Aneignungsrecht an ihnen typisiert und in Form des Jagd- und Fischereirechts bestimmten Personen (z. B. dem Grundeigentümer) oder anderen Personengruppen zugesprochen (s. oben § 27 VII). Ein weiteres Aneignungsrecht dieser Art ist im Bergwerkseigentum enthalten (s. oben § 30). So beschränkt sich das jedermann zustehende Aneignungsrecht, von dem § 958 spricht, auf solche herrenlosen Sachen, die keinem besonderen Aneignungsrecht unterliegen (§ 958 Abs. 2), also z. B. auf nicht jagdbare Tiere, auf Fische des Meeres, ferner auf Sachen, die der bisherige Eigentümer derelinquiert hat (§ 959).

II. Herrenlosigkeit

1. Herrenlos *sind* wilde Tiere, die sich in Freiheit befinden (§ 960 Abs. 1 Satz 1).

Der Begriff „wild" hat nichts mit Gefährlichkeit zu tun. Wild ist ein Tier, das sich seiner Art nach der Beherrschung durch den Menschen entzieht. Selbst wenn dies der Fall ist, so ist es doch dann nicht herrenlos, wenn es sich nicht in Freiheit befindet, also insbesondere in Umzäunungen (geschlossenen Wildgattern, Teichen und dgl.) gehalten wird (§ 960 Abs. 1 Satz 2). Bricht es aus, so wird es wieder herrenlos (§ 960 Abs. 2). Über gezähmte wilde Tiere s. § 960 Abs. 3.

Beachte: „Nicht-wilde" Tiere (Haustiere) werden nicht dadurch herrenlos, daß sie streunen und verwildern.

---

[1] Wobei auch hier die Einräumung des Teilbesitzes an den Erzeugnissen genügt.

[2] Interessant in diesem Zusammenhang das Gesetz zur vorläufigen Regelung der Rechte am Festlandsockel v. 24. 7. 1964 (BGBl. I S. 497) mit ÄndG v. 25. 6. 1969 (BGBl. I 581). Das Recht zur Aufsuchung und Gewinnung von Bodenschätzen in diesem der Küste vorgelagerten Gebiet nimmt der Staat für sich in Anspruch.

2. Herrenlos *wird* jede bewegliche Sache, wenn der Eigentümer den Besitz an ihr aufgibt in der Absicht, auf das Eigentum zu verzichten (§ 959, Dereliktion = Eigentumsaufgabe).

Beispiele: Die weggeworfene Zigarette – Die Zeitung, die man im Zugabteil liegen läßt. *Nicht* aber: das Schmuckstück, das man so gut versteckt hat, daß man es nicht mehr findet; nicht: die verlorene Sache, auch dann nicht, wenn man die Suche nach ihr aufgegeben hat, weil man an ihr Auffinden nicht mehr glaubt; nicht Sperrmüll (Übereignungsangebot an die Gemeinde: so LG Ravensburg NJW 1987, 3142 – zweifelhaft!).

Schon der Wortlaut des § 959 weist darauf hin, daß wir es wieder mit einem Doppeltatbestand zu tun haben, einem Willensmoment und einer realen Veränderung in der Außenwelt.

a) Der zur Verfügung über das Eigentum Berechtigte muß den Willen haben, dieses sein Eigentum aufzugeben.

Darin wird eine einseitige, nicht empfangsbedürftige Willenserklärung gesehen, die z. B. nach §§ 119ff. anfechtbar sein kann, Geschäftsfähigkeit voraussetzt u. s. w.

b) Dazu muß die Aufgabe des Besitzes kommen, die Sache muß also *besitzlos* werden.

Daher läßt sich folgender Fall nicht mit §§ 959, 958 lösen: E hat eines seiner Bücher, das er leichtsinnigerweise nicht mit seinem Namen gezeichnet hat, seinem Chef L geliehen. Als er es lange Zeit nicht zurückerhält, wagt er nicht, ihn an die Rückgabe zu erinnern („Mannesstolz vor Königsthronen"?). Schließlich denkt er sich: „Mag er es behalten"! Hier fehlt es sowohl an der Kundbarmachung des Aufgabewillens, wie an der Aufgabe des mittelbaren Besitzes. L ist auch nicht nach § 929 Satz 2 Eigentümer geworden, da eine Einigung über den Eigentumsübergang nicht vorliegt. E bleibt also Eigentümer, obwohl er innerlich auf das Eigentum verzichtet hat! Im übrigen sind Fälle denkbar, wo die Eigentumsaufgabe der Besitzaufgabe nachfolgt: so wenn E ein Buch versehentlich im Zugabteil liegen läßt, nach einigem Nachdenken aber dann doch nicht dorthin zurückkehrt, um es zu holen, etwa in der Erwägung, es sei eine gute Tat, auf diese Weise ordentliche Lektüre „unter die Leute kommen zu lassen". Schließlich sei noch bemerkt, daß mit einer Anfechtung der Eigentumsverzichtserklärung nach §§ 119ff. die weggegebene Sache nicht abhandengekommen i. S. des § 935 ist.[1, 2]

c) Einen unerwarteten Diskussionsbereich hat die Dereliktion im modernen Teilzahlungsrecht gefunden: hat der unter Eigentumsvorbehalt auf Abzahlung liefernde Verkäufer die Raten nicht pünktlich bezahlt erhalten, so kann er auf Grund eines Vollstreckungstitels in das bewegliche Vermögen des Schuldners vollstrecken. Kann er auch seine eigene – unter Eigentumsvorbehalt gelieferte – Sache pfänden oder ist dies nur möglich, wenn er auf sein Eigentum verzichtet, so daß die Sache dann eine fremde im Sinne des Vollstreckungsrechts ist? Die – hier nur anzudeutende – Antwort hängt mit der vollstreckungsrechtlichen Frage zusammen, ob ein Pfändungspfandrecht an eigenen Sachen denkbar ist (s. dazu BGHZ 15, 171, 173; unten § 59 V 4b; Baur/Stürner ZVR Rn. 434). Davon zu unterscheiden ist das weitere Problem, ob die Schutzvorschrift des § 13 III VerbrKrG (früher § 5 AbzG) dadurch ausgeschlossen werden kann, daß der Vorbehaltsverkäufer vor Erwerb der eigenen Sache in der öffentlichen Versteigerung auf sein vorbehaltenes Eigentum ausdrücklich verzichtet. Mit BGHZ 19, 326 ist diese Frage zu verneinen (s. unten § 59 V 4b bb).

III. Die Aneignung

1. Die Aneignung herrenloser Sachen steht in erster Linie dem Aneignungsberechtigten zu, also z. B. an jagdbaren wilden Tieren dem Jagdberechtigten, an

---

[1] Zweifelhaft aber, ob nicht „verloren": besitzlos, aber nicht herrenlos!
[2] Über die sich aus den Kriegs- und Nachkriegsverhältnissen ergebenden Sonderprobleme („Beute") s. *Baur* DRZ 1949, 219 u. BGHZ 16, 307, 311.

Fischen dem Fischereiberechtigten. Diese Vorhand des Aneignungsberechtigten vor jedem anderen Okkupanten ergibt sich schon aus der Fassung des § 958 Abs. 2.

2. Wenn ein Aneignungsrecht nicht besteht und die Aneignung auch nicht gesetzlich verboten ist (wie z. B. bei Singvögeln), so erwirbt das Eigentum jeder, der die herrenlose Sache in Eigenbesitz nimmt. Diese Inbesitznahme ist – im Gegensatz zu der Dereliktion – kein Rechtsgeschäft, so daß auch Kinder, Geschäftsunfähige auf diese Weise Eigentum erwerben können, sofern sie nur die Fähigkeit haben, die Sache „als ihnen gehörend" zu besitzen (§ 872).

Wer eine Sache in Eigenbesitz nimmt, die dem Aneignungsrecht eines anderen unterliegt, wird sicher nicht Eigentümer (§ 958 Abs. 2); sicher ist weiter, daß er ein „sonstiges Recht" i. S. des § 823 Abs. 1 verletzt, also zur Herausgabe und zum Schadensersatz verpflichtet wird.[1] Fraglich sind aber die Rechtsverhältnisse an dem widerrechtlich angeeigneten Gut, also z. B. an dem Reh, das der Wilderer erlegt hat: die h. M. meint, daß die Sache weiter herrenlos bleibt, bis der Aneignungsberechtigte sie in Besitz nimmt oder ein gutgläubiger Dritter sie erwirbt[2] (RGSt 39, 427; s. auch BGH LM § 242 StGB Nr. 9 jetzt auch so *Westermann/Gursky* § 58 IV). Demgegenüber nehmen *Heck* (§ 64, 6) und ihm folgend *Westermann* in der Vorauflage (§ 58 IV) Eigentum des Jagdberechtigten an, sobald das Wild überhaupt von jemandem in Besitz genommen wurde. Dieser Auffassung ist zu folgen; an der vom Nichtberechtigten okkupierten herrenlosen Sache ist daher auch Diebstahl möglich (dazu *Wessels* JA 1984, 221).

IV. Mit dem *Bienenrecht*[3] befassen sich die §§ 961–964. Sie behandeln die Sonderprobleme des Bienenschwarms:

1. Von wann ab ist er herrenlos, also der Okkupation durch jedermann unterworfen? Antwort: § 961.

2. Darf der Eigentümer den Schwarm verfolgen, auch wenn er dadurch fremde Interessen beeinträchtigt? Antwort: § 962.

3. Wie ist die Rechtslage, wenn sich der ausgezogene Schwarm mit einem anderen oder mit einem fremden Bienenvolk vereinigt? Antwort: §§ 963, 964.
Wichtiger als diese Fragen sind die Rechtsprobleme, die sich aus der Beeinträchtigung der Bienen durch die Industrie (chemische Abgase) oder durch die modernen chemischen Schädlingsbekämpfungsmittel ergeben. Die Bedeutung dieser Problematik erhellt etwa aus den Entscheidungen des BGH im LM § 831 (Fc) Nr. 6 (unsachgemäße Anwendung von Pflanzenschutzmitteln) und in BGHZ 16, 366 (sachgemäße Verwendung). Im ersten Fall hat der BGH einen Schadensersatzanspruch aus Delikt bejaht, im zweiten Fall einen Aufopferungsanspruch verneint (s. dazu *Schack* JuS 1963, 263; ferner RGZ 159, 68).

V. Anhangsweise sei auf die *Dereliktion von Grundstücken* und ihre Okkupation hingewiesen: Nach § 928 ist zur Dereliktion die Erklärung des Verzichts des Eigentümers gegenüber dem Grundbuchamt und die Eintragung des Verzichts im Grundbuch erforderlich; dingliche Rechte am Grundstück (z. B. Grundpfandrechte) werden dadurch nicht berührt (s. auch §§ 58, 787 ZPO). Das Aneignungsrecht[4] an dem herrenlosen Grundstück steht dem Fiskus zu; er wird dadurch Eigentümer, daß er sich in das Grundbuch eintragen läßt (§ 928 Abs. 2). Beispiel: BayObLG RPfleger 1983, 308.
Dereliktionen kommen bei völlig überschuldeten oder unrentablen Grundstücken („Das Schloß der Ahnen") vor. Freilich kann sich der Eigentümer dadurch nicht den persönlichen Verbindlichkeiten, die durch Grundpfandrechte gesichert sind, entziehen. Nur der Hypothekenklage ist er nach der

---

[1] BGH MDR 1958, 325.
[2] § 932 ist also entsprechend anwendbar.
[3] Siehe dazu *Figge* RdL 1954, 172 m. w. N.
[4] Keine Aneignungs*pflicht;* deshalb ist auch ein Verzicht möglich, s. LG Hamburg NJW 1966, 1715.

Dereliktion nicht mehr ausgesetzt (s. dazu auch §§ 58, 787 ZPO). Daß sich daraus rechtliche Komplikationen ergeben können (der frühere Eigentümer zahlt das Darlehen zurück; Konsequenz? oder der Fiskus als neuer Eigentümer tilgt die Verbindlichkeit: § 1143?), liegt auf der Hand; erhebliche praktische Bedeutung haben sie indes nicht (Beispiel: KG NJW 1989, 42).

§ 53 g. Fundrecht

I. Grundlagen

Dem Finder einer verlorenen Sache legt das Gesetz Pflichten im Interesse des Verlierers auf, die denen aus einer Geschäftsbesorgung ohne Auftrag (§§ 677 ff.) entsprechen. Als gesetzliches Geschäftsbesorgungsverhältnis gehört das Fundrecht systematisch in das Schuldrecht. Die Regelung im Sachenrecht rechtfertigt sich nur deshalb, weil dem Finder – gewissermaßen als globaler Ersatz für seine Verdienste um die Sache – nach gewisser Zeit das Eigentum an der Sache zufällt; das Gesetz regelt damit also einen originären Eigentumserwerbsgrund. Die Aussicht, Anwartschaft auf diesen Eigentumserwerb ist schon mit dem Fund verbunden, freilich mit der praktisch besonders wichtigen Ausnahme bei sog. Verkehrsfunden (§§ 978 ff.)

II. Begriffe: „Verloren" – „Finder"

1. „Verlorene Sache"

Versucht man eine Definition vom Sprachgebrauch her, so ist zunächst sicher, daß der Verlierer die verlorene Sache noch als sein Eigentum betrachtet; negativ läßt sich also zunächst sagen, daß die Sache durch den Verlust *nicht herrenlos geworden sein darf;* bei Dereliktion scheidet also „Verlust" aus. Charakteristisch ist nach dem Sprachgebrauch weiter, daß der Verlierer nicht weiß, wo die Sache ist. Mit einem so unbestimmten Begriff des „Verlierens" wäre rechtlich aber nichts anzufangen, da er auch die Fälle des „Verlegens" mitumfassen würde. Man muß also wohl oder übel nach einem handfesten Kriterium Ausschau halten; dies ist der Besitz: die Sache muß *besitzlos* geworden sein. Begriff der verlorenen Sache also: „besitzlos, aber nicht herrenlos".

Verloren: Der Schlüssel, der bei Benutzung des Taschentuchs auf die Straße fällt – der von einem 5jährigen Kind weggeworfene Geldbeutel – das Diebesgut, das der Dieb wegwirft – ein gestohlener Omnibus, den der Dieb stehen läßt! So OLG Hamm NJW 1979, 725; dazu *Gottwald* JuS 1979, 247 – die derelinquierte Sache nach Anfechtung der Dereliktion[1] – das entliehene Buch, das der Entleiher wegwirft, weil er sich über seinen Inhalt empört hat.[2]
Nicht verloren: Das Buch, das der Eigentümer in seiner Bibliothek nicht mehr finden kann – die Brille, die „das Haus verschluckt hat" – die Schmuckkassette, die ein Übervorsichtiger vor einer Auslandsreise in seinem Garten vergräbt und dann nicht mehr „finden" kann.

---

[1] Siehe oben § 53 f II 2 b letzter Absatz.
[2] Die Begriffe „verloren" und „abhandengekommen" decken sich also nicht immer.

2. „Finder"

Entscheidend für das „Finden" als Akt der Geschäftsbesorgung ist nicht das „Entdecken" des verlorenen Gegenstandes, sondern das „Ansichnehmen" (§ 965 Abs. 1), das „in Besitz nehmen".[1]

Finder des Geldscheins, der in einem „Supermarkt" von einem Kunden entdeckt wird, ist der Inhaber des Markts, an den das Geld vom Kunden abgeliefert wurde (BGHZ 101, 193: „genereller Besitzerwerbswille").

Das Kind, das einen Brillantring auf der Straße liegen sieht und einen Erwachsenen darauf hinweist, der ihn dann an sich nimmt, erhält keinen Finderlohn; der Erwachsene ist der Finder.

Der Besitzdiener, der im Rahmen seiner Aufgaben einen Gegenstand „findet", nimmt ihn für den Geschäftsherrn in Besitz, dieser wird Eigentümer nach Jahresfrist (BGHZ 8, 130 [= *Baur*, E.Slg. Fall 31]: „Fund der Platzanweiserin").

Das Rechtsgefühl scheint in diesen Fällen anders zu entscheiden, beruhigt sich aber, wenn man in dem Fund die Geschäftsbesorgung für den Verlierer sieht (Bedenken bei *Kegel*, FS v. *Caemmerer*, 1978, 149, 169) und zur ersten Fallgruppe neuerdings *Gursky* JZ 1991, 496, 497 m. N. und *Dubischar* JuS 1989, 703.

III. Das gesetzliche Schuldverhältnis zwischen Verlierer und Finder

1. Mit der Ansichnahme der verlorenen Sache durch den Finder entsteht ein gesetzliches Schuldverhältnis des Typs Geschäftsbesorgung. Parteien sind der Finder und der „Empfangsberechtigte" (§ 965 Abs. 1); wer das ist, bestimmt sich nach materiellem Recht.

Der Empfangsberechtigte ist nicht immer mit dem Verlierer identisch: Hat der Dieb den gestohlenen Brillantring verloren, so ist empfangsberechtigt der Eigentümer. Freilich wird der Finder seiner Verpflichtungen ledig, wenn er den Ring an den Verlierer herausgibt (§ 969).

2. Den *Finder* treffen Anzeige-, Verwahrungs- und Herausgabe*pflichten* (§§ 965 bis 967).

Stets *Anzeigepflicht* an den bekannten Empfangsberechtigten ohne Rücksicht auf den Wert der Fundsache. Ist der Verlierer unbekannt, Anzeigepflicht an die zuständige Behörde, wenn die Fundsache mehr als 10 DM wert ist (§ 965 Abs. 2; irrig also die verbreitete Meinung, geringwertige Gegenstände dürfe der Finder stets behalten!).

Ablieferungspflicht an den Empfangsberechtigten (§ 985 – §§ 681 Satz 2, 667) oder an die zuständige Behörde (§ 967); mit der letztgenannten Möglichkeit kann sich der Finder stets seiner Pflicht zur Verwahrung (§ 966) und zur Rückgabe an den Empfangsberechtigten entledigen, ohne seine Rechte zu verlieren (§ 975).

Haftungsbeschränkungen des Finders auf Vorsatz und grobe Fahrlässigkeit (§ 968): Gefälligkeitsleistung!

3. Der Finder kann Ersatz seiner Aufwendungen (§ 970) und einen Finderlohn (§ 971) beanspruchen.

Zurückbehaltungsrecht – Zahlungsanspruch nur, wenn der Empfangsberechtigte die Sache wieder erlangt oder Aufwendungen und Finderlohn genehmigt (§ 972).

IV. Der Eigentumserwerb des Finders

1. § 973 statuiert einen originären Eigentumserwerb des Finders, wenn seit der Anzeige des Fundes bei der zuständigen Behörde sechs Monate verstrichen sind

---

[1] Zum Fundbesitz s. *Mittenzwei* MDR 1987, 883.

und der Empfangsberechtigte weder sein Recht bei der Polizeibehörde angemeldet hat noch dem Finder bekannt geworden ist. Zum Ablauf der Frist muß also ein Verschweigenstatbestand hinzukommen.

Besonderheiten beim sog. Kleinfund s. § 973 Abs. 2.

Auch dann, wenn vor Jahresablauf der Empfangsberechtigte bekannt geworden ist oder er seine Rechte bei der Behörde angemeldet hat, kann der Finder Eigentum erwerben, wenn der Empfangsberechtigte die in § 974 vorgesehene Frist („Wollen Sie meine Finderansprüche befriedigen?") hat verstreichen lassen.

Befindet sich die verlorene Sache oder an ihrer Stelle der Versteigerungserlös bei der Behörde, so wird dadurch der Eigentumserwerb des Finders nicht gehindert. Der Finder hat einen Anspruch gegen die Behörde (Staat) auf Herausgabe, der öffentlich-rechtlicher Natur ist (VGH Bremen DVBl. 1956, 628).

Für großzügige Finder s. § 976.

2. Der Eigentumserwerb ist originär. Gleichgültig ist, ob der Verlierer auch Eigentümer der Sache war. Beschränkte dingliche Rechte an der Sache erlöschen. Die Rechtsstellung des Finders *vor* dem Eigentumserwerb kann man als Anwartschaft bezeichnen; sie ist veräußerlich (§§ 929 ff. entsprechend) und vererblich.

3. Der Eigentumserwerb des Finders ist noch 3 Jahre lang „mit einer Hypothek belastet": Jeder, der einen Rechtsverlust erlitten hat (also insbesondere der Eigentümer), hat während dieser Zeit einen Anspruch gegen den Finder (bzw. die Behörde im Falle des § 976) aus ungerechtfertigter Bereicherung auf „Herausgabe des durch die Rechtsänderung Erlangten" (§ 977), also in erster Linie auf Rückübereignung der Fundsache oder auf Wertersatz.

Beispiel: Der wertvolle (500 DM) deutsche Schäferhund „Ajax" ist seinem Herrn E entlaufen und von F als streunender Hund eingefangen worden. F setzt eine Anzeige in die Zeitung (30 DM) und hat tägliche Futterkosten von 3 DM. Nach 2 Monaten meldet sich E. Als er aber 210 DM Aufwendungen und den Finderlohn bezahlen soll, läßt er die Frist nach § 974 verstreichen. F wird Eigentümer. Dennoch kann E noch 3 Jahre lang Rückgabe des Hundes (gegen Ersatz der Aufwendungen) verlangen.

Insgesamt ist also die Rechtsstellung des Finders recht dürftig ausgestaltet. Es empfiehlt sich auf alle Fälle, die gefundene Sache sofort der Polizeibehörde abzuliefern, um jeglicher Haftung aus Verwahrung zu entgehen!

V. Der sog. Verkehrsfund

Sonderrecht gilt, wenn eine Sache in den Räumen einer Behörde, in den Beförderungsmitteln einer Behörde oder in öffentlichen Verkehrsmitteln gefunden wird. Der Finder ist zwar zur Ablieferung verpflichtet, Finderlohn erhält er aber nur, wenn die gefundene Sache mindestens 100 DM wert ist (Einzelheiten s. § 978; dazu BGHZ 101, 186, 192; *Bassenge* NJW 1976, 1486; *Eith* MDR 1981, 189).

VI. Der Schatzfund

1. Wer einen Schatz entdeckt und in Besitz nimmt, erwirbt Miteigentum zur Hälfte; die andere Hälfte fällt dem Eigentümer der Sache zu, in der der Schatz verborgen war (§ 984). Für den Begriff „Schatz" enthält § 984 eine Legaldefinition: „eine Sache, die so lange verborgen gelegen hat, daß der Eigentümer nicht mehr zu ermitteln ist".

Im Gegensatz zur herrenlosen Sache ist also nicht Voraussetzung, daß der Eigentümer sie je derelinquiert hat; anders als beim Fund ist auch nicht unbedingt nötig, daß die Sache „besitzlos" war.

Unter den Begriff „Schatz" fallen also etwa Silbermünzen aus dem Jahre 1750, die beim Ausschachten eines alten Kellers gefunden werden, aber auch ein Ring mit der Jahreszahl 1898, der 1975 beim Pflügen eines Grundstücks zutage kommt.

Die Begriffsbestimmung des § 984 darf nicht zu eng aufgefaßt werden. Auch Gegenstände, die möglicherweise nie in jemandes Eigentum gestanden haben, fallen darunter, wie ausgegrabene Fossilien und sonstige Altertumsfunde (hier greifen aber meist landesrechtliche Ausgrabungs- bzw. Denkmalschutzgesetze ein, die häufig auf ein Schatzregal des Staates hinauslaufen).[1]

2. Der Entdecker erwirbt Miteigentum, wenn die Sache in Besitz genommen ist; ob durch ihn oder einen anderen, ist gleichgültig. Gleichzeitig fällt die andere Miteigentumshälfte dem Eigentümer der „Muttersache" zu.

Entscheidend kommt es also hier – anders als im Fundrecht – auf die Entdeckung an. Dieses Verdienst wird sachenrechtlich belohnt. Der Gedanke der Fürsorge um die Sache scheidet hier aus.

Beispiele:

E hat sein Ruinengrundstück 1975 an K verkauft und übereignet, der durch den Bauunternehmer U ein Bürogebäude errichten läßt. Als der Baggerführer B den Keller aushebt, entdeckt er eine Schmuckkassette, aus deren Inhalt sich ergibt, daß es sich um Schmuck der Eltern des E handelt, den diese dort im zweiten Weltkrieg eingegraben hatten. Kein Schatzfund! Eigentümer ist E (nicht K) als Erbe seiner Eltern.

Entdeckt B einen Beutel mit Goldmünzen – Prägezeit 1809 –, so handelt es sich um einen Schatz. Miteigentümer werden K (nicht E) und B je zur Hälfte (K nicht als Bauherr, sondern als Eigentümer des Grundstücks, nicht U als Unternehmer). Anders wäre der Fall zu entscheiden, wenn K auf dem Grundstück einen Schatz vermutet und danach hätte suchen lassen, RGZ 70, 308; BGHZ 103, 101 (Anm. *Gursky* in JZ 1988, 668): „Lübecker Schatzfund". – S. ferner BVerfG NJW 1988, 2593; dazu *Schroeder* JZ 1989, 676.

§ 53h. Die Ersitzung

I. Anwendungsbereich – Grundgedanken

1. Wer eine bewegliche Sache 10 Jahre redlich im Eigenbesitz hat, erwirbt an ihr Eigentum (§ 937); guter Glaube (fides), Eigenbesitz (possessio) und Zeitablauf (tempus) führen also zu einer Eigentumsveränderung kraft Gesetzes.

Hat dieses Institut heute überhaupt noch einen Anwendungsbereich oder ist es lediglich ein historisches Relikt[2] aus einer Zeit, in der der Ausschluß des redlichen Erwerbs vom Nichtberechtigten und die mangelhafte Registrierung der Erwerbsvorgänge im Grundstücksverkehr zur Anerkennung des Ersitzungsgedankens zwangen? In der Tat hat die Möglichkeit redlichen Erwerbs (§§ 892, 893; §§ 932 ff.) die Bedeutung der Ersitzung erheblich eingeschränkt; sie ist heute nur noch in atypischen Fallgruppen wirksam: so beim Erwerb abhanden gekommener Sachen (§ 935), bei Veräußerung durch oder an Geschäftsunfähige; kurz gesagt, in all' den Fällen, in denen der Besitzer sich bei abgeleitetem oder ursprünglichem Erwerb redlich für den Eigentümer hält, ohne es zu sein.

E hat ein Buch verloren; F hält es für derelinquiert und „eignet es sich an".

V bietet dem K ein dem E gehöriges Gemälde zum Kauf an mit der unwahren Behauptung, er

---

[1] Vgl. Art. 73 EGBGB und die landesrechtlichen Ausgrabungs- bzw. DenkmalschutzG; *Beispiele:* BVerfG NJW 1988, 2593 (= BVerfGE 78, 205: zulässiger Umfang des landesrechtl. „Schatzregals"); BVerwG DÖV 1965, 634 u. §§ 20–23 bad.württ. DenkmalschutzG i. d. F. v. 6. 12. 1983; §§ 7 ff. bayer. DenkmalschutzG v. 25. 6. 1973 (dazu oben § 26 IV).

[2] Hierzu *Luig,* FS der rechtswissenschaftlichen Fakultät Köln 1988, S. 95 ff.

sei zum Verkauf und zur Übereignung ermächtigt oder bevollmächtigt. Vom Fall des § 366 HGB abgesehen wird K nicht Eigentümer des Gemäldes, er kann es aber ersitzen.

2. Die geringe Zahl von gerichtlichen Entscheidungen zum Ersitzungsrecht läßt erkennen, daß das Institut keine besondere Bedeutung hat. Anders ist dies in allen Rechtsordnungen, die einen gutgläubigen Erwerb nicht kennen; hier hat die Ersitzung eine Ersatzfunktion. Sie verschafft dem Käufer[1] – bei meist recht kurzer Ersitzungsfrist – das Eigentum, das er durch das Veräußerungsgeschäft zu erlangen glaubte, aber nicht erwerben konnte.

So etwa im gemeinen Recht, wo freilich zu fides, possessio, tempus noch die weiteren Voraussetzungen: res habilis (z. B. keine gestohlenen Sachen!) und titulus (ein dem Erwerb des Besitzes rechtfertigender Grund, z. B. Kauf) hinzukommen mußte. Dort versagte die „ordentliche" Ersitzung also gerade in den Fällen, wo sie heute aktuell wird! Man kannte daher noch das Institut der außerordentlichen Ersitzung, wobei die Ersitzungszeit mit der Verjährung der rei vindicatio zusammenfiel (30 Jahre). Der Funktion nach ist also unsere heutige Ersitzung eher mit der außerordentlichen Ersitzung des gemeinen Rechts vergleichbar.

3. Der Eigentumserwerb durch Ersitzung beruht auf dem *Beharrungsinteresse* („Kontinuitätsinteresse": *Heck*) des Eigenbesitzers. Dazu kommt das allgemeine Bedürfnis, nach Ablauf einer gewissen Zeit die Diskrepanz zwischen vermeintlicher Rechtslage (der Eigenbesitzer hält sich mit gutem Grund, aber irrig für den Eigentümer) und wirklicher Rechtslage zu beseitigen und aus dem Zeitablauf sich ergebende Beweisschwierigkeiten auszuräumen.

Darin gleicht die Ersitzung anderen Instituten, bei denen der Zeitablauf zu einem Vorteil des einen Teils, zu einem Rechtsverlust oder einer Rechtsbeeinträchtigung des anderen Teils führt, so

a) *der Verjährung:* ihr unterliegen Ansprüche (§ 194). Die Vollendung der Verjährung gibt dem Schuldner ein Leistungsverweigerungsrecht (Einrede der Verjährung, § 222). Mißlich ist, daß die Verjährung sachenrechtlicher Ansprüche mit der Ersitzung beweglicher Sachen nicht koordiniert ist. So verjährt z. B. die rei vindicatio gegen einen bösgläubigen Besitzer nach 30 Jahren, der Eigentümer kann sein Recht gegen ihn nicht durchsetzen, der Besitzer erwirbt aber kein Eigentum. Eigentum und Besitz fallen also – u. U. auf Dauer[2] – auseinander.

b) Ähnlichkeit besteht weiter mit der sog. *Tabularersitzung* des Grundstücksrechts: 30jährige – zu Unrecht bestehende – Eintragung als Eigentümer[3] im Grundbuch verbunden mit ebenso langem Eigenbesitz verschafft dem Eingetragenen das Eigentum (§ 900 Abs. 1). Gutgläubigkeit ist hier – im Gegensatz zur Ersitzung beweglicher Sachen – nicht erforderlich.[4]

Beispiel: V hat 1928 sein Grundstück an K verkauft und aufgelassen, K ist als Eigentümer im Grundbuch eingetragen worden. Als V 1960 stirbt, greifen seine Erben den Eigentumserwerb des K an (das Grundstück hat inzwischen einen außerordentlich hohen Wert erlangt!). Sie weisen nach, daß das Veräußerungsgeschäft damals wegen Fehlens einer behördlichen Genehmigung nichtig war. K ist jedoch inzwischen Eigentümer geworden (§ 900 Abs. 1; entsprechendes würde gelten, wenn V dem K einen Nießbrauch eingeräumt hätte, § 900 Abs. 2).

c) Von der Buch- oder Tabularersitzung ist der *Ausschluß des Eigentümers* im Wege des *Aufgebotsverfahrens* (§ 927 BGB mit §§ 977–981 ZPO) zu unterscheiden. Während bei der Tabularersitzung Eigenbesitz und Grundbucheintragung übereinstimmen, ist für den Eigentümerausschluß charakteristisch, daß Eigenbesitz und Grundbuchstand differieren. Freilich muß dieser Grundbuchstand besonderer Art sein: entweder ist der wahre Eigentümer überhaupt nicht eingetragen oder er ist zwar eingetragen, aber gestorben oder verschollen und der Grundbuchstand ist seit 30 Jahren unverändert.

Beispiel:[5] E ist 1905 nach Amerika ausgewandert. Er hat seine Grundstücke seinem Bruder B zur Verwaltung übergeben. B ist 1920 gestorben. Sein Sohn S, der von der Abmachung zwischen seinem Vater und E nichts wußte, hat die Grundstücke als eigene bewirtschaftet. Als er 1960 eines der Grundstücke belasten will, stellt sich heraus, daß E noch eingetragen ist. Da S das Grundstück mehr als 30 Jahre im Eigenbesitz hat, E verschollen ist und während 30 Jahren kein Grundbucheintrag

---

[1] Oder einem anderen „Erwerber".

[2] Gegen einen neuen Besitzer würde der Herausgabeanspruch neu entstehen.

[3] Oder als Nießbraucher, Wohnungsberechtigter (vgl. § 900 Abs. 2).

[4] Dazu *Hofmeister,* Grundbuch u. Ersitzung, in Schweiz. Zschr. f. Beurkundungs- und Grundbuchrecht, 1978, 321.

[5] Das in der Praxis begegnet ist! Weitere Beispielsfälle: OLG Bamberg NJW 1966, 1413; BGHZ 76, 169 u. BGH NJW 1980, 2529.

erfolgt ist, kann der jetzige Eigentümer (vielleicht ein Enkel des E als dessen Erbe) ausgeschlossen werden. S kann sich nach Rechtskraft des Ausschlußurteils als Eigentümer im Grundbuch eintragen lassen und erwirbt dadurch Eigentum.

Die komplizierten Voraussetzungen des § 927 werden einigermaßen verständlich, wenn man sich vergegenwärtigt, daß das Gesetz keine generelle Ersitzung *gegen* das Grundbuch zulassen will (also keine „Contratabularersitzung"). Wäre also in unserem Beispiel E 1928 nach den USA ausgewandert, dort bei bester Gesundheit und in Briefwechsel mit seinen deutschen Verwandten, so böte sich für S keine Möglichkeit, seinen Eigenbesitz zum Eigentum zu verfestigen.

d) Zu bemerken ist schließlich, daß sich auch im Grundstücksrecht eine Dauerdivergenz zwischen Eigentum und Besitz ergeben kann. So z. B. dann, wenn der Auflassungsanspruch des Käufers (= Besitzers) aus einem Grundstückskaufvertrag nach 30 Jahren verjährt ist, der Käufer also nicht mehr die Übereignung des Grundstücks erzwingen kann, umgekehrt aber auch der Verkäufer (= Eigentümer) nicht mit der rei vindicatio den Besitz herausverlangen kann; zwar ist dieser Anspruch nicht verjährt (§ 902 Abs. 1 Satz 1), aber der Käufer kann auf Grund des Kaufvertrags sein Recht zum Besitz geltend machen.[1]

Kehren wir nach diesem Ausflug in verwandte Rechtsgebiete wieder zur Ersitzung beweglicher Sachen zurück und prüfen nun die Voraussetzungen, wobei wir auf allzu eingehende Details verzichten wollen.

II. Voraussetzungen der Ersitzung

1. *Erste Voraussetzung* ist der *redliche Eigenbesitz* des Ersitzenden.

a) Für den *Eigenbesitz* kommt es auf die Willensrichtung des Besitzers an (§ 872). Geschäftsfähigkeit ist nicht erforderlich, ebensowenig ein Rechtsgrund, auf den sich der Besitz gründet (also kein iustus titulus!).

b) Die *Redlichkeit* bezieht sich – wie in § 955 – auf das vermeintliche Eigentum des Ersitzenden, nicht etwa – wie in § 932 – auf die Rechtsstellung eines etwaigen Vorgängers im Besitz. Beim Erwerb des Besitzes schadet auch grobe Fahrlässigkeit, später nur positive Kenntnis des eigenen Nichtrechts.
In dem Beispiel oben I 1 am Ende weiß K, daß V nicht Eigentümer ist. Dennoch ist er redlich, wenn er ihn für veräußerungsermächtigt hält, damit also ohne grobe Fahrlässigkeit an seine eigene Rechtsstellung als Eigentümer glaubt (§ 937 Abs. 2).
Bemerkt sei, daß auch *mittelbarer Eigenbesitz* ausreicht, so wenn K das Gemälde einem Kunstverein als „ständige Leihgabe" überläßt.

2. Zweite Voraussetzung ist der Ablauf einer *zehnjährigen Ersitzungsfrist.* Sie beginnt mit Erfüllung des Tatbestandes des redlichen Eigenbesitzes, also meist mit dem Erwerb des Besitzes, wobei dem Ersitzenden die Vermutung des § 938 zugute kommt: Olim possessor et hodie possessor, interea possessor.

Das Gesetz hat sich große Mühe gegeben, alle Eventualitäten zu regeln, die sich während des Ablaufs dieser Zeit ereignen können:

a) Der wichtigste Fall ist der der *Rechtsnachfolge,* so wenn in unserem Beispiel K das Gemälde – diesmal unterstellt, es sei gestohlen – an D weiter veräußert oder von ihm beerbt wird. Das Gesetz (§ 943) kennt – was das Verständnis nicht gerade erleichtert – keine automatische Rechtsnachfolge in der Ersitzungszeit. Dies bedeutet, daß bei D die Voraussetzung des redlichen Eigenbesitzes gegeben sein muß, um die bei K abgelaufene Ersitzungszeit zu seinen Gunsten anrechnen zu können.
Wäre also in unserem Beispiel K redlich und glaubt auch D ohne grobe Fahrlässigkeit an seine Rechtsstellung, so findet Anrechnung statt.
War K unredlich, so kann erst bei dem redlichen D die Ersitzungszeit zu laufen beginnen, und zwar wenn er Erbe des K ist, erst mit der Begründung redlichen Eigenbesitzes durch D; denn zuvor geht der Besitz auf den Erben in der Form über, wie er bei K bestand, also als unredlicher Eigenbesitz (§ 857).
Über die Rechtslage bei Erbschaftsbesitz s. § 944 und dazu die Bemerkungen bei *Soergel/Mühl.*

b) Die Ersitzungsfrist kann aus den gleichen Gründen wie die Verjährungsfrist *gehemmt* sein (§ 939 mit §§ 202ff.), so z. B. wenn der Eigentümer aus gewissen tatsächlichen oder rechtlichen Gründen sein Eigentum nicht geltend machen kann.

---

[1] Vgl. den interessanten Fall bei *David/Hirsch,* Praktische Fälle aus dem Zivil- und Prozeßrecht (3. Aufl. 1959) S. 5, 37ff.

c) Die Ersitzungsfrist wird durch gewisse Ereignisse *unterbrochen* mit der Folge, daß die vor der Unterbrechung abgelaufene Frist unbeachtlich wird (§ 942). Solche Ereignisse sind länger dauernder Verlust des Eigenbesitzes (§ 940) oder Klegeerhebung gegen den Ersitzungsbesitzer oder dessen Besitzmittler (§ 941), selbstverständlich auch nachträgliche Kenntnis des Nichtrechts (§ 937 Abs. 2 2. Alternative).

III. Wirkung der Ersitzung

1. Wirkung der Ersitzung ist der Erwerb des Eigentums (§ 937 Abs. 1), und zwar des lastenfreien Eigentums, sofern die Redlichkeit sich auch auf das Fehlen des beschränkten dinglichen Rechts bezog (§ 945). Möglich ist auch eine isolierte Ersitzung der Lastenfreiheit.

Beispiel: Die E hat der L ihren Schmuck für die „Ballsaison" geliehen. L braucht Geld und verpfändet ihn an G, der damit ein Pfandrecht erwirbt (§ 1207). Später holt L sich den Schmuck heimlich bei G ab und veräußert ihn an K, dem sie unter Vorlage einer gefälschten Vollmacht glaubhaft vorschwindelt, die Eigentümerin E habe sie zur Veräußerung bevollmächtigt. Hier hat K kein Eigentum erworben, auch das Pfandrecht des G besteht nach wie vor. Aber K wird nach 10 Jahren unter den Voraussetzungen der §§ 937 ff. lastenfreier Eigentümer.

Hätte L ihren eigenen Schmuck dem G verpfändet, so wäre K nach § 929 von Anfang an Eigentümer geworden, sein Eigentum wäre aber mit dem Pfandrecht des G belastet gewesen. Die Lastenfreiheit kann K ersitzen.

2. An den originären Eigentumserwerb des Ersitzungsbesitzers knüpft sich eine berühmte Streitfrage, nämlich die, ob das ersessene Eigentum sich auch gegenüber Ansprüchen aus Vertrag oder ungerechtfertigter Bereicherung durchsetzen kann, ob es also seinen Rechtsgrund in sich trägt.

Zur Einführung zwei *Beispiele:*

E, der unerkannt geisteskrank ist, hat seinen Brillantring an K verkauft und übereignet. Nach 10 Jahren wird K – sofern die Voraussetzungen der §§ 937 ff. gegeben sind – Eigentümer, die rei vindicatio des E ist also ausgeschlossen; bleibt der – erst in 30 Jahren verjährende – Kondiktionsanspruch (jetzt gerichtet auf Übereignung des Ringes, obwohl E nur den Besitz „geleistet" hatte!) bestehen?

E hat seine Bibliothek an M vermietet, sie ihm dann aber nach § 929 Satz 2 übereignet, war aber zu diesem Zeitpunkt geschäftsunfähig. Kann er sie auch noch nach 10 Jahren „aus" dem – gültigen – Mietvertrag herausverlangen?

Man könnte die Streitfrage[1] auf sich beruhen lassen, weil sie – wie die Beispiele zeigen – keine große praktische Bedeutung hat (immerhin mußte sich das RG mit ihr in RGZ 130, 69 [= *Baur*, E.Slg. Fall 27] befassen). Aber sie ist interessant aus 2 Gründen:

(1) Einmal deshalb, weil sie uns in ähnlicher Form schon wiederholt begegnet ist; Stichworte: Endgültige Fixierung der Rangverhältnisse durch die Eintragung? (s. oben § 17 B I 2). – Schuldrechtlicher Ausgleich des Eigentumserwerbs nach §§ 946–950? Antwort des Gesetzgebers: § 951! (s. oben § 53 c).

(2) Zum anderen deshalb, weil sie die uns ebenfalls schon bekannte Erscheinung illustriert, daß sich aus dem verschiedenen Lauf von Verjährungsfrist und Ersitzungsfrist rechtliche Diskrepanzen (*Heck:* „Rechtskrüppel") ergeben.

Das Rechtsgefühl spricht dafür, dem Eigentumserwerb kraft Ersitzung „absolute" Wirkung zuzusprechen. Aber das führt zu unhaltbaren Ergebnissen:

Wäre in unserem ersten Beispiel nur der Kaufvertrag E-K nichtig gewesen, nicht aber die Übereignung, so wäre K sofort Eigentümer geworden, aber 30 Jahre lang dem Leistungskondiktionsanspruch des E ausgesetzt, was – nach der Theorie der endgültigen Wirkung der Ersitzung – nicht der Fall wäre, wenn er auch das Eigentum nicht erlangt, also hätte ersitzen müssen. (Manche umgehen diese Schwierigkeit allerdings dadurch, daß sie auch bei der ersten Variante einfach Ersitzungsrecht sinngemäß anwenden und nach 10 Jahren den Kondiktionsanspruch versagen!)

oder

S schenkt die nicht abhandengekommene Sache des E dem B. B wird Eigentümer (§ 932), muß aber die Sache 30 Jahre lang dem E nach § 816 Abs. 1 Satz 2 herausgeben. Wäre die Sache durch den

---

[1] S. die Nachweise b. *Soergel/Mühl* § 937 Rn. 6; *Gursky* S. 66 ff.

geschäftsunfähigen E dem B geschenkt worden, so hätte – nach der Theorie der endgültigen Wirkung der Ersitzung – B nach 10 Jahren unantastbares Eigentum erworben!

Das sind in der Tat untragbare Ergebnisse. Man wird also die in RGZ 130, 69 (= *Baur,* E. Slg. Fall 27) akzeptierte Lösung bejahen müssen:

a) Vertragliche Rückgabeansprüche werden durch die Ersitzung ebensowenig berührt wie Bereicherungsansprüche, wenn der Erwerber den Besitz ohne rechtlichen Grund erlangt hat (Leistungskondiktion).

In unseren beiden Beispielen bleiben also der Käufer K bzw. der Mieter M – obwohl sie Eigentümer geworden sind – zur Rückgabe (richtig: Rückübereignung) der Sache verpflichtet.

b) Die sog. Eingriffskondiktion versagt dagegen; d. h. der Eigentümer, dessen Herausgabeanspruch nach § 985 durch die Ersitzung entfallen ist, kann sich nun nicht auf § 812 Abs. 1 Satz 1 2. Alternative berufen.

Beispiel: D hat einen gestohlenen Brillantring des E an den redlichen K verkauft. Nach 10 Jahren kann E den Ring weder auf Grund von § 985 noch nach § 812 von K herausverlangen.

3. Kapitel. Nutzungsrechte an der Fahrnis

§ 54. Der Nießbrauch an der Fahrnis[1]

I. Grundlagen – Anwendungsbereich

1. Als beschränkte dingliche Rechte an beweglichen Sachen sieht das Gesetz nur den Nießbrauch und das Pfandrecht vor, also *ein* Nutzungsrecht und *ein* Sicherungsrecht. Angesichts der Mannigfaltigkeit der beschränkten dinglichen Rechte an Grundstücken dünkt dieses Angebot des Gesetzgebers recht bescheiden. Aber diese Zurückhaltung ist in der Natur der beweglichen Sache begründet: Anders als das Grundstück ist die Fahrnis kurzlebig, dazu meist auf die Individualität einer bestimmten Person zugeschnitten. Einer differenzierenden Typisierung von Nutzungs- und Sicherungsrechten ist daher ein enger Rahmen gesteckt. Es gibt eben faktisch nur die Möglichkeit, einem anderen an Stelle des Eigentümers die Sachnutzung oder das Verwertungsrecht zu übertragen.

Mit dem Nießbrauch im allgemeinen und seiner Ausgestaltung an Grundstücken haben wir uns schon oben § 32 befaßt. So bleibt hier nur übrig, die Besonderheiten des Nießbrauchs an der Fahrnis zu erörtern (II).

2. Der *Anwendungsbereich* des Fahrnisnießbrauchs ist gering. Ein Nießbrauch an einer *einzelnen* beweglichen Sache ist in der Praxis so gut wie unbekannt. Es bleibt der Nießbrauch an einem Vermögen, dessen Bestandteile (auch) bewegliche Sachen sind, an einer Sachgesamtheit oder an dem Zubehör eines Grundstücks, das einem Nießbraucher überlassen ist (§ 1031):

E hat seiner Frau F testamentarisch den Versorgungsnießbrauch an seinem Vermögen vermacht. Zu dem Vermögen gehören auch bewegliche Sachen (Zubehör der Grundstücke, die Wohnungseinrichtung usw.). –

E – der neben einem ausgedehnten Viehhandel auch ein Transportunternehmen betreibt – hat seinem Gläubiger G das Fuhrunternehmen mit 8 Lastzügen verpfändet und den Nießbrauch an ihm auf 5 Jahre bestellt (dadurch sollen die Schulden des E an G langsam abgetragen werden). G ist nun berechtigt, das Fuhrunternehmen des E auf eigene Rechnung zu betreiben.

Das letztgenannte Beispiel deutet auf den *Nießbrauch an einem Handelsgeschäft* (vgl. § 22 Abs. 2 HGB), *an einem Unternehmen* hin (s. dazu oben § 28). Die Problematik dieses Vorgangs beruht weniger in der Nießbrauchsbestellung; sie erfolgt für die einzelnen Teile des Unternehmens nach den für sie geltenden Regeln (Einigung und Übergabe bei beweglichen Sachen usw.), wozu freilich auch die Einweisung in den sachenrechtlich nicht faßbaren Unternehmenskern kommen muß. Schwierigkeiten ergeben sich vielmehr daraus, daß der Nießbraucher regelmäßig das Geschäft in eigenem Namen betreibt, also Unternehmer wird (BGH NJW 1975, 210 = LM § 930 BGB Nr. 12), obwohl ihm die Substanz des Unternehmens nicht zu Eigentum gehört. Seine für die Durchführung des Geschäftsbetriebs erforderliche Verfügungsfreiheit wird regelmäßig dadurch erweitert, daß ihm an verbrauchbaren Sachen das Eigentum zusteht (§ 1067) und bezüglich anderer Gegenstände des Umlaufvermögens die Verfügungsermächtigung eingeräumt wird (sog. Dispositionsnießbrauch; s. auch § 1048). Mit Zustimmung des Eigentümers darf er die bisherige Firma fortführen (§ 22 Abs. 2 HGB). Die Haftung für die bisher begründeten Geschäftsverbindlichkeiten richtet sich nach § 25 HGB; für neu begründete Verbindlichkeiten haftet nur das Vermögen des Nießbrauchers, zu dem allerdings

---

[1] Lit.-Hinweis s. oben in § 32 und § 61; ferner *Wiedemann*, Die Übertragung und Vererbung von Mitgliedschaftsrechten bei Handelsgesellschaften, 1965, § 17; *Karsten Schmidt*, Handelsrecht, § 6 III 3 m. w. N.

auch die verbrauchbaren Sachen des dem Nießbrauch unterliegenden Vermögens und der aus dem Unternehmen gezogene Reingewinn gehören.[1]

Beispielsfall: BGH NJW 1975, 210 (= LM § 930 BGB Nr. 12).

II. Besonderheiten des Fahrnisnießbrauchs

1. *Die Nießbrauchsbestellung*

Nach § 1032 finden auf die Nießbrauchsbestellung die für die Übereignung beweglicher Sachen geltenden Vorschriften entsprechende Anwendung. Notwendig sind also Einigung über die Nießbrauchsbestellung und Übergabe; diese kann durch die Übergabesurrogate ersetzt werden. Auch redlicher Erwerb des Nießbrauchs vom Nichtberechtigten und Ersitzung des Nießbrauchs (§ 1033) sind möglich.

Beispiel: E hat der N den Nießbrauch an seinem Vermögen eingeräumt. Zu diesem gehört eine Schreibmaschine, die nicht im Eigentum des E stand; er hatte sie M vermietet. Ist N redlich, so erwirbt sie an der Maschine den Nießbrauch (§ 1032 mit §§ 931, 934), der dem wahren Eigentümer X gegenüber auf die Nießbrauchszeit wirksam ist (beachte aber § 816 Abs. 1 Satz 2 BGB!).

Der Nießbraucher ist zwar zum unmittelbaren Besitz der Sache berechtigt (§ 1036 Abs. 1); aber weder zu seiner Bestellung noch zu seiner Ausübung ist erforderlich, daß er je den unmittelbaren Besitz erhält (BGH DNotZ 1954, 399, 402). In unserem Beispiel ist N also auch Nießbraucher, wenn sie die Sache dem M beläßt, wozu sie übrigens für die Dauer der mit E vereinbarten Mietszeit verpflichtet ist (§ 1065 mit § 986).

2. Der Nießbrauch an *verbrauchbaren Sachen* (§ 92) wird vom Gesetz in Eigentum des Nießbrauchers umgedeutet (§ 1067), gleichgültig, ob dies dem Willen der Parteien entspricht oder nicht. Der Nießbraucher hat damit die Möglichkeit, über die Sache zu verfügen, ist aber zum Wertersatz nach Nießbrauchsbeendigung verpflichtet (§ 1067).

Wenn der Nießbrauch an einem Grundstück samt Inventar bestellt ist, kann der Nießbraucher, ohne Eigentümer zu sein, über das *Inventar* im Rahmen der ordnungsmäßigen Wirtschaft verfügen (gesetzliche Verfügungsermächtigung). Er hat aber Ersatz zu beschaffen, der mit der *Einverleibung* in das Eigentum des Inventareigentümers übergeht (§ 1048 Abs. 1 Satz 2).[2]

Hier ist vielleicht der – zwar nicht systematisch, aber für das Verständnis – richtige Ort, einige Worte zu dem *Begriff der Einverleibung* zu sagen:

Das Gesetz gebraucht diesen Begriff hier beim Nießbrauch (§ 1048) und in dem entsprechenden Fall bei der Pacht (§ 582a Abs. 2 S. 2). Das Eigenartige dieses Vorgangs besteht darin, daß der Nießbraucher (Pächter) zunächst an dem Ersatzgegenstand selbst Eigentum erwirbt, der bisherige Inventareigentümer – also meist der Grundeigentümer – aber in dem Augenblick der Einverleibung den Ersatzgegenstand zu Eigentum erhält. Dabei kommt es nicht darauf an, ob dies dem Willen des Nießbrauchers entspricht, sofern er nur die Einverleibung in das Inventar vorgenommen hat. Beispielsfall: BGHZ 35, 53.

Beispiel: Der Nießbraucher N eines Landguts hat den dem Grundeigentümer E gehörenden Ackerschlepper und eine Milchkuh altershalber verkauft. Das landwirtschaftliche Lagerhaus V_1 verkauft ihm einen neuen Schlepper auf Abzahlung unter Eigentumsvorbehalt, eine Kuh kauft er bei dem Viehhändler V_2. Beide Stücke nimmt er auf dem Hof in Gebrauch. Damit wird E Eigentümer der Kuh (nicht aber, wenn diese gestohlen war!). Das Eigentum am Schlepper fällt ihm mit Zahlung der letzten Rate zu, und zwar auch dann, wenn N den Schlepper für sich behalten und dem E nur den Erlös aus dem Verkauf des alten Schleppers überlassen wollte.

Ähnlich wären die Fragen zu entscheiden, wenn es sich um den Nießbrauch an einem gewerblichen Unternehmen gehandelt hätte (§ 582a Abs. 2 S. 2 in entsprechender, § 1048 in unmittelbarer Anwendung!).

Eine entsprechende Bestimmung findet sich für den Fall der *Vorerbschaft* in § 2111 Abs. 2, hier aber im Rahmen einer umfassenden Surrogation,[3] ferner in § 1370 (s. oben § 51 V 4b [1]).

---

[1] Zu den sehr komplizierten Einzelheiten vgl. die unten in § 61 Genannten; ferner M. *Wolff* in Ehrenbergs Handbuch IV 1, 18; *Soergel/Stürner* § 1085 Rz. 6–8 (Nießbrauch am Unternehmen), § 1068 Rz. 7–9b (Nießbrauch an Gesellschaftsanteilen).

[2] Zu dem Fall, daß das Inventar zum Schätzwert übernommen wird, s. § 1048 Abs. 2.

[3] Siehe dazu *Baur* JZ 1958, 465, 467f. (= *Baur* Beitr. II 235); *Soergel/Harder* § 2111 Rn. 4 m.w.N.

4. Kapitel. Sicherungsrechte an der Fahrnis

§ 55. Das Fahrnispfand

(als Legalordnung)

Lit.-Hinweis: *Emmerich,* Pfandrechtskonkurrenzen, 1909; R. *Schmidt,* Der Pfandbesitz, AcP 134, 129; *Dimopoulos-Vosikis,* Die Legalobligation beim Pfandrecht an beweglichen Sachen nach dem BGB, 1959; *Hromadka,* Die Entwicklung des Faustpfandprinzips im 18. u. 19. Jahrhundert, 1971; *Konstantin Simitis,* Das besitzlose PfandR, AcP 171, 94; *Gravenhorst,* Mobiliarsicherheiten für Darlehens- und Warenkredite in den sechs Ländern der europäischen Gemeinschaften, 1972; Münch-Komm/*Damrau,* Komm. z. §§ 1204 ff.; *Reinicke/Tiedtke,* Gesamtschuld u. Schuldsicherung, 1981; *Serick,* Deutsche Mobiliarsicherheiten, Aufriß und Grundgedanken, 1988; *Staudinger/Wiegand* Komm. zu §§ 1204 ff.; Hj. *Weber,* Sicherungsgeschäfte, 3. Aufl. 1986, § 6; *Witt, D.* Pfandrecht am Inventar des landwirtschaftl. Betriebs (Hohenheimer Diss 1974); *Wacke* aaO (oben vor § 51); *Bülow,* Recht d. Kreditsicherheiten, 2. Aufl. 1988.

S. die Übersicht 23 am Ende von § 55.

A. Grundgedanken – Anwendungsbereich

I. Grundgedanken

1. Schon bei der Erörterung der Grundpfandrechte (s. oben § 36) hatten wir erkannt, daß Kredit in aller Regel nur gegen eine dingliche Sicherung gewährt wird, also Realkredit ist; der Personalkredit – auch der durch eine Bürgschaft verstärkte – tritt demgegenüber zurück. Als Realkredit wird nicht nur der durch ein Grundpfandrecht, sondern auch der durch Hingabe einer beweglichen Sache als eines Faustpfandes gesicherte Kredit bezeichnet.[1] Auch für dieses Fahrnispfand ist charakteristisch, daß dem Gläubiger zur Sicherung seiner Forderung ein *dingliches Verwertungsrecht* an der verpfändeten Sache eingeräumt wird. Dieses Verwertungsrecht gibt dem Gläubiger ein Vorzugsrecht gegenüber den ungesicherten Gläubigern, und zwar sowohl im Fall der Zwangsvollstreckung (§ 805 ZPO) wie im Konkurs des Eigentümers (§ 48 KO: Absonderungsrecht). Es wird bei Fälligkeit der gesicherten Forderung durch Verkauf des Pfandes ausgeübt (§§ 1228 ff.).

2. Nach der *Art der Entstehung* unterscheidet man:

a) das *rechtsgeschäftlich* bestellte Pfandrecht;

E gibt dem G, der ihm mit 50 DM aushilft, seine Uhr zum Pfand. – E trägt – in schwerer wirtschaftlicher Bedrängnis – seine Uhr ins Pfandleihhaus und erhält dort ein durch ein Pfandrecht an der Uhr gesichertes Darlehen;

b) das *gesetzliche* Pfandrecht: das Pfandrecht entsteht ohne jede Willenseinigung der Parteien, wenn die gesetzlichen Voraussetzungen erfüllt sind;

---

[1] Über den uneinheitlichen Sprachgebrauch s. oben § 36 I 2 Anm. 1.

E lebt bei V zur Miete. Als er seinen Mietzins nicht bezahlt, macht V von seinem gesetzlichen Vermieterpfandrecht Gebrauch (§ 559). – E hat den Kommissionär K mit dem Kauf einer seltenen Goldmünze beauftragt. Als E die Kosten des Ankaufs und die Provision nicht bezahlen kann, übt K sein gesetzliches Pfandrecht – an der noch ihm gehörigen Sache! – aus (§§ 397, 398 HGB);

c) das *Pfändungs*pfandrecht.

G läßt bei seinem Schuldner S auf Grund eines Vollstreckungstitels dessen Klavier pfänden und erwirbt damit ein Pfändungspfandrecht, das ihn zur Versteigerung der Sache berechtigt.

Das Gesetz wendet bei Regelung dieser Pfandrechte folgende *Technik* an:
Das rechtsgeschäftliche Pfandrecht wird in den §§ 1204–1256 ausführlich geregelt. Diese Vorschriften werden dann auf das gesetzliche Pfandrecht für entsprechend anwendbar erklärt (§ 1257). Für das Pfändungspfandrecht gelten in erster Linie die §§ 803 ff. ZPO; ob daneben noch die Vorschriften über das Vertragspfandrecht entsprechend gelten und in welchem Umfang, ist umstritten.

Wir folgen dieser Einteilung, behandeln also zunächst das rechtsgeschäftliche Pfandrecht (B), dann das gesetzliche (C) und schließlich das Pfändungsrecht (D).

3. Wie das Grundpfandrecht ist auch das Fahrnispfandrecht typisiert, der Vereinbarung der Parteien sind Schranken gesetzt (Beschränkung der Vertragsfreiheit i. S. einer inhaltlichen Gestaltungsfreiheit). Für diese Typisierung sind gewisse Grundsätze maßgebend, die entweder dem Wesen des Pfandrechts immanent sind oder durch die Interessen der Beteiligten oder auch der dinglich nicht gesicherten Gläubiger gefordert werden. Als solche *Pfandrechtsprinzipien* hatten wir bei den Grundpfandrechten die Akzessorietät, die Spezialität, die Publizität und die Priorität kennen gelernt (s. oben § 36 II 2). Diese Grundsätze gelten mit gewissen Abwandlungen auch für das Fahrnispfandrecht:

a) Aus der Legaldefinition des Fahrnispfandes in § 1204 Abs. 1 (Belastung einer beweglichen Sache zur Sicherung einer Forderung mit einem Verwertungsrecht des Gläubigers) ergeben sich die Akzessorietät und die Spezialität des Fahrnispfandes:

aa) Das Fahrnispfand ist *streng akzessorisch:* es kann nur entstehen, wenn die zu sichernde Forderung besteht (§ 1204 Abs. 1; beachte aber § 1204 Abs. 2!) – es kann nur zusammen mit der Forderung übertragen werden und geht mit der Übertragung der Forderung auf den neuen Gläubiger über (§ 1250) – es erlischt mit der Forderung, zu deren Sicherung es bestellt ist (§ 1252).

Die Rechtsfigur des Eigentümerpfandes bei Nichtentstehen oder Erlöschen der Forderung (vgl. § 1163!) ist hier unbekannt. Dafür besteht auch kaum ein Bedürfnis, da mehrere Pfandrechte an ein- und derselben Sache selten sind. Das Aufrücken etwaiger nachfolgender Gläubiger kann hingenommen werden. Auch bei Vereinigung von Eigentum und Pfandrecht entsteht kein Eigentümerpfandrecht (§ 1256 Abs. 1 S. 1; beachte aber die Ausnahmefälle in § 1256 Abs. 1 S. 2 und Abs. 2).

bb) Auch für das Fahrnispfand gilt der Grundsatz der *Spezialität:* als Pfand können nur einzelne Sachen dienen; das Gesetz kennt kein „Generalpfandrecht" am gesamten beweglichen Vermögen des Schuldners, kein Pfandrecht an einer Sachgesamtheit.

Doch ist eine zusammenfassende Bezeichnung mehrerer verpfändeter Sachen unschädlich; das Gesetz selbst spricht in § 559 Abs. 1 Satz 1 von den „eingebrachten Sachen" des Mieters und meint damit offenbar einen möglicherweise wechselnden Bestand von Sachen (§ 560 Satz 1). Daher lassen sich auch *Warenlager* mit wechselndem Bestand verpfänden, vorausgesetzt, daß die Übergabe auch der künftig in das Warenlager aufgenommenen Sachen den §§ 1205, 1206 entsprechend erfolgt:
S hat sein Warenlager seinem Gläubiger G in der Weise verpfändet, daß einem Angestellten A des G die Schlüssel übergeben wurden. A gibt auf Anfordern des S die im täglichen Geschäftsverkehr benötigten Waren an diesen heraus und nimmt die neu eingekauften in das Warenlager auf (vgl. auch RGZ 77, 201, 207).

Zu beachten ist ferner, daß der Spezialitätsgrundsatz ein *Gesamtpfandrecht* (vergleichbar der Gesamthypothek) nicht ausschließt; jede der mehreren Sachen (gleich ob sie einem oder mehreren Eigentümern gehören) haftet dann für die ganze Forderung (§ 1222); dem Gläubiger steht das Wahlrecht zu, an welche Sache er sich halten will.

Von einem *„irregulären Pfandrecht"* spricht man, wenn die „Pfand"sache in das Eigentum des Gläubigers übergehen und nach Tilgung der Schuld an den Schuldner zurückübereignet werden soll. So z. B. wenn der Pächter einer Gastwirtschaft dem Verpächter – etwa einer Brauerei – eine Kaution in Geld stellt, die Ansprüche des Verpächters gegen den Pächter bei Beendigung des Pachtverhältnisses sichern soll. Hier finden *intern* die §§ 1204 ff. BGB entsprechende Anwendung (Beispiel: OLG Koblenz BB 1974, 199; Einzelheiten Hj. *Weber* § 7 III).
Kein Pfandrecht wird auch durch das sog. *Flaschenpfand* begründet: Der Lieferant bleibt Eigentümer der Flaschen (des „Leerguts" – der „Mehrwegpackung"). Das „Pfandgeld" sichert den Anspruch des Lieferanten auf Rückgabe des Leerguts (Einzelheiten s. *Kollhosser/Bork* BB 1987, 909; *Martinek* JuS 1987, 514 je m. w. N.).

b) *Publizitätsmittel* des Fahrnispfandrechts ist der Besitz. Beim Vertragspfand werden an das Erfordernis der Übergabe strengere Anforderungen gestellt als bei der Übereignung: die Verpfändung durch Besitzkonstitut ist ausgeschlossen – die Verpfändung durch Abtretung des Herausgabeanspruchs aus einem Besitzmittlungsverhältnis muß dem Besitzmittler angezeigt werden (§ 1205 Abs. 2). – Bei Rückgabe der verpfändeten Sache an den Verpfänder oder Eigentümer erlischt das Pfandrecht, auch wenn der Pfandgläubiger dies nicht wollte, ja sogar wenn er einen entgegengesetzten Willen zum Ausdruck brachte (§ 1253).

Diese scharfen Anforderungen an die Publizität sind freilich der Anlaß für die Entwicklung der Sicherungsübereignung und auch des Eigentumsvorbehalts in ihren mannigfachen Erscheinungsformen geworden.
Im übrigen ist auch bei einigen vertraglichen und bei den gesetzlichen Pfandrechten das Publizitätsprinzip abgeschwächt:[1]
aa) In gewissen Fällen läßt das Gesetz die Eintragung des Pfandrechts in ein öffentliches Register genügen *(Registerpfandrecht)*. Hierher gehören z. B. das Kabelpfandrecht (für die Verpfändung von Hochseekabeln nach dem Gesetz vom 31. 3. 1925, RGBl. I 37), das Pfandrecht an Luftfahrzeugen nach dem Ges. über Rechte an Luftfahrzeugen vom 26. 2. 1959, BGBl. I 57 (Eintragung in das Register für Pfandrechte an Luftfahrzeugen; dazu *Wendt* MDR 1963, 448), auch das Pfandrecht an dem Inventar eines Pächters nach dem Pachtkreditgesetz v. 5. 8. 1951, BGBl. I 494 (schriftlicher Verpfändungsvertrag, Niederlegung beim Amtsgericht); Beispiel: BGHZ 54, 319.[2]

---

[1] Siehe hierzu *Flume*, Besitzloses Fahrnispfandrecht im geltenden deutschen Recht, Deutsche Landesreferate zum IV. Intern. Kongreß für Rechtsvergleichung (1954) S. 67 ff. u. Konstantin *Simitis* AcP 171, 94.
[2] Über Hypotheken an Schiffen und Schiffsbauwerken s. oben § 31 III. – Dagegen kennt das deutsche Recht bisher kein Register für Pfandrechte an Warenlagern (statt der Sicherungsübereignung), kein Register für die Verpfändung von Kraftfahrzeugen. – Ein gesetzliches Pfandrecht ohne jede Registrierung, Einbringung und dgl. enthält das Gesetz zur Sicherung der Düngemittel- und-

bb) *Pfandrechte ohne Besitz* des Pfandgläubigers sind ferner einige gesetzliche Pfandrechte, so die des Vermieters, Verpächters und Gastwirts an den eingebrachten Sachen ihrer Vertragsgegner.

c) Für mehrere beschränkte dingliche Rechte an derselben beweglichen Sache gilt der Grundsatz der *Priorität;* dabei ist stets die Zeit der Bestellung maßgebend (§ 1209).

Freilich sind mehrere beschränkte dingliche Rechte an ein- und derselben beweglichen Sache viel seltener als bei Grundstücken; diese gewähren an sich schon einen breiteren Nutzungs- und Sicherungsspielraum als bewegliche Sachen. Dazu kommt, daß das Grundbuch eine leichte Sichtbarmachung ermöglicht, während der Besitz als Publizitätsmittel eben grundsätzlich unteilbar ist. Immerhin kommen etwa Konkurrenzen zwischen Vermieterpfandrecht und Pfändungspfandrecht,[1] zwischen mehreren Pfändungspfandrechten in der Praxis vor.

II. Anwendungsbereich

Das Vertragspfand hat in der Praxis einen nicht allzu breiten, aber doch nicht unbedeutenden Anwendungsbereich:

1. Hierher gehört zunächst der Kleinkredit des täglichen Lebens gegen Hingabe eines Faustpfandes, kommerzialisiert in dem Gewerbe der *Pfandleihanstalten.*

Hier gilt die VO über den Geschäftsbetrieb der gewerblichen Pfandleiher vom 1. 2. 1961 (BGBl. I 58 i. d. F. v. 30. 5. 1976, BGBl. I 1335), die sich vor allem mit gewerbepolizeilichen Grundsätzen befaßt, aber auch in das Pfandrecht des BGB eingreift, so wenn die Ausstellung eines Pfandscheins (Legitimationspapiers i. S. des § 808) gefordert wird (§ 6) oder der Pfandverkauf gegenüber den Vorschriften des BGB modifiziert wird oder schließlich das Recht des Pfandgläubigers auf die Verwertung der Pfandsache beschränkt, der Zugriff auf das übrige Vermögen des Schuldners also ausgeschlossen wird (§ 5). Als Grundsatz ist festzuhalten, daß es sich auch hier um die Hingabe eines Darlehens gegen Bestellung eines Pfandes handelt.

2. Wirtschaftlich wichtig ist das Pfandrecht der Banken an Wertpapieren, Edelmetallen und Waren. Es kommt praktisch in zwei Formen vor:

a) Hingabe eines Darlehens gegen Bestellung eines Pfandes an den genannten Gegenständen (sog. Lombarddarlehen).

Der Kaufmann S nimmt bei der Bank G ein Darlehen von 10 000 DM auf und verpfändet als Sicherheit seine bereits im Depot der Bank befindlichen Wertpapiere.[2]

b) Pfandrecht der Banken auf Grund ihrer Allgemeinen Geschäftsbedingungen (Nr. 19 Abs. 2):[3]

„Die irgendwie in den Besitz oder die Verfügungsgewalt irgendeiner Stelle der Bank gelangten oder noch gelangenden Sachen und Rechte dienen, soweit gesetzlich zulässig, als Pfand für alle

---

Saatgutversorgung vom 19. 1. 1949/30. 7. 1951: Sicherung der Forderungen aus der Lieferung bzw. aus der Bevorschußung von Düngemitteln und Saatgut durch erstrangiges, „heimliches", aber zeitlich beschränktes Pfandrecht an der Ernte eines landwirtschaftlichen Betriebs. Da es für andere Gläubiger in keiner Weise erkenntlich ist, birgt es erhebliche Gefahren in sich, freilich auch keine schwerwiegenderen als Eigentumsvorbehalt und Sicherungsübereignung. Beispielsfall: BGHZ 41, 6. – Zum Pfandrecht am Inventar des landwirtschaftl. Betriebs s. die Hohenheimer Diss. von *Witt,* 1974.

[1] Siehe hierzu RGZ 60, 70; BGHZ 27, 227; *Baur/Stürner* ZVR Rn 796/9.

[2] Siehe dazu *Schütz* S. 448 ff.; *Canaris,* Bankvertragsrecht, 3. Aufl., Rz. 1360 ff.; *Karsten Schmidt,* Handelsrecht, § 21 II 2.

[3] Die Pfandklausel ist nicht anwendbar bei der Bank treuhänderisch überlassenen Vermögenswerten: BGH NJW 1985, 1954, s. dazu aber auch unten § 62 A I 2a. – Zum Einfluß des AGB-Gesetzes auf die Allg. Geschäftsbedingungen der Banken s. BGH NJW 1983, 2701; 1988, 3260 III 2 u. zu Nr. 44 S. 2 der AGB der Banken: *Möschel* NJW 1981, 2273.

bestehenden und künftigen – auch bedingten oder befristeten – Ansprüche der Bank gegen den Kunden; dies gilt auch für Ansprüche des Kunden gegen die Bank selbst . . .".

Beispiel: K hat seinem überseeischen Verkäufer V durch seine Bank B ein Akkreditiv[1] gegen Konnossement (§ 647 HGB) gestellt (K = Akkreditivsteller, V = Akkreditivempfänger, B = Akkreditivbank). Die Filiale (oder Korrespondenzbank der B) in Übersee zahlt den Kaufpreis gegen Übergabe des indossierten Konnossements an V aus und übersendet das Traditionspapier an B. Damit erlangt die B ein Pfandrecht an der Ware, das ihr Sicherheit für ihre Ansprüche aus Geschäftsbesorgung (§§ 675, 670) gibt, die durch die „Bevorschussung" des Kaufs entstanden sind.

Eine ausdrückliche Verpfändung ist nicht erforderlich, da sich das Pfandrecht der Bank bereits aus ihren Allgemeinen Geschäftsbedingungen ergibt.

Nach BGH NJW 1988, 3260 III 2 soll das Pfandrecht der Bank auch dann entstehen, wenn der Kunde zur Zeit der Vereinbarung der AGB geschäftsfähig war, nicht aber später bei Abschluß einer ausdrücklichen Sicherungsvereinbarung (m. E. bedenklich, weil die Bank durch den Anschein der Sicherungsvereinbarung zum Ausdruck brachte, daß sie sich nicht auf das AGB-Pfandrecht beruft. Damit wird auch dem Schutz der Geschäftsunfähigen Rechnung getragen).

Eine ähnliche Regelung findet sich auch in § 50 der Allgemeinen Deutschen Spediteurbedingungen. – Zu dem Vinkulationsgeschäft: Sicherungsübereignung durch Abtretung des Herausgabeanspruchs s. *Scholz/Lwowski* S. 423f.

B. Das Vertragspfandrecht

I. Die Beteiligten – Übersicht über die Darstellung

1. Im Normalfall bestellt der Schuldner seinem Gläubiger an einer ihm gehörigen Sache das Pfandrecht; Schuldner, Eigentümer, Verpfänder sind also ein und dieselbe Person. Notwendig ist ein solches Zusammenfallen in einer Person aber nicht; so kann man sich ohne weiteres vorstellen, daß der Eigentümer seine Sache für eine fremde Schuld zum Pfand gibt. Seine Stellung ist dann ähnlich der eines Grundstückseigentümers, der für eine fremde Schuld ein Grundpfandrecht bestellt. Eine weitere Spaltung kann sich daraus ergeben, daß jemand eine ihm nicht gehörige Sache für die eigene oder fremde Schuld verpfändet. Im komplizierten Fall stehen also auf der Passivseite: der Schuldner, der Eigentümer der Pfandsache und der Verpfänder.

Beispiele:

S verpfändet seine Briefmarkensammlung seinem Gläubiger G (Normalfall).

E verpfändet seine Sammlung für eine Schuld des S an dessen Gläubiger G (1. Komplikation auf der Passivseite).

V verpfändet eine ihm von E zur Ansicht überlassene Sammlung für eine Schuld des S an G (2. Komplikation auf der Passivseite).

Das Verständnis wird dadurch erschwert, daß die Rechtsbeziehungen der Beteiligten der Passivseite zum Pfandgläubiger und die zwischen den Beteiligten untereinander geklärt werden müssen:

a) Der *Schuldner* wird in seiner Stellung zum Gläubiger durch die Bestellung des Pfandes nicht berührt; er kann den Gläubiger, der von ihm Befriedigung verlangt, nicht auf die Verwertung des Pfandes verweisen (Ausnahme: § 777 ZPO, wenn Schuldner und Eigentümer dieselbe Person sind, sog. beneficium excussionis realis).

---

[1] Dokumentenakkreditiv = widerrufliche und unwiderrufliche Anweisung des Schuldners (Käufers) an seine Bank, sich gegenüber dem Gläubiger (Verkäufer) widerruflich oder unwiderruflich zur Zahlung des Akkreditivbetrags gegen Einreichung der die gekaufte Ware repräsentierenden Dokumente (z. B. des Konnossements) zu verpflichten; dazu *Zahn,* Zahlung und Zahlungssicherung im Außenhandel, 6. Aufl. 1986; *Canaris,* Bankvertragsrecht, 3. Aufl., Rz. 916ff.; *Eisemann/Schütze,* D. Dokumentenakkreditiv im Intern. Handelsverkehr, 3. Aufl. 1988; *Schönle* NJW 1968, 726. – Beispiele aus der Praxis: BGHZ 101, 84; BGH NJW 1985, 550 u. 1989, 159.

Zwischen *Verpfänder* und Pfandgläubiger entsteht ein gesetzliches Schuldverhältnis (§§ 1214 ff.), das z. B. den Gläubiger zur Verwahrung (§ 1215), den Verpfänder zum Ersatz der Aufwendungen (§ 1216) verpflichtet. Auffallend und wenig glücklich ist, daß dieses Schuldverhältnis nicht zum Eigentümer begründet wird; denn *er* ist doch der eigentlich Betroffene.

Das Interesse des *Eigentümers* wird deutlich, wenn es sich um die Verwertung des Pfandes handelt (wichtig §§ 1234, 1237 Satz 2, § 1241).

b) Die Beziehungen *zwischen den Beteiligten auf der Passivseite* richten sich nach den jeweils zwischen ihnen bestehenden Rechtsverhältnissen; so kann der, der eine ihm nicht gehörige Sache verpfändet, dem Eigentümer aus § 823 oder aus Vertragsverletzung zum Schadensersatz verpflichtet sein. Ferner: wer seine Sache als Pfand für die Schuld eines anderen zur Verfügung stellt (der E für den S), ist in aller Regel berechtigt, Ersatz seiner Aufwendungen zu fordern, also z. B. den Wert des Pfandes, falls es versteigert wird (§ 670). Befriedigt er den Pfandgläubiger, so gehen Forderung und Pfandrecht auf ihn über (§§ 1225, 1249; es entsteht also hier ein Pfandrecht an der eigenen Sache, § 1256 Abs. 2).

2. In den folgenden Darlegungen werden wir von dem Normalfall ausgehen, daß Schuldner, Eigentümer und Verpfänder ein- und dieselbe Person sind. Im übrigen folgt der Gang der Darstellung dem zeitlichen Ablauf eines Pfandrechtsverhältnisses in der täglichen Praxis, beginnt also mit der Bestellung des Pfandrechts (II), führt über die Stellung der Beteiligten vor Beginn des Verwertungsrechts (= Pfandreife, III) zu der Verwertung selbst (IV) und behandelt schließlich noch die Übertragung (V) und das Erlöschen des Pfandrechts (VI).

II. Die Begründung des Pfandrechts

Ähnlich wie die Hypothek ist das Pfandrecht an beweglichen Sachen als akzessorisches dingliches Verwertungsrecht ausgestaltet. Die Darstellung kann daher der oben § 37 bei der Hypothek gegebenen folgen: zunächst sind die möglichen Belastungsobjekte aufzuzeigen (1), dann ist die zu sichernde Forderung näher zu präzisieren (2) und schließlich auf den sachenrechtlichen Bestellungsakt einzugehen (3).

1. *Das Belastungsobjekt*

a) Gegenstand des Pfandrechts können *bewegliche Sachen* (§ 1204) und das *Miteigentum an einer beweglichen Sache* (§ 1258) sein. Das Pfandrecht erfaßt auch die wesentlichen Bestandteile der Sache, nicht aber ihr Zubehör (anders bei der Hypothek!).

Wesentliche Bestandteile können nicht Gegenstand eines selbständigen Pfandrechts sein (anders § 810 ZPO: Pfändung der Früchte auf dem Halm!), wohl aber das Zubehör (anders § 865 Abs. 2 ZPO). Vertragliches und Pfändungspfandrecht sind hier nicht sehr harmonisch aufeinander abgestimmt:

Der Inhaber eines Vollstreckungstitels kann also Früchte auf dem Halm pfänden, nicht aber das Zubehör eines Grundstücks! Umgekehrt kann der Eigentümer eines Grundstücks seinem Gläubiger nicht die noch auf dem Feld stehende Ernte verpfänden,[1] wohl aber das Zubehör eines Grundstücks! Auch unpfändbare Sachen (§ 811 ZPO) können verpfändet werden, sofern die Verpfändung nicht gegen die guten Sitten verstößt. Grund: Die *Ver*pfändung beruht auf dem freien Willensentschluß des Schuldners (*Fenn* FamRZ 1971, 110; s. ferner OLG Frankfurt NJW 1973, 104).

Beispiele: (a) E – Eigentümer eines zugunsten des H hypothekarisch belasteten Landguts – hat seinem Gläubiger G einen der beiden Traktoren des Guts verpfändet. Die Bestellung des Pfandrechts ist wirksam. § 865 Abs. 2 ZPO greift nicht Platz. Aber die Hypothek hat sich auch auf den Traktor erstreckt, geht also dem Pfandrecht des G vor. Durch die Verpfändung ist der Traktor nicht von der Hypothekenhaftung frei geworden, es sei denn, daß der Ausnahmetatbestand des § 1122 Abs. 2 (Aufhebung der Zubehöreigenschaft im Rahmen ordnungsmäßiger Wirtschaft) Platz greift. H hat einen Anspruch gegen G auf Rückschaffung des Schleppers auf das Grundstück.[2] Außerdem erfaßt

---

[1] Hier allenfalls Umdeutung in eine Gestattung des Pfandrechtserwerbs entsprechend §§ 956, 957; vgl. *Wolff/Raiser* § 161 IV 1.

[2] Vgl. *MünchKomm/Eickmann* § 1135 Rn. 16; *Soergel/Konzen* § 1135 Rn. 2 (zweifelhaft).

eine von H erwirkte Beschlagnahme des Grundstücks auch den Pfandgegenstand, selbst wenn er sich bei G befindet. G hätte nur dann ein der Hypothek vorgehendes Pfandrecht an dem Schlepper erworben, wenn die Voraussetzungen des gutgläubigen Vorrangerwerbs nach § 1208 vorgelegen hätten (grobe Fahrlässigkeit des G wird hier aber meist zu bejahen sein, weil dem G ein Blick ins Grundbuch zuzumuten war). Die Hypothekenhaftung erlischt freilich dann, wenn das Pfandstück durch G im Wege der Pfandveräußerung verwertet wird, weil dann die Voraussetzungen des § 1121 Abs. 1 oder (und) die des § 1244 vorliegen. –

(b) Der Schriftsteller S hat in Geldnot seine Schreibmaschine einem Darlehensgeber G verpfändet. Wirksam, obwohl eine Pfändung nach § 811 Ziff. 5 ZPO ausgeschlossen gewesen wäre!

b) Zufolge des Spezialitätsgrundsatzes ist die Verpfändung einer *Sachgesamtheit* als solcher nicht möglich. Wohl aber ist eine zusammenfassende Bezeichnung mehrerer verpfändeter Sachen zulässig (s. oben A I 3a bb).

c) Inhaber- und Orderpapiere werden nach sachenrechtlichen Grundsätzen verpfändet (§§ 1292, 1293); bei allen *übrigen Wertpapieren* und den lediglich der Legitimation oder dem Beweis dienenden Papieren ist das Pfandrecht nach den Grundsätzen des Rechts zu bestellen, das sie verkörpern:

S bestellt dem G ein Pfandrecht an der ihm gehörigen Schuldverschreibung auf den Inhaber durch Einigung und Übergabe.

Übergibt er ihm sein Sparbuch als „Pfand", so entsteht dadurch kein Pfandrecht an der Forderung gegen die Sparkasse, da die Verpfändung der Anzeige an das Institut bedurft hätte (§ 1280). G kann sich jedoch dem S gegenüber auf die wirksame Sicherungsabrede berufen, solange S das ihm von G gegebene Darlehen nicht getilgt hat, was freilich den S nicht hindert, sein Guthaben bei der Sparkasse abzuheben, sofern er sich ausreichend legitimieren kann, und auch den Zugriff eines anderen Gläubigers D auf die Forderung (etwa durch einen Pfändungs- und Überweisungsbeschluß, §§ 829, 835 ZPO) nicht ausschließt.

2. Die zu sichernde Forderung

a) Das Pfandrecht muß der „Sicherung einer Forderung" dienen (§ 1204), ist also – wie die Hypothek – akzessorisch. Besteht die zu sichernde Forderung – auch als künftige oder bedingte – nicht, so entsteht kein Pfandrecht. Es erlischt mit der Forderung (§ 1252) und geht mit ihr auf den Zessionar über, ohne daß es einer Übergabe der Pfandsache bedürfte (§ 1250). Das Institut des Eigentümerpfandrechts ist hier bei Fehlen oder Erlöschen der Forderung unbekannt.

Zweifelhaft sind einige, nicht allzu häufige Fälle, die an *Beispielen* aufgezeigt werden sollen:

(1) G hat dem S ein Darlehen gegeben, das dieser durch Verpfändung von Wertpapieren sichert. Ist das Darlehen aus irgendeinem Grunde nichtig, so fragt es sich, ob das Pfand nunmehr den *Bereicherungsanspruch* sichert. Die Frage ist zu bejahen (BGH NJW 1968, 1134 = *Baur,* E.Slg. Fall 53; andere wollen dem G nur ein Zurückbehaltungsrecht einräumen; s. auch oben § 37 V 2).

(2) G hat mit S um 50 DM gewettet, S hat die Wette verloren und dem G seine Uhr zum Pfand gegeben, weil er kein Bargeld bei sich hatte. Nach dem Sinn des § 762 kann die *Naturalobligation* durch ein Pfandrecht nicht verstärkt werden: kein Pfandrecht des G an der Uhr.

(3) S hat dem G ein Pfandrecht eingeräumt mit der Abrede, daß G sich nur an dieses Pfand halten kann und S nicht befugt ist, das Pfand durch Tilgung der Schuld abzulösen. Hier fehlt in Wahrheit eine zu sichernde Forderung; das Pfandrecht des G ist nicht entstanden (BGH NJW 1957, 672).

(4) *Beweislast,* wenn im Prozeß behauptet wird, die gesicherte Forderung sei später erloschen, s. BGH JZ 1986, 686 (mit Anm. *Baumgärtel*) = NJW 1986, 2426.

b) Das Pfandrecht kann – wie die Hypothek (§ 1113 Abs. 2) – für eine *künftige oder bedingte Forderung* bestellt werden (§ 1204 Abs. 2). Da aber ein Eigentümerpfandrecht hier unbekannt ist, entsteht das Pfandrecht für die künftige und bedingte Forderung schon mit der Bestellung des Pfandes, nicht erst mit der Forderung (BGHZ 86, 340, 346;[1] BGH NJW 1983, 1619). Daher ist der Pfandberechtigte jetzt schon zum Besitz des Pfandes befugt, er ist nach § 1227 durch einen Unterlassungs- und Herausgabeanspruch geschützt, der Rang des Pfandrechts bestimmt sich – wie übrigens auch bei der noch nicht valutierten Hypothek – nach der Zeit seiner Bestellung (§ 1209).

Wir erinnern uns an die Allg. Geschäftsbedingungen der Banken, wonach das Pfand für „alle bestehenden und künftigen, auch bedingten oder befristeten Ansprüche" der Bank gegen ihren Kunden haftet. Notwendig ist nur, daß die künftige Forderung in ihrem Entstehungsgrund bestimmbar ist; dagegen braucht die Höhe der Forderung – anders als bei der Hypothek: § 1113 Abs. 1 – nicht einmal bestimmbar zu sein; insofern ist also das Pfandrecht an beweglichen Sachen freier gestaltet als die Höchstbetragshypothek!

Beispiel: S hat von seiner Bank G einen Betriebsmittelkredit in laufender Rechnung zugesichert erhalten; er hat zur Sicherung den wertvollen Schmuck seiner Frau V mit deren Einverständnis verpfändet. Das genügt zur Entstehung des Pfandrechts. Das Pfand haftet für die aus dem Kreditverhältnis entstehenden Forderungen in voller Höhe, selbst wenn der zunächst in Aussicht genommene „Kreditplafond" später überschritten wird.
Weiteres Beispiel BGH NJW 1988, 3260 III 2 (dazu die Bedenken § 55 A II 2 b a. E.).

c) Anders als bei der Hypothek braucht die gesicherte Forderung nicht auf Geld gerichtet zu sein, sie muß nur im Augenblick des Pfandverkaufs in eine Geldforderung übergehen können (§ 1228 Abs. 2 Satz 2).

Beispiel: V hat dem K die Lieferung einer Sache versprochen. Zur Sicherung bestellt V dem K ein Pfandrecht an seinem Wertpapierdepot. Das Pfandrecht sichert den Anspruch auf Lieferung, der nach § 325 bzw. § 326 in einen Geldanspruch übergehen kann (andere Möglichkeiten des Übergangs: §§ 280, 283).

d) Gläubiger der zu sichernden Forderung und Inhaber des Pfandrechts muß ein- und dieselbe Person sein. Dagegen können – wie wir bereits wissen – Pfandeigentümer, Verpfänder und Schuldner verschiedene Personen sein. Ähnlich wie bei der Hypothek (§ 1137) und Bürgschaft (§ 768) können dann Verpfänder und Pfandeigentümer dem Pfandgläubiger auch die Einreden entgegenhalten, die dem Schuldner zustehen (§ 1211).

3. *Der sachenrechtliche Bestellungsakt*

a) Die rechtsgeschäftliche Bestellung beschränkter dinglicher Rechte stellt sich als eine Teilrechtsabspaltung aus dem Eigentum dar. Entsprechend der Übertragung des Eigentums bedarf daher auch die Bestellung des Pfandrechts der Einigung und Übergabe (§ 1205). Die Anforderungen an die Publizität der „Übergabe" sind jedoch im Interesse anderer Gläubiger des Verpfänders *verschärft:*
Eine Verpfändung *durch Besitzkonstitut* (entsprechend § 930) ist *nicht* möglich (die ständige Praxis überschreitet diese Schranke durch das Institut der Sicherungsübereignung).
Ein Ersatz der Übergabe *durch Abtretung des Herausgabeanspruchs* (entspre-

---

[1] Dazu *Damrau* JR 1983, 290.

chend § 931) erfordert mittelbaren Besitz des Verpfänders *und* Anzeige der Verpfändung an den Besitzmittler (§ 1205 Abs. 2).

Andererseits sind im Verhältnis zur Übereignung auch *Erleichterungen* vorgesehen: während die Übereignung nach § 929 voraussetzt, daß der Veräußerer „keinen Rest eines Besitzes behält", ist Verpfändung durch Einräumung eines *qualifizierten, gesamthänderischen Mitbesitzes* zulässig, und zwar derart, daß die verpfändete Sache unter Mitverschluß von Gläubiger und Verpfänder steht *oder* die Sache sich im Besitz eines Dritten befindet, der sie nur an Gläubiger und Verpfänder gemeinschaftlich herausgeben darf (§ 1206). Diese Möglichkeit ist eine Konzession des Gesetzgebers an das gegenseitige Mißtrauen der Beteiligten: Weder Gläubiger noch Verpfänder können dann einseitig über den Pfandgegenstand verfügen oder auf ihn einwirken!

b) Im folgenden sollen einige Einzelheiten der Übergabe und Übergabesurrogate stichwortartig erläutert werden:

aa) *Übergabe* = Übertragung des unmittelbaren Besitzes i. S. des § 854 Abs. 1 u. 2: z. B. Übergabe sämtlicher Schlüssel zu dem Raum, in dem sich die Pfandsache befindet, an den Gläubiger oder dessen Besitzmittler oder Besitzdiener (z. B. einen Angestellten), nicht aber an einen Besitzdiener des Verpfänders, es sei denn, daß dieser bezüglich der Pfandsache ausschließlich den Weisungen des Gläubigers, nicht mehr denen des Verpfänders zu folgen hat (RGZ 77, 201, 208 ff.): Wirksam ist also eine Pfandrechtsbestellung an einem in einem bestimmten Raum befindlichen Warenbestand des Schuldners derart, daß die Schlüssel dem Angestellten A des S ausgehändigt werden und dieser – kraft Weisung des allein dazu befugten G – Waren nur freigeben darf, sofern entsprechende neue Vorräte in das Lager aufgenommen werden.

Weitere interessante Entscheidungen: RGZ 103, 100 (heimliche Zurückbehaltung eines Schlüssels durch den Verpfänder); 118, 250 (Besitzerwerb durch Stellvertreter); 74, 146 (Anbringung bloßer Pfandzeichen genügt zu § 808 Abs. 2 Satz 2 ZPO – im Gegensatz zu § 808 Abs. 2 Satz 2 ZPO – nicht).

bb) *Übergabe kurzer Hand* ist möglich (§ 1205 Abs. 1 Satz 2), und zwar auch dann, wenn der Gläubiger sich nur im mittelbaren Besitz der Sache befindet, sofern nur ein Dritter, *nicht* der Verpfänder, Besitzmittler ist (s. dazu *Rittner* JZ 1965, 274).

cc) *Abtretung des Herausgabeanspruchs* aus dem Besitzmittlungsverhältnis nach § 870 (nicht Abtretung eines sonstigen Herausgabeanspruchs!) *und* Anzeige der Verpfändung an den Besitzmittler sind ausreichendes Übergabesurrogat (§ 1205 Abs. 2). Anzeige = empfangsbedürftige Willenserklärung (a. A. E. *Wolf* § 8 B III b S. 341: „Wissenserklärung"). Bloße Kenntnis des Besitzmittlers von der Verpfändung genügt nicht (vgl. RGZ 89, 289). – Zur Möglichkeit einer weiteren Verpfändung („*Nachverpfändung*") s. *Palandt/Bassenge* § 1205 Rn. 8 u. OLG Frankfurt RPfleger 1989, 191.

dd) *Ersatz der Übergabe durch Einräumung des qualifizierten Mitbesitzes* (erster Stufe), § 1206 1. Alternative. Das Gesetz spricht von „Mitverschluß" und meint damit, daß nur Gläubiger und Verpfänder gemeinsam (nicht jeder für sich) Zugang zu dem Pfandgegenstand haben (sog. gesamthänderischer Mitbesitz):

E verpfändet seinen Kraftwagen dem G in der Weise, daß er (E) den Wagenschlüssel behält und dem G den Zündschlüssel aushändigt. Daß der Pkw in der Garage des E bleibt, hindert die Entstehung des Pfandrechts nicht.

Zweifelhaft ist die Rechtslage bei der Verpfändung des Inhalts eines *Stahlkammerfachs* (Safes, Schrankfachs), das der Verpfänder bei einer Bank gemietet hat: Zwar können regelmäßig Bank und Mieter das Schrankfach nur gemeinsam öffnen, insofern besteht am Schrankfach selbst Mitbesitz; *am Inhalt* aber steht dem Kunden (= Mieter, s. RGZ 141, 99) der alleinige Besitz zu.[1] Eine Verpfändung kann also nur so erfolgen, daß dem Gläubiger bezüglich des Faches Mitbesitz (neben der Bank),

---

[1] Str. vgl. die Nachweise bei *Schütz* S. 133 ff. Daher hat die Bank am Inhalt des Fachs kein Pfandrecht bezüglich anderer Forderungen als der aus der Miete des Faches, es sei denn, daß der Kunde der Bank den Alleinbesitz zum Zweck der Verpfändung eingeräumt hat. – Zur Übereignung des Inhalts eines Schrankfachs s. OLG Oldenburg NJW 1977, 1780 (dazu *Karsten Schmidt* JuS 1978, 54 u. *Werner* JuS 1980, 175).

bezüglich des Inhalts (z. B. einer in das Fach eingelegten Kassette) Alleinbesitz oder gesamthänderischer Mitbesitz eingeräumt wird.[1]

ee) Ersatz der Übergabe durch Einräumung des *qualifizierten Mitbesitzes erster Stufe* (BGHZ 86, 300, 310) und *zweiter Stufe* (mittelbaren Mitbesitzes): Erforderlich ist der Besitz eines Dritten (des sog. *Pfandhalters*), der den Pfandgegenstand nur an den Gläubiger und Verpfänder gemeinschaftlich herausgeben darf (§ 1206 2. Alternative):

S hat bei der Bank B einige Wertpapiere im Depot. Er kann die Wertpapiere seinem Gläubiger G dadurch verpfänden, daß er die B anweist, die Papiere künftig nur an G und S gemeinsam herauszugeben. Daß B künftig weiß, sie verwahre nun verpfändete Wertpapiere, ist nicht erforderlich (RG JW 1938, 867, 869). Daher ist der meist gebrauchte Ausdruck „Pfandhaltervertrag" zu eng; er paßt nur für eine Vereinbarung des Verpfänders (und u. U. des Gläubigers) mit dem Pfandhalter, daß dieser künftig die Sache als Pfand des G besitzen und nur an beide herausgeben soll, so wenn in unserem Beispiel S die Papiere der Bank mit einer entsprechenden Abrede übergeben hätte.

Besonders häufig ist die *Verpfändung von Wertpapieren,* die bei einer Bank im *Depot* liegen, an die Bank selbst zur Sicherung von Krediten, die die Bank ihrem Kunden einräumt. Dieses Pfandrecht steht der Bank schon auf Grund der Allg. Geschäftsbedingungen zu (Ziff. 19 Abs. 2; s. oben A II 2b). Befinden sich die Wertpapiere in Sammelverwahrung einer Wertpapiersammelbank, so muß der Miteigentumsanteil an dem Sammeldepot (§ 6 DepotG) verpfändet werden (s. dazu *Opitz,* JW 1928, 2603). Über die Verpfändung von verwahrten Wertpapieren zur *Refinanzierung* von Darlehen, die die Bank ihrerseits aufnimmt, s. § 12 DepotG.

c) Der Pfandgläubiger kann regelmäßig nicht mit Sicherheit feststellen, ob der Verpfänder auch Eigentümer des Pfandgegenstandes ist. Um die Verpfändung von beweglichen Sachen überhaupt praktisch zu machen, mußte das Gesetz (§ 1207) die Möglichkeit eines *gutgläubigen Erwerbs* des Pfandrechts vom Nichtberechtigten vorsehen.[2] Dies geschieht durch Verweisung auf die entsprechenden Bestimmungen über den gutgläubigen Eigentumserwerb: §§ 932, 934, 935 (§ 933 fällt aus, weil ein Pfandrechtserwerb durch Besitzkonstitut nicht möglich ist!). Dabei ist § 932 auf die Einräumung qualifizierten Mitbesitzes 1. Stufe, § 934 auf die Verschaffung qualifizierten Mitbesitzes zweiter Stufe entsprechend anzuwenden.

S hat die seiner Ehefrau E gehörigen Wertpapiere bei der Bank B in Verwahrung gegeben. Verpfändet er die Wertpapiere nach § 1206 2. Alternative an seinen Gläubiger G, so erwirbt dieser ein Pfandrecht, sofern er redlich war (Das gleiche gilt übrigens für die Bank selbst nach Nr. 19 Abs. 2 der Allg. Geschäftsbedingungen, sofern sie redlich war;[3] vgl. auch § 4 Abs. 3 DepotG und für das Pfandrecht nach § 50 Abs. a der Allg. Deutschen Spediteurbedingungen BGHZ 17, 1). – Weit. Beispiele: BGHZ 86, 300; BGH NJW 1981, 226 u. 227. Zur Beweislast s. BGH NJW 1982, 38.

Von dem redlichen Erwerb des Pfandrechts nach § 1207 sind folgende Tatbestände zu *unterscheiden:*

aa) Erwerb des Pfandrechts vom Nichtberechtigten in Kenntnis von dessen Nichtberechtigung, aber im Vertrauen auf dessen *Verfügungsmacht:* nur im Rahmen des § 366 HGB möglich, der aber wieder durch § 367 HGB eingeschränkt wird!

bb) Gutgläubiger *Erwerb des Vorrangs* vor einem schon bestehenden beschränkten dinglichen Recht an der verpfändeten Sache nach § 1208.

---

[1] Über den Nachttresor s. *Schütz* S. 136.

[2] Dazu *Reinicke/Tiedtke* JA 1984, 202 m. w. N. S. 208 auch zum Erwerb eines Pfandrechts auf Grund Allg. Geschäftsbedingungen (s. unten C II 2a; BGHZ 68, 323; 74, 87, 277; BGH NJW 1988, 3260 III 2); *Tiedtke,* Gutgl. Erwerb, S. 60ff.

[3] Beschränkung der Redlichkeit durch § 367 HGB!

G hat bei S eine diesem gehörige Sache durch den Gerichtsvollzieher pfänden lassen, der eine Pfandmarke anbringt. S entfernt sie und verpfändet die Sache einem anderen Gläubiger D. Dessen Pfandrecht geht – Redlichkeit des D vorausgesetzt – dem des G – das nicht erloschen ist! – vor.

cc) Gutgläubiger Erwerb des Eigentums bei *Veräußerung* des Pfandgegenstandes im Wege der Pfandverwertung, ohne daß dem Veräußerer ein Pfandrecht zusteht: § 1244 (s. unten IV 2b; wichtig vor allem, wenn abhandengekommene Sachen verpfändet worden waren, der Gläubiger also gemäß § 1207 mit § 935 kein Pfandrecht erwerben konnte!).

III. Die Stellung der Beteiligten vor der Pfandreife

1. Mit dem *Begriff der Pfandreife* hatten wir uns schon oben § 40 I bei der Hypothek befaßt und festgestellt, daß damit der Zeitpunkt gekennzeichnet ist, in dem der Gläubiger befugt ist, das Pfand zu verwerten. Dieser Zeitpunkt tritt mit der *Fälligkeit* der gesicherten Forderung ein (§ 1228 Abs. 2 Satz 1); ist die Forderung ursprünglich nicht auf Geld gerichtet, so tritt nach § 1228 Abs. 2 S. 2 die Pfandreife erst ein, wenn sich die Forderung in eine Geldforderung verwandelt hat (z. B. nach §§ 280, 283, 325 BGB).

2. *Vor der Pfandreife* geht es zunächst – ähnlich wie bei der Hypothek – darum, den Pfandgläubiger zu sichern. Da er ein Recht zum Besitz hat, schützt ihn das Gesetz (§ 1227) wie den Eigentümer einer Sache, also entsprechend den §§ 985 ff. (Herausgabe, Nutzungen, Schadensersatz) und § 1004 (Abwehr- und Beseitigungsanspruch).

Beispiel: S hat eine Sache des E dem – redlichen – G verpfändet. Als E den S zur Rede stellt, holt S die Sache bei G heimlich weg und gibt sie dem E zurück. Da G nach § 1207 ein Pfandrecht erworben hat, kann er die Sache von E herausverlangen (§ 1227 mit § 985). Gegen S hat er einen Schadensersatzanspruch wegen schuldhafter Verletzung des der Verpfändung zugrunde liegenden Vertrags und aus § 823 Abs. 1 (s. dazu RGZ 100, 274, 278).

3. Anders als bei der Hypothek folgen gesetzgeberische Aufgaben aus der Tatsache, daß der Pfandgläubiger im Besitz des Pfandgegenstandes ist (während bei den Grundpfandrechten der Eigentümer das Grundstück weiter besitzt und nutzt!): Zwischen Gläubiger und Verpfänder entsteht ein *gesetzliches Schuldverhältnis*, dessen Inhalt dem Verwahrungsvertrag in vieler Hinsicht ähnlich ist.

a) Der Gläubiger ist zum *Besitz* und zum Ziehen der *Nutzungen* (wenn ein Nutzungspfandrecht vereinbart ist, vgl. §§ 1213, 1214) berechtigt; er kann Ersatz der Verwendungen verlangen (§ 1216).

Über das Recht des Notverkaufs bei drohendem Verderb oder Wertminderung s. §§ 1219 bis 1221. Die hier vorgesehene Versteigerung führt anders als bei der Hypothek (§ 1133) nicht zu einer sofortigen Befriedigung des Gläubigers, vielmehr tritt der Erlös an die Stelle des Pfandes (§ 1219 Abs. 2 Satz 1). Der Verpfänder kann diese Versteigerung dadurch abwenden, daß er eine andere Sicherheit anbietet (§ 1218).

b) Der Gläubiger hat das Pfand sorgfältig (§ 276) *zu verwahren*, §§ 1215, 1217 (Verjährung des Schadensersatzanspruchs s. § 1226) und nach Erlöschen des Pfandrechts *zurückzugeben* (§ 1223; s. unten B VI 3).

4. *Ablösungsrechte*

Schon vor der Pfandreife – nämlich dann wenn der Schuldner zur Tilgung seiner Schuld berechtigt ist (§ 271!) – können der Verpfänder (§ 1223 Abs. 2), der Pfandeigentümer und jeder sonstige durch die künftige Veräußerung des Pfandes Beeinträchtigte (§ 1249) das Pfand ablösen. Es handelt sich um den gleichen Rechtsgedanken, der uns schon im Grundpfandrecht begegnet ist (§§ 1150, 268).

Mit der Ablösung gehen Forderung und Pfandrecht auf den Ablösenden über (§§ 1225, 1249 mit §§ 268 Abs. 3, 1250). Beispielsfall: OLG Celle NJW 1968, 1139 = *Baur,* E.Slg. Fall 54.

Auch hier ergeben sich – ähnlich wie bei den Grundpfandrechten[1] – Ausgleichsprobleme, namentlich

a) im Verhältnis *zwischen Bürgen und Pfandeigentümer:* Erwirbt der zuerst ablösende Bürge Forderung nebst Pfandrecht (§§ 774 Abs. 1, 1250)? oder umgekehrt der Pfandeigentümer (Verpfänder) nach §§ 1225 Satz 1, 1249, 268 Abs. 3 mit §§ 412, 401 die Forderung gegen den Bürgen? Der Bürge ist zu bevorzugen (sehr str.; s. *Soergel/Mühl* § 1225 Rz. 10 m. w. N. u. BGHZ 108, 179 u. oben § 38 IX 3 a);

b) im Verhältnis *mehrerer Pfandeigentümer untereinander:* Hier wird im allgemeinen der Rechtsgedanke der §§ 774 Abs. 2, 426 entsprechend angewendet, was zu einem anteiligen Ausgleich führt.[2]

IV. Die Pfandverwertung

1. *Grundgedanken*

a) Seiner Zweckbestimmung nach führt das Pfandrecht zu einer Verwertung des Pfandgegenstandes durch Verkauf und zu einer Befriedigung des Gläubigers aus dem Erlös (§§ 1228 Abs. 1, 1247). Freilich ist der Gläubiger nicht verpflichtet, das Pfand zu versilbern; er kann sich auch an das sonstige Vermögen des Schuldners halten (Ausnahme: § 777 ZPO bei Identität von Schuldner und Eigentümer und auch erst in der Zwangsvollstreckung!).

Eine naheliegende Lösung wäre die Vereinbarung der Beteiligten, daß dem Gläubiger bei Nichtbezahlung der Schuld das Eigentum an der Sache zufallen soll (lex commissoria: *Verfallpfand*).[3] Das Gesetz verbietet aus Gründen des Schuldnerschutzes solche Klauseln, sofern sie *vor* der Pfandreife vereinbart werden (§ 1229).

b) Das Gesetz hat das Verständnis für die Regelung der Pfandverwertung nicht gerade leicht gemacht, und zwar *einmal* durch die *Vielfalt der Verwertungsformen:*

Privatverkauf des Gläubigers (Normalform § 1233 Abs. 1),

Verwertung nach Vollstreckungsrecht (§ 1233 Abs. 2),

Verwertung nach Parteivereinbarung (§ 1245),

Verwertung entsprechend einer Entscheidung des Gerichts (§ 1246),

zum anderen dadurch, daß eine Reihe von Schutzvorschriften zugunsten des Schuldners und Pfandeigentümers erlassen sind, diese aber verschiedene Wir-

---

[1] Dazu § 38 IX 3 a und § 45 IV 3.

[2] Neuerdings BGH WM 1991, 339; vgl. auch *Hüffer* AcP 171, 470 (Ausgleich nach Gesamtschuldregeln); *Becker* NJW 1971, 2151; *Reinicke/Tiedtke* S. 238 m. w. N.; *MünchKomm/Damrau* Bem. zu § 1225 m. w. N.

[3] Dazu *Raape,* Verfallklausel bei Pfand und Sicherungsübereignung (1913); *Gaul,* Lex commissoria und Sicherungsübereignung, AcP 168, 351; *MünchKomm/Damrau* Bem. zu § 1229.

kungskraft haben: zum Teil handelt es sich nämlich um bloße Ordnungsvorschriften, zum Teil um Rechtmäßigkeitsvoraussetzungen des Pfandverkaufs; einige *dieser* Voraussetzungen können zugunsten eines redlichen Erwerbers entfallen, andere nicht!

2. *Normalfall: Privatverkauf des Gläubigers*

a) Das Gesetz ermächtigt den Pfandgläubiger zur Veräußerung des Pfandgegenstandes, ohne daß dieser einen allgemeinen Vollstreckungstitel gegen den Schuldner oder einen Duldungstitel gegen den Eigentümer erwirkt zu haben braucht (§§ 1228 Abs. 1, 1233 Abs. 1). Freilich darf sich der Gläubiger nicht einen individuellen Käufer suchen – das könnte zu „Durchstechereien" und damit zu einer Schädigung des Schuldners und Eigentümers führen –, sondern er muß die Sache im Wege *öffentlicher Versteigerung* veräußern (§ 1235 Abs. 1); damit ist der Zutritt für eine Mehrzahl von Bietern gewährleistet.

Ein beschränkt freihändiger Verkauf ist bei Pfändern, die einen Börsen- oder Marktpreis haben, zugelassen (§ 1235 Abs. 2 mit § 1221; ferner § 1240 Abs. 2).

Die Tatsache, daß es sich um den Verkauf durch öffentliche Versteigerung (§ 383 Abs. 3) handelt, darf nicht darüber hinwegtäuschen, daß *Verkäufer* der Pfandgläubiger ist: er schließt – vertreten durch die Versteigerungsperson – den Kaufvertrag mit dem Erwerber ab (Zuschlag: § 156) und übereignet ihm das Pfandobjekt nach §§ 929ff. durch Einigung und Übergabe (Fall einer gesetzlichen Verfügungsermächtigung).

Beispiel für die Mängelhaftung (§ 461): BGHZ 96, 214.

b) § 1243 zählt die *Rechtmäßigkeitsvoraussetzungen* dieses Verkaufs auf:
> Pfandrecht,
> Pfandreife (§ 1228 Abs. 2),
> kein Verkauf einer größeren Zahl von Pfändern als nötig (§ 1230 Satz 2),
> öffentliche Bekanntmachung der Versteigerung (§ 1237),
> öffentliche Versteigerung (§ 1235),
> bei Gold- und Silbersachen Erreichen des Metallwerts (nicht des Verkehrswerts des Pfandgegenstandes!).

Nicht alle diese Rechtmäßigkeitsvoraussetzungen sind aber unerläßlich: ist nämlich der Ersteher bezüglich des etwa nicht bestehenden Pfandrechts oder einer anderen Rechtmäßigkeitsvoraussetzung redlich, so wird er nach § 1244 Eigentümer, wenn folgende *Mindestvoraussetzungen* erfüllt sind:
> öffentliche Versteigerung (§ 1233 Abs. 2 mit §§ 814ff. ZPO oder § 1235)
> oder
> freihändiger Verkauf durch einen Makler oder dgl. bei Pfändern, die einen Börsen- oder Marktpreis haben (§ 1235 mit 1221; für Gold- oder Silbersachen s. § 1240 Abs. 2).

Sinn dieser Regelung ist, daß eine Mindestgewähr für eine korrekte Pfandverwertung gegeben sein muß.

Beispiel: Bei dem Juwelier E ist eine wertvolle goldene Uhr gestohlen worden. Auf verschiedenen Umwegen ist sie schließlich bei dem redlichen S gelandet (kein Eigentumserwerb: § 935). S verpfändet die Uhr seinem Gläubiger G (kein Pfandrechtserwerb: § 1207 mit § 935). G läßt die Uhr öffentlich versteigern (§ 1235 Abs. 1), wobei die öffentliche Bekanntmachung des Versteigerungstermins versehentlich unterbleibt. Der Ersteher K wird Eigentümer, wenn er bezüglich des Pfandrechts des G und der unterbliebenen Bekanntmachung redlich war; daß es sich um eine gestohlene Uhr gehandelt hat, schadet nicht (§ 1244), ebensowenig, daß sie unter dem Metallwert zugeschlagen wurde (§ 1240 Abs. 1 ist in § 1244 nicht als unerläßliche Rechtmäßigkeitsvoraussetzung aufgeführt!).

Hat der Versteigerer den Zuschlag verweigert, weil der Metallwert nicht erreicht wurde, und veräußert er nun (namens des G) die Uhr *freihändig* gemäß § 1240 Abs. 2 an K, so wird dieser Eigentümer, obwohl die Uhr einst dem E gestohlen war (§ 935 Abs. 2 würde diesen Schluß nicht rechtfertigen, da es sich jetzt nicht um eine öffentliche Versteigerung handelt, wohl aber § 1244, der allgemein den § 935 nicht erwähnt!). Voraussetzung ist jetzt freilich, daß der Goldwert erreicht wird (§ 1240 Abs. 2). In der Tat eine dornenvolle Regelung!

Angenommen G hätte die Uhr vor der Pfandreife freihändig veräußert, indem er sich als ihr Eigentümer ausgab, so würden die §§ 932 ff. unmittelbar, also auch § 935 eingreifen. – (Zu den verschiedenen Arten der öffentlichen Versteigerung s. auch oben § 52 V 4 c.)

c) Bloße *Ordnungsvorschriften* sind:

die Androhung des Pfandverkaufs, § 1234 Abs. 1 Benachrichtigung von der Versteigerung, § 1237 Satz 2 Einhaltung einer Monatsfrist, § 1234 Abs. 2 Mitteilung des Versteigerungsergebnisses, § 1241	bei schuldhaftem Verstoß Schadensersatzpflicht: § 1243 Abs. 2
Verkauf nur gegen Barzahlung und kassatorische Klausel, § 1238 Abs. 1	nicht bezahlter Kaufpreis gilt dem Pfandgläubiger gegenüber als bezahlt, § 1238 Abs. 2

Beachte: Pfandgläubiger und Eigentümer können bei der Versteigerung mitbieten (§ 1239); beide sind daran interessiert, daß das Pfand nicht unter seinem Wert zugeschlagen wird.[1]

d) *Zahlung des Erlöses*

Wenn der Ersteher den Erlös an den Versteigerer als den Vertreter des Pfandgläubigers bezahlt, so entrichtet er damit den Kaufpreis und bringt die Kaufpreisforderung des Pfandgläubigers zum Erlöschen. Das Gesetz mußte aber vor allem auch die Frage regeln, wie sich diese Zahlung auf das Verhältnis zwischen Gläubiger und Pfandeigentümer auswirkt. Damit befaßt sich der nicht ganz leicht verständliche § 1247:

aa) Soweit der Pfanderlös dem Pfandgläubiger zu seiner Befriedigung gebührt, „gilt die Forderung als von dem Eigentümer berichtet" (§ 1247 Satz 1).

Es wird so angesehen, als habe der Pfandeigentümer den Gläubiger befriedigt (was er in der Tat ja mittelbar dadurch getan hat, daß *sein* Eigentum versteigert worden ist!). Dies bedeutet z. B., daß bei Auseinanderfallen von Pfandeigentümer und Schuldner die Forderung des Gläubigers gegen den Schuldner auf den Pfandeigentümer übergeht (§ 268 Abs. 3 Satz 1, § 1249).

bb) Was heißt aber „gebührt"? Damit will das Gesetz sagen, daß der Erlös nur dann dem Gläubiger zufallen soll, wenn und soweit ihm Forderung und Pfandrecht zustanden. Dann war das Pfandrecht zu Recht realisiert worden.

War dies nicht der Fall, so soll der Grundsatz der *Surrogation* gelten: „der Erlös tritt an die Stelle des Pfandes" (§ 1247 Satz 2), fällt also in das Eigentum des Pfandeigentümers, u. U. („soweit") in das Miteigentum von Gläubiger und Pfandeigentümer.[2] Für eine Surrogation dieser Art kommen vor allem folgende Fälle in Betracht: die Pfandforderung besteht nicht – das Pfandrecht ist nicht entstanden (z. B. weil es sich um eine gestohlene Sache gehandelt hat) – der Erlös übersteigt die gesicherte Forderung.

Beispiel: Die dem Juwelier E gestohlene, dem G für eine Schuld des S verpfändete Uhr ist von K für 100 DM ersteigert worden; K wurde Eigentümer (§ 1244). Aber der Erlös „gebührt" nicht dem G, weil ihm kein Pfandrecht zustand. Eigentümer der 100 DM wird also E, obwohl sie von K an G übereignet wurden (§ 1247 ist stärker als § 929!). Nach der Vermengung mit eigenem Geld des G gilt § 948 mit § 947.

Hat K kein Eigentum an der Uhr erlangt (z. B. weil er das Nichtbestehen des Pfandrechts kannte, § 1244 mit § 932), so bleibt E Eigentümer der Uhr, kann sie also von K vindizieren. Genehmigt E die Versteigerung (§ 185), so kann er den Erlös von G nach § 816 (entsprechend) herausverlangen.

Überstieg bei völlig rechtmäßigem Pfandverkauf der Erlös von 100 DM die Forderung von nur 70 DM, so entsteht an dem Erlös Miteigentum von G und E im Verhältnis 7 : 3. Teilung durch G, indem er 70 DM für sich behält und 30 DM an E auszahlt.

---

[1] Zu den hier auftretenden konstruktiven Schwierigkeiten s. *Soergel/Mühl* § 1239 Rn. 4.
[2] A. A. E. *Wolf* § 8 C II c 2, d S. 347 ff.

3. Sonderfälle des Pfandverkaufs

Das Gesetz gestattet verschiedene Abweichungen vom Normalfall.

a) *Verwertung nach Vollstreckungsrecht:* § 1233 Abs. 2

Der Gläubiger erwirkt gegen den Pfandeigentümer einen Titel (Urteil, Vollstreckungsbescheid) auf Duldung der Zwangsvollstreckung in die Pfandsache; dieser mit Vollstreckungsklausel versehene Titel ist vergleichbar dem Duldungstitel des Hypothekengläubigers gegen den Grundeigentümer (dort Normalfall). Ein allgemeiner, auf Zahlung gerichteter Vollstreckungstitel genügt nicht. Eine Pfändung nach §§ 808 ff. ZPO ist nicht erforderlich. Die Pfandverwertung erfolgt dann durch den Gerichtsvollzieher nach den Vorschriften der ZPO: §§ 814 ff., also wie wenn die Pfandsache zuvor durch den Gerichtsvollzieher wirksam gepfändet worden wäre.

b) *Verwertung nach Parteivereinbarung:* § 1245

Das Gesetz erlegt den am Pfandverkauf Beteiligten keinen Zwang auf: Sie können abweichende Vereinbarungen treffen, die den Pfandverkauf erschweren oder erleichtern. Gewisse Mindestvoraussetzungen eines geregelten Pfandverkaufs sind aber auch hier – vor Eintritt der Pfandreife – unabdingbar (§ 1245 Abs. 2).

Vgl. z. B. Ziff. 20 Abs. 2 der Allg. Geschäftsbedingungen der Banken:
„Einer Androhung der Verwertung, der Innehaltung einer Frist[1] und der Ausbedingung sofortiger Barzahlung[2] bedarf es nicht. Eine Abweichung von der regelmäßigen Art des Pfandverkaufs kann nicht verlangt werden.[3] Die Bank wird nach Möglichkeit Art, Ort, Zeit der Verwertung mitteilen,[4] sofern nicht die Benachrichtigung untunlich ist."

c) *Verwertung entsprechend einer Anordnung des Gerichts:* § 1246 Abs. 2

Entscheidung des Gerichts (§ 166 FGG), wenn eine abweichende Art des Pfandverkaufs den Interessen der Beteiligten entspricht und eine Einigung hierüber nicht erzielt werden konnte.

Beispiele: E (= S) hat dem G seine wertvolle Geige verpfändet. Eine „normale" Versteigerung verspricht aus verständlichen Gründen keinen dem Wert der Geige entsprechenden Erfolg. E will, daß die Geige einem Fachgeschäft zum kommissionsweisen Verkauf überlassen wird, G sträubt sich dagegen. E kann das Amtsgericht anrufen.
Hätte G einen Duldungstitel gegen E erwirkt, so hätte das Vollstreckungsgericht auf Grund von § 825 ZPO noch weiterreichende Möglichkeiten. Es könnte z. B. die Geige dem G zu einem fest bestimmten Preis zu Eigentum überlassen.

V. Die Übertragung des Pfandrechts

1. Das Pfandrecht an beweglichen Sachen ist *streng akzessorisch*. Daher geht mit der Übertragung der gesicherten Forderung – und nur mit dieser – das Pfandrecht auf den neuen Gläubiger über (§ 1250 Abs. 1, vgl. § 401); dabei ist es gleichgültig, ob der Übergang der Forderung auf einer – formlos möglichen[5] – Vereinbarung zwischen Zedent und Zessionar, auf einem gerichtlichen Akt (z. B. Überweisungsbeschluß nach § 835 Abs. 2 ZPO) oder auf Gesetz (z. B. auf § 1249) beruht. Der Übergang des Pfandrechts kann zwar zwischen Zedent und Zessionar vertraglich ausgeschlossen werden,[6] hat dann aber das Erlöschen des Pfandrechts zur Folge (§ 1250 Abs. 2).

---

[1] § 1234 ist abbedungen!
[2] Abweichung von § 1238!
[3] § 1246.
[4] § 1237 Satz 2.
[5] Also anders als bei der Hypothek: § 1154!
[6] Anders § 1153 Abs. 2 1. Fall.

Beispiel: Haben in unserem letzten Beispiel („Die Meistergeige") E und G vereinbart, daß das Pfandrecht nicht auf einen Zessionar übergehen soll, so hat das nur schuldrechtliche Bedeutung (§ 137). Tritt G die Forderung an Z ab, ohne den Übergang des Pfandrechts auszuschließen, so erhält Z auch das Pfandrecht, G wird aber dem E schadensersatzpflichtig. Hält sich G an die Abmachung, so erlischt das Pfandrecht.

2. Der Zessionar kann – weil ihm das Pfandrecht mit der Übertragung der Forderung zusteht – das Pfand vom Zedenten herausverlangen (§ 1251 Abs. 1). Er tritt in das gesetzliche Schuldverhältnis zum Verpfänder ein (§ 1251 Abs. 2).

3. Fraglich ist, ob ein gutgläubiger Erwerb eines nicht bestehenden Pfandrechts durch den Zessionar möglich ist. Dies ist sicher dann zu verneinen, wenn die gesicherte Forderung nicht besteht. Wie aber dann, wenn nur das Pfandrecht gegeben ist?

S hat eine ihm von E vermietete Schreibmaschine seinem Gläubiger G verpfändet. G hatte kein Pfandrecht erworben, weil er das Nichteigentum des S kannte (§ 1207 mit § 932). Er tritt seine Forderung an den redlichen Z ab und übergibt ihm das Pfand.

Die h. M. verneint jeden gutgläubigen Erwerb, stellt Z also schlechter als den Erwerber einer Sicherungshypothek (§ 892). Entgegen *Heck* (105 V), *Westermann* (§ 132 I 1 b in der Vorauflage; siehe aber jetzt *Westermann/Gursky* § 67 I 1 b) ist der h. M. zu folgen: Nach der im BGB gewählten Konstruktion kommt gutgläubiger Erwerb nur dort in Betracht, wo ihn das Gesetz ausdrücklich zuläßt oder wo ein einer gesetzlichen Regelung entsprechender Vertrauenstatbestand gegeben ist: der Erwerber eines Pfandes erwirbt das Pfand, weil (und wenn) er die Forderung erwirbt, nicht aber durch Besitzübergabe des Zedenten.[1]

VI. Das Erlöschen des Pfandrechts

1. Als akzessorisches Recht erlischt das Pfandrecht „mit der Forderung, für die es besteht" (§ 1252). Ein Eigentümerpfandrecht entsteht nicht.

Wie ist die Rechtslage, wenn das Pfandrecht für einen Kreis von mehreren gegenwärtigen und künftigen Forderungen oder einen Kredit in laufender Rechnung bestellt ist und die gesicherten Forderungen zunächst einmal getilgt sind? Das Pfandrecht erlischt nicht, solange das Kreditverhältnis fortbesteht (§ 1204 Abs. 2). Das gleiche gilt, wenn *eine* dieser mehreren Forderungen *ohne* das Pfandrecht abgetreten wird, § 1250 Abs. 2 ist also dann nicht anwendbar.[2] –

Das Pfandrecht erlischt auch im Fall der *Konfusion,* d. h. wenn Gläubiger- und Schuldnerstellung zusammenfallen. Komplizierter liegt der Fall der sog. *Konsolidation,* wenn Eigentum und Pfandrecht sich in einer Person vereinigen (BGHZ 27, 227, 233). Auch hier bekennt sich das Gesetz zu der Grundregel, daß das Pfandrecht erlischt (§ 1256 Abs. 1 Satz 1); dies gilt jedoch dann nicht, wenn die Forderung, für welche das Pfandrecht besteht, mit dem Recht eines Dritten belastet ist oder der Eigentümer an dem Fortbestand ein rechtliches Interesse hat (§ 1256 Abs. 1 Satz 2, Abs. 2). Ist Eigentümer und Schuldner ein- und dieselbe Person, so geht § 1252 zwar nicht dem § 1256 Abs. 1 Satz 2, wohl aber dem § 1256 Abs. 2 vor.[3]

E = S hat dem G Wertpapiere verpfändet. Später beerbt G den E als dessen Alleinerbe. Forderung und Schuld, Pfandrecht und Eigentum fallen in einer Person zusammen. Das Pfandrecht erlischt auch dann, wenn G wegen eines noch bestehenden zweitrangigen Pfandrechts zugunsten des D ein Interesse an seinem Fortbestehen hat.

2. Trotz Fortbestehens der Forderung erlischt das Pfandrecht, wenn der Gläubiger es *aufhebt* (§ 1255) oder wenn er das Pfand dem Verpfänder oder Eigentümer *zurückgibt,* und zwar auch dann, wenn er sich dabei die Fortdauer des Pfandrechts vorbehält (§ 1253 Abs. 1).

Der Sinn dieser Regelung ist augenscheinlich: Das Pfandrecht soll Besitzpfandrecht sein und bleiben. Die Möglichkeit, durch Pfandhingabe und sofortige Rückgabe den Effekt eines besitzlosen Pfandrechts zu erreichen (Sicherungsübereignung!), soll abgeschnitten werden.

---

[1] Dazu *Reinicke/Tiedtke* JA 1984, 202, 211; *Tiedtke,* Gutgl. Erwerb, S. 62.
[2] So mit Recht *Westermann/Gursky* § 67 I 1 a; *Soergel/Mühl* § 1252 Rn. 3.
[3] Str. s. *Soergel/Mühl* § 1256 Rn. 3.

Die Rückgabe muß *freiwillig* und darf nicht nur vorübergehend erfolgt sein, und zwar an den Verpfänder oder Eigentümer; Rückgabe an den vom Eigentümer verschiedenen Schuldner bringt das Pfandrecht nicht zum Erlöschen.

Beachte die Vermutung des § 1253 Abs. 2 und das Recht auf Rückgabe in § 1254!

Beispiel: E hat seine Schreibmaschine dem G verpfändet. Später überredet er den G zur Rückgabe, um mit der Maschine arbeiten zu können. Das Pfandrecht erlischt, auch wenn beide Teile meinen, es bleibe bestehen; keine Umdeutung in eine Sicherungsübereignung; denn diese ist ein „Mehr" gegenüber der Pfandrechtsbestellung.

Anders dann, wenn E die Frau des G zur Herausgabe der Maschine unter der falschen Vorspiegelung veranlaßt hat, G sei damit einverstanden, oder wenn G sie dem E zur Vornahme einer Reparatur kurzfristig überlassen hat oder wenn G sie dem R zur Vornahme einer Reparatur übergeben hat.

Der Juwelier J hat ihm gehörige Juwelen, die in einem Stahlkammerfach der Bank B lagerten, derart an G verpfändet, daß er ihm seinen Schlüssel zum Stahlfach übergab. Gestattet G dem J, jeweils die zur Bearbeitung benötigten Juwelen aus dem Tresor zu holen, und überläßt er der Bank mit einer entsprechenden Weisung den Schlüssel, so liegt darin keine Rückgabe, selbst wenn J abredewidrig die Juwelen nach Bearbeitung nicht in den Safe zurücklegt.

3. Nach Erlöschen des Pfandrechts hat der Verpfänder das Recht, vom Pfandgläubiger das Pfand zurückzuverlangen (§ 1223 Abs. 1). Das gleiche Recht steht aber auch dem Eigentümer zu (§ 985).

Aus dieser Regelung ergeben sich zwei umstrittene Fragen, zu denen der BGH in BGHZ 73, 317 Stellung genommen hat (unter vollst. Zitierung der Literatur):

a) Kann der Pfandgläubiger vom Verpfänder nur Zahlung Zug um Zug gegen Rückgabe der Pfandsache verlangen? In Anwendung von § 273 wird diese Frage bejaht (dazu *Oesterle* JZ 1979, 634; *Denck* JuS 1981, 9).

b) Gilt dies auch dann, wenn der Verpfänder weder Eigentümer noch diesem gegenüber zu Besitz berechtigt ist? Der BGH bejaht auch diese Frage, da der Pfandgl. die internen Verhältnisse zwischen Eigentümer und Verpfänder nicht kennen könne. Nach der in der Lit. wohl h.M. kann der gegenüber dem Eigentümer nicht zum Besitz berechtigte Verpfänder nur Herausgabe an den Eigentümer verlangen (s. zum Problem *Müller-Laube* AcP 183, 215).

C. Das gesetzliche Pfandrecht

I. Grundlagen

1. Das Gesetz – BGB, HGB, sowie Sondergesetze – kennt zahlreiche Fälle gesetzlicher Pfandrechte. Versucht man einen gemeinsamen Grund für die Schaffung dieser Pfandrechte aufzuspüren, so stößt man auf folgende Erscheinung: für manche Vertragsverhältnisse ist die Vorleistung des einen Vertragsteils typisch, wenn auch nicht rechtsnotwendig, so etwa die des Vermieters und Verpächters, der den gemieteten (gepachteten) Raum zur Verfügung stellt, des Spediteurs und Frachtführers, der das Gut zur Beförderung übernommen hat. Aus dieser typischen Vorleistung ergibt sich ein Sicherungsbedürfnis des Leistenden. Dazu kommt, daß in einigen Fällen die Vorleistung einem bestimmten Gut des anderen Vertragsteils zugute kommt,[1] so die Tätigkeit des Werkunternehmers, aber auch – in einem weiteren Sinne – die des Lagerhalters und der Beförderungspersonen aller Art. Eine Sicherung des Leistenden durch Zug um Zug-Leistung ist in

---

[1] *Diesen* Gesichtspunkt betont zutreffend *Westermann* § 133 I in der Vorauflage.

diesen Fällen praktisch ausgeschlossen. Das Gesetz gestattet daher dem Vertragsteil, der seine Vertragspflichten bereits erfüllt hat, einen Zugriff auf die in seinen
Herrschaftsbereich gelangten Sachen des anderen Vertragsteils. Dieser Herrschaftsbereich kann sich im Besitz des Gläubigers manifestieren; dann spricht
man von gesetzlichen *Besitz*pfandrechten. Hierunter fallen etwa das Pfandrecht
des Werkunternehmers (§ 647), des Lagerhalters (§ 421 HGB), des Kommissionärs (§ 397 HGB), des Spediteurs (§ 410 HGB), des Frachtführers (§ 440 HGB).
In anderen Fällen ist das Herrschaftsverhältnis des Gläubigers locker, es genügt
die „Einbringung" der Sache auf das Grundstück des Gläubigers (beim Vermie-
ter- und Verpächterpfandrecht, § 559) oder in seine Betriebssphäre (beim Pfandrecht des Gastwirts, § 704). Diese Pfandrechte nennt man *besitzlose* (oder Ein-
bringungspfandrechte).

Die Unterscheidung zwischen besitzlosen und Besitzpfandrechten spielt eine Rolle bei der Frage
des gutgläubigen Erwerbs eines gesetzlichen Pfandrechts (s. unten II 2a).

2. § 1257 unterwirft diese gesetzlichen Pfandrechte den Vorschriften über das
vertragliche Pfandrecht, deutet aber schon durch seine Formulierung („ein kraft
Gesetzes *entstandenes* Pfandrecht") an, daß der Entstehungstatbestand sich nach
den Spezialbestimmungen richtet. Diese gehen aber ganz allgemein, nicht nur bei
Beurteilung der Entstehung des Pfandrechts, den allgemeinen Regeln des Vertragspfandrechts vor. Fragt man sich, was dann für die Anwendung des Vertragspfandrechts übrig bleibt, so sind dies vor allem die Grundsätze über Akzessorietät und die Verwertung des Pfandes.

Die *praktische Bedeutung* des gesetzlichen Pfandrechts zeigt sich neben der Möglichkeit der Verwertung vor allem beim Zugriff anderer Gläubiger auf das Pfand,
sei es im Wege der Einzelzwangsvollstreckung (vgl. § 805 ZPO), sei es im Konkursfall (§ 49 Abs. 1 Nr. 2 KO).

3. Im Folgenden kann es sich nicht darum handeln, die Besonderheiten aller gesetzlichen Pfandrechte und ihr Verhältnis zum vertraglichen Pfandrecht zu erörtern. Es genügt, einige typische
Eigenarten und Zweifelsfragen zu erörtern.

II. Die Entstehung des gesetzlichen Pfandrechts

1. Hier verlangen die Sondertatbestände neben dem Bestand einer zu sichernden Forderung den Besitz des Gläubigers oder – bei den besitzlosen Pfandrechten
– die Einbringung der Sache. Für die Sicherung künftiger Forderungen finden
sich gelegentlich ausdrückliche Vorschriften (z. B. in § 559 Satz 2).

Bei den *besitzlosen* Pfandrechten (also beim Vermieter-, Verpächter- und Gastwirtepfandrecht) sind
unpfändbare Sachen vom Pfandrecht ausgenommen (§§ 559 S. 3, 581 Abs. 2, 704 S. 2), *nicht* dagegen
bei den Besitzpfandrechten. Der Grund für die verschiedene Behandlung liegt wohl darin, daß sich
der Schuldner bei den Besitzpfandrechten freiwillig des Besitzes begeben hat (s. *Fenn* FamRZ 1971,
110).
Das Bestehen eines gesetzl. Pfandrechts (z. B. des Vermieters) schließt die Begründung eines
Pfändungspfandrechts (Pfändung der Sachen im Auftrag des Vermieters) nicht aus (OLG Frankfurt
MDR 1975, 228).
Besonderheiten bringen auch hier die oben A I 3 b aa genannten landwirtschaftlichen Kreditpfand-
rechte.

2. Die gesetzlichen Pfandrechte setzen *Eigentum* des Schuldners an der Pfandsache voraus; das ergibt sich schon aus der jeweiligen Formulierung des Gesetzes. Freilich ergeben sich hier zwei Sonderprobleme, die vor allem mit der Entwicklung des Instituts des Eigentumsvorbehalts zusammenhängen, nämlich: Ist ein gutgläubiger Erwerb des gesetzl. Pfandrechts möglich (a)? Erstreckt sich das gesetzliche Pfandrecht auch auf die Anwartschaft des Käufers aus bedingter Übereignung (b)?

Zur Einführung ein *Beispiel:*

K läßt sein unter Eigentumsvorbehalt von V gekauftes Kraftfahrzeug bei R reparieren. Er geriert sich dabei als Eigentümer. Später stellt sich heraus, daß er weder die Raten an V noch die Reparaturrechnung an R bezahlen kann. R macht sein gesetzliches Pfandrecht geltend (praktische Fälle dieser Art etwa OLG Celle NJW 1953, 1471; LG München 1957, 1237 und 1960, 44).

Gleicher Fall wie eben, nur daß K dem R auf Befragen mitgeteilt hat, er habe den Wagen auf Abzahlung gekauft, aber bereits zu „75% bezahlt". Hat R ein gesetzliches Pfandrecht an der Anwartschaft erlangt?

a) *Der gutgläubige Erwerb.* Er ist sicher abzulehnen bei den besitzlosen Pfandrechten, da hier jede Entsprechung zu §§ 1207, 932 ff. fehlt. Der Vermieter erwirbt also z. B. kein Pfandrecht an einer Schreibmaschine, die sich der Mieter geliehen hatte oder die seiner Frau gehört (es sei denn, daß diese – wie in aller Regel – den Mietvertrag mit abgeschlossen hat).

Redlicher Erwerb ist dagegen möglich bei den Besitzpfandrechten, also dann wenn der Schuldner die Sache dem Gläubiger übergeben hat. Auf den Wortlaut des § 1257 („entstandenes Pfandrecht") kann sich die Gegenmeinung angesichts des § 366 Abs. 3 HGB mit Grund nicht berufen; denn § 366 Abs. 3 HGB erstreckt einen Erwerb des gesetzlichen Pfandrechts im Glauben an das vermeintliche Eigentum auf einen solchen im guten Glauben an die Verfügungsmacht, setzt also jenen als selbstverständlich voraus.

Die hier vertretene Auffassung entspricht der h. M. in der Literatur,[1] während der BGH dezidiert, aber nicht überzeugend den redlichen Erwerb des Pfandrechts verneint (BGHZ 34, 122, 124, 127 [= *Baur*, E. Slg. Fall 32]; 34, 153 [= *Baur*, E. Slg. Fall 55]; 87, 274, 280), sofern es nicht rechtsgeschäftlich bestellt ist, was auch in Allgemeinen Geschäftsbedingungen geschehen kann (BGHZ 68, 323, 326; BGH NJW 1981, 227; Karsten *Schmidt* JuS 1977, 764; 1987, 655 u. *Medicus* Rn. 594 u. *Picker* NJW 1978, 1417).

In unserem ersten Beispiel hat also R das Pfandrecht erworben, sofern man nicht meint, er sei grob fahrlässig gewesen, weil er sich den Kraftfahrzeugbrief nicht habe vorlegen lassen.

Man muß das Problem im Gesamtzusammenhang mit dem Schutz des Werkunternehmers R sehen, wenn K zahlungsunfähig wird:

aa) Anspruch auf *Verwendungsersatz* nach §§ 994 ff. scheidet aus, weil R berechtigter Besitzer war; s. oben § 11 B I 1, 2. Anders freilich BGHZ 34, 122; 51, 250; 87, 274, dazu (m. w. N.) Karsten *Schmidt* JuS 1987, 655; *Reinicke/Tiedtke,* Gesamtschuld, 2. Aufl. 1988, S. 250 ff.

bb) *Bernöhr* ZHR 135, 144 will aus der Reparaturpflicht, die K dem V gegenüber übernommen hat, eine Art Ermächtigung des V an K sehen, das Werkunternehmerpfandrecht des R zu begründen (entspr. § 185). Allein das widerspricht dem Willen des V, der ja von den Lasten der Reparatur nicht betroffen sein will (wie *Bernöhr* aber auch *Medicus* Rn. 594).

---

[1] S. die Nachweise in BGHZ 27, 317, 324; 34, 153, 154 u. *Soergel/Mühl* § 1257 Rn. 3; zum ganzen Fragenkreis *Henke* AcP 161, 1; *Kraft* NJW 1963, 741; *Medicus* Rn. 587 ff.; *Raiser* JZ 1961, 285; *Reinicke/Tiedtke* JA 1984, 202, 213; *Serick* I S. 224 ff.; *Tiedtke,* Gutgl. Erwerb, S. 84; *Weber/Rauscher* NJW 1988, 1571.

b) *Gesetzliches Pfandrecht am Anwartschaftsrecht.*[1] Dieser Fragenkreis ist uns schon oben § 39 IV 1 begegnet, als es darum ging, zu entscheiden, ob auch Zubehör, das vom Grundstückseigentümer unter Eigentumsvorbehalt gekauft war, der Hypothekenhaftung unterliegt. Wir hatten dort die Frage bejaht. Um das gleiche Problem geht es hier. Anerkennt man, daß das Anwartschaftsrecht ein aus dem Eigentum abgespaltenes, eigentumsähnliches Recht ist, so muß man daraus folgern, daß sich auch das gesetzliche Pfandrecht darauf erstreckt.[2] Mit Erwerb des Volleigentums – also dem Eintritt der Bedingung durch Zahlung der letzten Rate – verwandelt sich – in entsprechender Anwendung des § 1287 – das Pfandrecht am Anwartschaftsrecht in ein Pfandrecht an der Sache selbst.[3] Damit geht das gesetzliche Pfandrecht Pfand- und Sicherungsrechten vor, die zeitlich nach ihm am Anwartschaftsrecht oder an der Sache selbst entstanden sind.

Beispiel: M wohnt bei E zur Miete. Er hat sich ein wertvolles Stereogerät auf Abzahlung gekauft. Als 9 von insgesamt 10 Raten bezahlt sind, pfändet ein Gläubiger G des M Anwartschaftsrecht und Sache (entsprechend der h. L.: Theorie der Doppelpfändung, s. unten § 59 V 4a). Mit Bezahlung der letzten Rate (gleich ob durch M, E oder G) erwirbt M das Volleigentum, aber belastet mit dem gesetzlichen Pfandrecht des E; dieses geht dem Pfändungspfandrecht des G vor.
Hätte M das Anwartschaftsrecht sicherungshalber nach § 930 auf G übertragen, so würde dieser mit Vollzahlung des Kaufpreises Eigentümer, aber belastet mit dem gesetzlichen Pfandrecht des E.

III. Die Pfandverwertung

Da § 1257 für das gesetzliche Pfandrecht ganz allgemein auf die für das Vertragspfandrecht geltenden Regeln verweist, wird auch das gesetzliche Pfand nach den §§ 1228 ff. – also in erster Linie durch Privatverkauf im Wege öffentlicher Versteigerung – verwertet. Freilich greifen einige Sonderbestimmungen Platz, die hier nur angedeutet werden können.

Hierher gehören etwa das Selbsthilferecht des Vermieters nach § 561, das eine künftige Pfandverwertung sichern soll, die dem Einkaufskommissionär gegebene Möglichkeit, auch eigene (für den Kommittenten eingekaufte) Sachen nach den Regeln des Pfandverkaufs zu verwerten (§ 398 HGB), die Abkürzung der Wartefrist des § 1234 in § 368 HGB, ferner die Sonderbestimmungen in §§ 9–12 des Pachtkreditgesetzes v. 5. 8. 1951 (gesetzliches Pfandrecht des Verpächters und Inventarpfandrecht des Kreditinstituts haben gleichen Rang; der Verpächter kann einer Verwertung des Inventars nicht widersprechen).
Von solchen Sonderbestimmungen abgesehen ist aber das für das Vertragspfand geltende Verwertungsrecht strikt einzuhalten. Irrig ist also insbesondere die weit verbreitete Vorstellung, als dürfe der Gläubiger bei einem gesetzlichen Pfandrecht den Pfandgegenstand unter Anrechnung des Werts auf seine Forderung für sich behalten oder durch freihändigen Verkauf verwerten.

IV. Übertragung und Untergang des gesetzlichen Pfandrechts

1. Auch für das gesetzliche Pfandrecht gilt die Regel des § 1250, daß mit der *Übertragung der Forderung* das Pfandrecht auf den Zessionar übergeht. Hat also z. B. der Werkunternehmer seine Forderung aus der Reparatur eines Kraftwagens

---

[1] Dazu *Raiser,* Dingliche Anwartschaften, 1961, S. 97 ff.; *Reinicke,* Gesetzl. Pfandrechte und Hypotheken am Anwartschaftsrecht aus bedingter Übereignung (1941); *Braun,* Die Haftung des Anwartschaftsrechts aus Eigentumsvorbehaltskauf für gesetzl. Pfandrechte und Hypothek (Tüb. Diss. 1960); *Serick* I S. 279 ff.
[2] So auch BGH NJW 1965, 1475 (dazu *Lempenau* aaO [oben § 53 II 3] S. 77 ff.)
[3] So vor allem *Reinicke* aaO u. MDR 1959, 613, 615; *Serick* I S. 285 m. w. N.

an seine Bank abgetreten, so steht nunmehr auch das gesetzliche Pfandrecht der Bank zu.

2. Das Vertragspfandrecht *erlischt* u. a. dann, wenn der Gläubiger die Sache dem Vertragspartner oder Eigentümer zurückgibt (§ 1253). Diese Regel kann für die besitzlosen Pfandrechte (also z. B. des Vermieters) nicht gelten, wohl aber für Besitzpfandrechte, so etwa dann, wenn der Werkunternehmer die reparierte Sache dem Eigentümer zurückgibt, obwohl die Reparaturrechnung noch nicht bezahlt ist (RGZ 134, 116, 119, 120).

Daneben finden sich wieder zahlreiche Sonderbestimmungen, so in §§ 560, 561 Abs. 2 Satz 2 für das Vermieterpfandrecht (Beispiele: BGH NJW 1963, 147 u. OLG Karlsruhe NJW 1971, 624), in § 397 HGB (auch unfreiwilliger Besitzverlust am Kommissionsgut beendet das gesetzliche Pfandrecht des Kommissionärs!), in § 440 Abs. 3 HGB (auch nach Ablieferung des Frachtguts bleibt das Pfandrecht des Frachtführers bestehen, wenn er es innerhalb von 3 Tagen gerichtlich geltend macht!). Entsprechend der Eigenart des jeweiligen Vertragsverhältnisses wird also die für das Vertragspfandrecht geltende Rückgaberegelung teils zum Nachteil, teils zum Vorteil des Gläubigers modifiziert.

D. Das Pfändungspfandrecht

I. Grundlagen

Das BGB regelt nur das vertragliche und das gesetzliche Pfandrecht. Dazu tritt auf Grund einer in § 804 Abs. 2 ZPO enthaltenen Verweisung das Pfändungspfandrecht. Wie die beiden anderen Pfandrechtsarten hat es seine Bezeichnung nach der Art seiner Begründung erhalten; § 804 Abs. 1 ZPO sagt dies sehr plastisch: „Durch die Pfändung erwirbt der Gläubiger ein Pfandrecht an dem gepfändeten Gegenstand". Die Pfändung ist der staatliche Vollstreckungsakt bei der Zwangsvollstreckung in das bewegliche Vermögen (§ 803 Abs. 1 Satz 1 ZPO); sie ersetzt gewissermaßen die freiwillige vertragliche Verpfändung durch den Schuldner. Durch das Pfändungspfandrecht erlangt der Gläubiger im Verhältnis zu anderen Gläubigern dieselbe Rechtsstellung wie bei einem durch Vertrag erworbenen Pfandrecht (§ 804 Abs. 2 ZPO). Der Rang seines Pfandrechts richtet sich – auch im Verhältnis zu vertraglichen und gesetzlichen Pfandrechten – nach dem Grundsatz der Priorität (§ 804 Abs. 3 ZPO); im Konkurs des Schuldners steht ihm ein Recht auf abgesonderte Befriedigung zu (§ 49 Abs. 1 Nr. 2 KO mit § 48 KO), was insbesondere bedeutet, daß der Erlös aus der Verwertung des Pfandes in Höhe seiner Forderung ihm zusteht (§§ 4 Abs. 2, 127 KO). Die Pfändung ermöglicht dem Gläubiger die zwangsweise Verwertung der Sache durch öffentliche Versteigerung (§§ 814 ff. ZPO).[1]

An praktischer Bedeutung übertrifft das Pfändungspfandrecht bei weitem die beiden anderen Pfandrechtsarten, und zwar sowohl in der Form der Pfändung beweglicher Sachen durch den Gerichtsvollzieher (§§ 808 ff. ZPO) wie in der der Pfändung von Forderungen durch einen Pfändungsbeschluß des Gerichts (§§ 828 ff. ZPO). Denn überall dort, wo der Schuldner einer Geldforderung nicht freiwillig leistet, muß dem Gläubiger der zwangsweise Zugriff auf das Vermögen des Schuldners eröffnet werden. Dieses gliedert sich aber in aller Regel in bewegliche Sachen (Pfändung durch den Gerichtsvollzieher), Forderungen und sonstige Vermögensrechte (Pfändung durch Beschluß des

---

[1] Beispiel BGH NJW 1987, 1880 (dazu *Krüger* JuS 1989, 182).

Amtsgerichts als Vollstreckungsgerichts) und Grundstücke (Verwertung durch Zwangsversteigerung und Zwangsverwaltung). –
Die Einzelheiten der Zwangsvollstreckung in bewegliche Sachen können hier nicht dargestellt
werden; das ist Sache der Lehrbücher und Grundrisse des Zwangsvollstreckungsrechts.[1] Hier kann es
sich nur darum handeln, den Zusammenhang des Pfändungspfandrechts mit den pfandrechtlichen
Vorschriften des BGB aufzuzeigen.

II. Das anwendbare Recht

Aus § 804 ZPO läßt sich eindeutig entnehmen, daß das Pfändungspfandrecht
den beiden anderen im BGB enthaltenen Pfandrechten als drittes an die Seite
gestellt werden sollte. Daraus ergibt sich, daß die pfandrechtlichen Bestimmungen des BGB anwendbar sind, soweit nicht die Sonderbestimmungen des
Zwangsvollstreckungsrechts (z. B. über die Verwertung in §§ 814 ff. ZPO) eingreifen oder vollstreckungsrechtliche Besonderheiten eine abweichende Beurteilung fordern.

Das damit gegebene Problem der *Rechtsnatur des Pfändungspfandrechts* ist lebhaft umstritten:[2] eine
rein privatrechtliche Auffassung sieht in ihm eine dritte Art eines privatrechtlichen Pfandrechts, das sich
von den beiden anderen nur durch die Art der Begründung unterscheidet. Die gemischte *privat-
öffentlich-rechtliche Theorie,* die wohl überwiegend vertreten wird, fordert auch für das Pfändungspfandrecht die wesentlichen Voraussetzungen des privatrechtlichen Pfandrechts, nämlich insbesondere das Bestehen der Forderung und das Eigentum des Schuldners am Pfandgegenstand (kein gutgläubiger Erwerb!), betont aber, daß die Verwertung des Pfandes auf dem öffentlich-rechtlichen Akt der
Verstrickung beruht und solange rechtmäßig ist, als dieser Akt nicht auf einen Rechtsbehelf hin
aufgehoben ist. Demgegenüber ist schließlich eine *öffentlich-rechtliche Theorie* der Auffassung, daß
das Pfändungspfandrecht rein öffentlich-rechtlicher Natur ist: „Mit jeder wirksamen Beschlagnahme
entsteht auch ein Pfändungspfandrecht; weitere Voraussetzungen brauchen nicht erfüllt zu sein."[3]
Zur Kritik dieser Auffassungen wird auf *Baur/Stürner* ZVR Rn. 429 ff. verwiesen. Nur so viel sei hier
gesagt: Die öffentlich-rechtliche Theorie beruht auf einer Überbewertung des staatlichen Vollstrek-
kungszugriffs und auf der keineswegs bewiesenen These, daß sich das Prozeßrecht *schlechthin* von allen
Bindungen an das materielle Recht gelöst habe und in allen seinen Ausstrahlungen öffentlich-rechtlicher Natur sei. Sie ist mit dem Wortlaut (§ 804 ZPO) und der Vorstellung des Gesetzes schlechterdings
unvereinbar. Demgegenüber wird die vorsichtig abwägende gemischte privat-öffentlich-rechtliche
Theorie der besonderen Eigenart des Vollstreckungszugriffs gerecht, ohne dem Sinn und Wortlaut des
Gesetzes Gewalt anzutun und den Zusammenhang mit dem allgemeinen Pfandrecht zu zerreißen.

III. Pfändung und Pfandrecht

1. Die *Pfändung* ist ein staatlicher Hoheitsakt und bewirkt die *Verstrickung* der
gepfändeten Sache. Der strafrechtliche Schutz der Verstrickung findet sich in
§ 136 StGB. Zivilrechtlich enthält die Pfändung ein *Veräußerungsverbot* i. S. der
§§ 135, 136.

Beispiel: G hat auf Grund eines auf Zahlung von 600 DM lautenden Urteils durch den Gerichtsvollzieher ein Stereogerät bei S gepfändet. Entfernt S das Pfandzeichen eigenmächtig, so macht er sich
strafbar (§ 136 StGB); die Verstrickung bleibt bestehen. Veräußert er aber das Gerät dem redlichen K,

---

[1] Von *Baumann/Brehm* (2. Aufl. 1982); *Brox/Walker* (3. Aufl. 1990); *Bruns/Peters* (3. Aufl. 1987);
Gerhardt (2. Aufl. 1982); *Grunsky* (4. Aufl. 1987); *Jauernig* (19. Aufl. 1990); *Baur/Stürner* ZVR
(11. Aufl. 1983); *Rosenberg/Gaul/Schilken* (10. Aufl. 1988); *Schlosser* II 1984; *St. J./Münzberg* Bem. zu
§ 804 ZPO.
[2] Siehe dazu besonders die klare Darstellung von *Lüke* JZ 1957, 239 m. w. N. (dessen eigener
Argumentation freilich nicht gefolgt werden kann) u. *Blomeyer* in FS f. von Lübtow 1970, 803.
[3] *Lüke* aaO S. 240.

so erwirbt dieser auch dem G gegenüber Eigentum (§ 136 mit § 135 Abs. 2 mit § 932), und zwar unbelastetes (§ 936), also auch frei vom Pfändungspfandrecht.

2. Mit der Pfändung erwirbt der Gläubiger ein privatrechtliches Pfandrecht, aber nur, wenn die Forderung des Gläubigers besteht[1] und die gepfändete Sache dem Schuldner gehört.

Zur Rechtslage bei der Pfändung eigener Sachen des Gläubigers (z. B. der Abzahlungsverkäufer pfändet auf Grund eines Zahlungstitels beim Käufer seine unter Eigentumsvorbehalt gelieferte Sache!) s. BGHZ 15, 171, 173; 39, 97; *Baur/Stürner* ZVR Rn. 434 und unten § 59 V 4b.

3. Aus der Akzessorietät des Pfändungspfandrechts ergibt sich, daß es mit der Forderung auf einen Rechtsnachfolger übergeht (§ 1250) und mit dem Untergang der Forderung erlischt (§ 1252).

4. Die *Verwertung* der Pfandsache erfolgt im Regelfall durch öffentliche Versteigerung seitens des Gerichtsvollziehers, die in der äußeren Form und den Schutzvorschriften in vielem der Pfandversteigerung des BGB gleicht (s. §§ 814 ff. ZPO). Anders als hier tritt aber der Gerichtsvollzieher nicht als Vertreter des Gläubigers auf, sondern als staatliches Vollstreckungsorgan. Der Ersteher

Übersicht 23

Pfandrecht an beweglichen Sachen

Arten	Begründung	Verwertung	Erlöschen des Pfandrechts
I. 1. rechtsgeschäftliches Pfandrecht an Sachen	Einigung + Übergabe § 1205 BGB	Versteigerung § 1228	a) mit Erlöschen der Forderung § 1252 b) mit Rückgabe der Sache § 1253
2. rechtsgeschäftliches Pfandrecht an Forderungen	Übertragungsform: § 1274 + § 1280	Einziehung durch den Pfandgläubiger § 1282	Erlöschen der Forderung § 1273 Abs. 2 mit § 1252
II. 1. Pfändungspfandrecht an Sachen	Pfändung durch den Gerichtsvollzieher § 808 ZPO	Versteigerung § 814 ZPO	a) Erlöschen der Forderung b) Aufhebung der Pfändung
2. Pfändungspfandrecht an Forderungen	Pfändungs- und Überweisungsbeschl. §§ 829, 857 ZPO	Einziehung durch den Pfandgläubiger § 835 ZPO	a) Erlöschen der Forderung b) Aufhebung des Pfändungsbeschlusses
III. Gesetzliche Pfandrechte	a) durch Einbringung z. B. § 559 (sog. Einbringungspfandrechte) b) durch Besitzerlangung z. B. § 647 (sog. ges. Besitzpfandrechte)	Versteigerung § 1257 mit § 1228	wie oben I 1

[1] Oder ihr Bestand auf Grund eines unanfechtbaren Titels nicht mehr angezweifelt werden kann *Baur/Stürner* ZVR Rn. 434.

erwirbt daher auf Grund staatlichen Hoheitsakts Eigentum auch dann, wenn ein Pfändungsrecht in Wahrheit dem Gläubiger nicht zustand (zu dieser wieder sehr umstrittenen Frage s. RGZ 156, 395; *Baur/Stürner* ZVR Rn. 473; E. *Wolf* § 8 J II c S. 370 ff.; *Marotzke* NJW 1978, 133; *St. J./Münzberg* § 814 Rn. 1, 2).

Der Eigentümer, dessen beim Schuldner befindliche Sache für eine fremde Schuld gepfändet wurde, ist im übrigen nicht rechtlos: Bis zur Beendigung der Versteigerung und Ablieferung des Erlöses durch den Gerichtsvollzieher an den Gläubiger kann er die Beseitigung der Zwangsvollstreckung durch Drittwiderspruchsklage erreichen (§ 771 ZPO). Danach kann er den Erlös vom Gläubiger fordern (§ 812: Eingriffskondiktion; vgl. RGZ 156, 395, 399, 400 und zu der Streitfrage *Günther* AcP 178, 456 m. w. N.).

§ 56. Die nichtpfandrechtlichen Sicherungsrechte

(als Wirklichkeitstatbestand)

Überblick

I. Die atypischen[1] Sicherungsgeschäfte

1. Will der Schuldner einem Gläubiger die Verwertungsbefugnis an einem zu seinem Vermögen gehörenden Gegenstand übertragen, so ist die dafür vom Gesetz zur Verfügung gestellte Regelform *das Pfandrecht* (Grundpfandrecht – Pfandrecht an beweglichen Sachen – Pfandrecht an Forderungen und sonstigen Rechten). Der Typenzwang dieser *Legalordnung* ist gerade hier von besonderer Bedeutung: für den Gläubiger, weil das Pfandrecht ihm eine an bestimmte Voraussetzungen geknüpfte, genau umschriebene Rechtsstellung gibt, für den Schuldner, weil ihm schon der vom Gesetz vorgesehene Begründungsakt die Belastung seines Vermögensgegenstandes durch Übertragung der Verwertungsbefugnis an den Gläubiger deutlich vor Augen führt, weil ferner die vorgesehenen Verwertungsformen einen gewissen Schuldnerschutz enthalten. Die Publizität ist – namentlich im Interesse anderer Gläubiger – streng durchgeführt: die Grundpfandrechte sind aus dem Grundbuch ersichtlich – das Pfandrecht an beweglichen Sachen ist ein Besitzpfandrecht, das ein Besitzkonstitut ausschließt – die Verpfändung von Forderungen setzt eine Mitteilung an den Schuldner voraus.

All' dies spricht dafür, die Pfandrechtsformen als abschließende, zwingende Regelung anzusehen.[2] Um so erstaunlicher ist – vom Standpunkt einer gesetzestreuen Rechtsanwendung aus – die Beobachtung, daß sich die *Rechtswirklichkeit* schon bald über die Legalordnung hinweggesetzt hat. Zwar blieb das System der Grundpfandrechte unangetastet. An die Stelle der Verpfändung beweglicher Sachen trat aber mehr und mehr die Sicherungsübereignung; die Verpfändung von Forderungen wurde verdrängt durch die Sicherungsabtretung. Ausschlaggebend

---

[1] Unter „atypischen" Sicherungsgeschäften verstehen wir solche, die im Gesetz nicht als „Typus" ausgestaltet sind.

[2] *Schubert* („Die Entstehung der Vorschriften des BGB über Besitz und Eigentumsübertragung" 1966, S. 163) weist freilich nach, daß die 1. u. 2. Kommission ein Verbot der Sicherungsübereignung durch Besitzkonstitut abgelehnt haben; ferner *Gaul* AcP 168, 351, 357 ff.; *Picker* AcP 188, 511, 522.

für diese Entwicklung waren zwei recht heterogene Momente, die wir vielleicht mit den Schlagworten „Nutzungsinteresse" und „Geheimhaltungsinteresse" des Schuldners umschreiben können:

a) Die Aufspaltung der Rechtsstellung des Eigentümers in die Nutzungsbefugnis und die Verwertungsbefugnis ist uns schon wiederholt begegnet. Während die Einrichtung des Grundbuchs es ohne weiteres ermöglicht, daß dem Grundeigentümer – auch nach Übertragung des Verwertungsrechts an den Grundpfandgläubiger – die volle Nutzungsbefugnis verbleibt, bietet sich beim Pfandrecht an beweglichen Sachen eine solche Möglichkeit nicht, da eine Pfandrechtsbestellung durch Besitzkonstitut ausgeschlossen ist: Wer seine Sache einem anderen zum Pfand hingibt, verliert damit *auch* die Nutzungsmöglichkeit. Dies ist für den Schuldner dann untragbar, wenn er die zu verpfändende Sache für seine Lebensführung, die Fortführung seines Unternehmens oder Betriebs benötigt. Auch für den Gläubiger ist die Übertragung des unmittelbaren Besitzes meist ohne Interesse, ja geradezu lästig. Das Gesetz gibt ihm in der Form des Pfandrechts mehr, als er zur Sicherung seiner Gläubigerstellung benötigt. Schuldner- wie Gläubigerinteresse tendieren also zu einem besitzlosen Pfandrecht. Da das BGB diese Rechtsfigur im Rahmen der rechtsgeschäftlich bestellten Pfandrechte nicht entwickelt hat, war das Bestreben nach einer adäquaten Lösung verständlich. Sie wurde in der Sicherungsübereignung gefunden: dem Gläubiger wird sicherungshalber das Eigentum und damit auch das Verwertungsrecht übertragen, dem Schuldner bleibt der unmittelbare Besitz und die *Nutzungsbefugnis*. Es geniert die Beteiligten wenig, daß bei dieser Lösung dem Gläubiger mehr zufällt, als er eigentlich braucht, nämlich das *volle* Eigentum, während er doch nur das Verwertungsrecht benötigt. Aber dieses „Mehr" behindert die materiellen, wirtschaftlichen Interessen der Beteiligten nicht.

b) Niemand ist entzückt, wenn er die Verpfändung von Vermögensteilen offenbaren muß. Bei den Grundpfandrechten läßt sich eine Eintragung im Grundbuch nicht vermeiden; aber die damit erzwungene Publizität ist doch nur beschränkt, nämlich auf diejenigen, die das Grundbuch wirklich einsehen. Dagegen wird die Verpfändung von Teilen des beweglichen Vermögens durch die Verlagerung des unmittelbaren Besitzes auf den Gläubiger für jedermann sichtbar; der „Ausverkauf" spielt sich gewissermaßen vor aller Augen ab. Besonders peinlich ist, daß die Verpfändung von Forderungen den Drittschuldnern mitgeteilt werden muß. Das *Geheimhaltungsinteresse* des Schuldners als Sicherungsgebers tendiert also hier zu einer Lösung, die ihn nach wie vor als „solvent" erscheinen läßt: zur Sicherungsübereignung durch Besitzkonstitut und zur Sicherungsabtretung von Forderungen. Freilich wird sofort deutlich, daß diese verschwiegene Lösung ernste Gefahren für den (gesicherten) Gläubiger wie für die (anderen) Gläubiger mit sich bringt: für den ersteren, weil er der Sicherungsabrede zuwiderlaufende Verfügungen des Schuldners (nach §§ 932 ff.) nicht verhindern kann, für letztere, weil sie nicht erkennen können, daß ihr Schuldner wesentliche Teile seines beweglichen Vermögens sicherungshalber bereits weggegeben hat, eine ausreichende Kreditbasis also nicht besteht.

S veräußert eine Maschine, die er seiner Bank sicherungsübereignet hat, abredewidrig an einen redlichen Käufer K (§ 932) oder zieht abgetretene Forderungen ein (§ 407) und verbraucht das Geld für sich.

G_1–G_x liefern dem S auf Kredit, weil sie nicht wissen, daß S sein großes Warenlager und seinen Maschinenpark bereits der Bank B zur Sicherheit übereignet hat.

2. Die eben aufgezeigten Gefahren haben die Entwicklung der Institute: „Sicherungsübereignung" und „Sicherungsabtretung" nicht verhindern können. Offenbar haben die Bedürfnisse der – in Deutschland chronisch unterkapitalisierten – Wirtschaft die Legitimierung und Ausformung dieser Institute erzwungen.[1] Dagegen anzugehen ist schwierig, solange man keine rechtspolitisch besseren, dogmatisch einwandfreieren Lösungen anzubieten hat.[2] Auch läßt sich nicht verkennen, daß der Gesetzgeber mit dem Eigentumsvorbehalt (§ 455) eine Art besitzlosen Pfandrechts geschaffen hat: Wenn der Verkäufer die Kaufsache dem Käufer unter der aufschiebenden Bedingung vollständiger Bezahlung des Kaufpreises übereignen und übergeben kann, so wird damit in der Sache ein besitzloses Pfandrecht anerkannt. Der Verkäufer bleibt Eigentümer und sichert mit dem im Eigentum steckenden Verwertungsrecht seine Kaufpreisforderung, der Käufer erhält den unmittelbaren Besitz und die Nutzungsbefugnis; nach außen wirkt er als Eigentümer. Die Publizität wird kraft gesetzlicher Zulassung ebenso vernachlässigt wie dies bei der Sicherungsübereignung geschieht.[3] Schließlich hat das Gesetz mittelbar in § 223 II auch die Sicherungsübereignung abgesegnet; denn wenn „zur Sicherung eines Anspruchs ein Recht übertragen" wird, dann ist das eben keine Bestellung eines Pfandrechts!

Die Interessenlage ist bei beiden Instituten recht ähnlich: Im Falle der *Sicherungsübereignung* überträgt der Sicherungsgeber (= Schuldner) dem Sicherungsnehmer (= Gläubiger) das Eigentum und damit das Verwertungsrecht, behält aber selbst den unmittelbaren Besitz und die Nutzungsbefugnis. Beim *Eigentumsvorbehalt* behält der Verkäufer (= Gläubiger der Kaufpreisforderung) das Eigentum und damit das Verwertungsrecht, überträgt aber dem Käufer (= Schuldner) den unmittelbaren Besitz und die Nutzungsmöglichkeit. Im ersten Fall *kann* die Rechtsstellung des Sicherungsgebers auf Rückgewinnung des Eigentums nach Tilgung der gesicherten Forderung als Anwartschaftsrecht ausgestaltet sein, im zweiten Fall *hat* das Gesetz die Position des Käufers, mit Vollzahlung des Kaufpreises das Eigentum zu erwerben, als Anwartschaftsrecht behandelt (§ 455). Die Ähnlichkeit beider Institute ist so stark, daß manche in dem sog. nachträglichen Eigentumsvorbehalt:
Verkäufer und Käufer vereinbaren *nach* unbedingter Übereignung nachträglich einen Eigentumsvorbehalt
eine Sicherungsübereignung sehen! (s. oben § 51 V 7b).

S. die Übersicht 24 am Ende von § 56 u. *Gernhuber*, Bürgerl. R., §§ 28 ff.

3. *Aufteilung der Sicherungsformen* beim beweglichen Vermögen des Schuldners: rechtsgeschäftl. Pfandrecht 6%, Eigentumsvorbehalt 26%, Sicherungsübereignung 30%, Abtretung (einschließlich Globalzession) 34% (*Adams* [unten § 57 I 1 Anm. 1] S. 11).

---

[1] *Meier-Hayoz* JZ 1981, 417; *Boehmer*, Grundlagen der bürgerlichen Rechtsordnung (II 2 1952) S. 141 ff. – Immerhin ist das Sicherungseigentum in neueren Gesetzen anerkannt; so z. B. in § 6 Abs. 1 S. 3 VerglO: „... zur Sicherung übertragenes Eigentum ..."

[2] *Heck*, Sachenrecht § 107, 3: „Was vorliegt, ist ein Gewohnheitsrecht."

[3] Skeptisch gegenüber der Bedeutung der Publizität im Kreditsicherungsrecht *Adams* [unten § 57 I 1 Anm. 1] S. 179 ff.; grundsätzlich zu §§ 933, 934 *Picker* AcP 188, 511, 522, 548 (oben § 52 II 4 c) bb) β).

II. Die Ausformung der atypischen Sicherungsgeschäfte

Der Eigentumsvorbehalt ist im Gesetz vorgesehen, die Sicherungsübereignung und Sicherungsabtretung sind gewohnheitsrechtlich anerkannt. In dieser Situation bleibt nur übrig, diese Erscheinungen des Rechtslebens institutionell auszuformen. Damit haben sich Rechtswissenschaft und Rechtsprechung in steigendem Maße beschäftigt, und zwar sowohl mit der schuldrechtlichen Beziehung der Beteiligten (Darlehnsvertrag mit Sicherungsabrede zwischen Sicherungsgeber und Sicherungsnehmer, Kaufvertrag beim Eigentumsvorbehalt) wie mit der Fixierung ihrer dinglichen Rechtsstellung.

Welche Rechte hat etwa der Sicherungsnehmer im Konkurs des Sicherungsgebers? Oder: ist der Käufer der unter Eigentumsvorbehalt gelieferten Sache befugt, schon *vor* Erlangung des Volleigentums an der Sache über sein Anwartschaftsrecht (auf Erlangung dieses Eigentums) zu verfügen? Können sich seine Gläubiger dieses Anwartschaftsrechts im Wege der Zwangsvollstreckung bemächtigen? u. a. m.

Dabei lassen sich sofort zwei Beobachtungen machen:

1. Die genannten atypischen Sicherungsabreden geben *latente Sicherungsrechte;* das will besagen: Sie entfalten ihre Wirksamkeit erst, wenn der Schuldner seine Verbindlichkeit nicht erfüllt und damit den Gläubiger zwingt, sein Verwertungsrecht auszuüben, *oder* wenn der gesicherte Gläubiger in Konkurrenz zu anderen Gläubigern tritt, die auf das Sicherungsobjekt zugreifen, also im Zwangsvollstreckungs- oder Konkursfall. Erst jetzt muß das atypische Sicherungsrecht „funktionieren".

K bezahlt die mit V vereinbarten Kaufpreisraten nicht. In welcher Form kann nun V von seinem vorbehaltenen Eigentum Gebrauch machen?
K erfüllt dem V gegenüber alle Verbindlichkeiten pünktlich. Aber ein anderer Gläubiger G des K hat die noch nicht voll bezahlte, daher noch dem V gehörende Kaufsache pfänden lassen und will sie versteigern.

Aus dieser Latenz ergeben sich Gefahren für den Schuldner wie vor allem für dritte Gläubiger: für den Schuldner, weil seine Rechtsstellung durch das Eigentum des Gläubigers beseitigt werden kann,

der Verkäufer tritt vom Kaufvertrag zurück und nimmt die verkaufte Sache wieder an sich;

für andere Gläubiger, weil ihnen das Zugriffsobjekt durch den gesicherten Gläubiger entzogen werden kann, ohne daß sie von dem Bestehen eines solchen Sicherungsrechts wußten (pignora tacita).
Die Gefährdung *des Schuldners* muß durch eine entsprechende Gestaltung des Innenverhältnisses zwischen Gläubiger und Schuldner auf ein vertretbares Maß zurückgeführt werden.
Schwieriger ist die Berücksichtigung der Interessen *anderer* ungesicherter *Gläubiger.* Denn ihnen geht das Sicherungseigentum (das vorbehaltene Eigentum) des gesicherten Gläubigers vor. Sie stehen also von vornherein auf verlorenen Posten, nachdem die atypischen Sicherungsrechte nun einmal anerkannt sind. Dennoch sah sich die Rechtsprechung genötigt, in extremen Fällen ihren Interessen den Vorzug zu geben. Sie tat dies unter Heranziehung der §§ 138, 826 etwa dann, „wenn die ausbedungene Sicherung durch ihren Umfang und ihre Undurchsich-

tigkeit (!) die von dem Sicherungsnehmer bewußt in Kauf genommene, nicht ganz fernliegende Gefahr mit sich bringt, daß später nichtsahnende Kreditgeber zu Schaden kommen (Gläubigergefährdung)", RGZ 136, 247, 254.

Eine interessante Entwicklung! Das Pfandrecht des BGB ist gerade auch im Interesse der anderen Gläubiger von dem Gedanken der Publizität beherrscht. Mit der Zulassung der atypischen Sicherungsrechte hat sich die Rechtsprechung über die mit den pignora tacita verbundenen Bedenken bewußt hinweggesetzt. Später mußte sie sich dann doch mit den Schäden auseinandersetzen, die sich aus der Vernachlässigung der Publizität ergeben, und suchte in krassen Fällen eine Abhilfe – vor allem durch die Annahme der Sittenwidrigkeit oder auch durch Heranziehung des Tatbestandes der Vermögensübernahme (§ 419).[1]

Etwas grob gezeichnet ergibt sich also folgendes *Bild:*[1]

Pfandrecht des BGB: Verwirklichung der Publizität. Atypische Sicherungsrechte: Außerachtlassung der Publizität. Unwirksamkeit der atypischen Sicherungsrechte: bei krassen Verstößen gegen die Publizität.

Man kann diese Rechtsprechung nicht gerade als sehr folgerichtig bezeichnen; eher muß man die Weisheit rühmen, die den Pfandrechtsgrundsätzen des BGB zugrunde liegt! Die skizzierte Entwicklung ist ein Musterbeispiel einer Erscheinung, mit der sich der Jurist immer wieder auseinanderzusetzen hat: Soll und darf er den vermeintlichen oder auch wirklichen Bedürfnissen der Wirtschaft nachgeben, auch auf die Gefahr hin, daß sich daraus Komplikationen ergeben, die zunächst überhaupt nicht zu sehen oder nicht voll zu überblicken sind? So sicher es ist, daß die Rechtsanwendung sich den Belangen der wirtschaftlichen Entwicklung nicht in den Weg stellen, ja umgekehrt sie gerade fördern soll, so gewiß ist doch, daß überkommene Rechtsprinzipien mit dem in ihnen verkörperten Gerechtigkeitsgehalt nicht vernachlässigt werden dürfen. Es mag in der Eigenart wirtschaftlichen, kaufmännischen Denkens liegen, daß auch Rechtssätze an dem wirtschaftlichen Nutzen, den sie bringen, gemessen und daher als entsprechend manipulierbar angesehen werden. Es ist Sache des Juristen, die Grenzen aufzuzeigen, die einer solchen Denkweise gesetzt sind.

2. Die zweite Beobachtung, die wir bei der Ausformung der atypischen Sicherungsrechte machen können, ist die einer Koppelung, aber auch einer Konkurrenz dieser Rechte:

a) Die *Koppelung:* Mehrere Sicherungsrechte werden zugunsten ein- und desselben Gläubigers miteinander verbunden. Hierunter fällt vor allem der verlängerte Eigentumsvorbehalt: Der Lieferant der Waren sichert sich auch nach deren Weiterverarbeitung bzw. Weiterverkauf, indem er mit dem Käufer vereinbart, daß die Verarbeitung „für ihn erfolgt" (Ausschluß des § 950!)[2] und daß die Forderung aus dem Weiterverkauf im voraus an ihn abgetreten wird (Sicherungsabtretung). Wenn man in der Verarbeitungsklausel eine Übereignung durch antezipiertes Besitzkonstitut sieht, so folgen hier aufeinander: Eigentumsvorbehalt – Sicherungsübereignung – Sicherungsabtretung (verlängerter Eigentumsvorbehalt).

Mit der Ablösung der einen Sicherungsform durch die andere bezweckt der Warengläubiger eine dauernde Verhaftung des Sicherungsobjekts ohne Rücksicht auf seinen „juristischen Aggregatzustand" zu seinen Gunsten, in Wahrheit also eine Surrogation des einen Sicherungsobjekts durch das andere.

b) *Konkurrenz:* Sicherungsrechte verschiedener Gläubiger beziehen sich auf dasselbe Sicherungsobjekt. Der Hauptfall ist das Zusammentreffen des verlängerten Eigentumsvorbehalts des Warenlieferanten mit der Sicherungsabtretung

---

[1] Dazu grundsätzlich *Dorndorf,* Kreditsicherungsrecht und Wirtschaftsordnung, 1986.
[2] Genaue Darstellung s. oben § 53b III 3.

der – künftigen – Außenstände zugunsten des Geldkreditgebers (meist einer Bank).

Beispiel: S, der ein gut gehendes, aber kapitalschwaches Einzelhandelsgeschäft mit Elektromaschinen betreibt, hat von seiner Bank B einen Kredit in laufender Rechnung in Höhe von 200000 DM eingeräumt erhalten und ihr sämtliche gegenwärtigen und künftigen Forderungen aus dem Verkauf von Elektromaschinen abgetreten (sog. Globalzession). Waschmaschinen bezieht S von der Fa. C unter verlängertem Eigentumsvorbehalt. Als S in Zahlungsschwierigkeiten kommt, sind etwa 50 Waschmaschinen auf Abzahlung verkauft. Die noch ausstehenden Kaufpreisforderungen gegen die Käufer der Waschmaschinen nehmen sowohl die B wie C in Anspruch.

Der Kampf zwischen Warenlieferanten und Banken um die Entscheidung dieser Rechtsfrage – hinter der „faustdicke" wirtschaftliche Interessen stecken – ist immer noch im Gange. Die Partie steht – wenn diese Formulierung erlaubt ist – zur Zeit 1:0 für die Warenlieferanten; denn in BGHZ 30, 149 ist die Globalzession künftiger Kundenforderungen an eine Bank als sittenwidrig und nichtig bezeichnet worden, „soweit sie nach dem Willen der Vertragsparteien auch solche Forderungen umfassen soll, die der Schuldner seinen Lieferanten auf Grund verlängerten Eigentumsvorbehalts künftig abtreten muß und abtritt" (Einzelheiten unten § 59 VI).

Die Machtkämpfe um diese Konkurrenzfrage werden mit einem erheblichen Aufwand an Gutachten und Aufsätzen ausgetragen. Der junge Jurist sei darauf hingewiesen, daß manchen Stimmen dieser Literatur mit großer Skepsis und Zurückhaltung zu begegnen ist, da sie vielfach nur den Interessentenstandpunkt in mehr oder weniger „wissenschaftlicher" Form zum Ausdruck bringen.

3. Sicherungsrechte werden meist in *Allgemeinen Geschäftsbedingungen* (AGB) festgelegt, die der eine Vertragsteil (Kreditgeber – Vorbehaltskäufer usw.) einseitig festlegt. Das AGB-Gesetz v. 9. 12. 1976 (BGBl. I 3317) sucht den anderen Vertragsteil vor ungerechtfertigten Benachteiligungen zu schützen. Dabei ist der Schutz von Nichtkaufleuten intensiver ausgestaltet als der von Kaufleuten (Voll- und Minderkaufleuten) und Behörden (§ 24 AGB-Ges.).

Die Diskussion über die Auswirkungen des AGB-Gesetzes im Bereich der Sicherungsrechte ist in vollem Gang.[1] Bisher läßt sich folgendes sagen:

a) Das AGB-Gesetz ist auf formularmäßige Sicherungsgeschäfte anwendbar, und zwar sowohl auf den schuldrechtlichen wie auf den sachenrechtlichen Teil (s. *Löwe* JuS 1977, 421; *Medicus* Rz. 67 ff. und oben § 5 II 1 a).

b) Bei Sicherungsverträgen *mit Nichtkaufleuten* sind insbes. zu beachten: § 2 (Wirksamwerden der AGB), § 3 (keine überraschenden Klauseln; der einfache EV beim Ratenkauf ist keine überraschende Klausel, wohl aber der erweiterte und verlängerte EV), § 4 (Vorrang der Individualabrede – mündlich oder schriftlich!) und die Generalklausel des § 9 (unangemessene treuwidrige Benachteiligung: hier kommt es ganz auf die Ausgestaltung in den einzelnen AGB an!).

c) Bei *Sicherungsverträgen mit Kaufleuten* bleiben u. a. die Bestimmungen über die überraschenden Klauseln (§ 3), den Vorrang der Individualabrede (§ 4) und die Generalklausel des § 9 anwendbar. Die Auswirkungen können nur von Fall zu Fall bestimmt werden. So werden z. B. branchenübliche Erweiterungs- und Verlängerungsformen des EV.s weder „überraschend" noch „treuwidrig unangemessen" sein, sofern sie nicht im konkreten Fall eine Übersicherung enthalten (BGHZ 98, 303, 308). Anders u. U. gegenüber Minderkaufleuten. Verfehlt sind m. E. die Versuche, Interessenkollisionen, die sich im Bereich der Sicherungsgeschäfte – z. B. zwischen Waren – und Kreditgläubigern (s. 4 und unten § 59 VI) – ergeben, mit Hilfe des AGB-Gesetzes zu lösen (str. s. BGH NJW 1984, 1184 = *Baur,* E.Slg. Fall 26 b) – zu widersprechenden AGB der beiden Vertragspartner s. unten § 59 II 1 c) ee).

4. Zum Abschluß dieses knappen Überblicks über die atypischen Sicherungsgeschäfte noch einige Worte zu den *wirtschaftlichen Tatsachen,* die zu ihrer Begründung geführt haben:

Der Regelung des BGB liegt die Vorstellung zugrunde, daß der Kredit in allen wesentlichen Fällen Grundkredit oder Personalkredit sein könne, also durch Grundpfandrechte oder durch das Vertrauen auf die Leistungsfähigkeit des Darlehensnehmers selbst oder eines von ihm gestellten Bürgen gesichert werde. Soweit bewegliche Sachen verpfändet werden sollten, dachte man an die Verpfändung

---

[1] S. oben § 5 II 1 (Anwendbarkeit des AGBG), § 16 VI 3b (AGBG und Grundbuchamt) u. § 40 IV 5 (formularmäßige Vollstreckungsunterwerfung), § 45 II 1a, b (Grundschuld und AGBG) sowie unten § 59 I 5, ferner Manfred *Wolf,* FS Baur, 1981, 147; *Wolf/Horn/Lindacher,* AGBG, 2. Aufl. 1989 (§ 9 S. 91 ff. „Sicherungsrechte"); *Ulmer/Brandner/Hensen,* Anh. 9–11 Rn. 650 (Sicherungsklauseln); *Löwe/Graf v. Westphalen/Trinkner,* AGBG, 2. Aufl. 1985, Bd. III.

von Wertpapieren oder in Traditionspapieren verkörperten Waren, auch an die Fälle des Kleinkredits durch kurzfristige Verpfändung (Leihhaus!). Diese Vorstellung entsprach schon bald nicht mehr der Wirklichkeit. Ursächlich waren der Vermögensschwund durch Krieg und Nachkriegsereignisse (Inflation!), mangelnde Konstanz der Wirtschaftslage (wirtschaftliche Depressionen!), schließlich die Tatsache, daß vielen Unternehmungen ein ausreichender Fundus an Grundstücken oder sonstigem Kapital fehlte. So blieb nichts anderes übrig, als das Umlaufvermögen selbst zu Kreditzwecken heranzuziehen. Aus der Tatsache, daß es sich hier eben um Vermögensbestandteile handelt, mit denen der Unternehmer arbeiten muß, die sich also schon wegen des sich immer wieder vollziehenden Umlaufs nicht zu einer Verpfändung eignen, ergeben sich alle die rechtlichen Schwierigkeiten, die wir schon angedeutet haben und mit denen wir uns im folgenden auseinandersetzen müssen. Obwohl diese Schwierigkeiten eigentlich vorauszusehen waren und im Laufe der Zeit immer augenscheinlicher wurden, hat die Wirtschaft auf den nicht pfandrechtlichen Sicherungsgeschäften beharrt. Ihre innere Schwäche zeigt sich vor allem im Konkurs: sein Grundgedanke ist die par condicio creditorum, die Ausschaltung des Prioritätsprinzips – wie es im Pfand- und Zwangsvollstreckungsrecht gilt – zugunsten einer Gleichbehandlung aller Gläubiger. Demgegenüber führen Eigentumsvorbehalt, Sicherungsübereignung und Sicherungsabtretung zu einer Bevorzugung bestimmter Gläubigergruppen. Sie, ferner die bevorzugte Behandlung der Arbeitnehmerforderungen und die Bevorrechtigung des Fiskus zugunsten der Steuerforderungen bewirken, daß eine Konkursmasse, die für alle Gläubiger zur Verfügung stünde, häufig nicht oder nur in ganz bescheidenem Umfang vorhanden ist. Die Leidtragenden sind die nicht gesicherten Gläubiger (z. B. Handwerker, Baustofflieferanten) und die in der Konkurrenz der verschiedenen Sicherungsrechte Unterlegenen. So haben die atypischen Sicherungsrechte nicht nur die Pfandrechtsprinzipien aus den Angeln gehoben, sondern das Rechtsinstitut des Konkurses häufig zur Nutzlosigkeit verurteilt (dazu *Baur/Stürner* II, InsolvenzR, Rn. 4.7 ff.).

III. Die *Literatur* zu Eigentumsvorbehalt, Sicherungsübereignung und Sicherungsabtretung ist uferlos. Sie hier zusammenzustellen, hätte wenig Sinn. Ich werde so verfahren, daß ich *im Text* der folgenden Darstellung auf die Literaturstellen verweise, die mir besonders wesentlich zu sein scheinen und mit denen sich jeder befassen sollte, der den behandelten Fragen näher nachgeht. *Literatur allgemein* zu den Sicherungsgeschäften s. oben § 36.

Literaturzusammenstellungen zur *Sicherungsübereignung* und *Sicherungsabtretung*: bei *Soergel/Mühl* § 930 vor Rz 21; Hj. *Weber,* Sicherungsgeschäfte, 3. Aufl. 1986, §§ 8, 16; *Nörr/Scheyhing,* Sukzessionen, 1983; *Serick,* Eigentumsvorbehalt und Sicherungsübereignung, I–V; *Coing,* Die Treuhand kraft privaten Rechtsgeschäfts, 1973; *Drukarczyk/Duttle/Rieger,* Mobiliarsicherheiten, 1985 (dazu JZ 1985, 990); *Rimmelspacher,* Kreditsicherungsrecht, 2. Aufl. 1987; *Scholz/Lwowski,* D. Recht d. Kreditsicherung, 6. Aufl., 1986; *Walter,* D. Unmittelbarkeitsprinzip bei der fiduziarischen Treuhand, 1974; zum *Eigentumsvorbehalt:* bei *Soergel/Mühl* § 929 vor Rz. 17; *P. Schlosser* Jura 1986, 85; *Gerhardt,* W. JZ 1986, 672 u. 736 (neuere Rspr. zu den Mobiliarsicherheiten); *Graf Lambsdorff,* Handbuch des EV.s im deutschen u. ausl. Recht, 1974; *Georgiades,* Die Eigentumsanwartschaft beim Vorbehaltskauf, 1963; *Gernhuber* FS Baur, 1981, 31 (Freiheit u. Bindung des VK.s nach Übertragung seines AnwR.s); *Honsell* JuS 1981, 705 (aktuelle Probleme des EV.s); *Larenz* II/1 § 43 II; *Serick* aaO; *Sponer,* Das Anwartschaftsrecht und seine Pfändung, 1965; *Bülow,* Recht der Kreditsicherheiten, 2. Aufl. 1988, Rn. 521 ff., 833 ff.; *Walter,* Kaufrecht, 1987, § 10.

Rechtsvergleichende Hinweise bei *Hefermehl* in Heft 23 der „Arbeiten zur Rechtsvergleichung"; *Mertens,* Eigentumsvorbehalt u. sonstige Sicherungsmittel im ausl. Recht, 1964; *Sauveplanne,* Security over corporal movables, 1974; *Arnold* BB 1981, 268 (franz. Recht). Ferner die von *Hadding* u. *Schneider* herausgegebenen Arbeiten verschiedener Verfasser zum „Recht der Kreditsicherheiten in europäischen Ländern"; s. oben § 36 A. Zur international privatrechtl. Anerkennung ausl. Mobiliarsicherheiten: *Drobnig/Kronke* in Deutsche Beiträge z. X. Intern. Kongreß f. Rechtsvergleichung in Budapest, 1978, 91.

Zur *Reform* der Kreditsicherung s. Diskussionsentwurf – Bundesministerium der Justiz, Entwurf einer Insolvenzordnung und anderer Reformvorschriften mit Begründung und Anhang, Bd. I/1988, Bd. II (Ergänzungen) 1989; Bundesministerium der Justiz, Referentenentwurf, Gesetz zur Reform des Insolvenzrechts, 1989; Erster und Zweiter Bericht der Kommission f. Insolvenzrecht, 1985, 1986; zusammenfassende Darstellung bei *Baur/Stürner* II InsolvR Rn. 4.12 ff.; *Drobnig,* Gutachten zum 51. DJT, 1976 u. Sitzungsbericht dazu mit Referaten von *Henckel* und *Kilger; Reich* JZ 1976, 463; *Weber* NJW 1976, 1601; *Gaul* in Sparkasse 1978, 316; *Meyer-Cording* NJW 1979, 2126 (dazu *Komo* NJW 1980, 817); *Adams,* Ökonomische Analyse der Sicherungsrechte, 1980; *Stürner* ZZP 94, 263; *Häsemeyer* in Heidelberger FS, 1986, 164, 178; *Dorndorf,* Kreditsicherungsrecht u. Wirtschaftsordnung, 1986; *Rimmelspacher* Rn. 541 ff.; *Huber* ZIP 1987, 750; *Serick,* Mobiliarsicherheiten und Insolvenzrechtsreform, 1987; ders. ZIP 1989, 409.

IV. Mischformen von Gebrauchsüberlassung und Kreditsicherung:

Das Mobilienleasing

Bitte, lesen Sie zu der allgemeinen Charakterisierung des Leasingvertrags zunächst die Ausführungen oben § 48 I.

1. Auch das Mobilienleasing erspart dem Leasingnehmer (Ln.) den Kauf der Sache und die allenfalls erforderliche Aufnahme eines Kredits. Er ist Mieter (unmittelbarer Besitzer) der Sache und hat dem Leasinggeber (Lg.) für die Gebrauchsüberlassung Mietzinsraten zu bezahlen. Der Bezug zum Sachenrecht ist also zunächst ein „negativer": Der Leasingvertrag ist kein Kreditsicherungsgeschäft wie der Kauf auf Abzahlung unter Eigentumsvorbehalt oder die Sicherungsübereignung zur Sicherung eines Kredits.

Infolgedessen entsteht auch kein Anwartschaftsrecht des Ln.s wie das des Käufers unter Eigentumsvorbehalt (s. unten § 59 IV, V). – Der Leasingvertrag ist ein Kreditvertrag, der dem Verbraucherkreditgesetz unterliegt (s. dazu oben § 48 I 2).

Da der Ln. nicht Eigentümer ist, beschränkt sich sein *Rechtsschutz* [1] im Verhältnis zu Dritten auf die Bestimmungen über den Besitzschutz (§§ 861, 862, 1007 – deliktisch § 823; s. oben § 9), im Verhältnis zum Lg. auf den mit ihm abgeschlossenen Vertrag und die Bestimmungen des BGB über den Mietvertrag

wobei zu bemerken ist, daß die Mängelgewähransprüche regelmäßig ausgeschlossen sind wie auch die Gefahr des zufälligen Untergangs und die Reparaturkosten den Ln. treffen. Als Ausgleich tritt der Lg. meist seine Ansprüche gegen Lieferanten und sonstige Dritte an den Ln. ab. [2]

Schutz gegen Pfändung durch Gläubiger des Lg.s: §§ 809, 766 ZPO – auch § 771 ZPO –; Rechtslage *im Konkurs* aa) des Ln.s: §§ 19, 20 KO u. nach Beendigung des Vertrags: Aussonderung nach § 43 KO; bb) des Lg.s: § 21 KO (näheres bei *Baur/Stürner* II InsolvenzR § 9, 64 ff.; siehe auch *Gerhardt,* FS für Schwab 1990, 133 ff. u. BGH JZ 1990, 886 zum Konkurs d. Lg.s).

und schließlich im Verhältnis zu einem dritten Erwerber der „geleasten" Sache auf § 986 Abs. 2.

2. Das Sachenrecht kommt wieder zum Vorschein, wenn es um die „Refinanzierung" des Lg.s geht, also um die Sicherung der Kredite, die der Lg. braucht, um die zu vermietende Sache herzustellen oder zu erwerben. Hier kommen dann als Sicherungsformen in Betracht: der Eigentumsvorbehalt (im Verhältnis zum Lieferanten der Sache), die Sicherungsübereignung (im Verhältnis zu einer den Kaufpreis finanzierenden Bank) und die Sicherungsabtretung der – künftigen – Mietzinsforderungen gegen den Ln. (sowohl als verlängerter Eigentumsvorbehalt wie im Rahmen eines Sicherungsvertrags).

3. Wie beim Immobilienleasing (s. oben § 48 II 3) wird auch beim Mobilienleasing vielfach verabredet, daß der Lg. nach Ablauf der Vertragsdauer verpflichtet ist, die Leasingsache an den Ln. zu übereignen, wobei die Grundsätze für die

---

[1] S. *Walz* in WM Sonderbeilage 10/1985 zu Heft 48/1985.

[2] S. dazu *Reinicke/Tiedtke,* KaufR, 322 ff.; *Fehl* in BB Beilage 6 zu Heft 14/1988 u. Beilage 10 zu Heft 14/1985; Beispiele: BGH NJW 1982, 105; u. BGHZ 94, 44; 95, 170.

Bestimmung des Preises schon jetzt festgelegt werden. Die Übereignung erfolgt dann nach § 929 S. 2. Eine Sicherung des Ln.s gegen anderweitigen Verkauf und die Übereignung bietet ein Veräußerungsverbot im Wege der einstweiligen Verfügung (s. oben § 3 II 1 d und § 52 III 1 d) und die Berufung auf § 986 Abs. 2.[1]

Es kann auch vereinbart sein, daß der Ln. nach Ablauf der Grundmietzeit eine Verlängerung zu niedrigeren Sätzen verlangen kann (vgl. BGH WM 1988, 1203, 1204).

Übersicht 24

Nichtpfandrechtliche Sicherungsrechte

Arten	Wirtschaftliche Funktion (Spaltung von Nutzungs- u. Verwertungsfunktion des Eigentums)	Grundlage	Vorzug des Sicherungsnehmers	Verwertung des Sicherungsgegenstandes
I. Sicherungsübereignung	Kreditsicherung	a) kausal: Sicherungsvertrag b) dinglich: meist § 930	a) Zwv: § 771 ZPO (Interventionsklage) b) KO: § 48 KO (Absonderungsrecht)	nach Sicherungsvertrag; meist: Wegnahme und Verkauf
II. Sicherungsabtretung (auch künftiger Forderungen, soweit bestimmbar)	a) Kreditsicherung b) verlängerter Eigentumsvorbehalt (s. III 2)	a) kausal: Sicherungsvertrag b) dinglich: § 398	a) Zwv: § 771 ZPO b) KO: § 48 KO	Einzug der Forderung beim Drittschuldner
III. Eigentumsvorbehalt (EV) Formen: 1. einfacher EV 2. verlängerter EV	Sicherung der Kaufpreisforderung	a) kausal: Vereinbarung im Kaufvertrag b) dinglich: aufsch. bed. Übereignung (§ 455)	a) Zwv: § 771 ZPO b) KO: § 43 KO (Aussonderungsrecht)	nach Rücktritt (§ 455) Rücknahme der Kaufsache gegen Rückzahlung des Kaufpreises

Terminologie

A. „Gläubigerseite"
  1. Sicherungsnehmer (bei I, II)
  2. Vorbehaltsverkäufer (bei III)

B. „Schuldnerseite"
  1. Sicherungsgeber (bei I, II)
  2. Vorbehaltskäufer (bei III)

---

[1] S. MünchKomm/*Medicus* § 986 Rn. 15.

§ 57. Die Sicherungsübereignung

Lesen Sie zunächst § 56. – Literaturhinweis § 56 III.
Das Formular eines SÜ-Vertrags (unten Anh. 7) soll Ihnen einen Einblick in die Praxis geben.

I. Begriffliches – Die Interessenlage[1]

1. Das Institut der Sicherungsübereignung (SÜ) hat sich gewohnheitsrechtlich gegen das Mobiliarpfandrecht durchgesetzt.[2] Anstelle einer Verpfändung übereignet der Schuldner dem Gläubiger eine ihm gehörige bewegliche Sache zur Sicherung einer gegen ihn[3] gerichteten Forderung des Gläubigers. Die Übereignung erfolgt regelmäßig durch Einigung und Vereinbarung eines Besitzkonstituts (§ 930). Dies hat zur Folge, daß dem Schuldner unmittelbarer Besitz und Nutzungsmöglichkeit verbleiben, während auf den Gläubiger das volle Eigentum übergeht. Diese Eigentumsübertragung unterscheidet sich von einer im Güterumsatz vorgenommenen nach zwei Richtungen:

a) Nach der Absicht der Parteien ist die Übereignung *nur vorläufig:* Erfüllt der Schuldner seine Verbindlichkeit, so soll das Eigentum an ihn zurückfallen, sei es, daß der Gläubiger dann zur Rückübereignung auf Grund des Sicherungsvertrags verpflichtet ist, sei es, daß die Übereignung von vornherein durch die Tilgung der Verbindlichkeit auflösend bedingt ist. Der Gläubiger soll die Sache erst dann verwerten dürfen, wenn der Schuldner seine Verbindlichkeit nicht erfüllt. Verfügt der Gläubiger vorher über die Sache, so ist die Verfügung zwar sachenrechtlich voll wirksam, er verstößt aber schuldrechtlich gegen die mit dem Schuldner getroffene Sicherungsabrede. Diese Bindung des Sicherungseigentümers, die man auch als treuhänderische[4] bezeichnet, unterscheidet seine Rechtsstellung wesentlich von der des endgültigen Eigentümers im Güterumsatz.

Ist die SÜ *auflösend bedingt* erfolgt, so wird die Verfügungsbefugnis des Sicherungsnehmers durch § 161 Abs. 2 mit Abs. 1 beschränkt (s. unten III 1 b und VIII).

b) Der Sicherungseigentümer entbehrt des unmittelbaren Besitzes und der Nutzungsbefugnis. Darauf kommt es ihm auch nicht an. Was er anstrebt, ist die im Eigentum steckende *Vorzugsstellung gegenüber* allen *anderen,* dinglich nicht gesicherten *Gläubigern* (§ 771 ZPO, § 48 KO) und die Befriedigungsmöglichkeit bei Verzug des Schuldners. Er will den *Sachwert* gegenüber den anderen Gläubigern und dem Schuldner für sich reserviert sehen. Auf seine formale Stellung als Eigentümer legt er demgegenüber keinen Wert. Daraus ergibt sich, daß er sa-

---

[1] Dazu die oben § 56 III Genannten sowie *Lange,* Lage und Zukunft der Sicherungsübereignung, NJW 1950, 565; *Paulus,* JZ 1957, 7 und 47; *Hromodka* JuS 1980, 89 (Sicherungsübereignung u. Publizität); *Westermann,* Interessenkollisionen und ihre richterliche Wertung bei den Sicherungsrechten an Fahrnis und Forderungen, 1954; *Reich,* Funktionsanalyse u. Dogmatik bei der Sicherungsübereignung AcP 169, 247; *Wacke* aaO (oben vor § 51) S. 59 ff.; *Adams,* Ökonomische Analyse der Sicherungsrechte – Ein Beitrag zur Reform der Mobiliarsicherheiten, 1980; *Dorndorf,* Kreditsicherungsrecht und Wirtschaftsordnung, 1986; *Bülow,* Jura 1987, 509; *Schwab/Prütting* § 34.

[2] Siehe oben § 56.

[3] oder gegen einen anderen.

[4] Zur Treuhand s. oben § 3 II 1 d bb.

chenrechtlich mehr erhält als nach den Intentionen der Parteien wirtschaftlich gewollt ist, nämlich das volle Eigentum anstelle eines – aus rechtstechnischen Gründen – nicht möglichen Pfandrechts. Dieser nicht gewollte „Überschuß" an Rechtsmacht muß sich sowohl im Verhältnis von Gläubiger und Schuldner

Anwendung von Pfandrechtsnormen, wo der Sicherungsvertrag schweigt?

wie auch auf die rechtlichen Beziehungen zu den übrigen Gläubigern auswirken:

Soll z. B. dem Sicherungseigentümer im Konkurs des Schuldners nur ein Absonderungsrecht (wie einem Pfandgläubiger) zugesprochen werden?

2. An der SÜ sind unmittelbar nur der *Schuldner* (= Sicherungsgeber) und der *Gläubiger* (= Sicherungsnehmer) beteiligt. Ihre Interessen sind zunächst gleichgerichtet,[1] da es dem Schuldner auf die Erlangung des Kredits, dem Gläubiger auf eine befriedigende Kapitalanlage und eine ausreichende Sicherung ankommt. Indessen kann sich eine Spannung schon von vornherein dadurch ergeben, daß der wirtschaftliche Spielraum des Schuldners durch den Sicherungsvertrag und die SÜ über Gebühr eingeengt wird („Übersicherung" – „Knebelung" – „Aussaugung"); daraus ergibt sich das Problem der Anwendung des § 138 und des § 9 AGBG (s. unten V 5). Ein echter Interessengegensatz entsteht – wie beim Pfandrecht – in aller Regel dann, wenn der Schuldner seine Verbindlichkeit gegenüber dem Gläubiger nicht erfüllt und dieser daher die übereignete Sache verwerten will. Er ist zwar Eigentümer der Sache, aber der Schuldner hat sie im unmittelbaren Besitz. Die Verwertung setzt also die Besitzerlangung durch den Gläubiger voraus. Für die Pfandverwertung hat der Gesetzgeber – wie wir wissen – eingehende Vorschriften aufgestellt (s. oben § 55 B IV), die im wesentlichen dem Schutz des Schuldners dienen. Für die SÜ fehlt eine solche Regelung; sie wird aus der Sicherungsvereinbarung und den mit der SÜ verfolgten Zwecken zu entwickeln sein (s. unten VII).

Ein Interessengegensatz kann sich ferner ergeben, wenn der Gläubiger vor der Pfandreife über die ihm zur Sicherheit übereignete Sache weiter verfügt. Eine solche Verfügung ist sicher sachenrechtlich wirksam.[2] Sie verstößt aber gegen den Sicherungsvertrag, wenn die Übereignung an den Dritten endgültig sein soll. Wie aber wenn der Gläubiger seinerseits bei dem Dritten Kredit aufnimmt und ihm das Sicherungsgut zur Sicherheit weiter übereignet? (s. dazu unten VII 3).

3. Häufig ist der Zusammenprall zwischen dem Sicherungsrecht des Gläubigers und dem Zugriffs- und Verwertungsinteresse *anderer Gläubiger* des Sicherungsgebers; er zeigt sich sowohl in der Zwangsvollstreckung wie im Konkurs. Der gesicherte Gläubiger muß Gewicht darauf legen, daß sich seine bevorzugte dingliche Rechtsstellung durchsetzt, während die ungesicherten Gläubiger eine Beschränkung des Sicherungsnehmers auf die Höhe der gesicherten Forderung anstreben müssen, so daß ein freier Rest des Sachwerts ihnen zugute kommt (dazu unten V).

Die SÜ gewährt ein heimliches Pfandrecht, sie ist nach außen nicht erkennbar. Der Schuldner erscheint weiterhin als kreditwürdig. Darin liegt eine *Gefährdung*

---

[1] So mit Recht *Westermann*, Interessenkollisionen (1954) S. 9.
[2] Beachte aber § 986 Abs. 2, wenn der Sicherungsgeber im Besitz der Sache ist! Beachte ferner § 161 Abs. 2 bei auflösend bedingter SÜ!

aller Gläubiger; sie läßt sich nicht vermeiden, weil sie mit der SÜ notwendig verknüpft ist. Immerhin kann aber dieser „Normaltatbestand" überschritten sein, so wenn etwa der Schuldner auf Veranlassung des Gläubigers den übrigen Gläubigern seine Vermögenslage verschleiert. Daraus ergibt sich dann das Problem, ob die SÜ nach § 138 nichtig ist oder gar der gesicherte Gläubiger den anderen ungesicherten Gläubigern gegenüber aus § 826 schadensersatzpflichtig wird (s. unten V 5).

4. Schließlich kann sich noch ein Interessengegensatz zwischen *dem Schuldner* und *den Gläubigern des Sicherungsnehmers* ergeben. Zwar ist dieser formal Eigentümer des Sicherungsguts, seine Gläubiger könnten also zugreifen. *Wirtschaftlich* betrachtet ist aber der Sicherungsnehmer nur Pfandgläubiger, der Schuldner (= Sicherungsgeber) ist „Eigentümer" geblieben; dies kommt auch rechtlich darin zum Ausdruck, daß die zur Sicherheit übereignete Sache nach Tilgung der gesicherten Forderung an den Schuldner zurückfallen soll. Ein Zugriff durch Gläubiger des Sicherungsnehmers würde diesen Rückfall vereiteln. Es wird also zu prüfen sein, ob die Interessen des Schuldners, seine Berufung auf die „wahre" Rechtslage berücksichtigt werden können (s. unten VI).

II. Anwendungsbereich – Überblick über die Darstellung

1. Die SÜ dient vor allem der Sicherung von Krediten, insbesondere von *Bankkrediten*. Übereignet werden einzelne Gegenstände (z. B. eine wertvolle Maschine, ein Kraftfahrzeug) oder eine Sachgesamtheit, insbes. ein Warenlager. Im letztgenannten Fall ergeben sich besondere Schwierigkeiten: das Warenlager muß ja – auch im Interesse des Gläubigers! – „umgesetzt" werden. Rechtlich bedeutet dies, daß der Gläubiger den Schuldner zu Veräußerungen des Sicherungsguts im Rahmen eines ordentlichen Geschäftsbetriebs ermächtigt (§ 185); andererseits legt er Gewicht darauf, daß Neuzugänge zum Warenlager der SÜ unterfallen, ihm also von vornherein durch antezipiertes Konstitut übereignet werden. Diese Lieferungen erfolgen aber regelmäßig unter Eigentumsvorbehalt. Eine Übereignung durch den Schuldner an den Gläubiger ist also gar nicht möglich; immerhin wird der Gläubiger daran interessiert sein, daß ihm das aus dem Eigentumsvorbehalt sich ergebende Anwartschaftsrecht des Käufers (= seines Schuldners) übertragen wird.
Banktibliches Muster:[1]
„Soweit der Sicherungsgeber Eigentum oder Miteigentum an dem Sicherungsgut hat, überträgt er der Bank das Eigentum oder Miteigentum. Soweit der Sicherungsgeber ein Anwartschaftsrecht auf Eigentumserwerb (aufschiebend bedingtes Eigentum) an den von seinen Lieferanten unter Eigentumsvorbehalt gelieferten Waren hat, überträgt er hiermit der Bank dieses Anwartschaftsrecht. Eigentum, Miteigentum und Anwartschaftsrecht an dem bereits vorhandenen Sicherungsgut gehen mit Abschluß des Sicherungsvertrages und an dem noch einzulagernden Sicherungsgut mit dessen Einlagerung auf die Bank über."[2]
Häufig wird die SÜ *„verlängert"*, nämlich dann, wenn der Schuldner die übereigneten Sachen verarbeitet (Ausschluß des § 950) oder sie weiterveräußert (Abtretung der Ansprüche aus den Kaufverträgen); die Klausel lautet dann etwa wie folgt:
„Macht der Kreditnehmer von der Verkaufsbefugnis Gebrauch, so ... tritt er ... schon hiermit seine Ansprüche aus den Kaufverträgen an die Bank ab."
Da auch der Eigentumsvorbehalt regelmäßig durch die Vorausabtretung der sich aus dem Verkauf der Waren ergebenden Forderungen „verlängert" wird, wird die Konkurrenz zwischen den beiden Vorausabtretungen (an die Bank bzw. an die Warenlieferanten) sofort deutlich! Mit diesem Tatbestand werden wir uns näher zu befassen haben (s. unten § 59 VI).[3]

---

[1] Muster des Bank-Verlags Köln.
[2] S. dazu auch die in BGHZ 28, 16, 17 beurteilte Formel.
[3] Zur Verwendung der SÜ im Rahmen des sog. Leasing s. oben § 56 IV.

2. Unsere Überlegungen zur Interessenlage und zum Anwendungsbereich der SÜ haben uns schon erkennen lassen, daß es einigermaßen schwierig sein wird, sich in diese Materie einzuarbeiten. Es wird vielleicht am besten sein, wenn wir dem zeitlichen Ablauf eines SÜ-Verhältnisses folgen und daher zunächst den sachenrechtlichen Vorgang der Bestellung des Sicherungsrechts erörtern (III), dann die ihm zugrunde liegende Sicherungsvereinbarung (IV), anschließend die Stellung des Sicherungsnehmers gegenüber konkurrierenden ungesicherten Gläubigern des Sicherungsgebers (V), im Zusammenhang damit die Rechte des Schuldners gegenüber Gläubigern des Sicherungsnehmers (VI) und schließlich das Verwertungsrecht des Sicherungsnehmers (VII) und den Rückfall des Sicherungsguts an den Schuldner (VIII).

III. Der Übereignungstatbestand

1. Die SÜ kann in einer der in §§ 929 ff. enthaltenen Formen erfolgen; praktisch bedeutsam ist allein die *Form des § 930,* also Einigung und Vereinbarung eines Besitzkonstituts; denn der Schuldner soll ja den unmittelbaren Besitz an der Sache und damit die Nutzungsmöglichkeit behalten.

a) Das vereinbarte *Besitzmittlungsverhältnis* muß konkret sein (§ 868); es genügt nicht die Abrede, daß der Schuldner künftig für den Gläubiger besitzen solle (s. oben § 7 B III 1 c, § 51 V 2). Ausreichend ist aber als Grundlage der Sicherungsvertrag, wenn sich aus ihm die Rechte und Pflichten der Beteiligten hinsichtlich des Sicherungsguts ergeben.[1]

Um dem Erfordernis des konkreten Konstituts zu genügen, wird in der Praxis etwa folgende Formulierung gewählt:[2] „Die Übergabe des Sicherungsgutes an die Bank wird dadurch ersetzt, daß der Sicherungsgeber es für die Bank sorgfältig unentgeltlich verwahrt. Soweit Dritte unmittelbaren Besitz am Sicherungsgut erlangen, tritt der Sicherungsgeber bereits jetzt seine bestehenden und künftigen Herausgabeansprüche an die Bank ab."

b) Sicher ist, daß die Einigung über den Eigentumsübergang *auflösend bedingt* getroffen werden kann (BGH NJW 1986, 977 für den Fall der Sicherungsabtretung), und zwar bedingt durch die volle Erfüllung der gesicherten Forderung (also z. B. durch die Rückzahlung des gewährten Darlehens). Ist dies der Fall, so fällt das Eigentum an dem Sicherungsgut mit Bedingungseintritt automatisch an den Sicherungsgeber zurück, es bedarf keiner Rückübereignung auf Grund des Sicherungsvertrags. Der Sicherungsgeber ist durch § 161 Abs. 2 geschützt (s. aber § 161 Abs. 3). Einzelheiten unten VIII.

Zweifelhaft und streitig ist nur, ob eine solche Bedingung im Zweifel als vereinbart gilt. Im Anschluß an *Lange*[3] ist die diese Frage bejahende Auffassung im Vordringen, wobei mit Recht die Parallele zum Eigentumsvorbehalt gezogen wird (§ 455), s. auch BGH NJW 1986, 977. Die Formularpraxis freilich verfährt – mit Billigung der Rspr. (BGH NJW 1984, 1184) – anders: „Nach Abdeckung ihrer durch die Übereignung gesicherten Forderungen hat die Bank das Eigentum an dem noch vorhandenen Sicherungsgut auf den Sicherungsgeber *zurückzuübertragen.*"[4] Diese Rückübertragung erfolgt sachenrechtlich durch die Übereignung kurzer Hand nach § 929 Satz 2.

---

[1] A. A. E. *Wolf* § 2 B II b 7.

[2] Vgl. Muster des Bank-Verlags.

[3] NJW 1950, 565, 569; s. ferner *Serick* III S. 391 ff.

[4] Muster des Bank-Verlags. Zum „sicherungsrechtlichen Rückgewährsanspruch" s. *Scholz* in Festschrift f. Möhring, 1965, S. 419 ff. – Nach Auffassung von MünchKomm/*Quack* (Anhang §§ 929–936 Rn. 145–147) verstößt die unbedingte Bestellung von Sicherungseigentum – also unabhängig von der gesicherten Forderung – gegen § 9 AGBG und ist unwirksam. Diese Auffassung ist nicht haltbar. Man kann nicht mit Hilfe des AGBG die Erweiterung der Akzessorietät erzwingen (s. dazu BGH NJW 1984, 1184, 1186 = *Baur* E.Slg. Fall 26 b) u. *Staudinger/Wiegand* Anh. 199 zu §§ 929 ff.; *Westermann/H. P. Westermann* § 44 III 4 b.

Der praktische Unterschied zwischen den beiden Auffassungen besteht vor allem darin, daß bei Annahme einer auflösenden Bedingung dem Sicherungsgeber – neben dem unmittelbaren Besitz – ein Anwartschaftsrecht zusteht; es stellt – etwa bei regelmäßiger Amortisation der gesicherten Forderung – einen wirtschaftlichen Wert dar, den der Schuldner zur Sicherung eines anderweitigen Kredits verwerten kann. Die Rechtslage ist vergleichbar der beim Eigentumsvorbehalt, wenn der Vorbehaltskäufer das Anwartschaftsrecht aus bedingter Übereignung zur Kreditsicherung verwendet.

c) Die SÜ ist – anders als das Pfandrecht – *nicht akzessorisch:* Das Nichtbestehen der Forderung hat nur einen schuldrechtlichen Rückübereignungsanspruch des Sicherungsgebers zur Folge[1]. Tritt der Sicherungsnehmer die Forderung ab, so geht das Sicherungseigentum nicht nach § 401 automatisch auf den Zessionar über; der Zedent ist jedoch u. U. zur Eigentumsübertragung (nach § 931) verpflichtet,[2] worin freilich ein Verstoß gegen die Sicherungsabrede liegen kann.

In NJW 1982, 275 hat der BGH die Auffassung vertreten, daß eine Sicherungszession (SÜ) „keinerlei rechtliche Wirkung entfaltet, wenn die gesicherte Darlehensforderung nicht entstanden ist". Es wird also eine Akzessorietät angenommen wie beim Pfandrecht (dagegen jetzt BGH JZ 1991, 723 m. Anm. *Gerhardt:* es gibt keinen allgemeinen Rechtsgrundsatz des Inhalts, daß die Sicherungsübereignung stets durch den Sicherungszweck bedingt ist; ferner *Buchholz,* Jura 1990, 300 und *Jauernig,* NJW 1982, 268; *Staudinger/Wiegand* § 930 Rn. 187).

Beispiel: Die Bank Gl. hat dem S ein Darlehen von 20 000 DM gegen SÜ eines Computers gewährt, der Vater V des S hat außerdem die Bürgschaft übernommen. Als S am Fälligkeitstag nicht leistet, tilgt der Bürge V das Darlehen. Damit geht die Forderung der Gl. gegen S auf V über (§ 774), *nicht* aber (entsprechend §§ 412, 401) das Sicherungseigentum an der Maschine. Gl. ist aber zur Übertragung des Eigentums an V auch im Verhältnis zu S berechtigt, wenn dies im Sicherungsvertrag vereinbart war. Formel: „Wenn ein Bürge die Bank befriedigt hat, so ist diese zwar nicht verpflichtet, aber berechtigt, das Sicherungsgut auf den Bürgen zu übertragen."[3]

2. a) *Sicherungsobjekte* können sein: eine *einzelne* bewegliche Sache (auch eine solche, die erst *künftig* vom Sicherungsgeber erworben wird), die zu einer *Sachgesamtheit* zusammengefaßten Sachen, insbes. ein Warenlager, ja auch ein *Anwartschaftsrecht* aus bedingter Übereignung.

Beispiele: SÜ einer einzelnen Maschine und der Maschine, die künftig an ihre Stelle tritt.
SÜ eines Warenlagers, gleichgültig, ob der Sicherungsgeber Eigentümer oder nur Anwartschaftsberechtigter (aus § 455) ist, mit der Abrede, daß der Schuldner zur Veräußerung von Gegenständen des Warenlagers im Rahmen des normalen, ordnungsmäßigen Geschäftsbetriebs ermächtigt ist (§ 185), „Neuzugänge" aber wieder der SÜ unterfallen, und zwar wieder gleichgültig, ob der Schuldner mit „Zugang" voller Eigentümer oder – bei Lieferung unter Eigentumsvorbehalt – nur Anwartschaftsberechtigter wird (s. die oben II 1 mitgeteilte Klausel).
Zur Übertragung des Anwartschaftsrecht s. BGHZ 20, 88 (unmittelbarer Eigentumsübergang vom Vorbehaltsverkäufer auf den Sicherungsnehmer bei Bedingungseintritt = Tilgung des Kaufpreises), unten § 59 V 2 sowie oben § 52 II 3 c).
Von der Sicherungsübertragung der *Anwartschaft* durch den Vorbehaltskäufer ist zu unterscheiden die SÜ der *Sache* durch den Vorbehaltsverkäufer (nach § 931), z. B. an seine Bank; diese SÜ hat natürlich nur solange Bestand, als der Kaufpreis noch nicht bezahlt ist. Aber meist wird die Kaufpreisforderung auch an die finanzierende Bank abgetreten.

b) Besondere Probleme ergeben sich bei der *SÜ von Warenlagern* hinsichtlich

---

[1] Ausführlich Klaus *Behrens,* Die Rückabwicklung der Sicherungsübereignung bei Erledigung oder Nichterreichung des Sicherungszwecks, 1989.

[2] RGZ 91, 277, 280; BGH DB 1967, 548; *Scholz* NJW 1962, 2228.

[3] Vgl. *Schütz* S. 430.

des *Bestimmtheitsgrundsatzes:*[1,2] Einigung und Besitzübergabe müssen sich auf bestimmte Sachen beziehen. Wird ein Warenlager in seinem gegenwärtigen und künftigen Bestand zur Sicherheit übereignet, so können sich Zweifel ergeben

aa) bezüglich der von der SÜ körperlich erfaßten Sachen

sowie

bb) hinsichtlich der verschiedenen Form der Zugehörigkeit der übereigneten Sachen zum Vermögen des Sicherungsgebers.

Zu aa) das „ganze Warenlager"? – ein prozentual bestimmter Teil des Warenlagers? – das Warenlager in Höhe der gesicherten Forderung? – der in einem bestimmten Raum untergebrachte Teil des Warenlagers?

Zu bb) nur die im Eigentum des Sicherungsgebers stehenden Gegenstände? – auch Anwartschaftsrechte? Müssen die in der einen oder der anderen Rechtsform im Warenlager befindlichen Sachen voneinander abgegrenzt werden?

Faßt man vorweg den gegenwärtigen *Standpunkt der Rechtsprechung* zu diesem Problemkreis zusammen, so ergeben sich folgende *Grundsätze:*

(1) Bei einer SÜ müssen die übereigneten Sachen *im Vertrag bestimmt* bezeichnet werden. Bloße Bestimmbarkeit genügt nicht (RGZ 132, 183, 187; BGHZ 28, 16, 19; BGHZ 73, 253, 254; BGH JZ 1988, 471).

(2) Das Erfordernis der bestimmten Bezeichnung bezieht sich aber nur auf die Fixierung der von der SÜ erfaßten Sachen, nicht auf ihre rechtliche Qualifizierung (als dem Schuldner jetzt schon gehörige oder künftig in sein Eigentum fallende und ihm nur dem Anwartschaftsrecht nach zustehende Sachen).

Diese Rechtsprechung wird deutlich durch die Tendenz gekennzeichnet, den Umfang des Sicherungsguts für den Konfliktsfall (also insbesondere im Konkurs und beim Vollstreckungszugriff anderer Gläubiger) möglichst klar zu kennzeichnen. Dagegen kann sie irgendeine Publizität des Sicherungsvorgangs nicht erreichen; denn darauf ist das Institut der SÜ schon seinem Ursprung nach nicht angelegt. Richtig wäre es wohl, die gleichen Grundsätze wie bei der Sicherungsabtretung künftiger Forderungen anzuwenden (s. unten § 58 II 3b), also die *Bestimmbarkeit* in dem Sinne genügen zu lassen, daß sich in dem Sicherungsvertrag genaue Kriterien dafür finden müssen, ob eine Ware im Augenblick des Zugangs beim Schuldner von der SÜ erfaßt wird oder nicht.[3]

Ausreichend ist die Übereignung des ganzen Warenlagers, der gesondert gelagerten und mit einem auf die SÜ hinweisenden Schild versehenen Waren, vor allem aber – in der Praxis besonders bedeutsam – der in einem besonderen Raum gelagerten Waren (sog. Raumsicherungsvertrag). Nicht genügend ist eine Bezeichnung durch einen Prozentsatz („die Hälfte des Warenlagers") oder durch eine Wertangabe („in Höhe der jeweils bestehenden Forderung").

Auf die *rechtliche Qualifizierung* wird in BGHZ 28, 16 (im Gegensatz zu BGHZ 21, 52) kein Gewicht mehr gelegt. Insbesondere ist eine Aufteilung in „Anwartschaftssachen" und „Eigentumssachen" nicht erforderlich. Der BGH begründet dies zunächst damit, daß das Anwartschaftsrecht eine bloße Vorstufe des Eigentums sei. Wichtiger ist wohl der andere Gesichtspunkt, daß eine rechtliche Qualifizierung weder vom Standpunkt der Parteien des Sicherungsvertrags aus noch zum Schutze anderer Gläubiger erforderlich ist. Ausschlaggebend ist aber schließlich die rechtspolitische Erwä-

---

[1] Die gleichen Probleme finden sich bei der Sicherungsabtretung künftiger Forderungen (s. unten § 58 II 3) und beim verlängerten Eigentumsvorbehalt (s. unten § 59 VI).

[2] Siehe dazu besonders *Staudinger/Wiegand* Anh. 93 ff. u. § 929 ff.; *Paulus,* Probleme und Möglichkeiten der institutionellen Ausformung der SÜ, JZ 1957, 7 und 47; *Serick* II 1 § 21 S. 148 ff.; *Soergel/Mühl* § 930 Rn. 38 ff.; *Westermann* NJW 1956, 1297.

[3] A. A. *Möschel* NJW 1981, 2273, der im Gegenteil auf eine Verschärfung des Bestimmtheitsgrundsatzes drängt.

gung, daß eine rechtliche Qualifizierung die SÜ von Warenlagern praktisch unmöglich machen würde (BGHZ 28, 16, 25).[1]

c) Meist vereinbaren die Parteien ausdrücklich, daß – etwa bei der SÜ eines Warenlagers – die Ersatzstücke für ursprüngliches Sicherungsgut ebenfalls von der SÜ erfaßt werden oder daß die Forderungen aus dem Weiterverkauf im vornherein dem Sicherungsnehmer abgetreten werden. Was gilt aber, wenn eine solche Vereinbarung fehlt? Soll hier eine *dingliche Surrogation* (etwa in Anlehnung an § 2041 BGB) Platz greifen?[2]

Beispiele: (1) S hat dem Gl. einen Kraftwagen nach § 930 BGB zur Sicherheit übereignet. Abredewidrig veräußert S den Wagen (nach §§ 433, 929, 932) an D. Steht die Kaufpreisforderung automatisch dem Gl. zu (und dient jetzt der Sicherung der Forderung des Gl. gegen S) oder kann Gl. nur die Abtretung der Kaufpreisforderung nach § 816 Abs. 1 S. 1 erzwingen?

(2) Wenn umgekehrt Gl. den Wagen (nach § 931) an X veräußert hat und dann in Konkurs fällt, kann S die Kaufpreisforderung nach § 43 KO aussondern oder nach § 46 KO Ersatzaussonderung verlangen, da er den Wagen – stünde er noch im Sicherungseigentum des Gl. – hätte aussondern können? (s. unten VI 2).

(3) Wenn der dem Gl. zur Sicherheit übereignete Wagen von Y schuldhaft beschädigt wird, so steht der Ersatzanspruch nach § 823 Abs. 1 dem Gl. als Eigentümer zu. Was gilt, wenn S seine Schuld an Gl. tilgt? Steht jetzt der Ersatzanspruch automatisch dem S zu oder kann er nur dessen Abtretung auf Grund des Sicherungsvertrags verlangen?

Die Antwort auf diese Fragen hängt davon ab, ob man eine *dingliche Surrogation* im Sachenrecht über die gesetzlich geregelten Fälle (z. B. §§ 1048 Abs. 1, 1247, 1287 BGB, auch § 46 KO, § 392 Abs. 2 HGB) hinaus zuläßt (s. dazu *M. Wolf* aaO u. RGZ 153, 366; BGH NJW 1959, 1223). Die h. M. verneint, wohl mit Recht. Freilich sollte man sich nicht so sehr darauf abstellen, ob der Sicherungsnehmer das Sicherungsgut *unmittelbar* vom Sicherungsgeber erhalten hat, als vielmehr auf die in § 816 enthaltene Entscheidung des Gesetzgebers. Eine dingliche Surrogation könnte allenfalls für die sog. Entziehungssurrogation (oben (3)) und bei Ersatzbeschaffungen für Warenlager und ähnliche Vermögensinbegriffe in Betracht kommen (s. dazu BGH LM § 930 BGB Nr. 12).

IV. Der Sicherungsvertrag[3]

1. Der Sicherungsvertrag grenzt die Rechte und Pflichten der an der SÜ Beteiligten (also meist des Gläubigers und Schuldners, aber auch des Gläubigers und eines Dritten, der für den Schuldner „einspringt") ab. Er ist *nicht* mit dem Rechtsgeschäft (z. B. dem Darlehen) identisch, dem die gesicherte Forderung entspringt, mögen beide Verträge häufig auch zu einem Rechtsakt verbunden sein.

Die Sicherungsabrede enthält z. B. die Pflicht des *Sicherungsgebers,* das Sicherungsgut ordnungsmäßig zu behandeln und zu versichern,[4] dem Sicherungsnehmer Anzeige bei Pfändung des Sicherungsguts durch Dritte zu machen; ferner kann sie Auskunft geben über die Art der *Verwertung* des Guts bei Fälligkeit der gesicherten Forderung, über die Pflicht des Sicherungsnehmers zur Rückübereignung nach Tilgung der Schuld u. s. w.[5] Ist die *Sicherungsabrede nichtig,* so erfaßt die Nichtigkeit auch die SÜ, wenn diese nach § 930

---

[1] Schwierigkeit macht auch die *Besitzlage,* wenn der Vorbehaltskäufer sein Anwartschaftsrecht auf einen Dritten nach § 930 BGB zur Sicherheit überträgt (s. dazu unten § 59 V 2b).

[2] Zur dinglichen Surrogation allgemein s. *Gernhuber* Bürgerl. R., § 49; *Strauch,* Mehrheitlicher Rechtsersatz, 1972; M. *Wolf* JuS 1975, 643, 710; 1976, 32, 104.

[3] S. dazu bes. *Gaul,* Lex commissoria u. Sicherungsübereignung, AcP 168, 351; *Scholz/Lwowski* S. 43 ff., 426 ff.

[4] Worüber dann der Versicherer dem Sicherungsnehmer einen sog. Sicherungsschein ausstellt.

[5] „Sicherungstreuhand": oben § 3 II 1 d bb; *Gernhuber* JuS 1988, 358; *Soergel/Mühl* § 930 Rn. 29–31 u. 52, 53; zu den Pflichten des Sicherungsnehmers s. auch BGHZ 32, 67 u. BGH NJW 1966, 2009 (Pflicht zur ordnungsmäßigen Verwertung).

vollzogen wurde; denn es fehlt dann – weil auch kein Herausgabeanspruch besteht –[1] an der wirksamen Begründung eines Besitzmittlungsverhältnisses.[2] Ist die SÜ in anderer Form (z. B. § 929) erfolgt, so ist sie zwar wirksam, dem Sicherungsgeber steht aber ein Anspruch auf Rückübereignung aus ungerechtfertigter Bereicherung zu (Leistungskondiktion). Das gleiche gilt bei späterem Fortfall einer zunächst wirksam zustandegekommenen Sicherungsabrede. Ist die Sicherungsabrede gültig, ist aber die zu sichernde Forderung endgültig nicht entstanden oder wieder erloschen, so ergibt sich die Pflicht zur Rückübereignung aus dem Sicherungsvertrag, sofern die Parteien nicht das Bestehen der Forderung zur Bedingung der Übereignung gemacht haben (s. oben III 1 b und unten VIII).

Ist die gesicherte Forderung verjährt, so ist § 223 Abs. 2 anwendbar; dies bedeutet, daß die Verjährung der Forderung die Stellung des Sicherungseigentümers, insbesondere sein Verwertungsrecht nicht berührt (BGHZ 34, 191, 195; s. auch BGHZ 70, 96).

2. Zweifelhaft ist die Rechtslage, wenn die Parteien eine ausdrückliche Sicherungsabrede nicht getroffen haben. Können dann die für das Verhältnis von Gläubiger und Verpfänder gegebenen Bestimmungen entsprechend angewendet werden?[3] Die Frage läßt sich nicht mit einem schlichten ja oder nein beantworten. Entscheidend ist zunächst die Eigenart des konkreten Sicherungsverhältnisses. Wo sich auch daraus nichts entnehmen läßt, können die Vorschriften des Pfandrechts entsprechend herangezogen werden, jedoch mit der Besonderheit, daß die Rechtmäßigkeitsvoraussetzungen einer Pfandverwertung hier nur eine interne, für das Verhältnis zwischen Sicherungsnehmer und Sicherungsgeber maßgebende Bedeutung haben.

Beispiel: S hat dem G eine wertvolle Maschine zur Sicherung eines Darlehens ohne inhaltlich fixierte Sicherungsabrede übereignet. Ist die Forderung zur Rückzahlung fällig, so wird G zur Androhung der Veräußerung verpflichtet sein (§ 1234 entsprechend). Veräußert G die Maschine freihändig an D, so ist D Eigentümer geworden. Kann S nachweisen, daß bei einer Veräußerung im Wege öffentlicher Versteigerung oder bei einer Ausschreibung ein wesentlich höherer Erlös erzielt worden wäre, so kann G schadensersatzpflichtig sein.

Zweifelhaft ist ob die Vereinbarung einer Verfallklausel wirksam ist. Die Frage ist – wie *Gaul* AcP 168, 151 nachgewiesen hat – zu verneinen; das Verbot der Verfallklausel (§ 1229) gilt auch für die SÜ (anders frühere Auflagen u. *Serick* III S. 480 ff. [m. w. N.]; *Rimmelspacher* § 6 Rn. 352 ff.: Abrechnungspflicht des Sicherungsgebers nach Verfall).

3. Der Sicherungsvertrag kann *wegen Sittenwidrigkeit* nichtig sein (§ 138). In dem hier interessierenden Zusammenhang (Verhältnis Sicherungsgeber – Sicherungsnehmer) kommen insbesondere die Tatbestände der *Knebelung* und u. U. der *Übersicherung* (dazu BGHZ 94, 105, 111; *Serick* V § 60 IV) in Betracht.

Davon zu unterscheiden sind die Tatbestände der Sittenwidrigkeit, die sich aus der Mißachtung der Interessen anderer – ungesicherter – Gläubiger ergeben („Gläubigergefährdung"). Des Zusammenhangs halber sollen alle Fälle der Sittenwidrigkeit bei der Darstellung des Verhältnisses zwischen Sicherungsnehmer und ungesicherten Gläubigern erörtert werden (V 5).

Zu bemerken bleibt noch, daß die SÜ unpfändbarer Gegenstände nicht stets sittenwidrig ist (BGH BB 1961, 463; OLG Stuttgart NJW 1971, 50; dazu *Gerhardt* JuS 1972, 696; OLG Frankfurt NJW 1973, 104; *Soergel/Mühl* § 930 Rn. 35 m. w. N.).

Eine *Übersicherung* kann erlaubt sein, wenn die Sicherungsvereinbarung eine Freigabeklausel enthält (BGHZ 94, 105, 111; s. unten V 5).

---

[1] S. oben § 7 B III 1 b dd.

[2] Diesen Hinweis verdanken wir Herrn Kollegen *Jauernig*, Heidelberg. Vgl. jetzt *Jauernig/Jauernig* § 930 Anm. 5 D c; ihm folgend auch *Palandt/Bassenge* § 930 Rn. 5; *MünchKomm/Quack* Rn. 35 zu §§ 929–936; a. A. *Staudinger/Wiegand* Anh. 90 zu § 929 ff.

[3] S. *Lange* NJW 1950, 570 (VI); *Serick* I S. 60 ff. und III S. 454 ff.

V. Die Stellung des Sicherungsnehmers gegenüber den ungesicherten Gläubigern des Sicherungsgebers

Als pfandähnliches Recht muß sich auch das Sicherungseigentum in der Konkurrenz mit den anderen Gläubigern des Sicherungsgebers, also im Konkurs und Vergleich (1) und in der Zwangsvollstreckung (2) bewähren.[1] Allgemein gesehen erscheint der Sicherungsnehmer als „beatus possidens", der die Angriffe der anderen Gläubiger abwehrt. Freilich werden die ungesicherten Gläubiger bemüht sein, diese starke Rechtsstellung des Sicherungsnehmers zu Fall zu bringen. Sie werden sich auf die Bestimmungen des Anfechtungsrechts berufen (3) oder dartun, daß der Sicherungsnehmer mit der Sicherungsübereignung praktisch das ganze Vermögen des Schuldners übernommen habe, daher nach § 419 hafte (4), oder schließlich zu belegen suchen, daß die Sicherungsübereignung nach § 138 nichtig sei oder sogar nach § 826 zum Schadensersatz verpflichte (5).

Zur Einführung in die „Mechanik" eines solchen Vorgangs ein *Beispiel*:
S hat seinem Gläubiger G sein – in bestimmten Räumen untergebrachtes – Warenlager sicherungsübereignet. Als S in Konkurs fällt, beansprucht G das Warenlager für sich als Sicherungseigentümer, der Konkursverwalter K will es zur Konkursmasse ziehen. Er wird sich zunächst auf die sog. Konkursanfechtung berufen (§§ 29 ff. KO). Gelingt es ihm nicht, die recht engen Voraussetzungen der Anfechtungstatbestände darzutun, so wird er den Tatbestand der Vermögensübernahme behaupten (§ 419) oder aber geltend machen, daß die SÜ wegen Gläubigergefährdung sittenwidrig und daher nichtig gewesen sei.
Schon dieses Beispiel macht deutlich, daß K mit rechtlich verschiedenen Mitteln *ein* Ziel erreichen will, nämlich die SÜ zu Fall zu bringen.

1. Im *Konkurs* des Sicherungsgebers steht dem Sicherungsnehmer (= Gläubiger) ein *Absonderungsrecht* zu (§ 48 KO). So die ständige Rechtsprechung (vgl. RGZ 124, 73, 75). Da der Sicherungsnehmer Eigentümer ist, müßte ihm eigentlich ein Aussonderungsrecht (§ 43 KO) zugebilligt werden. Aus praktischen Gründen wird er aber wie ein Pfandberechtigter behandelt.[2]

Dies bedeutet, daß der Sicherungsnehmer das Sicherungsgut nicht als Eigentümer aus der Masse herausnehmen kann. Wohl aber kann er Herausgabe zur Verwertung verlangen (§ 127 Abs. 2 KO), wobei ein Überschuß dieser Verwertung der Konkursmasse zufällt (BGH NJW 1978, 632).[3]
Ist über das Vermögen des Schuldners das *Vergleichsverfahren* zur Abwendung des Konkurses eröffnet, so wird der Sicherungseigentümer als Absonderungsberechtigter dadurch nicht berührt; Vergleichsgläubiger ist er daher nur in Höhe seines Ausfalls, d. h. soweit er nach der Verwertung des Sicherungsguts nicht befriedigt ist (§ 27 VerglO; dazu BGH NJW 1956, 1594 und BGHZ 31, 174).

2. Die *Zwangsvollstreckung* ungesicherter Gläubiger in das Sicherungsgut wird zunächst dadurch ermöglicht, daß der Schuldner unmittelbarer Besitzer ist: Der Gerichtsvollzieher hat bei der Pfändung beweglicher Sachen nur auf den Gewahrsam des Schuldners zu achten (§ 808 ZPO) und braucht sich nicht um die Eigentumsverhältnisse zu kümmern. Es bleibt der Initiative des Sicherungsnehmers überlassen, die Pfändung durch Anrufung des Gerichts zu beseitigen. Er tut dies, indem er die Interventionsklage (Drittwiderspruchsklage)

---

[1] Dazu *Grunsky* JuS 1984, 497.
[2] Dazu *Baur/Stürner* II InsolvenzR Rn. 14.25; *Serick* III S. 266 ff. und ZIP 1982, 507.
[3] Einzelheiten s. *Baur/Stürner* II InsolvenzR Rn. 15.12 m. w. N.

nach § 771 ZPO erhebt und damit erreicht, daß „die Zwangsvollstreckung in das Sicherungsobjekt für unzulässig erklärt wird".

Konsequent wäre es freilich, dem Sicherungseigentümer – entsprechend der Regelung im Konkurs – nur ein Recht auf vorzugsweise Befriedigung zu geben (§ 805 ZPO). Dies würde bedeuten, daß die gepfändete Sache verwertet wird, der Erlös aber dem Sicherungseigentümer in Höhe seiner Forderung zufällt. Wenn die h. M. dennoch ein Interventionsrecht gibt, den Sicherungsnehmer also *hier* als „vollen" Eigentümer behandelt, so hat es mit Recht, weil man dem Sicherungsnehmer keine andere Verwertungsart aufdrängen kann, als ihm nach dem Sicherungsvertrag zukommt.[1]

3. Die erste Verteidigungsmöglichkeit der ungesicherten Gläubiger gibt die Berufung auf das *Anfechtungsrecht*.[2]

Es ist in dem Ges. betr. die Anfechtung von Rechtshandlungen eines Schuldners außerhalb des Konkursverfahrens v. 21. 7. 1879 und – für den Konkursfall – in den §§ 29–42 KO kodifiziert. Will man den Inhalt dieses Anfechtungsrechts – das mit der Anfechtung einer Willenserklärung nach §§ 119ff. BGB nichts zu tun hat – grob skizzieren, so geht es darum, eine Rechtshandlung des Schuldners, die die übrigen Gläubiger *benachteiligt* hat, unter bestimmten Voraussetzungen rückgängig zu machen.[3] Die Anfechtungstatbestände sind freilich im Interesse des Rechtsverkehrs sehr eng gehalten, so daß sie bei einer SÜ nur selten zutreffen werden.

Beispiel: S ist dem G seit längerer Zeit den Betrag von 5000 DM schuldig. Als S trotz wiederholter Mahnung nicht bezahlt, drängt G den S zur SÜ eines Computers. 8 Tage später stellt S die Zahlungen ein, 1 Woche darauf wird über sein Vermögen der Konkurs eröffnet. Hier kann der Konkursverwalter K dem Absonderungsbegehren nach § 48 KO die Anfechtungseinrede aus § 30 Nr. 2 KO entgegenhalten; denn G hat innerhalb von 10 Tagen vor der Zahlungseinstellung eine Sicherung erhalten, „die er nicht zu beanspruchen hatte". G kann das Anfechtungsrecht des K dadurch aus dem Felde schlagen, daß er beweist, ihm sei „eine Absicht des Gemeinschuldners, ihn vor den übrigen Gläubigern zu begünstigen, nicht bekannt" gewesen.

4. Eine weitere Verteidigungsmöglichkeit für ungesicherte Gläubiger bietet die Berufung auf den Tatbestand der *Vermögensübernahme* (§ 419):[4] Hat der Schuldner mit der SÜ (etwa des gesamten Warenlagers) dem Gläubiger im wesentlichen sein gesamtes Vermögen übertragen, so kommt eine Haftung des Gläubigers für die vor dem Abschluß des Sicherungsvertrags begründeten Forderungen anderer Gläubiger mit dem übernommenen Vermögen (RGZ 139, 199; BGHZ 7, 111, 115) in Betracht.[5]

Die Vermögensübernahme i. S. des § 419 ist nach zutreffender neuerer Rechtsprechung des BGH (BGHZ 80, 296; NJW 1986, 1985) eine Sicherungsübereignung jedenfalls dann, wenn sie den übrigen Gläubigern die Zugriffsmöglichkeit endgültig nimmt und für sie kein faßbarer Vermögenswert zugeflossen oder noch vorhanden ist.[6]

---

[1] Das Absonderungsrecht im Konkurs beengt die Verwertungsinitiative des Absonderungsberechtigten nicht. – Vgl. zu der Streitfrage *Baur/Stürner* ZVR Rn. 776; *Serick* III S. 201ff.; *Bötticher* MDR 1950, 705; *Grunsky* aaO 499, jeweils m. w. N.

[2] Dazu besonders *Paulus,* Sinn und Formen der Gläubigeranfechtung, AcP 155, 277; *Serick* III S. 134ff.

[3] Einzelheiten s. *Baur/Stürner* ZVR §§ 24, 64.

[4] Dazu *Becker-Eberhard* AcP 185, 429; *Paulus* ZZP 64, 169; *Rimmelspacher* § 8 Rn. 536; *Serick* III S. 162ff.; *Schricker* JZ 1970, 265; *MünchKomm/Möschel* § 419 Rn. 28. – Zu der Möglichkeit eines Sonderkonkurses mit dem übernommenen Vermögen s. *Baur/Stürner* II InsolvenzR Rn. 7.25 und *Bartsch* KTS 1958, 33, 36.

[5] Streitig: dagegen *Paulus* ZZP 64, 169, 187ff.; *Schricker* JZ 1971, 27, 29; *MünchKomm/Möschel* § 419 Rn. 28.

[6] BGHZ 108, 320, 324f.: Keine Anwendung, wenn der Gläubiger selbst bei der Übertragung beteiligt ist!

Freilich ist die dergestalt eröffnete Zugriffsmöglichkeit für die ungesicherten Gläubiger nicht immer befriedigend; denn als „Last" des übernommenen Vermögens können nur solche Forderungen angesehen werden, die schon vor der Vermögensübernahme begründet waren. Ferner kann der Sicherungseigentümer seine eigenen Forderungen vorweg befriedigen, damit also die Haftungsgrundlage mindern, sofern diese Forderungen vor dem Übernahmezeitpunkt entstanden waren (§ 419 Abs. 2 Satz 2; s. *Serick* III S. 188 ff. und *Medicus* Rz 524).

Beispiel in Anlehnung an BGH MDR 1954, 284:
Die Bank B hat dem S ein Darlehen von 100 000 DM gewährt und sich im Anschluß daran das gesamte Geschäftsvermögen – das im wesentlichen das Vermögen des S insgesamt darstellt – im Werte von 150 000 DM zur Sicherheit übereignen lassen. Wenn sich nun ein ungesicherter Gläubiger X an B hält, so kann die Bank sich in Höhe ihrer Forderung zunächst aus dem Vermögen befriedigen und braucht nur den Rest des Vermögens an X herauszugeben. Denn die Forderung der B aus Darlehen ist *vor* der Übertragung des Vermögens begründet worden. Hätte die B *nachher* dem S noch ein weiteres Darlehen in Höhe von 20 000 DM bewilligt, so bliebe dieser Betrag außer Ansatz, d. h. die B wäre insoweit ungesichert.

5. Als heimliches Sicherungsgeschäft bringt die SÜ eine Gefährdung solcher Gläubiger mit sich, die auf den äußeren Anschein vertrauen und den Schuldner für kreditwürdig halten. Ferner kann der Sicherungsvertrag dem Gläubiger einen weitgehenden Einfluß auf die Geschäfts- und Lebensführung des Schuldners einräumen. Beide Auswirkungen der SÜ sind noch nicht als solche *sittenwidrig,* sie können es jedoch dann sein, wenn die Umstände des Einzelfalles ein solches Urteil tragen, so etwa wenn der Schuldner mit Wissen des Gläubigers anderen Gläubigern die SÜ verheimlicht oder wenn der Einfluß des Gläubigers zu einer wirtschaftlichen Knebelung des Schuldners führt.

Vorweg ist zu betonen,[1] daß der Tatbestand des § 138 von dem des § 826 zu unterscheiden ist:
§ 138 gibt die Grundlage für die Beurteilung der Wirksamkeit der zwischen Gläubiger und Schuldner vereinbarten SÜ; werden seine Voraussetzungen bejaht, so gehört das Sicherungsgut zum Vermögen des Schuldners und damit im Konkursfall zur Konkursmasse.
§ 826 knüpft an das Verhalten des Sicherungsnehmers gegenüber den ungesicherten Gläubigern an. Bei Bejahung seiner Voraussetzungen kann der Sicherungsnehmer zur Leistung von Schadensersatz an diese Gläubiger verpflichtet sein (RGZ 143, 48).
Die Rechtsprechung hat sich bemüht, Tatbestände zu skizzieren, bei deren Vorliegen ein Verstoß gegen § 138 bzw. § 826 zu bejahen ist. So hat RGZ 136, 247 (ferner RGZ 143, 48) für die *Anwendung des § 826* die Tatbestände der „Konkursverschleppung", „der Aussaugung", der „stillen Geschäftsinhaberschaft", des „Kreditbetrugs" und der „Gläubigergefährdung" unterschieden, während *Hauptanwendungsfall des § 138* die „Knebelung" (des Schuldners durch den Gläubiger) ist. Getragen ist diese Rechtsprechung von dem Wunsch, den Kreditgebern exakt zu sagen, „was auf alle Fälle verboten ist", und die Rechtssicherheit bei Beurteilung von SÜ-Verträgen zu stärken. So gerechtfertigt dieses Bestreben ist, so läßt sich doch nicht verkennen, daß eine exakte Ausformung der einzelnen Tatbestände und auch eine scharfe Abgrenzung der Tatbestandsgruppen des § 138 von denen des § 826 nicht immer möglich ist. So kann etwa die Gläubigergefährdung im konkreten Fall derart gestaltet sein, daß *auch* § 138 anwendbar ist. Die Rechtsprechung des BGH (Zusammenfassung in BGH NJW 1970, 657) rückt daher von einer verfeinerten Tatbestandsskizzierung wieder ab (BGH NJW 1955, 1272) und begnügt sich mit einer Würdigung des konkreten Einzelfalls, wobei die „Knebelung" (s. BGHZ 19, 12; 26, 185; BGH JZ 1956, 95 und NJW 1962, 102)[2] und die „Gläubigergefährdung" (z. B. BGHZ 10, 228; 20, 43; BGH NJW 1970, 657) gewisse unverbindliche Leitbilder darstellen (BGH

---

[1] Dazu besonders RGZ 136, 247; BGHZ 10, 228, 232; *Koller* JZ 1985, 1013; *Serick* III S. 101 ff.; *Medicus* Rn. 626; *Westermann,* Interessenkollisionen S. 10 ff.; *Lange* NJW 1950, 568, 569; Eugen *Schmid,* Die Rücksichtnahmepflicht bei Sicherungsübereignungen (Tüb. Diss. 1961).
[2] Die Rücksichtslosigkeit des Sicherungsnehmers kann sich auch in einer sog. Übersicherung zeigen: es werden Vorteile verlangt, die nach Art und Umfang zu dem Sicherungsbedürfnis des Kreditgebers in keinem Verhältnis stehen (BGH NJW 1991, 353, 354). Entscheidend sind aber auch hier die konkreten Umstände des Einzelfalls – anders als bei § 9 AGBG (siehe dazu unten V 6).

NJW 1991, 353, 354), die aber auch ineinander übergehen können. Bei der *Knebelung* wird auf die Rücksichtslosigkeit gegenüber dem Schuldner, bei der *Gläubigergefährdung* auf die Rücksichtslosigkeit gegenüber anderen Gläubigern des Schuldners abgestellt. Dabei genügt zur Anwendung des § 138 schon grobe Fahrlässigkeit, während § 826 Vorsatz (auch bedingten Vorsatz) voraussetzt (RGZ 143, 48, 51; BGHZ 10, 228, 233). Aus der *Pflicht zur Rücksichtnahme* gegenüber den Interessen anderer Gläubiger entnimmt die Rechtsprechung etwa die Verpflichtung des Kreditgebers, die Auswirkungen der SÜ auf die schon vorhandenen und künftigen Gläubiger zu prüfen, insbesondere dann, wenn der Schuldner bereits konkursreif ist und die Aussichten des Sanierungsvorhabens zweifelhaft sind.

Das Bestreben dieser Rechtsprechung, eine Ausuferung der SÜ zu verhindern, ist verständlich; sie hat auch den Erfolg, daß vor allem Großgläubiger bei weitreichenden SÜ.en verpflichtet sind, die bisherige ungesicherte Verschuldung des Kreditnehmers und die Auswirkungen der SÜ auf die übrigen Gläubiger zu prüfen. Dagegen ist ihre dogmatische Stellung keineswegs gesichert; Bedenken bestehen vor allem nach folgenden Richtungen:

a) Das Verhältnis zur Gläubiger- und Konkursanfechtung ist nicht geklärt. Hier liegt an sich eine Sonderregelung vor, die abschließenden Charakter hat. Dennoch hat die Rechtsprechung daneben §§ 138, 826 angewendet.[1]

b) Die SÜ ist wie jede Übereignung ein abstraktes Rechtsgeschäft. Den Schluß, daß die SÜ von der Nichtigkeit des Grundgeschäfts (§ 138 Abs. 1) nicht ergriffen wird, hat die Rechtsprechung aber überwiegend nicht gezogen (BGHZ 7, 111). Damit ist die Möglichkeit verbaut, nur die sittenwidrigen Teile des Sicherungsvertrags für nichtig zu erklären.[2] In vielen Fällen ist es aber keineswegs gerechtfertigt, den Sicherungsnehmer als nunmehr ungesicherten Gläubiger zu behandeln, so etwa dann, wenn die Sittenwidrigkeit in einer Übersicherung liegt. Nichtigkeit schlechthin ist nur in besonders gravierenden Fällen anzunehmen, so z. B. bei vorsätzlicher Kredittäuschung.

c) Vom Standpunkt der Rechtssicherheit aus gesehen ist jede größere Vermögensteile des Schuldners ergreifende SÜ ein Hasardspiel (BGH NJW 1970, 658: „Die Grenze" [zwischen dem noch Erlaubten und dem sittlich Unstatthaften] „fließt"!) für den Sicherungsnehmer, weil er u. U. nicht nur das Sicherungsgut verliert (§ 138), sondern auch schadensersatzpflichtig sein kann (§ 826).

6. Auf formularmäßig bestelltes Sicherungseigentum (etwa zugunsten von Banken) kommt auch eine gerichtliche Überprüfung nach § 9 AGBG in Betracht. Im Rahmen solcher AGB-rechtlicher Kontrolle ist – anders als nach § 138 – die richterrechtliche Entwicklung von generellen, vom Einzelfall losgelöster Standards möglich, denen das Geschäft in jedem Fall genügen muß (BGHZ 98, 303, 314). Solche Maßstäbe sind vom BGH für Sicherungsabtretungen von Forderungen im Rahmen eines verlängerten Eigentumsvorbehalts entwickelt worden (siehe unten § 59 I 5).

Entsprechende Maßstäbe: Vorhandensein einer Freigabeklausel, welche immer dann eingreift, wenn das Verhältnis zwischen Sicherungseigentum und gesicherter Forderung eine bestimmte prozentuale Marge überschreitet, werden in der gerichtlichen Praxis auch für Sicherungsübereignungen entwickelt (hierzu bisher OLG Braunschweig, ZIP 1991, 362).

---

[1] Dazu *Lange* aaO S. 568; *Serick* III S. 149 ff.

[2] Dazu *Lange* aaO; *Soergel/Mühl* § 930 Rn. 31; *Serick* (I S. 641) rechtfertigt die Anwendung des § 138 Abs. 1 auf die SÜ damit, daß erst die Sicherungsabrede „dem Vollzugsgeschäft den Stempel aufdrückt". Aber dieser Satz gilt für jedes Grund- und Vollzugsgeschäft, damit kann man den Abstraktionsgrundsatz nicht aus den Angeln heben (s. oben III 1 c). Aus dem gleichen Grunde ist auch die Anwendung des § 139 – entgegen RGZ 131, 213, 222 – zu verneinen. Wohl aber ist es möglich, daß schon die Übereignung (nach § 930) mangels wirksamen Besitzmittlungsverhältnisses mißglückt ist (s. oben IV 1).

VI. Die Stellung des Schuldners (= Sicherungsgebers) gegenüber Gläubigern des Sicherungsnehmers

1. Der Sicherungsnehmer wird Eigentümer des Sicherungsguts. Aber ihm ist „mehr" übertragen, als ihm nach den Vorstellungen der Parteien zukommen soll: Gewicht gelegt wird nur auf das Verwertungsrecht und – in Konkurrenz zu anderen Gläubigern – auf die im Eigentum liegende Bevorzugung in der Zwangsvollstreckung und im Konkurs. Im übrigen ist der Sicherungsnehmer dem Sicherungsgeber treuhänderisch gebunden: ihm gegenüber darf er mit dem Sicherungsgut nicht „nach Belieben verfahren" (§ 903), sondern nur in den durch den Sicherungsvertrag gesteckten Grenzen. Diese Bindung hat auch Außenwirkungen, nämlich dann, wenn der Sicherungsnehmer selbst in Konkurs fällt (2) oder wenn seine Gläubiger in das Sicherungsgut vollstrecken (3): Es wird dann so angesehen, als gehöre der Gegenstand der Sicherungsübereignung eben doch wirtschaftlich zum Vermögen des Sicherungs*gebers*.

2. Im *Konkurs* des Sicherungsnehmers gewährt eine ständige Rechtsprechung dem Sicherungsgeber ein *Aussonderungsrecht* nach § 43 KO (RGZ 94, 305, 307 m. w. N.). Dieses Recht kann sich freilich gegenüber dem Besitzrecht des Konkursverwalters erst durchsetzen, wenn der Schuldner die durch die SÜ gesicherte Forderung durch Leistung an die Konkursmasse tilgt oder der Sicherungszweck in anderer Weise weggefallen ist.[1]

Unter dieser Voraussetzung hat daher S in dem Beispiel oben III 2c (2) bezüglich der Kaufpreisforderung ein Ersatzaussonderungsrecht nach § 46 KO; denn solange S seine Verpflichtungen dem Gl. gegenüber nachkam, war Gl. zur Veräußerung nicht berechtigt.

3. Eine *Zwangsvollstreckung* von Gläubigern des Sicherungsnehmers in das Sicherungsgut wird bei beweglichen Sachen[2] nur selten in Betracht kommen, da die Pfändung beweglicher Sachen Gewahrsam (= unmittelbaren Besitz) des Schuldners voraussetzt (§ 807 ZPO), der unmittelbare Besitz aber gerade beim Sicherungsgeber bleibt. Wo aber eine Pfändung doch erfolgt (z. B. wenn der Sicherungsnehmer das Sicherungsgut an sich gezogen hat), gibt die Rechtsprechung dem Sicherungsgeber die Interventionsklage nach § 771 ZPO (RGZ 79, 121; 91, 12, 14; s. auch OLG Karlsruhe NJW 1977, 1069; dazu Karsten *Schmidt* JuS 1977, 624).

Beispiel: S hat dem G eine Maschine zur Sicherung eines Darlehens übereignet. Da G erfährt, S verschleudere sein Vermögen, hat er die Maschine sich von S geben lassen. Wird sie bei G von dessen Gläubiger D gepfändet, so kann S nach § 771 ZPO erwirken, daß die Zwangsvollstreckung für unzulässig erklärt wird, sofern er die zu sichernde Forderung tilgt (§ 161 Abs. 2 mit § 161 Abs. 1). War G freilich schon zur Verwertung der Maschine befugt (z. B. weil die Darlehensforderung bereits fällig geworden und nicht erfüllt worden war), so entfällt für S auch die Interventionsklage (so auch BGHZ 72, 141).

---

[1] Siehe *Jaeger/Lent,* KO (8. Aufl. 1958) § 43 Rn. 41a; *Rimmelspacher* § 8 Rn. 502 ff.; *Baur/Stürner* II InsolvenzR Rn. 14.24; *Serick* III S. 291 ff.
[2] Wohl aber bei der Sicherungsabtretung von Forderungen.

VII. Das Verwertungsrecht des Sicherungsnehmers

1. Die Voraussetzungen des Verwertungsrechts und die Verwertung selbst bestimmen sich *nach dem Sicherungsvertrag* (RGZ 83, 50, 53; 143, 113, 117; BGH NJW 1980, 226).

So sagt etwa ein bei Bankkredit übliches Muster:[1] „Werden die Verpflichtungen aus den Kreditvereinbarungen oder diesem Sicherungsübereignungsvertrag nicht ordnungsgemäß erfüllt,[2] so ist die Bank berechtigt, ... das Sicherungsgut in ihren unmittelbaren Besitz zu nehmen oder an dritter Stelle einzulagern". Die Bank darf das Sicherungsgut im Verwertungsfall im eigenen Namen oder im Namen des Sicherungsgebers[3] nach billigem Ermessen, auch durch freihändigen Verkauf, verwerten; sie kann auch von dem Kreditnehmer verlangen, daß dieser nach ihren Weisungen das Sicherungsgut bestmöglich verwertet oder bei der Verwertung mitwirkt. Der Sicherungsgeber hat alles bei der Verwertung des Sicherungsgutes Erlangte unverzüglich an die Bank herauszugeben.
Nach Verwertung des Sicherungsgutes wird die Bank den Erlös abzüglich etwa von ihr zu entrichtender Umsatzsteuer zur Abdeckung der gesicherten Forderungen verwenden. Soweit die Sicherheit nicht vom Kreditnehmer gestellt wird, ist die Bank bis zur vollständigen Befriedigung ihrer Forderungen befugt, den Verwertungserlös als Sicherheit zu behandeln, ungeachtet ihres Rechts, sich jederzeit daraus zu befriedigen. (Diesen Satz halte ich für unwirksam, § 9 II Ziff. 1 AGBG).
Einen etwaigen Überschuß wird die Bank dem Sicherungsgeber herausgeben". Der Sicherungsgeber trägt also auch das Risiko, daß der Käufer des Sicherungsguts den Kaufpreis bezahlt.

Fehlt eine ausdrückliche Vereinbarung, so können die Vorschriften über die *Pfandverwertung entsprechend* herangezogen werden, wobei jedoch die in den §§ 1233 ff. enthaltenen Vorschriften nur interne Bedeutung haben, d. h. sich nur auf das Verhältnis zwischen Sicherungsgeber und Sicherungsnehmer auswirken (s. oben IV 2).[4] Die Verwertung muß daher in der Regel durch öffentliche Versteigerung erfolgen;[5] andernfalls kann der Sicherungsnehmer dem Sicherungsgeber schadensersatzpflichtig werden.

2. Will und darf der Sicherungsnehmer das Sicherungsgut verwerten, so muß er es in aller Regel dem Sicherungsgeber zuvor *wegnehmen*. Dies darf selbstverständlich nicht gewaltsam erfolgen, der Sicherungsnehmer bedarf vielmehr eines Herausgabetitels (meist eines Urteils, das seine Grundlage in dem Sicherungsvertrag[6] hat). Auf Grund dieses Titels holt der Gerichtsvollzieher das Sicherungsgut beim Schuldner ab und übergibt es dem Gläubiger (§ 883 ZPO).

Der Sicherungsnehmer ist freilich nicht gehindert, sich auf den Standpunkt eines ungesicherten Gläubigers zu stellen, einen Zahlungstitel zu erwirken und die Zwangsvollstreckung nach §§ 808 ff. ZPO zu betreiben. Daß er selbst Eigentümer der Sachen ist, in die vollstreckt wird, hindert die Pfändung nicht.[7]
In unserm *Beispiel* („Maschine") erwirkt G gegen S ein Urteil auf Rückzahlung des Darlehens und läßt die Maschine durch den Gerichtsvollzieher pfänden. Hier besteht für G die Gefahr, daß S sich

---

[1] Muster des Bank-Verlags.
[2] Es wird also nicht allein auf die Verpflichtung zur Rückzahlung des Kredits abgestellt!
[3] Die Bank läßt sich damit eine Vollmacht geben, so daß die Wirkungen des in Ausübung des Verwertungsrechts geschlossenen Kaufvertrags den Sicherungsgeber treffen.
[4] Dazu *Serick* III S. 454 ff.
[5] Str., s. *Serick* III S. 457 ff.; *Soergel/Mühl* § 930 Rn. 59 m. w. N. Zur Frage der Wirksamkeit einer Verfallklausel s. oben IV 2 a. E. u. *Soergel/Mühl* § 930 Rn. 60–62.
[6] Andere (z. B. *Rimmelspacher* § 6 Rn. 364) wenden auch § 985 an (bei der SÜ der Anwartschaft § 985 entsprechend).
[7] Zu den konstruktiven Fragen, die sich hier ergeben, s. *Baur/Stürner* ZVR Rn. 434 und *Furtner* MDR 1963, 445 m. w. N.

gegen die Pfändung unter Berufung auf § 811 Ziff. 5 ZPO wendet, was bei der Realisierung eines Herausgabetitels nicht möglich gewesen wäre.[1] Andererseits hat das Vorgehen auf Grund des Zahlungstitels den Vorteil, daß G auch noch andere Gegenstände pfänden lassen kann, wenn der Verwertung der Maschine zur Befriedigung der Forderung nicht ausreicht. Schließlich ist dem G jede Verantwortung für die korrekte Verwertung abgenommen, wenn sie durch den Gerichtsvollzieher nach Vollstreckungsrecht erfolgt; auch überträgt der Gerichtsvollzieher originäres Eigentum an den Ersteher.

Bei Gefahr im Verzug kommt als Sicherungsmittel die einstweilige Verfügung in Betracht; sie ordnet dann meist die Herausgabe des Sicherungsguts an den Gerichtsvollzieher oder einen Sequester als Verwahrungspersonen an.

3. Selbst wenn der Sicherungsvertrag dem Gläubiger den *freihändigen Verkauf* gestattet, so ist doch Voraussetzung, daß der Schuldner gegen Vertragspflichten verstößt, insbesondere mit der Tilgung der gesicherten Forderung in Verzug gerät. Veräußert der Gläubiger das Sicherungsgut, ohne daß die Pfandreife vorliegt, so ist die Verfügung zwar sachenrechtlich wirksam, der Gläubiger macht sich dem Schuldner aber wegen Verletzung des Sicherungsvertrags schadensersatzpflichtig.

Davon ist die Frage zu unterscheiden, ob der Gläubiger das Sicherungsgut seinerseits *zu Kreditzwecken* verwenden, also sicherungshalber an einen Kreditgeber (meist nach § 931) übertragen darf. Hier sind verschiedene Fälle zu unterscheiden:

a) Ist die gesicherte Forderung bereits fällig und der Gläubiger zum freihändigen Verkauf befugt, so kann er die Sache auch zur Sicherheit weiterübereignen.

b) Zweifel entstehen auch dann nicht, wenn der Sicherungsvertrag dem Sicherungsnehmer die „Weitergabe" der Sicherheit gestattet.

c) Fehlt eine solche Vereinbarung, so ist eine weitere SÜ an den Kreditgeber des Sicherungsnehmers zwar sachenrechtlich wirksam,[2] kann aber einen Vertragsverstoß im Verhältnis der Sicherungsparteien des ersten Sicherungsverhältnisses darstellen. Der Sicherungsgeber ist in einem solchen Fall durch § 986 Abs. 2 geschützt.

Beispiel: G hat dem S am 2. 1. 1978 ein am 1. 7. 1980 zur Rückzahlung fälliges Darlehen von 50 000 DM gegen SÜ einer Maschine gegeben. Da G selbst Geld benötigt, übereignet er die Maschine zur Sicherung eines am 1. 12. 1979 zurückzuzahlenden Kredits an D. Zahlt G an D nicht, so kann D nicht von S Herausgabe verlangen; denn S kann auch dem D gegenüber einwenden, daß er zur Herausgabe der Sache zur Verwertung noch nicht verpflichtet sei (§§ 931, 986 Abs. 2). Das gleiche gilt, wenn die Übereignung von G an D nach § 930 erfolgt ist (D ist dann mittelbarer Besitzer 2. Stufe), da auch hier § 986 Abs. 2 entsprechend anzuwenden ist (BGH NJW 1990, 1914).

4. Zur *umsatzsteuerrechtlichen Behandlung* der Verwertung s. *Knobbe-Keuk* BB 1977, 757; BGHZ 58, 292; *Kuhn/Uhlenbruck*, KO, 10. Aufl. 1986, § 6 Rn. 49.

VIII. Rückfall des Sicherungsguts[3]

Fällt der Sicherungszweck weg (meist durch Befriedigung des Gläubigers), so ist die Eigentümerstellung des Sicherungsnehmers nicht mehr gerechtfertigt. Er ist auf Grund des Sicherungsvertrags zur Rückübereignung an den Sicherungsgeber verpflichtet. War freilich die SÜ auflösend bedingt, so erstarkt das Anwartschaftsrecht des Sicherungsgebers wieder zu vollem Eigentum (§ 158 Abs. 2); s. dazu oben III 1b und c; BGH NJW 1984, 1184 = *Baur* E.Slg. Fall 26b u. BGH NJW 1986, 977.

Im letztgenannten Fall entspricht das Anwartschaftsrecht des Sicherungsgebers während der Schwebezeit (also von der SÜ bis zum Wegfall des Sicherungszwecks) dem Anwartschaftsrecht des

---

[1] § 811 ZPO greift nur bei der Zwangsvollstreckung *wegen Geldforderungen* ein. Es ist umstritten, ob die Berufung auf § 811 ZPO im obigen Beispiel versagt, weil gegenüber einem – ebenfalls möglichen – Herausgabetitel § 811 ZPO nicht Platz gegriffen hätte; s. dazu *Baur/Stürner* ZVR Rn. 336 ff. (m. w. N.) u. *Baur/Stürner*, Fälle, Fall 4.

[2] Sofern es sich nicht um eine auflösend bedingte SÜ handelt und § 161 Abs. 2 eingreift!

[3] S. dazu *Serick* III S. 385 ff.; *Medicus* Rn. 504; *Soergel/Mühl* § 930 Rn. 78, 79.

Vorbehaltskäufers bei der Übereignung unter Eigentumsvorbehalt. Es kann also – etwa bezüglich seiner Übertragung, Pfändung, seines Schutzes – auf § 59 V verwiesen werden.

Dieses Anwartschaftsrecht des Sicherungsgebers (bei auflösend bedingter SÜ) bzw. sein Rückgewähranspruch kann schon während des Laufs der ersten SÜ als Sicherungsgegenstand für ein anderes Kreditverhältnis verwendet werden; man spricht dann von *Anschlußsicherung oder Anschluß SÜ*.[1]

§ 58. Die Sicherungsabtretung

Lesen Sie zunächst § 56. – Literaturhinweis § 56 III; § 36 A.

Vorbemerkung zur Systematik:

Die Sicherungsabtretung von Forderungen und anderen Rechten ersetzt in der Rechtswirklichkeit in weitem Umfang die *Verpfändung* dieser Rechte. Von diesem Rechtsinstitut sprechen wir erst unten § 62 bei der Erörterung der „Rechte an Rechten". Systematisch wäre es daher richtig, die Sicherungsabtretung der Darstellung des Pfandrechts an Rechten als Wirklichkeitstatbestand folgen zu lassen. Nun entsprechen aber Problematik und Ausgestaltung der Sicherungsabtretung weithin den bei der SÜ erörterten Fragen. Dazu kommt, daß in der Praxis des Rechtslebens die Sicherungsabtretung häufig mit der SÜ und vor allem mit dem Eigentumsvorbehalt gekoppelt ist. Diese Feststellung rechtfertigt es, dieses Institut hier im Rahmen der Sicherungsgeschäfte an der Fahrnis zu erörtern, obwohl Forderungen und andere Rechte sicher nicht als Fahrnis bezeichnet werden können.

I. Grundgedanken – Anwendungsbereich

1. Man spricht von Sicherungsabtretung, wenn der Schuldner seinem Gläubiger zur Sicherung der gegen ihn gerichteten Forderung eine ihm gegen einen Dritten zustehende Forderung (oder ein sonstiges Recht) abtritt.[2] Das Institut entspricht der SÜ nach dem Anlaß zu seiner Entwicklung (a) und dem Charakter als Sicherungsgeschäft (b):

a) Die Verpfändung einer Forderung – als das vom Gesetz vorgesehene Sicherungsgeschäft – setzt neben einem Verpfändungsvertrag eine Anzeige an den Drittschuldner voraus (§ 1280).

Der Klarheit halber sprechen wir künftig von

Gläubiger (G)	= Sicherungsnehmer (z.B. kreditgewährende Bank)
Schuldner (S)	= Sicherungsgeber = Gläubiger der sicherungshalber abgetretenen Forderung (z.B. Kreditnehmer der Bank)
Drittschuldner (DS)	= Schuldner der sicherungshalber abgetretenen Forderung.

Diese Anzeige (von der Verpfändung der Forderung) kann die Kreditwürdigkeit des Schuldners mindern, sie setzt seine geschäftliche Bonität in den Augen des Drittschuldners und darüber hinaus im geschäftlichen Verkehr herab. Dazu kommt, daß der Pfandgläubiger einer Forderung vor der Fälligkeit der gesicherten Forderung (= Pfandreife) nur zusammen mit dem Schuldner zur Einziehung der verpfändeten Forderung berechtigt ist (§ 1281), er also auf die Mitwirkung des Schuldners angewiesen ist; an dem eingezogenen Gegenstand der Forderung erwirbt er nur ein Pfandrecht (vgl. §§ 1287, 1288). Diese Schwierigkeiten haben zur Entwicklung des Instituts der Sicherungsabtretung geführt, wobei die Be-

---

[1] S. dazu *Picot* BB 1979, 1264; *Morman*, Ehrengabe f. Heusinger, S. 185 m. w. N.

[2] Um Mißverständnisse zu vermeiden: Sicherungsgeber kann auch ein Nichtschuldner sein (z.B. tritt der Vater V als Sicherheit für die Forderung der Bank gegen seinen Sohn S eine Forderung (oder Grundschuld) ab, die ihm (V) gegen seinen Darlehensschuldner DS zusteht).

denken, die sich namentlich aus der Vernachlässigung der Publizität ergeben, die gleichen sind wie bei der SÜ.

b) Für das Verhältnis zwischen Sicherungsnehmer und Sicherungsgeber ist – wie bei der SÜ – der *Sicherungszweck* charakteristisch, gleichgültig ob dieser in einem ausdrücklich vereinbarten Sicherungsvertrag zum Ausdruck kommt oder nicht:

aa) Der Sicherungsnehmer erhält materiellrechtlich mehr als das von den Beteiligten erstrebte Sicherungs- und Verwertungsrecht, er wird *Inhaber* des sicherungshalber abgetretenen Rechts (einschließlich der bestellten Sicherheiten, § 401). Verfügt er entgegen der Sicherungsvereinbarung über das Recht, so ist die Verfügung voll wirksam, sie bedeutet aber im Verhältnis zum Sicherungsgeber eine Pflichtverletzung.

Freilich ist – wie bei der SÜ (s. oben § 57 III 1 b, VIII) – zu beachten, daß auch die Sicherungsabtretung auflösend bedingt erfolgen kann; dann ist § 161 Abs. 2 zu beachten; § 161 Abs. 3 ist auch bei Redlichkeit eines vom Sicherungsnehmer erwerbenden Dritten nicht anwendbar.
Die wirtschaftliche Zugehörigkeit des abgetretenen Rechts zum Vermögen des Sicherungs*gebers* wird deutlich, wenn Gläubiger des Sicherungs*nehmers* auf dieses Recht zugreifen: Der Sicherungsgeber hat dann im Konkurs ein Aussonderungsrecht, im Fall der Zwangsvollstreckung die Widerspruchsklage nach § 771 ZPO (Einzelheiten s. oben § 57 VI).
Davon zu unterscheiden ist die Rechtsstellung des Sicherungs*nehmers* bei Zugriff von Gläubigern des Sicherungs*gebers* auf das Sicherungsobjekt. Hier wird – zumindest im Konkursfall – der *Pfandcharakter* der Sicherungsabtretung deutlich: der Sicherungsnehmer kann hinsichtlich der ihm abgetretenen Forderung abgesonderte Befriedigung fordern; im Zwangsvollstreckungsfall steht auch ihm die Berufung auf § 771 ZPO offen (Einzelheiten s. oben § 57 V 1 und 2).

bb) Unter welchen Voraussetzungen der Sicherungsnehmer *zur Einziehung*[1] der sicherungshalber abgetretenen Forderung (Recht) *befugt* ist, bestimmt sich nach dem Sicherungsvertrag. Schweigt er, so kann § 1282 mit § 1228 Abs. 2 (Pfandreife!) entsprechend angewendet werden, jedoch – wie bei der SÜ – nur mit Wirkung im Innenverhältnis der Parteien des Sicherungsvertrags: Ein Verstoß beeinträchtigt die Wirksamkeit der Einziehung nicht, da der Sicherungsnehmer nach außen voller Gläubiger der Forderung ist (Einzelheiten s. oben § 57 IV 2).

cc) Mit dem Eintritt der Pfandreife oder den sonstigen im Sicherungsvertrag vorgesehenen Umständen ist der Sicherungsnehmer auch in seinem Verhältnis zum Sicherungsgeber zur Geltendmachung und Einziehung der Forderung berechtigt. Er realisiert damit sein Verwertungsrecht. Ob er dazu auch *verpflichtet* ist, also auf die ursprüngliche (= gesicherte) Forderung gegen den Sicherungsgeber erst zurückgreifen darf, wenn er mit aller Sorgfalt versucht hat, sich aus der abgetretenen Forderung zu befriedigen,[2] richtet sich nach dem Inhalt des Sicherungsvertrags. Ist darin nichts gesagt, so wird man keine *Pflicht* des Gläubigers annehmen können, sich zunächst aus der abgetretenen Forderung zu befriedigen. Ihm bleibt vielmehr die Wahl zwischen der Befriedigung aus der abgetretenen Forderung oder dem Vorgehen aus der gesicherten Forderung in das Vermögen des Sicherungsgebers.

---

[1] Auch zu einem Vergleich über die abgetretene Forderung? s. dazu *Pleyer* FS Hilger, 1983, 557.
[2] Siehe *Larenz* I § 18 I; BGHZ 26, 185, 194; *Serick* II § 25, V § 64.

Häufig vereinbaren die Parteien, daß der Zedent (= Sicherungsgeber) trotz der Abtretung weiterhin zum Einzug berechtigt sein soll. Man spricht dann – nicht sehr glücklich[1] – von *stiller Zession*. Rechtlich handelt es sich um eine – dem Drittschuldner nicht mitgeteilte – Abtretung und um eine Einziehungsermächtigung nach § 185, die der Zessionar dem Zedenten einräumt (RGZ 133, 234, 241; BGHZ 4, 153, 164; 32, 357) und die regelmäßig frei widerruflich ist (BGHZ 82, 283, 290); sie berechtigt den Zedenten auch, Einzahlung des Betrags auf *sein* Bankkonto zu fordern und die Forderung in eigenem Namen klageweise geltend zu machen (so BGH NJW 1978, 698 u. BGHZ 82, 283, 288).[2] Ob der Zedent den eingezogenen Betrag an den Zessionar abzuführen hat, richtet sich nach der Sicherungsvereinbarung.[3]

Beispiel (in Anlehnung an BGHZ 66, 150): G hat sich zur Sicherung des dem S gewährten Kredits dessen Lohnanspruch gegen DS sicherheitshalber abtreten lassen, den S aber ermächtigt, seinen Lohn weiter in Empfang zu nehmen. Ein anderer Gläubiger X des S pfändet den Lohnanspruch des S und erhält von DS den pfändbaren Teil des Lohnes ausgehändigt. Als G davon erfährt, „deckt sie die Abtretung auf" und verlangt von X die empfangenen Beträge heraus. Zu Recht (§§ 812, 816), freilich unter Abzug der Zwangsvollstreckungskosten.
Jedoch verneint die Rechtsprechung die Wirksamkeit der Sicherungsabtretung, wenn das Einziehungsrecht auf die Dauer *nur* dem Zedenten zusteht (RGZ 92, 105, 108; 160, 204, 207; BGHZ 26, 185, 193; BGH LM § 398 BGB Nr. 9a).
Von einer *offenen Zession* spricht man, wenn sie dem Drittschuldner mitgeteilt wird (wichtig wegen §§ 407–409 BGB).

dd) *Fällt der Sicherungszweck weg,* so ist der Sicherungsnehmer zur Rückabtretung der Forderung an den Sicherungsgeber auf Grund des Sicherungsvertrags verpflichtet. Der Rückfall tritt automatisch ein, wenn die Sicherungsabtretung durch den Wegfall des Sicherungszwecks auflösend bedingt war; dies ist im Zweifel anzunehmen (vgl. BGH NJW 1986, 977 u. oben § 57 III 1b, IV 1, VIII). Fehlt ein Sicherungsvertrag, so beruht die Pflicht zur Rückübertragung auf ungerechtfertigter Bereicherung.

Beispielsfälle: BGH LM § 857 ZPO Nr. 8; BGH NJW 1982, 275 (dazu oben § 57 III 1b) u. BGH NJW 1983, 1735; OLG Frankfurt BB 1984, 2225.

2. Der *Anwendungsbereich* der Sicherungsabtretung im modernen Kreditverkehr ist umfassend.[4] Man kann eine eigenständige Form (a) von der mit anderen

---

[1] Denn die Sicherungsabtretung ist nach ihrem Zweck meist eine „stille". Gemeint ist, daß die Abtretung auch noch im Augenblick der Geltendmachung der Forderung dem Drittschuldner nicht kundgetan wird: Der Sicherungsgeber zieht die Forderung ein, als sei er noch Gläubiger!
[2] Die Einziehungsermächtigung berechtigt den Sicherungsgeber – also z. B. den Vorbehaltskäufer beim verl. EV. –, die dem Sicherungsnehmer (Vorbehaltsverkäufer) abgetretene Forderung einzuziehen, auch einzuklagen; zu anderen Verfügungen – also z. B. zu einer Abtretung – *nicht,* es sei denn, daß der Ermächtigende dies gestattet habe (BGHZ 82, 283 = NJW 1982, 571). Wann eine solche weitergehende Ermächtigung anzunehmen ist, ist namentlich im Zusammenhang mit dem Factoring streitig (s. unten 2e 1). – Zu den Bedenken gegen die Zulässigkeit der Einziehungsermächtigung s. *Rüßmann* JuS 1972, 169; *Medicus* Rn. 30; *Stathopoulos,* Die Einziehungsermächtigung, 1968; *Gernhuber,* Erfüllung § 24. Zur Einziehungsermächtigung u. Inkassozession s. *Henckel* FS f. Larenz, 1973, 643 u. *Scheyhing,* Sukzessionen, S. 186ff. – Zur prozessualen Geltendmachung (Prozeßstandschaft) s. *Brehm* KTS 1985, 1; *Baur/Grunsky,* ZPrR, Rn. 89, 90 m. w. N.
[3] Siehe *Dempewolf,* Das Einziehungs- und Verwertungsrecht des Zedenten, DB 1958, 1091; *Reich,* Die dogmatische Stellung der Ermächtigung (Tüb. Diss. 1962).
[4] Hierzu *Gernhuber,* Bürgerl. R., § 29.

Sicherungsgeschäften verbundenen Sicherungsabtretung (b) unterscheiden. Was den Umfang der abgetretenen Forderungen anlangt, so lassen sich Singularabtretung, Globalabtretung und Mantelzession feststellen (c). Gegenstand der Abtretung kann eine auf Geld oder auf eine andere Leistung gerichtete Forderung und schließlich ein anderes Recht sein (d).

a) Von einer *eigenständigen Sicherungsabtretung* kann man sprechen, wenn eine oder mehrere Forderungen als alleiniges Sicherungsmittel zur Sicherung eines Kredits dienen.

> Die Bank B gewährt dem S einen Kredit in laufender Rechnung in Höhe von 50000 DM. S tritt zur Sicherheit die gegenwärtigen und künftigen Forderungen gegen seine Abnehmer mit den Anfangsbuchstaben A–F an die Bank ab.

b) Vielfach ist die Sicherungsabtretung mit anderen Sicherungsgeschäften derart verknüpft, daß sie als Surrogat des ursprünglichen Sicherungsgegenstandes in Erscheinung tritt, so namentlich bei der verlängerten SÜ (vgl. oben § 57 II 1) und dem verlängerten Eigentumsvorbehalt (s. hierzu § 59 I 4b): Der Sicherungsgeber (Vorbehaltskäufer) bleibt zur Veräußerung des Sicherungsguts (Kaufgegenstandes) berechtigt (§ 185), tritt aber schon im voraus den sich aus der Veräußerung ergebenden Kaufpreisanspruch an den Sicherungsnehmer (Vorbehaltsverkäufer) ab, wobei dann meist der Sicherungsgeber wieder ermächtigt wird, diesen Anspruch einzuziehen (BGHZ 32, 357; 72, 15; 94, 105; *Flume* JZ 1960, 636).

> Es liegt auf der Hand, daß die eigenständige und die mit einem anderen Sicherungsgeschäft gekoppelte Sicherungsabtretung miteinander kollidieren können; so z.B. wenn ein Geschäftsmann seine gegenwärtigen und künftigen „Außenstände" an seine Bank abtritt, der Vorbehaltsverkäufer aber nur unter verlängertem Eigentumsvorbehalt liefert. Dieser Zusammenprall der Sicherungsinteressen von Geldkreditgebern einerseits und Warenkreditgebern andererseits wird uns noch erheblich zu schaffen machen (s. unten § 59 VI 2).

c) *Singularabtretung* ist die sicherungshalber erfolgte Abtretung *einer* Forderung. Im Falle der *Globalabtretung* werden *alle* im Geschäftsbetrieb des Schuldners begründeten, gegenwärtigen und künftigen Forderungen (oder eine bestimmte Gattung) an den Gläubiger abgetreten.

> Hier werden sich Schwierigkeiten aus dem Gesichtspunkt der *Bestimmtheit* des Gegenstandes der Abtretung ergeben (s. unten II 3).
>
> Formel:[1] „Als Sicherheit . . . tritt die Firma hiermit der Bank ihre sämtlichen gegenwärtigen und künftigen Forderungen aus Warenlieferungen . . . gegen die Kunden mit den Anfangsbuchstaben . . . bis . . . ab.
>
> Die gegenwärtigen Forderungen der Firma gegen diese Kunden gehen mit Unterzeichnung dieses Vertrags, die künftigen mit ihrer Entstehung auf die Bank über."
>
> Die Globalabtretung kann zu einer *Übersicherung* führen und dann gegen § 138 oder § 9 AGBG verstoßen (s. BGHZ 98, 303, 314 und oben § 59 I 5 mit Fn. 2 und § 57 IV 3).

Von der Globalzession ist die *Mantelzession*[2] zu unterscheiden: Hier *verpflichtet* sich der Sicherungsgeber, dem Sicherungsnehmer jeweils Listen von Forderungen gegen Drittschuldner mindestens in Höhe des zu sichernden Kredits zu übersenden; erst mit der Übersendung solcher Forderungsverzeichnisse (oder

---

[1] Vgl. *Schütz,* Muster 418 S. 537.

[2] Vgl. *Scholz/Lwowski,* Recht der Kreditsicherung, 5. Aufl. 1980, S. 496.

von Rechnungsdurchschriften) werden die in ihr enthaltenen Forderungen an den Sicherungsnehmer abgetreten.

Formel:[1] „Die Firma *verpflichtet* sich, der Bank zur Sicherung ihrer Ansprüche … laufend Forderungen abzutreten und dafür zu sorgen, daß der Gesamtbetrag der jeweils abgetretenen Forderung stets um … v. H. höher ist als …“ (= der Kreditbetrag).

Zu der in der Praxis gelegentlich zu beobachtenden *Blankozession* (die Person des Zessionars bleibt zunächst offen, der Empfänger der Urkunde darf den Zessionar bestimmen (sich selbst oder einen anderen) s. *Scheyhing,* Sukzessionen, § 2 II 1; *Serick* II § 27 VI 1.

d) Die Forderung, die *Gegenstand* der Abtretung ist, kann *auf Geld* oder *auf eine andere Leistung* gerichtet sein. Der Sicherungsabtretung zugänglich ist aber auch *jedes andere Recht,* sofern es übertragbar ist.

Beispiele:

Es werden zur Sicherheit abgetreten

aa) eine *auf Geld* gerichtete Forderung (Normalfall);

bb) ein *auf Übereignung eines Grundstücks* gerichteter Anspruch aus einem Kaufvertrag, wobei der Schuldner (= Sicherungsgeber = Käufer des Grundstücks) den Kaufpreis bereits bezahlt hat. Setzt der Sicherungsnehmer diesen Anspruch durch, so wird *er* mit Auflassung und Eintragung Eigentümer des Grundstücks (§ 1287 ist also nicht anwendbar), aber eben nur sicherungshalber. Fällt der Sicherungszweck weg, so ist er zur Übereignung des Grundstücks an den Schuldner verpflichtet. Ob er – falls der Schuldner die gesicherte Forderung nicht erfüllt – das Grundstück behalten darf oder ob er es in bestimmter Weise verwerten muß (z. B. durch Versteigerung), richtet sich nach dem Sicherungsvertrag; im Zweifel wird eine Versteigerung durchzuführen sein (vgl. § 1287 Satz 2);

cc) eine dem Schuldner an einem fremden Grundstück zustehende *Briefgrundschuld.* Die Abtretung hat in der Form des § 1154 zu erfolgen (Einigung, schriftliche Abtretungserklärung bzw. Grundbucheintragung *und* Übergabe des Grundschuldbriefs); zur Abtretung einer vorläufigen Eigentümergrundschuld mit dem Ziel einer Zwischenfinanzierung s. oben § 37 V 1;

dd) der *Anteil des Schuldners an einer OHG.* Die Abtretung eines solchen Anteils ist nicht möglich (§ 719 BGB mit § 105 Abs. 2 HGB), sie kann aber umgedeutet werden in die Abtretung des Anspruchs auf den Reingewinn und das künftige Auseinandersetzungsguthaben.

e) Fraglich ist, ob das heute vielfach praktizierte „*Factoring*"[2] unter die Sicherungsgeschäfte fällt. Factoring bedeutet, daß ein Unternehmer seine Forderungen gegen seine Abnehmer („Außenstände") an einen Factor (meist eine Bank oder eine bankähnliche Factoringgesellschaft) abtritt. Damit erspart sich der Unternehmer die Debitorenbuchhaltung, das Mahnwesen und erhält sofort den Gegenwert der abgetretenen Forderungen unter Abzug von banküblichen Zinsen und Gebühren (ca. 0,5–1,5%). Factoring kommt nicht in Betracht, wenn die Abtretung der Forderungen vertraglich ausgeschlossen ist (§ 399 BGB). Man unterscheidet:

aa) das echte Factoring: Hier trägt der Factor das Risiko der Bezahlung der Forderungen durch die Abnehmer. Rechtlich handelt es sich um einen Forderungskauf und eine offene Globalabtretung der Forderungen gegen die Abnehmer (BGHZ 69, 254);

bb) beim unechten Factoring bleibt das Zahlungsrisiko beim Unternehmer. Rechtlich handelt es sich um ein Kreditgeschäft verbunden mit einer Sicherungsabtretung, die gleichzeitig erfüllungshalber erfolgt; denn der Factor soll sich ja in erster Linie aus den ihm abgetretenen Forderungen befriedigen; erst wenn dies mißlingt, kann er auf seinen Vertragspartner zurückgreifen (BGHZ 58, 364; 69, 254, 257; 71, 306).

Im Zusammenhang mit dem Factoring ergeben sich zwei viel und kontrovers diskutierte Fragen:

---

[1] Vgl. *Schütz,* Muster 424 S. 541.

[2] Hierzu *Blaurock* ZHR 142, 325; derselbe JA 1989, 273; *Glomb,* Finanzierung durch Factoring, 1969; *Canaris,* Bankvertragsrecht, 3. Aufl. Rn. 1652 ff.; *Ehling,* Zivilrechtl. Probleme … des Factoringgeschäfts …, 1977; *Gerhardt* JZ 1986, 740; *Larenz,* Schuldrecht II § 63 III; *Martinek,* Moderne Vertragstypen, Bd. I: Leasing und Factoring, 1991; *Rimmelspacher,* Kreditsicherungsrecht, 2. Aufl. 1987, Rn. 459 ff.; *Serick* IV § 52 II 2b S. 542 ff., V § 70; *Picker* JuS 1988, 375; *Soergel/Huber,* Rn. 104 ff. vor § 433.

(1) Kann der Sicherungsgeber (z. B. der Darlehensnehmer und Sicherungsübereigner- der Vorbehaltskäufer beim verl. EV) die von ihm im voraus abgetretene Forderung gegen seinen Abnehmer auf Grund einer ihm erteilten Einziehungsermächtigung nochmals – vor allem an einen Factor – abtreten? Der BGH folgt einer wirtschaftlichen Betrachtungsweise: Die Frage ist zu bejahen, wenn der Sicherungsgeber den vollen Gegenwert von dem Zweitzessionar (z. B. Factor) erhält, die Lage also nicht anders ist, als wenn der Sicherungsgeber die Forderung gegen seinen Abnehmer selbst eingezogen hätte, was ihm auf Grund der erteilten Einziehungsermächtigung erlaubt gewesen wäre. Die Zweitzession ist also wirksam beim *echten* Factoring (BGHZ 72, 15; 82, 283), *nicht* dagegen beim *unechten* Factoring (BGHZ 82, 50, 61).

Daher die Klausel in den Bankformularen: „Dem Sicherungsgeber ist bis zum Widerruf durch die Bank gestattet, die ... Forderungen ... einzuziehen. Der Weiterverkauf der ... Forderungen im Rahmen eines echten Factorings-Geschäfts bedarf der vorherigen schriftlichen Zustimmung der Bank."

(2) Wie ist das Verhältnis zwischen einer Globalzession der Kundenforderungen an den Vorbehaltsverkäufer und der Globalzession derselben Forderungen an den Factor? Dazu unten § 59 VII 1. *Wirtschaftliche Fakten:* Factoring ist eine Kreditart, die vor allem von kleineren und mittleren Betrieben in Anspruch genommen wird. Erfaßt werden in der Regel nur Forderungen mit einer Laufzeit bis zu 80 Tagen. Das Risiko des Factors ist erfahrungsgemäß nicht größer als beim normalen Bankkreditgeschäft. Der Umsatz der im deutschen Factoring-Verband zusammengeschlossenen Unternehmen belief sich 1990 auf ca. 15,5 Mrd. DM, dies stellt eine Steigerungsrate von 16,7% gegenüber dem Vorjahr dar.

II. Der Abtretungsvorgang

Hier bedarf es einiger Hinweise auf den Gegenstand der Abtretung (1), ihre Form (2) und die Besonderheiten, die bei der Zession künftiger Forderungen bestehen (3).

1. Während jede Sache veräußerbar ist, kann die *Abtretung* von Forderungen *ausgeschlossen* oder beschränkt sein. Der Grund hierfür liegt in der Rücksicht auf die Person des Zedenten oder auf die Belange des Drittschuldners.

Hierher gehören etwa die Abtretungsverbote der §§ 399, 400[1] (auf den Zedenten zugeschnittene Leistung – Ausschluß der Abtretung durch Vereinbarung von Gläubiger und Schuldner [Beispielsfälle: BGHZ 40, 156ff.; 56, 173 u. 228; BGHZ 70, 299][2] – unpfändbare Forderung).
Beispiel (in Anlehnung an BGHZ 70, 299): Bauunternehmer S hat bei der Stadt DS Bauarbeiten vorgenommen. Es war vereinbart, daß die Werklohnforderung nicht abtretbar sei. Am 1. 4. tritt S dennoch die Forderung an G_1 ab; am 15. 4. pfändet G_2 die Forderung. Am 2. 5. genehmigt DS die Abtretung an G_1. Die Genehmigung von DS macht zwar die Verfügung über die Forderung wirksam, aber entgegen §§ 184, 185 nicht mit rückwirkender Kraft (so der BGH). Daher kommt der Pfändungspfandgläubiger G_2 zum Zug. Ebenso BGH NJW 1990, 109 für den Fall, daß der Drittschuldner eine abredewidrig erfolgte Forderungsabtretung durch den inzwischen in Konkurs gefallenen Gläubiger genehmigt.

Die Abtretungsschranken gelten auch für die Sicherungsabtretung. Ob an ihre Stelle eine unwiderrufliche Einziehungsvollmacht (oder Einziehungsermächtigung) zugunsten des Sicherungsnehmers treten kann, hängt von dem mit dem Abtretungsverbot verfolgten Zweck ab (vgl. RGZ 148, 146, 147; BGH in LM § 392 HGB Nr. 1: keine Umgehung des § 392 Abs. 2 HGB durch Erteilung einer Einziehungsvollmacht seitens des Kommissionärs an den Sicherungsnehmer).

---

[1] Mit §§ 850ff. ZPO.
[2] Einzelforderungen, die in ein Kontokorrent eingestellt werden, sind nicht abtretbar, wohl aber der Schlußsaldo nach Beendigung des Kontokorrentverhältnisses (BGHZ 70, 86); dazu *Serick* BB 1978, 873 u. V § 67 II u. *Baur/Stürner* ZVR Rn. 493.

2. Für die *Form* der Sicherungsabtretung gilt normales Abtretungsrecht: form-loser Vertrag zwischen Zedent und Zessionar genügt im Regelfall (§ 398); eine Mitwirkung des Drittschuldners ist nicht erforderlich. Ausnahmsweise ist für die Abtretung und damit auch für die Sicherungsabtretung eine Form vorgeschrieben, so etwa bei der Abtretung von Grundpfandrechten (§ 1154), von GmbH-Anteilen (§ 15 GmbHG), von Namensaktien (§ 68 AktG) usw.

3. Besondere Schwierigkeiten ergeben sich bei der Sicherungsabtretung *künftiger* Forderungen – in der Praxis häufig bei der Globalzession von Forderungen an eine Bank oder an einen unter verlängertem Eigentumsvorbehalt liefernden Fabrikanten:

a) Es ist unzweifelhaft, daß eine künftige Forderung abgetreten werden kann, wenn sie *bestimmt* bezeichnet ist:

S sagt zu G: Ich habe mein Baugrundstück dem DS zum Preis von 30000 DM fest zugesagt; übermorgen wird der Kaufvertrag beurkundet. Ich trete dir diese Kaufpreisforderung im voraus zur Sicherheit ab.[1]

b) Das Erfordernis der Bestimmtheit ergibt sich aus dem Grundsatz, daß Gegenstand und Wirkung einer Verfügung eindeutig feststehen müssen. Im Sachenrecht wird die Durchsetzung dieses Prinzips durch das Erfordernis einer Besitzveränderung (bzw. des Grundbucheintrags) unterstützt. Anders bei der Abtretung von Forderungen. Hier ist *allein der Vertrag* das den Gegenstand der Verfügung bestimmende Moment.

Spricht so manches dafür, bei Abtretung künftiger Forderungen, an dem Erfordernis der Bestimmtheit festzuhalten, so haben Rechtsprechung und Schrifttum[2] sich doch mit einer bloßen *Bestimmbarkeit* begnügt: Es ist ausreichend, wenn im Augenblick der Abtretungserklärung der Entstehungsgrund der künftigen Forderung und der Umfang der Abtretung so fixiert sind, daß im Zeitpunkt des Entstehens der Forderung auch die Person des Drittschuldners und der Inhalt der Forderung zweifelsfrei bestimmt werden kann:

S sagt zu G: „Ich verkaufe Rundfunkgeräte. Ich trete dir *in vollem Umfang* alle künftigen Forderungen *aus dem Verkauf solcher Geräte* ab." Veräußert dann S ein Gerät für 600 DM (= Inhalt des abgetretenen Kaufpreisanspruchs) an DS (= Schuldner des Kaufpreisanspruchs), so wird aus einer bisher nur bestimmbaren Forderung eine bestimmte.[3]

c) Hatte die Rechtsprechung erst einmal die Bestimmbarkeit genügen lassen, so war vorauszusehen, daß Waren- und Geldkreditgläubiger in ihren *Allgemeinen Geschäftsbedingungen* weiten Gebrauch von der Zession künftiger Forderungen machen würden. Das Reichsgericht sah sich gezwungen „zu bremsen": Es verlangte daher, daß die Bestimmbarkeit *in jedem Fall* gewährleistet sein müsse, „in dem die Verkaufsbedingungen denkbarerweise eingreifen könnten". Eine Abtretung wäre daher z. B. nichtig, wenn die Allg. Geschäftsbedingungen nur von Forderungen aus der *Weiterveräußerung* bestimmter Waren sprechen, nichts aber darüber besagen, wie Forderungen aus dem *Einbau* von Waren in ein fremdes Grundstück zu behandeln seien (RGZ 155, 26, 29). Diese Rechtsprechung[4] hatte den

---

[1] Zur Sicherungsabtretung in der jeweiligen Höhe der zu sichernden Forderung s. BGH NJW 1965, 2197 m. Anm. Manfred *Wolf* NJW 1966, 107.

[2] Freilich keineswegs uni sono; s. etwa P. *Schwerdtner* NJW 1974, 1785 (m. w. N.).

[3] Vgl. z. B. RGZ 136, 100, 103; 149, 96, 100; BGHZ 7, 365, 367; 70, 86; 79, 16, 21; 98, 303, 314 (zur Abtretung von Teilforderungen); dazu *Scheyhing,* Sukzessionen, 1983, § 8.

[4] Vgl. zu ihr *Westermann,* Interessenkollisionen (1954) S. 18 ff.; *Flume* NJW 1950, 841 ff.; *von Caemmerer* JZ 1953, 97.

guten Sinn, formularmäßige Globalzessionen zu verhindern. Der BGH hat sich von ihr abgewandt (BGHZ 7, 365 [= *Baur*, E. Slg. Fall 25]): es genüge „zur Rechtswirksamkeit der Abtretung einer von der allgemeinen Vorausabtretung mitumfaßten Einzelforderung, wenn *diese* Forderung genügend individualisierbar" sei.[1] Damit hat der BGH vor allem dem formularmäßigen verlängerten Eigentumsvorbehalt wieder Tür und Tor geöffnet.

d) Streitig ist weiter die Frage, ob die abgetretene künftige Forderung unmittelbar in der Person des Zessionars entsteht oder „durch den Zedenten" auf den Zessionar übergeht.[2] Eine eindeutige Antwort wird sich schwer finden lassen, es kommt auf die Interessenlage an: der Abtretung zuwiderlaufende Verfügungen des Zedenten und seiner Gläubiger sind ausgeschlossen wegen der mit der Vorausabtretung eintretenden Bindung an diese Verfügung (so BGHZ 32, 367, 370 u. 88, 205; insofern entsteht also die Forderung unmittelbar beim Zessionar). Zwischenzeitige generelle Verfügungsbeschränkungen (z. B. durch den Konkurs des Zedenten)[3] wirken auch zum Nachteil des Zessionars, ebenso bestimmt sich die Rechtsstellung des Schuldners nach der Person des Zedenten, § 404 (insofern „geht die Forderung durch den Zedenten hindurch"!).

e) Zu den sog. „*Erlösklauseln*" (auch der vom Zedenten – mit Zustimmung des Zessionars – beim Schuldner eingezogene Betrag soll in das Eigentum des Zessionars fallen) s. *Serick* IV/§ 41 III u. § 53.

III. Die Position des Drittschuldners

1. Sie ergibt sich aus allgemeinem Zessionsrecht. So wird die bisherige Rechtsstellung des Schuldners durch die Zession nicht beeinträchtigt (§ 404), er kann an den Zedenten wirksam leisten, wenn er von der Zession nichts erfährt (§ 407) oder wenn – wie häufig – der Sicherungsgeber (= Zedent) zur Einziehung ermächtigt ist (§ 185). Die Frage der Gültigkeit der Abtretung ist für ihn bedeutungslos, wenn ihm die Abtretung angezeigt wurde und er nunmehr an den Zessionar leistet (§ 409; Beispielsfall: BGH BB 1967, 187 u. JZ 1978, 351) usw.

Zur Erhaltung der *Aufrechnungslage* nach § 406 s. *Serick* BB 1982, 873.

2. Der Erörterung bedarf eine Einzelfrage: Bei „zweifelhaften" Schuldnern (= Zedenten) läßt sich der Gläubiger die Abtretung vom Drittschuldner häufig „*bestätigen*". Darin kann liegen:

a) ein Verzicht des Drittschuldners auf ein mit dem Schuldner nach § 399 vereinbartes Abtretungsverbot (BGH LM § 406 BGB Nr. 2; vgl. auch BGH NJW 1964, 243; *Strecker* BB 1965, 479);

b) der Abschluß eines Auskunftsvertrags, wenn der Drittschuldner weiß, daß der Gläubiger dem Schuldner auf Grund dieser Bestätigung Kredit gewähren wird (BGH in BB 1957, 1120);

c) dagegen im Zweifel *kein* abstraktes Schuldversprechen mit der Wirkung, daß dem Drittschuldner die Einwendungen aus dem Rechtsverhältnis zu seinem Gläubiger (= dem Sicherungsgeber) abgeschnitten sind.[4]

---

[1] Ebenso BGHZ 26, 185, 189; 70, 86, 89; 71, 75; *Serick* I S. 36 u. V § 58 II, III; zurückhaltender BGHZ 26, 178; auch in BGHZ 98, 303 spricht der BGH von „Bestimmtheitserfordernis".

[2] Vgl. zu der Streitfrage *Lempenau* aaO (oben § 3 II 3) S. 89 ff.; *Larenz* I § 34 III; *Stoll* ZHR 128, 239, 246; *Scheyhing*, Sukzessionen, 1983, 183 ff.; *Gernhuber*, Bürgerl. R § 29 I 7.

[3] Vgl. BGH NJW 1955, 544 (interessant dazu *Medicus* JuS 1967, 385); ferner BGHZ 32, 367 (für den Erbfall) u. BGHZ 88, 205 (wenn die abgetretene Forderung gar nicht mehr entstehen kann).

[4] Zu der Frage, ob der Drittschuldner dem Zessionar Einwendungen *aus dem Sicherungsvertrag* entgegenhalten kann (grundsätzlich nicht!) s. *Willoweit* NJW 1974, 975.

§ 59. Der Eigentumsvorbehalt

Lesen Sie zunächst § 56. – Literaturhinweis § 56 III.

I. Grundgedanken – Begriffliches

1. Nach §§ 433, 320 haben Verkäufer und Käufer ihre Vertragspflichten Zug um Zug zu erfüllen, der Verkäufer die Pflicht zur Übereignung und Übergabe der Sache, der Käufer zur Bezahlung des Kaufpreises und zur Abnahme der Kaufsache. Dieser Regelfall schließt abweichende Vereinbarungen der Parteien nicht aus: der Käufer kann zur Vorleistung des Kaufpreises verpflichtet sein, umgekehrt der Verkäufer zur ganzen oder teilweisen Kreditierung des Kaufpreises. In dem häufigen zweiten Fall besteht ein ausgesprochenes Sicherungsbedürfnis des Verkäufers: er gibt die Kaufsache aus der Hand, ohne sicher zu sein, daß er auch den Kaufpreis erhält. Das Pfandrecht scheidet als Sicherungsrecht aus, denn es ist Besitzpfandrecht. So bleibt – freilich nur bei beweglichen Sachen (§ 925 Abs. 2!) – die Möglichkeit, daß der Verkäufer die Sache zwar dem Käufer bereits übergibt, sich aber das Eigentum „vorbehält", bis der Kaufpreis bezahlt ist. Für die Auslegung eines solchen Eigentumsvorbehalts (EV.s) gibt das Gesetz (§ 455) eine sachen- und eine schuldrechtliche *Vermutung:*

a) Die Übertragung des Eigentums erfolgt unter der aufschiebenden Bedingung vollständiger Zahlung des Kaufpreises.

b) Der Verkäufer ist zum Rücktritt vom Vertrag berechtigt, wenn der Käufer mit der Zahlung in Verzug kommt.

Augenscheinlich haben wir wieder eine Form der *Rechtsteilung* vor uns, wie sie uns schon wiederholt begegnet ist: der Vorbehaltsverkäufer (VVerk.) behält das im Eigentum steckende Sicherungs- und Verwertungsrecht, der Vorbehaltskäufer (VK) erhält den Besitz und das Nutzungsrecht an der verkauften Sache. Damit ist den Interessen beider Teile gedient: der Verkäufer kann verkaufen, ohne auf sofortiger Bezahlung des Kaufpreises bestehen zu müssen, der Käufer erhält die Sachnutzung, auch wenn er den Kaufpreis nicht sofort bezahlen kann.[1]

2. Der Verkäufer bleibt zunächst Eigentümer; er kann Angriffe auf sein Eigentum durch andere, namentlich die Gläubiger des VK.s abwehren (Sicherungsfunktion!), er kann die Sache wieder an sich ziehen, wenn der VK seine Pflichten (Zahlungspflicht, vereinbarte Obhutspflicht usw.) nicht erfüllt (Verwertungsfunktion!). Andererseits ist der Übereignungstatbestand schon gegeben: die Parteien haben sich über den Eigentumsübergang geeinigt, der Besitz ist übertragen (§ 929). Aber die Eigentumsübertragung ist aufschiebend bedingt erfolgt; die Bedingung ist die vollständige Zahlung des Kaufpreises. Daraus ergibt sich:

a) Der Käufer hat bereits eine gesicherte Rechtsstellung: er ist gesichert gegen nachteilige Handlungen (§ 160 Abs. 1) und Verfügungen (§ 161 Abs. 1 Satz 1)

---

[1] *Adams* [§ 57 I 1] sagt mit Recht, daß der EV auch dort, wo keine kreditweise Lieferung vereinbart ist, die Bedeutung einer Vereinfachung und Kostenersparnis hat, weil er eine strikte Zug um Zugleistung überflüssig macht (S. 163).

des VVerk.s (und gegen dessen Gläubiger: § 161 Abs. 1 Satz 2); als rechtmäßiger unmittelbarer Besitzer hat er die einem solchen zukommenden Schutzrechte (§ 986 – §§ 858 ff.), als Anwartschaftsberechtigter ist er nach § 823 – §§ 985 ff. – § 1004 geschützt.

Aber darin erschöpft sich seine Rechtsstellung nicht: man kann an der Tatsache nicht vorbeigehen, daß seine Position wirtschaftlich um so wertvoller wird, je geringer der Kaufpreisrest ist, den er noch zu begleichen hat:

Betrug der Kaufpreis für eine unter EV gelieferte Maschine 1000 DM, wurden 100 DM anbezahlt und betragen die monatlichen Raten 100 DM, so läßt sich die „Wertverteilung" wie folgt grafisch darstellen:

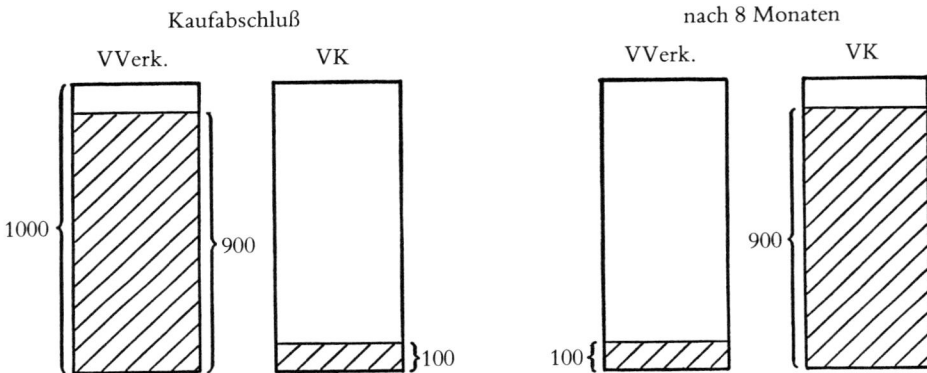

Dieser wirtschaftliche Wert kann also schon recht attraktiv sein, für den VK selbst, der über diesen Wert verfügen möchte, vor allem aber für seine Gläubiger, die auf ihn zugreifen wollen. Der Gedanke der Rechtsteilung und die wirtschaftliche Betrachtungsweise haben dazu geführt, in der Stellung des VK.s ein *Anwartschaftsrecht* (AnwR)[1] zu sehen, das in vieler Hinsicht – wie wir sehen werden – dem Vollrecht gleichgestellt wird.

Der VK kann über das AnwR verfügen, seine Gläubiger können es pfänden usw.

b) So sicher daher die Position des VK.s und dessen, der von ihm das AnwR erworben oder es durch Zwangsvollstreckung beschlagnahmt hat, zu sein scheint, zu beachten bleibt doch immer, daß diese Rechtsstellung, dieses AnwR von dem Bestand des Kaufvertrags abhängt: Tritt etwa der VVerk. wegen Zahlungsverzugs des VK.s vom Kaufvertrag zurück, so fällt damit auch das AnwR in sich zusammen; denn die Bedingung: „vollständige Bezahlung des Kaufpreises" kann nicht mehr eintreten!

Hat also in unserem Beispiel der VK das AnwR an der Maschine nach 7 Monaten an D veräußert oder an seinen Gläubiger G als Sicherheit übertragen, kommt er aber mit der 8. Rate in Verzug und tritt der VVerk. daraufhin vom Kaufvertrag zurück, so entfällt auch das AnwR des D (G).

---

[1] S. schon oben § 3 II 3. – Grundsätzlich gegen das Entstehen eines Anwartschaftsrechts s. E. *Wolf* § 7 C S. 294 ff.

Sieht man mit der h. M. in dem AnwR ein dingliches Recht, so haben wir es sonach mit der Erscheinung zu tun, daß der Bestand eines dinglichen Rechts kraft der vereinbarten Bedingung rechtlich mit dem Schicksal eines schuldrechtlichen Vertrags, eben mit dem Fortbestand des Kaufvertrags, unlösbar verknüpft ist.

3. Der Sache nach ist auch der EV ein *heimliches Pfandrecht,* ähnlich wie die SÜ. Mit ihm sind daher die gleichen Gefahren verbunden, wie wir sie bei der SÜ kennengelernt haben, insbesondere für andere ungesicherte Gläubiger, die ihrem Schuldner auf den äußeren Anschein hin Kredit einräumen. Immerhin hat *diese* Form eines pignus tacitum – im Gegensatz zur SÜ und Sicherungsabtretung – in § 455 eine legale Grundlage. Mittelbar wird damit eine Rechtfertigung auch für jene atypischen Sicherungsinstitute gegeben (s. oben § 56 I 2).

4. In der Praxis findet sich der EV in verschiedenen *Formen:*

a) als *einfacher EV* in der Grundform des § 455: der VK soll im Besitz der Sache bleiben, er soll sie nicht weiterveräußern. Hierunter fallen die Vorbehaltsverkäufe an Letztverbraucher aller Art;

b) als *verlängerter EV:* Der VK ist Händler, er „lebt also vom Weiterverkauf" der unter EV gelieferten Ware. Dieser Weiterverkauf wird ihm daher vom VVerk. gestattet (§ 185).[1] Der VVerk. sucht sich aber weiter zu sichern, indem er sich die Forderungen aus dem Weiterverkauf im voraus abtreten läßt[2] (Sicherungsabtretung) und bei einer Verarbeitung den § 950 ausschließt. Der EV wird also um die „Surrogate" verlängert (s. dazu oben § 57 III 2 c).

c) als *Kontokorrentvorbehalt:* Hier sichert das vorbehaltene Eigentum nicht nur die konkrete Kaufpreisforderung, sondern alle Forderungen des VVerk. aus der Geschäftsverbindung mit dem VK. § 455 ist dann also zu lesen: „unter der aufschiebenden Bedingung vollständiger Zahlung aller Forderungen aus der Geschäftsverbindung des VVerk.s mit dem VK": *erweiterter EV;*[3]

d) als *Konzernvorbehalt:*[4] Gesichert sind hier nicht nur die Forderungen des VVerk. gegen den VK, sondern auch die anderer Lieferanten des VK.s, die dem gleichen Konzern angehören wie der VVerk. (erweiterter EV).

e) als *nachgeschalteter EV:*[5] Hier veräußert der VK, ohne den bestehenden EV des VVerk.s offenzulegen, meist aufgrund einer Vereinbarung mit dem VVerk., die Sache wiederum unter EV an den Kunden. Dieser erhält ein Anwartsrecht am Eigentum des VVerk.s. Mit Bezahlung seiner Schuld wird dann der Kunde Eigentümer.

f) als *weitergeleiteter EV:*[6] Hier legt der VK bei der Veräußerung den bestehenden EV des VVerk.s dem Kunden offen. Der Kunde wird dann erst Eigentümer, wenn die Verbindlichkeit des VK.s gegenüber dem VVerk. getilgt ist. In der Praxis selten (vgl. aber BGH BB 1991, 862).

---

[1] Dazu eingehend *Serick* I S. 153 ff., IV/1 S. 3 ff. u. V S. 262 ff.
[2] Der Vorbehaltskäufer ist dann ermächtigt, die Forderung einzuziehen (siehe § 58 I 1 b cc).
[3] Dazu BGHZ 94, 105, 112; *Serick* V § 59; § 60.
[4] Dazu *Serick* FS Weitnauer, 1980, 145 u. Serick V § 59 VI ff.
[5] Hierzu *Serick* I 79 ff.; *Staudinger/Honsell* § 455 Rn. 68 f.
[6] Hierzu *Serick* I 79 ff.; *Staudinger/Honsell* § 455 Rn. 68 f.

5. Verkäufe über die Lieferung von Waren unter EV werden in der täglichen Praxis formularmäßig festgelegt. Das auf diese Weise den Gerichten über § 9 AGBG eingeräumte Überprüfungsrecht geht an Intensität über die Kontrolle nach § 138 BGB hinaus (BGHZ 94, 105, 112). Dabei geht der Bundesgerichtshof von folgenden Grundsätzen aus:

a) Im Verkehr zwischen Kaufleuten[1] ist auch der verlängerte EV in der Form des Kontokorrentvorbehalts[2] nicht zu beanstanden (BGHZ 94, 105, 112; 98, 303, 307): Denn diese Ausgestaltung entspricht den im Handelsverkehr geltenden Gewohnheiten und Gebräuchen. Auf sie ist nach § 24 AGBG angemessen Rücksicht zu nehmen.

b) Durch geeignete Ausgestaltung der allgemeinen Geschäftsbedingungen muß indessen eine sich in einem deutlichen Mißverhältnis zwischen den Ansprüchen des Vorbehaltsverkäufers und den im Rahmen eines verlängerten EV.s abgetretenen Kundenforderungen äußernde *Übersicherung* ausgeschlossen sein. Dies kann durch eine Freigabeklausel erfolgen, durch welche dem Vorbehaltskäufer das Recht eingeräumt wird, Rückabtretung der Kundenforderung zu verlangen, sofern die Summe der gewährten Sicherheiten nach ihrem realisierbaren Wert (BGHZ 109, 240, 246) 20% der gesicherten Forderungen übersteigt (BGHZ 94, 105, 114; BGH ZIP 1990, 1006, 1009).

c) Fehlt eine solche Freigabeklausel, so kann eine Freigabeverpflichtung des Verkäufers bei Übersicherung sich nicht aus dem Inhalt des Vertrages in Verbindung mit Treu und Glauben ergeben. Denn das würde auf eine geltungserhaltende Reduktion der Regelung allgemeiner Geschäftsbedingungen hinauslaufen. Sie ist unzulässig (BGHZ 98, 303, 311 m. N.).

d) Den vom Vorbehaltskäufer auf den Zweiterwerber weitergeleiteten oder besser weiterzuleitenden EV des VVerk.s betrachtet der Bundesgerichtshof erheblich kritischer. Er mag als einfacher EV noch zulässig sein. Dann sichert er lediglich die Forderung des VVerk.s gegen den Käufer aus der konkreten Transaktion. Der Erwerber kann dann damit rechnen, daß die Verpflichtung des VK.s aus dem von ihm zu bezahlenden Kaufpreis gedeckt werden kann, er also Eigentümer der Sache mit Bezahlung des Kaufpreises wird.
Sichert indessen der weitergeleitete EV als erweiterter EV alle gegenwärtigen und künftigen Forderungen im Verhältnis zwischen Vorbehaltsverkäufer und Vorbehaltskäufer, so kann der Zweitkäufer nicht damit rechnen, mit der Bezahlung des Kaufpreises Eigentum zu erwerben. Er wird unter diesen Umständen den Kaufvertrag nicht abschließen. Diese Form des EV.s führt dazu, daß der Vorbehaltskäufer keinen Käufer findet, obgleich nach Sinn und Zweck des Vertrags mit dem Vorbehaltsverkäufer gerade der Weiterverkauf ihn in die Lage versetzen soll, seine Verpflichtungen gegenüber dem Vorbehaltsverkäufer zu erfüllen. Er wird deshalb unangemessen i. S. des § 9 AGBG benachteiligt (BGH BB 1991, 862).

6. Überblick über die folgende Darstellung: Zunächst soll die Entstehung und das Erlöschen des EV.s erörtert werden (II), daran anschließend die schuldrechtliche (III) und die sachenrechtliche Seite (IV) des EV.s. Dabei wird das Anwartschaftsrecht des VK.s einer besonderen Würdigung unterzogen (V). Anschließend werden die Probleme behandelt, die sich aus dem verlängerten Eigentumsvorbehalt ergeben (VI).

---

[1] Im nichtkaufmännischen Bereich wird der erweiterte EV überwiegend als mit § 9 AGBG nicht vereinbar angesehen. OLG Frankfurt NJW 1981, 130; *Ulmer/Brandner/Hensen* AGBG Anh. §§ 9–11 Rn. 657; *Wolf/Horn/Lindacher* AGBG § 9 E 33; *Westermann/H. P. Westermann* I § 39 V 1.
[2] Der Konzernvorbehalt wird dagegen auch im kaufmännischen Bereich wegen des oft namentlich nicht bestimmten Kreises der verbundenen Gläubiger und der fehlenden Beziehungen zur Geschäftsverbindung VVerk. – VK als mit § 9 AGBG schwerlich vereinbar betrachtet (*Ulmer/Brandner/Hensen* Anh. §§ 9–11 Rn. 657a; *Wolf/Horn/Lindacher* § 9 E 37).

II. Die Entstehung und Beendigung des Eigentumsvorbehalts

1. Der Wortlaut des § 455 könnte darauf schließen lassen, daß sich der Verkäufer das Eigentum *einseitig* vorbehalten kann und damit doch im Rahmen seiner Verkäuferpflichten bleibt. Eine solche Annahme wäre irrig. Vielmehr ist zu unterscheiden:

a) Um seine schuld- *und* sachenrechtlichen Wirkungen entfalten zu können, muß der EV im Kaufvertrag *und* in der sachenrechtlichen Einigung erklärt werden. Nur wenn im Kaufvertrag die Lieferung unter EV vereinbart ist, hat der Verkäufer mit der aufschiebend bedingten Übereignung seiner hauptsächlichen Verkäuferpflicht genügt. Fehlt die Vereinbarung, so braucht der Käufer eine bedingte Übereignung nicht hinzunehmen, er kann unbedingte Eigentumsübertragung verlangen.

b) Haben die Parteien im Kaufvertrag über den EV nichts gesagt, erklärt aber der Verkäufer *einseitig* vor oder bei Übergabe der Sache den EV,[1] so erwirbt der Käufer nur bedingtes Eigentum, wenn er sich mit dem Vorbehalt einverstanden erklärt (darin liegt dann auch eine nachträgliche Änderung des Kaufvertrags). Tut er dies nicht, so fehlt es überhaupt an einer wirksamen Einigung, der Käufer wird nicht Eigentümer (BGH NJW 1953, 217 [= *Baur,* E. Slg. Fall 23] mit Anm. *Raiser;* BGHZ 64, 395); er mag dann auf unbedingte Übereignung klagen.

Zur Frage, ob der Käufer dann aber zu Recht mit dem Verlangen des Verkäufers nach sofortiger Bezahlung des Kaufpreises konfrontiert werden kann (§ 320 BGB) s. *Lieb,* FS Baumgärtel, 1991, 311.

c) Ist weder im Kaufvertrag noch bei Einigung und Übergabe von einem EV die Rede gewesen, so kann ihn der Verkäufer *nicht nachträglich* dadurch festlegen, daß er auf einer Rechnung oder dgl. erklärt, die Lieferung sei unter EV erfolgt. Wohl aber ist es möglich, daß die Parteien jetzt noch einen EV vereinbaren (Einzelheiten zu dieser streitigen Frage s. oben § 51 V 7b); sie erhalten dann schuld- und sachenrechtlich dieselbe Rechtsstellung, wie wenn der EV schon im Kaufvertrag erklärt worden wäre.[2]

d) Für die tägliche Praxis – die den EV formularmäßig auf Grund Allg. Geschäftsbedingungen festlegt – bedeuten diese Grundsätze:

aa) Der EV ist schuld- und sachenrechtlich wirksam, wenn *dem Abschluß des Kaufvertrags* Allg. Geschäftsbedingungen, die den EV enthalten, wirksam zugrunde gelegt sind, wobei bei Geschäften mit Nichtkaufleuten § 2 AGBG zu beachten ist (s. oben § 5 II 1d und § 56 II 3). Ein besonderer Hinweis des Verkäufers auf die Vorbehaltsklausel ist nur nötig, wenn diese Klausel bei Geschäften dieser Art nicht üblich ist: Wer z. B. eine elektrische Waschmaschine auf Abzahlung kauft, braucht auf den Vorbehalt des Eigentums in den Lieferbedingungen nicht besonders hingewiesen zu werden; s. dazu BGHZ 42, 53, 55.

Ist die Übereignung zeitlich nach Abschluß des Kaufs erfolgt, so erstreckt sich der im Kauf ausgesprochene EV stillschweigend auch auf die dingliche Einigung, ohne daß er nochmals ausdrücklich erklärt werden muß.

bb) Legt der Verkäufer den EV erst *der Lieferung* (etwa durch formularmäßigen Vermerk auf dem

---

[1] Was durch *deutliche* Erklärung zu geschehen hat (BGHZ 64, 395, 397; BGH NJW 1979, 213 u. 2199).

[2] A. A. BGH NJW 1953, 217 (= *Baur,* E.Slg. Fall 23); wie oben *Raiser* aaO m. w. N.; *Larenz* II/1 § 43 II a; *Serick* I S. 92 ff.; *Walter,* KaufR, § 10 II 3 u. jetzt auch BGHZ 98, 160, 165.

Lieferschein) zugrunde, so muß der Vorbehalt des Eigentums wirksam Bestandteil der Einigung geworden sein (s. oben 1 b). Dies wird bei Geschäften mit Kaufleuten regelmäßig der Fall sein, wenn der Abnehmer deutlich auf den EV hingewiesen worden ist und nicht widersprochen hat (s. BGH NJW 1979, 213 u. 2199; 1982, 1749 u. 1751, wo der „Zugang" der Erklärung des VVerk.s an eine zur Vertragsgestaltung befugte Person und die Zumutbarkeit der Kenntnisnahme durch den VK. als ausreichend bezeichnet werden); bei Geschäften mit Nichtkaufleuten ist wieder § 2 AGBG zu beachten. Ist der EV wirksam vereinbart, so liegt darin auch eine nachträgliche Änderung des Kaufvertrags.

cc) Ein erst *nach Übergabe* erklärter EV ist ohne Bedeutung. In dem Schweigen des Käufers kann nicht das Einverständnis mit einem „nachträglichen EV" gesehen werden (s. oben § 51 V 7 b).

dd) Behauptet der Verkäufer, er habe unter EV geliefert, sagt aber der die Sache besitzende Käufer, ihm sei unbedingt übereignet worden, so trägt der Verkäufer die Beweislast (§ 1006; BGH NJW 1975, 1269; BGHZ 64, 395).

ee) Besonders problematisch ist die Geltung des EV.s bei *kollidierenden AGB* der Parteien. Die AGB des Verkäufers enthalten den EV in seinen verschiedenen Formen. Die AGB des Käufers sagen, daß er nur bei Geltung seiner AGB den Vertrag abschließe *(Abwehrklausel)*[1] (dabei ist es möglich, daß diese AGB zum EV gar nichts sagen oder aber den EV des Verkäufers ausdrücklich ausschließen). Auf der schuldrechtlichen Ebene kommt dann ein Kaufvertrag mit dem übereinstimmenden Inhalt beider Willenserklärungen zustande. Das Ergebnis ist, daß der EV schuldrechtlich in aller Regel[2] nicht vereinbart ist. Spricht der Verkäufer dennoch (abredewidrig) den EV vor oder bei Lieferung aus, so kann er nur wirksam sein, wenn der Käufer widerspruchslos davon Kenntnis nimmt (oben bb), oder wenn der Käufer – z. B. aus langjähriger Geschäftsverbindung – wußte, daß der Verkäufer überhaupt nur liefern würde, wenn wenigstens der einfache EV gälte.[3]

2. a) Normaler *Erlöschenstatbestand* ist die vollständige Bezahlung des Kaufpreises. Dabei ist es gleichgültig, ob die Leistung durch den Käufer oder einen Dritten (§ 267) erbracht wird.

V hat dem K eine Maschine zum Preis von 20 000 DM auf Abzahlung unter EV geliefert. Als 15 000 DM bezahlt sind, übereignet K sein Anwartschaftsrecht sicherungshalber nach § 930 an seine Bank B. K kann die letzte Rate von 5000 DM nicht aufbringen; daraufhin springt B ein und leistet den Kaufpreisrest. Damit tritt die Bedingung ein, B erlangt unmittelbar (also ohne Durchgangseigentum des K!) Eigentum (so BGHZ 20, 88 [= *Baur*, E. Slg. Fall 24] und a. A. RGZ 140, 223).
Gleichgültig ist ferner, ob bei Eintritt der Bedingung der Übereignungswille beim VVerk. noch vorhanden ist, ob der VVerk. inzwischen die Geschäftsfähigkeit oder Verfügungsbefugnis verloren hat (*Serick* I S. 411 f.).
Hat ein Dritter geleistet, der dem VVerk. dazu verpflichtet war (z. B. ein Bürge), und ist auf ihn die Kaufpreisforderung übergegangen (z. B. nach § 774), so ist der VVerk. in der Regel verpflichtet, sein Eigentum auf den Dritten zu übertragen (BGHZ 42, 53, 56).

b) Der EV erlischt mit der Weiterveräußerung der Sache, wenn der VVerk. den VK dazu ermächtigt hat (§ 185)[4] – was regelmäßig der Fall ist, wenn der VK

---

[1] Hierzu grundlegend *Lieb* FS für Baumgärtel, 1991, S. 311 ff.

[2] Allenfalls in begrenzten Ausnahmefällen kann ein EV als schuldrechtlich vereinbart angesehen werden, wenn dies branchenüblich ist, und wenn der Käufer einen EV des Verkäufers nicht ausdrücklich ausgeschlossen hat (dazu BGH NJW 1985, 1838, 1840; *Ulmer* in *Ulmer/Brandner/Hensen* AGBG § 2 Rn. 105; *Wolf* in *Wolf/Horn/Lindacher*, AGBG § 2 Rn. 79 ff.).

[3] S. dazu BGH NJW 1985, 1838; 1982, 1749 u. 1751; 1986, 2948; sowie 1989, 3213; *Gerhardt*, W. JZ 1986, 673; *Schlechtriem* Gedächtniskolloquium f. v. Caemmerer, 1985, 15; *De Lousanoff* NJW 1985, 1921; *Wolf* in *Wolf/Horn/Lindacher* AGBG, 2. Aufl. 1988 § 2 Rn. 72 ff., je m. w. N.; noch weitergehend *Lieb*, FS für Baumgärtel, 1991, S. 311, 320.

[4] Zum Widerruf einer solchen Ermächtigung s. BGHZ 14, 114 u. BGH NJW 1969, 1171; *Medicus* Rn. 534. – Zum Umfang der Ermächtigung BGHZ 72, 15 u. 75, 391; BGHZ 104, 129 = JZ 1988, 926 m. Anm. H. J. *Weber* (Veräußerung durch „Sale-and-Lease-Back-Verfahren": Veräußerung und Zurückvermietung durch den Erwerber an den Veräußerer); BGH JZ 1989, 198 (Veräußerung und Rückverkauf an den Veräußerer zu erhöhten Preisen); vgl. BGHZ 102, 293, 308. – Zur sog. *Verbrauchsermächtigung* s. *Wochner* BB 1981, 1802.

Wiederverkäufer ist, da sie dann Zweck des Geschäfts ist (BGH BB 1991, 862, 865) – *oder* wenn der Erwerber gutgläubig ist (§ 932).

Beispiele:

(1) Radiowerk V liefert Geräte an den Radiohändler K unter EV. Es entspricht der Natur der Sache, daß K zur Weiterveräußerung ermächtigt ist. Der Kunde D des K erwirbt also Eigentum an dem von ihm gekauften Gerät, selbst wenn er wußte, daß K noch nicht Eigentümer des Geräts geworden war. Ist auch die Lieferung an D unter EV erfolgt (nachgeschalteter EV), so hat D ein Anwartschaftsrecht erworben (s. oben I 4e). Ihm fällt das Volleigentum zu, wenn *er* den Kaufpreis an K bezahlt hat. Man kann nicht argumentieren: Das AnwR hänge *auch* von dem Kaufvertrag V-K ab, erstarke also erst dann zum Volleigentum, wenn *auch* K an V geleistet habe. Zu solchen Bedingungen würde sich kein vernünftiger Käufer D bereit finden; dies weiß auch V; seiner Veräußerungsermächtigung ist daher ein diesem Ergebnis entsprechender Inhalt zu geben (so im Ergebnis auch BGHZ 56, 34).

(2) K hat die unter EV gelieferte Maschine vor Zahlung aller Raten an D veräußert, der den K ohne grobe Fahrlässigkeit für den Eigentümer hielt. D erwirbt nach § 932 Eigentum. Besondere Erkundigungspflichten, deren Verletzung die Redlichkeit ausschließt, bestehen nur bei Kauf gewisser neuwertiger Sachen, die erfahrungsgemäß häufig auf Abzahlung gekauft werden (z. B. Kraftfahrzeuge, teuere Rundfunk- und Fernsehgeräte u. dgl.).[1]

Die Beispiele zu 2a und b lehren uns, daß zwischen Veräußerung der *Sache* und Übertragung der *Anwartschaft* scharf zu unterscheiden ist.

c) Der EV erlischt ferner durch *Verarbeitung* (§ 950),[2] kann sich aber – beim verlängerten EV – an der neu hergestellten Sache fortsetzen (s. oben § 53b I 3, III 3) mit der Konsequenz des Sicherungseigentums an der neu hergestellten Sache (s. unten IV 1 a cc).

d) Weiterer Erlöschenstatbestand ist der *Verzicht* des VVerk. auf den EV (BGH NJW 1958, 1231 u. 1978, 696, 2b).

Dieser Verzicht auf den EV berührt den Bestand der Kaufpreisforderung nicht.[3]

Streitig ist, ob in der Pfändung der unter EV gelieferten Sache durch den VVerk. ein Verzicht des VVerk.s auf den EV zu sehen ist (s. RGZ 79, 241, 244; BGHZ 15, 171, 173; *Lüke* JZ 1959, 114; *Serick* I S. 319 ff. m. w. N.). Die Frage ist zu verneinen (s. unten V 4 b bb).

e) Der EV erlischt *nicht,* wenn die Kaufpreisforderung verjährt ist; dies bedeutet, daß der VVerk. die Sache auf Grund seines Eigentums vom VK herausverlangen und verwerten kann (§ 223 Abs. 2; BGHZ 34, 191; BGHZ 48, 249 u. 70, 96; BGH NJW 1979, 2195; Hermann *Lange* JuS 1963, 59 u. 1971, 511, 515; *Stoll* ZHR 128, 239, 246; Klaus *Müller* DB 1970, 1209; *Dilcher* JuS 1979, 331; Frank *Peters* JZ 1980, 178; *Tiedtke* DB 1980, 1477; *Wadle* Jura 1982, 102).

f) Zum *Erlöschen des AnwR.s* des VK.s wegen Ausfalls der Bedingung s. unten III 2b aa.

III. Die schuldrechtliche Seite des Eigentumsvorbehalts[4]

Man kann die hier sich ergebenden Fragen mit den Stichworten „Erfüllungsproblem" und „Rücktrittsproblem" kennzeichnen.

1. *Das Erfüllungsproblem*

a) Hier stellt sich folgende Frage: Hat – wenn der EV im Kaufvertrag verein-

---

[1] Die Rspr. stellt z. T. schärfere Anforderungen; vgl. RGZ 143, 14, 18; BGHZ 10, 14, 17 [= *Baur,* E.Slg. Fall 21]; BGH BB 1969, 1455; s. auch oben § 52 III 1.

[2] Auch durch Vermischung und Verbindung (BGHZ 26, 178); *Serick* I S. 447 ff.; *Thamm* BB 1990, 866.

[3] *Serick* I S. 435 ff.; s. ferner *Rimmelspacher* § 8 Rn. 518 ff.

[4] Hier können nur die Grundsätze dargestellt werden, Einzelheiten vgl. *Larenz* II 1 § 43 II b, III; *Fikentscher* § 71 V; *Walter,* KaufR, S. 460 ff.

bart war – der VVerk. bereits erfüllt, wenn er dem VK die Sache übergeben und aufschiebend bedingt übereignet hat *oder* schuldet er auch in diesem Fall die Verschaffung vollen Eigentums (§ 433)?

Die sehr umstrittene Frage ist vor allem für das Wahlrecht des Konkursverwalters nach § 17 KO von Bedeutung.[1] Die wohl noch h. M. bejaht dieses Wahlrecht, da der VVerk. dem VK den Leistungserfolg schulde. Das damit gegebene Wahlrecht des Konkursverwalters führt aber zum Teil zu unbilligen Ergebnissen. Die Versuche zur Lösung der Problematik sind mannigfaltig.

aa) In dem – praktisch wichtigsten – Fall des *Konkurses des VK.s* bedeutet die Anwendung des § 17 KO, daß bei Erfüllungswahl durch den Konkursverwalter die Sache in der Masse bleibt, der Kaufpreis aber als Masseschuld (§ 59 Nr. 2 KO) voll zu begleichen ist, bei Ablehnung der Erfüllung aber der VVerk. die Sache aussondern kann.

bb) Im *Konkurs des VVerk.s* könnte der Konkursverwalter durch Ablehnung der Vertragserfüllung das Anwartschaftsrecht des VK.s zunichte machen, selbst wenn der VK alle seine Verpflichtungen erfüllt! Dieses Ergebnis sucht man unter Berufung auf § 161 Abs. 1 oder § 242 (RGZ 140, 156, 162; BGH NJW 1962, 2296 u. BGHZ 98, 2948 = BGHZ 98, 160, 168 für den Fall des erweiterten EV.s bei voller Bezahlung der Kaufpreisraten; *Serick* I S. 360f.) zu vermeiden.

Eine befriedigende Lösung ließe sich auch dadurch erreichen, daß man § 17 KO beim Wort nimmt:[2] Hier ist nämlich nicht von einem Wahlrecht zwischen Erfüllung und Nichterfüllung die Rede, sondern nur von einem Recht des Konkursverwalters, zu erfüllen und von dem anderen Teil Erfüllung zu verlangen. Diese Auffassung[3] bedeutet für den *Konkurs des VK.s,* daß bei Erfüllungsverlangen des Konkursverwalters (§ 17 KO) die Restraten aus der Masse bezahlt werden müssen und die Sache der Masse verbleibt. Zahlt der Konkursverwalter die Raten nicht, so kann der VVerk zurücktreten (§ 455) und aussondern. *Im Konkurs des VVerk.s* kann der Konkursverwalter nur Bezahlung der Restraten fordern, kann also nicht die Erfüllung „ablehnen". Erst wenn der VK nicht bezahlt, kann der Konkursverwalter zurücktreten und die Herausgabe der Kaufsache an die Masse verlangen. Diese Auffassung hat viel für sich, konnte sich aber bisher nicht durchsetzen.

b) Die *Gefahr* geht nach §§ 446, 447 auf den VK *über;* daß das Eigentum vorbehalten wurde, spielt keine Rolle.

c) Der VK hat dem VVerk. gegenüber ein Recht zum Besitz, freilich nur solange der VVerk. nicht wirksam zurückgetreten ist. Dagegen endet das Besitzrecht des VK.s *nicht* schon dann, wenn er in Zahlungsverzug gekommen oder in Konkurs gefallen ist. Der VVerk. kann also nicht gleichzeitig am Vertrag festhalten und die Kaufsache – gewissermaßen als Druckmittel – einstweilen nach § 985 zurückholen (BGHZ 54, 214 und JZ 1989, 199).[4]

Fraglich ist, worauf sich das Besitzrecht des VK.s gründet: (nur) auf den Kaufvertrag oder (auch) auf die Eigentumsanwartschaft als dingliches Recht? (s. dazu BGHZ 10, 69; 34, 191, 197; *Blomeyer* AcP 153, 239; *Bauknecht* NJW 1955, 1252 u. unten V 3 a u. 5 b cc).

---

[1] Zur Problematik s. *Jaeger/Henckel* § 17 KO Rn. 40, 49 (m. w. N.); *Serick* I S. 121 ff., 333 ff.; *Baur/Stürner* II InsolvenzR Rn. 9.3–9.4 – Zur treuwidrigen Vereitelung des Bedingungseintritts durch den VVerk. s. *Medicus* Rn. 463/4.

[2] *Marotzke* JZ 1977, 552; *Musielak* AcP 179, 189; *Jäger/Henckel* § 17 Rn. 149 ff.; *Stürner* ZZP 94, 263, 298; M. *Wolf* ZZP 83, 230, 232.

[3] Vgl. zu dieser Streitfrage *Jaeger/Henckel* § 17 KO Rn. 40; *Serick* I S. 121 ff., 333 ff.; *Baur/Stürner* II, InsolvenzR, Rn. 9.3–9.4.

[4] Vgl. zu der Streitfrage J. *Blomeyer* JZ 1968, 691 u. DB 1969, 2117; *Honsell* JuS 1981, 705/9; Klaus *Müller* DB 1969, 1493; *Lange* JuS 1971, 511.

2. Das Rücktrittsproblem

a) § 455 gibt dem VVerk. im Zweifel ein Rücktrittsrecht, „wenn der VK mit der Zahlung in Verzug kommt".[1] Im Gegensatz zu § 326 bedarf es also für die Ausübung des Rücktrittsrechts (wohl aber für die Geltendmachung des Schadensersatzanspruchs wegen Nichterfüllung!) keiner Fristsetzung unter Ablehnungsandrohung.

Der VVerk. ist keineswegs auf das Rücktrittsrecht beschränkt; er kann u. a. auch auf dem Zahlungsanspruch beharren, sich einen Vollstreckungstitel beschaffen und in das Vermögen des Schuldners – auch in die unter EV verkaufte Sache selbst – vollstrecken. Er kann auch eine Nachfrist[2] nach § 326 setzen und dann Schadensersatz wegen Nichterfüllung verlangen (BGHZ 54, 214, 220).

b) Der Rücktritt hat zur Folge:

aa) Die Bedingung der vollständigen Bezahlung des Kaufpreises kann nicht mehr eintreten, damit entfallen das AnwR des VK.s – auch wenn es inzwischen auf einen anderen übertragen sein sollte (BGHZ 75, 221, 225/6) – und sein Besitzrecht, freilich letzteres nur Zug um Zug gegen Rückgewähr der erbrachten Leistungen (BGH NJW 1986, 424).

bb) Die beiderseitigen Leistungen sind nach den §§ 346 ff. zurückzugewähren, der VK hat also die Kaufsache zurückzugeben, der VVerk. muß den Kaufpreis unter Abzug einer Entschädigung für die Nutzung und Abnutzung der Sache (§ 347 Satz 2) erstatten (dazu BGH NJW 1984, 2937). Aufwendungen kann der VK ersetzt verlangen, soweit ihm nicht die Nutzungen verbleiben (§§ 347 S. 2, 994 ff.; dazu BGHZ 44, 237).

c) Diese Regelung kann für den „kleinen Mann" erhebliche Gefahren mit sich bringen: er läuft Gefahr, die gekaufte Sache *und* den größten Teil des Kaufpreises (wegen einer zuvor vereinbarten hohen Nutzungsentschädigung) zu verlieren. Vor diesen Gefahren suchte ihn das *Abzahlungsgesetz* v. 16. 5. 1894 m. ÄndG v. 1. 9. 1969 u. 16. 5. 1974 nach Möglichkeit zu schützen. Dessen Regelung ist durch das am 1. Januar 1991 inkraftgetretene *Verbraucherkreditgesetz*[3] vom 17. 12. 1990 abgelöst worden.

aa) Es erfaßt im Rahmen seines umfassenden Geltungsbereichs natürlich auch Teilzahlungsverkäufe, die Verbraucher beim Handel tätigen (vgl. auch § 13 I VerbrKrG). Angesprochen wird der Händler vom Gesetz in seiner Eigenschaft als einer Person, die in Ausübung ihrer gewerblichen oder beruflichen Tätigkeit einen Kredit in Form eines Zahlungsaufschubs gewährt (Kreditgeber) und der Käufer als eine natürliche Person, die diesen Kredit nicht für ihre gewerbliche oder selbständige berufliche Tätigkeit in Anspruch nimmt (Verbraucher) (§ 1 VerbrKrG).

---

[1] Auch mit der Nichteinlösung eines erfüllungshalber hingegebenen Wechsels (BGHZ 96, 182, 194).

[2] *Muß* er eine Nachfrist setzen? s. *P. Bydlinski*, JZ 1986, 1028

[3] S. hierzu die Kommentare zum VerbrKrG von *Walter Münstermann/Rudi Hannes*, 1991 und von *Jürgen Vortmann*, 1991 sowie *Ulrich Seibert*, Handbuch zum Gesetz über Verbraucherkredite, 1991; ferner *Bülow* in NJW 1991, 129; *Reinking/Nießen* ZIP 1991, 79; *Scholz* DB 1991, 215. Zur Anwendung des Verbraucherkreditgesetzes bei Grundpfandrechten § 36 I b.

bb) Abweichend von § 455 BGB[1] kann der kreditgewährende Vorbehaltsverkäufer erst dann wegen Zahlungsverzugs des Käufers zurücktreten, wenn dieser mit mindestens zwei Ratenzahlungen im Gesamtvolumen von mindestens 10% bzw., bei längerer Laufzeit (über 3 Jahre) mit 5% in Verzug ist, der Verkäufer ihm eine Nachfrist von zwei Wochen mit der Erklärung gesetzt hat, daß er bei Nichtzahlung innerhalb Fristsetzung die gesamte Restschuld verlangt, und wenn schließlich auch diese Frist verstrichen ist (§ 13 I i. V. m. § 12 I VerbrKrG).

cc) Rücknahme der gelieferten Kaufsache durch den Vorbehaltsverkäufer gilt als Ausübung des Rücktrittsrechts (§ 13 II VerbrKrG). Diese Bestimmung will, wie schon früher § 5 AbzG, verhindern, daß der Käufer Besitz und Nutzung der Sache verliert und gleichwohl für die Zahlung des Kaufpreises haftet. Deshalb ist nach § 13 III VerbrKrG den Interessen des Käufers auch dann gedient, wenn der Verkäufer ihm im gegenseitigen Einvernehmen den gewöhnlichen Verkaufswert der Sache im Zeitpunkt der Wegnahme vergütet. Die Rückfiktion greift dann nicht. Wiederansichnehmen liegt vor, wenn der Käufer auf Veranlassung des Verkäufers Besitz und Nutzungsmöglichkeiten verliert, z. B. durch Pfandverwertung (vgl. BGHZ 55, 59 und unten V 4b bb), durch Verkauf an einen Dritten (BGHZ 45, 111), sogar schon durch Erhebung der Herausgabeklage (BGH NJW 1965, 2391, jeweils zu § 5 AbzG).

dd) Im Rücktrittsfall ist die beiderseitige Rückgewährpflicht zwingend vorgeschrieben (§ 13 II VerbrKrG). Maßgebend sind für die Rückabwicklung nunmehr die §§ 346 bis 354 und 356 BGB. Bei der vom Vorbehaltskäufer gemäß § 347 Satz 2, 987 zu zahlenden Nutzungsvergütung ist auf die inzwischen eingetretene Wertminderung Rücksicht zu nehmen (§ 13 II Satz 3).

ee) Das Verbraucherkreditgesetz regelt unter der Bezeichnung „verbundene Geschäfte" den sog. Einwendungsdurchgriff des Vorbehaltskäufers gegenüber dem finanzierenden Kreditinstitut im Rahmen eines sog. finanzierten Abzahlungsgeschäfts[2] (§ 9 III VerbrKrG). Die Rücktrittsfiktion des § 13 III greift auch im Verhältnis zwischen finanzierendem Kreditinstitut und Käufer ein, wenn das Kreditinstitut den finanzierten Gegenstand an sich nimmt (§ 13 III Satz 2). Erfaßt werden muß in solchen Fällen aber über die Regelung des VerbrKrG hinaus auch das kaufvertragliche Verhältnis zum Verkäufer.[3] Es geht nicht an, daß in solchen Fällen das Kreditverhältnis endet, der Käufer aber weiterhin aus dem Kaufvertrag zur Bezahlung des Kaufpreises verpflichtet bleibt.

ee) Zu beachten ist, daß das Verbraucherkreditgesetz, anders als das frühere Abzahlungsgesetz, nicht an die „fehlende" Kaufmannseigenschaft des Käufers anknüpft. Es kommt auf den Begriff des Verbrauchers an.

---

[1] Begründung zum Regierungsentwurf, BT-Drucks. 11/5462, S. 28; *Vortmann* § 13 Rn. 3; *Münstermann/Hannes* § 13 Rn. 682.

[2] Hierzu *Dauner/Lieb,* WM Sonderbeilage Nr. 6/1991; *Larenz* II § 63 I; *Gernhuber,* Bürgerliches Recht § 17 II.

[3] So zutreffend *Münstermann/Hannes* § 13 Rn. 751.

IV. Die sachenrechtliche Seite des Eigentumsvorbehalts

Hier gilt es zunächst die Rechtsstellung des VVerk.s darzustellen. Die Position des VK.s (das Anwartschaftsrecht) soll gesondert erörtert werden (unten V).

1. Der VVerk. ist bis zum Eintritt der Bedingung Eigentümer und mittelbarer Besitzer der Kaufsache. Er kann sie an einen Dritten veräußern (§ 931 oder – seltener – § 930), ohne daß dadurch freilich die Position des VK.s beeinträchtigt wird (§ 161 Abs. 1, § 986 Abs. 2). Die Sicherungsfunktion seines Eigentums entfaltet sich im Konkurs des VK.s (a) und bei einer gegen diesen gerichteten Zwangsvollstreckung (b).

a) Im *Konkurs* des Vk.s[1] hat der VVerk. ein *Aussonderungsrecht* (§ 43 KO), sofern er nach § 455 wirksam zurückgetreten ist.

Einzelheiten:

aa) Sondert der VVerk. aus, so hat er den erhaltenen Kaufpreis an die Masse zurückzugewähren, hat aber andererseits einen Anspruch auf Nutzungsentschädigung (§ 13 II VerbrKrG, § 347 Satz 2 BGB) und auf Schadensersatz wegen Nichterfüllung des Kaufvertrags (§ 26 Satz 2 KO).[2]

bb) Hat der VK vor Konkurseröffnung oder der Konkursverwalter nach Konkurseröffnung die Aussonderung des VVerk.s dadurch vereitelt, daß er die unter EV gelieferte Ware *unberechtigt*,[3] aber wirksam (§ 932) an einen Dritten veräußert hat, so ist der Tatbestand der *Ersatzaussonderung* (§ 46 KO)[4] gegeben: Der VVerk. kann die Forderung aus dem Verkauf der Sache aus der Konkursmasse aussondern.

Beispiel (in Anlehnung an BGHZ 30, 176; 27, 306; 40, 156; 56, 228):
Die Kl. hat eine Badezimmereinrichtung an VK unter verlängertem EV geliefert. VK hat die Einrichtung im Neubau des DS eingebaut, wobei zwischen VK und DS vereinbart war, daß die Forderung hieraus nicht abtretbar sei. (Diese Vereinbarung ist wirksam, obwohl VK die künftige Forderung schon zuvor an die Kl. als VVerk. abgetreten hatte; str.) Kurze Zeit darauf fällt VK in Konkurs. Die Kl. verlangt vom Konkursverwalter den Erlös aus dem Geschäft VK-DS:
Der verlängerte EV ging „ins Leere", weil die Forderung VK – DS kraft Parteivereinbarung (§ 399 2. Fall) nicht abtretbar war. Gerade deshalb war die Veräußerung der Badezimmereinrichtung an DS unberechtigt; denn die Kl. hatte einer Veräußerung nur unter der Voraussetzung zugestimmt, daß ihr kraft des verlängerten EV.s die Kaufpreisforderung VK-DS abgetreten war. Dies war aber wegen § 399 2. Fall nicht möglich. Hatte VK sonach unberechtigt veräußert und war DS auch nicht als gutgläubig i. S. der §§ 366 HGB, 932 BGB anzusehen (BGHZ 77, 274 = Baur E.Slg. Fall 26a), so war die Kl. als VVerk. zur Ersatzaussonderung befugt: m. a. W. über den Weg des § 46 KO ist dann doch das mit dem verlängerten EV erstrebte Ziel erreicht.
Anhangweise sei bemerkt, daß umstritten ist, ob DS nicht deshalb der Kl. aus § 823 Abs. 1 haftet, weil er als Konsequenz des mit VK vereinbarten Abtretungsverbots damit rechnen mußte, daß VK das von der Kl. gelieferte Material unberechtigt in das Haus einbaut (s. dazu BGHZ 56, 228, 237 gegen *Huber* NJW 1968, 1905; bestätigt BGH DB 1991, 159; ferner *Koppensteiner* JuS 1972, 373 u. *Jakobs* JuS 1973, 152; zum Schadensersatzanspruch des VVerk.s gegen den VK aus § 823 Abs. 1 vgl. BGHZ 109, 297, 300). Ein Ersatzaussonderungsanspruch scheidet hingegen aus, wenn der Vorbehaltskäufer trotz Verarbeitungsverbots die Sache weiterverarbeitet und dann veräußert. Denn dann hat er originär Eigentum erworben, handelt bei der Weiterveräußerung als Berechtigter (BGH NJW 1989, 3213).

---

[1] S. dazu oben III 1a.
[2] Siehe dazu *Lent* in Festschrift f. Lehmann (1956) S. 837; *Baur/Stürner* II InsolvenzR Rn. 9.9ff.; *Serick* I S. 342ff.; BGHZ 15, 333, 335.
[3] BGH NJW 1953, 217 [= *Baur*, E.Slg. Fall 23]; BGHZ 27, 306 u. 30, 176, 181; 68, 199. Unberechtigt ist die Veräußerung jedenfalls dann nicht, wenn der VVerk. mit dem Weiterverkauf im normalen Geschäftsgang einverstanden war (ebenso BGHZ 73, 259 für den Fall der Einstellung der Forderungen aus dem Weiterverkauf in ein Kontokorrent).
[4] Siehe dazu *Baur/Stürner*, Fälle, Fall 20 und besonders *Serick* I S. 347ff. sowie in größerem Zusammenhang der Grenzen der Vermögenshaftung *Henckel* JuS 1985, 836, 840.

cc) Oben § 57 V 1 hatten wir *bei der SÜ* festgestellt, daß dem Sicherungsnehmer im Konkurs des Sicherungsgebers nur ein *Absonderungsrecht* zugebilligt wird, während das *vorbehaltene Eigentum* ein *Aussonderungsrecht* gibt, obwohl doch in beiden Fällen der Sicherungscharakter im Vordergrund steht. Diese Prinzipwidrigkeit wird wenigstens für den *verlängerten und erweiterten EV* vermieden, wenn man hier der Tatsache Rechnung trägt, daß es nicht mehr um die Rücknahme der Kaufsache geht, sondern der Sicherungszweck ausschließlich dominiert. Dann aber ist die *Absonderung* der richtige Rechtsbehelf (so BGH JZ 1971, 505 für den verl. EV und BGH JZ 1971, 506 für den erw. EV; dazu *Gravenhorst* JZ 1971, 494 u. *Serick* BB 1978, 1477 u. ZIP 1982, 507; *Baur/Stürner* II InsolvenzR § 14.8; *Jauernig* ZVR § 45 I 1 a).

b) Der VK hat Gewahrsam (= unmittelbaren Besitz) i. S. des § 808 ZPO an der ihm unter EV verkauften Sache. Daher ist es verständlich, daß seine Gläubiger auch auf die Kaufsache im Wege der Pfändung zugreifen. Diesen Zugriff kann der VVerk. durch die Drittwiderspruchsklage (§ 771 ZPO) bekämpfen;[1] durch Urteil wird die Zwangsvollstreckung in die Sache für unzulässig erklärt.

Der Gläubiger des VK.s kann die Widerspruchsklage freilich dadurch abwehren, daß er den Restkaufpreis an den VVerk. bezahlt (§ 267), damit den Eigentumsübergang herbeiführt und seine Pfändung rettet.[2]

Von der Sachpfändung ist die *Pfändung des AnwR.s* zu unterscheiden: Hier pfändet der Gläubiger des VK.s bewußt dessen Anwartschaft, nicht die – noch dem VVerk. gehörende – Sache (Einzelheiten s. unten V 4).

2. Mit der Zahlung des Restkaufpreises tritt die Bedingung ein, der VVerk. verliert sein Eigentum, das AnwR des VK.s erstarkt zum Volleigentum. Irgendeine Zustimmung des VVerk.s oder seine weitere Erfüllungsbereitschaft sind nicht erforderlich.

Damit ist freilich das Problem noch nicht gelöst, ob – falls der VK sein AnwR auf einen Dritten übertragen hat – der Dritte unmittelbar vom VVerk. Eigentum erlangt oder nur auf dem Umweg über den VK („Durchgangseigentum für eine logische Sekunde"!); s. dazu unten V 2.

V. Das Anwartschaftsrecht des Vorbehaltskäufers insbesondere

1. Häufig sind zugunsten des Erwerbers eines dinglichen Rechts alle rechtsgeschäftlichen Erwerbshandlungen vorgenommen, ohne daß doch damit das Recht schon begründet oder übertragen worden ist. Erinnern wir uns an die Position des im Grundbuch noch nicht eingetragenen Auflassungsempfängers, an die Lage des Hypothekars, dem der Brief noch nicht übergeben ist. Eine vergleichbare Rechtsstellung kommt auch dem VK, also demjenigen zu, dem beim Kauf aufschiebend bedingt Eigentum übertragen wurde.[3]

Der Rechtsordnung stellt sich das Problem, ob sie das Besondere dieser Situation anerkennen oder einfach feststellen soll, daß das Recht eben noch nicht erworben ist. Im Gesetz selbst finden sich nur verhältnismäßig schwache Ansatzpunkte, so etwa in § 878 und in den §§ 160–162 zugunsten des bedingt Berechtigten. Aber hier handelt es sich im wesentlichen um einen Schutz gegen ein gegenläufiges Verhalten des anderen Teils oder gegen Verfügungsbeschränkungen,

---

[1] H. M. vgl. BGHZ 54, 214, 218; *Baur/Stürner* ZVR Rn. 774; *Westermann/H. P. Westermann* § 39 III 3 c.

[2] *Soergel/Mühl* § 455 Rn. 80; dagegen *Raiser,* Dingliche Anwartschaften, 1961, S. 91 AbsonderungsR.

[3] S. oben § 3 II 3

denen er zwischenzeitlich unterworfen wurde. Daraus ergibt sich aber wenig für die Beantwortung der Frage, ob die Rechtsstellung des Erwerbers schon als subjektives Recht, als dingliches Recht (welchen Charakters?) anzuerkennen ist. Dennoch hat sich – mindestens für die hier zu erörternde Stellung des VK.s – mehr und mehr die Ansicht durchgesetzt, die diese Fragen bejaht und – freilich ziemlich farblos – von einem *Anwartschaftsrecht* spricht.

Kaum ein Problem des bürgerlichen Rechts ist so eingehend diskutiert worden wie dieses. Literatur[1] und Rechtsprechung sind kaum mehr zu überblicken. Die Lösung wird durch das Ineinandergreifen dogmatischer (AnwR und numerus clausus der Sachenrechte?), systematischer (Einordnung als Pfandrecht? als Teilrecht mit dem Charakter des Vollrechts?) und wirtschaftlicher Gesichtspunkte erschwert. Wie so häufig haben schließlich die wirtschaftlichen Erwägungen den Ausschlag gegeben: Man kann und will an der Tatsache nicht vorbeigehen, daß die Rechtsstellung des VK.s bereits einen wirtschaftlichen Wert darstellt (vgl. die grafische Darstellung oben I 2 a!), die eines besonderen Schutzes bedarf und für den VK und dessen Gläubiger nutzbar gemacht werden muß. Die Einzelheiten der Rechtsentwicklung sollen hier nicht dargestellt werden. Wir begnügen uns, den gegenwärtigen Stand zu kennzeichnen: der BGH spricht von einem dem Vollrecht „ähnlichen Recht" (BGHZ 20, 88, 99 [= *Baur*, E. Slg. Fall 24]), „einer bloßen Vorstufe des Eigentums"; das AnwR sei „im Vergleich zum Eigentum kein aliud, sondern ein wesensgleiches minus" (BGHZ 28, 16, 21; 30, 374; 35, 85, 89; BGH in LM § 929 BGB Nr. 11a). Es ist zuzugeben, daß dies eher eine Bildersprache ist als eine exakte juristische Begriffsbildung. Immerhin deutet sie die Wertung des Vorgangs als einer *Rechtsteilung* an, wie sie schon *Heck* (§ 21) mit Recht vertreten hat: das Eigentum ist dem Interessengehalt nach aufgeteilt, wobei beim VVerk. die Sicherungsfunktion, beim VK die Nutzungsfunktion des Eigentums im Vordergrund steht. Die Einzelheiten werden sich nur aus einer Abwägung der Interessen des VVerk.s, des VK.s und der Allgemeinheit lösen lassen. –
Im folgenden sind zu erörtern das Übertragungsproblem (2), der Erwerb des AnwR.s vom Nichtberechtigten (3), das Pfändungsproblem (4) und das Schutzproblem (5).

2. a) Daß der VK seine Rechtsposition auf einen anderen *übertragen* kann, ist seit langem anerkannt (vgl. etwa RGZ 101, 185, 187);[2] ebenso, daß diese Übertragung nicht als Verfügung eines Nichtberechtigten i. S. des § 185 anzusehen ist und in den Formen der Eigentumsübertragung (§§ 929 ff.), nicht etwa nach §§ 398, 413 zu erfolgen hat.[3] Zweifelhaft war nur die Frage, ob der VVerk. zustimmen müsse, wenn der Eigentumserwerb mit Eintritt der Bedingung, also mit vollständiger Bezahlung des Kaufpreises, *unmittelbar* beim Erwerber der Anw. (also ohne Durchgangseigentum des VK.s) eintreten soll. RGZ 140, 223

---

[1] Nur einige Hinweise: Zunächst die oben § 3 II 3 Anm. 1 Genannten; ferner *Eichenhofer* AcP 185, 162 (Anwartschaft oder Pendenz?); *Gernhuber*, Bürgerl. R., § 13 u. FS Baur, 1981, 31; *Holtz*, Das AnwR aus bed. Übereignung als Kreditsicherungsmittel (1932); *Schwab/Prütting* § 33 II 2; *Marotzke*, D. AnwR ein Beispiel sinnvoller Rechtsfortbildung?, 1977; *G. Reinicke* MDR 1959, 613; U. *Hübner* NJW 1980, 729 (dogmatische Einordnung); *Rimmelspacher* § 5; *Rühl*, EV und Abzahlungsgeschäft (1930); *Schreiber* NJW 1966, 2333; *Serick* I S. 206 ff., 241 ff.; *Stoll* ZHR 128, 239; *Sponer* aaO S. 81 ff.; *Wieacker* ZAkDR 1938, 590.

[2] Und zwar auch dann, wenn zwischen VVerk. und VK vereinbart war, daß der VK nur mit Zustimmung des VVerk.s über das Anwartschaftsrecht verfügen dürfe; denn diese Vereinbarung hat nach § 137 nur schuldrechtliche Wirkung (BGH NJW 1970, 699). – Hat VK sein Anwartschaftsrecht auf einen Dritten übertragen, so kann er ohne Zustimmung des Dritten mit dem VVerk. nicht mehr vereinbaren, daß der EV nunmehr auch andere Forderungen des VVerk.s gegen ihn sichern soll (BGHZ 75, 221 = *Baur*, E. Slg. Fall 24a m. Anm. *Forkel* NJW 1980, 774; *Loewenheim* JuS 1981, 721 sowie *Kübler* ZIP 1980, 63 und unten 2 c).

[3] Vgl. die Darstellung der Rechtsentwicklung in BGHZ 20, 88; bei G. *Reinicke* MDR 1959, 613, 614 und *Serick* I S. 241 ff.; ferner oben § 52 II 3 c.

hatte ein solches Einverständnis gefordert, der BGH ist in BGHZ 20, 88[1] [= *Baur*, E. Slg. Fall 24] von einer solchen Voraussetzung abgerückt.

Die Problematik soll folgendes in Anlehnung an BGHZ 20, 88 gebildetes *Beispiel* deutlich machen: VVerk. hat an VK einen Lkw. unter EV auf Abzahlung verkauft. VK hat nach Zahlung einiger Raten den Lkw. an seinen Gläubiger G zur Sicherheit für eine Darlehensforderung nach § 930 übereignet, wobei klargestellt wurde, daß VK noch nicht Eigentümer des Lkw. war. Der VVerk. war von der Sicherungsübertragung des Anwartschaftsrechts nicht verständigt worden. Ein weiterer Gläubiger des VK: D hat den Lkw. bei VK pfänden lassen, G erhebt nach Zahlung des Kaufpreisrestes Drittwiderspruchsklage nach § 771 ZPO gegen D.

Unterwirft man – mit der älteren Rechtsprechung und Lehre – die Verfügung des VK dem § 185 oder fordert man mit RGZ 140, 223, 226, daß der VVerk. mit dem unmittelbaren Eigentumsübergang auf G einverstanden sein müsse, so setzt sich das Pfändungspfandrecht des D auch gegenüber dem Eigentum des G durch; denn VK hätte Durchgangseigentum erlangt, damit wäre das Pfändungspfandrecht des D voll wirksam geworden.

Bedarf es dagegen einer irgendwie gearteten Mitwirkung des VVerk. zur Übertragung des AnwR.s nicht, überträgt vielmehr der VK das ihm zustehende Recht mit all' seinen „Eigenschaften" an G, so tritt auch der Eigentumserwerb unmittelbar und unbelastet durch das Pfändungspfandrecht des D bei G ein. So der BGH aaO; und zwar mit Recht: Die Interessen des VVerk.s stehen nicht entgegen; er kann nach wie vor bei Zahlungsverzug des VK.s vom Kaufvertrag zurücktreten, damit den Eigentumserwerb des G verhindern und sein Eigentum auch ihm gegenüber durchsetzen.[2] Allgemeininteressen werden durch den Vorgang nicht in stärkerem Maß berührt als bei jeder SÜ.[3] Ergebnis sonach: Dem G steht gegen D die Drittwiderspruchsklage zu (§ 771 ZPO), und zwar sicher nach Zahlung der letzten Rate, also nach Übergang des Eigentums auf ihn, nach h. M. auch schon vorher auf Grund des Anwartschaftsrechts (s. unten 5 b, dd).

b) Schwierigkeiten macht die *Besitzlage*, wenn der VK *sein Anwartschaftsrecht* einem Dritten D zur Sicherheit nach § 930 überträgt. Sind der VVerk. und der Sicherungsnehmer D *mittelbare Nebenbesitzer*[4] derart, daß ein Besitzmittlungsverhältnis *sowohl* zwischen VK und VVerk. *als auch* zwischen VK und D besteht (so u. a. *Westermann* NJW 1956, 1298) *oder* haben wir es mit einem „Besitzgebäude" zu tun, so daß VK unmittelbarer Fremdbesitzer, der Sicherungsnehmer D mittelbarer Fremdbesitzer 1. Stufe, der VVerk. mittelbarer Eigenbesitzer 2. Stufe ist? (so u. a. BGHZ 28, 16, 27; *Zunft* NJW 1957, 455).

Beide Lösungsversuche haben ihre Schwächen: Die Theorie vom *mittelbaren Nebenbesitz* beachtet nicht, daß die Herausgabeansprüche des VVerk.s und des D (als Grundlage des mittelbaren Besitzes!) in der Regel sich gegenseitig ausschließen, daß außerdem D gar nicht mittelbarer *Eigen*besitzer wird (er fühlt sich ja nur als Inhaber des Anwartschaftsrechts!). Die Theorie der *Besitzstufung* kann nur unzulänglich erklären, auf welchem Weg sich D in das schon bestehende Besitzmittlungsverhältnis VK-VVerk. einschieben kann, insbesondere welches Besitzmittlungsverhältnis der Beziehung D-VVerk. zugrunde liegen soll (Reicht es aus, daß die Rechtsstellung des D als Erwerbers der Anwartschaft von der Entwicklung der Rechtsbeziehungen zwischen VVerk. und VK abhängt und D denselben Schranken unterliegt wie jeder Inhaber eines bedingten Rechts?). Die Lösung ist zweifelhaft, weil das Anwartschaftsrecht auch besitzrechtlich sich nur schwer in das überkommene Begriffsschema eingliedern läßt. U. E. verdient trotz der geschilderten Bedenken die „Besitzstufung" den Vorzug vor der „Besitzspaltung", einmal weil sie die Frage nach der Geltung des § 1006 Abs. 3 (Eigentumsvermutung) richtig zu lösen vermag, und zum anderen, weil sie dem VVerk. die Besitzschutzrechte nach § 869 BGB auch dann wahrt, wenn D den *unmittelbaren* Besitz an der Vorbehaltssache erhält.

c) Sind Änderungen (im weiten Sinne verstanden) des Kaufvertrags und der dinglichen Einigung

---

[1] Ebenso BGHZ 28, 16, 22 und 35, 85, 87 (= *Baur*, E. Slg. Fall 48).

[2] Die geschilderten konstruktiven Schwierigkeiten entstehen nicht, wenn man – mit *Lempenau* aaO S. 79–84 – annimmt, daß die Pfändung des Anwartschaftsrechts durch D mit der zeitlich vorgehenden Übertragung des Anwartschaftsrechts an G „nicht in Einklang steht" (§ 185 Abs. 2 Satz 2). Die Pfändung kann daher nicht wirksam werden. – Grundsätzliche Kritik an der Lehre von der Übertragung des Anwartschaftsrechts durch *Kupisch* JZ 1976, 417 (dazu *Wittmann* in „Rechtstheorie" 1978, 43).

[3] Zur Umdeutung einer mißglückten SÜ in die Sicherungsübertragung des AnwR. s. oben § 52 II 3 c.

[4] Zum Problem des sog. Nebenbesitzes s. auch oben § 7 B III 3 b u. § 52 II 4 c bb.

zwischen VVerk. und VK, die sich „belastend" auf das AnwR auswirken, noch möglich, wenn das AnwR auf einen Dritten übertragen ist? Mit dieser Frage setzt sich *Gernhuber* in der FS Baur, 1981, 31 auseinander. In der Rspr behandelt der BGH das Teilproblem, ob noch vereinbart werden kann, daß der EV nunmehr auch andere Forderungen des VVerk.s gegen den VK sichern soll, verneinend (BGHZ 75, 221 [= *Baur*, E.Slg. Fall 24 a]).

d) Interessant BGHZ 92, 280 (= NJW 1985, 376): VK. D hat beim VVerk. DB einen LKW unter EV gekauft, der Zubehör des – mit einer Grundschuld der Bank Kl. belasteten – Grundstücks des D wurde. DB übertrug mit Zustimmung des D das Eigentum an dem LKW auf die bekl. Bank zur Sicherung eines Kredits, den die bekl. Bank dem D gewährt hatte. D fiel in Konkurs. BGH: Die Grundpfandhaftung des Anwartschaftsrechts nach § 1120 zugunsten der Bank Kl. (s. oben § 39 IV) ist mit der Aufhebung des Anwartschaftsrechts durch die Vereinbarung DB–D beendet (dazu mit Recht kritisch *Kollhosser* JZ 1985, 370 u. *Tiedtke* NJW 1985, 1305; u. E. übersieht der BGH die Bedeutung des Prioritätsprinzips bei Sicherungsrechten und des Publizitätsprinzipes, wie dies in § 1121 I [„... entfernt ..."] zum Ausdruck kommt); s. ferner *Marotzke* AcP 186, 490; *Reinicke* JuS 1986, 957; *Tiedtke* NJW 1988, 28; *Wilhelm* NJW 1987, 1785; *Ludwig* NJW 1989, 1458).

3. Der Erwerb des Anwartschaftsrechts von Nichtberechtigten[1]

In diesem Zusammenhang sind verschiedene Tatbestände zu unterscheiden:

a) Der Erwerber hält den nichtberechtigten Veräußerer redlich für den Eigentümer und läßt sich die Sache von ihm unter EV – also aufschiebend bedingt – übereignen. Damit hat er entsprechend § 932 ein Anwartschaftsrecht erworben, das mit Bezahlung des Restkaufpreises an den Veräußerer zum Volleigentum erstarkt. Maßgebender Zeitpunkt für die Redlichkeit ist der der Einigung und Übergabe (BGHZ 10, 69, 72; 30, 374, 377).

Beispiel (in Anlehnung an BGHZ 10, 69): S hat eine ihm gehörige Maschine an G zur Sicherheit für ein ihm gegebenes Darlehen übereignet. Er veräußert dann – unter Verschweigung dieses Sachverhalts – die Maschine auf Abzahlung unter EV an VK. Damit erwirbt VK ein Anwartschaftsrecht und wird mit der Restzahlung Eigentümer, auch wenn er inzwischen erfahren hat, daß S nicht Eigentümer war.
Zweifelhaft ist, ob er schon auf Grund des AnwR.s ein dem G gegenüber wirkendes Besitzrecht hat (nein: BGH aaO; ja: *Medicus* Rn. 465; OLG Karlsruhe NJW 1966, 885, dazu – ablehnend, wie der BGH – Hans *Stoll* JuS 1967, 12, 15 ff.). Der bejahenden Auffassung ist zu folgen. Der BGH kommt im übrigen zum selben Ergebnis, indem er dem VK die exceptio doli gibt: Müßte VK jetzt die Maschine an G als an den Eigentümer herausgeben, so könnte er doch in dem Augenblick umgekehrt die rei vindicatio gegen G erheben, wo er den restlichen Kaufpreis an S bezahlt hat.[2]

b) Anders ist die Rechtslage, wenn eine Sache zwar unter EV veräußert ist, nunmehr aber nicht der Inhaber des AnwR.s, sondern ein Nichtberechtigter über dieses Anwartschaftsrecht verfügt. Hier erhält der Erwerber – Redlichkeit vorausgesetzt – das AnwR,[3] das jedoch in seinem Bestand noch von dem Vorbehaltskauf abhängt:

VVerk. hat an VK eine Nähmaschine unter EV verkauft. VK leiht die Nähmaschine der L, die dem

---

[1] Siehe dazu *Blomeyer* AcP 153, 239; *Bauknecht* NJW 1955, 1251; *Diederichsen,* Das Recht zum Besitz aus Schuldverhältnissen, 1965, 123, 129; *Flume* AcP 161, 385, 394 ff.; *Georgiades*, Eigentumsanwartschaft, 1963, S. 42 ff., 129 ff.; U. *Hübner* NJW 1980, 729, 732; *Larenz* II § 43 II c; *Medicus* Rn. 474 f.; *Raiser*, Dingliche Anwartschaften (1961) S. 35 ff.; *Serick* I S. 267 ff.; *Tiedtke*, Gutgl. Erwerb S. 58.

[2] Auch *Stoll* aaO läßt das Besitzrecht des VK.s gegenüber G wirken, indem er auf den Sinn des Gutglaubensschutzes (§ 932) abstellt.

[3] A. A. *Flume* II § 42, 4 c; *Medicus* Rn. 475; *Wiegand* JuS 1974, 201, 211; *Westermann/Gursky* § 45 III 1 a; wie hier *Raiser*, Dingliche Anwartschaften, S. 38; *Wieling*, § 17 IV 1 b aa; *Palandt/Bassenge* § 929 Rn. 46; *Soergel/Mühl* § 929 Rn. 76.

redlichen D vorschwindelt, *sie* habe die Maschine „auf Abzahlung" bei VVerk. gekauft. Hier erwirbt D das Anwartschaftsrecht. Tritt jedoch VVerk. vom Kaufvertrag mit VK zurück, weil die Raten nicht bezahlt werden, so erlischt das AnwR des D.

c) Redlicher Erwerb eines AnwR.s ist jedoch ausgeschlossen, wenn ein solches überhaupt nicht besteht; denn da die Bedingung nicht eintreten kann, könnte das AnwR auch nicht zum Volleigentum erstarken:

E hat sein Moped dem L geliehen. L sagt dem redlichen D, er habe das Moped für 800 DM bei VVerk. gekauft, es seien noch 200 DM Raten zu bezahlen. D kauft das Rad für 400 DM und verspricht, die Restraten an VVerk. zu leisten. Als er dies tut, stellt sich der Schwindel heraus. D hat weder AnwR noch Eigentum erworben.

Das Ergebnis ist verblüffend, weil D Eigentum erworben hätte, wenn L sich als Eigentümer aufgespielt hätte (§ 932)! Aber D hat eben nur an ein bedingtes Recht geglaubt; er muß es hinnehmen, wenn die Bedingung überhaupt nicht eintreten *kann*.[1]

4. Das Pfändungsproblem[2]

a) Das AnwR des VK.s stellt für dessen Gläubiger einen attraktiven Vermögenswert dar, namentlich dann, wenn bereits ein großer Teil der Kaufpreisraten an den VVerk. geleistet ist. Es ist sonach kein Wunder, daß sie auf dieses Vermögensobjekt ihres Schuldners im Wege der Zwangsvollstreckung zugreifen wollen. Dabei schätzen sie die Gefahr, daß das AnwR durch einen Rücktritt des VVerk.s wieder in sich zusammenfallen könnte, gering ein; denn notfalls zahlt der pfändende Gläubiger den Kaufpreisrest an den VVerk. (zunächst)[3] aus eigener Tasche, erwirkt damit den Eintritt der Bedingung und das Volleigentum seines Schuldners (= des VK.s) und beseitigt schließlich damit auch die Möglichkeit einer Interventionsklage des VVerk.s nach § 771 ZPO.

So sicher es also ist, daß das AnwR einem Vollstreckungszugriff der Gläubiger des VK.s offen stehen muß, so zweifelhaft und umstritten ist die Frage, *wie* dieser Vollstreckungszugriff erfolgen soll: in der Form der Sachpfändung (§ 808 ZPO)? in der Form der Rechtspfändung (§ 857 ZPO)? oder schließlich als Sach- *und* Rechtspfändung (sog. Doppelpfändung)? In der Tat werden alle diese Auffassungen vertreten (hierzu insbes. BGH NJW 1954, 1325 u. *Eichenhofer* AcP 185, 162, 179 ff.). Die h. M. hat sich für die Doppelpfändung entschieden: *mit der Pfändung des AnwR.s* nach § 857 ZPO (Zustellung eines Pfändungsbeschlusses an den VK als „Schuldner" und den VVerk. als „Drittschuldner", wobei die letztgenannte Zustellung die entscheidende ist, § 829 Abs. 3 ZPO) verhindern der Gläubiger Verfügungen über das AnwR und beseitigt damit einen Widerspruch des VVerk.s und VK.s gegen die Zahlung des Restkaufpreises nach § 267. *Die Sachpfändung* verschaffe dem Pfändungspfandgläubiger zwar zunächst kein Pfändungspfandrecht, da der Schuldner (= VK) noch nicht Eigentümer der Sache sei, wohl aber in dem Augenblick, wo das Eigentum mit Bedingungseintritt auf den VK übergehe. Die Pfändung des AnwR.s allein genüge hierzu nicht, da sich das Pfandrecht an der Anwartschaft nicht an der Sache als Sachpfandrecht fortsetze.

Dieser – reichlich komplizierte – Weg ist m. E. auch dogmatisch nicht haltbar: Das AnwR des VK.s ist ein „anderes Vermögensrecht" i. S. des § 857 Abs. 1 ZPO, muß und kann also nur in der Form der Rechtspfändung gepfändet werden (so jetzt auch BGHZ 49, 197, 203 [= *Baur*, E. Slg. Fall 5] für die Pfändung der Auflassungsanwartschaft). Zwingt man den Gläubiger, *auch* die Sache selbst zu pfän-

---

[1] S. *Schnorr v. Carolsfeld*, Krit. VSchr. 66, 184; *Stoll* ZHR 128, 239, 249.

[2] S. *Fenn* AcP 166, 510, 513 und AcP 170, 460; *Baur/Stürner* ZVR Rn. 547 ff.; *Baur/Stürner*, Fälle, Fall 9; *Flume* AcP 161, 385, 402 ff.; *Georgiades* aaO S. 72 ff.; *Henke* aaO S. 21 ff.; *Letzgus* aaO S. 30 ff.; *Schwab/Prütting* § 33 II 5; G. *Reinicke* MDR 1959, 613, 616; *Rimmelspacher* § 5 Rn. 220 ff.; *Serick* I S. 303 ff.; *Sponer* aaO.

[3] Rückgriffsanspruch des Gläubigers gegen seinen Schuldner – den VK – zwar nicht aus § 788 ZPO, wohl aber nach §§ 683, 670 BGB (s. die Nachweise bei *Serick* I S. 312 f.).

den, so veranlaßt man ihn zu einem Zugriff auf eine Sache, von der er genau weiß, daß sie *nicht* zum Vermögen seines Schuldners gehört, also zu einem rechtswidrigen[1] Eingriff in die Rechtsstellung eines anderen. Die Meinung, eine Sachpfändung sei nötig, weil sich das Pfandrecht am AnwR nach Bedingungseintritt nicht als Pfandrecht an der Sache fortsetzen könne, ist mit *Letzgus* aaO abzulehnen; es ist auf die rechtsähnlichen Fälle des § 1287 BGB, § 847 ZPO zu verweisen. Der Mangel der Publizität (fehlender Besitz des Pfandgläubigers) kann nicht entscheidend sein, trägt die neuere Lehre doch auch kein Bedenken, ein gesetzliches Pfandrecht an der Anwartschaft (z. B. des Vermieters an Anwartschaftssachen des Mieters) nach Bedingungseintritt als Pfandrecht an der Sache fortbestehen zu lassen (s. § 55 C II 2 b). Auch kann der Pfändungspfandgläubiger der Anwartschaft die Sache nach Zahlung des Restkaufpreises dem VK durch den Gerichtsvollzieher entsprechend § 847 ZPO wegnehmen lassen.

Zusammenfassend läßt sich sonach sagen: Die h. M. empfiehlt dem Gläubiger des VK.s eine Pfändung des AnwR.s *und* der Sache; damit geht er bloßen Sachpfandgläubigern im Falle des Bedingungseintritts vor. Nach der hier vertretenen Auffassung genügt eine Pfändung des AnwR.s. Der Rang mehrerer Anwartschaftspfändungen richtet sich nach dem Präventionsprinzip, die zeitlich frühere Anwartschaftspfändung geht bloßen Sachpfändungen vor.

b) Besondere Probleme[2] ergeben sich dann, wenn *der VVerk. selbst* in seine eigene Sache, die sich beim VK befindet, nach § 808 ZPO vollstreckt, sei es wegen der Kaufpreisforderung, sei es wegen anderer Forderungen, die ihm gegen den VK zustehen.

aa) Die Problematik ist zunächst *vollstreckungsrechtlicher Art:* Kann der Gläubiger überhaupt in seine eigene Sache vollstrecken? Erwirbt er ein Pfändungspfandrecht an ihr, obwohl die Kaufsache noch zu seinem Vermögen, nicht zu dem des Vk.s gehört? Die vollstreckungsrechtliche Zulässigkeit der Pfändung ist zu bejahen, da § 808 ZPO rein formal auf den Gewahrsam des Schuldners abstellt. Der VVerk. erwirbt zwar kein Pfändungspfandrecht – da die Sache eben keine fremde ist –, aber Grundlage der Verwertung ist die – durch den Pfändungsakt bewirkte – Verstrickung; da der VVerk. der einzige wäre, der die Pfändung nach § 771 ZPO beseitigen könnte, hindert ihn vollstreckungsrechtlich nichts, die Sache zu verwerten und sich dadurch für seine Kaufpreisrestforderung zu befriedigen.

bb) Eine andere Frage ist, wie sich die Zwangsvollstreckung des VVerk.s *materiell-rechtlich* auswirkt. Verstößt der VVerk. nicht gegen seine Verkäuferpflichten, wenn er die Kaufsache dem VK wegnehmen läßt, bevor dieser voller Eigentümer geworden ist (§ 160)? Dieses Bedenken hat man früher dadurch auszuräumen versucht, daß man in der Pfändung einen Verzicht des VVerk.s auf sein Eigentum sah (RGZ 66, 344, 348; 79, 245), so daß – nach vollständiger Erfüllung der Verkäuferpflicht – ein Schadensersatzanspruch weder nach § 160 noch nach § 325 in Betracht kommt. Doch bedarf es einer solchen doch reichlich willkürlichen Konstruktion nicht, da der VVerk. mit einem zwangsweisen Vorgehen nur die ihm verbliebene Verwertungsbefugnis ausübt (so mit Recht *Letzgus* aaO S. 62 ff.).

Eine andere gewichtigere Frage ist, ob die Vollstreckung des VVerk.s in seine eigene Sache zur Befriedigung seiner Kaufpreisforderung nicht geeignet ist, die Schutzvorschriften zu umgehen, die das Verbraucherkreditgesetz zugunsten des VK.s enthält, insbesondere die Pflicht des VVerk.s, die empfangenen Raten an den VK zurückzugewähren (dazu oben III 2 c). Ein solches Ergebnis läßt sich dadurch vermeiden, daß man zwar noch nicht in der Pfändung, wohl aber in der Wegnahme und Verwertung der Kaufsache eine „Wiederansichnahme" i. S. des § 13 III VerbrKrG sieht, mit der Folge, daß dann der VVerk. die ihm durch das Verbraucherkreditgesetz für den Fall des Rücktritts auferlegten Verpflichtungen zu erfüllen hat (BGHZ 15, 171). Dabei ist es gleichgültig, ob der VVerk. oder ein Dritter die Kaufsache ersteigert (BGHZ 55, 59) oder ob sie dem VVerk. nach § 825 ZPO zugewiesen wird;[3] denn entscheidend ist für die Anwendung des § 13 III VerbrKrG, daß dem VK die Nutzung der Kaufsache durch den VVerk. entzogen wurde.

---

[1] Daß die Sachpfändung *vollstreckungsrechtlich* zulässig ist, weil § 808 ZPO nur auf den Gewahrsam des Schuldners abstellt, ändert daran nichts (s. auch *Tiedtke* NJW 1972, 1404).

[2] Siehe dazu *Baur/Stürner* ZVR Rn. 434; *Wacke* JZ 1987, 381; *Georgiades* aaO S. 76 ff.; *Letzgus* aaO S. 51 ff.; *Serick* I S. 319 ff.

[3] Einzelheiten s. BGHZ 15, 241; 22, 123; 39, 97; 45, 111; *Honsell* JuS 1981, 705, 711/2 (m. w. N.); *Lüke* JZ 1959, 114 ff.; *Serick* I 186 ff. (m. w. N.).

5. *Das Schutzproblem*[1]

In diesen Fragenbereich sollen zwei *Beispiele* einführen:

(1) Ein vom VVerk. an den VK unter EV verkaufter Pkw. ist bei einem von S verschuldeten Verkehrsunfall zerstört worden. Steht *auch* dem VK ein Schadensersatzanspruch zu? Wenn ja, in welchem Umfang?

(2) Der VK hat entgegen der mit dem VVerk. getroffenen Vereinbarung das AnwR an dem Pkw. seinem Gläubiger G verpfändet, indem er ihm den Pkw. – entsprechend § 1274 Abs. 1 Satz 2 – übergeben hat. Kann der VVerk. Rückgabe des Pkw. an den VK verlangen (§ 986 Abs. 1 Satz 2) mit dem Ergebnis, daß das Pfandrecht des G an der Anwartschaft erlischt (§ 1278 mit § 1253)?

Die beiden Beispiele zeigen, daß es im wesentlichen um den Deliktsschutz des AnwR.s (a) und um die Besitzerstellung des VK.s und der Personen geht, die das Besitzrecht von ihm ableiten (b).

a) Daß das AnwR des VK.s als *„sonstiges Recht" i. S. des § 823 Abs. 1* zu behandeln ist, wird zu Recht allgemein angenommen (vgl. RGZ 170, 1, 6; OLG Celle NJW 1960, 967).

Um so zweifelhafter ist der *Inhalt* des Schadensersatzanspruchs. Nehmen wir an, in unserem Beispiel (1) sei der Kaufpreis 10000 DM gewesen und der VK habe im Zeitpunkt des Unfalls bereits 4000 DM abbezahlt gehabt. Besteht der Schaden des VK.s in diesem Wert seines AnwR.s (und dem Schaden aus dem Entzug des Besitzes und der Nutzung), so daß VK 4000,[2] VVerk. 6000 von S beanspruchen könnte,

oder

kann VK den *vollen* Schaden ersetzt verlangen mit der Begründung, daß er ja dem VVerk. gegenüber zur vollen Bezahlung des Kaufpreises nach wie vor verpflichtet sei (§ 446),

oder

kann VK 4000 DM als eigenes Recht, 6000 DM als einen fremden Anspruch des VVerk. liquidieren (so anscheinend RGZ 170, 1, 6, 7)?

Keine der Lösungen ist voll beifallswert, namentlich deshalb, weil die erste die weiter bestehende Pflicht des VK zur Zahlung des Restkaufpreises außer acht läßt, während die beiden anderen Lösungen eine Gefährdung des VVerk.s bedeuten (nämlich VK den gesamten Schaden einzieht, den Kaufpreisanspruch des VVerk.s aber nicht erfüllt).[3]

Systementsprechend wäre die Lösung, den Schadensersatzanspruch voll dem VK zuzugestehen, dem VVerk. aber ein Pfandrecht an ihm zur Sicherung seiner Kaufpreisrestforderung einzuräumen; allein dafür fehlt die gesetzliche Grundlage. Sachgemäß ist eine entsprechende Anwendung des § 432 mit der Folge, daß der Schädiger den Substanzschaden an den VVerk. und den VK gemeinschaftlich zu leisten hat.[4]

b) Bezüglich des weiteren Schutzes des AnwR.s sind verschiedene Tatbestandsgruppen zu unterscheiden:

aa) Unproblematisch ist der *Besitzschutz* nach §§ 858 ff. und § 1007.

bb) Dem VVerk. als Eigentümer gegenüber ist der VK nach § 986 zur Verweigerung der Herausgabe berechtigt. Dies gilt auch dann, wenn der VVerk. die Kaufsache nach § 931 einem Dritten übereignet hat (§ 986 Abs. 2). Wußte der

---

[1] S. dazu *Flume* AcP 161, 399 und *Flume* II § 42, 4e; *Eichenhofer* AcP 154, 162, 186; *Georgiades* aaO S. 46 ff.; *Gernhuber,* Bürgerl. Recht § 13 V; *Raiser* aaO S. 82 ff.; *Reinicke/Tiedtke,* KaufR, 235 f.; *Serick* I S. 273 ff.; 277 ff.

[2] Wenn man den Nutzungsschaden einmal außer Betracht läßt.

[3] Wobei recht schwierige Rechtskraftprobleme hier außer Betracht bleiben sollen (s. dazu *Flume* II § 39, 3 f. m. w. N.).

[4] Auch eine entsprechende Anwendung des § 1281 wäre erwägenswert (s. dazu *Medicus* AcP 165, 115, 142 ff.; *Gernhuber* aaO § 13 V 4; *Hadding* FS E. Wolf, 1985, 107; *Walter,* KaufR, § 10 IV 3). Allgemein zu konkurrierenden Ansprüchen des Eigentümers und des Besitzers gegen den Schädiger § 9 V 1, sowie zu § 19 B I 2c für die ähnliche Problematik beim Grundstückskauf, wenn ein Dritter das Grundstück nach Stellung des Eintragungsantrages, aber vor Eintragung des Erwerbers schädigt.

Erwerber nicht, daß die Sache an den VK unter EV verkauft ist, so ist § 936 Abs. 3 (nach § 161 Abs. 1, 3 mit § 934) entsprechend anzuwenden: das AnwR bleibt auch dem redlichen Erwerber gegenüber bestehen.[1]

cc) Zweifelhaft und umstritten ist die Frage, ob das AnwR dem VK ein dingliches, jedermann gegenüber wirkendes *Recht zum Besitz* gibt. Sie wird bedeutsam einmal beim gutgläubigen Erwerb eines AnwR.s vom Nichteigentümer (s. oben 3 a), ferner in den Fällen, wo ein Dritter seine Besitzerstellung vom VK ableitet (Beispiel (2)). Trotz gewisser Bedenken[2] ist ein solches der Stellung des Eigentümers ähnliches Besitzrecht zu bejahen.[3] Seine Anerkennung entspringt einem praktischen Bedürfnis: Die Übertragung des Anwartschaftsrechts ist für den Erwerber nur sinnvoll, wenn er zugleich die mit diesem verbundenen Befugnisse dinglich gesichert erlangt.[4] Dafür spricht ferner, daß das Gesetz auch sonst dem Inhaber eines beschränkten dinglichen Nutzungs- oder Verwertungsrechts die Befugnisse des Eigentümers „entsprechend" zugesteht (vgl. § 1065, § 1227).

Die aus der Doppelberechtigung (des VVerk.s und VK.s) sich ergebenden Schwierigkeiten lassen sich auch hier durch eine entsprechende Anwendung des § 432 oder dadurch ausschalten, daß man die rei vindicatio des VVerk.s auf die Herausgabe an den VK beschränkt (§ 986 Abs. 1 Satz 2).[5]

dd) Auf das Anwartschaftsrecht kann auch eine Drittwiderspruchsklage nach § 771 ZPO gestützt werden; so in dem – nicht sehr praktischen – Fall, daß die Sache sich beim VVerk. befindet und dort von dessen Gläubiger gepfändet wird (vgl. BGHZ 55, 20, 26 – dazu *Medicus* Rn. 466 – und den Parallelfall bei der SÜ oben § 57 VI 2), aber auch – in dem praktisch wichtigeren – Fall, daß der VK sein Anwartschaftsrecht sicherungshalber einem Dritten übertragen hat und nunmehr ein Gläubiger des VK.s die Sache pfändet; s. *Baur/Stürner* ZVR Rn. 774; *Serick* I § 12 I 2 und III 5; *Paulus* JZ 1957, 45 und in Festschrift für Nipperdey I, 909, 927; ferner *Lempenau* aaO, der wegen der Schwebelage (der VVerk. kann ja noch zurücktreten und damit das Anwartschaftsrecht vernichten) nicht § 771 ZPO, sondern § 773 ZPO anwenden will.

Zum Schutz von *Pfandrechten* an der Anwartschaft gegen Sachpfändungen durch Dritte s. *Frank* NJW 1974, 2211.

VI. Verlängerter Eigentumsvorbehalt und Sicherungsglobalzession

Lesen Sie zunächst § 56 II 2 b.

Mit der Problematik des verlängerten Eigentumsvorbehalts (verl. EV) haben wir uns schon wiederholt befaßt. Im folgenden sollen daher nur die bisherigen Ergebnisse kurz zusammengefaßt (1) und dann auf das Verhältnis zwischen verl. EV und Globalzession eingegangen werden (2).

1. Mit dem verl. EV sucht der VVerk. die Surrogate, die sich aus einer Weiter*verarbeitung* oder (und) aus einer Weiter*veräußerung* der Vorbehaltsware ergeben, für sich zu sichern (oben I 4 b). Der Eigentumserwerb des VK.s als Hersteller nach § 950 kann durch Vereinbarung zwischen VVerk. und VK zugunsten des

---

[1] Einzelheiten s. *Serick* I S. 444 ff.; *Medicus* Rn. 462–465 ff.

[2] Siehe BGHZ 10, 69; *Lempenau* aaO (oben § 3 II 3) S. 34 ff.; Hans *Stoll* JuS 1967, 12, 15 ff.; *Gudian* NJW 1967, 1786.

[3] *Bauknecht* NJW 1955, 1251; *Schnorr v. Carolsfeld* aaO S. 179; *Georgiades* aaO S. 53 f.; *Jahr* AcP 183, 725, 753; *Raiser* aaO S. 75 ff.; OLG Karlsruhe JZ 1966, 272.

[4] Die Bedenken, die Hans *Stoll* im Hinblick auf die Interessen des VVerk.s vorbringt, rechtfertigen keine andere Beurteilung. Der VVerk braucht der Übertragung der Anwartschaft nicht zuzustimmen. Auch wenn dem VK nur schuldrechtliche Ansprüche zuständen, könnte der VVerk sich gegen deren Abtretung regelmäßig nicht zur Wehr setzen. Der Ausschluß der Abtretung (§ 399) wird kaum jemals anzunehmen sein.

[5] S. dazu *Medicus* AcP 165, 115, 142 ff.; *Raiser* aaO S. 76; *Serick* I 275 ff.

ersteren ausgeschlossen werden (§ 53b III 3). Möglich ist es ferner, daß der VK die Forderung, die sich aus dem Weiterverkauf der Vorbehaltsware gegen einen dritten Käufer ergibt, im voraus an den VVerk. abtritt (§ 58 I 2b). In beiden Fällen ist es schließlich zulässig, die Verlängerung in Allgemeinen Geschäftsbedingungen des VVerk.s auszusprechen, sofern sie den Rechtsbeziehungen zwischen VVerk. und VK zugrundegelegt und die vorausabzutretenden Forderungen genügend bestimmbar bezeichnet sind (§ 58 II 3).[1] Ausgeschlossen sind derartige Klauseln, wenn die Abtretung der Forderung des VK.s gegen den dritten Käufer vertraglich oder durch Gesetz ausgeschlossen ist (vgl. BGHZ 40, 156, 162; 73, 259 – für den Fall des Kontokorrentvorbehalts; BGHZ 77, 274 = *Baur*, E. Slg, Fall 26a, vertragliches Abtretungsverbot, und oben § 58 II 1).

2. Die Problematik der atypischen Sicherungsgeschäfte wird bei dem Zusammenprall von „globaler" Sicherungsabtretung künftiger Kundenforderungen (meist zugunsten einer Bank) und der Vorausabtretung der aus der Veräußerung von Vorbehaltswaren sich ergebenden Kaufpreisforderungen (zugunsten des VVerk.s) besonders deutlich: Die Sicherungsabtretung, die in dem verl. EV liegt, bezieht sich dann häufig auf dieselben Forderungen, die der VK schon seiner Bank im voraus abgetreten hatte.

Beispiel (in Anlehnung an BGHZ 30, 149): Die Fa. L – eine Lederfabrik – hat ihrer Bank B durch einen Sicherungsvertrag v. 15. 10. 1952 ihre gegenwärtigen und künftigen Forderungen gegen ihre Abnehmer zur Sicherung eines Bankkredits abgetreten. Die zur Verarbeitung benötigten Häute bezog die L u. a. von dem Häutelieferanten V. Den Lieferungen lagen die Allg. Geschäftsbedingungen des V zugrunde, die den verl. EV – also ebenfalls die Abtretung der Forderungen der L gegen ihre künftigen Abnehmer – enthielten. Bankkredit und Warenkredit waren noch nicht abgedeckt, als L in Konkurs fiel.

Es geht offenbar um die – intensiv diskutierte[2] – Frage, ob dem Geld- *oder* Warenkreditgeber der Vorzug zukommt. Der BGH hat die Frage seit BGHZ 30, 149 im Ergebnis zugunsten der Warenkreditgeber beantwortet. Er geht zwar im Prinzip von dem Grundsatz der Priorität aus; er meint aber, die Abtretung der künftigen Kundenforderungen an den Geldkreditgeber sei wegen Sittenverstoßes (§ 138 Abs. 1) nichtig, wenn die Parteien der Globalabtretung sich in „zu mißbilligender Gesinnung" über die mit den Warenlieferanten getroffenen Abmachungen – also den verlängerten EV – hinweggesetzt hätten[3] (sog. *Vertragsbruchtheorie*). In späteren Entscheidungen (etwa BGHZ 56, 173, 179) läßt der BGH das subjektive Element der Vorwerfbarkeit zurücktreten. Die Rechtsprechung nimmt Sittenwidrigkeit sogar dann an, wenn der Geldkreditgeber den Kreditnehmer formularmäßig verpflichtet hatte, den Kredit zur Bezahlung der Lieferantenschulden zu verwenden.

So lautet etwa die Klausel in der Entscheidung BGH NJW 1968, 1516/7: „Der Sicherungsgeber verpflichtet sich, den Kredit (den die Bank gibt) in erster Linie zur Ausräumung des verlängerten

---

[1] S. oben § 56 II 3 zu der Festlegung von Sicherungsrechten in Allg. Geschäftsbedingungen.

[2] Literaturnachweise bei *Gernhuber*, BürgerlR § 29; *Medicus* Rn. 525–530; *Scheyhing*, Sukzessionen, S. 145 ff.; *Serick* III S. 18 ff.; IV §§ 47 ff.; V S. 50. Gute Übersicht über die Probleme u. die Lösungsmöglichkeiten bei *Gernhuber*, Bürgerl. R aaO; eingehend *Wolf/Haas*, ZHR 154, 64 ff.; ferner *Adams* und *Dorndorf* a. a. O. (oben § 57 I 1 Anm. 1; *Bülow*, Kreditsicherheiten, Rn. 1351 ff.).

[3] Ebenso u. a. BGH NJW 1968, 1516; BGHZ 55, 34.

EV.s zu verwenden". Nach Meinung des BGH wird der Vorwurf der Sittenwidrigkeit dadurch nicht ausgeräumt.

Anders dagegen dann, wenn die Globalabtretung die vom verlängerten EV erfaßten Forderungen *von vornherein* nicht einbeziehen oder erst nach Erlöschen des verlängerten EV.s wirksam werden soll (sog. *dingliche Verzichtsklausel*).[1]

Folgt man der Rechtsprechung, so wäre in unserem Beispiel die Globalabtretung zugunsten der Bank nichtig. Der Lieferant V könnte die an die Bank B bezahlten Beträge nach § 816 Abs. 2 herausverlangen, dies freilich nur dann, wenn die Kunden an die Bank als Zessionarin, nicht aber wenn sie an die Bank als Zahlstelle der L geleistet hatten, die Globalzession also ihnen gegenüber nicht aufgedeckt war! (so BGHZ 53, 138). War aber L verpflichtet, ihren Kunden gegenüber die Bank als ausschließliche *Zahlstelle* anzugeben, so steht dies praktisch einer Zahlung an die Bank als Zessionarin gleich. Da die Globalzession aber nichtig ist, haben die Kunden an die Bank als Nichtberechtigte geleistet; die Bank muß die an sie bezahlten Beträge daher an V herausgeben (BGHZ 72, 316).

Die hier geschilderte Lösung ist inzwischen Gemeingut einer gefestigten Rspr. geworden. Dennoch bleibt zu prüfen, ob sie rechtspolitisch tragbar ist.

Die Lösungen sind mannigfalt und weisen so zahlreiche Schattierungen im einzelnen auf, daß hier nur eine grobe Skizze möglich ist:

Es liegt nahe, vom *Prioritätsprinzip* auszugehen: Wenn die künftige Forderung schon mit ihrer Abtretung aus dem Vermögen des Zedenten ausscheidet und bei Verwirklichung ihres Entstehungstatbestandes unmittelbar in der Person des Zessionars entsteht, dann kann nur die zeitlich frühere Sicherungsabtretung eine – künftige – Forderung auf den Zessionar übertragen; der zweite Sicherungszessionar kann nichts erwerben, da ein redlicher Erwerb nicht existenter Forderungen bekanntlich ausgeschlossen ist. Die Anwendung dieses Prioritätsgrundsatzes bedeutet praktisch, daß eine Globalzession zugunsten einer Bank solche – künftige – Forderungen nicht erfassen kann, die bereits auf Grund eines verl. EV.s an einen Warenlieferanten abgetreten worden waren. Andererseits ergreift sie diejenigen Forderungen gegen künftige Abnehmer des Schuldners, die sich auf *zeitlich spätere* – ebenfalls unter verl. EV erfolgte – Warenlieferungen beziehen. M. a. W.: die Globalzession höhlt den verl. EV im Laufe der Zeit aus. In unserem Beispiel kann sich also die Sicherungsabtretung zugunsten der Bank nicht Forderungen aus dem Verkauf von Waren durch den Schuldner unterwerfen, die an den Schuldner bereits vor dem 15. 10. 1952 unter verl. EV geliefert worden waren. Sie kann ihre Wirksamkeit erst für Lieferungen nach diesem Zeitpunkt entfalten. Letztlich ergibt sich also aus diesem Prinzip eine Bevorzugung des Bankkredits zum Nachteil des Warenkredits.

Dieses Ergebnis wird vielfach als ungerecht empfunden; es sei nicht einzusehen, warum der VVerk. das Surrogat der in seinem Eigentum stehenden Vorbehaltsware dem Bankkreditgläubiger zur Verfügung stellen müsse. Eine Bevorzugung des Warenlieferanten sei innerlich gerechtfertigt: die Forderung aus dem Verkauf der Vorbehaltsware trete an die Stelle des vorbehaltenen Eigentums, sei dessen Surrogat (sog. *Surrogationsprinzip*),[2] der VVerk. stehe der abgetretenen Forderung näher als der Globalzessionar (sog. *Näherprinzip*). Schließlich verstoße eine Globalzession gegen das Gesetz und die guten Sitten, wenn sie sich auch auf Forderungen aus dem Weiterverkauf von Waren beziehe, die unter verl. EV geliefert worden waren; denn der VK sei vom VVerk. zur Veräußerung der ihm verkauften Waren nur ermächtigt, wenn er dem VVerk. auch den Gegenwert aus dem Weiterverkauf (= die Forderung) verschaffen könne. Die Globalzession, die auch solche Forderungen erfasse, mute also dem VK eine Täuschung des VVerk.s, einen Vertragsbruch, ja sogar eine strafbare Handlung zu (sog. *Vertragsbruchtheorie*). Dieser von *Flume* entwickelten Auffassung[3] folgt auch der BGH, wenn er freilich auch mehr und mehr das subjektive Element zurücktreten läßt (vgl. z.B. BGHZ 56, 173, 179). Dabei ist freilich auch zu beachten, daß die *Flume*sche Auffassung eine Kombination mehrerer Prinzipien darstellt: *Flume* geht an sich vom Prioritätsgedanken aus; die zeitlich frühere Globalzession versage aber zufolge des Vertragsbruchsprinzips gegenüber dem verl. EV. Freilich beziehe sich dieser verl. EV *nicht* unter allen Umständen auf die *ganze* Forderung aus dem Weiterverkauf der Ware, sondern nur auf den Teil, der dem Wert der Vorbehaltsware im Zeitpunkt der Lieferung entspricht.

---

[1] BGH NJW 1974, 942; BGHZ 72, 308, 310; *Serick* IV § 49 II u. III. – Die Sittenwidrigkeit wird aber nicht beseitigt durch eine sog. *schuldrechtliche Teilverzichtsklausel* (BGHZ 72, 308, 311; *Serick* V § 71).

[2] Näher entwickelt von *Picker* JuS 1988, 379 („surrogativer Notschutz des Sacheigentums").

[3] NJW 1950, 841/7 u. 1959, 913/8.

Soweit dies nicht der Fall sei, greife wieder das Prioritätsprinzip (zugunsten des Globalzessionars) Platz.

Innerlich verwandt ist dieser Betrachtungsweise das *Teilungsprinzip:*[1] Eine Aufteilung der Forderung (gegen den dritten Abnehmer) entsprechend dem Wert der gelieferten Ware soll nicht nur dann erfolgen, wenn mehrere VVerk. miteinander in Konkurrenz treten,[2] sondern auch beim Zusammenprall von Geld- und Warenkreditgläubigern. Man dürfe ja nicht übersehen, daß auch der Geldkreditgeber seinen Teil zum Weiterverkauf der Waren beigetragen habe; denn der gewährte Kredit könne zur Bestreitung der allgemeinen Geschäftsunkosten, der Werbung usw. verwendet worden sein. Es komme also darauf an, „was von der einzelnen Seite wirklich an Wert in die Forderung eingeflossen ist."[3]

Den Gegenpol bildet schließlich die Meinung, daß das Verhalten des Schuldners in sich widerspruchsvoll sei, beide Vorausabtretungen daher keine Rechtswirkung entfalten könnten. –

Bei dem Versuch einer Lösung spricht vieles für den Teilungsgedanken, den *Erman* im Anschluß an *Flume* entwickelt hat: bei jeder Forderung gegen den Drittabnehmer soll festgestellt werden, zu welchen Teilen eine Leistung des VVerk.s, des Bankkreditgläubigers und des VK.s selbst (Eigenkapital – Arbeit!) enthalten ist. Was u. E. gegen diesen Vorschlag spricht, ist die Unmöglichkeit, mit einiger Sicherheit Gesichtspunkte für eine solche Teilung zu entwickeln.[4]

Man kann sich nicht damit trösten, daß alle diese Probleme erst im Konkurs akut werden und während dieses Verfahrens Zeit und Gelegenheit sei, sich auseinanderzusetzen: Das geltende Konkursrecht erstrebt keinen Billigkeitsausgleich, sondern beruht auf der unbeschränkten Geltung des materiellen Rechts.

Eine Lösung muß daher von den Prinzipien des geltenden Rechts ausgehen; nur so läßt sich auch dem Gebot der Rechtssicherheit Rechnung tragen: VVerk. wie Globalzessionar gehören zur Gruppe der gesicherten Gläubiger. Bei einer Konkurrenz gesicherter Gläubiger hat unsere Rechtsordnung aber überall auf dem Prioritätsprinzip aufgebaut; es gilt für die Rangordnung mehrerer Vertragspfandgläubiger (Faustpfand-Grundpfandgläubiger) ebenso wie für das Verhältnis mehrerer Pfändungspfandgläubiger. Obwohl man sich über den nicht immer durchschlagenden Gerechtigkeitsgehalt dieses Prinzips einig war und ist, hat der Gesetzgeber es bevorzugt, weil es zu sicheren, einfachen und damit praktikablen Ergebnissen führt. Solange man sich also nicht dazu entschließt, gesetzgeberisch den verl. EV ebenso auszuschalten wie die Globalzession[5] oder zu einer formalen Teilung einer jeden Forderung zu kommen, ist es gerechtfertigt, an dem *Prioritätsprinzip*[6] festzuhalten.[7]

VII. Andere Kollisionsfälle

Folgende Kollisionsfälle haben Ähnlichkeit mit der eben VI. dargestellten Kollision zwischen verl. EV und der Sicherungsglobalzession:

[1] *Erman* BB 1959, 1109; *Beuthien* BB 1971, 375; *Esser* JZ 1968, 281, 529; ZHR 135, 320; abgelehnt in BGHZ 32, 361.

[2] S. oben § 53b III 3b.

[3] Formulierung *Sericks* in BB 1960, 141; ähnlich *Esser* aaO; *Lempenau* aaO S. 71ff.

[4] Die sich aus dem Bestimmtheitsprinzip ergebenden Bedenken betont mit Recht *Serick* BB 1960, 141, 146; *Serick* V § 58; wie oben BGHZ 32, 361; dagegen aber *Esser* aaO.

[5] Versuche in dieser Richtung sind gemacht worden, sind aber offenbar aussichtslos.

[6] So auch nachdrücklich *Wolf/Haas,* ZHR 154, 64ff.

[7] In diesem Zusammenhang (s. auch oben § 53a II 3) ist darauf hinzuweisen, daß die Waren- und Geldkreditgeber im Konkurs nicht selten gemeinsame Sache machen, indem sie ihre Sicherheiten in einen *Pool* einbringen, der die Aussonderungsrechte gegen den Konkursverwalter geltend macht; dies vor allem dann, wenn die beiderseitigen Sicherungsrechte im laufenden Konkursverfahren nicht sicher abgrenzbar sind. Die interne Auseinandersetzung wird dann zwischen den Kreditgebern vereinbart (s. dazu BGH NJW 1989, 895: „Sicherheitenverwertungsvertrag" = JZ 1989, 197 m. Anm. *Tipke*; *Weitnauer* FS Baur, 1981 S. 709ff.; *Marx* NJW 1978, 246; *Jaeger/Henckel* § 15 Rn. 72ff.; *Rimmelspacher,* Kreditsicherungsrecht, Rn. 532ff.; *Stürner* ZZP 94, 263, 274; *Hess,* Miteigentum der Vorbehaltslieferanten u. Poolbildung, 1985; *Serick* KTS 1989, 743).

1. *Verl. EV und Globalzession beim Factoring.*

Das Institut des Factoring haben wir bereits in § 58 I 2 e kennen gelernt, auch den Unterschied zwischen echtem und unechtem Factoring. Die Frage, wie die Forderungsabtretung im Rahmen des verl. EV.s an den Vorbehaltsverkäufer und die Globalzession der Forderungen gegen Abnehmer (des Vorbehaltskäufers) an den Factor sich zueinander verhalten, wird von der Rspr. verschieden behandelt, je nach dem es sich um echtes oder unechtes Factoring handelt:

a) *Echtes Factoring* (in Anlehnung an BGHZ 69, 254): Fa. L hat mit der Factorbank B einen Factoring-Vertrag abgeschlossen und ihr alle künftigen Forderungen gegen Abnehmer abgetreten, wobei B die Delcrederehaftung (= Zahlungsrisiko) übernahm. L bezog bei dem VVerk. Glasfabrikate unter verl. EV. L fiel später in Konkurs. Der BGH verneint im Anschluß an *Serick* (§ 52 IV 3 c) die Parallele zur kreditsichernden Globalabtretung und damit die Sittenwidrigkeit, weil es sich um einen Forderungskauf durch B handle und die Situation nicht anders sei, als wenn der Unternehmer (L) – zulässigerweise – den Kaufpreis für die Vorbehaltsware auf Grund der ihm erteilten Einziehungsermächtigung von seinem Abnehmer bar entgegengenommen hätte.[1]

b) *Unechtes Factoring* (in Anlehnung an BGHZ 82, 50, 64): Fall wie unter a), aber mit dem einen wesentlichen Unterschied, daß die Delcrederehaftung bei L liegt. Der BGH meint, daß es sich hier um ein Kreditgeschäft handle, das nach den Grundsätzen der Vertragsbruchtheorie (oben VI 2) zu behandeln sei. Die Sicherungszession an den Factor ist also wegen Sittenwidrigkeit nichtig.[2]

2. *Factoringglobalzession und Sicherungsglobalzession*

Hier streiten sich nicht VVerk. und Factorbank, sondern die Factorbank und eine andere Kreditbank. Die Vertragsbruchtheorie ist also nicht anwendbar. Vielmehr gilt folgendes:

a) Eine vorausgehende Factoringglobalzession geht der nachfolgenden Sicherungsglobalzession vor.[3]

b) Geht die Sicherungsglobalzession zeitlich vor, so wird dadurch die nochmalige Abtretung an den Factor nicht ausgeschlossen, sofern die von der Bank dem Kunden (= Zedenten) erteilte Einziehungsermächtigung diese Abtretung (an die Factorbank) deckt (BGHZ 75, 391; modifiziert in BGHZ 82, 283; s. oben § 58 I 2 (1)).

---

[1] S. BGHZ 100, 353, 358; *Rimmelspacher* § 7 Rn. 459 ff.; *Blaurock* ZHR 142, 325 u. 143, 71; *Bülow,* Kreditsicherheiten, Rn. 833 ff.; *Canaris* NJW 1981, 249 u. 1347; *Gerhardt* JZ 1986, 740; *Gernhuber,* BürgerlR, § 29 IV 2; *Serick* ZHR 143, 68; NJW 1981, 794 u. 1715.

[2] Sehr streitig; s. u. a. *Canaris,* Bankvertragsrecht, Rn. 168; *Reinicke/Tiedtke* Kaufrecht, S. 274 ff.; *Blaurock* ZHR 142, 325, 340; zust. Serick V S. 812 ff.; *Soergel/Huber* Rn. 111 vor § 433, jeweils m. w. N.

[3] *Rimmelspacher* Rn. 482; *Gernhuber* BürgerlR § 29 IV 3.

3. *Doppelsicherung eines Lieferanten* durch verl. EV und Globalabtretung:

Ein Warenlieferant vereinbart mit seinem Abnehmer einen verl. EV, eine Sicherungsübereignung des Warenlagers und die Abtretung aller Forderungen aus der Veräußerung der Waren. BGH NJW 1977, 2261: Sittenwidrig wegen Gefährdung der übrigen Gläubiger (man hätte die Nichtigkeit auch mit Übersicherung begründen können, s. oben § 57 V 5).

V. Abschnitt

Die Rechte an Rechten

§ 60. Arten und Bedeutung der Rechte an Rechten

Lit.-Hinweis: *Bülow,* Recht der Kreditsicherheiten, 2. Aufl. 1988, Rn. 152 ff.; Rn. 420 ff.; *Dulckeit,* Die Verdinglichung obligatorischer Rechte, 1951, S. 53 ff.; *Forkel* NJW 1983, 1764 (Lizenzen); *Hellwig,* Die Verpfändung und Pfändung von Forderungen, 1883; *Hirsch,* Übertragung der Rechtsausübung, 1910; *Forkel,* Gebundene Rechtsübertragungen, I, 1977; *Heck* §§ 120 ff.; *Hadding/ Schneider* (Herausgeber), Gesellschaftsanteile als Kreditsicherheit, 1979; *Riedel,* Abtretung und Verpfändung von Forderungen und anderen Rechten, 1982; *H. J. Weber,* Sicherungsgeschäfte, § 15; *Westermann/Gursky* §§ 71 ff. Weit. Lit. im Text.

I. Grundlagen

1. Daß aus der Rechtsstellung *des Eigentümers* beschränkte dingliche Rechte in Form von Nutzungs- und Sicherungsrechten abgespalten werden können, ist bei unbeweglichen und beweglichen Sachen leicht vorstellbar. Schwieriger ist das Verständnis der Rechtteilung bei der Begründung derartiger beschränkter Rechte *an anderen Vermögensrechten* als dem Eigentum an Grundstücken und an Fahrnis; und zwar einmal deshalb, weil diese Rechte sich in aller Regel nicht auf einen körperlich sichtbaren Gegenstand beziehen (z. B. die Forderung des Gläubigers gegen den Schuldner), zum anderen aus dem Grund, weil die Struktur dieser Rechte äußerst vielgestaltig ist (man vergleiche eine Darlehensforderung mit dem Urheberrecht an einem Schriftwerk oder dem Anteil eines Gesellschafters an einer GmbH). Man erleichtert sich die Vorstellung, wenn man – etwas gewaltsam – von beschränkten dinglichen Rechten am *Sacheigentum* einerseits und von solchen am Forderungs*„eigentum"*, Urheber*eigentum* usw. spricht (eine solche Ausdrucksweise ist zwar unserer zivilistischen Nomenklatur fremd, aber auf anderen Rechtsgebieten durchaus gebräuchlich; man denke nur daran, daß unter den Eigentumsschutz des Art. 14 GG auch andere Vermögensrechte als Sacheigentum einbezogen werden!). Hat man mit dieser Begriffsvereinheitlichung eine gemeinsame Basis gefunden, dann wird auch augenscheinlich, daß der „Eigentümer" anderer Vermögensrechte aus seinem „Eigentum" die Nutzungsbefugnis oder die Verwertungsbefugnis abspalten kann.

Der Gläubiger einer verzinslichen Forderung kann sein Nutzungsrecht (den Zinsbezug) einem Nießbraucher übertragen – der Aktionär kann das Verwertungsrecht einem Gläubiger überlassen.

2. Bei einer solchen Betrachtungsweise wird es auch verständlich, daß das Gesetz die beschränkten dinglichen Rechte an Rechten im „Sachen"recht geregelt hat, obwohl die belasteten Rechte selbst ihren Standort an einem anderen Ort des „Rechtsgebäudes" haben (die Forderungen im Schuldrecht, das Aktienrecht im Aktiengesetz, das Urheberrecht im Urheberrechtsgesetz u. s. w.). Denn die typischen Nutzungs- und Sicherungsformen sind eben beim Sacheigentum dieselben

wie beim „Rechtseigentum": gängige Nutzungsform ist der Nießbrauch, übliche Sicherungsform das Pfandrecht. Daher regelt das Gesetz den Nießbrauch an Rechten (§§ 1068–1084) und das Pfandrecht an Rechten (§§ 1273 bis 1296) im Bereich des „Sachenrechts".

Umstritten ist die Frage, welchen *Rechtscharakter* diese beschränkten Rechte haben: Sind sie *stets* dinglicher Natur oder nur dann, wenn das belastete Recht seinerseits dinglichen Charakter hat?

Ist das Pfandrecht an einer Forderung ein relatives Recht wie die Forderung selbst – das Pfandrecht an einer Grundschuld dingliches Recht?

Von unserer Betrachtungsweise aus gesehen, zeigt es sich, daß diese Fragestellung falsch ist: Beurteilt man die Bestellung eines beschränkten Rechts als Abspaltung aus dem Recht, so liegt es auf der Hand, daß der „Rechtseigentümer" nur das Recht so abspalten kann, wie es ihm selbst zusteht, also z. B. der Gläubiger einer Forderung eben nur einen „Teil" des relativen Rechts. Im Verhältnis zum belasteten Recht dagegen hat das beschränkte Recht dinglichen Charakter; dies zeigt sich etwa darin, daß es auch bestehen bleibt, wenn das Recht auf einen anderen übertragen wird; hätte es relativen Charakter, so würde es dem Erwerber gegenüber nicht wirken.[1]

Beispiel: K hat von V ein Grundstück gekauft und den Auflassungsanspruch dem G verpfändet. Verkauft V das Grundstück vertragswidrig an D und wird dieser nach Auflassung als Eigentümer eingetragen, so ist G dem D gegenüber genau so machtlos wie der Inhaber K des Stammrechts selbst (relatives Recht!). Tritt dagegen K seinen Auflassungsanspruch an Z ab, so bleibt das Pfandrecht des G bestehen (dingliches Recht!).

3. Die Möglichkeit der Abspaltung von Teilrechten erlaubt reiche Variationen; die Teilrechte können sein:

nebeneinander gereiht: Der Gläubiger bestellt an *seiner Forderung* gegen den Schuldner dem N einen Nießbrauch, seinem Gläubiger P ein Pfandrecht. – Parallele: E bestellt an seinem Grundstück (= Grundeigentum) dem N einen Nießbrauch, dem P eine Hypothek,

hintereinander gestaffelt: G bestellt an seiner Forderung dem P ein Pfandrecht; später pfändet ein weiterer Gläubiger D dieselbe Forderung,

aufeinander aufgebaut: E hat seinem Gläubiger G für eine zu 10% verzinsliche Darlehensforderung eine Hypothek bestellt. G muß auf Grund eines Vertrags dem N einen Nießbrauch an dieser Hypothek bestellen. Ein Gläubiger D des N will sich den Zinsbezug, der dem N durch den Nießbrauch ermöglicht wird, nicht entgehen lassen, und pfändet den Nießbrauch seiner Ausübung nach[2] (§ 1059 Satz 2 BGB; § 857 Abs. 3 ZPO). Dies bedeutet – zunächst ohne alle rechtlichen Details –, daß die Zinsen an D abzuführen sind. Ist D befriedigt, so steht der Zinsbezug wieder dem N zu. Erlischt auch der Nießbrauch (z. B. mit dem Tode des N), so fallen die Zinsen – wie ursprünglich – dem G zu.

---

[1] Gleicher Auffassung, wenn auch mit im einzelnen verschiedener Begründung *Heck* § 120, 3; *Thiele,* Die Zustimmungen in der Lehre vom Rechtsgeschäft, 1966, S. 35; *Wolff/Raiser* §§ 120 I, 175 I; *Westermann/Gursky* § 71 I 2.

[2] Der Nießbrauch selbst ist nicht pfändbar, weil er nicht übertragbar ist (§ 1059 Satz 1). A. A. BGHZ 62, 133: Die Überlassung des Nießbrauchs an einen anderen sei zulässig (§ 1059 S. 2); daher auch nach § 857 Abs. 3 ZPO die Pfändung. Der Pfändungspfandgläubiger könne freilich nicht den Nießbrauch verwerten, sondern nur die Nutzungen in Anspruch nehmen. Der praktische Unterschied zwischen den beiden Auffassungen besteht vor allem darin, daß bei Pfändung des Nießbrauchs selbst dessen Aufhebung der Zustimmung des Pfändungspfandgläubigers bedarf (wie der BGH die ganz h. M.; zu der Streitfrage *Soergel/Stürner* § 1059 Rn. 8–9a u. oben § 32 II 4).

II. Gemeinsame Prinzipien

Aus der Vorstellung der Abspaltung oder Rechtsteilung[1] ergeben sich gemeinsame Grundlinien für Nießbrauch und Pfandrecht an Rechten:

1. *Welche Rechte sind belastbar* (= teilbar)?

Die Belastung ist Teilabtretung, nämlich Abtretung entweder des Nutzungsrechts oder des Verwertungsrechts. Daraus folgt, daß nur solche Rechte belastet werden können, die *übertragbar* sind: § 1069 Abs. 2, § 1274 Abs. 2.

Belastbar sind also z. B. Forderungen, Grundpfandrechte, Aktienrechte, Anteile an einer GmbH, Patentrechte (§ 15 PatG), der Anteil eines Miterben (§ 2033 Abs. 1 Satz 1), neuerdings auch der – bis 1990 grundsätzlich unübertragbare – Schmerzensgeldanspruch (§ 847 Abs. 1).

Nicht belastbar sind insbesondere unpfändbare Forderungen (denn sie können auch nicht abgetreten werden, § 400), ferner der Nießbrauch als solcher (§ 1059 Satz 1).

Zu beachten ist, daß das Gesetz – systemwidrig, aber verständlich – zwischen der Verpfändbarkeit (durch Vertrag) und der Pfändbarkeit (durch einen Akt der Zwangsvollstreckung) von Rechten unterscheidet: so kann eine Forderung, deren Abtretung durch Vereinbarung zwischen dem Gläubiger und Schuldner ausgeschlossen wurde (§ 399), nicht *verpfändet*, wohl aber *gepfändet* werden (§ 851 Abs. 2 ZPO; Grund: Der Vollstreckungsgläubiger soll durch derartige Abreden in dem Zugriff auf das Vermögen seines Schuldners nicht beeinträchtigt werden!). Gleiches gilt bei der Pfändung des Nießbrauchs (oben I 3), wenn die Ausübungsüberlassung (§ 1059 S. 2) mit dinglicher Wirkung ausgeschlossen worden ist (BGHZ 95, 99, 102; s. a. § 32 II 4 c). Ebenso ist der Anteil an einer Gesellschaft des BGB oder an einer OHG grundsätzlich – d. h. mangels abweichender vertraglicher Gestaltung oder Disposition aller Gesellschafter[2] – nicht verpfändbar (§ 719 BGB, § 105 Abs. 2 HGB), wohl aber pfändbar (§ 859 ZPO, § 725 BGB).[3]

2. *In welcher Form erfolgt die Belastung?*

a) Als inhaltliche Teilabtretung erfolgt auch die Belastung mit Nießbrauch oder Pfandrecht in der Form der Übertragung des Rechts (§ 1069 Abs. 1, § 1274 Abs. 1 Satz 1), eine Feststellung, die eigentlich nichts Neues bietet, wenn man daran denkt, daß das Gesetz für die Begründung und Übertragung von Grundstücksrechten eine einheitliche Form angeordnet hat (§ 873) und bei den beweglichen Sachen nach demselben Grundsatz verfahren ist (vgl. §§ 929ff. – § 1032 – § 1205).

So wird also etwa eine Briefhypothek durch Übergabe des Hypothekenbriefs und Einigung über die Verpfändung mit schriftlicher Verpfändungserklärung (bzw. Eintragung im Grundbuch) verpfändet (§ 1274 Abs. 1 Satz 1 mit § 1154). Der Nießbrauch an einer Inhaberaktie wird durch Einigung und Übergabe bestellt. Die Verpfändung des Anteils an einer GmbH bedarf der gerichtlichen oder notariellen Beurkundung des Verpfändungsvertrags (§ 15 Abs. 3 GmbHG).[4]

b) Aus Gründen der Publizität gelten zwei Erschwerungen:

---

[1] *Heck* § 120.

[2] Zur Verpfändung von Anteilen an Personengesellschaften ausführlich MünchKomm/*Damrau* § 1274 Rn. 28–28 b m. Nw.; *Hadding*, in: Hadding aaO S. 37 ff.; *Rümker* WM 1973, 626 (Kommanditanteil). Von der Verpfändung des Anteils ist die Verpfändung der Auseinandersetzungs- und Gewinnansprüche zu unterscheiden, die auch abtretbar sind (§ 717 S. 2).

[3] Zur Pfändung von Anteilen an Personengesellschaften *Smid* JuS 1988, 613 m. Nw.; *Jauernig/Stürner* §§ 723–728 Anm. 5; *Baur/Stürner*, ZVR, Rn. 542 ff.; *Rosenberg/Gaul/Schilken* § 58 III 3 a–c; BGHZ 97, 392; ferner § 62 c III 4 b.

[4] Zur Verpfändung des GmbH-Anteils MünchKomm/*Damrau* § 1274 Rn. 27–27 r; *Mühl*, in: Hadding aaO S. 219 ff.; zur Pfändung *Baur/Stürner*, ZVR, Rn. 545 und als Beispiel BGHZ 104, 351.

aa) Ist zur Vollübertragung des Rechts die Übergabe der Sache erforderlich, so kann bei der Verpfändung diese Übergabe nur in der Form erfolgen wie die Verpfändung einer beweglichen Sache, also nach §§ 1205, 1206. Dies bedeutet insbes., daß Besitzkonstitut und schlichte Anspruchsabtretung ausgeschlossen sind (§ 1274 Abs. 1 Satz 2).

So kann die Briefhypothek zwar durch Einräumung des Besitzkonstituts (und schriftliche Abtretungserklärung) *übertragen* werden (arg. § 1154 Abs. 1 Satz 1 2. Halbsatz mit § 1117 Abs. 1 Satz 2 mit § 930), *nicht* aber verpfändet werden.

bb) Bei der Verpfändung einer Forderung genügt nicht der schlichte Verpfändungsvertrag zwischen Gläubiger und Pfandgläubiger, vielmehr muß der Gläubiger dem Schuldner die Verpfändung anzeigen (§ 1280).

Dieses Erfordernis hat in der Praxis dazu geführt, daß die Verpfändung von Forderungen durch die – meist „versteckte" – Sicherungsabtretung ersetzt wird (kein Gläubiger will seinem Schuldner offenbaren, daß er selbst gezwungen ist, seine Rechte seinem Gläubiger zu verpfänden); s. oben § 58.

c) Zu beachten bleibt, daß nur die Begründung des Rechts am Recht sich nach der Übertragungsform des Rechts richtet, nicht aber sein weiteres Schicksal. Hier ist dann Nießbrauchs- bzw. Pfandrecht maßgebend.

So erlischt das Pfandrecht an einer Hypothek mit dem Untergang der Forderung, zu deren Sicherung es bestellt war (§ 1273 Abs. 2 mit § 1252); war das Pfandrecht an der Hypothek im Grundbuch eingetragen, so wird das Grundbuch unrichtig.
Der Nießbrauch an einer Forderung erlischt spätestens mit dem Tod des Nießbrauchers (§ 1068 Abs. 2 mit § 1061).

III. Bedeutung der Rechte an Rechten

Die Rechte an Rechten sind im praktischen Leben viel bedeutsamer als die etwas stiefmütterliche Behandlung im BGB (und auch im akademischen Unterricht!) erwarten läßt. Der Grund ist leicht ersichtlich: Unser Sachenrecht sieht als typische Bestandteile des Vermögens die unbeweglichen und beweglichen Sachen an; es mag damit die durchschnittliche Lebenswirklichkeit des ausgehenden 19. Jahrhunderts getroffen haben. Seitdem hat sich die Vermögenszusammensetzung wesentlich verschoben: nur ein geringer Prozentsatz der Bevölkerung ist Grundeigentümer, dagegen ist das „Forderungskonto" wesentlich gestiegen.

Man denke an die Lohn- und Gehaltsforderungen der Millionen in abhängiger Stellung Arbeitenden – an den Groß- oder Einzelhändler, der mit einem geringen Aufwand an „Sachen" einen hohen Umsatz erzielt, also auch viele „Forderungen" hat – an die Ausweitung des Wertpapierbestandes u. s. w.

Daraus folgt, daß das „Recht" als Gegenstand der Abspaltung von Nutzungs- und Sicherungsrechten eine erhebliche Bedeutung erlangt hat. Das gilt etwa im Bereich des Vermögensnießbrauchs, der Verpfändung im Rahmen Allgemeiner Geschäftsbedingungen,[1] vor allem aber für den Zugriff im Wege der Zwangsvollstreckung: Die Lohn- und Gehaltspfändungen übertreffen an Zahl und wirtschaftlichem Gewicht die Zwangsvollstreckungen in Grundstücke und bewegliche Sachen. Ferner ermöglicht § 857 ZPO den Zwangszugriff in alle Rechte und erlaubt damit die Vollstreckung auch in *alle* anderen Vermögensrechte, die nicht

---

[1] Besonders wichtig AGB-Banken 19 Abs. 2 und 3; dazu § 62 A I 2a.

Grundstücke, bewegliche Sachen und Geldforderungen sind. Damit wird das *gesamte* Vermögen des Schuldners dem Zugriff des Gläubigers eröffnet.

Zu beachten ist, daß auch *öffentlichrechtliche Leistungsansprüche* verpfändet und mit einem Nießbrauch belastet werden können, soweit sie übertragbar (pfändbar) sind.

§ 61. Der Nießbrauch an Rechten

I. Grundlagen – Anwendungsbereich

1. In der Praxis kommt der Nießbrauch an Rechten – wie der an beweglichen Sachen (s. oben § 54 I 2) – meist im Rahmen eines Versorgungs- oder Sicherungsnießbrauchs an einem Vermögen, Sondervermögen, Unternehmen oder Unternehmensteil[1] vor.

Wir erinnern uns, daß jemand zwar verpflichtet werden kann, an einem Vermögen (z. B. einem Nachlaß) einen Nießbrauch zu bestellen, daß aber die Begründung selbst an den einzelnen Gegenständen des Vermögens erfolgen muß:
Hat E seinen Sohn S als Alleinerben eingesetzt, seiner Frau F aber den Nießbrauch an der Erbschaft vermacht und gehören zu der Erbschaft u. a. Aktien, Anteile an einer GmbH, Grundpfandrechte, so muß an jedem einzelnen dieser Rechte durch S der Nießbrauch zugunsten der F bestellt werden.

2. Das Recht, das dem Nießbrauch unterworfen werden soll, muß nutzbar und übertragbar sein:

a) *nutzbar:* denn der Rechtsnießbrauch berechtigt dazu, die Nutzungen des Rechts zu ziehen (§ 1068 Abs. 2 mit § 1030 Abs. 1). Jedoch darf der Begriff „nutzbar" nicht zu eng gefaßt werden. Es genügt, daß der Gegenstand, auf den das genutzte Recht gerichtet ist, genutzt werden kann.

So wenn zu der Erbschaft des E ein Anspruch auf Übereignung eines Hauses gehört, an dem nun der F der Nießbrauch bestellt werden muß (s. unten II 2);

b) *übertragbar:* denn – wie wir bereits wissen – ist die Begründung des Nießbrauchs an einem Recht nichts anderes als eine Teilübertragung des Rechts (Nutzteilung: *Heck*), § 1069 Abs. 2.

---

[1] Siehe dazu *v. Godin*, Nutzungsrecht an Unternehmen und Unternehmensbeteiligungen (1949); *Flume*, AT d. Bürgerl. Rechts, I 1, 1977, § 17 VI (Nießbrauch an der Mitgliedschaft); *Baur* JZ 1958, 465 (= *Baur* Beitr. II 235: Unternehmensnutzungen bei Vorerbschaft u. Testamentsvollstreckung); *K. Schmidt*, Handelsrecht, 3. Aufl. 1987, § 6 III 3; *Teichmann*, ZGR 1972, 1 (Nießbrauch an Beteiligungen an einer Personengesellschaft); *Gösele*, Nießbrauch als Ertragsbeteiligung am Unternehmen und am Anteil einer Personengesellschaft (Tüb. Diss. 1964); *Bökelmann*, Nutzungen u. Gewinn beim Unternehmensnießbrauch, 1971 (dazu *Grunsky* BB 1972, 585); *Sudhoff* NJW 1974, 2205 (Nießbrauch am Gesellschaftsanteil); *Fichtelmann*, Der Nießbrauch an Unternehmungen u. Beteiligungen, DStR 1974, 267, 300 u. 341; *Westermann*, Personengesellschaften, 4. Aufl. 1979, Rn. 334 ff.; *Kreifels*, FS Hengeler, 1972, 158; *Faber* BWNotZ 1978, 151 (Anwendungsbereich); *Bender*, Nießbrauch und Unterbeteiligung an Personengesellschaftsanteilen, DB 1979, 1445; *Hadding/Schneider* (Herausgeber), Gesellschaftsanteile als Kreditsicherheit, 1979; *Flössner*, Die Zurechnung der Einkünfte beim Nießbrauch, 1979; *Petzoldt*, GmbHRdsch 1980, 197 (Nießbrauch am Gewinnstammrecht); *Blaurock*, Unterbeteiligung und Treuhand an Gesellschaftsanteilen, 1981, S. 135 ff.; *Petzoldt*, GmbHRdsch 1987, 381, 433 (Nießbrauch am Kommanditanteil und GmbH-Geschäftsanteil); *Ulmer*, FS Fleck, 1988, S. 383 (Abspaltungsverbot und Nießbrauch an OHG- bzw. KG-Anteil); ferner *K. Schmidt*, Gesellschaftsrecht, 2. Aufl. 1991, § 61 II; *Soergel/Stürner* § 1068 Rn. 7–9b m. Nw.

Daher ist z. B. ein Nießbrauch an dem *Anteil an einer Personalgesellschaft* (Gesellschaft des BGB, OHG, KG) grundsätzlich nicht möglich (§ 719); anders jedoch dann, wenn der Gesellschaftsvertrag die Übertragung und Belastung zuläßt (Beispiele s. BGHZ 58, 316 u. BGH DB 1975, 439 = MDR 1975, 385: Nießbrauch an einem Kommanditanteil) oder alle Gesellschafter zustimmen. Beim Nießbrauch am Anteil einer Personalgesellschaft ist allerdings streitig, ob die Nießbrauchbestellung zu einer Aufspaltung der Mitgliedschaftsrechte führt (dabei wieder streitig die Art der Aufteilung: Ertragsrechte – übrige Mitgliedschaftsrechte oder laufende Rechtswahrnehmung – substanzverändernde Rechtswahrnehmung)[1] oder ob der Gesellschafter dem „Nießbraucher" den Gesellschaftsanteil treuhänderisch überträgt.[2] Vom Nießbrauch am Gesellschaftsanteil ist dann wiederum der Nießbrauch am Gewinnanspruch oder Gewinnstammrecht[3] zu unterscheiden; er bedarf – ebenfalls umstritten – wegen § 717 S. 2 keiner Mitwirkung der übrigen Gesellschafter. Die konstruktiven Schwierigkeiten rühren vom Zusammenprall des gesellschaftsrechtlichen „Abspaltungsverbots" mit einem Rechtsinstitut des BGB, das eine Abspaltung gerade intendiert.

3. „Die *Bestellung* des Nießbrauchs an einem Recht erfolgt nach den für die Übertragung des Rechts geltenden Vorschriften" (§ 1069 Abs. 1: Abspaltungsgedanke).

Demnach kommt gutgläubiger Erwerb des Rechtsnießbrauchs von einem Nichtberechtigten nur dort in Betracht, wo auch bei der Übertragung des belasteten Rechts der Publizitätsgedanke gälte: so wenn der fälschlich als Inhaber einer Buchgrundschuld Eingetragene an der Grundschuld einen Nießbrauch bestellt.

4. Der Rechtsnießbraucher darf die *Nutzungen des Rechts* ziehen (§ 1068 Abs. 2 mit § 1030 Abs. 1).

a) Man muß also jeweils feststellen, welche Nutzungen das Recht abwirft; sie stehen dann nicht dem Inhaber des belasteten Rechts, sondern dem Nießbraucher zu: z. B. bei einer verzinslichen Forderung das Zinsrecht, bei einer Aktie das Dividendenbezugsrecht, bei der Pacht eines landwirtschaftlichen Grundstücks die Sachfrüchte, und zwar mit der Trennung, sofern der Rechtsnießbraucher im Besitz des Grundstücks ist.

b) Der Nießbrauch kann durch Verfügungen des Inhabers des belasteten Rechts *nicht beeinträchtigt* werden: Tritt dieser das Recht ab, so bleibt die Belastung des Rechts mit dem Nießbrauch bestehen, sofern nicht redlicher lastenfreier Erwerb eintritt: § 892 bzw. § 936 (etwa bei Inhaberpapieren). Hebt er das Recht auf oder ändert er es inhaltlich ab, so ist die Verfügung dem Rechtsnießbraucher gegenüber nur wirksam, wenn er zugestimmt hat (§ 1071).[4]

c) Die *Rechtsstellung des Schuldners* eines mit einem Nießbrauch belasteten Anspruchs soll durch die Nießbrauchbestellung ebensowenig beeinträchtigt werden wie bei einer Vollabtretung des Rechts; diesen Gedanken verwirklicht § 1070; zahlt also der Schuldner einer verzinslichen Forderung die Zinsen nach wie vor an seinen Gläubiger, weil er von der Nießbrauchsbestellung nichts erfahren hat, so wird er frei (§ 1070 mit § 407).

II. 1. Sonderfall: Nießbrauch an Forderungen

1. Sondervorschriften enthält das Gesetz für den Nießbrauch an Forderungen (§§ 1074–1080). Hier mußte vor allem entschieden werden, wem das Einziehungsrecht zusteht, ob dem Nießbraucher, dem Gläubiger oder beiden zusammen. Das Gesetz unterscheidet:

2. Bei *unverzinslichen Forderungen* ist der Nießbraucher zur Einziehung der Forderung ermächtigt (§ 1074 mit Umkehrschluß aus § 1076: Fall einer gesetzlichen Einziehungsermächtigung). Mit der Leistung des Schuldners an den Nießbraucher erwirbt der Gläubiger den geleisteten Gegenstand, der Nießbraucher den Nießbrauch an ihm (§ 1075: Fall einer gesetzlichen Surrogation).

---

[1] So wohl die derzeitig in der Praxis favorisierte Lösung mit der Folge, daß der Nießbraucher einkommensteuerlich Unternehmer ist; Kritik und Einzelheiten bei *Soergel/Stürner* § 1068 Rn. 7e und f.

[2] Einkommensteuerlich voll wirksam; Nachteil: Treugeberposition des Gesellschafters; *Soergel/Stürner* § 1068 Rn. 7d.

[3] Einkommensteuerlich ohne den erwünschten „Unternehmereffekt"; BFH NJW 1976, 1656; krit. *Soergel/Stürner* § 1068 Rn. 7b; *Jauernig/Stürner* §§ 718–720 Anm. 5c.

[4] Also relative Unwirksamkeit! (str. s. *Heck* § 120, 10).

Diese Regelung wird verständlich, wenn man sich klar macht, daß der Nießbraucher von der unverzinslichen Forderung „nichts hat". Er muß daher Gewicht darauf legen, daß die Forderung bald eingezogen wird, damit er den geleisteten Gegenstand nutzen kann; daher sein selbständiges Einziehungsrecht.

In unserem *Standardbeispiel* gehört zum Nachlaß des E ein Anspruch auf Übereignung eines Grundstücks gegen V. An diesem Anspruch steht der F nunmehr der Nießbrauch zu. Zieht F den Anspruch – durch Auflassung seitens des V und Eintragung im Grundbuch – ein, so wird S (= Erbe des E) kraft Gesetzes Eigentümer des Grundstücks, F wird Nießbraucherin; ihre Eintragung im Grundbuch ist Berichtigung.

3. Bei *verzinslichen Forderungen* steht dem Rechtsnießbraucher schon das Zinsrecht zu. Es besteht also kein Anlaß, ihm ein Alleineinziehungsrecht zuzubilligen; hier ist die gemeinsame Berechtigung hinsichtlich des Stammrechts die richtige Lösung (Einzelheiten s. §§ 1077–1079).

4. Zu beachten bleibt, daß der Nießbrauch an einem Grundpfandrecht (also auch an der Grund- und Rentenschuld) wie ein Forderungsnießbrauch behandelt wird (vgl. § 1080 für Grund- und Rentenschulden; für die Hypothek ergibt sich dasselbe schon aus der Akzessorietät).
Beispiel: Dem Erblasser E stand an dem Grundstück des X eine Hypothek zur Sicherung eines – aus Gefälligkeit – unverzinslichen Darlehens zu. Sein Erbe S hat dem Testament entsprechend seiner Mutter F den Nießbrauch an dieser Hypothek bestellt. F kündigt die Hypothek und zieht das Darlehen ein. Sie wird Eigentümerin des Geldes (also hier – weil verbrauchbare Sache – ausnahmsweise keine Surrogation! § 1075 Abs. 2), muß es aber bei Beendigung des Nießbrauchs an S zurückbezahlen (§ 1067).

III. 2. Sonderfall: Nießbrauch an Wertpapieren

1. Für *Rektapapiere* und *Orderpapiere*, die nicht blanko indossiert sind, gilt nichts Besonderes. So kann etwa an einer Namensaktie der Nießbrauch durch Einigung über die Nießbrauchsbestellung und Übergabe des indossierten Papiers bestellt werden (§ 68 AktG).

2. Sonderbestimmungen trifft das Gesetz für *Inhaberpapiere* und die ihnen gleichgestellten *blankoindossierten Orderpapiere* (§§ 1081–1084), also für alle die Wertpapierrechte, die durch Übereignung des Papiers übertragen werden:

a) Die *Bestellung* des Nießbrauchs erfolgt durch Einigung und Übergabe; die Besonderheit liegt hier nur darin, daß als Übergabeform die Einräumung des Mitbesitzes genügt (§ 1081 Abs. 2).

b) Der *Besitz* am Papier steht dem Eigentümer und Nießbraucher gemeinschaftlich zu (§§ 1081 Abs. 1, 1082), das Dividendenrecht dem Nießbraucher allein.

Sehr streitig ist die Frage, wer bei *Inhaberaktien* das Stimmrecht ausüben darf (s. dazu die Nachweise bei *Soergel/Stürner* § 1068 Rn. 9a). Die gegenseitige Abhängigkeit von Stammrecht und Nutzungsrecht spräche für gemeinsame Stimmrechtsausübung, jedoch ist aus Gründen der Praktikabilität mit der h. M. das Stimmrecht des Aktionärs vorzuziehen; der Nießbraucher kann sich durch Vollmacht und entsprechende schuldrechtliche Stimmrechtsvereinbarungen weitergehende Rechte verschaffen.

Beispiel: Der F steht der Nießbrauch an einer dem S gehörigen Inhaberschuldverschreibung des Landes Baden-Württemberg zu. S wie F haben Anspruch auf gemeinschaftlichen Besitz an dem Papier (§ 1081 Abs. 1 Satz 1, 1082), die Zinsscheine hat F als Nießbraucherin und damit als Inhaberin des Zinsrechts allein in der Hand. Kündigt der Anleiheschuldner die Anleihe, so sind F und S gemeinsam zur Einziehung befugt (§ 1077 mit § 1083). Der eingezogene Betrag ist mündelsicher anzulegen (z. B. in mündelsicheren Schuldverschreibungen), der F ist daran wieder der Nießbrauch zu bestellen (§ 1083 Abs. 2 mit § 1079).

IV. Anhang: Nießbrauch an einem Vermögen und am Nachlaß

1. In den §§ 1085 ff. spricht das Gesetz vom „Nießbrauch an einem Vermögen" und „an einer Erbschaft" (§ 1089),[1] wobei praktisch nur die letztgenannte Form vorkommt. Wie wir wissen, ist das ein recht ungenauer Ausdruck; das Gesetz

---

[1] Kein Vermögensnießbrauch ist aber der Nießbrauch am Anteil einer Erbengemeinschaft, für den §§ 2033 Abs. 1, 1069 gelten; hierzu oben II 1 und ausführlich *Soergel/Stürner* § 1089 Rn. 4 m. Nw.

berichtigt sich denn auch sofort selbst dahin, daß dieser Vermögens- und Nach-
laßnießbrauch nichts anderes ist als die Zusammenfassung der an den einzelnen
Gegenständen eines Nachlasses (Vermögens) bestellten Nießbrauchsrechte. Die
Bezeichnung ist auch deshalb recht global, weil der Nießbrauch etwa an einem
Nachlaßgegenstand nicht dadurch endet, daß dieser – z. B. durch Veräußerung –
ausscheidet.

2. Wenn sich nun das Gesetz doch mit dem Nießbrauch an einem Vermögen
(Nachlaß) befaßt, so aus dem naheliegenden Grund, daß durch die Nießbrauchsbestellung die Rechtsstellung der Gläubiger des Vermögensinhabers beeinträchtigt wird. Die Problemlage ist ähnlich wie in § 419 BGB (Vermögensübernahme), § 25 HGB (Geschäftsübernahme) und § 1967 BGB (Erbfall). Ähnlich ist
auch die vom Gesetz gewählte, hier nur anzudeutende Lösung: „Die Schulden
sind eine Last des Vermögens."

a) Vor der Nießbrauchsbestellung begründete Forderungen können ohne
Rücksicht auf den Nießbrauch in das Vermögen vollstreckt werden (§ 1086), der
Nießbraucher muß allerdings vollstreckungsrechtlich zur Duldung der Zwangs-
vollstreckung verurteilt sein (§§ 737, 738 ZPO).

Im Innenverhältnis zwischen Nießbraucher und Besteller besteht eine gegenseitige Mitwirkungspflicht bei Erfüllung solcher Verbindlichkeiten (Einzelheiten s.
§ 1087).

b) Zinsen und sonstige wiederkehrende Leistungen werden erfahrungsgemäß
aus den Nutzungen des Vermögens bestritten. Daher haftet der Nießbraucher für
sie persönlich mit seinem eigenen Vermögen. Im Innenverhältnis zwischen
Nießbraucher und Besteller lastet die Zinspflicht auf dem Nießbraucher (Einzelheiten s. § 1088).

Lesenswerte, die ratio des Gesetzes gut darstellende Entscheidung: RGZ 153, 29.

§ 62. Das Pfandrecht an Rechten

A. Allgemeine Grundsätze

Lit.-Hinweis: S. § 60 und weitere Angaben im Text.

I. Bedeutung

1. Gliedert man die Vermögensbestandteile in Grundstücke, bewegliche Sachen und „sonstige Rechte", so befaßt sich das Pfandrecht an Rechten mit dieser
dritten Gruppe von Vermögensrechten. Die Mannigfaltigkeit dieser Rechte ist
augenscheinlich (s. dazu schon oben § 60 I). Sie können absolute Rechte sein (wie
Grundpfandrechte, Urheberrechte) oder relative Rechte (wie Forderungsrechte
aller Art).

Während es sich beim Nießbrauch an einem Recht um die Abspaltung des
Nutzungsrechts handelt, wird bei dem Pfandrecht an einem Recht die Verwertungsbefugnis aus der Substanz des Rechts ausgegliedert.

Die Verwertungsmöglichkeit ist bei den einzelnen Arten dieser Rechte sehr verschieden: so können etwa Urheberrechte durch Veräußerung der in ihnen enthaltenen vermögensrechtlichen Befugnisse verwertet werden. Dagegen erfolgt die Verwertung von auf Geld gerichteten Forderungen durch ihre Einziehung und Verwendung des Erlöses zugunsten des Gläubigers. Daraus ergibt sich schon, daß – anders als bei Grundstücken und beweglichen Sachen – der Pfandverkauf nicht die einzige Form der Verwertung sein kann.

2. Auch das Pfandrecht an Rechten kann vertragliches, gesetzliches und Pfändungspfandrecht sein.

a) Das *vertragliche Pfandrecht* an Forderungen ist weitgehend durch die Sicherungsabtretung abgelöst worden. Von Bedeutung ist das Forderungs- und Wertpapierpfand auf Grund der Allgemeinen Geschäftsbedingungen der Banken.

Ziff. 19 Abs. 2 dieser Bedingungen lautet: „Die irgendwie in den Besitz oder die Verfügungsgewalt irgendeiner Stelle der Bank gelangten oder noch gelangenden Sachen und Rechte dienen als *Pfand* für alle bestehenden und künftigen – auch bedingten und befristeten – Ansprüche der Bank gegen den Kunden . . .“
Diese AGB halten §§ 3, 9 AGBG stand, soweit es um Forderungen oder Wertpapiere geht, die im Rahmen bankmäßiger Geschäftsverbindung in die Verfügungsgewalt der Bank gelangt sind (BGHZ 93, 71, 75; NJW 1983, 2701). Die Verpfändung erfaßt auch Ansprüche des Kunden gegen die Bank selbst („Pfandrecht an eigener Schuld“: BGHZ 93, 71, 75; 95, 149, 154; NJW 1988, 3262). Bei „offenen“ Treuhandkonten des Bankkunden besteht kein Pfandrecht nach AGB-Banken 19 Abs. 2 (BGHZ 61, 72, 77; NJW 1985, 1954; 1988, 263, 265; 1991, 101); anders bei „versteckten“ Treuhandkonten, wo auch die spätere Offenlegung des Treuhandcharakters das Pfandrecht nicht beseitigt, falls die Bank nicht einwilligt. Gegenüber dem Bürgen ensteht allerdings wegen noch nicht fälliger Bürgschaftsforderungen (§ 765) kein Pfandrecht, weil damit der Rahmen der Bürgschaft gesprengt wäre (BGHZ 92, 295, 300; NJW 1991, 100). Unklarheiten über den Umfang der Verpfändungserklärung gehen zu Lasten des Verwenders der AGB, § 5 AGBG (hierzu BGH NJW 1973, 514; NJW-RR 1990, 109; OLG Köln NJW-RR 1990, 485).

b) Das *gesetzliche Pfandrecht* an Rechten spielt nur eine geringe Rolle (vgl. etwa §§ 233, 1287 BGB, §§ 756, 758 HGB).

c) Um so bedeutsamer ist das *Pfändungspfandrecht,* also der Zugriff auf diese Vermögensrechte im Wege der Zwangsvollstreckung.

II. Grundprinzipien

Für das Pfandrecht an Rechten gelten zunächst die allgemeinen Pfandrechtsgrundsätze (s. oben § 55 A I 3) und ferner die für die Rechte an Rechten entwickelten Gedanken (s. oben § 60 II).

1. Die Grundsätze der *Akzessorietät* und *Spezialität* sind auch hier wirksam; denn § 1273 Abs. 2 verweist auf das Pfandrecht an beweglichen Sachen.

a) Die zu *sichernde Forderung* kann auch künftig oder bedingt sein (§ 1273 Abs. 2 mit § 1204), wenn sie nur *bestimmbar* ist; der Rang des Pfandrechtes richtet sich dabei nach dem Zeitpunkt der Bestellung des Pfandrechtes, mag auch die gesicherte Forderung erst später entstehen (§§ 1273 Abs. 2, 1209; BGHZ 93, 71, 75 f.). Mit der gesicherten Forderung – und nur mit ihr – geht das Pfandrecht auf einen neuen Gläubiger über (§ 1273 Abs. 2 mit § 1250). Mit der Forderung erlischt auch das zu ihrer Sicherung bestellte Pfandrecht (§ 1273 Abs. 2 mit § 1252).

b) Das Pfandrecht muß an einem *bestimmten Vermögensrecht* entstehen; Generalpfandrechte sind auch hier ausgeschlossen.

Während aber künftige *Sachen* schon deshalb nicht verpfändet werden können, weil der Besitz an ihnen noch nicht übertragen werden kann, sind künftige *Rechte* dann verpfändbar, wenn sie auch schon abtretbar wären.[1] Die Rechtsfigur eines Pfandrechts zur Sicherung einer *künftigen* Forderung an einem *künftigen* Recht ist also möglich:

S – Inhaber eines Ingenieurbüros – hat sich unter Übernahme einer hohen Vertragsstrafe einem Industrieunternehmen U gegenüber verpflichtet, eine bestimmte von ihm gemachte Erfindung bis zu einem gewissen Zeitpunkt „ausführungsreif" zu machen. Zur Sicherung der etwaigen künftigen Ansprüche auf Bezahlung der Vertragsstrafe verpfändet er U gegenüber das „künftige Patentrecht" oder auch den Anspruch auf Erteilung des Patents (vgl. § 15 Abs. 1 PatG).

c) Auch der Grundsatz der *Publizität* findet – wenn auch nur in beschränktem Maße – Anwendung (s. §§ 1274 Abs. 1 Satz 2 und § 1280; dazu oben § 60 II 2b).

2. Aus dem Abspaltungsgedanken ergibt sich, daß ein Pfandrecht *nur an übertragbaren Rechten* bestellt werden kann (§ 1274 Abs. 2 – entsprechend § 1069 Abs. 2), daß ferner seine Bestellung sich nach der *Übertragungsform* richtet (§ 1274 Abs. 1 – entsprechend § 1069 Abs. 1). Bei der Zwangsvollstreckung in Rechte wird die Übertragung durch einen Akt des Gerichts (Pfändungs- und Überweisungsbeschluß) ersetzt.[2]

B. Das Vertragspfandrecht an Rechten

I. Die gesetzliche Regelung

Hier bedarf das System des Gesetzes einer Erläuterung: In § 1273 Abs. 2 wird zunächst der Grundsatz aufgestellt, daß auf das Vertragspfandrecht an Rechten die für das rechtsgeschäftliche Sachpfandrecht geltenden Vorschriften Anwendung finden. Die in den §§ 1274 ff. enthaltenen *Sondervorschriften* sollen jedoch den Vorrang haben; diese betreffen besonders

1. die *Bestellung* des Pfandrechts; für sie gilt – wie wir bereits wissen – die Übertragungsform[3] mit der Verschärfung der Publizität in § 1274 Abs. 1 Satz 2 und § 1280;

2. die *Verwertung* des Pfandes: während beim Sachpfand der Privatverkauf durch öffentliche Versteigerung die regelmäßige Verwertungsform ist (§ 1235 Abs. 1), ordnet § 1277 die Vollstreckungsform als Regel an. Der Pfandgläubiger bedarf also eines gegen den Rechtsinhaber gerichteten Duldungstitels.

Wie die Verwertung dann erfolgt, richtet sich nach den Vorschriften des Zwangsvollstreckungsrechts (s. unten C).

Freilich wird diese Regelform wieder durch Ausnahmen in den wichtigsten Fällen des Vertragspfandrechts durchbrochen: so bedarf es keines Vollstreckungstitels bei der Verwertung von Forderungen aller Art einschließlich der Grundpfandrechte (§ 1282: Einziehung durch den Pfandgläubiger!), von Inhaberpapieren (§ 1293: Anwendung der Regeln des Sachpfandrechts).

---

[1] Siehe dazu *Larenz* I § 34 III und oben §§ 55 I 3a bb und 58 II 3; ferner *Jauernig/Stürner* § 398 Anm. 5 c.

[2] Einzelheiten s. *Baur/Stürner*, ZVR, §§ 28–30; *Jauernig*, ZVR, §§ 19, 20; ferner unten C.

[3] Lesenswerte Beispiele: BayObLG NJW 1959, 1780 (Verpfändung eines Miterbenanteils) und NJW 1976, 1895 (Verpfändung eines Auflassungsanspruchs); BGH ZIP 1984, 1118ff.; 1986, 722 (Verpfändung einer Sparforderung: Anzeige gemäß § 1280; keine Übergabe des Sparbuches nötig; s. a. unten B III 3).

3. Die Sondervorschriften betreffen ferner den *Schutz des Schuldners,* der von der Verpfändung nichts erfahren hat (§ 1275, entsprechend § 1070 beim Nießbrauch) und die Beschränkung der *Aufhebung* des Rechts durch seinen Inhaber (§ 1276, entsprechend § 1071).

Beispiel: G hat Pf. an seiner Forderung gegen S ein Pfandrecht bestellt. Will Pf. nach Pfandreife (unten II 4) die Forderung bei S einziehen (§ 1282), so kann S dem Pf. z. B. entgegenhalten, G habe die Forderung aus anfechtbarem Geschäft erworben (§§ 1275, 404, 142 Abs. 1, 123 Abs. 1; hierzu BGHZ 93, 71, 78 ff.).

4. Das Zusammenspiel der Sondervorschriften mit den entsprechend anwendbaren Regeln des Sachpfandrechts soll an einem *Beispiel* deutlich werden:

S, der von der Bank G einen – nach einmonatiger Kündigung zur Rückzahlung fälligen – Kredit zur Weiterentwicklung von Erfindungen erhalten hat, will der G ein bereits erteiltes Patent verpfänden. Da Patente übertragbar sind (§ 15 Abs. 1 Satz 2 PatG), können sie auch verpfändet werden, und zwar in der Übertragungsform. Da für die Übertragung eines Patents keine besonderen Vorschriften gelten, genügt der schlichte Verpfändungsvertrag (§ 1274 Abs. 1 Satz 1 mit § 413 mit § 398; *Bernhardt/Kraßer,* Lehrbuch des Patentrechts, 4. Aufl. 1986, § 40 II, III 1). Die Pfandreife, also das Recht zur Verwertung des Pfandes, tritt mit Fälligkeit der gesicherten Forderung – hier also 1 Monat nach Kündigung des Darlehens – ein (§ 1273 Abs. 2 mit § 1228 Abs. 2 Satz 1). Will G nunmehr das Patent verwerten, so muß er gegen S einen Duldungstitel erwirken (§ 1277 Satz 1), z. B. Urteil, vollstreckbare Urkunde; ein allgemeiner, auf Rückzahlung des Kredits lautender Titel genügt nicht. Auf Grund des Duldungstitels ergeht ein Pfändungsbeschluß des Vollstreckungsgerichts (§ 857 Abs. 1 u. 2 mit § 829 ZPO).[1] Die Verwertung erfolgt durch den Überweisungsbeschluß des Gerichts (§ 857 Abs. 1 mit § 835 ZPO), wobei das Gericht hier eine bestimmte Art der Verwertung anordnen kann (§ 857 mit § 844 ZPO), z. B. Veräußerung des verpfändeten Patents durch einen damit beauftragten Patentanwalt.[2]

Hätte S den Kredit an G zurückbezahlt, so wäre damit das Pfandrecht an dem Patent erloschen (§ 1273 Abs. 2 mit § 1252). Falls die Bank die Darlehensforderung gegen S an Z abgetreten hätte, so wäre damit auch das Pfandrecht auf Z übergegangen (§ 1250). Wäre das Patent durch einen dritten D beeinträchtigt worden, so stünde auch der G die Unterlassungsklage zu (§ 1273 Abs. 2 mit § 1227 BGB mit § 139 PatG; *Bernhardt/Kraßer* aaO §§ 35 VI a 1; 36 II 1). Schließlich bleibt zu bemerken, daß das Pfandrecht der G von einer Veräußerung des Patents durch S nicht beeinträchtigt worden wäre; als dingliches Recht belastet es auch den Rechtsnachfolger; ein lastenfreier Erwerb (entsprechend § 936) kommt hier nicht in Betracht.

II. 1. Sonderfall: Die Verpfändung von Forderungen

1. Hier gelten die Sondervorschriften der §§ 1279 bis 1290. Sie betreffen vor allem die Bestellung des Pfandrechts (2), die Einziehung der Forderung vor der Pfandreife (3) und nach der Pfandreife (4).

Zu beachten ist, daß hier drei Personen beteiligt sind: der Pfandgläubiger, der Gläubiger und der Schuldner. Die Klarheit der Terminologie wird dadurch beeinträchtigt, daß diese Personen bei dem entsprechenden Vorgang im Vollstreckungsrecht als Gläubiger, Schuldner und Drittschuldner bezeichnet werden (vgl. § 829 ZPO):

BGB: Pfandgläubiger *gesicherte Forderung* → Gl. *verpfänd. Forderung* → S

ZPO: Gläubiger *vollstreckte Forderung* → S *gepfändete Forderung* → DS

Die Vorschriften über die Verpfändung von Forderungen gelten auch für die Verpfändung von *Grundpfandrechten* (§ 1291 für die Grundschuld und Rentenschuld; dasselbe ergibt sich für die Hypothek aus der Akzessorietät). Bei der Verpfändung eines *Kontokorrentkontos* durch den Gläubiger des Kontos und gleichzeitigen Kreditnehmer können Pfandgläubiger und Schuldner in der Person der

---

[1] Ob dies noch notwendig ist, ist streitig; wie hier RGZ 103, 139; *Jauernig* § 1277 Anm. 1. Das rechtsgeschäftliche Pfandrecht bleibt jedenfalls für den Rang maßgeblich!

[2] Einzelheiten dazu s. *Göttlich* MDR 1957, 11; *Hubmann* in Festschrift für H. Lehmann (1956) S. 812; s. a. § 62 C III 4c (zur Pfändung).

kreditgebenden Bank und der Bank als Schuldner des Kontos zusammenfallen (BGHZ 93, 71, 76; 95, 149, 154; NJW 1988, 3260, 3262 r. Sp. a. E.: „Pfandrecht an eigener Schuld" aufgrund AGB-Banken; s. a. oben I 2a).

2. Die *Bestellung des Pfandrechts* erfolgt nach den für die Übertragung des Rechts geltenden Vorschriften (§ 1274 Abs. 1), dazu muß aber die Verpfändungsanzeige[1] des Gläubigers an den Schuldner erfolgen, § 1280 (vgl. den entsprechenden Vorgang in § 1205 Abs. 2, oben § 55 B II 3).

Beispiel: Gl. will seiner Bank P eine Buchgrundschuld verpfänden, die ihm am Grundstück des S bestellt ist. Die Verpfändung wird im Grundbuch eingetragen (§ 1274 Abs. 1 Satz 1 mit §§ 1154 Abs. 3, 873). Entgegen seiner Zusage zeigt Gl. die Verpfändung dem S nicht an. P hat dennoch das Pfandrecht erworben; denn die Anzeige ist nach § 1280 nur erforderlich bei der Verpfändung solcher Forderungen, zu deren Übertragung der Abtretungsvertrag genügt, was bei der Buchgrundschuld gerade nicht der Fall ist. Bei der Pfändung einer Briefgrundschuld muß zur schriftlichen Verpfändungserklärung die Briefübergabe treten (§§ 1291, 1274 Abs. 1 S. 1, 1154 Abs. 1).[2]
Die *Verpfändung des Auflassungsanspruchs* folgt §§ 1274, 398 und bedarf nicht der Form des § 313 (BayObLG NJW 1976, 1895; hierzu *Ertl* DNotZ 1977, 81), wohl aber der Anzeige gemäß § 1280. War für den Anspruch auf Auflassung eine Vormerkung bestellt, so kann – nicht muß – ein Verpfändungsvermerk eingetragen werden (BayObLG NJW 1968, 705), der den Pfandgläubiger später gegen seine Nichtberücksichtigung bei Anspruchserfüllung in gewissem Umfange schützt (str., s. zuletzt BayObLG NJW-RR 1987, 793ff. und unten 3). Die Verpfändung des Auflassungsanspruchs kommt vor allem in Betracht, wenn eine Zwischenfinanzierung nötig wird, der Grundstückskäufer aber noch nicht im Grundbuch eingetragen ist, etwa weil die endgültige Vermessung fehlt. Von der Verpfändung des Auflassungsanspruchs ist die *Verpfändung der Auflassungsanwartschaft* zu unterscheiden, die praktisch allerdings zum gleichen Ergebnis führt (hierzu § 19 B I 2c, bb, Beispiel 2). Die Verpfändung der Auflassungsanwartschaft muß jedoch wie ihre Übertragung nach §§ 873, 925 erfolgen (s. a. BayObLG DNotZ 1986, 345, 346, 350).

3. *Vor der Pfandreife* ist die Situation des Pfandgläubigers ähnlich der des Rechtsnießbrauchers bei einer verzinslichen Forderung (s. oben § 61 II): Pfandgläubiger und Gläubiger sind nur gemeinschaftlich zur Einziehung berechtigt (§§ 1281, 1283–1286). An dem vom Schuldner geleisteten Gegenstand erwirbt der Gläubiger das Eigentum, der Pfandgläubiger ein Pfandrecht. Geht der verpfändete Anspruch auf die Übereignung eines Grundstücks, so fällt dem Pfandgläubiger kraft Gesetzes eine Sicherungshypothek in Höhe seiner Forderung zu (§ 1287: Fall einer Surrogation, entsprechend § 1075 Abs. 1 beim Nießbrauch).

Beispiel (in Anlehnung an BayObLGZ 1968, 705): Gl. hat auf Grund eines Kaufvertrags von S die Übereignung eines Grundstücks zu fordern; den Kaufpreis hat er bereits bezahlt. Er verpfändet seinen Anspruch an seine Bank P für eine erst in einem Jahr fällige Darlehensforderung. P kann schon jetzt Auflassung an ihn und Gl. fordern. Eingetragen wird aber nur Gl. als Eigentümer (würden P und Gl. eingetragen, so müßte das Grundbuch sofort wieder durch die Alleineintragung des Gl. berichtigt werden!). P erwirbt kraft Gesetzes eine Sicherungshypothek, deren Eintragung Gl. im Wege der Berichtigung bewilligen muß. Auf dem Grundstück bereits eingetragene Grundpfandrechte gehen im Range vor, selbst wenn sie erst nach der Verpfändung des Auflassungsanspruchs begründet worden waren.
Wenn im Beispielsfalle nach Verpfändung die Auflassung entgegen §§ 1281, 1282 an Gl alleine erfolgt oder aufgrund einer vor Verpfändung erfolgten Auflassung die Eintragung des Gl als Eigentümer erfolgen soll, so stellt sich die Frage nach dem Schutz der P. Zwar entsteht unabhängig von der Mitwirkung der P kraft Gesetzes eine Sicherungshypothek (teilw. str.!), bis zur Eintragung der Hypothek oder eines Widerspruchs (§§ 894, 899) besteht aber die Gefahr gutgläubigen Erwerbs

---

[1] Zur Verpfändungsanzeige durch schlüssiges Verhalten oder durch einen Bevollmächtigten aufschlußreich OLG Köln NJW-RR 1990, 485, 486.
[2] Hierzu BGH NJW 1973, 514 (Sonderfall der Verpfändung einer Briefgrundschuld in AGB-Banken).

durch einen Dritten (§ 892). Sofern für den Auflassungsanspruch eine Vormerkung eingetragen und bei dieser Vormerkung ein Pfändungsvermerk angebracht war, verhindert er nach h. M. nicht den gutgläubigen Erwerb des Dritten (str.!). Man versucht dieses Ergebnis dadurch zu vermeiden, daß man die Mitwirkung des Pfandrechtsgläubigers P bei der Eintragung des Eigentumsübergangs auf Gl oder die gleichzeitige Eintragung der Sicherungshypothek für Gl verlangt. Der Verpfändungsvermerk verschafft dabei dem Grundbuchamt die Kenntnis von der Verpfändung und führt zum verfahrensmäßigen Schutz (zuletzt BayObLG NJW 1987, 793 ff. m. Nw.).[1]

4. *Mit der Pfandreife,* also der Fälligkeit der gesicherten Forderung, verstärkt sich die Rechtsstellung des Pfandgläubigers: Er allein ist jetzt zur Einziehung der Forderung ermächtigt, der Schuldner kann nur an ihn leisten (§ 1282 Abs. 1 Satz 1). Mit der Einziehung tritt wieder dingliche Surrogation ein (§ 1287): der Gläubiger erlangt Eigentum an dem geleisteten Gegenstand, der Pfandgläubiger ein Pfandrecht (bzw. eine Sicherungshypothek) an ihm. Das Pfand kann er durch Pfandverkauf verwerten. Ist Geld vom Schuldner eingezogen worden, so gilt die Forderung des Pfandgläubigers als vom Gläubiger berichtigt (§ 1288 Abs. 2 entsprechend § 1247). Surrogation greift hier nur bezüglich des Überschusses Platz, was freilich selten praktisch werden wird, weil die Einziehungsermächtigung des Pfandgläubigers nur soweit reicht, als sie zu seiner Befriedigung erforderlich ist (§ 1282 Abs. 1 Satz 2).

Beispiele: (a) Gl. hat von S eine wertvolle, noch anzufertigende Spezialmaschine gegen Vorkasse gekauft und den Übereignungsanspruch an seinen Kreditgeber P verpfändet. Nach Fälligkeit seiner Forderung verlangt P von S Lieferung (Fall einer gesetzlichen Einziehungsermächtigung, § 1282).[2] Mit Übereignung der Maschine an P wird Gl. Eigentümer, P erhält ein Pfandrecht an ihr. Dieses kann er nach den Regeln über den Pfandverkauf, also in erster Linie durch öffentliche Versteigerung verwerten. Da es sich aber um eine Spezialmaschine handelt, wird etwa ein freihändiger Verkauf nach Vereinbarung (§ 1245) oder zufolge einer Anordnung des Gerichts (§ 1246) in Betracht kommen.

(b) P hat gegen Gl. eine Forderung von 10 000 DM. Zur Sicherung verpfändet ihm Gl. eine Darlehensforderung gegen S in Höhe von 15 000 DM, verzinslich zu 6% (das Pfandrecht erstreckt sich auf die Zinsen, § 1289; P und Gl. können aber auch vereinbaren, daß das Zinsrecht selbst dem P zusteht – Antichrese –, wofür freilich keine Vermutung spricht, § 1273 Abs. 2 Satz 2). Nach Fälligkeit seiner Forderung (Pfandreife) macht er die Forderung des Gl. gegen S geltend, wozu er aber nur in Höhe von 10 000 DM ermächtigt ist (§ 1282 Abs. 1 Satz 2); er kann auch verlangen, daß ihm die Forderung in dieser Höhe an Zahlungs Statt abtritt (§ 1282 Abs. 1 Satz 3), was er freilich nur tun wird, wenn S absolut solvent ist; denn mit dieser Abtretung erlischt seine Forderung gegen Gl. (§ 364 Abs. 1). Macht P von seiner Einziehungsermächtigung Gebrauch und leistet S an ihn, so gilt seine Forderung gegen Gl. als von diesem berichtigt (§ 1288 Abs. 2). Das Pfandrecht an der Restforderung in Höhe von 5000 DM erlischt (§ 1273 mit § 1252).

Als Folge des Prioritätsgrundsatzes (§§ 1273 Abs. 2, 1209) erwähnt § 1290 eigens das alleinige Einziehungsrecht des jeweils erstrangigen Gläubigers (Beispiel: OLG Köln NJW-RR 1990, 485).

III. 2. Sonderfall: Die Verpfändung von Wertpapieren

Das Wertpapierpfandrecht – namentlich in der Form der Verpfändung von Aktien – ist heute die bedeutsamste und häufigste Form des rechtsgeschäftlichen Pfandrechts an Rechten (Lombardkredit).

---

[1] Wichtige Literatur und Rechtsprechung zu den hier nur angedeuteten zahlreichen Streitfragen, die den juristischen Scharfsinn herausfordern: BayObLGZ 1967 295 ff.; 1985, 332 ff.; DNotZ 1983, 758; MünchKomm/*Damrau* § 1274 Rn. 24–25 c (umfassende Darstellung); *Stöber* DNotZ 1985, 587 ff.; *Reithmann* DNotZ 1986, 352 ff.; *J. Blomeyer* Rpfleger 1970, 228.

[2] Statt dessen könnte P auch nach den Vorschriften der Zwangsvollstreckung vorgehen (§ 1277!).

1. Das Pfandrecht an *Inhaberpapieren* ist nach § 1293 wie das Pfandrecht an beweglichen Sachen zu behandeln. Das gilt sowohl für die *Bestellung* des Pfandes:

in der Form der Übergabe nach §§ 1205, 1206, für den gutgläubigen Erwerb nach §§ 1207, 1208,

wie für den Inhalt, insbesondere die *Verwertung* des Pfandes:

Im Wege des Privatverkaufs durch öffentliche Versteigerung (§ 1235 Abs. 1) oder – häufiger – des freihändigen Verkaufs durch einen Makler (§ 1235 Abs. 2 mit § 1221). Daneben ist die Verwertung nach Zwangsvollstreckungsrecht (§ 1233 Abs. 2) oder – falls möglich – durch Einziehung der im Papier verkörperten Forderung zulässig (§ 1294).

Beispiel: Gl. ist Eigentümer von 5 Inhaberaktien der S-Werke AG in Höhe von je 1000 DM und von 4 Inhaberschuldverschreibungen über je 1000 DM des Landes S. Er hat die Papiere bei seiner Bank P im Depot. Räumt ihm P einen Kredit von 10000 DM ein, so stünde ihr schon nach den Allgemeinen Geschäftsbedingungen der Banken ein Pfandrecht zu. Meist verlangen die Banken aber eine ausdrückliche Verpfändung.[1] Da die Bank im unmittelbaren Besitz der Papiere ist, erfolgt sie nach § 1205 Abs. 1 Satz 2, also durch formlosen Verpfändungsvertrag.[2] Zahlt Gl. das Darlehen bei Fälligkeit nicht zurück (Pfandreife), so kann P die Papiere verwerten. Da sie einen Börsenpreis haben, wird P einen Börsenmakler mit dem Verkauf der zur Deckung der Verbindlichkeiten erforderlichen Papiere beauftragen, also z. B. der 5 Aktien, wenn diese zu einem Kurs von 220 an der Börse gehandelt werden. Von dem Erlös von 11000 DM gebühren der P 10000 (§ 1247 Satz 1). Der überschießende Betrag von 1000 DM ist dem Gl. auszubezahlen (§ 1247 Satz 2). Das Pfandrecht an den übrigen Wertpapieren erlischt.

Wären die Inhaberschuldverschreibungen gerade zur Rückzahlung ausgelost worden, so hätte die P die Forderung gegen das Land S einziehen können (§ 1294).

Auf die Dividenden- und Zinsscheine der Aktien und Inhaberpapiere erstreckt sich das Pfandrecht der P nur, wenn sie ihr übergeben worden sind (§ 1296).

2. Seltener ist die Verpfändung von *Orderpapieren*. Sie erfolgt nach § 1292 durch Einigung über die Bestellung des Pfandrechts, Indossament (s. Art. 19 WG)[3] und Übergabe des Papiers (§§ 1205, 1206). Für die Verwertung gilt nichts besonderes (also Verwertung nach Vollstreckungsrecht, § 1277, freihändiger Verkauf bei Papieren mit Börsen- oder Marktpreis, § 1295, *oder* Einziehung der in dem Papier verbrieften Forderung, §§ 1282, 1294).

3. *Rekta- und Legitimationspapiere* schließlich werden nach der Übertragungsform verpfändet, wobei jedoch § 1280 (Anzeige an den Schuldner) und § 1274 Abs. 1 Satz 2 zu beachten sind (s. die Beispiele oben II 2: Verpfändung einer Buchgrundschuld, und § 60 II 2b aa: Verpfändung einer Briefhypothek).

Ferner: Gl. – augenblicklich in Geldnöten – hat dem P sein Sparbuch „als Pfand übergeben". Die Übergabe des Sparbuchs war nicht nötig, da das Sparbuch lediglich Legitimationspapier ist (§ 808). Nötig wäre aber die Anzeige nach § 1280 an die Sparkasse S gewesen (BGH ZIP 1984, 1118ff.; 1986, 722; oben B I 1). Ein Pfandrecht an der Forderung gegen S ist nicht entstanden. P kann sich lediglich dem Gl. gegenüber auf die wirksame Sicherungsabrede berufen, was ihm aber nichts hilft, wenn etwa D die Forderung des Gl. gegen die S pfändet! Die mißglückte Verpfändung kann auch nicht in eine Sicherungsabtretung der Forderung umgedeutet werden (zweifelhaft).

---

[1] S. *Schütz* S. 453 Muster 359. S. zum Ganzen *Krafft/Hönn*, Aktien und Wandelschuldverschreibungen als Kreditsicherheit, in: *Hadding/Schneider*, Gesellschaftsanteile als Kreditsicherheit, 1979; ebda *Heinsius*, 187 (ausl. Aktien); *Kreutz*, 241 (Investmentzertifikate); *Pick*, 257 (Anteile an Immobilienfonds).

[2] Liegen die Wertpapiere bei einer Wertpapiersammelbank, so wird der Miteigentumsanteil des Gl. an dem Gesamtbestand verpfändet (dazu Nachweise bei *Zöllner*, WPR, § 1 III; *Hueck/Canaris*, Recht der Wertpapiere, 12. Aufl. 1986, § 1 III 1 u. oben § 50 III 1b, § 53 a III 3b).

[3] Statt des offenen Pfandindossaments ist auch ein verdecktes möglich, das sich äußerlich von einem Vollindossament nicht unterscheidet: Indossiert also der Pfandgläubiger den Wechsel weiter, so erwirbt der redliche Indossatar die vollen Rechte aus dem Wechsel, nicht nur die Stellung eines Pfandgläubigers (dazu *Zöllner*, WPR, § 14 VII; *Brox*, Handels- und Wertpapierrecht, 9. Aufl. 1991, Rn. 578, 579).

C. Das Pfändungspfandrecht an Rechten[1]

I. Grundlagen

1. Mit der Möglichkeit der Pfändung von Rechten eröffnet das Gesetz dem Gläubiger den Zugriff auf alle die Bestandteile des Schuldnervermögens, die nicht Grundstücke und bewegliche Sachen sind. Wie wir schon oben § 60 III erörterten, übertreffen die Rechtspfändungen – namentlich die Lohn- und Gehaltspfändungen – bei weitem die Sachpfändungen. Das Pfändungspfandrecht an Rechten ist das praktisch wichtigste Recht an einem Recht!

G, der von S 5000 DM zu fordern hat, sieht sich nach pfändbaren Vermögensgegenständen seines Schuldners S um. In der Wohnung des S findet der Gerichtsvollzieher außer unpfändbarem Hausrat (§ 811 ZPO) nur ein unter Eigentumsvorbehalt gekauftes Fernsehgerät, auf das erst die Anzahlung und eine Rate geleistet sind (G sieht daher davon ab, das Anwartschaftsrecht zu pfänden!). S ist aber ordentlich verdienender Vorarbeiter im Betrieb des DS₁ (G = Gläubiger, S = Schuldner, DS = Drittschuldner). Außerdem hat S bei der Sparkasse DS₂ ein Sparguthaben von 2000 DM. G läßt den pfändbaren Teil der Lohnforderung und die Forderung gegen die Sparkasse pfänden.

2. Die Zwangsvollstreckung in Rechte ist in den §§ 803–807, §§ 828–863 ZPO geregelt; und zwar behandelt das Gesetz zunächst die Pfändung und Verwertung von Geldforderungen und Herausgabeansprüchen als die praktisch häufigsten Fälle (§§ 829–856 ZPO), und wendet dann diese Vorschriften auf die Pfändung anderer Rechte in § 857 ZPO entsprechend an.

Dies braucht nicht zu verwirren; denn das BGB verfährt bei der Abtretung ähnlich: In den §§ 398 bis 411 regelt es die Abtretung von Forderungen. In § 413 wird diese Regelung auf die Übertragung aller anderen Rechte entsprechend angewendet, sofern nicht Sondervorschriften bestehen.

Wie bei der Pfändung beweglicher Sachen, wird auch hier die subsidiäre Geltung der Pfandrechtsbestimmungen des bürgerlichen Rechts vorausgesetzt. Die Problematik entspricht der oben § 55 D II erörterten.

Im folgenden können nicht alle Einzelheiten der Pfändung von Rechten erörtert werden; dies ist Sache der Lehrbücher des Zwangsvollstreckungsrechts. Es muß genügen, die Grundsätze aufzuzeigen.

II. Die Pfändung

1. Forderungen und andere Rechte sind im Gegensatz zu Grundstücken und beweglichen Sachen nicht körperlich faßbar. Die Pfändung als Beschlagnahme des Rechts erfolgt daher durch einen Pfändungsbeschluß des Gerichts; er enthält ein an den Schuldner gerichtetes Verfügungsverbot und ein an den Drittschuldner gerichtetes Zahlungsverbot. Der Pfändungsbeschluß muß, um wirksam zu werden, dem Drittschuldner zugestellt werden. Damit ist die Pfändung bewirkt (§ 829 Abs. 3 ZPO).

Die Parallele zum vertraglichen Pfandrecht an Rechten wird bei näherem Zusehen deutlich: der gerichtliche Beschluß ersetzt gewissermaßen die Einigung von Pfandgläubiger und Rechtsinhaber über die Verpfändung; wie die Anzeige nach § 1280 richtet er sich an den Drittschuldner.

Die Pfändung erweist sich also als eine erzwungene Teilabtretung (nicht abtretbare Rechte sind daher nicht pfändbar, § 851 ZPO). Daraus ergeben sich auch Besonderheiten für die Verpfändung von Grundpfandrechten (§§ 830, 857 Abs. 6 ZPO).

---

[1] Ausführliche Darstellung mit Nachweisen bei *Baur/Stürner*, ZVR; §§ 25, 28–30; *Brox/Walker*, ZVR, §§ 17–26; *Jauernig*, ZVR; §§ 19, 20; *Rosenberg/Gaul/Schilken*, §§ 54–58.

2. Die Pfändung bewirkt die Verstrickung der Forderung und verschafft dem Gläubiger ein Pfandrecht an ihr, vorausgesetzt, daß seine eigene Forderung gegen den Schuldner besteht bzw. rechtskräftig festgestellt („tituliert") ist und die gepfändete Forderung dem Schuldner zusteht.[1]

Aus der Verstrickung der Forderung ergibt sich ein relatives Veräußerungsverbot i. S. der §§ 135, 136; Verfügungen des Schuldners über das Recht sind dem Gläubiger gegenüber unwirksam. Das gleiche gilt von Zahlungen des Drittschuldners an den Schuldner, sofern nicht zu seinen Gunsten §§ 407, 1275 Platz greifen.

Beispiel: Gl pfändet am 5. 1. die Lohnforderung des S gegen DS. Der Pfändungsbeschluß wird DS noch am 5. 1. zugestellt, wobei aber nicht er selbst, sondern seine Lebensgefährtin E die Zustellung entgegennimmt („Ersatzzustellung": § 181 ZPO und BGHZ 111, 1 ff.), ihm aber wegen eines augenblicklichen Zwistes den Vorgang verschweigt. Tritt S seine Forderung am 6. 1. an den Gläubiger B ab, so ist diese Abtretung unwirksam, auch wenn S und B nichts von der Pfändung wußten, weil auch die Ehefrau des S ihrem Mann und B die Zustellung des Pfändungsbeschlusses verschwiegen hat; denn einen gutgläubigen Erwerb von Forderungen gibt es nicht (§§ 829 Abs. 1 S. 2 ZPO; 136, 135 BGB). Zahlt hingegen DS am 6. 1. seinem Mitarbeiter S den Lohn aus, so kann er sich gegenüber dem Zahlungsverlangen des Gl (§§ 835, 836 ZPO) auf die gutgläubige Erfüllung gegenüber S berufen (§§ 1275, 407), falls man ihm das Wissen seiner nichtehelichen Lebensgefährtin nicht zurechnet. Hat DS am 6. 1. überwiesen und am 7. 1. von der Pfändung erfahren, muß er die Überweisung an S nicht zurückrufen (Beispielsfälle: BGHZ 86, 337 ff.; 105, 358 ff.).

Beim praktisch wichtigen *Girokonto* führt der vereinbarte Kontokorrent zur Unpfändbarkeit der Einzelforderungen, die in das Konto einzustellen sind; pfändbar sind aber die künftigen periodischen Aktivsalden, der Zustellungssaldo und der Anspruch auf Auszahlung eines Tagesguthabens (zum Ganzen BGHZ 93, 315, 323; 84, 371 ff. und 325 ff.; 80, 172 ff.; *Baur/Stürner*, ZVR, Rn. 493 f.; Fälle, Fall 7; *Ehlenz/Diefenbach*, Pfändung in Bankkonten, 1987).

III. Die Verwertung

1. Anders als das Vertragspfandrecht an Rechten (§ 1282) gibt der Pfändungsbeschluß allein dem Gläubiger noch nicht das Recht, Erfüllung an ihn allein zu fordern. Dazu bedarf es eines gerichtlichen *Überweisungsbeschlusses* (der in der Praxis meist zusammen mit dem Pfändungsbeschluß ergeht), § 835 ZPO. Diese Überweisung kann nach Wahl des Gläubigers zur Einziehung oder an Zahlungs Statt ergehen (§ 835 Abs. 1 ZPO):

a) Bei der *Überweisung zur Einziehung* ist der Gläubiger ermächtigt und verpflichtet (§ 842 ZPO), die Forderung des Schuldners gegen den Drittschuldner im eigenen Namen geltend zu machen. Es handelt sich also um den Fall einer auf Richterakt beruhenden Einziehungsermächtigung. Die Forderung selbst geht nicht auf den Gläubiger über, sondern bleibt Bestandteil des Schuldnervermögens (BGHZ 24, 329, 332). Im Verhältnis Gläubiger-Schuldner wirkt die Überweisung zur Einziehung nur erfüllungshalber, die Forderung des Gläubigers gegen den Schuldner bleibt also bestehen, bis der Gläubiger sich aus der Leistung des Drittschuldners befriedigt hat.

b) Anders bei der *Überweisung an Zahlungs Statt* (§ 835 Abs. 2). Hier geht die Forderung des Schuldners gegen den Drittschuldner auf den Gläubiger über (Fall eines Forderungsübergangs durch Richterakt). Im Verhältnis Gläubiger-Schuldner ist jener befriedigt, wenn die überwiesene Forderung nur überhaupt besteht. Das Risiko der Beitreibungsmöglichkeit beim Drittschuldner geht also zu Lasten

---

[1] Zu Einzelheiten statt vieler *Baur/Stürner*, ZVR, Rn. 501 ff., Rn. 433 ff.

des Gläubigers (§ 835 Abs. 2 ZPO). Schon dieses Risiko macht die Überweisung an Zahlungs Statt zur seltenen Ausnahme!

2. Die eben dargestellten Regeln gelten für die Pfändung und Verwertung von *Geld*forderungen. Ist der Anspruch nicht auf Geld, sondern auf Leistung oder Herausgabe anderer Sachen gerichtet, so muß – wie in § 1287[1] – der Surrogationsgedanke Platz greifen: Mit der Leistung an die „Verwaltungsperson" (Gerichtsvollzieher – Sequester) erwirbt der Schuldner Eigentum an der geleisteten Sache, der Gläubiger ein Pfandrecht (bei Grundstücken: eine Sicherungshypothek) an ihr (§§ 847 bis 849 ZPO). Die weitere Verwertung erfolgt nach den Vorschriften über die Verwertung gepfändeter Sachen (öffentliche Versteigerung durch den Gerichtsvollzieher – Zwangsversteigerung und Zwangsverwaltung des Grundstücks), §§ 847 Abs. 2, 848 Abs. 3 ZPO.

Praktisch wird diese Form des Vollstreckungszugriffs insbesondere dann, wenn der Schuldner als Partner eines mit dem Drittschuldner geschlossenen gegenseitigen Vertrags vorgeleistet hat oder wenn er die Leistung des Drittschuldners unentgeltlich zu fordern hat.

Beispiel: In dem Testament des E ist DS als Erbe eingesetzt. Dem S ist ein Wohngrundstück vermacht. Ein Gläubiger G des S pfändet den Auflassungsanspruch. Auflassung und Übergabe haben dann an einen gerichtlich bestellten Sequester zu erfolgen. S wird als Eigentümer im Grundbuch eingetragen; G erhält kraft Gesetzes eine Sicherungshypothek in Höhe seiner Forderung. Er kann jetzt die Zwangsversteigerung oder Zwangsverwaltung in das Grundstück betreiben.

Der rechtsähnliche Fall der rechtsgeschäftlichen *Verpfändung* des Auflassungsanspruchs ist an anderer Stelle behandelt (oben B II 2 und 3). Von der Verpfändung und Pfändung des Auflassungsanspruchs ist die Pfändung oder Verpfändung der *Auflassungsanwartschaft* zu unterscheiden (dazu § 19 B I 2c, bb; oben B II 3; *Baur/Stürner,* ZVR, Rn. 537 m. Nw.).

3. Die Zwangsvollstreckung *in Rechte,* die sich nicht als Forderungen (Ansprüche) darstellen, macht Abweichungen von den eben dargestellten Regeln erforderlich: Regelmäßig wird ein Drittschuldner fehlen, für die Pfändung ist dann die Zustellung des Verfügungsverbots an den Schuldner erforderlich und ausreichend (§ 857 Abs. 2 ZPO). Die Verwertung kann – falls die Art des Rechts dies zuläßt – zur Einziehung oder an Zahlungs Statt erfolgen. Abgesehen davon sind gerichtliche Anordnungen z. B. über die Veräußerung des gepfändeten Rechts möglich (§ 857 Abs. 5 ZPO).

Eine besondere Bedeutung hat die *Pfändung des Anwartschaftsrechts* des Käufers aus bedingter Übereignung erhalten (s. dazu § 3 II 3a, § 59 V 4; *Baur/Stürner,* ZVR, Rn. 547; Fälle, Fall 9).

4. Zum Abschluß einige *Beispiele,* die wenigstens eine gewisse Vorstellung von der praktischen Wirksamkeit des Pfändungspfandrechts an Rechten vermitteln sollen:

(a) Dem S steht an dem Grundstück des DS eine Briefhypothek in Höhe von 20 000 DM zu. Als S selbst in Geldschwierigkeiten kommt, pfändet sein Gläubiger G die Hypothek und läßt sie sich zur Einziehung überweisen. Dazu ist einmal der Pfändungs- und Überweisungsbeschluß erforderlich (§§ 829, 835 ZPO). Ferner muß aber die Übergabe des Briefs an den Gläubiger erfolgen (§ 830 ZPO; vgl. § 1154 BGB!). Wird der Brief nicht freiwillig herausgegeben, so muß ihn der Gerichtsvollzieher dem Schuldner S wegnehmen und dem Gläubiger G übergeben (sog. Hilfsvollstreckung). Als „Einziehungsermächtigter" kann G nunmehr – falls die Hypothek fällig ist – die Zwangsvollstreckung in das Grundstück betreiben, also nach Erwirkung eines Duldungstitels die Zwangsversteigerung, Zwangsverwaltung oder die Einzelzwangsvollstreckung in die für die Hypothek mithaftenden Gegenstände (Zubehör u. s. w.).[2]

---

[1] Siehe oben B II 3, 4.
[2] Einzelheiten s. oben § 38 X 3.

(b) S ist persönlich haftender Gesellschafter der Fa. S u. Co. Der Gläubiger G des S pfändet den Anteil des S am Gesellschaftsvermögen (§ 105 Abs. 2 HGB mit § 859 Abs. 1 ZPO), wobei die KG als „Drittschuldner" anzusehen ist, ihren vertretungsbefugten Geschäftführern also der Pfändungsbeschluß zugestellt werden muß (BGHZ 97, 392, 397). Nach Erlaß des Überweisungsbeschlusses kann G den Anspruch auf den Gewinnanteil geltend machen (nicht aber sonstige Gesellschafterrechte ausüben!). Unter den Voraussetzungen des § 135 HGB ist er berechtigt, die Gesellschaft zu kündigen und das Auseinandersetzungsguthaben in Anspruch zu nehmen.[1]

(c) Einziger pfändbarer Vermögensbestandteil des S ist ein Patent, über dessen Verwertbarkeit noch kein Urteil möglich ist. Der Gläubiger G des S läßt das Patent pfänden (Pfändungsbeschluß – Zustellung nur an S, § 857 Abs. 2 ZPO). Das Gericht kann das Patent dem G auf Antrag „zur Einziehung", also zur Verwertung überweisen. Es kann aber auch die Veräußerung des Patents, z. B. durch einen Patentanwalt, anordnen (§§ 857 Abs. 5, 844 ZPO). Man wird es schließlich auch für zulässig erachten, daß das Gericht dem Gläubiger eine – u. U. zeitlich befristete – Lizenz zuspricht.[2]

(d) Die Pfändung einer Eigentümergrundschuld ist an anderer Stelle im Zusammenhang erörtert (§ 46 I 4 und 5, III 1 b, 2).

(e) Die Pfändung eines Miterbenanteils läßt sich am besten anhand eines *Beispiels* erläutern (nach BGHZ 52, 99):[3]

R hat seiner Gläubigerin – der Bank B – 1961 seinen Anteil an einer Erbengemeinschaft verpfändet (möglich, weil der Miterbenanteil übertragbar ist, § 1274 Abs. 2 mit § 2033 Abs. 1 Satz 1 – notarielle Form des Verpfändungsvertrags erforderlich, § 1274 Abs. 1 Satz 1 mit § 2033 Abs. 1 Satz 2). 1962 wurde derselbe Miterbenanteil des R durch die Stadt X gepfändet (möglich: §§ 857 Abs. 2 ZPO – Pfändung durch Pfändungsbeschluß des Vollstreckungsgerichts: § 857 Abs. 1 mit § 829 ZPO). Nachdem die zum Nachlaß gehörenden Grundstücke versteigert und der den übrigen Miterben zustehende Teil des Erlöses an diese ausbezahlt war, blieb der Anteil des R übrig; er wurde bei Gericht hinterlegt. Um ihn streiten sich jetzt die Bank B (als Vertragspfandgläubigerin) und die Stadt X (als Pfändungspfandgläubigerin). Zu prüfen ist, ob sich die beiden Pfandrechte an dem Erlösanteil (richtiger: an der Forderung gegen die Hinterlegungsstelle) fortgesetzt haben (dingliche Surrogation). Dies kann bezüglich des Pfandrechts der B zweifelhaft sein, da § 1258 Abs. 3 (der gemäß § 1273 Abs. 2 BGB nach h. M. auch auf das Pfandrecht an einem Miterbenanteil anwendbar ist) nur davon spricht, daß dem Pfandgläubiger ein Pfandrecht an dem Surrogat „gebührt", also den Schluß nahelegt, daß der B nur ein Anspruch auf Einräumung eines Pfandrechts an dem hinterlegten Betrag zusteht. Wäre dies richtig, so ginge das Pfändungspfandrecht der X vor (zeitliche Priorität!). Der BGH hat sich aber mit Recht über den Wortlaut hinweggesetzt und für beide Pfandrechte eine dingliche Surrogation angenommen mit dem Ergebnis, daß das zeitlich früher begründete Vertragspfandrecht des B dem Pfändungspfandrecht der X vorgeht.

---

[1] S. dazu *Wiedemann*, Die Übertragung und Vererbung von Mitgliedschaftsrechten bei Handelsgesellschaften, 1965, § 18; *Hadding*, Pfandrecht u. Nießbrauch an der Mitgliedschaft in einer OHG oder KG als Kreditsicherheit, in *Hadding/Schneider* (Herausgeber), Gesellschaftsanteile als Kreditsicherheit, 1979, S. 37 ff.; *Mühl*, ebda 129 (Geschäftsanteil einer GmbH); BGH NJW 1982, 2773 u. BGHZ 97, 392 (Pfändung des Anteils an einer BGB-Gesellschaft); ferner *Vossius* BB 1988 Beil. 5 zu Heft 13; s. a. § 60 II 1 m. Nw.

[2] Einzelheiten s. *Hubmann* in Festschrift für H. Lehmann, 1956, S. 812 und *Göttlich* MDR 1957, 11; s. a. § 62 B I 3 (Beispiel).

[3] Zur Pfändung des Miterbenanteils ferner BGH NJW 1967, 200; 1972, 1045; BayObLG NJW 1959, 1780; OLG Frankfurt Rpfleger 1979, 205; *Liermann* NJW 1962, 2189.

Anhang

(Muster und Formulare mit Bemerkungen hierzu)

Anhang 1
Normalfall: Realfolium

Muster[1]
(Vorderseite)

Amtsgericht Schonberg

Grundbuch

von

Trienach

Band *3* **Blatt** *86*

---

[1] Es handelt sich um das amtliche Muster gemäß § 22 der Grundbuchverfügung Anlage 1; dies erklärt das Alter der Daten, unter dem aber der Lehrwert des Musters nicht leidet. Die Rechtsgrundlagen für die Einrichtung der Grundbücher sind in den §§ 14, 15 dargestellt (s. insbes. § 15 V).

(2. Seite)

Bestands

Laufende Nummer der Grund- stücke	Bisherige laufende Nummer der Grund- stücke	Bezeichnung der Grundstücke und der mit dem Eigentum verbundenen Rechte					Größe		
		Gemarkung (Vermessungs- bezirk)	Karte	Steuerbücher		Wirtschaftsart und Lage			
		a	b	c	d	e	ha	a	qm
1	2	3					4		
			K. Bl.	Parz.	Grdst. MR	Gebst. R			
1	—	Trienach	1	312 / 43	96	38	Wohnhaus mit Hausgarten,	—	6	95
							Viktoriastraße Nr. 18			
2	—	Trienach	2	77	96	—	Garten bei den Fichten	—	4	12
3	—	Golm	1	66	18	—	Wiese am Zernsee	—	6	28
4	1, 3	Trienach	1	312 / 43	96	38	Wohnhaus mit Hausgarten, Viktoriastraße Nr. 18	—	13	23
		Golm	1	66	18	—	Wiese am Zernsee			
5 / Zu 1	—	1/25 (einfünfundzwanzigstel) Miteigentumsanteil an dem Grundstück:								
		Trienach	3	211	28	—	Gemeinschaftlicher Weg bei den Wiesen	—	2	06

verzeichnis

	Bestand und Zuschreibungen		Abschreibungen	
Zur laufenden Nummer der Grundstücke			Zur laufenden Nummer der Grundstücke	
5	6		7	8
1	*Von Band 1 Blatt 8 hierher übertragen am 6. Januar 1936.* *Hoffmann Kummer*			
2	*Von Band 2 Blatt 40 hierher übertragen am 7. März 1938.* *Hoffmann Kummer*			
3	*Von Band 1 Blatt 5 des Grundbuchs von Golm hierher übertragen am 10. Oktober 1939.* *Hoffmann Kummer*			
1, 3, 4	*Nr. 3 der Nr. 1 als Bestandteil zugeschrieben und Nr. 3 mit Nr. 1 als Nr. 4 neu eingetragen am 14. November 1944.* *Schön Meyer*			
5	*Von Band 1 Blatt 24 hierher übertragen am 1. Dezember 1944.* *Schön Meyer*			

Anh. 1

Erste Abteilung

Laufende Nummer der Ein-tragungen	Eigentümer	Laufende Nummer der Grund-stücke im Bestands-verzeichnis	Grundlage der Eintragung
1	2	3	4
1	*Bankbeamter Gottlieb Meyer in Trienach*	1	*Aufgelassen am 23. Dezember 1935 und eingetragen am 6. Januar 1936.*
			Hoffmann Kummer
		2	*Aufgelassen am 5. Juni 1937 und Band 2 Blatt 40 eingetragen am 1. Juli 1937. Hierher übertragen am 7. März 1938.*
			Hoffmann Kummer
		3	*Aufgelassen und eingetragen am 10. Oktober 1939.*
			Hoffmann Kummer
2	*Kaufmann Alexander Preuß in Trienach*	1, 2, 3	*Aufgelassen am 26. August 1942 und eingetragen am 1. September 1942.*
			Hoffmann Kummer
		5	*Aufgelassen am 14. Januar 1936 und Band 1 Blatt 24 eingetragen am 21. Januar 1936. Gemäß § 3 Abs. 3 GBO hier eingetragen am 1. Dezember 1944.*
			Schön Meyer

(5. Seite)

Erste Abteilung

Laufende Nummer der Eintragungen	Eigentümer	Laufende Nummer der Grundstücke im Bestandsverzeichnis	Grundlage der Eintragung
1	2	3	4

(6. Seite)

Zweite

Laufende Nummer der Eintragungen	Laufende Nummer der betroffenen Grundstücke im Bestandsverzeichnis	Lasten und Beschränkungen
1	2	3
1	1	*Nießbrauch auf die Dauer von zehn Jahren für den Rentner Heinrich Bernhardt in Trienach. Unter Bezugnahme auf die Eintragungsbewilligung vom 20. September 1937 eingetragen am 29. September 1937.*
		Hoffmann Kummer
2	2	*Widerspruch gegen die Eintragung des Eigentums des Bankbeamten Gottlieb Meyer zugunsten des Gastwirts Felix Hecker in Trienach. Unter Bezugnahme auf die einstweilige Verfügung des Landgerichts in Schonberg vom 1. Oktober 1938 eingetragen am 3. Oktober 1938.*
		Hoffmann Kummer

Abteilung

	Veränderungen		Löschungen	
Laufende Nummer der Spalte 1		Laufende Nummer der Spalte 1		
4	5	6	7	
		2	*Gelöscht am 6. November 1938.*	
			Hoffmann Kummer	

Anh. 1

Dritte

Laufende Nummer der Eintragungen	Laufende Nummer der belasteten Grundstücke im Bestandsverzeichnis	Betrag	Hypotheken, Grundschulden, Rentenschulden
1	2	3	4
1	1	5000 RM	Fünftausend Reichsmark Darlehn mit vier vom Hundert jährlich verzinslich für den _Gastwirt Gerhard Schneider in Berlin._ Unter Bezugnahme auf die Eintragungsbewilligung vom 5. Januar 1939 eingetragen am 14. Januar 1939. Hoffmann Kummer
2	1	1500 RM —500 RM 1000 RM	Eintausendfünfhundert Reichsmark Darlehn mit fünf vom Hundert jährlich verzinslich für den Bankier Max Wechsler in Golm. Der jeweilige Eigentümer ist der sofortigen Zwangsvollstreckung unterworfen. Unter Bezugnahme auf die Eintragungsbewilligung vom 21. März 1940 eingetragen am 5. April 1940. Hoffmann Kummer
3	1	1700 RM	Eintausendsiebenhundert Reichsmark _Kaufpreisforderung_ mit fünf vom Hundert jährlich verzinslich für die _Sprachlehrerin Frieda Meister in Golm._ Der jeweilige Eigentümer ist der _sofortigen Zwangsvollstreckung unterworfen._ Vorbehalten ist der Vorrang für eine Hypothek von zweitausend Reichsmark nebst fünf vom Hundert Zinsen. Unter Bezugnahme auf die Eintragungsbewilligung vom 1. Dezember 1941 eingetragen am 16. Februar 1942. Hoffmann Kummer
4	1	2000 RM	Zweitausend Reichsmark Darlehn mit fünf vom Hundert jährlich verzinslich für den Schmiedemeister Franz Eisen in Werder. Der jeweilige Eigentümer ist der sofortigen Zwangsvollstreckung unterworfen. Die Erteilung eines Briefes ist ausgeschlossen. Unter Ausnutzung des Vorbehalts mit dem Vorrange vor der Post Abt. III Nr. 3 unter Bezugnahme auf die Eintragungsbewilligung vom 10. Januar 1944 eingetragen am 1. Februar 1944. Schön Meyer
5	2	1000 RM	Eintausend Reichsmark Grundschuld mit fünf vom Hundert jährlich verzinslich für den Rentner Herbert Müller in Berlin-Pankow. Unter Bezugnahme auf die Eintragungsbewilligung vom 16. März 1944 eingetragen am 23. März 1944. Schön Meyer

(9. Seite)

Abteilung

	Veränderungen			Löschungen	
Laufende Nummer der Spalte 1	Betrag		Laufende Nummer der Spalte 1	Betrag	
5	6	7	8	9	10
1	5000 RM	*Mit den Zinsen seit dem 1. April 1939 verpfändet an die Brauerei Teltow Aktiengesellschaft in Berlin für eine ihr gegen den Gastwirt Gerhard Schneider in Berlin in Höhe von 5000 RM zustehende Forderung aus dem Kaufvertrage vom 8. März 1939. Eingetragen am 7. Juli 1939.*	2	500 RM	*Fünfhundert Reichsmark gelöscht am 17. Mai 1942.*
		Hoffmann Kummer			*Hoffmann Kummer*
1	5000 RM	*Abgetreten mit den Zinsen seit dem 1. Juli 1943 an den Bankier Max Wechsler in Golm. Eingetragen am 2. August 1943.*	1	5000 RM	*Verpfändungsvermerk vom 7. Juli 1939 gelöscht am 1. September 1942.*
		Hoffmann Kummer			*Hoffmann Kummer*
1	5000 RM	*Über diese Hypotheken ist dem Gläubiger ein gemeinschaftlicher Brief erteilt. Eingetragen am 9. September 1943.*			
2	1000 RM				
		Hoffmann Kummer			
3	1700 RM	*Der vorbehaltene Vorrang vor diesem Recht ist der Post Abt. III Nr. 4 eingeräumt. Eingetragen am 1. Februar 1944.*			
		Schön Meyer			

(10. Seite)

Laufende Nummer der Eintragungen	Laufende Nummer der belasteten Grundstücke im Bestandsverzeichnis	Betrag	Hypotheken, Grundschulden, Rentenschulden
1	2	3	4
6	2	1500 RM	*Eintausendfünfhundert Reichsmark Sicherungshypothek nebst vier vom Hundert Zinsen im Wege der Zwangsvollstreckung unter Bezugnahme auf das Urteil des Landgerichts in Berlin vom 30. Mai 1944 für den Kaufmann Erwin Pietsch in Berlin, eingetragen am 5. Juli 1944.* *Schön Meyer*
7	4	5000 RM	*Sicherungshypothek zum Höchstbetrage von fünftausend Reichsmark für die Offene Handelsgesellschaft Jonas & Co. in Berlin. Das Grundstück Band 1 Blatt 9 haftet mit. Unter Bezugnahme auf die Eintragungsbewilligung vom 16. November 1944 eingetragen am 1. Dezember 1944.* *Schön Meyer*

(11. Seite)

Abteilung

Veränderungen			Löschungen		
Laufende Nummer der Spalte 1	Betrag		Laufende Nummer der Spalte 1	Betrag	
5	6	7	8	9	10
3	1700 RM	Mit den Zinsen seit dem 1. April 1944 abgetreten an den Kaufmann Hubert Rabe in Gransee unter Rückumwandlung der zunächst als Grundschuld auf den Eigentümer übergegangenen Post in eine Hypothek für ein mit fünf vom Hundert verzinsliches Darlehn von eintausendsiebenhundert Reichsmark. Der jeweilige Eigentümer ist der sofortigen Zwangsvollstreckung unterworfen. Unter Bezugnahme auf die Eintragungsbewilligungen vom 25. März 1944 eingetragen am 14. April 1944. Schön Meyer			

Anh. 1

Bemerkungen zur „Aufschrift":

Das Grundbuch**blatt** ist das „Grundbuch" im Sinne der GBO und des BGB. Es besteht aus der Aufschrift, dem Bestandsverzeichnis und den drei Abteilungen.
Oben ist die **Aufschrift** wiedergegeben. Aus ihr ergibt sich
das Grundbuchamt (Amtsgericht Schonberg),
der Grundbuchbezirk (Trienach),
die Nummer des Bandes (3), in den das Grundbuchblatt (mit der Nummer 86) eingeheftet ist.

Zu beachten ist, daß die als Charakterisierung gewählte Bezeichnung „Realfolium" nicht eindeutig ist. In einem engeren Sinn kann man von Realfolium nur sprechen, wenn für *ein* Grundstück *ein* Grundbuchblatt angelegt ist. Dies ist bei dem abgedruckten Muster nicht der Fall, da hier mehrere Grundstücke eines Eigentümers zusammengeschrieben sind. Dennoch kann man – in einem weiteren Sinn – auch hier die Bezeichnung Realfolium wählen, da – anders als beim Personalfolium (s. Anhang 2) – an der Spitze des Grundbuchblatts die Grundstücke, nicht der Eigentümer stehen.

Bemerkungen zu: Bestandsverzeichnis und „Erste Abteilung".

Das **Bestandsverzeichnis** gibt Auskunft über den Bestand an Grundstücken, die vermessungstechnischen Daten und die Größe der Grundstücke.
Die **erste Abteilung** enthält die Angaben über die Eigentumsverhältnisse.
Will man sich ein Bild über die Eigentumslage machen, so muß man das Bestandsverzeichnis **und** die erste Abteilung heranziehen.
1. Gegenwärtiger Eigentümer der Grundstücke, und zwar des Wohnhauses mit der dem Wohnhaus „zugeschriebenen" Wiese am Zernsee sowie des Gartens bei den Fichten ist Alexander Preuß. Außerdem ist er Miteigentümer zu 1/25 des gemeinschaftlichen Wegs bei den Wiesen (Grundsätzlich muß für ein im Miteigentum stehendes Grundstück ein eigenes Grundbuchblatt angelegt werden; von dieser Regel enthält § 3 Abs. 3 GBO Ausnahmen für gemeinschaftliche Hofeinfahrten, Wege und dergl.).
2. Die Eintragungen in der ersten Abteilung erlauben auch einen Überblick über die **Entwicklung** der Eigentumsverhältnisse; dabei ist freilich zu beachten, daß die gelöschten Eintragungen von der Vermutungs- und Gutglaubenswirkung des Grundbuchs nicht erfaßt werden:
Der frühere Eigentümer Gottlieb Meyer hatte zunächst das Wohnhaus mit Garten am 23. 12. 1935/6. 1. 1936 erworben, dann am 5. 6. / 1. 7. 1937 den Garten bei den Fichten, schließlich am 10. 10. 1939 die Wiese am Zernsee. Der Garten bei den Fichten war zunächst auf einem eigenen Grundbuchblatt verbucht, dann aber am 7. 3. 1938 mit dem Wohnhaus-Grundstück auf **einem** Grundbuchblatt zusammengeschrieben worden. Am 14. 11. 1944 wurde die Wiese am Zernsee dem Wohnhaus zugeschrieben.
Am 26. 8. 1942 hatte der jetzige Eigentümer Preuß die beiden Grundstücke erworben. Welches Rechtsgeschäft der Auflassung zugrunde lag, ergibt sich aus den Grundakten.

Bemerkungen zur „Zweiten Abteilung":

Die zweite Abteilung gibt Auskunft über alle Grundstücksbelastungen (mit Ausnahme der Grundpfandrechte, die sich in der dritten Abteilung finden) sowie über die Verfügungsbeschränkungen des Eigentümers einschließlich Vormerkungen und Widersprüchen, die sich auf das Eigentum beziehen.
1. Der frühere Eigentümer Meyer hatte an dem Wohnhausgrundstück – und nur an ihm – zugunsten des Heinrich Bernhardt den Nießbrauch bewilligt. Der Nießbrauch erstreckt sich nicht auf die später zugeschriebene Wiese am Zernsee (anders § 1131 BGB für die Hypothek!).
2. Bezüglich des Eigentums an dem Garten bei den Fichten war auf Grund einer einstweiligen Verfügung am 3. 10. 1938 ein Widerspruch eingetragen worden. Er wurde am 6. 10. 1938 wieder gelöscht (ob auf Grund einer Aufhebung der einstweiligen Verfügung oder auf Bewilligung des Felix Hecker hin, ergibt sich aus den Grundakten).

Bemerkungen zur „Dritten Abteilung":

Die dritte Abteilung gibt Auskunft über die Grundpfandrechte. (Daß die Eintragungen noch auf **Reichs**mark lauten, ist lediglich ein Schönheitsfehler des amtlichen Musters!). Bei der Lektüre dieser Abteilung ist besonders darauf hinzuweisen, daß man stets das Schicksal der „Laufenden Nummer" (z. B. 1) verfolgt und beachtet, welche Grundstücke belastet sind, was sich aus der Spalte 2 ergibt.

1. Verfolgen wir die laufende Nr. 1. Am 14. 1. 1939 war auf dem Wohnhausgrundstück eine **Brief**hypothek (denn: der Ausschluß des Briefes = Buchhypothek hätte eingetragen werden müssen! § 1116) über 5000 RM zugunsten des Gerhard Schneider eingetragen worden. Dieser hatte die Hypothek am 7. 7. 1939 verpfändet an die Brauerei Teltow AG; der Verpfändungsvermerk war am 1. 9. 1942 wieder gelöscht worden. Am 2. 8. 1943 hatte der Hypothekar Gerhard Schneider die Hypothek abgetreten an den Bankier Max Wechsler. Für diesen war schon am 5. April 1940 eine zweite Hypothek über 1500 RM mit Vollstreckungsvermerk eingetragen worden; ein Teilbetrag dieser Hypothek in Höhe von 500 RM war am 17. Mai 1942 gelöscht worden, so daß die Hypothek jetzt noch über 1000 RM lautet. Da die erste und zweite Hypothek jetzt demselben Gläubiger (Wechsler) zustehen, läßt er sich am 9. 9. 1943 einen gemeinschaftlichen Hypothekenbrief erteilen, § 66 GBO; dies ändert nichts an der materiellrechtlichen Selbständigkeit der beiden Hypotheken!

2. Als dritte Hypothek war am 16. 2. 1942 eine Briefhypothek zugunsten der Frieda Meister über 1700 RM eingetragen worden. Vorbehalten war der Vorrang für eine Hypothek von 2000 RM. Dieser Vorrang ist durch die Eintragung der Buchhypothek, laufende Nummer 4, zugunsten des Franz Eisen am 1. 2. 1944 ausgeübt worden. Das Hypothekenkapital ist an Frieda Meister zurückbezahlt worden; die so entstandene Eigentümergrundschuld wurde unter Rückumwandlung in eine Hypothek am 14. 4. 1944 abgetreten an Hubert Rabe.

3. Die laufende Nummer 5 enthält eine Briefgrundschuld zugunsten des Herbert Müller; belastet ist der Garten bei den Fichten.

4. Die laufende Nummer 6, die ebenfalls den Garten bei den Fichten betrifft, enthält eine Zwangshypothek über 1500 RM zugunsten des Erwin Pietsch.

6. Die laufende Nr. 7 ist eine Höchstbetragshypothek über 5000 RM zugunsten der oHG Jonas und Co.; belastet ist das Wohnhaus und die Wiese am Zernsee, ferner ein auf einem anderen Grundbuchblatt eingetragenes Grundstück; die Höchstbetragshypothek ist also Gesamthypothek.

7. Gegenwärtige **Rangverhältnisse sonach**:

Am Hausgrundstück (einschließlich Wiese am Zernsee):

1. Hypothek	Briefhypothek des Wechsler über	5000 RM
2. Hypothek	Briefhypothek des Wechsler über	1000 RM
3. Hypothek	Buchhypothek des Eisen über	2000 RM
4. Hypothek	Briefhypothek des Rabe über	1700 RM
5. Hypothek	Höchstbetragsgesamthypothek der Fa. Jonas u. Co. über 5000 RM.	

Am Garten bei den Fichten:

1. Rang:	Briefgrundschuld des Herbert Müller	über 1000 RM
2. Rang:	Zwangshypothek des Erwin Pietsch	über 1500 RM.

Anhang 2

Personalfolium – Formular nach altem Württ. Recht[1]

Amtsgerichtsbezirk Tübingen

Grundbuchamt Tübingen

Grundbuchheft

Nr. *35*

Eigentümer: *Sinner Johannes, Weingärtner in Tübingen.*

Den 24. April 1924.
Maier.

Zahl der Seiten: *5.*

Den 24. April 1924.
Maier.

---

[1] Nach einem Erlaß des Justizministeriums Baden-Württemberg v. 10. 8. 1967 soll für neu anzulegende Grundbücher ein Formular verwendet werden, das dem „Reichsmuster" der Grundbuchverfügung entspricht (s. dazu *Schmidt* BWNotZ 1967, 284; s. a. § 15 V 3 und die Erläuterungen zur „Aufschrift" Anh. 1.

Abteilung I

Lfd. Nr.	Aktennachweisung	Markung		Bezeichnung des Grundstücks				Zeit u. Grund des Erwerbs	Erwerbspreis und sonstige Wertangaben
		KartenNr.	ParzellenNr.	Benützungsoder Kulturart; Lage	Flächengehalt				
					ha	a	qm		
1	2	3		4	5			6	7
1	Güterbuch 33 Bl. 347 Meßurkunde 1866/67 Nr. 1	Tbg. XV	3298	Weilerhalde Weinberg, Öde und Baumland		26	28	a) Auflassung und Kaufvertrag vom 9. April 1924 Den 24. April 1924. Maier.	a) Am 9. April 1924, Kaufpreis 250.– RM Den 24. April 1924. Maier. b) Schätzung vom 27. Mai 1925 300.– RM Den 7. Juni 1925 Maier.
2	Heft 506 I 4 Meßurkunde 1903 Nr. 3	Tbg. II	847/3	Königstraße Bauplatz		18	77	a) Auflassung vom 10. Februar 1925 auf Grund Tauschvertrags vom 8. Februar 1925. Den 25. Februar 1925 Maier.	a) Schätzung vom 27. Mai 1925 500.– RM Den 7. Juni 1925 Maier.

Abteilung II

Grundstücke

Lasten und Beschränkungen des Eigentums

Rechte, die dem jeweiligen Eigentümer des Grundstücks zustehen	Änderungen und Löschungen	Art der Belastung Mitbelastete Grundstücke	Änderungen und Löschungen
8	9	1	2
a) Überfahrtsrecht an Parzelle 847/8 s. Serv. Bd. I 29. Den 24. April 1924 Maier.		a) Persönliche Dienstbarkeit zugunsten der Stadtgemeinde Tübingen betreffend Dulden einer Elektrizitätsleitung. Unter Bezugnahme auf die Bewilligung vom 2. Mai 1927, GA 35/21. Den 30. August 1927 Maier.	

Abteilung III. Hypotheken, Grundschulden, Rentenschulden

Lfd. Nr.	Betrag		Bezeichng. der belasteten Grundstücke nach der lfd. Nr. der Abtlg. I Mitbelastete Grundstücke	Art der Belastung (Hypothek, Grund- oder Rentenschuld)	Veränderungen			Löschungen zu Spalte 1 bis 4	
	RM	Rpf			Betrag	Eintragung von Veränderungen	Löschung von Veränderungen	Betrag	Eintragung
					RM Rpf			RM Rpf	
1	2		3	4	5	6	7	8	9
1	5000	—	Nr. 1 und 2	Hypothek für eine Darlehensforderung des Wilhelm Müller, Kaufmann in Stuttgart im Betrage von fünftausend Reichsmark verzinslich zu 4%, sofort vollstreckbar gegen den jeweiligen Eigentümer. Unter Bezugnahme auf die Eintragungsbewilligung vom 2. Januar 1928, GA 35/22. Den 15. Februar 1928 Maier.					

Anhang 3

Muster[1]

Deutscher Hypothekenbrief

über

Noch gültig für
15000 DM.

Schönberg, den 9. Juli 1981   <u>20000</u> Deutsche Mark

(Unterschriften)

eingetragen im Grundbuch von
Waslingen (Amtsgericht Schönberg)
Band *3* Blatt *82* Abteilung III Nr. *3 (drei)*

Inhalt der Eintragung:
Nr. 3: 20000 (zwanzigtausend) Deutsche Mark Kaufpreisforderung mit fünf vom Hundert jährlich verzinslich für Josef Schmitz in Waslingen, geboren am 20. März 1931. Unter Bezugnahme auf die Eintragungsbewilligung vom 1. Dezember 1978 eingetragen am 16. Februar 1979.

Belastetes Grundstück:
Das im Bestandsverzeichnis des Grundbuchs unter Nr. 1 verzeichnete Grundstück.

Schönberg, den 20. Februar 1979   Amtsgericht

(Siegel oder Stempel)

                                                                          (Unterschriften)

Dem belasteten Grundstück ist am 14. November 1980 das im Bestandsverzeichnis unter Nr. 3 verzeichnete Grundstück als Bestandteil zugeschrieben worden. Infolge der Zuschreibung ist das belastete Grundstück unter Nr. 4 des Bestandsverzeichnisses neu eingetragen worden.[2]

Schönberg, den 13. März 1981   Amtsgericht

(Siegel oder Stempel)

                                                                          (Unterschriften)

Von den vorstehenden 20000 DM sind 5000 (fünftausend) Deutsche Mark nebst den Zinsen seit dem 1. Juli 1981 mit dem Vorrange vor dem Rest abgetreten an den Ingenieur Hans Müller in Waslingen. Die Abtretung und die Rangänderung sind am 7. Juli 1981 im Grundbuch eingetragen. Für den abgetretenen Betrag ist ein Teilhypothekenbrief hergestellt.[3]

Schönberg, den 9. Juli 1981   Amtsgericht

(Siegel oder Stempel)   (Unterschriften)

---

[1] Amtliches Muster nach § 52 Grundbuchverfügung Anlage 3; zum Briefinhalt ausführlich § 37 III 3.
[2] Zur Zuschreibung s. §§ 15 III 2c; 39 II.
[3] Zum Teilbrief Anhang 3a und § 38 III 2.

Anhang 3a

Muster[1]

Deutscher Teilhypothekenbrief

über

5000 Deutsche Mark

Teilbetrag der Hypothek von 20000 Deutsche Mark

eingetragen im Grundbuch von
Waslingen (Amtsgericht Schönberg)
Band *3* Blatt *82* Abteilung III Nr. *3 (drei)*

Der bisherige Brief über die Hypothek von 20000 Deutsche Mark lautet wie folgt:

Deutscher Hypothekenbrief

über

20000 Deutsche Mark

eingetragen im Grundbuch von
Waslingen (Amtsgericht Schönberg)
Band *3* Blatt *82* Abteilung III Nr. *3 (drei)*

Inhalt der Eintragung:
Nr. 3: 20000 (zwanzigtausend) Deutsche Mark Kaufpreisforderung mit fünf vom Hundert jährlich verzinslich für Josef Schmitz in Waslingen, geboren am 20. März 1931. Unter Bezugnahme auf die Eintragungsbewilligung vom 1. Dezember 1978 eingetragen am 16. Februar 1979.

Belastetes Grundstück:
Das im Bestandsverzeichnis des Grundbuchs unter Nr. 1 verzeichnete Grundstück.

Schönberg, den 20. Februar 1979   *Amtsgericht*

(Siegel oder Stempel)   (Abschrift der Unterschriften)

Dem belasteten Grundstück ist am 14. November 1980 das im Bestandsverzeichnis unter Nr. 3 verzeichnete Grundstück als Bestandteil zugeschrieben worden. Infolge der Zuschreibung ist das belastete Grundstück unter Nr. 4 des Bestandsverzeichnisses neu eingetragen worden.

Schönberg, den 13. März 1981   *Amtsgericht*

(Siegel oder Stempel)   (Abschrift der Unterschriften)

Die vorstehende Abschrift stimmt mit der Urschrift überein.
Von den 20000 DM sind 5000 (fünftausend) Deutsche Mark nebst den Zinsen seit dem 1. Juli 1981 mit dem Vorrange vor dem Rest abgetreten an den Ingenieur Hans Müller in Waslingen. Die Abtretung und die Rangänderung sind am 7. Juli 1981 im Grundbuch eingetragen.[2]
Über diese *5000 (fünftausend) Deutsche Mark* ist dieser Teilhypothekenbrief hergestellt worden.

Schönberg, den 9. Juli 1981   *Amtsgericht*

(Siegel oder Stempel)   (Unterschriften)

---

[1] Amtliches Muster nach § 52 Grundbuchverfügung Anlage 4; zum Teilbrief ausführlich § 38 III 2.
[2] Der ursprüngliche Brief ist oben Anhang 3 abgedruckt; auch auf ihm ist die Teilabtretung vermerkt; zur Bedeutung des Vermerks s. § 38 V.

Anhang 4

Bestellung einer Briefgrundschuld[1]

mit Übernahme der persönlichen Haftung und Abtretung der Rückgewähransprüche

Verhandelt am: *18. 10. 1987 (Achtzehnten Oktober 1987)*

in *Stuttgart, Werastraße 20*

Vor mir *dem Notar Ulrich Klug mit dem Amtssitz in Stuttgart*

erschien *der Gastwirt Karl Schuldig, wohnhaft in Stuttgart, Moserstraße 53* – nachstehend: Besteller –

I. Eintragungsbewilligung und Eintragungsantrag mit Unterwerfung unter die Zwangsvollstreckung in das Grundstück

Nach Unterrichtung über den Grundbuchinhalt werden folgende Erklärungen beurkundet:

Der Besteller **bewilligt** und **beantragt** unwiderruflich, auf dem im Grundbuch von Waslingen

des Amtsgerichts *Schönberg*   Band *3*   Blatt *82*   Flur   Flurstück *77*
                           Bauplatz 17 ar 43 qm

verzeichneten Grundstück   – nachstehend: Grundbesitz –
eine **Grundschuld** von DM *100000.–*

in Worten: Deutsche Mark *einhunderttausend*

für die X-Bank, Stuttgart, Königstraße 2[2]

                         – nachstehend: Bank –

wie folgt einzutragen:

1. Die Grundschuld ist von heute an mit 14 vom Hundert jährlich zu verzinsen.[3] Die Zinsen sind jeweils am ersten Tag des folgenden Kalenderjahres nachträglich zu entrichten.
2. Die Grundschuld ist fällig.[4]
3. Der Besteller verzichtet bei Geltendmachung der Grundschuld auch mit Wirkung gegen den jeweiligen Eigentümer/Erbbauberechtigten auf die Vorlage des Grundschuldbriefes sowie von Abtretungserklärungen und sonstigen Urkunden zum Nachweis des Gläubigerrechts.[5]
Die Grundschuld soll folgende Rangstelle erhalten:

Dritte Abteilung. 1. Rangstelle.[6]

Ist diese Rangstelle nicht sofort erreichbar, so ist der Notar berechtigt, die Eintragung an nächstoffener Rangstelle zu beantragen.

Wegen des Grundschuldbetrages und der Zinsen **unterwirft sich der Besteller der sofortigen Zwangsvollstreckung** in den belasteten Grundbesitz in der Weise, daß die Zwangsvollstreckung aus dieser Urkunde gegen den jeweiligen Eigentümer/Erbbauberechtigten zulässig ist. Der Besteller bewilligt und beantragt unwiderruflich die Eintragung dieser Unterwerfungserklärung in das Grundbuch.[7]

---

[1] Formular des Bankverlages Köln. Stand Juli 1987. Ein neues Formular, das der geänderten Rechtsprechung Rechnung tragen soll, war im Zeitpunkt der Drucklegung in Vorbereitung.

[2] Bei Bestellung einer Eigentümerbriefgrundschuld lautet der Text: „für ihn".

[3] Der Zinssatz der abstrakten Grundschuld (s. § 44 II 2) kann so hoch gewählt werden, daß er gegebenenfalls Zinsschwankungen, Schadenspauschalen (s. § 36 I 6 c) etc. des Darlehensvertrages mit absichert. Bei der akzessorischen Briefhypothek bereitet der schwankende Zinsbetrag größere Schwierigkeiten (§ 37 III 2 b).

[4] S. § 45 IV 2; anders bei der Brief*hypothek*: § 36 I 6.

[5] Vgl. § 38 VI 3 b; § 44 V 1.

[6] S. § 17.

[7] Dazu §§ 37 V 4; 40 IV 5; 45 II 1 b. Auch der Eigentümer, der eine Eigentümergrundschuld bestellt, kann die Vollstreckungsunterwerfung miterklären; s. § 46 I 4 m. Nw.

II. Entstehung der Grundschuld bei mehreren Pfandobjekten

Falls der belastete Grundbesitz aus mehreren Pfandobjekten besteht und die Eintragung der Grundschuld nicht an allen Pfandobjekten zugleich, d. h. an demselben Tage erfolgt, erklärt der Besteller: Die Grundschuld soll in diesem Fall an denjenigen Pfandobjekten, an denen sie jeweils eingetragen wird, bereits mit der Eintragung unabhängig vom weiteren Vollzug der Urkunde entstehen.[8]

III. Aufträge an den Notar

Der Besteller beauftragt den Notar, von dieser Urkunde zugunsten der Bank Gebrauch zu machen, und erteilt dem Notar Vollmacht zum Empfang von Zustellungen und Erklärungen aller Art, die mit der Begründung dieser Grundschuld in unmittelbarem Zusammenhang stehen.[9]

Die Bank ist berechtigt, sich den Brief vom Grundbuchamt aushändigen zu lassen. Der Brief ist an die Bank auszuhändigen.[10]

Der Notar wird ferner beauftragt, der Bank sofort eine vollstreckbare Ausfertigung dieser Urkunde zu erteilen.[11] Im übrigen ist der jeweilige Gläubiger berechtigt, weitere Ausfertigungen auf Kosten des Bestellers zu verlangen.

IV. Kosten

Alle bei der Errichtung und Durchführung dieser Urkunde entstehenden Kosten trägt der Besteller.

V. Zustellungsvollmacht

Bei mehreren Bestellern ist jeder einzelne Zustellungsbevollmächtigter für alle anderen.

VI. Abtretung der Ansprüche auf Rückgewähr vor- und gleichrangiger Grundschulden[12]

Der Besteller tritt zusätzlich seine Ansprüche auf Rückübertragung vor- und gleichrangiger Grundschulden und Grundschuldteile nebst Zinsen und Nebenrechten, seine Ansprüche auf Erteilung einer Löschungsbewilligung, einer Verzichtserklärung, einer Nichtvalutierungserklärung sowie seine Ansprüche auf Auszahlung des Übererlöses im Verwertungsfall, soweit ihm diese Ansprüche gegenwärtig oder zukünftig zustehen, an die Bank ab. Von dem Entstehen dieser Ansprüche wird er der Bank unverzüglich Mitteilung machen. Zugleich geht der Anspruch auf Aushändigung des Grundschuldbriefes oder auf dessen Vorlage beim Grundbuchamt zur Bildung eines Teilbriefes auf die Bank über.[13]

VII. Übernahme der persönlichen Haftung mit Unterwerfung unter die Zwangsvollstreckung[14]

Zugleich übernimmt

der Besteller

für die Zahlung eines Geldbetrages in Höhe des Grundschuldbetrages und der Zinsen die persönliche Haftung, aus der der jeweilige Gläubiger ihn/sie schon vor Vollstreckung in den Grundbesitz in Anspruch nehmen kann. Mehrere Schuldner haften als Gesamtschuldner. Jeder Schuldner unterwirft sich wegen dieser Haftung der sofortigen Zwangsvollstreckung aus dieser Urkunde in sein gesamtes Vermögen.

VIII. Zustimmung der Ehegatten

Der Ehegatte des Bestellers stimmt den in dieser Urkunde abgegebenen Erklärungen des anderen Ehegatten zu.[15]

---

[8] § 43 I 3.

[9] Hierzu § 16 II 1 c; III 4 d.

[10] Vgl. § 37 III 3 d.

[11] § 40 IV 5 b.

[12] Zum Rückgewähranspruch und seiner Abtretung §§ 44 IV 1; 45 II 2, 4 und 5; IV und V; 46 IV 4.

[13] Vgl. § 38 III 2 zum Anspruch auf Mitwirkung bei der Errichtung eines Teilbriefes.

[14] Ausführlich §§ 40 IV 5 b; 45 II 1 b. Nach h. M. unbedenklich, soweit Schuldner und Eigentümer identisch sind; bei Divergenz zumindest in der Grundschuldbestellungsurkunde formularmäßig nicht möglich. Die Praxis wird wohl demnächst auf ein getrenntes Formular umstellen (zweifelhafter Effekt der Rechtsprechung!).

[15] Dazu § 22 III 3.

Anhang 4a

Sicherungszweckerklärung und ergänzende Vereinbarungen zur Grundschuldbestellung oder -abtretung[1]

An (Name und Anschrift der Bank)   Sicherungsgeber (Name und Anschrift)[2]

. . . .

I. Bezeichnung der Grundschuld

Grundbuch/Wohnungsgrundbuch/Erbbaubuch von   des Amtsgerichts

. . . .

Band	Blatt	Flur	Flurstück	Abt. III lfd. Nr.
. . . .	. . . .	. . . .	. . . .	. . . .

über DM   in Worten: Deutsche Mark

. . . .

Eigentümer/Erbbauberechtigte(r) des belasteten Grundstücks (Name und Anschrift)[2]

. . . .

II. Sicherungszweckerklärung

Die oben näher bezeichnete(n) Grundschuld(en) und die Übernahme der persönlichen Haftung dienen der **Sicherung aller bestehenden und künftigen** – auch bedingten oder befristeten – **Ansprüche,** die der Bank und allen anderen Geschäftsstellen des Gesamtinstituts **aus der Geschäftsverbindung** (insbesondere aus laufender Rechnung und aus der Gewährung von Krediten jeder Art), aus Bürgschaften und aus abgetretenen oder kraft Gesetzes übergegangenen Forderungen sowie aus Wechseln (auch soweit diese von Dritten hereingegeben worden sind) gegen mich/uns und/oder gegen

Kreditnehmer (Name und Anschrift)[3]

. . . .

einzeln oder gemeinsam zustehen.[4]

---

[1] Formular des Bankverlags Köln. Stand Juli 1987. Eine aktualisierte Fassung war im Zeitpunkt der Drucklegung in Vorbereitung, aber noch nicht erschienen. Zur Sicherungszweckerklärung ausführlich § 45 II und IV.

[2] Der Sicherungsgeber kann mit dem Eigentümer identisch sein (hierzu § 45 IV 1a); denkbar ist aber auch, daß der Sicherungsgeber eine Grundschuld an einem fremden Grundstück als Sicherheit zur Verfügung stellt (dazu § 45 IV 1b).

[3] Der Schuldner wird regelmäßig mit dem Sicherungsgeber identisch sein und dann eine Sicherheit am eigenen Grundstück (§ 45 II) oder einem fremden Grundstück (§ 45 IV 1b) stellen. Denkbar ist aber auch, daß ein vom Schuldner verschiedener Sicherungsgeber an seinem Grundstück eine Grundschuld bestellt (§ 45 IV 1a) oder– ganz ausnahmsweise – seine Grundschuld an einem fremden Grundstück zur Verfügung stellt.

[4] Die Einbeziehung aller künftigen Forderungen ist u. U. nicht mit § 3 AGBG vereinbar, falls Schuldner und Sicherungsgeber nicht identisch sind; dazu § 45 II 1a.

III. Ergänzende Vereinbarungen zu den in der Grundschuldbestellungsurkunde getroffenen Regelungen

1. Zinssatz

Für die Verzinsung der durch die Grundschuld gesicherten Forderungen sind – unabhängig von den eingetragenen Grundschuldzinsen[5] – die vereinbarten, andernfalls die von der Bank im Rahmen des § 315 Bürgerliches Gesetzbuch bestimmten Zinssätze maßgebend.[6]

2. Versicherung des belasteten Grundbesitzes

Die auf dem belasteten Grundbesitz befindlichen Gebäude und Anlagen sowie das Zubehör werden – soweit nicht bereits geschehen – auf Kosten des Sicherungsgebers gegen alle Gefahren versichert, wegen derer die Bank einen Versicherungsschutz für erforderlich hält. Wenn dies nicht oder nicht ausreichend geschieht, darf die Bank selbst die Versicherungen auf Kosten des Sicherungsgebers abschließen.[7] Die Ansprüche aus den bestehenden oder künftig noch abzuschließenden Zubehörversicherungen werden der Bank hiermit für den oben bestimmten Sicherungszweck verpfändet.[8]

3. Informationsrechte der Bank

Auf Verlangen der Bank wird der Sicherungsgeber alle Auskünfte, Nachweise und Urkunden erteilen, die die Bank nach ihrem Ermessen bei der Verwaltung oder Verwertung der Grundschuld benötigt. Sie darf solche Auskünfte, Nachweise und Urkunden auch bei Behörden, Versicherern, Kreditinstituten oder sonstigen Dritten einholen.[9]

4. Prüfungsrecht der Bank

Die Bank ist berechtigt, durch ihre Beauftragten den belasteten Grundbesitz, die Gebäude und Anlagen sowie das Zubehör besichtigen zu lassen und in alle den belasteten Grundbesitz betreffenden Unterlagen Einblick zu nehmen. Befindet sich einer der Schuldner der gesicherten Ansprüche in Verzug, so darf sie den belasteten Grundbesitz mit Gebäuden, Anlagen und Zubehör auch durch Kaufinteressenten besichtigen lassen.

5. Teilentlassung des Grundbesitzes

Die Bank ist berechtigt, Teile des belasteten Grundbesitzes sowie Grundstückszubehör aus der Haftung für die Grundschuld zu entlassen[10] und Rangänderungen zu bewilligen;[11] das soll auch dann gelten, wenn der Rückgewährungsanspruch an einen Dritten abgetreten ist oder wird.[12] Bei Schäden, die durch die Entlassung von Grundstücken oder Grundstücksteilen aus der Mithaft entstehen, haftet sie nur für grobes Verschulden.

6. Anrechnung der Zahlungen

Alle Zahlungen werden ausschließlich auf die durch die Grundschuld gesicherten Forderungen geleistet; eine Verrechnung auf Zinsen und Kapital der Grundschuld erfolgt nur, wenn hierüber mit der Bank eine besondere schriftliche Vereinbarung getroffen worden ist.[13]

7. Verwertungsrecht der Bank

Wenn ein Schuldner der gesicherten Ansprüche in Verzug gerät, ist die Bank berechtigt, sich im Wege der Zwangsvollstreckung zu befriedigen; sie kann die Grundschuld auch nach Maßgabe ihrer Allgemeinen Geschäftsbedingungen veräußern.[14]

---

[5] Zur Abstraktheit der Grundschuldzinsen s. § 44 II und Anhang 4.

[6] Zu den Grenzen von Zinsschadenspauschalen in Darlehensverträgen s. § 36 I 6 c m. Nw.

[7] Hierzu § 39 VI.

[8] Die Verpfändung erklärt sich aus dem beschränkten Anwendungsbereich des § 1128 und dem beschränkten Zugriff auf Versicherungsforderungen über Zubehör (§ 1129); hierzu § 39 VI.

[9] Zu den Ziffern 3 und 4 des Vertrages s. § 40 III.

[10] Zum Umfang der Haftung insbesondere § 39.

[11] Dazu § 17 D II 1 c.

[12] Diese Klausel hat nur schuldrechtliche Wirkung; war der Rückgewähranspruch vorgemerkt (§§ 45 II 2 c; 46 IV 4 a), so kann gegenüber dem Zessionar eine Rangänderungsvereinbarung ohne seine Mitwirkung nicht zum Tragen kommen.

[13] Hierzu § 45 II 4 b m. Nw.

[14] Zum Verwertungsrecht § 45 III 1 b.

Soweit die Grundschuld nicht vom Kreditnehmer selbst gestellt wird, ist sie bis zur vollständigen Befriedigung ihrer Forderungen befugt, den Verwertungserlös als Sicherheit zu behalten, ungeachtet ihres Rechts, sich jederzeit daraus zu befriedigen.[15]

8. Abtretung vor- und gleichrangiger Rechte

Falls der Grundschuld gegenwärtig oder künftig andere Grundschulden im Rang vorgehen oder gleichstehen, werden der Bank, soweit nicht bereits geschehen, hiermit abgetreten:[16]
a) die Ansprüche auf Rückübertragung vor- und gleichrangiger Grundschulden und Grundschuldteile nebst Zinsen und Nebenrechten, die Ansprüche auf Erteilung einer Löschungsbewilligung, einer Verzichtserklärung, einer Nichtvalutierungserklärung sowie die Ansprüche auf Auszahlung des Übererlöses im Verwertungsfalle;
b) bei Briefgrundschulden der Anspruch auf Aushändigung der Grundschuldbriefe oder auf deren Vorlegung beim Grundbuchamt zur Bildung von Teilbriefen.[17]

Auf Verlangen der Bank wird der Sicherungsgeber alle Erklärungen abgeben, die zur Erfüllung der vorstehend abgetretenen Ansprüche erforderlich sind. Vor- und gleichrangige Grundschulden nebst Zinsen und Nebenrechten, die der Bank abgetreten werden, sowie Übererlöse dienen ihr als weitere Sicherheit für die oben bezeichneten Ansprüche mit der Maßgabe, daß für diese weitere Sicherheit die Bestimmungen dieser Erklärung sinngemäß gelten.[18]

9. Freigabe der Sicherheiten

Nach Erledigung aller nach dem oben genannten Sicherungszweck gesicherten Ansprüche hat die Bank die Grundschuld nebst Zinsen und Nebenrechten sowie weitere Sicherheiten nach Nr. 8, soweit diese von ihr nicht in Anspruch genommen worden ist, nach Weisung des Sicherungsgebers freizugeben.[19]

10. Kosten

Alle mit der Durchführung dieser Erklärung verbundenen Kosten gehen zu Lasten des Sicherungsgebers.

Ergänzend gelten die Allgemeinen Geschäftsbedingungen der Bank, die in jeder Geschäftsstelle eingesehen werden können und die auf Wunsch zugesandt werden.

Ort, Datum   Unterschrift des Sicherungsgebers

. . . .

Erklärung des/der Eigentümer(s)/Erbbauberechtigten[20]

Der obigen Erklärung stimme(n) ich/wir als Eigentümer/Erbbauberechtigte(r) des belasteten Grundbesitzes zu, insbesondere bin ich/sind wir mit der Abtretung der in Nr. 8 genannten Ansprüche einverstanden.

Ort, Datum   Unterschrift(en) des/der Eigentümer(s)/Erbbauberechtigten

. . . .

---

[15] Die Klausel gibt der Bank die Möglichkeit, die Wirkung der Befriedigung aus der Grundschuld – u. U. Anspruch des Sicherungsgebers auf Abtretung der gesicherten Forderung bzw. Arglisteinrede des persönlichen Schuldners (§ 45 IV 3) bei Inanspruchnahme – aufzuschieben bzw. vorläufig auszuschalten.
[16] Hierzu § 46 IV 4; ferner §§ 44 VI 1; 45 II 2, 4 und 5, IV und V.
[17] S. § 38 III 2.
[18] Fragwürdig! Ausführlich § 46 IV 4a und b.
[19] Im Zweifel wohl als Anspruch auf teilweise Rückgewährung auszulegen; dazu § 45 II 2b m. Nw.
[20] Wesentlich beim Auseinanderfallen von Sicherungsgeber und Eigentümer (s. § 45 IV 1b)!

Anhang 5

Darlehensurkunde

I. Darlehnsvertrag[1]

Nr.

Darlehnsnehmer (Name/Anschrift, Geburtsdatum)   Bank

Darlehnsnehmer und Bank schließen folgenden Vertrag:

1. **Höhe des Darlehns**

   Die Bank stellt dem Darlehnsnehmer ein Darlehn zur Verfügung in Höhe
   von   DM _____

2. **Verwendungszweck:**

3. **Konditionen:**[2]

3.1 **Verzinsung:** Das Darlehn ist ab dem Tag der Auszahlung mit _____ %
   jährlich zu verzinsen.

   Dieser Zinssatz ist ☐ variabel ☐ festgeschrieben bis zum _____.
   Die Bank kann den Zinssatz – bei einer Zinsfestschreibung frühestens mit
   deren Ablauf – ändern, wenn dies wegen der Entwicklung am Geld- oder
   Kapitalmarkt erforderlich ist. Änderungen werden bekanntgegeben.
   ☐ Die Zinsen werden ☐ Die Zinsen werden berechnet aus dem Darlehnssaldo jeweils zum
   aus dem jeweiligen _____; bis zum ersten auf die vollständige Auszahlung fol-
   Darlehnssaldo be- genden Stichtag werden die Zinsen aus dem jeweiligen Darlehnssaldo
   rechnet. berechnet.[3]

   Die Zinsen sind fällig am _____ eines jeden

   ☐ Monats   ☐ Kalendervierteljahres   ☐ Kalenderhalbjahres ☐ Kalenderjahres

3.2 **Auszahlung:** Das Darlehn wird zu einem Auszahlungskurs von _____ %
   ausgezahlt. Das Disagio beträgt   ./. DM _____
   Es ist fällig:
   ☐ in voller Höhe bei ☐ anteilig bei jeder ☐ unabhängig vom Tag
   Auszahlung des Dar- Teilauszahlung der Auszahlung am
   lehns oder eines er-
   sten Teilbetrags   _____

3.3 **Bearbeitungsgebühr:** Die einmalige, sofort fällige, nicht laufzeitabhängi-
   ge Bearbeitungsgebühr beträgt _____ % vom Darlehnsbetrag. ./. DM _____

3.4 **Kosten, Nebenleistungen, Nettokreditbetrag:**
   Außer dem Disagio und der Bearbeitungsgebühr werden einbehalten:
   ☐ Beitrag für Restkreditversicherung   ./. DM _____
   ☐ Wertermittlungskosten   ./. DM _____
   ☐ _____ ./. DM _____
   ☐ _____ ./. DM _____
                                                                           DM _____
   Nettokreditbetrag:
   Der Nettokreditbetrag wird dem Girokonto Nr. _____ ganz
   oder in Teilbeträgen gutgeschrieben.

---

[1] Das abgedruckte Formular entspricht im wesentlichen dem Vordruck des DG-Verlags, Stand
April 1991.
[2] Die Auflistung der Angaben soll § 4 Abs. 1 VerbrKrG Rechnung tragen; hierzu § 36 I 6.
[3] Zum Transparenzgebot bei der Zinsberechnung laufend rückzahlbarer Darlehen s. § 36 I 6 c
m. Nw.

708

Sonstige Kosten:

☐ Lebensversicherungsbeiträge monatl./viertelj./halbj./jährl.★)   DM_____

☐ Abschlußprovision für Bausparvertrag   DM_____

☐ Ansparraten für Bausparvertrag   DM_____

☐ _____   DM_____

☐ Bereitstellungsprovison von _____ %pro _____
auf den ab _____ nicht zur Auszahlung kommenden
Betrag bis zur vollen Auszahlung, jeweils fällig mit den Zinsen.

☐ Einmalige Abstandsprovision von _____ % auf den endgültig
nicht zur Auszahlung kommenden Darlehnsteilbetrag. Den Vertragsparteien bleibt der Nachweis vorbehalten, ein Schaden sei wesentlich niedriger oder höher oder überhaupt nicht entstanden.

☐ Jährlicher Verwaltungskostenbeitrag   DM_____

Weitere sonstige Kosten z. B. Sachversicherungsprämie, sofern Versicherung Bedingung für das Darlehn

☐ Barauslagen   DM_____

☐ _____   DM_____

☐ _____   DM_____

☐ Notar- und Grundbuchkosten gem. gesetzlichen Bestimmungen

4. **Anfänglicher effektiver Jahreszins:** _____ %. Hierbei wurde verrechnet:

_____ auf einen Zeitraum von _____Jahren;

_____ auf einen Zeitraum von _____Jahren.

5. **Darlehnsrückzahlung:** Das Darlehn ist wie folgt zurückzuzahlen:[4]

5.1 ☐ in voller Höhe am _____

5.2 ☐ in Raten von DM _____ jeweils fällig am _____, erstmals am _____

5.3 ☐ in Höhe von _____% jährlich vom ursprünglichen Darlehnsbetrag zuzüglich der
durch Tilgung ersparten Zinsen. Demnach beträgt die Leistungsrate aus Zins und Tilgung in
den Fällen von 5.2 bzw. 5.3 z. Zt. DM _____
jeweils fällig am _____, erstmals am _____
Bei Zinsänderungen können die Leistungsraten entsprechend geändert werden. Die neuen
Leistungsraten werden bekanntgegeben.

5.4 ☐ in gleichbleibenden Raten
für Zins- und Tilgung von DM _____ jeweils fällig am _____, erstmals am _____
mit vorrangiger Verrechnung auf die Zinsen.
Soweit nichts anderes vereinbart wurde, werden fällige Beträge (z. B. Zinsen oder Leistungsraten) dem o. a. Girokonto belastet.

6. **Gesamtbetrag**

6.1 ☐ Eine Angabe ist wegen **variabler Konditionen** nicht möglich.

6.2 Alle vom Darlehnsnehmer zu leistenden Teilzahlungen einschließlich Tilgung, Zinsen und Kosten (soweit bezifferbar) belaufen sich

☐ für die Zeit der **Zinsfestschreibung** auf   DM_____

Der **Restkredit** beträgt zum Zeitpunkt des Ablaufs der Zinsbindung   DM_____

☐ bei einer **Zinsfestschreibung** für die **Gesamtlaufzeit** auf   DM_____

Bei der Berechnung wurde ein Auszahlungszeitpunkt zum 1. des auf den Abschluß des Darlehnsvertrags folgenden Monats angenommen.
Die endgültige Höhe des Restkredits hängt vom tatsächlichen Auszahlungszeitpunkt ab.

7. **Sicherheiten:** Neben den der Bank bereits bestellten und aufgrund der nach Nr. 19 (2) der
Allgemeinen Geschäftsbedingungen der Bank[5] haftenden Sicherheiten stellt der Darlehnsnehmer

---

[4] Zu den Rückzahlungsmodalitäten ausführlich § 36 I 6.
[5] Zu Nr. 19 Abs. 2 AGB-Banken vgl. § 62 I 2a.

der Bank mit gesonderten Vereinbarungen noch folgende Sicherheiten, die nicht nur dieses Darlehn, sondern alle bestehenden und künftigen Ansprüche[6] der Bank absichern:

. . . .

Bei einer Verschlechterung oder erheblichen Gefährdung der Vermögenslage des Darlehnsnehmers, eines Mithaftenden oder eines Bürgen oder bei einer Veränderung des Sicherungswerts der im Vertrag vorgesehenen zu bestellenden Sicherheiten, durch die das Risiko der ordnungsgemäßen Rückführung des Darlehns gegenüber dem Zustand bei Vertragsabschluß nicht unwesentlich erhöht wird, kann die Bank vom Darlehnsnehmer die Bestellung zusätzlicher geeigneter Sicherheiten nach ihrer Wahl verlangen, auch wenn bisher keine Bestellung von Sicherheiten vereinbart war. Das gleiche gilt, wenn die Angaben über die Vermögensverhältnisse des Darlehnsnehmers, eines Mithaftenden oder eines Bürgen sich nachträglich als unrichtig herausstellen.

Das Darlehn kann erst in Anspruch genommen werden, wenn sämtliche Bedingungen erfüllt sind, die vorgesehenen Sicherheiten bestellt wurden und die Bank deren Ordnungsmäßigkeit geprüft hat.

Ort, Datum   Ort, Datum

Darlehnsnehmer   Bank

Falls im Hinblick auf den Güterstand der Ehegatten eine Mitwirkung des anderen Ehegatten erforderlich ist, z. B. insbesondere bei der Bestellung von Sicherheiten, erteilt dieser hiermit seine **Zustimmung.**[7]

[8]

Ort, Datum

II. Allgemeine Darlehnsbedingungen[9]

1. Ausschluß der Übertragbarkeit
Der Anspruch auf Auszahlung des Darlehns ist nur mit Zustimmung der Bank abtretbar oder verpfändbar.

2. Darlehnskonto
Die Bank wird für den Darlehnsnehmer ein Darlehnskonto einrichten.

3. Konditionenanpassung
3.1 Die Bank wird frühestens ein Vierteljahr, spätestens jedoch einen Monat vor Ablauf der Festschreibungszeit neue, für Darlehen dieser Art bei ihr dann übliche Konditionen durch schriftliche Mitteilung festlegen.

3.2 Widerspricht ein Darlehnsnehmer schriftlich binnen . . . . den neuen Konditionen, so ist das Darlehen am Ende der Festschreibungszeit zurückzuzahlen. Die Bank wird bei Mitteilung der neuen Konditionen auf die Bedeutung des Widerspruchs und seines Unterbleibens besonders hinweisen.

3.3 Ist eine Mitteilung nach Nr. 3.1 unterblieben, so hat der Darlehnsnehmer die bisher geschuldeten Leistungen fortzuentrichten. In diesem Fall kann der Darlehnsnehmer eine Neufestsetzung jederzeit verlangen und die Bank sie jederzeit vornehmen. Widerspricht ein Darlehnsnehmer dann nach Nr. 3.2, so ist das Darlehen binnen eines Monats nach Ablauf der Widerspruchsfrist zurückzuzahlen.

3.4 Die Nummern 3.1 bis 3.3. gelten für weitere Festschreibungszeiten entsprechend.

---

[6] Bei Identität von Schuldner und Sicherungsgeber unproblematisch; vgl. § 45 II 1a.
[7] Hierzu § 22 III 3.
[8] Das Widerrufsrecht gemäß § 7 VerbrKrG entfällt bei Realkrediten (§ 3 Abs. 2 Nr. 2 VerbrKrG).
[9] Es handelt sich um eine Zusammenstellung gängiger Klauseln, die verschiedenen Mustern entnommen sind. Vielfach befanden sich die Formularklauseln zur Anpassung an die neuere Rechtsprechung zur Zeit der Drucklegung in Überarbeitung.

4. Kündigungsrecht des Darlehensnehmers

Der Darlehensnehmer kann das Darlehen ganz oder teilweise unter Einhaltung einer Kündigungsfrist von einem Monat zum Ende der jeweiligen Festschreibungszeit kündigen, solange keine neue Vereinbarung über den Zinssatz getroffen ist (Konditionenanpassung). Das Kündigungsrecht des Darlehensnehmers nach Ablauf von zehn Jahren nach § 609a Abs. 1 Nr. 3 BGB bleibt unberührt.

5. Kündigungsrecht der Bank

5.1 Die Bank kann das Darlehen grundsätzlich nicht kündigen.

5.2 Die Bank ist jedoch berechtigt, das Darlehen ohne Einhaltung einer Kündigungsfrist ganz oder zum Teil zurückzufordern, wenn

    5.2.1 der Darlehensnehmer mit mindestens zwei aufeinander folgenden für dieses Darlehen fälligen Zahlungen in Höhe von mindestens einem Viertel der für ein Jahr geschuldeten Leistung nach Mahnung unter Hinweis auf das Kündigungsrecht länger als einen Monat im Rückstand bleibt.[10]

    5.2.2 ein Darlehensnehmer, Bürge oder Garant die Zahlungen einstellt oder über sein Vermögen das Vergleichs- oder Konkursverfahren beantragt wird,

    5.2.3 die Zwangsversteigerung oder Zwangsverwaltung des Beleihungsobjektes oder eines seiner Teile angeordnet oder das Beleihungsobjekt ohne Einwilligung der Bank veräußert wird,[11]

    5.2.4 die vereinbarte Grundschuld oder eine sonstige Sicherheit auch nach Fristsetzung unter Hinweis auf das Kündigungsrecht nicht verschafft worden ist,

    5.2.5 der Darlehensnehmer eine sonstige Verpflichtung aus dieser Urkunde auch nach Fristsetzung unter Hinweis auf das Kündigungsrecht nicht erfüllt und dadurch wesentliche Interessen der Bank beeinträchtigt. Die Fristsetzung ist entbehrlich, soweit nach den Umständen nicht mehr mit einer Erfüllung zu rechnen ist,

    5.2.6 ein sonstiger, im Verhalten des Darlehensnehmers liegender wichtiger Grund vorliegt.

6. Weitere Verpflichtungen des Darlehensnehmers

6.1 der Darlehensnehmer ist verpflichtet,[12]

    6.1.1 bei Bauvorhaben das Gebäude nach den der Bank vorgelegten Plänen zu errichten und baurechtlich abnehmen zu lassen,

    6.1.2 das Gebäude samt Zubehör zum vollen – soweit möglich zum gleitenden – Neuwert gegen Feuer-, Leitungswasser- und Sturmschäden versichert zu halten und der Bank die Versicherungsansprüche für Zubehör durch Hypothekensicherungsschein zu verpfänden,

    6.1.3 das Beleihungsobjekt nach den Grundsätzen ordnungsgemäßer Wirtschaftsführung in gutem Zustand zu erhalten und vor einer wesentlichen Änderung des Gebäudes, seiner Nutzung oder des Zubehörbestandes die Einwilligung der Bank einzuholen,

    6.1.4 der Bank die Besichtigung des Beleihungsobjektes zu gestatten,

    6.1.5 der Bank auf Verlangen Auskünfte und Nachweise über die Grundstücksverhältnisse sowie über seine wirtschaftlichen Verhältnisse zu geben und Jahresabschlüsse, zu deren Aufstellung er gesetzlich verpflichtet ist, unverzüglich vorzulegen,

    6.1.6 alle Kosten und Auslagen, die mit dem Darlehen zusammenhängen, zu tragen.

6.2 Der Darlehensnehmer hat dafür einzustehen, daß die Verpflichtungen nach Nr. 6 auch dann erfüllt werden, wenn ihm das Beleihungsobjekt nicht gehört.

7. Entschädigung in besonderen Fällen

7.1 Soweit der Darlehnsnehmer mit Zahlungen, die er aufgrund des Darlehnsvertrags schuldet, in Verzug kommt, ist der geschuldete Betrag mit 5% über dem jeweiligen Diskontsatz der Deutschen Bundesbank zu verzinsen, wenn nicht im Einzelfall die Bank einen höheren oder der Darlehnsnehmer einen niedrigeren Schaden nachweist.[13]

7.2 Wird das Darlehen vor Ablauf einer Festschreibungszeit durch Kündigung seitens der Bank fällig, hat der Darlehensnehmer den durch die vorzeitige Rückzahlung entstehenden Schaden zu ersetzen.

---

[10] Dazu § 40 II 1a m. Nw.

[11] Nicht unproblematisch! Hierzu § 40 II 1a; III 2.

[12] S. §§ 39 VI, 40 III.

[13] Vorbild ist § 11 Abs. 1 VerbrKrG, der aber für Realkreditverträge ohne besondere Vereinbarung gerade nicht gilt (§ 3 Abs. 2 Nr. 2 VerbrKrG); s. a. § 36 I 6c.

8. Sicherheiten, Zweckbestimmung

8.1 Zur Sicherung aller Ansprüche der Bank aus diesem Darlehensverhältnis sowie aus etwaigen anderen – auch künftigen – Rechtsverhältnissen dienen die der Bank zu verschaffende Grundschuld und das abzugebende Schuldversprechen.[14]

8.2 Ansprüche auf Rückgewähr der Grundschuld können nur mit Zustimmung der Bank abgetreten werden.[15]

8.3 Die Bank ist berechtigt, aber nicht verpflichtet, Teile des Beleihungsobjektes sowie Grundstückszubehör aus der Haftung für die Grundschuld zu entlassen[16] und Rangänderungen zu bewilligen[17] sowie ähnliche im Rahmen der bei ihr üblichen Sicherheitenverwaltung liegende Maßnahmen zu treffen.

8.4 Die Bank ist nicht verpflichtet, in Zwangsvollstreckungsverfahren einen Grundschuldbetrag geltend zu machen, der über ihre persönlichen Forderungen hinausgeht, und kann in Verteilungsverfahren auf etwaige Mehrerlöse verzichten.[18]

9. Refinanzierung

Die Bank ist berechtigt, im Falle der Refinanzierung die Darlehnsforderung abzutreten und die vom Darlehnsnehmer bestellten Sicherheiten an die Refinanzierungsstelle zu übertragen.[19]

10. Teilunwirksamkeit

Sollten sich Erklärungen – auch die einzelner Beteiligter – als unwirksam erweisen, bleiben die übrigen Erklärungen gleichwohl wirksam.

11. Mehrere Darlehensnehmer

Mehrere Darlehensnehmer haften als Gesamtschuldner.

---

[14] Hierzu Anhang 4 und §§ 40 IV 5 b, 45 II 1 b.

[15] Diese Klausel ist problematisch, falls Sicherungsgeber und Eigentümer identisch sind! Dazu § 45 V 1 e.

[16] Zum Umfang der Haftung § 39.

[17] Dazu § 17 D II 1 c.

[18] Hierzu § 45 II 5.

[19] Dazu § 45 III 1 a.

Anhang 6

Originalhypothekenpfandbrief; nicht zu verwechseln mit dem Hypothekenbrief (s. oben § 36 I 4b)! Schon der Wortlaut weist den Hypothekenpfandbrief deutlich als Schuldverschreibung auf den Inhaber aus („... schuldet dem Inhaber ... 10000 DM ...").

Muster von Halbjahreszinsscheinen zu dem Hypothekenpfandbrief

Anhang 7

Allgemeine Sicherungsübereignungsbedingungen

(Formular des Bankverlags Köln)

Zu dem bereits abgeschlossenen Sicherungsübereignungsvertrag **zwischen** – nachstehend „Sicherungsgeber" genannt – (Name, Firma und Anschrift)
und dem obengenannten Kreditinstitut – nachstehend „Bank" genannt – wird **zur Sicherung aller bestehenden und künftigen** – auch bedingten oder befristeten – **Ansprüche,** die der Bank **aus der Geschäftsverbindung** (insbesondere aus laufender Rechnung und aus der Gewährung von Krediten jeder Art), aus Bürgschaften und aus abgetretenen oder kraft Gesetzes übergegangenen Forderungen sowie aus Wechseln (auch soweit diese von Dritten hereingegeben worden sind) gegen den Sicherungsgeber und (oder) gegen den Kreditnehmer (Name usw.)
zustehen, folgendes vereinbart:

1. Übertragung von Eigentum, Miteigentum, Anwartschaftsrecht[1]

Soweit der Sicherungsgeber Eigentum oder Miteigentum an dem Sicherungsgut hat, überträgt er der Bank das Eigentum oder Miteigentum. Soweit der Sicherungsgeber ein Anwartschaftsrecht auf Eigentumserwerb (aufschiebend bedingtes Eigentum) an den von seinen Lieferanten unter Eigentumsvorbehalt gelieferten Waren hat, überträgt er hiermit der Bank dieses Anwartschaftsrecht. Eigentum, Miteigentum und Anwartschaftsrecht an dem bereits vorhandenen Sicherungsgut gehen mit Abschluß des Sicherungsvertrages, an dem noch einzulagernden Sicherungsgut mit dessen Einlagerung auf die Bank über.

2. Ersatz der Übergabe[2]

Die Übergabe des Sicherungsgutes an die Bank wird dadurch ersetzt, daß der Sicherungsgeber es für die Bank sorgfältig unentgeltlich verwahrt. Soweit Dritte unmittelbaren Besitz am Sicherungsgut erlangen, tritt der Sicherungsgeber seine bestehenden und künftigen Herausgabeansprüche an die Bank ab.

3. Mindestdeckungsbestand

(1) Der Wert des Sicherungsgutes hat stets den jeweils vereinbarten Betrag zu erreichen, in dessen Höhe der Kredit gedeckt sein muß (Deckungsgrenze). . . .

4. Ablösung von Eigentumsvorbehalten

Der Sicherungsgeber ist verpflichtet, einen etwa bestehenden Eigentumsvorbehalt durch Zahlung des Kaufpreises zum Erlöschen zu bringen. Die Bank ist befugt, eine Kaufpreisrestschuld des Sicherungsgebers für dessen Rechnung an die Lieferanten zu zahlen. Gleichzeitig tritt der Sicherungsgeber an die Bank die Ansprüche ab, welche ihm im Falle der Auflösung oder Nichterfüllung von Kaufverträgen gegen seine Lieferanten zustehen, insbesondere die Ansprüche auf Rückgewähr etwa bereits geleisteter Zahlungen.

5. Lagerung des Sicherungsgutes[3]

Der Bank nicht übereignete Sachen sind getrennt von dem Sicherungsgut der Bank zu lagern.

6. Behandlung und Kennzeichnung des Sicherungsgutes[3]

Der Sicherungsgeber hat das der Bank übereignete Sicherungsgut, soweit ihm nicht die Entnahme gestattet ist, an der bezeichneten Lagerstelle zu belassen und es auf seine Kosten sorgfältig zu behan-

---

[1] S. oben § 57 III 2.
[2] S. oben § 57 III 1a.
[3] S. oben § 57 III 2b (2).

deln. Das Sicherungsgut ist auf Verlangen der Bank in einer ihr zweckmäßig erscheinenden Weise als ihr Eigentum zu kennzeichnen. In den Unterlagen des Sicherungsgebers ist die Übereignung mit dem Namen der Bank kenntlich zu machen. Außerdem verpflichtet sich der Sicherungsgeber, alles zu vermeiden, wodurch Dritten, die daran rechtlich oder wirtschaftlich interessiert sind, das Eigentumsrecht der Bank verborgen bleibt.

7. Versicherung des Sicherungsgutes[4]

(1) Der Sicherungsgeber verpflichtet sich ferner, das Sicherungsgut für die Dauer der Übereignung auf eigene Kosten in voller Höhe gegen die üblichen Gefahren und gegen diejenigen, gegen die der Bank Versicherungsschutz erforderlich erscheint, versichert zu halten. . . .

8. Be- und Verarbeitung des Sicherungsgutes[5]

(1) Vorbehaltlich des aus wichtigem Grund zulässigen Widerrufs gestattet die Bank dem Sicherungsgeber, falls es sich bei ihm um einen das Sicherungsgut be- oder verarbeitenden Betrieb handelt, das Sicherungsgut in eigenen oder fremden Betrieben zu verarbeiten. Die Verarbeitung erfolgt unentgeltlich im Auftrag der Bank als Herstellerin derart, daß die Bank in jedem Zeitpunkt und in jedem Grade der Verarbeitung das Eigentum, Miteigentum oder Anwartschaftsrecht an den Erzeugnissen behält oder erwirbt (§ 950 BGB).

(2) Sollte trotzdem bei der Verarbeitung das Eigentum, Miteigentum oder Anwartschaftsrecht der Bank an dem Sicherungsgut untergehen, so gehen diese Rechte im Augenblick des Erwerbs durch den Sicherungsgeber wieder auf die Bank über.

(3) Soweit durch die Verarbeitung eine Vermengung oder Vermischung mit nicht zum Sicherungsgut gehörenden Sachen erfolgt, geht das für den Sicherungsgeber entstehende Miteigentum oder Anwartschaftsrecht an den Erzeugnissen gleichfalls in dem Augenblick auf die Bank über, in dem es für den Sicherungsgeber entsteht.

(4) Soweit dem Sicherungsgeber lediglich Ansprüche auf Übertragung des Eigentums, Miteigentums oder Anwartschaftsrecht zustehen oder zustehen werden, tritt der Sicherungsgeber diese Ansprüche hiermit an die Bank ab.

(5) Gehen Eigentum, Miteigentum oder Anwartschaftsrecht an den Erzeugnissen auf die Bank über, wird die Übergabe an die Bank dadurch ersetzt, daß der Sicherungsgeber die Erzeugnisse für die Bank sorgfältig unentgeltlich verwahrt.

(6) Soweit Dritte Besitzer der Erzeugnisse sind oder werden, tritt der Sicherungsgeber hiermit seine bestehenden und künftigen Herausgabeansprüche an die Bank ab.

(7) Der Sicherungsgeber tritt hiermit alle bestehenden und künftigen Ansprüche einschließlich der Schadenersatzansprüche aus einem etwa mit einem fremden Betrieb geschlossenen Verarbeitungsvertrag an die Bank ab.

(8) Vorstehende Bestimmungen gelten auch für die Bearbeitung des Sicherungsgutes.

9. Gesetzliche Pfandrechte Dritter[6]

(1) Soweit ein gesetzliches Pfandrecht Dritter (Vermieter, Verpächter, Lagerhalter) an dem Sicherungsgut in Betracht kommt, hat der Sicherungsgeber auf Wunsch der Bank jeweils drei Tage nach Fälligkeit des Mietzinses, Pachtzinses oder Lagergeldes deren Zahlung der Bank nachzuweisen und zu versichern, daß keine sonstigen Ansprüche des Vermieters, Verpächters oder Lagerhalters gegen den Sicherungsgeber bestehen.

(2) Befindet sich das Sicherungsgut in gemieteten oder gepachteten Räumen, so ist die Bank befugt, zur Abwendung des Vermieter- oder Verpächterpfandrechts den Miet- oder Pachtzins für Rechnung des Sicherungsgebers zu bezahlen.

10. Pfändungen und sonstige Maßnahmen Dritter[7]

Der Sicherungsgeber hat der Bank unverzüglich anzuzeigen, wenn die Rechte der Bank an dem Sicherungsgut durch Pfändung oder sonstige Maßnahmen Dritter beeinträchtigt oder gefährdet wer-

---

[4] S. oben § 57 IV 1.
[5] S. – entsprechend – oben § 53b – III 3.
[6] S. oben § 55 C II 2.
[7] S. oben § 57 V.

den sollten, ... Außerdem hat der Sicherungsgeber den Pfändungsgläubiger oder sonstige Dritte unverzüglich schriftlich von dem Eigentumsrecht der Bank in Kenntnis zu setzen.

11. Prüfungsrecht der Bank

(1) Die Bank ist berechtigt, das Sicherungsgut am jeweiligen Standort zu überprüfen...

12. Inbesitznahme durch die Bank[8]

Werden die Verpflichtungen aus den Kreditvereinbarungen oder aus dem Sicherungsübereignungsvertrag und aus diesen Allgemeinen Sicherungsübereignungsbedingungen nicht ordnungsgemäß erfüllt, so ist die Bank berechtigt, die etwa gestattete Benutzung, Entnahme, Be- oder Verarbeitung von Sicherungsgut zu untersagen. Die Bank darf sodann ferner das Sicherungsgut in ihren unmittelbaren Besitz nehmen oder an dritter Stelle einlagern.

13. Verwertungsrecht der Bank[8]

(1) Die Bank darf das Sicherungsgut im Verwertungsfall im eigenen Namen oder im Namen des Sicherungsgebers nach billigem Ermessen, auch durch freihändigen Verkauf, verwerten; sie kann auch von dem Sicherungsgeber verlangen, daß dieser nach ihren Weisungen das Sicherungsgut bestmöglich verwertet oder bei der Verwertung mitwirkt. Der Sicherungsgeber hat alles bei der Verwertung des Sicherungsgutes Erlangte unverzüglich an die Bank herauszugeben.

(2) Nach Verwertung des Sicherungsgutes wird die Bank den Erlös abzüglich etwa von ihr zu entrichtender Umsatzsteuer zur Abdeckung der gesicherten Forderungen verwenden. Soweit die Sicherheit nicht vom Kreditnehmer gestellt wird, ist die Bank bis zur vollständigen Befriedigung ihrer Forderungen befugt, den Verwertungserlös als Sicherheit zu behandeln, ungeachtet ihres Rechts, sich jederzeit daraus zu befriedigen.

(3) Einen etwaigen Überschuß wird die Bank dem Sicherungsgeber herausgeben.

14. Rückübertragung, Sicherheitenfreigabe[9]

(1) Nach Abdeckung ihrer durch die Übereignung gesicherten Forderungen hat die Bank das Eigentum an dem noch vorhandenen Sicherungsgut auf den Sicherungsgeber zurückzuübertragen.

(2) Die Bank ist schon vorher verpflichtet, auf Verlangen des Sicherungsgebers Teile des Sicherungsgutes nach ihrer Wahl freizugeben, soweit der Wert des Sicherungsgutes die eventuell vereinbarte Deckungsgrenze nicht nur vorübergehend übersteigt und das Sicherungsgut nicht nach Nr. 1 dieser Bedingungen für weitere Kredite haftet.

...

Ergänzend gelten die Allgemeinen Geschäftsbedingungen der Bank ...

Ort, Datum   Ort, Datum

Unterschrift des Sicherungsgebers   Unterschrift der Bank

---

[8] S. oben § 57 VII.
[9] S. oben § 57 VIII.

Paragraphenregister

(Die Zahlen verweisen auf die Paragraphen dieses Werkes und die Untergliederungen;
Hauptfundstellen erscheinen in Kursivschrift)

Paragraphenregister

Paragraphenregister

Zahlen = Paragraphen und ihre Untergliederung

AGBG
§ 1: § 5 II 1d aa; § 23 II 2e; § 45 II 1
§ 2: § 5 II 1d aa, IV 3a; § 45 II 1; § 56 II 3; § 59 II 1d
§§ 3, 4: § 29 C I 2 (Fußn.); § 56 II 3
§ 3: § 5 II 1d, IV; § 29 C I 2 (Fußn.); § 36 III 1 a.E.; § 40 IV 5b; § 45 II 1
§ 5: § 45 II 1; § 46 IV 4a a.E.; § 62 A I 2a
§ 6: § 5 II 1d aa
§§ 9–11: § 16 VI 2e aa, 3; § 23 II 2e
§ 9: § 5 II 1d, IV 3a; § 36 I 6c (Fußn.), III 1 a.E.; § 37 III 2b; § 40 IV 5b; § 45 II 1, 2b, V 1e; § 56 II 3; § 57 V 6; § 59 I 5; § 62 A I 2a
§ 10: § 16 VI 3b
§ 11: § 5 II 1d; § 21 A IV 2c bb; § 36 I 6c (Fußn.), III 1 a.E.; § 37 III 2b; § 40 IV 5b; § 45 II 1
§ 23: § 21 A IV 2c bb
§ 24: § 5 II 1d aa; § 45 II 1 (Fußn.); § 59 I 5a

Aktiengesetz
§ 68: § 58 II 2; § 61 III 1
§ 240: § 28 II 3
§§ 339 ff.: § 23 III 3a

Anfechtungsgesetz
§§ 1 ff.: § 57 V 3
§ 1: § 51 V 4b

Bad.-Württ. AGBGB
§ 33: § 35 I 3

Bad.-Württ. FGG
§§ 1 ff.: § 15 II 1b (Fußn.)

Bad-Württ. Gemeindeordnung
§ 92: § 22 V 2

Bad.-Württ. Nachbarrechtsgesetz
§ 7e: § 33 I 1

Bad.-Württ. Polizeigesetz
§ 1 Abs. 1: § 12 V 2
§ 2 Abs. 2: § 12 V 2

§ 6: § 12 V 2
§ 7: § 12 V 2; § 26 II 1
§ 9: § 12 V 2; § 25 III 1d
§ 41: § 25 III 1d
§ 42: § 25 III 1d
§ 43: § 25 III 1d

Baugesetzbuch
§§ 1 ff.: § 26 II 3
§ 19: § 15 III 1; § 22 V 3
§ 23: § 15 III 1; § 22 V 3
§§ 24 ff.: § 22 V 3
§ 124: § 21 A I 1
§§ 192 ff.: § 36 I 5b

Beurkundungsgesetz
§ 9: § 21 A I 2
§§ 13 f.: § 21 A I 2
§ 21: § 22 II 2
§ 60: § 21 A I 3

Bundesberggesetz
§§ 1 ff: § 30

Bundesfernstraßengesetz
§§ 9–11, 17: § 25 IV 2f; § 26 V a

Bundes-Immissionsschutzgesetz
§§ 4 ff.: § 25 V
§§ 14 ff.: § 12 II 2, IV 1a, 2a; *§ 25 IV 2e,* V; § 26 4a

Bundesjagdgesetz
§§ 1 ff.: § 27 VII 2, 3

Bundesleistungsgesetz
§§ 1–3: § 10 IV 2; § 12 II 2; § 50 II 1a
§§ 19, 20: § 50 II 1b
§§ 22, 23: § 50 II 1c
§§ 36 ff.: § 50 II 1b

Bundesnotarordnung
§ 20: § 21 A I 3

Bundesverfassungsgerichtsgesetz
§§ 90 ff.: § 13 C II 3

Bundeswasserstraßengesetz
§ 27 V 5

Depotgesetz
§§ 5 ff.: § 50 III 1b; 53a III 3b
§§ 6, 12: § 55 B II 3bee
§ 18: § 51 V 5

EGBGB
Art. 64–69: § 2 I 2b
Art. 83: § 27 VI 3
Art. 94: § 55 A II 1
Art. 106–133: § 2 I 2b
Art. 113–115: § 35 I 1c
Art. 113: § 2 I 2b
Art. 117 Abs. 1: § 36 I 5a
Art. 125: § 25 IV 2ebb; § 26 V d
Art. 182: § 29 B I 1
Art. 184, 187: § 33 III 1a
Art. 187: § 23 II 2c
Art. 231: § 5; § 26a II 1
Art. 232: § 20 VIII; § 21 C; § 27 IV 5; § 29 E
Art. 233: §§ 3 u. 4; § 15 VI 4; § 17 E; § 18 D; § 19 E; § 21 C; § 23 VI; § 26a II 1; § 29 B IV; § 31 IV; § 33 V; § 34 IV; § 36 VII

Einigungsvertrag
§ 26a III 2, 3,
Art. 21 ff.: § 15 VI 4; § 29 A 3
Art. 43: § 27 III 3
Anl. I, Kap. III, Sachgeb. A, Abschn. III Nr. 5i: § 36 VII
Anl. I, Kap. III, Sachgeb. B, Abschn. III Nr. 1–5, 6, 10: § 15 VI 2; § 31 IV
Anl. I, Kap. V, Sachgeb. D, Abschn. III 1: § 30 V
Anl. I, Kap. VI, Sachgeb. B, Erläuterungen: § 27 I 2 a.E., IV 5
Anl. I, Kap. VI, Sachgeb. F, Abschn. II 1, III 1: § 27 VII 5
Anl. I, Kap. VI, Sachgeb. F, Erläuterungen: § 27 VI 6
Anl. I, Kap. XI, Sachgeb. E, Abschn. III 7: § 27 V 5
Anl. II, Kap. III, Sachgeb. B, Abschn. I Nr. 5: § 27 III 3

Einl. ALR
§§ 74, 75: § 13 C I 5; § 26 V a

Sachregister

Die Zahlen verweisen auf die Paragraphen des Buches; Hauptfundstellen sind fett gedruckt.

Abbaurecht 30 I 1

Abfindungsanspruch, im Höferecht 27 II 1 e

Abfindungshypothek 36 I 3 c

Abgeleiteter Besitzerwerb 7 B II 2 b, c

Abhandenkommen 9 IV, 52 I 1 c, 52 IV, V; Einfluß staatl. Hoheitsakte 52 V 2 b, cc; und lastenfreier Erwerb 52 VI 1 d; Willensmängel 52 V 2 b, bb

Abkauf der Rente 25 III 2 c bb

Ablieferungspflicht des Finders 53 g III 2

Ablösung durch Besitzer 6 II 2; des Grundpfandrechts 36 V 4 c bb, 38 IX, 1 c, 3 b, 4; der Grundschuld 44 VI 2; der Hypothek 37 II 2 b, 38 IX 3 b, 40 IV 1 a; beim Pfandrecht 55 B III 4; der Reallast 35 III 2; der Rentenschuld 47 II 2 d

Abschlußfreiheit 1 II 3 a

Abschreibung von Grundstücken 15 III 1 a. E.; und Hypothekenhaftung 39 II

Abschriften aus dem Grundbuch 15 V 4 b

Absolutes Recht 1 I 1 a, 12 I 4; Veräußerungsverbot 20 VII 2

Absolutes Veräußerungsverbot 20 VII 2, 52 III 1 d

Absolutheit 2 I 1 a, 4 I

Absonderungsrecht und EV-Kauf 59 IV 1 a cc; und SÜ 57 V 1, 59 IV 1 a cc

Abspaltung des Nutzungsrechts 62 A I 1; von Teilrechten 60 I 3; -verbot und Nießbrauch 61 I 2 b

„Abstrakte Hypothek" 40 IV 5 b, 42 III 1 b cc

Abstraktes Besitzkonstitut 7 B III 1 c, 51 V 2

Abstraktes Schuldversprechen 36 III 1, 42 III 1 b cc, 45 II 1 b, 53 d II, 58 III 2 c; und Grundschuldbestellung 46 II 1; Vollstreckungsunterwerfung für – 40 IV 5

Abstraktheit 4 V, 5 IV, 53 e V 2 c aa

Abstraktionsprinzip 5 IV, 19 A I 4, 51 I 1 a, 2, 51 VII c (5), VIII 1; Durchbrechung 5 IV 3; und EG 36 VII; und Grunderwerb i. d. ehem. DDR 19 E II; und grundbuchrichterl. Prüfungspflicht 16 VI 3 a; in rechtsvergleichender Sicht 5 IV 1, 36 VII

Abtrennungsrecht 53 c IV 2 s. auch Trennung

Abtretbarkeit, der Sicherungsgrundschuld 45 III 1, V 1 e; der Sicherungshypothek 36 III 4

Abtretung, Ausschluß der – 4 IV, 38 I 1, 45 III 1 b, V 1 e, 56 II 2 b; Blanko – s. Zession; Erklärung 38 II 1, V; des Erlangten 11 C I 2; einer Forderung 11 C I 3 a a, 36 III 1, 42 III 2 c; des Grundbuchberichtigungsanspruchs 18 C IV 2; des Herausgabeanspruchs 7 B III 2 b, 11 C I 3 a aa, 37 III 3 c, 51 I 2 c, 51 VI, 52 II 4; bei der Höchstbetragshypothek 42 III 2 c; der Hypothek 36 IV 2; von Hypothekenzinsen und – nebenleistungen 38 VIII, X a. A.; im Sachenrecht 11 C I 3 a; Sicherungsabtretung s. dort; bei der Sicherungshypothek 42 II 4; Verbot der – 58 II 1; s. a. Sicherungsabtretung, Globalzession, Zession

Abwasser 27 V

Abwehranspruch bei Immissionen 25 IV, 2 e dd

Abwehrklausel, und EV 59 II 1 c ee

Abwehr- und Beseitigungsanspruch 12 I, IV; vor Pfandreife 55 B III 2

Abzahlungsgeschäft s. Teilzahlungskauf

Abzahlungsgesetz (abgelöst durch VerbrKrG) 59 III 2 c

Abzahlungshypothek 36 I 6 d

actio negatoria s. Eigentumsfreiheitsklage

Änderung des Inhalts dinglicher Rechte 19 C; der Rechtszuständigkeit 19 B III 3 b; der tatsächlichen Verhältnisse bei der Grunddienstbarkeit 33 II 5

Änderungsbewilligung 16 III 5 a, 18 C IV 1 b

Aggressiver Notstand 25 III 1

Agrarrecht 26 VI, VII

Akkreditiv 55 A II 2 b; Dokumenten – 55 A II^2

Akzessorietät der Eigentümergrundpfandrechte 36 III; bei der Gesamthypothek 43 I 4; des Grundbuchberichtigungsanspruchs 18 C IV 2; der Grundpfandrechte 36 I^1, 36 II 1, 36 III; der Grundschuld 36 III 2, 44 I; des Pfändungspfandrechts 55 D III 3; des Pfandrechts 55 A I 3 a, B II 2 a, V 1, C I 2; des Pfandrechts an Rechten 62 A II 1; der

Sachregister

Sachregister

Rückständige Zinsen 38 VIII 2 b
Rücktritt vom Vertrag 59 I 1 b; des Vorbehaltsverkäufers 59 III 2
Rücktrittsrecht, bei der Sicherungsgrundschuld 45 II 2 b; Wirkung d. Ausübung 5 IV 2 c
Rückübereignung des Sicherungsgutes 57 VIII
Rückübertragungsanspruch s. Rückgewähranspruch
Rückwirkung der Ausübung des Rücktrittsrechts 5 IV 2 c

Sache 3 I, 53 e I; Beeinträchtigung durch Immissionen 25 IV 1 b; Besitzlosigkeit 53 g II 1; bewegliche – 3 I 2 b; eigene –, Pfändungspfandrecht 53 f II 2 b; gestohlene – 52 I 1 c; Haupt- 53 a II 1; herrenlose – 53 f; künftige – 57 III 1 a; Mutter – 53 e I 1; neue – 53 b II 1 b; öffentliche – 2 I 1 b, **26 V;** zum persönlichen Gebrauch 51 V 4 b; Pfändung s. dort; verbrauchbare – 3 I 2 d; vertretbare – 3 I 2 d; verlorene – 52 I 1 c, 53 g II 1; Verpfändung 55
Sachenrecht, Bedeutung 1; Grundsätze 4; im objekt. Sinn 2 I 1 a; im subjekt. Sinn 2 I 1 a; Übertragbarkeit von Sachenrechten 4 IV; Vorschriften außerhalb des BGB 2 I 2 b
Sachfrüchte 3 I 3, 32 II, 53 e I 2
Sachgesamtheit 3 I 2 c, 24 I 2; u. Bestimmtheitsgrundsatz 51 II 1 b; Nießbrauch an – 54 I 2; Pfandrecht an – 55 A I 3 a bb; und SÜ 57 III 2
Sachherrschaft 7 A, 9 I 2
Sachinbegriff 24 I 2
Sachmängelhaftung, beim Grundstückskauf 21 A IV
Sachpfändung 59 V 4
Safe-Inhalt, Verpfändung 55 B II 3
Sale-and-Lease-Back 59 II 2 b
Salvatorische Entschädigungsklausel 27 V 3 c
Sammellagerung 53 a III 3 a
Sammelverwahrung von Wertpapieren 50 III 1 b, 53 a III 3 b, 55 B II 3 b ee
Schaden als Beeinträchtigung 12 II 1 b
Schadensersatzanspruch und actio negatoria 13 B I 2 b; und Beseitigungsanspruch 12 IV 1 a; gegen den Besitzer 11 A 3, 11 C II; bei Besitzrechtsverletzung 9 III 2², V 1, 11 B I 1; – des Eigentümers 11 A 3, 11 C II; und Grundbuchberichtigungsanspruch 18 C III 2 b; und Herausgabeanspruch 11 C II; – des Hypothekars 39 VI 4, **40 III 1 a;** Nutzungsschaden 11 C II 3; des

Pfandgläubigers 45 V 1 a, 55 B III 2; bei sittenwidriger Schädigung s. dort; Verhältnis zu § 1004 BGB 13 B I 2 e; bei Verletzung des Anwartschaftsrechts 13 B II 2, 19 B I 2 c bb γ, 59 V 5; bei abredewidriger Verwertung 45 IV 1 b aa
Schadenspauschalierung durch Zinserhöhung 36 I 6 c, 37 III 2 b
Schadloshaltung nach § 14 BImSchG 25 IV 2 e
Schädigung, drohende 12 IV 2; sittenwidrige 20 I 1, 57 V 5
Schatzfund 25 II 2 a, **53 g VI**
Scheck, Übertragung 53 d I 2
Scheckkarten 53 d I 2
Scheinbestandteil 3 I 2 c cc, 53 e I 5; Hypothekenhaftung 39 III 1
Schenkung, unter Nießbrauchsvorbehalt 32 I 2; auf den Todesfall 20 II 1 a
Schiffsbauhypothek 31 II 1
Schiffsbauwerkregister 31 I 2
Schiffseigentum 31 II; in den neuen Bundesländern 31 IV; Übertragung 31 II 2
Schiffshypothek 31 I 2 b, II 1, III
Schiffsregister 14 I 2, 31 I 2
Schikane 25 II 1
Schlüsselgewalt 51 V 4 b (1)
Schonende Ausübung der GDB 33 II 5 C
Schrankfach 55 B II 3 b dd
Schürfen 30 III
Schützende Maßnahmen 25 IV 2 e aa
Schuldanerkenntnis, abstraktes (bei der Grundschuld) 45 II 1, s.a. abstraktes Schuldversprechen
Schuldbeitritt 28 III
Schuldhaft-rechtswidriger Eingriff 13 C 4 b
Schuldlos-rechtswidriger Eingriff 13 C 4
Schuldnerbestimmte Einreden 38 VII 1 b
Schuldnermehrheit und Hypothek 37 V 3 a
Schuldnerschutz 36 I 4 a, 40 V; bei Forderungsverpfändung 62 B I 3
Schuldnerverzug 11 I 3 a aa
Schuldrecht, Anwendbarkeit 5 II 2, 11 C I 3
Schuldschein 53 d
Schuldübernahme u. Aneignungsgestattung 53 e; und Fortführung der Firma 28 III b; und Hypothekenübergang auf den Eigentümer: kumulative u. privative 36 II 2 b, 37 II 2 b, 38 IX 1 b cc u. 2, 45 IV 4, 46 I 2 a; und Sicherungsreallast 35 III 4; und Verzicht auf die Hypothek 38 IX 1 b cc, 46 I 2 a; und Vormerkung 20 V 1 c¹
Schuldurkunden, Eigentum an – 53 d; und Hypothekenbestellung Anhang 4
Schuldverhältnis 1 II 3 a; Erlöschen 41 I

Sachregister